Guide 1995

des hôtels-restaurants

Logis de France

Guide édité par la

Fédération nationale

des Logis de France

83, avenue d'Italie

75013 Paris (France)

tél. (1) 45 84 70 00

fax (1) 45 83 59 66

telex Logiaub 202 030 F

36 15 Logis de France

(1,27 F/mn)

LES FRANÇAI
SONT COMM
ÇA. RTL AUSS

RTL

Sommaire

contents - Inhalt - inhoud
sommario - indice

** **
classement tourisme
official grading,
Hotelkategorie,
klassement toerisme,
categoria turistica,
clasificación turismo

m
mètres
altitude
in meters,
Meter,
meter,
metri,
metros

hab
habitants
number of
inhabitants,
Einwohner,
inwoners,
abitanti,
habitantes

vac scol
vacances scolaires
school holidays,
Schulferien,
schoolvacantie,
vacanze scolastiche,
vacaciones escolares

hs
hors saison
off season,
Nebensaison,
buiten het seizoen,
fuori stagione,
fuera de
temporada

Renseignements généraux

office du tourisme syndicat d'initiative
tourist office, Fremden-
verkehrsverein,
toeristische dienst,
ente per il turismo,
oficina de turismo

classement "cheminées"
"fireplace" grading,
"Kamin"-Kategorie,
classificatie in "Schoorstenen",
classificazione "caminetto",
clasificación "chimenea"

hôtel sans restaurant
no restaurant,
ohne Restaurant,
zonder restaurant,
senza ristorante,
sin restaurante

numéro de téléphone de l'hôtel
hotel telephone number,
Telefonnummer des Hotels,
telefoonnummer van het
hotel, telefono dell'
albergo, teléfono del hotel

TX
telex
hotel telex
number,
Telex, telex,
telex, télex

FAX
fax de l'hôtel
hotel fax
number,
Fax

nombre de chambres
number of rooms,
Anzahl der Zimmer,
aantal kamers,
numero di camere,
número de habitaciones

dates et jours de fermeture
closing days and periods,
geschlossen an folgenden Tagen,
jaarlijks verlof en sluitingsdag,
date e giorni di chiusura,
fechas y horas de cierre

prix des chambres
prices of rooms,
Zimmer-Preis,
prijs kamers,
prezzo delle camere,
precio de las habitaciones

prix menus
set menu prices,
Menü-Preis,
prijs menus,
prezzo menu,
precio de los menús

prix menu enfant à partir de
children's menu prices (from),
Kindermenü-Preis ab,
prijs kindermenu,
prezzo menu bambini,
precio del menú para niños

prix 1/2 pension
half board prices,
Preis für Halbpension,
prijs halfpension,
prezzo mezza pensione,
precio en media pensión

E
Anglais parlé
English spoken,
man spricht Englisch,
men spreekt engels,
si parla l'inglese,
se habla inglés

D
Allemand parlé
German spoken,
man spricht Deutsch,
men spreekt duits,
si parla il tedesco,
se habla alemán

i
Italien parlé
Italian spoken,
man spricht Italienisch,
men spreekt italiaans,
si parla l'italiano,
se habla italiano

SP
Espagnol parlé
Spanish spoken,
man spricht Spanisch,
men spreekt spaans,
si parla lo spagnolo,
se habla español

Equipements de l'établissement

TV dans chambres
TV in rooms,
Zimmer mit Fernsehen,
TV in de kamers,
TV nelle camere,
TV en las habitaciones

téléphone dans chambres
telephone in rooms,
Zimmer mit Telefon,
telefoon in de kamers,
telefono nelle camere,
teléfono en las habitaciones

insonorisation
soundproofing,
Schallisolierung,
geluidsisolatie,
insonorizzazione,
insonorización

climatisation
air-conditioning,
Klimaanlage,
air-conditioning,
aria condizionata,
climatización

4

**chambres/restaurant
équipés handicapés**
rooms/restaurant suitable
for the disabled, Zimmer/Restaurant
mit Einrichtungen für Behinderte,
kamers/restaurant ingericht voor
minder-validen, camere/ristorante
attrezzati per i disabili, habitaciones/
restaurante equipados para minusválidos

**restaurant équipé
handicapés**
restaurant suitable for
the disabled, Restaurant mit
Einrichtungen für Behinderte,
restaurant ingericht voor
minder-validen, ristorante attrezzato
per i disabili, restaurante
equipado para minusválidos

**chambres équipées
handicapés**
rooms suitable for the disabled,
Zimmer mit Einrichtungen
für Behinderte, kamers ingericht
voor minder-validen, camere
attrezzate per i disabili,
habitaciones equipadas
para minusválidos

**chiens acceptés chambres
& restaurant**
dogs allowed in rooms and restaurant,
Hunde im Zimmer & Restaurant erlaubt,
honden toegelaten in kamers en restaurant,
cani ammessi nelle camere e nel ristorante,
se aceptan perros en las habitaciones &
restaurante

**chiens acceptés
chambres**
dogs allowed in rooms,
Hunde im Zimmer erlaubt,
honden toegelaten in
kamers, se aceptan perros
en las habitaciones

**chiens acceptés
restaurant**
dogs allowed in restaurant,
Hunde im Restaurant erlaubt,
honden toegelaten in restaurant,
cani ammessi nel ristorante,
se aceptan perros en
el restaurante

parking
car park, Parkplatz,
parking, parcheggio,
parking

garage fermé
covered car park,
geschlossene Garage,
gesloten garage, autorimessa
chiusa, garaje cerrado

ascenseur
lift, Aufzug,
Lift,
ascensore,
ascensor

parc ou jardin
park or garden, Park
oder Garten, park of
tuin, parco e giardino,
parque o jardín

CB
**Cartes bancaires
acceptées /**
credit cards
accepted

CV
"chèques vacances"
acceptés/accepted

C
hôtel commercialisé par
Logis de France Services
hotel represented by LFS, von LFS angebotenes
Hotel, hotel lid van LFS, albergo commercializzato
da LFS, hotel comercializado por LFS

Services "affaires"

Etape Affaires
business stop,
Etappe für Geschäftsleute,
zaken etappe, Tappa affari,
etapa de negocios

salles de réunions & séminaires
meeting and seminar facilities,
Versammlungs- & Seminarsäle,
vergader & seminariezalen, sala riunioni
& seminari, sala de reunión & seminarios

Activités sportives

ou de détente

piscine à l'extérieur
open-air swimming pool,
Freibad,
openlucht zwembad,
piscina all'aperto,
piscina al aire libre

piscine couverte chauffée
indoor heated swimming pool,
geheiztes Hallenbad,
overdekt verwarmd zwembad,
piscina coperta riscaldata,
piscina cubierta de agua caliente

tennis
tennis court,
Tennisplatz,
tennis,
tennis, tenis

salle de gym
fitness center,
Fitneß-Raum,
gymzaal,
palestra,
gimnasio

sauna, hammam, jacuzzi
sauna, turkish bath, jacuzzi,
Sauna, Dampfbad, Whirlpool,
sauna, hammam, jacuzzi,
sauna, bagno turco, idromassaggio,
sauna, baño turco, jacuzzi

aire de jeux enfants
children's playground,
Kinderspielplatz,
kinderspeelplaats,
area gioco per i bambini,
zona de juegos para niños

mini golf
miniature golf, Minigolf,
minigolf, minigolf,
mini golf

golf 9-18 trous
9-18 hole golf course, Golf 9-18 Löcher,
golf 9-18 holes, golf 9-18 buche,
golf de 9-18 hoyos

location de vélos
bicycle rental, Fahrradverleih,
Fietsenverhuur, noleggio bicyclette,
alquiler de bicicletas

L'ABUS D'ALCOOL EST DANGEREUX POUR LA SANTÉ, CONSOMMEZ AVEC MODÉRATION

La sortie du Guide 95 des Logis de France marque une étape importante dans l'histoire de notre Chaîne. Depuis la fin de l'année 1994, en effet, nos 4.000 hôtels-restaurants **ont été classés** selon une nouvelle grille de plus de **150 critères**, rigoureuse et impartiale, pour vous permettre de choisir, simplement, en toute sécurité, l'hôtel Logis de votre choix. Nous vous proposons donc désormais **trois catégories d'hôtels-restaurants bien distinctes**, même si la vocation des Logis de France reste de proposer **une offre de qualité** aussi accessible et variée que possible... Qui ne progresse pas... régresse ! Aussi avons-nous mis en place une série d'actions destinées à **valoriser la qualité et le prix** de nos prestations : "*le plat Logis de France*", que vous trouverez dans une grande majorité de nos restaurants - la "*carte fidélité*", située en annexe de ce guide - la carte postale "*Concours de la cuisine régionale*" que vous pourrez recevoir sur simple demande adressée à notre Fédération nationale, à l'une de nos Associations départementales ou à l'un de nos établissements. Nous espérons, très sincèrement, que ces initiatives nous permettront de vous accueillir, toujours plus nombreux, dans nos hôtels-restaurants.

A bientôt donc dans l'un de nos établissements !

Donatien de Sesmaisons
Président de la Fédération nationale des Logis de France

La carte fidélité Logis

Les Logis de France sont plus de 4.000. Ils adhèrent tous à un **label de qualité défini dans une Charte**. Ces hôtels-restaurants, à gestion familiale, sont autant d'étapes réparties dans toute la France, qui partagent **une même idée de l'accueil, de la qualité et des prix**. Pour être toujours plus à l'écoute de vos souhaits et vous remercier de vos visites, la Fédération nationale met en place, cette année, **une carte de fidélité** qui vous permettra également de gagner des week-ends, des séjours, des repas dans les Logis de France. Les modalités d'utilisation de cette carte, **située en annexe de ce guide**, sont détaillées sur son verso.

Le classement Logis

1 - 2 - 3 cheminées

Vous retrouverez notre classement, simple et complet, à l'entrée de nos établissement et dans ce Guide, en regard du nom de l'hôtel. Ce **classement national** tient compte de plus de **150 critères objectifs** allant de la qualité de la table et du service à l'équipement de la chambre et de l'établissement. Ainsi, en fonction du niveau des prestations, vous opterez simplement pour un hôtel :

"**1 cheminée**", *simple et confortable*,

"**2 cheminées**", *de bon confort*,

"**3 cheminées**", *de très bon confort*.

Les chambres d'un même établissement Logis **peuvent ne pas présenter exactement le même confort. Lors de votre réservation, précisez bien le niveau d'équipement désiré** afin de passer un agréable séjour.

EN ROUTE POUR LA FRANCE

4 000 adresses
sélectionnées pour
la chaleur de l'accueil,
la qualité
de la cuisine,
le charme du décor
et la douceur des prix.
704 pages,
une France
où il fait bon vivre.

HÔTELS & RESTOS de FRANCE

500 NOUVELLES
ADRESSES, 30 PLANS
DE GRANDES VILLES,
UN ATLAS DE 13 CARTES

HACHETTE

Les Bonnes Adresses
du GUIDE du ROUTARD

HÔTELS & RESTOS de FRANCE
Les Bonnes Adresses du GUIDE du ROUTARD

Hachette Littérature Générale

dans les Logis de France

De plus en plus appréciée, la cuisine régionale est une tradition de la Chaîne des Logis de France. Pour nous aider à promouvoir cette conception de la restauration "authentique", cette année, grâce aux cartes postales -voir ci-contre- que vous nous ferez parvenir à partir du mois de mars jusqu' au 31/08/95, vous distinguerez "vos" meilleures tables Logis. Elles seront regroupées par la Fédération qui, d'une part, organisera un Tirage au sort de vos cartes postales grâce auquel vous pourrez gagner des séjours ou des repas Logis et, d'autre part, désignera les hôtels-restaurants "Grands finalistes 1995". Merci de votre concours...

Nous publions ci-dessous les **lauréats** et **finalistes 1994**.

plat régional Logis de l'année - région Auvergne

Crépine de Pieds de Porc sur son Lit de Lentilles Vertes du Puy, Sauce Moutarde
Lauréat : Michel Sabot
"Hôtel La Colombière"
03200 Vichy (Abrest)

dessert régional Logis de l'année - région Haute-Normandie

Croustillant de Pomme à la Cannelle
Lauréat : Alain Depoix
"Le Logis de Brionne"
27800 Brionne

Finalistes régionaux présents à Paris pour la finale 1994

Alsace
M. Mas, Hôtel du Lac
68500 Guebwiller

Aquitaine
M. Amagat, Hôtel du Périgord
24150 Lalinde

Auvergne
M. Sabot, Hôtel La Colombière
03200 Vichy

Bourgogne
M. Rigaud, Hôtel Le Terminus
71700 Tournus

Bretagne
M. Orio, Hôtel La Voile d'Or
22240 Sables d'Or Les Pins

Centre
M. Vermeulen, Le Berry Relais
36100 Neuvy Pailloux

Champagne-Ardenne
M. Blanquet, Hôtel A La Boule d'Or
51170 Fismes

Franche-Comté
Mme Vieille, Hôtel de France
70140 Pesmes

Ile de France
M. Teinturier, Hôtel du Sauvage
77320 La Ferté Gaucher

Languedoc-Roussillon
Mme Robert, Hôtel Le Mont Aigoual
48150 Meyrueis

Limousin
M. Solignac, Hôtel du Lac
19430 Argentat (Camps)

Lorraine
M. Caillet, Relais de la Voie Sacrée
55220 Issoncourt-Trois-Domaines

Midi-Pyrénées
M. Decuq, Hôtel Moderne
12400 Saint Affrique

Nord-Pas de Calais
M. Theret, Hôtel Le Lion d'Or
62130 St Pol Sur Ternoise

Basse-Normandie
M. Feret, Hôtel Le Cheval Blanc
61140 La Chapelle d'Andaine

Haute-Normandie
M. Depoix, Le Logis de Brionne
27800 Brionne

Pays de la Loire
Mme Redureau, Hostellerie de la Gabelle 49410 St Florent le Vieil

Picardie
M. Petit, Hôtel de la Basilique
80300 Albert

Poitou-Charentes
M. Galpin, L'Orée des Bois
86280 Saint Benoît

Provence-Alpes-Côtes d'Azur
M. Roustan, Hôtel Les Chênes
04200 Sisteron

Rhône-Alpes
M. Delas, Hôtel de la Poste
38970 Corps

La Charte de Qualité
des Logis de France

Vous avez choisi les Logis de France. Savez-vous que notre Chaîne regroupe 4 000 hôteliers-restaurateurs autour d'une même idée de leur métier et consignée dans une **Charte de Qualité** ? Voici les points forts de la Charte des Logis de France...

Etre Logis de France, c'est être un hôtelier qui gère son entreprise dans un *cadre familial* où vous êtes accueillis en *hôtes payants*. Vous bénéficiez de toute l'attention qui permet d'établir, dès votre arrivée à l'hôtel, un climat de confiance appelé à se prolonger durant tout votre séjour.

Etre Logis de France, c'est -par un *accueil personnalisé*- faciliter votre vie à l'hôtel et répondre à toutes les demandes d'informations pratiques sur la région, les activités culturelles ou sportives, les services aux automobilistes...

Etre Logis de France, c'est s'attacher à ce que l'environnement, la décoration, l'ameublement de l'hôtel et la table, s'inscrivent avec *harmonie dans la région et dans sa tradition du terroir*.

Etre Logis de France, c'est préserver votre *tranquillité* et votre *repos* en s'interdisant, par exemple, d'installer des appareils à jeux ou à musique bruyants.

Etre Logis de France, c'est respecter les critères généraux de la Charte, critères repris dans une *grille de classement interne* à la Chaîne et matérialisés par un *classement en cheminées*, affiché à la porte de l'hôtel et en regard du nom de celui-ci dans ce Guide national.

Etre Logis de France, c'est accueillir nos amis étrangers en essayant, le plus souvent, de *vaincre l'obstacle de la langue*.

Etre Logis de France, c'est offrir un bon *niveau de confort et de propreté*.

Etre Logis de France, c'est assurer un *excellent rapport confort/qualité/prix* conforme à la réglementation en vigueur.

Etre Logis de France, c'est favoriser l'*accueil des parents et des enfants* par divers moyens : menu enfant, aire de jeux, services...

Etre Logis de France, c'est veiller à ce que le *personnel* soit *à votre écoute* avec gentillesse et disponibilité.

Etre Logis de France, c'est vous *faciliter la réservation de votre prochaine étape* dans un Logis de France pour vous faire bénéficier des mêmes prestations de qualité.

Le "plat logis"

Cette année, les Logis de France mettent en place "le plat Logis". Pourquoi cette nouvelle initiative ? Simplement pour respecter votre budget et l'évolution des goûts de notre clientèle ! **Progressivement, dans tous nos établissements**, vous sera proposé un plat régional, *différent par son contenu* selon les restaurants, à l'image de nos Logis, mais *toujours au même niveau de qualité*. N'hésitez surtout pas à nous faire part de vos remarques et de vos suggestions grâce à la fiche "suivi-qualité" située en annexe de ce guide.

Une carte postale
pour mieux vous servir

En 1994, plus de 150.000 "cartes postales" Logis de France vous avaient été distribuées. Elles vous ont permis de gagner des lots par tirage au sort. Cette année, de mars à août, *toujours pour être plus proches de vous*, nous vous proposons de participer à un nouveau tirage au sort, en retournant notre nouvelle carte postale -disponible dans tous les points Logis de France- et, surtout, de nous proposer, **grâce à cette même carte postale**, vos "*bonnes adresses de restaurants Logis*" qui seront récompensées en fin d'année. **Merci d'avance de votre précieux concours !**

Comment réserver ?

• conditions de réservation

Si votre premier contact est téléphonique, il est bon, pour votre sécurité, de confirmer votre réservation par écrit auprès de l'hôtelier, en précisant l'équipement désiré, la date, l'heure d'arrivée et le prix convenu par téléphone. L'usage veut que la réservation soit accompagnée d'un versement, qui engage les parties conformément aux règles du droit civil. Vous pouvez confirmer de façon définitive en portant la mention : *"bon pour acompte sur le prix"*. Le contrat est alors conclu, et seule la force majeure peut permettre de s'en dégager. Une réservation annulée, différée ou réduite, autorise l'hôtelier à conserver la somme que vous lui aurez versée préalablement, pour dédommagement de son préjudice.

Il n'existe pas de montant légal des acomptes versés (liberté contractuelle). L'usage consacre toutefois le barème suivant: pour une semaine, sans pension: 3 nuitées. Pour une semaine en pension complète: 4 jours de pension.

Les prix

Le guide 1995 mentionne des **prix communiqués au 1er septembre 1994**. Ils sont indicatifs et n'ont aucune valeur contractuelle. Lors de votre réservation, les conditions économiques ou la réglementation pouvant entraîner des variations et certaines prestations - parking, T.V., douche, salle de bain, animaux... - pouvant faire l'objet d'un supplément, il convient de vous faire confirmer les prix des prestations désirées et l'équipement de votre chambre. **Les prix** de pension et de 1/2 pension **s'entendent par jour et par personne**. Il sont calculés sur la base de 2 personnes par chambre.
-**prix pension** : chambre, petit déjeuner, déjeuner et dîner (par pers./jour).
-**prix 1/2 pension** : chambre, petit déjeuner, déjeuner ou dîner (par pers/jour).
Les prix des chambres s'entendent à la chambre sur la base de 2 pers/ch.

(1,27 F/mn)

Pour en savoir plus sur les Logis de France, composez sur votre minitel : 36 15 Logis de France.

Logis de France Services

Logis de France Services vous propose, pour faciliter vos loisirs ou vos déplacements d'affaires, une gamme de produits aux meilleures conditions de confort, de prix et de sécurité.

Les hôtels commercialisés par Logis de France Services sont indiqués dans la liste des hôtels par le symbole **C**

• **Logis en liberté** vous permet de découvrir la France, d'hôtel en hôtel pour un prix unique.

• **Forfaits sportifs ou de détente** destinés aux amateurs de séjours à thème tels que : ski, remise en forme, vélo, randonnées pédestres, week-ends gastronomiques...

• Les "**Logis de pêche**" (forfaits week-end ou semaine) pour les amateurs de ce sport.

Pour tout renseignement, toute demande de brochures ou réservations :
• en FRANCE : Logis de France Services 83, av d'Italie 75013 Paris tél : 45 84 83 84 télex : 202 030 F - fax : 44 24 08 74 - minitel : 36 15 Logis de France.
• à L'ÉTRANGER : "Maison de la France" vous indiquera l'agence de voyage qui effectuera votre réservation.

Les **Associations départementales des Logis de France** assurent le relais de la Fédération nationale des Logis de France au plan local. Elles **coordonnent** l'activité, **informent** les différentes structures et **participent** à la promotion générale du Mouvement auprès des médias, des élus locaux, des organismes à vocation touristique ou économique... Elles sont **regroupées au sein de la Fédération nationale** des Logis de France.

01 Ain 4 rue Bourgmayer 01000 Bourg en Bresse tél. 74.22.54.73

02 Aisne C.D.T. 1 rue Saint Martin B.P. 116, 02005 Laon cedex tél. 23.26.70.00

03 Allier C.D.T. Hôtel de Rochefort 12 Crs A. France 03000 Moulins tél. 70.46.81.50

04 Alpes de Haute Provence C.C.I. bd Gassendi 04000 Digne tél. 92.30.80.80

05 Hautes Alpes C.C.I. 16 rue Carnot B.P. 6, 05001 Gap cedex tél. 92.51.73.73

06 Alpes Maritimes C.R.T. 55 promenade des Anglais 06000 Nice tél. 93.18.61.39

07 Ardèche C.D.T. 8 cours du Palais B.P. 221, 07000 Privas tél. 75.64.04.66

08 Ardennes C.D.T. 18 Av. G. Corneau 08000 Charleville-Mezières tél. 24.59.46.78.

09 Ariège Hôtel du Département B.P. 143, 09000 Foix tél. 61.02.09.70

10 Aube C.D.T. 34 quai Dampière 10003 Troyes cedex tél. 25.42.50.92

11 Aude 57 rue d'Alsace B.P. 86, 11002 Carcassonne cedex tél. 68.11.42.24

12 Aveyron C.C.I. 10 place de la Cité 12033 Rodez cedex 09 tél. 65.77.77.00

13 Bouches du Rhône Loisirs-Accueil dom. du Vergon 13370 Mallemort tél. 90.59.18.05

14 Calvados Péricentre II 66 av. de Thiès 14000 Caen tél. 31.93.10.74

15 Cantal 8 rue Marie-Maurel 15000 Aurillac tél. 71.48.08.10

16 Charente C.D.T. place Bouillaud 16021 Angoulême tél. 45.69.79.19

17 Charente Maritime C.D.T. 11 bis rue des Augustins B.P. 1152, 17008 La Rochelle cedex tél. 46.41.43.33

18 Cher C.C.I. route d'Issoudun B.P. 54, 18001 Bourges cedex tél. 48.67.80.80

19 Corrèze C.C.I. 10 av. Maréchal Leclerc 19316 Brive cedex tél. 55.74.32.32

20 Corse (Haute) C.C.I. de Bastia & Hte. Corse Hôtel Consulaire, rue du nouveau Port, B.P. 210, 20293 Bastia cedex tél. 95.54.44.45

20 Corse du Sud 4 rue Capitaine Livrelli 20000 Ajaccio tél. 95.21.21.26

21 Côte d'or C.R.C.I. 68 rue Chevreul B.P. 209, 21006 Dijon cedex tél. 80.63.52.51

22 Côtes d'Armor Hôtel de Diane 22240 Sables d'Or les Pins tél. 96.41.42.07

23 Creuse C.C.I. 1 av. de la République B.P. 35, 23001 Guéret cedex tél. 55.52.55.27

24 Dordogne Office du Tourisme 16 rue Pdt Wilson 24000 Périgueux tél. 53.53.44.35

25 Doubs 4 ter Fg. Rivotte 25000 Besançon tél. 81.82.80.48

26 Drôme C.D.T. 31 av. Pdt. Herriot 26000 Valence tél. 75.82.19.26

27 Eure C.D.T. Hôtel du Département bd Georges Chauvin B.P. 367, 27003 Evreux cedex tél. 32.31.51.51

28 Eure et Loir C.D.T. 19 pl. des Epars B.P. 67, 28002 Chartres tél. 37.36.90.90

29 Finistère 2 rue Frédéric-Le-Guyader 29000 Quimper tél. 98.95.12.31

30 Gard C.C.I. 12 rue de la République 30032 Nîmes cedex tél. 66.76.33.33

31 Haute Garonne C.D.T. 14 rue Bayard 31000 Toulouse tél. 61.99.44.00

32 Gers (Syndicat hôtelier) 1 rue Dessoles B.P. 114, 32002 Auch cedex tél. 62.05.05.38

33 Gironde Maison du Tourisme 21 Cours de l'Intendance 33000 Bordeaux tél. 56.52.61.40

34 Hérault Office du Tourisme B.P. 522, 34305 Agde cedex tél. 67.26.38.58

35 Ille et Vilaine 4 quai Administrateur Thomas 35260 Cancale tél. 99.89.60.16

36 Indre C.C.I. 24 place Gambetta 36028 Chateauroux cedex tél. 54.53.52.51

37 Indre et Loire C.C.I. 4 bis rue Jules Favre 37010 Tours cedex tél. 47.47.20.00

38 Isère C.D.T. 14 rue de la République B.P. 227, 38019 Grenoble cedex tél. 76.54.34.36

39 Jura Hôtel du département B.P. 652, 39021 Lons le Saunier cedex tél. 84.85.89.81

40 Landes 38 cours Maréchal Joffre B.P. 364, 40108 Dax cedex tél. 58.74.08.03

41 Loir et Cher C.D.T. 5 rue de la Voûte du château 41000 Blois tél. 54.78.55.50

42 Loire C.D.T. 5 place Jean Jaurès 42021 Saint Etienne cedex 01 tél. 77.33.15.39

43 Haute Loire C.D.T. 12 bd Philippe Jourde B.P. 332, 43012 Le Puy en Velay cedex tél. 71.09.66.66

44 Loire Atlantique C.D.T. place du Commerce 44000 Nantes tél. 40.89.50.77

45 Loiret C.C.I. 23 Place du Martroi 45044 Orléans cedex 01 tél. 38.77.77.77

46 Lot C.C.I. 107 quai Cavaignac B.P. 79, 46002 Cahors cedex tél. 65.20.35.02

47 Lot et Garonne C.C.I. 52 cours Gambetta 47007 Agen tél. 53.77.10.00

48 Lozère Hôtel du Pont Roupt 48000 Mende tél. 66.65.01.43

49 Maine et Loire C.D.T. Anjou pl. Kennedy B.P. 2147, 49021 Angers cedex 02 tél. 41.23.51.51

50 Manche Maison du Département route de Villedieu 50008 Saint Lo tél. 33.05.98.83

51 Marne C.D.T. 2 bis bd. Vaubécourt 51000 Chalons-sur-Marne tél. 26.68.37.52

52 Haute Marne Centre adm. (Vieille cours) B.P. 509, 52011 Chaumont cedex tél. 25.32.87.70

53 Mayenne C.D.T. 84 av. Robert Buron B.P. 1429, 53014 Laval cedex tél. 43.53.18.18

54 Meurthe et Moselle C.D.T. 3 rue Mably B.P. 65, 54062 Nancy cedex tél. 83.35.56.56

55 Meuse C.D.T. Hôtel du département 55012 Bar le Duc tél. 29.79.48.10

56 Morbihan C.C.I. 21 quai des Indes B.P. 136, 56101 Lorient cedex tél. 97.02.40.86

57 Moselle C.C.I. 10-12 av. Foch B.P. 330, 57016 Metz cedex 01 tél 87.52.31.00

58 Nièvre Nièvre Tourisme 3 rue du Sort 58000 Nevers tél. 86.36.39.80

59 Nord C.D.T. 15-17 rue du Nouveau Siècle B.P. 135, 59027 Lille cedex tél. 20.57.00.61

60 Oise C.D.T. 19 rue Pierre Jacoby BP 822, 60008 Beauvais cedex tél.44.45.82.12

61 Orne C.D.T. 88 rue Saint Blaise B.P. 50, 61002 Alençon cedex tél. 33.28.88.71

62 Pas de Calais C.D.T. 24 rue Desille, 62200 Boulogne/Mer cedex tél. 21.83.32.59

63 Puy de Dôme C.D.T. 26 rue Saint Esprit 63038 Clermont-Ferrand cedex tél. 73.42.21.23

64 Pyrénées Atlantiques C.C.I. 1 rue de Donzac 64100 Bayonne tél. 59.46.59.57

65 Hautes Pyrénées Maison du Tourisme 9 rue A.Fourcade 65000 Tarbes tél. 62.93.01.10

66 Pyrénées Orientales C.C.I. quai de Lattre de Tassigny B.P. 941, 66020 Perpignan cedex
tél. 68.35.66.33 (poste 389)

67 Bas Rhin Maison du tourisme 9 rue du Dôme B.P. 53, 67061 Strasbourg cedex
tél. 88.22.01.02

68 Haut Rhin C.C.I. 8 rue du 17 Novembre B.P. 1088, 68051 Mulhouse cedex tél.89.66.71.71

69 Rhône C.C.I. 317 bd Gambetta B.P. 427, 69654 Villefranche/Saône cedex tél. 74.62.73.00

70 Haute Saône Maison du Tourisme Le Rialto rue des Bains B.P. 117, 70002 Vesoul cedex
tél. 84.75.43.66

71 Saône et Loire C.C.I. place G.Genevès B.P. 531, 71010 Mâcon cedex tél. 85.38.93.33

72 Sarthe C.D.T. Hôtel du département 72072 Le Mans cedex 9 tél. 43.81.72.72

73 Savoie 221 av. de Lyon B.P. 448, 73004 Chambéry tél. 79.69.26.18

74 Haute Savoie C.C.I. B.P. 128, 74004 Annecy cedex tél. 50.33.72.00

76 Seine Maritime C.R.C.I. 9 rue R. Schuman B.P. 124, 76002 Rouen cedex tél. 35.88.44.42

77 Seine et Marne Maison du Tourisme Château de Soubiran 170 av.H.Barbusse 77190
Dammarie les Lys tél. 64.37.19.36

78 Yvelines C.C.I. 21 av. de Paris 78021 Versailles cedex tél 30.84.79.47

79 Deux Sèvres C.D.T. 15 rue Thiers B.P. 49, 79002 Niort cedex tél. 49.77.19.70

80 Somme C.D.T. 21 rue Ernest Cauvin 80000 Amiens tél 22.92.26.39

81 Tarn C.D.T. Moulin Albigeois, B.P. 225, 81006 Albi tél. 63.47.56.50 (pte 33)

82 Tarn et Garonne C.C.I. 16 al. Mortarieu B.P. 527, 82005 Montauban cedex tél. 63.22.26.26

83 Var Conseil Général 1 bd Foch B.P. 187, 83005 Draguignan cedex tél. 94.68.97.74

84 Vaucluse C.D.T. pl. Campana B.P. 147, 84008 Avignon cedex tél. 90.86.43.42

85 Vendée 8 place Napoléon 85000 la Roche-sur-Yon tél. 51.05.45.28

86 Vienne C.D.T. 15 rue Carnot B.P. 287, 86007 Poitiers tél. 49.41.58.22

87 Haute Vienne C.C.I. 16 place Jourdan 87000 Limoges tél. 55.45.15.15

88 Vosges C.D.T. 7 rue Gilbert B.P. 332, 88008 Epinal cedex tél. 29.82.49.93

89 Yonne C.D.T. 1/2 quai de la République 89000 Auxerre tél. 86.52.26.27

90 Territoire de Belfort C.C.I. 1 rue du Docteur Fréry B.P. 199, 90004 Belfort cedex
tél. 84.21.62.12

91 Essonne 2 cours Monseigneur Roméro 91025 Evry cedex tél. 69.91.07.06

95 Val d'Oise Conseil Général du Val d'Oise, Hôtel du Département 2 Le Campus
95032 Cergy Pontoise cedex tél. 34.25.32.57

974 La Réunion 20 Cité Ah-Soune bd. Lancastel 97400 Saint Denis tél. 19 (262) 21.62.62

LE MÉMORIAL DE CAEN
Un voyage à travers l'histoire de notre siècle

MEMORIAL

un musée pour la paix

CAEN NORMANDIE

ouvert tous les jours sans interruption

TEL. 31 06 06 44 - 36 15 MEMORIAL

"Étape Affaires"
overnight business stops

Que vous soyez hommes d'affaires V.R.P. techniciens, commandez, maintenant, votre carte Étape Affaires 95 grâce à la fiche "demande de documentation" située à la fin de ce guide !

Logis de France
Services

Les Logis de France ont toujours pris des initiatives face aux grandes évolutions de leur époque. Ainsi, plus de 45 ans d'histoire ont contribué à la naissance des Logis d'Europe, qui ont vu le jour le 26 octobre 1993, sous le nom d'**Europlogis.**

L'Europe est aujourd'hui une réalité économique, culturelle et... touristique. Les hôteliers-restaurateurs Logis de France veulent tenir *leur place dans ce grand projet* en proposant à leurs collègues européens de *partager la philosophie de leur métier*, tout en préservant les particularités régionales, linguistiques, culinaires... des terroirs d'Europe.

Europlogis est une réalité en marche, forte de près de 5.000 hôteliers restaurateurs, tous à votre service !

Logis de France

Logis d'Italia

Logis of Ireland

Logis
of
Great Britain

Pour tout renseignement sur Europlogis
ou pour commander les Guides Europlogis (voir p. 17):

Fédération nationale des Logis de France

83, avenue d'Italie - 75013 - Paris (France)
tél : (1) 45 84 70 00 - fax : (1) 45 83 59 66
ou au siège de chacune des Associations nationales

Fédération nationale des Logis de France

83, avenue d'Italie - 75013 Paris (France)
tél : (1) 45 84 70 00
fax : (1) 45 83 59 66

🖳 36 15 Logis de France

Guide national 70 F ttc
(franco de port)

Logis d'Italia

Via Lamarmora,
44 - I- 20122
Milano - Italia
tél : 19 39 2 55 18 79 60
fax : 19 39 2 55 18 83 49

Guide national 30 F ttc
(franco de port)

Logis of Ireland

Unit 2, Sandymount Village Centre
Sandymount Dublin 4
réservation centrale : 19 353 1 668 9743
fax : 19 353 1 668 9727

La liste des hôtels-restaurants est inclue
dans le Guide Logis of Great Britain.
La carte d'Irlande, avec l'implantation des Logis,
est disponible sur simple demande à la FNLF.

Logis of Great Britain

20 Church Road • Horspath
Oxford OX9 1RU - ENGLAND
tél : 19 44 865 875 888
fax : 19 44 865 875 777
réservation centrale : 19 44 865 875 888

Guide national 70 F ttc
(franco de port)

Logis de France

The 1995 guide is an important step in our Group's history.

Since the end of 1994 our 4.000 hotels have been graded according to a new inspection form which includes over 150 strict and unbiased criteria, to make it easier for you to choose in all confidence the Logis which suits you.

We now propose three distinct categories of hotel but our commitment is unchanged, to offer quality with a varied choice at a price you can afford.

He who stands still, goes backwards...

So, we have put into effect a number of ideas to highlight the quality and value of our services : the "Logis Speciality" which you will find in the great majority of our restaurants, the "Guest Loyalty card" at the back of the guide, the "Regional Cuisine Competition" postcard available from the National Federation, the local Associations or from any hotel. We do hope that these benefits will encourage more and more of you to pay us a visit. Looking forward to welcoming you soon in one of our Logis !

Donatien de Sesmaisons
President of the "Fédération nationale des Logis de France".

Guest loyalty card

There are more than 4.000 Logis de France. They all adhere to a label of quality laid down in the membership Charter. Therefore, you have over 4000 possibilities to stay throughout France in hotels, generally family run, sharing the same dedication to hospitality, quality and value. This year the National Federation has designed a **Guest Loyalty Card** to thank you for your visits and to receive more of your comments. You can win numerous prizes and you will find the card with details overleaf at the back of the guide.

Logis grading system

1,2,3 fireplaces

You will find this easy and comprehensive grading shown next to the hotel name on the guide entry. The **national grading system** is based on more than 150 objective criteria ranging from the quality of food and service to the standard of accomodation and facilities in general. So, according to your particular requirements you can choose a hotel from the following categories :

🔥 "1 fireplace" : simple and comfortable
🔥🔥 "2 fireplaces" : comfortable
🔥🔥🔥 "3 fireplaces" : very comfortable

All rooms in one hotel may not offer the same level of comfort. Please specify the facilities you require when booking, to ensure a pleasant stay.

Reservations

To avoid any misunderstanding, we advise you to [...]
reservations by writing to the hotel with details of the ty[...]
date and time and agreed price. To secure your booking [...]
required and please specify that the deposit is sent wit[...]
part payment. This will bind both parties, under Fren[...]
enforceable contract so that only exceptional circumstances (force majeure)
can free the parties from that contract. Cancelled, postponed or abridged
reservations will entitle the hotel to retain the deposit in compensation.

The following deposits are suggested : for one week without meals : 3 nights'
deposit, for one week full board : 4 nights including meals. Deposits for shorter
or longer stays can be calculated accordingly.

Prices

The prices listed in the 1995 guide are as of **1st September 1994** and are
therefore given as an indication and cannot be considered as binding. Please
verify rates with the individual hotel when making your reservation as some
prices may vary with economic and legal changes and certain facilities may be
subject to an extra charge : car park, T.V., private shower, en-suite bathroom,
animals etc.. Full board and half board prices are indicated **per person per
day** on the basis of 2 guests per room.
- full board includes : room, breakfast lunch and dinner (per person per day).
- half board includes : room, breakfast, lunch or dinner (per person per day).
Room rates are given per room on a double occupancy basis.

Logis de France
Services

Whether you plan to travel for business or pleasure, Logis de France Services offer a
variety of reliable options to help you organise your trips, at an attractive price with a
high standard of comfort. The **C** sign in the list of the individual hotels' facilities
indicates those represented by Logis de France Services.
- **Logis en Liberté**, a freewheeler programme at a flat rate for you to discover
France, going as you please from Logis to Logis.
- **Sports or leisure breaks**, all-inclusive packages for sports and theme holiday
enthusiasts : skiing, getting yourself in shape, cycling, hiking, gastronomic
weekends...
- **Fishing Logis**, special arrangements during the week and at weekends for the
keen angler.
For further information, brochures and reservations, please contact :
- **France** : Logis de France Services, 83 av. d'Italie, 75013 Paris,
tel. (1) 45 84 83 84, telex 202 030, fax (1) 44 24 08 74, minitel 36 15 Logis de France.
- **Abroad** : The local French Government Tourist Office which will provide the name of an
authorised travel agency for reservations.
When in France, for further information on Logis de France by minitel, dial **36 15 Logis de
France.**

19

Die Ausgabe '95 des Reiseführers der Logis de France stellt eine wichtige Etappe in der Geschichte unserer Hotelkette dar. Seit dem Ende des Jahres 1994 werden unsere 4000 Hotel-Restaurants unter Berücksichtigung von 150 Kriterien in Kategorien eingestuft, damit Sie auf einfache und zuverlässige Weise Ihr Logis-Hotel auswählen können. Wir bieten Ihnen jetzt drei sehr unterschiedliche Kategorien der Hotel-Restaurants an, selbst wenn die Bestrebung der Logis de France weiter dahin geht, ein möglichst erschwingliches und abwechslungsreiches Qualitätsangebot vorzuschlagen. Wer nicht fortschrittlich handelt... macht Rückschritte.

Aus diesem Grund haben wir eine Reihe von Einrichtungen geschaffen, um die Qualität und die Preise unserer Leistungen aufzuwerten : das "Logis de France-Gericht", das Sie in den meisten unserer Restaurants vorfinden werden - "die Mitgliedskarte", die unserem Reiseführer beiliegt - die Postkarte "Wettbewerb der regionalen Küche", die Sie von unserem Landesverband, von einem unserer Bezirksverbände oder in einem unserer Hotels erhalten können. Wir wünschen, daß diese Initiativen dazu beitragen werden, Sie in immer größerer Zahl in unseren Hotel-Restaurants empfangen zu dürfen.

Wir hoffen, Sie bald in einem unserer Hotels begrüßen zu dürfen.

Donatien de Sesmaisons
Präsident der Fédération nationale des Logis de France

Die Logis-Mitgliedskarte

Die Logis de France sind mehr als 4000, die alle das in einer Satzung festgelegte Gütezeichen "Logis de France" tragen. Diese familiär verwalteten Hotel-Restaurants sind auf ganz Frankreich verteilte Etappen, die sich alle durch den gleichen, herzlichen Empfang, die Qualität und die Preise auszeichnen. Um weiter ständig Ihren Wünschen entgegenkommen zu können und um Ihnen für Ihre Besuche zu danken, hat der Landesverband in diesem Jahr eine Mitgliedskarte eingeführt, die es Ihnen gleichfalls erlauben wird, zahlreiche Preise zu gewinnen. Die Handhabung dieser Karte, die dem Reiseführer beiliegt, ist auf ihrer Rückseite eingehend beschrieben.

Die Logis-Bewertung

1-2-3 Kamine

Sie werden diese einfache und komplette Bewertung am Eingang unserer Hotels und in diesem Verzeichnis gegenüber dem Namen des Hotels wiederfinden. Diese **landesweite Bewertung** richtet sich nach mehr als 150 objektiven Kriterien, von der Qualität der Gerichte und des Service bis hin zur Zimmer und Hoteleinrichtung. So wählen Sie je nach gewünschtem Niveau der Leistungen ein Hotel mit :

       🔥 "1 Kamin", einfach aber komfortabel
      🔥 🔥 "2 Kamine", gut bürgerlich
     🔥 🔥 🔥 "3 Kamine", sehr komfortabel

Es kann im selben Hotel verschiedene Zimmer mit nicht genau demselben Komfort geben. Deshalb bitten wir Sie, bei der Reservierung die von Ihnen gewünschte Ausstattung genau anzugeben, damit Sie einen angenehmen Aufenthalt verbringen können.

• Reservierunsbedingungen

Falls Sie zunächst telefonisch reserviert haben, empfehlen wir Ihnen, zu Ihrer Sicherheit die Reservierung schriftlich beim Hotel zu bestätigen, mit genauen Angaben über die gewünschte Ausstattung, den Tag und die Zeit Ihrer Ankunft und den am Telefon vereinbarten Preis. Es ist allgemein üblich, bei der Reservierung eine Anzahlung zu leisten, wodurch die Reservierung gemäß der zivilrechtlichen Regelungen bindend wird. Mit der Einverständniserklärung "bon pour acompte sur le prix" können Sie die Bestätigung endgültig machen. Der Vertrag ist damit abgeschlossen und kann nur aufgrund höherer Gewalt ungültig werden. Bei einer rückgängig gemachten, verchobenen oder eingeschränkten Reservierung darf der Leiter des Hotels Ihre Anzahlung einhalten, um sich den ihm entstandenen Schaden zu ersetzen. Es gibt keine gesetzlich vorgeschriebene Höhe für die Anzahlungen (Vertragsfreiheit). Allgemein üblich sind jedoch foldende Regeln : Für eine Woche ohne Pension: 3 Übernachtungen. Für eine Woche mit Vollpension: 4 Übernachtungen mit Vollpension.

Die Preise

Das Verzeichnis 1995 führt die uns zum **1. September 1994** übermittelten Preise auf. Diese sind unverbindlich und ohne Gewähr. Da es bis zum Zeitpunkt Ihrer Reservierung durch wirtschaftliche Umstände oder gesetzliche Regelungen zu Änderungen kommen kann und da gewisse Leistungen -Parkplatz, Fernsehen, Dusche, Badezimmer, Tierhaltung usw. - zu Preiszuschlägen führen können, empfehlen wir Ihnen, sich den Preis für die gewünschten Leistungen und die Zimmerausstattung bestätigen zu lassen. Die Preise für Vollpension und für Halbpension gelten **pro Tag und pro Person**. Sie gelten auf der Basis von 2 Personen pro Zimmer.
- Vollpension: Zimmer, Frühstück, Mittagessen und Abendessen (pro Person, pro Tag).
- Halbpension: Zimmer, Frühstück und Mittagessen oder Abendessen (pro Person, pro Tag).
Die Preise für Zimmer gelten pro Zimmer auf der Basis von 2 Personen pro Zimmer.

Logis de France
Services

Logis de France Services bietet Ihnen zur Erleichterung Ihrer Ferien- oder Geschäftsreisen eine Reihe von Produkten zu besten Komfort-, Preis- und Sicherheitsbedingungen an. Die von Logis de France Services angebotenen Hotels sind in der Liste der Hotels mit dem Zeichen **C** versehen.
• Mit **Logis en liberté** können Sie Frankreich von Hotel zu Hotel einem Einheitspreis erkunden.
• Die **Pauschalangebote Sport und Entspannung** richten sich an die Liebhaber von Themen-Aufenthalten: Ski, Erholung, Radfahren, Wandern, Feinschmecker- Wochenenden usw.
• Die **Logis de pêche** (Pauschalpreise pro Wochenende oder pro Woche) richten sich an die Liebhaber des Angelsports.
Weitere Auskünfte, Prospekte und Reservierungen:
• **in Frankreich**: Logis de France Services, 83 av. d'Italie, F 75013 Paris, Tel (1) 45 84 83 84, Telex 202 030 F, Fax (1) 44 24 08 74, Minitel 36 15 Logis de France
• **im Ausland**: Im "Maison de la France" erfahren Sie, welches Reisebüro Ihre Reservierung durchführt.

Weitere Informationen im französischen Videotexnetz über Btx: *1333# und dann **36 15 Logis de France**

De uitgave van de „gids 1995" van Logis de France is een belangrijke stap in de geschiedenis van onze organisatie. Sinds eind 1994 worden onze 4000 hotel-restaurants namelijk volgens nieuwe, strenge en ontpartijdige regels beoordeeld zodat U gemakkelijk een duidelijke keuze kunt maken.

Daarom bieden wij U van nu af aan drie categoriën hotel-restaurants aan, maar Logis de France blijft natuurlijk synoniem met kwaliteit, is niet duur en heeft een zeer gevarieerd aanbod.

Vooruitgaan... en niet stil blijven staan!

Wij hebben een aantal initiatieven genomen zodat het aanbod kwaliteit - prijs nog beter wordt : De maaltijd Logis de France, die U in bijna al onze restaurants kunt krijgen - De puntenkaart, die U vindt als bijsluiter van de gids - De ansichtkaart „Regionale keukenwedstrijd" die U ontvangt na aanvraag bij onze Nationale Federatie, bij één van onze departementale stichtingen, of bij onze hotel-restaurants. Met behulp van deze initiatieven hopen wij U talrijk en hartelijk te kunnen ontvangen in onze hotel-restaurants.

Dus tot heel gauw in een Logis de France hotel-restaurant!

Donatien de Sesmaisons
President van de Fédération nationale des Logis de France.

De klantenkaart Logis

Er zijn meer dan 4000 hotel-restaurants aangesloten bij Logis de France. Ze zijn een verbintenis aangegaan met het kwaliteitslabel van Logis de France, en respecteren onze kwaliteitsovereenkomst. Onze hotel-restaurants worden kleinschalig gerund, en zijn verspreid over heel Frankrijk, maar dat neemt niet weg dat U overal een prima ontvangst, goede kwaliteit en redelijke prijzen kunt verwachten. Om U te bedanken voor Uw keuze, en om nóg meer aan Uw verwachtingen te kunnen voldoen, lanceert de Nationale Federatie dit jaar **een klantenkaart**, waar U prijzen mee kunt winnen. De gebruiksaanwijzing van deze kaart, vindt U op de achterkant van de bijsluiter die U bij de gids heeft gekregen.

De classificatie van Logis de France

1,2,3, schoorstenen

Onze eenvoudige en complete classificatie staat aangegeven bij de ingang van het hotel, en in de gids, naast de naam van het hotel. Deze **nationale classificatie**, gaat uit van meer dan 150 objectieve criteria die gaan van de kwaliteit van het restaurant en de bediening, tot de voorzieningen van de kamers van het hotel. Op deze manier kunt U afhankelijk van het niveau van de voorzieningen die U verwacht, kiezen voor een hotel :

       🏛 „1 schoorsteen" - simpel en comfortabel
      🏛 🏛 „2 schoorstenen" - goed comfort
     🏛 🏛 🏛 „3 schoorstenen" - zeer goed comfort

De verschillende kamers van de hotels bieden niet altijd hetzelfde comfort. Daarom is het raadzaam, als U reserveert, dat U nauwkeurig zegt welk niveau van voorzieningen U wenst, zodat U een aangenaam verblijf doorbrengt.

• Reserverings woor warden

Als Uw eerste contact telefonisch is verlopen, kunt U het beste, voor de zekerheid, Uw reservering schriftelijk bevestigen, waarbij U de gewenste voorzieningen, de datum, de aankomsttijd, en de per telefoon overeengekomen prijs bevestigt. Het is gebruikelijk een aanbetaling mee te sturen met de reservering, die beide partijen bindt aan de regels van het Burgelijk Wetboek. U kunt definitief bevestigen door de vermelding ,,accoord voor aanbetaling op de prijs", erbij te schrijven. Het contract is daarmee gesloten, en alleen overmacht maakt ontheffing hiervan mogelijk. Als een reservering wordt geannuleerd, uitgesteld, of verkort, is het aan de hoteleigenaar toegestaan, om het reeds overgemaakte bedrag te behouden als schadevergoeding. Het is niet wettelijk vastgesteld hoeveel U aanbetaalt (vrijheid van contract).

In de praktijk worden de volgende tarieven gehandhaafd : voor één week zonder pension : 3 nachten. Voor één week met vol-pension : 4 dagen met vol-pension.

De prijzen

Deze gids 1995, geeft de prijzen die aangegeven staan vanaf **1 september 1994**. Het zijn geen definitieve prijzen. Het zijn prijzen die U een indicatie geven. Vraag, als U reserveert, om een bevestiging van de prijs, al naar gelang de gewenste diensten en voorzieningen van de kamer. Door economische omstandigheden, of door nieuwe regelingen van voorzieningen zoals de garage, t.v., douche, badkamer of huisdieren kunnen de prijzen verhoogd worden. De prijzen voor vol-pension en half-pension staan **per dag, per persoon aangegeven**. Ze zijn vastgesteld op basis van 2 personen per kamer.
- prijs vol-pension : kamer, ontbijt, lunch en diner (per persoon/per dag)
- prijs half-pension : kamer ontbijt lunch of diner (per persoon/per dag)
De prijzen van de kamers alleen zijn vastgesteld op basis van 2 personen per kamer.

Logis de France
Services

De service-afdeling van Logis de France biedt U een reeks van voorzieningen aan op het gebied van comfort, prijs, en kwaliteits-garantie, om Uw vakantie of zakenreis aantrekkelijker te maken.
De bij de service-afdeling van Logis de France aangesloten hotels worden in de gids aangegeven met het teken **C**
• ,,**Logis Op Eigen Gelegenheid**" biedt U de mogelijkheid om Frankrijk van hotel naar hotel te ontdekken voor een vaste prijs.
• ,,**Sportieve Of Ontspanningsreis**", speciaal voor liefhebbers van reizen, waarbij skiën, fitness, fietsen, wandelen of een gastronomisch weekend het thema zijn.
• ,,**Logis Voor Visliefhebbers**" (weekend of weekverblijf) voor visliefhebbers.
Voor informatie, de brochure of reservering :
• **in Frankrijk** : Logis de France Services, 83, av. d'Italie 75013 Paris - Tél 45 84 83 84 Télex 202030F - Fax 44 24 08 74 - Minitel (via Videotext) **36 15 Logis de France**.
• **in het buitenland** verwijst ,,Maison de la France", U naar een reisburo, waar U kunt reserveren.

Offrirvi un
servizio migliore

Logis de France

La pubblicazione della Guida 95 dei "Logis de France" segna un corso molto importante nella storia della nostra Catena. Dalla fine del 1994, infatti, i nostri 4.000 alberghi-ristoranti sono stati classificati in base ad' una scala, rigorosa ed imparziale, di più di 150 criteri, per permettervi di scegliere, con semplicità e sicurezza, l'albergo Logis adatto alle vostre esigenze. Se oggi è proposto tre categorie ben distinte di alberghi-ristoranti, "Logis de France" non abbandona, tuttavia, la sua vocazione di offrirvi la qualità la più varia e accessibile. Chi non progredisce... regredisce!

Ecco perché abbiamo intrapreso una serie d'azioni destinate a valorizzare la qualità e il prezzo delle notre prestazioni : "il piatto Logis de France" che si trova nella maggior parte dei nostri ristoranti - la "carta-cliente", allegata alla presente Guida - la cartolina postale "concorso della cucina regionale", che si può ricevere su semplice richiesta indirizzata alla nostra Federazione nazionale, ad'una delle nostre Associazioni regionali, o ad'uno dei nostri alberghi. Speriamo sinceramente che queste iniziative ci permetteranno di accogliervi sempre più numerosi in nostri alberghi-ristoranti. A presto, dunque in uno dei nostri alberghi!

Donatien de Sesmaisons
Presidente della "Fédération nationale des Logis de France".

La carta-cliente Logis

I "Logis de France" sono più di 4.000, tutti aderenti al marchio di qualità stabilito in una carta. Questi alberghi-ristoranti, a gestione familiare, sapientemente distribuiti in tutta la Francia, condividono un'unica idea dell'ospitalità, della qualità e dei prezzi. Per meglio soddisfare, di giorno in giorno, i vostri desideri, e ringraziarvi della vostra visita, la Federazione nazionale ha istituito quest'anno **una carta-cliente**, grazie alla quale si può anche vincere numerosi premi. Le modalità d'uso di questa carta-cliente, allegata alla presente guida, sono spiegate al suo verso.

La classificazione Logis

1-2-3 caminetti

Si trova questa classificazione, semplice e completa, all'ingresso dei nostri alberghi, e nella presente Guida, a fronte del nome dell'albergo. Questa **classificazione nazionale** è stata stabilita in base ad oltre 150 criteri obiettivi che vanno della qualità della tavola e del servizio al conedo della camera e dell'albergo. Di conseguenza, in funzione del livello della prestazione, potrete optare per :

      "1 caminetto" : semplice e confortabile
      "2 caminetti" : buon livello di comfort
      "3 caminetti" : ottimo livello di comfort

È possibile che certe camere di uno stesso albergo possano non presentare esattamente lo stesso comfort. È quindi consigliabile precisare, al momento della prenotazione, il tipo di attrezzatura desiderato, alfine di trascorrere un piacevole soggiorno.

Come prenotare ?

• **Condizioni per la prenotazione.**
Se prendete contatto per telefono, è consigliabile, per maggiore sicurezza, confermare la vostra prenotazione per iscritto all'albergatore, precisando il tipo di comfort desiderato, la data e l'ora di arrivo, nonché il prezzo convenuto telefonicamente. È di regola versare un anticipo al momento della prenotazione : le due parti sono in tal modo vincolate conformemente alle norme del codice civile. Potete confermare in modo definitivo apponendo la dicitura : "Buono per anticipo sull'importo" (Bon pour acompte sur le prix). Il contratto è così concluso, e può essere revocato solo per causa di forza maggiore. Ogni prenotazione annullata, rimandata o ridotta, autorizza l'albergatore a conservare la somma versata in anticipo, a titolo di risarcimento. Non esiste nessun importo legale degli anticipi versati (libertà contrattuale).
È di regola, tuttavia, versare per una settimana di solo pernottamento una somma equivalente a tre notti. Per una settimana con pensione completa : 4 giorni di pensione.

I prezzi

La guida 1995 riporta i prezzi che si riferiscono al **primo settembre 1994**. Essi sono a titolo indicativo e non hanno nessun valore contrattuale. Le condizioni economiche o il regolamento possono determinare delle variazioni, e certe prestazioni (parcheggio, T.V., doccia, bagno, animali...) possono richiedere un supplemento ; è quindi consigliabile chiedere, al momento della prenotazione, conferma dei prezzi delle prestazioni desiderate e degli optional della vostra camera. Per quanto riguarda la pensione completa e la mezza pensione i prezzi si riferiscono **al giorno e per persona**. Sono calcolati in base a 2 persone per camera.
- prezzi pensione completa : camera, colazione, pranzo e cena (per pers./al giorno).
- prezzi mezza pensione : camera, colazione, pranzo o cena (per pers./al giorno).
I prezzi della camere si riferiscono ad una singola camera in base a 2 persone per camera.

Logis de France Services

Per facilitare le vostre vacanze o i vostri viaggi d'affari, Logis de France Services vi propone una gamma di prodotti alle migliori condizioni di comfort, di prezzo e di sicurezza. Gli alberghi commercializzati da Logis de France Services sono indicati nella lista degli alberghi con il simbolo **C**
• **Logis in libertà** per scoprire la Francia, da hotel a hotel ad un prezzo unico.
• **Forfait sportivi e di relax** destinati agli appassionati di soggiorni a tema come : sci, fitness, ciclismo, escursioni a piedi, week-end gastronomici...
• **Logis di pesca** (prezzi per fine settimana o per settimana) per gli appassionati di questo sport.
Per informazioni, richieste di depliant o prenotazioni :
• **in Francia**: Logis de France Services, 83, Av. d'Italie 75013 Paris - Tél 45 84 83 84 Télex 202030F - Fax 44 24 08 74 - Minitel 36 15 Logis de France.
• **all'Estero**: "Maison de la France "vi indicherà l'agenzia di viaggi che effettuerà la vostra prenotazione.
Se desiderate avere maggiori informazioni sui "Logis de France", consultate il nostro servizio sul vostro Videotel **36 15 Logis de France**.

un mejor servicio

Logis de France

La publicación de la Guía 95 de "Logis de France" marca el inicio de una nueva etapa en la historia de nuestra cadena de hoteles. Efectivamente, para permitirle elegir su hotel Logis con la mayor facilidad y seguridad, desde fines de 1994 hemos clasificado nuestros 4000 hoteles-restaurantes, de acuerdo con una nueva tabla rigurosa e imparcial, que contiene más de 150 criterios. Asi, de ahora en adelante le ofrecemos tres categorias bien definidas de hoteles-restaurantes, aunque "Logis de France" sigue teniendo como vocación la de proponerle una calidad lo más accesible y variada posible.

El que no avanza... retrocede.

Por eso hemos emprendido una serie de acciones orientadas a valorizar la calidad y el precio de nuestras prestaciones, como por ejemplo "el platillo Logis de France", que encontrará en casi todos nuestros restaurantes, la "tarjeta de fidelidad" que viene con esta Guía, la tarjeta postal "concurso de la cocina regional" que prodrá recibir con sólo pedirla a nuestra Federación nacional, a una de nuestras Asociaciones departamentales o a cualquiera de nuestros establecimientos. Esperamos sinceramente que estas iniciativas nos permitan contar con su presencia cada vez más numerosa en nuestros hoteles-restaurantes. Esperamos verle pronto en uno de nuestros establecimientos.

Donatien de Sesmaisons
Presidente de la "Fédération nationale des Logis de France".

La tarjeta de fidelidad Logis

Los hoteles "Logis de France" son más de 4000, y todos participan a una garantía de calidad definida en una Carta. Estos hoteles-restaurantes de administración familiar, constituyen otras tantas etapas repartidas en todo el territorio francès y comparten a una misma concepción, en lo que se refiere a la atención, la calidad y los precios. Para atender mejor sus deseos y agradecerle sus visitas, la federación nacional pone a su disposición cada año, **una tarjeta de fidelidad** con la que además podrá ganar muchos premios. Esta Guía contiene una de estas tarjetas, cuyas modalidades de utilización se detallan a su reverso.

La clasificación Logis

1-2-3 chimeneas

A la entrada de nuestros establecimientos y dentro de esta Guía encontrará esta clasificación sencilla y completa, frente al nombre de cada hotel. Esta **clasificación nacional** toma en cuenta más de 150 criterios que van, de la calidad de la comida y del servicio, al amueblado de la habitación y del establecimiento :

"1 chimenea" : sencillo y confortable
"2 chimeneas" : buen nivel de confort
"3 chimeneas" : muy buen nivel de confort

Todas las habitaciónes de un establecimiento no tienen el mismo nivel de confort. Al reservar, indique con precisión el nivel de amueblado que desea, para asegurarse de pasar una agradable estancia.

• Condiciones de reserva de habitación

Si su primer contacto se lleva a cabo por teléfono, les recomendamos, de confirmar su reserva por escrito al responsable del hotel, precisando el tipo de instalaciones y comodidades que desea, la fecha y hora de llegada y el precio convenido por teléfono. El uso manda que la reserva vaya acompañada del pago de un adelanto que compromete a ambas partes, en virtud de lo estipulado por el derecho civil. Puede usted confirmar en firme añadiendo la frase : "en calidad de adelanto". Esta fórmula cierra el contrato, y sólo en caso de fuerza mayor se justifica su incumplimiento. Una reserva anulada, diferida o reducida permite al director del hotel conservar la suma que usted le ha abonado a modo de adelanto, como desagravio por el perjuicio causado. La ley no estipula cuál debe ser el importe de los adelantos abonados (libertad contractual). Habitualmente, se aplica el siguiente baremo : por una semana sin pensión : 3 noches pagadas. Por una semana con pensión completa : 4 días de pensión.

Los precios

La guía de 1995 menciona los precios comunicados al **1ro de septiembre de 1994**. Son precios indicativos, que no poseen ningún valor contractual. En el momento de efectuar su reserva, la situación económica o la reglamentación vigente pueden ser causa de diferencias, y algunos servicios -parking, TV, ducha, cuarto de baño, animales...- pueden ser objeto de un suplemento. Por eso, conviene que solicite la confirmación del precio de los servicios solicitados y de las comodidades que desea tenga su habitación. Los precios de la pensión completa y de la media pensión corresponden a **un día y a una persona**. Se calculan sobre la base de 2 personas por habitación.
- precio de la pensión completa : habitación, desayuno, almuerzo o comida y cena (por persona y por día)
- precio de la media pensión : habitación, desayuno, almuerzo o comida y cena (por persona y por día)
El precio de las habitaciones se calcula sobre la base de 2 personas por habitación.

Logis de France
Services

Logis de France Services le propone, para facilitar sus momentos de ocio o sus viajes de negocios, una gama de productos en las mejores condiciones de confort, precio y seguridad. Los hoteles comercializados por Logis de France Services figuran en la lista de hoteles, bajo el símbolo C

• **Logis en libertad** le permite descubrir Francia, hotel tras hotel, por un precio único.

• **Precio especial deportes o esparcimiento**, está destinado a los amantes de estancias temáticas, tales como : esquí, puesta en forma, bicicleta, senderismo, fines de semana gastronómicos...

• Los "**Logis de pesca**" (precios por fin de semana o por semana), para los aficionados a este deporte.

Si desea informaciones complementarias, folletos o reservas, diríjase a :
• **en Francia** : Logis de France Services, 83, Av. d'Italie 75013 Paris - Tél 45 84 83 84 Télex 202030F - Fax 44 24 08 74 - Minitel 36 15 Logis de France.
• **en el extranjero**, "Maison de la France" le indicará la agencia de viajes que puede efectuar su reserva.
Si desea más información, marque el **36 15 Logis de France** en el minitel.

La douce France

La Vallée du Loir
The Loir Valley

From the 24 Hour Race Track, continue on the N138 through Bercé Forest to the Loir Valley.
The spelling here is not an error for there are two rivers in the region : *la* Loire and *le* Loir.
The first is a wide, graceful waterway, the second a fine, sinuous, romantic one. So much does the latter curve and wend that it is impossible to follow its banks by road. Rather, one meets up with it in a village, over a bridge.
Each encounter is poignant.

17 LOGIS DE FRANCE A VOTRE SERVICE :

- **LA CHARTRE SUR LE LOIR**
- **CHÂTEAU DU LOIR**
- **COUTURE SUR LE LOIR**
- **DISSAY SOUS COURCILLON**
- **LA FLÈCHE**
- **LUCHÉ - PRINGÉ**
- **LE LUDE**
- **MONTOIRE SUR LE LOIR**
- **ST HILAIRE LA GRAVELLE**
- **ST MARTIN DES BOIS**
- **ST OUEN**
- **TROO**
- **VENDÔME**

HAVE A BREAK IN THE COUNTRY
PHONE FOR YOUR FREE BROCHURE
(33) 43 23 44 55
36 COLOUR PAGES
TO GET AWAY FROM IT ALL

EN FRANCE
BROCHURE GRATUITE AU
NUMÉRO VERT 05 05 05 72

TOURISME en Vallée du Loir

LA FLECHE — LE LUDE — PONCE SUR-LE-LOIR — MONTOIRE SUR-LE-LOIR — VENDOME

✂

PLEASE SEND ME MORE INFORMATION

NAME...

SURNAME..

ADDRESS..

.... POST CODE..........................

LF 95

VALLÉE DU LOIR 3, bd René Levasseur Passage du Commerce
72000 LE MANS   fax : 0033 43 28 39 21

Nomenclature des localités par départements

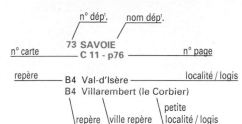

Comment repérer un *hôtel*
LOGIS DE FRANCE dans l'atlas

n° dép¹.   nom dép¹.

n° carte ——— **73 SAVOIE**
——— **C 11 - p76** ——— n° page

repère ——— **B4 Val-d'Isère** ——— localité / logis
B4 Villarembert (le Corbier)

petite
repère \ ville repère \ localité / logis

---

01 AIN C 11 - p 75
A3 Ars-sur-Formans
A3 Attignat
A3 Bellegarde-sur-Valserine
A3 Bellegarde-sur-Valserine (Lancrans)
B3 Belley
A3 Bourg-en-Bresse
B3 Bourg-Saint-Christophe
A3 Ceyzériat
A3 Chapelle-du-Chatelard (la)
A3 Charix
A3 Châtillon-sur-Chalaronne
A4 Col de la Faucille
A3 Coligny (Villemotier)
A4 Divonne-les-Bains
B3 Échets (les)
A3 Évosges
A3 Farges
A4 Ferney-Voltaire
A3-4 Gex
A3 Hauteville-Lompnes
A-B3 Jassans-Riottier
A3 Labalme-sur-Cerdon
A3 Lelex
A3 Logis-Neuf (le)
B3 Meximieux
A3 Mézeriat
A2-3 Montmerle-sur-Saône
A3 Nantua
A3 Nantua (les Neyrolles)
A3 Neuville-les-Dames
A3 Oyonnax
A3 Polliat
A3 Pont d'Ain
A3 Pont-de-Vaux
A3 Pont-de-Vaux (Gorrevod)
A3 Relevant
A3 Saint-Germain-de-Joux
A3 Saint-Paul-de-Varax
B3 Sainte-Croix
A3 Samognat
B3 Sault-Brénaz
A3 Simandre-sur-Suran

02 AISNE C 1 - p 46
C2 Ambleny
C3 Baulne-en-Brie
B3 Capelle (la)
B3 Crécy-sur-Serre
C2 Domptin .
B3 Etréaupont
B2 Guise
B2 Holnon
C2 Longpont
B3 Marle
C3 Monampteuil
B3 Neuville-Saint-Amand
B3 Nouvion-en-Thiérache (le)

C3 Reuilly-Sauvigny
C2-3 Sinceny
B2-3 Vendeuil

03 ALLIER
C 9 - p 68-69
C2 Andelaroche
C1-2 Bellenaves
B1 Bourbon-l'Archambault
C1-2 Chouvigny
B2 Dompierre-sur-Besbre
C2 Ebreuil
C1 Estivareilles
C2 Ferrières-sur-Sichon
C2 Gannat
C2 Jaligny-sur-Besbre
C1-2 Lalizolle
C2 Lapalisse
C1 Marcillat-en-Combraille
C2 Mayet-de-Montagne (le)
C1 Mazirat
C1 Montluçon
C1 Montluçon
C1-2 Montmarault
B2 Moulins
B2 Moulins (Avermes près)
B2 Moulins (Coulandon près)
C1 Néris-les-Bains
C2 Paray-sous-Briailles
B2 Pierrefitte-sur-Loire
B1 Saint-Bonnet-Tronçais
B1 Saint-Bonnet-Tronçais (Isle et Bardais)
C2 Saint-Pourçain-sur-Sioule
C2 Tronget
B1 Urçay
C2 Varennes-sur-Allier
C2 Varenne-sur-Allier (Saint-Loup)
B1-2 Veurdre (le)
C2 Vichy
C2 Vichy (Abrest)
C2 Vichy (Bellerive-sur-Allier)
C2 Vichy (Saint-Yorre)
C1-2 Villefranche-d'Allier
B1 Ygrande

04 ALPES-DE-HTE-PROVENCE
C 14 - p 83-84
B2 Allos (le Seignus)
B1-2 Barcelonnette
B2 Beauverzer
B2 Castellane
B2 Cruis
B2 Digne

B1-2 Forcalquier
B2 Foux-d'Allos (la)
B2 Gréoux-les-Bains
A2 Larche
B2 Lurs
B1-2 Manosque
B2 Manosque (Villeneuve)
B2 Montclar
B2 Moustiers-Sainte-Marie
B2 Palud-sur-Verdon (la)
B2 Pra Loup
B2 Quinson
B2 Rougon (Gorges du Verdon)
B2 Saint-André-les-Alpes
B1-2 Saint-Étienne-les-Orgues
A3 Saint-Vincent-les-Forts
B2 Sainte-Croix-de-Verdon
B2 Sauze (le)
B2 Selonnet
B2 Seyne-les-Alpes
B2 Sisteron
B2 Thorame Haute
A2 Thuiles (les)
B2 Valensole

05 HAUTES-ALPES
C 14 -p 83-84
A2-3 Aiguilles
A2 Arvieux
A1 Aspres-sur-Buëch
A1 Briançon
A2-3 Ceillac
A2 Chauffayer
A2 Crévoux
A2 Embrun
A2 Embrun (Crots)
A2 Freissinières
A2 Freissinouse (la)
A2 Gap
A2 Grave (la)
A2 Guillestre
B2 Laragne
A2-3 Molines-en-Queyras
A2 Monêtier-les-Bains (le) (Serre-Chevalier)
B1 Orpierre
A2 Pelvoux
A2 Prunières
A2 Puy-Saint-Vincent
A2 Risoul
A2 Roche-des-Arnauds (la)
A2 Saint-Bonnet-en-Champsaur
A2 Saint-Disdier
A2 Saint-Jean-Saint-Nicolas
A2 Saint-Julien-en-Champsaur
A2 Saint-Léger-les-Mélèzes
A2 Saint-Maurice-en-Valgodemard

A2-3 Saint-Véran
A2 Salle-les-Alpes (Serre-Chevalier)
A2 Saulce (la)
A2 Savines-le-Lac
A2 Sigoyer
A2 Vallouise
A2-3 Vars-les-Claux
A2-3 Vars-Sainte-Marie
A2 Villar-d'Arêne

06 ALPES-MARITIMES
C 14 - p 84
B3 Aiglun
C3 Antibes
B3 Aspremont
B3 Auron
B3 Bar-sur-Loup
B3 Berre-les-Alpes
B3 Berthemont-les-Bains
B3 Beuil
B3 Breil-sur-Roya
B3 Brigue (la)
B-C3 Cabris
B3 Cap-d'Ail
B3 Carros (Plan de)
B3 Castagniers
B3 Casterino
B3 Coaraze
B3 Colomars
B3 Colomars (la Manda)
B3 Courségoules
B3 Eze-Bord de mer
B3 Eze-Village
B3 Gattières
B3 Gaude (la)
C3 Golfe-Juan
B3 Grasse
B3 Gréolières-les-Neiges
B2-3 Guillaumes
B3 Isola-Village
C3 Juan-les-Pins
B3 Lantosque
B3 Léouve-la-Croix
B3 Levens
B3 Menton
B3 Menton (Monti)
C3 Mouans-Sartoux
B3 Nice
C3 Pégomas
B3 Peille
B3 Peillon-Village
B3 Plan-du-Var
C3 Plascassier-de-Grasse
B3 Roquebrune-Cap-Martin
B3 Roure
B-C2 Saint-Cézaire-sur-Siagne
B3 Saint-Dalmas-de-Tende
B3 Saint-Étienne-de-Tinée
B3 Saint-Jeannet

B2 Saint-Martin-
d'Entraunes
B3 Saint-Martin-
Vésubie
B3 Saint-Martin-
Vésubie (le Boréon)
B2-3 Saint-Vallier-de-
Thiey
B3 Sospel
B3 Suquet (le)
B3 Tende
B3 Thorenc
B3 Tourrette-Levens
B3 Tourrettes-sur-Loup
B3 Turini (Camp
d'Argent)
B3 Turini (Col de)
B3 Utelle
B-C3 Valbonne
C3 Vallauris
B3 Vence
B2 Villefranche-sur-Mer
B3 Villeneuve-Loubet
B-C3 Villeneuve-Loubet-
Plage

07 ARDÈCHE
C 13 - p 81- 82
B3 Aubenas
A3 Baix
A3 Béage (le)
A3 Beauvène
B3 Bourg-Saint-Andéol
B3 Chandolas
A3 Charmes-sur-Rhône
B3 Chauzon
A3 Cheylard (le)
A3 Coucouron
A3 Crestet (le)
A3 Davézieux
A3 Desaignes
B3 Jaujac
B3 Joyeuse
A3 Lac-d'Issarlès (le)
A3 Lalouvesc
A3 Lamastre
A3 Lanarce
B3 Lavilledieu
B3 Maisonneuve-
Chandolas
A3 Mézilhac
A3 Montpezat-sous-
Bauzon
A3 Ollières-sur-Eyrieux
(les)
B3 Orgnac-l'Aven
A3 Peaugrès
B3 Pont-de-Labeaume
A3 Pouzin (le)
A3 Privas (Col de
l'Escrinet)
B3 Rocher
B3 Rosières
B3 Ruoms
A3 Saint-Agrève
A3 Saint-Cirgues-en-
Montagne
A3 Saint-Laurent-du-
Pape
B3 Saint-Martin-
d'Ardèche
B3 Saint-Paul-le-Jeune
A3 Saint-Péray
B3 Saint-Pons
A3 Saint-Romain-d'Ay
A3 Sainte-Eulalie
A3 Sarras
A3 Satillieu
A3 Serrières
A3 Soyons
B3 Teil (le)
B3 Thueyts
A3 Tournon
B3 Valgorge
B3 Vallon-Pont-d'Arc
A-B3 Vals-les-Bains
B3 Voguë
A3 Voulte-sur-Rhône (la)

08 ARDENNES
C 4 - p 53
B1-2 Apremont-sur-Aire
A1 Bogny-sur-Meuse
A1 Charleville-Mézières
A1 Hautes-Rivières (les)
A1 Haybes-sur-Meuse
A1 Monthermé
A1 Neuville-lez-
Beaulieu
A2 Remilly-Aillicourt
B1 Rethel
A1 Sedan
A1 Signy-l'Abbaye
A1 Signy-le-Petit

09 ARIÈGE
C 16 - p 87-88
C3 Argein
C3 Audressein
C3 Aulus-les-Bains
C3 Ax-les-Thermes
C3 Bastide-de-Sérou
(la)
C3 Foix
C3 Foix (Saint-Martin-
du-Caralp)
C4 Foix (Saint-Paul-de-
Jarrat)
C3 Foix (Saint-Pierre-
de-Rivière)
C4 Lavelanet
C3 Lorp-Sentaraille
C3 Massat
C4 Mirepoix
C4 Montségur
C4 Pamiers
C4 Perles-et-Castelet
C3 Tarascon-sur-Ariège
C3-4 Ussat-les-Bains

10 AUBE
C 3 - p 51-52
C3 Aix-en-Othe
B3 Arcis-sur-Aube
C4 Arsonval
C3-4 Bar-sur-Seine
C3 Bréviandes
C3-4 Brévonnes
C4 Dolancourt
C3 Estissac
C4 Gyé-sur-Seine
C3 Magnant
C3 Maisons-lès-
Chaource
B3 Maizières-la-
Grande-Paroisse
C3-4 Mesnil-Saint-Père
C3 Montiéramey
B-C3 Nogent-sur-Seine
C3 Piney
B3-4 Ramerupt
C3-4 Riceys (les)
B3 Romilly-sur-Seine
C4 Rothière (la)
C3 Saint-Lyé
C3 Sainte-Savine
C3 Troyes
C4 Ville-sous-la-Ferté
B3 Voué

11 AUDE
C 17 - p 89-90
B1 Alet-les-Bains
C1 Belcaire
B1 Belflou
B1 Cailhau
B1 Carcassonne
B2 Carcassonne (Trèbes)
B1 Castelnaudary
B2 Caunes-Minervois
B1 Cavanac
B1 Coustaussa
C2 Cucugnan
B1 Cuxac-Cabardes
C1 Espezel
B2 Fabrezan
C1 Gincla
B2 Gruissan-Plage
B2 Gruissan-Port
B2 Homps

B1 Labastide-d'Anjou
B2 Lagrasse
B2 Lézignan-Corbières
B1 Limoux
B2 Marseillette
B2 Montredon-des-
Corbières
B2 Narbonne
B2 Narbonne-Plage
B1 Orsans
B2 Pépieux
B2 Peyriac-Minervois
B1 Pézens
B2 Port-la-Nouvelle
C1 Quillan
B1-2 Rennes-les-Bains
B2 Rieux-Minervois
B2 Sigean
B2 Vinassan

12 AVEYRON
C 13 - p 80-81
B2 Aguessac
B1 Albres (les)
B1 Arvieu
B2 Aubrac
B1 Baraqueville
B2 Bertholène
B2 Bois-du-Four
A1 Brommat
B1-2 Broquiès
B1 Brousse-le-Château
C2 Brusque
C2 Camarès
B1 Capdenac-Gare
B2 Cavalerie (la)
B1 Compolibat
B1 Conques
B1 Cransac-les-
Thermes
B1 Decazeville (Port
d'Agrès)
B1-2 Entraygues
B1-2 Espalion
B1 Fel (le)
B1 Foissac
B1 Fouillade (la)
B2 Gabriac
A-B2 Laguiole
B2 Laissac
B2 Melvieu
B2 Millau
B1 Montbazens
B2 Mostuéjouls
A1-2 Mur-de-Barrez
B1 Najac
C1 Plaisance
B1-2 Pont-de-Salars
B1 Naucelpeyroux
B1 Rignac
B2 Rivière-sur-Tarn
B1 Rodez
B1-2 Roquette (la)
B2 Saint-Affrique
B2 Saint-Côme-d'Olt
B1 Saint-Cyprien-sur-
Dourdou
B2 Saint-Geniez-d'Olt
B2 Saint-Jean-du-Bruel
B2 Saint-Martin-de-
Lenne
B2 Saint-Rome-de-
Cernon
C1 Saint-Sernin
A2 Sainte-Geneviève-
sur-Argence
B2 Séverac-le-Château
B1 Viaduc-du-Viaur
B1 Villefranche-de-
Rouergue
B2 Vitarelle (la)

**13 BOUCHES-DU-
RHÔNE C 13 - p 82**
C4 Aix les Milles
C3 Albaron (l')
C3 Arles
C3 Arles (le Sambuc)
C4 Aubagne
C4 Aurons
C4 Barben (la)
C4 Beaurecueil

C4 Bouc-Bel-Air
C4 Bouilladise (la)
C4 Carnoux-en-Provence
C4 Carry-le-Rouet
C4 Châteauneuf-le-
Rouge
C3-4 Châteaurenard
C4 Ciotat (la)
C3-4 Cornillon-Confoux
C3-4 Eygalières
C3 Eyragues
C4 Fontvieille
C4 Gémenos
C3 Graveson
C4 Marseille
C3 Mas-Blanc-des-
Alpilles
C3 Maussane-les-
Alpilles
C4 Mimet
C3 Rognonas
C4 Roque-d'Anthéron
(la)
C3 Saint-Martin-de-
Crau
C3 Saint-Rémy-de-
Provence
C3 Saintes-Maries-de-
la-Mer
C4 Sénas
C4 Trets
C4 Vauvenargues

14 CALVADOS
C 2 - p 47-48
B3 Annebault
B2 Arromanches
B2 Aunay-sur-Odon
B2 Bayeux
B2 Benouville
B2 Blonville-sur-Mer
B2 Cabourg
B2 Caen
A-B3 Canapville
B2 Caumont-sur-Orne
B2 Clécy
B2 Condé-sur-Noireau
B2 Colombelles
B2 Courseulles-sur-Mer
B2 Crépon
B2 Creully
B2 Crèvecœur-en-Auge
B2 Deauville
B3 Deauville (Touques)
B2 Dozulé
B2 Falaise
B2 Grandcamp-Maisy
B3 Honfleur
B2-3 Honfleur (Pennedepie)
B3 Honfleur (Barneville-
la-Bertran)
B3 Honfleur (Saint-
Gatien-des-Bois)
B2 Houlgate
B2 Isigny-sur-Mer
B2 Langrune-sur-Mer
B2 Lion-sur-Mer
B2-3 Lisieux
B2 Luc-sur-Mer
B2 Merville-Franceville-
Plage
B2 Montfiquet
B2 Noyers-Bocage
B3 Orbec-en-Auge
B2 Ouistreham Riva--Bella
B2 Pont-d'Ouilly
B2 Potigny
B2 Saint-Aignan-de-
Cramesnil
B3 Saint-André-d'Hébertot
B2 Saint-Aubin-sur-Mer
B2 Saint-Germain-du-
Criolt
B2 Saint-Pierre-sur-
Dives
B2 Tilly-sur-Seulles
B2 Touffreville
B3 Touques
B2 Trévières
B2 Troarn
B2 Trouville
B2 Vierville-sur-Mer
B2 Villers-Bocage
B2-3 Villerville
B2 Vire

34

A2 Champtoceaux
A2 Châteauneuf-sur-Sarthe
A-B2 Chavagnes-les-Eaux
A2 Chemillé
A2 Combrée (Bel Air)
B2 Doué-la-Fontaine
B3 Fontevraud-l'Abbaye
A2 Gennes
A2 Ingrandes
B2 Jallais
A2 Lion d'Angers (le)
A2 Ménitré (la)
B2 Montreuil-Bellay
A-B3 Montsoreau
A3 Noyant
B2 Nuaillé
A2 Ponts-de-Cé
A2 Rosiers (les)
A2 Saint-Florent-le-Vieil
A2-3 Saint-Martin-de-la-Place
A2 Saint-Sylvain-d'Anjou
A2 Seiches-sur-le-Loir
A2 Soulaire-et-Bourg
B2 Tessoualle (la)
B2 Vezins

50 MANCHE
C 2 - p 47
C1 Avranches
C1 Avranches (Pontaubault)
B1 Barneville-Carteret
C1 Beauvoir
B1 Bréhal
B1 Bricquebec
B2 Carentan (les Veys)
C1 Ceaux
A1 Cherbourg
C1 Courtils
B1 Coutainville
B1-2 Coutances
C1-2 Ducey
B2 Gieville
B1 Granville
B1 Hambye
C1 Mont-Saint-Michel (le)
B1 Periers
C1 Pontorson
C1 Pontorson (Brée-en-Tanis)
A2 Reville
C2 Romagny
C1-2 Saint-Hilaire-du-Harcouët
C1 Saint-James
B-C1 Saint-Jean-le-Thomas
B2 Saint-Lô
C1 Saint-Quentin-sur-le-Homme
A2 Saint-Vaast-la-Hougue
B1-2 Sainte-Mère-Eglise
C2 Sourdeval
C2 Teilleul (le)
A1 Valognes
B1-2 Villedieu-les-Poêles
B1-2 Villedieu-les-Poêles (Sainte-Cécile)

51 MARNE
C 3- P 51-52
B3 Ambonnay
B3 Beaumont-sur-Vesle
B3 Châlon-sur-Marne
B4 Chaussée-sur-Marne (la)
B3 Dormans
B3 Epernay
A3 Fismes
B4 Guiffaumont-Champaubert
B4 Givry-en-Argonne
B3 Linthes
B3 Montmirail
B3 Montmort-Lucy
B3 Moussy
B3 Pleurs

A3 Reims
B3 Saint-Just-Sauvage
B4 Sainte-Menehould
B3 Sézanne
B3 Soudron
B4 Thiéblemont
B3 Tours-sur-Marne
B3 Vauciennes (la Chaussée)
B3 Vertus
B3 Vertus (Bergères-les-Vertus)
B3 Ville-en-Tardenois
B3-4 Vitry-la-Ville
B4 Vitry-le-François
A3 Warmeriville

52 HAUTE-MARNE
C 7 - p 62-63
A2 Andelot
A2 Autigny-le-Grand
B2 Bannes
B2 Bourbonne-les-Bains
B2-3 Bourbonne-les-Bains (Enfonvelle)
B2 Bourg-Sainte-Marie
B2 Chamarandes
A2 Chamouilley
B2 Chaumont
A2 Chevillon
A2 Colombey-les-Deux-Eglises
A2 Eclaron
B2 Fayl-Billot
A2 Joinville
B2 Langres
B2 Langres (Saint-Geosmes)
B2 Marnay-sur-Marne
B2 Montigny-le-Roi
A2 Perthes
B2 Rolampont
A2 Saint-Thiébault
A2 Vignory

53 MAYENNE
C 5 - p 58
B4 Ambrières-les-Vallées
B4 Château-Gontier
B4 Ernée
B4 Evron
B4 Evron (Mézangers)
B4 Mayenne
B4 Meslay-du-Maine
B4 Neau
B4 Pré-en-Pail
C4 Saint-Aignan-sur-Roë
C4 Saint-Denis-d'Anjou
B4 Saint-Pierre-des-Nids
B4 Saulges
B4 Vaiges

54 MEURTHE-ET-MOSELLE C 4 - p 54
C3 Azerailles
C3 Baccarat
C3 Bayon
B2 Bazailles
B2 Briey
C3 Champenoux
B2 Custines
B-C2 Laitre-sous-Amance
C3 Laneuveville-Devant-Nancy
B2 Longuyon
A-B2 Longwy
C2-3 Méréville
C2-3 Nancy
C2-3 Richardménil
C2 Xeuilley

55 MEUSE
C 4 - p 53-54
B2 Aubreville
B2 Clermont-en-Argonne
B2 Damvillers
B2 Dun-sur-Meuse
B2 Etain
B2 Futeau
B2 Heudicourt
B2 Inor
B-C2 Issoncourt (les Trois Domaines)
B2 Montfaucon
B2 Montmédy
B2 Saint-Laurent-sur-Othain
B2 Saint-Mihiel
C2 Stainville
B2 Stenay
C2 Trémont-sur-Saulx
C2 Vaucouleurs
B2 Vilosnes

56 MORBIHAN
C 5 - p 57
C3 Allaire
C2 Arradon
C2 Auray
C2 Baden
B2 Baud
C2 Belle-Ile-en-Mer (Sauzon)
C2 Belz
C3 Billiers
C2 Bono (le)
B2 Bubry
B2 Camors
B3 Campénéac
C2 Carnac
B3 Chapelle-Caro (la)
C2-3 Damgan
C3 Elven
C2 Erdeven
C2 Etel
C3 Gacilly (la)
B2 Guémené-sur-Scorff
C2 Guidel-Plage
B3 Guilliers
B2 Hennebont
B3 Josselin
B-C2 Landevant
C2 Larmor Baden
C2 Locmariaquer
B2 Locminé
B2 Locqueltas
B2 Lorient
B3 Néant-sur-Yvel
C3 Péaule
B3 Ploërmel
C2 Plouharnel
C2 Plouhinec
B-C2 Pluvigner
B2 Pont-Scorff
B2 Pontivy
B2 Port-Louis
B2 Priziac
C3 Questembert
C2 Quiberon
C2 Quiberon (Saint-Pierre)
C3 Roche-Bernard (la)
B2 Saint-Nicolas-des-Eaux
C2 Sainte-Anne-d'Auray
C2 Trinité-sur-Mer (la)
C2 Vannes
C2 Vannes (Saint-Avé)

57 MOSELLE
C 4 - p 54
C3 Abreschviller
B2 Cattenom-Sentzich
B3 Château-Salins
C3 Dabo (la Hoube)
B3 Danne-et-Quatre-Vents (Bonne Fontaine)
B3 Delme
B2 Féy

B3 Freyming-Merlebach
B2 Gorze
B3 Grosbliederstroff
B2 Hagondange
C3 Heming
B2 Knutange
B3 Koenigsmacker
C3 Lutzelbourg
B3 Manderen
B3 Meisenthal
B2 Metz (Argancy-Rugy)
B3 Mittersheim
B3 Morhange
B3 Phalsbourg
B3 Porcelette
B3 Puttelange-aux-Lacs
B3 Rohrbach-les-Bitche
B3 Saint-Avold
B3 Sarralbe (Rech)
B3 Sarreguemines
B3 Seingbouse
B2 Thionville

58 NIÈVRE
C 9 - p 68-69
B2 Cercy-la-Tour
B1-2 Charité-sur-Loire (la)
B2 Charrin
B2 Château-Chinon
B2 Chatillon-en-Bazois
A2 Clamecy
A2 Corbigny
A1-2 Cosne-sur-Loire
B2 Decize
A2 Donzy
B2 Fours
A2 Lormes
B2 Luzy
B2 Magny-Cours
B2 Moulins-Engilbert
B1-2 Nevers
B2 Planchez
B1-2 Pougues-les-Eaux
A1-2 Pouilly-sur-Loire
B2 Saint-Honoré-les-Bains
A2 Varzy
B2 Vauclaix

59 NORD C 1- p 45-46
B3 Avesnes-sur-Helpe (Avesnelles)
A2 Bergues
A2 Boeschepe
A2 Bollezeele
A2 Brouckerque
B2 Cambrai
B3 Cateau-Cambrésis (le)
B3 Cousolre
A2 Douai
A2 Douai (Frais-Marais)
A2 Dunkerque
A2 Halluin
A2 Hazebrouck
B3 Liessies
B3 Maubeuge
A2 Neuville-en-Ferrain
A-B3 Sebourg
A2 Seclin
B3 Valenciennes

60 OISE C 3- p 50-51
A2 Beauvais
A2 Beauvais (Warluis)
A2 Beauvoir
B2 Chantilly (Gouvieux)
A1 Chaumont-en-Vexin
A2 Clermont (Agnetz)
A2 Compiègne
A2 Creil
B2 Ermenonville
B2 Fontaine-Chaalis
B2 Lagny-le-Sec
A2 Noyon
A2 Pierrefonds

A2 Pierrefonds (Chelles)
B2 Plailly
A2 Senlis
B2 Villers-sous-Saint-Leu

61 ORNE C 2 -p 48
C2-3 Alençon
C2-3 Argentan
C2-3 Argentan (Ecouché)
C2 Bagnoles-de-l'Orne
C2 Bagnoles-de-l'Orne (Tessé-la-Madeleine)
C3 Bellême
C2 Carrouges
C2 Chapelle-d'Andaine (la)
C2 Domfront
B3 Ferté-Fresnel (la)
C2 Ferté-Macé (la)
C2 Flers-de-l'Orne
C2 Fontenai-sur-Orne
C2 Juvigny-sous-Andaine
C2 Lalacelle
C3 Longny-au-Perche
C3 Mêle-sur-Sarthe (le)
C3 Mortagne-au-Perch
B-C2 Putanges-Pont-Ecrepin
C2 Rânes
C2 Saint-Denis-sur-Sarthon
C3 Sainte-Gauburge-Sainte-Colombe
C3 Sées
C2-3 Sées (Macé)
C3 Tourouvre
C2-3 Valframbert
B2-3 Vimoutiers

62 PAS-DE-CALAIS C 1- p 45-46
A1 Ardres
A2 Arques
A1 Auchy-les-Hesdin
B2 Bapaume
A1 Berck-Plage
A2 Béthune
A2 Blendecques
A1 Calais
A1 Camiers
A1 Escalles
B2 Fréven
A-B2 Gavrelle
A2 Guînes
A-B1 Hesdin
A1 Inxent
B1-2 Marconne
A2 Molinghem
A1 Montcavrel
A1 Montreuil-sur-Mer
A2 Noeux-les-Mines
A2 Saint-Omer
A1-2 Saint-Omer (Wisques)
A2 Saint-Pol-sur-Ternoise
A1 Stella-Plage
A1 Wast (le)
A1 Wierre-Effroy
A1 Wimereux
A1 Wissant

63 PUY-DE-DÔME C 11- p 74
B1-2 Ambert
B2 Aubusson-d'Auvergne
B1 Avèze
B1 Aydat (Rouillas-Bas)
B1 Besse-et-Saint-Anastaise
B1 Besse-et-Saint-Anastaise (Super-Besse)
B1 Bourboule (la)
B1 Bourg-Lastic
B1 Brassac-les-Mines
B1 Chambon-sur-Lac

B1 Charensat (Chancelade)
A1 Châteauneuf-les-Bains
B1 Chatelguyon
B1 Chatelguyon (Saint-Hippolyte)
B2 Chaulme (la)
B1-2 Clermont-Ferrand
B1 Clermont-Ferrand (Chamalières)
B1 Coudes
B1 Cournon-d'Auvergne
B1 Gelles
B1 Giat
B1 Herment
B1 Issoire (Parentignat)
B1 Laqueuille
B1 Laqueuille-Gare
B1 Manzat
B1 Maringues
B1 Mont-Dore (le)
B1 Mont-Dore (le) (Lac de Guéry)
B1 Murol
B1 Murol (Beaune-le-Froid)
B1 Olliergues
B1 Orcines
B1 Orcines (la Baraque)
B1 Orcines (la Font de l'Arbre)
B1 Orcival
B1 Parent-Gare
B1 Picherande
B1 Pont-du-Bouchet (les Ancizes Comps)
B1 Pont-du-Bouchet (près Miremont)
B1 Pontaumur
B1 Pontgibaud
B1 Riom
B1 Royat
B2 Saint-Anthème
B1 Saint-Germain-Lembron
A1 Saint-Gervais-d'Auvergne
B1 Saint-Nectaire
B1 Saint-Rémy-sur-Durolle
B1 Saint-Sauves
B1 Tauves
B1 Thiers (Pont-de-Dore)
B1 Tour-d'Auvergne (la)
B2 Vertolaye
B1-2 Viscomtat

64 PYRÉNÉES - ATLANTIQUES C 16 - p 86
B1 Ainhoa
C1 Aldudes
C2 Arudy
B1 Ascain
C1 Barcus
B1 Bayonne
B1 Berenx
B1 Biarritz
B1 Bidarray
B1 Bidart
C2 Bielle
B1 Cambo-les-Bains
B1 Castagnède-de-Béarn
C1-2 Eaux-Bonnes
B1 Espelette
C1 Estérencuby
C1 Etsaut
B2 Gan
B1 Hasparren
B1 Hendaye
B1 Hendaye-Plage
B1 Hélette
B1 Itxassou
C1 Lanne
B1 Larceveau-Arros-Cibits
C1 Larrau
B1 Mauléon-Licharre

B-C1 Musculdy
C2 Nay
C1-2 Oloron-Sainte-Marie (Gurmençon)
B1 Orthez
B1 Osses
B2 Ousse
B1 Saint Estében
B1 Saint-Jean-de-Luz
C1 Saint-Jean-le-Vieux
C1 Saint-Jean-Pied-de-Port
B1 Saint-Martin-d'Arrossa
C1 Saint-Michel
B1 Saint-Palais
B1 Saint-Pée-sur-Nivelle
B1 Sare
B1 Sauveterre-de-Béarn
C2 Sévignacq-Meyracq
B2 Soumoulou
B1 Souraïde
C1 Urdos-en-Béarn
B1 Urt

65 HAUTES-PYRÉNÉES C 16 - p 87
C2 Arcizans-Avant
C2 Argelès-Gazost
C2 Argelès-Gazost (Beaucens)
C2 Arras-en-Lavedan
C2-3 Arreau
C2 Aspin-en-Lavedan
C2 Aucun
C3 Aveux
C2 Ayzac-Ost
C2 Bagnères-de-Bigorre
C2 Barèges
C2 Beaudéan
C2-3 Bordères-Louron
C2-3 Cadéac
C2 Campan
C2 Capvern-les-Bains
B2-3 Castelnau-Magnoac
C2 Cauterets
B2 Chis
C2 Gavarnie
C2 Gèdre
C2 Lugagnan
C2 Luz-Saint-Sauveur
C2 Mongie (la)
C3 Nestier
C2 Saint-Lary-Soulan
C2 Saint-Lary-Soulan (Vignec)
C2 Saint-Savin
C2 Tarbes (Juillan)
C2 Tournay (Ozon)
B2 Trie-sur-Baïse

66 PYRÉNÉES-ORIENTALES C 17 - p 89-90
C2 Amélie-les-Bains
C1 Angles (les)
C2 Argelès-Plage
C2 Argelès-sur-Mer
C2 Arles-sur-Tech
C2 Banyuls-sur-Mer
C2 Barcarès (le)
C1 Bolquère
C2 Boulou (le)
C2 Canet-Plage
C2 Casteil
C2 Céret
C2 Collioure
C2 Elne
C1 Enveitg (Village-Frontière)
C1 Font-Romeu
C1-2 Molitg-les-Bains
C1 Mont-Louis
C1 Mont-Louis (la Llagonne)
C1 Osséja (Valcebollère)
C2 Perpignan
C2 Port-Vendres

C2 Prats-de-Mollo-la-Preste
C1 Sahorre
C1 Saillagouse
C2 Saint-Laurent-de-la-Salanque
C2 Saint Paul-de-Fenouillet
C1 Vernet-les-Bains
C1 Villefranche-de-Conflent

67 BAS-RHIN C 4 - p 55
B-C4 Barr
B4 Birkenwald
B4 Brumath
C4 Châtenois
B4 Cleebourg
B4 Climbach
B4 Eckbolsheim
B4 Entzheim
B4 Eschau
B4 Fegersheim-Ohnheim
BC-4 Fouday
B4 Fréconrupt
B4 Furdenheim
B-C4 Gertwiller
B4 Geudertheim
B4 Grandfontaine
B4 Heiligenstein
C4 Hohwald (le)
B4 Ingwiller
B4 Innenheim
B4 Ittenheim
C4 Itterswiller
B4 Jaegerthal
C4 Lalaye
B4 Marienthal
C4 Mittelbergheim
B4 Mittelhausbergen
B4 Mittelhausen
B4 Mollkirch
B4 Molsheim
B4 Mosbronn-les-Bains
B4 Mothern
B4 Mutzig
B4 Natzwiller
B4 Niederbronn-les-Bains
B4 Niederhaslach
B4 Niederschaeffolsheim
A-B4 Niedersteinbach
B4 Oberhaslach
B4 Obernai
A4 Obersteinbach
C4 Orschwiller
B4 Ottrott
B4 Petite-Pierre (la)
B4 Reichstett
C4 Saales
C4 Saint-Blaise-la-Roche
B4 Saint-Jean-Saverne
C4 Sand
B3-4 Sarre-Union
C4 Saulxures
B4 Saverne
B4 Schaeffersheim
B4 Schirmeck (les Quelles)
B4 Souffelweyersheim
B4 Strasbourg
B4 Urmatt
C4 Vancelle (la)
B4 Vendenheim
C4 Villé
B4 Wangenbourg
B4 Wasselonne
A-B4 Wissembourg
B4 Wolfisheim

68 HAUT-RHIN C 7 - p 64
B4 Altkirch
A4 Ammerschwihr
A4 Andolsheim
A4 Artzenheim
B4 Bantzenheim
B4 Bartenheim
B4 Bettendorf
A4 Biesheim
B4 Blodelsheim

B4 Bollenberg-Rouffach
A4 Bonhomme (le)
B4 Bourbach-le-Bas
B4 Burnhaupt-le-Haut
B4 Cernay
B4 Colmar
A4 Eguisheim
A-B4 Eschbach-au-Val
 (Obersolberg)
C4 Ferrette
B4 Froeningen
A4 Gaschney (le)
B4 Grand Ballon (le)
B4 Gueberschwihr
B4 Guebwiller
B4 Hagenthal-le-Bas
B4 Hartmannswiller
A4 Hohrod
A4 Hohrodberg
A4 Horbourg-Wihr
A4 Husseren-les-
 Châteaux
A4 Illhaeusern
A4 Ingersheim
B4 Isssenheim
B4 Jungholtz-
 Thierenbach
A4 Katzenthal
A4 Kaysersberg
A4 Kaysersberg
 (Kientzheim)
B4 Kruth
B4 Kruth-Frenz
A4 Lapoutroie
A4 Liepvre
B4 Linthal
A4 Logelheim
C4 Lucelle
A4 Luttenbach
C4 Lutter
B4 Markstein
B4 Metzeral
A-B4 Muhlbach-sur-Munster
B4 Mulhouse
B4 Mulhouse
 (Baldersheim)
A4 Munster
B4 Murbach
A4 Neuf-Brisach
A-B4 Neuf-Brisach
 (Vogelgrun)
A4 Niedermorschwihr
A4 Obermorschwihr
A4 Orbey
A4 Orbey (Basses-
 Huttes)
A4 Ostheim
B4 Pfaffenheim
B4 Pulversheim
A4 Ribeauvillé
A4 Rimbach
A4 Riquewihr
B4 Rixheim
B4 Rouffach
B4 Saint-Amarin
A4 Saint-Hippolyte
A4 Saint-Louis
A4 Sainte-Marie-aux-
 Mines
B4 Sewen
B4 Sierentz
B4 Soultz
A4 Soultzbach-les-
 Bains
A4 Soultzeren
A4 Soultzmatt
A4 Stosswihr
B4 Thann
A4 Thannenkirch
A4 Trois-Epis
A4 Turckeim
A4 Uffholtz
B4 Village-Neuf
B4 Wahlbach
B4 Westhalten
A4 Wettolsheim
A4 Wintzenheim
B4 Wittenheim
A4 Zellenberg

69 RHÔNE C 11 - p 75
A-B2 Anse
A2 Beaujeu
B2 Bessenay
A2 Corcelles-en-
 Beaujolais
A2 Cours-la-Ville
B3 Genas
A2 Juliénas
A2 Lamure-sur-
 Azergues
B2-3 Lyon (Brignais)
B2 Lyon (Chaponost)
B2-3 Lyon (Francheville)
B2-3 Mornant
A2 Quincié-en-
 Beaujolais
B2 Saint-Clément-sur-
 Valsonne
B2 Saint-Martin-en-
 Haut
B3 Saint-Pierre-de-
 Chandieu
B3 Sainte-Colombe
A2 Salles-Arbuissonnas
 en-Beaujolais
B2 Sarcey
B3 Sérezin-du-Rhône
A3 Taponas
B2 Tarare
B2 Thurins
A2-3 Villefranche-sur-
 Saône
A2 Villié-Morgon

70 HAUTE-SAÔNE
 C 7 - p 63-64
B3 Champagney
B2 Champlitte
B3 Combeaufontaine
B2 Gray
B3 Jussey
B3 Luxeuil-les-Bains
C2 Pesmes
B3 Port-sur-Saône
B3 Rioz
B3 Ronchamp
B3 Saint-Loup-sur
 Semouse
B3 Thillot (le)
 (Col des Croix)
C2 Venère
B3 Vesoul
B3 Villersexel

71 SAÔNE-ET-LOIRE
 C 9 - p 69
C2 Anzy-le-Duc
B3 Autun
B3 Beaurepaire-en-
 Bresse-Louhans
B2 Bourbon-Lancy
B3 Buxy
B3 Chagny
B3 Châlon-sur-Saône
B3 Châlon-sur-
 Saône (Lux)
B-C3 Charette
B-C3 Charolles
B3 Chassey-le-Camp
B2-3 Chissey-en-Morvan
C2-3 Clayette (la)
B3 Cluny
B3 Cortevaix
B3 Couches
C3 Croix-Blanche (la)
 (Berzé-la-Ville)
B3 Cuiseaux
B3 Cuisery
B2 Digoin
B3 Fleurville
B2 Givry
B2-3 Gueugnon
B3 Joncy
B3 Louhans
B3 Louhans
 (Chateaurenaud)
B3 Lugny
C3 Mâcon
C3 Mâcon (Sennecé-
 lès-Mâcon)
B3 Malay

C2 Marcigny
B3 Messey-sur-Grosne
B-C3 Paray-le-Monial
B2 Petite-Verrière (la)
B3 Romenay
B3 Saint-Boil
B3 Saint-Gengoux-le-
 National
B3 Saint-Germain-du-
 Bois
B3 Saint-Martin-en-
 Bresse
C3 Saint-Vérand
B3 Tournus
B3 Varennes-le-Grand

72 SARTHE C 6 - p 59
B-C1 Bazouges-sur-le-Loir
B1 Beaumont-sur-
 Sarthe
B1 Chartre-sur-le-Loir
 (la)
B-C1 Château-du-Loir
C1 Dissay-sous-
 Courcillon
B1 Ferté-Bernard (la)
B1 Flèche (la)
B1 Fresnay-sur-Sarthe
B1 Fyé
B1 Luché-Pringé
C1 Lude (le)
B1 Mamers
B1 Sablé-sur-Sarthe
B1 Saint-Symphorien
B1 Savigné-l'Evêque
B1 Sillé-le-Guillaume
B1 Suze-sur-Sarthe (la)
B1 Thorigné-sur-Due
B1-2 Vibraye

73 SAVOIE C 11 - p 76
B3 Aiguebelette-le-Lac
B4 Aiguebelle
B4 Aime
B3 Aix-les-Bains
B4 Aix-les-Bains
 (Trévignin)
B4 Albertville
B-C4 Albiez-Montrond
B3 Attignat Oncin
B4 Aussois
B4 Beaufort-sur-Doron
B4 Bessans
B4 Bonneval-sur-Arc
B3 Bourdeau
B4 Bourg-Saint-
 Maurice
B4 Bramans
B3 Bourget-du-Lac (le)
B4 Bramans
B4 Brides-les-Bains
B4 Celliers
B4 Challes-les-Eaux
B3-4 Chambéry
B3 Chambéry
 (les Charmettes)
B4 Chamousset
B4 Champagny-en-
 Vanoise
B4 Courchevel
B4 Crest-Voland
B3 Échelles (les)
B4 Feclaz (la)
B4 Flumet
B4 Francin
B4 Giettaz (la)
B4 Jarrier
B4 Jarsy
B4 Lanslebourg
B4 Lanslevillard
B3 Lépin-le-Lac
B4 Modane-Valfréjus
B4 Modane-Valfréjus
 (Fourneaux)
B4 Montmélian
B4 Moûtiers
B4 Notre-Dame-de-
 Bellecombe
B4 Peisey-Nancroix
B4 Pralognan-la-
 Vanoise
B4 Revard (le)

B4 Rochette (la)
B4 Rochette (la)
 (Arvillard)
B4 Rosière
 Montvalezan (la)
B3 Saint-Alban-de-
 Montbel
B4 Saint-Colomban-
 des-Villards
B4 Saint-François-
 Longchamp
B3 Saint-Jean-de-
 Chevelu
B4 Saint-Michel-de-
 Maurienne
B4 Saint-Sorlin-d'Arves
B4 Sainte-Foy-
 Tarentaise
B4 Sardières
B4 Séez
B4 Séez (Villard-
 Dessus)
B4 Termignon
B4 Tignes (lac de)
B4 Toussuire (la)
B4 Val-d'Isère
C4 Valloire
B4 Villard du Planay
B4 Villarembert (le
 Corbier)
B3-4 Viviers-du-Lac
B3 Yenne

74 HAUTE-SAVOIE
 C 11 - p 76
A4 Abondance
B4 Alby-sur-Chéran
A4 Allonzier-la-Caille
A4 Amphion-les-Bains
B3-4 Annecy
B4 Annecy (le Semnoz)
A4 Annecy-le-Vieux
A-B4 Annecy-le-Vieux-
 Albigny
A4 Annemasse
 (Etrembières)
A4 Anthy-sur-Léman
A4 Argentière
A4 Armoy
A4 Aviernoz
A3-4 Balme-de-Sillingy
 (la)
A4 Bellevaux
A4 Bellevaux
 (Hirmentaz)
A4 Bernex
A4 Bernex (la Beunaz)
A4 Biot (le)
A4 Bogève
A3-4 Bonlieu
A4 Bonne
A4 Bonneville
A4 Bons-en-Chablais
B4 Bouchet (le)
B4 Bredannaz-
 Doussard
A4 Carroz-d'Araches
 (les)
A4 Chamonix
A4 Chamonix (le
 Lavancher)
A4 Chamonix (les
 Bossons)
A4 Chamonix (les Praz)
A4 Champanges
A4 Chapelle-
 d'Abondance (la)
A4 Châtel
A4 Chatillon-sur-Cluses
A-B4 Clusaz (la)
A3-4 Col du Mont Sion
B4 Combloux
B4 Contamines-
 Montjoie (les)
A4 Cordon
A4 Cruseilles
B4 Doussard
B4 Duingt
A3 Eloise
A4 Évian-les-Bains
A4 Évian-les-Bains
 (Neuvecelle)
B4 Faverges

B2 Oie (l')
B1 Palluau
B1-2 Poiré-sur-Vie (le)
B2 Pouzauges
B1 Roche-sur-Yon (la)
B1 Sables-d'Olonne (les)
B1 Saint-Gilles-Croix-de-Vie
B1 Saint-Jean-de-Monts
B1 Saint-Jean-de-Monts (Orouet)
C1 Saint-Vincent-sur-Jard
C1 Tranche-sur-Mer (la)
C2 Velluire
B2 Vouvant

86 VIENNE
C 8 - p 66-67
B2-3 Chalandray
B3 Chasseneuil-du-Poitou
B3 Châtellerault
C3 Chaunay
B3 Chauvigny
C3 Couhé
C3 Coulombiers
B3 Dangé-Saint-Romain
B3 Latille
B3 Loudun
C3 Lusignan
C3 Lussac-les-Châteaux
C3 Mazerolles
B3 Poitiers
B3 Roche-Posay (la)
B3 Saint-Benoît
C3 Saint-Macoux
B3 Saint-Savin
C3 Vigeant (le)
B3 Vouillé

87 HAUTE-VIENNE
C 10 - p 72-73
A3 Ambazac
A3 Bellac
A3 Bessines-sur-Gartempe
B3-4 Chatenet-en-Dognon (le)
B3 Coussac-Bonneval
A3 Dorat (le)
B3 Feytiat
B3 Isle
B3 Limoges
A3 Limoges (Brachaud)
B3 Magnac-Bourg
A3 Magnac-Laval
A3 Mortemart
B4 Peyrat-le-Château
B4 Peyrat-le-Château (Auphelle)
B3 Pierre-Buffière
B3-4 Saint-Germain-les-Belles
A3 Saint-Junien
B4 Saint-Laurent-les-Églises (Pont-du-Dognon)
B3 Saint-Laurent-sur-Gorre
B3-4 Saint-Léonard-de-Noblat
B3 Saint-Léonard-de-Noblat (Royères)
A3-4 Saint-Priest-Taurion
B3 Séreilhac

88 VOSGES
C 7- p 63-64
A2-3 Autreville
A3 Autrey
B3 Bains-les-Bains
A3 Ban-de-Laveline
B3 Basse-sur-le-Rupt
B3 Bresse (La)
A3 Brouvelieures
A3 Bulgneville
B3 Bussang

A3 Charmes
A3 Charmes (Vincey)
B3 Clerjus (le)
A3-4 Col de Sainte-Marie-aux-Mines
A3 Col du Bonhomme (Plainfaing)
A2-3 Contrexéville
B3 Cornimont
B3 Cornimont (Travexin)
A3 Dompaire
A-B3 Epinal
A3 Epinal (Gobley)
A3 Epinal (Jeuxey)
A-B3 Gerardmer
B3 Gerardmer-Vallée-des-Lacs - Xonrupt-Longemer
B3 Girmont-Val-d'Ajol
A3 Grandrupt
A3 Grandvillers
B3 Menil-Thillot (le)
A3 Mirecourt
A3 Petite-Fosse (la)
B3 Plombières-les-Bains
A3 Puid (le)
A3 Raon-l'Etape
B3 Remiremont
B3 Remiremont (Fallières)
A3 Rouges Eaux (les)
A3 Rouvres-en-Xaintois
A2-3 Rouvres-la-Chétive
B3 Rupt-sur-Moselle
B3 Sainte-Anne
A3 Saint-Dié
A3 Saint-Dié (Taintrux)
B3 Saint-Maurice-sur-Moselle
B3 Saint-Nabord (Longuet)
A3 Saint-Pierremont
A3 Saulcy-sur-Meurthe
A3 Senones
B3 Thillot (le)
B3 Tholy (le)
B3 Vagney (le Haut-du-Tot)
B3 Val d'Ajol (le)
A3 Valtin (le)
B3 Ventron
B3 Ventron (Chaume-du-Grand-Ventron)
A3 Vittel
A3-4 Wisembach

89 YONNE C 6 - p 61
C4 Accolay
B4 Ancy-le-Franc
C4 Arcy-sur-Cure
B4 Auxerre
C4 Avallon
C4 Avallon (Sauvigny-le-Bois)
B-C3 Bléneau
B3-4 Celle-Saint-Cyr (la)
B4 Chablis
B4 Chassignelles
C4 Coulanges-sur-Yonne
C4 Cravant
C4 Druyes-les-Belles-Fontaines
B4 Héry
C4 Isle-sur-Serein (l')
B4 Joigny
B4 Ligny-le-Châtel
C4 Mailly-le-Château
B4 Malay-le-Petit
B4 Migennes
B4 Montigny-la-Resle
B4 Pont-sur-Yonne
C4 Pontaubert
B3 Rogny-les-sept-Ecluses
C3-4 Saint-Fargeau
B4 Saint-Florentin
C4 Saint-Père-sous-Vézelay (Fontette)
B3-4 Sens
B4 Sens (Rosoy)

B4 Soucy
B4 Thèmes
B4 Tonnerre
C4 Vézelay
B4 Villeneuve-l'Archevêque
B3-4 Villeperrot
B3 Villeroy
B4 Villevallier
B3-4 Vincelottes

90 TERRITOIRE DE BELFORT C 7 - p 64
B3 Ballon d'Alsace (Lepuix Gy)
B3 Belfort
B3 Offemont

91 ESSONNE
C 3- p 50-51
B2 Corbeil-Essonnes

93 SEINE-SAINT-DENIS
C 3 - p 50-51
B2 Epinay-sur-Seine

95 VAL-D'OISE
C 3 - p 50-51
B2 Argenteuil
B1 Chérence
B2 Enghien-les-Bains
B2 Isle-Adam (l')
B2 Saint-Ouen-l'Aumône
B2 Viarmes

974 RÉUNION
C 18 - p 91
Cilaos
Hell Bourg
Plaine des Palmistes
Saint-Philippe

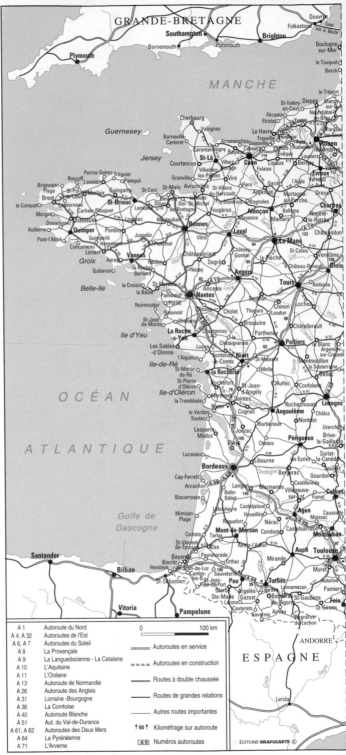

A 1	Autoroute du Nord
A 4, A 32	Autoroutes de l'Est
A 6, A 7	Autoroutes du Soleil
A 8	La Provençale
A 9	La Languedocienne - La Catalane
A 10	L'Aquitaine
A 11	L'Océane
A 13	Autoroute de Normandie
A 26	Autoroute des Anglais
A 31	Lorraine -Bourgogne
A 36	La Comtoise
A 40	Autoroute Blanche
A 51	Aut. du Val-de-Durance
A 61, A 62	Autoroutes des Deux Mers
A 64	La Pyrénéenne
A 71	L'Arverne

0   100 km

— Autoroutes en service

==== Autoroutes en construction

— Routes à double chaussée

— Routes de grandes relations

— Autres routes importantes

↑ 60 ↑ Kilométrage sur autoroute

A 9 Numéros autoroutes

ÉDITIONS GRAFOCARTE ©

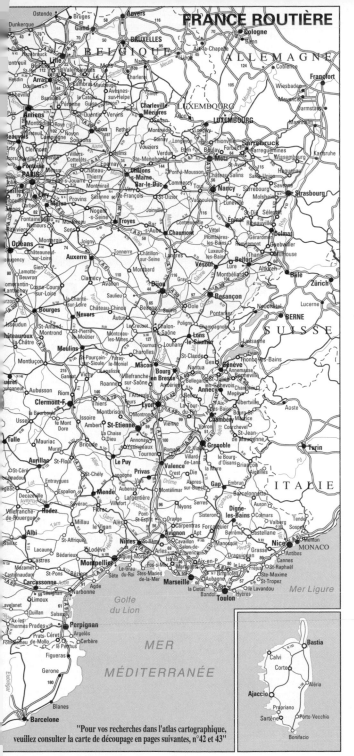

FRANCE ROUTIÈRE

"Pour vos recherches dans l'atlas cartographique,
veuillez consulter la carte de découpage en pages suivantes, n°42 et 43"

41

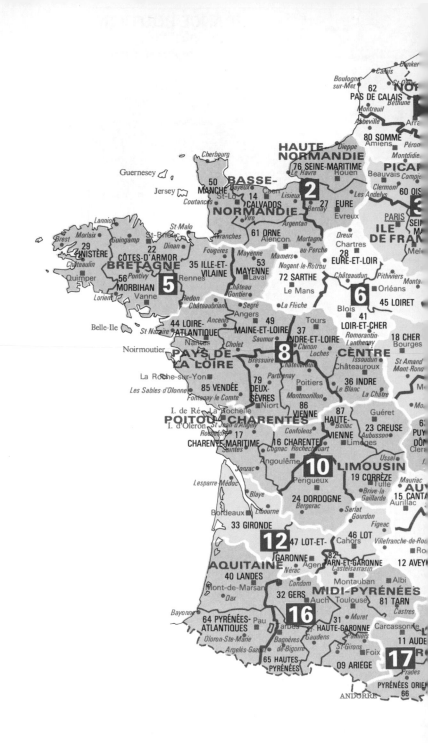

DÉCOUPAGE DE LA FRANCE PAR CARTES

Echelle des cartes de l'atlas 1/1 120 000

Logis de France

LÉGENDE

⊙ Cabourg	Logis de France
⊙ *Orléans*	Villes repères (Logis à proximité)
○ *Meaux*	Villes repères

Autoroutes

Routes à double chaussée

Grands axes de circulation

Routes principales

Autres routes

Car-ferries

Distances kilométriques

Frontières d'Etats

Limites de régions

Limites de départements

Régions de sports d'hiver

Certains Hôtels, situés dans de très petites localités figurant sur ces cartes, sont référencés à l'intérieur du Guide sous le nom d'une autre commune. Pour les retrouver, veuillez vous reporter, à la liste alphabétique des localités regroupées par département.

ÉDITIONS **GRAFOCARTE**

Réalisé par les Editions GRAFOCARTE
125, rue J.J. Rousseau - BP 40
92132 ISSY-LES-MOULINEAUX Cedex

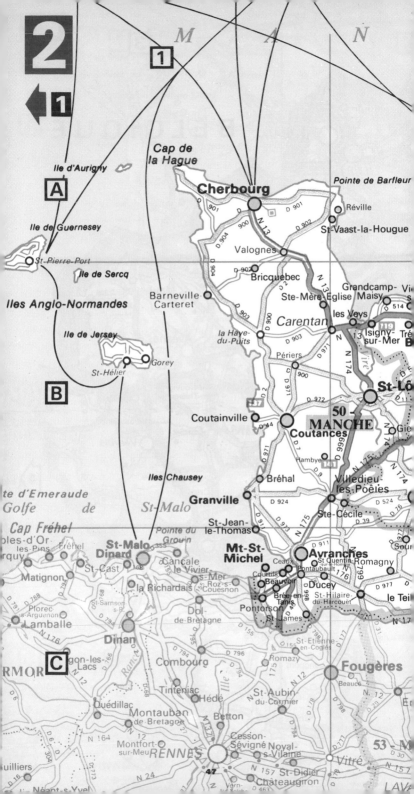

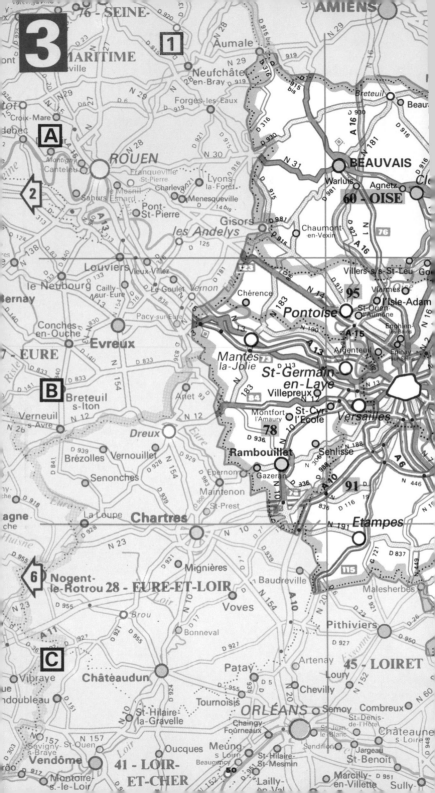

4

ALLEMAGNE

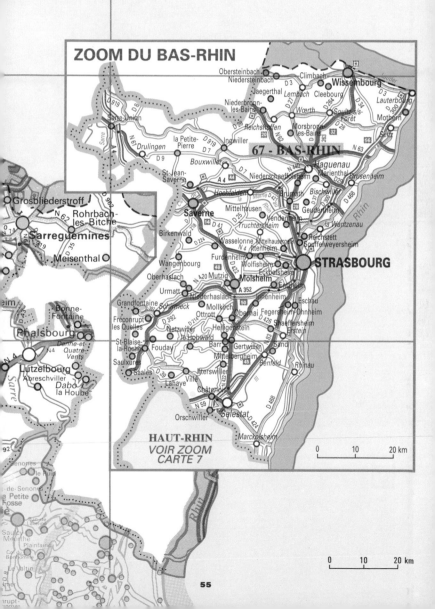

ZOOM DU BAS-RHIN

Obersteinbach
Niedersteinbach
D 3 Climbach
Wissembourg
Jaegerthal Lembach Cleebourg
D 3 Lauterbourg
D 27
Niederbronn-les-Bains
Woerth
Soultz-s/s-Forêt
Mothern
Reichshoffen
D 28
D 264
D 34
D 300
Seltz
N 62
D 28
la Petite-
Pierre
D 919 Ingwiller
263
56
Haguenau
N 63
Drulingen
D 919
67 - BAS-RHIN
Bouxwiller
D 7
D 9
Mariental Brusenheim
D 29
St-Jean-
Saverne
A 4 44 Niederschaefholsheim
Bischwiller
D 468
Hochfelden Marne Rhin
Brumath
Saverne
14 D 41
Mittelhausen D 25
Geudertheim
la Wantzenau
Birkenwald
Truchtersheim Vendenheim
Reichstett
D 224
Wasselonne Mittelhausergen
Schiltigheim-weyersheim
Wolfisheim
N 4 Achenheim
STRASBOURG
Wangenbourg
Furdenheim
48
D 421
Oberhaslach
Mutzig Molsheim Eckbolsheim
D 468
Urmatt Niederhaslach
A 352
Illkirch
Eschau
Grandfontaine Schirmeck
Mollkirch
50
Fegersheim Ohnheim
Fréconrupt
les Quelles
D 392
Ottrott
Obernai
D 426 Shaeffersheim
Erstein
Natzwiller le Hohwald
Heiligenstein
Sand
St-Blaise-
la-Roche
Fouday
Barr
Gertwiller
N 83
Saulxures
Mittelbergheim
43 Benfeld
Saales
D 30
Ittenwiller
Rhinau
Lahaye Ville
D 468
Châtenois
D 59
Sélestat
Orschwiller
D 42A
HAUT-RHIN
VOIR ZOOM
CARTE 7
Marckolsheim

0   10   20 km

Grosbliederstroff
N 62 Rohrbach-
les-Bitche
Sarreguemines
D 919
Meisenthal
D 35
Bonne-
Fontaine
Phalsbourg
D 43
Danne-et-
Quatre-
Vents
N 4
Lützelbourg
Abreschviller
Dabo
la Hoube

0   10   20 km

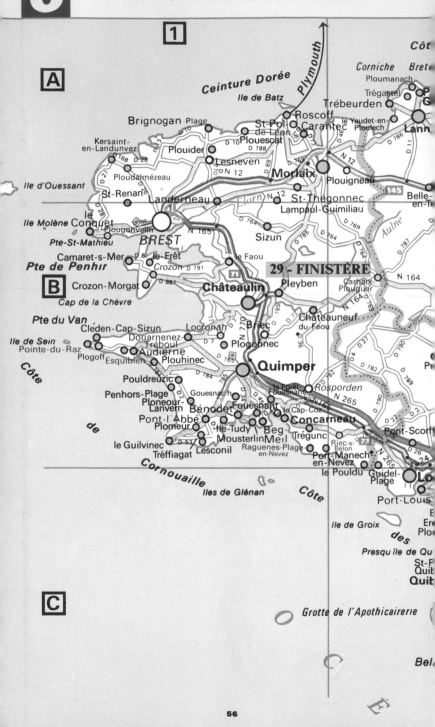

5

Certains Hôtels, situés dans de très petites localités figurant sur ces cartes, sont référencés à l'intérieur du Guide sous le nom d'une autre commune. Pour les retrouver, veuillez vous reporter à la liste alphabétique des localités regroupées par département.

1

A

Ceinture Dorée

Plymouth

Côt

Corniche Bret

Ploumanach

Trégastel

P

G

Trébeurden

Lann

Ile de Batz

Roscoff

le Yaudet-en-Ploulech

Brignogan-*Plage*

St-Pol-de-Léon

Carantec

Plouescat

Kersaint-en-Landunvez

Plouider

Lesneven

Plougneau

Morlaix

Belle-en-T

145

Ile d'Ouessant

St-Renan

Landerneau

St-Thégonnec

Lampaul-Guimiliau

Ploudalmézeau

Ile Molène Conquet

Sizun

Aulne

Plougonvellin

Pte-St-Mathieu

BREST

Pte de Penhir

Camaret-s-Mer

le-Frêt

le Faou

29 - FINISTÈRE

N 164

Crozon

77

B

Crozon-Morgat

Châteaulin

Pleyben

Carhaix-Plouguer

Cap de la Chèvre

Châteauneuf-du-Faou

Pte du Van

Cléden-Cap-Sizun

Locronan

Briec

Ile de Sein

Douarnenez-Tréboul

Pointe-du-Raz

Audierne

Plogonnec

Plogoff Esquibien Plouhinec

Pr

Pouldreuzic

Quimper

Penhors-Plage

Gouesnac'h

la Forêt-Fouesnant

Rosporden

N 265

Ploneour-Lanvern

Bénodet

Fouesnant

le Cap-Coz

Pont-l'Abbé

Plomeur

Ile-Tudy

Beg-Meil

Concarneau

Pont-Scorff

le Guilvinec

Mousterlin

Trégunc

Riec-s-Belon

73

Tréffiagat

Lesconil

Raguenes-Plage-en-Nevez

Port-Manech-en-Nevez

Lo

Cornouaille

le Pouldu

Guidel-Plage

Côte

Iles de Glénan

Port-Louis

E

Er

Plo

Ile de Groix

des

Presqu île de Qu

St-P

Quib

Quib

C

Grotte de l'Apothicairerie

Bel

56

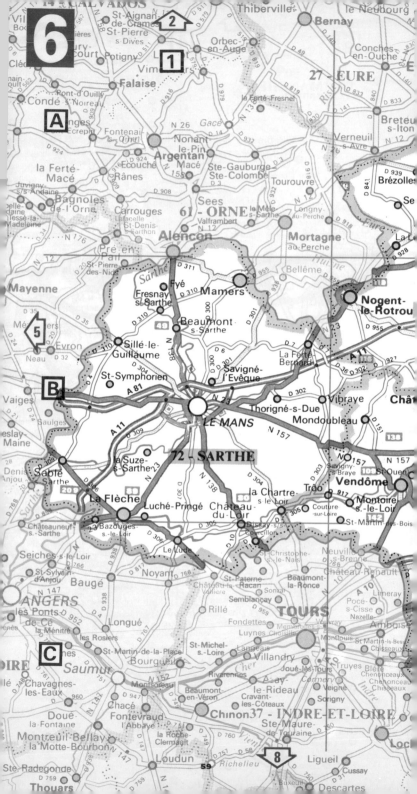

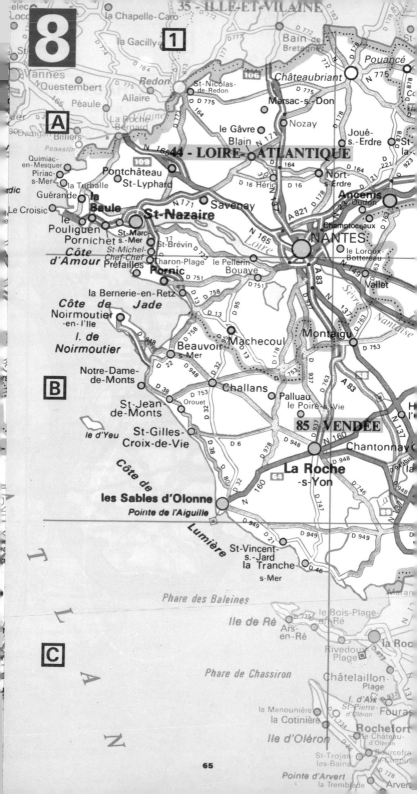

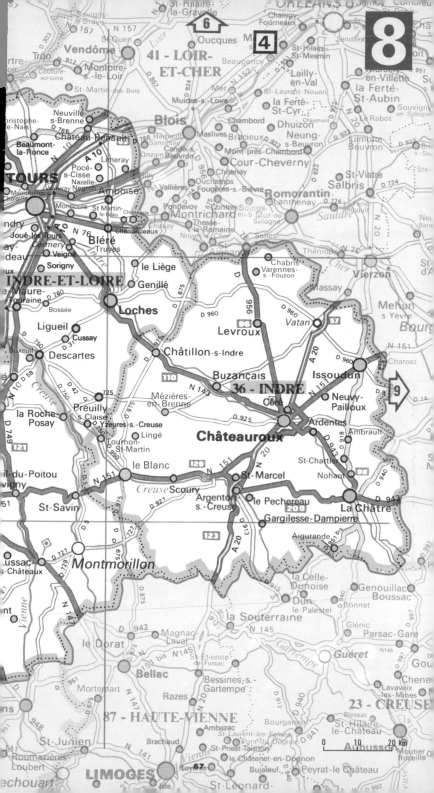

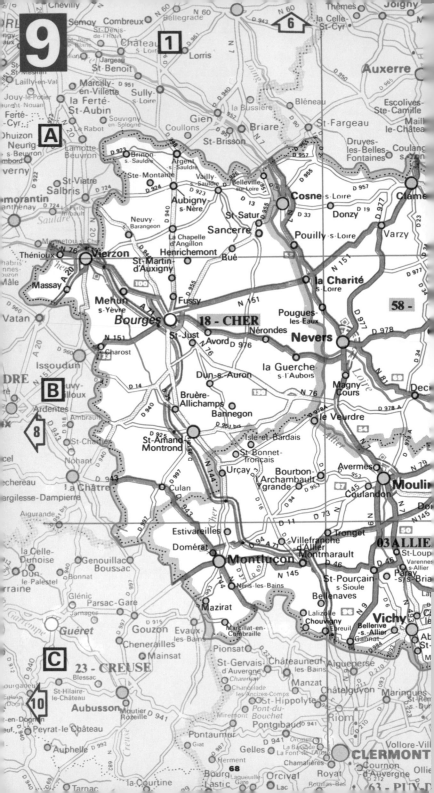

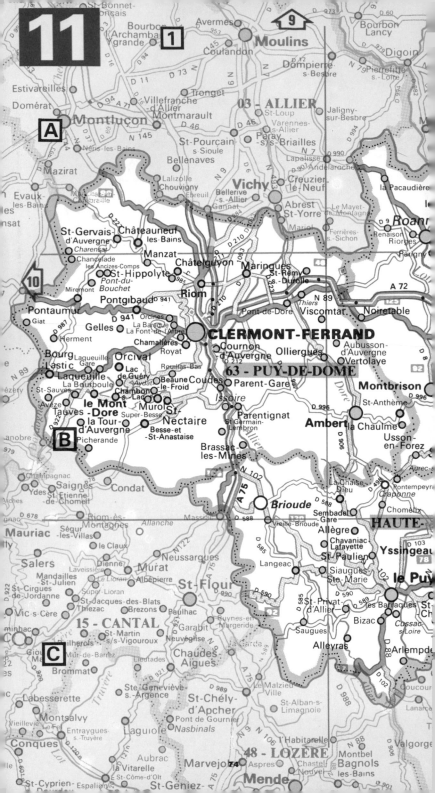

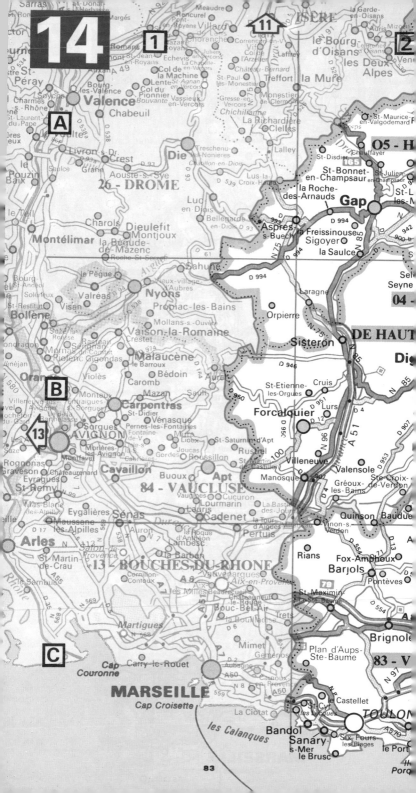

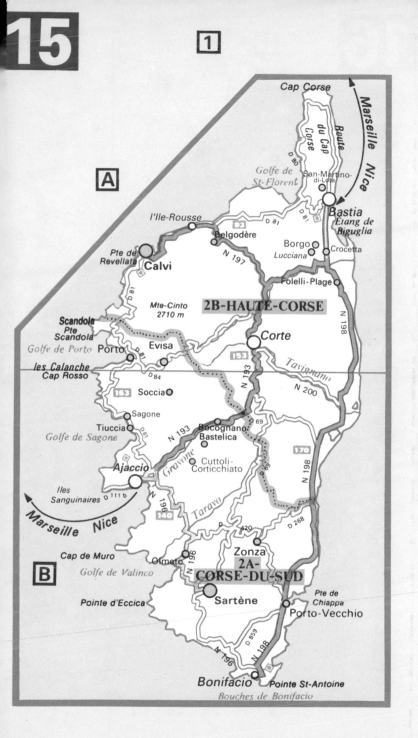

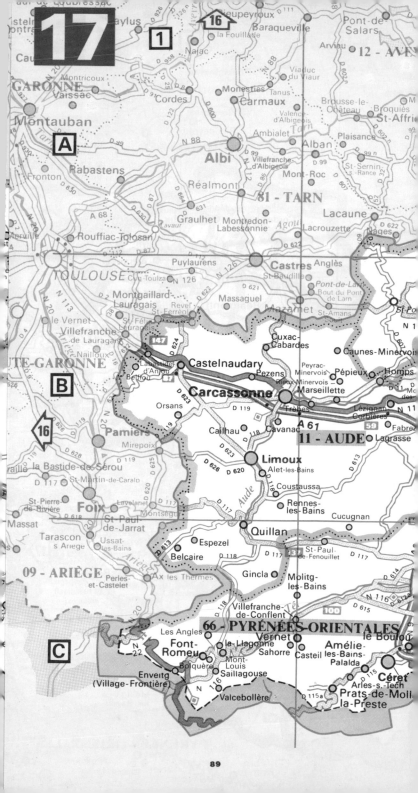

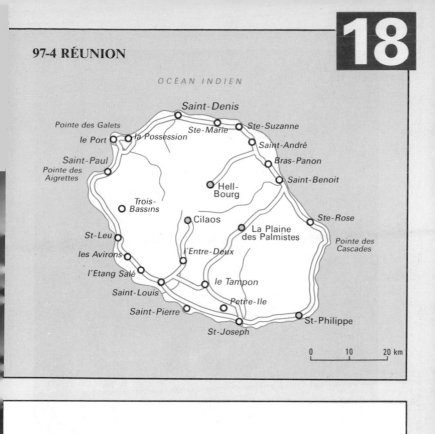

OCÉAN INDIEN

Saint-Denis
Pointe des Galets
le Port — la Possession — Ste-Marie — Ste-Suzanne
Saint-André
Saint-Paul — Bras-Panon
Pointe des Aigrettes — Saint-Benoit
Hell-Bourg
Trois-Bassins
Cilaos — La Plaine des Palmistes — Ste-Rose
St-Leu — Pointe des Cascades
les Avirons — l'Entre-Deux
l'Etang Salé — le Tampon
Saint-Louis — Petite-Ile
Saint-Pierre — St-Philippe
St-Joseph

0   10   20 km

Liste des hôtels de l'Ile de la Réunion

CILAOS
97413 Réunion
1200 m. • 5740 hab. 🛈

▲▲▲ LE VIEUX CEP ★★
2, rue des Trois Mares. Mme Dijoux
☎ 31 71 89 TX 31 77 68
🛏 20 🍽 350/385 F. 🍴 60/95 F. 🍴 35 F.
🛌 255 F.

PLAINE DES PALMISTES
97431 Réunion
1134 m. • 2049 hab. 🛈

▲▲ DES PLAINES ★★★
(2ème Village). M. Doki-Thonon
☎ 51 31 97 TX 916 894
🛏 14 🍽 420 F. 🍴 120 F. 🍴 45 F.
🛌 330 F.

HELL BOURG
97433 Réunion
1300 m. • 950 hab.

▲▲ RELAIS DES CIMES ★★
Rue Général de Gaulle. M. Javel
☎ 47 81 58 TX 916 728 FAX 47 82 11
🛏 17 🍽 260/350 F. 🍴 85/95 F. 🍴 37 F.

SAINT PHILIPPE
97442 Réunion
4000 hab. 🛈

▲▲ LE BARIL ★★
Sur N. 2. M. Tesnière
☎ 37 01 04 FAX 37 07 62
🛏 11 🍽 300/330 F. 🍴 75/230 F.
🍴 30 F. 🛌 240/255 F.

36 15 LOGIS DE FRANCE

des hôtels-restaurants accueillants et authentiques

ABONDANCE
74360 Haute Savoie
1050 m. • 1500 hab. [i]

⌂ DE L'ABBAYE ⋆
M. Maxit ☎ 50 73 02 03
[t] 23 ⊗ 170/250 F. [ll] 95/160 F.
[⚶] 50 F. [▣] 180/260 F.
⊠ 15/30 juin.

ABRESCHVILLER
57560 Moselle
1300 hab. [i]

⌂⌂⌂ DES CIGOGNES ⋆⋆
92, rue Jordy. M. Baillet
☎ 87 03 70 09 [TN] 861472 [FAX] 87 03 79 06
[t] 29 ⊗ 190/280 F. [ll] 70/180 F.
[⚶] 50 F. [▣] 215/240 F.

ABRETS (LES)
38490 Isère
2500 hab. [i]

⌂⌂ LE SAVOY ⋆⋆
5, rue de la République. M. Lantiat
☎ 76 32 03 54 [FAX] 74 97 65 57
[t] 9 ⊗ 150/200 F. [ll] 78/220 F. [⚶] 50 F.
[▣] 180/200 F.
⊠ 2/15 janv., 1er/15 juil., dim. soir et lun.

ACCOLAY
89460 Yonne
384 hab.

⌂⌂ HOSTELLERIE DE LA FONTAINE
D'ACCOLAY ⋆⋆
16, rue de Reigny. M. Guedon
☎ 86 81 54 02 [FAX] 86 81 52 78
[t] 11 ⊗ 200/310 F. [ll] 110/230 F.
[⚶] 55 F. [▣] 240 F.
⊠ 13 nov./28 fév.

ADRETS (LES)
38190 Isère
800 m. • 400 hab. [i]

⌂⌂ LE VIEUX MANEGE ⋆⋆
Les Avons les Adrets. M. Savioz-Fouillet
☎ 76 71 09 91 [FAX] 76 71 03 95
[t] 16 ⊗ 210/229 F. [ll] 80/160 F.
[⚶] 58 F. [▣] 220/230 F.
⊠ lun.

ADRETS DE L'ESTEREL (LES)
83600 Var
1400 hab.

⌂ CHEZ PIERRE - LE RELAIS DES ADRETS
Quartier Panestel. M. Dimeo
☎ 94 40 90 88
[t] 8 ⊗ 225/275 F. [ll] 90/135 F. [⚶] 30 F.
[▣] 225/245 F.
⊠ rest. sam. soir 1er sept./30 juin.

⌂ LE CHRYSTALLIN ⋆⋆⋆
Les Gieiris, chemin des Philippons.
Mme Butor-Blamont
☎ 94 40 97 56 [FAX] 94 40 94 66
[t] 15 ⊗ 380/430 F. [ll] 95/190 F.
[⚶] 50 F. [▣] 350/385 F.
⊠ 1er oct./28 fév.

AGAY
83530 Var
1200 hab. [i]

⌂ LE LIDO ⋆⋆
Bld de la Plage. M. Cavataio
☎ 94 82 01 59 [FAX] 94 82 09 75
[t] 19 ⊗ 250/400 F. [ll] 100/200 F.
[⚶] 70 F. [▣] 270/335 F.
⊠ 25 oct./15 fév.

AGDE
34300 Hérault
14378 hab. [i]

⌂ LES DEUX FRERES ⋆⋆
7, av. Victor Hugo. MM. Serrano
☎ 67 21 14 42
[t] 14 ⊗ 210/280 F. [ll] 63/148 F.
[⚶] 45 F. [▣] 200/230 F.

AGEN
47000 Lot et Garonne
32800 hab. [i]

⌂⌂⌂ CHATEAU HOTEL DES JACOBINS ⋆⋆⋆⋆
1 ter, place des Jacobins. Mme Bujan
☎ 53 47 03 31 [FAX] 53 47 02 80
[t] 14 ⊗ 450/600 F.

⌂⌂ LE PERIGORD ⋆⋆
42, cours du 14 Juillet. Mme Barrat
☎ 53 66 10 01 [FAX] 53 47 47 31
[t] 21 ⊗ 210/240 F. [ll] 100/170 F.
[⚶] 58 F. [▣] 250/330 F.

AGEN (suite)

▲▲ LE PROVENCE ★★★
22, cours du 14 Juillet. M. Garrigues
☎ 53 47 39 11 📠 560800 📠 53 68 26 24
🛏 23 ▣ 310/330 F.
[E] [SP] [i] [□] [☎] [🛏] [��] [🚲] [⊠] [⛽] [🖙]

AGEN (COLAYRAC SAINT CIRQ)
47450 Lot et Garonne
743 hab.

▲▲▲ LA CORNE D'OR ★★
M. Loisillon
☎ 53 47 02 76 📠 53 66 87 23
🛏 14 ▣ 260/350 F. 🍴 78/230 F.
🍽 60 F. 🛋 220/280 F.
⊠ 8 juil./1er août et dim. soir.
[E] [SP] [□] [☎] [🛏] [🍴] [🛏] [CV] [⛽] [🖙]

AGUESSAC
12520 Aveyron
700 hab.

▲▲▲ LE RASCALAT ★★
Sur N. 9. M. Ramondenc
☎ 65 59 80 43 📠 65 59 73 90
🛏 20 ▣ 90/300 F. 🍴 95/165 F. 🍽 45 F.
🛋 165/252 F.
⊠ 1er fév./10 mars., dim. soir et lun. hs.
[E] [□] [☎] [🛏] [🍴] [🛏] [🛏] [CV] [⛽] [🖙] [CB]

AIGLUN
06910 Alpes Maritimes
624 m. • 94 hab.

▲ AUBERGE DE CALENDAL
Mme Blanc
☎ 93 05 82 32
🛏 6 ▣ 180 F. 🍴 83/130 F. 🍽 42 F.
🛋 185 F.
⊠ fév., mer. soir et jeu. sauf été.
[E] [🖙]

AIGUEBELETTE LE LAC
73610 Savoie
150 hab.

▲▲ DE LA COMBE ★★
M. Dufour
☎ 79 36 05 02 📠 79 44 11 93
🛏 9 ▣ 190/290 F. 🍴 150/240 F.
🍽 75 F. 🛋 245/312 F.
⊠ 31 oct./3 déc., lun. soir et mar.
[E] [SP] [□] [☎] [🛏] [🍴] [🛏] [🛏] [CB]

AIGUEBELLE
73220 Savoie
858 hab. [i]

▲ DE LA POSTE
Mme Vincent-Ivanoff
☎ 79 36 20 05 📠 79 36 38 84
🛏 21 ▣ 140/270 F. 🍴 65/115 F.
🍽 40 F. 🛋 200 F.
⊠ 20 déc./20 janv., ven. soir et sam.
sauf fév./mars.
[□] [☎] [🛏] [🍴] [🛏] [🛏] [🛏] [🖙] [CB]

▲ DU SOLEIL
Grand'Rue. M. Rattier
☎ 79 36 20 29
🛏 12 ▣ 120/260 F. 🍴 65/200 F.
🍽 50 F. 🛋 180/200 F.
⊠ 15 oct./30 nov., dim. soir et lun.
[🛏] [🍴] [🛏] [🖙] [CB]

AIGUES MORTES
30220 Gard
4475 hab. [i]

▲▲ LE MAS DES SABLES ★★★
(Sur CD. 979). M. Ramain
☎ 66 53 79 73 📠 66 53 77 12
🛏 34 ▣ 350/390 F. 🍴 85/150 F.
🍽 50 F. 🛋 295/350 F.
⊠ 1 nov./31 mars.
[E] [D] [SP] [□] [☎] [🛏] [🍴] [🛏] [🛏] [🛏] [CV] [⛽]
[🖙]

AIGUILLES
05470 Hautes Alpes
1470 m. • 310 hab. [i]

▲ LES BALCONS DE COMBE-ROUSSET ★★
Mme Simond
☎ 92 46 77 15 📠 92 46 74 36
🛏 24 ▣ 200/270 F. 🍴 55/120 F.
🍽 38 F. 🛋 220/255 F.
[E] [i] [□] [☎] [🛏] [🛏] [CV] [⛽] [🖙] [CB]

AIGUILLON
47190 Lot et Garonne
4800 hab. [i]

▲ LA TERRASSE DE L'ETOILE ★★
8, cours Alsace Lorraine. M. Jeanroy
☎ 53 79 64 64 📠 53 79 46 48
🛏 18 ▣ 250 F. 🍴 75/180 F. 🍽 45 F.
🛋 230/260 F.
[E] [SP] [□] [☎] [🛏] [🛏] [🍴] [🛏] [🛏] [⛽] [🖙] [CB]

▲▲ LE JARDIN DES CYGNES ★★
Route de Villeneuve. M. Benito
☎ 53 79 60 02 📠 53 88 10 22
🛏 24 ▣ 160/280 F. 🍴 69/145 F.
🍽 38 F. 🛋 195/280 F.
⊠ 15 déc./15 janv. et sam. sauf
juil./août.
[E] [SP] [□] [☎] [🛏] [🍴] [🛏] [🛏] [🛏] [🛏] [CV] [⛽]
[🖙] [CB]

AIGUINES
83630 Var
800 m. • 160 hab. [i]

▲ ALTITUDE 823
Mme Feola ☎ 94 70 21 09 📠 94 70 21 09
🛏 13 ▣ 125/275 F. 🍴 85/195 F. 🍽 50 F.
🛋 210/270 F.
⊠ 1er nov./8 avr. et ven. hs.
[E] [i] [🛏] [🖙] [CB]

▲ DU GRAND CANYON DU VERDON ★★
Sur D. 71 (Rive Gauche, à 15 km).
M. Fortini ☎ 94 76 91 31 📠 94 76 92 29
🛏 16 ▣ 250/460 F. 🍴 120/180 F.
🍽 60 F. 🛋 250/360 F.
⊠ 16 oct./1er mai, ven. midi
1er mai/13 juil. et 22 sept./15 oct.
[E] [i] [□] [☎] [🛏] [🛏] [🛏] [🖙] [CB]

AIGURANDE
36140 Indre
1952 hab. [i]

▲ RELAIS DE LA MARCHE ★★
M. Chambon ☎ 54 06 31 58 📠 54 06 46 70
🛏 7 ▣ 210 F. 🍴 55/198 F. 🍽 50 F.
🛋 250/290 F.
⊠ sam. hs.
[E] [SP] [□] [☎] [🛏] [🛏] [⛽] [🖙]

AIME
73210 Savoie
690 m. • 2500 hab. ⓘ

A PALANBO **
(Prés Roux). M. Boch ☎ 79 55 67 55
🛏 20 ⊠ 230/320 F. 🍴 70/ 80 F.
🍴 50 F. 🛌 210/245 F.
Restaurant à 600 m.

AINHOA
64250 Pyrénées Atlantiques
544 hab.

AAA OPPOCA **
Rue Principale. M. Derungs
☎ 59 29 90 72 FAX 59 29 81 03
🛏 12 ⊠ 190/420 F. 🍴 125/220 F.
🍴 62 F. 🛌 290/400 F.
⊠ mi-nov./Rameaux et rest. lun. sauf
juil./sept.

AIRE SUR ADOUR
40800 Landes
8000 hab. ⓘ

A DU COMMERCE **
3, bld des Pyrénées. M. Labadie
☎ 58 71 60 06
🛏 19 ⊠ 105 F. 🍴 66/180 F. 🍴 35 F.
🛌 180 F.
⊠ dim. soir et lun. sauf jours fériés.

AA LES PLATANES **
Place de la Liberté. M. Dedeban
☎ 58 71 60 36
🛏 12 ⊠ 145/285 F. 🍴 68/200 F.
🍴 40 F. 🛌 160/220 F.
⊠ 20 oct./15 nov. et ven.

AISEY SUR SEINE
21400 Côte d'Or
150 hab.

AA DU ROY **
MeM. Martin/Beaufort
☎ 80 93 21 63 FAX 80 93 25 74
🛏 10 ⊠ 160/260 F. 🍴 70/230 F.
🍴 38 F. 🛌 270 F.
⊠ mar. sauf juil./août.

AIX EN OTHE
10160 Aube
2349 hab. ⓘ

AAA AUBERGE DE LA SCIERIE ***
(La Vove). M. Duguet
☎ 25 46 71 26 FAX 25 46 65 69
🛏 12 ⊠ 350/380 F. 🍴 125/230 F.
🍴 60 F. 🛌 390 F.
⊠ fév., lun. soir et mar. 3 oct./3 avr.

AIX LES BAINS
73100 Savoie
25000 hab. ⓘ

AA AU PETIT VATEL **
11, rue du Temple. M. Kahlouch
☎ 79 35 04 80 FAX 79 34 01 51
🛏 27 ⊠ 160/260 F. 🍴 50/ 72 F.
🍴 40 F. 🛌 160/235 F.

A CHEZ LA MERE MICHAUD **
82 bis, rue de Genève. Mlle Chappel
☎ 79 35 06 03 FAX 79 61 57 72
🛏 18 ⊠ 160/240 F. 🍴 55/135 F.
🍴 40 F. 🛌 170/231 F.
⊠ 15 nov./15 janv., dim. soir et lun.

AA COTTAGE HOTEL **
9, rue Davat. M. Collet
☎ 79 35 00 55 FAX 79 88 22 85
🛏 40 ⊠ 250/330 F. 🍴 90/110 F.
🍴 40 F. 🛌 210/280 F.
⊠ 10 nov./1er mars.

AA DAUPHINOIS ET NIVOLET **
14, av. de Tresserve. M. Cochet
☎ 79 61 22 56 FAX 79 34 04 62
🛏 40 ⊠ 140/250 F. 🍴 85/210 F.
🍴 60 F. 🛌 175/240 F.
⊠ 15 déc./15 fév.

AA DAVAT **
21, chemin des Bateliers. M. Me Davat
☎ 79 63 40 40 FAX 79 54 35 68
🛏 20 ⊠ 300/350 F. 🍴 95/250 F.
🍴 60 F. 🛌 300/320 F.
⊠ 1er nov./15 mars, lun. soir et mar.
sauf juil./août.

AAA LA PASTORALE ***
221, av. du Grand Port.
M. Aimonier-Davat
☎ 79 63 40 60 TX 309709 FAX 79 63 44 26
🛏 30 ⊠ 350/420 F. 🍴 88/205 F.
🍴 60 F. 🛌 325/390 F.
⊠ 1er fév./20 mars, dim. soir et lun.
oct./avr.

AA THERMAL **
2, rue Davat. M. Montréal
☎ 79 35 20 00 TX 980940 FAX 79 88 16 48
🛏 68 ⊠ 220/260 F. 🍴 85 F. 🍴 45 F.
🛌 255/275 F.

AIX LES BAINS (TREVIGNIN)
73100 Savoie
620 m. • 400 hab.

AA BELLEVUE **
(A Trevignin). M. Traversaz
☎ 79 61 48 32 FAX 79 61 47 98
🛏 19 ⊠ 300 F. 🍴 70/250 F. 🍴 40 F.
🛌 225/260 F.
⊠ 1er nov./31 janv., dim. soir, soirs
fériés et mer.

AIX LES MILLES
13290 Bouches du Rhône
12000 hab. 🛈

▲▲ ARQUIER ★★
(A Roquefavour). M. Courtines
☎ 42 24 20 45 ⚫ 42 24 29 52
🛏 13 ⬛ 180/330 F. 🍽 110/190 F.
🍴 60 F. ⬛ 280/315 F.
⬛ 18 fév./16 mars, dim. soir et lun.
1er nov./30 avr., dim. soir 1er mai/31 oct.
🅴 🅸 ⬚ 🕾 🚗 🛏 ⬛ CB ⬛

ALBAN
81250 Tarn
610 m. • 1150 hab. 🛈

▲▲ AU BON ACCUEIL ★★
49, route de Millau. M. Bardy
☎ 63 55 81 03
🛏 13 ⬛ 150/200 F. 🍽 49/190 F.
🍴 48 F. ⬛ 170/190 F.
🅴 SP 🕾 CV ⬛

ALBARON (L')
13123 Bouches du Rhône
50 hab.

▲▲ LE FLAMANT ROSE ★★
Sur D. 37. M. Coulet
☎ 90 97 10 18 ⚫ 90 97 12 47
🛏 19 ⬛ 140/290 F. 🍽 80/160 F.
🍴 50 F. ⬛ 220/240 F.
⬛ 3 premières semaines mars et mar.
sauf juil./août.
🅴 🅳 🅸 🕾 ⬛

ALBEPIERRE
15300 Cantal
1050 m. • 300 hab.

▲ LA BELLE ARVERNE
M. Rigal ☎ 71 20 02 00
🛏 4 ⬛ 180 F. 🍽 70/130 F. 🍴 48 F.
⬛ 200/220 F.
⬛ nov.
⬛ ⬛ ⬛ ⬛

ALBERT
80300 Somme
10500 hab. 🛈

▲▲ DE LA BASILIQUE ★★
3-5, rue Gambetta. M. Petit
☎ 22 75 04 71 ⚫ 22 75 10 47
🛏 10 ⬛ 280/290 F. 🍽 75/220 F.
🍴 48 F. ⬛ 260 F.
⬛ 13/27 août, 18 déc./8 janv., sam. soir
hs et dim.
🅴 ⬚ 🕾 ⬛ 🍴 CV ⬛

▲ GRAND HOTEL DE LA PAIX ★
39-47, rue Victor Hugo. M. Duthoit
☎ 22 75 01 64
🛏 14 ⬛ 132/230 F. 🍽 60/130 F.
🍴 50 F. ⬛ 170/210 F.
⬛ 2 semaines fév. et rest. dim. soir hs.
🅴 🅳 ⬚ 🕾 ⬛ ⬛ CV ⬛ CB

ALBERTVILLE
73200 Savoie
20000 hab. 🛈

▲▲ ALBERT 1er ★★★
38-40, av. Victor Hugo.
MeM. Duc/Guéridon
☎ 79 37 77 33 ⚫ 79 37 89 01

🛏 12 ⬛ 340/400 F. 🍽 85/165 F.
🍴 45 F. ⬛ 330/360 F.
⬛ dim. 15 avr./31 déc.
🅴 SP 🅸 ⬚ 🕾 🚗 🛏 CV ⬛ ⬛ CB

▲▲ RESIDENCE ★★★
(RN 90). M. Nael
☎ 79 37 01 02 ⚫ 79 37 00 47
🛏 12 ⬛ 300/350 F. 🍽 99/240 F.
🍴 55 F. ⬛ 309 F.
🅴 🅳 ⬚ 🕾 ⬛ 🛏 🍴 ⬛ ⬛
⬛ CB

ALBI
81000 Tarn
48340 hab. 🛈

❋ DU PARC ★★ & ★
3, av. du Parc. M. Ricard
☎ 63 54 12 80 ⚫ 63 54 69 59
🛏 18 ⬛ 150/360 F.
⬚ 🕾 ⬛ CV ⬛ CB

▲▲ LAPEROUSE ★★
21, place Laperouse. Mme Chartrou
☎ 63 54 69 22 ⚫ 63 38 03 69
🛏 22 ⬛ 190/260 F. 🍽 60/140 F.
⬛ 210/250 F.
⬛ rest. dim. et lun., lun. midi en
juil./août.
🅴 ⬚ 🕾 ⬛ ⬛ CV CB

▲▲ LE VIEIL ALBY ★★
25, rue Toulouse-Lautrec. M. Sicard
☎ 63 54 14 69 ⚫ 63 54 96 75
🛏 9 ⬛ 240/270 F. 🍽 60/250 F. 🍴 50 F.
⬛ 260/270 F.
⬛ 18 juin/2 juil., 1er/22 janv., dim. soir
et lun. sept./juin, dim. juil./août.
🅴 SP 🅸 ⬚ 🕾 ⬛ ⬛ CB

▲▲ RELAIS GASCON ET AUBERGE
LANDAISE ★★
1-3, rue Balzac. Mme Garcia
☎ 63 54 26 51 ⚫ 63 49 74 89
🛏 17 ⬛ 150/260 F. 🍽 65/180 F.
🍴 45 F. ⬛ 180/220 F.
⬛ lun. midi.
🅴 SP ⬚ 🕾 ⬛ 🍴 CV ⬛ ⬛
CB ⬛

ALBIEZ MONTROND
73300 Savoie
1500 m. • 295 hab. 🛈

▲▲ LA RUA ★★
M. Constantin
☎ 79 59 30 76 ⚫ 79 59 33 15
🛏 22 ⬛ 225/250 F. 🍽 78/140 F.
🍴 50 F. ⬛ 205/265 F.
⬛ 20 avr./15 juin et 15 sept./15 déc.
🅴 🅸 🕾 ⬛ 🍴 🍴 CV ⬛ CB

ALBRES (LES)
12220 Aveyron
100 hab.

▲▲ FRECHET ★★
M. Oberheidt ☎ 65 80 42 46
🛏 18 ⬛ 180/230 F. 🍽 60/200 F.
🍴 45 F. ⬛ 179/236 F.
🅴 ⬚ 🕾 ⬛ 🍴 ⬛ ⬛ CB

96

ALBY SUR CHERAN
74540 Haute Savoie
1015 hab.

▲▲ ALB'HOTEL ★★
Sur N. 201. M. Blanc
☎ 50 68 24 93 𝐅𝐀𝐗 50 68 13 01
🛏 37 ⊗ 280/300 F. 🍴 70/110 F.
🍴 35 F. 🍽 212/372 F.
⊠ rest. sam. midi et dim.
🄴 🄳 SP 🅸 🗖 🕿 🚗 🛏 ⛵ 🏊 ⚽ ♿
♿ CV 🔲 ♠ CB C

ALDUDES
64430 Pyrénées Atlantiques
1690 hab.

▲ SAINT SYLVESTRE ★★
(Quartier Esnazu). M. Baudour
☎ 59 37 58 13
🛏 10 ⊗ 155 F. 🍴 70/ 92 F. 🍴 45 F.
🍽 165 F.
SP 🕿 🚗 CV ♠

ALENCON
61000 Orne
35000 hab. 🄸

▲▲ DE L'INDUSTRIE ★★
22, place Général de Gaulle. M. Lomnitz
☎ 33 27 19 30 𝐅𝐀𝐗 33 28 49 56
🛏 8 ⊗ 130/260 F. 🍴 59/150 F. 🍴 42 F.
🍽 180/250 F.
⊠ sam. midi.
🄴 🄳 SP 🗖 🕿 🚗 🛏 CV 🔲 ♠ CB

▲▲ GRAND HOTEL DE LA GARE ★★
50, av. Wilson. M. Rumeau
☎ 33 29 03 93 𝐅𝐀𝐗 33 29 28 59
🛏 22 ⊗ 135/245 F. 🍴 62/128 F.
🍴 40 F.
⊠ 23 déc./7 janv., rest. sam.
7 janv./31 mai et dim.
🄴 🗖 🕿 🚗 🛏 🕿 CV ♠ CB 🏠

▲▲ LE GRAND SAINT MICHEL ★★
7, rue du Temple. M. Canet
☎ 33 26 04 77 𝐅𝐀𝐗 33 26 71 82
🛏 13 ⊗ 145/260 F. 🍴 85/265 F.
🍴 48 F. 🍽 150/200 F.
⊠ 17 fév./6 mars, 6 juil./7 août, dim.
soir et lun.
🄴 🄳 SP 🅸 🗖 🕿 🚗 ♠ CB 🏠

ALET LES BAINS
11580 Aude
550 hab. 🄸

▲▲ L'EVECHE
M. Limouzy
☎ 68 69 90 25 𝐅𝐀𝐗 68 69 91 94
🛏 30 ⊗ 120/250 F. 🍴 60/230 F.
🍴 40 F. 🍽 171/213 F.
⊠ 31 oct./1er avr.
🄴 SP 🚗 🕿 ⚽ CV 🔲 ♠ CB

ALIXAN
26300 Drôme
1099 hab.

▲▲ ALPES PROVENCE ★★
Sur N. 532, aire de Bayanne. M. Bocaud
☎ 75 47 02 84 𝐅𝐀𝐗 75 47 11 72
🛏 22 ⊗ 135/320 F. 🍴 82/220 F.

🍴 50 F. 🍽 175/215 F.
⊠ rest. 14/30 nov.
🄴 🄳 🗖 🕿 🚗 🛏 🕿 ⛵ ⚽ CV ♠ CB
C 🏠

▲ DE FRANCE ★
M. Sanfilippo ☎ 75 47 03 44
🛏 9 ⊗ 120/190 F. 🍴 45/220 F. 🍴 45 F.
🍽 175 F.
⊠ dim. soir.
🄴 🅸 🗖 🚗 CV 🔲 ♠ CB

ALLAIRE
56350 Morbihan
2680 hab.

▲▲ LE GAUDENCE Rest. AU RELAIS ★★
Route de Redon. M. Sebillet
☎ 99 71 93 64 𝐅𝐀𝐗 99 71 92 83
🛏 17 ⊗ 170/263 F. 🍴 57/168 F.
🍴 42 F. 🍽 190/267 F.
⊠ rest. dim. soir.
🄴 SP 🗖 🕿 🚗 🕿 CV 🔲 ♠ CB
C 🏠

ALLEGRE
43270 Haute Loire
1000 m. ● 1000 hab.

▲▲ DES VOYAGEURS ★★
M. Leydier ☎ 71 00 70 12 𝐅𝐀𝐗 71 00 20 67
🛏 20 ⊗ 160/280 F. 🍴 65/150 F.
🍴 45 F. 🍽 190/220 F.
⊠ 1er déc./15 mars.
🄴 🗖 🕿 🚗 🚗 🕿 ⛵ CV 🔲 ♠ CB

ALLEMANS DU DROPT
47800 Lot et Garonne
600 hab. 🄸

▲▲ ETAPE GASCONNE ★★
M. Fournier
☎ 53 20 23 55 𝐅𝐀𝐗 53 93 51 42
🛏 20 ⊗ 200/270 F. 🍴 60/220 F.
🍴 45 F. 🍽 310 F.
⊠ rest. sam. midi.
🗖 🕿 🚗 🔟 🕿 ⛵ CV 🔲

ALLEVARD LES BAINS
38580 Isère
2400 hab. 🄸

▲ LA BONNE AUBERGE
Rue Laurent Chataing. M. Vial
☎ 76 97 53 04 𝐅𝐀𝐗 76 45 84 62
🛏 14 ⊗ 98/160 F. 🍴 48/175 F. 🍴 48 F.
🍽 150/180 F.
⊠ dim. soir et lun. soir.
🄴 🄳 SP 🕿 🛏 CV ♠ CB

▲▲ LES ALPES ★★
Place du Temple. M. Chaumy
☎ 76 97 51 18 ╲76 45 06 03
𝐅𝐀𝐗 76 45 80 81
🛏 12 ⊗ 180/245 F. 🍴 62/180 F.
🍴 35 F. 🍽 199/250 F.
⊠ 11 nov./15 déc. et dim. soir hs.
🄴 🄳 🗖 🕿 🛏 🕿 🏊 ⚽ CV 🔲 ♠ CB
C 🏠

ALLEVARD LES BAINS (suite)

▲▲▲ LES PERVENCHES ★★
Route de Grenoble. M. Badin
☎ 76 97 50 73 ⚞FAX⚟ 76 45 09 52
🛏 30 ⌑ 283/355 F. ⍟ 110/215 F.
🍴 55 F. ⌂ 250/318 F.
⊠ Pâques/9 mai et 10 oct./1er fév.

▲▲▲ SPERANZA ★★
Route du Moutaret. M. Janot
☎ 76 97 50 56
🛏 20 ⌑ 195/280 F. ⍟ 85/125 F.
🍴 50 F. ⌂ 190/260 F.
⊠ 1er oct./4 fév. et 11 mars/12 mai.

ALLEVARD LES BAINS (PINSOT)
38580 Isère
730 m. • 80 hab.

▲▲▲ PIC DE LA BELLE ETOILE ★★
M. Raffin ☎ 76 97 53 62 ⚞FAX⚟ 76 97 55 47
🛏 33 ⌑ 360/405 F. ⍟ 98/200 F.
🍴 64 F. ⌂ 334/372 F.
⊠ 18 avr./12 mai et 22 oct./15 déc.

ALLEYRAS
43580 Haute Loire
670 m. • 237 hab.

▲▲ DU HAUT ALLIER ★★
Pont d'Alleyras. Mme Brun
☎ 71 57 57 63 ⚞FAX⚟ 71 57 57 99
🛏 12 ⌑ 230/320 F. ⍟ 110/280 F.
🍴 70 F. ⌂ 250/280 F.
⊠ Hôtel 30 nov./1er mars, rest.
31 déc./1er mars et lun. hs.

ALLONZIER LA CAILLE
74350 Haute Savoie
700 m. • 850 hab.

▲▲▲ LE MANOIR ★★★
M. Rivoire ☎ 50 46 81 82 ⚞FAX⚟ 50 46 88 55
🛏 16 ⌑ 300/360 F. ⍟ 100/280 F.
🍴 60 F. ⌂ 350/400 F.
⊠ lun. janv./mai et sept./oct.

ALLOS (LE SEIGNUS)
04260 Alpes de Haute Provence
1500 m. • 705 hab.

▲ ALTITUDE 1500 ★★
(Le Seignus). M. Me Bourdiol
☎ 92 83 01 07 ╲ 92 83 04 73
🛏 15 ⌑ 250/300 F. ⍟ 75/150 F.
🍴 45 F. ⌂ 250/300 F.
⊠ 6 sept./20 déc. et 15 avr./30 juin.

ALLY
15700 Cantal
720 m. • 876 hab.

▲▲ AU RELAIS DE POSTE ★
M. Gouvart ☎ 71 69 03 44 ⚞FAX⚟ 71 69 03 07
🛏 11 ⌑ 190/215 F. ⍟ 60/150 F. 🍴 35 F.
⌂ 230/250 F.

ALTKIRCH
68130 Haut Rhin
6000 hab. ⓘ

▲▲ AUBERGE SUNDGOVIENNE ★★
Direction Rte de Belfort, sortie Altkirch
M. Keller ☎ 89 40 97 18 ⚞FAX⚟ 89 40 67 73
🛏 29 ⌑ 220/290 F. ⍟ 95/200 F.
🍴 65 F. ⌂ 210/260 F.
⊠ 23 déc./1er fév., lun. et mar. jusqu'à
17h.

ALVIGNAC
46500 Lot
600 hab. ⓘ

▲▲ DU CHATEAU ★★
M. Darnis ☎ 65 33 60 14 ⚞FAX⚟ 65 33 69 28
🛏 35 ⌑ 190/260 F. ⍟ 65/200 F.
🍴 36 F. ⌂ 245/260 F.
⊠ 15 nov./15 mars.

▲ NOUVEL HOTEL ★★
M. Battut ☎ 65 33 60 30
🛏 13 ⌑ 150/200 F. ⍟ 60/160 F.
🍴 38 F. ⌂ 175/215 F.
⊠ 15 déc./1er mars, ven. soir et sam.
nov./Pâques.

ALZON
30770 Gard
600 m. • 201 hab. ⓘ

▲ LE CEVENOL ★★
Route Nationale. M. Dupont
☎ 67 82 06 05 ⚞FAX⚟ 67 81 86 79
🛏 7 ⌑ 170/260 F. ⍟ 80/150 F. 🍴 38 F.
⌂ 180/225 F.
⊠ mar. soir et mer. début oct./fin avr.

AMBAZAC
87240 Haute Vienne
5000 hab. ⓘ

▲ DE FRANCE
Place de l'Eglise. M. Joly
☎ 55 56 61 51
🛏 10 ⌑ 120/130 F. ⍟ 59/130 F.
🍴 35 F. ⌂ 160/170 F.
⊠ 21 déc./15 janv. et rest. dim.
1er nov./1er avr.

AMBERT
63600 Puy de Dôme
8000 hab. ⓘ

▲▲ LA CHAUMIERE ★★
41, av. Maréchal Foch. M. Ollier
☎ 73 82 14 94 ⚞FAX⚟ 73 82 33 52
🛏 22 ⌑ 290/310 F. ⍟ 85/200 F.
🍴 58 F. ⌂ 250/270 F.
⊠ janv., hôtel sam. oct./mai, rest ven.
soir nov./fin mars, sam. sauf juil./sept. et
dim. soir.

AMBERT (suite)

⌂ LES COPAINS ★★
42, bld Henri IV. M. Chelle
☎ 73 82 01 02 [FAX] 73 82 67 34
🛏 12 ⊗ 150/260 F. ⏸ 60/145 F.
🍴 50 F. 🍽 165/270 F.
⊠ sept., sam. et dim. soir sauf fêtes et
juil./août.
[E] [🗄] [☎] [CV] [🚗] [CB]

AMBIALET
81340 Tarn
450 hab. [i]

⌂⌂ DU PONT ★★
M. Saysset
☎ 63 55 32 07 [FAX] 63 55 37 21
🛏 20 ⊗ 260/290 F. ⏸ 95/290 F.
🍴 60 F. 🍽 280/350 F.
⊠ 20 nov./16 déc.
[E] [🗄] [☎] [🚗] [🌴] [🎣] [🚶] [🧗] [🚗] [🚗]

AMBLENY
02290 Aisne
1169 hab.

⌂ LE MILLERY ★★
8, rue des Fosses. M. Petit
☎ 23 74 29 64 [FAX] 23 74 29 96
🛏 7 ⊗ 290/310 F. ⏸ 65/320 F. 🍴 39 F.
[E] [🗄] [☎] [🌴] [🎣] [🕐] [▶] [🚗] [CV] [🚗] [🚗] [CB]

AMBOISE
37400 Indre et Loire
12000 hab. [i]

✳ BELLEVUE et Annexe PETIT
LUSSAULT ★★★ & ★★
12, quai Charles Guinot et N. 152.
M. Levesque ☎ 47 57 02 26 ╲ 47 57 30 30
[FAX] 47 30 51 23
🛏 52 ⊗ 270/320 F.
⊠ 15 nov./15 mars.
[E] [i] [🗄] [☎] [🚗] [🌴] [🚶] [CB]

⌂⌂ DU PARC ★★
8, av. Léonard de Vinci. Mme Poppe
☎ 47 57 06 93 [FAX] 47 30 52 06
🛏 17 ⊗ 220/425 F. ⏸ 110/210 F.
🍴 55 F. 🍽 265/350 F.
⊠ hôtel 15 déc./15 janv., rest.
1er oct./1er mars et dim. hs.
[E] [D] [i] [🗄] [☎] [🚗] [🌴] [🧗] [🚗] [CV] [🚗]
[🚗] [CB]

⌂⌂ LA BRECHE ★★
26, rue Jules Ferry. M. Girard
☎ 47 57 00 79
🛏 13 ⊗ 165/325 F. ⏸ 75/180 F.
🍴 49 F. 🍽 180/265 F.
⊠ 23 déc./1er fév., dim. soir et lun.
15 oct./1er avr.
[E] [☎] [🚗] [🚗] [🌴] [🕐] [CV] [🚗] [🚗] [CB] [🖳]

⌂⌂ LE LION D'OR ★★
17, quai Charles Guinot. M. Renard
☎ 47 57 00 23 [FAX] 47 23 22 49
🛏 23 ⊗ 177/312 F. ⏸ 80/251 F.
🍴 68 F. 🍽 224/292 F.
⊠ 3 janv./15 fév., dim. soir et lun. hs.
[E] [🚗] [🚗] [CB] [C]

AMBOISE (NAZELLES NEGRON)
37530 Indre et Loire
3547 hab.

⌂ LES PLATANES ★★
7, bld des Platanes. Mme Bonachéra
☎ 47 57 08 60 [FAX] 47 30 55 16
🛏 18 ⊗ 140/230 F. ⏸ 70/130 F.
🍴 40 F. 🍽 150/180 F.
⊠ dim. soir hs.
[E] [SP] [i] [🗄] [☎] [🌴] [🚶] [🚗] [🚗] [CB]

AMBONNAY
51150 Marne
820 hab.

⌂⌂⌂ AUBERGE SAINT VINCENT ★★
M. Pelletier
☎ 26 57 01 98 [FAX] 26 57 81 48
🛏 10 ⊗ 300/380 F. ⏸ 150/300 F.
🍴 50 F. 🍽 340/360 F.
⊠ dim. soir et lun.
[E] [🗄] [☎] [🚗] [🧗] [🚗] [🚗] [CB]

AMBRAULT
36120 Indre
600 hab.

⌂ LE COMMERCE
M. Maleplate
☎ 54 49 01 07
🛏 7 ⊗ 100/160 F. ⏸ 80/150 F.
⊠ 1er/15 oct., 1er/15 janv., dim. soir,
lun. et soirs fériés.
[🚗] [CB]

AMBRIERES LES VALLEES
53300 Mayenne
2000 hab. [i]

⌂ LE GUE DE GENES ★★
27, rue Notre-Dame. M. Postel
☎ 43 04 95 44 [FAX] 43 08 80 06
🛏 7 ⊗ 170/220 F. ⏸ 62/170 F. 🍴 48 F.
🍽 190/290 F.
⊠ 8/28 fév. et mer. oct./avr.
[E] [🗄] [☎] [🚗] [🌴] [🧗] [🧗] [🚗] [🚗] [CB]

AMELIE LES BAINS
66110 Pyrénées Orientales
3500 hab. [i]

⌂⌂ CENTRAL ★
14, av. du Vallespir. M. Sitja
☎ 68 39 05 49 [FAX] 68 83 91 21
🛏 28 ⊗ 120/190 F. ⏸ 80/110 F.
🍴 35 F. 🍽 330/375 F.
⊠ 15 déc./1er fév.
[SP] [🗄] [☎] [🚗] [🚗] [CV] [🚗] [CB]

⌂⌂⌂ LE PALMARIUM ★★
44, av. de Vallespir. M. Villot
☎ 68 39 19 38 [FAX] 68 39 04 23
🛏 65 ⊗ 250/285 F. ⏸ 100/160 F.
🍴 55 F. 🍽 230/270 F.
⊠ 15 déc./20 janv.
[E] [D] [SP] [🗄] [☎] [🚗] [🚗] [🧗] [🧗] [🌴] [CV]
[🚗] [🚗] [CB]

AMIENS
80000 Somme
136358 hab. i

LE PRIEURE ★★
17, rue Porion. M. Boulet
☎ 22 92 27 67 TX 140 754 FAX 22 92 46 16
21 235 F. 95/195 F. 60 F.
250 F.
rest. 15/31 août, dim. soir/lun.
E CB

AMMERSCHWIHR
68770 Haut Rhin
1500 hab. i

A L'ARBRE VERT ★★
MM. Gebel/Tournier
☎ 89 47 12 23 FAX 89 78 27 21
17 200/350 F. 70/210 F.
45 F. 260/360 F.
10 fév./25 mars, 25 nov./6 déc. et mar.
E D i CB

AUX TROIS MERLES ★
5, rue de la 5ème DB. M. Louveau
☎ 89 78 24 35 FAX 89 78 13 06
16 150/250 F. 80/280 F.
40 F. 215/255 F.
1er/15 fév., dim. soir et lun.
E D CB

AMOU
40330 Landes
1500 hab. i

AU FEU DE BOIS ★★
M. Martinet ☎ 58 89 00 86 FAX 58 89 20 81
14 150/240 F. 48/135 F. 40 F.
115/160 F.
3 semaines janv., dernière quinz. sept., ven. soir et sam. jusqu'à 17h.
CV CB

LE COMMERCE ★★
Place de la Poste. M. Darracq
☎ 58 89 02 28 FAX 58 89 24 45
18 220/260 F. 80/200 F.
60 F. 240 F.
10/30 nov., 10/25 fév. et lun. hs.
E CV CB

LES VOYAGEURS ★★
Place de la Tecouère. Mme Laffitau
☎ 58 89 02 31 FAX 58 89 25 12
9 220/280 F. 60/190 F. 50 F.
200/220 F.
fév. et ven. soir.
CV CB

AMPHION LES BAINS
74500 Haute Savoie
5000 hab. i

DE LA PLAGE ★★
Mme Barras ☎ 50 70 00 06 FAX 50 70 88 05
37 260/380 F. 75/190 F. 45 F.
255/395 F.
E SP i
CV CB

AMPUS
83111 Var
630 m. • 534 hab. i

LA BONNE AUBERGE
Route de Chateaudouble. MM. Richard
☎ 94 70 97 10 FAX 94 70 98 01
9 185/220 F. 85/120 F. 45 F.
195 F.
E CV

ANCENIS
44150 Loire Atlantique
7310 hab. i

AKWABA ★★
Bld du Docteur Moutel, Centre les Arcades. M. Abline
☎ 40 83 30 30 FAX 40 83 25 10
51 170/335 F. 70/160 F.
40 F. 230/270 F.
E CV
CB

DU VAL DE LOIRE ★★
Route d'Angers. M. Bodineau
☎ 40 96 00 03 FAX 40 83 17 30
40 250/300 F. 66/185 F.
49 F. 204/280 F.
entre Noël et jour de l'An. et rest. sam.
E D SP
CB

LES VOYAGEURS ★★
98, rue Georges Clémenceau. M. Chollou
☎ 40 83 10 06 FAX 40 83 34 57
16 205/235 F. 68/168 F. 48 F.
220 F.
dim.
E CB

ANCY LE FRANC
89160 Yonne
1188 hab. i

HOSTELLERIE DU CENTRE ★★
Grande Rue. M. Rollet
☎ 86 75 15 11 FAX 86 75 14 13
18 195/330 F. 78/260 F.
48 F. 200/250 F.
20 déc./5 janv., ven. soir et dim. soir hs.
E CB

ANDELAROCHE
03120 Allier
300 hab.

RELAIS AUBERGE DE LA MARGUETIERE ★★
Mme Fouilland
☎ 70 55 20 32
10 200/225 F. 58/198 F.
48 F. 225/240 F.
E CV CB

ANDELOT
52700 Haute Marne
916 hab.

LE CANTAREL ★
Place Cantarel. M. Royer
☎ 25 01 31 13 FAX 25 03 15 41
8 150/210 F. 65/120 F. 40 F.
170/250 F.
fév., dernière semaine sept. et lun.
E D CV CB

ANDELOT EN MONTAGNE
39110 Jura
630 m. • 555 hab.

⌂ BOURGEOIS ★★
Mme Bourgeois ☎ 84 51 43 77
🛏 15 ⌷ 170/220 F. 🍴 65/130 F.
🍽 40 F. 🛎 180/195 F.
⊠ 10 nov./10 déc.
🔲 ☎ 🌳 CV

ANDERNOS LES BAINS
33510 Gironde
5985 hab. 🛈

⌂ CENTRAL Rest. LE RETRO ★★
20, av. Thiers. Mme Bonnet
☎ 56 82 02 10 🖬 56 82 37 08
🛏 15 ⌷ 160/250 F. 🍴 65/145 F.
🍽 45 F. 🛎 220/240 F.
⊠ rest. dim. soir/lun. soir hs.
🔲 SP ☐ ☎ 🚗 🌴 🎿 🛎 🐾 CB

ANDOLSHEIM
68280 Haut Rhin
1100 hab.

⌂⌂ DU SOLEIL ★★
1, rue de Colmar. M. Carbonnel
☎ 89 71 40 53 🖬 89 71 40 36
🛏 18 ⌷ 110/250 F. 🍴 120/230 F.
🍽 75 F. 🛎 220/280 F.
⊠ 30 janv./10 mars et mer., mar. hiver.
🔲 D ☐ ☎ 🚗 🌴 🛎 🐾 CB

ANDREZIEUX BOUTHEON
42160 Loire
9407 hab. 🛈

⌂⌂⌂ LES IRIS ★★★
32, av. Jean Martouret. Mme Fontvieille
☎ 77 36 09 09 🖬 77 36 09 00
🛏 10 ⌷ 350/395 F. 🍴 80/245 F.
🍽 55 F. 🛎 280/300 F.
⊠ rest. 18 fév./16 mars, 21
oct./3 nov., dim. soir et lun. midi sauf
juin/août.
🔲 SP ☐ ☎ 🚗 🌴 🎿 🛎 CV 🐾
CB 💼

ANDUZE
30140 Gard
2787 hab. 🛈

⌂⌂ LA REGALIERE ★★
Route de St-Jean du Gard. M. Guillen
☎ 66 61 81 93 🖬 66 61 85 94
🛏 12 ⌷ 240/280 F. 🍴 85/240 F.
🍽 36 F. 🛎 230/250 F.
⊠ 1er déc./28 fév. et rest. mer. midi
sauf juil./août.
🔲 ☐ ☎ 🚗 🌴 🎿 ▶ 🛎 CV 🐾 CB

⌂⌂⌂ PORTE DES CEVENNES ★★
2300, route de St-Jean Du Gard.
M. Kovac ☎ 66 61 99 44 🖬 66 61 73 65
🛏 41 ⌷ 220/300 F. 🍴 90/150 F.
🍽 55 F. 🛎 250 F.
⊠ 20 oct./31 mars et rest. midi sauf
groupes.
🔲 ☐ ☎ 🚗 🌴 CV CB

ANET
28260 Eure et Loir
2300 hab. 🛈

⌂ AUBERGE DE LA ROSE ★
6, rue Charles Lechevrel. M. Zanga
☎ 37 41 90 64
🛏 7 ⌷ 180/240 F. 🍴 153/240 F.
🍽 55 F.
⊠ dim. soir et lun.
🛈 ☎ 🚗 🛎 🐾

ANGLES
81260 Tarn
750 m. • 650 hab. 🛈

⌂ LE MANOIR ★★
Route de Lacabarède. M. Senegas
☎ 63 70 96 06
🛏 14 ⌷ 230/400 F. 🍴 85/160 F.
🍽 45 F. 🛎 215 F.
⊠ rest. sept./juin.
🔲 🛈 ☎ 🚗 🌴 🎿 🎿 🛎 CV 🛎 🐾

ANGLES (LES)
30133 Gard
5000 hab. 🛈

⌂⌂⌂ LE PETIT MANOIR ★★
Av. Jules Ferry. M. Chailly
☎ 90 25 03 36 🖬 214235 MISIV.MA
🖬 90 25 49 13
🛏 40 ⌷ 200/340 F. 🍴 90/180 F.
🍽 50 F. 🛎 255/295 F.
🔲 D 🛈 ☐ ☎ 🚗 ✂ 🌴 🎿 🎿 ♿
♿ 🛎 🐾 CB

ANGLES (LES)
66210 Pyrénées Orientales
1595 m. • 528 hab. 🛈

⌂⌂ LLARET HOTEL ★★
12, av. de Balcère. M. Bascaing
☎ 68 30 90 90 🖬 68 30 91 66
🛏 26 ⌷ 250/350 F. 🍴 85/140 F.
🍽 50 F. 🛎 260/320 F.
⊠ 15 mai/15 juin, 15 oct./15 nov. et
mer. hors vac. scol.
☐ ☎ 🚗 🎿 CV 🛎 CB

ANGOULEME
16000 Charente
42876 hab. 🛈

⌂ D'ORLEANS ★★
133, av. Gambetta. Mme Le Calvez
☎ 45 92 07 53 🖬 45 92 05 25
🛏 20 ⌷ 170/240 F. 🍴 65 F. 🍽 40 F.
🛎 200/260 F.
⊠ rest. dim.
🔲 SP ☐ ☎ 🛎 CV 🐾 CB 💼

⌂⌂ LE CRAB ★★
27, rue Kléber. M. Bouchet
☎ 45 95 51 80 🖬 45 95 38 52
🛏 21 ⌷ 130/210 F. 🍴 60/160 F.
🍽 40 F. 🛎 180 F.
⊠ rest. sam. et dim. soir.
🔲 ☐ ☎ 🚗 CV 🛎 🐾 CB 💼

ANGOULEME (suite)

▲▲ LE SAINT-ANTOINE ★★
31, rue Saint-Antoine. Mme Troplong
☎ 45 68 38 21 🆁 45 69 10 31
🛏 29 � 270/300 F. 🍽 85/190 F.
🍴 50 F. 🚗 245 F.
✉ 25 déc., rest. sam. midi et dim. soir.
Ⓔ SP ⬜ ☎ 🛏 ➡ 🎾 ⛷ CV 🔅 ⚓
CB 💼

ANIANE
34150 Hérault
1620 hab. ⓘ

▲▲ HOSTELLERIE SAINT BENOIT ★★
Route de Saint Guilhem. M. Raoul
☎ 67 57 71 63 🆁 67 57 47 10
🛏 30 ⌘ 260/310 F. 🍽 99/245 F.
🍴 42 F. 🚗 250/275 F.
✉ 20 déc./15 fév. et mar. midi.
Ⓔ ☎ 🛏 ➡ 🎾 🍷 ✒ ⛷ ♿ 🔅 ⚓ CB

ANNEBAULT
14430 Calvados
253 hab.

▲▲ LE CARDINAL ★★
M. Peudecoeur
☎ 31 64 81 96 🆁 31 64 64 65
🛏 6 ⌘ 250/420 F. 🍽 100/270 F.
🍴 58 F. 🚗 300/350 F.
✉ 15 janv./28 fév., mar. soir et mer. hs.
Ⓔ Ⓓ ⬜ ☎ ➡ 🎾 ♿ CV ⚓ CB

ANNECY
74000 Haute Savoie
51000 hab. ⓘ

▲▲▲ AU FAISAN DORE ★★★
34, av. d'Albigny. M. Me Clavel
☎ 50 23 02 46 🆁 50 23 11 10
🛏 40 ⌘ 320/450 F. 🍽 140/240 F.
🍴 70 F. 🚗 300/400 F.
✉ 17 déc./22 janv. et rest. dim. soir hs.
Ⓔ Ⓓ ⬜ ☎ 🛏 ♿ 🔅 ⚓ CB Ⓒ

▲▲▲ LA RESERVE ★★★
Av. d'Albigny. M. Eigenmann
☎ 50 23 50 24 🆁 50 23 51 17
🛏 12 ⌘ 370/440 F. 🍽 115/260 F.
🍴 50 F. 🚗 335/370 F.
✉ 23 juin/7 juil. et 22 déc./14 janv.
Ⓔ ⬜ ☎ 🛏 ➡ 🎾 ⚓ CB

ANNECY (LE SEMNOZ)
74000 Haute Savoie
1700 m. • 10 hab.

▲▲ LES ROCHERS BLANCS ★★
Le Semnoz, crêt de Chatillon.
M. Schmidt
☎ 50 01 23 60 🆁 50 01 40 68
🛏 18 ⌘ 190/310 F. 🍽 70/135 F.
🍴 45 F. 🚗 215/280 F.
✉ hôtel nov.
Ⓔ ⬜ ☎ 🛏 ➡ 🎾 ♿ ✒ CV 🔅 ⚓ Ⓒ

ANNECY LE VIEUX
74940 Haute Savoie
10000 hab.

▲▲ L'ARC-EN-CIEL ★★
26, rue de l'Arc-en-ciel.
MeM. Tarnaud/Rey
☎ 50 23 08 86 🆁 50 23 13 95

🛏 11 ⌘ 220/240 F. 🍽 62/120 F.
🍴 50 F. 🚗 200 F.
✉ rest. sam. et dim. soir.
Ⓔ ⬜ ☎ 🛏 ➡ 🎾 ♿ CV ⚓ CB 💼

▲▲ LA MASCOTTE ★★
Rue Capitaine-Baud. M. Domenjoud
☎ 50 23 51 47
🛏 14 ⌘ 155/300 F. 🍽 64/120 F.
🍴 55 F. 🚗 240/300 F.
✉ 15 sept./5 oct. et lun.
Ⓔ ⬜ ☎ 🛏 ➡ 🎾 ♿ CV 🔅 ⚓ CB

ANNECY LE VIEUX ALBIGNY
74940 Haute Savoie
15000 hab. ⓘ

▲ DES MUSES ★
61, rue Centrale. M. Gay
☎ 50 23 29 26 🆁 50 23 74 18
🛏 30 ⌘ 125/250 F. 🚗 173/235 F.
✉ 8/29 janv.
Ⓔ ⓘ ⬜ ☎ 🛏 ➡ 🎾 ♿ 🔅 ⚓ CB 💼

ANNEMASSE (ETREMBIERES)
74100 Haute Savoie
1374 hab. ⓘ

▲ MAISON BLANCHE ★★
41, route de St-Julien. Mme Bajulaz
☎ 50 92 01 01
🛏 12 ⌘ 210/280 F. 🍽 70/170 F.
🍴 55 F. 🚗 200/240 F.
✉ dernière semaine oct., nov., dim. et
lun. matin hs.
Ⓔ ⬜ ☎ 🎾 ♿ 🔅 ⚓ CB 💼

ANSE
69480 Rhône
3800 hab.

▲▲▲ SAINT-ROMAIN ★★
Route de Graves. M. Levet
☎ 74 60 24 46 🆁 74 67 12 85
🛏 24 ⌘ 240/300 F. 🍽 95/300 F.
🍴 60 F. 🚗 339/346 F.
✉ 27 nov./3 déc. et dim. soir
30 nov./dernier dim. avr.
Ⓔ Ⓓ ⬜ ☎ 🛏 ➡ 🎾 🍷 ♿ CV 🔅
⚓ CB

ANTHY SUR LEMAN
74200 Haute Savoie
1260 hab.

▲▲ L'AUBERGE D'ANTHY
Rue des Ecoles. M. Dubouloz
☎ 50 70 35 00 🆁 50 70 40 90
🛏 7 ⌘ 252/309 F. 🍽 73/197 F. 🍴 65 F.
🚗 276/300 F.
✉ 13 fév./6 mars, 25 oct./6 nov., dim.
soir et mar. sauf juil./août.
Ⓔ Ⓓ ⬜ ☎ 🛏 ➡ CV ⚓ CB

▲▲▲ LES CINQ CHEMINS ★★
(Les Cinq Chemins). M. Me Denarie
☎ 50 72 63 45 🆁 50 72 30 69
🛏 28 ⌘ 260/380 F. 🍽 77/160 F.
🍴 50 F. 🚗 260/330 F.
✉ 5/19 juin, 23 déc./22 janv., dim. soir
et lun. midi sauf juil./août.
Ⓔ Ⓓ ⬜ ☎ 🛏 ➡ 🎾 ➡ 🍷 🎾 ♿ ⛷ CV
🔅 ⚓ CB

ANTIBES
06600 Alpes Maritimes
80000 hab. 🛈

△△ AUBERGE PROVENCALE ★
61, place Nationale. M. Martin
☎ 93 34 13 24
🛏 7 ⊠ 200/400 F. 🍴 85/245 F. 🏻 80 F.
⊠ 15/30 avr. et 15 nov./15 déc., rest.
lun. et mar. midi.
🖻 ☎

△△ LE PONTEIL ★★
11, impasse Jean Mensier. M. Riedinger
☎ 93 34 67 92 🖷 93 34 49 47
🛏 10 ⊠ 220/340 F. 🍴 110 F. 🏻 80 F.
🖩 250/340 F.
⊠ 20 nov./28 déc.
🖪 🖻 🚻 🖻 ☎ 🖻 🖦 ⛫ CV 🖛 CB

ANZY LE DUC
71110 Saône et Loire
458 hab. 🛈

△ AUBERGE DU PRIEURE
M. Giorno ☎ 85 25 01 79
🛏 5 ⊠ 220 F. 🍴 88/125 F. 🏻 52 F.
⊠ 31 oct./1er fév. et mar.
15 sept./30 avr.
🖪 🛈 🖛 CB

AOSTE
38490 Isère
1500 hab. 🛈

△△△ AU COQ EN VELOURS ★★
M. Bellet ☎ 76 31 60 04 🖷 76 31 77 55
🛏 7 ⊠ 240/350 F. 🍴 95/270 F. 🏻 70 F.
🖩 250/330 F.
⊠ 2/25 janv., dim. soir et lun.
🖪 🖻 ☎ 🖻 🖦 ⛫ 🖦 CV 🖦 🖛 CB

△△△ LA VIEILLE MAISON ★★
M. Bertrand ☎ 76 31 60 15 🖷 76 31 69 75
🛏 16 ⊠ 280/300 F. 🍴 110/290 F.
🏻 70 F. 🖩 280/300 F.
⊠ mer. et dim. soir sauf juil./août.
🛈 🖻 ☎ 🖻 ☎ 🖦 🖦 🖦 🖛 CB

AOUSTE SUR SYE
26400 Drôme
1800 hab.

△ DE LA GARE ★★
M. Guier ☎ 75 25 14 12
🛏 12 ⊠ 170/280 F. 🍴 78/200 F.
🏻 50 F. 🖩 210/245 F.
⊠ 1er/15 sept., ven. soir et sam.
🖪 🖻 ☎ 🖻 🖦 ☎

APREMONT SUR AIRE
08250 Ardennes
180 hab.

△ DE L'ARGONNE ★
M. Leblan ☎ 24 30 53 88
🛏 5 ⊠ 120/130 F. 🍴 60/160 F. 🏻 55 F.
🖩 170/180 F.
🚻 🖻 ☎ 🖦 CV 🖛

APT
84400 Vaucluse
12000 hab. 🛈

△△ AUBERGE DU LUBERON ★★★
17, quai Léon Sagy. M. Peuzin
☎ 90 74 12 50 🖷 90 04 79 49
🛏 15 ⊠ 235/390 F. 🍴 130/235 F.
🏻 85 F. 🖩 312/390 F.
⊠ 2/21 janv., 1er/10 juil., rest.
22/26 déc., dim. soir, lun. hs et lun. midi
saison.
🖪 🖻 ☎ 🖻 🖦 ⛫ CV 🖦 🖛 CB

△△ RELAIS DE ROQUEFURE ★★
(Prés le Chêne, à 6 km d'Apt).
M. Rousset ☎ 90 04 88 88
🛏 15 ⊠ 190/350 F. 🍴 110 F. 🏻 50 F.
🖩 250/300 F.
⊠ 3 janv./15 fév.
🖪 ☎ 🖻 🖻 ☎ 🖦 🖦 ⛫ CV 🖦 🖛 CB

ARBOIS
39600 Jura
4000 hab. 🛈

△△ DES CEPAGES ★★
Route de Villette. M. Ortola
☎ 84 66 25 25 🖵 361621 🖷 84 37 49 62
🛏 33 ⊠ 285/326 F. 🍴 90 F. 🏻 45 F.
🖩 235/275 F.
🖪 🖻 🚻 🖻 ☎ 🛏 🖦 ☎ CV 🖦 C

✳ LES MESSAGERIES ★★
2, rue de Courcelles. Mme Ricoux
☎ 84 66 15 45 🖷 84 37 41 09
🛏 26 ⊠ 177/305 F.
⊠ 30 nov./31 janv. et mer. après-midi
jusqu'à 17h hs.
🖪 🛈 🖻 ☎ 🖻 🖻 ⛫ 🖦 CV 🖦 🖛 CB

ARBOIS (LES PLANCHES)
39600 Jura
75 hab. 🛈

△△△ LE MOULIN DE LA MERE
MICHELLE ★★★
Lieu-dit Les Planches. M. Delavenne
☎ 84 66 08 17 🖷 84 37 49 69
🛏 22 ⊠ 380/680 F. 🍴 65/380 F.
🏻 60 F. 🖩 435/585 F.
🖪 🖻 ☎ 🖻 🖾 🛏 🖦 ☎ 🖦 🖦
⛫ 🖦 CV 🖦 🖛 CB

ARCHES
15200 Cantal
630 m. • 198 hab.

△△ LE DONJON ★★
M. Lenormand ☎ 71 69 74 00
🛏 7 ⊠ 250/290 F. 🍴 80/130 F. 🏻 38 F.
🖩 220/290 F.
⊠ 1er/15 mars, 15 oct./15 nov., dim.
soir et lun.
🖪 ☎ 🖻 🖾 🖦 ☎ 🖦 ⛫ CV 🖛 CB

ARCIS SUR AUBE
10700 Aube
3260 hab. 🛈

△ DU PONT DE L'AUBE
Sortie Aut. A 26, Vallée de l'Aube.
M. Leboucher ☎ 25 37 84 81
🛏 10 ⊠ 165/200 F. 🍴 72/ 85 F.
🏻 38 F. 🖩 160/180 F.
⊠ 25 fév./5 mars, 30 sept./15 oct., dim.
et jours fériés.
🖻 ☎ 🖻 🖛 CB

ARCIZANS AVANT
65400 Hautes Pyrénées
650 m. • 250 hab.

▲▲ LE CABALIROS ★★
M. Saint-Martin
☎ 62 97 04 31 ⅎ 62 97 91 48
🛏 8 ◈ 250/270 F. 🍽 85/230 F. 🍴 45 F.
🍴 225/235 F.
⊠ 30 sept./15 déc., 5/25 janv., mar. soir
et mer. hors vac. scol.
🄴 🆂🅿 🗊 🖨 🛏 🗙 🐾 🕴 CB

ARCS (LES)
83460 Var
3915 hab. ⒤

▲▲ AURELIA Rest. DU PONT D'ARGENS ★★
Le Pont d'Argens, sur N. 7. M. Scrimali
☎ 94 47 49 69 ⅎ 94 85 23 86
🛏 20 ◈ 250/350 F. 🍽 110/150 F.
🍴 45 F. 🛏 235/255 F.
⊠ rest. lun. hs.
🄴 ⒤ 🗊 🖨 🛏 🗙 🐾 🕴 🐾 CB 🖴

▲▲▲ LE LOGIS DU GUETTEUR ★★★
Place du Château. M. Callegari
☎ 94 73 30 82 ⅎ 94 73 39 95
🛏 10 ◈ 350/450 F. 🍽 125/179 F.
🍴 50 F. 🛏 440 F.
⊠ 15 janv./15 fév.
🄴 ⒤ 🗊 🖨 🛏 🐾 🔍 🕴 🐾 CB

ARCY SUR CURE
89270 Yonne
509 hab. ⒤

▲ DES GROTTES ★
M. Nolle
☎ 86 81 91 47
🛏 7 ◈ 130/220 F. 🍽 72/155 F. 🍴 45 F.
🍴 193/240 F.
⊠ 15 déc./23 janv. et mer.
fin sept./fin avr.
🗊 🖨 🐾 🗙 🕴 CV 🐾 CB 🅲 🖴

ARDENTES
36120 indre
3500 hab.

▲▲ LE CHENE VERT ★★
20-22, av. de Verdun. M. Mimault
☎ 54 36 22 40 ⅎ 54 36 64 33
🛏 7 ◈ 280/380 F. 🍽 115/220 F.
🍴 65 F. 🛏 270/310 F.
⊠ 1er/10 août, 2/22 janv., dim. soir et
lun.
🄴 🄳 🗊 🖨 🗙 🕴 🐾 CB 🖴

ARDRES
62610 Pas de Calais
3936 hab.

▲▲ CLEMENT ★★★
91, esplanade Maréchal Leclerc.
M. Coolen
☎ 21 82 25 25 ⅎ 21 82 98 92
🛏 16 ◈ 240/340 F. 🍽 95/320 F.
🍴 50 F. 🛏 240/290 F.
⊠ 15 janv./15 fév., rest. mar. midi hiver
et lun.
🄴 🄳 🗊 🖨 🛏 🗙 🔍 🕴 🐾 CB

▲▲ LE RELAIS ★★
66, bld Senlecq. M. Rivelon
☎ 21 35 42 00 ⅎ 21 85 39 36
🛏 11 ◈ 200/250 F. 🍽 66/180 F.
🍴 50 F.
🄴 🗊 🖨 🛏 🐾 🗙 🕴 CV 🐾

ARGEIN
09140 Ariège
534 m. • 193 hab.

▲ LA TERRASSE ★★
M. Cramparet ☎ 61 96 70 11
🛏 10 ◈ 150/250 F. 🍽 70/150 F.
🍴 45 F. 🛏 200/220 F.
⊠ 15 nov./1er fév.
🄴 🗊 🕴 🐾

ARGELES GAZOST
65400 Hautes Pyrénées
4500 hab. ⒤

▲▲ BEAU SITE ★★
10, rue Capitaine Digoy. Mme Taik-Colpi
☎ 62 97 08 63 ⅎ 62 97 06 01
🛏 16 ◈ 195/250 F. 🍽 75 F. 🍴 45 F.
🛏 190/200 F.
⊠ 5 nov./5 déc.
🄴 🆂🅿 ⒤ 🗊 🖨 🛏 🐾 CB

▲▲ BON REPOS ★★
Av. du Stade. Mlle Domec
☎ 62 97 01 49 ⅎ 62 97 03 97
🛏 18 ◈ 170/220 F. 🍽 75 F. 🍴 45 F.
🛏 190/210 F.
⊠ oct./mai sauf vac. scol. hiver.
🄴 🆂🅿 🗊 🖨 🛏 🐾 🗙 🔍 🕴 CV 🐾 CB

▲▲ DES PYRENEES ★★
M. Rode ☎ 62 97 07 90 ⅎ 62 97 59 56
🛏 20 ◈ 180/325 F. 🍽 80/200 F.
🍴 45 F. 🛏 200/270 F.
⊠ 1er/25 déc. et lun. sauf vac.
🄴 🆂🅿 🗊 🖨 🛏 🗘 🏊 🗙 🔍 🗙 🔍
🐾 CB

▲▲ HOSTELLERIE LE RELAIS ★★
25, rue Maréchal Foch. M. Hourtal
☎ 62 97 01 27
🛏 23 ◈ 200/300 F. 🍽 72/230 F.
🍴 42 F. 🛏 210/260 F.
⊠ 15 oct./10 fév.
🄴 🆂🅿 ⒤ 🗊 🖨 🛏 🗙 🐾 CB

▲▲▲ LES CIMES ★★
1, place d'Ourout. M. Bat
☎ 62 97 00 10 ⅎ 62 97 10 19
🛏 31 ◈ 253/290 F. 🍽 80/200 F.
🍴 42 F. 🛏 230/285 F.
⊠ 5 nov./18 déc.
🄴 🆂🅿 🗊 🖨 🛏 🗘 🗙 🔍 🔍 CV 🖭
🐾 CB

▲▲ PRIMEROSE ★★
23, rue de l'Yser. Mme Castellini
☎ 62 97 06 72 ⅎ 62 97 23 08
🛏 26 ◈ 230/325 F. 🍽 65/200 F.
🍴 42 F. 🛏 195/242 F.
⊠ 26 sept./14 mai.
🄴 🄳 ⒤ 🗊 🖨 🛏 CV 🖭 🐾 CB

ARGELES GAZOST (suite)

SOLEIL LEVANT ★★
21, av. des Pyrénées. Mme Jaussant
☎ 62 97 08 68 FAX 62 97 04 60
🛏 33 ☜ 190/220 F. 🍴 50/190 F.
🍽 40 F. 🛏 210/230 F.
E SP i 🛏 ☎ 🛏 ☎ ⛱ CV 🅿 CB

ARGELES GAZOST (BEAUCENS)
65400 Hautes Pyrénées
244 hab.

THERMAL ★★
Parc Thermal. Mme Coiquil
☎ 62 97 04 21 FAX 62 97 16 60
🛏 29 ☜ 200/360 F. 🍴 85/135 F.
🍽 50 F. 🛏 220/240 F.
⊠ 10 oct./10 mai.
E D SP 🛏 ☎ 🛏 ☎ ⛱ CV 🅿 CB

ARGELES PLAGE
66700 Pyrénées Orientales
1500 hab. i

LA CHAUMIERE MATIGNON ★★
30, av. du Tech. Mme Jampy
☎ 68 81 09 84
🛏 10 ☜ 230/270 F. 🍴 70/170 F.
🍽 48 F. 🛏 247/252 F.
⊠ 30 sept./8 avr. et rest. mar. midi.
E D SP ☎ 🛏 ☎ CV 🅿 CB

LES MIMOSAS ★★
51, av. des Mimosas. M. Blasy
☎ 68 81 14 77 FAX 68 81 69 96
🛏 28 ☜ 220/320 F. 🍴 80/180 F.
🍽 50 F. 🛏 230/280 F.
⊠ 1er déc./15 mars, mar. soir et mer. hs.
E D SP ☎ 🛏 ☎ CV 🅿 CB C 🅰

ARGELES SUR MER
66700 Pyrénées Orientales
6000 hab. i

GRAND HOTEL LE COMMERCE ★★
14, route de Collioure. M. Rius
☎ 68 81 00 33 FAX 68 81 69 49
🛏 38 ☜ 180/288 F. 🍴 66/179 F.
🍽 44 F. 🛏 210/270 F.
⊠ 25 déc./4 fév., rest. dim. soir et lun.
oct./fin mai.
E SP 🛏 ☎ 🛏 ☎ CV 🅿 CB C 🅰

LE COTTAGE ★★★
Rue Arthur Rimbaud. Mme Claudel-Paret
☎ 68 81 07 33 FAX 68 81 59 69
🛏 26 ☜ 290/520 F. 🍴 80/260 F.
🍽 60 F. 🛏 315/430 F.
⊠ Toussaint, Pâques.
E D SP 🛏 ☎ 🛏 ☎ CV 🅿 CB

LES MOUETTES Rest. LA CORNICHE ★★
Route de Collioure M. Lecourt
☎ 68 81 21 69 FAX 68 81 32 73
🛏 25 ☜ 290/550 F. 🍴 120/160 F.
🍽 50 F. 🛏 265/395 F.
⊠ 1er nov./31 mars, dim.
1er avr./31 mai et oct.
🛏 ☎ 🛏 ☎ CV 🅿 CB

ARGENT SUR SAULDRE
18410 Cher
3000 hab.

RELAIS DE LA POSTE ★★★
3, rue Nationale. M. Pinault
☎ 48 73 60 25 FAX 48 73 30 62
🛏 10 ☜ 230/290 F. 🍴 85/210 F.
🍽 65 F. 🛏 220/330 F.
⊠ 15 janv./15 fév. et lun. sauf juil./août.
E D 🛏 ☎ 🛏 ☎ CV 🅿 CB 🅰

ARGENTAN
61200 Orne
16413 hab. i

DE FRANCE ★★
8, bld Carnot. M. Hazard
☎ 33 67 03 65 FAX 33 36 62 24
🛏 13 ☜ 155/270 F. 🍴 68/188 F.
🍽 50 F. 🛏 175/230 F.
⊠ 13/27 fév., 3/17 juil.,
18/25 déc., rest. dim. soir et lun.
E 🛏 ☎ 🛏 ☎ CV 🅿 CB

DES VOYAGEURS ★★
6, bld Carnot. M. Gendre
☎ 33 36 15 60 FAX 33 39 93 29
🛏 42 ☜ 210/260 F. 🍴 50/178 F.
🍽 35 F. 🛏 190/210 F.
⊠ 23 déc./8 janv., 31 juil./20 août, dim.
soir et soirs fériés.
E D 🛏 ☎ 🛏 ☎ CV 🅿 CB

ARGENTAN (ECOUCHE)
61150 Orne
1409 hab. i

HOSTELLERIE DU LION D'OR ★★★
1, rue Pierre Pigot. M. Brunello
☎ 33 35 16 92 FAX 33 36 60 48
🛏 9 ☜ 210/350 F. 🍴 92/200 F. 🍽 55 F.
🛏 250/380 F.
⊠ dim soir et lun.
E i 🛏 ☎ 🛏 ☎ CV 🅿 CB

ARGENTAT
19400 Corrèze
3100 hab. i

FOUILLADE ★★
Place Gambetta. M. Fouillade
☎ 55 28 10 17 FAX 55 28 90 52
🛏 15 ☜ 130/220 F. 🍴 70/160 F.
🍽 45 F. 🛏 200/230 F.
⊠ 3 nov./7 déc. et rest. lun.
21 sept./15 juin.
E 🛏 ☎ 🛏 ☎ CV 🅿 CB

LE GAMBETTA
15, place Gambetta. M. Garcia
☎ 55 28 16 08
🛏 5 ☜ 115/200 F. 🍴 58/150 F. 🍽 40 F.
🛏 140/200 F.
⊠ 1er/25 oct., 25 fév./5 mars et lun.
E ☎ 🅿 CB

ARGENTAT (CAMPS)
19430 Corrèze
340 hab.

⚊⚊ DU LAC ★★
M. Solignac
☎ 55 28 51 83 ⅢⅩ 55 28 53 71
🛏 11 ⌧ 135/240 F. 🍽 70/200 F.
🍴 50 F. 🛌 185/235 F.
⌧ vac. scol. Toussaint et fév., dim. soir et lun. hiver.
▯ ▢ ☎ ➤ ✤ ⊙ ♿ CV ▦ ➦ CB

ARGENTEUIL
95100 Val d'Oise
96045 hab.

⚊⚊ DE L'EUROPE ★★
5, place Pierre Semard. M. Beurel
☎ (1) 39 61 65 65 ＼(1) 39 61 00 34
ⅢⅩ (1) 39 61 09 41
🛏 35 ⌧ 300 F. 🍽 80/125 F. 🍴 38 F.
🛌 245 F.
▯ SP ▢ ☎ ➡ ⬆ ⋔ ➤ CV ▦ ➦
C ▮

ARGENTIERE
74400 Haute Savoie
1250 m. • 600 hab. ⓘ

⚊⚊ LE DAHU ★★
325, rue Charlet Straton.
M. Devouassoux
☎ 50 54 01 55 ⅢⅩ 50 54 03 27
🛏 22 ⌧ 220/320 F. 🍽 62/ 88 F.
🍴 35 F.
⌧ 15 mai/15 juin et mer.
15 sept./10 oct.
▯ D ☎ ➡ CV ➦ CB

ARGENTON SUR CREUSE
36200 Indre
6921 hab. ⓘ

⚊⚊ DE LA GARE ET DU TERMINUS ★★
7, rue de la Gare. M. Leron
☎ 54 01 10 81 ⅢⅩ 54 24 02 54
🛏 14 ⌧ 100/260 F. 🍽 75/160 F.
🍴 40 F. 🛌 280/320 F.
⌧ 6/24 janv., dim. soir hiver et lun.
▯ SP ▢ ☎ ➡ CV ▦ ▮

ARLEMPDES
43490 Haute Loire
840 m. • 140 hab.

⚊ DU MANOIR ★
M. Celle
☎ 71 57 17 14
🛏 15 ⌧ 220/240 F. 🍽 85/180 F.
🍴 50 F. 🛌 215 F.
⌧ 1er sam. mars/1er nov.
☎ ➦

ARLES
13200 Bouches du Rhône
50000 hab. ⓘ

⚹ DE LA MUETTE ★★
15, rue des Suisses. M. Me Deplancke
☎ 90 96 15 39 ⅢⅩ 440096 ⅢⅩ 90 49 73 16
🛏 18 ⌧ 130/300 F.
▯ ▢ ☎ ➡ ⊙ ♿ CV ➦ CB

DES GRANGES ★★
Route de Tarascon. M. Baud
☎ 90 96 37 21 ⅢⅩ 90 93 23 22
🛏 15 ⌧ 195/295 F. 🍽 95 F. 🍴 45 F.
🛌 205/255 F.
⌧ 3 janv./6 fév.
▯ ⓘ ▢ ☎ ➡ ➤ ⬚ ♿ CV ▦ ➦ CB

ARLES (LE SAMBUC)
13200 Bouches du Rhône
300 hab.

⚊⚊ LONGO MAI ★★
Sur D. 36. MM. Raynaud
☎ 90 97 21 91
🛏 16 ⌧ 245/380 F. 🍽 95/115 F.
🍴 50 F. 🛌 250/316 F.
⌧ 2 janv./15 mars.
▯ ☎ ➡ ➤ ➤ ⊙ CV ➦ CB

ARLES SUR TECH
66150 Pyrénées Orientales
3000 hab. ⓘ

⚊⚊⚊ LES GLYCINES ★★
M. Bassole
☎ 68 39 10 09 ⅢⅩ 68 39 83 02
🛏 30 ⌧ 180/280 F. 🍽 80/220 F.
🍴 65 F.
⌧ déc./janv.
▯ SP ▢ ☎ ➡ ➤ ✤ CV ▦ ➦ CB

ARMOY
74200 Haute Savoie
630 m. • 700 hab.

⚊⚊⚊ L'ECHO DES MONTAGNES ★★
Mme Colloud
☎ 50 73 94 55 ⅢⅩ 50 70 54 07
🛏 47 ⌧ 220/270 F. 🍽 88/175 F.
🍴 50 F. 🛌 235/260 F.
⌧ 1er janv./5 fév., 18 déc./6 fév., rest. dim. soir et lun. hs.
▯ D ▢ ☎ ➡ ➡ ⬆ ➤ ➤ ✤ ♿ CV ▦ ➦ CB

ARNAY LE DUC
21230 Côte d'Or
2500 hab. ⓘ

⚊⚊⚊ CHEZ CAMILLE ★★★
1, place Edouard Herriot. Mme Poinsot
☎ 80 90 01 38 ⅢⅩ 80 90 04 64
🛏 11 ⌧ 395 F. 🍽 100/330 F. 🛌 400 F.
▯ D SP ▢ ☎ ➡ ➡ ➤ ⬚ ♿ ➦ CB

⚹ DE LA POSTE ★★
20, rue St-Jacques. M. Menevaut
☎ 80 90 00 76
🛏 14 ⌧ 170/280 F.
⌧ oct./fin avr.
▯ D ➡ ➤ ➤ CV CB

⚊ DU DAUPHINE
Rue René Laforge. M. Thierry
☎ 80 90 14 25 ⅢⅩ 80 90 14 21
🛏 8 ⌧ 120/230 F. 🍽 60/150 F. 🍴 35 F.
🛌 170/190 F.
▢ ☎ ➡ CV ➦ CB

ARNAY LE DUC (suite)

🛆 TERMINUS **
2, rue de l'Arquebuse, sur N. 6.
M. Prefot
☎ 80 90 00 33
🛎 9 ▨ 150/290 F. ⑪ 85/220 F. 🍴 45 F.
🍽 230/350 F.
✉ 6 janv./6 fév. et mer.
▫ 🖭 🚗 CV ➔ CB

ARQUES
62510 Pas de Calais
9245 hab.

🛆🛆 LA GRANDE SAINTE-CATHERINE **
51, rue Adrien d'Anvers. M. Hemery
☎ 21 38 03 73 🝙 21 38 17 39
🛎 11 ▨ 200/270 F. ⑪ 68/195 F.
🍴 40 F. 🍽 195/215 F.
✉ rest. sam. midi.
Ⓔ ▫ 🖭 🚗 🏖 🌴 🛝 CV 🔌 ➔ CB

ARRADON
56610 Morbihan
4000 hab. ⓘ

🛆🛆🛆 LE STIVELL ***
Rue Plessis D'Arradon. M. Chalet
☎ 97 44 03 15 🝙 97 44 78 90
🛎 25 ▨ 250/340 F. ⑪ 55/230 F.
🍴 39 F. 🍽 230/280 F.
✉ 15 nov./15 déc., vac. fév., rest. dim.
soir et lun. 15 sept./15 juin.
Ⓔ Ⓓ SP ▫ 🖭 🚗 🏖 🌴 🕐 CV 🔌 ➔
CB 📇

ARRAS EN LAVEDAN
65400 Hautes Pyrénées
640 m. • 450 hab.

🛆🛆 AUBERGE DE L'ARRAGNAT **
Mme Duchesne
☎ 62 97 14 23
🛎 16 ▨ 215/255 F. ⑪ 75/150 F.
🍴 38 F. 🍽 215/235 F.
✉ 30 sept./30 avr.
Ⓔ SP 🖭 🌴 🕐 🛝 CV 🔌 ➔ CB

ARREAU
65240 Hautes Pyrénées
700 m. • 900 hab. ⓘ

🛆🛆🛆 ANGLETERRE **
Route de Luchon. M. Aubiban
☎ 62 98 63 30 🝙 62 98 69 66
🛎 24 ▨ 220/280 F. ⑪ 68/185 F.
🍴 40 F. 🍽 240/275 F.
✉ 15 oct./26 déc., Pâques/1er juin et
lun.
Ⓔ SP ▫ 🖭 🚗 🏖 🌴 🛝 CV 🔌 CB

🛆 DE FRANCE **
Place Office du Tourisme.
Mme Cazeneuve
☎ 62 98 61 12
🛎 16 ▨ 180/280 F. ⑪ 70/180 F.
🍴 40 F. 🍽 216/260 F.
✉ 1er oct./25 déc., mai, mar. soir et
mer. hs.
Ⓔ SP 🖭 🏖 🌴 🛝 🛝 CB

ARROMANCHES
14117 Calvados
450 hab. ⓘ

🛆 D'ARROMANCHES Rest. LE
PAPPAGALL **
2, rue du Colonel René Michel.
M. Destercke
☎ 31 22 36 26 🝙 31 22 23 29
🛎 9 ▨ 230/280 F. ⑪ 75/180 F. 🍴 42 F.
🍽 220/245 F.
✉ 19 janv./24 fév., mar. après midi et
mer. hors vac. scol.
Ⓔ ▫ 🖭 🚗 🛝 CV 🔌 CB

🛆🛆 DE LA MARINE **
Quai du Canada. M. Verdier
☎ 31 22 34 19 🝙 31 22 98 80
🛎 30 ▨ 200/350 F. ⑪ 92/200 F.
🍴 48 F. 🍽 320/350 F.
✉ 15 nov./15 fév.
Ⓔ Ⓓ ▫ 🖭 🚗 🛝 ➔ CB

🛆 LE MOUNTBATTEN **
20, bld Longuet. M. Ollier
☎ 31 22 59 70
🛎 9 ▨ 270/280 F. ⑪ 70/135 F. 🍴 55 F.
🍽 270 F.
Ⓔ ▫ 🖭 🚗 ➔ CB

ARS EN RE
17590 Charente Maritime
1083 hab. ⓘ

🛆 LE PARASOL **
Route du Phare des Baleines. M. Laporte
☎ 46 29 46 17 🝙 46 29 05 09
🛎 29 ▨ 345/450 F. ⑪ 120/180 F.
🍽 320/380 F.
✉ nov./mars.
Ⓓ ▫ 🖭 🚗 🏖 🌴 ♿ 🔌 ➔ CB

ARS SUR FORMANS
01480 Ain
700 hab. ⓘ

🛆 GRAND HOTEL DE LA BASILIQUE *
M. Patrou
☎ 74 00 73 76 🝙 74 00 78 46
🛎 56 ▨ 125/190 F. ⑪ 70/170 F.
🍴 50 F. 🍽 150/200 F.
✉ 30 oct./1er avr.
Ⓔ Ⓓ ⓘ 🖭 🚗 🛝 🔌 ➔ CB Ⓒ

🛆 LA BONNE ETOILE **
Rue J. M. Vianney. Mme Tauvie
☎ 74 00 77 38 🝙 74 08 10 18
🛎 11 ▨ 180/300 F. ⑪ 70/170 F.
🍴 40 F. 🍽 180/230 F.
✉ 20 nov./20 déc., lun. soir et mar.
▫ 🖭 ➔ CB

🛆 REGINA **
M. Pelot
☎ 74 00 73 67 🝙 74 00 73 37
🛎 42 ▨ 185/195 F. ⑪ 70/170 F.
🍴 40 F. 🍽 190/195 F.
✉ 31 oct./15 mars.
Ⓔ 🚗 🔌 CB Ⓒ

ARSONVAL
10200 Aube
340 hab.

⌂ HOSTELLERIE DE LA CHAUMIERE
Sur N. 19. M. Guillerand
☎ 25 27 91 02 ⁍ 25 27 90 26
🛏 3 ⌷ 160/260 F. ⏸ 98/180 F. ⏸ 60 F.
⏸ 190/210 F.
⌧ dim. soir et lun. sauf fériés
15 juin/15 sept.
[E] ⌷ ☎ 🚗 🍽

ARTENAY
45410 Loiret
2003 hab.

⌂ DE LA FONTAINE ★
2, place de l'Hôtel de Ville. M. Julien
☎ 38 80 00 06 ⁍ 38 80 09 79
🛏 10 ⌷ 80/185 F. ⏸ 75/155 F. ⏸ 40 F.
⏸ 135/267 F.
⌧ nov., dim. après-midi et lun.
⌷ ☎ 🚗 CV ⏸ CB

ARTZENHEIM
68320 Haut Rhin
510 hab.

⌂⌂ AUBERGE D'ARTZENHEIM ★★
30, rue du Sponeck.
Mme Husser-Schmitt
☎ 89 71 60 51 ⁍ 716051 ⁍ 89 71 68 21
🛏 10 ⌷ 245/340 F. ⏸ 165/325 F.
⏸ 68 F. ⏸ 285/345 F.
⌧ 15 fév./15 mars, lun. soir et mar. soir.
[E] [D] SP ⌷ ☎ 🚗 🍽 🏇 ⏸ ⏸ CB

ARUDY
64260 Pyrénées Atlantiques
2960 hab. ⓘ

⌂⌂ DE FRANCE ★★
1, place de l'Hôtel de Ville. M. Berneteix
☎ 59 05 60 16 ⁍ 59 05 70 06
🛏 19 ⌷ 160/255 F. ⏸ 69/112 F.
⏸ 48 F. ⏸ 205/290 F.
⌧ mai et sam. hs.
[E] SP ☎ 🚗 CV ⏸ CB

ARVIEU
12120 Aveyron
720 m. ● 980 hab. ⓘ

⌂ AU BON ACCUEIL ★
M. Pachins ☎ 65 46 72 13
🛏 12 ⌷ 135/200 F. ⏸ 70/160 F.
⏸ 45 F. ⏸ 165/200 F.
[E] ☎ 🚗 🏇 ⏸ ⏸ CB

⌂ LES TILLEULS
M. Grimal ☎ 65 46 75 44
🛏 8 ⌷ 140/190 F. ⏸ 60/100 F. ⏸ 40 F.
⏸ 170/190 F.
[E] SP ⏸ CB

ARVIEUX
05350 Hautes Alpes
1650 m. ● 350 hab. ⓘ

⌂⌂ LA BORNE ENSOLEILLEE ★★
La Chalp. M. Durosne
☎ 92 46 72 89 ⁍ 92 46 79 96
🛏 21 ⌷ 259/286 F. ⏸ 78/130 F.
⏸ 35 F. ⏸ 236/263 F.
⌧ 1er oct./20 déc.
☎ 🚗 🍽 🏇 🏇 CV ⏸ CB

ASCAIN
64310 Pyrénées Atlantiques
1880 hab. ⓘ

⌂⌂⌂ DU PARC «TRINQUET-LARRALDE» ★★
M. Salha ☎ 59 54 00 10 ⁍ 59 54 01 23
🛏 24 ⌷ 290/360 F. ⏸ 60/200 F.
⏸ 40 F. ⏸ 260/320 F.
⌧ janv., dim. soir et lun. oct./juin.
[E] SP ☎ 🚗 🍽 🏇 ⏸ ⏸ CB

ASPIN EN LAVEDAN
65100 Hautes Pyrénées
280 hab.

⌂ DU LAVEDAN ★★
Mme Azavant-A lmeida ☎ 62 94 15 24
🛏 20 ⌷ 200/220 F. ⏸ 50/150 F.
⏸ 30 F. ⏸ 160/170 F.
⌧ 13 nov./11 fév. et jeu.
[E] SP ☎ 🚗 🍽 🏇 CV ⏸ CB ⏸

⌂⌂ LE MONTAIGU ★★
Mme Bosch
☎ 62 94 44 65 ⁍ 62 94 75 44
🛏 33 ⌷ 242/304 F. ⏸ 65/142 F.
⏸ 47 F. ⏸ 173/200 F.
⌧ 31 oct./Pâques.
[E] SP ☎ 🚗 🚗 🍽 🍽 🏇 🏇 ⏸ CB

ASPREMONT
06790 Alpes Maritimes
530 m. ● 1500 hab. ⓘ

⌂⌂ HOSTELLERIE D'ASPREMONT ★★
Place Saint Claude. Mme Marin
☎ 93 08 00 05 ⁍ 93 08 30 51
🛏 10 ⌷ 230 F. ⏸ 95/250 F. ⏸ 40 F.
⏸ 240/270 F.
⌧ rest. ven.
[E] ⓘ ⌷ ☎ 🚗 🍽 CV ⏸ CB
[C] ⏸

⌂⌂ LE SAINT JEAN ★
Route de Castagniers. M. Viano
☎ 93 08 00 66 ⁍ 93 08 06 46
🛏 9 ⌷ 150/220 F. ⏸ 98/185 F. ⏸ 55 F.
⏸ 195 F.
⌧ 2/31janv., dim. soir et lun.
[E] [D] ☎ ⏸ ⏸ CB

ASPRES SUR BUECH
05140 Hautes Alpes
760 m. ● 700 hab. ⓘ

⌂ DU PARC ★★
MeM. Rodriguez
☎ 92 58 60 01 ⁍ 92 58 67 84
🛏 24 ⌷ 165/270 F. ⏸ 100/180 F.
⏸ 62 F. ⏸ 205/264 F.
[E] [D] SP ⌷ ☎ 🚗 🚗 🍽 CV ⏸

ATTIGNAT
01340 Ain
1682 hab. ⓘ

⌂⌂ DOMINIQUE MARCEPOIL ★★
(Attignat sortie A. Bourg en Bresse
Nord). M. Marcepoil
☎ 74 30 92 24 ⁍ 74 25 93 48
🛏 10 ⌷ 270/380 F. ⏸ 110/360 F.
⏸ 85 F. ⏸ 360 F.
⌧ 3/10 juil., 2/8 janv., dim. soir et lun.
[E] ⓘ ⌷ ☎ 🚗 🍽 🍽 🏇 🏇 ⏸ CB

ATTIGNAT ONCIN
73610 Savoie
590 m. • 397 hab. 📍

▲▲ LE MONT GRELE ★★
M. Botinelly
☎ 79 36 07 06 FAX 79 36 09 54
🛏 11 ⬓ 200/280 F. 🍽 100/180 F.
🍴 65 F. 🍽 235/295 F.
⌧ 20 déc./15 fév., lun. soir et mar.
🄴 🕾 🛌 🚗 🍽 💪 🛀 🎿 CV ▦ 🐾
CB C

AUBAGNE
13400 Bouches du Rhône
41100 hab. 📍

▲▲ DE L'ETOILE ★★
N. 396 (sortie A. péage Pont de l'Etoile).
M. Brarda ☎ 42 04 55 54 FAX 42 04 59 78
🛏 36 ⬓ 225/250 F. 🍽 65/120 F.
🍴 45 F. 🍽 225 F.
🄴 SP 📍 🕾 🛌 🚗 🛏 ▥ 🍽 🛀 🗺
🎿 🛀 CV ▦ 🐾 CB ▣

AUBAZINE
19190 Corrèze
800 hab. 📍

▲▲ DE LA TOUR ★★
M. Lachaud ☎ 55 25 71 17
🛏 20 ⬓ 190/350 F. 🍽 85/140 F.
🍴 50 F. 🍽 220/280 F.
⌧ 2/17 janv., fév., dim. soir et lun. hs.
🄴 🛌 🕾 🚗 🍽 ▦ 🐾 CB

▲▲▲ DU COIROUX ★★
Mme Ramos
☎ 55 25 75 22 FAX 55 25 75 70
🛏 40 ⬓ 230/260 F. 🍽 80/160 F.
🍴 50 F. 🍽 250/270 F.
🄴 🛌 🕾 🚗 🛏 🛀 ▥ 🍽 🗺 🛀 🎿
▦ 🐾 CB

▲▲ SAUT DE LA BERGERE ★
M. Boutot
☎ 55 25 74 09 ℡ 590209 CHAMCOM
FAX 55 84 63 05
🛏 9 ⬓ 150/250 F. 🍽 80/180 F. 🍽 40 F.
🍽 190/230 F.
⌧ 1er déc./28 fév.
🄴 Ⓓ SP 🛌 🕾 🚗 🍽 🛀 🎿 CV ▦ 🐾
CB ▣

AUBENAS
07200 Ardèche
13700 hab. 📍

▲▲ LA PINEDE ★★
Route du Camping des Pins D. 235.
M. Mazet ☎ 75 35 25 88 FAX 75 93 06 42
🛏 30 ⬓ 250/350 F. 🍽 95/156 F.
🍴 48 F. 🍽 260/280 F.
⌧ 15 déc./15 janv.
🄴 🕾 🛌 🚗 🛏 🍽 ▥ 🛀 🎿 ▦ ▣

AUBIGNY SUR NERE
18700 Cher
6000 hab. 📍

▲▲ LA FONTAINE ★★
2, av. Général Leclerc. M. Masse
☎ 48 58 02 59 FAX 48 58 36 80
🛏 16 ⬓ 240/290 F. 🍽 85/170 F.

🍴 60 F. 🍽 230/250 F.
⌧ 16/31 janv. et dim. soir.
🄴 🛌 🕾 🚗 🍽 💪 CV 🐾 CB

AUBRAC
12470 Aveyron
1306 m. • 10 hab.

▲ DE LA DOMERIE «MAISON AUGUY» ★★
Mme David ☎ 65 44 28 42 \ 65 44 28 43
🛏 24 🍽 95/195 F. 🍽 62 F.
⌧ 15 oct./10 mai, mer. midi mai/juin et
sept./oct.
🄴 Ⓓ 🕾 🚗 🍽 🛀 🐾 CB

AUBREVILLE
55120 Meuse
355 hab.

▲▲ DU COMMERCE ★
Pont Ciraumont. M. Labrosse
☎ 29 87 40 35 FAX 29 87 43 69
🛏 10 ⬓ 150/210 F. 🍽 60/120 F.
🍴 40 F. 🍽 170/250 F.
⌧ 1er/20 oct.
Ⓓ 🕾 🚗 🍽 🛀 🐾 CB

AUBUSSON
23200 Creuse
6400 hab. 📍

▲▲ DE LA SEIGLIERE ★★
(Vallée du Léonardet). M. Delarbre
☎ 55 66 37 22 FAX 55 66 22 47
🛏 42 ⬓ 300 F. 🍽 100/190 F. 🍽 50 F.
🍽 275 F.
⌧ 22 déc./15 fév.
🄴 Ⓓ 🛌 🕾 🚗 🛏 🍽 💪 🛀 CV ▦ CB

▲ DU LION D'OR ★★
Place d'Espagne. Mme Chaussoy
☎ 55 66 13 88 FAX 55 66 84 73
🛏 11 ⬓ 200/350 F. 🍽 85/225 F.
🍴 55 F. 🍽 290/370 F.
⌧ ven. soir et sam. midi
15 oct./31 mars.
🛌 🕾 🚗 CV 🐾 CB

AUBUSSON (BLESSAC)
23200 Creuse
495 hab. 📍

▲ LE RELAIS DES FORETS ★
(A Blessac, 4 km). M. Gironde
☎ 55 66 15 10 FAX 55 83 87 91
🛏 14 ⬓ 110/280 F. 🍽 56/165 F.
🍴 40 F. 🍽 165/230 F.
⌧ mi-fév./mi-mars et dim. soir.
🄴 🕾 🚗 🍽 🍽 🐾

AUBUSSON D'AUVERGNE
63120 Puy de Dôme
180 hab.

▲ AU BON COIN ★
M. Decouzon
☎ 73 53 55 78 FAX 73 53 56 29
🛏 7 ⬓ 100/200 F. 🍽 90/250 F. 🍽 50 F.
🍽 200/220 F.
⌧ 20/25 déc., dim. soir et lun. hs.
CB

AUCHY LES HESDIN
62770 Pas de Calais
1814 hab. ⓘ

▲▲ AUBERGE LE MONASTERE ★★
M. Marecaux
☎ 21 04 83 54 ⫼ 21 41 39 17
🛏 10 ⌨ 220/320 F. ⍿ 100/275 F.
⫽ 45 F.
⊠ 25 oct./15 nov.
🄴 🅳 ⌨ ☎ 🚗 🍽 🎿 ⅢⅢ CB 🖼

AUCUN
65400 Hautes Pyrénées
865 m. • 170 hab. ⓘ

▲▲ LE PICORS ★★
Route de l'Aubisque. M. Fournier
☎ 62 97 40 90 ⫼ 62 97 41 56
🛏 48 ⌨ 230/250 F. ⍿ 55/170 F.
⫽ 45 F. 🚗 205/225 F.
⊠ 11 nov./25 déc.
⌨ ☎ 🚗 🛏 🍽 ⅢⅢ 🎿 ▶ ♿
CV ⅢⅢ 🖼 CB

AUDIERNE
29770 Finistère
3975 hab. ⓘ

▲▲ AU ROI GRADLON ★★
Sur la Plage. M. Auclert
☎ 98 70 04 51 ⫼ 98 70 14 73
🛏 19 ⌨ 280/340 F. ⍿ 100/220 F.
⫽ 60 F. 🚗 340/370 F.
⊠ 6 janv./15 fév. rest. dim. soir et lun.
1er oct./1er avr.
🄴 ⌨ ☎ 🚗 🍽 ♿ CV ⅢⅢ 🖼 CB C 🖼

AUDIERNE (ESQUIBIEN)
29770 Finistère
2000 hab.

▲▲ LE CABESTAN ★★
M. Rinquin ☎ 98 70 08 82
🛏 17 ⌨ 150/300 F. ⍿ 76/200 F.
⫽ 46 F. 🚗 220/280 F.
⊠ 1er déc./10 janv.
🄴 🅳 ⌨ ☎ 🚗 🍽 CV ⅢⅢ 🖼 CB

AUDRESSEIN
09800 Ariège
600 m. • 123 hab. ⓘ

▲ L'AUBERGE ★
M. Barbisan ☎ 61 96 11 80
🛏 9 ⌨ 100/195 F. ⍿ 75/210 F. ⫽ 35 F.
🚗 185/215 F.
⊠ 15 nov./12 fév.
🄴 SP ⌨ ☎ 🚗 ♿ CV ⅢⅢ 🖼 CB

AUGIGNAC
24300 Dordogne
818 hab.

▲ PELISSIER ★★
Route du Maine du Bost. M. Degroote
☎ 53 56 40 30 ⫼ 53 56 29 73
🛏 8 ⌨ 220 F. ⍿ 90/180 F. ⫽ 50 F.
🚗 265 F.
⊠ fév., dim. soir et lun. midi.
🄴 ⌨ ☎ 🚗 🍽 🍽 🎿 ♿ CV ⅢⅢ
CB 🖼

AULAS
30120 Gard
340 hab.

▲▲▲ LE MAS QUAYROL ★★
M. Grenouillet
☎ 67 81 12 38
🛏 16 ⌨ 360/400 F. ⍿ 125/280 F.
⫽ 48 F. 🚗 320/360 F.
⊠ 1er janv./25 mars.
🄴 SP ⌨ ☎ 🚗 🍽 🔽 🎿 CV ⅢⅢ 🖼 CB

AULUS LES BAINS
09140 Ariège
785 m. • 200 hab. ⓘ

▲▲ DE LA TERRASSE ★★★
Mme Amiel
☎ 61 96 00 98
🛏 17 ⌨ 200/300 F. ⍿ 80/250 F.
⫽ 60 F. 🚗 250/270 F.
⊠ fin sept./1er mai.
🄴 SP ⌨ ☎ 🚗 🍽 🍽 ⅢⅢ 🖼 CB

AUMALE
76390 Seine Maritime
3500 hab. ⓘ

▲ LE MOUTON GRAS
2, rue de Verdun. M. Gauthier
☎ 35 93 41 32
🛏 6 ⌨ 200/300 F. ⍿ 100/170 F.
⫽ 50 F. 🚗 300 F.
⊠ 26 août/10 sept., 23 déc./2 janv., lun.
soir et mar.
⌨ ☎ 🚗 🍽 🖼 CB

AUMESSAS
30770 Gard
215 hab.

▲▲ LA VIALLE ★
Place de la Gare. M. Labinal
☎ 67 82 01 34
🛏 7 ⌨ 200 F. ⍿ 80/136 F. ⫽ 41 F.
🚗 205/255 F.
⊠ 24 déc./5 mars, rest. mar. soir, mer.
et ven. midi hs.
🄴 🅳 SP ☎ CB

AUNAY SUR ODON
14260 Calvados
3000 hab. ⓘ

▲ DE LA PLACE ★★
10, rue du 12 Juin. M. Boone
☎ 31 77 60 73 ＼31 77 47 46
⫼ 31 77 90 07
🛏 17 ⌨ 140/210 F. ⍿ 52/148 F.
⫽ 38 F. 🚗 150/190 F.
⊠ dim. soir hiver.
🄴 ⌨ ☎ 🚗 🚗 CV ⅢⅢ 🖼 CB

▲▲ SAINT MICHEL ★★
6-8, rue de Caen. M. Leroux
☎ 31 77 63 16 ⫼ 31 77 05 83
🛏 7 ⌨ 150/210 F. ⍿ 70/195 F. ⫽ 48 F.
🚗 185/230 F.
⊠ dim. soir et lun. sauf juil./août.
🄴 ⌨ ☎ 🚗 🚗 ♿ CV ⅢⅢ 🖼 CB

AUPS
83630 Var
1652 hab. 🛈

⚲ LE SAINT-MARC
Rue J. P. Aloïsi. M. Martinez ☎ 94 70 06 08
🛏 7 🍽 190/240 F. ⏹ 65/160 F. 🍴 40 F.
🛎 175/195 F.
✉ 6/28 juin, 14/29 nov., mar. et mer. sauf
juil./août.
🇪 D 📷 ☛ CB

AURAY
56400 Morbihan
12400 hab. 🛈

⚲ DE LA MAIRIE ★★
32/34, place de la Mairie. M. Stephant
☎ 97 24 04 65 🗷 97 50 81 22
🛏 21 🍽 165/350 F. ⏹ 70/190 F.
🍴 48 F. 🛎 200/250 F.
✉ 9/29 janv., 20 nov./4 déc. et rest.
dim. soir.
📷 🎵 ☛ ☛ CB ▦

⚲⚲ DU LOCH Rest. LA STERNE ★★
2, rue Guhur «La Forêt». Mme Claussen
☎ 97 56 48 33 🗷 951025 🗷 97 56 63 55
🛏 30 🍽 280/370 F. ⏹ 102/254 F.
🍴 65 F. 🛎 300/320 F.
✉ 24 déc., rest. dim. soir mi-oct./Pâques.
🇪 D 📷 🎵 ☛ 🛠 🚿 🔟 CB

AUREC SUR LOIRE
43110 Haute Loire
4510 hab. 🛈

⚲⚲ LES CEDRES BLEUS ★★
23, rue la Rivière, Rte de Bas en Basset
M. Duverney
☎ 77 35 48 48 🗷 77 35 37 04
🛏 15 🍽 250/410 F. ⏹ 79/320 F.
🍴 65 F. 🛎 230/285 F.
🇪 SP 📷 🎵 ☛ 🌴 🚿 🔟 CV 🔟 ☛ CB

AUREC SUR LOIRE (SEMENE)
43110 Haute Loire
4294 hab. 🛈

⚲ COSTE ★★
6, allée des Amis. M. Coste
☎ 77 35 40 15 🗷 77 35 39 05
🛏 7 🍽 189/285 F. ⏹ 87/203 F. 🍴 55 F.
🛎 189/250 F.
✉ vac. fév., 3 premières semaines août,
ven. soir, dim. soir, sam. sauf réservat.
groupes. Ouvert sam. soir mai, juin,
juil., sept.
🇪 📷 🎵 ☛ 🌴 🚿 CV 🔟 ☛ CB ▦

AUREL
84390 Vaucluse
890 m. • 113 hab.

⚲ RELAIS DU MONT VENTOUX ★
Mme Pantoustier ☎ 90 64 00 62
🛏 14 🍽 150/210 F. ⏹ 85/130 F.
🍴 45 F. 🛎 190/230 F.
✉ 15 nov./1er mars et ven. hs.
🇪 D 🛈 🚿 ☛ CB

AURILLAC (GIOU DE MAMOU)
15130 Cantal
630 m. • 461 hab.

⚲ AUBERGE LA ROCADE
Sur N. 122 à 4 km d'Aurillac.
M. Teulière ☎ 71 63 49 18
🛏 4 🍽 110/140 F. ⏹ 80/150 F. 🍴 40 F.
🛎 160/170 F.
✉ 16 juin/2 juil., 4/24 sept. et dim. sauf
juil./août.
🇪 SP 📷 🚿 🍴 CV ☛

AURIS EN OISANS
38142 Isère
1350 m. • 130 hab. 🛈

⚲⚲ AUBERGE DE LA FORET ★
M. Decarroz ☎ 76 80 06 01
🛏 9 🍽 190/220 F. ⏹ 50/150 F. 🍴 50 F.
🛎 225/245 F.
🇪 📷 🎵 🎵 CV ☛

⚲ BEAU SITE ★
(Les Orgières). M. Gardent
☎ 76 80 06 39 🗷 76 80 19 04
🛏 21 🍽 152/280 F. ⏹ 63/140 F.
🍴 40 F. 🛎 229/257 F.
✉ week-ends hs.
🇪 🛈 📷 🎵 ☛ CV 🔟 ☛ CB

AURON
06660 Alpes Maritimes
1600 m. • 2000 hab. 🛈

⚲⚲ LAS DONNAS ★★
Grande Place. M. Roques
☎ 93 23 00 03 🗷 470300 🗷 93 23 07 37
🛏 20 🍽 200/430 F. ⏹ 105/140 F.
🍴 68 F. 🛎 200/370 F.
✉ 1er avr./13 juil. et 31 août/19 déc.
🇪 📷 🔟 ☛

AURONS
13121 Bouches du Rhône
282 hab.

⚲⚲ HOSTELLERIE DOMAINE DE LA
REYNAUDE ★★
Mme Mille
☎ 90 59 30 24 🗷 403922 🗷 90 59 36 06
🛏 32 🍽 320/600 F. ⏹ 120/180 F.
🍴 60 F. 🛎 320/410 F.
✉ dim. soir.
🇪 SP 📷 🎵 ☛ 🎵 ☛ 🚼 🚿 🔟
☛ CB

AUSSOIS
73500 Savoie
1500 m. • 600 hab. 🛈

⚲⚲ LE CHOUCAS ★★
15, le Plan Champ. M. Pelissier
☎ 79 20 32 77 🗷 79 20 39 87
🛏 28 🍽 280/300 F. ⏹ 80/120 F.
🍴 50 F. 🛎 260/280 F.
✉ mai et 15 oct./30 nov.
🇪 SP 📷 🎵 ☛ CV 🔟 ☛ CB

⚲⚲ LES MOTTETS ★★
6, rue les Mottets. M. Montaz
☎ 79 20 30 86 🗷 79 20 34 22
🛏 25 🍽 290/325 F. ⏹ 90/170 F.
🍴 50 F. 🛎 255/315 F.
🇪 📷 🎵 ☛ 🎵 🚼 🚿 🕐 🍴 CV 🔟
☛ CB

AUTIGNY LE GRAND
52300 Haute Marne
230 hab. 🛈

⌂ HOSTELLERIE DU MOULIN DE LA PLANCHOTTE
Château de la Planchotte. Mme Flament
☎ 25 94 84 39 ⅢⅩ 25 94 57 04
🛏 8 ☜ 230/250 F. Ⅲ 84/215 F. 🍴 45 F.
🏠 195 F.
⊠ 1er/7 mars, 3/31 oct., dim. soir et lun. midi, mar. midi/ven. midi sauf réservations.
🗏 🗐 🗂 🖻 🖴 🔨 🕿 📶 🌇 🖛 CB

AUTRANS
38880 Isère
1050 m. • 1600 hab. 🛈

⌂ AU FEU DE BOIS ★★
Lieu-dit Le Tonkin. M. Maizeret
☎ 76 95 33 32
🛏 10 ☜ 265/285 F. Ⅲ 85/145 F.
🍴 50 F. 🏠 280/305 F.
⊠ 15/fin avr. et 15/fin nov.
🗂 🖻 🖴 🔨 🕿 🏃 🕿 🖛 CB

⌂⌂⌂ DE LA BUFFE ★★
M. Aribert ☎ 76 85 14 85 ⅢⅩ 76 95 72 48
🛏 23 ☜ 295/360 F. Ⅲ 75/195 F.
🍴 60 F. 🏠 320/405 F.
⊠ 13 nov./10 déc., mar. et mer. oct./nov., avr./juin.
🗏 🗐 🗂 🖻 🖴 🔨 🕿 🌇 🖴 🏃 🌇 📶 🖛 CB

⌂⌂⌂ DE LA POSTE ★★
M. Barnier ☎ 76 95 31 03 ⅢⅩ 76 95 30 17
🛏 29 ☜ 270/320 F. Ⅲ 80/220 F.
🍴 50 F. 🏠 300/330 F.
⊠ 25 avr./10 mai et 25 oct./15 déc.
🗏 🗐 🗂 🖻 🖴 🔨 🕿 🌇 🖴 🌇 CV 📶 🖛 CB

⌂⌂ LE VERNAY ★★
M. Repellin
☎ 76 95 31 24 ⅢⅩ 308495 ⅢⅩ 76 95 73 88
🛏 18 ☜ 250/300 F. Ⅲ 80/150 F.
🍴 50 F. 🏠 250/300 F.
⊠ 2/27 oct.
🗏 🗐 🗂 🖻 🖴 🔨 🕿 🌇 🖴 🏃 🌇 CV 📶 🖛

⌂⌂ MA CHAUMIERE ★★
M. Faure ☎ 76 95 30 12
🛏 18 ☜ 260/280 F. Ⅲ 80/150 F.
🍴 46 F. 🏠 260/290 F.
⊠ 8 avr./7 mai et 25 sept./7 nov.
🗏 🗂 🖻 🔨 🍴 CV 📶 🖛 CB

AUTREVILLE
88300 Vosges
100 hab.

⌂⌂⌂ LE RELAIS ROSE ★★
Mme Loeffler
☎ 83 52 04 98 ╲83 52 82 37
ⅢⅩ 83 52 06 03
🛏 17 ☜ 100/400 F. Ⅲ 98/235 F.
🍴 35 F. 🏠 180/300 F.
🗏 🗐 SP 🗂 🖻 🖴 🖴 🔨 🕿 🌇 CV 📶 🖛 CB

AUTREY
88700 Vosges
204 hab.

⌂⌂ AUBERGE MOTEL LA SCEGOTTE ★★
8, route de Brouvelieures. M. Weyer
☎ 29 65 94 11 ⅢⅩ 29 65 92 82
🛏 10 ☜ 200/300 F. Ⅲ 60/130 F.
🍴 50 F. 🏠 230/250 F.
⊠ 2ème quinz. sept., 1ère quinz. oct., rest. lun. soir et mar.
🗏 🗐 🗂 🖻 🖴 🔨 🕿 🏃 🌇 🌇 CV 🖛 CB 🛄

AUTUN
71400 Saône et Loire
20000 hab. 🛈

⌂ DE LA TETE NOIRE ★★
1-3, rue de l'Arquebuse. M. Maugé
☎ 85 52 25 39 ⅢⅩ 85 86 33 90
🛏 19 ☜ 140/310 F. Ⅲ 58/165 F.
🍴 40 F. 🏠 175/380 F.
⊠ 9/24 déc. et rest. mer. midi 1er nov./31 mars.
🗏 🗐 🗂 🖻 🖴 CV 📶 🖛 CB C

✻ LES ARCADES ★★
22, av. de la République. Mme Lapierre
☎ 85 52 30 03 ⅢⅩ 85 86 39 09
🛏 28 ☜ 150/300 F.
⊠ 15 nov./15 mars, dim. midi et lun. 17 H.
🗏 🗐 🗂 🖻 🖴 🖛 CB

AUXERRE
89000 Yonne
40698 hab. 🛈

⌂⌂⌂ LES CLAIRIONS ★★
Av. de Worms, sur N. 6. M. Faron
☎ 86 46 85 64 ⅢⅩ 800039
🛏 62 ☜ 250/310 F. Ⅲ 90/150 F.
🍴 50 F. 🏠 255/280 F.
🗏 🗐 🗂 🖻 🖴 🔨 🕿 🌇 🖴 🔨 🌇 📶
🖛 CB C 🛄

AUXONNE
21130 Côte d'Or
7000 hab. 🛈

⌂⌂ DU CORBEAU ★★
Place de l'Eglise. M. Henderyckx
☎ 80 31 11 88 ⅢⅩ 80 31 17 01
🛏 10 ☜ 200/250 F. Ⅲ 58/135 F.
🍴 40 F. 🏠 220/230 F.
⊠ 26 déc./15 janv. et dim. soir sauf juil./août.
🗏 🗂 🖻 🖴 🖛 CB

AUXONNE (VILLERS LES POTS)
21130 Côte d'Or
700 m. • 800 hab.

⌂⌂ AUBERGE DU CHEVAL ROUGE ★★
Rue Armand Roux. M. Henderyckx
☎ 80 31 44 88 ⅢⅩ 80 31 17 01
🛏 10 ☜ 180/220 F. Ⅲ 98/250 F.
🍴 55 F. 🏠 220/230 F.
⊠ 23 oct./1er nov. et dim. soir sauf juil./août.
🗏 🗐 🗂 🖻 🖴 🔨 🕿 🌇 🌇 🖛 CB

AVALLON
89200 Yonne
10000 hab. i

LES CAPUCINS ★★
6, av. Paul Doumer. (Direction GARE).
M. Aublanc
☎ 86 34 06 52 FAX 86 34 58 47
8 290 F. 89/225 F. 55 F.
280 F.
fin nov./mi-janv., mar. soir hs et mer.
CB

AVALLON (SAUVIGNY LE BOIS)
89200 Yonne
330 hab.

LE RELAIS FLEURI ★★★
Sur N. 6. M. Schiever
☎ 86 34 02 85 TX 800084 FAX 86 34 09 98
48 295/400 F. 110/250 F.
65 F. 320/375 F.
E D CB

AVESNES SUR HELPE (AVESNELLES)
59440 Nord
3030 hab.

LES PATURELLES Rest. LA PEN'TIERE ★★
21, route de Paris. M. Hubière
☎ 27 61 22 22\27 61 03 45
FAX 27 57 97 98
16 240/360 F. 98/170 F.
60 F. 250 F.
E D CV CB

AVEUX
65370 Hautes Pyrénées
587 m. • 49 hab.

LE MOULIN D'AVEUX ★★
M. Vayssières
☎ 62 99 20 68 FAX 62 99 22 27
12 200/250 F. 65/210 F.
155/220 F.
lun., dim. soir sur réservations.
E SP CV CB

AVEZE
30120 Gard
950 hab.

AUBERGE COCAGNE ★★
Place du Château. M. Me Welker
☎ 67 81 02 70
7 150/240 F. 60/190 F. 45 F.
180/225 F.
18 déc./18 mars et vac. scol. Toussaint.
E D SP CV CB

AVEZE
63690 Puy de Dôme
840 m. • 100 hab.

AUDIGIER ★★
Mme Peignier
☎ 73 21 10 16 FAX 73 21 17 43
8 250/360 F. 95/165 F. 45 F.
220/280 F.
15 oct./15 fév.
CB

AVIERNOZ
74570 Haute Savoie
830 m. • 356 hab. i

AUBERGE CAMELIA ★★
MeM. Farrel/Cook
☎ 50 22 44 24 FAX 50 22 43 25
12 325 F. 75/135 F. 45 F.
235/310 F.
E i CB

AVIGNON
84000 Vaucluse
100000 hab. i

D'ANGLETERRE ★★
29, bld Raspail. M. Pons
☎ 90 86 34 31 FAX 90 86 86 74
40 180/390 F.
17 déc./22 janv.
E D i CV CB

LE MAGNAN ★★
63, rue Portail Magnanen. M. Jesset
☎ 90 86 36 51 FAX 90 85 48 90
30 245/355 F. 49/ 75 F.
35 F. 220/275 F.
rest. 24 juin/3 sept., sam., dim. et fériés.
E D SP CV CB

AVIGNON (ILE DE LA BARTHELASSE)
84000 Vaucluse
500 hab. i

LA FERME ★★
Chemin des Bois. M. Warzyniak
☎ 90 82 57 53 FAX 90 27 15 47
20 310/420 F. 110/180 F.
50 F. 300/340 F.
2 janv./6 fév., rest. sam. midi et lun. oct./mars.
i CV CB

AVIGNON (MONTFAVET)
84140 Vaucluse
3500 hab. i

AUBERGE DE BONPAS ★★
Route de Cavaillon. M. Genovardo
☎ 90 23 07 64 FAX 90 23 07 00
11 200/340 F. 110/210 F.
80 F. 345/370 F.
E CV CB

AVIGNON (MORIERES LES AVIGNON)
84310 Vaucluse
5800 hab.

LE PARADOU ★★
Av. Léon Blum. Mme Beslay
☎ 90 33 34 15 FAX 90 33 46 93
31 300/340 F. 100/180 F.
50 F. 280/320 F.
10 oct./24 mars, 30 oct./31 déc. et rest. sam. midi.
E D CB C

AVORD
18520 Cher
3000 hab.

⌂ PECILE
18, rue Maurice Bourbon. M. Pecile
☎ 48 69 13 09
🛏 9 ◎ 170/195 F. 🍽 70 F. 🍴 39 F.
▯ 160/197 F.
✉ 19 déc./7 janv., 30 juin/16 juil., ven.,
dim. et jours fériés.
🅴 ⬜ 🕾 🚗 🚗 ☂ CV

AVRANCHES
50300 Manche
10419 hab. ℹ

⌂⌂⌂ DU JARDIN DES PLANTES ★★
10, place Carnot. M. Me Leroy
☎ 33 58 03 68 ℻ 33 60 01 72
🛏 19 ◎ 170/350 F. 🍽 75/270 F.
🍴 55 F. ▯ 275/395 F.
✉ 2 jours Noël et 2 jours 31/déc.
🅴 ⬜ 🕾 🚗 ☂ 🎿 ♿ ▶ 🚹 CV 🕿
CB 📷

AVRANCHES (PONTAUBAULT)
50300 Manche
483 hab.

⌂⌂ MOTEL DES 13 ASSIETTES ★★
(Le Val Saint-Père). M. Dubruille
☎ 33 58 14 03 ℡ 772173 ℻ 33 68 28 41
🛏 34 ◎ 180/300 F. 🍽 65/200 F.
🍴 45 F. ▯ 225/260 F.
✉ 2 janv./15 mars et mer. hs.
🅴 ⬜ 🕾 🚗 🐎 ☂ 🎿 CV 🕿 🕾 CB C

AVRILLE
49240 Maine et Loire
11380 hab. ℹ

⌂⌂ DU BOIS DU ROY ★★
8, av. Pierre Mendès France. M. Brin
☎ 41 69 20 18 ℻ 41 34 49 84
🛏 18 ◎ 220/260 F. 🍽 69/175 F.
🍴 39 F. ▯ 220 F.
🅴 ⬜ 🕾 🚗 ☂ 🎿 🕿 🕾 CB

⌂⌂ DU CAVIER ★★
Route de Laval. M. Huez
☎ 41 42 30 45 ℻ 41 42 40 32
🛏 43 ◎ 275/305 F. 🍽 100/163 F.
🍴 52 F. ▯ 238/253 F.
✉ 23 déc./7 janv. et rest. dim.
🅴 ⬜ 🕾 🚗 🐎 ☂ 🎿 ♿ CV 🕿 🕾
CB 📷

AX LES THERMES
09110 Ariège
720 m. • 1500 hab. ℹ

⌂⌂ DE FRANCE ★★
10, av. Delcassé. M. Fabre-Aumont
☎ 61 64 20 30 ℻ 61 64 60 97
🛏 38 ◎ 150/280 F. 🍽 65/210 F.
🍴 40 F. ▯ 240/310 F.
✉ janv. et rest. fin nov./mi-avr.
🅴 SP ⬜ 🕾 🚗 ☂ CV 🕿 CB

⌂ DES PYRENEES ★★
3, av. Delcassé. Mme Miro
☎ 61 64 21 01
🛏 19 ◎ 155/250 F. 🍽 58/200 F.
🍴 50 F. ▯ 240/370 F.
✉ 2 nov./15 déc. et mer. hs.
🅴 SP 🕾 CV 🕿 CB

⌂⌂ LA LAUZERAIE ★★
Av. Delcassé. M. Marty
☎ 61 64 20 70 ℻ 61 64 38 50
🛏 33 ◎ 220/420 F. 🍽 79/190 F.
🍴 40 F. ▯ 220/300 F.
✉ 12 nov./20 déc.
🅴 SP ⬜ 🕾 🚗 ♨ 🐎 ♿ CV 🕼 🕿 CB
C 📷

AYDAT (ROUILLAS BAS)
63970 Puy de Dôme
850 m. • 230 hab. ℹ

⌂ AU VIEUX LOGIS ★
Sur D. 213. Mlle Boyer ☎ 73 79 37 30
🛏 12 ◎ 140/210 F. 🍽 60/100 F.
🍴 35 F. ▯ 160/200 F.
✉ 1er janv./vac. fév., 1er/15 oct., dim.
soir et lun. sauf juil./août.
🅴 🕾 🚗 CB

AYZAC OST
65400 Hautes Pyrénées
375 hab.

⌂⌂ LE VAL DU BERGONS ★★
M. Longo ☎ 62 97 08 76
🛏 16 ◎ 169/205 F. 🍽 75/145 F.
🍴 42 F. ▯ 180/190 F.
✉ vac. Toussaint, 3 dernières semaines
janv.
🅴 SP ⬜ 🕾 🚗 ☂ 🎿 ♿ CV 🕿 CB

AZAY LE RIDEAU
37190 Indre et Loire
3200 hab. ℹ

⌗ DE BIENCOURT ★★
7, rue Balzac (rue piétonne).
Mme Marioton ☎ 47 45 20 75
🛏 16 ◎ 200/370 F.
✉ 15 nov./28 fév.
🅴 🅳 SP ⬜ 🕾 🚗 ☂ ♿ CB

⌂ LE BALZAC ★
4-6, rue Adélaïde Riche. Mme Thireau
☎ 47 45 42 08 ℻ 47 45 29 87
🛏 11 ◎ 150/260 F. 🍽 67/140 F.
🍴 40 F. ▯ 235/265 F.
✉ lun. fin oct./Pâques.
SP 🕾 🚗 CV 🕿 CB

⌂⌂⌂ LE GRAND MONARQUE ★★
Place de la République. Mme Forest
☎ 47 45 40 08 ℻ 47 45 46 25
🛏 26 ◎ 200/800 F. 🍽 95/295 F.
🍴 55 F. ▯ 320/530 F.
✉ hôtel janv., 15 déc./31 janv., rest.
1er janv./20 mars, 15 déc./31 janv., lun.
soir et jeu.
🅴 🅳 SP ⬜ 🕾 🚗 🚗 ☂ 🕼 🕿 CB

AZERAILLES
54122 Meurthe et Moselle
792 hab.

▲ DE LA GARE ★
M. Steimer ☎ 83 75 15 17 ⅡⅩ 83 75 28 67
🛏 7 🛌 120/220 F. 🍴 65/200 F. 🍽 42 F.
🍴 200/250 F.
✉ 15 janv./10 fév., 11/17 juil.,
26/31 déc., dim. soir et lun.
▯ 🚗 🕿 🍴 🏃 CV 🐾 CB C

AZUR
40140 Landes
365 hab.

▲ AUBERGE DU SOLEIL
M. Verdoux ☎ 58 48 10 17
🛏 8 🛌 200/220 F. 🍴 70/160 F. 🍽 50 F.
🍴 200/220 F.
✉ 2 semaines oct., 3 semaines
mars, dim. soir et lun. hs, sam. matin
saison.
SP 🚗 🕿 CB 📷

B

BACCARAT
54120 Meurthe et Moselle
5000 hab. 🄻

▲▲ LA RENAISSANCE ★
31, rue des Cristalleries. Mme Colin
☎ 83 75 11 31 ⅡⅩ 83 75 21 09
🛏 10 🛌 160/250 F. 🍴 55/180 F.
🍽 40 F. 🍴 180/220 F.
✉ lun.
▯ 🕿 🚗 🍴 CV 🐾 C 📷

BADEN
56870 Morbihan
2000 hab.

▲▲▲ LE GAVRINIS ★★★
Lieu-dit Toulbroche. M. Justum
☎ 97 57 00 82 ⅡⅩ 97 57 09 47
🛏 20 🛌 340/454 F. 🍴 90/230 F.
🍽 80 F. 🍴 335/392 F.
✉ nov., lun. hs. et lun. matin en saison.
▯ 🚗 🕿 🚗 🍴 🏃 🕐 🍴 CV 🔧 🐾
CB 📷

BAGNAC SUR CELE
46270 Lot
1735 hab.

▲ DE LA GARE ★★
M. Brachet ☎ 65 34 92 47 ⅡⅩ 65 34 94 80
🛏 11 🛌 180/350 F. 🍴 65/189 F.
🍽 45 F. 🍴 185/350 F.
✉ dim. soir hs sauf réservations.
▯ 🚗 🕿 🚗 🍴 🍴 🐾 CB 📷

BAGNERES DE BIGORRE
65200 Hautes Pyrénées
550 m. • 8000 hab. 🄻

TRIANON ★★
Place des Thermes. M. Ripalda
☎ 62 95 09 34 ⅡⅩ 62 91 12 33
🛏 30 🛌 240/270 F. 🍴 75/150 F.
🍽 45 F. 🍴 220/240 F.
✉ 1er nov./15 mars.
▯ SP 🚗 🕿 🍴 🍴 🏃 🐾 CB

BAGNOLES DE L'ORNE
61140 Orne
875 hab. 🄻

▲▲ ALBERT 1er ★★
7, av. du Docteur Poulain.
M. Le Douget
☎ 33 37 80 97 ⅡⅩ 33 30 03 64
🛏 20 🛌 170/260 F. 🍴 75/154 F.
🍽 50 F. 🍴 200/250 F.
✉ hôtel 15 déc./1er janv. et rest.
1er nov./fin janv.
▯ 🕿 🚗 🍴 CV 🐾 CB C

▲▲▲ BEAUMONT ★★
26, bld Le Meunier de la Raillère.
Mme Alardin
☎ 33 37 91 77 ⅡⅩ 33 38 90 61
🛏 38 🛌 200/330 F. 🍴 75/198 F.
🍽 50 F. 🍴 230/280 F.
✉ 16 déc./28 fév., dim. soir et lun. mars
et 1er nov./15 déc.
▯ 🚗 🕿 🚗 🍴 🏃 CV 🕐 🐾 CB C 📷

▲▲▲ CAPRICORNE ★★★
Allée Montjoie. M. Turmel
☎ 33 37 96 99 ⅡⅩ 170 525 ⅡⅩ 33 38 19 56
🛏 24 🛌 260/300 F. 🍴 105/185 F.
🍽 65 F. 🍴 300/340 F.
✉ 5 oct./1er avr.
▯ D 🚗 🕿 🚗 🚗 🍴 🍴 🕐 🐾 CB

▲▲ DE NORMANDIE ★★
2, av. du Docteur Paul Lemuet.
M. Bondiau ☎ 33 30 80 16 ⅡⅩ 33 37 06 19
🛏 22 🛌 180/200 F. 🍴 80/240 F. 🍽 40 F.
🍴 260/300 F.
✉ 15 déc./15 fév., dim. soir et lun.
▯ D 🚗 🕿 🚗 🍴 🕐 🏃 CV 🕐 🐾 CB

BAGNOLES DE L'ORNE (TESSE LA MADELEINE)
61140 Orne
1200 hab. 🄻

▲ DE TESSE ★★
1, av. de la Baillée. M. Désert
☎ 33 30 80 07 ⅡⅩ 33 38 51 92
🛏 43 🛌 260/350 F. 🍴 85/110 F.
🍽 35 F. 🍴 230/300 F.
✉ 1er nov./31 mars.
▯ SP 🚗 🕿 🚗 🍴 🏃 CV 🐾 CB

▲▲ LE CELTIC ★★
14, bld Albert Christophle. M. Alirol
☎ 33 37 92 11
🛏 13 🛌 210/270 F. 🍴 68/145 F.
🍽 45 F. 🍴 220/250 F.
✉ 1er/30 janv., dim. soir et lun. hs.
▯ 🕿 CV 🕐 CB

BAGNOLES DE L'ORNE (TESSE LA MADELEINE) (suite)

AAA NOUVEL HOTEL ★★
M. Chancerel
☎ 33 37 81 22 🖷 33 38 04 68
🛏 30 ⊠ 220/306 F. ⏹ 79/145 F.
🍴 45 F. 🍽 256/386 F.
⊠ fin oct./début avr.
Ⓔ Ⓓ 🖼 🖼 🖼 🖼 🛉 🕆 CV 🖝 Ⓒ 🖾

BAGNOLS LES BAINS
48190 Lozère
913 m. • 240 hab. 🛈

AA MODERN HOTEL - LE MALMONT ★★ & ★★★
9, place du Pont. M. Castan
☎ 66 47 60 04 🖷 66 47 62 73
🛏 41 ⊠ 180/340 F. ⏹ 69/185 F.
🍴 42 F. 🍽 220/300 F.
⊠ 21 oct./25 déc.
Ⓔ 🖼 🖼 🖼 🖼 🖾 🖼 🕆 🖼 🖼 🖼 🖾
🖾 CV 🏮 🖝 CB

AA RESIDENCE DU PONT ET BRIDGE HOTEL ★★
7, place du Pont, 1 av. des Thermes. M. Buisson
☎ 66 47 60 03 🖷 66 47 62 78
🛏 25 ⊠ 210/320 F. ⏹ 55/150 F.
🍴 55 F. 🍽 220/320 F.
⊠ 10 oct./31 mars.
Ⓔ SP 🖼 🖼 🖼 🛉 🖼 🕆 🖼 🖼 🖼 CV
🖝 CB Ⓒ

BAIGNES
16360 Charente
1600 hab.

A LE CENTRAL
Place de l'Horloge. M. Vigier
☎ 45 78 40 30
🛏 9 ⊠ 110/130 F. ⏹ 55/140 F. 🍴 36 F.
🍽 170 F.
⊠ dim. soir et soirs fériés.
Ⓔ 🖝 CB

BAIN DE BRETAGNE
35470 Ille et Vilaine
5316 hab. 🛈

A DES 4 VENTS ★
1-3, route de Rennes. M. Quere
☎ 99 43 71 49 🖷 99 43 74 80
🛏 20 ⊠ 115/205 F. ⏹ 70/180 F.
🍴 45 F. 🍽 170/190 F.
⊠ 20 déc./15 janv., 1er mai et dim. soir mi-sept./Pâques.
Ⓔ 🖼 🖼 CV 🏮 🖝 CB 🖾

BAINS LES BAINS
88240 Vosges
1757 hab. 🛈

AA DE LA POSTE ★★
11, rue de Verdun. M. Lutin
☎ 29 36 31 01 🖷 29 30 44 22
🛏 19 ⊠ 116/226 F. ⏹ 72/177 F.
🍴 60 F. 🍽 207/236 F.
⊠ hôtel 15 oct./1er avr.
Ⓔ 🖼 🖼 🖼 CB

AA DE LA PROMENADE ★★
8, av. Colonel Chavane. M. Beguin
☎ 29 36 30 06 \ 29 36 31 15
🖷 29 30 44 28
🛏 26 ⊠ 180/240 F. ⏹ 74/210 F.
🍴 50 F. 🍽 220/325 F.
⊠ 1er nov./1er mars.
Ⓔ 🖼 🖼 🖼 🕆 CB

BAIX
07210 Ardèche
1050 hab.

AA DES QUATRE VENTS ★★
Route de Chomérac. M. Halin
☎ 75 85 84 49 \ 75 85 80 64
🛏 16 ⊠ 150/230 F. ⏹ 70/145 F.
🍴 55 F. 🍽 190/220 F.
🖼 🖼 🖼 🖼 🏮 🖝 CB

BALARUC LES BAINS
34540 Hérault
3500 hab. 🛈

⚹ DES PINS ★★
11, Square Marius Bordes. Mme Delsol
☎ 67 48 50 15
🛏 20 ⊠ 140/230 F.
⊠ 15 déc./15 mars.
SP 🖼 🖼 🖼 🕆 🖝

BALLON D'ALSACE (LEPUIX GY)
90200 Territoire de Belfort
1250 m. • 12 hab. 🛈

AA DU SAUT DE LA TRUITE ★★
M. Goepfert
☎ 84 29 32 64 🖷 84 29 57 42
🛏 7 ⊠ 180/240 F. ⏹ 90/180 F. 🍴 60 F.
⊠ déc./janv. et ven. sauf juil./août.
Ⓔ Ⓓ 🖼 🖼 🖼 🕆 CV CB

A GRAND HOTEL DU SOMMET ★★
M. Feuvrier
☎ 84 29 30 60 🖷 84 23 95 60
🛏 20 ⊠ 160/300 F. ⏹ 90/130 F.
🍴 38 F. 🍽 240 F.
🖼 🖼 🖼 🖼 🖼 CV 🏮 🖝 CB

BALME DE SILLINGY (LA)
74330 Haute Savoie
3000 hab.

AAA LES ROCHERS ET LA CHRISSANDIERE ★★
M. Puthod ☎ 50 68 70 07 🖷 50 68 82 74
🛏 36 ⊠ 200/340 F. ⏹ 82/260 F.
🍴 52 F. 🍽 220/330 F.
⊠ 2/31 janv., 1er/11 nov., dim. soir et lun. hs.
Ⓔ 🛈 🖼 🖼 🖼 🕆 🖼 🖼 🖼 🖼 🖼
🖝 CB

BALOT
21330 Côte d'Or
96 hab.

AA AUBERGE DE LA BAUME ★★
Mme Prieur ☎ 80 81 40 15 🖷 80 81 62 87
🛏 10 ⊠ 190/240 F. ⏹ 65/155 F. 🍴 55 F.
🍽 210 F.
⊠ 24 déc./2 janv. et ven. soir hs.
Ⓔ 🖼 🖼 🖝 CB

BAN DE LAVELINE
88520 Vosges
1100 hab.

AA AUBERGE LORRAINE ★★
5, rue du 8 Mai. M. Antoine
☎ 29 51 78 17 ⊠ 29 51 71 72
🛏 7 ⌂ 125/220 F. 🍴 65/185 F. 🍴 50 F.
🍽 175/330 F.
⊠ 2/19 oct., dim. soir et lun. sauf
14 juil./31 août.
Ⓓ 🖭 🖭 🖭 🖭 🖭 🖭 🖭 🖭 CB

BANDOL
83150 Var
6700 hab. 🅸

AA BEL OMBRA ★★
31, rue de la Fontaine. Mme Maille
☎ 94 29 40 90
🛏 20 ⌂ 200/340 F. 🍴 105 F. 🍴 45 F.
🍽 263/313 F.
⊠ 10 oct./31 mars.
Ⓔ 𝗦𝗣 🖭 🖭 🖭 🖭 CB

AA L'AUBERGE DES PINS ★★
Route du Beausset, quartier des Hautes.
MM. Jourdan/Combellas
☎ 94 29 59 10 ⊠ 94 32 43 46
🛏 7 ⌂ 250/300 F. 🍴 90/210 F. 🍴 46 F.
🍽 246/271 F.
⊠ lun. soir et mar. hs.
Ⓔ 🖭 🖭 🖭 🖭 🖭 🖭 🖭 🖭 CB

AA L'OASIS ★★
15, rue des Ecoles. M. Fernandez
☎ 94 29 41 69
🛏 13 ⌂ 260/320 F. 🍴 95/210 F.
🍴 45 F. 🍽 310 F.
⊠ rest. dim. soir 15 oct./30 mars.
Ⓔ 𝗦𝗣 🖭 🖭 🖭 🖭 CB

AA LE PROVENCAL ★★★
Rue des Ecoles. M. Calvinhac
☎ 94 29 52 11 ⊠ 94 29 67 57
🛏 20 ⌂ 290/370 F. 🍴 95/200 F.
🍴 50 F. 🍽 300/360 F.
⊠ rest. 1er oct./1er avr. et hôtel
15 nov./15 déc.
Ⓔ 𝗦𝗣 🖭 🖭 🖭 🖭 🖭 🖭 CB

AA SPLENDID HOTEL ★★
Plage de Renecros. M. David
☎ 94 29 41 61 ⊠ 400 383 ⊠ 94 32 50 87
🛏 26 ⌂ 220/550 F. 🍴 110 F. 🍴 55 F.
🍽 300/320 F.
⊠ rest. 16 sept./14 juin.
Ⓔ 🖭 🖭 🖭 🖭 🖭 CV CB

BANNEGON
18210 Cher
351 hab.

AAA AUBERGE DU MOULIN DE
CHAMERON ★★★
M. Candore
☎ 48 61 83 80＼48 61 84 48
⊠ 48 61 84 92
🛏 13 ⌂ 350/650 F. 🍴 150/220 F.
🍴 60 F.
⊠ 15 nov./1er mars, mar.
1er mars/1er juin et 1er oct./15 nov.
Ⓔ Ⓓ 𝗦𝗣 🖭 🖭 🖭 🖭 🖭 🖭 🖭 CB

BANNES
52360 Haute Marne
393 hab.

A CHEZ FRANCOISE
Mme Collignon
☎ 25 84 31 20 ⊠ 25 84 47 78
🛏 9 ⌂ 170/250 F. 🍴 58/120 F. 🍴 35 F.
⊠ dim. soir.
🖭 🖭 🖭 🖭 🖭 🖭 🖭 CB

BANTZENHEIM
68490 Haut Rhin
1500 hab.

A DE LA POSTE ★★
1, rue de Bâle. M. Behe
☎ 89 26 04 26
🛏 15 ⌂ 190/250 F. 🍴 75/110 F.
🍴 25 F. 🍽 170/190 F.
⊠ 24 déc./2 janv., sam. après-midi et
dim.
Ⓔ Ⓓ 🖭 🖭 🖭 🖭 🖭 CV CB

BANYULS SUR MER
66650 Pyrénées Orientales
5000 hab. 🅸

A AL FANAL
Av. du Fontaulé. M. Sagols
☎ 68 88 00 81 ⊠ 68 88 13 37
🛏 13 ⌂ 200/360 F. 🍴 90/180 F.
🍴 45 F. 🍽 220/290 F.
⊠ 15 déc./1er fév., rest. mar. soir et mer.
🖭 🖭 🖭 🖭 🖭 🖭 🖭 🖭 CB

A LE MANOIR ★
20, av. Maréchal Joffre. M. Espinos
☎ 68 88 32 98
🛏 20 ⌂ 140/220 F. 🍽 180/220 F.
⊠ 15 oct./15 nov., fév.
Ⓔ 𝗦𝗣 🖭 🖭 🖭 🖭 CB

AAA LES ELMES ★★
Plage des Elmes. M. Sannac
☎ 68 88 03 12 ⊠ 68 88 53 03
🛏 31 ⌂ 210/480 F. 🍴 90/285 F.
🍴 60 F. 🍽 230/380 F.
⊠ rest. 15 nov./15 déc. et 3/20 janv.
Ⓔ Ⓓ 𝗦𝗣 🖭 🖭 🖭 🖭 🖭 🖭 CV 🖭
🖭 CB

BAPAUME
62450 Pas de Calais
4085 hab.

AAA DE LA PAIX ★★
11, av. Abel Guidet. M. Bauchet
☎ 21 07 11 03 ⊠ 21 07 43 66
🛏 13 ⌂ 250/350 F. 🍴 68/250 F.
🍴 45 F.
⊠ dim. soir.
Ⓔ 🖭 🖭 🖭 🖭 CV 🖭 🖭 CB 🖭

BAR SUR LOUP
06620 Alpes Maritimes
1691 hab. 🅸

A LA THEBAIDE ★
54, chemin de la Santoline. Mlle Reboul
☎ 93 42 41 19
🛏 9 ⌂ 130/265 F. 🍴 75 F. 🍴 50 F.
🍽 180/255 F.
Ⓔ 🖭 🖭 🖭 🖭 🖭 🖭 🖭

BAR SUR SEINE
10110 Aube
3850 hab. 🛈

🏠🏠 BARSEQUANAIS ★★
12, av. du Général Leclerc. M. Bongard
☎ 25 29 82 75 ⨳ 25 29 70 01
🛏 24 ◫ 100/200 F. 🍽 60/175 F.
🍴 40 F. 🛎 160/210 F.
⌧ 15 fév./8 mars, dim. soir et lun. sauf
juil./août.
🆂🅿 🗄 🕿 🚗 🏕 🐕 🎿 🖬 🚹 🏧 🅘🅞🅘 ✆
ⒸⒷ Ⓒ

🏠 LE CERES ★★
11, faubourg de Champagne.
Mme Delsaux
☎ 25 29 86 65 ⨳ 25 29 77 51
🛏 8 ◫ 190/210 F. 🍽 60/145 F. 🍴 35 F.
🛎 165/175 F.
⌧ dim. soir.
🅴 🗄 🕿 🚗 🏕 🐕 🎿 CV 🅘🅞🅘 ✆ ⒸⒷ

BARAQUEVILLE
12160 Aveyron
800 m. • 2600 hab. 🛈

🏠 DE L'AGRICULTURE ★
449, av. du Centre. M. Philippe
☎ 65 69 09 79
🛏 10 ◫ 125/225 F. 🍽 59/170 F.
🍴 37 F. 🛎 180/270 F.
⌧ dim. soir et lun. 2 sept./31 août.
🕿 🚗 🚗 🏕 ✆ ⒸⒷ

🏠 DE LA GARE ★★
426, av. de la Gare. M. Lutran
☎ 65 69 01 62
🛏 14 ◫ 180/200 F. 🍽 85/170 F.
🍴 40 F. 🛎 180 F.
🗄 🕿 🚗 🚗 🏕 🐕 🎿 CV 🅘🅞🅘 ✆ ⒸⒷ

🏠 DU CENTRE ★
299, av. du Centre. M. Costes
☎ 65 69 00 05
🛏 8 ◫ 120/160 F. 🍽 70/160 F. 🍴 50 F.
🛎 130 F.
🚗 🐕 ✆ ⒸⒷ

BARBAZAN
31510 Haute Garonne
400 hab. 🛈

🏠🏠 HOSTELLERIE DE L'ARISTOU ★★★
Route de Sauveterre de Comminges.
M. Géraud
☎ 61 88 30 67 ⨳ 61 95 55 66
🛏 7 ◫ 330/580 F. 🍽 105/220 F.
🍴 50 F. 🛎 290 F.
⌧ 24 déc./31 janv., dim. soir et lun.
15 sept/Pâques.
🅴 🆂🅿 🗄 🕿 🚗 🏕 🐕 🎿 CV 🅘🅞🅘 ⒸⒷ

🏠🏠 LE PANORAMIQUE ★★
(Hameau de Burs). M. Me Clerc
☎ 61 88 35 23 ⨳ 61 89 06 02
🛏 20 ◫ 250/320 F. 🍽 90/250 F.
🛎 250 F.
⌧ rest. dim. soir et lun. midi hs.
🅴 🕿 🚗 🏕 🖬 🅘🅞🅘 ✆ ⒸⒷ

BARBEN (LA)
13330 Bouches du Rhône
350 hab.

🏠🏠 LA TOULOUBRE ★★
Mme Martinez
☎ 90 55 16 85 ⨳ 90 55 17 99
🛏 6 ◫ 170/240 F. 🍽 120/240 F.
🍴 65 F. 🛎 290 F.
⌧ 27 fév./13 mars, 9/23 oct., dim. soir
et lun.
🅴 🆂🅿 🛈 🕿 🚗 🏕 🐕 🏧 🅘🅞🅘 ✆ ⒸⒷ

BARBIZON
77630 Seine et Marne
1200 hab. 🛈

🏠🏠 LES CHARMETTES ★★
40, Grande Rue. M. Karampournis
☎ (1) 60 66 40 21 ⨳ (1) 60 66 49 74
🛏 12 ◫ 305/420 F. 🍽 145/190 F.
🍴 55 F. 🛎 310/345 F.
🅴 🗄 🕿 🚗 🏕 🐕 🏧 🅘🅞🅘 ✆ ⒸⒷ

BARCARES (LE)
66420 Pyrénées Orientales
2400 hab.

🏠🏠 LES REGATES ★★
51, bld du Golfe du Lion. Mme Moulis
☎ 68 86 11 81
🛏 16 ◫ 180/230 F. 🍽 85/140 F.
🍴 40 F.
⌧ 1er oct./1er mai et mar. hs.
🅴 🆂🅿 🗄 🕿 🐕 CV ✆ ⒸⒷ

BARCELONNETTE
04400 Alpes de Haute Provence
1132 m. • 2976 hab. 🛈

🏠 L'AUPILLON ★
9, rue Ernest Pelloutier. M. Oustry
☎ 92 81 01 09
🛏 7 ◫ 230/250 F. 🍽 75/140 F. 🍴 50 F.
🛎 250 F.
⌧ 2/30 nov. et lun. hs.
🛈 🗄 🕿 🚗 🏕 🏧 CV ✆ ⒸⒷ

🏠🏠 LA GRANDE EPERVIERE ★★★
18, rue des Trois Frères Armand.
MeM. Geremia/Houbron
☎ 92 81 00 70 ⨳ 92 81 29 50
🛏 10 ◫ 300/380 F. 🍽 99/129 F.
🍴 49 F. 🛎 290/350 F.
🗄 🕿 🚗 🚗 🏕 🐕 🎿 CV 🅘🅞🅘 ✆ ⒸⒷ

BARCUS
64130 Pyrénées Atlantiques
920 hab.

🏠🏠 DU FRONTON ★★
Place du Fronton. M. Ilharreguy
☎ 59 28 91 88 ⨳ 59 28 91 09
🛏 21 ◫ 180/250 F. 🍽 70/200 F.
🍴 45 F. 🛎 200/250 F.
⌧ vac. scol. fév., lun. soir et mar. soir
hs.
🅴 🕿 🚗 🏕 🐕 CV 🅘🅞🅘 ✆ ⒸⒷ 🖼

BAREGES
65120 Hautes Pyrénées
1250 m. • 300 hab. [i]

▲▲ RICHELIEU ★★
Rue Ramond Mme Asin
☎ 62 92 68 11 [FAX] 62 92 66 00
[🛏] 35 ⊗ 250/350 F. [🍴] 80/120 F.
[🛏] 40 F. [🍽] 230/290 F.
⊠ 4 oct./22 déc. et 2 avr./3 juin.
[E] [SP] [☎] [♨] [✉] [🏪] [CV] [♠] [CB]

BARJAC
48000 Lozère
660 m. • 557 hab.

▲▲ DU MIDI ★★
Allée des platanes. M. Marolot
☎ 66 47 01 02 [FAX] 66 47 07 07
[🛏] 21 ⊗ 160/250 F. [🍴] 60/110 F.
[🛏] 40 F.
⊠ ven. soir et sam. 1er oct./1er mars.
[E] [☎] [🚗] [✉] [🏃] [CV] [♠] [CB]

BARJOLS
83670 Var
2016 hab. [i]

▲▲ DU PONT D'OR ★★
Route de Saint-Maximin. Mme Gros
☎ 94 77 05 23 [FAX] 94 77 09 95
[🛏] 16 ⊗ 210/330 F. [🍴] 95/200 F.
[🛏] 48 F. [🍽] 244/279 F.
⊠ 26 nov./10 janv., rest. lun.
mi-sept./fin juin et dim. soir
1er nov./Rameaux.
[E] [i] [☎] [CV] [♠] [CB]

BARNEVILLE CARTERET
50270 Manche
2325 hab. [i]

▲▲ LES ISLES ★★
M. Masson
☎ 33 04 90 76
[🛏] 33 ⊗ 200/325 F. [🍴] 85/180 F.
[🛏] 45 F. [🍽] 235/305 F.
⊠ 15 nov./8 fév.
[E] [☎] [♨] [🏃] [CV] [♠] [CB]

BARP (LE)
33114 Gironde
2240 hab.

▲ LE RESINIER ★★
Sur N. 10. M. Balleton
☎ 56 88 60 07
[🛏] 9 ⊗ 230/260 F. [🍴] 75/220 F. [🛏] 40 F.
[🍽] 295/360 F.
[E] [D] [SP] [☎] [🚗] [✉] [🏪] [✉] [♨] [CV] [🏠]

BARR
67140 Bas Rhin
4800 hab. [i]

❋ DU CHATEAU D'ANDLAU ★★
113, vallée St-Ulrich. M. Weisgerber
☎ 88 08 96 78 \ 88 08 98 54
[FAX] 88 08 00 93
[🛏] 24 ⊗ 240/340 F.
[E] [D] [☎] [🚗] [✉] [♨] [🏃] [CB]

LA COURONNE
4, rue des Boulangers. Mme Christen
☎ 88 08 44 22 [FAX] 88 08 02 12
[🛏] 7 ⊗ 180/250 F. [🍴] 50/200 F. [🛏] 40 F.
[🍽] 220/250 F.
⊠ dim. soir et lun.
[D] [☎] [🚗] [CV] [♠] [CB]

▲▲ LE BROCHET ★★
9, place de l'Hôtel de Ville. M. Mutzig
☎ 88 08 92 42 [FAX] 88 08 48 15
[🛏] 23 ⊗ 250 F. [🍴] 98/165 F. [🛏] 55 F.
[🍽] 260 F.
[E] [D] [☎] [🚗] [🔳] [♠] [CB]

▲▲ MAISON ROUGE ★★
1, rue de la Gare. M. Eichenberger
☎ 88 08 90 40
[🛏] 4 ⊗ 120/280 F. [🍴] 70/150 F. [🛏] 45 F.
[🍽] 250/300 F.
⊠ fév., dim. soir et lun. en hiver.
[E] [D] [🚗] [🚗] [CV] [🔳] [♠] [CB]

BARROUX (LE)
84330 Vaucluse
450 hab.

▲▲ LES GERANIUMS ★★
Place de la Croix. M. Roux
☎ 90 62 41 08 [FAX] 90 62 56 48
[🛏] 22 ⊗ 210/250 F. [🍴] 80/250 F.
[🛏] 40 F. [🍽] 230/250 F.
⊠ 3 janv./12 fév. et mer.
15 nov./15 mars.
[E] [SP] [☎] [🚗] [🚗] [☂] [🏃] [CV] [🔳] [♠] [CB]

BARTENHEIM
68870 Haut Rhin
2452 hab.

▲▲ AU LION ROUGE
1, rue Général de Gaulle. M. Koenig
☎ 89 68 30 29 [FAX] 89 68 26 98
[🛏] 20 ⊗ 150/250 F. [🍴] 100/250 F.
[🛏] 45 F.
[E] [D] [☎] [🚗] [🚗] [🚗] [☂] [🏃] [🏃] [🔳] [♠]
[CB] [🏪]

BAS EN BASSET
43210 Haute Loire
2521 hab. [i]

▲▲ DE LA LOIRE ★★
M. Cottier ☎ 71 66 72 15 [FAX] 71 66 98 85
[🛏] 10 ⊗ 240/320 F. [🍴] 70/150 F.
[🛏] 45 F. [🍽] 198 F.
⊠ 1er/15 janv., vac. scol. fév. et
ven. hs.
[E] [SP] [☎] [🚗] [🚗] [☂] [🏃] [🏃] [CV] [🔳] [♠] [CB]

BASSAC
16120 Charente
540 hab.

▲ CHANTECLER ★
Mme Chapeau
☎ 45 81 94 55 [FAX] 45 81 98 90
[🛏] 8 ⊗ 150/200 F. [🍴] 55/120 F. [🛏] 45 F.
[🍽] 150/250 F.
⊠ rest. dim. soir 1er nov./Pâques.
[E] [☎] [🚗] [🔳] [✉] [🏃] [🔳] [♠]

BASSE SUR LE RUPT
88120 Vosges
650 m. • 786 hab. 🛈

▲▲ AUBERGE DU HAUT DU ROC ★★
(A Planois). M. Perrin
☎ 29 61 77 94 FAX 29 24 91 77
🛏 10 ⬚ 190 F. 🍽 53/135 F. 🍴 38 F.
🍽 200 F.
⊠ 1ère semaine sept. et mer. soir hs.
🖵 🕿 🛏 🛉 🔥 CV 🔟 🖼

BASSILLAC
24330 Dordogne
1547 hab.

▲ L'ESCALE
M. Pean
☎ 53 54 42 95
🛏 5 ⬚ 210/255 F. 🍽 90/200 F. 🍴 50 F.
🖵 🕿 🚙 🛏 🛉 CV 🖼

BASTELICA
20119 Corse
850 m. • 800 hab.

▲▲▲ U CASTAGNETU ★★
M. Folacci
☎ 95 28 70 71 TX 460 918 FAX 95 28 74 02
🛏 15 ⬚ 290/330 F. 🍽 90/150 F.
🍴 50 F. 🍽 270/305 F.
⊠ 31 oct./31 janv. et mar. hs.
🇫 SP 🛈 🕿 🚙 🔟 CB

BASTIDE DE SEROU (LA)
09240 Ariège
1000 hab.

▲▲ DELRIEU
M. Delrieu ☎ 61 64 50 26
🛏 10 ⬚ 98/195 F. 🍽 70/160 F. 🍴 50 F.
🍽 160 F.
⊠ janv., dim. soir et lun. hs.
🇫 🖵 SP 🚙 🔥 🔜 CB

BASTIDE DES JOURDANS (LA)
84240 Vaucluse
724 hab. 🛈

▲ AUBERGE DU CHEVAL BLANC ★
Le Cours. M. Moullet
☎ 90 77 81 08
🛏 6 ⬚ 200/320 F. 🍽 140/210 F.
🍴 100 F. 🍽 235/285 F.
⊠ fév. et jeu. sauf juil./sept.
🇫 🖵 🕿 🚙 🛏 🛉

BAUD
56150 Morbihan
4658 hab.

▲ AUBERGE DU CHEVAL BLANC ★★
16, rue de Pontivy. Mme Le Croller
☎ 97 51 00 85
🛏 10 ⬚ 180/240 F. 🍽 68/250 F.
🍴 25 F. 🍽 175/190 F.
🇫 🖵 🕿 🛏 🔥 🔟 🔜 CB 🖼

BAUDREVILLE
28310 Eure et Loir
250 hab.

▲ LE RELAIS D'OC
3, rue de la Revanche. M. Rouzies
☎ 37 99 56 50
🛏 10 ⬚ 180/230 F. 🍽 53/250 F.

🍴 50 F. 🍽 180 F.
⊠ vac. scol. fév., dim. soir et lun. sauf
pensionnaires.
🖵 🚙 🛏 🔥 CV 🔜 CB

BAUDUEN
83630 Var
230 hab. 🛈

▲▲ AUBERGE DU LAC ★★
Mme Bagarre
☎ 94 70 08 04 FAX 94 84 39 41
🛏 10 ⬚ 320/390 F. 🍽 98/200 F.
🍴 55 F. 🍽 290/330 F.
⊠ 15 nov./15 mars.
🇫 🖵 🚙 🔜 CB

▲ LES CAVALETS
M. Blanc ☎ 94 70 08 64 FAX 94 84 39 37
🛏 23 ⬚ 250/290 F. 🍽 88/190 F.
🍴 49 F. 🍽 247/267 F.
⊠ 20 nov./26 déc. et mar.
1er oct./31 mai.
🛈 🕿 🚙 🛉 🔥 ♿ CV 🔜 CB

BAUGE
49150 Maine et Loire
4000 hab. 🛈

▲▲ LA BOULE D'OR ★★
4, rue du Cygne. M. Jolly
☎ 41 89 82 12
🛏 10 ⬚ 295/390 F. 🍽 95/195 F.
🍴 50 F. 🍽 280/420 F.
⊠ 20 déc./4 janv., 8/20 avr. et lun.,
dim. soir sauf juil./août.
🇫 🖵 🚙 🛏 ▶ CV 🔜 CB

BAULE (LA)
44500 Loire Atlantique
16000 hab. 🛈

▲▲ DU BOIS D'AMOUR ★★
30, av. du Bois d'Amour. M. Lecler
☎ 40 60 00 96 FAX 40 24 06 48
🛏 27 ⬚ 290/556 F. 🍽 70/169 F.
🍴 45 F. 🍽 260/360 F.
🖵 🕿 🚙 CV 🔟 🔜 CB

▲▲ HOSTELLERIE DU BOIS ★★
65, av. Lajarrige. Mme Dabouis
☎ 40 60 24 78 FAX 40 42 05 88
🛏 15 ⬚ 340/380 F. 🍽 85/165 F.
🍴 55 F. 🍽 295/350 F.
⊠ 1er nov./15 fév.
🇫 🖵 🕿 🚙 🛏 🔥 ♿ 🔟 🔜 CB

▲▲ LA MASCOTTE ★★
26, av. Marie-Louise. M. Landais
☎ 40 60 26 55 FAX 40 60 15 67
🛏 21 ⬚ 380/500 F. 🍽 98/245 F.
🍴 75 F. 🍽 370/420 F.
⊠ 2 nov./1er mars.
🇫 🖵 🕿 🚙 🛏 🔥 🔟 🔜 CB

▲▲ LA PALMERAIE ★★
7, allée des Cormorans. M. Brillard
☎ 40 60 24 41 FAX 40 42 73 71
🛏 23 ⬚ 320/450 F. 🍽 130/160 F.
🍴 80 F. 🍽 300/400 F.
⊠ 1er oct./début avr.
🇫 🖵 🕿 🛏 🔜 CB

BAULE (LA) (suite)

▲▲ LE CLEMENCEAU ★★
42, av. Georges Clémenceau. M. Lebert
☎ 40 60 21 33 FAX 40 42 72 46
🛏 16 ⬚ 270/360 F. 🍴 69/145 F.
🍽 38 F. 🛎 265/310 F.
⊠ 1er déc./31 janv., dim. soir et lun.
🅴 🗗 ☎ 🖭 🕼 CV 🗪 CB

▲▲ LE LUTETIA ★★
13, av. des Evens. M. Fornareso
☎ 40 60 25 81 FAX 40 42 73 52
🛏 14 ⬚ 250/400 F. 🍴 115/250 F.
🍽 70 F. 🛎 265/390 F.
⊠ 8/30 janv., dim. soir et lun. hs.
🅴 🗗 ☎ 🖂 CV 🕽 🗪

▲ LE SAINT PIERRE ★★
124, av. de Lattre de Tassigny.
Mme Glaudis
☎ 40 24 05 41 FAX 40 11 03 41
🛏 19 ⬚ 210/410 F. 🍴 82/130 F.
🍽 39 F. 🛎 245/320 F.
🅴 🗗 ☎ 🖂 CV 🗪

▲ LES ALMADIES ★★
146, av. de Lattre de Tassigny. M. Bardet
☎ 40 60 79 05
🛏 15 ⬚ 200/350 F. 🍴 85/165 F.
🍽 38 F. 🛎 252/292 F.
⊠ 15 déc./31 janv., dim. après midi et lun.
🅴 🗗 ☎ CV 🗪 CB

▲▲ SAINT CHRISTOPHE ★★
Place Notre Dame M. Joüon
☎ 40 60 35 35 FAX 40 60 11 74
🛏 30 ⬚ 250/690 F. 🍴 90/190 F.
🍽 50 F. 🛎 250/535 F.
🅴 🗗 ☎ 🚗 🕼 🕽 🗪 CB 🖴

BAULNE EN BRIE
02330 Aisne
243 hab.

▲ AUBERGE DE L'OMOIS ★★
Grande Rue. M. Dubus
☎ 23 82 08 13 FAX 23 82 69 88
🛏 7 ⬚ 160/220 F. 🍴 65/130 F. 🍽 35 F.
🛎 180 F.
⊠ lun.
🅴 ☎ 🚗 🔌 🕭 🖭 🕼 CV 🕽 🗪 CB 🖴

BAUME LES DAMES
25110 Doubs
6000 hab. 🛈

▲ LE BAMBI ★★
19, fg. Danroz. Mme Vuillaume
☎ 81 84 12 44
🛏 10 ⬚ 160/240 F. 🍴 55/150 F.
🍽 35 F. 🛎 210/230 F.
⊠ sam. jusqu'à 17h.
🅴 🗗 ☎ 🚗 🖭 🕼 CV 🕽 🗪 CB

BAYEUX
14400 Calvados
16000 hab. 🛈

▲▲ DE BRUNVILLE Rest. LA MARMITE ★★
9, rue Genas Duhomme. Mme Morel
☎ 31 21 18 00 FAX 31 51 70 89
🛏 38 ⬚ 250/350 F. 🍴 65/720 F.
🍽 55 F. 🛎 250/280 F.
🅴 🅳 🗗 ☎ 🚗 🛉 🕼 CV 🕽 🗪 CB
🅲 🖴

**▲▲▲ DU LUXEMBOURG Rest. LES
4 SAISONS ★★★**
25, rue des Bouchers. M. Morel
☎ 31 92 00 04 FAX 31 92 54 26
🛏 22 ⬚ 360/1200 F. 🍴 99/900 F.
🍽 88 F. 🛎 330/390 F.
🅴 🅳 🗗 ☎ 🚗 🛉 🕭 🕼 CV 🕽 🗪
CB 🅲 🖴

▲▲▲ LE LION D'OR ★★★
71, rue Saint-Jean. Mme Jouvin-Bessière
☎ 31 92 06 90 FAX 31 22 15 64
🛏 26 ⬚ 230/470 F. 🍴 100/320 F.
🍽 80 F. 🛎 315/430 F.
⊠ 20 déc./20 janv.
🅴 🅳 🗗 ☎ 🚗 🕼 🕽 🗪 CB

▲ NOTRE DAME ★
44, rue des Cuisiniers. Mme Magne
☎ 31 92 87 24 FAX 31 92 67 11
🛏 24 ⬚ 160/270 F. 🍴 90/170 F.
🍽 55 F. 🛎 195/250 F.
⊠ 15 nov./15 déc. et dim. soir
15 nov./15 avr.
🅴 🗗 ☎ 🕽 🗪 CB

BAYON
54290 Meurthe et Moselle
1530 hab.

▲▲ DE L'EST
6, place du Château. M. Cuny
☎ 83 72 53 68 FAX 83 72 59 06
🛏 7 ⬚ 160/260 F. 🍴 56/150 F. 🍽 40 F.
🛎 174/233 F.
⊠ 2ème et 3ème semaine oct., rest.
sam. et dim. sauf réservations groupes.
🅴 🗗 ☎ 🕭 CV 🗪 CB

BAYONNE
64100 Pyrénées Atlantiques
40051 hab. 🛈

▲ LE VAUBAN ★
Place Sainte Ursule. M. Fouquet
☎ 59 55 11 31 FAX 59 55 86 40
🛏 12 ⬚ 190/260 F. 🍴 65/ 95 F.
🍽 50 F. 🛎 200/250 F.
⊠ 15/25 nov. et dim. midi.
🅴 SP 🗗 ☎ 🚗 🖂 🕼 CV 🕽 🗪
CB

BAZAILLES
54620 Meurthe et Moselle
193 hab.

▲ AU GENTIL VAL
2, rue Blanche Fontaine. Mme Minette
☎ 82 89 60 60 FAX 82 89 65 45
🛏 7 ⬚ 210/290 F. 🍴 57/180 F. 🍽 39 F.
🛎 180/260 F.
⊠ 1er/15 janv., dim. soir et lun.
🗗 ☎ 🚗 🖭 🕽 CB

BAZOUGES SUR LE LOIR
72200 Sarthe
1400 hab. 🛈

▲▲ LE MOULIN DE LA BARBEE
M. Doire ☎ 43 45 33 17
🛏 3 ⬚ 320 F. 🍴 95/150 F. 🍽 40 F.
⊠ 15 janv./20 fév., lun. soir et mar.
sept./fin avr.
🅴 🅳 🗗 ☎ 🖭 🕽 🗪 CB

BEAGE (LE)
07630 Ardèche
1200 m. • 500 hab.

▲ BEAUSEJOUR ★
Mme Vernet
☎ 75 38 85 02
🛏 11 ⌖ 113/164 F. ⫼ 59/110 F.
🍴 45 F. 🍽 160/190 F.

BEAUCAIRE
30300 Gard
14000 hab. ⓘ

▲ L'OLIVERAIE ★★
Route de Nîmes. Mme Valota
☎ 66 59 16 87 ⫿ 66 59 08 91
🛏 13 ⌖ 250/300 F. ⫼ 75/140 F.
🍴 60 F. 🍽 250/320 F.
⊠ 23 déc./15 janv.

▲ LE PARC
Route de Bellegarde. M. Rayret
☎ 66 01 11 45 ⫿ 66 01 02 28
🛏 7 ⌖ 200 F. ⫼ 60/290 F. 🍴 60 F.
🍽 250 F.
⊠ lun. soir et mar.

▲▲▲ ROBINSON ★★★
Route de Remoulin. Mme Léon-Blanc
☎ 66 59 21 32 ⫿ 66 59 00 03
🛏 30 ⌖ 250/350 F. ⫼ 90/180 F.
🍴 60 F. 🍽 300 F.
⊠ fév.

BEAUCROISSANT
38140 Isère
1052 hab.

▲ LE PONT DE CHAMP ★★
M. Ruel-Gallay
☎ 76 65 22 10 ⫿ 76 91 53 45
🛏 13 ⌖ 200/260 F. ⫼ 68/160 F.
🍴 50 F. 🍽 190/210 F.
⊠ 24 déc./2 janv., dim. soir et lun. midi.

BEAUDEAN
65710 Hautes Pyrénées
650 m. • 410 hab. ⓘ

▲▲▲ LE CATALA ★★
Rue Larrey. Mme Brau-Nogue
☎ 62 91 75 20 ⫿ 62 91 79 72
🛏 24 ⌖ 250/500 F. ⫼ 80/200 F.
🍴 45 F. 🍽 240/420 F.
⊠ semaine Noël et dim. soir hors vac.

BEAUFORT SUR DORON
73270 Savoie
750 m. • 1000 hab. ⓘ

▲ DE LA ROCHE ★
Av. du Capitaine Bulle. M. Busson
☎ 79 38 33 31 ⫿ 79 38 38 60
🛏 17 ⌖ 160/250 F. ⫼ 65/155 F.
🍴 40 F. 🍽 180/220 F.
⊠ 1er/8 mai, 30 oct./30 nov. et rest. dim. soir.

▲ DU DORON ★
M. Bouchage
☎ 79 38 33 18 ⫿ 79 38 30 96
🛏 18 ⌖ 160/290 F. ⫼ 75/140 F.
🍴 48 F. 🍽 210/270 F.
⊠ fin vac. Noël/3 fév.

▲ DU GRAND MONT ★★
Place de l'Eglise. Mme Frison-Roche
☎ 79 38 33 36 ⫿ 79 38 39 07
🛏 12 ⌖ 230/250 F. ⫼ 80/130 F.
🍴 55 F. 🍽 250/265 F.
⊠ 24 avr./2 mai et 1er oct./5 nov.

BEAUGENCY
45190 Loiret
7000 hab. ⓘ

▲▲ HOSTELLERIE DE L'ECU DE BRETAGNE ★★
Place du Martroi. Mme Renucci
☎ 38 44 67 60 ⫿ 38 44 68 07
🛏 25 ⌖ 250/360 F. ⫼ 135/200 F.
🍴 65 F. 🍽 280/340 F.
⊠ 30 janv./5 mars, dim. soir et lun. 1er nov./1er avr.

▲▲ LA MAILLE D'OR ★★
M. Billard ☎ 38 44 53 43 \ 38 44 55 34
⫿ 38 44 55 58
🛏 21 ⌖ 150/320 F. ⫼ 78/165 F.
🍴 45 F. 🍽 180/250 F.
⊠ dim. soir 1er oct./31 mars.

BEAUJEU
69430 Rhône
2200 hab. ⓘ

▲▲ ANNE DE BEAUJEU ★★
28, rue République. M. Cancela
☎ 74 04 87 58 ⫿ 74 69 22 13
🛏 7 ⌖ 298/348 F. ⫼ 110/350 F.
🍴 80 F. 🍽 300/350 F.
⊠ 20 déc./20 janv., 1 semaine août, dim. soir et lun.

BEAULIEU SUR DORDOGNE
19120 Corrèze
1200 hab. ⓘ

▲▲ CENTRAL HOTEL FOURNIE ★★
4, place du Champ de Mars.
Mme Fournie
☎ 55 91 01 34 ⫿ 55 91 23 57
🛏 27 ⌖ 160/320 F. ⫼ 85/260 F.
🍴 55 F. 🍽 220/300 F.
⊠ mi-nov./mi-mars.

BEAULIEU SUR DORDOGNE (suite)

▲▲ LE TURENNE ★★
1, bld Saint-Rodolphe de Turenne.
M. Cave ☎ 55 91 10 16 ☒ 55 91 22 42
🛏 15 ⊠ 260/280 F. ⊞ 120/330 F.
🍴 65 F. ⊠ 250/270 F.
⊠ mi-janv./mi-fév., dim. soir et lun.
1er oct./30 avr.
🄴 🗂 🏤 🕿 🖫 ♿ 🔟 ← CB 🄲

BEAUMONT DE LOMAGNE
82500 Tarn et Garonne
4000 hab. ⓘ

▲▲ LE COMMERCE ★★
M. Hamon
☎ 63 02 31 02 ☒ 63 65 26 22
🛏 12 ⊠ 160/220 F. ⊞ 70/190 F.
🍴 45 F. ⊠ 200/240 F.
⊠ vac. scol. hiver, 3ème semaine
nov., dim. soir et lun. sauf été.
🄴 🗂 🏤 🕿 ♿ CV ← CB

BEAUMONT LA RONCE
37360 Indre et Loire
901 hab.

▲ LES TROIS MARCHANDS
Mme Simon ☎ 47 24 44 85
🛏 7 ⊠ 150/180 F. ⊞ 65/150 F. 🍴 35 F.
⊠ 190/230 F.
⊠ dim. oct./mars, dim. soir et mer. soir
mars/oct.
🗂 🏤 ← CB

BEAUMONT SUR SARTHE
72170 Sarthe
2224 hab. ⓘ

▲▲ DU CHEMIN DE FER ★★
Place de la Gare. M. Hary
☎ 43 97 00 05 ☒ 43 33 52 17
🛏 15 ⊠ 157/357 F. ⊞ 78/225 F.
🍴 55 F. ⊠ 179/268 F.
⊠ 11 fév./7 mars, 22 oct./8 nov., dim.
soir et lun. hiver.
🄴 🗂 🏤 🕿 🖫 ♿ CV 🔟 ← CB

BEAUMONT SUR VESLE
51360 Marne
700 hab.

▲▲ LA MAISON DU CHAMPAGNE ★★
2, rue du Port. Mme Boulard
☎ 26 03 92 45 \ 26 03 97 27
☒ 26 03 97 59
🛏 13 ⊠ 160/250 F. ⊞ 71/220 F.
🍴 40 F. ⊠ 181/226 F.
⊠ 1er/15 fév., 1er/15 nov., dim. sauf
fêtes et rest. lun. soir.
🄴 🄳 🗂 🏤 🕿 🖫 ♿ 🔟 ←

BEAUNE
21200 Côte d'Or
20000 hab. ⓘ

▲▲ AUBERGE BOURGUIGNONNE ★★
4, place Madeleine. M. Autin
☎ 80 22 23 53 ☒ 80 22 51 64
🛏 8 ⊠ 235/300 F. ⊞ 89/203 F. 🍴 62 F.
⊠ 8 déc./13 janv., lun. sauf jours fériés
et dim. soir fin nov./fin fév.
🄴 🄳 🏤 ✉ CV ← CB

AAA GRILLON ★★
21, route Seurre. M. Grillon
☎ 80 22 44 25 ☒ 80 24 94 89
🛏 18 ⊠ 255/295 F. ⊞ 85/310 F.
🍴 55 F.
⊠ rest. mer. et jeu. midi.
🄴 🄳 🗂 🏤 🕿 ✉ 🖫 🍴 CV 🔟 ← CB

BEAUNE (SAVIGNY LES BEAUNE)
21420 Côte d'Or
1500 hab. ⓘ

▲▲ L'OUVREE ★★
Route de Bouilland. M. Pierrat
☎ 80 21 51 52 ☒ 80 26 10 04
🛏 22 ⊠ 250/280 F. ⊞ 95/230 F.
🍴 50 F. ⊠ 250/270 F.
⊠ 1er fév./13 mars.
🄴 🗂 🏤 🕿 🖫 ♿ CV ← CB

BEAURECUEIL
13100 Bouches du Rhône
466 hab.

AAA RELAIS SAINTE VICTOIRE ★★★
M. Jugy-Berges
☎ 42 66 94 98 ☒ 42 86 85 96
🛏 9 ⊠ 350 F. ⊞ 180/450 F. 🍴 125 F.
⊠ 450/550 F.
⊠ 2/8 janv., 25 fév./12 mars,
21 oct./1er nov., dim. soir et lun.
🄴 ⓘ 🗂 🏤 🕿 🖭 🕿 🖫 ✉ 🔟 ←

BEAUREPAIRE
38270 Isère
3800 hab. ⓘ

AAA FIARD-ZORELLE ★★
Av. des Terreaux. Mme Zorelle
☎ 74 84 62 02 ☒ 74 84 71 13
🛏 15 ⊠ 250/350 F. ⊞ 125/300 F.
🍴 50 F.
⊠ 15 janv./5 fév., lun. midi sauf fériés
et dim. soir hs.
🄴 🄳 SP 🗂 🏤 🖫 ♿ 🔟 ← CB

BEAUREPAIRE EN BRESSE/LOUHANS
71580 Saône et Loire
505 hab.

AAA AUBERGE DE LA CROIX BLANCHE ★★
Mme Poulet
☎ 85 74 13 22 ☒ 85 74 13 25
🛏 13 ⊠ 180/265 F. ⊞ 86/210 F.
🍴 60 F. ⊠ 230/270 F.
⊠ 25/30 sept., 12/30 nov., dim. soir et
lun.
🄴 🄳 🗂 🏤 🕿 🖫 ♿ 🜨 CV 🔟 ←
CB 🎴

BEAUVAIS
60000 Oise
54147 hab. ⓘ

▲ DE LA POSTE ★
19, rue Gambetta. M. De Faria
☎ 44 45 14 97 ☒ 44 45 02 31
🛏 9 ⊠ 110/205 F. ⊞ 55/120 F. 🍴 40 F.
⊠ 235 F.
⊠ dim. et fériés.
🄴 🗂 🏤 🕿

BEAUVAIS (WARLUIS)
60430 Oise
1160 hab. [i]

▲▲ LES ALPES FRANCO-SUISSES
Rest. LE CHAMOIS ★★
M. Maillard
☎ 44 89 26 51 [FAX] 44 89 26 56
[🛏] 27 [○] 200/240 F. [▯] 75/140 F.
[🍴] 64 F. [🚗] 204 F.
[✉] hôtel Noël, rest. lun. midi et ven.
[○][🕿][🚗][🚗][🛉][🏊][🐟][CV][○]

BEAUVENE
07190 Ardèche
230 hab.

▲▲ DES TOURISTES Rest. PERRIER ★★
(Pont de Chervil). M. Perrier
☎ 75 29 06 19
[🛏] 8 [○] 185/245 F. [▯] 65/ 90 F. [🍴] 38 F.
[🚗] 180 F.
[✉] Hôtel 1er sept./31 mars et mer.
[E][🕿][🚗][🚗][🐟][○]

BEAUVEZER
04370 Alpes de Haute Provence
1150 m. • 226 hab. [i]

▲ LE BELLEVUE ★★
Place de l'Eglise. M. Thétiot
☎ 92 83 51 60
[🛏] 9 [○] 190/220 F. [▯] 68/ 95 F. [🍴] 45 F.
[🚗] 195/215 F.
[✉] mar.
[E][D][SP][🕿][○]

BEAUVILLE
47470 Lot et Garonne
600 hab. [i]

▲ DU MIDI ★
Mme Serres
☎ 53 95 41 18
[🛏] 7 [○] 100/120 F. [▯] 60/140 F. [🍴] 45 F.
[🚗] 160 F.
[✉] 1ère quinz. sept. et lun. soir.
[E][🚗][CV][○][○][CB]

BEAUVOIR
50170 Manche
480 hab.

▲▲ LE BEAUVOIR ★★
M. Guiton
☎ 33 60 09 39 [FAX] 33 48 59 65
[🛏] 18 [○] 280/340 F. [▯] 88/240 F.
[🍴] 50 F.
[✉] 15 nov./15 fév.
[E][SP][○][🕿][🚗][○][○]

BEAUVOIR
60120 Oise
180 hab.

▲ LA TAVERNE
Lieu-dit la Folie, sur D. 916. M. Cayez
☎ 44 07 03 57
[🛏] 8 [○] 140/180 F. [▯] 65/160 F. [🍴] 45 F.
[🚗] 180/220 F.
[✉] lun.
[🚗][🛉][○][○]

BEAUVOIR SUR MER
85230 Vendée
3040 hab. [i]

▲▲ DES TOURISTES ★★
1, rue du Gois. M. Briand
☎ 51 68 70 19 [FAX] 51 49 33 45
[🛏] 36 [○] 150/335 F. [▯] 55/200 F.
[🍴] 50 F. [🚗] 235/300 F.
[✉] 4 janv./15 fév.
[E][○][🕿][🚗][🚗][🌴][🏊][🛉][CV][○][○]
[CB][C]

BEAUZAC
43590 Haute Loire
555 m. • 1955 hab.

▲▲ L'AIR DU TEMPS ★★
(A Confolens 2 km). M. Clavier
☎ 71 61 49 05 [FAX] 71 61 50 91
[🛏] 8 [○] 220/240 F. [▯] 85/290 F. [🍴] 55 F.
[🚗] 210/250 F.
[✉] 2/29 janv., 4/11 sept., dim. soir et
lun.
[E][○][🕿][🚗][CV][○][CB]

BECON LES GRANITS
49370 Maine et Loire
2300 hab.

▲▲ LES 3 MARCHANDS ★★
Place de l'Eglise. M. Lechêne
☎ 41 77 90 21
[🛏] 5 [○] 180/200 F. [▯] 85/240 F. [🍴] 50 F.
[🚗] 240/250 F.
[✉] 26 déc./5 janv., dim. soir et lun.
[E][○]

BEDOIN
84410 Vaucluse
2000 hab. [i]

▲▲ DES PINS ★★
Chemin des Crans. Mmes Pauleau/Haud
☎ 90 65 92 92 [FAX] 90 65 60 66
[🛏] 25 [○] 300/340 F. [▯] 120/130 F.
[🍴] 60 F. [🚗] 300/315 F.
[✉] 2 janv./2 fév.
[E][D][○][🕿][🚗][🌴][🏊][CV][○][○][CB]

BEG MEIL
29170 Finistère
1000 hab. [i]

▲▲ DE BRETAGNE ★★
M. Jan ☎ 98 94 98 04 [FAX] 98 94 90 58
[🛏] 28 [○] 270/360 F. [▯] 90/195 F.
[🍴] 55 F. [🚗] 260/340 F.
[✉] 1er oct./31 mars et rest. mar.
avr./juin.
[E][D][○][🕿][🚗][✂][🌴][🐟][🛉][🛉][CV][○]
[○][CB]

▲▲ THALAMOT ★★
Le Chemin Creux, Pointe de Beg-Meil.
M. Le Borgne
☎ 98 94 97 38 [FAX] 98 94 49 92
[🛏] 35 [○] 195/395 F. [▯] 98/258 F.
[🍴] 60 F. [🚗] 230/355 F.
[✉] 30 sept./Pâques.
[E][D][○][🕿][🌴][🛉][○][○][○][CB][●]

BEGARD
22140 Côtes d'Armor
5000 hab.

▲▲ LA POMME D'OR ★★
7, rue Pierre Perron. M. Le Goff
☎ 96 45 21 68 FAX 96 45 23 21
🛏 9 ⊗ 180/240 F. 🍴 60/200 F. 🍽 38 F.
🍴 200/240 F.
⊠ 25 août/15 sept. et lun.
E ⌂ ☎ 🚗 IOI CB

BEGUDE DE MAZENC (LA)
26160 Drôme
1024 hab. 𝑖

▲▲ DU JABRON ★★
MM. Sadeler/Pottier
☎ 75 46 28 85 FAX 75 46 24 31
🛏 12 ⊗ 180/240 F. 🍴 110/185 F.
🍽 50 F. 🍴 180/270 F.
⊠ 2/31 janv., mar. soir et mer. sauf
juil./août.
E D SP ⌂ ☎ 🚗 🚗 🚗 ⛱ 🏊 🍴 CV IOI
🌳 CB

BELCAIRE
11340 Aude
1000 m. • 463 hab. 𝑖

▲ BAYLE ★★
38, av. d'Ax-les-Thermes M. Bayle
☎ 68 20 31 05 FAX 68 20 35 24
🛏 13 ⊗ 100/250 F. 🍴 68/220 F.
🍽 45 F. 🍴 170/235 F.
⊠ 2 nov./17 déc., lun. sauf juin/sept. et
vac. scol.
E SP ⌂ ☎ 🚗 🚗 ⛱ 🏊 ▶ 🍴 CV 🌳

BELFLOU
11410 Aude
84 hab.

▲ AUBERGE LE CATHARE
Mlle Cazanave
☎ 68 60 32 49 FAX 68 60 37 90
🛏 5 ⊗ 115/185 F. 🍴 55/190 F. 🍽 45 F.
🍴 147 F.
⊠ ven. soir et sam. midi 1er oct./31 avr.
E SP 🚗 ⛱ 🏊 ▶ 🍴 CV 🌳

BELFORT
90000 Territoire de Belfort
55000 hab. 𝑖

▲▲ LES CAPUCINS ★★
20, faubourg de Montbéliard.
Mme Girods
☎ 84 28 04 60 FAX 84 55 00 92
🛏 35 ⊗ 255/275 F. 🍴 88/192 F.
🍽 50 F. 🍴 240/280 F.
⊠ 17/31 juil., 22 déc./2 janv., rest. sam.
midi et dim. en saison, sam. et dim. hs.
D ⌂ ☎ 🚗 🚗 ⛱ ✉ CV 🌳 CB C 🔲

▲ SAINT CHRISTOPHE ★★
Place d'Armes. Mme Goize
☎ 84 28 02 14 FAX 84 54 08 77
🛏 39 ⊗ 235/270 F. 🍴 56/170 F.
🍽 50 F. 🍴 205/220 F.
⊠ semaine Noël/nouvel an et rest. dim.
sauf 1er dim. du mois.
E ⌂ ☎ 💲 🌳 CB

BELGODERE
20226 Corse
453 hab.

▲ NIOBEL ★★
M. Maestracci
☎ 95 61 34 00 FAX 95 61 35 85
🛏 10 ⊗ 230/330 F. 🍴 75/110 F.
🍽 50 F. 🍴 238/280 F.
⊠ 31 oct./1er avr.
E 𝑖 ☎ 🚗 🏊 🌳

BELLAC
87300 Haute Vienne
6000 hab. 𝑖

▲▲ CENTRAL HOTEL ★★
M. Mesrine
☎ 55 68 00 34
🛏 15 ⊗ 185/370 F. 🍴 85/200 F.
🍽 51 F.
⊠ dernière semaine sept., 1ère et 2ème
semaine oct., 2ème et 3ème semaine
janv., dim. soir et lun.
E SP ⌂ ☎ 🚗 ✉ CV IOI 🌳 CB

▲▲▲ LES CHATAIGNIERS ★★
(A 2 km route de Poitiers). M. Beaucourt
☎ 55 68 14 82 FAX 55 68 77 56
🛏 27 ⊗ 185/340 F. 🍴 120/260 F.
🍽 60 F. 🍴 280 F.
⊠ nov., dim. soir et lun. hs.
E ⌂ ☎ 🚗 ⛱ 🏊 🌳 CB

BELLE ILE EN MER (SAUZON)
56360 Morbihan
600 hab.

▲ DU PHARE
(A Sauzon). Mme Pacalet
☎ 97 31 60 36
🛏 15 ⊗ 200/280 F. 🍴 85/195 F.
🍽 50 F. 🍴 230/270 F.
⊠ 3 nov./31 mars.
E 🚗 🌳 CB

BELLE ISLE EN TERRE
22810 Côtes d'Armor
1100 hab. 𝑖

▲▲ LE RELAIS DE L'ARGOAT ★★
Rue du Guic. M. Marais
☎ 96 43 00 34 FAX 96 43 00 76
🛏 8 ⊗ 185/220 F. 🍴 110/250 F.
🍽 70 F. 🍴 260 F.
⊠ fév., dim. soir et lun.
E ☎ 🚗 CV IOI

BELLEFONTAINE
39400 Jura
1360 m. • 420 hab.

▲▲ LA CHAUMIERE ★★
M. Me Bourgeois
☎ 84 33 00 16 FAX 84 33 01 40
🛏 11 ⊗ 220/275 F. 🍴 210 F.
⊠ 1er/15 avr.
E 𝑖 ☎ 🚗 🚗 ⛱ 🏊 CV IOI 🌳

BELLEGARDE
45270 Loiret
1442 hab. ⓘ

▲▲ LE COMMERCE ★★
1, rue de la République. M. Chanteloup
☎ 38 90 10 45
🛏 10 ⌂ 145/220 F. 🍽 65/110 F.
🍴 42 F. 🍽 200/250 F.
⊠ 21 oct./10 nov., 12/28 mars et mer.
Ⓔ 🗋 ☎ 🛏 🛋 ⊤ 🎿 CV ▦ ▬ CB ▣

BELLEGARDE EN DIOIS
26470 Drôme
850 m. • 60 hab.

▲▲ LE GITE ★
M. Knotter ☎ 75 21 40 74 🆇 75 21 40 56
🛏 12 ⌂ 160/320 F. 🍽 60/90 F. 🍴 40 F.
🍽 170/270 F.
Ⓔ Ⓓ ☎ 🛏 ⊤ CV ▦ ▬ CB

BELLEGARDE SUR VALSERINE
01200 Ain
12000 hab. ⓘ

▲ AUBERGE LE CATRAY ★
(A 12 km, Plateau de Retord, alt.
1000 m.) M. Chappuis ☎ 50 56 56 25
🛏 7 ⌂ 170/270 F. 🍽 80/130 F. 🍴 45 F.
🍽 215/240 F.
⊠ 20/24 mars, 19/23 juin, 11/22 sept.,
13/24 nov., lun. soir et mar. sauf
séjours.
☎ 🛏 ⊤ 🎿 ▶ 🍴 CV ▦ ▬ CB

▲▲▲ BELLE EPOQUE ★★★
10, place Gambetta. M. Sevin
☎ 50 48 14 46 🆇 50 56 01 71
🛏 20 ⌂ 250/400 F. 🍽 120/260 F.
🍴 70 F. 🍽 350/400 F.
⊠ 2/17 juil., 13 nov/5 déc., dim. soir et
lun. midi hs.
Ⓔ Ⓓ 🆂🅿 ⓘ 🗋 ☎ 🛏 🛋 ▦ ⋈ ▦ ▬

BELLEGARDE SUR VALSERINE
(LANCRANS)
01200 Ain
800 hab.

▲▲ DU SORGIA ★★
(A Lancrans). M. Marion
☎ 50 48 15 81 🆇 50 48 44 72
🛏 17 ⌂ 150/230 F. 🍽 70/180 F.
🍴 48 F. 🍽 180/225 F.
⊠ 5/15 janv., 25 août/18 sept., dim. soir
et lun. midi.
Ⓔ 🗋 ☎ 🛏 🛋 ⊤ 🎿 ▬ CB

BELLEME
61130 Orne
1849 hab. ⓘ

▲ LE RELAIS SAINT LOUIS ★★
1, bld Bansard des Bois. Mme Wattiez
☎ 33 73 12 21
🛏 7 ⌂ 250 F. 🍽 80/135 F. 🍴 45 F.
🍽 230/280 F.
⊠ 6/19 fév. et dim. soir.
Ⓔ ☎ 🛏 🛋 🛋 ⊤ ▬ CB

BELLENAVES
03330 Allier
1150 hab.

▲ L'AUBERGE
Rue des Forges. M. Jaffeux ☎ 70 58 34 06
🛏 4 ⌂ 110/160 F. 🍽 52/200 F. 🍴 40 F.
🍽 145/190 F.
⊠ Rest. mer. soir.
🆂🅿 🗋 ☎ 🛏 🛋 🍴 CV ▬ CB

BELLEVAUX
74470 Haute Savoie
950 m. • 1050 hab. ⓘ

▲▲ LA CASCADE ★
M. Bergoen ☎ 50 73 70 22 🆇 50 73 77 46
🛏 18 ⌂ 140/200 F. 🍽 70/125 F. 🍴 60 F.
🍽 190/220 F.
⊠ 15 avr./1er juin et 20 sept./20 déc.
☎ 🛏 ⊤ 🎿 CV ▦ ▬ CB

▲▲▲ LES MOINEAUX ★★
M. Meynet ☎ 50 73 71 11 🆇 50 73 75 79
🛏 14 ⌂ 200/250 F. 🍽 80/130 F. 🍴 60 F.
🍽 230/250 F.
⊠ 15 avr./15 juin.
Ⓔ ⓘ 🗋 ☎ 🛏 ⊤ 🍺 🎿 🐎 ▦ ▬ CB

BELLEVAUX (HIRMENTAZ)
74470 Haute Savoie
1200 m. • 40 hab. ⓘ

▲▲ LES SKIEURS ★★
(A Hirmentaz - 1200 m). M. Bernaz
☎ 50 73 70 46
🛏 22 ⌂ 200 F. 🍽 80/150 F. 🍴 50 F.
🍽 230/265 F.
⊠ 15 avr./1er juil. et 15 sept./15 déc.
☎ 🛏 🍺 🍴 🎿 CV ▦ ▬ CB

BELLEVILLE SUR LOIRE
18240 Cher
1009 hab.

▲ AUBERGE DE LA BONNE HUMEUR
10, route de Beaulieu. M. Classiot
☎ 48 72 64 01 🆇 48 72 59 98
🛏 5 ⌂ 180/200 F. 🍽 90/275 F. 🍴 40 F.
🍽 270/310 F.
Ⓔ 🗋 ☎ 🛏 ⊤ 🎿 CV ▬ CB

BELLEY
01300 Ain
8372 hab. ⓘ

▲▲ DU BUGEY ★★
10, rue Georges Girerd. M. Guinet
☎ 79 81 01 46 🆇 79 81 52 14
🛏 12 ⌂ 235/320 F. 🍽 68/160 F.
🍴 55 F. 🍽 280/360 F.
⊠ 17 déc./10 janv., 29 avr./9 mai., rest.
sam. et dim. soir.
Ⓔ 🗋 ☎ 🛏 ⋈ ▦ ▬ CB

BELLOY SUR SOMME
80310 Somme
620 hab.

▲▲ HOSTELLERIE DE BELLOY ★
29, route Nationale. Mme Wilbert
☎ 22 51 41 05 🆇 22 51 25 14
🛏 7 ⌂ 155/250 F. 🍽 80/190 F. 🍴 45 F.
🍽 230/260 F.
⊠ 16 août/3 sept. et lun.
Ⓔ 🆂🅿 🗋 ☎ 🛏 ⊤ 🎿 CV ▦ ▬ CB

BELVES
24170 Dordogne
1553 hab. ℹ️

▲▲ LE BELVEDERE DE BELVES ★★
1, av. Paul Crampel. M. Giraudel
☎ 53 29 90 50 ⅢX 53 29 90 74
🛏 20 ◇ 275/315 F. Ⅱ 59/160 F.
🍴 40 F. 🛎 235/255 F.
✉ 15 nov./14 mars.
E SP 🖨 ☎ 🚗 CV ▮◉ ✆ CB

BELZ
56550 Morbihan
3500 hab.

▲▲ RELAIS DE KERGOU ★★
Route d'Auray. M. Lorvellec
☎ 97 55 35 61
🛏 12 ◇ 144/315 F. Ⅱ 65/120 F.
🍴 40 F. 🛎 170/255 F.
✉ 15 jours vac. scol. fév., dim. soir et lun. 15 sept./15 juin.
E D SP 🖨 ☎ 🚗 🍴 CV ▮◉ ✆ CB

BENODET
29950 Finistère
2000 hab. ℹ️

▲▲ DES BAINS DE MER ★★
11, rue de Kerguelen. M. Paris
☎ 98 57 03 41 ⅢX 98 57 11 07
🛏 32 ◇ 200/350 F. Ⅱ 70/200 F.
🍴 35 F. 🛎 250/310 F.
✉ 12 nov./18 mars.
E 🖨 ☎ ▮ ☎ 🚗 ▨▨ CV ✆ CB
C 🏠

▲▲ DOMAINE DE KEREVEN ★★
Mme Berrou
☎ 98 57 02 46 ⅢX 98 66 22 61
🛏 12 ◇ 280/375 F. Ⅱ 120 F. 🍴 60 F.
🛎 295/340 F.
✉ hôtel 15 oct./Pâques, rest.
25 sept./20 mai sur réservation après
25 sept./avant 20 mai.
E D ☎ 🚗 🍴 🍴.

▲ LE CORNOUAILLE
62, av. de la Plage. M. Després
☎ 98 57 03 78 ⅢX 98 57 15 43
🛏 30 ◇ 240/360 F. Ⅱ 75/170 F.
🍴 50 F. 🛎 230/300 F.
✉ 30 sept./30 avr.
E ☎ ▮ 🍴 CV ✆ CB

▲▲ LE MINARET ★★
(Corniche de l'Estuaire). Mme Kervran
☎ 98 57 03 13 ⅢX 98 66 23 72
🛏 20 ◇ 260/410 F. Ⅱ 90/210 F.
🍴 48 F. 🛎 275/390 F.
✉ 1er oct./7 avr. et mar. avr./mai.
E D 🖨 ☎ 🚗 ▮ 🍴 CV ✆

BENON
17170 Charente Maritime
426 hab. ℹ️

▲▲ RELAIS DE BENON ★★★
R. N. 11. M. Seigneuray
☎ 46 01 61 63 ⅢX 46 01 70 89
🛏 29 ◇ 390/420 F. Ⅱ 85/225 F.
🍴 58 F. 🛎 340/360 F.
E D 🖨 ☎ 🚗 🍴 ▨▨ 🍴 🍴 CV ▮◉
✆ CB 🏠

BENOUVILLE
14970 Calvados
1366 hab.

▲▲ GLYCINE ★★
11, place du Commando. M. Decker
☎ 31 44 61 94 ⅢX 31 43 67 30
🛏 25 ◇ 230/270 F. Ⅱ 80/280 F.
🍴 80 F. 🛎 260/280 F.
✉ 1er/15 mars et dim. soir hs.
E 🖨 ☎ 🚗 ▨ 🍴 🍴 ▮◉ ✆ CB C

BERCK PLAGE
62600 Pas de Calais
18000 hab. ℹ️

▲ DE L'ENTONNOIR ★★
Av. Francis Tattegrain. M. Wyart
☎ 21 09 12 13
🛏 12 ◇ 195/230 F. Ⅱ 65/150 F.
🍴 48 F. 🛎 220/250 F.
✉ déc., dim. soir et lun. sauf juil./août.
E 🖨 ☎ 🚗 🍴 CV ▮◉ ✆ CB

▲▲ LE LITTORAL ★★
36, place de l'Entonnoir. M. Devoucoux
☎ 21 09 07 76
🛏 19 ◇ 200/230 F. Ⅱ 65/ 95 F.
🍴 45 F. 🛎 240/260 F.
✉ 6 janv./15 fév. et 1er oct./20 déc.
🖨 ☎ 🚗 ▮ 🍴 ✆

▲▲ LES FLOTS BLEUS ★★
17, rue du Calvaire. M. Tardieu
☎ 21 09 03 42
🛏 9 ◇ 200/250 F. Ⅱ 70/155 F. 🍴 35 F.
🛎 220/260 F.
✉ 2 janv./12 fév.
E 🖨 ☎ 🍴 🍴 CV ✆ 🏠

BERENX
64300 Pyrénées Atlantiques
471 hab.

▲▲ AUBERGE DU RELAIS ★★
Route de Saliès. M. Larrouture
☎ 59 65 30 56 ⅢX 59 65 36 39
🛏 19 ◇ 190 F. Ⅱ 58 F. 🍴 42 F.
🛎 180 F.
✉ 23 oct./6 nov., 24 déc./7 janv. et sam. sauf juil./août.
E SP 🖨 ☎ 🚗 🍴 🍴 ◇ 🍴 🍴 CV ▮◉ ✆
CB C 🏠

BERGERAC
24100 Dordogne
28000 hab. ℹ️

▲▲▲ DE BORDEAUX ★★★
38, place Gambetta. M. Maury
☎ 53 57 12 83 ⅢX 550412 ⅢX 53 57 72 14
🛏 40 ◇ 320/410 F. Ⅱ 90/200 F.
🍴 60 F. 🛎 350/390 F.
✉ 15 déc./20 janv.
E D SP 🖨 ☎ 🚗 🚗 ▮ ▨ 🍴 ▨▨
🍴 CV ▮◉ ✆ CB C 🏠

▲▲ DU COMMERCE LA CREMAILLERE ★★
36, place Gambetta. Mme Chassagne
☎ 53 27 30 50 ⅢX 541888 ⅢX 53 58 23 82
🛏 35 ◇ 210/390 F. Ⅱ 95/160 F.
🍴 55 F. 🛎 250/315 F.
✉ dim. soir 15 nov./16 avr.
E D 🖨 ☎ 🚗 ▮ CV ▮◉ ✆ CB 🏠

BERGERAC (suite)

LE CYRANO ★★
2, bld Montaigne. M. Turon
☎ 53 57 02 76 FAX 53 57 78 15
🛏 11 ⌧ 210/230 F. ⅋ 90/200 F.
🍴 60 F. 🍽 220/230 F.
⌧ 25 déc. et dim. soir nov./avr.
E SP ☎ 🛏 CV ● CB

RELAIS DE LA FLAMBEE ★★★
153, av. Pasteur. M. Bournizel
☎ 53 57 52 33 FAX 53 61 07 57
🛏 20 ⌧ 300/470 F. ⅋ 98/320 F.
🍽 480 F.
⌧ 2 janv./2 avr., rest. dim. soir et lun.
sauf été.
E D ☎ 🛏 T 🛏 CB

BERGERAC (LEMBRAS)
24100 Dordogne
1138 hab.

RELAIS DE LA RIBEYRIE ★★
74, route de Périgueux. Mme Domet
☎ 53 27 01 92 FAX 53 58 43 59
🛏 8 ⌧ 230 F. ⅋ 65/160 F. 🍴 35 F.
🍽 390 F.
⌧ janv., rest. dim. soir et lun. midi.
E ☎ 🛏 CV ● CB

BERGUES
59380 Nord
4743 hab. ℹ

AU TONNELIER ★★
4, rue du Mont de Piété. Mme Declercq
☎ 28 68 70 05 FAX 28 68 21 87
🛏 11 ⌧ 185/335 F. ⅋ 83/155 F.
🍴 60 F. 🍽 220/280 F.
⌧ 1er/16 janv., 17 août/5 sept. et rest.
ven. sauf fériés.
E ☎ 🛏 CV CB

BERNAY
27300 Eure
12000 hab. ℹ

LE LION D'OR ★★
48, rue du Général de Gaulle
MeM. Frébert/Guillotin
☎ 32 43 12 06 FAX 32 46 60 58
🛏 26 ⌧ 220/275 F. ⅋ 100/210 F.
🍴 40 F. 🍽 207/265 F.
⌧ rest. dim. soir et lun. hs sauf jours
fériés.
E ☎ 🛏 T CB

BERNERIE EN RETZ (LA)
44760 Loire Atlantique
1826 hab. ℹ

DE NANTES ★★
12, rue Georges Clemenceau.
Mme Henriot-Grandjean
☎ 40 82 70 14 FAX 40 64 73 89
🛏 34 ⌧ 125/255 F. ⅋ 67/185 F.
🍴 40 F. 🍽 220/295 F.
E ☎ 🛏 T CV ● CB

BERNEX
74500 Haute Savoie
950 m. • 613 hab. ℹ

CHEZ TANTE MARIE ★★
M. Birraux ☎ 50 73 60 35 FAX 50 73 61 73
🛏 27 ⌧ 310/365 F. ⅋ 90/230 F.
🍴 55 F. 🍽 310/365 F.
⌧ 15 oct./15 déc.
E D ☎ 🛏 T CV ● CB

BERNEX (LA BEUNAZ)
74500 Haute Savoie
1000 m. • 1100 hab. ℹ

LE RELAIS SAVOYARD ★
M. Touffe ☎ 50 73 60 14
🛏 9 ⌧ 150/220 F. ⅋ 65/180 F. 🍴 40 F.
🍽 195/235 F.
⌧ 15 nov./1er déc.
E ☎ T CV ● CB

BERRE LES ALPES
06390 Alpes Maritimes
680 m. • 900 hab.

DES ALPES ★
Au Borriglionne. Mme Puons
☎ 93 91 80 05
🛏 9 ⌧ 220/250 F. ⅋ 65/140 F. 🍴 80 F.
🍽 240/260 F.
⌧ nov. et lun. hs.
🛏 ●

BERTHEMONT LES BAINS
06450 Alpes Maritimes
930 m. • 60 hab.

CHALET DES ALPES ★
M. Monni ☎ 93 03 51 65
🛏 7 ⌧ 180/200 F. ⅋ 80/120 F. 🍴 50 F.
🍽 250/460 F.
⌧ sept./1er avr.
E ℹ ☎ 🛏 T

BERTHOLENE
12310 Aveyron
1000 hab.

BANCAREL ★
Situé au Pied Forêt des Palanges.
M. Brun ☎ 65 69 62 10 FAX 65 70 72 88
🛏 13 ⌧ 150/240 F. ⅋ 55/150 F.
🍴 40 F. 🍽 190/220 F.
⌧ 25 sept./16 oct. et 15/31 janv.
E ☎ 🛏 T CV ● CB

BESSANS
73480 Savoie
1750 m. • 260 hab. ℹ

LA VANOISE ★★
M. Clappier ☎ 79 05 96 79
🛏 29 ⌧ 260/320 F. ⅋ 75/120 F.
🍴 50 F. 🍽 260/300 F.
⌧ 15 avr./25 juin, 16 sept./14 déc.
E ℹ ☎ 🛏 CB

LE MONT ISERAN ★★
Place de la Mairie. M. Clappier
☎ 79 05 95 97 FAX 79 05 84 67
🛏 19 ⌧ 245/330 F. ⅋ 70/150 F.
🍴 50 F. 🍽 200/275 F.
⌧ 25 sept./10 déc. et 26 avr./20 juin.
E ℹ ☎ 🛏 T CV ●

BESSAT (LE)
42660 Loire
1170 m. • 350 hab. 🛈

▲ DE FRANCE ★★
Mme Tardy ☎ 77 20 40 99
🛏 30 ⌨ 165/195 F. 🍽 65/145 F.
🛌 170/190 F.
✉ 1er/15 sept., vac. Noël, dim. soir et lun.
`E 🕿 🍽 🏋 CV 🕹 🛟 CB`

BESSE ET SAINT ANASTAISE
63610 Puy de Dôme
1050 m. • 1850 hab. 🛈

▲ DE LA PROVIDENCE ET DE LA POSTE ★★
Rue de l'Abbé Blot. Mme Chassard
☎ 73 79 51 49
🛏 17 ⌨ 220/360 F. 🍽 78/145 F.
🛌 40 F. 🚗 220/270 F.
✉ week-ends automne sauf vac. scol.
`E 🕿 🛏 🚗 🍽 🛟 CB`

▲▲ DU LEVANT ★★
20, rue Abbé Blot. M. Crégut
☎ 73 79 50 17
🛏 15 ⌨ 230/270 F. 🍽 95/150 F.
🛌 45 F. 🚗 260/275 F.
✉ 31 mars/15 juin et 25 sept./20 déc.
`E 🛏 🕿 🚗 🍽 🛟 CB`

▲▲▲ LE CLOS ★★
Lieu-dit La Villetour. M. Sugères
☎ 73 79 52 77 🕿 73 79 56 67
🛏 25 ⌨ 230/300 F. 🍽 90/140 F.
🛌 40 F. 🚗 230/300 F.
✉ 27 mars/7 avr., 8/26 mai et
1er oct./16 déc.
`E 🕿 🚗 🍽 🏋 🛌 🐾 🛟 🕹 🛟`
`CB 🛄`

BESSE ET SAINT ANASTAISE
(SUPER BESSE)
63610 Puy de Dôme
1350 m. • 1800 hab. 🛈

▲▲ LE CHAMOIS ★★
Av. du Sancy. Mlle Charron
☎ 73 79 60 60
🛏 15 ⌨ 280/350 F. 🍽 90/120 F.
🛌 50 F. 🚗 270/350 F.
✉ 15 avr./15 juin et 15 sept./15 nov.
`E SP 🛏 🕿 🚗 🍽 🛌 🐾 🛟 🕹 CV`
`🕹 CB`

BESSEGES
30160 Gard
3500 hab. 🛈

▲▲ DU MIDI ★★
20, rue Albert Chambonnet. Mme Hugo
☎ 66 25 03 32
🛏 8 ⌨ 260/280 F. 🍽 65/130 F. 🛌 45 F.
🚗 220 F.
`E D SP 🛏 🕿 🚗 🍽 🛟 🏋 CV 🕹`
`🛟 CB`

BESSENAY
69690 Rhône
1500 hab.

▲▲▲ AUBERGE DE LA BREVENNE ★★★
La Brevenne. M. Rigaud
☎ 74 70 80 01 🕿 74 70 82 31

🛏 20 ⌨ 280/350 F. 🍽 90/250 F.
🛌 60 F. 🚗 480 F.
✉ rest. dim. soir.
`E D SP 🛏 🕿 🚗 🍽 🛟 🏋 🛌 🕹 🛟 CB`

BESSINES SUR GARTEMPE
87250 Haute Vienne
3010 hab. 🛈

▲▲ DE LA VALLEE ★★
4, av. de la Gartempe. Mme Moreau
☎ 55 76 01 66 🕿 55 76 60 16
🛏 20 ⌨ 132/248 F. 🍽 69/200 F.
🛌 40 F. 🚗 158/203 F.
✉ dim. soir.
`E SP 🛏 🕿 🚗 🍽 🏋 CV 🛟 🛟 CB`

▲▲▲ MANOIR HENRI IV ★★
Lieu-dit la Croix du Breuil. M. Broussac
☎ 55 76 00 56 🕿 55 76 14 14
🛏 14 ⌨ 180/270 F. 🍽 110/260 F.
🛌 60 F.
✉ dim. soir et lun. hs.
`E 🛏 🕿 🚗 🍽 🏋 🛟 CB`

BETAILLE
46110 Lot
800 hab.

▲ L'AUBERGE
Mme Macquet ☎ 65 32 41 17
🛏 5 ⌨ 110/180 F. 🍽 52/120 F. 🛌 35 F.
🚗 140/175 F.
✉ hôtel 2 nov./1er avr., rest.
30 sept./9 oct., 16 déc./3 janv. et sam. hs.
`E 🛟 CB`

BETHUNE
62400 Pas de Calais
26110 hab. 🛈

▲▲ DU VIEUX BEFFROY ★★
48, Grand Place. M. Delmotte
☎ 21 68 15 00 🕿 21 56 66 32
🛏 30 ⌨ 230/300 F. 🍽 72/220 F.
🛌 42 F. 🚗 225/250 F.
`E D 🛏 🕿 🛟 🏋 CV 🕹 🛟 CB C 🛄`

BETTENDORF
68560 Haut Rhin
350 hab.

▲ CHEVAL BLANC ★
M. Petit-Richard ☎ 89 40 50 58
🛏 6 ⌨ 200 F. 🍽 47/135 F. 🛌 40 F.
🚗 170 F.
✉ 18 fév./3 mars, 13/30 juil., mer. soir
et jeu.
`E D 🛏 🚗 🛟 CB`

BETTON
35830 Ille et Vilaine
8240 hab.

▲ DE LA LEVEE ★
4, rue d'Armorique. M. Louazel
☎ 99 55 81 18 🕿 99 55 01 73
🛏 10 ⌨ 120/240 F. 🍽 52/115 F.
🛌 25 F. 🚗 155/178 F.
✉ 2 premières semaines juil., dim. soir
et lun.
`E 🛏 🕿 🍽 🛟 CV 🛟 CB 🛄`

BEUIL
06470 Alpes Maritimes
1450 m. • 387 hab. i
▲▲ L'ESCAPADE ★★
M. Mary
☎ 93 02 31 27
🛎 9 ⊜ 210/300 F. 🍴 98/145 F. 🍽 60 F.
🍴 275/320 F.
✉ 20 nov./20 déc.
🄴 🄸 🗇 🕿 🏕 🐾

BEUZEVILLE
27210 Eure
2702 hab. i
▲▲ COCHON D'OR et PETIT CASTEL ★★
M. Folleau
☎ 32 57 70 46 🄵🄰🄷 32 42 25 70
🛎 21 ⊜ 165/315 F. 🍴 75/225 F.
🍴 255/310 F.
✉ 15 déc./15 janv. et lun. sauf PETIT
CASTEL.
🄴 🗇 🕿 🚗 🐾 CB

▲▲ DE LA POSTE ★★
60, rue Constant Fouché. Mme Bosquer
☎ 32 57 71 04 🄵🄰🄷 32 42 11 01
🛎 16 ⊜ 230/330 F. 🍴 74/188 F.
🍽 55 F. 🍴 220/270 F.
✉ 6 nov./20 mars, rest. mar. soir et
mer. hs.
🄴 🄳 🗇 🕿 🚗 🏕 🐾 CV 🐾
CB

BEYNAC CAZENAC
24220 Dordogne
411 hab. i
▲ PONTET HOSTELLERIE MALEVILLE ★★
Mme Maleville
☎ 53 29 50 06 🄵🄰🄷 53 28 28 52
🛎 13 ⊜ 230/290 F. 🍴 75/280 F.
🍽 50 F. 🍴 260/275 F.
🕿 🏕 CV 🔳

BEZ ET ESPARON
30120 Gard
338 hab.
▲▲ DU LION D'OR ★★
M. Amblard
☎ 67 81 07 55
🛎 8 ⊜ 250/290 F. 🍴 62/ 98 F. 🍽 40 F.
🍴 200 F.
✉ 15 nov./15 mars.
🄴 🆂🅿 🕿 🚗 🏕 🍴 CV 🐾 CB

BEZE
21310 Côte d'Or
550 hab.
▲▲ AUBERGE DE LA QUATR'HEURIE ★★
Mme Feuchot
☎ 80 75 30 13 🄵🄰🄷 80 75 32 92
🛎 15 ⊜ 150/290 F. 🍴 120/290 F.
🍽 50 F. 🍴 300/400 F.
🄴 🄳 🗇 🕿 🚗 🏕 🍴 CV 🐾 CB

▲▲ LE BOURGUIGNON ★★
Rue de la Porte de Bessey. M. Bourgeois
☎ 80 75 34 51 🄵🄰🄷 80 75 37 06
🛎 25 ⊜ 140/260 F. 🍴 60/190 F.
🍽 45 F. 🍴 175/215 F.
✉ 24/31 déc.
🄴 🄳 🗇 🕿 🚗 🍴 🔳 🐾 CB 🔳

BIARRITZ
64200 Pyrénées Atlantiques
26650 hab. i
▲▲ DU CENTRE ★★
7, rue de Gascogne. Mme Bilek
☎ 59 24 36 42 🄵🄰🄷 59 22 36 54
🛎 21 ⊜ 210/310 F. 🍴 80/100 F.
🍽 50 F. 🍴 329 F.
🄴 🆂🅿 🄸 🗇 🕿 🍴 🐾 CV 🐾 🔳

▲▲ LES FLOTS BLEUS ★★
41, Perspective Côte des Basques.
Mme Lorenzon
☎ 59 24 10 03 \ 59 24 37 69
🄵🄰🄷 59 24 91 73
🛎 15 ⊜ 157/475 F. 🍴 80/114 F.
🍴 218/380 F.
🄸 🗇 🕿 🍴 CV 🐾 🔳

BIDARRAY
64780 Pyrénées Atlantiques
630 hab.
▲▲ NOBLIA ★★
M. Larrart ☎ 59 37 70 89
🛎 18 ⊜ 150/250 F. 🍴 60/150 F.
🍽 45 F. 🍴 190/210 F.
✉ 1er déc./15 janv. et mer.
🕿 🚗 🍴 🍴 CV 🔳 🐾 CB

BIDART
64210 Pyrénées Atlantiques
4000 hab. i
▲▲ YPUA ★★
Rue de la Chapelle. Mme Rousseau
☎ 59 54 93 11 🄵🄰🄷 59 54 95 14
🛎 12 ⊜ 200/375 F. 🍴 85/190 F.
🍽 45 F. 🍴 290/350 F.
🄴 🆂🅿 🗇 🕿 🍴 🍴 CV 🐾 CB 🅲 🔳

BIELLE
64260 Pyrénées Atlantiques
420 hab.
▲▲ L'AYGUELADE ★★
M. Lartigau ☎ 59 82 60 06
🛎 12 ⊜ 150/250 F. 🍴 78/170 F.
🍽 42 F. 🍴 170/220 F.
✉ 5/25 janv., lun. soir et mar. hs.
🄴 🆂🅿 🗇 🕿 🚗 🏕 🍴 🍴 CV 🐾 CB

BIESHEIM
68600 Haut Rhin
3000 hab.
▲▲▲ 2 CLEFS ★★★
50, Grand'Rue. M. Groff
☎ 89 72 51 20 🄵🄰🄷 89 72 92 94
🛎 28 ⊜ 450 F. 🍴 60/275 F. 🍽 60 F.
🍴 320/400 F.
✉ 1er/15 janv.
🄴 🄳 🗇 🕿 🚗 🚗 🏕 🍴 🍴 🍴 CV 🔳
🐾 CB

BILLIERS
56190 Morbihan
1000 hab. i
▲ DES GLYCINES
Place de l'Eglise. M. Bedouet
☎ 97 41 64 63
🛎 11 ⊜ 135/180 F. 🍴 80/185 F.
🍽 45 F. 🍴 180/215 F.
✉ lun. hs.
CV 🔳 🐾 CB

BIOT (LE)
74430 Haute Savoie
820 m. • 350 hab. [i]

▲▲ LES TILLEULS ★★
Mme Prémat
☎ 50 72 13 41 [FAX] 50 72 14 57
[†] 18 [◎] 150/260 F. [‖] 60/180 F.
[卅] 45 F. [▥] 250/270 F.
[⊠] 1er/20 oct.
[E] [◌] [☎] [▤] [⇄] [CV] [※] [◄] [CB]

BIRKENWALD
67440 Bas Rhin
220 hab.

▲▲▲ AU CHASSEUR ★★
8, rue du Cimetière. M. Gass
☎ 88 70 61 32 [FAX] 88 70 66 02
[†] 26 [◎] 280/450 F. [‖] 90/380 F.
[卅] 60 F. [▥] 300/400 F.
[⊠] 5 janv./5 fév., 26 juin/3 juil., lun. et mar. midi.
[E] [D] [◌] [☎] [▤] [♠] [▦] [◄] [CV] [※]
[◄] [CB]

BISCARROSSE
40600 Landes
8600 hab. [i]

▲▲ LA CARAVELLE (BAIE D'ISPE) ★★
Rte des Lacs, N. 5314, lac Nord, direct.
Golf. MeM. Meurice/Charlotteaux
☎ 58 09 82 67 [FAX] 58 09 82 18
[†] 11 [◎] 250/400 F. [‖] 90/240 F.
[卅] 40 F. [▥] 270/310 F.
[⊠] rest. 12 nov./15 fév. et lun. midi hs.
[E] [D] [SP] [◌] [☎] [▤] [♠] [◄] [CB]

▲ LE POSEIDON ★★
236, av. de la République.
MeM. Morello/Castillo
☎ 58 78 10 16 [FAX] 58 78 85 28
[†] 12 [◎] 190/299 F. [‖] 38/195 F.
[卅] 38 F. [▥] 197/251 F.
[⊠] oct./mai.
[E] [SP] [◌] [☎] [▤] [⇄] [CV] [※] [◄] [CB]

BiZAC
43370 Haute Loire
950 m. • 50 hab.

▲ RELAIS DE LA DILIGENCE ★★
Sur N. 88. Mlle Bonnefoy ☎ 71 03 11 50
[†] 19 [◎] 160/260 F. [‖] 78/120 F.
[卅] 25 F. [▥] 160 F.
[⊠] 15 déc./5 janv. et ven. soir/sam. 17h. hs.
[D] [◌] [☎] [▤] [⇄] [CV] [※] [◄]

BLAIN
44130 Loire Atlantique
7434 hab. [i]

▲▲ LA GERBE DE BLE ★★
4, place Jean Guihard. M. Cormerais
☎ 40 79 10 50 [FAX] 40 79 93 04
[†] 10 [◎] 140/290 F. [‖] 62/135 F.
[卅] 32 F. [▥] 160/180 F.
[⊠] rest. ven. soir, sam. soir et dim. soir.
[◌] [☎] [♠] [CV] [※] [CB]

BLANC (LE)
36300 Indre
7361 hab. [i]

L'ILE D'AVANT ★★
69, av. Pierre Mendès France.
Mme Chéroute
☎ 54 37 01 56 [FAX] 54 37 38 06
[†] 15 [◎] 210/260 F. [‖] 59/159 F.
[卅] 35 F. [▥] 190/230 F.
[⊠] 22 déc./12 janv., dim. soir et lun. hs.
[E] [◌] [☎] [▤] [⇄] [CV] [※] [◄]

BLANQUEFORT
33290 Gironde
12843 hab. [i]

▲▲▲ HOSTELLERIE LES CRIQUETS ★★★
130, av. du 11 Novembre. M. Criq
☎ 56 35 09 24 [FAX] 56 57 13 83
[†] 20 [◎] 310 F. [‖] 85/210 F. [卅] 70 F.
[▥] 280 F.
[⊠] Rest. dim. soir.
[E] [◌] [☎] [▤] [♠] [♠] [▦] [CV] [※]

BLENDECQUES
62575 Pas de Calais
5341 hab.

▲▲ LE SAINT SEBASTIEN ★★
2, Grand Place. M. Duhamel-Wils
☎ 21 38 13 05 [FAX] 21 39 77 85
[†] 7 [◎] 245/310 F. [‖] 72/153 F. [卅] 50 F.
[▥] 210/240 F.
[⊠] sam. midi et dim. soir.
[E] [◌] [☎] [♠] [▤] [CV] [※] [◄] [CB]

BLENEAU
89220 Yonne
1600 hab. [i]

▲▲▲ HOSTELLERIE BLANCHE DE
CASTILLE ★★
17, rue d'Orléans. M. Gaspard
☎ 86 74 92 63 [FAX] 86 74 94 43
[†] 13 [◎] 250/720 F. [‖] 80/160 F.
[卅] 40 F. [▥] 300/400 F.
[⊠] rest. dim. soir.
[E] [D] [SP] [i] [◌] [☎] [▤] [▤] [♠] [▦] [CV] [※]
[◄] [CB] [▦]

BLERE
37150 Indre et Loire
4400 hab. [i]

▲▲▲ DU CHEVAL BLANC ★★
Place de l'Eglise. M. Bleriot
☎ 47 30 30 14 [FAX] 47 23 52 80
[†] 12 [◎] 280/380 F. [‖] 98/260 F.
[卅] 48 F. [▥] 330/370 F.
[⊠] 1er janv./12 fév., rest. dim. soir et lun. sauf juil./août.
[E] [◌] [☎] [▤] [▤] [♠] [▦] [卅] [◄] [CB]

BLETTERANS
39140 Jura
1380 hab. [i]

▲ LE CHEVREUIL ★★
1, rue des Granges. Mme Pelissard
☎ 84 85 00 83 [FAX] 84 85 12 25
[†] 16 [◎] 128/300 F. [卅] 50 F.
[▥] 210/235 F.
[⊠] 2 janv./1er fév., dim. soir et lun.
[E] [◌] [☎] [▤] [♠] [♠] [卅] [CV] [◄] [CB]

BLEYMARD (LE)
48190 Lozère
1069 m. • 448 hab.

▲▲ LA REMISE ★★
Mme Aubenque
☎ 66 48 65 80 ⊞ 66 48 63 70
🛏 19 ⬡ 250/300 F. ⊞ 78/168 F.
🍴 50 F. 🍽 220 F.
⊠ 1er déc./1er fév.
🄴 🄳 ⬜ ☎ 🚗 📠 🐾 CB

BLODELSHEIM
68740 Haut Rhin
1100 hab.

▲ AU LION D'OR ★
Mme Deckert-Baur ☎ 89 48 60 47
🛏 15 ⬡ 170/210 F. ⊞ 55/140 F.
🍴 40 F. 🍽 160/240 F.
⊠ 23 déc./9 janv., 13 juil./2 août, mar.
et ven. soir.
🄳 ⬜ ☎ 🚗 🐾

BLOIS
41000 Loir et Cher
55000 hab. 🅻

✳ ANNE DE BRETAGNE ★★
31, av. J. Laigret. Mme Loyeau
☎ 54 78 05 38 ⊞ 54 74 37 79
🛏 28 ⬡ 200/360 F.
⊠ 26 fév./26 mars.
🄴 🄳 ⬜ ☎ 🐾 CB

▲▲▲ LE MEDICIS ★★★
2, allée François 1er - Route d'Angers.
M. Garanger
☎ 54 43 94 04 ⊞ 54 42 04 05
🛏 12 ⬡ 400/420 F. ⊞ 98/300 F.
🍴 60 F. 🍽 370 F.
⊠ 2/25 janv. et dim. soir hs.
🄴 🄳 ⬜ ☎ 🛏 📠 🎿 🅲🆅 🎛 🐾 CB 🏮

▲ LE MONARQUE ★★
61, rue Porte Chartraine. M. Corée
☎ 54 78 02 35 ⊞ 54 74 82 76
🛏 25 ⬡ 195/350 F. ⊞ 75/165 F.
🍴 45 F. 🍽 279/384 F.
⊠ 16 déc. midi/7 janv. et rest. dim.
🄴 ⬜ ☎ 🚗 🎿 🐾

BLONVILLE SUR MER
14910 Calvados
889 hab. 🅻

▲▲ L'EPI D'OR ★★
23, av. Michel d'Ornano. M. Nee
☎ 31 87 90 48 ⊞ 31 87 08 98
🛏 12 ⬡ 300/480 F. ⊞ 90/320 F.
🍴 70 F. 🍽 320/380 F.
⊠ 7 fév./2 mars, mer. et jeu. hs.
🄴 🆂🅿 ⬜ ☎ 🚗 🎿 🅲🆅 🎛 🐾 CB 🏮

BOCOGNANO
20136 Corse
620 hab.

▲▲ BEAU SEJOUR ★
M. Ferri-Pisani ☎ 95 27 40 26
🛏 16 ⬡ 190/250 F. ⊞ 85/200 F.
🍽 245/275 F.
⊠ 15 oct./30 avr.
🄴 🅻 ⬜ 🚗 🎿 🎿 🐾 CB

BOESCHEPE
59299 Nord
2000 hab.

▲▲ AUBERGE DU MONT NOIR ★★
1129, route de Meteren. Mme Sevin
☎ 28 42 51 33 ⊞ 28 49 47 21
🛏 7 ⬡ 180/290 F. ⊞ 70/210 F. 🍴 38 F.
🍽 200/250 F.
⊠ 1er/20 fév. et ven. sauf août/sept.
⬜ ☎ 🚗 🎿 ▶ 🎿 🅲🆅 🎛 🐾 CB
🄲 🏮

▲▲ AUBERGE DU VERT MONT ★★
Route Au Mont Noir.
M. Me Ladeyn/Dubrulle
☎ 28 49 41 26 🆃🆇 132089 ⊞ 28 49 48 58
🛏 8 ⬡ 180/240 F. ⊞ 75/158 F. 🍴 45 F.
🍽 240/280 F.
🄴 🅻 ⬜ ☎ 🛏 🎿 🎿 🎿 🅲🆅 🎛
🐾 CB 🏮

BOGEVE
74250 Haute Savoie
925 m. • 530 hab. 🅻

▲ DES BRASSES ★
M. Julliard
☎ 50 36 62 34 ⊞ 50 36 65 37
🛏 12 ⬡ 140/250 F. ⊞ 70/150 F.
🍽 190 F.
⊠ 31 mars/10 juin et 10 sept./15 déc.
🄴 🅻 🎿 🎿 🅲🆅 🐾 CB

BOGNY SUR MEUSE
08190 Ardennes
5981 hab. 🅻

▲ LE MICASS
1, place de la République. M. Marini
☎ 24 32 02 72
🛏 11 ⬡ 180 F. ⊞ 65/150 F. 🍴 50 F.
⊠ 10/30 août, rest. sam. soir et dim.
soir.
🅻 ⬜ ☎ 🎿 🐾

BOIS DU FOUR
12780 Aveyron
810 m. • 15 hab.

▲▲ RELAIS DU BOIS DU FOUR ★★
Mme Rodier Galière
☎ 65 61 86 17
🛏 27 ⬡ 140/250 F. ⊞ 73/180 F.
🍴 48 F. 🍽 215/260 F.
⊠ 1er déc./15 mars et mer. hs.
🄴 ⬜ ☎ 🚗 🎿 🐾 CB

BOIS PLAGE EN RE (LE)
17580 Charente Maritime
1561 hab. 🅻

▲▲ L'OCEAN ★★
4, rue Saint-Martin. M. Vergnault
☎ 46 09 23 07
🛏 24 ⬡ 300/350 F. ⊞ 120/250 F.
🍴 50 F. 🍽 305/330 F.
⊠ 15 nov./1er fév., dim. soir et lun. hs
sauf vac. scol.
🄴 🄳 ⬜ ☎ 🚗 🎿 🐾 CB 🏮

BOLLENBERG ROUFFACH
68250 Haut Rhin
5102 hab. [i]

▲▲▲ DU BOLLENBERG ***
(Domaine du Bollenberg).
Mme Holtzheyer
☎ 89 49 62 47 \ 89 49 60 04 ⊞ 880896 F
🕿 89 49 77 66
🛏 45 ⬙ 300/360 F. ⒒ 80/350 F.
🍴 60 F. 🛎 370/380 F.
[E][D][🛍][🏠][🚗][🍴][🏊][♨][♿][🅰][♠][CB]

BOLLENE
84500 Vaucluse
11520 hab. [i]

▲▲ LE CHENE VERT **
(Quartier Saint-Pierre). Mme Vandenbos
☎ 90 30 53 11 🕿 90 30 40 65
🛏 14 ⬙ 200/230 F. ⒒ 70/150 F.
🍴 50 F. 🛎 230/255 F.
⊠ dim. soir 1er oct./31 mars.
[E][SP][🛍][🏠][🚗][CV][♠][CB]

▲▲ MAS DES GRES **
Route de Saint-Restitut.
M. Me Delarque/Coppier ☎ 90 30 10 79
🛏 13 ⬙ 240 F. ⒒ 89/200 F. 🍴 65 F.
🛎 490 F.
[🏠][🚗][🍴][♨][♠][CB]

BOLLEZEELE
59470 Nord
1500 hab.

▲▲▲ HOSTELLERIE SAINT LOUIS ***
47, rue de l'Eglise. M. Dubreucq
☎ 28 68 81 83 🕿 28 68 01 17
🛏 27 ⬙ 230/450 F. ⒒ 140/310 F.
🍴 35 F. 🛎 330/395 F.
⊠ 2/25 janv., dim. soir et lun.
[E][🛍][🏠][🚗][🍴][🏊][♿][♨][♠][CB]

BOLQUERE
66210 Pyrénées Orientales
1613 m. • 646 hab. [i]

▲ LASSUS *
Place de la Mairie. M. Chancel
☎ 68 30 09 75 🕿 68 30 38 11
🛏 18 ⬙ 200/380 F. ⒒ 75/110 F.
🍴 40 F. 🛎 220 F.
⊠ 23 avr./12 juin.
[SP][🛍][🏠][🚗][CV][♠][CB][🛏]

BON ENCONTRE
47240 Lot et Garonne
3893 hab. [i]

▲▲▲ LE PARC **
41, rue de la République. M. Mariottat
☎ 53 96 17 75 🕿 53 96 29 05
🛏 10 ⬙ 240/265 F. ⒒ 95/245 F.
🍴 65 F. 🛎 250/270 F.
⊠ 1ère semaine vac. scol. fév., dim. soir
et lun.
[E][🛍][🏠][🚗][🍴][🏊][♠]

BONHOMME (LE)
68650 Haut Rhin
700 m. • 628 hab. [i]

▲▲ DE LA POSTE **
Rue du 5ème Spahi.
MM. Toscani/Petitdemange

☎ 89 47 51 10 🕿 89 47 23 85
🛏 23 ⬙ 200/270 F. ⒒ 65/200 F.
🍴 50 F. 🛎 210/260 F.
⊠ 2/18 fév., 12 nov./9 déc., mar. soir et
mer. sauf vac. scol., mer. midi vac. scol.
[E][D][🏠][🚗][🍴][🏊][♿][CV][♨][♠][CB]

▲ TETE DES FAUX **
M. Me Secourgeon ☎ 89 47 51 11
🛏 12 ⬙ 165/250 F. ⒒ 80/150 F.
🍴 45 F. 🛎 170/230 F.
⊠ 26 sept./15 oct. et mar. hs.
[E][D][🏠][🏠][🚗][🍴][CV][♠]

BONLIEU
39130 Jura
800 m. • 170 hab. [i]

▲▲▲ L'ALPAGE **
M. Lerch
☎ 84 25 57 53 🕿 84 25 50 74
🛏 9 ⬙ 185/265 F. ⒒ 100/190 F.
🍴 45 F. 🛎 280 F.
⊠ lun. hs sauf réservations.
[E][SP][🛍][🏠][🚗][🍴][🏊][♿][♨][CV][♨]
[♠][CB]

▲▲ LA POUTRE **
M. Moureaux ☎ 84 25 57 77
🛏 10 ⬙ 110/300 F. ⒒ 110/290 F.
🍴 65 F. 🛎 250/400 F.
⊠ 11 nov./11 fév.
[E][D][🛍][🏠][🚗][🚗][🍴][♠][CB]

BONLIEU
74270 Haute Savoie
250 hab.

▲ DU PONT DE BONLIEU
M. Tournier ☎ 50 77 82 12
🛏 9 ⬙ 150/220 F. ⒒ 70/150 F. 🍴 50 F.
🛎 180 F.
⊠ nov. et mer.
[🏠][🚗][🍴][🏊][♠]

BONNAT
23220 Creuse
1500 hab. [i]

▲ LE BEL AIR **
Route de Guéret. Lieu-dit le Bel Air.
Mme Tirot ☎ 55 62 11 84
🛏 10 ⬙ 175/240 F. ⒒ 90/195 F.
🍴 40 F. 🛎 180/210 F.
⊠ 15 janv./1er mars, dim. soir et lun.
hs.
[E][SP][🛍][🏠][🚗][🍴][🏊][CV][♨][♠][CB][🛏]

BONNE
74380 Haute Savoie
542 m. • 1815 hab.

▲▲ BAUD **
MM. Roussel/Baker
☎ 50 39 20 15 🕿 50 36 28 96
🛏 12 ⬙ 190/260 F. ⒒ 95/210 F.
🍴 50 F. 🛎 180/240 F.
⊠ 2/15 janv., 15 juin/7 juil., dim. soir et
lun. sauf juil./août.
[E][D][i][🛍][🏠][🚗][🍴][CV][♨][♠][CB]
[C][🛏]

BONNETAGE
25210 Doubs
900 m. • 600 hab.

▲▲ ETANG DU MOULIN ★★
M. Barnachon
☎ 81 68 92 78 📠 81 68 94 42
🛏 18 ⬧ 220/260 F. 🍽 100/240 F.
🍴 50 F. 🛎 200 F.
✉ 3/27 janv. et lun. sauf juil./août.
🔲 🔲 🔲 🔲 🔲 🔲 🔲 CV 🔲 🔲 CB 🔲

▲▲ LES PERCE-NEIGE ★★
M. Bole ☎ 81 68 91 51 ＼81 68 91 52
📠 81 68 95 25
🛏 12 ⬧ 195/240 F. 🍽 65/160 F.
🍴 45 F. 🛎 200 F.
✉ 25 oct./6 nov. et lun. soir.
🔲 D 🔲 🔲 CV 🔲 CB

BONNEVAL
28800 Eure et Loir
4420 hab. 🅻

▲▲ HOSTELLERIE DU BOIS GUIBERT ★★
Hameau de Guibert. M. Leluc
☎ 37 47 22 33 📠 37 47 50 69
🛏 14 ⬧ 250/550 F. 🍽 135/295 F.
🍴 55 F. 🛎 300/500 F.
✉ 14/26 janv.
🔲 D SP 🔲 🔲 🔲 🔲 🔲 🔲 🔲 CB

BONNEVAL SUR ARC
73480 Savoie
1850 m. • 210 hab. 🅻

▲▲ LA MARMOTTE ★★
M. Ginet ☎ 79 05 94 82 📠 79 05 90 08
🛏 28 ⬧ 300/340 F. 🍽 98/200 F. 🍴 60 F.
🛎 280/300 F.
✉ 1er mai/20 juin et 20 sept./20 déc.
🔲 🔲 🔲 🔲 🔲 🔲 🔲 🔲 🔲 🔲 🔲 CB

BONNEVILLE
74130 Haute Savoie
9100 hab. 🅻

▲▲ DES ALPES ★★
85, rue de la Gare. M. Charrière
☎ 50 97 10 47 📠 50 97 13 28
🛏 16 ⬧ 250 F. 🍽 70/130 F. 🍴 45 F.
🛎 210 F.
✉ rest. dim.
🔲 🔲 🔲 🔲 🔲 🔲 🔲 🔲 CV 🔲 🔲
CB 🔲

BONO (LE)
56400 Morbihan
1747 hab.

▲ LE FORBAN ★★
1, rue du Général de Gaulle. M. Le Gall
☎ 97 57 88 65 📠 97 57 92 76
🛏 19 ⬧ 150/250 F. 🍽 65/145 F.
🍴 35 F. 🛎 195/225 F.
✉ 4/26 fév.
🔲 🔲 🔲 🔲 🔲 🔲 🔲 CB 🔲

BONS EN CHABLAIS
74890 Haute Savoie
548 m. • 2780 hab. 🅻

▲▲ LE PROGRES ★★
Route de l'Annexion. M. Colly
☎ 50 36 11 09 📠 50 39 44 16
🛏 10 ⬧ 280/320 F. 🍽 110/270 F.
🍴 50 F. 🛎 260 F.
✉ 2/25 janv., 1er/10 juil., dim. soir et
lun. 16 août/14 juil.
🔲 🔲 🔲 🔲 🔲 🔲 🔲 🔲 🔲 🔲 CB

BONSON
42160 Loire
4500 hab.

▲▲ DES VOYAGEURS ★
4, av. de Saint Rambert. M. Meschi
☎ 77 55 16 15 📠 77 36 76 33
🛏 7 ⬧ 210/235 F. 🍽 60/170 F. 🍴 55 F.
🛎 200/220 F.
✉ vac. scol. fév./mars, 3 semaines
août, sam. et dim. soir.
🔲 D 🔲 🔲 🔲 🔲 CV 🔲 CB 🔲

BORDERES LOURON
65590 Hautes Pyrénées
840 m. • 180 hab. 🅻

▲ DU PEYRESOURDE ★★
M. Marsalle ☎ 62 98 62 87
🛏 19 ⬧ 220/240 F. 🍽 60/150 F.
🍴 35 F. 🛎 190/200 F.
🔲 SP 🔲 🔲 🔲 🔲 🔲 CV 🔲 🔲

BORGO
20290 Corse
3413 hab.

▲▲▲ CASTELLU ROSSU ★★
Route de l'Aréoport. M. Micheli
☎ 95 36 08 71 📠 95 36 17 38
🛏 20 ⬧ 230/420 F. 🍽 90/130 F.
🍴 60 F. 🛎 255/300 F.
🔲 D 🔲 🔲 🔲 🔲 🔲 🔲 🔲 🔲 🔲
🔲 🔲 🔲 🔲 🔲 CB

BORMES LES MIMOSAS
83230 Var
3000 hab. 🅻

▲ BELLE VUE ★
Mme Bret ☎ 94 71 15 15
🛏 13 ⬧ 155/195 F. 🍽 80/125 F.
🍴 45 F. 🛎 210 F.
✉ 1er oct./1er fév.
🔲 CV 🔲 CB 🔲

BOSSEE
37240 Indre et Loire
308 hab.

▲▲ AUBERGE DES GOURMANDEURS
Mme Mangeot
☎ 47 92 20 03 📠 47 92 20 03
🛏 4 ⬧ 210/240 F. 🍽 60/190 F. 🍴 38 F.
🛎 185/205 F.
✉ 25 fév./13 mars, 15 nov./1er déc., mer.
et dim. soir 15 sept./15 mai.
🔲 🔲 🔲 🔲 CV 🔲 CB 🔲

BOUAYE
44830 Loire Atlantique
4508 hab.

▲▲▲ LES CHAMPS D'AVAUX ★★
Route de Pornic-Noirmoutier.
Mlle Barbereau
☎ 40 65 43 50 ⅣⅩ 40 32 64 83
📞 42 🛏 265/290 F. 🍽 78/250 F.
🍴 60 F. 🎫 250 F.
✉ dernière quinz. déc., rest. ven. soir,
sam. midi et dim. soir, seulement dim.
soir juil./août.
🅴 🅳 SP ⬛ 🗻 🖼 ⛵ 🌴 🎿 🦌 🚲 ♿
🈯 ⬤ CB C 🛎

BOUC BEL AIR
13320 Bouches du Rhône
12000 hab. 🄸

▲▲ L'ETAPE ★★
(Direction et sorties Gardanne). Sur D.
M. Me Lani
☎ 42 22 61 90 ⅣⅩ 403639 ⅣⅩ 42 22 68 67
📞 30 🛏 165/340 F. 🍽 135/250 F.
🍴 70 F. 🎫 195/320 F.
✉ rest. 15 août/5 sept., 23/31 déc. et
dim. soir, rest. lun.
🅴 🄸 ⬛ 🗻 🖼 🏞 ⛵ 🌴 🎿 🦌 🦌
CV 🈯 ⬤ CB C 🛎

BOUCHEMAINE
49080 Maine et Loire
5574 hab. 🄸

▲ LE RABELAIS
17, rue Chevrière. M. Chaillou
☎ 41 77 10 51 ⅣⅩ 41 77 19 14
📞 5 🛏 220/240 F. 🍽 70/220 F. 🍴 50 F.
🎫 170 F.
⬛ 🗻 🖼 ⛵ 🌴 ♿ CV 🈯 ⬤ CB

BOUCHEMAINE (LA POINTE)
49080 Maine et Loire
6200 hab. 🄸

▲▲ L'ANCRE DE MARINE Rest. LA
TERRASSE ★
(A la Pointe de Bouchemaine). M. Proust
☎ 41 77 14 46 \ 41 77 11 96
ⅣⅩ 41 77 25 71
📞 10 🛏 200/300 F. 🍽 95/280 F.
🍴 70 F. 🎫 240/350 F.
✉ L'Ancre de Marine dim. soir et lun.
🅴 🅳 ⬛ 🗻 CV ⬤ CB

BOUCHET (LE)
74230 Haute Savoie
940 m. ● 160 hab.

▲ LE RELAIS DU MONT CHARVIN ★
M. Curt ☎ 50 27 50 14 ⅣⅩ 50 27 50 23
📞 13 🛏 140/180 F. 🍽 65/180 F.
🍴 40 F. 🎫 195/210 F.
✉ 3/18 sept. et mer.
⬛ CV

BOUHET
17540 Charente Maritime
390 hab. 🄸

AUBERGE DU VIEUX MOULIN
8, rue du Bief. M. Jacob
☎ 46 68 20 86
📞 4 🛏 240 F. 🍽 120/200 F. 🍴 60 F.
🎫 220 F.
✉ 3ème semaine oct., dim. soir et lun.
🅴 ⬛ 🗻 🏞 ♿ 🦌 ⛵ CB

BOUILLADISSE (LA)
13720 Bouches du Rhône
4115 hab.

▲▲ LA FENIERE ★★
8, rue Jean Courchier Mme Richard
☎ 42 72 56 32 ⅣⅩ 42 72 44 71
📞 10 🛏 240/300 F. 🍽 68/120 F.
🍴 48 F. 🎫 220/310 F.
✉ dim. soir.
🅴 🄸 ⬛ 🗻 🖼 🌴 🎿 ♿ CV 🈯
⬤ CB

BOULOU (LE)
66160 Pyrénées Orientales
4290 hab. 🄸

▲▲ LE CANIGOU ★★
Rue J. B. Bousquet. M. Carrère
☎ 68 83 15 29
📞 17 🛏 195/320 F. 🍽 80/250 F.
🍴 45 F. 🎫 230/270 F.
✉ 1er nov./15 avr.
🅴 SP 🗻 🗻 🌴 CV

BOUNIAGUES
24560 Dordogne
300 hab.

▲▲ DES VOYAGEURS ★★
Sur N. 21. Mme Feytout
☎ 53 58 32 26
📞 9 🛏 130/280 F. 🍽 65/200 F. 🍴 50 F.
🎫 210/250 F.
✉ 15/31 oct. et 10/31 janv.
🅴 🅳 ⬛ 🗻 🌴 CV 🈯

BOURBACH LE BAS
68290 Haut Rhin
520 hab.

▲ LA COURONNE D'OR ★★
9, rue Principale. M. Muninger
☎ 89 82 51 77 ⅣⅩ 89 82 58 03
📞 7 🛏 275 F. 🍽 48/170 F. 🍴 48 F.
🎫 210/265 F.
✉ lun.
🅳 ⬛ 🗻 🗻 ♿ 🈯 ⬤ CB

BOURBON L'ARCHAMBAULT
03160 Allier
2700 hab. 🄸

▲▲▲ GRAND HOTEL
MONTESPAN-TALLEYRAND ★★
1-3, place des Thermes. M. Livertout
☎ 70 67 00 24 ⅣⅩ 70 67 12 00
📞 30 🛏 168/320 F. 🍽 85/140 F.
🍴 68 F. 🎫 242/310 F.
✉ 23 oct./9 avr.
🅴 🅳 ⬛ 🗻 🗻 🌴 🌴 🎿 🦌 🈯 ⬤
CB 🛎

BOURBON LANCY
71140 Saône et Loire
7000 hab. [i]

LE MANOIR DE SORNAT ★★★
Allée de Sornat. M. Raymond
☎ 85 89 17 39 FAX 85 89 29 47
[📞] 13 [🛏] 350/700 F. [🍴] 160/390 F.
[🅿] 80 F. [🍽] 425/550 F.
[✉] 2 ou 3 semaines entre
15 janv./15 fév., dim. soir oct./mai et
lun. midi.
[E][🍴][☎][🛏][🚗][⛱][🅿][🔌][⬥][CB]

VILLA DU VIEUX PUITS ★★
7, rue de Bel Air. M. Perraudin
☎ 85 89 04 04 FAX 85 89 13 87
[📞] 7 [🛏] 250/320 F. [🍴] 90/250 F. [🅿] 60 F.
[🍽] 320/350 F.
[✉] fév., dim. soir et lun. oct./mai.
[🍴][☎][🛏][🚗][⛱][⬥]

BOURBONNE LES BAINS
52400 Haute Marne
2500 hab. [i]

BEAU SEJOUR ★★
17, rue d'Orfeuil. M. Escudier
☎ 25 90 00 34 FAX 25 88 78 02
[📞] 55 [🛏] 180/230 F. [🍴] 72/115 F.
[🅿] 36 F. [🍽] 190/200 F.
[✉] 15 oct./22 avr.
[E][i][☎][🛏][⛱][🅿][CV][🔌][⬥][CB]

DE L'AGRICULTURE ★
4, av. du Lieutenant Gouby.
Mme Clément
☎ 25 90 00 25
[📞] 11 [🛏] 140/230 F. [🍴] 77/145 F.
[🅿] 34 F. [🍽] 180/240 F.
[✉] 1er déc./31 janv., dim. soir et soirs
fériés.
[🍴][☎][🅿][CV][⬥][CB]

DES LAURIERS ROSES ★★
Place des Bains. M. Escudier
☎ 25 90 00 97 FAX 25 88 78 02
[📞] 68 [🛏] 200/245 F. [🍴] 72/120 F.
[🅿] 36 F. [🍽] 197/280 F.
[✉] 15 oct./1er avr.
[E][D][🍴][☎][🛏][⛱][✉][⛱][🅿][CV][🔌]
[⬥][CB]

DES SOURCES ★★
Place des bains.
M. Me Jacomino-Troisgros
☎ 25 87 86 00 FAX 25 84 46 25
[📞] 24 [🛏] 230/240 F. [🍴] 80/200 F.
[🅿] 55 F. [🍽] 205/210 F.
[✉] 25 nov./3 avr. et mer. soir.
[E][D][🍴][☎][🛏][⛱][✉][⛱][🅿][⬥][CB]

HERARD ★★
29, Grande Rue. M. Arends
☎ 25 90 13 33 FAX 25 88 77 67
[📞] 43 [🛏] 190/260 F. [🍴] 70/160 F.
[🅿] 50 F. [🍽] 244/260 F.
[✉] 10 déc./15 janv.
[E][🍴][☎][⛱][✉][🅿][CV][🔌][⬥][CB][C]

JEANNE D'ARC ★★★
12, rue Amiral Pierre. M. Bouland
☎ 25 90 12 55 FAX 25 88 78 71
[📞] 32 [🛏] 245/580 F. [🍴] 115/220 F.
[🅿] 68 F. [🍽] 225/265 F.
[✉] 22 oct./1er mars.
[E][D][SP][🍴][☎][🛏][🚗][⛱][⛱][🅿][🔌]
[⬥][CB]

BOURBONNE LES BAINS
(ENFONVELLE)
52400 Haute Marne
128 hab.

AUBERGE DU MOULIN DE LACHAT ★★
M. Arends
☎ 25 90 09 54 FAX 25 90 21 82
[📞] 13 [🛏] 310/330 F. [🍴] 100/180 F.
[🅿] 55 F. [🍽] 360 F.
[✉] 10 nov./31 mars.
[E][☎][🛏][🚗][⛱][🅿][⛱][✉][⬥][🔌][🅿]
[CV][🔌][⬥][CB][C]

BOURBOULE (LA)
63150 Puy de Dôme
850 m. • 2700 hab. [i]

AVIATION-HOTEL ★★
Mme Nore
☎ 73 65 50 50 FAX 73 81 02 85
[📞] 42 [🛏] 200/360 F. [🍴] 90/110 F.
[🅿] 50 F. [🍽] 220/280 F.
[✉] 1er oct./26 déc.
[E][🍴][☎][🛏][⛱][✉][CV][🔌][⬥][CB]

DU PARC ★★
Quai Maréchal Fayolle. Mme Perretière
☎ 73 81 01 77 FAX 73 93 40 61
[📞] 40 [🛏] 185/300 F. [🍴] 70/ 95 F.
[🅿] 38 F. [🍽] 210/260 F.
[✉] 30 sept./25 mai.
[E][🍴][⛱][⛱][🅿][🔌][⬥][CB]

LE CHARLET ★★
94, bld Louis Choussy. M. Bigot
☎ 73 65 51 84 FAX 73 65 50 82
[📞] 38 [🛏] 200/330 F. [🍴] 85/160 F.
[🅿] 45 F. [🍽] 180/280 F.
[✉] 15 oct./20 déc.
[E][SP][🍴][☎][🛏][⛱][✉][⛱][🔌][⛱][🅿][⛱]
[CV][🔌][⬥][CB]

LE PAVILLON ★★
Av. d'Angleterre. M. Montrieul
☎ 73 65 50 18 FAX 73 81 00 93
[📞] 24 [🛏] 180/310 F. [🍴] 65/ 95 F.
[🅿] 45 F. [🍽] 180/240 F.
[✉] 15 oct./20 déc.
[E][SP][🍴][☎][⛱][✉][⛱][CV][🔌][CB]

LES FLEURS ★★
Av. Gueneau de Mussy. M. Fournier
☎ 73 81 09 44 FAX 73 65 52 03
[📞] 24 [🛏] 235/370 F. [🍴] 86/135 F.
[🅿] 48 F. [🍽] 215/290 F.
[✉] 4 janv./10 fév., 13 mars/8 avr. et
5 oct./24 déc.
[E][🍴][☎][🛏][🚗][⛱][🅿][🔌][⬥][CV][🔌][⬥][CB]
[C][🍴]

BOURBOULE (LA) (suite)

▲▲ REGINA ★★
Av. Alsace-Lorraine. M. Me Quéroux
☎ 73 81 09 22 ⚫ 73 81 08 55
🛏 25 ◌ 240/300 F. ⊪ 80/190 F.
🍴 49 F. 🍽 230/300 F.
⊠ 2 nov./26 déc. et 2 janv./7 fév.
🄴 SP 🖵 🕾 🚗 🚐 🛏 ✈ ⛷ ⬥ CV ◉

BOURCEFRANC LE CHAPUS
17560 Charente Maritime
3000 hab. 🄸

▲▲ LE TERMINUS ★★
2, av. Général de Gaulle. M. Monti
☎ 46 85 02 42 ⚫ 46 85 32 39
🛏 10 ◌ 200/230 F. ⊪ 80/150 F.
🍴 40 F. 🍽 215/240 F.
⊠ 2/13 oct., 8/26 janv., dim. soir et lun.
1er oct./30 mars.
🄴 🄳 SP 🄸 🖵 🕾 ⛷ ◉ ◉ CB ◉

BOURDEAU
73370 Savoie
350 hab.

▲▲ DE LA TERRASSE ★★
M. Novel
☎ 79 25 01 01 ⚫ 79 25 09 97
🛏 12 ◌ 280/380 F. ⊪ 100/230 F.
🍴 50 F. 🍽 320 F.
⊠ 15 oct./1er mars, lun. et mar. saison,
dim. soir et lun. hs.
🄴 🄸 🖵 🕾 🚗 🕾 ⛷ ◉ CB

BOURG ARGENTAL
42220 Loire
2800 hab. 🄸

▲ DU LION D'OR
10, place de la Liberté. M. Clot
☎ 77 39 62 25
🛏 5 ◌ 120/175 F. ⊪ 58/140 F. 🍴 36 F.
🍽 145/165 F.
⊠ mar. soir hs et mer.
🄴 🕾 ✈ CV ◉ CB

BOURG D'OISANS
38520 Isère
720 m. • 3000 hab. 🄸

▲ LE FLORENTIN ★★
Rue Thiers. M. Nervo
☎ 76 80 01 61 ⚫ 76 80 05 49
🛏 18 ◌ 240/300 F. ⊪ 98/190 F.
🍴 55 F. 🍽 235/280 F.
⊠ nov./déc.
🄴 🄳 SP 🄸 🖵 🕾 🚗 🕾 ⛷ CV ◉
◉ CB

▲ LE TERMINUS Rest. MOULIN DES TRUITES BLEUES
Av. de la Gare (face à la Gare VFD).
M. Menant
☎ 76 80 00 26 ⚫ 76 80 10 38
🛏 8 ◌ 120/310 F. ⊪ 69/184 F. 🍴 42 F.
🍽 186/238 F.
⊠ 15/30 sept., 30 avr./15 mai, ven. soir,
sam. midi et dim. soir hs.
🖵 🕾 🚗 🕾 ⊘ CV ◉ CB

BOURG D'OISANS (LA GARDE EN OISANS)
38520 Isère
1450 m. • 64 hab. 🄸

▲▲ LA FORET DE MARONNE ★
Hameau du Châtelard. M. Me Ougier
☎ 76 80 00 06
🛏 12 ◌ 190/350 F. ⊪ 95/175 F.
🍴 54 F. 🍽 245/285 F.
⊠ mai et oct./20 déc.
🕾 🚗 🕾 ⛷ ⬥ CV ◉ CB

BOURG D'OUEIL
31110 Haute Garonne
1340 m. • 21 hab.

▲▲ LE SAPIN FLEURI ★★
M. Toucouere ☎ 61 79 21 90
🛏 20 ◌ 250/280 F. ⊪ 120/300 F.
🍴 60 F. 🍽 250/290 F.
⊠ 30 sept./1er juin sauf vac. scol. hiver
et printemps.
SP 🕾 🚗 🕾 ◉

BOURG EN BRESSE
01000 Ain
50000 hab. 🄸

▲▲▲ LE MAIL ★★
46, av. du Mail. M. Charolles
☎ 74 21 00 26 ⚫ 74 21 29 55
🛏 9 ◌ 180/280 F. ⊪ 125/300 F.
🍴 80 F. 🍽 220/260 F.
⊠ 15/28 juil., 22 déc./12 janv., dim. soir
et lun.
🄴 🖵 🕾 🚗 🚐 🕥 ✈ 🕾 ⛷ CV ◉ ◉ CB

BOURG LASTIC
63760 Puy de Dôme
750 m. • 1500 hab. 🄸

▲ LA POMME D'OR
Mlle Gay ☎ 73 21 80 18
🛏 4 ◌ 200/280 F. ⊪ 60/200 F. 🍴 38 F.
🍽 220/260 F.
⊠ 15 nov./15 déc., 10 janv./10 fév. et
mer. hors vac. scol.
🄴 🚗 🕾 ⛷ CV ◉ CB

BOURG SAINT ANDEOL
07700 Ardèche
7665 hab.

▲▲ LE PRIEURE ★★
Quai Fabry. Mme Julien
☎ 75 54 62 99 ⚫ 75 54 63 73
🛏 16 ◌ 280/380 F. ⊪ 68/145 F.
🍴 50 F. 🍽 280/320 F.
⊠ sam. midi et dim. soir.
🖵 🕾 ⬥ ◉ CB

BOURG SAINT CHRISTOPHE
01800 Ain
650 hab.

▲ CHEZ GINETTE ★
Mme Gouttefangeas
☎ 74 61 01 49 ⚫ 74 61 36 13
🛏 7 ◌ 130/230 F. ⊪ 60/168 F. 🍴 40 F.
🍽 190/220 F.
⊠ ven., jeu. soir et dim. soir.
🕾 🚗 CV ◉ CB

BOURG SAINT MAURICE
73700 Savoie
850 m. • 6000 hab. ⓘ

▲▲▲ LE CONCORDE ★★
Av. Maréchal Leclerc. M. Doin
☎ 79 07 08 90 ⅀ 79 07 33 79
🛏 32 ⌷ 280/350 F. �ⅈⅈ 80/150 F.
🍴 50 F. 🛌 280/350 F.
⊠ oct./nov.
🄴 🄳 ⬚ ☎ 🛏 🛄 ♨ ♿ CV ⑩ ⬅ CB

BOURG SAINTE MARIE
52150 Haute Marne
195 hab.

▲▲▲ SAINT-MARTIN ★★
M. Faynot
☎ 25 01 10 15 ⅀ 25 03 91 68
🛏 14 ⌷ 170/260 F. ⅈⅈ 76/180 F.
🍴 55 F. 🛌 250/300 F.
⊠ 15 déc./10 janv. rest. dim. soir
16 nov./28 fév. rest. dim. soir sauf
pensionnaires 1er mars/15 nov.
🄴 SP ⬚ ☎ 🛏 🛄 ♿ ♨ CV ⑩ ⬅ CB

BOURGANEUF
23400 Creuse
3940 hab. ⓘ

▲▲ LE COMMERCE ★★
12, rue de verdun. Mme Jabet
☎ 55 64 14 55
🛏 14 ⌷ 140/330 F. ⅈⅈ 70/270 F.
🍴 50 F.
⊠ 22 déc./15 fév., dim. soir, lun. sauf
juil./août et fêtes.
🄴 ⬚ ☎ ☎ ✉ ⑩ ⬅ CB

BOURGET DU LAC (LE)
73370 Savoie
2270 hab. ⓘ

▲▲ DU PORT ★★
Bld du Lac. Mme Henry
☎ 79 25 00 21 ⅀ 79 25 26 82
🛏 25 ⌷ 290/330 F. ⅈⅈ 115/210 F.
🍴 60 F. 🛌 300/350 F.
⊠ 15 déc./1er fév., dim. soir oct./mai et
lun.
🄴 ⬚ ☎ 🛏 ✉ ⑩ ⬅ CB 🛄

▲ LA CERISAIE
618, route des Tournelles. M. Coutier
☎ 79 25 01 29 ⅀ 79 25 26 19
🛏 7 ⌷ 180/250 F. ⅈⅈ 95/220 F. 🍴 58 F.
🛌 210/250 F.
⊠ Toussaint et 1ère semaine janv., mer.
et dim. soir hs.
🄴 🄳 ⬚ ☎ 🛏 ♨ 🛄 ⬅ CB

▲ SAVOY HOTEL ★★
600, route du Tunnel. M. Cevoz-Mamy
☎ 79 25 00 07 ⅀ 75 25 28 97
🛏 15 ⌷ 200/260 F. ⅈⅈ 110/175 F.
🍴 45 F. 🛌 200/250 F.
⊠ hôtel 1er oct./fin mai et dim. soir.
🄴 ☎ 🛏 ⬚

BOURGOIN JALLIEU
38300 Isère
22950 hab.

▲▲ LA COMMANDERIE DE CHAMPAREY ★★
7, bld de Champaret M. Me Ruel
☎ 74 93 04 26 ⅀ 74 28 67 49
🛏 11 ⌷ 220/250 F. ⅈⅈ 90/160 F.
🍴 58 F. 🛌 295 F.
⊠ 1ère quinz. août et dim.
⬚ ☎ 🛏 ♨ 🏃 ⑩ ✱ CB

BOURGOIN JALLIEU (DOMARIN)
38300 Isère
1250 hab.

▲▲ MENESTRET ★
68, route de Lyon. M. Menestret
☎ 74 93 13 01 ⅀ 74 28 46 70
🛏 9 ⌷ 190/255 F. ⅈⅈ 90/190 F. 🍴 48 F.
🛌 190/238 F.
⊠ 24 déc./3 janv., dim. soir et lun. midi.
🄴 🄳 ⬚ ☎ 🛏 ✉ ✱ ⑩ CB 🛄

BOURGUEIL
37140 Indre et Loire
4185 hab. ⓘ

▲ L'ECU DE FRANCE
Rue de Tours. Mme Royer ☎ 47 97 70 18
🛏 9 ⌷ 130/245 F. ⅈⅈ 75/170 F. 🍴 50 F.
🛌 190/210 F.
⊠ 26 fév./6 mars, vac. Toussaint,
20/29 déc., dim. soir et lun. sauf
juil./août.
🄴 🛏 CV ⑩ ⬅ CB

BOURRON MARLOTTE
77780 Seine et Marne
3000 hab. ⓘ

▲ DE LA PAIX Rest. LE CHAUDRON ★
Place de l'Eglise. M. Montreuil
☎ (1) 64 45 99 81 ⅀ (1) 64 45 78 21
🛏 16 ⌷ 180 F. ⅈⅈ 78/150 F. 🍴 40 F.
🛌 250 F.
⊠ 15/28 fév. et mer.
🄴 SP ☎ 🛏 CV ⑩ ⬅ CB

BOURROUILLAN
32370 Gers
167 hab.

▲▲ MOULIN DU COMTE ★★
M. Birbet ☎ 62 09 06 72 ⅀ 62 09 10 49
🛏 10 ⌷ 200/250 F. ⅈⅈ 85/145 F.
🍴 45 F. 🛌 230/260 F.
🄴 ⓘ ⬚ ☎ 🛏 ♨ ✱ ♿ CV ⑩ ⬅ CB

BOUSSAC
23600 Creuse
1652 hab. ⓘ

▲ CENTRAL HOTEL ★
4, rue du 11 Novembre. M. Jolivet
☎ 55 65 00 11 ⅀ 55 65 84 15
🛏 11 ⌷ 105/220 F. ⅈⅈ 76/160 F.
🍴 46 F. 🛌 250/315 F.
⊠ 26 déc./15 janv. et ven. soir
1er oct./31 mars.
⬚ ☎ 🛏 ♿ CV ⑩ ⬅ CB

▲ LE BOEUF COURONNE ★
Place de l'Hôtel de Ville. Mme Pinot
☎ 55 65 15 92
🛏 11 ⌷ 100/205 F. ⅈⅈ 65/170 F.
🍴 25 F. 🛌 130/175 F.
⊠ dim. soir sauf juin/août.
⬚ ☎ 🛏 ♨ CV ⬅ CB

BOUSSENS
31360 Haute Garonne
735 hab.

⌂ DU LAC ★★
7, promenade du Lac. M. Soulie
☎ 61 90 01 85 ⁂ 61 97 15 57
🛏 12 ◎ 130/280 F. 🍴 80/180 F.
🍴 40 F. 🍽 200/220 F.
✉ ven. soir et sam. oct./avr.
[SP] 🗖 ☎ 🚗 🌴 ☎ CB

BOUT DU PONT DE L'ARN
81660 Tarn
1053 hab.

⌂ AU LOGIS DE LA VALLEE DE L'ARN ★★
Mme Bonnery ☎ 63 61 14 54
🛏 17 ◎ 140/200 F. 🍴 65/120 F.
🍴 35 F. 🍽 140/210 F.
✉ rest. ven. soir et sam. midi sauf
pensionnaires.
[E] [SP] 🗖 ☎ 🚗 🌴 🕏 CV ☎ CB

BOUTENAC TOUVENT
17120 Charente Maritime
231 hab.

⌂⌂ LE RELAIS DE TOUVENT ★★
M. Mairand ☎ 46 94 13 06 ⁂ 46 94 10 40
🛏 12 ◎ 240/290 F. 🍴 90/170 F. 🍴 45 F.
🍽 290 F.
✉ 18/28 déc., dim. soir et lun sauf
juil./août.
[E] 🗖 ☎ 🗟 ✉ 🌴 🕏 🌡 ☎ CB

BOUTX (LE MOURTIS)
31440 Haute Garonne
1500 m. • 350 hab. ⓘ

⌂ LA GRANGE ★★
Station du Mourtis. M. Lucette
☎ 61 79 41 08 ⁂ 61 79 80 66
🛏 10 ◎ 340 F. 🍴 95/170 F. 🍴 50 F.
🍽 245/260 F.
✉ 15 sept./30 nov. et 30 avr./15 juin.
☎ CV ☎ CB

BOUVANTE (COL DU PIONNIER)
26190 Drôme
1060 m. • 3 hab. ⓘ

⌂ AUBERGE DU PIONNIER ★
Mme Brusegan
☎ 75 48 57 12 ⁂ 75 48 58 26
🛏 9 ◎ 145/220 F. 🍴 75/150 F. 🍴 52 F.
🍽 170/210 F.
✉ 1er nov./20 déc.
[E] ⓘ ☎ 🚗 🌴 🕏 CV ☎

BOUZIES
46330 Lot
70 hab.

⌂⌂⌂ LES FALAISES ★★
M. Deschamps
☎ 65 31 26 83 ⁂ 65 30 23 87
🛏 39 ◎ 229/320 F. 🍴 77/230 F.
🍴 45 F. 🍽 246/291 F.
✉ 5 déc./6 janv.
[E] [D] [SP] 🗖 ☎ 🚗 🌴 🏊 🎣 🕏 🌡 🌡
CV 🍽 ☎ CB

BRACIEUX
41250 Loir et Cher
1200 hab. ⓘ

⌂⌂ LE CYGNE ★★
20, rue Roger Brun. M. Autebert
☎ 54 46 41 07 ⁂ 54 46 04 87
🛏 13 ◎ 180/300 F. 🍴 82/160 F.
🍴 60 F. 🍽 220/310 F.
✉ 1er janv./15 fév., mer. et dim. soir hs.
🗖 ☎ 🚗 🌴 🌡 🕏 ☎ CB

BRAMANS
73500 Savoie
1223 m. • 331 hab. ⓘ

⌂ L'AUBERGE RELAIS LES GLACIERS
M. Dupré ☎ 79 05 22 32 ⁂ 79 05 25 93
🛏 10 ◎ 200/290 F. 🍴 80/130 F.
🍴 40 F. 🍽 220/275 F.
✉ 9/24 mai, 29 mai/3 juin,
13 nov./10 déc., rest. mer. juin/sept. et
week-ends fin sept./déc.
🗖 ☎ CV 🍽 ☎ CB

BRANNE
33420 Gironde
850 hab. ⓘ

⌂ DE FRANCE ★★
7-9, place du Marché. Mme Lespine
☎ 57 84 50 06
🛏 13 ◎ 210/295 F. 🍴 55/145 F.
🍴 35 F. 🍽 285 F.
✉ 1er/19 janv., dim. soir et lun.
1er oct./30 avr.
[E] [SP] 🗖 ☎ 🚗 🍽 ☎ CB 🖼

BRANTOME
24310 Dordogne
2000 hab. ⓘ

⌂⌂ HOSTELLERIE DU PERIGORD VERT ★★
6, av. André Maurois. M. Conseil
☎ 53 05 70 58
🛏 17 ◎ 245/290 F. 🍴 95/250 F.
🍴 55 F. 🍽 250/280 F.
✉ ven. et dim. soir 15 nov./31 mars.
[E] [D] 🗖 ☎ 🚗 ✉ 🌴 🌡 CV 🍽 ☎ CB

BRASSAC LES MINES
63570 Puy de Dôme
4000 hab. ⓘ

⌂⌂ LE LIMANAIS ★★
11, av. de Sainte-Florine. M. Marcon
☎ 73 54 13 98
🛏 15 ◎ 190/280 F. 🍴 80/300 F.
🍴 50 F. 🍽 200/240 F.
✉ 2/31 janv., ven. et sam. midi sauf
juil./août.
[E] [SP] ⓘ 🗖 ☎ 🚗 🌴 🍽 ☎ CB

BRAX
47310 Lot et Garonne
1120 hab.

⌂⌂⌂ LA RENAISSANCE DE L'ETOILE ★★★
Route de Mont de Marsan. M. Gruel
☎ 53 68 69 23 ⁂ 53 68 62 89
🛏 10 ◎ 265/365 F. 🍴 102/289 F.
🍴 59 F. 🍽 254/297 F.
✉ 18/26 fév., rest. sam. midi, dim. midi
et lun. midi.
[E] [SP] 🗖 ☎ 🚗 ✉ 🌴 🎣 🕏 🌡 🌡 CV
🍽 ☎ CB

139

BREDANNAZ DOUSSARD
74210 Haute Savoie
50 hab. ℹ️

🔺🔺 PORT ET LAC ★★
Mme Rassat
☎ 50 68 67 20
🛏 19 ⌯ 160/345 F. 🍴 45 F.
🍴 225/330 F.
✉ nov./janv.

BREHAL
50290 Manche
2392 hab. ℹ️

🔺🔺 DE LA GARE ★★
1, place Commandant Godart. M. Coffre
☎ 33 61 61 11
🛏 9 ⌯ 160/300 F. 🍴 71/179 F. 🍴 49 F.
🍴 274 F.
✉ 5/19 juin, 20 déc./31 janv., dim. soir
et lun. sauf Pâques, Pentecôte, juil./août.

BREIL SUR ROYA
06540 Alpes Maritimes
2160 hab. ℹ️

🔺🔺🔺 CASTEL DU ROY ★★
Route de Tende. M. Huyghe
☎ 93 04 43 66 🅵🅰🅷 93 04 91 83
🛏 18 ⌯ 290/390 F. 🍴 100/210 F.
🍴 70 F. 🍴 255/330 F.
✉ 1er nov./28 fév. et rest. mar. hs.

🔺🔺 LE ROYA ★★
Place Bianchéri. M. Mathieu
☎ 93 04 48 10 🅵🅰🅷 93 04 92 70
🛏 12 ⌯ 220/280 F. 🍴 90/210 F.
🍴 55 F. 🍴 240/250 F.
✉ 22 fév./7 mars et ven. sauf juil./août.

BRESSE (LA)
88250 Vosges
635 m. • 5400 hab. ℹ️

🔺🔺 AUBERGE DES SKIEURS ★★
1, route de Lispach. M. Bouchez
☎ 29 25 41 10 🅵🅰🅷 29 25 58 60
🛏 21 ⌯ 220/230 F. 🍴 80/120 F.
🍴 40 F. 🍴 210/220 F.
✉ 11 nov./6 déc.

🔺🔺 AUBERGE DU PECHEUR
76, route de Vologne. M. Germain
☎ 29 25 43 86 🅵🅰🅷 29 25 52 59
🛏 5 ⌯ 240/250 F. 🍴 70/150 F. 🍴 46 F.
✉ 15/30 juin, 1er/15 déc., mar. soir et
mer. hs.

🔺🔺 CHAUME DE SCHMARGULT ★★
(A 1200 m., route des Crêtes).
Mme Friederich/Neff
☎ 29 63 11 49
🛏 8 ⌯ 200/230 F. 🍴 70 F. 🍴 42 F.

🍴 200/220 F.
✉ nov., 26 déc., avr., hôtel oct., mar.
sauf juil./août et vac. scol. hiver.

🔺 DE LA POSTE ★
5, rue de l'Eglise. M. Jeangeorge
☎ 29 25 43 29 🅵🅰🅷 29 25 56 21
🛏 7 ⌯ 165/220 F. 🍴 55/120 F. 🍴 50 F.
🍴 180/195 F.
✉ mi-oct./mi-nov. et rest. dim. soir.

🔺🔺🔺 DES VALLEES ★★★
31, rue Paul Claudel. M. Rémy
☎ 29 25 41 39＼29 25 55 10 🆃🆇 960573
🅵🅰🅷 29 25 64 38
🛏 54 ⌯ 350/380 F. 🍴 87/230 F.
🍴 60 F. 🍴 260/320 F.

🔺🔺 DU LAC DES CORBEAUX ★★
103, rue du Hohneck. M. Lemaire
☎ 29 25 41 17
🛏 17 ⌯ 100/230 F. 🍴 60/100 F.
🍴 30 F. 🍴 135/200 F.
✉ 15/30 juin, fin oct./début nov. et
mer. hs.

🔺🔺 LE CHALET DES ROCHES ★★
10, rue des Noisettes. M. Holveck
☎ 29 25 50 22 🅵🅰🅷 29 25 66 00
🛏 27 ⌯ 190/220 F. 🍴 60/110 F.
🍴 30 F. 🍴 170/195 F.
✉ 6/27 nov. et 1ère semaine juin.

BRESSUIRE
79300 Deux Sèvres
19000 hab. ℹ️

🔺🔺 DES TROIS MARCHANDS ★★
Les Sicaudières, route de Nantes.
M. Brossard ☎ 49 65 01 19 🅵🅰🅷 49 65 82 16
🛏 10 ⌯ 240/260 F. 🍴 67/160 F. 🍴 40 F.
✉ 21/27 août et dim.

🔺 LA BOULE D'OR ★★
15, place Emile Zola. Mme Labrot
☎ 49 65 02 18 🅵🅰🅷 49 74 11 19
🛏 20 ⌯ 180/270 F. 🍴 62/190 F.
🍴 40 F. 🍴 195/240 F.
✉ 2/20 janv., août et dim. soir.

BRETENOUX (PORT DE GAGNAC)
46130 Lot
686 hab.

🔺 AUBERGE DU VIEUX PORT ★★
Mme Lasfargeas ☎ 65 38 50 05
🛏 9 ⌯ 145/260 F. 🍴 62/190 F. 🍴 50 F.
🍴 180/220 F.
✉ fév.

BRETEUIL SUR ITON
27160 Eure
3415 hab. 🛈

▲ LE LION D'OR ★★
66, rue Georges Clémenceau.
Mme Beaugendre ☎ 32 29 81 09
🛏 12 ⌸ 120/240 F. ⅋ 80/160 F.
🍴 50 F. 🛎 200/350 F.
✉ rest. dim. soir et lun.
🅴 🆂🅿 🗇 🕾 🚗 🌴 🛉 🛆 CB

BREVIANDES
10450 Aube
1685 hab.

▲▲ DU PAN DE BOIS ★★
35, av. Général Leclerc, route de Dijon.
Mme Vadrot
☎ 25 75 02 31 🖷 25 49 67 84
🛏 31 ⌸ 225/275 F. ⅋ 86/160 F.
🍴 45 F.
✉ dim. soir et rest. lun.
🅴 🗇 🕾 🚗 🌴 🛉 ⃝ 🛆 CB

BREVONNES
10220 Aube
600 hab.

▲▲ LE VIEUX LOGIS ★★
Rue de Piney. M. Baudesson
☎ 25 46 30 17 🖷 25 46 37 20
🛏 5 ⌸ 170/260 F. ⅋ 70/220 F. 🍴 45 F.
🛎 196/230 F.
✉ dim. soir et lun. 1er oct./30 avr.
🅴 🗇 🕾 🚗 🌴 🛉 ⃝ CV ⃝ 🛆 CB

BREZOLLES
28270 Eure et Loir
1900 hab.

▲▲ LE RELAIS ★★
M. Marteau ☎ 37 48 20 84 🖷 37 48 28 46
🛏 20 ⌸ 200/230 F. ⅋ 75/150 F. 🍴 48 F.
🛎 215 F.
✉ 2/8 janv., 31 juil./27 août, ven. soir et dim. soir.
🅴 🗇 🕾 🚗 ⋈ 🛉 CV ⃝ 🛆 CB C 🛆

BREZONS
15230 Cantal
900 m. • 350 hab.

▲ AUBERGE DE LA CASCADE ★
(A Lustrande de Brezons). M. Artis
☎ 71 73 41 51
🛏 9 ⌸ 150/160 F. ⅋ 60/100 F. 🍴 40 F.
🛎 170/180 F.
✉ mer. après-midi hs.
🕾 🚗 🛉 🛆 ⃝ CB

BRIANCON
05100 Hautes Alpes
1326 m. • 14300 hab. 🛈

▲▲ AUBERGE «LE MONT PROREL» ★★
5, rue René Froger. M. Moranval-Vincent
☎ 92 20 22 88 🖷 92 21 27 76
🛏 18 ⌸ 190/380 F. ⅋ 60/165 F.
🍴 50 F. 🛎 220/350 F.
🅴 🗇 🕾 🚗 🚗 ⋈ 🛉 🛆 CV ⃝ 🛆 CB

CRISTOL ★★
6, route d'Italie. Mme Huet
☎ 92 20 20 11 🖷 92 21 02 58
🛏 19 ⌸ 250/320 F. ⅋ 75/110 F.
🍴 45 F. 🛎 250/285 F.
🅴 🛈 🗇 🕾 🚗 CV ⃝ CB

▲ DE LA CHAUSSEE ★★
4, rue Centrale. M. Bonnaffoux
☎ 92 21 10 37 🖷 92 20 03 94
🛏 12 ⌸ 150/250 F. ⅋ 80/155 F.
🍴 45 F. 🛎 185/235 F.
✉ 1er/15 mai, 1er/15 nov. et lun.
🗇 🕾 🚗 🚗 CV ⃝ ⃝ CB 🛆

BRIARE
45250 Loiret
6300 hab. 🛈

▲▲ HOSTELLERIE LE CANAL ★★
Quai du Pont-Canal. M. Rimbau
☎ 38 31 22 54 🖷 38 31 25 17
🛏 18 ⌸ 250/280 F. ⅋ 95/160 F.
🍴 45 F. 🛎 270/310 F.
✉ 15 déc./1er fév., dim. soir et lun. sauf juil./août et fériés.
🅴 🗇 🕾 🚗 🚗 ✈ ⃝ 🛉 CV ⃝ ⃝ CB

BRICQUEBEC
50260 Manche
4721 hab. 🛈

▲▲▲ DU VIEUX CHATEAU ★★★
M. Hardy
☎ 33 52 24 49 🖷 33 52 62 71
🛏 20 ⌸ 150/320 F. ⅋ 60/170 F.
🍴 45 F. 🛎 235/350 F.
✉ 20 déc./1er fév.
🅴 🅳 🆂🅿 🛈 🗇 🕾 🚗 🚗 ✿ 🛉 CV
⃝ ⃝ CB

BRIDES LES BAINS
73570 Savoie
600 m. • 620 hab. 🛈

▲▲ ALTIS - VAL VERT ★★
M. Chedal
☎ 79 55 22 62 🖷 79 55 29 12
🛏 35 ⌸ 320/450 F. ⅋ 105/150 F.
🍴 70 F. 🛎 300/365 F.
✉ 30 oct./15 déc.
🅴 🅳 🛈 🗇 🕾 🚗 🚗 🌴 ⬚ 🛉 CV CB

▲▲ LES BAINS ★★
Rue Joseph Fontanet. M. Russo
☎ 79 55 22 05
🛏 33 ⌸ 280/300 F. ⅋ 95/100 F.
🍴 75 F. 🛎 270/320 F.
✉ 15 oct./20 déc.
🗇 🕾 🚗 🚗 🛏 ⋈ ⃝ CB

▲▲ SAVOY HOTEL ★★
Place de l'Eglise. M. Pattey
☎ 79 55 20 55 🖷 79 55 24 21
🛏 41 ⌸ 400/500 F. ⅋ 85/125 F.
🍴 45 F. 🛎 301/448 F.
✉ 16 oct./24 déc.
🅴 🗇 🕾 🚗 🛏 🌴 ⬚ ⬚ CV ⃝ ⃝

BRIEC
29510 Finistère
4000 hab. 𝒾

▲▲ DU MIDI ★★
M. Le Long ☎ 98 57 90 10
🛏 13 ⊗ 250/270 F. ⫟ 75/190 F.
🍴 48 F. 🛌 230 F.
⊠ 20 déc./5 janv., sam. et dim. soir sauf
juil./août.
🄴 🖻 🕾 🚗 🛏 🆃 🖀 CB 🛅

BRIEY
54150 Meurthe et Moselle
4514 hab. 𝒾

▲▲ DU COMMERCE Rest. AUX ARMES DE
BRIEY ★★
63, rue de Metz. M. Spitoni
☎ 82 46 21 00 ⅢⅩ 82 20 29 85
🛏 18 ⊗ 236 F. ⫟ 69/159 F. 🍴 32 F.
🛌 195 F.
🄴 🄳 🖻 🕾 🛏 🆅 CV ⌷ 🖀 CB 🛅

BRIGNOGAN PLAGE
29890 Finistère
856 hab. 𝒾

▲ AR REDER MOR ★★
35, rue Général de Gaulle. MeM. Le
Bars/Jaffres ☎ 98 83 40 09 ⅢⅩ 98 83 56 11
🛏 25 ⊗ 164/300 F. ⫟ 75/185 F. 🍴 48 F.
🛌 210/280 F.
⊠ 1er oct./1er mai.
🄴 🕾 🆃 🛅 CV 🖀 CB 🛅

BRIGNOLES
83170 Var
13000 hab. 𝒾

▲▲ CHATEAU BRIGNOLES EN
PROVENCE ★★
Av. Dreo, route de Nice. M. Blache
☎ 94 69 06 88 ⅢⅩ 94 59 26 85
🛏 39 ⊗ 200/370 F. ⫟ 120/230 F.
🍴 50 F. 🛌 270 F.
⊠ rest. dim. soir.
🄴 🖻 🕾 🚗 🆃 🖢 🖢 ⚓ CV ⌷ 🖀
CB 🛅

BRIGUE (LA)
06430 Alpes Maritimes
800 m. ● 600 hab.

▲▲ LE MIRVAL ★★
M. Dellepiane ☎ 93 04 63 71
🛏 13 ⊗ 260/320 F. ⫟ 90/150 F.
🍴 50 F. 🛌 260/290 F.
⊠ 2 nov./1er avr.
𝒾 🖻 🕾 🚗 🛏 🆃 🖀 CB

BRINON SUR SAULDRE
18410 Cher
1200 hab.

▲▲▲ AUBERGE LA SOLOGNOTE ★★
M. Girard ☎ 48 58 50 29 ⅢⅩ 48 58 56 00
🛏 13 ⊗ 290/400 F. ⫟ 160/330 F.
🍴 90 F. 🛌 400/450 F.
⊠ 15 fév./15 mars, 9/19 mai, 12/22
sept., mar. soir et mer. 1er oct./30 juin,
mar. midi et mer. midi juil./sept.
🄴 🖻 🕾 🚗 🆃 ⌷ 🖀 CB

BRIONNE
27800 Eure
5038 hab. 𝒾

▲▲ LE LOGIS DE BRIONNE ★★
1, place Saint-Denis. M. Depoix
☎ 32 44 81 73 ⅢⅩ 32 45 10 92
🛏 12 ⊗ 280/350 F. ⫟ 145/270 F.
🍴 60 F. 🛌 320/355 F.
⊠ lun. (sauf hôtel sur réservations) et
dim. soir hs.
🄴 SP 🖻 🕾 🚗 🛏 🆅 CV ⌷ 🖀 CB

BRIVE
19100 Corrèze
60000 hab. 𝒾

▲▲ LA CREMAILLERE ★★
53, av. de Paris. M. Reynal
☎ 55 74 32 47
🛏 8 ⊗ 230/300 F. ⫟ 100/260 F.
🍴 60 F.
⊠ dim. soir et lun.
🄴 🖻 🆃 ⌷ 🖀 CB

▲▲ LE CHAPON FIN ★★★
1, Place de Lattre de Tassigny.
M. Courrèges
☎ 55 74 23 40 ⅢⅩ 55 23 42 52
🛏 27 ⊗ 230/290 F. ⫟ 90/180 F.
🍴 45 F. 🛌 215/240 F.
🖻 🕾 🚗 🚗 🆃 🛅 CV ⌷ 🖀 CB
🄲 🛅

▲ LE CHENE VERT ★★
24, bld. Jules Ferry. MM. Brunie
☎ 55 24 10 07 ⅢⅩ 55 24 25 73
🛏 28 ⊗ 150/270 F. ⫟ 60/160 F.
🍴 42 F. 🛌 180/210 F.
⊠ dim.
🄴 🖻 🕾 🚗 CV 🖀 CB

▲ LE MONTAUBAN ★★
6, av. Edouard Hérriot M. Viginiat
☎ 55 24 00 38 ⅢⅩ 55 84 80 30
🛏 18 ⊗ 185/250 F. ⫟ 95/220 F.
🍴 40 F. 🛌 200/215 F.
⊠ Rest. sam. midi.
🄴 SP 🖻 🕾 🚗 🛏 🛅 CV ⌷ 🖀 CB

BRIVE (MALEMORT)
19360 Corrèze
6000 hab.

▲▲ AUBERGE DES VIEUX CHENES ★★
31, av. Honoré de Balzac. M. Bouny
☎ 55 24 13 55 ⅢⅩ 55 24 56 82
🛏 14 ⊗ 170/275 F. ⫟ 65/195 F.
🍴 40 F. 🛌 240/310 F.
⊠ dim.
🄴 🖻 🕾 🚗 🛅 CV ⌷ 🖀 CB

BRIVE (SAINT VIANCE)
19240 Corrèze
1700 hab. 𝒾

▲▲▲ AUBERGE DES PRES DE LA VEZERE ★★
M. Parveaux
☎ 55 85 00 50 ⅢⅩ 55 84 25 36
🛏 11 ⊗ 240/300 F. ⫟ 105/180 F.
🍴 50 F. 🛌 300/330 F.
⊠ mi-oct./début mai et rest lun. midi.
🄴 🖻 🕾 🚗 🆃 🛅 ⌷ 🖀 CB

BRIVE (SAINT VIANCE) (suite)

▲▲ DU RIEUX ★★
Sortie Brive, route de Varetz-Objat.
Mme Bounaix
☎ 55 85 01 49 **FAX** 55 84 26 33
🛏 16 ⊠ 170/200 F. 🍴 65/150 F.
🏃 40 F.
⊠ 23 déc./3 janv., 22 août/2 sept. et
sam.
▯ ☎ ⊟ ⏣ 🍻 ● CB

BRIVE (USSAC)
19270 Corrèze
3000 hab.

▲▲ AUBERGE SAINT-JEAN ★★
Place de l'Eglise. Mme Corcoral-Cournil
☎ 55 88 30 20 **FAX** 55 87 28 50
🛏 30 ⊠ 170/300 F. 🍴 69/220 F.
🏃 50 F. 🖼 240/270 F.
▯ ▯ ☎ ⊟ ⤧ 🍻 ⛓ ⟐ 🐟 🏊 ⚙ ●

BROCAS
40420 Landes
616 hab. ⓘ

▲ DE LA GARE ★
Route de Bélis. M. Taris ☎ 58 51 40 67
🛏 7 ⊠ 160/220 F. 🍴 80/230 F. 🏃 50 F.
🖼 185/195 F.
⊠ 10 jours oct., 10 jours fév. et mer. hs.
☎ ⊟ ⤧ 🍻 ⚙ ⟐ ● CB

BROMMAT
12600 Aveyron
648 m. ● 150 hab.

▲ DES BARRAGES
Mme Viers ☎ 65 66 00 84
🛏 13 ⊠ 110/170 F. 🍴 50/150 F.
🏃 45 F. 🖼 220/320 F.
⊠ sam.
▯ SP ⊟ ⊟ ● CB

BROQUIES
12480 Aveyron
800 hab.

▲ LE PESCADOU ★★
(Le Navech). M. Wantiez ☎ 65 99 40 21
🛏 12 ⊠ 160/260 F. 🍴 76/200 F.
🏃 47 F. 🖼 220/240 F.
⊠ 15 oct./15 mars.
▯ SP ⓘ ☎ ⊟ 🍻 🏊 ⚙ ⟲ ●

BROUCKERQUE
59630 Nord
1064 hab.

▲▲ LE MIDDEL-HOUCK
6, place du Village. MM. Morez
☎ 28 27 13 46 **FAX** 28 27 15 10
🛏 4 ⊠ 215 F. 🍴 88/178 F. 🏃 65 F.
🖼 200 F.
⊠ dim. soir.
▯ ▯ ▯ ☎ ⤧ ⚙ CV ⟐ ● CB

BROUSSE LE CHATEAU
12480 Aveyron
60 hab.

▲▲ LE RELAYS DU CHASTEAU ★★
Mme Senegas ☎ 65 99 40 15
🛏 12 ⊠ 180/320 F. 🍴 70/175 F.

🏃 40 F. 🖼 190/200 F.
⊠ 20 déc./20 janv., ven. soir et sam.
midi 1er oct./1er juin.
▯ SP ☎ ⊟ ⤧ CV ⟐ 🐟 ● C

BROUVELIEURES
88600 Vosges
600 hab.

▲▲ DOSSMANN-GHEERAERT ★★
M. Gheeraert ☎ 29 50 20 14
🛏 15 ⊠ 160/260 F. 🍴 60/180 F.
🏃 45 F. 🖼 220/230 F.
⊠ rest. dim. soir.
▯ ☎ CV ● CB

BRUERE ALLICHAMPS
18200 Cher
649 hab.

▲▲ LES TILLEULS
Route de Noirlac. M. Dauxerre
☎ 48 61 02 75
🛏 10 ⊠ 160/215 F. 🍴 98/205 F.
🏃 60 F. 🖼 205/238 F.
⊠ 21/31 déc., fév. et lun., dim. soir
15 nov./1er avr.
▯ ☎ 🍻 ● CB ⬛

BRUMATH
67170 Bas Rhin
8000 hab.

▲▲▲ L'ECREVISSE ★★
4, av. de Strasbourg. M. Orth
☎ 88 51 11 08 **FAX** 88 51 89 02
🛏 21 ⊠ 250/350 F. 🍴 115/395 F.
🏃 60 F.
⊠ 31 juil./10 août, lun. soir et mar.
▯ ▯ ▯ ☎ ⊟ ⊟ 🛏 🍻 ⛓ ⟐ CV ⟐
● CB

BRUSQUE
12360 Aveyron
527 hab.

▲ LA DENT DE ST-JEAN ★★
Mme Bousquet ☎ 65 99 52 87
🛏 16 ⊠ 170/220 F. 🍴 80/200 F.
🏃 45 F. 🖼 200/280 F.
⊠ 1er nov./3 mars, dim. soir et lun. hs.
▯ ☎ ⊟ 🏊 ⟐ ● CB

BUBRY
56310 Morbihan
2300 hab.

▲▲ AUBERGE DE COET DIQUEL ★★
(A Coet-Diquel). M. Romieux
☎ 97 51 70 70 **FAX** 97 51 73 08
🛏 20 ⊠ 280/330 F. 🍴 78/190 F.
🖼 300/325 F.
⊠ 1er déc./15 mars.
☎ ⊟ 🍻 ⟐ 🎣 🏊 ⚙ ⟐ ● CB

BUE
18300 Cher
360 hab.

▲▲ L'ESTERILLE ★★
M. Guery ☎ 48 54 21 78
🛏 9 ⊠ 225/300 F. 🍴 95/210 F. 🏃 55 F.
🖼 280/310 F.
⊠ 2ème quinz. déc., 1ère quinz.
fév., mar. soir et mer.
SP ▯ ☎ ⊟ ● CB

BUGUE (LE)
24260 Dordogne
2800 hab. ℹ️

⌂ LE CYGNE ★★
(Le Cingle). M. Denis
☎ 53 07 17 77 ℻ 53 03 93 74
🛏 11 ⌧ 230/260 F. 🍽 85/225 F.
🍴 45 F. 🛎 220/240 F.
⌧ 20 déc./20 janv., dim. soir et lun.
🄴 ⊡ 🖥 ☎ 🚗 ⛱ 🎿 CV ⬅

BULGNEVILLE
88140 Vosges
1280 hab.

⌂⌂⌂ LE COLIBRI ★★
Route de Neufchâteau. M. Colin
☎ 29 09 15 70 ℻ 29 09 21 40
🛏 17 ⌧ 295 F. 🍽 68/160 F. 🍴 40 F.
🛎 215/305 F.
⌧ 25 déc. et 1er janv.
🄴 ⅅ 🆂🅿 ⅈ 🖥 ☎ 🚗 🚐 ⋈ ⛱ 🛌 🎿
♿ 🔃 ⬅ CB

BUOUX
84480 Vaucluse
103 hab.

⌂ AUBERGE DES SEGUINS
Mme Pessemesse
☎ 90 74 16 37 ℻ 90 74 16 37
🛏 27 🍽 100/150 F. 🍴 45 F.
🛎 220/260 F.
⌧ 15 nov./1er mars.
🄴 ⅅ ⅈ ☎ ⛱ ☒ 🎿 🚗 ⬅

BURNHAUPT LE HAUT
68520 Haut Rhin
1426 hab.

⌂⌂ DE L'AIGLE D'OR Rest. LE
COQUELICOT ★★
24, rue du Pont d'Aspach. M. Gebel
☎ 89 83 10 10 ℻ 89 83 10 33
🛏 26 ⌧ 260/330 F. 🍽 79/255 F.
🍴 42 F. 🛎 245/280 F.
⌧ rest. 1er/16 janv. et sam. midi.
🄴 ⅅ ⅈ 🖥 ☎ 🚗 🚐 ⋈ ⛱ 🎿 ♿ CV 🔃
⬅ CB Ⓒ 🛎

BUSSANG
88540 Vosges
625 m. • 1990 hab. ℹ️

⌂⌂ DES DEUX CLEFS ★★
1, rue du 3ème R. T. A. Mme Gapp
☎ 29 61 51 01
🛏 14 ⌧ 150/220 F. 🍽 55/128 F.
🍴 35 F. 🛎 170 F.
⛱ CV ⬅ CB

⌂⌂⌂ DES SOURCES ★★
12, route des Sources. M. Jolly
☎ 29 61 51 94 ℻ 29 61 60 61
🛏 11 ⌧ 280/350 F. 🍽 100/300 F.
🍴 50 F. 🛎 260/290 F.
🄴 ⅅ 🖥 ☎ ⛱ 🛌 ♣ 🎿 CV 🔃
CB Ⓒ

DU TREMPLIN ★★
Rue du 3ème R. T. A. M. Gabriel
☎ 29 61 50 30 ℻ 29 61 50 89
🛏 19 ⌧ 150/340 F. 🍽 75/300 F.
🍴 50 F. 🛎 190/230 F.
⌧ oct., dim. soir lun. sauf vac. scol. et
week-ends fériés.
🄴 ⅅ 🖥 ☎ 🚗 🚐 ♿ CV 🔃 ⬅ CB

BUSSIERE (LA)
45230 Loiret
656 hab.

⌂⌂ LE NUAGE ★★
95 bis, rue de Briare. M. Karbowski
☎ 38 35 90 73 ℻ 38 35 90 62
🛏 16 ⌧ 280/290 F. 🍽 51/175 F.
🍴 35 F. 🛎 230/250 F.
⌧ rest. 24 déc. et nouvel An.
🄴 🆂🅿 ⅈ 🖥 ☎ 🚗 ⋈ ⛱ 🛌 🐾 ☒ 🎿
♿ 🔃 CV 🔃 ⬅ CB Ⓒ 🛎

BUXEUIL
37160 Indre et Loire
951 hab.

⌂ AUBERGE DE L'ISLETTE
Lieu-dit Lilette. M. Marchenoir
☎ 47 59 72 22
🛏 17 ⌧ 140/210 F. 🍽 56/155 F.
🍴 56 F. 🛎 195/240 F.
⌧ 15 déc./15 janv. et sam. hs.
🚗 ⛱ 🔃 ⬅

BUXY
71390 Saône et Loire
2000 hab. ℹ️

⌂⌂ LE RELAIS DU MONTAGNY ★★
M. Girardot
☎ 85 92 19 90 ℻ 85 92 07 19
🛏 37 ⌧ 260/355 F. 🍽 75/200 F.
🍴 50 F. 🛎 270/305 F.
⌧ dim. soir nov./fév.
🄴 🖥 ☎ 🚗 🚐 ⋈ ⛱ ☒ 🎿 ♿ CV 🔃
⬅ CB Ⓒ 🛎

BUZANCAIS
36500 Indre
5000 hab. ℹ️

⌂⌂⌂ DU CROISSANT ★★
53, rue Grande. M. Desroches
☎ 54 84 00 49 ℻ 54 84 20 60
🛏 14 ⌧ 230/275 F. 🍽 80/230 F.
🍴 55 F. 🛎 230/250 F.
⌧ 10 fév./10 mars et ven. après-midi,
sam. 18h.
🄴 🖥 ☎ ⋈ ⛱ 🔃 ⬅ CB

⌂⌂⌂ HERMITAGE ★★
Route d'Argy. M. Sureau
☎ 54 84 03 90 ℻ 54 02 13 19
🛏 14 ⌧ 150/315 F. 🍽 82/275 F.
🍴 60 F. 🛎 215/260 F.
⌧ 10/19 sept., première quinz.
janv., dim. soir et lun. sauf hôtel
juil./août.
🄴 🖥 ☎ 🚗 🚐 ⛱ 🎿 ⬅ CB 🛎

CABOURG
14390 Calvados
3300 hab. i

⌂ AUBERGE DU PARC ★
31, av. Général Leclerc. M. Hamelin
☎ 31 91 00 82 FAX 31 91 00 18
🛏 10 ◎ 200/250 F. 🍽 85/140 F.
🍴 45 F. ⌾ 230/260 F.
⊠ rest. oct./Pâques, mar. et mer. sauf
juil./août.
E 🗗 🕿 🚗 CV ❤ CB

⌂ L'AUBERGE DES VIVIERS
Av. Charles de Gaulle. M. Delatte
☎ 31 91 05 10 FAX 31 24 77 72
🛏 7 ◎ 200/390 F. 🍽 99/210 F. 🍴 60 F.
⌾ 290/340 F.
⊠ 9 janv./13 fév. et dim. soir hs.
E SP i 🗗 🚗 🛏 ⌾ CV ❤ CB

⌂⌂ L'OIE QUI FUME ★
18, av. de la Brèche Buhot. M. Duteurtre
☎ 31 91 27 79
🛏 20 ◎ 260/280 F. 🍽 125/180 F.
🍴 65 F. ⌾ 230/300 F.
⊠ 13 nov./20 fév., dim. soir/mer. matin,
mars/avr., oct./nov. sauf vac. scol.
E 🕿 🛏 ❤ CV 🔌 ❤

CABRERETS
46330 Lot
220 hab. i

⌂⌂ AUBERGE DE LA SAGNE ★★
Route de Pech-Merle à 1 km.
M. Labrousse
☎ 65 31 26 62 FAX 65 30 27 43
🛏 10 ◎ 190/280 F. 🍽 78/125 F.
🍴 65 F. ⌾ 210/255 F.
⊠ 1er oct./15 mai.
E 🗗 🕿 🚗 🛏 ❤ CB

⌂⌂ DES GROTTES ★★
Mme Theron ☎ 65 31 27 02 FAX 65 31 20 15
🛏 18 ◎ 168/312 F. 🍽 88/165 F. 🍴 58 F.
⌾ 209/276 F.
⊠ 30 oct./1er avr.
E SP 🕿 🚗 ❤ 🍴 CV ❤ CB

CABRIERES D'AVIGNON
84220 Vaucluse
1004 hab.

⌂⌂ LE MAS DES ORTOLANS
Route de Lagnes. M. Jublou
☎ 90 76 96 06 FAX 90 76 89 38
🛏 7 ◎ 405 F. 🍽 148 F. 🍴 72 F.
⌾ 380 F.
⊠ 1er nov./15 mars et mer.
E 🗗 🕿 🚗 🛏 ❤ 🍴 ❤ CB

CABRIS
06530 Alpes Maritimes
1100 hab. i

⌂⌂⌂ L'HORIZON ★★
M. Léger-Roustan
☎ 93 60 51 69 FAX 93 60 56 29

🛏 22 ◎ 310/550 F. 🍽 98 F.
⊠ 30 oct./1er avr.
E 🗗 i 🗗 🕿 🛏 🍴 ❤ CB

CADEAC
65240 Hautes Pyrénées
725 m. ● 170 hab.

⌂⌂⌂ VAL D'AURE ★★
Route de Saint-Lary. M. Me Arrias/Jouin
☎ 62 98 60 63 FAX 62 98 68 99
🛏 23 ◎ 215/250 F. 🍽 65/120 F.
🍴 42 F. ⌾ 215/260 F.
E SP 🕿 🚗 🛏 🍴 ❤ 🔌 ⌾ ♿
CV 🍴 ❤ CB

CADENET
84160 Vaucluse
2340 hab. i

⌂ AUX OMBRELLES ★★
Av. de la Gare. M. Drabin
☎ 90 68 02 40 FAX 90 68 06 82
🛏 11 ◎ 125/245 F. 🍽 90/160 F.
🍴 50 F. ⌾ 190/250 F.
⊠ 20 déc./1er fév., dim. soir et lun.
E 🕿 🚗 🍴 🔌

CAEN
14000 Calvados
117120 hab.

⌂⌂⌂ LE DAUPHIN ★★★
29, rue Gemare. M. Chabredier
☎ 31 86 22 26 FAX 31 86 35 14
🛏 22 ◎ 350/510 F. 🍽 95/290 F.
🍴 65 F. ⌾ 350/390 F.
⊠ 1 semaine janv., rest.
16 juil./8 août et sam. midi.
E 🗗 🕿 🚗 🍴 CV 🔌 ❤ CB C 🏠

CAGNOTTE
40300 Landes
450 hab.

⌂⌂ BONI Rest. LE FOURNIL ★★
M. Demen
☎ 58 73 03 78 FAX 58 73 13 48
🛏 10 ◎ 170/240 F. 🍽 80/220 F.
🍴 70 F. ⌾ 200/250 F.
⊠ 3/20 janv., dim. soir et lun. oct./mai.
E SP 🕿 🚗 ❤ ⌾ ♿ 🔌 ❤ CB

CAHORS
46000 Lot
20000 hab. i

⌂⌂ CHARTREUSE ★★★
Rue Saint-Georges. M. Gardillou
☎ 65 35 17 37 TX 533 743 FAX 65 22 30 03
🛏 51 ◎ 240/315 F. 🍽 79/200 F.
⌾ 252/289 F.
⊠ 3 premières semaines janv.
E SP 🗗 🕿 🚗 🍴 🍴 ❤ 🔌 ❤ CB

⌂ LE MELCHIOR ★★
Place de la Gare. M. Cabanes
☎ 65 35 03 38 FAX 65 23 92 75
🛏 23 ◎ 195/220 F. 🍽 70/180 F.
🍴 42 F. ⌾ 200/220 F.
⊠ 15/31 janv. et dim. hs.
E SP 🗗 🕿 🔌 CV ❤ CB 🏠

CAHORS (LABERAUDIE)
46090 Lot
1500 hab.

▲▲ LE CLOS GRAND ★★
M. Soupa
☎ 65 35 04 39 FAX 65 22 56 69
🛏 21 ❑ 205/280 F. ❑ 80/200 F.
❑ 45 F. ❑ 230/260 F.
⊠ 19 fév./7 mars, 12/28 nov., 24/27
déc., dim. soir et lun. sauf juil./août lun.
midi.
E SP ❑ ❑ ❑ ❑ ❑ ❑ ❑ CB

CAHORS (LAROQUE DES ARCS)
46090 Lot
300 hab.

▲▲ BEAU RIVAGE ★★
Mme Calmon ☎ 65 35 30 58 \ 65 22 16 28
FAX 65 35 94 49
🛏 15 ❑ 190/330 F. ❑ 70/165 F. ❑ 40 F.
❑ 230 F.
⊠ janv., mar. et mer. midi.
E SP ❑ ❑ ❑ ❑ CV ❑ ❑ CB ❑

CAILHAU
11240 Aude
180 hab. ⓘ

▲▲ LE RELAIS TOURISTIQUE DE BELVEZE -
LE FRICASSOU ★★
(Carrefour de Belvèze - Sur D. 623).
M. Cardeynaels
☎ 68 69 08 78 FAX 68 69 07 65
🛏 7 ❑ 195/200 F. ❑ 75/250 F. ❑ 50 F.
❑ 230/250 F.
E D ❑ ❑ ❑ ❑ ❑ CV ❑ ❑ CB

CAILLY SUR EURE
27490 Eure
181 hab.

▲▲ AUBERGE DES 2 SAPINS ★★
Rue de la Mairie. M. Juhel
☎ 32 67 75 13 FAX 32 67 73 62
🛏 15 ❑ 220/340 F. ❑ 80/195 F.
❑ 52 F. ❑ 230/280 F.
⊠ 15 août/5 sept., dim. soir et lun.
E ❑ ❑ ❑ ❑ ❑ ❑ CB C ❑

CAJARC
46160 Lot
1200 hab. ⓘ

▲ DE LA PROMENADE
Rue de la Promenade. M. Moulinier
☎ 65 40 61 21
🛏 4 ❑ 190 F. ❑ 60/145 F. ❑ 45 F.
❑ 190 F.
⊠ vac. Toussaint, vac. fév. et lun. hs.
E CV ❑ ❑ CB

CALAIS
62100 Pas de Calais
60000 hab. ⓘ

▲▲▲ LE GEORGE V ★★★
36, rue Royale. M. Beauvalot
☎ 21 97 68 00 TX 135159 FAX 21 97 34 73
🛏 37 ❑ 220/370 F. ❑ 85/265 F.
⊠ rest. 23 déc./7 janv., sam. midi, dim.
soir et soirs fériés.
E D ⓘ ❑ ❑ ❑ ❑ ❑ ❑ ❑ ❑ CB
C ❑

CALES
46350 Lot
150 hab.

▲▲ LE PAGES ★★
Route de Payrac. MeM. Pages
☎ 65 37 95 87 FAX 65 37 91 57
🛏 20 ❑ 180/450 F. ❑ 85/220 F.
❑ 40 F. ❑ 230/370 F.
⊠ 15/28 oct., 3 janv./3 fév. et mar.
1er nov./Pâques.
E ❑ ❑ ❑ ❑ ❑ ❑ CB C

▲▲ PETIT RELAIS ★★
Mme Xiberas
☎ 65 37 96 09 FAX 65 37 95 93
🛏 9 ❑ 150/260 F. ❑ 68/250 F. ❑ 38 F.
❑ 240/280 F.
⊠ 20 déc./10 janv. et sam. midi.
E SP ❑ ❑ ❑ CV ❑ CB

CALLIAN
83440 Var
1800 hab. ⓘ

▲ AUBERGE DES MOURGUES ★
Quartier des Mourgues. Mme Lablanche
☎ 94 76 53 99 FAX 94 76 53 99
🛏 13 ❑ 210/310 F. ❑ 70/140 F.
❑ 35 F. ❑ 200/250 F.
E D SP ⓘ ❑ ❑ ❑ ❑ ❑ ❑ ❑ ❑
CV ❑ CB ❑

CALVI
20260 Corse
3500 hab. ⓘ

▲▲ LA CARAVELLE ★★
La Plage. Mmes Levy/Ruse
☎ 95 65 01 21 FAX 95 65 00 03
🛏 30 ❑ 300/480 F. ❑ 120/170 F.
❑ 60 F. ❑ 294/495 F.
E D ⓘ ❑ ❑ ❑ ❑ ❑ CV CB

▲▲ RESIDENCE HOTEL LE PADRO ★★
(A 6 km, sur route de Calenzana).
Mme Fratacci
☎ 95 65 08 89 FAX 95 65 08 88
🛏 13 ❑ 260/400 F. ❑ 105/115 F.
❑ 65 F. ❑ 280/350 F.
⊠ rest. 1er oct./30 avr.
E ⓘ ❑ ❑ ❑ ❑ ❑ ❑ ❑ ❑ ❑
CV C

CALVIAC
46190 Lot
600 m. • 293 hab.

▲▲ LE RANFORT ★★
Lieu-dit Pont de Rhodes. Mme Delbert
☎ 65 33 01 06
🛏 11 ❑ 180/220 F. ❑ 60/190 F.
❑ 45 F. ❑ 200/220 F.
⊠ 1er/15 oct.
❑ ❑ ❑ ❑ ❑ ❑ ❑ CV ❑ CB

CALVINET
15340 Cantal
600 m. • 493 hab.

▲▲▲ BEAUSEJOUR ★★
Route de Maurs. M. Puech
☎ 71 49 91 68
🛏 10 ⊗ 220/250 F. 🍽 85/250 F.
🍴 60 F. 🖼 250/280 F.
⊠ 15 janv./15 fév., dim. soir et lun. hs.
[E] [SP] 🖨 ☎ 🛋 🛋 📧 CV 🔆 🐾

CAMARES
12360 Aveyron
1258 hab. 🅸

▲▲ DU PONT VIEUX ★★
2, rue du Barry. M. Granier
☎ 65 99 59 50 FAX 65 49 56 38
🛏 8 ⊗ 190/320 F. 🍽 68/220 F. 🍴 50 F.
🖼 180/245 F.
⊠ déc./fév. et lun. hs.
[E] [SP] 🖨 ☎ 🔆 🐾 CB

CAMARET SUR MER
29570 Finistère
3000 hab. 🅸

▲▲ DE FRANCE ★★
Sur le Port. M. Moreau
☎ 98 27 93 06 FAX 98 27 88 14
🛏 20 ⊗ 190/430 F. 🍽 75/295 F.
🍴 48 F. 🖼 230/380 F.
⊠ 11 nov./1er avr. et rest. ven. hs.
[E] [D] 🖨 ☎ 🛋 📧 CV 🔆 🐾 CB

CAMBO LES BAINS
64250 Pyrénées Atlantiques
5000 hab. 🅸

▲▲ AUBERGE CHEZ TANTE URSULE ★★
Quartier du Bas Cambo. M. Bort
☎ 59 29 78 23 FAX 59 29 28 57
🛏 17 ⊗ 165/280 F. 🍽 80/180 F.
🍴 55 F. 🖼 195/250 F.
⊠ 15 fév./7 mars et mar.
[E] [SP] 🖨 ☎ 🛋 🛋 📧 CV 🔆 🐾 CB

CAMBRAI
59400 Nord
33000 hab. 🅸

▲▲ LA CHOPE ★★
17, rue des Docks. M. Roussel
☎ 27 81 36 78 FAX 27 83 97 60
🛏 18 ⊗ 135/245 F. 🍽 78/170 F.
🍴 55 F. 🖼 210/280 F.
⊠ rest. dim.
[E] [D] 🖨 ☎ 🛋 📧 🗣 🔆 CV 🐾 CB 🏛

▲▲ MOTEL ULYS ★★★
67, route d'Arras. M. Roux
☎ 27 83 83 25 FAX 27 83 91 88
🛏 22 🍴 248 F. 🍽 75/160 F.
[E] [D] 🖨 ☎ 🛋 📧 🗣 🔆 🖼 CV 🔆 🐾 CB 🏛

▲▲ MOUTON BLANC ★★★
Centre ville-gare. M. Lesnes
☎ 27 81 30 16 TX 133365 FAX 27 81 83 54
🛏 32 ⊗ 220/250 F. 🍽 95/195 F.

🍴 50 F. 🖼 210/275 F.
⊠ rest. 25 juil./13 août, dim. soir et lun.
[E] [D] [SP] 🖨 ☎ 🛋 🛋 📧 🔆 CV 🔆 🐾 CB
[C] 🏛

CAMIERS
62176 Pas de Calais
2126 hab. 🅸

▲▲ LES CEDRES ★★
64, rue du Vieux Moulin. Mme Codron
☎ 21 84 94 54 FAX 21 09 23 29
🛏 29 ⊗ 305/315 F. 🍽 80/138 F.
🍴 35 F. 🖼 290/310 F.
⊠ 15 déc./15 janv.
[E] 🖨 ☎ 🛋 📧 🗣 🔆 CV 🔆 🐾 CB

CAMORS
56330 Morbihan
2300 hab.

▲▲ AR BRUG ★
14, rue Principale. M. Audo
☎ 97 39 20 10
🛏 18 ⊗ 150/240 F. 🍽 45/160 F.
🍴 35 F. 🖼 176/210 F.
[E] 🖨 ☎ 🛋 CV 🔆 🐾 CB 🏛

CAMPAN
65710 Hautes Pyrénées
650 m. • 1540 hab. 🅸

▲ BEAU SEJOUR ★
Mme Garcia ☎ 62 91 75 30
🛏 19 ⊗ 170/220 F. 🍽 58/155 F. 🍴 45 F.
🖼 180/225 F.
⊠ 15 nov./14 déc.
[E] [SP] ☎ 🗣 🔆 🐾 CB

CAMPENEAC
56800 Morbihan
1405 hab.

▲▲ A L'OREE DE LA FORET ★★
Route de Rennes. M. Jourdran
☎ 97 93 40 27 FAX 97 93 11 75
🛏 14 ⊗ 148/230 F. 🍽 62/180 F.
🍴 47 F. 🖼 180/230 F.
⊠ 11/25 fév., 1er/15 oct. et ven. hs.
[E] 🖨 ☎ 🛋 📧 🗣 🔆 CV 🔆 🐾 CB 🏛

CANAPVILLE
14800 Calvados
180 hab.

▲▲ L'AUBERGADE ★★
Route de Paris. M. Coursault
☎ 31 65 22 59 FAX 31 65 08 14
🛏 12 ⊗ 225/318 F. 🍽 85/195 F.
🍴 40 F. 🖼 255/292 F.
[E] [D] 🖨 ☎ 🛋 📧 🗣 🔆 🔆 CV 🔆
CB 🏛

CANCALE
35260 Ille et Vilaine
5000 hab. 🅸

▲▲ DE LA POINTE DU GROUIN ★★
Mme Simon ☎ 99 89 60 55 FAX 99 89 92 22
🛏 17 ⊗ 370/500 F. 🍽 115/315 F. 🍴 70 F.
🖼 360/435 F.
⊠ 5 oct./26 mars et rest. mar.
[E] 🖨 ☎ 🛋 🔆 🐾 CB

147

CANCALE (suite)

AA EMERAUDE ★★
7, quai Albert Thomas.
M. Chouamier-Grossin
☎ 99 89 61 76 **FAX** 99 89 88 21
🛏 15 ⬡ 285/480 F. ⍥ 95/285 F.
🍽 50 F. 🛎 300/400 F.
⊠ rest. 15 déc./15 janv. et jeu.
[E] [🏠] [🖼] [🛏] [➤] [🌊] [CB]

AAA LE CONTINENTAL ★★★
Sur le Port. M. Chouamier
☎ 99 89 60 16 **FAX** 99 89 69 58
🛏 19 ⬡ 350/680 F. ⍥ 130/ 70 F.
🍽 68 F. 🛎 325/490 F.
⊠ 12 nov./15 mars, rest. lun. et mar.
midi.
[E] [SP] [i] [🏠] [➤] [🛏] [🍴] [▥] [🌊] [CB]

AA LE PHARE ★★
6, quai Albert Thomas. M. Lebret
☎ 99 89 60 24 **FAX** 99 89 91 75
🛏 11 ⬡ 260/475 F. ⍥ 98/310 F.
🍽 70 F. 🛎 300/400 F.
⊠ 20 nov./10 fév. et mer.
[E] [D] [🏠] [➤] [🌊] [CB]

CANDE
49440 Maine et Loire
2542 hab. [i]

A LES TONNELLES
8, place des Halles. M. Boudet
☎ 41 92 71 12
🛏 9 ⬡ 120/150 F. ⍥ 59/165 F. 🍽 43 F.
🛎 215/235 F.
⊠ 2/16 oct., vac. scol. hiver et mer.
[🏠] [CV] [🌊]

CANDE SUR BEUVRON
41120 Loir et Cher
1000 hab. [i]

AA LE LION D'OR ★★
1, rue de Blois. M. Pigoreau
☎ 54 44 04 66 **FAX** 54 44 06 19
🛏 10 ⬡ 90/250 F. ⍥ 68/180 F. 🍽 42 F.
🛎 140/230 F.
⊠ 20 déc./1er fév. et mar.
[E] [🏠] [➤] [🍴] [CV] [CB] [▥]

CANET PLAGE
66140 Pyrénées Orientales
4600 hab. [i]

AA LE GALION ★★★
20 bis, av. du Grand Large. Mme Reina
☎ 68 80 28 23 **FAX** 68 80 20 46
🛏 28 ⬡ 250/398 F. ⍥ 80/135 F.
🍽 39 F. 🛎 215/320 F.
⊠ 1er oct./30 mars.
[E] [SP] [🏠] [➤] [🔱] [🍴] [▥] [🍴] [🌊] [CB]

AAA SAINT GEORGES ★★
45, promenade Côte Vermeille.
M. Martinez
☎ 68 80 33 77 **FAX** 68 80 65 04
🛏 45 ⬡ 180/300 F. ⍥ 60/110 F.
🍽 40 F. 🛎 200/290 F.
[E] [D] [SP] [🏠] [➤] [🔱] [🍴] [▥] [🍴] [🌊]
[CB] [C] [▥]

CANOURGUE (LA)
48500 Lozère
1877 hab. [i]

AA DU COMMERCE ★★
Place du Portal. M. Mirmand
☎ 66 32 80 18 **FAX** 66 32 94 79
🛏 28 ⬡ 250/290 F. ⍥ 75/150 F.
🍽 65 F. 🛎 260/280 F.
⊠ 1er déc./1er mars, sauf rest. midi et
vac. Noël, ven. soir et sam. oct./juin
sauf Pâques et Toussaint.
[E] [SP] [🏠] [➤] [🔱] [🍴] [🌊] [CV] [▥]
[🌊] [CB]

CAP COZ (LE)
29170 Finistère
6000 hab. [i]

AA BELLE-VUE ★★
30, descente de Belle Vue.
Mme Kernevez
☎ 98 56 00 33 **FAX** 98 51 60 85
🛏 20 ⬡ 160/330 F. ⍥ 82/125 F.
🍽 65 F. 🛎 205/290 F.
⊠ 30 oct./10 mars, mar. sauf vac.
printemps et juil./août.
[E] [D] [SP] [i] [🏠] [➤] [🍴] [🔱] [CV] [CB]

AA DE LA POINTE ★★
81, av. de la Pointe. Mme Le Torch
☎ 98 56 01 63 **FAX** 98 56 53 20
🛏 18 ⬡ 230/400 F. ⍥ 100/250 F.
🍽 60 F. 🛎 250/340 F.
⊠ 1er janv./15 fév. et mer.
[E] [D] [🏠] [➤] [🔱] [CV] [▥] [CB] [▥]

CAP D'AIL
06320 Alpes Maritimes
5000 hab. [i]

AA LA CIGOGNE ★★
Route de la Plage-Mala. M. Macchi
☎ 93 78 29 60 **FAX** 93 41 86 62
🛏 15 ⬡ 360/420 F. ⍥ 100/130 F.
🛎 280/320 F.
⊠ mi-nov./mi-mars.
[E] [D] [i] [🏠] [🌊] [CB]

CAP DE PIN
40210 Landes
486 hab.

A RELAIS NAPOLEON III ★★
(N. 10 sortie N° 15). M. Goudin
☎ 58 07 20 52 **FAX** 58 04 26 24
🛏 12 ⬡ 145/230 F. ⍥ 72/150 F.
🍽 45 F. 🛎 175/220 F.
⊠ 15 oct./6 nov., 10 jours fév., dim.
soir et lun. sauf juil./août.
[E] [SP] [🏠] [➤] [🔱] [🍴] [▶] [🔱] [CB]

CAPBRETON
40130 Landes
5000 hab. [i]

AAA L'OCEAN ★★★
85, av. Georges Pompidou. M. Gelos
☎ 58 72 10 22
🛏 22 ⬡ 360/520 F. 🍽 50 F.
🛎 300/380 F.
⊠ 10 oct./14 avr.
[E] [SP] [🏠] [➤] [🔱] [CV] [▥] [🌊] [CB]

CAPBRETON (suite)

▲▲ LES ALLEES MARINES ★★
20, allées Marines. M. Lafourcade
☎ 58 72 10 13 📠 58 72 61 80
🛏 8 ⊗ 220/400 F. 🍽 70/155 F. 🍴 35 F.
🛎 240 F.
⊠ rest. midi déc./mars sauf vac. scol.
E SP 🗆 ☎ 🗙 CV 🐾 CB

CAPDENAC GARE
12700 Aveyron
6000 hab. ℹ️

▲▲▲ AUBERGE LA DIEGE ★★
(A Saint-Julien d'Empare). M. Nicoulau
☎ 65 64 70 54 📠 65 80 81 58
🛏 23 ⊗ 178/295 F. 🍽 59/218 F.
🍴 59 F. 🛎 165/237 F.
⊠ 23 déc./3 janv., rest. ven. soir, sam.
et dim. soir.
E 🗆 ☎ 🚗 🗙 🍴 🚱 🎣 👜 ♿ 🎰
▶ ♿ 🔟 🐾 CB 🏨

▲ DE PARIS ★
12, av. Gambetta. M. Soulignac
☎ 65 64 74 72
🛏 15 ⊗ 120/200 F. 🍽 60/200 F.
🍴 45 F. 🛎 145/185 F.
⊠ 15 déc./4 janv., sam. soir et dim. hs.
🗆 ☎ 🚗 CV 🐾 CB

CAPDROT
24540 Dordogne
467 hab.

▲ HOSTELLERIE LE SAINT HUBERT ★★
M. Valadie
☎ 53 23 44 91 📠 53 36 66 90
🛏 10 ⊗ 190/260 F. 🍽 80/185 F.
🍴 45 F. 🛎 240/260 F.
⊠ 15 janv./15 mars et mer.
15 sept./15 mai.
E 🗆 ☎ 🚗 🚗 🎣 🎰 CV 🐾 CB

CAPELLE (LA)
02260 Aisne
2270 hab. ℹ️

▲ DE LA THIERACHE ★★
16, av. du Général de Gaulle. M. Lefèvre
☎ 23 97 33 80 📠 23 97 85 88
🛏 13 ⊗ 140/260 F. 🍽 59/170 F.
🍴 35 F. 🛎 120/180 F.
⊠ 24 déc./2 janv. et ven. soir
1er oct./31 mars.
E ℹ️ ☎ 🍴 ♿ CV 🔟 🐾 CB

CAPESTANG
34310 Hérault
2550 hab. ℹ️

▲▲ FRANCHE-COMTE ★★
39, cours Belfort. Mme Giner
☎ 67 93 31 21
🛏 10 ⊗ 190/250 F. 🍽 70 F. 🍴 50 F.
🛎 200/220 F.
⊠ 15 nov./15 déc., janv. et tous les
jours 12h/18h.
E D SP 🚗 🗙 🎰 CV CB

CAPTIEUX
33840 Gironde
1742 hab.

▲ LE CAP DES LANDES ★
Route de Bazas. M. Boutin
☎ 56 65 64 93
🛏 7 ⊗ 160/200 F. 🍽 60/185 F. 🍴 35 F.
🛎 170 F.
🚗 🍴 CV 🔟 🐾 CB

CAPVERN LES BAINS
65130 Hautes Pyrénées
1000 hab. ℹ️

▲▲ AUBERGE DE LA GOUTILLE ★★
730, rue des Thermes. Mme Labat
☎ 62 39 03 62
🛏 8 ⊗ 180/250 F. 🍴 35 F.
⊠ 22 oct./22 avr.
🗆 ☎ 🚗 🍴 🍴 CV 🐾

▲ BELLEVUE ★★
Route de Mauvezin. M. Dariés
☎ 62 39 00 29
🛏 25 ⊗ 83/194 F. 🍽 90/130 F. 🍴 50 F.
🛎 230/250 F.
⊠ 6 oct./2 mai.
E SP ☎ 🚗 🍴 🍴 CV 🐾 CB

▲ LEMOINE ★★
Rue de Provence. M. Lemoine
☎ 62 39 02 18
🛏 12 ⊗ 120/210 F. 🍽 75/ 95 F.
🍴 45 F. 🛎 130/180 F.
⊠ 22 oct./1er mai.
☎ 🚗 🗙 🍴 🐾

CARANTEC
29660 Finistère
2600 hab. ℹ️

▲▲ DU PORS POL ★★
7, rue Surcouf. M. Bohic
☎ 98 67 00 52
🛏 30 ⊗ 240/260 F. 🍽 88/240 F.
🍴 52 F. 🛎 260 F.
⊠ 23 sept./16 avr.
E ☎ 🚗 🍴 🍴 🐾 CB 🏨

CARCASSONNE
11000 Aude
45000 hab. ℹ️

⚹ ARAGON ★★
15, Montée Combeleran. M. Domingo
☎ 68 47 16 31 📠 505076 📠 68 47 33 53
🛏 29 ⊗ 290/490 F.
E D SP ℹ️ 🗆 ☎ 🚗 🚗 🏧 🗙 🔄 ♿
CV 🔟 🐾 CB

▲▲ BRISTOL ★★★
7, av. Foch. M. Sartore
☎ 68 25 07 24
📠 505039 📠 68 25 71 89
🛏 59 ⊗ 175/400 F. 🍽 90/200 F.
🍴 35 F. 🛎 210/330 F.
⊠ 1er déc./1er mars.
E D ℹ️ 🗆 ☎ 🚗 ⬆ 🗙 CV 🔟 🐾 CB

CARCASSONNE (suite)

▲▲▲ DAME CARCAS ★★★
La Cité. M. Signoles
☎ 68 71 37 37 ⓉⓍ 505296 ℻ 68 71 50 15
🛏 30 ◈ 320/680 F. �◫ 80/215 F.
♨ 30 F. 🖼 460 F.
⊠ rest. dim. 1er oct./31 mars.

✻ DE L'OCTROI ★★
106, av. Général Leclerc. M. Cortina
☎ 68 25 29 08 ℻ 68 25 38 71
🛏 17 ◈ 150/300 F.

▲▲▲ DES TROIS COURONNES ★★★
2, rue des Trois Couronnes. M. Berlan
☎ 68 25 36 10 ℻ 68 25 92 92
🛏 69 ◈ 395/525 F. �◫ 125/275 F.
♨ 50 F. 🖼 325/595 F.

▲▲▲ DU DONJON ★★★
2, rue Comte Roger (La Cité).
Mme Pujol
☎ 68 71 08 80 ⓉⓍ 505012 ℻ 68 25 06 60
🛏 38 ◈ 360/490 F. �◫ 86/120 F.
♨ 45 F. 🖼 450 F.

▲▲ LE RELAIS D'AYMERIC ★★
290, av. Général Leclerc M. Fernando
☎ 68 71 83 83 ℻ 68 47 86 06
🛏 12 ◈ 200/400 F. �◫ 90/250 F.
♨ 40 F. 🖼 250/450 F.
⊠ fin janv./fév., dim. soir et lun. hs.

▲▲▲ MONTSEGUR ★★★
27, allée d'Iéna. M. Faugeras
☎ 68 25 31 41 ℻ 68 47 13 22
🛏 20 ◈ 320/490 F. �◫ 130/250 F.
♨ 70 F. 🖼 380/400 F.
⊠ hôtel 1er/15 janv., rest. 20
déc./15 janv., dim. soir et lundi (sauf
saison lun. midi seulement).

CARCASSONNE (TREBES)
11800 Aude
5600 hab. ⓘ

▲▲ LA GENTILHOMMIERE ★★
A Trèbes - ZAC de Sautes le Bas.
M. Anrich ☎ 68 78 74 74 ℻ 68 78 65 80
🛏 31 ◈ 230/350 F. �◫ 80/180 F. ♨ 40 F.
🖼 230/250 F.

CARENNAC
46110 Lot
350 hab. ⓘ

▲▲▲ AUBERGE DU VIEUX QUERCY ★★
M. Chaumeil
☎ 65 10 96 59 ℻ 65 10 94 05
🛏 22 �◫ 85/185 F. ♨ 50 F.
🖼 310/330 F.
⊠ 15 nov./15 mars et lun hs.

▲ DES TOURISTES
Mme Brillant
☎ 65 10 94 31
🛏 10 ◈ 160/200 F. �◫ 70/140 F.
♨ 30 F. 🖼 200/220 F.
⊠ 15 oct./1er mai.

▲▲ HOSTELLERIE FENELON ★★
M. Raynal
☎ 65 10 96 46 ℻ 65 10 94 86
🛏 16 ◈ 280/300 F. �◫ 90/300 F.
♨ 55 F. 🖼 290/310 F.
⊠ 5 janv./10 mars, ven. et sam. midi.

CARENTAN (LES VEYS)
50500 Manche
392 hab. ⓘ

▲▲ AIRE DE LA BAIE ★★
Sur N. 13. M. Lepaisant
☎ 33 42 00 99 ℻ 33 71 06 94
🛏 40 ◈ 240/395 F. �◫ 69/140 F.
♨ 39 F. 🖼 200/255 F.
⊠ 23 déc./5 janv. et rest. dim. soir
15 oct./1er mai.

CARHAIX PLOUGUER
29270 Finistère
9100 hab. ⓘ

▲▲ LE GRADLON ★★
12, bld de la République M. Macedo
☎ 98 93 15 22 ℻ 98 99 16 97
🛏 44 ◈ 280 F. �◫ 60/188 F. ♨ 49 F.
🖼 250/500 F.

CARMAUX
81400 Tarn
13400 hab. ⓘ

▲ TERMINUS
56, av. Jean jaurès. M. Bozzola
☎ 63 76 50 28
🛏 13 ◈ 129/219 F. �◫ 65/175 F.
♨ 35 F. 🖼 175/205 F.
⊠ 1er/26 août, 23/31 déc. et sam. sauf
groupes.

CARNAC
56340 Morbihan
3735 hab. ⓘ

▲ DU TUMULUS ★★
31, rue du Tumulus. Mme Brohon
☎ 97 52 08 21 ℻ 97 52 81 88
🛏 25 ◈ 260/380 F. ⅈ 75/195 F.
♨ 42 F. 🖼 260/390 F.
⊠ 1er oct./31 mars.

CARNAC (suite)

▲▲ HOSTELLERIE LES AJONCS D'OR ★★
(Kerbachique - Route de Plouharnel).
Mme Le Maguer
☎ 97 52 32 02 FAX 97 52 40 36
🛏 19 ▨ 270/350 F. ▯ 96/145 F.
🍴 45 F. 📷 275/300 F.
✉ 2 nov./1er mars.
🅴 🅳 📷 🛏 🅿 🕹 🅰 CV 🅰 CB

▲▲ LA MARINE Rest. LE BISTROT DU PECHEUR ★★
4, place de la Chapelle. M. Gekière.
☎ 97 52 07 33 TX 951 974 FAX 97 52 85 17
🛏 29 ▨ 215/315 F. ▯ 94/200 F.
🍴 50 F. 📷 315/420 F.
✉ lun. nov./15 fév.
🅴 SP 📷 🅰 CB

▲▲ LANN ROZ ★★
36, rue de la Poste. Mme Le
Calvez-Rousseau
☎ 97 52 10 48 FAX 97 52 24 36
🛏 13 ▨ 300/400 F. ▯ 120/250 F.
🍴 65 F. 📷 315/335 F.
✉ 5 janv./9 fév. et lun. hors vacances.
🅴 🅳 📷 🛏 🅰 🌴 🕹 CV 🅸 CB

▲▲▲ LE PLANCTON ★★★
12, bld de la Plage. Mme Bouchez
☎ 97 52 13 65 FAX 97 52 87 63
🛏 23 ▨ 395/595 F. ▯ 90/180 F.
🍴 60 F. 📷 390/485 F.
✉ 1er oct./31 mars.
🅴 🅳 🅾 📷 🛏 🅰 🕹 🅰 CV 🅸 🅰 CB C

CARNOUX EN PROVENCE
13470 Bouches du Rhône
6000 hab. 🅸

▲▲ HOSTELLERIE DE LA CREMAILLERE ★★
Rue Tony Garnier. Mme Denis
☎ 42 73 71 52 FAX 42 73 67 26
🛏 19 ▨ 190/280 F. ▯ 65/195 F.
🍴 48 F. 📷 185/245 F.
🅴 📷 🛏 🅰 🕹 🅰 CV 🅸 🅰 CB

CAROMB
84330 Vaucluse
2500 hab. 🅸

▲▲ LA MIRANDE ★★
Place de l'Eglise. M. Hugon
☎ 90 62 40 31 \ 90 62 46 03
FAX 90 62 34 48
🛏 10 ▨ 185/270 F. ▯ 80/190 F.
🍴 45 F. 📷 220/255 F.
✉ mer. hs.
🅴 🅳 📷 🅰 CV 🅸 🅰 CB

CARPENTRAS
84200 Vaucluse
28000 hab. 🅸

▲▲▲ SAFARI HOTEL Rest. HIBISCUS ★★★
Av. Jean-Henri Fabre. M. Roux
☎ 90 63 35 35 TX 431553 FAX 90 60 49 99
🛏 42 ▨ 300/380 F. ▯ 70/180 F.
🍴 50 F. 📷 340/370 F.
✉ rest. dim. 1er oct./31 mars.
🅴 🅳 SP 📷 🛏 🅰 🕹 🌴 🕹 🅰
CV 🅸 🅰 C

CARPENTRAS (MONTEUX)
84170 Vaucluse
7752 hab. 🅸

▲▲▲ HOSTELLERIE DU BLASON DE PROVENCE ★★★
Route de Carpentras à Monteux, à 4 km.
M. Duvillet
☎ 90 66 31 34 FAX 90 66 83 05
🛏 18 ▨ 270/380 F. ▯ 100/300 F.
🍴 50 F. 📷 290/360 F.
✉ 17 déc./17 janv. et rest. sam. hs.
🅴 🅳 🅾 📷 🛏 🅰 🕹 🌴 🕹 🅰 CB
C 🅰

CARPENTRAS (SAINT DIDIER)
84210 Vaucluse
1313 hab.

▲▲▲ LES 3 COLOMBES ★★★
148, av. des Garrigues à St-Didier.
M. Montorfano
☎ 90 66 07 01 FAX 90 66 11 54
🛏 30 ▨ 320/400 F. ▯ 105/195 F.
🍴 60 F. 📷 310/350 F.
✉ 1er janv./28 fév.
🅴 🅸 🅾 📷 🛏 🅰 🕹 🌴 🕹 🅰 CV
🅸 🅰 CB

CARROS (PLAN DE)
06510 Alpes Maritimes
10000 hab.

▲▲▲ LOU CASTELET ★★
(Plan de Carros). M. Servella
☎ 93 29 16 66 FAX 93 08 73 96
🛏 14 ▨ 150/350 F. ▯ 80/180 F.
🍴 60 F. 📷 160/240 F.
✉ lun.
🅴 🅸 🅾 📷 🛏 🅰 🕹 🅰 CV 🅰 CB

▲▲▲ PROMOTEL ★★
Première av. de Carros. M. Servella
☎ 93 08 77 80 TX 460 130 FAX 93 08 73 96
🛏 27 ▨ 295 F. ▯ 90 F. 🍴 60 F.
📷 240/260 F.
✉ rest. dim.
🅴 🅳 🅸 🅾 📷 🛏 🅰 🕹 🏠 🌴 🕹
🕹 🅰 🅸 🅰 CB C 🅰

CARROUGES
61320 Orne
800 hab. 🅸

▲ DU NORD ★★
Place Général Charles de Gaulle.
Mme Masseron
☎ 33 27 20 14 FAX 33 28 83 13
🛏 15 ▨ 120/240 F. ▯ 58/130 F.
🍴 35 F. 📷 135/195 F.
✉ 15 déc./20 janv. et ven. sauf
juil./août.
🅴 🅾 📷 🛏 🕹 CV 🅸 🅰 CB

▲▲ SAINT PIERRE
M. Ciroux ☎ 33 27 20 02
🛏 4 ▨ 90/230 F. ▯ 65/210 F. 🍴 48 F.
✉ dernière semaine janv., fév. et lun.,
dim. soir sauf juil./août.
🅴 📷 🛏 🅰 🅸 🅰 CB

CARROZ D'ARACHES (LES)
74300 Haute Savoie
1140 m. • 1550 hab.

⌂ LA CROIX DE SAVOIE ★★
768, route du Pernant. Mme Sapin
☎ 50 90 00 26
🛏 19 ⊠ 230/250 F. ⏸ 68/120 F.
🍽 48 F. ▨ 290/340 F.
⊠ 15 avr./15 juin et 15 sept./15 déc.

⌂ LES AIRELLES ★
346, route des Moulins. M. Duguet
☎ 50 90 01 02
🛏 10 ⊠ 250/320 F. ⏸ 80/130 F.
🍽 50 F. ▨ 210/290 F.
⊠ 15 mai/15 juin et dim.
15 sept./15 déc.

⌂ LES BELLES PISTES
56, route du Pernand.
MeM. Kadisch/Moss
☎ 50 90 00 17 ⅢⅩ 50 90 30 70
🛏 18 ⊠ 275/325 F. ⏸ 95 F. 🍽 50 F.
▨ 250/350 F.
⊠ 1er nov./15 déc.

CARRY LE ROUET
13620 Bouches du Rhône
4570 hab.

⌂⌂ LA TUILIERE ★★
34, av. Draio de la Mar. Mme Larribère
☎ 42 44 79 79 ⅢⅩ 42 44 74 40
🛏 22 ⊠ 295/350 F. ⏸ 89/249 F.
🍽 39 F. ▨ 275/315 F.
⊠ rest. ven. 8 nov./27 mars.

CARSAC AILLAC
24200 Dordogne
1000 hab.

⌂ DELPEYRAT
M. Delpeyrat ☎ 53 28 10 43
🛏 13 ⊠ 98/250 F. ⏸ 75/130 F. 🍽 46 F.
▨ 170/190 F.
⊠ mi-oct./mi-nov. et dernière semaine
fév./1ère semaine mars.

CASTAGNEDE DE BEARN
64270 Pyrénées Atlantiques
192 hab.

⌂⌂ LA BELLE AUBERGE ★★
Mme Vicassiau
☎ 59 38 15 28 ⅢⅩ 59 65 03 57
🛏 8 ⊠ 180/220 F. ⏸ 60/100 F. 🍽 40 F.
▨ 230 F.
⊠ 18 déc./2 fév. et dim. soir hs.

CASTAGNIERS
06670 Alpes Maritimes
1076 hab.

⌂⌂ CHEZ MICHEL ★★
Place St-Michel M. Michel
☎ 93 08 05 15 \ 93 08 06 66
ⅢⅩ 93 08 05 38
🛏 16 ⊠ 260/270 F. ⏸ 95/155 F.
🍽 50 F. ▨ 260 F.
⊠ 1er nov./1er déc. et lun.

⌂⌂ DES MOULINS ★
M. Servella ☎ 93 08 10 62
🛏 14 ⊠ 160/240 F. ⏸ 90/190 F.
🍽 50 F. ▨ 210/240 F.

⌂⌂⌂ SERVOTEL ★★
M. Servella ☎ 93 08 22 00 ⅢⅩ 93 29 03 66
🛏 36 ⊠ 260/340 F. ⏸ 90/190 F.
🍽 50 F. ▨ 250/280 F.

CASTEIL
66820 Pyrénées Orientales
750 m. • 60 hab.

⌂⌂ MOLIERE ★★
M. Trillas ☎ 68 05 50 97
🛏 10 ⊠ 200/250 F. ⏸ 85/160 F.
▨ 240 F.
⊠ nov./janv., mar. soir et mer. hs.

CASTELJALOUX
47700 Lot et Garonne
5048 hab.

⌂⌂ CHATEAU DE RUFFIAC ★★★
Mme Etancelin
☎ 53 93 18 63 ⅢⅩ 53 89 67 93
🛏 20 ⊠ 380/480 F. ⏸ 150/290 F.
🍽 90 F. ▨ 390 F.
⊠ fév.

✳ DES CORDELIERS ★★
1, rue des Cordeliers. M. Wicky
☎ 53 93 02 19
🛏 24 ⊠ 150/290 F.
⊠ 7/31 oct.

CASTELLANE
04120 Alpes de Haute Provence
725 m. • 1200 hab.

⌂ AUBERGE BON ACCUEIL
Place Marcel Sauvaire. M. Tardieu
☎ 92 83 62 01
🛏 14 ⊠ 150/350 F. ⏸ 80/160 F.
🍽 40 F. ▨ 180/220 F.
⊠ 10 oct./10 avr.

⌂ AUBERGE DU TEILLON ★★
(A la Garde, 6 km - Route Napoléon).
M. Lépine ☎ 92 83 60 88 ⅢⅩ 92 83 74 08
🛏 9 ⊠ 180/260 F. ⏸ 100/200 F. 🍽 45 F.
▨ 220/260 F.
⊠ 15 déc./6 mars, dim. soir et lun.
oct./Pâques.

CASTELLET (LE)
83330 Var
3084 hab. 🛈

▲▲ CASTEL LUMIERE ★★★
1, rue Portail. M. Laffargue
☎ 94 32 62 20 FAX 94 32 70 33
🛏 6 ⌧ 280/300 F. 🍽 120/250 F.
🍴 80 F. ⌧ 290 F.
⌧ 7 janv./7 fév., dim. soir et lun.
sept./juin.

CASTELNAU DE MEDOC
33480 Gironde
2773 hab.

▲ LES LANDES ★★
7, place Romain Videau. Mme Baron
☎ 56 58 73 80 FAX 56 58 11 59
🛏 11 ⌧ 190/360 F. 🍽 80/150 F.
🍴 40 F. ⌧ 200/250 F.
⌧ dim.

CASTELNAU MAGNOAC
65230 Hautes Pyrénées
950 hab.

▲▲ DUPONT ★★
Mme Dupont ☎ 62 39 80 02
🛏 32 ⌧ 160/180 F. 🍽 55/120 F.
🍴 40 F. ⌧ 180/200 F.

CASTELNAU MONTRATIER
46170 Lot
2080 hab. 🛈

▲▲ DES TROIS MOULINS ★★
M. Bassinot ☎ 65 21 92 95 FAX 65 21 83 22
🛏 22 ⌧ 220/280 F. 🍽 65/220 F. 🍴 45 F.
⌧ 250/280 F.

CASTELNAUDARY
11400 Aude
12000 hab. 🛈

▲▲ DE FRANCE ★★★
2, av. Frédéric Mistral. M. Dunod
☎ 68 23 10 18 FAX 68 94 04 64
🛏 17 ⌧ 240 F. 🍽 72/220 F. 🍴 40 F.
⌧ 230 F.

✳ DU CANAL ★★
2 ter, av. Arnault Vidal.
Mme Geli-Devolle
☎ 68 94 05 05 FAX 68 94 05 06
🛏 33 ⌧ 240/280 F.

▲▲ DU CENTRE ET DU LAURAGAIS ★★
31, cours de la République.
M. Campigotto
☎ 68 23 25 95 FAX 68 94 01 66
🛏 16 ⌧ 200/220 F. 🍽 90/250 F.
🍴 50 F.

▲▲ GRAND HOTEL FOURCADE ★★
14, rue des Carmes. Mme Thomelet
☎ 68 23 02 08
🛏 12 ⌧ 120/190 F. 🍽 80/270 F.
🍴 50 F. ⌧ 180/220 F.
⌧ 9/31 janv., dim. soir et lun.
15 sept./15 avr.

▲▲ LE CLOS St-SIMEON ★★
Route de Carcassonne. M. Baure
☎ 68 94 01 20 FAX 68 94 05 47
🛏 31 ⌧ 220/190 F. 🍽 70/160 F.
🍴 40 F. ⌧ 220/250 F.
⌧ dim. 1er oct./28 fév.

▲ LE SIECLE
24, cours de la République. M. Davy
☎ 68 23 13 16 ⸜ 68 23 27 23
FAX 68 94 09 30
🛏 9 ⌧ 130/200 F. 🍽 55/140 F. 🍴 35 F.
⌧ 190/220 F.
⌧ 17 déc./17 janv., dim. soir et lun.

CASTERINO
06430 Alpes Maritimes
1600 m. • 25 hab. 🛈

▲▲ LES MELEZES ★
MM. Boulanger
☎ 93 04 64 95 FAX 93 04 77 49
🛏 15 ⌧ 215/275 F. 🍽 95/145 F.
🍴 45 F. ⌧ 225/285 F.
⌧ 21/27 déc., 9/16 janv. et rest. lun.
jusqu'au 30 avr.

CASTETS
40260 Landes
1750 hab. 🛈

▲▲ LE RELAIS LANDAIS ★
Sur N. 10. M. Lesbats
☎ 58 89 40 28 FAX 58 89 49 70
🛏 8 ⌧ 170/315 F. 🍽 65/230 F. 🍴 37 F.
⌧ 185 F.
⌧ dim. soir.

CASTILLON DE LARBOUST
31110 Haute Garonne
956 m. • 86 hab.

▲▲ FONDERE ★★
Route du Col de Peyresourde.
Mme Jouannes
☎ 61 79 23 79 FAX 61 79 75 50
🛏 14 ⌧ 260/400 F. 🍽 90/160 F.
🍴 50 F. ⌧ 260 F.
⌧ 14 nov./5 déc., mar. 6 déc./31 mai.

CASTILLON DU GARD
30210 Gard
759 hab. 🛈

▲ LES TUILERIES
R. N. 86 - Route de Bagnol.
M. Berthézène
☎ 66 37 08 47 FAX 66 37 40 58
🛏 11 ⌧ 160/280 F. 🍽 63/120 F.
🍴 35 F. ⌧ 200/280 F.
⌧ mer.

CASTRES
81100 Tarn
50000 hab. [i]

L'OCCITAN ***
201, av. Général de Gaulle. M. Rey
☎ 63 35 34 20 [FAX] 63 35 70 32
[♟] 42 [🛏] 280 F. [⫿] 75/190 F. [♨] 55 F.
[🍴] 340/370 F.
[✉] rest. Noël/1er janv. et sam.
[E] [D] [SP] [▭] [☎] [🚗] [🛏] [▥] [➤] [⛱] [♿] [CV]
[▦] [➤] [CB] [C] [📠]

CATEAU CAMBRESIS (LE)
59360 Nord
8315 hab. [i]

FLORIDA **
54, rue Théophile Boyer. M. Viret
☎ 27 84 01 07 [FAX] 27 84 26 79
[♟] 10 [🛏] 170/220 F. [⫿] 80/190 F.
[♨] 40 F. [🍴] 190/220 F.
[E] [SP] [▭] [☎] [🚗] [⛱] [♿] [CV] [▦] [➤] [CB]

CATTENOM SENTZICH
57570 Moselle
2800 hab.

LA TABLE LORRAINE **
(A Sentzich) 5, rue de la Synagogue.
M. Fischer
☎ 82 55 31 77
[♟] 8 [🛏] 230/270 F. [⫿] 60/200 F. [♨] 38 F.
[🍴] 215/255 F.
[✉] rest. 16/31 août, lun. soir et sam.
midi.
[E] [D] [i] [▭] [☎] [🚗] [▥] [➤] [⛱] [♿] [♿] [CV]
[▦] [➤] [CB]

CAUDEBEC EN CAUX
76490 Seine Maritime
3000 hab. [i]

DE NORMANDIE **
19, quai Guilbaud. Mme Gremond
☎ 35 96 25 11 [FAX] 35 96 68 15
[♟] 15 [🛏] 200/360 F. [⫿] 65/169 F.
[♨] 59 F.
[✉] 11 fév./5 mars et rest. dim. soir sauf
fêtes.
[E] [▭] [☎] [🚗] [➤] [CB]

LE CHEVAL BLANC *
4, place René Coty. M. Grenet
☎ 35 96 21 66 [FAX] 35 95 35 40
[♟] 16 [🛏] 160/280 F. [⫿] 65/160 F.
[♨] 45 F. [🍴] 160/210 F.
[✉] 22 janv./12 fév., rest. dim. soir et lun.
sauf fêtes.
[▭] [☎] [🚗] [➤] [♿] [CV] [▦] [➤] [CB] [C] [📠]

NORMOTEL Rest. LA MARINE **
18, quai Guilbaud. M. Lefebvre
☎ 35 96 20 11 [FAX] 35 56 54 40
[♟] 29 [🛏] 250/420 F. [⫿] 78/230 F.
[♨] 60 F. [🍴] 245/330 F.
[✉] 2/31 janv., rest. ven./sam. midi et
dim. soir 15 nov./15 mars.
[E] [▭] [☎] [🚗] [♟] [⛱] [▦] [➤] [CB] [C]

CAUMONT SUR ORNE
14220 Calvados
69 hab. [i]

AUBERGE LA VALLEE VERTE **
M. Volpe ☎ 31 79 30 34
[♟] 6 [🛏] 180/200 F. [⫿] 50/120 F. [♨] 35 F.
[🍴] 160/170 F.
[✉] 6/21 fév. et mar. 1er sept./31 mai.
[E] [i] [🚗] [🚗] [➤] [⛱] [CV] [CB]

CAUNA
40500 Landes
410 hab.

LE RELAIS DE LA CHALOSSE *
M. Costedoat
☎ 58 76 10 47 [FAX] 58 76 32 84
[♟] 9 [🛏] 150/210 F. [⫿] 80/180 F. [♨] 45 F.
[🍴] 200 F.
[✉] rest. ven. soir et sam. midi.
[E] [SP] [▭] [☎] [➤] [⛱] [♿] [CV] [➤] [CB]

CAUNES MINERVOIS
11160 Aude
1556 hab.

D'ALIBERT **
Place de la Mairie. M. Guiraud
☎ 68 78 00 54
[♟] 7 [🛏] 180/400 F. [⫿] 55/170 F. [♨] 45 F.
[🍴] 240/300 F.
[✉] 23 déc./1er mars, dim. soir et lun. hs.
[E] [SP] [☎] [🚗] [⛱] [➤]

CAUREL
22530 Côtes d'Armor
376 hab.

LE BEAU RIVAGE **
M. Le Roux
☎ 96 28 52 15 [FAX] 96 26 01 16
[♟] 8 [🛏] 250/320 F. [⫿] 85/270 F. [♨] 65 F.
[🍴] 225/275 F.
[✉] 14/30 nov., 6/30 janv., lun. soir et
mar.
[E] [▭] [☎] [🚗] [➤] [♿] [▦] [CB]

CAUSSADE
82300 Tarn et Garonne
5890 hab. [i]

DUPONT **
25, rue des Récollets. M. Dupont
☎ 63 65 05 00 [FAX] 63 65 12 62
[♟] 25 [🛏] 200/320 F. [⫿] 68/250 F.
[🍴] 240/280 F.
[✉] 1ère quinz. nov., 1ère quinz. mars et
week-ends oct./avr.
[E] [SP] [▭] [☎] [🚗] [🚗] [CV] [▦] [➤] [CB]

LARROQUE **
Av. de la Gare. M. Larroque
☎ 63 65 11 77 [FAX] 63 65 12 04
[♟] 18 [🛏] 190/280 F. [⫿] 78/200 F.
[♨] 50 F. [🍴] 210/250 F.
[✉] 21 déc./15 janv., rest. sam. midi et
dim. soir Toussaint/Pâques.
[E] [SP] [▭] [☎] [🚗] [🚗] [▥] [⛱] [≋] [♿] [⌀] [CV]
[▦] [➤] [CB]

CAUSSE DE LA SELLE
34380 Hérault
170 hab.

HOSTELLERIE LE VIEUX CHENE
(Plan du Lac). M. Fancelli
☎ 67 73 11 00
🛏 3 ◈ 310 F. ⅋ 110/310 F. 🍴 70 F.
🍽 370 F.
⊠ 1er/15 oct. et lun.
[E] 🗇 ☎ 🚗 🐕 CV 🔒 CB

CAUSSIGNAC
48210 Lozère
840 m. • 20 hab.

LES AIRES DE LA CARLINE ★★
Route de l'Aven Armand.
M. Cogoluegnes
☎ 66 48 54 79 🆇 66 48 57 59
🛏 11 ◈ 250/270 F. 🍴 50 F. 🍽 240 F.
⊠ 1er nov./31 mars.
[E] [D] [SP] 🗇 ☎ 🚗 🐕 🎏 🚶 ⊘ ♿ 🔆
🔒 CB

CAUTERETS
65110 Hautes Pyrénées
1000 m. • 1350 hab. 🅸

BELLEVUE ET GEORGE V ★★
M. Volff
☎ 62 92 50 21 🆇 533 933 POSTE T
🛏 41 ◈ 260/285 F. 🍴 75/100 F.
🍴 45 F. 🍽 225/235 F.
⊠ 15 oct./15 déc.
[E] [SP] ☎ 🚗 🍴 ♿ 🔒 CB

CENTRE POSTE ★
M. Kaeser ☎ 62 92 52 69 🆇 62 92 52 69
🛏 32 ◈ 190/210 F. 🍴 75/100 F.
🍴 35 F. 🍽 165/190 F.
⊠ 17 avr./6 mai et 25 sept./22 déc.
🍴 CV 🔒 CB

CESAR ★★
3, rue César. M. Fontan
☎ 62 92 52 57
🛏 17 ◈ 230/280 F. 🍴 75/200 F.
🍽 245/265 F.
⊠ 20 avr./20 mai et 26 sept./24 oct.
[E] [SP] 🗇 ☎ 🍴 🔒 CB

ETCHE ONA ★★
20, rue de Richelieu. Mme Marquassuzaa
☎ 62 92 51 43 🆇 530 337 🆇 62 92 54 99
🛏 29 ◈ 200/320 F. 🍴 65/195 F.
🍴 45 F. 🍽 215/285 F.
⊠ 5 oct./1er déc. et 3/30 mai.
[E] [SP] 🗇 ☎ 🍴 🔆 🔒 CB

LE PAS DE L'OURS ★
21, rue de la Raillère. M. Barret
☎ 62 92 58 07
🛏 11 ◈ 220/250 F. 🍴 78 F. 🍴 50 F.
🍽 205/215 F.
⊠ 20 avr./15 mai et 1er oct./1er déc.
[E] ☎ 🔆 CV 🔒

SAINTE CECILE ★★
10, bld Latapie Fluein. M. Noirot
☎ 62 92 50 47 🆇 62 92 00 87
🛏 33 ◈ 169/410 F. 🍴 70/115 F.
🍴 40 F. 🍽 210/260 F.
⊠ 20 oct./26 nov.
🗇 ☎ 🍴 🐕 🐟 CV 🔒 CB

WELCOME ★★
3, rue Victor Hugo.
MM. Eulacia
☎ 62 92 50 22 🆇 62 92 02 90
🛏 26 ◈ 240/280 F. 🍴 95/195 F.
🍴 58 F. 🍽 210/250 F.
⊠ 15 oct./1er déc.
[E] [SP] 🗇 ☎ 🚗 🍴 CV 🔒 CB

CAVAILLON
84300 Vaucluse
24000 hab. 🅸

TOPPIN ★★
70, cours Gambetta. M. Gesnot
☎ 90 71 30 42 🆇 90 71 91 94
🛏 32 ◈ 200/400 F. 🍴 90/190 F.
🍴 40 F. 🍽 210/240 F.
⊠ rest. sam. midi, dim. 1er janv./
31 mars et 1er oct./31 déc., sam. midi,
dim. midi 1er avr./30 sept.
[E] [D] 🗇 ☎ 🚗 🍴 CV 🔆 🔒 CB 🖼

CAVALAIRE SUR MER
83240 Var
4188 hab. 🅸

RAYMOND ★★
Av. des Alliés. M. Meunier
☎ 94 64 07 32 🆇 94 64 02 73
🛏 36 ◈ 200/300 F. 🍴 95/205 F.
🍴 50 F. 🍽 210/300 F.
⊠ 15 oct./31 mars.
[E] [D] 🗇 🗇 ☎ 🚗 🍴 🎏 🚶 🔆 🔒 CB

CAVALERIE (LA)
12230 Aveyron
800 m. • 1280 hab.

DE LA POSTE
52, rue du Grand Chemin
Mme Bonnemayre ☎ 65 62 70 66
🛏 8 ◈ 150/170 F. 🍴 68/150 F. 🍴 50 F.
🍽 230/270 F.
⊠ janv. et dim. soir.
🚗 🔒 CB

CAVANAC
11570 Aude
580 hab.

AUBERGE DU CHATEAU ★★★
(Château de Cavanac). M. Me Gobin
☎ 68 79 61 04 🆇 68 79 79 67
🛏 14 ◈ 280/580 F. 🍴 195 F. 🍴 65 F.
🍽 520/820 F.
⊠ 15 janv./15 fév., dim. soir et lun.
[E] [SP] 🅸 🗇 ☎ 🚗 🍴 🎏 🐕 🔆 🔆
🌺 🎣 🚶 ♿ 🔆 🔒 CB

CAYLUS
82160 Tarn et Garonne
1500 hab. 🅸

LA RENAISSANCE ★★
Av. du Père Huc. M. Marty
☎ 63 67 07 26
🛏 9 ◈ 220/260 F. 🍴 65/200 F. 🍴 40 F.
🍽 220/240 F.
⊠ vac. scol. fév. et Toussaint, dim. soir
et lun. sauf juil./août.
[E] 🗇 ☎ 🚗 🍴 🍴 CV 🔆 🔒 CB

CAZAUBON
32150 Gers
1605 hab. 📖

▲▲▲ CHATEAU BELLEVUE ★★★
19, rue Joseph Cappin. Mme Consolaro
☎ 62 09 51 95 ⟨TX⟩ 521 429 ⟨FAX⟩ 62 09 54 57
🛏 25 ⌧ 300/515 F. 🍴 95/230 F.
🍽 50 F. 🍴 355/440 F.
⊠ 2 janv./15 fév., mar. soir et mer. en
déc.
🇪 🄳 SP 🅸 🖻 ☎ 🚗 🛗 ⛱ 🏊 ⚲ CV
🈁 CB

CAZERES
31220 Haute Garonne
3295 hab.

▲ COCHON DE LAIT ★★
9, av. Pasteur. M. Jegat
☎ 61 97 08 73
🛏 10 ⌧ 220/330 F. 🍴 60/185 F.
🍽 45 F. 🍴 180 F.
⊠ 24 déc./2 janv. et dim. soir.
🖻 ☎ 🛗 CV 🈁 🍴 CB

CAZES MONDENARD
82110 Tarn et Garonne
1342 hab.

▲▲ L'ATRE ★★
Place de l'Hôtel de Ville. M. Bonnans
☎ 63 95 81 61 ⟨FAX⟩ 63 95 87 22
🛏 10 ⌧ 170 F. 🍴 90/190 F. 🍽 35 F.
🍴 165 F.
☎ CV 🈁 🍴 CB

CAZILHAC
34190 Hérault
1004 hab. 📖

▲▲ AUBERGE LES NORIAS ★★★
254, av. des deux Ponts M. Serres
☎ 67 73 55 90 ⟨FAX⟩ 67 73 62 08
🛏 11 ⌧ 260/300 F. 🍴 100/210 F.
🍽 55 F. 🍴 130/140 F.
⊠ lun. soir et mar. midi, (mar. soir hs).
🇪 🄳 🖻 ☎ 🚗 ⤫ ⛱ 🏊 ⚲ 🈁
🍴 CB

CEAUX
50220 Manche
460 hab.

▲ AU P'TIT QUINQUIN ★★
(Les Forges). M. Pochon
☎ 33 70 97 20
🛏 20 ⌧ 150/250 F. 🍴 70/165 F.
🍽 42 F. 🍴 195/240 F.
⊠ 15 nov./1er mars, dim. soir et lun. hs.
🇪 🖻 ☎ 🚗 CV 🈁 🍴 CB C

▲ LE POMMERAY ★★
Lieu-dit le Pommeray. M. Hamon
☎ 33 70 92 45 ⟨FAX⟩ 33 70 95 33
🛏 20 ⌧ 150/330 F. 🍴 66/140 F.
🍽 38 F. 🍴 190/240 F.
⊠ 15 nov./1er déc., 15 jrs fév. hors vac.
scol. et mer.
🇪 🖻 ☎ 🚗 ⤫ ⛱ ⚲ CV 🍴 CB

LE RELAIS DU MONT ★★
(La Buvette). M. Baudu
☎ 33 70 92 55 ⟨FAX⟩ 33 70 94 57
🛏 25 ⌧ 250/350 F. 🍴 75/185 F.
🍽 45 F. 🍴 250/300 F.
🇪 🄳 🖻 ☎ 🚗 ⤫ ⛱ 🏊 ⚲ ⚲ CV 🈁
🍴 CB C

CEILHES ET ROCOZELS
34260 Hérault
360 hab.

▲ BESSIERE ★★
10, av. du Lac. Mme Besssière
☎ 67 23 42 09
🛏 9 ⌧ 150/230 F. 🍴 68/210 F. 🍽 50 F.
🍴 165/210 F.
⊠ 1er nov./1er mars.
🇪 ☎ ⛱ 🍽 🍴 CB

CEILLAC
05600 Hautes Alpes
1640 m. • 290 hab. 📖

▲▲ LA CASCADE ★★
M. Bérard
☎ 92 45 05 92 ⟨FAX⟩ 92 45 22 09
🛏 23 ⌧ 229/350 F. 🍴 70/102 F.
🍽 49 F. 🍴 209/332 F.
⊠ 18 avr./4 juin et 10 sept./16 déc.
🇪 ☎ 🚗 ⛱ 🛗 🏊 🍽 CV 🈁 CB

CELLE DUNOISE (LA)
23800 Creuse
700 hab. 📖

▲ AUBERGE DES PECHEURS ★
Mme Durand
☎ 55 89 02 45 ⟨FAX⟩ 55 89 09 51
🛏 7 ⌧ 120/180 F. 🍴 60/150 F. 🍽 50 F.
🍴 120/150 F.
⊠ mar. sauf juil./août.
🇪 🄳 SP 🅸 🖻 ☎ 🚗 ⛱ ⚲ 🏊 ⚲
CV CB

CELLE SAINT CYR (LA)
89116 Yonne
600 hab.

▲▲▲ AUBERGE DE LA FONTAINE AUX
MUSES ★★
M. Pointeau-Langevin
☎ 86 73 40 22 ⟨FAX⟩ 86 73 48 66
🛏 17 ⌧ 330 F. 🍴 175 F. 🍽 60 F.
🍴 340/490 F.
⊠ lun. et mar. midi.
🇪 🄳 🖻 ☎ 🚗 ⤫ ⛱ 🔌 ⚲ 🌳 🏊
🈁 CB

CELLES SUR BELLE
79370 Deux Sèvres
3300 hab. 📖

▲ HOSTELLERIE DE L'ABBAYE ★★
1, place des Epoux Laurent. M. Robelin
☎ 49 32 93 32 ⟨FAX⟩ 49 79 72 65
🛏 16 ⌧ 200/270 F. 🍴 70/165 F.
🍽 47 F. 🍴 180/200 F.
🇪 🖻 ☎ 🚗 ⛱ 🏊 CV 🈁 🍴 CB 🔔

CELLES SUR BELLE (suite)

⌂ LE NATIONAL ★
6, rue Ancienne Mairie. M. Brunet
☎ 49 79 80 34
🛏 14 🍽 170/200 F. ⏸ 58/150 F.
🍴 46 F. 📷 190 F.
⊠ dim.
⬜⬜⬜⬜ CV

CELLIERS
73260 Savoie
1300 m. • 40 hab. 🛈

⌂ LE GRAND PIC ★★
M. Me Leger/Dubaux
☎ 79 24 03 72 📠 79 24 38 78
🛏 15 🍽 170/250 F. ⏸ 75/140 F.
🍴 40 F. 📷 190/230 F.
⊠ 1er oct./15 déc. et mai.
⬜⬜⬜⬜⬜ CV ⬜⬜ CB

CENSEAU
39250 Jura
850 m. • 300 hab.

⌂ CENTRAL
M. Thiboud ☎ 84 51 30 46
🛏 8 🍽 110/140 F. ⏸ 57/110 F. 🍴 32 F.
📷 150/160 F.
⊠ vac. scol. Toussaint et sam. hs.
⬜⬜ CV ⬜ CB

CERCY LA TOUR
58340 Nièvre
2258 hab. 🛈

⌂⌂ DU VAL D'ARON ★★★
5, rue des Ecoles. M. Terrier
☎ 86 50 59 66 📠 86 50 04 24
🛏 12 🍽 250/360 F. ⏸ 95/250 F.
🍴 60 F. 📷 235/275 F.
⬜⬜⬜⬜⬜⬜⬜ CB

CERET
66400 Pyrénées Orientales
6910 hab.

⌂⌂ VIDAL ★
4, place du 4 Septembre. M. Hecquet
☎ 68 87 00 85
🛏 10 🍽 135/205 F. ⏸ 70/140 F.
🍴 38 F. 📷 175/195 F.
⊠ 15 oct./15 nov. et sam. soir.
⬜⬜ CB

CERIZAY
79140 Deux Sèvres
4880 hab. 🛈

⌂ DE FRANCE ★★
1, av. du 25 Août. Mme Rouot
☎ 49 80 13 13 📠 49 80 13 65
🛏 14 🍽 180/240 F. ⏸ 65/100 F.
🍴 30 F. 📷 165/220 F.
⊠ dim. 14 H à 18 H.
⬜⬜⬜⬜⬜⬜ CV ⬜ CB

⌂⌂ DU CHEVAL BLANC ★★
33, av. du 25 Août. M. Boutin
☎ 49 80 05 77 📠 49 80 08 74
🛏 20 🍽 240/300 F. ⏸ 68/118 F.

🍴 50 F. 📷 245/280 F.
⊠ 16 déc./7 janv., sam. et dim. hs sauf
hôtel sur réservations.
⬜⬜⬜⬜⬜⬜⬜⬜

CERNAY
68700 Haut Rhin
11000 hab. 🛈

⌂⌂ BELLE-VUE ★★
10, rue Maréchal Foch. M. Rietsch
☎ 89 75 40 15 📠 89 75 74 81
🛏 25 🍽 160/390 F. ⏸ 65/250 F.
🍴 50 F. 📷 220/280 F.
⊠ 20 déc./20 janv., sam. midi et dim.
soir.
⬜⬜⬜⬜⬜⬜⬜⬜ CV ⬜ CB

⌂ DES TROIS ROIS ★★★
2, rue de Thann. Mme Zampieri
☎ 89 75 40 54 📠 89 39 91 78
🛏 10 🍽 260/280 F. ⏸ 56/170 F.
🍴 34 F. 📷 210/220 F.
⊠ 5/26 fév., sam. et dim. soir basse
saison, dim. soir juil./sept.
⬜⬜⬜⬜⬜⬜ CV ⬜ CB ⬜

⌂⌂ HOSTELLERIE D'ALSACE ★★
61, rue Poincaré. M. Liermann
☎ 89 75 59 81 📠 89 75 70 22
🛏 10 🍽 250/285 F. ⏸ 95/305 F.
🍴 60 F. 📷 270/280 F.
⊠ 10/31 juil., 26 déc./2 janv., dim. soir
et lun.
⬜⬜⬜⬜⬜⬜⬜ CB ⬜

CERONS
33720 Gironde
1300 hab.

⌂⌂⌂ GRILLOBOIS ★★
Sur N. 113. Mme Fleury
☎ 56 27 11 50 📠 56 27 04 04
🛏 10 🍽 250 F. ⏸ 90/180 F. 🍴 54 F.
⊠ 2/28 janv., dim. soir et lun.
⬜⬜ SP ⬜⬜⬜⬜⬜⬜⬜⬜⬜
⬜⬜ ⬜ CB

CESSIEU
38110 Isère
1610 hab.

⌂⌂⌂ LA GENTILHOMMIERE ★★
M. Cottaz ☎ 74 88 30 09 📠 74 88 32 61
🛏 7 🍽 250/370 F. ⏸ 100/280 F.
🍴 60 F. 📷 380 F.
⊠ 15 nov./5 déc., dim. soir et lun.
⬜⬜⬜⬜⬜⬜ CB ⬜

CESSON SEVIGNE
35510 Ille et Vilaine
18000 hab.

⌂⌂⌂ GERMINAL ★★★
9, cours de la Vilaine. M. Goualin
☎ 99 83 11 01 📺 740 600 F
📠 99 83 45 16
🛏 19 🍽 330/450 F. ⏸ 90/250 F.
🍴 60 F.
⊠ 23 déc./3 janv., rest. dim. soir, (dim.
juil./août).
⬜⬜⬜⬜⬜⬜⬜⬜⬜⬜⬜ CB

CEYZERIAT
01250 Ain
2000 hab. ⓘ

⌂ RELAIS DE LA TOUR ★★
Rue Joseph Bernier. Mme Andreoli
☎ 74 30 01 87 ⅢⅩ 74 25 03 36
🛏 10 ▭ 220/280 F. ⅠⅠ 75/250 F.
🍴 50 F. ▥ 325 F.
⊠ 15 oct./15 nov., dim. soir et mer.
16 sept./14 juin.
▢ ☎ ⋈ ⅈ ⌑ CB

CHABEUIL
26120 Drôme
3916 hab. ⓘ

⌂⌂⌂ RELAIS DU SOLEIL ★★★
Sur D. 538. M. Rigollet
☎ 75 59 01 81 ⅢⅩ 75 59 11 82
🛏 16 ▭ 280/330 F. ⅠⅠ 95/220 F.
🍴 60 F. ▥ 270/450 F.
▢ D SP ▢ ☎ ▣ ⌑ ⌣ ⋀ ᚛ CV
ⅈ ⌑ CB ▤

CHABLIS
89800 Yonne
2414 hab. ⓘ

⌂⌂ DE L'ETOILE Rest. BERGERAND ★ & ★★
4, rue des Moulins. M. Prévost
☎ 86 42 10 50 ⅢⅩ 86 42 81 21
🛏 11 ▭ 150/265 F. ⅠⅠ 95/285 F.
🍴 45 F. ▥ 200/260 F.
⊠ 20 déc./15 janv., dim. soir et lun. hs.
▢ SP ☎ ▣ ▣

⌂⌂⌂ HOSTELLERIE DES CLOS ★★★
Rue Jules Rathier. M. Vignaud
☎ 86 42 10 63 ⅢⅩ 86 42 17 11
🛏 26 ▭ 268/530 F. ⅠⅠ 160/420 F.
🍴 90 F. ▥ 470/670 F.
⊠ 22 déc./7 janv., mer. et jeu. midi.
▢ D ▢ ☎ ▣ ▣ ⌑ ⋈ ⌣ ▶ ᚛
ⅈ ⌑ CB

CHABRIS
36210 Indre
3000 hab. ⓘ

⌂⌂ DE LA PLAGE ★★
42, rue du Pont. M. Pinault
☎ 54 40 02 24 ⅢⅩ 54 40 08 59
🛏 8 ▭ 174/294 F. 🍴 50 F.
▥ 220/240 F.
⊠ 22 déc./5 fév., 1 semaine juin,
1 semaine sept., dim. soir et lun.
▢ D ▢ ☎ ▣ ⌑ ⌣ ⌀ ⅈ ⌑ CB

CHAGNY
71150 Saône et Loire
6000 hab. ⓘ

⌂⌂ BONNARD ★★
Sur N. 6. Mme Bonnard
☎ 85 87 21 49 ⅢⅩ 85 87 06 54
🛏 20 ▭ 190/280 F. ⅠⅠ 80/180 F.
🍴 50 F. ▥ 240/270 F.
⊠ 1er janv./1er mars et mer.
▢ ▢ ▣ ▣ ⋀ ⌑ CB

⌂ LA MUSARDIERE ★★
30, route de Chalon. M. Rebillard
☎ 85 87 04 97 ⅢⅩ 85 87 20 51

🛏 15 ▭ 170/300 F. ⅠⅠ 60/150 F.
🍴 45 F. ▥ 175/285 F.
⊠ lun. oct./mai.
▢ ☎ ▣ ⌣ CV ⌑ CB

CHAINGY FOURNEAUX
45380 Loiret
3200 hab. ⓘ

⌂ LES PETITES ARCADES ★★
42, route de Blois. M. Kelagopian
☎ 38 88 85 11 ⟍ 38 88 87 43
🛏 23 ▭ 125/235 F. ⅠⅠ 70/ 90 F.
🍴 45 F. ▥ 175/190 F.
⊠ dim. hs.
▢ ▢ ☎ ▣ ⌣ CV ⌑

CHAISE DIEU (LA)
43160 Haute Loire
1080 m. • 750 hab. ⓘ

⌂⌂ AU TREMBLANT ★★
Sur D. 906, rue Picasso. M. Boyer
☎ 71 00 01 85 ⅢⅩ 71 00 08 59
🛏 27 ▭ 150/335 F. ⅠⅠ 95/220 F.
🍴 68 F. ▥ 250/300 F.
⊠ hôtel 2 nov./30 avr.
▢ ▢ ☎ ▣ ▣ ⋀ ᚛ ⅈ ⌑ CB

⌂⌂ DE LA CASADEI ★★
Mme Faure-Liotier
☎ 71 00 00 58 ⅢⅩ 71 00 01 67
🛏 11 ▭ 210/280 F. ⅠⅠ 75/ 90 F.
🍴 45 F. ▥ 240/270 F.
⊠ 30 sept./10 mai.
▢ ▢ ☎ CV ⌑ CB

⌂⌂⌂ ECHO ET ABBAYE ★★
Mme Chirouze
☎ 71 00 00 45 ⅢⅩ 71 00 00 22
🛏 11 ▭ 300/350 F. ⅠⅠ 90/250 F.
🍴 70 F. ▥ 300/320 F.
⊠ 3 nov./Pâques et lun. midi hs.
▢ ▢ ☎ ᚛ CB

⌂ MONASTERE ET TERMINUS ★★
Place de la Gare. M. Sciortino
☎ 71 00 00 73 ⅢⅩ 71 00 09 18
🛏 12 ▭ 145/235 F. ⅠⅠ 75/160 F.
🍴 40 F. ▥ 310/370 F.
⊠ 1er/25 fév., dim. soir et lun. hs.
▢ SP ⅈ ▢ ☎ ▣ ᚛ ⅈ ⌑

CHALANDRAY
86190 Vienne
720 hab.

⌂ LES 4 AS ★★
Mme Russeil ☎ 49 60 14 07
🛏 9 ▭ 155/195 F. ⅠⅠ 45/ 87 F. 🍴 40 F.
▥ 170/220 F.
⊠ dim. hs.
▢ ▢ ☎ ▣ ᚛ ⅈ ⌑ CB

CHALLANS
85300 Vendée
14203 hab. ⓘ

⌂⌂ LE MARAIS ★★
16, place de Gaulle. M. Pajot
☎ 51 93 15 13 ⅢⅩ 51 49 44 96
🛏 11 ▭ 200/230 F. ⅠⅠ 76/245 F.
🍴 45 F. ▥ 206/250 F.
▢ D SP ▢ ☎ ▣ CV ⅈ ⌑ CB

CHALLES LES EAUX
73190 Savoie
2500 hab. [i]

▲ DE LA MAIRIE
117, av. Charles Pillet. Mme Bernard
☎ 79 72 86 26 [TX] 320772 [FAX] 79 72 76 60
[🛏] 22 [S] 180/280 F. [🍽] 75/150 F.
[🍴] 50 F. [🛎] 225/250 F.
[⊠] 23 déc./2 janv., sam. et dim. soir
7 nov./1er avr.
[E] [🗋] [☎] [🚗] [🛆] [🍴] [◑] [◀] [CB]

CHALON SUR SAONE
71100 Saône et Loire
72000 hab. [i]

▲ AUX VENDANGES DE BOURGOGNE ★★
21, rue Général Leclerc. Mme Thomas
☎ 85 48 01 90
[🛏] 15 [S] 150/310 F. [🍽] 50/ 60 F.
[🍴] 30 F. [🛎] 120/215 F.
[⊠] rest. dim.
[E] [🗋] [☎] [🚗] [🚗] [CV] [◀] [CB]

CHALON SUR SAONE (LUX)
71100 Saône et Loire
1619 hab.

▲ LES CHARMILLES ★★
(A Lux 1 km, sortie A6 Châlon Sud).
M. Bellia ☎ 85 48 58 08 [FAX] 85 93 04 49
[🛏] 30 [S] 205/250 F. [🍽] 72/235 F. [🍴] 50 F.
[🛎] 210/240 F.
[⊠] 31 oct./13 nov., 23/26 déc. et dim.
15 oct./31 mars.
[E] [i] [🗋] [☎] [🚗] [🚗] [🍴] [◑] [◀] [CB]

CHALONNES SUR LOIRE
49290 Maine et Loire
5000 hab. [i]

▲▲ DE FRANCE ★★
5, rue Nationale. M. Bourget
☎ 41 78 00 12 [FAX] 41 78 09 24
[🛏] 13 [S] 180/250 F. [🍽] 65/210 F.
[🍴] 38 F. [🛎] 180/190 F.
[⊠] 20 déc./5 janv.
[E] [🗋] [☎] [🚗] [🚗] [♂] [CV] [◀] [CB] [▦]

CHALONS SUR MARNE
51000 Marne
48423 hab. [i]

▲▲ LE RENARD ★★★
24, place de la République. M. Pignot
☎ 26 68 03 78 [FAX] 26 64 50 07
[🛏] 35 [S] 320/500 F. [🍽] 85/260 F.
[🍴] 50 F. [🛎] 290/330 F.
[E] [SP] [🗋] [☎] [🚗] [🚗] [CV] [◑] [◀] [CB]

CHAMARANDES
52000 Haute Marne
895 hab.

▲▲ AU RENDEZ-VOUS DES AMIS ★★
4, place du Tilleul. M. Nicard
☎ 25 32 20 20 [FAX] 25 02 60 90
[🛏] 14 [S] 230/300 F. [🍽] 88/250 F.
[🍴] 48 F. [🛎] 240/320 F.
[⊠] 1er/23 août, 22 déc./2 janv., ven. soir
et sam.
[E] [🗋] [🏨] [⋈] [CV] [◑] [◀] [CB]

CHAMBERET
19370 Corrèze
1470 hab. [i]

▲▲ DE FRANCE ★★
Place de la Mairie. Mme Pouget
☎ 55 98 30 14 [FAX] 55 73 47 15
[🛏] 12 [S] 150/260 F. [🍽] 75/160 F.
[🍴] 50 F. [🛎] 200/210 F.
[⊠] 3 semaines fin janv., 1 semaine début
fév. et dim. soir oct./Pâques.
[E] [D] [🗋] [☎] [🚗] [🚗] [🍴] [CV] [◑] [◀] [CB]

CHAMBERY
73000 Savoie
70000 hab. [i]

▲▲ SAVOYARD ★★
35, place Monge. M. Gachet
☎ 79 33 36 55 [FAX] 79 85 25 70
[🛏] 10 [S] 230/260 F. [🍽] 75/200 F.
[🍴] 45 F. [🛎] 215/240 F.
[⊠] dim. sauf jours fériés et réservations.
[E] [SP] [i] [🗋] [☎] [🚗] [♂] [◑] [◀] [CB]

CHAMBERY (LES CHARMETTES)
73000 Savoie
56788 hab. [i]

▲▲ AUX PERVENCHES ★★
Les charmettes. Mme Piquet
☎ 79 33 34 26 [FAX] 79 60 02 52
[🛏] 13 [S] 120/170 F. [🍽] 95/240 F.
[🍴] 70 F.
[⊠] 16/24 août, dim. soir et lun. midi.
[🗋] [☎] [🚗] [⋈] [🍴] [CV] [◑] [◀] [CB]

CHAMBON SUR LAC
63790 Puy de Dôme
870 m. • 600 hab. [i]

▲▲ BEAU SITE ★★
Lac Chambon. Mme Meallet
☎ 73 88 61 29 \ 73 88 65 66
[FAX] 73 88 66 73
[🛏] 16 [S] 220/320 F. [🍽] 65/180 F.
[🍴] 45 F. [🛎] 220/240 F.
[⊠] 30 sept./10 fév.
[E] [🗋] [☎] [🚗] [🚗] [🍴] [♂] [CV] [◀] [CB]

▲▲ LE GRILLON ★★
Lac Chambon. M. Planeix
☎ 73 88 60 66 [FAX] 73 88 65 55
[🛏] 22 [S] 180/250 F. [🍽] 58/180 F.
[🍴] 38 F. [🛎] 200/250 F.
[⊠] début vac. scol. fév./fin vac. scol.
Toussaint.
[E] [🗋] [☎] [🚗] [🍴] [♣] [♂] [CV] [◀] [CB] [▦]

CHAMBON SUR LIGNON (LE)
43400 Haute Loire
1000 m. • 3000 hab. [i]

▲ BEAU SOLEIL ★★
39, route de Tence. M. Messmer
☎ 71 59 72 77 [FAX] 71 59 27 80
[🛏] 17 [S] 170/260 F. [🍽] 68/155 F.
[🍴] 45 F. [🛎] 200/225 F.
[⊠] 12/26 fév., 9/23 avr., vac.
Toussaint, dim. après-midi et lun.
[E] [D] [🗋] [☎] [🍴] [♣] [♂] [CV] [◑] [CB] [▦]

CHAMBON SUR LIGNON (LE) (suite)

▲▲ BEL HORIZON ★★★
24, chemin de Molle. M. Charreyron
☎ 71 59 74 39
🛏 20 ⊗ 300/360 F. ⊞ 100/160 F.
🍴 55 F. 🛎 280/340 F.
⊠ Toussaint/Pâques et lun.
🖵 ☎ 🚗 🍴 ⊠ 🐾 🚶 🚹 ⊞

▲▲▲ CLAIR MATIN ★★★
(Les Barandons) Sur D. 185. M. Bard
☎ 71 59 73 03 🖷 71 65 87 66
🛏 30 ⊗ 300/490 F. ⊞ 110/200 F.
🍴 60 F. 🛎 310/400 F.
⊠ mi-nov./mi-déc.
🖵 🖻 ☎ 🚗 🍴 ⊠ 🐾 ⊞ 🌊 🐾 🚹
🚶 CV ⊞ 🐾 CB 🏧

▲ LA PLAGE BEAU RIVAGE ★
Rue de la Grande Fontaine. M. Astier
☎ 71 59 70 56
🛏 18 ⊗ 135/260 F. ⊞ 75/110 F.
🍴 50 F. 🛎 170/235 F.
⊠ mi-oct./mi-avr.
🖵 ☎ 🚗 ⊞ 🐾

▲▲ LE BOIS VIALOTTE ★★
Route de la Suchere.
Mmes Marion/Heritier ☎ 71 59 74 03
🛏 25 ⊗ 170/290 F. ⊞ 75/120 F.
🍴 45 F. 🛎 205/275 F.
⊠ 30 sept./30 avr.
🖵 ☎ 🚗 🍴 🚹 🚶 🚹 CV ⊞ 🐾 CB

CHAMBORD
41250 Loir et Cher
360 hab. 🛈

▲▲ DU GRAND SAINT MICHEL ★★
(Face au Château). M. Le Meur
☎ 54 20 31 31
🛏 39 ⊗ 320/450 F. ⊞ 130/210 F.
🍴 70 F.
⊠ 12 nov./20 déc.
🖵 🖻 ☎ 🚗 🚗 🍴 ⊞ 🐾 CB

CHAMBORIGAUD
30530 Gard
874 hab.

▲▲ LES CEVENNES ★
Av. de la Plaine. M. Chomat
☎ 66 61 47 27
🛏 11 ⊗ 170/200 F. ⊞ 50/160 F.
🍴 35 F. 🛎 180/195 F.
⊠ 1er janv./15 fév. et mar.
15 sept./15 juin juin.
🖵 ☎ 🚗 🚹 CV 🐾 CB

CHAMBOULIVE
19450 Corrèze
1200 hab. 🛈

▲▲ DESHORS FOUJANET ★★
Sur D. 940. Mme Foujanet Malaterre
☎ 55 21 62 05 🖷 55 21 68 80
🛏 26 ⊗ 150/270 F. ⊞ 85/195 F.
🍴 55 F. 🛎 200/260 F.
⊠ dernière semaine fév./1ère semaine
mars, oct. et rest. dim. soir nov./mai.
🖵 SP 🖻 ☎ 🚗 🍴 ⊞ 🌊 🐾 🚹 ⊘ CV
⊞ 🐾 CB

CHAMONIX
74400 Haute Savoie
1050 m. • *10000 hab.* 🛈

▲▲ AU RELAIS DES GAILLANDS ★★
964, route des Gaillands. M. Onorati
☎ 50 53 13 58 🖷 50 55 85 06
🛏 21 ⊗ 240/310 F. ⊞ 80/200 F.
🍴 50 F. 🛎 245/280 F.
⊠ 15 oct./15 déc.
🖵 🖻 ☎ 🚗 🍴 🚹 CV 🐾 CB

▲▲ DE L'ARVE ★★
Rue Vallot, quai de l'Alpina.
M. Me Didillon/Lochet
☎ 50 53 02 31 🖷 50 53 56 92
🛏 39 ⊗ 200/428 F. ⊞ 70/105 F.
🍴 50 F. 🛎 210/309 F.
⊠ hôtel 1er nov./19 déc., rest. 8 mai/
2 juin et 25 sept./19 déc. sauf groupes.
🖵 🖻 ☎ 🚗 🍴 🍴 🚹 CV 🐾 CB

▲▲ L'ARVEYRON ★★
Chemin des Cristalliers. M. Schmitt
☎ 50 53 18 29 🖷 50 53 06 43
🛏 32 ⊗ 200/300 F. ⊞ 75/110 F.
🍴 45 F. 🛎 195/265 F.
⊠ 10 avr./3 juin et 25 sept./22 déc.
🖵 🖳 SP 🖻 ☎ 🚗 🍴 🚹 CV 🐾 CB

CHAMONIX (LE LAVANCHER)
74400 Haute Savoie
1240 m. • *120 hab.* 🛈

▲▲ CHALET-HOTEL BEAU SOLEIL ★★
60, allée des Peupliers. M. Bossonney
☎ 50 54 00 78 🖷 50 54 17 34
🛏 15 ⊗ 320/540 F. ⊞ 90/150 F.
🍴 55 F. 🛎 275/385 F.
⊠ 20 sept./20 déc., rest. midi 9/20 janv.
et 18 avr./10 juin.
🖵 🖳 🖻 ☎ 🚗 🍴 ⊠ 🚹 🐾 CB

CHAMONIX (LES BOSSONS)
74400 Haute Savoie
1032 m. • *110 hab.* 🛈

▲▲▲ L'AIGUILLE DU MIDI ★★
479, chemin Napoléon. M. Farini
☎ 50 53 00 65 🖷 50 55 93 69
🛏 45 ⊗ 276/480 F. ⊞ 115/206 F.
🍴 66 F. 🛎 280/425 F.
⊠ 5 janv./10 fév., 13 mars/14 avr. et
20 sept./20 déc.
🖵 🖻 ☎ 🚗 🍴 ⊠ 🍴 ⊞ 🌊 🐾 🚹
🚶 CV ⊞ 🐾

CHAMONIX (LES PRAZ)
74400 Haute Savoie
1060 m. • *150 hab.* 🛈

▲▲ EDEN ★★
35, route des Gaudenays. M. Lesage
☎ 50 53 18 43 🖷 50 53 51 50
🛏 10 ⊗ 300/450 F. ⊞ 120/350 F.
🛎 300/350 F.
⊠ 1er/15 juin, 3 nov./3 déc. et mar. hs.
🖵 🖳 🖻 ☎ 🚗 🍴

CHAMONIX (LES PRAZ) (suite)

LES RHODODENDRONS ★★
(Les Praz). M. Gavard
☎ 50 53 06 39
🛏 18 ⊠ 250/300 F. 🍴 75/110 F.
🎫 220/270 F.
⊠ 20 avr./5 juin et 25 sept./20 déc.
[E] [i] 🚗 🛁 🛆 [CV] [≣]

SIMOND ET DU GOLF ★
14, rue de la Chapelle. M. Simond
☎ 50 53 06 08
🛏 24 ⊠ 178/296 F. 🍴 55/100 F.
🎿 40 F. 🎫 197/256 F.
⊠ 20 sept./26 déc. et 5 mai/15 juin.
[E] [D] 🚗 🛁 🛆 🛆 [CB]

CHAMOUILLEY
52410 Haute Marne
994 hab.

DU CHEVAL BLANC ★★
11, place de la Mairie. M. Perez
☎ 25 55 59 92 📠 25 04 04 93
🛏 8 ⊠ 180/350 F. 🍴 60/100 F. 🎿 40 F.
🎫 260 F.
⊠ jeu. après midi.
[SP] 🖥 🖀 [CV] [≣] 🛆 [CB]

CHAMOUSSET
73390 Savoie
380 hab.

CHRISTIN ★★
M. Christin
☎ 79 36 42 06 📠 79 36 45 43
🛏 11 ⊠ 190/230 F. 🍴 65/150 F.
🎿 50 F. 🎫 190/210 F.
⊠ 1 semaine mai, 25 sept./10 oct., dim.
soir et lun.
[E] [i] 🖥 🖀 🚗 🛆 🛆 [CV] [≣] 🛆 [CB] 🛆

CHAMPAGNAC
15350 Cantal
622 m. • 1411 hab.

LE LAVENDES ★★★
Château de Lavendes, Route de Neuvic.
M. Gimmig
☎ 71 69 62 79 📧 393160 📠 71 69 65 33
🛏 8 ⊠ 410/550 F. 🍴 165/260 F.
🎿 65 F. 🎫 400/500 F.
⊠ 15 nov./1er mars, dim. soir et lun.
10 sept./15 mai.
[E] [D] 🖥 🖀 🚗 🛁 🛆 🛆 [CB]

CHAMPAGNEY
70290 Haute Saône
3290 hab.

DU COMMERCE ★★
4, av. Général Brosset. Mme Angly
☎ 84 23 13 24 📠 84 23 24 33
🛏 20 ⊠ 150/250 F. 🍴 70/250 F.
🎿 50 F. 🎫 190/250 F.
⊠ 1er/15 fév. et lun. hs.
[E] [D] 🖥 🖀 🚗 🚗 🛁 🛆 [CV] [≣] 🛆 [CB]

CHAMPAGNOLE
39300 Jura
545 m. • 10700 hab. [i]

DU BOIS DORMANT
Route de Pontarlier. M. Sclafer
☎ 84 52 66 66 📠 84 52 66 67
🛏 40 ⊠ 270/300 F. 🍴 88/240 F.
🎿 45 F. 🎫 200/240 F.
🖥 🖀 🚗 🛁 🛆 🛆 🛆 [CV] [≣] 🛆 [CB]

DU PARC ★★★
13, rue Paul Cretin.
Mmes Baron/Cattenot
☎ 84 52 13 20 📠 84 52 27 62
🛏 18 ⊠ 260/320 F. 🍴 75/180 F.
🎿 45 F. 🎫 250/280 F.
⊠ nov., rest. midi et dim. hs.
[E] [D] [i] 🖥 🖀 🚗 🚗 🛁 🛆 [CV] [≣]
🛆 [CB] [C] 🛆

GRAND HOTEL RIPOTOT ★★
Av. du Maréchal Foch.
Mme Winiecka-Ripotot
☎ 84 52 15 45 📠 84 52 09 11
🛏 35 ⊠ 190/300 F. 🍴 105/210 F.
🎿 45 F. 🎫 220/270 F.
⊠ 5 nov./2 avr.
[E] [D] [SP] [i] 🖥 🖀 🚗 🚗 🛁 🛆 🛆
🛆 🛆 🛆 [CV] [≣] 🛆 [CB] 🛆

CHAMPAGNOLE (ARDON)
39300 Jura
600 m. • 152 hab.

DU PONT DE GRATTEROCHE ★★
(A Ardon 5 km). Mme Schiavon
☎ 84 51 70 46 📠 84 51 75 41
🛏 18 ⊠ 230/300 F. 🍴 75/160 F.
🎿 45 F. 🎫 230/320 F.
⊠ 24 sept./2 oct., 23 déc./6 janv. et lun.
[E] 🖥 🖀 🚗 🛁 🛆 🛆 [CV] [≣] 🛆 [CB]

CHAMPAGNOLE (LE VAUDIOUX)
39300 Jura
640 m. • 145 hab. [i]

AUBERGE DES GOURMETS ★★★
M. Prieur
☎ 84 51 60 60 📠 84 51 62 83
🛏 7 ⊠ 300/380 F. 🍴 85/280 F. 🎿 60 F.
🎫 350 F.
⊠ 6/25 juin, 25 nov./15 déc., dim. soir
et lun. sauf réservations et vac. scol.
[E] [D] [i] 🖥 🖀 🚗 🛁 🛆 🛆 [CV] [≣]
🛆 [CB]

CHAMPAGNY EN VANOISE
73350 Savoie
1250 m. • 500 hab. [i]

L'ANCOLIE Rest. L'ALPENROSE ★★
Les Hauts du Crey. M. Me Pélican
☎ 79 55 05 00 📠 79 55 04 42
🛏 31 ⊠ 290/610 F. 🍴 90/115 F.
🎿 48 F. 🎫 250/450 F.
⊠ 23 avr./3 juin et 9 sept./16 déc.
[E] [D] 🖥 🖀 🚗 🛆 🛁 🛆 🛆 🛆 🛆 [CV]
[≣] 🛆 [CB] [C]

161

CHAMPAGNY EN VANOISE
(suite)

🔺🔺 LES GLIERES ★★
M. Lejeune ☎
79 55 05 52 🖷 79 55 04 84
🛎 20 ⊗ 248/368 F. ⫼ 90/145 F.
🍴 42 F. 🍽 240/328 F.
⊠ 9 avr./18 juin et 3 sept./17 déc.
🄴 ☎ 🔜 CV 🔜 CB

CHAMPANGES
74500 Haute Savoie
720 m. • 710 hab.

🔺🔺 DES ALPES ★★
M. Dutruel ☎ 50 73 45 76
🛎 15 ⊗ 175/300 F. ⫼ 75/150 F.
🍴 30 F. 🍽 180/250 F.
⊠ lun. hs.
🄴 🄸 ☎ 🔜 🔜 🏃 ♿ CV 🔜 🔜

CHAMPENOUX
54280 Meurthe et Moselle
1004 hab.

🔺🔺 LA LORETTE ★★
52, rue Saint-Barthélémy. M. Malgras
☎ 83 31 63 43 🖷 83 31 71 04
🛎 10 ⊗ 230 F. ⫼ 80/170 F. 🍴 45 F.
🍽 180 F.
⊠ rest. dim. soir et lun.
🄴 🄳 🔜 ☎ 🔜 🔜 ✉ 🔜 🔜 CB 🛄

CHAMPIER
38260 Isère
830 hab.

🔺🔺 AUBERGE DE LA SOURCE ★★
M. Chauffard ☎ 74 54 40 44
🛎 10 ⊗ 175/220 F. ⫼ 80/230 F.
🍴 70 F. 🍽 280 F.
⊠ 20 nov./8 déc., dim. soir et lun. soir oct./mai.
🔜 ☎ 🔜 🔜 🔜 🔜 CB

CHAMPLITTE
70600 Haute Saône
2050 hab. 🄸

🔺 HENRI IV ★★
15, rue du Bourg. M. Brasey
☎ 84 67 66 81 🖷 84 67 80 65
🛎 10 ⊗ 150/350 F. ⫼ 80/250 F.
🍴 45 F. 🍽 170/200 F.
⊠ lun. soir et mar. 1er nov./31 mars.
🄴 🄳 🔜 ☎ 🔜 🔜 🔜 CV 🔜 🔜 CB 🛄

🔺 LE DONJON ★★
46, rue de la République. M. Maillot
☎ 84 67 66 95 🖷 84 67 81 06
🛎 12 ⊗ 140/220 F. ⫼ 65/160 F.
🍴 35 F. 🍽 160 F.
⊠ ven. soir hs.
🄴 🄳 SP 🄸 🔜 ☎ CV 🔜 🔜 CB 🛄

CHAMPLIVE
25360 Doubs
200 hab.

🔺 DU CHATEAU DE VAITE ★★
M. Beauquier
☎ 81 55 20 66

🛎 9 ⊗ 180/280 F. ⫼ 85/185 F. 🍴 40 F.
🍽 185 F.
⊠ janv. et lun.
🔜 ☎ 🔜 ✉ 🔜 🔜 CV 🔜 CB

CHAMPTOCE SUR LOIRE
49123 Maine et Loire
1400 hab.

🔺🔺 CHEVAL BLANC ★★
1, rue Gilles de Rais. Mlle Pavy
☎ 41 39 91 81 🖷 41 39 98 67
🛎 12 ⊗ 185/200 F. ⫼ 65/130 F.
🍴 35 F. 🍽 190/220 F.
⊠ 1er/15 mars, 9/25 sept. et sam. sauf juil./août.
🔜 ☎ 🔜 🔜 🔜 🔜 CB

CHAMPTOCEAUX
49270 Maine et Loire
1600 hab. 🄸

🔺🔺 LE CHAMPALUD ★★
Promenade Champalud. M. Rabu
☎ 40 83 50 09 🖷 40 83 53 81
🛎 16 ⊗ 160/250 F. ⫼ 59/200 F.
🍴 45 F.
⊠ rest. 4 premières semaines janv., mer. et dim. soir 1er oct./31 mai.
🄴 🄳 🔜 ☎ 🔜 🍴 CV 🔜 🔜 CB 🄲 🛄

CHANAC
48230 Lozère
630 m. • 900 hab. 🄸

🔺🔺 DES VOYAGEURS ★★
Mme Palmier/Arnal
☎ 66 48 20 16 🖷 66 48 28 16
🛎 15 ⊗ 155/230 F. ⫼ 63/150 F.
🍴 45 F. 🍽 170/220 F.
⊠ 22 déc./7 janv., ven. soir et sam. 11 nov./10 mars.
🄴 🄳 ☎ 🔜 🔜 🏃 🔜 CB

CHANAS
38150 Isère
1486 hab.

🔺🔺 PARIS NICE ★★
43, route de Marseille. Mme Besselia
☎ 74 84 21 22 🖷 74 84 29 34
🛎 15 ⊗ 200/300 F. ⫼ 85/220 F.
🍴 45 F. 🍽 280/320 F.
⊠ dim. midi.
🄴 🄳 SP 🔜 ☎ 🔜 🔜 ✉ 🔜 🔜 🍴 CV 🔜 🔜 CB 🄲 🛄

CHANCELADE
24650 Dordogne
3295 hab.

🔺🔺 DU PONT DE LA BEAURONNE ★★
4, route de Riberac. M. Mousnier
☎ 53 08 42 91 🖷 53 03 97 69
🛎 30 ⊗ 135/270 F. ⫼ 70/200 F.
🍴 45 F. 🍽 200/260 F.
⊠ 19 sept./18 oct., rest. dim. soir et lun. midi.
🄴 SP 🔜 ☎ 🔜 🏃 CV 🔜 🔜 CB

CHANDOLAS
07230 Ardèche
385 hab.

⚠️ AUBERGE LES MURETS
M. Parrod ☎ 75 39 08 32
🛏 7 ⬜ 0/270 F. ⏸ 90/130 F. 🍽 65 F.
🍴 0/255 F.
✉ 15 nov./15 fév.
🚗 🕌 ⬛ CV ⬅ CB

CHANTILLY (GOUVIEUX)
60270 Oise
10000 hab. ℹ️

⚠️⚠️ CHATEAU DE LA TOUR ⋆⋆⋆
Chemin de La Chaussée. M. Jadas
☎ 44 57 07 39 📠 155 014 F
📠 44 57 31 97
🛏 41 ⬜ 580/890 F. ⏸ 190/280 F.
🍴 75 F. 🍽 500 F.
🎱 D 🕌 🚗 🕌 ⬛ 🐾 🕌 ⬛ ⬛
⬛ ⬅ CB

⚠️ HOSTELLERIE DU PAVILLON
SAINT-HUBERT ⋆⋆
(A Toutevoie à 5 km). M. Luck
☎ 44 57 07 04 📠 44 57 75 42
🛏 20 ⬜ 260/320 F. ⏸ 140/160 F.
🍴 85 F. 🍽 300/330 F.
✉ 15 janv./15 fév.
🎱 🕌 🚗 🚗 🕌 🎱 ⬛

CHANTONNAY
85110 Vendée
7430 hab. ℹ️

⚠️⚠️ LE MOULIN NEUF ⋆⋆
(A 800 m. de la N. 137, au bord du lac).
M. Nex
☎ 51 94 30 27 📠 51 94 57 76
🛏 60 ⬜ 210/330 F. ⏸ 65/180 F.
🍴 35 F. 🍽 230/250 F.
🎱 SP 🕌 🕌 🚗 ⬛ 🕌 ⬛ 🕌 ⬛ 🕌
▶ ⬛ CV ⬛ ⬅ CB ⬛

CHAPAREILLAN
38530 Isère
1500 hab. ℹ️

⚠️ DE L'AVENUE ⋆
(Le Cernon). Mme Sache
☎ 76 45 23 35
🛏 8 ⬜ 170/250 F. ⏸ 75/160 F. 🍽 35 F.
🍽 225/265 F.
✉ 1 semaine avr., 2 à 3 semaines
sept., dim. soir et lun.
🎱 🚗 🚗 🕌 🕌 ⬅ CB

CHAPELLE AUBAREIL (LA)
24290 Dordogne
320 hab.

⚠️ LA TABLE DU TERROIR ⋆⋆
(A Fougeras). M. Gibertie
☎ 53 50 72 14 📠 53 51 16 23
🛏 16 ⬜ 260/320 F. ⏸ 65/220 F.
🍴 45 F. 🍽 260/280 F.
✉ 1er nov./1er mars.
🎱 SP 🕌 🚗 🕌 🕌 ⬛ ▶ 🕌 CV ⬛
⬅ CB ⬛

CHAPELLE CARO (LA)
56460 Morbihan
1104 hab.

⚠️ LE PETIT KERIQUEL ⋆⋆
Place de l'Eglise. M. Havard
☎ 97 74 82 44
🛏 7 ⬜ 170/225 F. ⏸ 60/170 F. 🍽 45 F.
🍽 150/185 F.
✉ 13/27 fév., 1er/25 oct., dim. soir et
lun. hs.
🎱 🕌 🕌 🚗 🕌 🕌 CV ⬅ CB ⬛

CHAPELLE D'ABONDANCE (LA)
74360 Haute Savoie
1020 m. • 770 hab. ℹ️

⚠️ L'ALPAGE ⋆⋆
M. Ancey
☎ 50 73 50 25 📠 50 73 52 43
🛏 32 ⬜ 280/350 F. ⏸ 90/210 F.
🍴 60 F. 🍽 280/340 F.
✉ 31 mars/15 avr. et 24 sept./24 oct.
🎱 🕌 🚗 🕌 🕌 🕌 🐾 CV ⬛ ⬅ CB

⚠️⚠️ L'ENSOLEILLE ⋆⋆
M. Trincaz
☎ 50 73 50 42 📠 50 73 52 96
🛏 34 ⬜ 250/270 F. ⏸ 95/280 F.
🍴 60 F. 🍽 270/300 F.
✉ Pâques/début juin et 16 sept./Noël.
🎱 🕌 🚗 🕌 🕌 🕌 ⬅ CB

⚠️ LE RUCHER ⋆⋆
M. Maxit
☎ 50 73 50 23 📠 50 73 54 67
🛏 22 ⬜ 260/340 F. ⏸ 78/130 F.
🍴 50 F. 🍽 220/310 F.
✉ 20 avr./16 juin et 20 sept./17 déc.
🎱 🕌 🚗 🕌 🕌 🕌 ⬛ 🕌 CV ⬛ ⬅ CB

⚠️ LE VIEUX MOULIN ⋆⋆
Route de Chevennes. M. Maxit
☎ 50 73 52 52 📠 50 73 55 62
🛏 16 ⬜ 270 F. ⏸ 95/220 F. 🍽 60 F.
🍽 230/290 F.
✉ 15 avr./15 mai et 20 oct./20 déc.
🕌 🕌 🚗 🕌 CV CB

⚠️⚠️ LES CORNETTES DE BISES ⋆⋆
M. Trincaz
☎ 50 73 50 24 📠 50 73 54 16
🛏 40 ⬜ 260/400 F. ⏸ 110/300 F.
🍴 50 F.
✉ mi-avr./mi-mai et mi-oct./mi-déc.
🎱 🕌 🚗 🕌 🕌 ⬛ 🕌 🕌 🕌 🐾 🕌 ▶
CV ⬛ ⬅ CB C

CHAPELLE D'ANDAINE (LA)
61140 Orne
1500 hab. ℹ️

⚠️ LE CHEVAL BLANC ⋆⋆
8, rue de la Gare. M. Feret
☎ 33 38 11 88
🛏 10 ⬜ 130/220 F. ⏸ 85/198 F.
🍴 55 F. 🍽 160/270 F.
✉ dim. soir.
🕌 🚗 🕌 🕌 ⬛ ⬅ CB

CHAPELLE D'ANGILLON (LA)
18380 Cher
687 hab.

⌂ LA BONNE AUBERGE
6, av. Alain Fournier. M. Langlois
☎ 48 73 46 89
🛏 5 ▧ 170/250 F. ⫼ 60/130 F. 🍽 40 F.
🍴 155 F.
✉ janv./mars, oct./déc., lun. et dim. soir
sauf juil./août.
🇪 ▯ 🖵 🛏 ⛽ 🍴 ⚓ 🏊 ⚓ CB

CHAPELLE DES BOIS
25240 Doubs
1089 m. • 198 hab.

⌂⌂ LES MELEZES ★★
M. Pagnier
☎ 81 69 21 82 ⴲ 81 69 12 75
🛏 10 ▧ 170/280 F. ⫼ 75/175 F.
🍽 45 F. 🍴 200/320 F.
✉ 21 mars/19 juin et 11 sept./19 oct.
SP 🖵 🛏 🏊 🏊 ⚓ 🍴 CV ⚓ CB

CHAPELLE DU CHATELARD (LA)
01240 Ain
250 hab.

⌂ DES PLATANES
M. Malapel
☎ 74 24 50 42
🛏 5 ▧ 130 F. ⫼ 105/200 F. 🍽 45 F.
🍴 170 F.
✉ 16 janv./10 fév., dim. soir et lun.
▯ 🛏 🍴 🍴 ⚓ ⚓ CB

CHAPELLE EN VERCORS (LA)
26420 Drôme
955 m. • 700 hab. 🛈

⌂⌂ BELLIER ★★
Mme Bellier
☎ 75 48 20 03 ⴲ 75 48 25 31
🛏 13 ▧ 300/420 F. ⫼ 88/230 F.
🍽 69 F. 🍴 250/380 F.
🇪 ▯ 🖵 🛏 ⛽ 🛏 🍴 🏊 🍴 ⚓ CB

⌂ DES SPORTS ★
M. Revol
☎ 75 48 20 39 ⴲ 75 48 10 52
🛏 14 ▧ 135/250 F. ⫼ 80/140 F.
🍽 35 F. 🍴 170/225 F.
✉ 12 nov./31 janv., dim. soir hs. sauf
fériés et vac. scol.
🖵 🛏 ⚓ CB

CHARAVINES
38850 Isère
1010 hab. 🛈

⌂⌂ BEAU RIVAGE - PLAGE BEAU SITE ★★
Rue Principale le Bord du Lac.
M. Valentin
☎ 76 06 61 08 ⴲ 76 06 66 58
🛏 31 ▧ 175/280 F. ⫼ 70/240 F.
🍽 60 F. 🍴 220/240 F.
✉ vac. Toussaint, 20 déc./1er fév., dim.
soir et lun. sauf juil./août.
🇪 ▯ 🖵 🛏 🛏 🛏 🍴 🏊 🏊 CV ⚓
⚓ CB

DE LA POSTE ★★
Mme Despierre Corporon
☎ 76 06 60 41 ⴲ 76 55 62 42
🛏 15 ▧ 240/295 F. ⫼ 98/250 F.
🍽 70 F. 🍴 260/290 F.
✉ 15/30 nov., dim. soir et lun. midi.
🇪 SP 🖵 🛏 CV ⚓ ⚓ CB C ⚓

⌂ HOSTELLERIE DU LAC BLEU ★★
(Lac de Paladru). Mlle Corino
☎ 76 06 60 48 ⴲ 76 06 66 81
🛏 13 ▧ 150/250 F. ⫼ 70/150 F.
🍽 50 F. 🍴 210/310 F.
✉ 15 oct./15 mars, lun. soir et mar. hs.
🇪 ▯ 🖵 🛏 🍴 🏊 🍴 CV ⚓ ⚓ CB C

CHARENSAT (CHANCELADE)
63640 Puy de Dôme
680 m. • 800 hab.

⌂ LE CHANCELADE HOTEL
M. Lanouzière ☎ 73 52 21 77
🛏 7 ▧ 120/180 F. ⫼ 80/140 F. 🍽 45 F.
🍴 160/180 F.
✉ lun. hs.
🇪 ▯ SP 🛈 🖵 🛏 ⚓

CHARETTE
71270 Saône et Loire
360 hab.

⌂⌂ DOUBS RIVAGE ★★
M. Reau ☎ 85 76 23 45 ⴲ 85 72 89 18
🛏 10 ▧ 175/225 F. ⫼ 87/230 F.
🍽 50 F. 🍴 230/250 F.
✉ 20 déc./5 janv., 1er fév./3 mars, dim.
soir et lun. sauf juil./août.
🇪 🖵 🛏 🍴 🏊 🍴 CV ⚓ ⚓ CB

CHARITE SUR LOIRE (LA)
58400 Nièvre
6422 hab. 🛈

⌂⌂ LE GRAND MONARQUE ★★
33, quai Clemenceau. M. Grennerat
☎ 86 70 21 73 ⴲ 86 69 62 32
🛏 9 ▧ 280/360 F. ⫼ 98/198 F. 🍽 70 F.
🍴 325 F.
✉ vac. scol. fév. et ven. soir hs.
🇪 ▯ 🖵 🛏 🛏 🍴 🏊 ⚓ CB

CHARIX
01130 Ain
850 m. • 250 hab.

⌂ AUBERGE DU LAC GENIN
M. Godet ☎ 74 75 52 50 ⴲ 74 75 51 15
🛏 5 ▧ 120/240 F. ⫼ 60/100 F. 🍽 35 F.
✉ 15 oct./1er déc., dim. soir et lun.
🇪 ▯ 🖵 🛏 🍴 🏊 CV ⚓ ⚓ CB

CHARLEVAL
27380 Eure
1654 hab.

⌂ AUBERGE DE L'ECURIE
M. Robin ☎ 32 49 30 73 ⴲ 32 48 06 59
🛏 11 ▧ 147/260 F. ⫼ 75/195 F.
🍽 40 F. 🍴 185/225 F.
✉ dim. soir et lun.
🇪 🖵 🖵 🛏 CV ⚓ ⚓ CB

CHARLEVILLE MEZIERES
08000 Ardennes
60000 hab. [i]

▲▲ LE PELICAN ★★
42, av. du Maréchal Leclerc. M. Bukulin
☎ 24 56 42 73 [FAX] 24 59 26 16
[♟] 20 [◇] 240 F. [❚❚] 75/100 F. [♨] 45 F.
[🛏] 220 F.
[✉] 25 déc./3 janv. et dim. après-midi.
[E] [⬛] [☎] [🚗] [CV] [♣] [CB]

CHARLIEU
42190 Loire
3500 hab. [i]

▲▲ RELAIS DE L'ABBAYE ★★
(Le Pont de Pierre). M. Me Klein/Parenti
☎ 77 60 00 88 [FAX] 77 60 14 60
[♟] 27 [◇] 260/280 F. [❚❚] 68/180 F.
[♨] 55 F. [🛏] 270 F.
[✉] janv., dim. soir hs et lun. midi.
[E] [D] [⬛] [☎] [🚗] [⤞] [T] [🎿] [♿] [CV] [▦]
[♣] [CB]

CHARMES
88130 Vosges
4500 hab. [i]

▲▲▲ DANCOURT ★★
6, place de l'Hôtel de Ville. M. Dancourt
☎ 29 38 80 80 [FAX] 29 38 09 15
[♟] 15 [◇] 200/280 F. [❚❚] 85/250 F.
[♨] 65 F. [🛏] 220/250 F.
[✉] 23 déc./12 janv. et ven.
[E] [D] [⬛] [☎] [🚗] [⤞] [🎿] [CV] [▦] [♣]
[CB] [🧳]

▲▲ VAUDOIS ★★
4, rue des Capucins. M. Vaudois
☎ 29 38 02 40 [FAX] 29 38 01 58
[♟] 7 [◇] 185/250 F. [❚❚] 90/350 F. [♨] 65 F.
[🛏] 225/235 F.
[✉] dernière semaine août, 1ère semaine
sept., dim. soir et lun.
[E] [D] [⬛] [☎] [🚗] [🚗] [⤞] [T] [🎿] [♿] [▦] [♣]
[CB] [🧳]

CHARMES (VINCEY)
88450 Vosges
2284 hab. [i]

▲▲▲ RELAIS DE VINCEY ★★★
33, rue de Lorraine. M. Grimon
☎ 29 67 40 11 [FAX] 29 67 36 66
[♟] 27 [◇] 190/320 F. [❚❚] 98/235 F.
[♨] 60 F. [🛏] 265/345 F.
[✉] 16/31 août, rest. sam. et dim. soir.
[E] [D] [⬛] [☎] [🚗] [🚗] [⤞] [T] [🏊] [🎾] [🎿]
[⏱] [▦] [♣] [CB]

CHARMES SUR RHONE
07800 Ardèche
1500 hab.

▲ LE LOGIS CHARMANT ★
Sur N. 86. M. Bois
☎ 75 60 80 32
[♟] 10 [◇] 120/130 F. [❚❚] 60/ 65 F.
[♨] 30 F. [🛏] 160 F.
[E] [D] [🚗] [♣]

CHAROLLES
71120 Saône et Loire
4850 hab. [i]

▲▲▲ MODERNE ★★★
Av. J. Furtin. M. Bonin
☎ 85 24 07 02 [FAX] 85 24 05 21
[♟] 17 [◇] 250/450 F. [❚❚] 110/220 F.
[♨] 60 F. [🛏] 280/330 F.
[✉] fin déc./1er fév., dim. soir et lun. hs.
[E] [D] [⬛] [☎] [🚗] [🚗] [⤞] [🎾] [🎿] [♿] [▦] [♣] [CB]

CHAROLS
26450 Drôme
400 hab.

▲ DES VOYAGEURS ★
Mme Gaucherand ☎ 75 90 15 21
[♟] 11 [◇] 157 F. [❚❚] 60/150 F. [♨] 30 F.
[✉] 1er/27 oct., 24 déc./4 janv. et sam.
hiver.
[☎] [🚗] [🚗] [⤞] [T] [⏱] [CV] [▦]

CHAROST
18290 Cher
1150 hab.

▲▲ RELAIS DE CHAROST ★★
11, av. du 8 Mai. M. Guemon
☎ 48 26 20 39
[♟] 10 [◇] 200/300 F. [❚❚] 95/250 F.
[♨] 60 F.
[✉] 15 fév./15 mars et dim. soir hs.
[E] [D] [⬛] [☎] [🚗] [🎿] [▦] [♣] [CB]

CHARRIN
58300 Nièvre
700 hab.

▲ DES VOYAGEURS
M. Jolivet ☎ 86 50 30 50
[♟] 10 [◇] 130/210 F. [♨] 40 F.
[🛏] 160/180 F.
[✉] 20 déc./5 janv. et lun.
[E] [D] [🚗] [🚗] [⤞] [T] [⏱]

CHARTRE SUR LE LOIR (LA)
72340 Sarthe
2000 hab. [i]

▲▲▲ DE FRANCE ★★
M. Pasteau ☎ 43 44 40 16 [FAX] 43 79 62 20
[♟] 29 [◇] 240/300 F. [❚❚] 75/230 F.
[♨] 50 F. [🛏] 230/260 F.
[✉] 15 nov./15 déc., dim. soir et lun.
15 nov./15 mars.
[E] [D] [⬛] [☎] [🚗] [🚗] [⤞] [T] [CV] [▦] [♣] [CB] [C]

CHARTRES
28000 Eure et Loir
41251 hab. [i]

▲▲ DE LA POSTE ★★
3, rue Général Koenig. M. Sevetre
☎ 37 21 04 27 [TX] 760533 [FAX] 37 36 42 17
[♟] 59 [◇] 225/300 F. [❚❚] 78/168 F.
[♨] 45 F. [🛏] 255/285 F.
[E] [D] [SP] [⬛] [☎] [🚗] [🚗] [♟] [⤞] [🎿] [▦]
[♣] [CB]

CHARTRES (suite)

DU BOEUF COURONNE ★★
15, place Châtelet. Mme Vinsot
☎ 37 21 11 26 📠 37 21 72 13
🛏 27 ⌧ 157/289 F. 🍽 80/160 F.
♨ 54 F. 🍴 210/276 F.
⊠ dim. soir début déc./dim. Rameaux
[symbols]

CHARTRES (SAINT PREST)
28300 Eure et Loir
2200 hab.

LE MANOIR DES PRES DU ROY ★★★
A St-Prest 5 km, allée des Prés du Roy.
M. Morel
☎ 37 22 27 27 📠 37 22 24 92
🛏 18 ⌧ 310/550 F. 🍽 135/320 F.
♨ 75 F. 🍴 400/500 F.
⊠ rest. dim. soir et lun. hs.
[symbols]

CHASSENEUIL DU POITOU
86360 Vienne
2500 hab.

CHATEAU LE CLOS DE LA RIBAUDIERE ★★★
M. Bini
☎ 49 52 86 66 📠 49 52 86 32
🛏 20 ⌧ 280/680 F. 🍽 145/265 F.
♨ 100 F. 🍴 480/630 F.
[symbols]

DELTASUN ★★
Aire du Futuroscope, sortie 18 Aut. A10.
M. Charles
☎ 49 49 01 01 📠 49 49 01 10
🛏 75 ⌧ 310/380 F. 🍽 95/175 F.
♨ 40 F. 🍴 270/320 F.
[symbols]

CHASSENEUIL SUR BONNIEURE
16260 Charente
3800 hab.

DE LA GARE ★
9, rue de la Gare. M. Cormau
☎ 45 39 50 36 📠 45 39 64 03
🛏 10 ⌧ 125/240 F. 🍽 60/250 F.
♨ 45 F. 🍴 200/300 F.
⊠ 2/20 janv., 2/20 juil., dim. soir et lun.
[symbols]

CHASSEY LE CAMP
71150 Saône et Loire
258 hab.

AUBERGE DU CAMP ROMAIN ★★
M. Dressinval
☎ 85 87 09 91 📠 801583 📠 85 87 11 51
🛏 40 ⌧ 152/434 F. 🍽 121/182 F.
♨ 50 F. 🍴 281/329 F.
⊠ 1er janv./10 fév.
[symbols]

CHASSIGNELLES
89160 Yonne
300 hab.

DE L'ECLUSE 79
Mme Fricant
☎ 86 75 18 51 📠 86 75 02 04
🛏 5 ⌧ 200/225 F. 🍽 75/135 F. ♨ 45 F.
🍴 213/273 F.
⊠ 3/21 oct. et lun. nov./avr.
[symbols]

CHASTEL NOUVEL
48000 Lozère
1020 m. • 620 hab.

DURAND
Mme Lauraire
☎ 66 65 13 02
🛏 7 ⌧ 110/150 F. 🍽 60 F. ♨ 40 F.
🍴 140 F.
⊠ 18 déc./8 janv. et dim. hs.
[symbols]

CHATAIGNERAIE (LA)
85120 Vendée
3080 hab.

AUBERGE DE LA TERRASSE ★★
7, rue de Beauregard. M. Leroy
☎ 51 69 68 68 📠 51 52 67 96
🛏 14 ⌧ 250 F. 🍽 60/190 F. ♨ 50 F.
🍴 250 F.
⊠ vac. scol. Noël/nouvel an, ven. soir,
sam. midi et dim. soir 15 sept./15 avr.
[symbols]

CHATEAU BERNARD (COL DE L'ARZELIER)
38650 Isère
1154 m. • 147 hab.

DES DEUX SOEURS ★★
(Au Col de l'Arzelier). M. Riondet
☎ 76 72 37 68 📠 76 72 20 25
🛏 24 ⌧ 200/220 F. 🍽 80/180 F.
♨ 50 F. 🍴 220/250 F.
⊠ 18 sept./7 oct.
[symbols]

CHATEAU CHINON
58120 Nièvre
3500 hab.

AU VIEUX MORVAN ★★
8, place Gudin. M. Duriatti
☎ 86 85 05 01 \ 86 85 10 11
📠 86 85 02 78
🛏 23 ⌧ 270/350 F. 🍽 90/250 F.
♨ 70 F. 🍴 260/300 F.
⊠ 15 déc./20 janv.
[symbols]

LE LION D'OR ★
10, rue des Fosses. M. Dangelser
☎ 86 85 13 56
🛏 8 ⌧ 140/250 F. 🍽 70/135 F. ♨ 45 F.
🍴 180/200 F.
⊠ 24 déc./1er janv., dim. soir et lun.
[symbols]

CHATEAU D'OLERON (LE)
17480 Charente Maritime
3411 hab.

⌂ DE FRANCE ★★
11, rue du Maréchal Foch. M. Robert
☎ 46 47 60 07
🛏 11 ⬡ 200/260 F. ⏱ 58/145 F.
🍴 55 F. 🍽 240/300 F.
⊠ 24 déc./20 janv., dim. soir et lun.
oct./mai.
E SP ▢ ☎ ⛵ ⛳ ⚕ CV ☞ CB

CHATEAU DU LOIR
72500 Sarthe
5891 hab. ⓘ

⌂ DE LA GARE ★
M. Janière ☎ 43 44 00 14 📠 43 44 11 79
🛏 16 ⬡ 130/240 F. ⏱ 58/150 F.
🍴 40 F. 🍽 180/220 F.
⊠ 13/27 août, 17 déc./2 janv. et dim.
▢ ☎ 🚗 ⛵ ⚕ ☞ CB

⌂ GRAND HOTEL ★★
Place de l'Hôtel de Ville. Mme Massacret
☎ 43 44 00 17
🛏 20 ⬡ 170/250 F. ⏱ 95/190 F.
🍴 65 F. 🍽 260 F.
E ▢ ☎ 🚗 ☞ CB

CHATEAU GONTIER
53200 Mayenne
10000 hab. ⓘ

✳ DU CERF ★★
31, rue Garnier. Mme Mezière
☎ 43 07 25 13 📠 43 07 02 90
🛏 22 ⬡ 155/210 F.
▢ ☎ 🚗 ☞ CB

⌂ HOSTELLERIE DE MIRWAULT ★★
Rue du Val de la Mayenne. M. Mitchell
☎ 43 07 13 17 📠 43 07 82 96
🛏 11 ⬡ 285 F. ⏱ 95/168 F. 🍴 60 F.
🍽 240/250 F.
⊠ 28 déc./1er mars, lun. midi et mer. midi.
E ▢ ☎ 🚗 ⋒ ⛵ 🎿 ⚕ CV 📺 ☞
CB 🛄

⌂ LA BRASSERIE ET LE PARC HOTEL ★★★
2-46, av. Joffre. Mme Cadot
☎ 43 07 28 41 \ 43 07 10 80
📠 43 70 01 13
🛏 35 ⬡ 130/325 F. ⏱ 95/300 F.
🍴 60 F. 🍽 290/410 F.
⊠ 22 déc./6 janv. et dim. sauf midi
1er avr./30 oct. (22 chambres classées
★★★, 13 chambres non classées).
E SP ▢ ☎ 🚗 🚗 ⛵ 🎣 🎿 ⚕ 📺
☞ CB

CHATEAU LA VALLIERE
37330 Indre et Loire
1482 hab. ⓘ

⌂ HOSTELLERIE DU GRAND CERF ★★
(La Porrerie), D. 959. Route du Lude.
M. Meunier ☎ 47 24 11 06 📠 47 24 18 95
🛏 24 ⬡ 190/250 F. ⏱ 68/350 F. 🍴 45 F.
🍽 230/250 F.
⊠ 25 fév./12 mars, 21 oct./12 nov., sam.
hs. et dim. soir.
E ▢ ☎ 🚗 ⛵ 🎿 📺 ☞ CB C

CHATEAU LANDON
77570 Seine et Marne
3314 hab. ⓘ

⌂ LE CHAPEAU ROUGE ★★
2, place du Marché. M. Cadi
☎ (1) 64 29 30 52 📠 (1) 64 29 44 10
🛏 10 ⬡ 150/220 F. ⏱ 90/180 F.
🍴 30 F. 🍽 170/220 F.
E ▯ ▢ ☎ CV 📺 ☞ CB

CHATEAU RENAULT
37110 Indre et Loire
5787 hab. ⓘ

⌂⌂ LE LION D'OR ★
166, rue de la République.
Mme Guignard ☎ 47 29 66 50
🛏 7 ⬡ 240/265 F. ⏱ 80/250 F. 🍴 60 F.
🍽 253/265 F.
⊠ 20 oct./10 nov., 20 fév./10
mars, dim. soir et lun. sauf juil./sept.
E ▢ ☎ 🚗 🚗 🎿 ☞ CB

CHATEAU SALINS
57170 Moselle
2800 hab. ⓘ

⌂ LE FLORIDE ★
M. Nondier ☎ 87 05 11 39
🛏 14 ⬡ 100/180 F. ⏱ 50/100 F.
🍴 30 F. 🍽 160/170 F.
⊠ dim. après-midi.
☎ 🚗 🚗 🎿 CV ☞ CB

CHATEAUDUN
28200 Eure et Loir
16000 hab. ⓘ

⌂⌂ DE LA ROSE ★★
12, rue Lambert Licors. M. Méraou
☎ 37 45 21 83 📠 37 45 21 83
🛏 11 ⬡ 225/245 F. ⏱ 87/220 F.
🍴 65 F. 🍽 215/235 F.
⊠ dim. soir et lun. nov./fév.
▢ ☎ 🚗 🎿 ☞ CB

CHATEAUGIRON
35410 Ille et Vilaine
5000 hab. ⓘ

⌂⌂ AUBERGE DU CHEVAL BLANC ★
M. Cottebrune
☎ 99 37 40 27 📠 99 37 59 68
🛏 18 ⬡ 145/230 F. ⏱ 60/148 F.
🍴 40 F. 🍽 145/185 F.
⊠ dim. soir et lun. 1er oct./31 mars.
E ▢ ☎ 🚗 CV 📺 ☞ CB

CHATEAULIN
29150 Finistère
5500 hab. ⓘ

⌂⌂ AU BON ACCUEIL ★★
A Port Launay. Mme Le Guillou
☎ 98 86 15 77 📠 98 86 36 25
🛏 51 ⬡ 150/320 F. ⏱ 77/220 F.
🍴 38 F. 🍽 195/305 F.
⊠ 1er/15 janv. et dim. soir 1er oct./30 avr.
E ▢ ☎ 🚗 ⛵ ⛵ 🎿 ▶ 🎿 CV 📺 ☞
CB 🛄

CHATEAULIN (suite)

LE CHRISMAS ★★
33, Grand Rue. Mme Feillant
☎ 98 86 01 24 **FAX** 98 86 37 09
🛏 24 🍽 140/300 F. 🍴 70/180 F.
🍽 45 F. 🛏 190/270 F.
✉ vac. scol. Noël, sam. soir et dim.
oct./Pâques.

CHATEAUNEUF DU FAOU
29520 Finistère
3800 hab. ℹ

RELAIS DE CORNOUAILLE ★★
9, rue Paul Serusier. M. Gourtay
☎ 98 81 75 36 **FAX** 98 81 81 32
🛏 29 🍽 210/260 F. 🍴 65/180 F.
🍽 50 F. 🛏 210/260 F.
✉ oct. et rest. sam. sauf groupes.

CHATEAUNEUF LE ROUGE
13790 Bouches du Rhône
1300 hab.

LA GALINIERE ★★★
Sur N. 7. Mme Gagnières
☎ 42 53 32 55 **TX** 403553 **FAX** 42 53 33 80
🛏 16 🍽 265/450 F. 🍴 100/320 F.
🍽 60 F. 🛏 330/540 F.

CHATEAUNEUF LES BAINS
63390 Puy de Dôme
400 hab. ℹ

DU CHATEAU ★★
M. Belaud ☎ 73 86 67 01
🛏 37 🍽 210/240 F. 🍴 80/155 F.
🍽 35 F. 🛏 175/230 F.
✉ 1er oct./30 avr.

CHATEAUNEUF SUR LOIRE
45110 Loiret
7000 hab. ℹ

LA CAPITAINERIE ★★
Grande Rue. M. Tironneau
☎ 38 58 42 16 **FAX** 38 58 46 81
🛏 12 🍽 285/395 F. 🍴 124/281 F.
🍽 84 F. 🛏 379/433 F.
✉ dim. soir et lun. sauf hôtel en saison.

NOUVEL HOTEL DU LOIRET ★★
4, place Aristide Briand. Mme Laine
☎ 38 58 42 28 **FAX** 38 58 43 99
🛏 16 🍽 220/260 F. 🍴 78/198 F.
🛏 220/240 F.
✉ dim. soir.

CHATEAUNEUF SUR SARTHE
49330 Maine et Loire
2370 hab. ℹ

DE LA SARTHE
1, rue du Port. M. Houdebine
☎ 41 69 85 29
🛏 7 🍽 200/270 F. 🍴 90/205 F. 🍽 60 F.

🛏 250 F.
✉ 10/30 oct., dim. soir et lun. sauf
juin/août.

LES ONDINES ★★
Quai de la Sarthe. M. De Potter
☎ 41 69 84 38 **FAX** 41 69 83 59
🛏 24 🍽 261/343 F. 🍴 74/210 F.
🍽 44 F. 🛏 230/248 F.
✉ dim. soir 15 nov./15 mars.

CHATEAURENARD
13160 Bouches du Rhône
12000 hab. ℹ

LA PASTOURELLE
12, rue des Ecoles. M. Guiliani
☎ 90 94 10 68
🛏 9 🍽 80/160 F. 🍴 52/110 F. 🍽 30 F.
🛏 145 F.
✉ dim. soir.

LES GLYCINES ★★
14, av. Victor Hugo. M. Garagnon
☎ 90 94 78 10 \ 90 94 10 66
FAX 90 94 78 10
🛏 10 🍽 190/220 F. 🍴 85/175 F.
🍽 40 F. 🛏 210/230 F.
✉ 2ème quinz. fév. et lun.

CHATEAUROUX
36000 Indre
55620 hab. ℹ

DE LA GARE ★★
5, place de la Gare. M. Me Neuville
☎ 54 22 77 80 **FAX** 54 22 83 72
🛏 37 🍽 170/300 F. 🍴 70/140 F.
🍽 33 F. 🛏 175/240 F.

LE CONTINENTAL ★★
17, rue du Palais de Justice. M. Cosnier
☎ 54 34 36 12 **FAX** 54 34 37 10
🛏 21 🍽 200/250 F. 🍴 75/150 F.
🍽 45 F. 🛏 200/245 F.
✉ 24 déc./1er janv., rest. sam. et dim.,
hôtel dim. sauf groupes.

MANOIR DU COLOMBIER ★★★
232, rue de Chatellerault. M. Moineau
☎ 54 29 30 01 **FAX** 54 27 70 90
🛏 11 🍽 360/500 F. 🍴 180/295 F.
🍽 50 F. 🛏 750 F.
✉ rest. vac. scol. hiver, dim. soir et lun.

CHATEAUROUX (CERE)
36130 Indre
1000 hab.

LA PROMENADE ★★
(A Cere Coings). M. Broussin
☎ 54 22 04 00 **FAX** 54 07 53 18
🛏 16 🍽 110/240 F. 🍴 49/ 98 F.
🍽 35 F.
✉ sam. hs.

CHATEL
74390 Haute Savoie
1200 m. • 1000 hab. 🛈

🏔 LA CHAUMIERE ★★
Route de THonon. M. Novaro
☎ 50 73 22 12 📠 50 81 30 45
🛏 12 🛏 200/270 F. 🍴 55/ 90 F.
🍴 35 F. 🍽 190/295 F.
✉ 15 avr./15 juin et 15 sept./15 déc.
🄴 🛈 📷 ☎ 🚗 📺 CV 🔌 CB

🏔🏔 LE KANDAHAR ★★
(Clos du Tour). Mme Vuarand
☎ 50 73 30 60 📠 50 73 25 17
🛏 16 🛏 240/280 F. 🍴 85/190 F.
🍴 48 F. 🍽 240/310 F.
✉ 2 nov./15 déc., 16 avr./6 mai, rest.
dim. soir mai/juin et sept./oct.
🄴 🛈 📷 ☎ 🚗 🛌 📺 🚌 🌲 ♿ ⛷ 🔌 🔌

🏔 LE ROITELET ★
Route de Thonon. M. Marchand
☎ 50 73 24 79 📠 50 73 25 83
🛏 20 🛏 180/240 F. 🍴 80/140 F.
🍴 45 F. 🍽 160/270 F.
✉ 30 avr./25 juin et 30 sept./20 déc.
☎ 🚗 🏔 ⛷ 🔌 CV 🔌

🏔🏔 LES TRIOLETS ★★
Route du Petit-Châtel. M. Grillet-Aubert
☎ 50 73 20 28 🆔 385 856 📠 50 73 24 10
🛏 20 🍴 97/180 F. 🍴 55 F.
🍽 261/381 F.
✉ 15 avr./15 juin et 31 août/20 déc.
🄴 ☎ 🚗 🏔 📺 🛌 CV 🔌 CB

CHATELAILLON PLAGE
17340 Charente Maritime
5469 hab. 🛈

🏔🏔 LE RIVAGE Rest. LE SAINT VICTOR ★★
35-36, bld de la Mer. Mme Blaineau
☎ 46 56 25 79 \ 46 56 25 13
📠 46 56 19 03
🛏 52 🛏 210/325 F. 🍴 88/190 F.
🍴 48 F. 🍽 250/300 F.
🄴 📷 ☎ 🚗 📺 🏔 🚌 🔌 CB C 🎁

🏔🏔 MAJESTIC ★★
Bld de la Libération. M. Aucouturier
☎ 46 56 20 53 📠 46 56 29 24
🛏 29 🛏 200/320 F. 🍴 100/150 F.
🍴 50 F. 🍽 260/310 F.
✉ 15 déc./15 janv., 27 oct./6 nov., sam.
et dim. 1er oct./31 mars.
🄴 🄳 📷 ☎ 🚗 ⛷ CV 🚌 🔌 CB 🎁

CHATELBLANC
25240 Doubs
1020 m. • 90 hab. 🛈

🏔🏔 LE CASTEL BLANC ★★
M. Jacquier
☎ 81 69 24 56 📠 81 69 11 21
🛏 11 🛏 170/300 F. 🍴 89/160 F.
🍴 60 F. 🍽 230/320 F.
✉ nov.
🄴 🄳 🛈 📷 ☎ 🚗 📺 🏔 🛌 🌲 ⛷ 🔌 ⛷
🚌 🔌 CB

CHATELET EN BRIE (LE)
77820 Seine et Marne
3772 hab.

🏔 LA CHAUMIERE ★
17, rue de Robillard. M. Roudsousky
☎ (1) 60 69 40 10
🛏 8 🛏 230/240 F. 🍴 70 F. 🍴 50 F.
🍽 195/205 F.
✉ dim.
🔌

CHATELGUYON
63140 Puy de Dôme
7000 hab. 🛈

🏔🏔🏔 BELLEVUE ★★
4, rue Alfred Punett. M. Reichmuth
☎ 73 86 07 62 📠 73 86 02 56
🛏 38 🛏 220/280 F. 🍴 95/115 F.
🍴 42 F. 🍽 230/285 F.
✉ 10 oct./29 avr.
🄴 SP 🛈 📷 ☎ 🚗 🚗 ↕ 🏔 🔌 ⛷ ♿
CV 🔌 CB 🎁

🏔 CHANTE-GRELET ★★
32, av. Général de Gaulle. M. Alvès
☎ 73 86 02 05
🛏 35 🛏 170/280 F. 🍴 75/110 F.
🍴 45 F. 🍽 190/230 F.
✉ 2 oct./24 avr.
🄴 SP 📷 ☎ 🚗 🏔 CV 🔌 CB

🏔 DES BAINS ★★
12-14, av. Baraduc. M. Chalus
☎ 73 86 07 97 📠 73 86 11 56
🛏 37 🛏 192/280 F. 🍴 95/135 F.
🍴 38 F. 🍽 195/290 F.
✉ 1er oct./fin avr.
🄴 📷 ☎ 🚗 ↕ 🏔 ⛷ CV 🔌 CB

🏔🏔 PRINTANIA ★★
12, av. de Belgique. M. Cistrier
☎ 73 86 15 09 📠 73 86 22 87
🛏 39 🛏 180/319 F. 🍴 90/149 F.
🍴 47 F. 🍽 209/294 F.
✉ début oct./Pâques.
🛈 📷 ☎ 🚗 ↕ 🏔 ⛷ CV 🔌 CB

🏔🏔 REGENCE CENTRAL ★★
31, av. des Etats-Unis. M. Porte
☎ 73 86 02 60
🛏 27 🛏 195/225 F. 🍴 75/110 F.
🍴 38 F. 🍽 220/240 F.
✉ 31 oct./14 mars et lun. 6 oct./25 avr.
🄴 SP ☎ 🚗 ↕ 🏔 CV 🚌 🔌 CB

CHATELGUYON (SAINT HIPPOLYTE)
63140 Puy de Dôme
1100 hab. 🛈

🏔 LE CANTALOU ★
(A Saint-Hippolyte). Mme Cheyrouse
☎ 73 86 04 67 📠 73 86 24 36
🛏 33 🛏 150/210 F. 🍴 62/120 F.
🍴 43 F. 🍽 170/200 F.
✉ 15 oct./1er avr. et rest. lun. midi.
🄴 ☎ 🚗 🏔 ⛷ CV 🚌 🔌 CB

CHATELLERAULT
86100 Vienne
36870 hab. 📍

▲▲▲ LE CROISSANT ★★
15, av. Kennedy. Mme Pied
☎ 49 21 01 77 📠 49 21 57 92
🍽 19 ⊗ 140/300 F. ⏸ 80/200 F.
🛏 46 F. 🍴 250 F.
⊠ 24 déc./3 janv.
🇪 🗑 🖨 🕿 🛏 📶 ● CB 🗄

CHATENET EN DOGNON (LE)
87400 Haute Vienne
500 hab.

▲▲ RELAIS DES TILLEULS ★
M. Detivaud
☎ 55 57 10 24 📠 55 57 10 85
🍽 7 ⊗ 195/235 F. ⏸ 85/200 F. 🛏 50 F.
🍴 220/270 F.
⊠ dim. soir et lun.
🇪 🕿 🖨 🛏 🕿 🚶 👟 CV 📶 ● CB

CHATENOIS
67730 Bas Rhin
3200 hab. 📍

▲▲ DONTENVILLE ★★
M. Dontenville
☎ 88 92 02 54
🍽 13 ⊗ 200/350 F. ⏸ 80/150 F.
🛏 50 F. 🍴 250/300 F.
⊠ mar.
🇪 🗑 🖨 🕿 🛏 📶

CHATILLON EN BAZOIS
58110 Nièvre
1150 hab. 📍

▲ AUBERGE DE L'HOTEL DE FRANCE ★★
Mme Chauvière
☎ 86 84 13 10 📠 86 84 14 32
🍽 14 ⊗ 180/300 F. ⏸ 68/150 F.
🛏 58 F. 🍴 180/290 F.
⊠ 20 déc./6 janv. et dim. soir hs.
🗑 🖨 🕿 🛏 📶 ● CB

CHATILLON EN DIOIS
(TRESCHENU LES NONIERES)
26410 Drôme
850 m. ● 118 hab.

▲▲ LE MONT BARRAL ★★
M. Favier
☎ 75 21 12 21 📠 75 21 12 70
🍽 24 ⊗ 198/250 F. ⏸ 80/160 F.
🛏 36 F. 🍴 218/252 F.
⊠ 15 nov./20 déc. et mar. hs.
🇪 🕿 🛏 🕿 🚶 🛏 👟 🎿 CV 📶

CHATILLON SUR CHALARONNE
01400 Ain
3900 hab. 📍

▲▲ DE LA TOUR ★★
Mme Rassion
☎ 74 55 05 12 📠 74 55 09 19
🍽 13 ⊗ 170/350 F. ⏸ 95/330 F.
🛏 70 F. 🍴 213/303 F.

⊠ 15 jours fin nov./début déc.,
3 semaines fin fév./début mars, dim. soir
et mer.
🇪 🗑 🖨 🕿 📶 ● CB

CHATILLON SUR CLUSES
74300 Haute Savoie
750 m. ● 858 hab.

▲▲ LE BOIS DU SEIGNEUR ★★
M. Guérinet
☎ 50 34 27 40
🍽 10 ⊗ 245/255 F. ⏸ 86/225 F.
🛏 52 F. 🍴 250/270 F.
⊠ 18 juin/5 juil., 27 nov./12 déc., dim.
soir et lun.
🇪 🗑 🖨 🕿 🛏 🕿 📶 ● CB

CHATILLON SUR INDRE
36700 Indre
3200 hab. 📍

▲ AUBERGE DE LA TOUR ★★
2, route du Blanc. M. Pipelier
☎ 54 38 72 17 📠 54 38 74 85
🍽 10 ⊗ 140/300 F. ⏸ 80/220 F.
🛏 50 F.
🗑 🕿 🖨 🛏 🕿 📶 ● CB

CHATRE (LA)
36400 Indre
5005 hab. 📍

▲▲ DU LION D'ARGENT ET DES
TANNERIES ★★
M. Audebert
☎ 54 48 11 69 📠 751650 📠 54 06 02 24
🍽 34 ⊗ 260/350 F. ⏸ 70/130 F.
🛏 35 F. 🍴 235/250 F.
🇪 🗑 🖨 🕿 🛏 🕿 🛏 👟 🎿 CV 📶
● CB 🇨 🗄

☀ NOTRE DAME ★★
Place Notre Dame. Mme Leuillet
☎ 54 48 01 14 📠 54 48 31 14
🍽 17 ⊗ 195/310 F.
🇪 🗑 🕿 🖨 🛏 🕿 CV CB

CHAUDES AIGUES
15110 Cantal
750 m. ● 1500 hab. 📍

▲▲ DES THERMES ★★
M. Costerousse ☎ 71 23 51 18
🍽 35 ⊗ 150/250 F. ⏸ 61/160 F.
🛏 45 F. 🍴 145/195 F.
⊠ 22 oct./26 avr.
🇪 🗑 🕿 🖨 🍽 CV ● CB

CHAUFFAYER
05800 Hautes Alpes
915 m. ● 500 hab. 📍

▲▲ LE BERCAIL ★★
M. Charpentier
☎ 92 55 22 21 📠 92 55 31 55
🍽 13 ⊗ 170/200 F. ⏸ 70/120 F.
🛏 35 F. 🍴 220 F.
⊠ oct., dim. soir/lun. midi.
🇪 🗑 🗑 🕿 🖨 🕿 🛏 ● CB

CHAULME (LA)
63660 Puy de Dôme
1150 m. • 130 hab.

⚐ AUBERGE DU CREUX DE L'OULETTE ★★
M. Beraud
☎ 73 95 41 16 🆇 73 95 80 83
🛏 11 ⌇ 180/290 F. 🍽 60/210 F.
🍴 60 F. 🖻 185 F.
✉ 20 nov./2 fév. sauf vac. Noël et mer.
hors vac. scol.
🄳 ☎ 🚗 🛏 ♿ CV 🈂 ♥ CB

CHAUMEIL
19390 Corrèze
650 m. • 200 hab.

⚐⚐ AUBERGE DES BRUYERES ★
Mme Feugeas
☎ 55 21 34 68 🆇 55 21 44 10
🛏 14 ⌇ 120/200 F. 🍽 65/150 F.
🍴 50 F. 🖻 180/200 F.
✉ 5/25 oct., 3/31 janv. et dim. soir hs.
🄴 ☎ 🛏 CV ♥

CHAUMERGY
39230 Jura
398 hab.

⚐ LES MARRONNIERS ★★
Place du Carouge. M. Daumard
☎ 84 48 62 10
🛏 7 ⌇ 210/250 F. 🍽 65/205 F. 🍴 39 F.
🖻 195/225 F.
✉ dim. hs.
🄳 🗍 ☎ 🚗 🛏 🏇 🎿 ♥ CB 🈂

CHAUMES EN BRIE
77390 Seine et Marne
2200 hab.

⚐⚐⚐ LA CHAUM'YERRES ★★★
1, av. de la Libération. M. Me Berton
☎ (1) 64 06 03 42 🆇 (1) 64 06 36 15
🛏 9 ⌇ 220/450 F. 🍽 105/280 F.
🍴 65 F. 🖻 300/390 F.
✉ dim. soir et lun. 1er sept./31 mars.
🄴 SP 🗍 ☎ 🚗 🛏 🏇 🎿 🈂
♥ CB C

CHAUMONT
52000 Haute Marne
27041 hab. 🅸

⚐⚐ DES REMPARTS ★★
72, rue de Verdun. M. Guy
☎ 25 32 64 40 🆇 25 32 51 70
🛏 15 ⌇ 160/280 F. 🍽 75/210 F.
🍴 45 F.
🄴 SP 🗍 ☎ 🏛 🛏 ♿ 🈂 ♥ CB

⚐⚐ ETOILE D'OR ★★
Route de Langres. M. Schlienger
☎ 25 03 02 23 🆇 25 32 52 33
🛏 16 ⌇ 155/280 F. 🍽 70/160 F.
🍴 59 F.
✉ 7/30 nov. et dim. soir.
🄴 SP 🗍 ☎ 🚗 🛏 🎿 CV 🈂 ♥ CB

⚐⚐ LE GRAND VAL ★★
Route de Langres. Mme Noël
☎ 25 03 90 35 🆇 25 32 11 80
🛏 52 ⌇ 150/300 F. 🍽 58/170 F.

🍴 45 F. 🖻 220/250 F.
✉ 23/31 déc.
🄴 🗍 ☎ 🚗 🛏 ♿ 🎿 CV 🈂 ♥ CB
C 🈂

⚐ LE RELAIS ★
20, faubourg de la Maladière.
Mme Conrad ☎ 25 03 02 84
🛏 7 ⌇ 190/260 F. 🍽 80/150 F. 🍴 45 F.
✉ 15 jours fin janv./début fév., 15 jours
mi-juil., dim. soir et lun.
🄴 🗍 🈂 ♥ CB 🈂

CHAUMONT EN VEXIN
60240 Oise
2965 hab.

⚐ LA GRANGE DE SAINT NICOLAS ★★
17, rue de la République. Mme Constans
☎ 44 49 11 00 🆇 44 49 99 97
🛏 11 ⌇ 250/280 F. 🍽 60/ 92 F.
🍴 45 F. 🖻 280/310 F.
✉ rest. lun. soir.
🄴 🗍 ☎ 🚗 🛏 ♿ CV 🈂 ♥ CB

CHAUMONT SUR THARONNE
41600 Loir et Cher
901 hab. 🅸

⚐⚐⚐ LA CROIX BLANCHE ★★★
M. Goacolou
☎ 54 88 55 12 🆇 54 88 60 40
🛏 12 ⌇ 290/500 F. 🍽 118/250 F.
🍴 40 F. 🖻 420/470 F.
🄴 🗍 ☎ 🚗 🛏 🏇 ♿ 🎿 CV 🈂 ♥ CB

CHAUNAY
86510 Vienne
1157 hab.

⚐⚐ CENTRAL ★★
Mme Bresson
☎ 49 59 25 04 🆇 49 53 41 88
🛏 14 ⌇ 160/280 F. 🍽 80/160 F.
🍴 50 F. 🖻 200/250 F.
✉ 25 janv./28 fév. et dim. soir
1er oct./31 mars.
🗍 ☎ 🚗 🛏 🏇 🎿 ♿ ♥ CB

CHAUSSEE SUR MARNE (LA)
51240 Marne
550 hab. 🅸

⚐ DU MIDI ★
M. Caby ☎ 26 72 94 77 🆇 26 72 96 01
🛏 11 ⌇ 140/220 F. 🍽 80/145 F.
🍴 42 F. 🖻 200/290 F.
✉ 24 déc./2 janv., dim. hs. et dim. soir
en saison.
🗍 ☎ 🚗 🛏 CV 🈂 ♥ CB

CHAUSSIN
39120 Jura
1500 hab.

⚐ AUBERGE DU VAL D'ORAIN ★
34, rue Simone Michel Levy.
M. Thévenin
☎ 84 81 82 15 🆇 84 81 75 24
🛏 8 ⌇ 160/220 F. 🍽 65/155 F. 🍴 55 F.
🖻 180 F.
✉ ven. soir sauf juil./août et dim. soir.
🄴 🄳 🗍 ☎ 🚗 🛏 🏇 🎿 CV 🈂 ♥ CB 🈂

CHAUSSIN (suite)

▲▲▲ CHEZ BACH ★★
Place de l'Ancienne Gare.
Mme Bach-Vernay
☎ 84 81 80 38 ᴲᴬˣ 84 81 83 80
🛏 18 ⬒ 200/260 F. ⫦ 80/260 F.
🍴 55 F. 🍽 250/300 F.
⊠ ven. soir et dim. soir sauf juil./août.
🅴 🅳 SP 🗇 ☎ 🚗 ⇥ 🏕 🛒 CV ▥
🔺 CB 🧳

CHAUVIGNY
86300 Vienne
7000 hab. 🄸

▲ BEAUSEJOUR ★
18, rue Vassalour. Mme Chabannes
☎ 49 46 31 30 ᴲᴬˣ 49 56 00 34
🛏 19 ⬒ 160/300 F. ⫦ 65/150 F.
🍴 35 F.
⊠ 22 déc./2 janv.
🅴 🗇 ☎ 🚗 🛒 CV 🔺 CB

▲▲ DU LION D'OR ★★
8, rue du Marché. M. Chartier
☎ 49 46 30 28 ᴲᴬˣ 49 47 74 28
🛏 26 ⬒ 260/280 F. ⫦ 85/200 F.
🍴 47 F. 🍽 250/280 F.
⊠ 15 déc./15 janv. et sam. nov./mars.
🅴 🗇 ☎ 🚗 🛒 🔺 CB

CHAUX DES CROTENAY
39150 Jura
714 m. • 394 hab.

▲▲ DES LACS ★★
(Pont de la Chaux). Sur N. 5.
M. Monnier ☎ 84 51 50 42 ᴲᴬˣ 84 51 54 23
🛏 30 ⬒ 140/285 F. ⫦ 78/190 F. 🍴 39 F.
🍽 210 F.
⊠ 15 oct./20 déc.
🅴 🗇 ☎ 🚗 🚗 🏕 CV 🔺

CHAUX NEUVE
25240 Doubs
992 m. • 180 hab.

▲▲ AUBERGE DU GRAND GIT ★★
Rue des Chaumelles. M. Nicod
☎ 81 69 25 75 ᴲᴬˣ 81 69 15 44
🛏 8 ⬒ 260 F. ⫦ 65/ 85 F. 🍴 34 F.
🍽 226/280 F.
⊠ dim. soir et lun.
🗇 ☎ 🚗 ⇥ 🏕 🛒 CV ▥ 🔺 CB

CHAUZON
07120 Ardèche
180 hab.

▲ AUBERGE SAPEDE
Mme Sapede ☎ 75 39 66 03
🛏 12 ⬒ 185/195 F. ⫦ 68/110 F.
🍴 40 F. 🍽 180/190 F.
⊠ 15 sept./1er avr.
🅴 CV 🔺

CHAVAGNES LES EAUX
49380 Maine et Loire
713 hab.

▲▲ AU FAISAN ★★
M. Peltier ☎ 41 54 31 23 ᴲᴬˣ 41 54 13 33
🛏 10 ⬒ 195/275 F. ⫦ 65/170 F. 🍴 45 F.
🍽 220/260 F.
⊠ 15 nov./20 janv., dim. soir et lun.
🅴 🗇 ☎ 🚗 🚗 ▥ 🔺 CB

CHAVANIAC LAFAYETTE
43230 Haute Loire
740 m. • 425 hab.

▲ LAFAYETTE ★
M. Brun ☎ 71 77 50 38 ᴲᴬˣ 71 77 54 90
🛏 11 ⬒ 140/210 F. ⫦ 55/130 F.
🍴 40 F. 🍽 175/200 F.
⊠ jan./fév.
☎ 🚗 🚗 🏕 🛒 CV 🔺 CB

CHAZELLES SUR LYON
42140 Loire
630 m. • 4895 hab. 🄸

▲▲ CHATEAU BLANCHARD ★★
36, route de Saint-Galmier. M. Bonnigal
☎ 77 54 28 88 ᴲᴬˣ 77 54 36 03
🛏 12 ⬒ 260/360 F. ⫦ 88/235 F.
🍴 60 F. 🍽 250/350 F.
⊠ 2ème quinz. janv., dim. soir et lun.
🅴 🗇 ☎ 🚗 🏕 🛒 🛒 CV ▥ 🔺 CB

CHEMILLE
49120 Maine et Loire
5963 hab. 🄸

▲▲ AUBERGE DE L'ARRIVEE
15, place de la Gare. M. Gimenez
☎ 41 30 60 31 ᴲᴬˣ 41 30 78 45
🛏 8 ⬒ 150/300 F. ⫦ 81/195 F. 🍴 42 F.
🍽 300/450 F.
⊠ 1ère semaine janv. et dim. soir
sept./mai.
🅴 SP 🗇 ☎ 🚗 CV 🔺 CB

CHENERAILLES
23130 Creuse
800 hab. 🄸

▲ LE COQ D'OR ★★
7, place du Champ de Foire. M. Rullière
☎ 55 62 30 83
🛏 7 ⬒ 120/255 F. ⫦ 60/180 F. 🍴 47 F.
🍽 190/240 F.
⊠ 2/15 janv., 20 juin/4 juil.,
18/30 sept., dim. soir et lun.
🅴 🗇 ☎ 🚗 CV 🔺 CB

CHENONCEAUX
37150 Indre et Loire
313 hab. 🄸

▲▲ HOSTELLERIE DE LA RENAUDIERE ★★
24, rue du Docteur Bretonneau.
M. Camus ☎ 47 23 90 04 ᴲᴬˣ 47 23 90 51
🛏 15 ⬒ 250/500 F. ⫦ 95/189 F.
🍴 50 F. 🍽 250/320 F.
⊠ 15 nov./15 mars sauf week-ends et
vac. scol., rest. mer. 15 sept./15 mai.
🅴 🗇 ☎ 🚗 🏕 🛒 ♿ 🛒 ▥ 🔺 CB C

CHENONCEAUX (CHISSEAUX)
37150 Indre et Loire
522 hab. 🄸

▲▲ CLAIR COTTAGE ★★
27, rue de l'Europe. M. Bourbonnais
☎ 47 23 90 69 ᴲᴬˣ 47 23 87 07
🛏 21 ⬒ 170/320 F. ⫦ 78/180 F.
🍴 50 F. 🍽 250/340 F.
⊠ 1er déc./28 fév., dim. soir et lun.
mars et sept./nov.
🅴 🗇 ☎ 🚗 🏕 🛒 🛒 CV 🔺 CB C

CHEPY
80210 Somme
1231 hab.

⚑⚑ AUBERGE PICARDE ★★
Place de la Gare. M. Henocque
☎ 22 26 20 78 ⁍ 22 26 33 34
🛏 25 ⬡ 245/375 F. ⑪ 85/220 F.
🍴 65 F. ▥ 200 F.
⊠ 16/22 août, 26 déc./2 janv. et dim. soir.
🅴 🗆 🕿 🚗 🚪 ⊢ 🛄 🎿 🏃 ♿ CV ▥
🐾 CB

CHERBOURG
50100 Manche
28443 hab. 🅸

⚑⚑ LA REGENCE ★★
42, quai de Caligny. M. Meunier
☎ 33 43 05 16 ⁍ 33 43 98 37
🛏 15 ⬡ 260/450 F. ⑪ 89/180 F.
🍴 40 F. ▥ 260/350 F.
⊠ 25 déc./1er janv.
🅴 🗆 🕿 ⊢ 🛄 CV 🐾 🖳

CHERENCE
95510 Val d'Oise
126 hab.

⚑⚑⚑ HOSTELLERIE SAINT-DENIS ★★
1, rue des Cabarets.
Mme Bessenet-Pernelle
☎ (1) 34 78 15 02
🛏 6 ⬡ 300/350 F. ⑪ 135/165 F.
🍴 60 F. ▥ 350/480 F.
⊠ 15 déc./31 janv., dim. soir, mar. soir
et mer. sauf réservations
🕿 🚗 🍸 🐾 CB

CHERVEIX CUBAS
24390 Dordogne
800 hab. 🅸

⚑⚑ R. FAVARD ★★
M. Favard ☎ 53 50 41 05
🛏 13 ⬡ 145/250 F. ⑪ 70/160 F.
🍴 45 F. ▥ 180/230 F.
⊠ 15 oct./10 nov.
🅴 🕿 🚗 🍸 ⚒ 🎿 🛄 ▥ 🐾 CB

CHEVIGNEY LES VERCEL
25530 Doubs
650 m. ● 80 hab.

⚑⚑ DE LA PROMENADE ★★
3, Grande Rue. M. Andreoli
☎ 81 56 24 76 ⁍ 81 56 29 64
🛏 11 ⬡ 210 F. ⑪ 80/180 F. 🍴 35 F.
▥ 150 F.
⊠ vac. scol. Toussaint., dim. soir et lun. hs.
🅴 🅸 🗆 🕿 🚗 🍸 CV ▥ 🐾 CB

CHEVIGNY FENAY
21600 Côte d'Or
1500 hab.

⚑⚑ RELAIS DE LA SANS FOND ★★
Route de Seurre. M. Samiez
☎ 80 36 61 35 ⁍ 80 36 94 89
🛏 17 ⬡ 220/280 F. ⑪ 75/250 F.

🍴 52 F. ▥ 220/260 F.
⊠ rest. dim. soir.
🅴 🗆 🕿 🚗 ⊢ 🍸 🏃 ♿ CV ▥ 🐾
CB 🅲 🖳

CHEVIGNY SAINT SAUVEUR
21800 Côte d'Or
9000 hab.

⚑ AU BON ACCUEIL ★★
17, av. de la République. M. Marc
☎ 80 46 13 40 ⁍ 80 46 50 97
🛏 28 ⬡ 125/185 F. ⑪ 58/135 F.
🍴 35 F. ▥ 165/260 F.
⊠ 22 déc./4 janv., sam. soir et dim.
🅴 🅳 🗆 🕿 🚗 ⚒ 🍸 🛄 CV ▥ 🐾 CB

CHEVILLON
52170 Haute Marne
1156 hab.

⚑ LE MOULIN ROUGE ★
2, rue de la Marne. M. Me Ballavoisne
☎ 25 04 40 63 ⁍ 25 04 48 48
🛏 9 ⬡ 155/310 F. ⑪ 70/220 F. 🍴 60 F.
▥ 210/280 F.
🅴 🅳 🚗 🍸 🛄 ▥ 🐾 CB

CHEVILLY
45520 Loiret
2626 hab.

⚑⚑ LA GERBE DE BLE ★★
2, av. du Château. M. Perdereau
☎ 38 80 10 31 ⁍ 38 74 12 92
🛏 11 ⬡ 220/240 F. ⑪ 70/160 F.
🍴 60 F.
⊠ 9/24 janv., 11/18 sept., dim. soir et lun.
🅴 🗆 🕿 🚗 ▥ 🐾 CB 🖳

CHEVRERIE (LA)
16240 Charente
168 hab.

⚑ LA MIJOTIERE ★
(La Genouillère). M. Frot ☎ 45 31 15 76
🛏 8 ⑪ 68/148 F. 🍴 35 F. ▥ 182 F.
⊠ fév. et lun.
🗆 🕿 🚗 🍸 🎿 🛄 ▥ 🐾 CB

CHEYLARD (LE)
07160 Ardèche
4000 hab. 🅸

⚑ DES VOYAGEURS ★★
2, rue du Temple. M. Faure
☎ 75 29 05 88 ⁍ 75 29 34 87
🛏 15 ⬡ 150/170 F. ⑪ 56/160 F.
🍴 40 F. ▥ 160/190 F.
⊠ 4/18 mai, 3/20 nov., ven. soir et dim.
soir 18 sept./15 mai.
🅴 🗆 🕿 CV 🐾 CB

⚑⚑ LE PROVENCAL ★★
17, av. de la Gare. M. Ayroulet
☎ 75 29 02 08 ⁍ 75 29 35 63
🛏 8 ⬡ 190/300 F. ⑪ 78/190 F. 🍴 68 F.
▥ 230/270 F.
⊠ 4/28 fév., 17 août/6 sept., ven. soir,
dim. soir et lun.
🅴 🗆 🕿 🚗 🚗 ♨ CV 🐾

173

CHICHILIANNE (LA RICHARDIERE)
38930 Isère
1050 m. • 150 hab.

▲▲ AU GAI SOLEIL DU MONT AIGUILLE ★★
(A la Richardière). M. Beaume
☎ 76 34 41 71
🛏 23 ⊗ 160/260 F. 🍽 78/180 F.
🍴 45 F. 🍲 180/250 F.
⊠ 5 nov./20 déc.
[icons]

CHILLE
39570 Jura
184 hab.

▲▲▲ PARENTHESE ★★
Grande Rue. Mme Guyot
☎ 84 47 55 44 FAX 84 24 92 13
🛏 21 ⊗ 260/350 F. 🍽 78/230 F.
🍴 50 F. 🍲 285/340 F.
⊠ rest. dernière semaine fév.,
1ère semaine mars, dim. soir et lun. hs.
[icons]

CHINON
37500 Indre et Loire
8627 hab. ℹ

▲▲ GRAND HOTEL DE LA BOULE D'OR ★★
66, quai Jeanne-d'Arc. Mme Delaveau
☎ 47 93 03 13 FAX 47 93 24 25
🛏 17 ⊗ 160/340 F. 🍽 95/195 F.
🍴 50 F. 🍲 240/360 F.
⊠ 15 déc./1er fév., dim. soir et lun. hs.
1er nov./15 avr.
[icons]

CHINON (BEAUMONT EN VERON)
37420 Indre et Loire
2569 hab. ℹ

▲▲ MANOIR DE LA GIRAUDIERE Rest. LE PETIT PIGEONNIER ★★
A 5 km Chinon, par D. 749, rte de Savigny. M. Daviet
☎ 47 58 40 36 FAX 47 58 46 06
🛏 25 ⊗ 200/390 F. 🍽 95/300 F.
🍴 55 F. 🍲 200/295 F.
⊠ rest. 11 déc./8 mars, mar. et mer. midi hs.
[icons]

CHINON (LA ROCHE CLERMAULT)
37500 Indre et Loire
470 hab.

▲▲ LE HAUT CLOS ★★
M. Bordeau
☎ 47 95 94 50 FAX 47 95 82 80
🛏 14 ⊗ 170/250 F. 🍽 100/210 F.
🍴 50 F. 🍲 225/280 F.
⊠ 27 nov./10 déc., ven. et dim. soir hs.
[icons]

CHIS
65800 Hautes Pyrénées
210 hab.

▲▲ DE LA FERME SAINT FERREOL ★★
Sur N. 21, 20, rue des Pyrénées.
M. Dalat
☎ 62 36 22 15 FAX 62 37 64 96
🛏 20 ⊗ 190/270 F. 🍽 100/230 F.
🍴 35 F. 🍲 220/270 F.
⊠ rest. sam. midi et dim. soir sauf juil./août.
[icons]

▲▲ DE LA TOUR ★★
Mme Pujol ☎ 62 36 21 14
🛏 10 ⊗ 200/290 F. 🍽 65/155 F.
🍴 40 F. 🍲 190/230 F.
[icons]

CHISSAY EN TOURAINE
41400 Loir et Cher
847 hab.

▲ LES TOURISTES ★
1, route de Tours. M. Carré
☎ 54 32 32 09 FAX 54 32 60 06
🛏 10 ⊗ 140/250 F. 🍽 65/160 F.
🍴 43 F.
⊠ vac. scol. Noël et mer.
[icons]

CHISSEY EN MORVAN
71540 Saône et Loire
368 hab.

▲▲ L'AUBERGE FLEURIE ★
Mme Bessière
☎ 85 82 62 05 FAX 85 82 62 19
🛏 7 ⊗ 180/370 F. 🍽 80/180 F. 🍴 55 F.
🍲 230/300 F.
⊠ 11/25 déc. et dim. soir
12 nov./Pâques.
[icons]

CHITENAY
41120 Loir et Cher
919 hab.

▲▲▲ AUBERGE DU CENTRE ★★
Place de l'Eglise. M. Martinet
☎ 54 70 42 11 FAX 54 70 35 03
🛏 23 ⊗ 285/348 F. 🍽 98/340 F.
🍴 50 F. 🍲 265/285 F.
⊠ 27 fév./13 mars, dim. soir et lun. hs.
[icons]

CHOMELIX
43500 Haute Loire
900 m. • 438 hab.

▲▲ AUBERGE DE L'ARZON ★★
M. Blanc ☎ 71 03 62 35 FAX 71 03 61 62
🛏 9 ⊗ 235/300 F. 🍽 98/230 F. 🍴 42 F.
🍲 225/280 F.
⊠ hôtel 13 nov./1er avr., rest.
11 nov./31 déc. sauf week-ends et
1er janv./1er avr., lun. soir et mar. hs.
[icons]

CHORANCHE
38680 Isère
132 hab.

▲▲ LE JORJANE
M. Pontvianne
☎ 76 36 09 50 Ⅲ 76 36 00 80
🛏 7 ◉ 220 F. ⅼⅼ 90/120 F. ⅲ 25 F.
🍴 225 F.
⊠ mer.
▢ ☎ ⋈ ◆ CB

CHOUVIGNY
03450 Allier
255 hab.

▲▲ DES GORGES DE CHOUVIGNY ★★
M. Fleury
☎ 70 90 42 11
🛏 8 ◉ 200/300 F. ⅼⅼ 95/180 F. ⅲ 45 F.
🍴 250 F.
⊠ 15 déc./1er fév., mar. soir et mer.
oct./avr.
Ⅰ ☎ ⋐ ⅏ CV ⁝ ◆ CB

CIOTAT (LA)
13600 Bouches du Rhône
30620 hab. 𝒊

▲ AUBERGE LE REVESTEL ★★
Corniche du Liouquet, route des
Lecques. M. Me Siepen
☎ 42 83 11 06 Ⅲ 42 83 29 50
🛏 6 ◉ 260 F. ⅼⅼ 140/185 F. ⅲ 90 F.
🍴 280 F.
⊠ 30 janv./26 fév., mer. et dim. soir,
mer. matin 1er juin/30 sept.
Ⅰ ☎ ⋐ ⁝ ◄ CB

▲ LE PROVENCE PLAGE ★★
3, av. de Provence. M. Richard
☎ 42 83 09 61 Ⅲ 42 08 16 28
🛏 19 ◉ 230/395 F. ⅼⅼ 60/150 F.
🍴 35 F. 🍴 230/312 F.
Ⅰ ⅰ ▢ ☎ ⋐ CB ▣

CLAIRVAUX LES LACS
39130 Jura
1500 hab. 𝒊

▲ LA CHAUMIERE DU LAC ★★
M. Me Favario
☎ 84 25 81 52 Ⅲ 84 25 24 54
🛏 15 ◉ 150/240 F. ⅼⅼ 66/175 F.
🍴 40 F. 🍴 175/220 F.
⊠ 8 oct./1er avr., lun. soir et mar. soir
hs.
Ⅰ ▯ ☎ ⋐ CV ◄ CB

CLAMECY
58500 Nièvre
5826 hab.

▲▲▲ HOSTELLERIE DE LA POSTE ★★★
9, place Emile Zola. M. Guenot
☎ 86 27 01 55 ⅢⅩ 809692 Ⅲ 86 27 05 99
🛏 16 ◉ 245/315 F. ⅼⅼ 95/180 F.
🍴 50 F. 🍴 255/460 F.
Ⅰ ▯ SP ▢ ⋐ CV ⁝ ◆ CB ▣

CLAUX (LE)
15400 Cantal
1050 m. • 360 hab. 𝒊

▲▲ LE PEYRE ARSE ★★
M. Delfau
☎ 71 78 93 32 Ⅲ 71 78 90 37
🛏 29 ◉ 200/250 F. ⅼⅼ 100/200 F.
🍴 50 F. 🍴 250/270 F.
Ⅰ ☎ ⋐ ⋈ ⋈ ☎ ⅏ ⅏ ⅏ ⅏ ⅏ CV
⁝ ◆ CB

CLAYETTE (LA)
71800 Saône et Loire
2710 hab. 𝒊

▲▲ DE LA GARE ★★
38, av. de la Gare. M. Thoral
☎ 85 28 01 65 Ⅲ 85 28 03 13
🛏 8 ◉ 245/365 F. ⅼⅼ 96/360 F. ⅲ 58 F.
🍴 240/320 F.
⊠ 26 déc./18 janv., dim. soir et lun.
Ⅰ ▯ ☎ ⋐ ⋈ ⋈ ☎ ⅏ ⅏ ⅏ CV ◆ CB

CLECY
14570 Calvados
1150 hab. 𝒊

▲▲ AU SITE NORMAND ★★
1, rue des Châtelets. M. Feuvrier
☎ 31 69 71 05 Ⅲ 31 69 48 51
🛏 18 ◉ 220/360 F. ⅼⅼ 90/270 F.
🍴 45 F. 🍴 245/320 F.
Ⅰ SP ▢ ☎ ⋐ ☎ CV ◆ CB ▣

CLEDEN CAP SIZUN
29770 Finistère
1420 hab.

▲▲ LE RELAIS DE LA POINTE DU VAN ★★
(Baie des Trépassé). Mme Brehonnet
☎ 98 70 62 79 Ⅲ 98 70 35 20
🛏 25 ◉ 250/366 F. ⅼⅼ 96 F. ⅲ 40 F.
🍴 302/360 F.
⊠ 30 sept./1er avr.
Ⅰ ▯ SP ☎ ⋐ ⋈ ☎ ⅂ ⅏ CV ⁝
◆ CB

CLEEBOURG
67160 Bas Rhin
597 hab.

▲▲ AU TILLEUL ★★
94, rue Principale. M. Frank
☎ 88 94 52 15 Ⅲ 88 94 52 63
🛏 13 ◉ 300 F. ⅼⅼ 100/180 F. ⅲ 50 F.
🍴 200 F.
⊠ 20 fév./6 mars, 22 déc./4 janv. et mar.
▯ ▢ ☎ ⋐ ☎ CV ◆

CLELLES
38930 Isère
830 m. • 320 hab. 𝒊

▲▲ FERRAT ★★
M. Ferrat ☎ 76 34 42 70 Ⅲ 76 34 47 47
🛏 16 ◉ 200/290 F. ⅼⅼ 85/160 F.
🍴 50 F. 🍴 240/300 F.
⊠ 11 nov./15 fév. et mar. hs.
Ⅰ ☎ ⋐ ⋈ ☎ ⅂ ⅏ ⁝ ◄ CB C

CLERGOUX
19320 Corrèze
540 m. • 390 hab.

⚐⚐ DU LAC
Le Prévost. M. Dumas
☎ 55 27 77 60
🛏 17 ⌂ 140/250 F. ⅋ 80/165 F.
🍴 65 F. 🛎 220/235 F.
⊠ hôtel nov./fin mars et soirs
nov./mars.
🚗🌳🖐

CLERJUS (LE)
88240 Vosges
670 hab. 𝒊

⚐⚐ AUBERGE LES CENSEAUX ⋆⋆
Le Cierous. M. Gin
☎ 29 30 41 13 📠 29 36 04 36
🛏 8 ⌂ 180/280 F. ⅋ 55/160 F. 🍴 50 F.
🛎 250 F.
⊠ entre Noël et nouvel an.
⬜☎🚗🌳⚡🖐⊘🔌 CB

CLERMONT (AGNETZ)
60600 Oise
2000 hab. 𝒊

⚐⚐ LE CLERMOTEL ⋆⋆
Sur N. 31. M. Depret
☎ 44 50 09 90 📠 44 50 13 00
🛏 37 ⌂ 280/305 F. ⅋ 89/142 F.
🍴 42 F. 🛎 250/270 F.
⊠ rest. 20 déc./10 janv.
🅴 🅳 SP ⬜🚗🚗🖐🌳🖐🦽 CV
🔌 ● CB 🖼

CLERMONT EN ARGONNE
55120 Meuse
1763 hab. 𝒊

⚐⚐ BELLEVUE ⋆⋆
M. Chodorge
☎ 29 87 41 02 📠 29 88 46 01
🛏 7 ⌂ 230/280 F. ⅋ 75/220 F. 🍴 45 F.
🛎 250 F.
⊠ 23 déc./5 janv. et mer. hs.
🅴 🅳 ⬜☎🚗🚗🌳🦽 CV ● CB
🅲 🖼

CLERMONT FERRAND
63000 Puy de Dôme
165000 hab. 𝒊

⚐⚐ GRAND HOTEL DU MIDI ⋆⋆
39, av. de l'Union Soviétique. M. Gorce
☎ 73 92 44 98 📠 73 92 29 41
🛏 39 ⌂ 160/260 F. ⅋ 80/140 F.
🍴 37 F. 🛎 220/310 F.
🅴 🅳 SP ⬜☎🚗 ⇕ CV 🔌 ● CB

CLERMONT FERRAND
(CHAMALIERES)
63400 Puy de Dôme
17905 hab. 𝒊

⚐⚐ LE CHALET FLEURI ⋆⋆
37, av. Massenet. Mme Etienne
☎ 73 35 09 60 📠 73 35 27 25
🛏 39 ⌂ 200/320 F. ⅋ 95/250 F.
🍴 70 F. 🛎 283/370 F.
🅴 SP ⬜☎🚗🚗🌳🔌 ● CB 🖼

CLERMONT L'HERAULT
34800 Hérault
5926 hab. 𝒊

⚐⚐ DE SARAC ⋆⋆
Route de Béziers. M. Me Dunand
☎ 67 96 06 81 📠 67 88 07 30
🛏 22 ⌂ 198/260 F. ⅋ 119/159 F.
🍴 50 F. 🛎 245/265 F.
⊠ rest. 15 déc./31 janv., week-ends
fév., sam. midi et dim. (sauf dim. soir en
saison).
🅴 ⬜☎🚗🚗🌳🦽 ● CB 🖼

⚐⚐ GRAND HOTEL ⋆⋆
2, rue Coutellerie. Mme Villat
☎ 67 96 00 04
🛏 15 ⌂ 160/320 F.
𝒊 ☎🚗🚗🌳🦽 ● CB

CLIMBACH
67510 Bas Rhin
500 hab.

⚐⚐ CHEVAL BLANC ⋆⋆
M. Frey ☎ 88 94 41 95 📠 88 94 21 96
🛏 12 ⌂ 250/290 F. ⅋ 85/160 F.
🍴 70 F. 🛎 270/290 F.
⊠ 15 janv./15 fév., 1er/10 juil., mar.
soir et mer.
🅳 ⬜☎🚗⊘🔌 ● CB

CLUNY
71250 Saône et Loire
4500 hab. 𝒊

⚐ DE L'ABBAYE ⋆⋆
Av. Charles de Gaulle. M. Lassagne
☎ 85 59 11 14 📠 85 59 09 76
🛏 16 ⌂ 140/280 F. ⅋ 95/190 F.
🍴 50 F.
⊠ 1er janv./17 fév., soirs 1er oct./
14 mai, lun. et mar. midi.
🅴 🅳 ⬜☎🚗🚗 ● CB

⚐⚐ LE MODERNE ⋆⋆
Le Pont de l'Etang. M. Bernigaud
☎ 85 59 05 65 📠 85 59 19 43
🛏 13 ⌂ 245/300 F. ⅋ 130/150 F.
🍴 70 F. 🛎 290/320 F.
⊠ 12 nov./2 déc., 27 fév./10 mars, dim.
soir et lun. midi.
🅴 SP ⬜☎🚗🔌 ● 🖼

CLUSAZ (LA)
74220 Haute Savoie
1100 m. • 1600 hab. 𝒊

⚐⚐ LE BELLACHAT ⋆⋆
(Les Confins). MM. Gallay
☎ 50 32 66 66 📠 50 32 65 84
🛏 25 ⌂ 250/350 F. ⅋ 75/200 F.
🍴 50 F. 🛎 250/330 F.
⊠ 1er mai/1er juin et 20 oct./15 déc.
🅴 ⬜☎🚗🖐🖐🌳 ● CB

⚐⚐⚐ LE CHRISTIANIA ⋆⋆
M. Thévenet
☎ 50 02 60 60 📠 50 02 67 30
🛏 28 ⌂ 285/360 F. ⅋ 92/125 F.
🍴 55 F. 🛎 270/410 F.
⊠ 20 avr./30 juin et 15 sept./20 déc.
🅴 𝒊 ⬜☎🚗🚗 ⇕ CV CB

CLUSAZ (LA) (suite)

LES SAPINS ★★
Mme Jakkel
☎ 50 02 40 12 📠 50 02 43 24
🛏 24 ⊠ 260/420 F. 🍴 80/120 F.
🏨 280/420 F.
⊠ 20 avr./15 juin et 15 sept./20 déc.
🖦 📷 ☎ 🛏 ⬛ CV 🐾 CB

COARAZE
06390 Alpes Maritimes
620 m. • 540 hab. 🛈

AUBERGE DU SOLEIL ★★
Mme Jacquet
☎ 93 79 08 11 📠 93 79 37 79
🛏 7 ⊠ 340/495 F. 🍴 137 F. 🍴 40 F.
🏨 350/425 F.
⊠ 15 nov./15 mars.
🖦 📷 ☎ 📶 ⬛ 🐾 CV 🔲 🐾 CB

COGNAC
16100 Charente
19528 hab. 🛈

DOMAINE DU BREUIL ★★
104, rue Robert Daugas. M. Deffenain
☎ 45 35 32 06 📠 45 35 48 06
🛏 24 ⊠ 280/450 F. 🍴 100/250 F.
🍴 60 F. 🏨 290/350 F.
🖦 📷 ☎ 📶 🛏 📶 🔲 🐾 CB

COGNAC (CHATEAUBERNARD)
16100 Charente
4688 hab. 🛈

L'ETAPE ★★
2, av. d'Angoulême. M. Giraud
☎ 45 32 16 15 📠 45 36 20 03
🛏 22 ⊠ 160/265 F. 🍴 57/135 F.
🍴 40 F. 🏨 210/310 F.
⊠ 23 déc./3 janv. et rest. dim.
🖦 📷 ☎ 📶 📶 🔲 CV 🐾 CB

COL DE LA FAUCILLE
01170 Ain
1323 m. • 4370 hab. 🛈

LA PETITE CHAUMIERE ★★
M. Giroud ☎ 50 41 30 22 📠 50 41 33 22
🛏 34 ⊠ 230/340 F. 🍴 92/192 F. 🍴 58 F.
🏨 250/315 F.
⊠ 2/29 avr. et 8 oct./17 déc.
🖦 📷 ☎ 🛏 📶 CV 🔲 🐾 CB

COL DE SAINTE MARIE AUX MINES
68160 Vosges
772 m. • 10 hab.

BELLE VUE ★★
M. Antoine ☎ 89 58 72 39
🛏 10 ⊠ 160/250 F. 🍴 62/185 F.
🍴 50 F. 🏨 195/240 F.
⊠ 10 janv./10 fév., 15 nov./ 15 déc.,
mar. soir et mer. sauf juin/sept.
📷 📷 ☎ 📶 📶 📶 🐾 CB

COL DU BONHOMME
(PLAINFAING)
88230 Vosges
950 m. • 2400 hab. 🛈

RELAIS VOSGES ALSACE ★★
M. Vuillemin
☎ 29 50 32 61 \ 29 50 41 34
📠 29 50 46 38
🛏 12 ⊠ 165/335 F. 🍴 68/170 F.
🍴 45 F. 🏨 202/287 F.
⊠ 12 nov./18 déc.
🖦 🖦 📷 ☎ 📶 📶 CV 🔲 🐾 CB

COL DU MONT SION
74350 Haute Savoie
800 m. • 50 hab.

LA CLEF DES CHAMPS ET HOTEL REY ★★
(Au Col). Mme Rey
☎ 50 44 13 29 \ 50 44 13 11
📠 50 44 05 48
🛏 36 ⊠ 305/475 F. 🍴 99/315 F.
🍴 65 F. 🏨 280/395 F.
⊠ rest. jeu. sauf 1er/20 août.
🖦 D SP 🛈 📷 ☎ 🛏 📶 📶 🐾 📶
🔲 🐾 CB

COLIGNY (VILLEMOTIER)
01270 Ain
372 hab.

LE SOLNAN ★★★
Moulin des Ponts. M. Marguin
☎ 74 51 50 78 📠 74 51 56 22
🛏 16 ⊠ 320/345 F. 🍴 120/380 F.
🍴 75 F. 🏨 350 F.
⊠ 2ème quinz. nov., 2ème quinz.
janv., dim. soir et lun. hs.
🖦 D 📷 ☎ 📶 📶 📶 CV 🔲 🐾 CB
📶

COLLIAS
30210 Gard
800 hab. 🛈

AUBERGE LE GARDON ★★
Mme Roy ☎ 66 22 80 54 📠 66 22 88 98
🛏 13 ⊠ 240/270 F. 🍴 78/182 F.
🍴 50 F. 🏨 235/250 F.
⊠ 15 oct./26 mars.
🖦 D 📷 📶 📶 📶 📶 🐾 CB

COLLIOURE
66190 Pyrénées Orientales
2740 hab. 🛈

LE BON PORT ★★
Route de Port-Vendres. M. Borras
☎ 68 82 06 08 📠 68 82 54 97
🛏 22 ⊠ 230/305 F. 🍴 80/150 F.
🍴 55 F. 🏨 255/280 F.
⊠ 15 oct./Pâques.
🖦 SP 📷 📶 📶 📶 🐾

COLLOBRIERES
83610 Var
1498 hab. 🛈

NOTRE DAME ★
15, av. de la Libération. M. Dapoigny
☎ 94 48 07 13 📠 94 48 05 95
🛏 16 ⊠ 130/180 F. 🍴 90/150 F.
🍴 43 F. 🏨 160/180 F.
⊠ jeu. hs.
📷 📶 🐾 CB

COLMAR
68000 Haut Rhin
63700 hab. [i]

AA BEAUSEJOUR ★★
25, rue du Ladhof. Mme Keller
☎ 89 41 37 16 TX 530955codeP2000
FAX 89 41 43 07
🕯 44 ⊗ 240/490 F. 🍽 49 F.
📷 240/380 F.
[icons]

AA DE LA FECHT ★★★
1, rue de la Fecht. M. Maurice
☎ 89 41 34 08 FAX 89 23 80 28
🕯 39 ⊗ 290/420 F. 🍽 89/260 F.
🍽 45 F. 📷 290/340 F.
⊠ sam. et dim. soir hs.
[icons]

AA RAPP HOTEL ★★
1-3-5, rue Weinemer. M. Dorffer
☎ 89 41 62 10 FAX 89 24 13 58
🕯 42 ⊗ 315/385 F. 🍽 95/300 F.
🍽 55 F. 📷 296/331 F.
⊠ rest. sam. midi 15 nov./15 mars.
[icons]

COLOMARS
06670 Alpes Maritimes
2200 hab.

AAA DU REDIER ★★★
M. Scoffier ☎ 93 37 94 37 FAX 95 37 95 55
🕯 26 ⊗ 300/400 F. 🍽 120/165 F.
📷 350/380 F.
[icons]

COLOMARS (LA MANDA)
06670 Alpes Maritimes
3000 hab.

AA AUBERGE DE LA MANDA ★★
(Pont de la Manda) Sur N. 202.
Mme Castiglia
☎ 93 08 11 64 FAX 93 29 23 58
🕯 17 ⊗ 160/300 F. 🍽 70/140 F.
🍽 40 F. 📷 260/350 F.
⊠ 1er/12 nov., 3 janv./7 fév., rest. mer.
et dim. soir
[icons]

COLOMBELLES
14460 Calvados
6000 hab.

AA DU PARC ★★
44, rue Jules Guesde. M. Couderc
☎ 31 72 40 18 FAX 31 72 50 52
🕯 8 ⊗ 220/380 F. 🍽 85/250 F. 🍽 85 F.
📷 270/300 F.
[icons]

COLOMBEY LES DEUX EGLISES
52330 Haute Marne
300 hab.

AA AUBERGE DE LA MONTAGNE ★★
M. Natali ☎ 25 01 51 69 FAX 25 01 59 20
🕯 7 ⊗ 200/300 F. 🍽 100/300 F.
🍽 70 F.

⊠ 8 janv./8 fév., lun. soir et mar.
[icons]

COLOMBIER
42220 Loire
820 m. • 230 hab.

AA DE L'OEILLON ★★ & ★
(Col de l'Oeillon). Mme Rivory
☎ 77 51 50 61 \ 77 51 51 41
🕯 12 ⊗ 160/200 F. 🍽 75/ 95 F.
🍽 50 F. 📷 180/200 F.
⊠ 8 jours déc. et ven. matin.
[icons]

A DEGRAIX ★
Mme Degraix ☎ 77 51 50 14
🕯 11 ⊗ 110/160 F. 🍽 70/120 F.
🍽 37 F. 📷 140/160 F.
⊠ janv. et lun. hs.
[icons]

COMBEAUFONTAINE
70120 Haute Saône
500 hab. [i]

AAA DU BALCON ★★
M. Gauthier
☎ 84 92 11 13 \ 84 92 14 63
FAX 84 92 15 89
🕯 18 ⊗ 140/360 F. 🍽 140/360 F.
🍽 60 F. 📷 220/250 F.
⊠ 26 juin/5 juil., 26 déc./12 janv., dim.
soir et lun.
[icons]

COMBLOUX
74920 Haute Savoie
1000 m. • 1425 hab. [i]

AAA CHALET HOTEL LE FEUG ★★★
Anc. route de Megève. M. Paget
☎ 50 93 00 50 FAX 50 21 21 44
🕯 28 ⊗ 290/610 F. 🍽 95/195 F.
🍽 65 F. 📷 285/435 F.
⊠ 6 nov./18 déc.
[icons]

AAA IDEAL MONT BLANC ★★★
Route du Feu. M. Muffat
☎ 50 58 60 54 FAX 50 58 64 50
🕯 28 ⊗ 436/562 F. 🍽 193/260 F.
🍽 68 F. 📷 403/492 F.
⊠ 26 sept./20 déc. et début avr./26 juin.
[icons]

COMBOURG
35270 Ille et Vilaine
5000 hab. [i]

AAA DU CHATEAU ET DES VOYAGEURS ★★
1, place Chateaubriand. Mme Pelé
☎ 99 73 00 38 FAX 99 73 25 79
🕯 32 ⊗ 250/500 F. 🍽 68/250 F.
🍽 50 F. 📷 250/400 F.
⊠ 15 déc./15 janv. et lun. midi, dim.
soir, lun. 15 oct./15 mai.
[icons]

COMBOURG (suite)

▲▲ DU LAC ★★
2, place Chateaubriant. M. Hamon
☎ 99 73 05 65 ⓕⓐⓧ 99 73 23 34
🛏 28 ⬡ 250/330 F. 🍽 65/200 F.
🏃 45 F. 🖼 265 F.
⊠ 7 nov./7 déc., ven. et dim. soir hs.
Ⓔ Ⓓ 🕭 🕿 🚗 🚗 🛎 CV 🔲 ● CB 🛍

COMBREE (BEL AIR)
49520 Maine et Loire
3000 hab.

▲▲ RELAIS ANJOU BRETAGNE
2, rue de Bretagne (à Bel Air).
Mme Gilet ☎ 41 61 50 44 ⓕⓐⓧ 41 61 53 77
🛏 8 ⬡ 185/265 F. 🍽 70/190 F. 🏃 50 F.
🖼 215/290 F.
Ⓔ 🕭 🕿 🛎 🛴 🔲

COMBREUX
45530 Loiret
150 hab.

▲▲▲ L'AUBERGE DE COMBREUX ★★
Mme Gangloff
☎ 38 59 47 63 ⓕⓐⓧ 38 59 36 19
🛏 20 ⬡ 315/495 F. 🍽 90/200 F.
🏃 35 F. 🖼 335/450 F.
⊠ 20 déc./15 janv.
Ⓔ Ⓓ SP 🕭 🕿 🚗 ⛱ 🛴 🔲 🛴 ⊙
🛴 🔲 ● CB 🛍

▲▲ LA CROIX BLANCHE ★★
46, rue du Gâtinais. MeM. Dodard
☎ 38 59 47 62 ⓕⓐⓧ 38 59 41 35
🛏 7 ⬡ 250 F. 🍽 120/180 F. 🏃 50 F.
🖼 290 F.
⊠ 14/28 nov., rest. dim. soir et lun.
Ⓔ Ⓓ 🕿 🚗 🚗 🏃 ⊙ 🛴 🔲 ● CB

COMPIEGNE
60200 Oise
50000 hab. ⓘ

**▲▲ DE FRANCE ROTISSERIE DU CHAT QUI
TOURNE ★★**
17, rue Eugène-Floquet. Mme Robert
☎ 44 40 02 74 ⓕⓐⓧ 44 40 48 37
🛏 20 ⬡ 158/357 F. 🍽 90/210 F.
🏃 60 F. 🖼 295/350 F.
Ⓔ Ⓓ 🕭 🕿 🚗 🔲 ● CB 🛍

COMPOLIBAT
12350 Aveyron
500 hab. ⓘ

▲▲ AUBERGE LOU CANTOU
Mme Monteil ☎ 65 81 94 55
🛏 7 ⬡ 205/225 F. 🍽 65/165 F. 🏃 36 F.
🖼 205 F.
⊠ sept./16 oct., mar. après-midi et mer. hs.
Ⓔ 🚗 🛴 🛎 🛴 🏃 CV 🔲 ● CB

▲ BEDEL
M. Me Bedel ☎ 65 81 92 56
🛏 8 ⬡ 150/180 F. 🍽 60/145 F. 🏃 40 F.
🖼 160/180 F.
⊠ fév., 1ère semaine sept. et sam. midi hs.
Ⓔ 🚗 🛴 ❤ 🏃 ⊙ 🛴 CV 🔲 ● CB

COMPS SUR ARTUBY
83840 Var
900 m. ● 250 hab.

▲▲ GRAND HOTEL BAIN ★★
M. Bain
☎ 94 76 90 06 ⓕⓐⓧ 94 76 92 24
🛏 16 ⬡ 165/320 F. 🍽 75/180 F.
🏃 50 F. 🖼 215/255 F.
⊠ 12 nov./24 déc., mer. soir et jeu.
1er oct./1er avr.
Ⓔ 🕭 🕿 🚗 🚗 🏊 ● CB

CONCARNEAU
29110 Finistère
20000 hab. ⓘ

▲▲ DES SABLES BLANCS ★★
Plage des Sables Blancs. M. Chabrier
☎ 98 97 01 39 ⓕⓐⓧ 98 50 65 88
🛏 44 ⬡ 190/340 F. 🍽 80/175 F.
🏃 40 F. 🖼 260/388 F.
⊠ 1er oct./8 avr.
Ⓔ SP 🕭 🕿 🏊 🛴 🏃 CV 🔲 ● CB

▲ LES OCEANIDES
3, rue au Lin. Mme Le Gac
☎ 98 97 08 61
🛏 26 ⬡ 170/260 F. 🍽 68/170 F.
🏃 34 F. 🖼 194/237 F.
⊠ 15 oct./6 nov. et dim. 1er oct./30 avr.
Ⓔ 🕭 🕿 🏃 CV 🔲 ● CB

CONCHES EN OUCHE
27190 Eure
4500 hab. ⓘ

▲▲ LE CYGNE ★★
36, rue du Val. M. Me Gilles
☎ 32 30 20 60 ⓕⓐⓧ 32 37 82 06
🛏 15 ⬡ 135/305 F. 🍽 74/290 F.
🏃 65 F. 🖼 220/265 F.
⊠ rest. lun. Pâques/fin sept., dim. soir
et lun. fin sept./Pâques.
Ⓔ Ⓓ 🕭 🕿 🚗 🚗 ⊙ 🛴 🔲 ● CB
Ⓒ 🛍

CONDAT
15190 Cantal
1570 hab. ⓘ

▲▲ CENTRAL HOTEL ★★
Grande rue. M. Mouette
☎ 71 78 53 02
🛏 12 ⬡ 130/200 F. 🍽 55/160 F.
🏃 38 F. 🖼 160/240 F.
Ⓔ 🕭 🕿 🚗 🚗 🏊 🛎 ⊙ 🛴 🔲 ● CB

CONDE SUR NOIREAU
14110 Calvados
7257 hab. ⓘ

▲▲ DU CERF ★★
18, rue du Chêne. M. Malgrey
☎ 31 69 40 55 ⓕⓐⓧ 31 69 78 29
🛏 9 ⬡ 204/214 F. 🍽 65/210 F. 🏃 45 F.
🖼 215/220 F.
⊠ dim. soir.
Ⓔ 🕭 🕿 🚗 🚗 🛎 CV 🔲 ● Ⓒ 🛍

CONFOLENS
16500 Charente
3470 hab. ℹ️

🅰️🅰️ DE VIENNE ★★
4, rue de la Ferrandie. Mme Dupré
☎ 45 84 09 24 ⛶ 45 84 11 60
🛏️ 14 ⬡ 140/270 F. 🍴 65/180 F.
🍽️ 35 F. 🛎️ 180/250 F.
✉️ 22 oct./15 nov., 22 déc./5 janv., ven.
soir et dim. soir oct./fin mars, ven. soir
et sam. avr./mi-juin.
🄴 🗔 🕿 🛌 💈 CV 🅞🅗 🅐 CB

🅰️🅰️ MERE MICHELET ★★
17, allées de Blossac. M. Michelet
☎ 45 84 04 11 ⛶ 45 84 00 92
🛏️ 24 ⬡ 130/290 F. 🍴 70/170 F.
🍽️ 38 F. 🛎️ 185/228 F.
🄴 🗔 🕿 🛏️ 🛌 💈 CV 🅞🅗 🅐 CB 🏛️

CONQUES
12320 Aveyron
450 hab.

🅰️ AUBERGE DU PONT ROMAIN ★
Mme Estrade-Domergue
☎ 65 69 84 07
🛏️ 7 ⬡ 170/220 F. 🍴 65/125 F. 🍽️ 58 F.
🛎️ 190/230 F.
🕿 🛌 CV CB

🅰️🅰️ AUBERGE SAINT-JACQUES ★★
M. Fallieres
☎ 65 72 86 36 ⛶ 65 72 82 47
🛏️ 14 ⬡ 120/320 F. 🍴 82/170 F.
🍽️ 55 F. 🛎️ 250/280 F.
✉️ janv. et lun. Toussaint/Pâques.
🕿 🛌

CONQUET (LE)
29217 Finistère
2007 hab. ℹ️

🅰️ DE BRETAGNE ★
16, rue Lieutenant Jourden. M. Daviaud
☎ 98 89 00 02
🛏️ 17 ⬡ 180/260 F. 🍴 60/290 F.
🍽️ 40 F. 🛎️ 240/275 F.
✉️ 1er janv./20 mars.
🄴 🗔 🕿 🛌 🛌 CV 🅐 CB

CONTAMINES MONTJOIE (LES)
74170 Haute Savoie
1164 m. • 1050 hab. ℹ️

🅰️🅰️ GAI SOLEIL ★★
Mme Mermoud
☎ 50 47 02 94
🛏️ 19 ⬡ 260/400 F. 🍴 99/140 F.
🍽️ 60 F. 🛎️ 265/330 F.
✉️ 17 avr./14 juin et 17 sept./20 déc.
🄴 🄳 🕿 🛌 🛌 🕋 CV 🅐 CB

🅰️🅰️ LE RELAIS DU MONT BLANC ★★
(Hameau de Tresse). M. Dommange
☎ 50 47 02 08 ⛶ 50 47 16 15
🛏️ 21 ⬡ 245/340 F. 🍴 80/130 F.
🍽️ 45 F. 🛎️ 245/300 F.
✉️ nov.
🄴 ℹ️ 🕿 🛌 🕋 🎿 CV 🅐 CB

CONTRES
41700 Loir et Cher
2811 hab.

🅰️🅰️🅰️ DE FRANCE ★★★
Rue Pierre H. Mauger. M. Metivier
☎ 54 79 50 14 ⛶ 54 79 02 95
🛏️ 30 ⬡ 298/425 F. 🍴 100/275 F.
🍽️ 68 F. 🛎️ 319/380 F.
✉️ rest. 31 janv./10 mars, hôtel dim. soir
et lun. fév./10 mars.
🄴 ♿ 🗔 🕿 🛌 🛌 11 🛌 🕋 🛥️ 🖹 🔜 🛝
🔝 💈 🕋 CV 🅞🅗 🅐 CB 🄲 🏛️

CONTREXEVILLE
88140 Vosges
5000 hab. ℹ️

🅰️🅰️ DE FRANCE ★★
58, av. du Roi Stanislas. M. Dodin
☎ 29 08 04 13
🛏️ 33 ⬡ 190/305 F. 🍴 80/195 F.
🍽️ 55 F. 🛎️ 430/500 F.
✉️ 15 déc./15 janv.
🄴 🗔 🕿 🛌 🛌 🕋 💈 CV 🅞🅗 🅐 CB

🅰️🅰️ DES SOURCES ★★
Esplanade. Mme Pays
☎ 29 08 04 48 ⛶ 29 08 63 01
🛏️ 30 ⬡ 140/320 F. 🍴 95/160 F.
🍽️ 50 F. 🛎️ 210/275 F.
✉️ 15 oct./1er avr.
🄴 🕿 💈 🅞🅗 🅐 CB

COQUILLE (LA)
24450 Dordogne
1800 hab. ℹ️

🅰️🅰️ DES VOYAGEURS ★★
Sur N. 21. Mme Saussot-Fontaneau
☎ 53 52 80 13 \ 53 52 03 32
⛶ 53 62 18 29
🛏️ 10 ⬡ 175/300 F. 🍴 100/300 F.
🍽️ 60 F. 🛎️ 210/290 F.
✉️ 1er oct./14 avr. et lun. 15 avr./
30 juin, rest. mar. midi 15 avr./30 juin.
🄴 SP 🗔 🕿 🛌 🛌 🕋 🕋 💈 🅐 CB

CORBEIL ESSONNES
91100 Essonne
38080 hab. ℹ️

🅰️🅰️ AUX ARMES DE FRANCE ★★
1, bld Jean Jaurès. M. Dejean
☎ (1) 64 96 24 04 ⛶ (1) 60 88 04 00
🛏️ 11 ⬡ 170/210 F. 🍴 115/230 F.
🍽️ 115 F. 🛎️ 233 F.
✉️ 1er mai, août et dim. soir.
🄴 SP ℹ️ 🗔 🕿 🛌 CV 🅐 CB

CORBIGNY
58800 Nièvre
1802 hab. ℹ️

🅰️ LA BUISSONNIERE ★★
Place Saint-Jean. M. De Souza
☎ 86 20 02 13 ⛶ 86 20 13 85
🛏️ 23 ⬡ 280/290 F. 🍴 78/220 F.
🍽️ 50 F. 🛎️ 245 F.
✉️ rest. fév., dim. soir et lun.
🄴 🄳 SP ℹ️ 🗔 🕿 CV 🅞🅗 🅐 🏛️

CORCELLES EN BEAUJOLAIS
69220 Rhône
550 hab.

🏠 LE GAILLETON ★★
M. Viron ☎ 74 66 41 06 ᴹᴬˣ 74 69 60 54
🛏 15 ⌾ 140/210 F. ⫴ 64/170 F.
🍴 40 F. 🍽 195/265 F.
⊠ fév. et lun.
🔳 🗔 ☎ 🚗 🕗 CV ⦙⦙ 🏖

CORDES
81170 Tarn
1200 hab. 𝒊

🏠🏠🏠 HOSTELLERIE DU VIEUX CORDES ★★★
Rue de la République. M. Thuries
☎ 63 56 00 12 ᵀᵡ 530955 ᴹᴬˣ 63 56 02 47
🛏 20 ⌾ 300/420 F. ⫴ 80/160 F.
🍴 50 F. 🍽 295 F.
⊠ janv., rest. dim. soir et lun. 2 nov./
30 avr.
🔳 SP 🗔 ☎ 🕗 🕗 CV ⦙⦙ 🏖 CB

🏠🏠 HOTELLERIE DU PARC ★★
(Les Cabannes). M. Izard
☎ 63 56 02 59 ᴹᴬˣ 63 56 18 03
🛏 17 ⌾ 220/420 F. ⫴ 80/250 F.
🍴 60 F. 🍽 260/300 F.
⊠ dim. soir et lun. hs.
🔳 SP 🗔 ☎ 🚗 🕗 🏖 CV ⦙⦙ 🏖 CB

CORDON
74700 Haute Savoie
871 m. • 766 hab. 𝒊

🏠🏠 LE PERRON ★★
Mme Bottollier-Curtet ☎ 50 58 11 18
🛏 14 ⌾ 250/300 F. ⫴ 90/180 F.
🍴 45 F. 🍽 270/290 F.
🔳 🗔 ☎ 🚗 🕗 🕗 CV 🏖 CB

🏠 LES BRUYERES ★★
(A Frebouge-Cordon).
M. Bottollier-Curtet ☎ 50 58 09 75
🛏 15 ⌾ 220/280 F. ⫴ 75/100 F.
🍴 50 F. 🍽 220/260 F.
⊠ 30 sept./20 déc.
🗔 ☎ 🚗 🕗 CV ⦙⦙ 🏖 CB

CORMERY (TRUYES)
37320 Indre et Loire
1588 hab. 𝒊

🏠🏠 AUBERGE DE LA PECHERAIE ★★
13, rue Nationale. M. Barrassin
☎ 47 43 40 15 ᴹᴬˣ 47 43 04 58
🛏 7 ⌾ 175/280 F. ⫴ 82/250 F. 🍴 50 F.
🍽 180/260 F.
⊠ 3/28 déc., dim. soir et lun. sauf
juil./août.
🔳 🗔 ☎ 🚗 🕗 🕗 🏖 CV 🏖 CB ▦

CORNEVILLE SUR RISLE
27500 Eure
1004 hab.

🏠🏠 LES CLOCHES DE CORNEVILLE ★★★
Route de Rouen. M. Tixier
☎ 32 57 01 04 ᴹᴬˣ 32 57 10 96
🛏 12 ⌾ 260/400 F. ⫴ 115/250 F.
🍴 60 F. 🍽 280/350 F.
⊠ 16 nov./15 mars.
🔳 🗔 ☎ 🚗 🕗 🕗 CV ⦙⦙ 🏖 CB

CORNILLON CONFOUX
13250 Bouches du Rhône
810 hab. 𝒊

🏠🏠🏠 LE DEVEM DE MIRAPIER ★★★
M. Pecoul
☎ 90 55 99 22 ᴹᴬˣ 90 55 86 14
🛏 16 ⌾ 500/800 F. ⫴ 160/250 F.
🍴 60 F. 🍽 500/600 F.
⊠ 15 déc./20 janv. et week-ends
sept./avr.
🔳 🖩 𝒊 🗔 ☎ 🚗 🛏 🕗 🏝 🔧 🏖
🏃 ⦙⦙

CORNIMONT
88310 Vosges
525 m. • 4574 hab. 𝒊

🏠🏠 TERMINUS ★★
2, place de la Gare. M. Schilling
☎ 29 24 10 34 ᴹᴬˣ 29 24 21 41
🛏 43 ⌾ 200 F. ⫴ 67/125 F. 🍴 35 F.
🍽 200 F.
⊠ 2ème quinz. nov., sam. soir et dim.
soir hors vac. scol.
🔳 🗔 ☎ 🚗 🏊 🕗 🏝 🏃 🔧 🏖
CB C

CORNIMONT (TRAVEXIN)
88310 Vosges
4582 hab. 𝒊

🏠🏠 LE GEHAN ★★
M. Grandgirard
☎ 29 24 10 71 ᴹᴬˣ 29 24 10 70
🛏 11 ⌾ 250 F. ⫴ 69/230 F. 🍴 42 F.
🍽 237 F.
⊠ 9/16 janv., 5/12 juin, 28 août/
18 sept., dim. soir et lun. hors vac. scol.
🔳 🖩 🗔 ☎ 🚗 🕗 🏃 🔧 CV 🏖 CB

CORPS
38970 Isère
950 m. • 505 hab. 𝒊

🏠🏠 BOUSTIGUE HOTEL ★★
M. Dumas
☎ 76 30 01 03 ᴹᴬˣ 76 30 04 04
🛏 29 ⌾ 259/342 F. ⫴ 90/135 F.
🍴 55 F. 🍽 331/366 F.
⊠ 16 oct./14 avr.
🔳 🗔 ☎ 🚗 🕗 🏖 🔧 🔧 🏃 ⦙⦙ 🏖 CB

🏠🏠🏠 DE LA POSTE ★★
Route Napoléon. M. Delas
☎ 76 30 00 03 ᴹᴬˣ 76 30 02 73
🛏 19 ⌾ 220/420 F. ⫴ 95/250 F.
🍴 68 F. 🍽 235/380 F.
⊠ 1er déc./15 janv.
🔳 🗔 ☎ 🚗 🚗 🕗 🔧 🔧 CV ⦙⦙ 🏖
CB ▦

🏠🏠 DU TILLEUL ★★
Route Napoléon. M. Jourdan
☎ 76 30 00 43
🛏 10 ⌾ 220/270 F. ⫴ 65/150 F.
🍴 45 F. 🍽 220/240 F.
⊠ 1er nov./15 déc.
🔳 🖩 🗔 ☎ 🚗 🚗 🕗 CV ⦙⦙ 🏖 CB
C ▦

CORPS (suite)

⚐ NOUVEL HOTEL ★★
Mme Pellissier
☎ 76 30 00 35 [FAX] 76 30 03 00
🛏 20 ⬙ 200/300 F. ⫟ 80/150 F.
🍴 40 F. ▓ 210/230 F.
⊠ 1er/30 janv.
□ 🕿 🚗 ➤

CORRENCON EN VERCORS
38250 Isère
1100 m. • 260 hab.

⚐⚐ LES CLARINES ★★
MeM. Repellin
☎ 76 95 81 81 [FAX] 76 95 84 98
🛏 27 ⬙ 250/370 F. ⫟ 120/150 F.
🍴 48 F. ▓ 260/350 F.
⊠ 20 avr./début juin et fin sept./20 déc.
📧 □ 🕿 🚗 ➡ ♿ CV 📼 ➤ CB

CORREZE
19800 Corrèze
1100 hab. ℹ

⚐ AUBERGE DE LA TRADITION
Av. de la Gare. M. Viallet
☎ 55 21 30 26
🛏 5 ⬙ 180 F. ⫟ 70/140 F. 🍴 45 F.
▓ 170 F.
📧 CV ➤ CB

CORTEVAIX
71460 Saône et Loire
211 hab.

⚐ LE PRESSOIR
Mme Vincent
☎ 85 50 12 69 [FAX] 85 50 19 20
🛏 3 ⬙ 250/280 F. ⫟ 75/170 F. 🍴 75 F.
⊠ 15 janv./1er mars.
📧 □ 🕿 🚗 CV ➤ CB

COSNE SUR LOIRE
58200 Nièvre
12000 hab. ℹ

⚐⚐ LE VIEUX RELAIS ★★★
Rue Saint-Agnan. M. Me Carlier
☎ 86 28 20 21 [FAX] 86 26 71 12
🛏 10 ⬙ 260/300 F. ⫟ 98/195 F.
🍴 50 F. ▓ 270/290 F.
⊠ vac. scol. Noël et fév., ven. soir et
sam. midi.
□ 🕿 🚗 📼

COTE SAINT ANDRE (LA)
38260 Isère
5000 hab. ℹ

⚐⚐ DE FRANCE ★★
Place Saint-André. Mme France
☎ 74 20 25 99 [FAX] 74 20 35 30
🛏 13 ⬙ 300/360 F. ⫟ 135/410 F.
🍴 90 F. ▓ 360/410 F.
⊠ 3/18 janv., dim. soir et lun. sauf
fériés.
□ 🕿 🚗 🎦 📼 ➤ CB

COTIGNAC
83850 Var
1628 hab. ℹ

⚐⚐ LOU CALEN ★★★
1, cours Gambetta. M. Mendès
☎ 94 04 60 40 [FAX] 94 04 76 64
🛏 15 ⬙ 290/620 F. ⫟ 100/250 F.
🍴 50 F. ▓ 323/492 F.
⊠ 2 janv./18 mars et rest. mer. hs.
📧 ℹ □ 🕿 🚗 🏊 ⚲ ⊘ CV 📼 ➤ CB

COTINIERE (LA)
17310 Charente Maritime
1200 hab. ℹ

⚐⚐ FACE AUX FLOTS ★★
24, rue du Four. Mme Michelet
☎ 46 47 10 05 [FAX] 46 47 45 95
🛏 21 ⬙ 320/420 F. ⫟ 99/195 F.
▓ 290/380 F.
⊠ 6 nov./22 déc., 6 janv./11 fév. et ven.
fév./mars.
📧 □ 🕿 🏊 ⚲ ⊘ CV 📼 ➤

⚐⚐ L'ECAILLER ★★★
65, rue du Port. M. Rochard
☎ 46 47 10 31 [FAX] 46 47 10 23
🛏 8 ⬙ 330/400 F. ⫟ 116/221 F.
🍴 55 F. ▓ 355/410 F.
⊠ 13 nov./5 fév.
📧 □ 🕿 🚗 ⛵ 🏊 CV 📼 ➤ CB

COUCHES
71490 Saône et Loire
1600 hab.

⚐⚐ DES TROIS MAURES ★★
M. Tolfo
☎ 85 49 63 93 [FAX] 85 49 50 29
🛏 17 ⬙ 125/245 F. ⫟ 78/175 F.
🍴 50 F. ▓ 210/235 F.
⊠ 13 fév./13 mars et lun. hs.
📧 ℹ □ 🕿 🚗 🏊 📼 ➤ CB 🏨

COUCOURON
07470 Ardèche
1130 m. • 800 hab. ℹ

⚐⚐ CARREFOUR DES LACS ★★
M. Haon
☎ 66 46 12 70
🛏 17 ⬙ 160/300 F. ⫟ 85/170 F.
🍴 50 F. ▓ 200/235 F.
⊠ 1er déc./31 janv.
📧 □ 🕿 🚗 🚗 ⊘ CV ➤ CB C

COUDES
63114 Puy de Dôme
890 hab.

⚐ DE LA POSTE
M. Pauch
☎ 73 96 61 05
🛏 7 ⬙ 95/100 F. ⫟ 60 F. 🍴 40 F.
▓ 160 F.
⊠ mer. après-midi 14h/18h.
🚗 CV

COUHE
86700 Vienne
2150 hab. 🛈

⌂ AUBERGE DU CHENE VERT
Rue des Bons Enfants. Mme Courtin
☎ 49 59 20 42 🖷 49 53 42 20
🛏 7 🍴 180 F. ⏰ 75/110 F. 🍴 45 F.
🏠 200/230 F.
🖵 🚗 🐾 CB

COULANGES SUR YONNE
89480 Yonne
609 hab.

⌂ LION D'OR
Mme Bresson
☎ 86 81 71 72
🛏 15 🍴 140/270 F. ⏰ 75/115 F.
🍴 50 F. 🏠 160/230 F.
⌧ 1er/17 oct., 17 déc./9 janv., dim. soir
et lun. sauf juil./août.
🚗 🚗 🐾 CB

COULLONS
45720 Loiret
2500 hab.

⌂ AUBERGE DU CHEVAL BLANC
M. Collet
☎ 38 36 11 21 🖷 38 29 24 93
🛏 10 🍴 120/280 F. ⏰ 67/170 F.
🍴 40 F. 🏠 175/215 F.
⌧ 19 août/15 sept. et mar.
🖪 🖵 🕾 🚗 🚗 🕯 🐾 CB

COULOMBIERS
86600 Vienne
1000 hab.

⌂⌂ LE CENTRE - POITOU ★★
Mme Authe-Martin
☎ 49 60 90 15 🖷 49 50 05 84
🛏 10 🍴 220/300 F. ⏰ 99/380 F.
🍴 50 F. 🏠 230/300 F.
⌧ 15/30 janv., dim. soir et lun.
oct./mai.
🖪 🗓 🆂🅿 🖵 🕾 🚗 🚗 🍴 🐾 🕯 🎿
🚹 🕻 🐾 CB

COULOMMIERS
77120 Seine et Marne
13087 hab. 🛈

⌂ DE L'OURS ★★
35, rue B. Flornoy. Mme Magnier
☎ (1) 64 03 32 11 🖷 (1) 64 03 10 58
🛏 15 🍴 180/300 F. ⏰ 69/198 F.
🍴 50 F. 🏠 210/290 F.
⌧ rest. ven. soir et dim. soir.
🖵 🕾 🚗 CV 🕻 🐾 CB

COULON
79510 Deux Sèvres
2000 hab. 🛈

⌂⌂ LE CENTRAL
4, rue d'Autremont. Mme Monnet
☎ 49 35 90 20 🖷 49 35 81 07
🛏 5 🍴 205/230 F. ⏰ 89/190 F. 🍴 50 F.

🏠 190/205 F.
⌧ 15 janv./8 fév., 25 sept./11 oct., dim.
soir et lun.
🖪 🚗 🕯 🚹 🐾 CB

COUR CHEVERNY
41700 Loir et Cher
2000 hab.

⌂⌂ SAINT-HUBERT ★★
M. Me Pillault
☎ 54 79 96 60 🖷 54 79 21 17
🛏 18 🍴 210/320 F. ⏰ 95/280 F.
🍴 55 F. 🏠 320/390 F.
⌧ 10 janv./20 fév. et rest. mer.
🖪 🖵 🕾 🚗 🕻 🐾

COURCHEVEL
73120 Savoie
1300 m. • 1732 hab. 🛈

⌂ LES ALLOBROGES
Saint Bon le Haut. M. Me Jankovic
☎ 79 08 10 15
🛏 9 🍴 160/600 F. ⏰ 85/230 F. 🍴 65 F.
🏠 220/380 F.
⌧ 15 mai/1er juil., 15 sept./20 oct.,
15 nov./1er déc. et lun.
🖪 🖵 🚗 🕯 🚹 🐾 CB

⌂⌂⌂ LES ANCOLIES ★★★
Rue des Gravelles. M. Person
☎ 79 08 27 66 🖷 79 08 05 64
🛏 34 🍴 450/900 F. ⏰ 80/150 F.
🍴 55 F. 🏠 335/590 F.
⌧ 1er mai/1er juil. et 31 août/10 déc.
🖪 🆂🅿 🖵 🕾 🚗 🚗 🍴 🚹 🖳 🌊 🚹 🎿
CV 🕻 🐾 CB

⌂⌂⌂ LES PEUPLIERS ★★★
(Le Praz). M. Gacon
☎ 79 08 41 47 🖷 79 08 45 05
🛏 28 🍴 350/680 F. ⏰ 100/210 F.
🍴 45 F. 🏠 330/590 F.
⌧ 1er/20 mai et 10 oct./1er déc.
🖪 🆂🅿 🖵 🕾 🚗 🍴 🚹 🖳 🌊 🚹 CV 🕻
🐾 CB

COURNON D'AUVERGNE
63800 Puy de Dôme
20000 hab.

⌂⌂ LE CEP D'OR ★★
(Le Pont). M. Rocca ☎ 73 84 80 02
🛏 24 🍴 160/250 F. ⏰ 70/158 F.
🍴 45 F. 🏠 220/280 F.
⌧ dim. soir et lun. 20 sept./30 avr.
🖪 🆂🅿 🖵 🕾 🚗 🍴 🚹 CV CB

COURS LA VILLE
69470 Rhône
755 m. • 5000 hab. 🛈

⌂⌂ LE PAVILLON ★★
Col du Pavillon. (755m). Mme Duperray
☎ 74 89 83 55 🖷 74 64 70 26
🛏 21 🍴 323/349 F. ⏰ 78/265 F.
🍴 58 F. 🏠 275/290 F.
⌧ fév., ven. soir et sam. nov./mars.
🖪 🗓 🛈 🖵 🕾 🚗 🍴 🚹 🕻 🐾 CB

COURS LA VILLE (suite)

⚑⚑ NOUVEL HOTEL ★★
5, rue Georges Clemenceau.
Mme Clairet.
☎ 74 89 70 21 ⌷ 74 89 84 41
🛏 16 ⌂ 190/255 F. ⑪ 75/168 F.
🍴 50 F. 🍽 225/278 F.
✉ 24 déc./2 janv. et 1er/14 août.
🄴 🄳 ⬜ 🅰 🅰 🖐 🅰 CV ▦ ▨ CB

COURSEGOULES
06140 Alpes Maritimes
1020 m. • 201 hab.

⚑⚑ L'ESCAOU
M. Braganti.
☎ 93 59 11 28 ⌷ 93 59 13 70
🛏 10 ⌂ 260 F. ⑪ 95/160 F. 🍴 55 F.
🍽 250 F.
✉ hôtel après vac. Toussaint/début vac.
Pâques, rest. 3 janv./3 fév., dim. soir et
lun. hors vac. scol.
🄴 ⓘ ⬜ 🅰 🅰 🅰 🖐 ▨ CB

COURSEULLES SUR MER
14470 Calvados
3000 hab. ⓘ

⚑⚑ BELLE AURORE ★★
32, rue Maréchal Foch. M. Pruvot
☎ 31 37 46 23 ⌷ 31 37 10 70
🛏 7 ⌂ 195/320 F. ⑪ 72/135 F. 🍴 42 F.
🍽 210/350 F.
✉ 9 janv./6 fév., dim. soir et lun.
15 sept./Pâques.
🄴 🄳 ⓘ ⬜ 🅰 🅰 ▨ CB 🖩

⚑⚑ DE PARIS ★★
Place du 6 Juin. Mme Destailleur
☎ 31 97 32 37 ⌷ 31 37 51 63
🛏 27 ⌂ 180/340 F. ⑪ 69/230 F.
🍴 40 F. 🍽 195/270 F.
🄴 SP ⬜ 🅰 CV ▨ CB

⚑⚑ LA CREMAILLERE - LE GYTAN ★★
Av. des Combattants / Bld de la Plage.
M. Berthaud
☎ 31 37 46 73 ⌷ 31 37 19 31
🛏 40 ⌂ 150/395 F. ⑪ 92/255 F.
🍴 49 F. 🍽 220/395 F.
🄴 🄳 SP ⓘ ⬜ 🅰 🅰 🖐 🅰 CV ▦
▨ CB C

COURTENAY
45320 Loiret
3150 hab. ⓘ

⚑⚑ LE RELAIS ★★
34, rue Nationale. M. Martin
☎ 38 97 41 60 ⌷ 38 97 30 43
🛏 8 ⌂ 245/370 F. ⑪ 97/215 F. 🍴 55 F.
🍽 265/305 F.
✉ dim. soir et lun. sauf réservations
groupes.
🄴 ⬜ 🅰 🅰 🖐 CV ▦ ▨ CB

COURTILS
50220 Manche
225 hab.

⚑⚑ MANOIR DE LA ROCHE THORIN ★★★
(La Roche Thorin). Mme Barraux
☎ 33 70 96 55 ⌷ 33 48 35 20
🛏 12 ⌂ 400/650 F. ⑪ 98/200 F.

🍴 60 F. 🍽 400/600 F.
✉ 2 nov./31 mars et rest. lun.
🄴 🄳 ⬜ 🅰 🅰 🖐 🅰 🅰 CV ▦
▨ CB

COURTINE (LA)
23100 Creuse
780 m. • 1245 hab. ⓘ

⚑ AU PETIT BREUIL ★
MeM. Plazanet-Gourgues
☎ 55 66 76 67 ⌷ 55 66 71 84
🛏 9 ⌂ 150/220 F. ⑪ 60/150 F. 🍴 45 F.
🍽 180/250 F.
✉ dim. soir.
🄴 ⬜ 🅰 🅰 🅰 🖐 🅰 CV ▦ ▨ CB

⚑⚑ LE BACCHUS
Route de Felletin. Mme Léautaud
☎ 55 66 75 94 ⌷ 55 66 70 64
🛏 11 ⌂ 150/200 F. ⑪ 60/180 F.
🍴 42 F. 🍽 160 F.
🄴 ⬜ 🅰 🅰 🖐 CV ▦ ▨ CB

COUSOLRE
59149 Nord
2633 hab. ⓘ

⚑⚑ LE VIENNOIS ★★
M. Welonek
☎ 27 63 21 73 ⌷ 27 68 52 13
🛏 8 ⌂ 200/240 F. ⑪ 88/250 F. 🍴 50 F.
🍽 220/270 F.
✉ 16 août/10 sept. et mar.
🄴 ⬜ 🅰 🅰 🖐 CV ▦ ▨ CB

COUSSAC BONNEVAL
87500 Haute Vienne
1800 hab. ⓘ

⚑⚑⚑ LES VOYAGEURS ★★
M. Robert ☎ 55 75 20 24 ⌷ 55 75 28 90
🛏 9 ⌂ 240/280 F. ⑪ 75/225 F. 🍴 50 F.
🍽 240 F.
✉ 4 janv./2 fév., dim. soir et lun. hs.
🄴 SP ⬜ 🅰 🖐 🅰 CV ▦ ▨ CB

COUSTAUSSA
11190 Aude
318 hab.

⚑⚑ PEYRE PICADE ★★
Mme Granovsky
☎ 68 74 11 11 ⌷ 68 74 00 37
🛏 10 ⌂ 280/350 F. ⑪ 150/200 F.
🍴 65 F. 🍽 330 F.
🄴 SP 🅰 🅰 🖐 🅰 🅰 CV ▦ ▨ CB

COUTAINVILLE
50230 Manche
2349 hab. ⓘ

⚑⚑ HARDY ★★
(A Agon). M. Hardy
☎ 33 47 04 11 ⌷ 33 47 39 00
🛏 16 ⌂ 260/400 F. ⑪ 105/320 F.
🍴 60 F. 🍽 315/380 F.
✉ 15 janv./15 fév., dim. soir et lun.
oct./avr. sauf vac. scol. et jours fériés.
🄴 ⬜ 🅰 🅰 CV ▦ ▨ CB

COUTANCES
50200 Manche
13450 hab. 🛈

▲▲▲ COSITEL ★★
Route de Coutainville. M. Holley
☎ 33 07 51 64 ⓕⓐⓧ 33 07 06 23
🛏 55 ⬙ 320/370 F. ⏹ 78/210 F.
🍴 54 F. 🛋 295 F.
🄴 🄳 ⓘ 🗇 ☎ 🚗 🛆 ⛱ 🐾 ▶ 🕭 ▦
🌢 ⒸⒷ Ⓒ 📷

COUTURE SUR LOIR
41800 Loir et Cher
450 hab.

▲▲ LE GRAND SAINT VINCENT ★★
14, rue Pasteur. M. Bardet
☎ 54 72 42 02 ⓕⓐⓧ 54 72 41 55
🛏 7 ⬙ 210/270 F. ⏹ 55/120 F. 🍴 40 F.
🛋 240/280 F.
✉ à partir 1er oct. dim. soir/mar. matin.
🗇 🚗 🛆 🕭 ▦ 🌢 🐾

CRANCOT
39570 Jura
460 hab. 🛈

▲▲ LE BELVEDERE
Mme Noir
☎ 84 48 22 18 ⓕⓐⓧ 84 48 26 77
🛏 8 ⬙ 105/250 F. ⏹ 80/152 F. 🍴 45 F.
🛋 325/385 F.
✉ 1er déc./31 janv., lun. soir et mar.
🄴 🆂🅿 ☎ 🚗 ☎ 🐾 ⏦ 🕭 ▦ 🌢 ⒸⒷ

CRANSAC LES THERMES
12110 Aveyron
2180 hab. 🛈

▲▲ COQ VERT ★★
Parc Thermal. M. Laperteaux
☎ 65 63 28 80 ⓕⓐⓧ 65 63 28 87
🛏 40 ⬙ 240 F. ⏹ 65/135 F. 🍴 40 F.
🛋 235 F.
🄴 🗇 ☎ 🚗 ⬙ ⛉ 🌡 ⏦ ▶ 🕭 ⒸⓋ ▦
🌢 ⒸⒷ

▲▲ DU PARC ★★
Rue Général Louis Artous. M. Astor
☎ 65 63 01 78 ⓕⓐⓧ 65 63 20 36
🛏 25 ⬙ 125/240 F. ⏹ 70/160 F.
🍴 45 F. 🛋 150/212 F.
✉ 25 oct./1er avr.
🄴 🗇 ☎ 🚗 ☎ 🔆 ⬙ 🌡 🕭 ⒸⓋ ▦ 🌢 ⒸⒷ

▲▲ HOSTELLERIE DU ROUERGUE ★★
22, av. Jean Jaurès. M. Davril
☎ 65 63 02 11
🛏 14 ⬙ 180/300 F. ⏹ 59/130 F.
🍴 45 F. 🛋 205/250 F.
✉ Toussaint/Pâques.
🄴 🄳 🆂🅿 ⓘ 🗇 ☎ 🚗 🚗 ☎ 📫 ☎ ⬙
⛉ 🌡 ⒸⓋ ▦ 🌢 ⒸⒷ

CRAVANT
89460 Yonne
756 hab. 🛈

LES HORTENSIAS ★★
5, rue de l'Eglise. MeM. Van
Eetvelde/Masseboeuf
☎ 86 42 24 63 ⓕⓐⓧ 86 42 32 30
🛏 15 ⬙ 195/230 F. ⏹ 72/150 F.
🍴 45 F. 🛋 290/310 F.
✉ dim. soir et lun. hs.
🄴 ☎ 🌡 ☎ 🕭 ⒸⓋ 🌢 ⒸⒷ 📷

CRAVANT LES COTEAUX
37500 Indre et Loire
747 hab.

▲ AUBERGE DES COTEAUX
Place du lavoir. M. Lamort de Gail
☎ 47 93 99 60 ⓕⓐⓧ 47 93 99 61
🛏 7 ⬙ 130/190 F. ⏹ 85/150 F. 🍴 40 F.
🛋 180/200 F.
✉ rest. dim. soir.
🄴 🆂🅿 🚗 🕭 🌢 ⒸⒷ

CRECY EN PONTHIEU
80150 Somme
1400 hab. 🛈

▲▲ DE LA MAYE ★★
13, rue Saint-Riquier. M. Grevet
☎ 22 23 54 35 ⓕⓐⓧ 22 23 53 32
🛏 11 ⬙ 235/330 F. ⏹ 60/170 F.
🍴 60 F. 🛋 255/300 F.
✉ 25 fév./12 mars, dim. soir et lun. sauf
juil./août.
🄴 🗇 ☎ 🚗 🚗 ☎ 🌡 ⒸⓋ ▦ 🌢 ⒸⒷ

CRECY LA CHAPELLE
77580 Seine et Marne
3000 hab. 🛈

▲ LE RELAIS GOURMAND ★★
Sur N. 34. M. Bonnard
☎ (1) 64 63 92 15 ⓕⓐⓧ (1) 64 63 00 03
🛏 15 ⬙ 145/220 F. ⏹ 98/195 F.
🍴 65 F. 🛋 250/280 F.
✉ dim. soir.
🄴 🗇 ☎ 🚗 ☎ ⏦ ▦ 🌢 ⒸⒷ

CRECY SUR SERRE
02270 Aisne
1705 hab.

▲ LA TOUR DE CRECY
1, place des Alliés. Mme Guiochereau
☎ 23 80 80 11
🛏 7 ⬙ 140/230 F. ⏹ 54/145 F. 🍴 50 F.
🛋 130/180 F.
✉ 1er/15 déc. et dim.
🄴 🚗 🌢 ⒸⒷ

CREIL
60100 Oise
36128 hab.

▲▲ LA FERME DE VAUX ★★★
11-19, route de Vaux. M. Bellot
☎ 44 24 76 76 ⓕⓐⓧ 44 26 81 50
🛏 30 ⬙ 313/407 F. ⏹ 130 F. 🍴 80 F.
🛋 250 F.
🄴 🗇 ☎ 🚗 ⏦ ▦ 🌢 ⒸⒷ 📷

CREMIEU
38460 Isère
2750 hab. 🛈

🛎 AUBERGE DE LA CHAITE ★★
Cours Baron Raverat. M. Seroux
☎ 74 90 76 63 FAX 74 90 88 08
🛏 11 ⊗ 140/235 F. 🍽 65/160 F.
🍴 37 F. 🎫 165/240 F.
⊠ janv., 13/20 mars, dim. soir et lun.
Ⓔ 🗄 ☎ 🚗 📶 CB

CREPON
14480 Calvados
203 hab.

🛎🛎 FERME DE LA RANCONNIERE ★★
Route d'Arromanches.
Mmes Vereecke-Sileghen
☎ 31 22 21 73 FAX 31 22 98 39
🛏 35 ⊗ 180/380 F. 🍽 88/235 F.
🍴 55 F. 🎫 205/315 F.
Ⓔ Ⓓ 🗄 ☎ 🚗 📶 🏖 🎾 ♿ CV ▮◯◯ 📶 CB
Ⓒ 🏠

CRESSENSAC
46600 Lot
600 hab.

🛎🛎 CHEZ GILLES ★★
M. Treille
☎ 65 37 70 06 FAX 65 37 77 15
🛏 13 ⊗ 165/295 F. 🍽 98/250 F.
🍴 60 F. 🎫 270/310 F.
Ⓔ SP 🛈 🗄 ☎ 🚗 CV 📶

🛎 POQUET ★★
M. Poquet
☎ 65 37 70 08
🛏 22 ⊗ 135/200 F. 🍽 82/240 F.
🍴 45 F. 🎫 185/215 F.
⊠ dim. soir 10 sept./25 juil.
Ⓔ SP 🗄 ☎ 🚗 🚗 ⋈ 🏖 🎿 CB

CREST
26400 Drôme
8000 hab. 🛈

🛎🛎 GRAND HOTEL ★★
60, rue de l'Hôtel de Ville. M. Lattier
☎ 75 25 08 17 FAX 75 25 46 42
🛏 21 ⊗ 135/330 F. 🍽 77/200 F.
🍴 47 F. 🎫 180/265 F.
⊠ 28 fév./6 mars, 22 déc./22 janv. et
lun. midi, dim. soir 9 sept./14 juin, lun.
soir nov./mars.
Ⓔ 🗄 ☎ ▮◯◯ 📶 CB 🏠

🛎🛎 LA PORTE MONTSEGUR ★★
Sur D. 93. M. Allier
☎ 75 25 41 48 FAX 75 25 22 63
🛏 9 ⊗ 265/290 F. 🍽 90/285 F. 🍴 60 F.
🎫 250/265 F.
⊠ vac. scol. Toussaint et fév., lun. soir
et mer.
Ⓔ Ⓓ 🛈 🗄 ☎ 🚗 ⋈ 🏖 🎿 ▮◯◯ 📶
CB 🏠

🛎 LE SQUARE
Rue du 8 Mai 1945. M. Juliand
☎ 75 40 65 75

🛏 13 ⊗ 100/170 F. 🍽 65/120 F.
🍴 30 F. 🎫 140/170 F.
☎ 🚗 🚗 📶 CB 🏠

CREST VOLAND
73590 Savoie
1230 m. • 395 hab. 🛈

🛎🛎 DU MONT BISANE ★★
M. Me Borgis
☎ 79 31 60 26 FAX 79 31 69 43
🛏 19 ⊗ 220/300 F. 🍽 68/ 75 F.
🎫 235/275 F.
⊠ 15 mai/30 juin et 1er sept./20 déc.
Ⓔ ☎ 🏖 CV 📶 CB

🛎🛎 DU MONT CHARVIN ★★
Mme Bourgeois
☎ 79 31 61 21 FAX 79 31 82 10
🛏 21 ⊗ 230/250 F. 🍽 75/115 F.
🍴 50 F. 🎫 245/255 F.
⊠ 30 mars/25 juin et 4 sept./15 déc.
Ⓔ ☎ 🚗 🚗 ▮◯◯ 📶 CB

🛎🛎 LE CAPRICE DES NEIGES ★★
(Les Reys). M. Marin-Lamellet
☎ 79 31 62 95 FAX 79 31 79 30
🛏 16 ⊗ 300/320 F. 🍽 85/115 F.
🍴 45 F. 🎫 250/285 F.
⊠ 15 avr./20 juin et 15 sept./15 déc.
Ⓔ ☎ 🚗 🏖 🎣 🎿 ▶ CV ▮◯◯ 📶

CRESTET
84110 Vaucluse
404 hab.

🛎 LES TERRES MARINES
Quartier Chante-Coucou. M. Jaroslaw
☎ 90 36 39 91 \ 90 36 35 07
FAX 90 28 73 40
🛏 8 ⊗ 250/280 F. 🍽 100 F. 🍴 35 F.
🎫 255/270 F.
⊠ oct. et lun. sauf pensionnaires.
Ⓔ Ⓓ 🗄 🚗 🏖 🎿 🚿 ✚ 🎣 🎿 ♦ CV
▮◯◯ 📶 CB

CRESTET (LE)
07270 Ardèche
520 hab.

🛎🛎 DE LA TERRASSE ★
Mme Abattu
☎ 75 06 24 44 FAX 75 06 23 25
🛏 14 ⊗ 160/220 F. 🍽 60/165 F.
🍴 40 F. 🎫 160/210 F.
⊠ mer. hs.
Ⓔ 🗄 ☎ 🚗 🚗 🏖 🎿 🎿 ♿ CV 📶 CB

CREULLY
14480 Calvados
1200 hab. 🛈

🛎🛎 SAINT MARTIN ★★
6, place Edmond Paillaud. M. Legrand
☎ 31 80 10 11 FAX 31 08 17 64
🛏 12 ⊗ 190/250 F. 🍽 65/210 F.
🍴 40 F. 🎫 270/290 F.
⊠ vac. scol. Noël et fév., dim. soir et
lun. midi hs.
Ⓔ 🗄 ☎ 🚗 🚗 ♿ CV ▮◯◯ 📶 CB

CREVECOEUR EN AUGE
14340 Calvados
614 hab.

⌂ AUBERGE DU CHEVAL BLANC
Mme Fontaine
☎ 31 63 03 28 ℻ 31 63 05 03
🛏 6 ◻ 210/280 F. 🍴 68/195 F. 🍴 45 F.
💰 250 F.
⊠ 15 janv./15 fév. et lun.
☎ ⌂ 🚗 🌴 CV ▮ 🏠

CREVOUX
05200 Hautes Alpes
1600 m. • 120 hab. 🛈

⌂⌂ LE PARPAILLON ⋆⋆
M. Chastan ☎ 92 43 18 08
🛏 28 ◻ 190/270 F. 🍴 95/135 F.
🍴 55 F. 💰 200/240 F.
⊠ 20/30 avr. et 10/30 nov.
🅴 🅳 ⌂ 🚗 🚗 👶 CV ▮ 🏠 CB

CREYSSE
46600 Lot
234 hab. 🛈

⌂⌂ AUBERGE DE L'ILE ⋆⋆
Mme Champion
☎ 65 32 22 01 ℻ 65 32 21 43
🛏 31 ◻ 185/320 F. 🍴 85/180 F.
🍴 40 F. 💰 210/320 F.
⊠ nov./fév.
🅴 SP ⌂ 🚗 🌴 🎣 🏃 ♿ 🖐 CV ▮ 🏠
CB C

CROISIC (LE)
44490 Loire Atlantique
5000 hab. 🛈

⌂⌂ LE CASTEL MOOR ⋆⋆
444, baie du Castouillet. M. Baron
☎ 40 23 24 18 ℻ 40 62 98 90
🛏 11 ◻ 280/360 F. 🍴 75/170 F.
🍴 60 F. 💰 270/315 F.
⊠ 6/31 janv., lun. soir et mar.
🅴 🗂 ⌂ 🚗 🚗 🖂 🌴 🎣 👶 🖐 CV ▮
🏠 CB

CROIX BLANCHE (LA) (BERZE LA VILLE)
71960 Saône et Loire
300 hab.

⌂⌂⌂ RELAIS DU MACONNAIS ⋆⋆
M. Lannuel ☎ 85 36 60 72 ℻ 85 36 65 47
🛏 10 ◻ 290/500 F. 🍴 130/290 F. 🍴 65 F.
💰 300/400 F.
⊠ 15 jours janv., dim. soir et lun. hs.
🅴 🗂 ⌂ 🖂 🐟 🎣 🏃 🖐 🏠 CB

CROZON (LE FRET)
29160 Finistère
300 hab. 🛈

⌂⌂ HOSTELLERIE DE LA MER ⋆⋆
(Sur Le Port). M. Glemot
☎ 98 27 61 90 ℻ 98 27 65 89
🛏 25 ◻ 216/320 F. 🍴 102/260 F.
🍴 65 F. 💰 235/330 F.
⊠ 8 janv./4 fév.
🅴 🗂 ⌂ 🖐 CV ▮ 🏠 CB

CROZON MORGAT
29160 Finistère
8000 hab. 🛈

⌂ JULIA ⋆
43, rue de Treflez. M. Boutron
☎ 98 27 05 89 ℻ 98 27 23 10
🛏 22 ◻ 160/280 F. 🍴 80/280 F.
🍴 45 F. 💰 230/290 F.
⊠ 4 janv./20 fév., 1er nov./20 déc. et
lun. sauf vac. scol.
🅴 ⌂ 🚗 🌴 🏠 CB

⌂⌂ MODERNE ⋆⋆
61, av. Alsace-Lorraine. Mme Varlet
☎ 98 27 00 10 ℻ 98 26 19 21
🛏 34 ◻ 154/326 F. 🍴 79/198 F.
🍴 46 F. 💰 208/297 F.
🅴 🛈 🗂 ⌂ 🚗 CV 🏠 CB

CRUIS
04230 Alpes de Haute Provence
711 m. • 408 hab. 🛈

⌂⌂ AUBERGE DE L'ABBAYE
M. Fouache
☎ 92 77 01 93
🛏 8 ◻ 270/285 F. 🍴 95/125 F. 🍴 65 F.
💰 245/260 F.
⊠ 6/21 mars, 1ère quinz. nov., mar.
sept./juin et lun. nov./mars.
🅴 🗂 ⌂ 🖂 ▮ 🏠 CB

CRUSEILLES
74350 Haute Savoie
783 m. • 2716 hab.

⌂⌂⌂ L'ANCOLIE ⋆⋆⋆
Parc des Dronières. M. Lefebvre
☎ 50 44 28 98 ℻ 50 44 09 73
🛏 10 ◻ 330/425 F. 🍴 115/330 F.
💰 385/425 F.
⊠ vac. scol. fév. et dim. soir.
🅴 🅳 🗂 ⌂ 🚗 🌴 🏃 ▮ 🏠 CB

CUCUGNAN
11350 Aude
113 hab.

⌂⌂ AUBERGE DU VIGNERON ⋆⋆
2, rue A. Mir. Mme Fannoy
☎ 68 45 03 00 ℻ 68 45 03 08
🛏 7 ◻ 200/230 F. 🍴 80/160 F. 🍴 45 F.
💰 210/240 F.
⊠ 15 déc./15 fév., dim. soir et lun. hs.
🅴 🅳 ⌂ 🏃

CUCURON
84160 Vaucluse
1400 hab. 🛈

⌂ L'ARBRE DE MAI
Rue de l'Eglise. Mme Boitiaux
☎ 90 77 25 10 ℻ 90 77 25 10
🛏 6 ◻ 160/240 F. 🍴 75/135 F. 🍴 45 F.
💰 205/245 F.
⊠ 1er nov./20 déc., lun. soir et mar.
🅴 🚗 👶 🏠 CB

CUISEAUX
71480 Saône et Loire
1900 hab. 🛈

▲▲▲ VUILLOT ★★
M. Vuillot
☎ 85 72 71 79 ⅢⅢ 85 72 54 22
🛏 16 ⌧ 200/250 F. ⅠⅠ 78/230 F.
🍴 48 F. 🛎 200/240 F.
⌧ lun. sauf juin/août.
Ⓔ 🔲 ☎ 🚗 🚙 ⋈ 🏕 ⏞ 🔟 🔌 CB

CUISERY
71290 Saône et Loire
1680 hab.

▲▲▲ HOSTELLERIE BRESSANE ★★★
M. Bèche
☎ 85 40 11 63 ⅢⅢ 85 40 14 96
🛏 15 ⌧ 200/400 F. ⅠⅠ 110/350 F.
🍴 70 F.
⌧ 6/15 juin, 15 nov./15 janv., mar. et
mer. midi.
Ⓔ 🔲 ☎ 🚗 🚙 🏕 ♿ 🔌 CB 🏨

CULAN
18270 Cher
932 hab.

▲ DE LA POSTE ★
Grande Rue. M. Ransou
☎ 48 56 66 57 ⅢⅢ 48 56 66 80
🛏 13 ⌧ 130/200 F. ⅠⅠ 62/170 F.
🍴 45 F. 🛎 135/170 F.
⌧ 4 janv./9 fév. et lun.
Ⓔ ⒮⒫ 🔲 ☎ 🚙 ♿ 🔟 🔌 CB

CUQ TOULZA
81470 Tarn
515 hab.

▲▲ CHEZ ALAIN ★
M. Pratviel
☎ 63 75 70 36
🛏 9 ⌧ 200/240 F. ⅠⅠ 65/300 F. 🍴 50 F.
🛎 220 F.
Ⓔ 🔲 ☎ 🚗 🚙 CV 🔟 🔌

CUSSAC SUR LOIRE (LES BARRAQUES)
43370 Haute Loire
875 m. • 1248 hab.

▲ LA BONNE AUBERGE
Sur N. 88, lieu-dit Les Barraques.
M. Durkalec
☎ 71 03 10 02 ⅢⅢ 71 03 12 93
🛏 7 ⌧ 180/260 F. ⅠⅠ 65/140 F. 🍴 35 F.
🛎 220/280 F.
⌧ jan./fév., dim. soir et lun. midi.
Ⓔ 🔲 ☎ 🚗 🚙 ⬍ ♿ 🔟 🔌 CB

CUSSAY
37240 Indre et Loire
551 hab.

▲▲ AUBERGE DU PONT NEUF ★★
Rue Principale. M. Gellot
☎ 47 59 66 37
🛏 7 ⌧ 130/250 F. ⅠⅠ 65/120 F. 🍴 45 F.
🛎 175/195 F.
⌧ fév. et lun. hs. sauf jours fériés.
Ⓔ 🔲 ☎ 🚙 🏕 ⬆ ♿ 🔟 🔌 CB

CUSSEY SUR L'OGNON
25870 Doubs
400 hab.

▲▲ LA VIEILLE AUBERGE ★★
M. Clerc ☎ 81 57 78 35 ⅢⅢ 81 57 62 30
🛏 8 ⌧ 250/320 F. ⅠⅠ 98/180 F. 🍴 55 F.
⌧ vac. scol. Noël, dim. soir et lun.
🔲 ☎ 🔟 🏨

CUSTINES
54670 Meurthe et Moselle
2850 hab.

▲▲ HOSTELLERIE DE L'ILE ★★
48, rue de Metz. M. Sabatini
☎ 83 49 36 75 ⅢⅢ 83 49 26 99
⌧ 24/26 déc., sam. midi sauf
21 juin/10 sept. et dim. soir.
Ⓓ 🛈 🔲 ☎ 🚗 🚙 ⋈ 🏕 ⬆ ♿ CV 🔟
🔌 CB 🏨

CUTTOLI CORTICCHIATO
20000 Corse
750 m. • 800 hab.

▲▲▲ U LICETTU
Plaine du Cuttoli-Corticchiato.
M. Catellaggi ☎ 95 25 61 57
🛏 8 ⌧ 300/350 F. ⅠⅠ 190/200 F.
🍴 90 F. 🛎 450/460 F.
⌧ 20 oct./début déc. et lun. sauf août.
🛈 🚙 🏕 ⏞ CV 🔟 CB

CUXAC CABARDES
11390 Aude
550 m. • 1000 hab.

▲ LE CASTEL
Hameau de Cazelles. Mme Motyka
☎ 68 26 58 39
🛏 5 ⌧ 180 F. ⅠⅠ 70/210 F. 🍴 50 F.
🛎 160 F.
⌧ 28 fév./6 mars.
⒮⒫ 🚙 🏕 ⏞ CV 🔌 CB

CUZANCE
46600 Lot
400 hab. 🛈

▲ ARNAL ★
M. Arnal ☎ 65 37 84 18
🛏 12 ⌧ 150/230 F. ⅠⅠ 60/120 F.
🍴 40 F. 🛎 185/205 F.
⌧ vac. scol. Toussaint et sam.
1er oct./Pâques.
Ⓔ 🔲 ☎ 🚙 🏕 ⬆ ♿ CB

🅓

DABO (LA HOUBE)
57850 Moselle
650 m. • 3000 hab. 🛈

▲▲ DES VOSGES ★★
41, rue Forêt brûlée (à la Hoube).
M. Schwaller
☎ 87 08 80 44 ⅢⅢ 87 08 85 96
🛏 11 ⌧ 250/300 F. ⅠⅠ 80/180 F.
🍴 45 F. 🛎 200/240 F.
⌧ 15 fév./15 mars, lun. soir et mar. hs.
Ⓓ 🔲 ☎ 🚙 🏕 ⬆ CV 🔟 🔌 CB

DAMGAN
56750 Morbihan
875 hab. 🛈

▲▲ L'ALBATROS ★★
1, bld de l'Océan. M. Laudrain
☎ 97 41 16 85 🅵🅰🆇 97 41 21 34
🏠 28 🛏 200/370 F. 🍽 85/220 F.
🍴 50 F. 🖼 205/290 F.
✉ 1er oct./30 mars.
🅴 🗄 🕿 🚗 🔥 🅲🅱

DAMPRICHARD
25450 Doubs
800 m. • 2200 hab.

▲▲▲ DU LION D'OR ★★
Place Centrale. M. Me Corneille
☎ 81 44 22 84 🅵🅰🆇 81 44 23 10
🏠 16 🛏 150/300 F. 🍽 80/250 F.
🍴 40 F. 🖼 235/285 F.
✉ 8 nov./8 déc. et dim. soir hs.
🅴 🗄 🕿 🚗 🚗 🕿 🚲 🔥 🅲🆅 🌊
🅲🅱 🏨

DAMVILLERS
55150 Meuse
700 hab. 🛈

▲▲ DE LA CROIX BLANCHE ★
1, rue Carnot. M. Vinot
☎ 29 85 60 12
🏠 9 🛏 140/260 F. 🍽 70/170 F. 🍴 45 F.
🖼 160/230 F.
✉ 1ère semaine oct., vac. scol.
fév., dim. soir et lun.
🅴 🄳 🕿 🚗 🔥 🅲🆅 🌊

DANGE SAINT ROMAIN
86220 Vienne
3065 hab. 🛈

▲▲ LE DAMIUS ★★
16, rue de la Gare. M. Malbrant
☎ 49 86 40 28 🅵🅰🆇 49 93 13 69
🏠 10 🛏 260/290 F. 🍽 78/180 F.
🍴 45 F. 🖼 170/185 F.
✉ 3 semaines à partir du 23 déc., dim.
soir et lun.
🅴 🗄 🕿 🚗 🕿 🚲 🔥 🌊 🅲🅱 🏨

DANNE ET QUATRE VENTS
(BONNE FONTAINE)
57370 Moselle
550 hab.

▲▲▲ NOTRE-DAME-DE-BONNE-FONTAINE ★★
M. Knopf
☎ 87 24 34 33 🅵🅰🆇 87 24 24 64
🏠 34 🛏 290/420 F. 🍽 80/240 F.
🍴 55 F. 🖼 270/320 F.
✉ 10/30 janv. et 26 fév./6 mars.
🅴 🄳 🗄 🕿 🚗 🕿 🚲 🌊 🔥 🅲🆅
🅾 🌊 🅲🅱 🅲

DAVEZIEUX
07100 Ardèche
2070 hab.

▲▲▲ LA SIESTA ★★
M. Chomat
☎ 75 33 11 99 🆃🆇 346380 🅵🅰🆇 75 67 57 19

🏠 54 🛏 197/290 F. 🍽 99/210 F.
🍴 50 F. 🖼 258 F.
🅴 🗄 🕿 🚗 🕿 🕿 🌊 🔥 🚲 🅾
🌊 🅲🅱 🏨

DAX
40100 Landes
19309 hab. 🛈

▲ AU FIN GOURMET ★
3, rue des Pénitents. MM. Cagnati
☎ 58 74 04 26
🏠 16 🛏 150/270 F. 🍽 60/210 F.
🍴 60 F. 🖼 150/220 F.
✉ 15 déc./15 janv.
🆂🅿 🛈 🗄 🕿 🕿 🌊 🅲🅱

✳ DU NORD ★
68, av. Saint-Vincent de Paul.
M. Tachoires ☎ 58 74 19 87
🏠 19 🛏 160/200 F.
✉ 22 déc./17 janv.
🗄 🕿 🕿 🅷 🕿 🅲🆅 🌊

▲▲ DU PARC ★★★
Promenade des Remparts. M. Pauthe
☎ 58 56 79 79 🅵🅰🆇 58 74 86 87
🏠 35 🛏 270/360 F.
✉ 20 déc./6 fév.
🅴 🄳 🆂🅿 🗄 🕿 🕿 🚲 🌊 🅲🅱

▲▲ JEAN LE BON ★★
12-14, rue Jean le Bon. M. Dutauzia
☎ 58 74 90 68 ╲ 58 74 29 14
🅵🅰🆇 58 90 03 04
🏠 23 🛏 180/270 F. 🍽 75/220 F.
🍴 50 F. 🖼 220/260 F.
✉ rest. 20 déc./4 janv., sam. soir et dim.
nov./avr.
🅴 🆂🅿 🛈 🗄 🕿 🚗 🚗 🕿 🌊 🚲 🅲🆅 🌊
🅲🅱 🏨

▲ LA BONNE AUBERGE ★★
27, bld Saint-Pierre. Mme Lapeyre
☎ 58 74 05 55
🏠 25 🛏 134/223 F. 🍽 55/120 F.
🍴 28 F. 🖼 287/386 F.
✉ rest. 20 déc./5 janv.
🅴 🆂🅿 🗄 🕿 🕿 🔥 🅲🆅 🌊 🅲🅱

▲▲ LE RICHELIEU ★★
13, av. Victor Hugo. Mme Tartarin
☎ 58 74 81 81 🅵🅰🆇 58 90 80 86
🏠 18 🛏 250/300 F. 🍽 80/195 F.
🍴 40 F. 🖼 340/380 F.
✉ rest. sam. midi et lun. hiver.
🅴 🄳 🗄 🕿 🕿 🅷 🕿 🚲 🅲🆅 🅾 🌊 🅲🅱

DEAUVILLE
14800 Calvados
4261 hab. 🛈

▲ L'ESPERANCE ★★
32, rue Victor Hugo. M. Bartert
☎ 31 88 26 88 🅵🅰🆇 31 88 33 29
🏠 10 🛏 200/355 F. 🍽 98/195 F.
🍴 55 F. 🖼 225/300 F.
✉ rest. 2/8 janv., 19/24 juin, mer. et
jeu. sauf juil./15 sept.
🅴 🄳 🗄 🕿 🅲🆅 🅲🅱

DEAUVILLE (TOUQUES)
14800 Calvados
2962 hab. 🛈

▲▲ LE RELAIS DU HARAS ★★★
(A Touques, 23, rue Louvel et Brière).
M. Gaumont ☎ 31 81 67 67 ⚡ 31 81 67 68
📞 8 🛏 390/720 F. 🍽 128/260 F. 📋 418 F.
Ⓔ Ⓓ 🛈 📷 ☎ 📠 ⊘ ♿ 🈴 🅿 CB 💼

DECAZEVILLE (PORT D'AGRES)
12300 Aveyron
300 hab.

▲ DU PONT ★★
(A Port d'Agrès, 8 km), dir. Aurillac.
M. Simon
☎ 65 64 02 65 ⚡ 65 34 97 45
📞 20 🛏 190 F. 🍽 80/160 F. 📋 45 F.
📋 200 F.
⊠ nov./Pâques.
Ⓔ Ⓓ 📷 ☎ 🚗 🅿 🔟 ⚓ 🔨 ⊘ CV 🅿
Ⓒ

DECIZE
58300 Nièvre
10000 hab. 🛈

▲ AGRICULTURE ★★
20, route des Moulins. Mme Stoltz
☎ 86 25 05 38
📞 17 🛏 160/260 F. 🍽 65/170 F.
📋 45 F. 📋 200/220 F.
⊠ 1er/20 oct. et dim. soir.
Ⓓ 📷 ☎ 🚗 🔨 🅿

DELME
57590 Moselle
700 hab. 🛈

▲▲ A LA XIIème BORNE ★★
6, place de la République. M. François
☎ 87 01 30 18 ⚡ 87 01 38 39
📞 18 🛏 160/200 F. 🍽 88/230 F.
📋 50 F. 📋 200/240 F.
Ⓓ 📷 ☎ 🚗 🔟 🅿 CV 🈴 🅿 CB

DESAIGNES
07570 Ardèche
600 hab. 🛈

▲▲ DES VOYAGEURS ★★
M. Ranc
☎ 75 06 61 48 ⚡ 75 06 64 43
📞 17 🛏 150/320 F. 🍽 62/180 F.
📋 45 F. 📋 180/280 F.
⊠ 1er oct./Pâques.
Ⓔ 📷 ☎ 🚗 🅿 🔟 ⚓ 🔨 CV 🅿 CB

DESCARTES
37160 Indre et Loire
4120 hab. 🛈

▲▲ MODERNE ★★
15, rue Descartes. M. Leroy
☎ 47 59 72 11 ⚡ 47 92 44 90
📞 11 🛏 189/305 F. 🍽 78/180 F.
📋 30 F. 📋 215/270 F.
⊠ vac. scol. fév., 24 déc./3 janv., ven.
soir hs et dim. soir.
Ⓔ 📷 ☎ 🚗 🍽 🅿 🅿 CB

DEUX ALPES (LES)
38860 Isère
1650 m. • 1000 hab. 🛈

▲▲▲ EDELWEISS ★★★
M. Ponsard
☎ 76 79 21 22 ⚡ 76 79 24 63
📞 35 🛏 330/480 F. 🍽 125/205 F.
📋 85 F. 📋 305/495 F.
⊠ 1er mai/18 juin et 3 sept./18 déc.
Ⓔ Ⓓ 🛈 📷 ☎ 🚗 🚗 📞 🍽 ⚓ 🈴
🐟 🔨 CV 🅿 🅿 CB

▲▲▲ LA BRUNERIE ★★
M. Dode
☎ 76 79 22 23 ⚡ 76 79 57 33
📞 58 🛏 374/480 F. 🍽 95/130 F.
📋 65 F. 📋 307/470 F.
⊠ 20 avr./18 juin et 3 sept./10 déc.
Ⓔ 🛈 📷 ☎ 🚗 📞 🈴 🐟 CV 🅿 💼

▲▲ LA MARIANDE ★★★
M. Collignon
☎ 76 80 50 60 ⚡ 76 79 04 99
📞 25 🛏 350/510 F. 🍽 170/210 F.
📋 85 F. 📋 280/450 F.
⊠ 1er sept./16 déc. sauf vac. Toussaint,
30 avr./24 juin.
Ⓔ 🛈 📷 ☎ 🚗 🍽 🔟 🐟 ⚓ 🔨
🅿 🅿 CB

▲▲ LES AMETHYSTES ★★
M. Rousset
☎ 76 79 22 43 ⚡ 76 79 23 69
📞 26 🛏 290/390 F. 🍽 105 F. 📋 50 F.
📋 365/415 F.
⊠ 8 mai/17 juin et 9 sept./15 déc.
Ⓔ 🛈 📷 ☎ 🚗 🈴 🐟 🅿 🅿 CB

DHUIZON
41220 Loir et Cher
1100 hab.

▲▲ AUBERGE DU GRAND DAUPHIN ★★
17, place Saint-Pierre. M. Sauger
☎ 54 98 31 12
📞 9 🛏 190/240 F. 🍽 85/235 F. 📋 50 F.
📋 180/205 F.
⊠ 15 janv./15 fév., dim. soir et lun.
Ⓔ 📷 🚗 🍽 🅿 🅿 CB

DIE
26150 Drôme
4200 hab. 🛈

▲ DES ALPES ★★
Rue C. Buffardel. Mme Donche
☎ 75 22 15 83 ⚡ 75 22 09 39
📞 24 🛏 195/240 F. 📋 190/210 F.
Ⓔ Ⓓ 📷 ☎ 🚗 🚗 CV 🅿 CB 💼

▲▲ LA PETITE AUBERGE ★★
Av. Sadi-Carnot. M. Montero
☎ 75 22 05 91 ⚡ 75 22 24 60
📞 11 🛏 145/260 F. 🍽 90/185 F.
📋 50 F. 📋 200/260 F.
⊠ 11 déc./21 janv., dim. soir et mer.,
rest. lun. juil./août.
Ⓔ 📷 ☎ 🚗 🍽 CV 🅿 🅿 CB

DIE (suite)

⌂ LE RELAIS DE CHAMARGES ★★
Av. de la Clairette. M. Boustie
☎ 75 22 00 95 ⟦FAX⟧ 75 22 19 34
⟦🛏⟧ 13 ⟦◈⟧ 240 F. ⟦🍽⟧ 87/250 F. ⟦🍴⟧ 60 F.
⟦🏠⟧ 270/290 F.
⊠ 15 janv./1er mars, dim. soir et lun.
sauf juin/sept.
⟦🖬 ☎ 🚗 🏤 ♣ CV ♠ CB 🖿⟧

⌂⌂ SAINT DOMINGUE ★★
44, rue C. Buffardel. Mme Perez
☎ 75 22 03 08 ⟦FAX⟧ 75 22 24 48
⟦🛏⟧ 26 ⟦◈⟧ 190/240 F. ⟦🍽⟧ 70/140 F.
⟦🍴⟧ 40 F. ⟦🏠⟧ 195/220 F.
⊠ sam. oct./avr.
⟦E D SP ☎ 🚗 🏤 ⟧

DIENNE
15300 Cantal
1050 m. • 493 hab.

⌂⌂ DE LA POSTE ★★
M. Brunet ☎ 71 20 80 40
⟦🛏⟧ 10 ⟦◈⟧ 180/240 F. ⟦🍽⟧ 90/120 F.
⟦🍴⟧ 60 F. ⟦🏠⟧ 195/210 F.
⊠ 5 janv./5 fév.
⟦E ☎ 🚗 🚗 🏤 CB⟧

DIEPPE
76200 Seine Maritime
32000 hab.

⌂ AU GRAND DUQUESNE
15, place Saint-Jacques. M. Hobbe
☎ 35 84 21 51 ⟦FAX⟧ 35 84 29 83
⟦🛏⟧ 12 ⟦◈⟧ 160/250 F. ⟦🍽⟧ 69/169 F.
⟦🍴⟧ 50 F. ⟦🏠⟧ 210/220 F.
⟦E 🖬 ☎ CV ♠ CB⟧

⌂⌂ LES ARCADES ★★
1-3, arcade de la Bourse M. Deligne
☎ 35 84 14 12 ⟦FAX⟧ 35 40 22 29
⟦🛏⟧ 21 ⟦◈⟧ 260/350 F. ⟦🍽⟧ 75/195 F.
⟦🍴⟧ 60 F. ⟦🏠⟧ 235/255 F.
⊠ 15/26 déc.
⟦🖬 ☎ 🛏 🚗 🔧 ♠ CB⟧

⌂ WINDSOR ★★
18, boulevard de Verdun. Mme Tanvet
☎ 35 84 15 23 ⟦FAX⟧ 35 84 74 52
⟦🛏⟧ 48 ⟦◈⟧ 130/340 F. ⟦🍽⟧ 98/180 F.
⟦🍴⟧ 50 F. ⟦🏠⟧ 210/310 F.
⟦E D SP i 🖬 ☎ 🚗 ♿ CV 🔧 ♠
CB 🖿⟧

DIEULEFIT
26220 Drôme
3000 hab.

⌂⌂ L'ESCARGOT D'OR ★★
Route de Nyons. M. Randon
☎ 75 46 40 52 ⟦FAX⟧ 75 46 89 49
⟦🛏⟧ 15 ⟦◈⟧ 160/280 F. ⟦🍽⟧ 75/160 F.
⟦🍴⟧ 45 F. ⟦🏠⟧ 200/250 F.
⊠ dim. soir et lun. 1er oct./15 mai.
⟦E ☎ 🚗 🏤 🔧 CV ♠ CB C⟧

DIEULEFIT (MONTJOUX)
26220 Drôme
200 hab.

RELAIS DU SERRE ★★
M. Borel ☎ 75 46 43 45 ⟦FAX⟧ 75 46 40 98
⟦🛏⟧ 7 ⟦◈⟧ 190/300 F. ⟦🍽⟧ 75/180 F. ⟦🍴⟧ 40 F.
⟦🏠⟧ 230/260 F.
⊠ lun.
⟦E 🖬 ☎ 🚗 🔧 🔧 ♿ CB⟧

DIGNE
04000 Alpes de Haute Provence
600 m. • 16000 hab. ⟦i⟧

⌂⌂ DE BOURGOGNE ★★
Av. de Verdun. M. Petit
☎ 92 31 00 19 ⟦FAX⟧ 92 32 30 59
⟦🛏⟧ 11 ⟦◈⟧ 180/300 F. ⟦🍽⟧ 90/250 F.
⟦🍴⟧ 50 F. ⟦🏠⟧ 220/280 F.
⊠ 20 déc./20 fév. et lun.
⟦E 🖬 ☎ 🚗 🔧 CV 🔧 ♠ CB⟧

⌂ LE COIN FLEURI ★★
9, bld Victor Hugo. M. Villeneuve
☎ 92 31 04 51
⟦🛏⟧ 16 ⟦◈⟧ 150/285 F. ⟦🍽⟧ 85/145 F.
⟦🍴⟧ 50 F. ⟦🏠⟧ 210/360 F.
⟦E i 🖬 ☎ 🏤 CV ♠ CB⟧

⌂ LE SAINT MICHEL ★★
Rue des Alpilles. Mme Patti
☎ 92 31 45 66 ⟦FAX⟧ 92 32 16 49
⟦🛏⟧ 21 ⟦◈⟧ 160/260 F. ⟦🍽⟧ 80 F. ⟦🍴⟧ 40 F.
⟦🏠⟧ 245/300 F.
⟦E 🖬 ☎ 🚗 🚗 🏤 🔧 ♿ CV ♠ CB⟧

DIGOIN
71160 Saône et Loire
11402 hab. ⟦i⟧

⌂⌂ DES DILIGENCES ET DU
COMMERCE ★★
14, rue Nationale. M. Soujaeff
☎ 85 53 06 31 ⟦FAX⟧ 85 88 92 43
⟦🛏⟧ 6 ⟦◈⟧ 250/350 F. ⟦🍽⟧ 95/320 F. ⟦🍴⟧ 45 F.
⊠ 20 nov./12 déc., lun. soir et mar. sauf
juil./août.
⟦E SP 🖬 ☎ 🚗 🏤 🔧 CB⟧

DIJON
21000 Côte d'Or
145700 hab. ⟦i⟧

⌂⌂⌂ DU PARC DE LA COLOMBIERE ★★
49, cours du Parc et 156 rue Longvic.
M. Petit ☎ 80 65 18 41 ⟦FAX⟧ 80 36 42 56
⟦🛏⟧ 35 ⟦◈⟧ 250/310 F. ⟦🍽⟧ 99/198 F.
⟦🍴⟧ 95 F.
⟦E D SP 🖬 ☎ 🚗 🛏 🏤 🔧 🔧 ♿
♠ CB⟧

DIJON (DAIX)
21121 Côte d'Or
784 hab. ⟦i⟧

⌂⌂⌂ CASTEL BURGOND ★★
3, route de Troyes à Daix - sur N. 71.
Mme Barthelet
☎ 80 56 59 72 ⟦FAX⟧ 80 57 69 48
⟦🛏⟧ 38 ⟦◈⟧ 260/270 F. ⟦🍽⟧ 95/210 F.
⟦🍴⟧ 65 F.
⊠ rest. dim.
⟦E D 🖬 ☎ 🚗 🛏 🏤 🔧 🔧 CV 🔧
♠ CB C 🖿⟧

DINAN
22100 Côtes d'Armor
18000 hab. 🛈

DE FRANCE ★★
7, place du 11 Novembre. M. Gaultier
☎ 96 39 22 56 📠 96 39 08 96
🛏 14 ⌧ 195/300 F. ‖ 87/210 F.
🍴 70 F. ⚏ 320/360 F.
⊠ 20 déc./8 janv., sam. et dim. soir hs.
E SP 🗇 ☎ 🚗 ⚏ ⦿ ● CB ▣

DES ALLEUX ★★
Rte de Ploubalay-Taden. M. Sillou
☎ 96 85 16 10 📠 741280 📠 96 85 11 40
🛏 29 ⌧ 260/300 F. ‖ 70/160 F.
🍴 45 F. ⚏ 250/350 F.
E 🗇 ☎ 🚗 ⚏ ⤨ 🏖 🎿 ♿ CV ⦿ ●
CB ▣

LE D'AVAUGOUR ★★★
1, place du Champ Clos. Mme Quinton
☎ 96 39 07 49 📠 96 85 43 04
🛏 27 ⌧ 380/560 F. ⚏ 400/450 F.
E SP 🗇 ☎ 🛉 ⤨ 🏖 ⦿ ●

DINAN (SAINT SAMSON SUR RANCE)
22100 Côtes d'Armor
1105 hab. 🛈

AUBERGE DU VAL DE RANCE ★★
(à La Hisse). M. Lemoine
☎ 96 39 16 07 📠 96 39 99 29
🛏 19 ⌧ 180/300 F. ‖ 90/200 F.
🍴 50 F. ⚏ 180/220 F.
⊠ 12/28 fév. et 15 sept./15 oct.
E 🗇 ☎ 🚗 🏖 ⤧ ♨ 🎿 ♿ CV ●
CB ▣

DINARD
35800 Ille et Vilaine
10000 hab. 🛈

ALTAIR ★★
18, bld Féart. Mme Lemenager
☎ 99 46 13 58 📠 99 88 20 49
🛏 21 ⌧ 190/400 F. ‖ 88/300 F.
🍴 60 F. ⚏ 220/320 F.
⊠ rest. dim. soir et lun. hors vac. scol.
E 🗇 ☎ 🛉 CV ● CB

DES DUNES ★★
5, rue Georges Clemenceau. M. Cornée
☎ 99 46 12 72 📠 740802 CODE A87
📠 99 88 14 90
🛏 36 ⌧ 210/360 F. ⚏ 217/297 F.
E 🗇 ☎ 🚗 🛉 ⤨ ♿ CV ⦿ ● CB

LA PLAGE Rest. LE TREZEN ★★
3, bld Féart. Mme Raillat
☎ 99 46 14 87 📠 99 46 55 52
🛏 18 ⌧ 260/400 F. ‖ 90/200 F.
🍴 55 F. ⚏ 295/325 F.
⊠ 2 janv./31 mars, 15 nov./20
déc., rest. mer. 15 mars/15 juin et
15 sept./15 nov.
E SP 🗇 ☎ 🛉 ♿ CV ● CB

LA VALLEE ★★
6, av. George V. M. Trihan
☎ 99 46 94 00 📠 99 88 22 47

🛏 25 ⌧ 130/500 F. ‖ 100/280 F.
🍴 55 F. ⚏ 225/350 F.
⊠ 15 nov./20 déc. et mar. hs.
E ◲ 🗇 ☎ 🚗 ⤨ ⦿ ● CB
C ▣

LES TILLEULS ★★
36, rue de la Gare. M. Gauvin
☎ 99 82 77 00 📠 740802 📠 99 82 77 55
🛏 53 ⌧ 150/420 F. ‖ 75/180 F.
🍴 48 F. ⚏ 200/402 F.
⊠ dim. soir et lun. 15 sept./15 avr.
E 🗇 ☎ 🚗 CV ▣

DINARD (LA RICHARDAIS)
35780 Ille et Vilaine
1450 hab.

LE PETIT ROBINSON ★★
38, rue de la Gougeonnais. M. Nicolle
☎ 99 46 14 82 📠 99 16 05 74
🛏 7 ⌧ 240/350 F. ‖ 95/180 F. 🍴 50 F.
⚏ 225/275 F.
⊠ dim. soir et lun. hs.
E SP 🗇 ☎ 🚗 ⤨ 🏖 ♨ 🎿 ♿ CV ⦿
● CB

DISSAY SOUS COURCILLON
72500 Sarthe
952 hab.

AUBERGE DU VAL DE LOIR ★★
Place Morand. M. Tournier
☎ 43 44 09 06 📠 43 44 56 40
🛏 10 ⌧ 150/320 F. ‖ 85/230 F.
🍴 45 F. ⚏ 225 F.
⊠ 25 déc./5 janv. et lun. hs.
E 🗇 ☎ 🚗 ⤨ ♿ CV ⦿ ● CB

DIVONNE LES BAINS
01220 Ain
6500 hab. 🛈

BEAU-REGARD ★
347, av. des Thermes. M. Buffard
☎ 50 20 04 35
🛏 18 ⌧ 135/250 F. ‖ 70/120 F.
🍴 40 F. ⚏ 165/220 F.
⊠ 20 nov./1er mars.
E ☎ 🚗 🛉 CV ● CB

BEAUSEJOUR ★★
9, place Perdtemps. M. Dalla Longa
☎ 50 20 06 22 📠 50 20 71 87
🛏 25 ⌧ 150/300 F. ‖ 90/200 F.
🍴 65 F. ⚏ 180/250 F.
⊠ déc., mar. soir été, mar. soir et mer.
hiver.
E ◲ 🛈 🗇 ☎ 🛉 ♨ ♿ CV ⦿
● CB

BELLEVUE MARQUIS ★★
Av. du Mont-Mussy.
Mme Verdier-Marquis
☎ 50 20 02 16 📠 50 20 26 55
🛏 15 ⌧ 270/370 F. ‖ 100/280 F.
🍴 60 F. ⚏ 270/310 F.
⊠ 1er déc./1er mars et rest. dim.
soir/mar. soir.
E 🗇 ☎ 🚗 🛉 ● ▣

DIVONNE LES BAINS (suite)

⌂ LA TERRASSE FLEURIE ★★
315, rue Fontaine. MM. Ferragut
☎ 50 20 06 32
🛏 18 ◫ 230/270 F. 🍽 69/ 91 F.
🍴 45 F. 🛏 240/300 F.
⌧ fin oct./début mars.
🄴 ⓘ 🗗 ☎ 🛏 🛉 🕭 CV CB

DOL DE BRETAGNE
35120 Ille et Vilaine
5000 hab. ⓘ

⌂ DE BRETAGNE ★★
17, place Chateaubriand.
M. Haelling-Morel
☎ 99 48 02 03 🕿 99 48 25 75
🛏 27 ◫ 120/280 F. 🍽 60/150 F.
🍴 35 F. 🛏 140/214 F.
⌧ oct., 8 jours vac. fév. et sam.
oct./mars.
🄴 🗗 ☎ 🛏 🛉 CV ◗ CB ▥

DOLANCOURT
10200 Aube
169 hab.

⌂⌂⌂ LE MOULIN DU LANDION ★★★
M. Bajolle ☎ 25 27 92 17 🕿 25 27 94 44
🛏 16 ◫ 340/365 F. 🍽 100/315 F. 🍴 60 F.
🛏 335/350 F.
⌧ 15 déc./15 fév.
🄴 ⓓ 🗗 ☎ 🛏 🌴 🛉 🐟 🕭 🍴 CV ◗
◗ CB Ⓒ ▥

DOLE
39100 Jura
26577 hab. ⓘ

⌂⌂ DE LA CLOCHE ★★★
2, place Grevy. Mme Beauvais
☎ 84 82 00 18 🕿 84 72 73 82
🛏 29 ◫ 260/390 F. 🍽 95/155 F.
🍴 45 F. 🛏 320/360 F.
⌧ rest. sam.
🄴 ⓓ 🗗 ☎ 🛏 🍴 📶 ◗ CB ▥

⌂⌂ DE LA CROIX DE LUGE ★★
302, av. Jacques Duhamel. Mme Delcey
☎ 84 72 18 58 🕿 84 72 87 44
🛏 10 ◫ 160/220 F. 🍽 58/140 F.
🍴 35 F. 🛏 220/240 F.
⌧ dim. soir.
🗗 ☎ ▥

⌂⌂⌂ LA CHAUMIERE ★★★
346, av. Maréchal Juin. M. Pourcheresse
☎ 84 70 72 40 🕿 84 79 25 60
🛏 18 ◫ 295/450 F. 🍽 95/250 F.
🍴 65 F. 🛏 285/450 F.
⌧ 17/26 juin, 17 déc./17 janv. et dim.
sauf réservations.
🄴 ⓓ SP ⓘ 🗗 ☎ 🛏 🚗 🛏 🌴 🔲 🍴
◗ CB

⌂⌂ POURCHERESSE ★★
8, av. Duhamel (Ex av. de Chalon).
M. Pourcheresse
☎ 84 82 01 05 🕿 84 72 81 50
🛏 20 ◫ 140/240 F. 🍽 69/105 F.

🍴 69 F. 🛏 190 F.
⌧ 2 dernières semaines déc., 1ère
semaine janv. et dim. soir.
🄴 ⓓ 🗗 ☎ 🛏 🍴 ◗

DOLE (BREVANS)
39100 Jura
406 hab. ⓘ

⌂⌂ AU VILLAGE ★★
M. Mourdon ☎ 84 72 56 40 🕿 84 82 61 94
🛏 11 ◫ 265/300 F. 🍽 68/165 F. 🍴 65 F.
🛏 350/390 F.
⌧ 15/30 mars, 1er/15 oct., 24 déc./
2 janv., sam. midi et dim. soir.
🄴 ⓓ 🗗 ☎ 🛏 🌴 🐟 🛉 🍴 ◗

DOLE (FOUCHERANS)
39100 Jura
1750 hab. ⓘ

⌂⌂ LEADER HOTEL ★★
ZA Rougemont. M. Tetrel
☎ 84 79 25 30 🕿 84 79 22 93
🛏 20 ◫ 235/240 F. 🍽 58/110 F.
🍴 39 F. 🛏 180 F.
🄴 SP ⓘ 🗗 ☎ 🛏 🌴 🛉 🐟 CV 🍴 ◗
CB ▥

DOLE (SAMPANS)
39100 Jura
675 hab. ⓘ

⌂⌂ CHALET DU MONT-ROLAND ★★
(Le Mont Roland) M. Bouvet
☎ 84 72 04 55 🕿 84 82 14 97
🛏 16 ◫ 180/240 F. 🍽 70/170 F.
🍴 36 F. 🛏 210/470 F.
🄴 ⓓ 🗗 ☎ 🛏 🚗 🛉 CV 🍴 ◗ CB Ⓒ ▥

DOMBLANS
39210 Jura
733 hab.

⌂⌂ LES PLATANES ★★
Mme Boulet ☎ 84 85 22 13 🕿 84 85 24 25
🛏 7 ◫ 180/320 F. 🍽 95/190 F.
🛏 390/440 F.
⌧ janv. et dim. soir hs.
🄴 🗗 ☎ 🛏 🛉 CB

DOMFRONT
61700 Orne
4518 hab. ⓘ

⌂⌂ DE FRANCE ★★
7, rue du Mont-St-Michel. M. Rottier
☎ 33 38 51 44 🕵 306022 🕿 33 30 49 54
🛏 22 ◫ 150/250 F. 🍽 65/120 F.
🍴 45 F. 🛏 250/350 F.
🄴 ⓓ SP 🗗 ☎ 🛏 🌴 🔲 🛉 CV 🍴 ◗
CB ▥

⌂ LE RELAIS SAINT MICHEL ★★
Place de la Gare, rue du Mont St-Michel.
M. Prod'homme
☎ 33 38 64 99 🕿 33 37 37 96
🛏 13 ◫ 140/270 F. 🍽 62/140 F.
🍴 40 F. 🛏 230/250 F.
⌧ 23 déc./16 janv. et ven. soir
15 sept./15 avr.
🄴 🗗 ☎ 🛏 🛏 CV 🍴 ◗ CB

DOMME
24250 Dordogne
1000 hab. ℹ️

🏠🏠🏠 L'ESPLANADE ★★★
M. Gillard
☎ 53 28 31 41 📠 53 28 49 92
🛏 25 ⌧ 300/590 F. 🍽 150/350 F.
🍴 85 F. 🍴 370/515 F.
✉ nov./15 fév. et lun. fév./mars.
📧 🅳 🔲 ☎ 🍸 ♿ CV 🔌 CB

DOMPAIRE
88270 Vosges
980 hab.

🏠🏠 DU COMMERCE ★★
Place Général Leclerc. M. Maton
☎ 29 36 50 28 📠 29 36 66 12
🛏 10 ⌧ 150/260 F. 🍽 65/160 F.
🍴 45 F. 🍴 180/220 F.
✉ 20 déc./15 janv., dim. soir et lun.
ℹ️ 🔲 ☎ ♿ CV 🔌 CB

DOMPIERRE SUR BESBRE
03290 Allier
5000 hab. ℹ️

🏠🏠 DE L'OLIVE ★★
Rue de la Gare. M. Corbet
☎ 70 34 51 87 📠 70 34 61 68
🛏 10 ⌧ 190/280 F. 🍽 60/235 F.
🍴 40 F. 🍴 275/315 F.
✉ 15 nov./7 déc., 8 jours en fév. et ven.
sauf juil./août.
📧 🔲 ☎ 🚗 🔌

DOMPTIN
02310 Aisne
420 hab.

🏠 LE CYGNE D'ARGENT
25, rue de la Fontaine. Mme Guillemin
☎ 23 70 79 90
🛏 5 ⌧ 250 F. 🍽 66/325 F. 🍴 50 F.
🍴 320 F.
✉ lun. soir.
🔲 ☎ ⌫ ♿ 🔌 🔌 CB

DONZENAC
19270 Corrèze
2000 hab. ℹ️

🏠🏠 LA GAMADE Rest. LE PERIGORD ★★
Place Léon Madrias.•
Mme Salesse
☎ 55 85 71 07 ⟍ 55 85 72 34
🛏 10 ⌧ 160/280 F. 🍽 70/280 F.
🍴 50 F. 🍴 270/290 F.
📧 🔲 ☎ ♿ CV 🔌 CB 🖩

🏠🏠🏠 RELAIS DU BAS LIMOUSIN ★★
(A Sadroc) sur N 20, direction Uzerche.
M. Besanger ☎ 55 84 52 06 📠 55 84 51 41
🛏 22 ⌧ 200/350 F. 🍽 80/250 F. 🍴 50 F.
🍴 215/310 F.
✉ dim. soir 24 sept./25 juin.
📧 🔲 ☎ ⌫ 🍸 ⌫ ♿ CV 🔌 🔌 C 🖩

DONZENAC (SADROC)
19270 Corrèze
594 hab.

🏠🏠 DE LA MALEYRIE ★★
Sur N. 20, la Croix de la Maleyrie.
M. Bergeal ☎ 55 84 50 67 📠 55 84 20 63
🛏 15 ⌧ 105/230 F. 🍽 70/120 F.
🍴 50 F. 🍴 165/230 F.
✉ 1er nov./1er avr.
📧 🔲 ☎ ⌫ 🚗 ♿ CV 🔌 CB C

DONZY
58220 Nièvre
1500 hab. ℹ️

🏠🏠 GRAND MONARQUE ★★
10, rue de l'Etape. M. Lesort
☎ 86 39 35 44
🛏 11 ⌧ 240/280 F. 🍽 75/200 F.
🍴 55 F.
✉ dim. soir et lun.
📧 🔲 ☎ ⌫ 🚗 🍸 ♿ CV 🔌 CB C 🖩

DORAT (LE)
87210 Haute Vienne
2800 hab. ℹ️

🏠🏠 LA PROMENADE ★
3, av. de Verdun. M. Penot
☎ 55 60 72 09
🛏 8 ⌧ 140/200 F. 🍽 63/175 F. 🍴 50 F.
🍴 140/160 F.
✉ 1er/8 sept., 2/23 janv., dim. soir et lun.
🔲 ☎ ⌫ 🚗 🔌 CB

DORDIVES
45680 Loiret
1800 hab.

✳ CESAR ★★
(Sortie autoroute A6). Mme Valade
☎ 38 92 73 20 📠 38 92 76 67
🛏 20 ⌧ 130/260 F.
📧 🅳 🔲 ☎ ⌫ 🚗 ⌫ 🍸 ♿ CV 🔌 🔌
CB 🖩

DORMANS
51700 Marne
3125 hab. ℹ️

🏠 LE CHAMPENOIS
14, rue de Châlons. M. Mahé
☎ 26 58 20 44
🛏 12 ⌧ 200/220 F. 🍽 55/160 F.
🍴 35 F. 🍴 200 F.
✉ ven.
🔲 ☎ 🚗 🔌 🔌 CB

DOUAI
59500 Nord
42000 hab. ℹ️

🏠🏠🏠 LA TERRASSE ★★★★
36, terrasse Saint-Pierre. M. Hanique
☎ 27 88 70 04 📠 27 88 36 05
🛏 24 ⌧ 295/600 F. 🍽 135/395 F.
🍴 90 F.
📧 🔲 ☎ 🚗 ⌫ ⌫ 🍸 🔌 🔌 CB

DOUAI (FRAIS MARAIS)
59500 Nord
42000 hab.

⚐⚐ LE CHAMBORD ★★
3509, route de Tournai. M. Creteur
☎ 27 97 72 77 ⚏ 27 99 35 14
🛏 12 🛆 230 F. ⏚ 85/180 F. 🍴 50 F.
🍴 200 F.
✉ rest. dim. soir et lun.
🄴 ⬜ ☎ 🚗 CV 📻 ➽ CB

DOUARNENEZ (TREBOUL)
29100 Finistère
20000 hab. 🛈

⚐ LE COULINEC ★
(A Tréboul - Les Sables Blancs).
M. Arhan
☎ 98 74 11 78
🛏 10 🛆 190/240 F. ⏚ 75/250 F.
🍴 45 F. 🍴 190/220 F.
✉ 25 mars/2 oct. et lun.
🄴 🄳 ☎ 🕆 CV ➽ CB

DOUDEVILLE
76560 Seine Maritime
2330 hab.

⚐ LE RELAIS DU PUITS SAINT JEAN
Rue Delanos. M. Lemonnier
☎ 35 96 50 99
🛏 4 🛆 230 F. ⏚ 75/280 F. 🍴 60 F.
🍴 250 F.
✉ 15/28 fév.
🄴 ⬜ 🚗 🕆 🚴 CV 📻 ➽ CB

DOUE LA FONTAINE
49700 Maine et Loire
7500 hab. 🛈

⚐⚐ DE FRANCE ★★
Place du Champ de Foire. M. Jarnot
☎ 41 59 12 27 ⚏ 41 59 76 00
🛏 18 🛆 150/300 F. ⏚ 75/230 F.
🍴 50 F. 🍴 200/260 F.
✉ 20 déc./20 janv., 27 juin/7 juil., dim.
soir et lun. sauf juil./août.
🄴 ⬜ ☎ 📻 ➽ CB

⚐ LE DAGOBERT ★
14, place du Champ de Foire. M. Sorin
☎ 41 83 25 25 ⚏ 41 59 76 51
🛏 11 ⏚ 85/200 F. 🍴 48 F.
🍴 250/300 F.
✉ dim. soir hs.
☎ 🚗 CV 📻 ➽

DOULLENS
80600 Somme
8520 hab. 🛈

⚐ LE SULLY ★★
45, rue d'Arras. M. de Borggraeve
☎ 22 77 10 87
🛏 7 🛆 180/195 F. ⏚ 59/130 F. 🍴 50 F.
🍴 175/250 F.
✉ 19 juin/3 juil. et lun.
🄴 🄳 ⬜ ☎ CV 📻 ➽ CB

DOUSSARD
74210 Haute Savoie
2000 hab. 🛈

⚐⚐⚐ ARCALOD - GRAND PARC ★★
(Lac d'Annecy). M. Littoz-Monnet
☎ 50 44 30 22 ⚏ 50 44 85 03
🛏 31 🛆 200/350 F. ⏚ 75/140 F.
🍴 50 F. 🍴 250/340 F.
✉ 15 oct./15 fév.
🄴 🛈 ⬜ ☎ 🚗 🏊 ➽ 🕆 ⛱ 🎿 ⛳
▶ 🚴 CV 📻 ➽ CB

DOUVILLE
24140 Dordogne
380 hab. 🛈

⚐⚐ LE TROPICANA ★★
Sur N. 21, Maison Jeannette.
Mme Tytgat
☎ 53 82 98 31 ⚏ 53 80 45 50
🛏 23 🛆 150/295 F. ⏚ 62/210 F.
🍴 40 F. 🍴 180/210 F.
✉ 20 déc./1er fév., vac. Pâques et ven.
15 H/dim. 9 H hs.
🄴 SP ⬜ ☎ 🚗 ⛱ 🎿 🚴 📻 ➽
CB ⛾

DOZULE
14430 Calvados
1400 hab.

⚐ HOTELLERIE NORMANDE ★
98, Grande Rue. M. Me Chenevarin
☎ 31 79 20 18
🛏 12 🛆 90/250 F. ⏚ 68/150 F. 🍴 40 F.
🍴 173/220 F.
✉ 1er déc./28 fév. et lun. hs.
🄴 ⬜ 🚗 CV 📻 ➽ CB ⛾

DRAGUIGNAN
83300 Var
31350 hab. 🛈

⚐⚐ HOSTELLERIE DU MOULIN DE LA
FOUX ★★
Chemin de la Foux. Mme Fiaschi
☎ 94 68 55 33 ⚏ 400 479 ⚏ 94 68 70 10
🛏 28 🛆 250/280 F. ⏚ 85/260 F.
🍴 75 F. 🍴 245 F.
🄴 🄳 SP 🛈 ⬜ ☎ 🚗 ➽ 🕆 🎿 CV 📻
➽ CB

**DRUYES LES BELLES
FONTAINES**
89560 Yonne
350 hab. 🛈

⚐⚐ AUBERGE DES SOURCES ★★
M. Portal ☎ 86 41 55 14 ⚏ 86 41 90 31
🛏 17 🛆 220/340 F. ⏚ 80/210 F.
🍴 48 F. 🍴 225/270 F.
✉ 5 janv./11 mars, lun. et mar. midi.
⬜ ☎ 🚗 🎿 🚴 ➽ CB

DUCEY
50220 Manche
1939 hab.

⚐⚐ DE LA SELUNE ★★
M. Girres ☎ 33 48 53 62 ⚏ 33 48 90 30
🛏 19 🛆 250/270 F. ⏚ 75/185 F.
🍴 75 F. 🍴 275/285 F.
✉ 25 nov./18 déc. et lun. 1er oct./1er mars.
🄴 SP ☎ 🚗 🕆 🎿 CV 📻 CB 🅲 ⛾

DUCLAIR
76480 Seine Maritime
3000 hab.

▲▲ DE LA POSTE ★★
286, quai de la Libération. M. Montier
☎ 35 37 50 04 ᴍ 35 37 39 19
🛏 19 ▨ 200/300 F. ⑪ 80/200 F.
🍴 45 F. 🛏 240/270 F.
⌧ vac. scol. fév. et Toussaint, 2
semaines juil. et dim. soir.

DUINGT
74410 Haute Savoie
500 hab.

▲▲▲ AUBERGE DU ROSELET ★★★
M. Falquet ☎ 50 68 67 19
🛏 14 ▨ 250/350 F. ⑪ 90/320 F.
🍴 55 F. 🛏 280/350 F.
⌧ 1er/15 janv., 15 nov./31 déc. et mer.
mai/sept.

▲▲ LE CLOS MARCEL ★★
M. Molveau
☎ 50 68 67 47 ᴍ 50 68 61 11
🛏 15 ▨ 200/360 F. ⑪ 120/145 F.
🛏 295/410 F.
⌧ 1er oct./10 avr.

DUN LE PALESTEL
23800 Creuse
1330 hab.

▲▲ JOLY ★★
M. Monceaux
☎ 55 89 00 23 ᴍ 55 89 15 89
🛏 27 ▨ 130/280 F. ⑪ 65/240 F.
🍴 45 F. 🛏 190/230 F.
⌧ 5/25 mars, 1er/20 oct., dim. soir et
lun. midi.

DUN SUR AURON
18130 Cher
4211 hab.

▲▲ LE BEFFROY ★★
13, place Jacques Chartier.
Mme Schmite
☎ 48 59 50 72 ᴍ 48 59 85 39
🛏 10 ▨ 150/240 F. ⑪ 65/140 F.
🍴 45 F. 🛏 150/200 F.
⌧ rest. dim. soir et lun.

DUN SUR MEUSE
55110 Meuse
750 hab.

▲▲ DU COMMERCE ★★
Place Monument. M. Nivoix
☎ 29 80 90 25 ᴍ 29 80 87 66
🛏 10 ▨ 180/255 F. ⑪ 78/230 F.
🍴 45 F. 🛏 180/210 F.

⌧ 24 déc./25 janv., dim. soir et lun.
hs. (7 chambres classées ★★, annexe
3 chambres classées Tourisme)

DUNKERQUE
59240 Nord
70331 hab.

▲▲ L'HIRONDELLE ★★
48, av. Faidherbe. M. Staelen
☎ 28 63 17 65 ᴍ 28 66 15 43
🛏 42 ▨ 310 F. ⑪ 85/150 F. 🍴 50 F.
🛏 235 F.
⌧ rest. 15 jours vac. scol. fév., 3
semaines après 15 août, dim. soir et lun.
midi.

DURAS
47120 Lot et Garonne
1245 hab.

▲▲▲ HOSTELLERIE DES DUCS ★★
Bld Jean Brissseau. MM. Blanchet
☎ 53 83 74 58 ᴍ 53 83 75 03
🛏 15 ▨ 280/400 F. ⑪ 75/300 F.
🍴 50 F. 🛏 250/350 F.
⌧ rest. dim. soir et lun. hs.

E

EAUX BONNES
64440 Pyrénées Atlantiques
750 m. • 526 hab.

▲▲ DE LA POSTE ★★
M. Ricard ☎ 59 05 33 06 ᴍ 59 05 43 03
🛏 18 ▨ 170/285 F. ⑪ 80/180 F.
🍴 40 F. 🛏 197/257 F.
⌧ 20 avr./13 mai et 15 oct./26 déc.

EBREUIL
03450 Allier
1300 hab.

▲▲▲ DU COMMERCE ★★
Rue des Fossés. M. Roumy
☎ 70 90 72 66
🛏 18 ▨ 160/260 F. ⑪ 95/150 F.
🍴 50 F. 🛏 270 F.
⌧ oct. et lun.

ECHELLES (LES)
73360 Savoie
1145 hab.

▲▲ AUBERGE DU MORGE
(Gorges de Chailles). M. Bouvier
☎ 79 36 62 76 ᴍ 79 36 51 65
🛏 7 ▨ 160/230 F. ⑪ 90/230 F. 🍴 70 F.
🛏 260 F.
⌧ 1er déc./20 janv., 1er/10 sept. et
mer. sauf vac. scol.

ECHELLES (LES) (suite)

DU CENTRE ★★
Mme Samson
☎ 79 36 60 14 ᴲ 79 36 61 72
🛏 10 ⬡ 150/250 F. ⏲ 75/200 F.
🍴 50 F. 🛎 190/220 F.
⊠ 15 janv./15 fév., dim. soir et lun. sauf
juil./août.
[E] [i] [🖀] [🖻] [🛦] [CV] [🖙] [CB]

ECHETS (LES)
01700 Ain
350 hab.

MARGUIN ★★
916, route de Strasbourg. M. Marguin
☎ 78 91 80 04 ᴲ 78 91 06 83
🛏 8 ⬡ 155/310 F. ⏲ 98/298 F. 🍴 65 F.
⊠ 1er/23 août et 1 semaine janv.
[E] [🖀] [🖻] [🖿] [🛉] [🎜] [🖙] [CB] [🖫]

ECHEVIS
26190 Drôme
36 hab.

LE REFUGE ★★
Sur D. 518. Mme Bocquet
☎ 75 48 68 32 ᴲ 75 48 69 84
🛏 20 ⬡ 240/285 F. ⏲ 85/220 F.
🍴 45 F. 🛎 240/275 F.
[E] [🖀] [🖻] [🖿] [🖳] [🖂] [🛦] [🛉] [🎜]

ECHIGEY
21110 Côte d'Or
250 hab.

DE LA PLACE ★★
Rue de l'Eglise. M. Rey
☎ 80 29 74 00 ᴲ 80 29 79 55
🛏 13 ⬡ 110/190 F. ⏲ 98/205 F.
🍴 50 F. 🛎 210/250 F.
⊠ dim. soir et lun. sauf jours fériés, lun.
soir et mar. Pâques et Toussaint.
[🖀] [🛦] [🎜] [🖙] [CB]

ECKBOLSHEIM
67201 Bas Rhin
5263 hab.

YG HOTEL ★★
14, rue Jean Monnet.
M. Gilbert
☎ 88 77 85 60 ᴲ 88 77 85 33
🛏 67 ⬡ 290/450 F. ⏲ 55/89 F.
🍴 39 F. 🛎 250/340 F.
[🖻] [🖀] [🖂] [🛦] [🖳] [🖔] [🛉] [🛉] [CV] [🎜] [🖙] [CB]
[C] [🖫]

ECLARON
52290 Haute Marne
1940 hab.

HOTELLERIE DU MOULIN
Rue du Moulin. M. Mathieu
☎ 25 04 17 76 ᴲ 25 55 67 01
🛏 5 ⬡ 210/280 F. ⏲ 78/130 F. 🍴 42 F.
🛎 205/235 F.
⊠ 2 dernières semaines janv./
1ère semaine fév., dim. soir et lun. midi.
[E] [D] [SP] [🖀] [🖻] [🖿] [🛉] [CV] [🖙] [CB]

EGUISHEIM
68420 Haut Rhin
1500 hab. [i]

**AUBERGE DES COMTES (anc. A LA
VILLE DE COLMAR)** ★★
1, place Charles de Gaulle. M. Stoffel
☎ 89 41 16 99 ᴲ 89 24 97 10
🛏 20 ⬡ 165/300 F. ⏲ 65/185 F.
🍴 42 F. 🛎 185/265 F.
⊠ 15 janv./2 fév., 30 juin/9 juil. et mer.
sauf hôtel haute saison. (6 chambres
non classées).
[E] [D] [🖀] [🖻] [🖿] [🖳] [🖂] [🛉] [🎜] [🖙] [CB]

HOSTELLERIE DU PAPE ★★★
10, Grand'Rue. M. Huber
☎ 89 41 41 21 ᴲ 89 41 41 31
🛏 33 ⬡ 300/395 F. ⏲ 95/240 F.
🍴 50 F. 🛎 340 F.
⊠ rest. dim. soir et lun.
[E] [D] [🖀] [🖻] [🖿] [🖳] [🖂] [🛦] [🛉] [🎜] [🖙] [CB]
[C] [🖫]

ELNE
66200 Pyrénées Orientales
6202 hab. [i]

WEEK-END ★★
29, av. Paul Reig. M. Broche
☎ 68 22 06 68
🛏 8 ⬡ 180/235 F. ⏲ 65/140 F. 🍴 46 F.
🛎 195/240 F.
⊠ 15 nov./31 janv. et dim.
1er oct./15 mars.
[E] [D] [SP] [i] [🖀] [🖻] [🖿] [🖳] [🖂] [🛦] [🛉] [CV]
[🖙] [CB]

ELOISE
01200 Haute Savoie
600 hab.

LE FARTORET ★★★
M. Gassilloud
☎ 50 48 07 18 ᴲ 50 48 23 85
🛏 41 ⬡ 230/460 F. ⏲ 123/290 F.
🍴 65 F. 🛎 330/466 F.
[E] [D] [SP] [i] [🖀] [🖻] [🖿] [🖳] [🖂] [🖔] [🖙]
[🛉] [🛉] [🎜] [🖙] [CB] [🖫]

ELVEN
56250 Morbihan
3025 hab. [i]

LE LION D'OR ★★
5, place le Franc. M. Vroylandt
☎ 97 53 33 52 ᴲ 97 53 55 08
🛏 10 ⬡ 240 F. ⏲ 68/195 F. 🍴 52 F.
🛎 190 F.
⊠ dim. soir et lun. hs.
[E] [🖀] [🖻] [🖂] [🎜] [🖙] [CB]

EMBRUN
05200 Hautes Alpes
876 m. • 6000 hab. [i]

DE LA MAIRIE ★★
Place Barthelon. M. François
☎ 92 43 20 65 ᴲ 92 43 47 02
🛏 22 ⬡ 240/270 F. ⏲ 90/130 F.
🍴 50 F. 🛎 230/250 F.
⊠ 1er/20 mai, 1er oct./30 nov. et lun.
1er oct./31 mai.
[E] [D] [SP] [🖀] [🖻] [CV] [🎜] [🖙] [CB] [C]

EMBRUN (CROTS)
05200 Hautes Alpes
790 m. • 670 hab. 🛈

▲▲▲ LES BARTAVELLES ★★★
M. Jaume
☎ 92 43 20 69 [FAX] 92 43 11 92
🛏 43 ⌷ 255/450 F. ⏸ 110/285 F.
🍴 70 F. 🍽 280/400 F.
⊠ rest. dim. soir 1er oct./30 avr. sauf
vac. scol.

ENGHIEN LES BAINS
95880 Val d'Oise
9740 hab.

▲▲ AUX SOURCES ★★
26, rue du Départ. M. André
☎ (1) 39 64 64 87
🛏 9 ⏸ 100/150 F. 🍴 50 F.
⊠ rest. dim. soir et lun. soir.

ENTRAIGUES SUR SORGUE
84320 Vaucluse
5335 hab.

▲▲ LE BEAL ★★
175, route de Carpentras. M. Pajerols
☎ 90 83 17 22 \ 90 83 22 34
[FAX] 90 83 64 96
🛏 21 ⌷ 148/250 F. ⏸ 68/190 F.
🍴 40 F. 🍽 170/300 F.
⊠ 27 déc./5 janv. et rest. sam. midi.

ENTRAYGUES
12140 Aveyron
1500 hab. 🛈

▲▲▲ DE LA TRUYERE ★★
M. Gaudel
☎ 65 44 51 10 [TX] CCIRODE 530366
[FAX] 65 44 57 78
🛏 25 ⌷ 200/285 F. ⏸ 65/190 F.
🍴 48 F. 🍽 225/350 F.
⊠ 16 nov./1er avr. et rest. lun.

▲ DU CENTRE ★★
1, place de la République. M. Crouzet
☎ 65 44 51 19
🛏 11 ⌷ 160/230 F. ⏸ 70/165 F.
🍴 45 F. 🍽 190/230 F.
⊠ 24 déc./2 janv. et sam. 30 sept./
1er avr.

▲ LES DEUX VALLEES ★★
Av. du Pont de Truyères. Mme Ferrary
☎ 65 44 52 15
🛏 16 ⌷ 180/250 F. ⏸ 65/150 F.
🍴 40 F. 🍽 200/210 F.
⊠ janv., fév. et sam. hs.

ENTRE LES FOURGS (JOUGNE)
25370 Doubs
1100 m. • 60 hab.

LES PETITS GRIS ★★
Place des Cloutiers. M. Gresset
☎ 81 49 12 93 [FAX] 81 49 13 93
🛏 13 ⌷ 235/295 F. ⏸ 70/170 F.
🍴 48 F. 🍽 270/285 F.
⊠ 17 sept./7 oct. et rest. mer.

ENTZHEIM
67960 Bas Rhin
2593 hab.

▲▲▲ PERE BENOIT Rest. STEINKELLER ★★
34, route de Strasbourg. M. Masse
☎ 88 68 98 00 [FAX] 88 68 64 56
🛏 60 ⌷ 250/360 F. ⏸ 75/ 89 F.
🍴 40 F.
⊠ sam. midi, dim. et lun. midi.

ENVEITG (VILLAGE FRONTIERE)
66760 Pyrénées Orientales
1200 m. • 800 hab. 🛈

▲▲▲ TRANSPYRENEEN ★★
14, av. Belvédère. M. Casamitjana
☎ 68 04 81 05 [FAX] 68 04 83 75
🛏 30 ⌷ 160/290 F. ⏸ 80/160 F.
🍴 50 F. 🍽 200/260 F.
⊠ 10 janv./10 fév., 5/31 mai et
1er oct./25 déc.

EPERNAY
51200 Marne
26682 hab. 🛈

▲ LE PROGRES Rest. LA FLAMBEE ★
6, rue des Berceaux. M. Debarle
☎ 26 55 24 75
🛏 22 ⌷ 160/240 F. ⏸ 70/125 F.
🍽 210 F.
⊠ 23 déc./5 janv., dim. soir et lun. soir.

EPERNON
28230 Eure et Loir
5000 hab.

▲ DE LA MADELEINE ★
M. Bardot ☎ 37 83 42 06
🛏 7 ⌷ 175/200 F. ⏸ 88/200 F. 🍴 45 F.
🍽 195/245 F.
⊠ 4 premières semaines août, dim. soir
et lun.

EPINAL
88000 Vosges
40954 hab. 🛈

▲▲▲ LA FAYETTE ★★★
La Voivre, zone Act. le Saut le Cerf.
M. Thiriet
☎ 29 31 15 15 [TX] 850 590 [FAX] 29 31 07 08
🛏 48 ⌷ 395/525 F. ⏸ 105/255 F.
🍴 70 F. 🍽 355/515 F.

EPINAL (GOLBEY)
88190 Vosges
9500 hab. 𝑖

▲▲ MOTEL COTE OLIE et LA
MANSARDE ★★
Sur N. 57. Mme Bocquet
☎ 29 34 28 28 \ 29 34 18 75
🖷 29 31 30 19
🛏 24 ⊗ 250/320 F. ⅋ 83/138 F.
🍴 48 F. 🖿 320 F.
⊠ dim. soir.
[ ] [D] [📷] [☎] [🚗] [⛵] [🎿] [🕹] [🍴] [CB]

EPINAL (JEUXEY)
88000 Vosges
705 hab.

▲▲ AUBERGE DU CHEVAL BLANC ★★
46, route d'Epinal. M. Gremillet
☎ 29 34 51 24
🛏 7 ⊗ 200/230 F. ⅋ 58/150 F. 🍴 40 F.
🖿 200 F.
⊠ dim. soir et lun.
[D] [📷] [☎] [🚗] [🏧] [⛵] [🍴] [CB]

EPINAY SUR SEINE
93800 Seine Saint Denis
48762 hab. 𝑖

▲▲ AUX MYRIADES ★★
127, route de Saint-Leu. Mme Mainguy
☎ (1) 42 35 81 63 🖷 (1) 42 35 81 62
🛏 46 ⊗ 280 F. ⅋ 60/107 F. 🍴 44 F.
🖿 242 F.
⊠ rest. dim. soir.
[ ] [📷] [☎] [🚗] [⚡] [🏧] [🕹] [CV] [🍴] [CB]
[C] [🖿]

ERDEVEN
56410 Morbihan
2350 hab. 𝑖

▲▲ AUBERGE DU SOUS BOIS ★★
Route de Pont Lorois. MM. Piot
☎ 97 55 66 10 🖷 97 55 68 82
🛏 21 ⊗ 250/375 F. ⅋ 82/180 F.
🍴 50 F. 🖿 335/355 F.
⊠ 1er janv./31 mars, 1er oct./31 déc.
[ ] [SP] [📷] [☎] [🚗] [⛵] [CV] [🍴] [CB]

▲ CHEZ HUBERT ★★
1, rue des Menhirs. M. Hubert
☎ 97 55 64 50 🖷 97 55 91 43
🛏 13 ⊗ 200/260 F. ⅋ 68/210 F.
🍴 54 F. 🖿 220/250 F.
⊠ oct., 2ème quinz. janv. et lun.
[ ] [📷] [☎] [🚗] [🏧] [🎿] [🍴] [CB]

▲▲ DES VOYAGEURS ★★
14, rue de l'Océan. M. Gouzerh
☎ 97 55 64 47 🖷 97 55 64 24
🛏 18 ⊗ 245/285 F. ⅋ 58/140 F.
🍴 40 F. 🖿 270/285 F.
⊠ 30 sept./1er avr. et mar.
[ ] [📷] [🚗] [🎿] [CV] [🍴] [CB] [C] [🖿]

ERMENONVILLE
60950 Oise
850 hab. 𝑖

▲ DE LA CROIX D'OR ★★
2, rue Prince Radziwill. M. Vezier
☎ 44 54 00 04 🖷 44 54 05 44
🛏 8 ⊗ 210/350 F. ⅋ 60/165 F. 🍴 50 F.
🖿 205/275 F.
⊠ 18 déc./19 janv. et lun.
[ ] [☎] [🚗] [🍴] [🍴] [CB]

ERNEE
53500 Mayenne
6000 hab. 𝑖

▲▲ DU GRAND CERF ★★
17-19, rue Aristide Briand. Mme Semerie
☎ 43 05 13 09 🆀 723412F GRD CER
🖷 43 05 02 90
🛏 8 ⊗ 195/230 F. ⅋ 98/145 F. 🍴 70 F.
🖿 260/320 F.
⊠ 15/31 janv., dim. soir et lun. hs.
[ ] [D] [📷] [☎] [🚗] [🏨] [⛵] [🍴] [CB]

▲▲ LE RELAIS DE LA POSTE ★★
1, place de l'Eglise.
M. Lesaulnier
☎ 43 05 20 33 🖷 43 05 18 23
🛏 34 ⊗ 190/280 F. ⅋ 70/210 F.
🍴 42 F. 🖿 225/300 F.
⊠ rest. dim. soir.
[ ] [D] [📷] [☎] [🚗] [⚡] [🏨] [⛵] [🎿] [CV] [🍴] [🍴]

ERQUY
22430 Côtes d'Armor
3500 hab. 𝑖

▲▲ BEAUSEJOUR ★★
Rue de la Corniche. M. Thebault
☎ 96 72 30 39 🖷 96 72 16 30
🛏 15 ⊗ 220/300 F. ⅋ 72/157 F.
🍴 47 F. 🖿 265/295 F.
⊠ 20 fév./5 mars, dim. soir et lun.
oct./mai.
[ ] [D] [📷] [☎] [🚗] [🏨] [⛵] [🎿] [🎿] [CV] [🍴] [CB]

ESCALLES
62179 Pas de Calais
300 hab.

▲▲ L'ESCALE ★★
Rue de la Mer. M. Bourdon
☎ 21 85 25 00 \ 21 85 25 09
🖷 21 35 44 22
🛏 26 ⊗ 180/300 F. ⅋ 75/200 F.
🍴 58 F. 🖿 230/300 F.
⊠ 3/27 janv.
[ ] [📷] [☎] [🚗] [⛵] [✎] [🎿] [🍴] [▶] [🎿] [CV]
[🍴] [CB] [🖿]

ESCHAU
67114 Bas Rhin
4500 hab.

▲ AU CYGNE ★
38, rue de la 1ère DB. MM. Bouyoud
☎ 88 64 04 79 🖷 88 64 33 83
🛏 21 ⊗ 150/210 F. ⅋ 95/160 F.
🍴 38 F. 🖿 170/195 F.
[ ] [D] [☎] [🚗] [🎿] [🎿] [CV] [🍴] [CB] [🖿]

**ESCHBACH AU VAL
(OBERSOLBERG)
68140 Haut Rhin**
800 m. • 400 hab.

▲ OBERSOLBERG ★★
M. Michel ☎ 89 77 36 49
🛏 17 ⌧ 192/279 F. ▯▯ 78/120 F.
⌖ 50 F. ⚏ 193/222 F.
⌧ 15 oct./15 nov., 18 déc./6 janv., rest.
mar. après midi et mer.
🄳 🛦 🚗 🕮 🕮

**ESPALION
12500 Aveyron**
4800 hab. ⓘ

▲▲▲ MODERNE ★★
27, bld de Guizard. M. Raulhac
☎ 65 44 05 11 ⛿ 65 48 06 94
🛏 28 ⌧ 250/350 F. ▯▯ 80/250 F.
⌖ 50 F. ⚏ 250/300 F.
⌧ 3 nov./10 déc., dim. soir et lun.
🄴 🖥 🕮 🛦 🚗 🕮 🕮 🖳 CB

**ESPELETTE
64250 Pyrénées Atlantiques**
1700 hab. ⓘ

▲▲▲ EUZKADI ★★
M. Darraidou
☎ 59 93 91 88 ⛿ 59 93 90 19
🛏 32 ⌧ 260 F. ▯▯ 90/170 F. ⌖ 60 F.
⚏ 270 F.
⌧ lun. et mar. hs.
🄴 SP 🕮 🛦 🕮 🖳 🖳 CV 🕮 🖳 CB

**ESPEROU (L')
30570 Gard**
1265 m. • 100 hab.

▲▲ DU PARC ET DE L'ESPEROU
(Carrefour des Hommes de la Route).
Mme Boissière
☎ 67 82 60 05 ⛿ 67 82 62 12
🛏 10 ⌧ 210/400 F. ▯▯ 85/150 F.
⌖ 48 F. ⚏ 210/230 F.
⌧ 11 nov./1er janv.
🄴 🕮 🚗 🕮 🖳 CV 🖳 CB

▲ DU TOURING
M. Jonget ☎ 67 82 60 04
🛏 10 ⌧ 200/220 F. ▯▯ 68/110 F.
⌖ 45 F. ⚏ 193/203 F.
⌧ 1er nov./25 déc., dim. soir et lun.
sauf vac. scol.
🄴 🄳 🚗 🕮 🖳 CB

**ESPEZEL
11340 Aude**
900 m. • 228 hab. ⓘ

▲ GRAU ★
M. Grau
☎ 68 20 30 14 ⛿ 68 20 33 62
🛏 7 ⌧ 170/280 F. ▯▯ 72/190 F. ⌖ 45 F.
⚏ 170/260 F.
🄴 SP ⓘ 🕮 🚗 🖳 CV 🖳 CB

**ESTERENCUBY
64220 Pyrénées Atlantiques**
428 hab.

▲▲ ANDREINIA ★★
Mme Larramendy
☎ 59 37 09 70 ⛿ 59 37 36 05
🛏 25 ⌧ 180/260 F. ▯▯ 55/190 F.
⌖ 40 F. ⚏ 180/210 F.
⌧ 15 nov./15 déc.
SP 🕮 🛦 🚗 🚗 CV 🕮 🖳 CB

▲▲▲ ARTZAIN-ETCHEA ★★
(Route d'Iraty). M. Arriaga
☎ 59 37 11 55 ＼ 59 37 04 08
⛿ 59 37 20 16
🛏 22 ⌧ 185/290 F. ▯▯ 92/190 F.
⌖ 60 F. ⚏ 210/250 F.
⌧ 15 nov./20 déc. et mer. hs.
🄴 SP 🕮 🕮 🚗 🚗 🖳 🕮 🖳 🖳 CV 🕮 🖳

▲▲ AUBERGE DES SOURCES DE LA
NIVE ★★
M. Tihista ☎ 59 37 10 57
🛏 26 ⌧ 200 F. ▯▯ 50/150 F. ⌖ 40 F.
⚏ 195 F.
⌧ janv. et mar. hs.
SP 🕮 🕮 🚗 🖳 🕮 🖳 🖳 🖳 🕮 🖳 CB

**ESTISSAC
10190 Aube**
1770 hab. ⓘ

▲ LA MARMITE ★
Place de la Halle. Mme Chevassu
☎ 25 40 40 19
🛏 12 ⌧ 135/195 F. ▯▯ 57/135 F.
⌖ 38 F. ⚏ 145/205 F.
⌧ Noël/1er janv. et dim. soir
sept./Pâques.
🕮 🚗 🖳 CV 🖳 CB

**ESTIVAREILLES
03190 Allier**
939 hab.

▲▲▲ HOSTELLERIE DU LION D'OR ★★
Sur N. 144. M. Tauvron
☎ 70 06 00 35 ⛿ 70 06 09 78
🛏 10 ⌧ 160/190 F. ▯▯ 80/250 F.
⌖ 50 F. ⚏ 210/240 F.
⌧ 17 août/1er sept. Dim. soir et lun.
sauf juil./août.
🄴 🕮 🚗 🚗 🕮 🖳 CV

**ETAIN
55400 Meuse**
3800 hab. ⓘ

▲ DE LA SIRENE ★★
22, rue P. Havette. M. Checinski
☎ 29 87 10 32 ⛿ 29 87 17 65
🛏 24 ⌧ 120/210 F. ▯▯ 65/250 F.
⌖ 35 F. ⚏ 180/220 F.
⌧ 23 déc./1er fév., dim. et lun. soir hs.
🖥 🕮 🚗 🖳 🖳 🕮 🖳 CB

**ETAULIERS
33820 Gironde**
1550 hab.

▲▲ DES PLATANES
4, route de Saint-Savin. M. Cuilie
☎ 57 64 70 42 ⛿ 57 64 60 94
🛏 10 ⌧ 210/240 F. ▯▯ 80/200 F.
⌖ 40 F. ⚏ 210/220 F.
⌧ Rest. dim. soir.
🄴 SP 🖥 🕮 🚗 🚗 🕮 🖳 CV 🕮 🖳 CB

ETAULIERS (suite)

⚐ RELAIS DE L'ESTUAIRE ★★
Place de la Halle. M. Petoin
☎ 57 64 70 36 Ⅲ 57 64 56 51
🍴 25 ⌾ 200/260 F. ⅡⅠ 55/190 F.
🍴 35 F. 🏨 220/320 F.
Ⓔ ⓈⓅ 🗋 ☎ 🚗 ⋈ 🐾 🏃 🐜 CV 🎛
🔌 CB

ETEL
56410 Morbihan
2700 hab. 🛈

⚐⚐⚐ LE TRIANON ★★
14, rue Général Leclerc. Mme Guezel
☎ 97 55 32 41 Ⅲ 97 55 44 71
🍴 16 ⌾ 220/350 F. ⅡⅠ 80/195 F.
🍴 60 F. 🏨 280/350 F.
⊠ rest. déc./janv. sauf réservations, dim.
soir et lun. 15 nov./mars.
Ⓔ 🗋 ☎ 🚗 ⋈ 🏃 🐜 CV 🔌 CB

ETREAUPONT
02580 Aisne
975 hab.

⚐⚐⚐ LE CLOS DU MONTVINAGE Rest.
AUBERGE VAL DE L'OISE ★★
8, rue A. Ledent-40, rue Gal de Gaulle.
M. Trokay ☎ 23 97 91 10 \ 23 97 40 18
ⅢⅩ 23 97 48 92
🍴 20 ⌾ 330/430 F. ⅡⅠ 85/230 F.
🍴 65 F. 🏨 300/410 F.
⊠ 7/25 août et 24 fév./5 mars et dim.
soir, rest. lun. midi.
Ⓔ 🗋 ☎ 🚗 🚗 ⋈ 🐾 ⚓ 🏃 ♿ 🐜 CV
🎛 🔌 CB

ETSAUT
64490 Pyrénées Atlantiques
650 m. ● 81 hab.

⚐ DES PYRENEES ★★
M. Droit ☎ 59 34 88 62 ⅢⅩ 59 34 86 95
🍴 15 ⌾ 150/220 F. ⅡⅠ 68/150 F.
🍴 40 F.
Ⓔ ⓈⓅ 🛈 ☎ CV 🔌 CB

EU
76260 Seine Maritime
9500 hab. 🛈

⚐⚐ DE LA GARE ★★
20, place de la Gare. M. Maine
☎ 35 86 16 64 ⅢⅩ 35 50 86 25
🍴 22 ⌾ 230/300 F. ⅡⅠ 80/200 F.
🍴 50 F. 🏨 295 F.
⊠ dim. soir.
Ⓔ 🗋 ☎ 🚗 CV 🎛 🔌 CB

EVAUX LES BAINS
23110 Creuse
2000 hab. 🛈

⚐ CHARDONNET ★★
18, rue de l'Hôtel de Ville.
M. Chardonnet ☎ 55 65 51 78
🍴 22 ⌾ 140/300 F. ⅡⅠ 70/180 F.
🍴 40 F. 🏨 200/250 F.
⊠ dim. soir Toussaint/Pâques.
Ⓔ 🗋 ☎ 🚗 🚗 🐾 🐜 CV 🎛 🔌 CB

EVIAN LES BAINS
74500 Haute Savoie
6200 hab. 🛈

⚐⚐⚐ DES PRINCES ★★
(A Amphion les Bains). Mme Magnin
☎ 50 75 02 94 ⅢⅩ 50 75 59 93
🍴 35 ⌾ 180/450 F. ⅡⅠ 80/250 F.
🍴 60 F. 🏨 200/350 F.
⊠ 1er oct./30 avr.
🗋 ☎ 🚗 🐾 🐜 CV 🎛 🔌 CB

⚐⚐ LES MATEIRONS ★★
30, bld du Royal. M. Vuitton
☎ 50 75 04 16
🍴 19 ⌾ 150/350 F. 🍴 50 F.
🏨 190/310 F.
⊠ 1er oct./30 avr.
Ⓔ 🗋 ☎ 🚗 🐾 🏃 CV 🔌 CB

⚐⚐ PANORAMA ★★
Grande rive. M. Biancard
☎ 50 75 14 50 ⅢⅩ 50 75 59 12
🍴 29 ⌾ 260/330 F. ⅡⅠ 70/170 F.
🍴 50 F. 🏨 235/285 F.
⊠ 1er oct./30 avr.
Ⓔ 🗋 ☎ 🚗 ⋈ 🐾 🐜 🎛 🔌 CB

EVIAN LES BAINS
(NEUVECELLE)
74500 Haute Savoie
600 m. ● 2500 hab. 🛈

⚐⚐ LE MOULIN A POIVRE ★★
Route d'Abondance, Evian Neuvecelle D.
21 M. Tarrano
☎ 50 75 21 84 ⅢⅩ 50 75 61 69
🍴 14 ⌾ 140/340 F. ⅡⅠ 95/190 F.
🍴 38 F. 🏨 160/340 F.
⊠ janv., 20/31 déc. et dim. soir hs.
Ⓔ Ⓓ 🗋 ☎ 🐾 ⚓ 🏃 ♿ CV 🔌
CB

EVISA
20126 Corse
830 m. ● 850 hab.

⚐⚐⚐ AITONE-HOTEL ★★
M. Ceccaldi ☎ 95 26 20 04 ⅢⅩ 95 26 24 18
🍴 20 ⌾ 180/600 F. ⅡⅠ 85/160 F. 🍴 45 F.
🏨 240/475 F.
⊠ mi-nov./fin déc.
Ⓔ 🛈 🗋 ☎ 🚗 🐾 ⚓ 🏃 🐜 🎛
🔌 CB

EVOSGES
01230 Ain
740 m. ● 104 hab.

⚐ L'AUBERGE CAMPAGNARDE ★★
MM. Mano et Merloz
☎ 74 36 33 25 ⅢⅩ 74 36 33 48
🍴 15 ⌾ 175/380 F. ⅡⅠ 105/245 F.
🍴 50 F. 🏨 215/270 F.
Ⓔ 🗋 ☎ 🚗 🚗 🐾 ⚓ ▶ 🐜 CV 🎛
🔌 CB

EVREUX
27000 Eure
50358 hab. 🛈

⚐⚐ DE FRANCE ★★
29, rue Saint-Thomas. M. Meyruey
☎ 32 39 09 25 ⅢⅩ 32 38 38 56
🍴 16 ⌾ 260/340 F. ⅡⅠ 140/185 F.
🍴 120 F. 🏨 280 F.
⊠ rest. dim. soir et lun.
Ⓔ Ⓓ ⓈⓅ 🗋 ☎ 🚗 🚗 🐾 🎛 🔌 CB
Ⓒ 💼

EVREUX (suite)

⚑ DE L'OUEST
47-49, bld Gambetta. Mme Dubos
☎ 32 39 20 39 ⟨FAX⟩ 32 62 37 19
🛏 11 ⬚ 120/220 F. ⏐⏐ 58/149 F.
🍴 42 F.
▣ ▣ CV ▣ ▣

EVRON
53600 Mayenne
7000 hab. ⓘ

⚑⚑ DE LA GARE ★★
13, rue de la Paix. M. Gorette
☎ 43 01 60 29 ⟨FAX⟩ 43 37 26 53
🛏 8 ⬚ 208/231 F. ⏐⏐ 78/138 F. 🍴 50 F.
▣ 220/240 F.
▣ SP ▣ ▣ ▣ ▣ CV ▣ ▣

EVRON (MEZANGERS)
53600 Mayenne
522 hab.

⚑⚑⚑ RELAIS DU GUE DE SELLE ★★★
Route de Mayenne. MM. Paris/Peschard
☎ 43 90 64 05 ⟨FAX⟩ 43 90 60 82
🛏 34 ⬚ 320/463 F. ⏐⏐ 96/210 F.
🍴 41 F. ▣ 250/390 F.
⊠ 23 déc./9 janv., 13/28 fév., dim. soir
et lun. 1er oct./1er juin.
▣ ▣ ▣ ▣ ▣ ▣ ▣ ▣ ▣ ▣ ▣
▣ ▣ ▣ ▣ CB

EYGALIERES
13810 Bouches du Rhône
1599 hab.

⚑⚑⚑ AUBERGE CRIN BLANC ★★
Route d'Orgon. M. Bourgue
☎ 90 95 93 17 ⟨FAX⟩ 90 90 60 62
🛏 10 ⬚ 400 F. ⏐⏐ 150/240 F. 🍴 80 F.
▣ 385 F.
⊠ 4 janv./19 mars, 13 nov./24 déc. et
lun. midi.
▣ ▣ ▣ ▣ ▣ ▣ ▣ ▣ ▣ CB

EYRAGUES
13630 Bouches du Rhône
3000 hab.

⚑ AUBERGE LA FARIGOULE ★
Route de Saint-Rémy. M. Mistral
☎ 90 94 15 08 ⟨FAX⟩ 90 92 86 47
🛏 7 ⬚ 120/200 F. ⏐⏐ 75/150 F. 🍴 45 F.
▣ 180/250 F.
⊠ 30 sept./31 mars et rest. soir 30
sept./31 mars, lun. saison.
▣ ▣ ▣ ▣ ▣

EYZIES DE TAYAC (LES)
24620 Dordogne
800 hab. ⓘ

⚑⚑ DE FRANCE AUBERGE DU MUSEE ★★
Rue du Musée. Mme Monceaud-Preux
☎ 53 06 97 23 \53 06 92 80
⟨FAX⟩ 53 06 90 97
🛏 21 ⬚ 190/348 F. ⏐⏐ 68/265 F.
🍴 53 F. ▣ 263/350 F.
⊠ rest. 1er oct./vac. scol. Pâques, hôtel
Toussaint/vac. scol. Pâques.
▣ ▣ ▣ ▣ ▣ ▣ ▣ CB

⚛ DES ROCHES ★★
M. Bousquet ☎ 53 06 96 59 ⟨FAX⟩ 53 06 95 54
🛏 41 ⬚ 260/360 F.
⊠ 1er nov./10 avr.
▣ SP ▣ ▣ ▣ ▣ ▣ ▣ CB

⚑⚑ DU CENTRE ★★
M. Brun ☎ 53 06 97 13 ⟨FAX⟩ 53 06 91 63
🛏 19 ⬚ 280/295 F. ⏐⏐ 90/300 F.
🍴 56 F. ▣ 295/325 F.
⊠ début nov./1er avr.
▣ ▣ ▣ ▣ ▣ CB

EZE BORD DE MER
06360 Alpes Maritimes
2446 hab. ⓘ

⚑⚑ AUBERGE ERIC RIVOT ★★
Av. de la Liberté. M. Rivot
☎ 93 01 51 46 ⟨FAX⟩ 93 01 58 40
🛏 7 ⬚ 250/330 F. ⏐⏐ 100/185 F.
🍴 60 F. ▣ 280 F.
⊠ 12 nov./5 déc., lun. midi et mar. midi
en saison, mar. en hiver.
▣ ⓘ ▣ ▣ ▣ CV ▣ ▣ CB

EZE VILLAGE
06360 Alpes Maritimes
1860 hab. ⓘ

⚑⚑ AUBERGE DES 2 CORNICHES ★★
M. Maume ☎ 93 41 19 54 ⟨FAX⟩ 93 41 19 54
🛏 7 ⬚ 330 F. ▣ 310 F.
⊠ 1er nov./20 déc. et jeu.
▣ ▣ ▣ ▣ ▣ ▣ ▣ CB

⚑⚑ L'HERMITAGE DU COL D'EZE ★★
(Sur la Grande Corniche). M. Bérardi
☎ 93 41 00 68
🛏 14 ⬚ 190/295 F. ⏐⏐ 90/180 F.
🍴 90 F. ▣ 205/258 F.
⊠ 16 nov./15 fév., rest. lun. et mer. midi.
▣ ⓘ ▣ ▣ ▣ ▣ ▣ ▣ CB

FABREGUES
34690 Hérault
4000 hab.

⚑⚑⚑ RELAIS DE FABREGUES ★★
M. Leu ☎ 67 85 11 79 ⟨FAX⟩ 67 85 29 54
🛏 27 ⬚ 199/350 F. ⏐⏐ 68/175 F.
🍴 68 F. ▣ 225/295 F.
⊠ rest. lun. sauf réservations et groupes.
▣ ▣ SP ▣ ▣ ▣ ▣ ▣ ▣ CV ▣
▣ CB ▣ ▣

FABREZAN
11200 Aude
990 hab.

⚑⚑ LE CLOS DES SOUQUETS
Av. de Lagrasse. M. Julien
☎ 68 43 52 61 ⟨FAX⟩ 68 43 56 76
🛏 5 ⬚ 280/380 F. ⏐⏐ 85/210 F. 🍴 55 F.
▣ 330/380 F.
⊠ 2 nov./1er avr. et dim. soir.
▣ SP ▣ ▣ ▣ ▣ ▣ ▣ ▣ ▣ CB

202

FALAISE
14700 Calvados
9000 hab. [i]

▲▲ DE LA POSTE ★★
38, rue Georges Clémenceau.
Mme Collias
☎ 31 90 13 14 [FAX] 31 90 01 81
[♜] 21 [⌂] 200/390 F. [ΙΙ] 80/235 F.
[♨] 55 F. [▨] 218/315 F.
[⊠] 16/23 oct., 20 déc./20 janv., dim. soir
et lun.
[E] [⎙] [☎] [➩] [➔] [CB] [▣]

▲ DE NORMANDIE ★★
4, rue Amiral Courbet. M. Wilhelm
☎ 31 90 18 26 [FAX] 31 90 02 17
[♜] 25 [⌂] 170/250 F. [ΙΙ] 59/139 F.
[♨] 49 F. [▨] 170/250 F.
[⊠] dim. soir et ven. soir 1er nov./30 avr.
[E] [☎] [➩] [⋈] [⬙] [➔] [▣]

FAOU (LE)
29580 Finistère
1522 hab. [i]

▲▲ LE RELAIS DE LA PLACE ★★
7, place aux Foires. M. Le Floch
☎ 98 81 91 19 [FAX] 98 81 92 58
[♜] 34 [⌂] 230/250 F. [ΙΙ] 70/240 F.
[♨] 36 F. [▨] 205/215 F.
[⊠] dernière semaine sept./2 premières
semaines oct., 2 premières semaines
janv. et sam. hs.
[E] [☎] [➩] [⬙] [CV] [⬙] [➔] [CB] [C] [▣]

FARGES
01550 Ain
513 m. • 559 hab. [i]

▲ CHATEAU DE FARGES ★★
M. Wenger
☎ 50 56 71 71 [FAX] 50 56 71 27
[♜] 34 [⌂] 130/260 F. [ΙΙ] 110/340 F.
[♨] 50 F. [▨] 178/243 F.
[⊠] rest. 24/31 déc., dim. soir et lun. midi.
[E] [D] [☎] [➩] [➔] [♨] [⬙] [CV] [➔]
[CB] [▣]

FAUVILLE EN CAUX
76640 Seine Maritime
1750 hab.

▲ DU COMMERCE ★★
919, Grande Rue. M. Benard
☎ 35 96 71 22
[♜] 16 [⌂] 150/250 F. [ΙΙ] 52/110 F.
[♨] 50 F. [▨] 165/175 F.
[⊠] rest. lun.
[⎙] [☎] [CV] [▥] [➔] [CB]

FAVERGES
74210 Haute Savoie
507 m. • 6330 hab. [i]

▲▲▲ DU PARC - MANOIR DU BARON
BLANC ★★
Mme Falcy
☎ 50 44 50 25 [FAX] 50 44 59 74
[♜] 12 [⌂] 280/600 F. [ΙΙ] 110/250 F.

[♨] 50 F. [▨] 300/450 F.
[⊠] 24 déc./10 janv. et sam. hs, sam. midi
en saison.
[E] [⎙] [☎] [➩] [⬙] [➔] [⬙] [CV] [▥] [CB] [▣]

FAVERGES (SEYTHENEX)
74210 Haute Savoie
720 m. • 510 hab. [i]

▲▲▲ AU GAY SEJOUR ★★★
M. Gay ☎ 50 44 52 52 [FAX] 50 44 49 52
[♜] 12 [⌂] 400/420 F. [ΙΙ] 130/400 F.
[▨] 400/450 F.
[⊠] 3/25 janv., dim. soir et lun. hors vac.
scol. et pensionnaires.
[E] [D] [⎙] [☎] [➩] [⋈] [➔] [▥] [CB]

FAYET LES THERMES (LE)
74190 Haute Savoie
600 m. • 2000 hab. [i]

▲ LES ALLOBROGES ★★
Rue de Genève. M. Raffin
☎ 50 78 12 21 [FAX] 50 78 25 24
[♜] 20 [⌂] 180/260 F. [ΙΙ] 48/140 F.
[♨] 40 F. [▨] 190/240 F.
[⊠] 15 oct./15 déc.
[E] [i] [⎙] [☎] [➩] [♨] [⬙] [CV] [➔] [CB]

▲▲ LES DEUX GARES ★★
60, impasse des deux Gares. M. Berthier
☎ 50 78 24 75 [FAX] 50 78 15 47
[♜] 14 [⌂] 260 F. [♨] 40 F. [▨] 220 F.
[⊠] 15 oct./15 déc.
[E] [i] [⎙] [☎] [➩] [♜] [⋈] [➔] [♨] [CV]

FAYL BILLOT
52500 Haute Marne
1600 hab. [i]

▲ DU CHEVAL BLANC ★★
Place de la Barre. Mme Gerometta
☎ 25 88 61 44
[♜] 10 [⌂] 160/220 F. [ΙΙ] 75/150 F.
[♨] 45 F. [▨] 190/230 F.
[⊠] 16/27 oct., 2ème quinz. janv., lun. et
dim. soir 15 nov./28 fév.
[E] [i] [☎] [➩] [▥] [➔] [CB]

FECLAZ (LA)
73230 Savoie
1350 m. • 500 hab. [i]

▲▲▲ LE BON GITE ★★
M. Lacaille ☎ 79 25 82 11 [FAX] 79 25 81 90
[♜] 18 [ΙΙ] 66/130 F. [♨] 56 F.
[▨] 195/300 F.
[⊠] mi-sept./mi-déc. et mi-avr./mi-juin.
[E] [i] [☎] [➩] [➔] [♜] [⋈] [➔] [▰] [➤] [♨] [▶]
[CV] [▥] [➔] [CB]

▲▲▲ PLAINPALAIS ★★
Col de Plainpalais. M. Charpentier
☎ 79 25 81 79 [FAX] 79 25 85 42
[♜] 20 [⌂] 220/340 F. [ΙΙ] 75/165 F.
[♨] 52 F. [▨] 220/290 F.
[⊠] 18 avr./2 juin, 25 sept./19 déc.
[E] [i] [☎] [➩] [⋈] [➔] [♨] [CV] [➔]

FEGERSHEIM OHNHEIM
67640 Bas Rhin
3005 hab.

AUBERGE AU CHASSEUR ★★
19, rue de la Liberté. Mme Grimm
☎ 88 64 03 78 FAX 88 64 05 49
🛏 24 ⊗ 280 F. 🍽 58/135 F. 🍴 65 F.
🍷 230 F.
⊠ ven. soir et sam.
[icons]

FEL (LE)
12140 Aveyron
15 hab.

AUBERGE DU FEL ★★
Mme Albespy ☎ 65 44 52 30
🛏 10 ⊗ 190/260 F. 🍽 68/185 F.
🍴 50 F. 🍷 185/225 F.
⊠ 23 nov./31 mars.
[icons]

FERNEY VOLTAIRE
01210 Ain
6400 hab.

DE FRANCE ★★
1, rue de Genève. M. Boillat
☎ 50 40 63 87 FAX 50 40 47 27
🛏 12 ⊗ 350 F. 🍴 50 F. 🍷 275 F.
⊠ dim. et lun. midi.
[icons]

FERRETTE
68480 Haut Rhin
1100 hab. [i]

COLLIN ★★
M. Collin ☎ 89 40 40 72 FAX 89 40 38 26
🛏 9 ⊗ 230/270 F. 🍽 50/220 F. 🍴 45 F.
🍷 225/240 F.
⊠ 5/30 sept., 15/31 janv., rest. mar. et mer.
[icons]

FERRIERE (LA)
38580 Isère
1000 m. • 300 hab. [i]

DU CURTILLARD ★★★
(Au Sept Laux). M. Moulin
☎ 76 97 50 82 FAX 76 97 56 57
🛏 22 ⊗ 300/450 F. 🍽 98/220 F.
🍴 65 F. 🍷 320/430 F.
⊠ 15 avr./15 juin et 15 sept./20 déc.
[icons]

FERRIERES
45210 Loiret
2417 hab.

DE L'ABBAYE ★★
M. Paris ☎ 38 96 53 12 FAX 38 96 57 63
🛏 20 ⊗ 250/380 F. 🍽 95/250 F.
🍴 60 F. 🍷 315 F.
[icons]

FERRIERES SUR SICHON
03250 Allier
600 m. • 640 hab.

CENTRAL HOTEL ★
Place de la Poste. M. Vincent
☎ 70 41 10 06
🛏 7 ⊗ 105/150 F. 🍽 80/110 F. 🍴 48 F.
🍷 158/180 F.
⊠ 1er janv./15 fév. et lun.
[icons]

FERTE BERNARD (LA)
72400 Sarthe
10000 hab. [i]

DU STADE ★★
21-23, rue Virette. Mme Rambourg
☎ 43 93 01 67 FAX 43 93 48 26
🛏 10 ⊗ 140/240 F. 🍽 55/175 F.
🍴 35 F. 🍷 160/250 F.
⊠ août, 1 semaine Noël/nouvel an, ven. soir et dim. soir.
[icons]

LA PERDRIX ★★
2, rue de Paris. M. Thibaut
☎ 43 93 00 44 FAX 43 93 74 95
🛏 7 ⊗ 220/380 F. 🍽 105/220 F.
🍴 67 F.
⊠ fév., mar. et lun. soir hs.
[icons]

FERTE FRESNEL (LA)
61550 Orne
640 hab.

LE PARADIS ★★
Grande Rue. M. Choplin ☎ 33 34 81 33
🛏 13 ⊗ 110/273 F. 🍽 51/210 F.
🍴 45 F. 🍷 130/220 F.
⊠ lun. et dim. soir sept./mai.
[icons]

FERTE GAUCHER (LA)
77320 Seine et Marne
4000 hab. [i]

DU BOIS FRAIS ★★
32, av. des Alliés. M. Renault
☎ (1) 64 20 27 24 FAX (1) 64 20 38 39
🛏 7 ⊗ 200/330 F. 🍽 75/150 F. 🍴 50 F.
🍷 175/240 F.
⊠ 24 déc./15 janv., dim. soir et lun.
[icons]

DU SAUVAGE ★★
27, rue de Paris. M. Teinturier
☎ (1) 64 04 00 19 FAX (1) 64 20 32 95
🛏 14 ⊗ 240/260 F. 🍽 60/250 F.
🍴 50 F. 🍷 200/250 F.
⊠ mer.
[icons]

FERTE IMBAULT (LA)
41300 Loir et Cher
1100 hab. [i]

AUBERGE A LA TETE DE LARD ★★
13, place des Tilleuls. M. Benni
☎ 54 96 22 32 FAX 54 96 06 22
🛏 11 ⊗ 250/450 F. 🍽 90/280 F.
🍴 60 F. 🍷 270 F.
⊠ 3 semaines fév. avant vac. scol.,
2 semaines sept. après rentrée scol.,
dim. soir et lun.
[icons]

FERTE MACE (LA)
61600 Orne
7390 hab. 🛈

🏠🏠 AUBERGE D'ANDAINE ★★
La Barbère à 3 km de Bagnoles de
l'Orne. Mme Olszowy
☎ 33 37 20 28
🛏 15 ▧ 175/280 F. 🍽 88/220 F.
🍴 45 F. 🛎 230/260 F.
🄴 🗂 ☎ 🚗 🛏 🎿 🔌 📶 🐾

🏠🏠 LE CELESTE - NOUVEL HOTEL ★★
6-8, rue de la Victoire. M. Cingal
☎ 33 37 22 33 🕿 33 38 12 25
🛏 12 ▧ 100/260 F. 🍽 88/230 F.
🍴 45 F. 🛎 280/420 F.
⊠ dim. soir et lun.
🄴 🗂 ☎ 🦽 📶 🐾 CB

FERTE SAINT AUBIN (LA)
45240 Loiret
5498 hab.

🏠🏠 DU PERRON ★★
9-11, rue Général Leclerc. M. Darchis
☎ 38 76 53 36 🕿 38 64 80 11
🛏 24 ▧ 120/380 F. 🍽 85/210 F.
🍴 58 F. 🛎 260/320 F.
⊠ dim. soir et lun. 15 nov./Pâques, rest.
lun. midi Pâques/14 nov.
🄴 🗂 ☎ 🚗 🐾 CB

FERTE SAINT CYR (LA)
41220 Loir et Cher
750 hab. 🛈

🏠🏠 SAINT CYR ★★
15, fg Bretagne. M. Chamaillard
☎ 54 87 90 51 🕿 54 87 95 17
🛏 20 ▧ 190/260 F. 🍽 72/205 F.
🍴 46 F. 🛎 205/280 F.
⊠ 10 janv./15 mars, dim. soir et lun.
15 sept./15 juin, lun. midi 15 juin/
15 sept.
🄴 🗂 ☎ 🚗 🍴 🔆 CV 📶 🐾 CB

FERTE SOUS JOUARRE (LA)
77260 Seine et Marne
7000 hab. 🛈

🏠 AU BEC FIN ★★
1, quai des Anglais. M. Lemaitre
☎ (1) 60 22 01 27
🛏 6 ▧ 195/165 F. 🍽 75/165 F. 🍴 40 F.
⊠ 15 juil./13 août, 25 fév./6 mars, mar.
soir, mer. et dim. soir.
🚗 🦽 CV 📶 🐾 CB

FEY
57420 Moselle
500 hab.

🏠🏠 LES TUILERIES ★★
Route de Cuvry. M. Vadala
☎ 87 52 03 03 🕿 87 52 84 24
🛏 40 ▧ 280/310 F. 🍽 98/300 F.
🍴 70 F. 🛎 250/355 F.
🄴 🄳 🛈 🗂 ☎ 🚗 🍴 🚶 🔌 🦽 ⊘ CV
📶 🐾 CB 🅲 🛎

FEYTIAT
87220 Haute Vienne
4430 hab.

🏠🏠 LE MAS CERISE ★★
14, av. Frédéric Legrand. Mme Hoffer
☎ 55 00 26 28 🕿 55 00 23 87
🛏 15 ▧ 230/280 F. 🍽 75/225 F.
🍴 45 F. 🛎 230/280 F.
⊠ 14 janv./14 fév., sam. midi, dim. soir
et lun. midi.
🄴 🄳 🗂 ☎ 🚗 🍴 🔆 🔌 CV 📶 🐾 CB

FIGEAC
46100 Lot
10500 hab. 🛈

🍳 AU PONT DU PIN ★★
3, allée Victor Hugo. Mme Jean
☎ 65 34 12 60
🛏 23 ▧ 170/350 F.
☎ 🚗 🍴 CB

🍳 DES BAINS ★★
1, rue du Griffoul. Mme Palazy
☎ 65 34 10 89
🛏 20 ▧ 170/300 F.
⊠ 30 nov./mi-mars.
🄴 SP 🗂 ☎ 🚗 CV 🐾 CB

🏠 DU FAUBOURG ★
59, rue du Faubourg du Pin.
Mme Jourdain ☎ 65 34 21 82
🛏 22 ▧ 140/270 F. 🍽 70 F. 🍴 30 F.
⊠ 23 déc. soir/2 janv. matin.
🗂 ☎ 🚗 🚗 CV 🐾 CB

🏠🏠🏠 HOSTELLERIE EUROPE Rest. «CHEZ
MARINETTE» ★★
51, allée Victor Hugo. Mme Baldy
☎ 65 34 10 16 ⟍ 65 50 06 07
🕿 65 50 04 57
🛏 30 ▧ 185/350 F. 🍽 78/170 F.
🍴 39 F. 🛎 280 F.
⊠ 15 janv./10 fév. et dim. soir
31 mars/19 oct.
🄴 SP 🗂 ☎ 🚗 🍴 🔆 ⊘ CV 📶 🐾
CB 🅲 🛎

FISMES
51170 Marne
5286 hab. 🛈

🏠 A LA BOULE D'OR ★
Route de Laon. M. Blanquet
☎ 26 48 11 24 🕿 26 48 17 08
🛏 7 ▧ 160/240 F. 🍽 85/240 F. 🍴 45 F.
🛎 190/220 F.
⊠ dim. soir et lun.
🄴 🗂 ☎ CV 🐾 CB

🏠 L'ESPLANADE ★
8, rue des Chailleaux. M. Rossi
☎ 26 48 03 31 🕿 26 48 17 33
🛏 7 ▧ 180/280 F. 🍽 68/150 F. 🍴 38 F.
🛎 200/250 F.
⊠ 10/28 févr., lun. soir et mar.
🄴 🗂 ☎ 🍴 🚶 CV 📶 🐾 CB

FIXIN
21220 Côte d'Or
1026 hab.

▲▲ CHEZ JEANNETTE
7, rue Noisot. M. Gerber
☎ 80 52 45 49 ᶠᵃˣ 80 51 30 70
🛏 11 ⬡ 100/210 F. 🍴 90/138 F.
🍴 42 F. 🛎 175/265 F.
⊠ 5 janv./5 fév., jeu. sauf juil./sept.
[E] [SP] [T] [I◎I] [◄] [CB]

FLECHE (LA)
72200 Sarthe
16500 hab. 𝒾

▲▲ DE L'IMAGE ★★
50, rue Grollier. M. Cherrier
☎ 43 94 00 50 ᶠᵃˣ 43 94 47 19
🛏 20 ⬡ 200/300 F. 🍴 78/220 F.
🍴 45 F. 🛎 220/300 F.
⊠ 2ème quinz. déc. et dim. soir
nov./fév.
[E] [◻] [☎] [⇦] [⋈] [T] [I◎I] [◄] [CB] [▣]

▲▲ LE VERT GALANT ★★
70, Grande Rue. M. Berger
☎ 43 94 00 51 ᶠᵃˣ 43 45 11 24
🛏 9 ⬡ 203/268 F. 🍴 70/165 F. 🍴 50 F.
🛎 237/290 F.
⊠ 15 déc./15 janv. et jeu. 2 sept./14 avr.
[E] [◻] [☎] [⇦] [T] [CB]

FLERS DE L'ORNE
61100 Orne
25000 hab. 𝒾

▲▲ DE L'OUEST ★★
14, rue de la Boule. M. Costard
☎ 33 64 32 43
🛏 13 ⬡ 174/240 F. 🍴 68/ 96 F.
🍴 42 F. 🛎 180/230 F.
⊠ 1er/15 août et dim. soir.
[E] [◻] [☎] [⇦] [T] [I◎I] [◄] [CB]

FLEURVILLE
71260 Saône et Loire
310 hab.

▲▲ LE FLEURVIL ★★
M. Badoux ☎ 85 33 10 65 ᶠᵃˣ 85 33 10 37
🛏 9 ⬡ 180/230 F. 🍴 90/200 F. 🍴 58 F.
🛎 250/290 F.
⊠ 6/14 juin, 15 nov./15 déc., mar.
juil./sept., lun. soir et mar. oct./juin.
[◻] [☎] [⇦] [⇦] [⋈] [◄] [CB]

FLORAC
48400 Lozère
2100 hab. 𝒾

▲▲ LE ROCHEFORT ★★
(A 2 km, sur N. 106, route de Mende).
Mme Rossel ☎ 66 45 02 57
🛏 24 ⬡ 240/315 F. 🍴 72/175 F.
🍴 43 F. 🛎 220/230 F.
⊠ Toussaint/Pâques, week-ends oct. et
rest. dim. soir hs.
[E] [◻] [☎] [⇦] [⅜] [CV] [◄] [CB]

FLUMET
73590 Savoie
1010 m. • 760 hab. 𝒾

▲ LES SAPINS ★
Rue du Mont Blanc. Mme Girard
☎ 79 31 65 03
🛏 9 ⬡ 150 F. 🍴 59/ 95 F. 🍴 39 F.
🛎 200 F.
[☎] [◄] [CB]

▲ PANORAMIC
Route de Mégève, à 2km500.
M. Mongellaz ☎ 79 31 60 01
🛏 10 ⬡ 150/200 F. 🍴 55/ 75 F.
🍴 35 F. 🛎 175/190 F.
⊠ 15 sept./20 déc. et 1er avr./20 juin.
[⊟] [T] [⅗] [◄]

FOISSAC
12260 Aveyron
350 hab.

▲▲ RELAIS DE FREJEROQUES ★★
Sur D. 922. Mlle Espeillac
☎ 65 64 62 80 ᶠᵃˣ 65 64 60 03
🛏 18 ⬡ 139/178 F. 🍴 41 F.
🛎 143/155 F.
⊠ Rest. sam. midi et dim. midi hs.
(Rest. pour résidents seulement).
[E] [◻] [☎] [⇦] [�] [⋈] [T] [⬥] [⟲] [⅗] [⅘]
[⅗] [CV] [CB]

FOIX
09000 Ariège
10235 hab. 𝒾

▲▲ AUDOYE LONS ★★★
6, place G. Dutilh. M. Lons
☎ 61 65 52 44 ᶠᵃˣ 61 02 68 18
🛏 40 ⬡ 160/360 F. 🍴 70/180 F.
🍴 46 F. 🛎 220/290 F.
⊠ 15 déc./15 janv.
[E] [SP] [◻] [☎] [⅗] [⅘] [CV] [I◎I] [◄] [CB]

FOIX (SAINT MARTIN DE CARALP)
09000 Ariège
600 m. • 212 hab. 𝒾

▲ LE GRANDGOUSIER ★★
M. Illand ☎ 61 02 90 02
🛏 8 ⬡ 210/240 F. 🍴 95/180 F. 🍴 42 F.
⊠ mer. hs.
[E] [SP] [◻] [☎] [CV] [◄] [CB]

FOIX (SAINT PAUL DE JARRAT)
09000 Ariège
1200 hab.

▲▲ LA CHARMILLE ★★
M. Dubie ☎ 61 64 17 03 ᶠᵃˣ 61 64 10 05
🛏 10 ⬡ 210/250 F. 🍴 63/210 F.
🍴 45 F.
⊠ 1er/15 oct., 23 déc./2 fév. et lun.
[E] [SP] [◻] [☎] [⇦] [⇦] [T] [⅘] [I◎I] [◄] [CB]

FOIX (SAINT PIERRE DE RIVIERE)
09000 Ariège
418 hab. 𝒾

▲ DE LA BARGUILLERE ★★
M. Goguet ☎ 61 65 14 02
🛏 10 ⬡ 170/250 F. 🍴 80/235 F.
🍴 35 F. 🛎 190/220 F.
⊠ mer. hs.
[☎] [T] [CV] [I◎I] [CB]

FOLELLI PLAGE
20213 Corse
1400 hab.

▲▲▲ SAN PELLEGRINO ★★
Plage San Pellegrino. Mme Goffi
☎ 95 36 90 61 \ 95 36 90 77 TX 460398
FAX 95 36 85 42
🛏 56 ⌷ 250/450 F. 🍽 110/160 F.
🍴 65 F. 🛎 280/385 F.
✉ 10 oct./1er mai.
[E] [D] [i] [icons] CB

FONCINE LE HAUT
39460 Jura
863 m. • 900 hab. [i]

▲▲ PENSION FAIVRE LECOULTRE ★★
M. Lecoultre ☎ 84 51 90 59
🛏 10 ⌷ 170/240 F. 🍽 65/160 F.
🍴 35 F. 🛎 180/210 F.
✉ 28 avr./14 mai.
[icons] CV CB

FONDETTES
37230 Indre et Loire
7325 hab.

▲▲ PONT DE LA MOTTE ★★
4, quai de la Guignière. Mme Cattoën
☎ 47 42 15 44 FAX 47 49 95 90
🛏 15 ⌷ 180/275 F. 🍽 79/198 F.
🍴 40 F. 🛎 184/237 F.
✉ dim. soir hs.
[E] [D] [icons] CV CB

FONT ROMEU
66120 Pyrénées Orientales
1800 m. • 3000 hab. [i]

▲▲ CLAIR SOLEIL ★★
29, av. François Arago. M. Boudon
☎ 68 30 13 65 FAX 68 30 08 27
🛏 31 ⌷ 180/320 F. 🍽 95/195 F.
🍴 45 F. 🛎 200/315 F.
✉ 1er nov./15 déc., rest. dim. soir et
lun. hs sauf pensionnaires.
[E] [SP] [icons] CV CB

▲▲▲ LE COQ HARDI ★★
M. Sageloly ☎ 68 30 11 02 FAX 68 30 25 23
🛏 15 ⌷ 260/340 F. 🍽 80/120 F. 🍴 50 F.
🛎 260/280 F.
✉ 15 mai/15 juin et 15 oct./8 déc. sauf
vac. Toussaint.
[E] [SP] [icons] CV CB

FONTAINE CHAALIS
60300 Oise
400 hab.

▲▲ AUBERGE DE FONTAINE ★★
M. Campion ☎ 44 54 20 22 FAX 44 60 25 38
🛏 8 ⌷ 245/290 F. 🍽 118/188 F. 🍴 60 F.
🛎 270/310 F.
✉ 23 déc./2 janv. et 15/27 fév.
[E] [SP] [icons] CB

FONTAINE DE VAUCLUSE
84800 Vaucluse
700 hab. [i]

▲▲ DU PARC ★★
Les Bourgades. Mme Baffoni
☎ 90 20 31 57 FAX 90 20 27 03
🛏 12 ⌷ 260/280 F. 🍽 110/240 F.

🍴 45 F. 🛎 320 F.
✉ hôtel 1er nov./15 fév., rest.
2 janv./15 fév. et mer.
[SP] [i] [icons] CB

FONTAINEBLEAU
77300 Seine et Marne
20000 hab. [i]

▲▲ LE RICHELIEU ★★
4, rue Richelieu. Mlle Gevaudan
☎ (1) 64 22 26 46 TX 694767
FAX (1) 64 22 14 61
🛏 20 ⌷ 200/280 F. 🍽 70/ 90 F.
🍴 40 F. 🛎 200/230 F.
[E] [icons] CV CB [C]

FONTENAI SUR ORNE
61200 Orne
264 hab.

▲▲ LE FAISAN DORE ★★
M. Me Coiffard
☎ 33 67 18 11 FAX 33 35 82 15
🛏 15 ⌷ 305 F. 🍽 99/280 F. 🍴 60 F.
🛎 250/310 F.
✉ 2ème et 3ème semaine janv. et dim.
soir.
[E] [D] [icons] CV CB [C]

FONTENAY LE COMTE
85200 Vendée
14456 hab. [i]

▲▲ LE FONTARABIE ★★
57, rue de la République.
Mme Alexandre
☎ 51 69 17 24 FAX 51 51 02 73
🛏 29 ⌷ 180/220 F. 🍽 39/119 F.
🍴 35 F. 🛎 180/200 F.
✉ 23 déc./23 janv.
[E] [icons] CV CB

▲▲▲ LE RABELAIS ★★
Route de Parthenay. M. Rolland
☎ 51 69 86 20 TX 701737 FAX 51 69 80 45
🛏 54 ⌷ 280/320 F. 🍽 68/150 F.
🍴 42 F. 🛎 230/250 F.
[E] [SP] [icons]
[icons] CV CB

FONTEVRAUD L'ABBAYE
49590 Maine et Loire
1868 hab. [i]

▲▲▲ LA CROIX BLANCHE ★★
M. Thiery ☎ 41 51 71 11 FAX 41 38 15 38
🛏 21 ⌷ 255/538 F. 🍽 95/200 F.
🍴 55 F. 🛎 275/355 F.
✉ 13/25 nov. et 8 janv./3 fév.
[E] [icons] CV CB

FONTVIEILLE
13990 Bouches du Rhône
3450 hab. [i]

▲▲ HOSTELLERIE DE LA TOUR ★★
3, rue des Plumelets. M. Cointet
☎ 90 54 72 21
🛏 10 ⌷ 265/335 F. 🍽 90 F. 🍴 45 F.
🛎 227/262 F.
[E] [D] [SP] [icons]

FONTVIEILLE (suite)

⌂⌂ LA RIPAILLE ★★
Route des Baux. M. Me Maroto
☎ 90 54 73 15 ᴴᴬˣ 90 54 60 69
🛏 19 ⊗ 270/350 F. ⊞ 85/135 F.
🍴 60 F. 🍽 300/350 F.
⊠ 10 oct./1er avr. et mer. midi sauf
juil./août.
🛗 SP 🗖 🕾 🚗 🕈 🕭 🐟 ♿ CV ⚓ CB

⌂ LE LAETITIA ★
Rue du Lion. M. Clayon ☎ 90 54 72 14
🛏 9 ⊗ 120/200 F. ⊞ 85/120 F.
🍽 185/230 F.
⊠ 30 nov./1er fév. et rest. midi sauf dim.
🕾 ⚓ CB

FORCALQUIER
04300 Alpes de Haute Provence
4500 hab. 🛈

⌂⌂⌂ HOSTELLERIE DES DEUX LIONS ★★★
11, place du Bourguet. M. Audier
☎ 92 75 25 30 ᴴᴬˣ 92 75 06 41
🛏 15 ⊗ 300/450 F. ⊞ 180/350 F.
🍴 75 F. 🍽 350/380 F.
⊠ janv./fév., dim. soir et lun. hs, lun.
midi en saison.
🛈 🗖 🕾 🚗 🕈 CV ⚓ CB

FORCE (LA)
24130 Dordogne
1950 hab.

⌂⌂ HOSTELLERIE DES DUCS ★★
Place du Château. M. Lengereau
☎ 53 58 95 63 ᴴᴬˣ 53 61 31 42
🛏 13 ⊗ 130/260 F. ⊞ 70/150 F.
🍴 40 F. 🍽 180/230 F.
⊠ fév., 1er/20 oct., rest. dim. soir et
lun. midi.
🛗 🗖 🗖 🕾 🕈 🕭 🐟 ♿ CV ⚓ 🖼

FORET FOUESNANT (LA)
29940 Finistère
2850 hab. 🛈

⌂ AUX CERISIERS ★★
3, rue des Cerisiers. Mme Grataloup
☎ 98 56 97 24
🛏 16 ⊗ 300 F. ⊞ 70/220 F. 🍴 55 F.
🍽 295 F.
⊠ 15 déc./15 janv., sam. et dim. soir hs.
🛗 🗖 🕾 🚗 🕈 🕭 ♿ ⚓ CB

⌂ BEAUSEJOUR ★★
47, place de la Baie. M. Le Lay
☎ 98 56 97 18 ᴴᴬˣ 98 51 40 77
🛏 25 ⊗ 150/310 F. ⊞ 74/245 F.
🍴 52 F. 🍽 210/300 F.
⊠ 16 oct./24 mars.
🛗 🗖 🕾 🚗 🕭 ♿ CV ⚓ CB

⌂⌂ DE L'ESPERANCE ★★
Mme Tudal ☎ 98 56 96 58 ᴴᴬˣ 98 51 42 25
🛏 27 ⊗ 160/330 F. ⊞ 85/195 F. 🍴 55 F.
🍽 200/285 F.
⊠ 27 sept./5 avr.
🛗 SP 🗖 🕾 🚗 🕈 ♿ CV ⚓ CB

FORGES LES EAUX
76440 Seine Maritime
3700 hab. 🛈

⌂⌂ LA PAIX
15, rue de Neufchatel. M. Michel
☎ 35 90 51 22 ᴴᴬˣ 35 09 83 62
🛏 18 ⊗ 220/330 F. ⊞ 75/165 F.
🍴 52 F. 🍽 209/229 F.
⊠ 18 déc./11 janv., dim. soir et lun. hs,
lun. midi en saison.
🛗 🗖 🕾 🚗 🕈 🕭 ♿ CV 🖼 ⚓ CB

FORT MAHON PLAGE
80790 Somme
1000 hab. 🛈

⌂⌂ DE LA TERRASSE ★★★
1461, av. de la Plage. M. Cantrel
☎ 22 23 37 77 ᴴᴬˣ 22 23 36 74
🛏 32 ⊗ 200/400 F. ⊞ 80/160 F.
🍴 60 F. 🍽 230/320 F.
🛗 🗖 🗖 🕾 🚗 🕈 🕭 CV 🖼 ⚓ CB
C 🖼

⌂⌂ LA CHIPAUDIERE ★★
1440, av. de la Plage. M. Delefortrie
☎ 22 27 70 36 ᴴᴬˣ 22 23 38 16
🛏 19 ⊗ 250/420 F. ⊞ 90/170 F.
🍴 45 F. 🍽 240/275 F.
⊠ 15 nov./ 1er fév.
🛗 🛈 SP 🛈 🗖 🕾 🚗 CV 🖼 ⚓ CB

FOSSEMAGNE
24210 Dordogne
544 hab.

⌂ VILLA ★
M. Villa ☎ 53 04 42 08
🛏 7 ⊗ 150/250 F. ⊞ 60/220 F. 🍴 60 F.
🍽 220 F.
⊠ vac. fév., 25 oct./début nov. et mer. hs.
🕾 CV CB

FOUDAY
67130 Bas Rhin
250 hab. 🛈

⌂⌂⌂ CHEZ JULIEN ★★
M. Goetz
☎ 88 97 30 09
🛏 10 ⊗ 230/310 F. ⊞ 55/120 F.
🍴 45 F. 🍽 240/295 F.
⊠ 2ème quinz. fév./1ère semaine
mars et mar.
🗖 🗖 🕾 🚗 🕈 🕭 ♿ CV 🖼
⚓ CB

FOUESNANT
29170 Finistère
6500 hab. 🛈

⌂ DES POMMIERS ★★
40, rue de Cornouaille. M. Boussard
☎ 98 56 00 26 ᴴᴬˣ 98 51 60 33
🛏 11 ⊗ 110/250 F. ⊞ 72/240 F.
🍴 45 F. 🍽 199/275 F.
⊠ 15 déc./15 fév., dim. soir et lun. hs.
🛗 🛈 🕾 🚗 🕈 🕭 CV 🖼 ⚓ CB

208

FOUESNANT (suite)

⚐⚐ LE ROUDOU ★★
Mme Le Carre-Le Rhun
☎ 98 56 01 26 𝖥𝖠𝖷 98 56 62 69
🛏 28 ◿ 230/350 F. 🍽 70/160 F.
🍴 40 F. 🍲 230/320 F.
⊠ 30 sept./15 avr.
🄴 🄳 ⬚ 🕿 🚗 🍴 🔥 ⚓ CV ▦ ◣
CB Ⓒ

FOUGERES
35300 Ille et Vilaine
30000 hab. ⓘ

⚐ TAVERNE HOTEL DU COMMERCE ★
Place de l'Europe. Mme Baudouin
☎ 99 94 40 40 𝖨𝖷 CHANCO 730 666
𝖥𝖠𝖷 99 99 17 15
🛏 24 ◿ 170/250 F. 🍽 65/110 F.
🍴 45 F. 🍲 185/220 F.
⊠ dim. soir hs.
🄴 ⬚ 🕿 🚗 🍴 🔥 CV ◣ Ⓒ

FOUGERES (BEAUCE)
35133 Ille et Vilaine
1000 hab.

⚐⚐ MAINOTEL ★★
Route de Paris. M. Lesaulnier
☎ 99 99 81 55 𝖨𝖷 730956 𝖥𝖠𝖷 99 99 98 45
🛏 49 ◿ 245/490 F. 🍽 60/210 F.
🍴 45 F. 🍲 255/325 F.
⊠ rest. dim. soir hs.
🄴 ⬚ 🕿 🚗 ⤬ 🍴 ⛱ 🔥 ⚲ ✎ ⚓ ♿
CV ▦ ◣ CB

FOUGERES SUR BIEVRE
41120 Loir et Cher
710 hab. ⓘ

⚐ AUBERGE DU CHATEAU ★
31, rue de l'Eglise. Mme Breton
☎ 54 20 27 80
🛏 10 ◿ 130/200 F. 🍽 70/180 F.
🍴 45 F. 🍲 200/220 F.
⊠ dim. soir et lun. hs.
🄴 ⬚ 🕿 🚗 ▦ ◣ CB

FOUILLADE (LA)
12270 Aveyron
1193 hab. ⓘ

⚐ LOU CAVAGNOL
M. Ducousso
☎ 65 65 75 21 𝖥𝖠𝖷 65 65 75 24
🛏 11 ◿ 180/230 F. 🍽 55/180 F.
🍴 50 F. 🍲 195/240 F.
🕿 🍴 ⚲ CV ◣ CB

FOURAS
17450 Charente Maritime
3600 hab. ⓘ

⚐⚐ GRAND HOTEL DES BAINS ★★
15, rue Général Bruncher. M. Chaignaud
☎ 46 84 03 44
🛏 34 ◿ 200/340 F. 🍽 110 F. 🍴 55 F.
🍲 230/290 F.
⊠ 20 oct./1er avr.
🄴 🕿 🚗 🍴 🔥 ◣ CB

FOURNETS LUISANS
25390 Doubs
860 m. • 450 hab.

⚐ AUBERGE DU TUYE ★★
Au Luisans. M. Legain ☎ 81 43 54 68
🛏 20 ◿ 110/185 F. 🍽 55/160 F.
🍴 50 F. 🍲 175 F.
⊠ janv.
🕿 🚗 CV ▦ CB

FOURS
58250 Nièvre
780 hab. ⓘ

⚐⚐ DE LA POSTE ★★
Sur N. 81. M. Buffenoir ☎ 86 50 21 12
🛏 8 ◿ 200/260 F. 🍽 65/160 F. 🍴 40 F.
🍲 230/270 F.
⊠ ven.
🄴 ⬚ 🕿 🚗 CV ◣ CB ▤

FOUX D'ALLOS (LA)
04260 Alpes de Haute Provence
1800 m. • 680 hab. ⓘ

⚐⚐⚐ DU HAMEAU ★★
M. Lantelme
☎ 92 83 82 26 𝖥𝖠𝖷 92 83 87 50
🛏 36 ◿ 422/482 F. 🍽 85/170 F.
🍴 50 F. 🍲 300/380 F.
⊠ 23 avr./10 juin et 24 sept./25 nov.
🄴 ⬚ 🕿 🚗 ⓢ ⤬ ⛱ ⚳ 🎿 ✠ 🔥
♿ CV ▦ ◣ CB

FOX AMPHOUX
83670 Var
600 m. • 287 hab.

⚐⚐ AUBERGE DU VIEUX FOX ★★★
Place de l'Eglise. M. Martha
☎ 94 80 71 69 𝖥𝖠𝖷 94 80 78 38
🛏 8 ◿ 280/400 F. 🍽 135/220 F.
🍴 50 F. 🍲 300/375 F.
⊠ 15 déc./15 janv., rest. mar. et mer.
midi sauf pensionnaires.
🄴 🄳 ⓘ ⬚ 🕿 🚗 🍴 CV ▦ ◣ CB

FRANCIN
73800 Savoie
550 hab.

⚐ LA SAVOYARDE ★
M. Girard ☎ 79 84 21 74
🛏 14 ◿ 105/175 F. 🍽 65/140 F.
🍴 40 F. 🍲 140/170 F.
⊠ sept. et sam.
ⓘ 🕿 🍴

FRANQUEVILLE SAINT PIERRE
76520 Seine Maritime
4230 hab.

⚐⚐ LE VERT BOCAGE ★★
864, route de Paris. M. Bonneton
☎ 35 80 14 74 𝖥𝖠𝖷 35 80 55 73
🛏 19 ◿ 250/270 F. 🍴 55 F.
🍲 250/270 F.
⊠ rest. dim. soir et lun. 1er nov./
31 mars.
🄴 🄳 ⬚ 🕿 🚗 ⤬ 🔥 ▦ ◣ CB

FRAYSSINET LE GOURDONNAIS
46310 Lot
240 hab.

▲▲ LE RELAIS ★★
Sur N. 20 (Au Pont de Rhodes).
Mme Fresquet
☎ 65 31 00 16 ℻ 65 31 09 60
🛏 22 ⊠ 189/220 F. 🍽 65/165 F.
🍴 38 F. 🛉 220/300 F.
⊠ 3 nov./31 mars.
🖻🖩🖀🖀🖀🛉🏊🏃🚶🕐🍽 CB

FRECONRUPT
67130 Bas Rhin
2628 hab. ⓘ

▲▲ BELLE VUE ★★
20, rue Principale. M. Mathieu
☎ 88 97 02 96 ℻ 88 49 66 90
🛏 11 ⊠ 220/240 F. 🍽 65/210 F.
🍴 45 F. 🛉 235/255 F.
⊠ lun. hs.
🖩🖀🖀🖀🛌🛉🏃🚶 CV 🕐🍽 CB

FREHEL
22240 Côtes d'Armor
1500 hab. ⓘ

▲▲ DE LA PLAGE et FREHEL ★★
Plage du Vieux-Bourg. Mme Girard
☎ 96 41 40 04 ℻ 96 41 57 96
🛏 27 🍽 79/228 F. 🍴 48 F.
🛉 208/275 F.
⊠ 14 nov./1er avr., 2/21 oct. et
13 nov./1er avr.
🖻🖀🖀🛉🛌 CV 🍽 CB

FREISSINIERES
05310 Hautes Alpes
1200 m. • 200 hab.

▲ LE RELAIS DES VAUDOIS
(Les Ribes). Mlle Moutier
☎ 92 20 93 01
🛏 12 ⊠ 231/315 F. 🍽 76/120 F.
🍴 35 F. 🛉 200 F.
⊠ 1er/20 oct. et 11 nov./20 déc.
🛉🍽

FREISSINOUSE (LA)
05000 Hautes Alpes
1000 m. • 300 hab.

▲▲ AZUR ★★
M. Bourges ☎ 92 57 81 30 ℻ 92 57 92 37
🛏 43 ⊠ 240/300 F. 🍽 80/160 F. 🍴 40 F.
🛉 260/300 F.
🖻🖩🖩🖀🖀🖀🛉🏊🚶🏃🛉🕐
🍽 CB

FREJUS
83600 Var
41486 hab. ⓘ

▲▲ L'ARENA ★★★
139, bld Général de Gaulle.
M. Me Bluntzer/Bouchot
☎ 94 17 09 40 ℻ 94 52 01 52
🛏 18 ⊠ 280/480 F. 🍽 115/230 F.
🍴 60 F. 🛉 300/400 F.

⊠ 5 nov./15 déc., rest. lun. midi et sam.
midi.
🖻🖩🖀🖀🖀🛉🎣🍽🚶🛉🕐🍽
CB C 🖩

FRENEY D'OISANS (LE)
38142 Isère
1000 m. • 200 hab. ⓘ

▲▲▲ LE CASSINI ★★
M. Ougier ☎ 76 80 04 10 ℻ 76 80 23 06
🛏 13 ⊠ 200/300 F. 🍽 84/200 F.
🍴 55 F. 🛉 250/300 F.
⊠ 1er/20 mai et 5 oct./15 déc.
🖻🖩🖩🖀🖀🖀🛉🏃🛉 CV 🕐
🍽 CB

FRESNAY SUR SARTHE
72130 Sarthe
2452 hab. ⓘ

▲ RONSIN ★★
5, av. Charles de Gaulle. M. Hillaire
☎ 43 97 20 10 ℻ 43 33 50 47
🛏 12 ⊠ 160/300 F. 🍽 68/220 F.
🍴 45 F. 🛉 215/280 F.
⊠ 17 déc./3 janv., dim. soir et lun. midi
10 sept./1er juil.
🖻🖩🖀🖀 CV 🕐 C

FREVENT
62270 Pas de Calais
4428 hab. ⓘ

▲▲ D'AMIENS ★★
7, rue de Doullens. M. Varga
☎ 21 03 65 43
🛏 10 ⊠ 140/220 F. 🍽 60/195 F.
🍴 45 F. 🛉 160/200 F.
🖻🖩🖀🖀🖀🛉🛉 CV 🕐🍽 CB

FREYMING MERLEBACH
57800 Moselle
16218 hab. ⓘ

▲ GEIS-CAVEAU DE LA BIERE
2, rue du 5 Décembre. M. Geis
☎ 87 81 33 45 ℻ 87 04 95 95
🛏 18 ⊠ 130/260 F. 🍽 55/190 F.
🍴 50 F.
⊠ sam. et dim. soir.
🖻🖩🖩🖀🛉 CV 🕐🍽 CB

FROENINGEN
68720 Haut Rhin
496 hab.

▲▲▲ AUBERGE DE FROENINGEN ★★★
Route d'Illfurth N° 2. M. Renner
☎ 89 25 48 48 ℻ 89 25 57 33
🛏 7 ⊠ 325/375 F. 🍽 75/345 F. 🍴 70 F.
⊠ 9/30 janv., 14/28 août, 24/26 déc.,
dim. soir et lun.
🖻🖩🖀🖀🖀🛉🛉🍽 CB

FROGES
38190 Isère
2300 hab.

▲ LE MAS
Rue Victor Hugo. M. Vaccarini
☎ 76 71 41 36
🛏 7 ⊠ 130/180 F. 🍽 80/145 F. 🍴 45 F.
🛉 180 F.
⊠ ven. soir.
🖩🖀🖀🛉🏃🍽 CB

FROGES (CHAMP)
38190 Isère
600 m. • 1000 hab.

🛏 LA VIEILLE AUBERGE
Champ prés Froges. M. Josserand
☎ 76 71 40 80
🛏 10 ⬕ 160/200 F. 🍽 75/140 F.
🍴 40 F. 🛋 180/200 F.
✉ 1er/15 mai, 15 août/7 sept., dim. soir
et lun.
[E] [SP] [i] [📞] [🖨] [🚗] [🌳] [🎣]

FRONTIGNAN
34110 Hérault
14960 hab. [i]

🛏🛏 LE MISTRAL ★★
6, av. Frédéric Mistral. Mme Arnaud
☎ 67 48 14 12 \ 67 48 24 21
🛏 16 ⬕ 218/278 F. 🍽 65/129 F.
🍴 45 F. 🛋 220/250 F.
✉ 15 déc./15 janv. et dim. oct./1er avr.
[E] [SP] [📞] [🖨] [🚗] [♿] [CV] [🖩] [CB] [▪]

FRONTON
31620 Haute Garonne
3246 hab. [i]

🛏🛏 LOU GREL
42, rue Jules Bressac. M. Cantegrel
☎ 61 82 03 00 [FAX] 61 82 12 24
🛏 5 ⬕ 220 F. 🍽 65/180 F. 🍴 50 F.
✉ 1ère semaine janv., dim. soir et lun.
[E] [D] [SP] [📞] [🖨] [🚗] [🌳] [🎣] [♿] [CV] [🖩]
[▪] [CB]

FRONTONAS
38290 Isère
1300 hab.

🛏 AUBERGE DU RU
M. Morel
☎ 74 94 25 71
🛏 4 ⬕ 140/170 F. 🍽 58/165 F. 🍴 42 F.
🛋 170/200 F.
✉ 31 juil./24 août, dim. soir et lun.
[🚗] [♿] [CV] [▪] [CB]

FURDENHEIM
67117 Bas Rhin
700 hab.

🛏 AU LION D'OR ★
M. Bruckmann
☎ 88 69 08 66
🛏 13 ⬕ 100/220 F. 🍽 60/120 F.
🍴 35 F.
✉ 19 juil./9 août, 22 déc./4 janv. et
mar.
[E] [D] [📞] [🚗] [♿] [▪] [CB]

FUSSY
18110 Cher
2000 hab.

🛏🛏 L'ECHALIER ★★
30, route de Paris. M. Gibarroux
☎ 48 69 31 72
🛏 10 ⬕ 130/250 F. 🍽 75/200 F.

🍴 40 F. 🛋 180/225 F.
✉ 11/27 fév., 16/25 juil., 23/30 oct.,
dim. soir et lun.
[E] [📞] [🚗] [♿] [▪] [CB]

FUTEAU
55120 Meuse
130 hab.

🛏🛏🛏 A L'OREE DU BOIS ★★
M. Aguesse
☎ 29 88 28 41 [FAX] 29 88 24 52
🛏 7 ⬕ 330/370 F. 🍽 110/350 F.
🍴 80 F. 🛋 420 F.
✉ janv., vac. Toussaint., dim. soir et mar.
[📞] [🖨] [🚗] [🌳] [🎣] [♿] [🖩] [▪] [CB]

FYE
72490 Sarthe
880 hab.

🛏 RELAIS NAPOLEON ★
Sur N. 138. M. Poiret
☎ 33 26 81 05
🛏 12 ⬕ 160 F. 🍽 60/150 F. 🍴 40 F.
🛋 190 F.
✉ mar. soir et mer. 1er oct./1er avr.
[E] [📞] [🚗] [🌳] [♿] [CV] [🖩] [▪] [CB] [▪]

G

GABRIAC
12340 Aveyron
470 hab.

🛏🛏 BOULOC ★★
M. Bouloc
☎ 65 44 92 89 [FAX] 65 48 86 74
🛏 11 ⬕ 220/280 F. 🍽 78/180 F.
🍴 48 F. 🛋 250/270 F.
✉ 1/23 oct., 12/20 mars, 25 juin/
3 juil. et mer.
[E] [SP] [📞] [🖨] [🚗] [🌳] [🎣] [⚽] [♿] [🖩]
[▪] [CB]

GACILLY (LA)
56200 Morbihan
2000 hab. [i]

🛏🛏 DE FRANCE ★★
Rue de Montauban. M. Priou
☎ 99 08 11 15 [FAX] 99 08 25 88
🛏 38 ⬕ 110/250 F. 🍽 70/170 F.
🍴 45 F. 🛋 140/200 F.
✉ 23 déc./3 janv. et dim. soir oct./avr.
[E] [D] [📞] [🚗] [🖩]

GAMARDE LES BAINS
40380 Landes
900 hab. [i]

🛏 L'AUBERGE ★★
Mme Camjouan
☎ 58 98 62 27
🛏 11 ⬕ 180/190 F. 🍽 65/150 F.
🍴 40 F. 🛋 210/220 F.
[E] [📞] [CV] [🖩] [▪] [CB]

GAN
64290 Pyrénées Atlantiques
4206 hab.

▲▲ LE CLOS GOURMAND ★★
40, av. Henri IV. Mme Bussière
☎ 59 21 50 43 Ⅲ 59 21 56 63
🛏 7 ◎ 200/220 F. 🍽 75/178 F. 🍴 49 F.
🍴 215/318 F.
⊠ 15 jours nov., 1 semaine début
janv., sam. et dim. soir oct./avr.
🄴 🄳 🆂🅿 ⬜ ☎ 🛏 🎿 🕊 🌳 ♨ CV 🔌 ♦
CB 🅲 ♨

GANNAT
03800 Allier
7000 hab. ℹ

▲ DU CHATEAU ★
9, place Rantian. M. Busson
☎ 70 90 00 88 Ⅲ 70 90 30 79
🛏 15 ◎ 220/300 F. 🍽 66/130 F.
🍴 37 F. 🍴 230/245 F.
⊠ 18 déc./8 janv. et ven. oct./mai.
🄴 ⬜ ☎ 🛏 🖾 🕊 🎿 CV 🔌 ♦ CB

GAP
05000 Hautes Alpes
800 m. • 32000 hab. ℹ

▲▲ CARINA-PAVILLON 2 ★★
Route de Veynes-Valence. M. Bannwarth
☎ 92 52 02 73 ⅢN 405891 ⅢI 92 53 34 72
🛏 50 ◎ 200/330 F. 🍽 72/200 F.
🍴 50 F. 🍴 175/240 F.
⊠ 24 déc./8 janv.
🄴 🄳 🛈 ⬜ ☎ 🛏 🕊 🌳 ♨ 🎿 🌳 ▶
🎿 CV 🔌 ♦ CB ♨

▲▲ FONS-REGINA ★★
13, av. de Fontreyne. M. Rochas
☎ 92 53 98 99 Ⅲ 92 51 54 51
🛏 25 ◎ 190/280 F. 🍽 82/165 F.
🍴 42 F. 🍴 170/248 F.
🄴 🄳 🛈 🛏 ⬜ ☎ 🛏 🕊 🌳 🎿 🌳 🌳 CV
🔌 ♦

GARABIT
15320 Cantal
800 m. • 30 hab. ℹ

▲▲▲ BEAU-SITE ★★
Mme Bigot
☎ 71 23 41 46 Ⅲ 71 23 46 34
🛏 16 ◎ 150/280 F. 🍽 71/189 F.
🍴 42 F. 🍴 190/260 F.
⊠ 2 nov./1er avr.
🄴 ⬜ ☎ 🛏 🖾 🕊 🌳 🎿 🎿 🎿 CV
🔌 ♦ CB 🅲 ♨

▲▲▲ DU VIADUC ★★
M. Albuisson
☎ 71 23 43 20 Ⅲ 71 23 45 19
🛏 25 ◎ 130/260 F. 🍽 70/170 F.
🍴 42 F. 🍴 180/250 F.
⊠ 1er janv./1er avr. et 15 nov./31 déc.
🄴 ⬜ ☎ 🛏 🖾 🕊 🌳 🌳 🎿 🌳 CV
🔌 ♦ CB

GARABIT-HOTEL ★★
M. Cellier ☎ 71 23 42 75 Ⅲ 71 23 49 60
🛏 45 ◎ 185/340 F. 🍽 70/180 F.
🍴 42 F. 🍴 210/285 F.
⊠ 10 oct./10 avr.
🄴 ⬜ ☎ 🛏 🛏 🎿 🕊 🌳 🔌 ♦ CB

▲▲▲ LE PANORAMIC ★★
M. Juillard ☎ 71 23 40 24 Ⅲ 71 23 48 93
🛏 30 ◎ 180/400 F. 🍽 80/240 F.
🍴 45 F. 🍴 200/300 F.
⊠ 1er nov./1er avr.
🄴 ⬜ ☎ 🛏 🛏 🎿 🕊 🌳 🌳 🌳 🌳
🎿 🌳 🌳 CV 🔌 ♦ CB

GARGILESSE DAMPIERRE
36190 Indre
347 hab. ℹ

▲ DES ARTISTES ★
Mme Desormière ☎ 54 47 84 05
🛏 10 ◎ 150/250 F. 🍽 85/150 F.
🍴 45 F. 🍴 250 F.
♦ CB

GASCHNEY (LE)
68380 Haut Rhin
1100 m. • 50 hab.

▲ SCHALLERN ★
M. Braesch ☎ 89 77 61 85 Ⅲ 89 77 63 61
🛏 9 ◎ 190/260 F. 🍽 65/150 F. 🍴 45 F.
🍴 165/185 F.
⊠ 27 mars/13 avr., 26/30 juin,
13 nov./18 déc. et mar.
🄴 🄳 ☎ CV ♦ CB

GATTIERES
06510 Alpes Maritimes
3000 hab. ℹ

▲▲ LE BEAU SITE ★★
Route de Vence. Mme Lespy-Labaylette
☎ 93 08 60 06
🛏 8 ◎ 200/340 F. 🍽 98/155 F. 🍴 40 F.
🍴 200/270 F.
⊠ 15 déc./7 janv. et lun.
🄴 🕊 ♦ CB

GAUDE (LA)
06610 Alpes Maritimes
3000 hab. ℹ

▲ LES TROIS MOUSQUETAIRES ★
M. Gagliardini ☎ 93 24 40 60
🛏 10 ◎ 200/260 F. 🍽 130/160 F.
🍴 60 F. 🍴 190/240 F.
⊠ 24 oct./6 nov., vac. scol. fév. et mer.
🄴 🛈 🕊 CV ♦ CB

GAVARNIE
65120 Hautes Pyrénées
1370 m. • 169 hab.

▲▲ LE MARBORE ★★
M. Fillastre
☎ 62 92 40 40 Ⅲ 62 92 40 30
🛏 24 ◎ 275/295 F. 🍽 90/195 F.
🍴 42 F. 🍴 275/295 F.
⊠ 15 nov./15 déc.
🄴 🆂🅿 ⬜ ☎ 🛏 🖾 🌳 🌳 🎿 🔌 ♦
CB 🅲

GAVRE (LE)
44130 Loire Atlantique
825 hab. ⓘ

🅐 AUBERGE DE LA FORET
(La Maillardais). Mlle Bonhomme
☎ 40 51 20 26 ⅿ 40 79 08 31
🛏 10 ◇ 130/150 F. 🍽 59/148 F.
🍴 35 F. 🍲 205 F.
✉ 2 janv./1er fév., dim. soir et lun. hiver.
⬚ 🕿 🍵 🅰 ♨ 👫 CV 📶 CB

GAVRELLE
62580 Pas de Calais
400 hab.

🅐🅐 LE MANOIR ★★
35, route Nationale 50. M. Lequette
☎ 21 58 68 58 ⅿ 21 55 37 87
🛏 20 ◇ 240/260 F. 🍽 68/168 F.
🍴 42 F.
✉ 1er/21 août, 22/30 déc., rest. sam.
midi et dim. soir.
🄴 🄳 ⬚ 🕿 🚗 🚗 🍵 👫 ♨ 📶 CB 🎦

GAZERAN
78125 Yvelines
800 hab.

🅐🅐 AUBERGE VILLA MARINETTE
20, av. Général de Gaulle. M. Kieger
☎ (1) 34 83 19 01
🛏 6 ◇ 140/200 F. 🍽 80/180 F. 🍴 45 F.
🍲 220/250 F.
✉ mar. soir et mer.
🄴 🍵 📶 CB 🎦

GEDRE
65120 Hautes Pyrénées
1000 m. • 320 hab. ⓘ

🅐🅐 A LA BRECHE DE ROLAND ★★
M. Pujo ☎ 62 92 48 54 ⅿ 62 92 46 05
🛏 28 ◇ 260/280 F. 🍽 90/200 F.
🍴 50 F. 🍲 230 F.
✉ 15 oct./25 déc. et Pâques/1er mai.
🄴 🄳 SP 🕿 🍵 👫 ▶ 📶 CV 📶 CB

🅐🅐 DES PYRENEES ★★
Mme Guillembet
☎ 62 92 48 51 ⅿ 62 92 49 64
🛏 20 ◇ 250/400 F. 🍽 90/160 F.
🍴 55 F. 🍲 245/265 F.
✉ 7 nov./20 déc.
SP ⬚ 🕿 🚗 🍵 👫 ♨ CV 📶 CB

GELLES
63740 Puy de Dôme
870 m. • 1100 hab. ⓘ

🅐 DU COMMERCE
M. Monnet ☎ 73 87 80 01
🛏 5 ◇ 100/160 F. 🍽 58/160 F. 🍴 48 F.
🍲 130/145 F.
✉ vac. scol. Toussaint et ven. soir hs.
🄴 🍵 👫 📶 CB

GEMENOS
13420 Bouches du Rhône
4000 hab. ⓘ

🅐🅐🅐 LE SAINT PONS ★★
1, vallée de Saint-Pons.
MM. Granier-Lecul
☎ 42 32 21 37 ⅿ 42 32 21 93
🛏 7 ◇ 275 F. 🍽 120/180 F. 🍴 70 F.
🍲 263 F.
✉ 1er/15 fév., dim. soir et lun.
🄴 🕿 🚗 🍵 👫 ♨ 📶 CB

GENAS
69740 Rhône
10000 hab.

🅐🅐 LES ACACIAS ★★
7, rue Ambroise Paré. Mme Celette
☎ 78 90 60 04 ⅿ 78 40 12 06
🛏 23 ◇ 140/250 F. 🍽 69/190 F.
🍴 50 F. 🍲 175/190 F.
✉ 15 août/1er sept., sam. soir sauf
réservations et dim.
🄳 ⬚ 🕿 🚗 📶 CB 🎦

GENILLE
37460 Indre et Loire
1428 hab. ⓘ

🅐 AGNES SOREL
M. Le Hay ☎ 47 59 50 17
🛏 3 ◇ 170/225 F. 🍽 100/240 F.
🍴 50 F. 🍲 255/285 F.
✉ 1er janv./7 fév., dim. soir et lun. sauf
juil./août et fériés.
🄴 🕿 🚗 🚗 📶 CB

GENIS
24160 Dordogne
600 hab.

🅐 RELAIS SAINT PIERRE ★
M. Jarjanette ☎ 53 52 47 11 ⅿ 53 62 49 91
🛏 7 ◇ 120/250 F. 🍽 60/180 F. 🍴 48 F.
🍲 170/190 F.
✉ 2ème quinz. nov.
🄴 ⬚ 🕿 CV 📶 📶 CB

GENNES
49350 Maine et Loire
1668 hab. ⓘ

🅐🅐 HOSTELLERIE DE LA LOIRE ★★
9, av. des Cadets de Saumur. M. Lebeau
☎ 41 51 81 03 ⅿ 41 38 05 22
🛏 11 ◇ 140/350 F. 🍽 105/180 F.
🍴 50 F. 🍲 205/310 F.
✉ 26 déc./3 fév., lun. soir et mar. sauf
juil./août.
🄴 ⓘ 🚗 🕿 ♨ CV 📶 📶 CB

GENOLHAC
30450 Gard
850 hab. ⓘ

🅐🅐 DU MONT LOZERE ★★
13, av. de la Libération. Mme Coupey
☎ 66 61 10 72
🛏 14 ◇ 170/240 F. 🍽 75/160 F.
🍴 45 F. 🍲 200/240 F.
✉ 2 nov./vac. fév. et mer. 15 juin/15 sept.
🄴 🕿 🚗 🍵 ♨ CB

🏚 LE RELAIS D'OC ★★
Sur N. 940. M. Hardy
☎ 55 80 72 45
🛏 7 ⊗ 230/300 F. 🍴 110/250 F.
🍴 50 F. 🛎 250/350 F.
⊠ 15 nov./Rameaux, 1ère semaine
oct., dim. soir, lun. et mar. oct./nov.

GERARDMER
88400 Vosges
700 m. • 10000 hab. ⓘ

🏚 AUBERGE AU BORD DU LAC ★★
166, chemin du tour du lac. MM. Bonne
☎ 29 63 44 98 🅵 29 63 21 21
🛏 12 ⊗ 250/450 F. 🍴 88/188 F.
🍴 48 F. 🛎 220/350 F.
⊠ 15 nov./15 déc.

🏚 AUBERGE DES DEUX ETANGS ★★
(Col de Martimpré - Alt. 800m).
M. Mennezin
☎ 29 63 14 31 🅵 29 60 99 61
🛏 11 ⊗ 160/200 F. 🍴 65/150 F.
🍴 45 F. 🛎 170/190 F.
⊠ dim. soir et lun. hs.

🏚 BEAU RIVAGE ★★★
Esplanade du Lac. M. Me Feltz/Scheidig
☎ 29 63 22 28 🅵 29 63 29 83
🛏 15 ⊗ 480/730 F. 🍴 95/250 F.
🍴 53 F. 🛎 345/450 F.
⊠ 6/20 janv., 25 mars/1er avr.,
19 juin/1er juil., 7 oct./20 déc. et mer.

🏚 DE LA JAMAGNE ★★★
2, bld de la Jamagne. M. Jeanselme
☎ 29 63 36 86 🅵 29 60 05 87
🛏 50 ⊗ 360/430 F. 🍴 79/170 F.
🍴 49 F. 🛎 300/340 F.

🏚 DE LA PAIX Rest. LAGRANGE ★★★
(Face au Lac). M. Lagrange
☎ 29 63 38 78 🅵 29 63 18 53
🛏 23 ⊗ 260/410 F. 🍴 88/240 F.
🍴 60 F. 🛎 290/370 F.

🏚 DU PARC ★★
12-14, av. de la Ville de Vichy. M. Huart
☎ 29 63 32 43 🅵 29 63 17 03
🛏 32 ⊗ 160/350 F. 🍴 95/260 F.
🍴 62 F. 🛎 220/320 F.
⊠ début oct./20 déc. et 6 mars/8 avr.

🏚 HOSTELLERIE DES BAS-RUPTS ET SON
CHALET FLEURI ★★★
Route de la Bresse (Alt. 800m).
M. Philippe
☎ 29 63 09 25 🅵 29 63 00 40

🛏 30 ⊗ 380/850 F. 🍴 160/450 F.
🍴 100 F. 🛎 550/700 F.

☀ L'ABRI ★★
(Les Xettes). Mme Vincent
☎ 29 63 02 94
🛏 14 ⊗ 170/250 F.
⊠ 20 sept./15 oct. et mer.

🏚 LA BONNE AUBERGE DE
MARTIMPREY ★★
(Col de Martimpré - Alt. 800m).
Mme Tabanou
☎ 29 63 19 08 🅵 29 60 94 87
🛏 7 ⊗ 240 F. 🍴 70/198 F. 🍴 48 F.
🛎 220 F.
⊠ 12 nov./20 déc., mer. et jeu. hors
vac. scol.

🏚 LA MARMOTTE ★★
50, rue Charles de Gaulle. M. Fuchs
☎ 29 63 38 99 🅵 29 60 99 54
🛏 13 ⊗ 240/440 F. 🍴 65/300 F.
🍴 45 F. 🛎 240 F.
⊠ dim. soir et lun. hs

🏚 LA RESERVE ★★★
2, av. du 19 novembre. Mme Kuehn
☎ 29 63 21 60 🅵 29 60 81 60
🛏 24 ⊗ 296/535 F. 🍴 120/190 F.
🍴 65 F. 🛎 310/435 F.
⊠ 2 nov./22 déc. et rest. mer. midi hors
vac. scol.

🏚 LE CHALET DU LAC ★★
Rive droite du Lac, route d'Epinal.
M. Bernier-Vallcaneras
☎ 29 63 38 76 🅵 29 60 91 63
🛏 11 ⊗ 180/340 F. 🍴 90/280 F.
🍴 50 F. 🛎 210/250 F.
⊠ oct., ven. sauf vac. scol. et été.

🏚 LE RELAIS DE LA MAUSELAINE ★★
219, chemin de la Rayée. M. Philippe
☎ 29 60 06 60 🅵 29 60 81 08
🛏 16 ⊗ 320/340 F. 🍴 85/250 F.
🍴 45 F. 🛎 300/320 F.
⊠ 30 sept./10 déc., mer. midi hs. et
hors vac. scol.

🏚 LES LISERONS ★★
M. Vignon
☎ 29 63 02 61
🛏 10 ⊗ 270/290 F. 🍴 100/150 F.
🍴 60 F. 🛎 280/300 F.
⊠ 15 oct./15 déc. et mer. hs.

🏚 LES TILLEULS ★★
(Les Gouttridos). M. Michel
☎ 29 63 09 06 🆃 961 408 🅵 29 63 35 86
🛏 36 ⊗ 150/320 F. 🍴 78/130 F.
🍴 50 F. 🛎 270 F.
⊠ 13 nov./11 déc.

GERARDMER (suite)

▲▲ ROMEO ET DE LA ROUTE VERTE ★★
61, bld de la Jamagne.
Mme Lafouge/Roméo
☎ 29 63 12 97 **FAX** 29 63 38 82
🛏 50 ⊞ 130/320 F. ⑪ 65/300 F.
🍴 40 F. 🎕 220/275 F.
Ⓔ Ⓓ ⓘ 🗖 🕿 🚗 ♨ ⚡ ♿ CV 🐾 CB

**GERARDMER VALLEE DES LACS
- XONRUPT LONGEMER**
88400 Vosges
800 m. • 1525 hab. ⓘ

**▲▲ AUBERGE DE LA CHAUME DE
BALVEURCHE ★★**
(Chaume de Balveurche). Mme Vaxelaire
☎ 29 63 26 02 **FAX** 29 60 00 87
🛏 14 ⊞ 280 F. ⑪ 78/130 F. 🍴 38 F.
🎕 230 F.
✉ 26 nov./26 déc.
🕿 🚗 ♿ CV 🎯 🐾 CB

▲▲ DU LAC DE LONGEMER ★★
Route de Colmar. M. Baly
☎ 29 63 37 21 **FAX** 29 60 05 41
🛏 18 ⊞ 250/255 F. ⑪ 88/150 F.
🍴 50 F. 🎕 250/260 F.
✉ 2 nov./18 déc., dim. soir et mer. sauf
vac. scol.
Ⓓ 🗖 🕿 🚗 ♨ ⚡ ♿ CV CB

▲▲▲ LE COLLET ★★★
(Altitude 1100m). Mme Lapotre
☎ 29 60 09 57 **FAX** 29 60 08 77
🛏 20 ⊞ 250/490 F. ⑪ 85/150 F.
🍴 50 F. 🎕 320/400 F.
✉ 12 nov./20 déc. et rest. mer. sauf vac.
scol.
Ⓔ Ⓓ 🗖 🕿 🚗 ♨ ⚡ ♿ CV 🎯 🐾 CB

GERTWILLER
67140 Bas Rhin
1000 hab.

▲ AUX DELICES
176, route de Sélestat. Mme Habsiger
☎ 88 08 95 17 **FAX** 88 08 17 41
🛏 14 ⊞ 170/340 F. ⑪ 65/160 F.
🍴 40 F. 🎕 206/250 F.
✉ jeu.
Ⓔ Ⓓ 🕿 🚗 ♨ ♿ CV 🐾 CB

GETS (LES)
74260 Haute Savoie
1200 m. • 1150 hab. ⓘ

▲▲ A LA BONNE FRANQUETTE ★★
(Les Perrières). M. Me Anthonioz
☎ 50 79 72 68 **FAX** 50 75 84 37
🛏 20 ⊞ 240 F. ⑪ 65/150 F. 🍴 45 F.
🎕 250/280 F.
Ⓔ SP ⓘ 🗖 🚗 ♨ ♿ CV 🎯 CB

▲▲ HASTINGS ★★
M. Merkin
☎ 50 79 82 78 **TX** 385 026 **FAX** 50 75 82 69
🛏 15 ⊞ 160/400 F. ⑪ 49/165 F.
🍴 35 F. 🎕 145/385 F.
✉ 20 avr./30 mai et 30 sept./20 déc.
Ⓔ Ⓓ SP ⓘ 🗖 🕿 🚗 ♨ ♿ CV 🎯
🐾 CB

▲▲ LA BOULE DE NEIGE ★★
M. Coppel ☎ 50 79 75 08 **FAX** 50 75 87 87
🛏 23 ⊞ 280/380 F. ⑪ 50/135 F.
🍴 35 F. 🎕 250/380 F.
✉ 16 avr./25 juin et 15 sept./20 déc.
Ⓔ 🗖 🕿 🚗 ♨ ♿ ▶ ⚡ CV 🐾 CB

GEUDERTHEIM
67170 Bas Rhin
2000 hab.

▲▲ DE LA COURONNE ★★
47, rue Général de Gaulle.
Mme Faullimmel ☎ 88 51 82 93
🛏 24 ⊞ 110/250 F. ⑪ 65/190 F.
🍴 50 F. 🎕 220/300 F.
✉ ven. et dim. soir.
Ⓔ Ⓓ 🗖 🕿 🚗 ♨ CV 🎯 🐾 CB Ⓒ 🖼

GEX
01170 Ain
600 m. • 6000 hab. ⓘ

▲▲ DU PARC ★★
M. Jean-Prost
☎ 50 41 50 18 **FAX** 50 42 37 29
🛏 17 ⊞ 220/330 F. ⑪ 175/330 F.
🍴 70 F. 🎕 280/350 F.
✉ 15 sept./1er oct., 26 déc./1er
fév., dim. soir et lun.
Ⓔ Ⓓ 🗖 🕿 🚗 ♨ ♿ 🐾 CB 🖼

GIAT
63620 Puy de Dôme
780 m. • 1300 hab. ⓘ

▲ DU COMMERCE ★
Mme Meunier
☎ 73 21 72 38 **FAX** 73 21 79 00
🛏 12 ⊞ 110/250 F. ⑪ 65/180 F.
🍴 50 F.
✉ 5/20 oct. et rest. lun.
Ⓔ 🗖 🕿 🚗 ♨ ⚡ ♿ 🔑 CV 🎯 CB

GIEN
45500 Loiret
18000 hab. ⓘ

▲▲▲ DU RIVAGE ★★★
1, quai de Nice. M. Gaillard
☎ 38 37 79 00 **FAX** 38 38 10 21
🛏 19 ⊞ 360/500 F. ⑪ 160/380 F.
🍴 100 F.
✉ mi-fév./mi-mars et dim. soir
Toussaint/Pâques.
Ⓔ Ⓓ 🗖 🕿 🚗 ♿ 🎯 🐾 CB

▲▲ LA POULARDE ★★
13, quai de Nice. M. Danthu
☎ 38 67 36 05
🛏 9 ⊞ 230 F. ⑪ 88/390 F. 🍴 54 F.
Ⓔ 🗖 🕿 🎯 🐾 CB

GIETTAZ (LA)
73590 Savoie
1100 m. • 510 hab. ⓘ

▲▲ ARONDINE ★★
M. Bouchex-Bellomié
☎ 79 32 90 60 **FAX** 79 32 91 78
🛏 19 ⊞ 180/320 F. ⑪ 60/180 F.
🍴 50 F. 🎕 192/260 F.
✉ 15 sept./15 déc. et 20 avr./15 juin.
Ⓔ Ⓓ 🗖 🕿 🚗 ♨ 🕿 ♨ ⚡ ♿ ♿ CV 🎯
🐾 CB

GIETTAZ (LA) (suite)

⌂ FLOR'ALPES ★
M. Bibollet
☎ 79 32 90 88
🛏 11 ⊠ 175/235 F. Ⅱ 90/130 F.
🍴 50 F. 🍽 175/195 F.
⊠ 20 sept./20 déc. et 20 avr./10 juin.
☎ 🚗 🍴 CV 🐾 CB

⌂ LE SOLEIL D'OR ★
M. Bouchex
☎ 79 32 90 52
🛏 14 ⊠ 120/290 F. Ⅱ 50/140 F.
🍴 35 F. 🍽 155/250 F.
⊠ printemps et automne.
🔲 🗄 ☎ 🚗 🚗 🔩 ♿ CV 🐾 CB

⌂ LES ALPAGES ★
Mme Joguet
☎ 79 32 90 30
🛏 20 ⊠ 160/220 F. Ⅱ 70/150 F.
🍴 35 F. 🍽 230 F.
⊠ nov./20 déc.
☎ 🚗 🚗 CV 🐾 CB

GIEVILLE
50160 Manche
556 hab.

⌂⌂ MOTEL DU BOCAGE ★★
Sur N. 174. M. Me Lacour
☎ 33 56 06 01 📠 33 56 05 01
🛏 20 ⊠ 230/240 F. Ⅱ 60/235 F.
🍴 35 F. 🍽 240/270 F.
⊠ dernière semaine janv. et dim. soir.
🔲 🗄 ☎ 🚗 🍴 🔩 ♿ 🈁 CB

GIFFAUMONT CHAMPAUBERT
51290 Marne
227 hab. ⓘ

⌂⌂ LE CHEVAL BLANC ★★
Rue du Lac. M. Gérardin
☎ 26 72 62 65 📠 26 73 96 97
🛏 16 ⊠ 220/360 F. Ⅱ 115/300 F.
🍴 52 F. 🍽 260 F.
⊠ 3/25 sept., dim. soir et lun.
🔲 🔲 SP ⓘ 🗄 ☎ 🈁 🔩 🈁 🐾 CB

GIGNAC
34150 Hérault
3652 hab. ⓘ

⌂⌂ MOTEL DU VIEUX MOULIN ★★
Bld du Moulin. M. Dereeper
☎ 67 57 97 95 📠 67 57 69 19
🛏 11 ⊠ 210/255 F. Ⅱ 89/179 F.
🍴 55 F. 🍽 235/255 F.
⊠ rest. fév., lun. midi et sam. midi.
🔲 🗄 ☎ 🚗 🍴 🏊 ♿ CV 🐾 CB

GIGONDAS
84190 Vaucluse
800 hab. ⓘ

⌂⌂ LES FLORETS ★★
Route des Dentelles. Mme Bernard
☎ 90 65 85 01 📠 90 65 83 80
🛏 13 ⊠ 345/410 F. Ⅱ 155/210 F.
🍴 57 F. 🍽 350/390 F.
⊠ janv./fév., mar. soir nov./déc., mars
et mer.
🔲 🗄 ☎ 🚗 🍴 🐾 CB

GIMEL LES CASCADES
19800 Corrèze
650 hab. ⓘ

⌂⌂ L'HOSTELLERIE DE LA VALLEE ★★
Mme Calis ☎ 55 21 40 60
🛏 9 ⊠ 220/240 F. Ⅱ 105/155 F.
🍴 50 F. 🍽 200/210 F.
⊠ 30 sept./1er avril.
🔲 🗄 ☎ 🈁 🐾 CB

GIMONT
32200 Gers
2950 hab.

⌂⌂⌂ LE COIN DU FEU ★★
Boulevard du Nord. M. Fagedet
☎ 62 67 71 56 📠 62 67 88 28
🛏 27 ⊠ 220 F. Ⅱ 75/250 F. 🍴 50 F.
🍽 230 F.
🔲 SP 🗄 🚗 🚗 🚗 🈁 🏊 🔩 ♿ 🌲
♿ ♿ 🈁 🐾 CB 📷

GINCLA
11140 Aude
600 m. • 35 hab.

⌂⌂⌂ HOSTELLERIE DU GRAND DUC ★★
M. Bruchet
☎ 68 20 55 02 📠 68 20 61 22
🛏 10 ⊠ 250/310 F. Ⅱ 105/250 F.
🍴 46 F. 🍽 255/285 F.
⊠ 15 nov./30 mars et mer. midi sauf
juil./août.
🔲 🗄 🗄 🚗 🚗 🍴 🔩 CV 🈁 🐾 CB

GIRMONT VAL D'AJOL
88340 Vosges
700 m. • 300 hab.

⌂⌂⌂ AUBERGE DE LA VIGOTTE ★★
M. Cherrière
☎ 29 61 06 32 📠 29 61 07 07
🛏 20 ⊠ 215/240 F. Ⅱ 90 F. 🍴 45 F.
🍽 215/240 F.
⊠ 15 nov./15 déc., lun. après-midi et mar.
🔲 🗄 🗄 🚗 🍴 🔩 ♿ 🈁 CB

GISORS
27140 Eure
9000 hab. ⓘ

⌂⌂ MODERNE ★★
Place de la Gare. M. Wach
☎ 32 55 23 51 📠 32 55 08 75
🛏 30 ⊠ 200/365 F. Ⅱ 67/125 F.
🍴 45 F.
⊠ rest. 20 déc./20 janv., 1er/26
août, dim. soir et lun.
🔲 🗄 ☎ 🚗 🚗 CV 🈁 🐾 CB

GIVRY
71640 Saône et Loire
3280 hab. ⓘ

⌂⌂ DE LA HALLE ★
Place de la Halle. M. Renard
☎ 85 44 32 45 📠 85 44 49 45
🛏 9 ⊠ 220/250 F. Ⅱ 90/200 F. 🍴 55 F.
🍽 200 F.
⊠ 2ème quinz. nov./1ère semaine
déc., dim. soir et lun.
🔲 🗄 ☎ 🚗 🈁 🔩 CV 🈁 CB

GIVRY EN ARGONNE
51330 Marne
600 hab. 🛈

⌂ L'ESPERANCE ★
M. Berberat
☎ 26 60 00 08 ⟨FAX⟩ 26 60 01 46
🛏 6 ⟨⟩ 210/280 F. 🍽 60/250 F. 🍴 40 F.
🏨 250/350 F.
⊠ dim. soir.
⟨icons⟩ CB

GLENIC
23380 Creuse
605 hab.

⌂⌂ MOULIN NOYE ★★
Mme Labbé
☎ 55 52 81 44 ⟨FAX⟩ 55 52 81 94
🛏 8 ⟨⟩ 260/320 F. 🍽 95/200 F. 🍴 60 F.
🏨 265/300 F.
⟨icons⟩ E D SP CV ⟨⟩ CB

GLUGES
46600 Lot
1500 hab.

⌂⌂ LES FALAISES ★★
M. Dassiou
☎ 65 37 33 59 ⟨FAX⟩ 65 37 34 19
🛏 16 ⟨⟩ 220/310 F. 🍽 95/300 F.
🏨 220/270 F.
⊠ fin nov./1er mars.
⟨icons⟩ E SP

GOLFE JUAN
06220 Alpes Maritimes
20000 hab. 🛈

⌂⌂⌂ BEAU SOLEIL ★★★
Impasse Beau Soleil. M. Virenque
☎ 93 63 63 63 ⟨FAX⟩ 93 63 02 89
🛏 30 ⟨⟩ 300/560 F. 🍽 98/135 F.
🍴 45 F. 🏨 275/415 F.
⊠ 15 oct./25 mars et rest. mer. midi.
⟨icons⟩ E SP CV
CB C

⌂⌂ CHEZ CLAUDE ★★
162, av. de la Liberté. Sur N. 7.
M. Fugairon
☎ 93 63 71 30 ⟨FAX⟩ 93 63 79 50
🛏 7 ⟨⟩ 250/350 F. 🍽 98/180 F. 🍴 45 F.
🏨 250/300 F.
⊠ 20 déc./10 janv. et dim. soir
nov./mars.
⟨icons⟩ E

⌂⌂ DE CRIJANSY ★★
Av. Juliette Adam. Mme Bayol
☎ 93 63 84 44
🛏 20 ⟨⟩ 300/350 F. 🍽 100/180 F.
🏨 300/330 F.
⟨icons⟩ E CB

⌂⌂ PALM HOTEL ★★
17, av. de la Palmeraie. M. Nigoghossian
☎ 93 63 72 24 ⟨FAX⟩ 93 63 18 45
🛏 20 ⟨⟩ 200/400 F. 🍽 65/160 F.
🍴 45 F. 🏨 280/380 F.
⊠ rest. nov. et mer.
⟨icons⟩ E CV CB

GONDRIN
32330 Gers
1042 hab. 🛈

⌂⌂ LE PARDAILLAN ★
Av. Jean Moulin. M. Maribon-Ferret
☎ 62 29 12 06 ⟨FAX⟩ 62 29 11 79
🛏 25 ⟨⟩ 170/220 F. 🍴 35 F. 🏨 180 F.
⟨icons⟩ E CV ⟨⟩ CB

GORDES
84220 Vaucluse
1800 hab. 🛈

⌂⌂⌂ AUBERGE DE CARCARILLE ★★
(Les Gervais, sur D. 2). M. Rambaud
☎ 90 72 02 63 ⟨FAX⟩ 90 72 05 74
🛏 11 ⟨⟩ 320/370 F. 🍽 98/190 F.
🍴 55 F. 🏨 340/370 F.
⊠ 15 nov./27 déc., rest. ven. midi
avr./1er oct. et ven. hs.
⟨icons⟩ E SP CB

GORZE
57680 Moselle
1254 hab. 🛈

⌂⌂ HOSTELLERIE DU LION D'OR ★★
105, rue du Commerce. M. Erman
☎ 87 52 00 90 ⟨FAX⟩ 87 52 09 62
🛏 18 ⟨⟩ 160/320 F. 🍽 100/340 F.
🍴 60 F. 🏨 280/320 F.
⊠ dim. soir et lun.
⟨icons⟩ D CV ⟨⟩ CB

GOUAREC
22570 Côtes d'Armor
1101 hab.

⌂⌂ DU BLAVET ★★
Sur N. 164 bis. M. Le Loir
☎ 96 24 90 03 ⟨FAX⟩ 96 24 84 85
🛏 15 ⟨⟩ 160/350 F. 🍽 80/300 F.
🍴 50 F. 🏨 195/290 F.
⊠ 6/27 fév., 18/25 déc., dim. soir et
lun. sauf juil./août.
⟨icons⟩ E CV ⟨⟩ CB

GOUESNAC'H
29950 Finistère
1800 hab.

⌂⌂ AUX RIVES DE L'ODET ★
Place de l'Odet. M. Le Nader
☎ 98 54 61 09 ⟨FAX⟩ 98 54 73 21
🛏 35 ⟨⟩ 145/280 F. 🍽 78/120 F.
🍴 52 F. 🏨 170/245 F.
⊠ 3/20 mars, oct. et lun. hs.
⟨icons⟩ CV CB

GOUJOUNAC
46250 Lot
174 hab.

⌂⌂ HOSTELLERIE DE GOUJOUNAC ★★
M. Costes ☎ 65 36 68 67 ⟨FAX⟩ 65 36 60 54
🛏 5 ⟨⟩ 160/250 F. 🍽 65/220 F. 🍴 40 F.
🏨 210/250 F.
⊠ 2/28 oct., dim. soir et lun. nov./juin.
⟨icons⟩ CV CB

GOULET (LE)
27920 Eure
300 hab.

▲▲ LES 3 SAINT-PIERRE - AUBERGE LES
CANNISSES ★★
5 km de Vernon-N15, entre Vernon &
Gaillon. M. Duboc
☎ 32 52 50 61 ⚞ 32 52 50 74
🛏 20 ▨ 260/290 F. ⏸ 65/250 F.
🍴 45 F. 🛌 290 F.
⊠ rest. dim. soir 1er nov./31 mars.
🄴 🗔 🕿 🚗 � 🏕 🏃 🏄 CV 🔟 🐾 CB
🄲 🖼

GOUMOIS
25470 Doubs
140 hab. 🄻

▲▲ AUBERGE MOULIN DU PLAIN ★★
M. Choulet
☎ 81 44 41 99 ⚞ 81 44 45 70
🛏 22 ▨ 242/280 F. ⏸ 94/194 F.
🍴 60 F. 🛌 220/236 F.
⊠ 2 nov./25 fév.
🕿 🚗 🏕 🏃 🏄 CV 🐾 CB

▲▲▲ TAILLARD ★★★
MM. Taillard
☎ 81 44 20 75 ⚞ 81 44 26 15
🛏 17 ▨ 275/430 F. ⏸ 135/370 F.
🍴 65 F. 🛌 340/400 F.
⊠ début nov./mars, mer. oct./nov. et
mars.
🄴 🄻 🗔 🕿 🚗 🚗 🚙 🔽 🏃 🏄 🕙 🔟 🐾 CB

GOURDON
46300 Lot
5070 hab. 🄻

▲▲ BISSONNIER. LA BONNE AUBERGE ★★★
51, bld des Martyrs. M. Bissonnier
☎ 65 41 02 48 ⚞ 65 41 44 67
🛏 18 ▨ 200/380 F. ⏸ 80/250 F.
🍴 70 F. 🛌 260/380 F.
⊠ déc.
🄴 SP 🗔 🕿 🚗 🚗 🛉 CV 🐾 CB

▲▲▲ HOSTELLERIE DE LA BOURIANE ★★★
Place du Foirail. M. Lacam
☎ 65 41 16 37 ⚞ 65 41 04 92
🛏 20 ▨ 260/360 F. ⏸ 80/260 F.
🍴 58 F. 🛌 310/350 F.
⊠ 15 janv./5 mars, rest. lun. hs et lun.
midi saison.
🄴 🗔 🕿 🚗 🛉 🏃 🏄 🔟 🐾 CB 🄲 🖼

▲ NOUVEL HOTEL ★
1, bld de la Madeleine. Mme Cabianca
☎ 65 41 00 23
🛏 11 ▨ 190/270 F. ⏸ 40/ 50 F.
🍴 40 F. 🛌 240 F.
⊠ week-ends hs.
🗔 🕿 🚗 🐾 CB

GOURNAY
79110 Deux Sèvres
621 hab.

▲▲ CHATEAU DES TOUCHES ★★
Mme Caron
☎ 49 29 96 92 ⚞ 49 29 97 47
🛏 13 ▨ 350/400 F. ⏸ 100/220 F.
🍴 60 F. 🛌 325/450 F.
🄴 🄳 🗔 🕿 🚗 🚗 🚗 🏕 CV 🔟 🐾 CB

GOUZON
23230 Creuse
1500 hab. 🄻

▲▲ L'HOSTELLERIE DU LION D'OR ★★★
Route de Montluçon. M. Rabiet
☎ 55 62 28 54 ⚞ 55 62 21 63
🛏 11 ▨ 220 F. ⏸ 79/220 F. 🍴 50 F.
🛌 280 F.
⊠ 13/22 juin et dim. soir.
🄴 🄳 🗔 🕿 🚗 🚗 ⧖ 🔟 🐾

GRAMAT
46500 Lot
3830 hab. 🄻

▲ AUBERGE DU ROULAGE ★★
1, av. Louis Mazet. M. Kuchenbuch
☎ 65 38 71 69 ⚞ 65 33 15 30
🛏 12 ▨ 160/220 F. ⏸ 60/160 F.
🍴 35 F. 🛌 230 F.
⊠ dim. soir.
🄴 🗔 🕿 ⧖ CV 🐾 CB

▲ DE LA PROMENADE ★★
Mme Circal
☎ 65 38 71 46 ⚞ 65 38 78 21
🛏 12 ▨ 195/260 F. ⏸ 65/150 F.
🍴 45 F. 🛌 180/200 F.
⊠ 1er/15 nov., 1er/15 janv., ven. soir et
dim. soir hs.
🄴 🗔 🕿 🚗 CV 🐾 CB 🖼

▲▲ DU CENTRE ★★
Place de la République. M. Grimal
☎ 65 38 73 37 ⚞ 65 38 73 66
🛏 14 ▨ 230/400 F. ⏸ 75/200 F.
🍴 40 F. 🛌 270/300 F.
⊠ 16/26 mars, 16/26 nov. et sam. hs
sauf fêtes.
🄴 🗔 🕿 🚗 🛉 CV 🔟 🐾 CB 🖼

▲▲▲ LE LION D'OR ★★★
8, place de la République.
M. Mommejac
☎ 65 38 73 18 ⚟ 533347 ⚞ 65 38 84 50
🛏 15 ▨ 260/420 F. ⏸ 100/300 F.
🍴 50 F. 🛌 330/360 F.
⊠ 15 déc./15 janv.
🄴 SP 🗔 🕿 🚗 🚗 ⧖ 🔟 🐾 CB

▲▲▲ RELAIS DES GOURMANDS ★★
2, av. de la Gare. M. Curtet
☎ 65 38 83 92 ⚞ 65 38 70 99
🛏 16 ▨ 270/450 F. ⏸ 80/220 F.
🍴 50 F. 🛌 270/400 F.
⊠ dim. soir et lun. midi sauf juil./août.
🄴 🄳 SP 🗔 🕿 ⧖ 🚙 🔽 🏄 CV 🔟
🐾 CB

GRAND BALLON (LE)
68760 Haut Rhin
1424 m. ● 10 hab.

▲ DU GRAND BALLON ★★
M. Brille
☎ 89 76 83 35 ⚞ 89 83 10 63
🛏 18 ▨ 180/270 F. ⏸ 90/195 F.
🍴 50 F. 🛌 220/290 F.
⊠ 15 nov./20 déc., 5/31 janv.
🄴 🄳 🗔 🚗 🏃 🛉 🔟 🐾 CB

GRAND BORNAND CHINAILLON (LE)

74450 Haute Savoie
1300 m. • 1695 hab. ℹ️

▲▲ LA CREMAILLERE ★★
(Le Chinaillon). M. Gachet
☎ 50 27 02 33 📠 50 27 07 91
🛏 15 ⌧ 240/285 F. 🍽 98/140 F.
🍴 35 F. 🛎 227/323 F.
⌧ 15 avr./15 déc.
🅴 🅳 🕿 🚗 CV 🔺 CB

▲▲▲ LE CORTINA ★★
M. Dusonchet
☎ 50 27 00 22 📠 50 27 06 31
🛏 30 ⌧ 290/345 F. 🍽 90/260 F.
🍴 53 F. 🛎 240/355 F.
⌧ 10 avr./15 juin et 15 sept./20 déc.
🅴 ℹ️ 🕿 🚗 ⬧ CV 🔺 CB

GRAND BORNAND VILLAGE (LE)

74450 Haute Savoie
970 m. • 1800 hab. ℹ️

▲▲ CROIX SAINT-MAURICE ★★
M. Baugey
☎ 50 02 20 05 📠 50 02 35 37
🛏 21 ⌧ 200/290 F. 🍽 87/185 F.
🍴 47 F. 🛎 240/315 F.
⌧ 10 sept./20 déc. et 15 avr./25
juin, (rest. ouvert hiver seulement).
🅴 🕿 ⬧ CV 🔺 CB

▲▲▲ LES GLAIEULS ★★
M. Betemps
☎ 50 02 20 23 📠 50 02 25 00
🛏 22 ⌧ 220/350 F. 🍽 83/230 F.
🍴 54 F. 🛎 225/318 F.
⌧ 20 avr./12 juin et 20 sept./19 déc.
🅴 🕿 🚗 🔺

GRAND LEMPS (LE)

38690 Isère
2500 hab.

▲ DU PETIT PARIS ★
Rue de la République.
Mme Ugnon-Coussioz ☎ 76 55 80 25
🛏 10 ⌧ 130/190 F. 🍽 58/150 F.
🍴 40 F. 🛎 160/200 F.
⌧ 1er/30 juil., 23 déc./2 janv. et rest.
sam. sauf réservations groupes.
🚗 🍴 🔺 CB

GRANDCAMP MAISY

14450 Calvados
1845 hab. ℹ️

▲▲ LE DUGUESCLIN ★★ & ★
4, quai Crampon. M. Me Brard
☎ 31 22 64 22 📠 31 22 34 79
🛏 30 ⌧ 125/300 F. 🍽 50/125 F.
🍴 50 F. 🛎 175/275 F.
⌧ 16 janv./6 fév. et 16/23 oct.
🅴 🕿 🚗 🍴 CV 🔺 CB

GRANDE RIVIERE

39150 Jura
900 m. • 450 hab.

▲▲ DE L'ABBAYE ★★
M. Piot ☎ 84 60 11 15 📠 84 60 86 43
🛏 23 ⌧ 234/340 F. 🍽 65/160 F.
🍴 55 F. 🛎 215/250 F.
⌧ 15 nov./20 déc. et mer. hs.
🅴 🅳 SP 🕿 🚗 ⬧ CV 🔺 CB
🅲

GRANDFONTAINE

67130 Bas Rhin
750 m. • 300 hab. ℹ️

▲▲ DU DONON ★★
(Au Col). M. Ley
☎ 88 97 20 69 📠 88 97 20 17
🛏 20 ⌧ 195/295 F. 🍽 60/250 F.
🍴 39 F. 🛎 245/290 F.
⌧ 20 nov./12 déc. et jeu. hs.
🅴 🅳 🕿 🚗 🍴 🔺 ♿ CV 🔺 CB

GRANDRUPT

88210 Vosges
600 m. • 67 hab.

▲▲ LA ROSERAIE ★
Rue de la Mairie. M. Maire
☎ 29 57 62 92 📠 29 57 83 94
🛏 6 ⌧ 180/200 F. 🍽 57/135 F. 🍴 35 F.
🛎 190 F.
⌧ 2/24 janv., lun. soir et mar.
🅴 🅳 🕿 🚗 🍴 CV 🔺 CB

GRANDVILLERS

88600 Vosges
700 hab.

▲▲▲ DU COMMERCE ET DE
L'EUROPE ★ & ★★
M. Bastien ☎ 29 65 71 17 📠 29 65 85 23
🛏 20 ⌧ 110/300 F. 🍽 65/180 F.
🍴 55 F. 🛎 120/210 F.
⌧ rest. ven. soir et dim. soir.
🅴 🅳 SP 🕿 🚗 🍴 ♿ CV 🔺

GRANE

26400 Drôme
1200 hab. ℹ️

▲▲ GIFFON ★★
M. Giffon ☎ 75 62 60 64 📠 75 62 70 11
🛏 14 ⌧ 220/580 F. 🍽 120/360 F.
🍴 80 F. 🛎 380/480 F.
⌧ dim. soir 1er oct./1er mai et lun.
🅴 🅳 🕿 🍴 ♿ 🔺 CB

GRANGETTES (LES)

25160 Doubs
900 m. • 140 hab.

▲▲ BON REPOS ★★
M. Duffait ☎ 81 69 62 95
🛏 16 ⌧ 156/229 F. 🍽 66/162 F.
🍴 40 F. 🛎 201/246 F.
⌧ 20 oct./20 déc., 27 mars/7 avr., mar.
soir et mer. hs.
🅴 🕿 🚗 🍴 CV CB

GRANVILLE
50400 Manche
13326 hab. 🛈

▲▲ NORMANDY-CHAUMIERE ★★
20, rue P. Poirier. M. Dugue
☎ 33 50 01 71 ⑆ 33 50 15 34
🛏 7 ⊗ 195/265 F. ⑈ 95/175 F. 🍽 55 F.
🍴 320/350 F.
⊠ mar. soir et mer.
🇪 🗇 ☎ CV 🔌 CB

GRASSE
06130 Alpes Maritimes
45000 hab. 🛈

▲▲ DE LA BELLAUDIERE ★★
78, route de Nice. M. Maure
☎ 93 36 02 57 ⑆ 93 36 40 03
🛏 17 ⊗ 210/350 F. ⑈ 75 F. 🍽 45 F.
🍴 200/290 F.
⊠ 15 nov./28 déc., lun. soir et dim.
soir.
🇪 🛈 🗇 ☎ 🚗 🏊 🎿 CV 🔌 CB

▲▲ LES AROMES ★★
115, route nationale 85. M. Buetto
☎ 93 70 42 01
🛏 7 ⊗ 260/420 F. ⑈ 90/130 F. 🍽 50 F.
🍴 230/250 F.
⊠ rest. sam. 1er oct./30 juin, sam. midi
seulement 1er juil./30 sept.
🇪 🛈 🗇 ☎ 🚗 🏊 CV 🔌 CB ▦

GRAU D'AGDE (LE)
34300 Hérault
12768 hab. 🛈

▲▲ EL RANCHO ★★
Bld du Front de Mer. Mme Regol
☎ 67 94 24 35 ⑆ 67 94 85 47
🛏 9 ⊗ 256 F. ⑈ 80/100 F. 🍽 45 F.
🍴 250 F.
⊠ 1er nov./15 déc.
🄳 SP ☎ CV 🔌

GRAULHET
81300 Tarn
15000 hab. 🛈

▲▲ LE GRANDGOUSIER ★★
6-8, place du Jourdain. M. Fernandez
☎ 63 34 50 32 ⑆ 63 34 25 57
🛏 19 ⊗ 160/240 F. ⑈ 53/140 F.
🍽 35 F. 🍴 200/235 F.
⊠ rest. dim. soir.
🇪 SP 🗇 ☎ 🔌 ▦ 🔌 CB

GRAVE (LA)
05320 Hautes Alpes
1500 m. • 600 hab. 🛈

▲ L'EDELWEISS ★★
M. Tonnelier
☎ 76 79 90 93 ⑆ 76 79 92 64
🛏 14 ⊗ 200/260 F. ⑈ 95/135 F.
🍽 55 F. 🍴 220/260 F.
⊠ 25 sept./20 déc. et 15 mai/10 juin.
🇪 ☎ 🔌 CV ▦ 🔌 CB

▲▲ LA MEIJETTE ★★
M. Me Juge
☎ 76 79 90 34 ⑆ 76 79 94 76
🛏 18 ⊗ 280/460 F. ⑈ 95/160 F.
🍽 70 F. 🍴 300/420 F.
⊠ hôtel 1er oct./28 fév., (en mai ouvert
seulement week-ends), hôtel et rest.
mar. sauf juil./août.
🇪 🗇 ☎ 🔌 ▦ 🎿 🔌 CB

GRAVESON
13690 Bouches du Rhône
2400 hab. 🛈

▲▲▲ MAS DES AMANDIERS ★★
Route d'Avignon. M. Bayol
☎ 90 95 81 76 ⑆ 90 95 85 18
🛏 25 ⊗ 280/310 F. ⑈ 95/135 F.
🍽 50 F. 🍴 270/280 F.
⊠ 15 oct./15 mars.
🇪 SP 🗇 ☎ 🚗 ▦ 🎿 ❀ 🎣 🔌
🎿 CV ▦ 🔌 CB

GRAY
70100 Haute Saône
12000 hab. 🛈

🍽 LE FER A CHEVAL ★★
9, av. Carnot. M. Morlot
☎ 84 65 32 55 ⑆ 84 65 42 63
🛏 46 ⊗ 225 F.
⊠ 24 déc./4 janv.
🇪 🄳 🗇 ☎ 🚗 🔌 🏊 🎿 🔌 CB

GREALOU
46160 Lot
214 hab.

▲ LES QUATRE VENTS ★
Mme Balat ☎ 65 40 68 71
🛏 11 ⊗ 220/260 F. ⑈ 70/150 F.
🍽 40 F. 🍴 200/240 F.
⊠ 1er/9 sept.
☎ 🚗 🔌 🎿 ⬛ CV

GRENADE (MERVILLE)
31330 Haute Garonne
2252 hab.

▲▲ AUBERGE DU VIVIER ★★
Sur D. 2, route de Grenade. M. Maréchal
☎ 61 85 01 59 ⑆ 61 85 88 75
🛏 9 ⊗ 200/250 F. ⑈ 80/120 F. 🍽 52 F.
🍴 180/200 F.
⊠ 2/9 janv., 31 juil./30 août, sam. midi,
dim. soir et lun.
🇪 SP 🗇 ☎ 🔌 ▦ 🎿 CV 🔌 CB ▦

GREOLIERES LES NEIGES
06620 Alpes Maritimes
1400 m. • 295 hab.

▲▲▲ AUBERGE ALPINA ★★
Mme Chahinian
☎ 93 59 70 19 ⑆ 93 59 70 11
🛏 8 ⊗ 250/350 F. 🍴 245/295 F.
⊠ 2 avr./15 juin, 2 nov./20 déc. et jeu.
🇪 🄳 🗇 ☎ 🔌 🎿 ⬛ 🎿 ⏵ CV 🔌

GREOUX LES BAINS
04800 Alpes de Haute Provence
1637 hab. 🛈

▲▲ GRAND HOTEL DES COLONNES ★★
8, av. des Marronniers. M. Angelini
☎ 92 78 00 04 ⑆ 92 77 64 37
🛏 35 ⊗ 200/260 F. ⑈ 85/160 F.
🍽 45 F. 🍴 215/260 F.
⊠ 16 nov./19 mars.
🇪 🗇 ☎ 🚗 🔌 🎿 🍴 CV 🔌 CB ▦

GREOUX LES BAINS (suite)

▲▲▲ LA CHENERAIE ★★
Les Hautes Plaines. M. Humel
☎ 92 78 03 23 ⏣ 92 78 11 72
🛏 20 ⌧ 290/350 F. 🍴 80/160 F.
♨ 50 F. 🍽 270/300 F.
⊠ 20 déc./15 fév.
Ⓔ ⬜ 🕿 🚗 🚗 ✚ ⤬ ⟶ ♿ CV ▨ ♠
CB 💼

GRESSE EN VERCORS
38650 Isère
1205 m. • 295 hab. 🛈

▲▲▲ LE CHALET ★★★
M. Prayer ☎ 76 34 32 08 ⏣ 76 34 31 06
🛏 25 ⌧ 240/380 F. 🍴 86/280 F.
♨ 50 F. 🍽 310/380 F.
⊠ 17 avr./6 mai et 2 nov./20 déc.
Ⓔ ⬜ 🕿 🚗 🚗 ➤ ⤒ ⤬ ✎ CV ▨ CB

▲ ROCHAS ★
M. Eyraud Dagany ☎ 76 34 31 20
🛏 7 ⌧ 220/240 F. 🍴 70/150 F. ♨ 45 F.
🍽 220/240 F.
⊠ 2 nov./20 déc.
🕿 ♠ CB

GRISOLLES
82170 Tarn et Garonne
2772 hab. 🛈

▲▲ RELAIS DES GARRIGUES ★★
Route de Fronton. M. Calandra
☎ 63 67 37 59 ╲ 63 67 31 59
⏣ 63 64 13 76
🛏 10 ⌧ 190/210 F. 🍴 45/110 F.
♨ 35 F. 🍽 160/180 F.
⊠ rest. mer.
Ⓔ ⬜ 🕿 🚗 🌴 ♿ CV ▨ ♠ CB

GROLEJAC
24250 Dordogne
600 hab.

▲▲ LE GRILLARDIN ★★
M. Giraud ☎ 53 28 11 02
🛏 14 ⌧ 140/240 F. 🍴 68/160 F.
♨ 45 F. 🍽 160/210 F.
⊠ 1er oct./31 mars.
Ⓔ 🕿 🚗 🌴 ▨ CB

GROSBLIEDERSTROFF
57520 Moselle
3500 hab.

▲ AUBERGE DE FRANCE
35, rue de la République. M. Bolay
☎ 87 09 01 13 ⏣ 87 09 28 46
🛏 6 ⌧ 170/180 F. 🍴 70/210 F. ♨ 40 F.
🍽 190/220 F.
⬜ 🕿 🚗 🚗 CV ♠ CB

GRUFFY
74540 Haute Savoie
565 m. • 835 hab.

▲▲ AUX GORGES DU CHERAN ★★
(Pont de l'Abîme). M. Savary
☎ 50 52 51 13
🛏 11 ⌧ 180/330 F. ♨ 45 F.
🍽 198/273 F.
⊠ 15 nov./fin fév.
Ⓔ ⬜ 🕿 🚗 🚗 🌴 ▦ ▨

▲ DE LA POSTE ★
M. Guevin ☎ 50 77 50 89
🛏 14 ⌧ 150/170 F. 🍴 60/120 F.
♨ 40 F. 🍽 180/200 F.
⊠ oct. et mer. hs.
🕿 🚗 🚗 🌴 🚶 ♠ CB

GRUISSAN PLAGE
11430 Aude
1270 hab. 🛈

▲ LE TAHITI
Front de mer. M. Alquier
☎ 68 49 22 28 ⏣ 68 49 52 95
🛏 25 ⌧ 200/300 F. 🍴 75/180 F.
♨ 42 F. 🍽 210/260 F.
⊠ janv./fév. et jeu.
Ⓔ SP 🕿 🚗 ⤒ ⤬ ⟶ 🌊 ♿ CV ▨
♠ CB

▲▲ LES 3 CARAVELLES ★★
1, allée des Courlis, front de Mer.
Mme Lenzi ☎ 68 49 13 87 ⏣ 68 49 67 17
🛏 20 ⌧ 225/300 F. 🍴 69/185 F. ♨ 45 F.
🍽 220/250 F.
⊠ 16 sept./Pâques.
Ⓔ 🕿 ♿ CV ♠ CB

GRUISSAN PORT
11430 Aude
1170 hab. 🛈

▲▲▲ CORAIL ★★★
Quai du Ponant. M. Bousquet
☎ 68 49 04 43 ⏣ 68 49 62 89
🛏 32 ⌧ 330/395 F. 🍴 90/160 F.
♨ 45 F. 🍽 280/330 F.
⊠ 11 nov./20 janv.
Ⓔ SP ⬜ 🕿 🚗 🚗 ⤒ 🔔 ⟶ ♂ ♿ CV
▨ ♠ CB

GUA (LE)
17680 Charente Maritime
1545 hab. 🛈

▲▲ LA GALIOTE ★★
(A Chalons). M. de Manny
☎ 46 22 81 94 ⏣ 45 97 02 29
🛏 9 ⌧ 240/300 F. 🍽 230/250 F.
⊠ 30 sept./15 mai.
Ⓔ ⬜ SP ⬜ 🕿 🚗 🌴 ▨ ♠ CB

GUEBERSCHWIHR
68420 Haut Rhin
727 hab.

▲▲ AU RELAIS DU VIGNOBLE ★★
13, rue des Forgerons. M. Roth
☎ 89 49 22 22 ⏣ 89 49 27 82
🛏 30 ⌧ 240/450 F. 🍴 80/250 F.
♨ 45 F. 🍽 260/280 F.
⊠ 1er fév./8 mars, rest. jeu. et mer. soir
15 nov./15 avr.
Ⓔ ⬜ 🕿 🚗 ⤒ 🚶 ♿ ▨ ♠ CB

GUEBWILLER
68500 Haut Rhin
13000 hab. 🛈

▲▲ D'ALSACE ★★
140, rue de la République. M. Riefle
☎ 89 76 83 02 ⏣ 89 74 17 15
🛏 28 ⌧ 255/340 F. 🍴 50/250 F.
♨ 55 F. 🍽 255 F.
Ⓔ ⬜ 🛈 🕿 🚗 ⤒ ♿ CV ♠ CB ♠

GUEBWILLER (suite)

▲▲ DU LAC ★★
Rue de la République. M. Mas
☎ 89 76 63 10 ⅢⅩ 89 74 24 84
🛏 43 ⊗ 220/280 F. Ⅱ 50/170 F.
🍴 35 F. ☖ 250 F.
⊠ rest. lun.
🄴 🄳 SP 🗄 ☎ 🚗 🚗 🎋 ⛱ ⚓ 🎿 ⛷
🎬 ⚓ CB

GUEMENE SUR SCORFF
56160 Morbihan
2100 hab. 🄸

▲▲ LE BRETAGNE ★★
18, rue Péres. M. Hamonic
☎ 97 51 20 08 ⅢⅩ 97 39 30 49
🛏 19 ⊗ 169/273 F. Ⅱ 59/170 F.
🍴 36 F. ☖ 174/226 F.
⊠ 1er/10 sept., 20 déc./10 janv. et
sam. hs.
🄴 🄳 SP 🗄 ☎ 🚗 🚗 🛏 🎋 ⛱ ⚓ 🎬
⚓ CB

GUERANDE
44350 Loire Atlantique
13000 hab. 🄸

▲ LES FLORALIES. LE D D'ARGENT ★
Chemin du Pradillon. Rue Pavé de
Beaulieu M. Cogrel ☎ 40 24 90 17
🛏 7 ⊗ 220/260 F. Ⅱ 85/210 F. 🍴 40 F.
☖ 220/250 F.
⊠ dim. soir.
🄴 🄳 SP ☎ 🚗 🎋 ⚓ ⛱ ⚓ ▶ ⚓ CV 🎬
⚓ CB

▲▲ LES VOYAGEURS ★★
Place du 8 Mai. M. Salaun
☎ 40 24 90 13 ⅢⅩ 40 62 06 64
🛏 12 ⊗ 260/290 F. Ⅱ 54/200 F.
🍴 35 F. ☖ 275/360 F.
⊠ 20 déc./10 janv. et lun. sauf
juil./août.
🗄 ☎ 🚗 🎋 🛏 CV 🎬 CB

GUERCHE SUR L'AUBOIS (LA)
18150 Cher
3300 hab. 🄸

▲▲ LE BERRY ★★
12, rue Jean Jaurès. Mme Lefrançois
☎ 48 74 00 41
🛏 7 ⊗ 250/320 F. Ⅱ 75/180 F. 🍴 45 F.
☖ 260/280 F.
⊠ 20 déc./5 janv., dim. soir et lun. hs.
🄴 🗄 ☎ 🚗 ⚓ CB

GUEUGNON
71130 Saône et Loire
10456 hab. 🄸

▲ DU CENTRE ★★
34, rue de la Liberté. M. Vezant
☎ 85 85 21 01 ⅢⅩ 85 85 02 67
🛏 19 ⊗ 140/270 F. Ⅱ 78/250 F.
🍴 50 F. ☖ 200/240 F.
⊠ dim. soir.
🄴 🄸 🗄 ☎ 🚗 🚗 🛏 CV 🎬 ⚓ CB

▲▲ RELAIS BOURGUIGNON ★★
47, rue de la Convention. M. Van Den
Abeele ☎ 85 85 25 23

🛏 8 ⊗ 160/190 F. Ⅱ 90/180 F. 🍴 70 F.
⊠ 1er/22 août, dim. soir et lun.
🄴 🗄 ☎ 🚗 🚗 ⛱ 🎬 ⚓

GUICHEN
35580 Ille et Vilaine
5000 hab.

▲▲ DU COMMERCE ★★
34, rue du Général Leclerc. M. Bertin
☎ 99 57 01 14 ⅢⅩ 99 57 34 67
🛏 19 ⊗ 220/320 F. Ⅱ 60/150 F.
🍴 48 F.
⊠ 20 déc./15 janv. et rest. sam.
🄴 🗄 ☎ 🚗 ⛱ 🎋 🛏 CV 🎬 CB

GUIDEL PLAGE
56520 Morbihan
6000 hab.

▲ L'AUBERGE ★
M. Cadieu ☎ 97 05 98 39 ⅢⅩ 97 32 87 31
🛏 16 ⊗ 145/260 F. Ⅱ 80/160 F.
🍴 40 F. ☖ 187/277 F.
⊠ 15 nov./fin mars, mar. et dim. soir hs.
🄴 🗄 ☎ CV ⚓ CB

GUILLAUMES
06470 Alpes Maritimes
800 m. • 500 hab. 🄸

▲ LES CHAUDRONS ★
Place de Provence. M. Coupery
☎ 93 05 50 01
🛏 10 ⊗ 170/220 F. Ⅱ 75/145 F.
🍴 46 F. ☖ 200/270 F.
⊠ 11/30 oct., dim. soir et lun. hs.
🄴 🗄 🛏 🎬 ⚓ CB

GUILLESTRE
05600 Hautes Alpes
1000 m. • 2000 hab. 🄸

▲▲ LE CATINAT FLEURI ★★
Mme Domeny
☎ 92 45 07 62 ⅢⅩ 92 45 28 88
🛏 30 ⊗ 320/350 F. Ⅱ 80/160 F.
🍴 38 F. ☖ 280/300 F.
🄴 🄸 🗄 ☎ 🚗 🚗 ⛱ 🎋 ⚓ ⚓ 🎿 CV
🎬 ⚓ CB

▲▲ MAISON DU ROY ★★
Sur D. 902, (à 5 km). M. Bérard
☎ 92 45 08 34 ⅢⅩ 92 45 27 19
🛏 30 ⊗ 250/340 F. Ⅱ 80/180 F.
🍴 58 F. ☖ 250/310 F.
⊠ 22 oct./20 déc. et 1er/8 mai.
🗄 ☎ 🚗 ⛱ 🎿 ⚓ 🎿 ⚓ CV 🎬
⚓ CB

GUILLIERS
56490 Morbihan
1300 hab.

▲▲▲ AU RELAIS DU PORHOET ★★
11, place de l'Eglise. MM. Courtel
☎ 97 74 40 17 ⅢⅩ 97 74 45 65
🛏 15 ⊗ 170/260 F. Ⅱ 62/190 F.
🍴 48 F. ☖ 200/250 F.
🄴 🗄 ☎ 🚗 ⛱ 🎿 CV 🎬 ⚓ CB

GUILVINEC (LE)
29730 Finistère
4000 hab.

▲▲ DU CENTRE
16, rue Général de Gaulle. M. Le Lann
☎ 98 58 10 44 ▨ 98 58 31 05
🛏 17 ⌷ 200/320 F. ⫿ 65/300 F.
🍴 45 F. ⊠ 250/300 F.
⊠ dim. soir nov./fév.
▨▨▨▨▨▨▨▨▨▨▨

GUINES
62340 Pas de Calais
5175 hab.

▲▲ AUBERGE DU COLOMBIER ★★
A La Bien Assise, Av. de Verdun.
M. Boutoille ☎ 21 36 93 00 ⟍ 21 35 20 77
▨ 21 36 79 20
🛏 7 ⌷ 180/350 F. ⫿ 70/230 F. 🍴 50 F.
⊠ rest. 15 oct./7 nov., fêtes fin
année, dim. soir et lun. hs.
▨▨▨▨▨▨▨▨▨▨▨▨
▨▨▨▨

GUISE
02120 Aisne
6296 hab.

▲▲ CHAMPAGNE PICARDIE ★★
41, rue André Godin. M. Lefèbvre
☎ 23 60 43 44
🛏 12 ⌷ 240 F. ⫿ 59/135 F. 🍴 40 F.
⊠ 180 F.
⊠ 1er/16 août et 24 déc./2 janv., rest
dim. et lun. soir, hôtel dim. sauf
réservations.
▨▨▨▨▨▨▨▨▨

GYE SUR SEINE
10250 Aube
495 hab.

▲ DES VOYAGEURS ★
Grande Rue. Mme Schruoffeneger
☎ 25 38 20 09 ▨ 25 38 25 37
🛏 8 ⌷ 100/160 F. ⫿ 70/175 F. 🍴 15 F.
⊠ 155/200 F.
⊠ 1er/15 fév. et mer. 1er nov./1er mars.
▨▨▨▨

H

HABERE LULLIN
74420 Haute Savoie
850 m. • 400 hab.

▲ AUX TOURISTES ★
Mme Cheneval-Pallud ☎ 50 39 50 42
🛏 19 ⌷ 190/250 F. ⫿ 65/160 F.
🍴 50 F. ⊠ 180/220 F.
⊠ hôtel 1er oct./20 déc. et mar.
soir/jeu. matin.
▨▨▨▨▨▨▨▨▨▨▨

HABITARELLE (L')
48170 Lozère
1180 m. • 40 hab.

▲▲ DE LA POSTE ★★
M. Laurens ☎ 66 47 90 05 ▨ 66 47 91 41

🛏 16 ⌷ 240/260 F. ⫿ 85/160 F. 🍴 28 F.
⊠ 220/240 F.
⊠ 20 déc./31 janv., ven. soir et sam.
midi.
▨▨▨▨▨▨▨▨▨▨▨
▨▨

HAGENTHAL LE BAS
68220 Haut Rhin
800 hab.

▲▲▲ JENNY ★★★
84, rue de Hegenheim. M. Koehl
☎ 89 68 50 09 ▨ 89 68 58 64
🛏 26 ⌷ 380/490 F. ⫿ 150/490 F.
🍴 50 F. ⊠ 370/420 F.
⊠ 19/30 déc., dim. soir et lun.
oct./mars.
▨▨▨▨▨▨▨▨▨▨▨
▨▨▨▨▨▨▨

HAGETMAU
40700 Landes
5000 hab.

▲▲ LA CREMAILLERE ★★
Route d'Orthez. Mme Bourdieu
☎ 58 79 31 93 ▨ 58 79 54 09
🛏 8 ⌷ 200 F. ⫿ 65/130 F. 🍴 45 F.
⊠ 220 F.
⊠ 24 déc./2 janv. et sam. sauf juin/sept.
▨▨▨▨▨▨▨▨▨▨
▨▨

HAGONDANGE
57300 Moselle
9091 hab.

▲▲ AGENA Rest. DU LAC ★★★
50, rue du 11 Novembre. M. Hitzges
☎ 87 70 21 32 ▨ 87 70 11 48
🛏 41 ⌷ 305/330 F. ⫿ 75/155 F.
🍴 47 F. ⊠ 215/235 F.
⊠ sam. et dim. soir.
▨▨▨▨▨▨▨▨▨▨
▨▨

HALLUIN
59250 Nord
16448 hab.

▲ SAINT-SEBASTIEN ★★
15-17, place de l'Abbé Bonpain.
Mme Lievens-Lootens
☎ 20 94 21 68 ▨ 20 03 25 05
🛏 10 ⌷ 239/249 F. ⫿ 65/190 F.
🍴 55 F. ⊠ 200 F.
⊠ rest. sam. midi et dim. soir.
▨▨▨▨▨▨▨▨▨▨

HAMBYE
50450 Manche
1218 hab.

▲▲ AUBERGE DE L'ABBAYE ★★
M. Allain ☎ 33 61 42 19 ▨ 33 61 00 85
🛏 7 ⌷ 260 F. ⫿ 95/280 F. 🍴 50 F.
⊠ 270 F.
⊠ 15/28 fév., 25 sept./12 oct. et lun.
sauf fériés.
▨▨▨▨▨

223

HARTMANNSWILLER
68500 Haut Rhin
520 hab.

⚐⚐ MEYER ★★
49, route de Cernay. M. Meyer
☎ 89 76 73 14 ⛕ 89 76 79 57
🛏 12 ⬚ 260/300 F. 🍽 70/300 F.
🍴 45 F. 🛌 220/285 F.
⊠ 2ème quinz. janv., 2ème quinz.
juin, ven. et sam. midi.
Ⓔ Ⓓ 🗗 ☎ 🖴 ⋈ 🌴 ✈ 🏃 ♿ 🕽
CB 💼

HASPARREN
64240 Pyrénées Atlantiques
5400 hab. ⓘ

⚐⚐ ARGIA ★★
Rue du Docteur Jean Lissac. M. Barbace
☎ 59 29 60 24 \ 59 29 51 20
🛏 20 ⬚ 180/240 F. 🍽 68/140 F.
🍴 45 F. 🛌 190/224 F.
⊠ hôtel 1er nov./1er mars et lun. sauf
juil./août.
Ⓔ SP ☎ 🗗 🌴 🏃 ♿ CV 🕽 CB

⚐⚐ BERRIA ★★
Rue Francis Jammes. M. Marcarie
☎ 59 29 61 85 \ 59 29 11 10
🛏 18 ⬚ 200/240 F. 🍽 70/130 F.
🍴 40 F. 🛌 190/210 F.
⊠ 10/31 oct., lun. après midi et mar.
Ⓔ SP ☎ 🗗 🗗 🌴 🏃 CV 🕽 ♠ CB

HAUTERIVES
26390 Drôme
1125 hab. ⓘ

⚐⚐ LE RELAIS ★★
M. Graillat ☎ 75 68 81 12
🛏 17 ⬚ 130/240 F. 🍽 70/180 F.
🍴 50 F. 🛌 190/230 F.
Ⓔ ⓘ 🗗 🗗 🌴 🕽 ♠ CB

HAUTES RIVIERES (LES)
08800 Ardennes
2200 hab.

⚐ AUBERGE EN ARDENNE ★★
15, rue de l'Hôtel de Ville.
Mme Lallouette
☎ 24 53 41 93 ⛕ 24 53 60 10
🛏 12 ⬚ 165/290 F. 🍽 75/180 F.
🍴 45 F. 🛌 170/200 F.
⊠ rest. dim. soir sauf juil./août.
Ⓓ 🗗 ☎ ♿ ♠ CB

HAUTEVILLE LES DIJON
21121 Côte d'Or
1050 hab.

⚐⚐ LA MUSARDE ★★
7, rue des Riottes. M. Oge
☎ 80 56 22 82 ⛕ 80 56 64 40
🛏 11 ⬚ 240/300 F. 🍽 98/330 F.
🍴 65 F. 🛌 365/445 F.
⊠ 15 déc./15 janv., dim. soir et lun.
sauf juil./août.
Ⓔ Ⓓ 🗗 ☎ 🗗 🌴 🏃 CV 🕽 ♠ CB 💼

HAUTEVILLE LOMPNES
01110 Ain
850 m. • 5000 hab. ⓘ

⚐ AUBERGE DU COL DE LA LEBE ★
M. Clerc ☎ 79 87 64 54
🛏 7 ⬚ 185/255 F. 🍽 83/265 F. 🍴 65 F.
🛌 225/245 F.
⊠ 20/30 juin, 15 nov./5 mars, lun. et
mar. sauf juil./août.
🗗 🗗 ☎ 🏃 ♿ ♠

HAYBES SUR MEUSE
08170 Ardennes
2500 hab. ⓘ

⚐ SAINT HUBERT ★★
47, Grande Rue. M. Jacques
☎ 24 41 11 38 ⛕ 24 40 14 45
🛏 10 ⬚ 170/250 F. 🍽 70/180 F.
🍴 50 F. 🛌 150/220 F.
⊠ fév., dim. soir et lun. hs.
Ⓓ SP 🗗 ☎ 🕽 ♠ CB

HAZEBROUCK
59190 Nord
20494 hab.

⚐⚐⚐ AUBERGE DE LA FORET ★★
La Motte au Bois. M. Becu
☎ 28 48 08 78 ⛕ 28 40 77 76
🛏 12 ⬚ 190/310 F. 🍽 125/260 F.
🍴 60 F. 🛌 255/450 F.
⊠ 26 déc./15 janv., dim. soir et lun.
Ⓔ Ⓓ 🗗 ☎ 🌴 ♠ CB 💼

HEDE
35630 Ille et Vilaine
749 hab. ⓘ

⚐⚐ LE VIEUX MOULIN ★★
Mme Piro ☎ 99 45 45 70 ⛕ 99 45 44 86
🛏 13 ⬚ 230/260 F. 🍽 85/240 F.
🍴 65 F. 🛌 240/270 F.
⊠ 20 déc./1er fév., dim. soir et lun.
Ⓔ Ⓓ SP 🗗 ☎ 🗗 🌴 🕽 ♠ 💼

HEILIGENSTEIN
67140 Bas Rhin
720 hab.

⚐⚐ RELAIS DU KLEVENER ★★
51, rue Principale. Mme Meckert
☎ 88 08 05 98 ⛕ 88 08 40 83
🛏 32 ⬚ 150/250 F. 🍽 95/175 F.
🍴 35 F. 🛌 200/240 F.
⊠ janv. et mi-fév., rest. lun. et mar.
matin.
Ⓔ Ⓓ 🗗 ☎ 🗗 🌴 🏃 ♿ CV 🕽 ♠ CB

HELETTE
64640 Pyrénées Atlantiques
573 hab. ⓘ

⚐⚐⚐ AGUERRIA ★★
M. Etcheverry
☎ 59 37 62 90 ⛕ 59 37 66 60
🛏 26 ⬚ 200/280 F. 🍽 70/140 F.
🍴 40 F. 🛌 200/220 F.
⊠ 15 oct./15 nov.
Ⓔ SP 🗗 ☎ 🗗 ⬚ �🏔 🌴 🏃 ♿ CV
🕽 ♠ CB 💼

HEMING
57830 Moselle
506 hab.

⌂ AUBERGE ALSACIENNE ★★
17, rue de Strasbourg. M. Habermeyer
☎ 87 25 00 10
🛏 7 ⌷ 240 F. 🍽 99/180 F. 🍴 50 F.
🛎 350 F.
⌧ lun. et sam. midi.
[E] [D] 🖭 🕾 🚗 🚐 🏕 🏊 🐾 [CB]

HENDAYE
64700 Pyrénées Atlantiques
13000 hab. 🛈

⌂⌂ CHEZ ANTOINETTE ★★
Place Pellot. M. Haramboure
☎ 59 20 08 47 🖳 59 48 11 64
🛏 16 ⌷ 250/400 F. 🍽 130 F. 🍴 50 F.
🛎 260 F.
⌧ oct./Pâques, rest. dim. soir et lun.
sauf juil./août.
[E] [D] [SP] 🖭 🕾 🚗 🏕 [CV] 🐾 [CB]

HENDAYE PLAGE
64700 Pyrénées Atlantiques
11578 hab. 🛈

⌂⌂⌂ POHOTENIA ★★★
Route de la Corniche. M. Fagondo
☎ 59 20 04 76 🖳 59 20 81 25
🛏 47 ⌷ 250/350 F. 🍽 80/190 F.
🍴 45 F. 🛎 280/320 F.
⌧ janv.
[E] [D] [SP] 🖭 🕾 🚗 🏕 🏊 🏓 🐟 [CV] 🎱

HENNEBONT
56700 Morbihan
14000 hab. 🛈

⌂ AUBERGE DE TOUL DOUAR ★★
Ancienne route de Lorient. M. Kervarrec
☎ 97 36 24 04 🖳 97 36 37 85
🛏 27 ⌷ 130/250 F. 🍽 70/250 F.
🍴 50 F. 🛎 190/320 F.
⌧ 1 semaine nov., 3 semaines fév., dim.
soir et lun. hs.
[E] 🖭 🕾 🚗 🍴 [CV] 🎱 🐾 [CB]

HENRICHEMONT
18250 Cher
1820 hab.

⌂ LE SOLEIL LEVANT
15, rue de Bourgogne. M. Pinson
☎ 48 26 71 38
🛏 9 ⌷ 180/220 F. 🍽 60/160 F. 🍴 40 F.
🛎 200 F.
⌧ vac. scol. fév., 25 août/11 sept., dim.
soir et lun. midi.
🖭 🕾 🍴 🐾 [CB]

HERBAULT
41190 Loir et Cher
1100 hab.

⌂ AUBERGE DES TROIS MARCHANDS
34, place de l'Hôtel de Ville. M. Cuvier
☎ 54 46 12 18
🛏 6 ⌷ 140/200 F. 🍽 85/190 F. 🍴 52 F.
⌧ déc., lun. soir et mar.
🍴 [CV] 🐾 [CB]

HERBIERS (LES)
85500 Vendée
14000 hab. 🛈

⌂⌂ CHEZ CAMILLE ★★
2, rue Monseigneur Massé. Mme Masse
☎ 51 91 07 57 🖳 51 67 19 28
🛏 13 ⌷ 250/280 F. 🍽 70/170 F.
🍴 50 F. 🛎 250/280 F.
⌧ 1er/10 août et 18/31 déc.
[E] 🖭 🕾 🚗 🚐 🍴 [CV] 🎱 🐾 [CB]

⌂⌂ DU CENTRE ★★
6, rue de l'Eglise. Mme Morillon
☎ 51 67 01 75 🖳 51 66 82 24
🛏 8 ⌷ 275/305 F. 🍽 70/170 F. 🍴 45 F.
🛎 225/230 F.
⌧ 1er/8 janv., 31 juil./17 août,
23/31 déc., dim. 1er juin/4 sept.,
ven. soir, sam. et dim. soir.
[E] 🖭 🕾 🚐 🍴 [CV] 🐾 [CB]

HERIC
44810 Loire Atlantique
3378 hab.

⌂⌂ L'ABREUVOIR ★★
Route de Rennes. M. Amirault
☎ 40 57 63 81 🖳 40 57 67 81
🛏 9 ⌷ 260 F. 🍽 85/165 F. 🍴 70 F.
🛎 250 F.
⌧ 1er/23 août et dim. soir.
🖭 🕾 [CV] 🎱 🐾 [CB] 🛅

HERM
40990 Landes
700 hab. 🛈

⌂⌂ DE LA PAIX ★★
Route de Magescq. M. Junca
☎ 58 91 52 17
🛏 11 ⌷ 180/240 F. 🍽 80/220 F.
🍴 60 F. 🛎 210/250 F.
🕾 🚗 🚐 🏕 🐟 🏓 [CV] 🎱 🐾 [CB]

⌂ LA BERGERIE
Mme Puyobrau ☎ 58 91 52 28
🛏 8 ⌷ 200/240 F. 🍽 65/160 F. 🍴 40 F.
🛎 230/250 F.
⌧ 24 déc./10 janv.
🕾 🚐 🏕

HERMENT
63470 Puy de Dôme
370 hab. 🛈

⌂⌂ SOUCHAL ★★
Route de la Bourboule. M. Souchal
☎ 73 22 10 55 🖳 73 22 13 63
🛏 15 ⌷ 215 F. 🍽 53/180 F. 🍴 38 F.
🛎 190 F.
[E] 🖭 🕾 🚗 🚐 🏓 [CV] 🎱 🐾 [CB]

HERY
89550 Yonne
1520 hab.

⌂⌂ LES BAUDIERES
1, rue d'Auxerre. M. Dauthereau
☎ 86 40 11 51 🖳 86 40 14 45
🛏 8 ⌷ 190 F. 🍽 78/185 F. 🍴 45 F.
🛎 350 F.
⌧ 5/27 sept., dim. soir et lun.
🖭 🕾 🚗 🚐 🏕 🍴 🐾 🛅

HESDIN
62140 Pas de Calais
2700 hab. 📍

DES FLANDRES ★★
22, rue d'Arras. M. Persyn
☎ 21 86 80 21 ⨳ 21 86 28 01
🛏 14 ◌ 250/320 F. 🍴 78/180 F.
🅿 50 F. 🛎 320/360 F.
⊠ 20 déc./10 janv., 1ère semaine juil.
[icons]

LA CHOPE ★
48, rue d'Arras. M. Samper-Deman
☎ 21 86 82 73
🛏 7 ◌ 220/300 F. 🍴 69/135 F. 🅿 45 F.
🛎 220/310 F.
⊠ 15/30 nov. et ven. sauf réservations groupes.
[icons]

HEUDICOURT
55210 Meuse
150 hab.

DU LAC DE MADINE ★★
M. Drapier ☎ 29 89 34 80 ⨳ 29 89 39 20
🛏 48 ◌ 240/300 F. 🍴 80/210 F.
🅿 50 F. 🛎 245/295 F.
⊠ janv. et lun. hs.
[icons]

HOHROD
68140 Haut Rhin
350 hab.

BEAU SITE ★★
3, rue Principale. M. Burger
☎ 89 77 31 55
🛏 13 ◌ 215/260 F. 🍴 69/150 F.
🅿 32 F. 🛎 190/215 F.
⊠ 15 nov./1er fév. et mar. hs.
[icons]

HOHRODBERG
68140 Haut Rhin
750 m. • 120 hab.

PANORAMA ★★
3, route du Linge. M. Mahler
☎ 89 77 36 53 ⨳ 89 77 03 93
🛏 32 ◌ 200/345 F. 🍴 95/230 F.
🅿 42 F. 🛎 183/290 F.
⊠ 13 nov./8 déc.
[icons]

ROESS ★★
16, route du Linge. M. Roess
☎ 89 77 36 00 ⨳ 89 77 01 95
🛏 31 ◌ 220/290 F. 🍴 100/196 F.
🅿 82 F. 🛎 230/280 F.
⊠ 6 nov./16 déc.
[icons]

HOHWALD (LE)
67140 Bas Rhin
750 m. • 400 hab. 📍

AU PAVILLON DE CHASSE
16, rue du Herrenhaus. Mme Knobloch
☎ 88 08 30 08 ⨳ 88 08 32 13
🛏 20 ◌ 166/208 F. 🍴 93/148 F.

🅿 35 F. 🛎 198/240 F.
⊠ mi-oct./fin mars sauf Noël/jour de l'An et groupes, rest. mar. soir et mer.
[icons]

MARCHAL ★★
12, rue Wittertalhof. M. Marchal
☎ 88 08 31 04 ⨳ 88 08 34 05
🛏 16 ◌ 185/265 F. 🍴 115/190 F.
🅿 60 F. 🛎 245/265 F.
⊠ 15 nov./18 déc. et rest. lun. hs.
[icons]

ZUNDELKOPF ★
2, rue du Zundelkopf. M. Bacher
☎ 88 08 30 41
🛏 12 ◌ 175/240 F. 🛎 190/220 F.
⊠ 15/31 mars et 3 nov./18 déc.
[icons]

HOLNON
02760 Aisne
1199 hab.

LE POT D'ETAIN ★★★
R. N. 29. Mme Moulin
☎ 23 09 60 60 \ 23 09 61 46
⨳ 23 09 66 55
🛏 32 ◌ 280/320 F.
[icons]

HOMPS
11200 Aude
569 hab.

AUBERGE DE L'ARBOUSIER
Av. de Carcassonne. Mme Rosado
☎ 68 91 11 24
🛏 7 ◌ 200/230 F. 🍴 78/190 F. 🅿 40 F.
🛎 210/240 F.
⊠ 15 fév./15 mars, 1er/21 nov., mer. et dim. soir 1er sept./30 juin, lun. juil./août.
[icons]

HONFLEUR
14600 Calvados
10000 hab. 📍

DE LA CLAIRE
77, cours Albert Manuel. Mme Lebas
☎ 31 89 05 95
🛏 20 ◌ 170/400 F. 🍴 75/170 F.
🅿 45 F. 🛎 200/325 F.
⊠ rest. 15 nov./1er fév.
[icons]

FERME DE LA GRANDE COUR ★
(A Equemauville Côte de Grace).
M. Salomon ☎ 31 89 04 69
🛏 15 ◌ 200/360 F. 🍴 105/230 F.
🅿 50 F. 🛎 300/350 F.
⊠ rest. 12/26 fév.
[icons]

LE BELVEDERE ★★
36, route Emile-Renouf. M. Haubourdin
☎ 31 89 08 13 ⨳ 31 89 51 40
🛏 9 ◌ 200/350 F. 🍴 90/240 F. 🅿 50 F.
🛎 240/325 F.
⊠ 5 nov./20 déc., 5 janv./20 fév., lun. et mer. soir.
[icons]

HONFLEUR (BARNEVILLE LA BERTRAN)
14600 Calvados
150 hab.

AA DE LA SOURCE ★★
M. Legeay
☎ 31 89 25 02 ᴍ 31 89 44 40
🛏 11 ⬡ 300/450 F. ⬚ 140/180 F.
🍴 70 F. ⬛ 300/420 F.
⊠ 4 nov./15 fév.
[icons]

HONFLEUR (PENNEDEPIE)
14600 Calvados
250 hab.

AAA ROMANTICA
Chemin du Petit Paris. Mme Lorant
☎ 31 81 14 00 ᴍ 31 81 54 78
🛏 18 ⬡ 200/480 F. ⬚ 100/250 F.
🍴 60 F. ⬛ 275/400 F.
⊠ rest. 15 nov./15 déc., mer. et jeu.
midi 1er oct./31 mars.
[icons]

HONFLEUR (SAINT GATIEN DES BOIS)
14130 Calvados
1054 hab.

AAA LE CLOS SAINT-GATIEN ★★★
M. Rufin ☎ 31 65 16 08 ᴍ 31 65 10 27
🛏 56 ⬡ 230/850 F. ⬚ 98/260 F.
🍴 65 F. ⬛ 305/590 F.
[icons]

HOPITAL SUR RHINS (L')
42132 Loire
600 hab. 🛈

AA LE FAVIERES ★★
M. Veluire ☎ 77 64 80 30
🛏 14 ⬡ 130/195 F. ⬚ 68/220 F.
🍴 40 F. ⬛ 155/187 F.
⊠ 4/27 janv., dim. soir et lun. hs.
[icons]

HOPITAUX NEUFS (LES)
25370 Doubs
1000 m. • 270 hab. 🛈

A ROBBE ★★
5, rue de la Poste. M. Robbe
☎ 81 49 11 05
🛏 19 ⬡ 140/190 F. ⬚ 75/120 F.
🍴 45 F. ⬛ 185/235 F.
⊠ 5 avr./30 juin et 10 sept./20 déc.
[icons]

HORBOURG WIHR
68180 Haut Rhin
5000 hab.

AA DU CERF ★★
9, Grand'Rue. M. Hagenmuller
☎ 89 41 20 35 ᴍ 89 24 24 98
🛏 27 ⬡ 260/320 F. ⬚ 95/225 F.

🍴 45 F. ⬛ 265/320 F.
⊠ 1er/10 juil., 10 janv./10 mars et mer.
16 sept./14 mai.
[icons]

HOSSEGOR
40150 Landes
2548 hab. 🛈

A LA BONBONNIERE ★
1111, av. du Touring Club de France.
M. Rossignol ☎ 58 43 50 21\59 27 12 85
🛏 13 ⬡ 132/281 F. ⬚ 72/162 F.
🍴 40 F. ⬛ 200/312 F.
⊠ 1er oct./30 avr.
[icons]

AAA LACOTEL ★★
3058, av. du Touring Club de France.
M. Bretelle ☎ 58 43 93 50 ᴍ 58 43 59 69
🛏 42 ⬡ 290/410 F. ⬚ 100/165 F.
🍴 60 F. ⬛ 295/380 F.
⊠ 15 déc./10 fév. et rest.
10 fév./30 mars.
[icons]

A LE NEPTUNE ★
1053, av. du Touring Club de France.
M. Bretelle ☎ 58 43 51 09
🛏 20 ⬡ 150/200 F. ⬚ 100/160 F.
🍴 50 F. ⬛ 190/250 F.
⊠ 1er oct./1er avr. et mar. soir.
[icons]

A LE ROND-POINT ★★
Av. du Touring Club de France.
Mme Vergez ☎ 58 43 53 11
🛏 12 ⬡ 240/260 F. ⬚ 120/240 F.
🍴 35 F. ⬛ 220/230 F.
[icons]

※ LES HELIANTHES ★★
Av. de la Côte d'Argent. M. Benoît
☎ 58 43 52 19 ᴍ 58 43 95 19
🛏 18 ⬡ 170/330 F.
⊠ 15 oct./7 avr.
[icons]

HOSSEGOR (SOORTS)
40150 Landes
2500 hab. 🛈

AA DE LA FORET ★★
Route des Lacs. M. Rouvrais
☎ 58 43 88 21 ᴍ 58 43 80 01
🛏 17 ⬡ 250/320 F. ⬚ 100/200 F.
🍴 50 F. ⬛ 240/330 F.
⊠ Toussaint/Pâques et lun.
[icons]

HOUCHES (LES)
74310 Haute Savoie
1000 m. • 2000 hab. 🛈

AA HOSTELLERIE LES S'NAILLES ★★
M. Ruillat ☎ 50 54 47 11 ᴍ 50 55 51 75
🛏 18 ⬡ 260/290 F. ⬚ 85 F. 🍴 45 F.
⬛ 245/265 F.
⊠ 30 avr./1er juin et 15 oct./20 déc.
[icons]

HOUCHES (LES) (suite)

▲▲▲ LE MONT ALBA ★★★
Av. des Alpages. M. Lagarde
☎ 50 54 50 35 ℻ 50 55 50 87
🛏 43 🛌 60 F. 🍽 390/470 F.
⊠ 7 nov./15 déc.
🖬 🕿 🚗 �"🛉 🖾 🖾 🏔 🎿 🕏 CV 🍴
🆓 CB 🖺

HOULGATE
14510 Calvados
1750 hab. ℹ

▲ AUBERGE DE LA FERME DES AULNETTES
Route de la Corniche. Mme Robert
☎ 31 28 00 28 ℻ 31 28 07 21
🛏 13 🛌 200/265 F. 🍽 89/179 F.
🍽 55 F. 🖾 255/298 F.
⊠ 15 nov./25 déc.
🖬 🚗 🕿 🎿 🕏 CV 🍴 CB

HUSSEREN LES CHATEAUX
68420 Haut Rhin
362 hab.

▲▲▲ HUSSEREN LES CHATEAUX ★★★
Rue du Schlossberg. M. Me De Jong
☎ 89 49 22 93 ℻ 89 49 24 84
🛏 38 🛌 420/800 F. 🍽 120/320 F.
🍽 60 F. 🖾 462/515 F.
🖬 🆓 🚗 🕿 🚗 🚗 🛉 🖾 🏔 🖋 🛉
🖔 🕏 🍴 🍴 CB 🖺

HYERES
83400 Var
43500 hab. ℹ

▲▲ DU PARC ★★
7, bld Pasteur. Mme Moreau
☎ 94 65 06 65 ╲ 94 65 12 00
℻ 94 65 93 28
🛏 42 🛌 160/315 F. 🍽 89/115 F.
🍽 48 F. 🖾 165/285 F.
🖬 🆓 SP ℹ 🚗 🕿 🚗 🍴 CV 🍴 🍴 CB

HYERES (L'AYGADE)
83400 Var
3000 hab. ℹ

▲▲ LE CEINTURON ★★
(A l'Aygade, 12, bld du Front de Mer).
M. Hocquellet
☎ 94 66 33 63 ℻ 94 66 32 29
🛏 13 🛌 200/330 F. 🍽 100/250 F.
🍽 45 F. 🖾 250/350 F.
⊠ nov.
🖬 🚗 🕿 🍴 🎿 CV 🍴 🍴 CB

HYERES (LE PORT)
83400 Var
43500 hab. ℹ

▲▲ LA POTINIERE ★★
Plage de l'Hippodrome. M. Missland
☎ 94 58 02 10 ℻ 94 58 09 74
🛏 13 🛌 240/480 F. 🍽 70/195 F.
🍽 48 F. 🖾 295/450 F.
⊠ rest. dim. soir et lun. hs.
🖬 🆓 SP 🚗 🕿 🚗 🎿 CV 🍴 🍴 CB

HYERES (PRESQU'ILE DE GIENS)
83400 Var
1600 hab. ℹ

▲ RELAIS BON ACCUEIL ★★
(A Giens). MeM. Stocker/Coolen
☎ 94 58 20 48 ℡ 400 479 ℻ 94 58 90 46
🛏 10 🛌 300/450 F. 🍽 115/200 F.
🍽 60 F. 🖾 420/450 F.
⊠ rest. 1er nov./15 déc.
🖬 🆓 ℹ 🚗 🕿 🚗 🍴 CV 🍴 CB

ILAY
39150 Jura
800 m. • 40 hab.

▲ AUBERGE DU HERISSON ★
M. Morizot
☎ 84 25 58 18 ℻ 84 25 51 11
🛏 16 🛌 150/300 F. 🍽 80/250 F.
🖾 180/260 F.
🖬 🆓 🚗 🕿 🚗 🍴 CV

ILE DE BREHAT
22870 Côtes d'Armor
500 hab.

▲▲ LA VIEILLE AUBERGE ★★
Mme Lamidon
☎ 96 20 00 24 ℻ 96 20 05 12
🛏 14 🍽 90/250 F. 🍽 55 F.
🖾 350/420 F.
⊠ nov./vac. scol. Pâques.
🖬 🚗 🕿 🚗 🍴 CV 🍴 🍴 CB

▲▲ LES TERRASSES ET BELLEVUE ★★
Le Port Clos. M. Enriore
☎ 96 20 00 05 ℻ 96 20 06 06
🛏 17 🛌 390/800 F. 🍽 89/170 F.
🍽 65 F. 🖾 370/420 F.
⊠ 5 janv./9 fév.
🖬 🆓 SP ℹ 🚗 🕿 🚗 🛉 🍴 🎿 🖔 🛉
CV 🍴 🍴 CB

ILE TUDY
29980 Finistère
500 hab. ℹ

▲▲ DES DUNES ★★
9, av. de Bretagne. M. Conan
☎ 98 56 43 55
🛏 12 🛌 230/370 F. 🍽 105/140 F.
🍽 55 F. 🖾 240/340 F.
⊠ 16 sept./31 mai.
🖬 ℹ 🕿 🍴 CV 🍴 CB

▲ MODERNE HOTEL ★
9, place de la Cale. M. Huitric
☎ 98 56 43 34 ℻ 98 51 90 70
🛏 19 🛌 170/260 F. 🍽 70/150 F.
🍽 40 F. 🖾 210/260 F.
⊠ hôtel 31 oct./1er avr., rest.
11 nov./20 déc. et sam. hiver.
🖬 🕿 🎿 CV CB

228

ILLHAEUSERN
68970 Haut Rhin
557 hab.

▲▲ LES HIRONDELLES ★★
33, rue du 25 Janvier. Mme Muller
☎ 89 71 83 76 📠 89 71 86 40
🛏 19 ⊟ 230/250 F. 🍴 60 F.
🍽 230/260 F.
⊠ hôtel 29 janv./10 mars, 25/30 juin,
rest. 1er nov./20 mars et dim. soir.
🅴 🅳 🗄 ☎ 🚗 🛏 🏴 🌴 🏕 ⚓ ♿ CV ⌂
CB C

INGERSHEIM
68040 Haut Rhin
4500 hab.

▲▲▲ KUEHN ★★★
Quai de la Fecht. M. Kuehn
☎ 89 27 38 38 📠 89 27 00 77
🛏 28 ⊟ 230/360 F. 🍴 130/295 F.
🍽 55 F.
⊠ 1er/15 fév., dim. soir et lun.
1er nov./30 juin.
🅴 🅳 🗄 ☎ 🚗 ⚡ 🏴 🍴 🔊 ⌂ CB

INGRANDES SUR LOIRE
49123 Maine et Loire
1500 hab. 🅸

▲▲ LE LION D'OR ★★
Place du Lion d'Or. M. Paquereau
☎ 41 39 20 08 📠 41 39 21 03
🛏 16 ⊟ 160/260 F. 🍴 49/180 F.
🍽 48 F. 🍽 181/227 F.
⊠ 15/28 fév.
🅴 🗄 ☎ 🚗 CV ⌂ CB C 📷

INGWILLER
67340 Bas Rhin
4000 hab. 🅸

▲▲▲ AUX COMTES DE HANAU ★★
139, rue Général de Gaulle. M. Futterer
☎ 88 89 42 27 📠 88 89 51 18
🛏 11 ⊟ 300/400 F. 🍴 55/260 F.
🍽 49 F. 🍽 250/300 F.
🅴 🅳 🗄 ☎ 🚗 🚗 🏴 🌴 ⚓ ♿ CV 🔊
⌂ CB 📷

INNENHEIM
67880 Bas Rhin
870 hab.

▲▲ AU CEP DE VIGNE ★★
Route de Barr. Mme Schaal
☎ 88 95 75 45 📠 88 95 79 73
🛏 40 ⊟ 180/400 F. 🍴 90/230 F.
🍽 50 F. 🍽 220/290 F.
⊠ 2ème quinz. fév. et rest. lun.
🅴 🅳 🗄 ☎ 🚗 🚗 ⚡ 🏴 🌴 🍴 ⚓ ♿
🔊 ⌂ CB

INOR
55700 Meuse
250 hab. 🅸

▲▲ AUBERGE DU FAISAN DORE ★★
Rue de l'écluse. M. Bataille
☎ 29 80 35 45 ╲ 29 80 39 74
📠 29 80 37 92
🛏 13 ⊟ 200/250 F. 🍴 55/180 F.
🍽 50 F. 🍽 180/230 F.
🅴 🗄 ☎ 🚗 🚗 🏴 🔊 🍴 ⌂ 🔊 CV 🔊
⌂ CB

INXENT
62170 Pas de Calais
170 hab.

▲ AUBERGE D'INXENT
318, rue de la Vallée. M. Manessiez
☎ 21 90 71 19 📠 21 86 31 67
🛏 5 ⊟ 350/400 F. 🍴 95/250 F.
🍽 60 F.
🍽 280 F.
⊠ 2/25 janv., mar. soir et mer. sauf
juil./août.
🅴 🅳 SP 🗄 ☎ 🚗 🚗 🏴 🌴 ⌂ ♿ 🔊
⌂ CB

ISIGNY SUR MER
14230 Calvados
3500 hab. 🅸

▲▲ DE FRANCE ★★
Rue E. Demagny. M. Me Petit
☎ 31 22 00 33 📠 170234 📠 31 22 79 19
🛏 19 ⊟ 180/300 F. 🍴 55/210 F.
🍽 40 F. 🍽 200/290 F.
⊠ 5 déc./10 janv., ven. soir, sam. hs et
week-ends fériés.
🅴 🗄 ☎ 🚗 🏴 ⚡ 🍴 CV 🔊 ⌂ CB

ISLE
87170 Haute Vienne
7134 hab.

▲▲ JEANDILLOU ★★
Sur N. 21. Lieu-dit chez Minet.
Mme Jeandillou ☎ 55 39 00 44
🛏 15 ⊟ 150/340 F. 🍴 75/180 F.
🍽 35 F. 🍽 210/280 F.
🅴 🅳 🗄 ☎ 🚗 🏴 ☎ 🍴 CV ⌂ CB 📷

ISLE ADAM (L')
95290 Val d'Oise
9479 hab. 🅸

▲▲ LE CABOUILLET ★★
5, quai de l'Oise. M. Guillerm
☎ (1) 34 69 00 90 📠 (1) 34 69 33 88
🛏 4 ⊟ 280/380 F. 🍴 170/290 F.
🍽 80 F. 🍽 340/420 F.
⊠ vac. scol. fév. et lun.
🅴 🅳 🗄 ☎ 🏴 🔊 ⌂ CB 📷

ISLE JOURDAIN (L')
32600 Gers
4365 hab.

▲▲ HOSTELLERIE DU LAC ★★
Route d'Auch. M. Rabassa
☎ 62 07 03 91 📠 62 07 04 37
🛏 27 ⊟ 195/225 F. 🍴 75/220 F.
🍽 50 F. 🍽 200/225 F.
⊠ 1 semaine vac. fév.
🅴 SP 🗄 ☎ 🚗 🏴 ⚡ 🔊 ⌂ CB

ISLE SUR SEREIN (L')
89440 Yonne
524 hab.

▲▲ AUBERGE DU POT D'ETAIN
24, rue Bouchardat. Mme Péchery
☎ 86 33 88 10 📠 86 33 90 93
🛏 8 ⊟ 170/390 F. 🍴 92/285 F. 🍽 55 F.
🍽 285/420 F.
⊠ dernière semaine oct., 4 semaines
fév., dim. soir et lun. sauf juil./août.
🅴 🗄 🚗 🚗 📅 🏴 🔊 ⌂ CB

ISLE SUR SORGUE (L')
84800 Vaucluse
17000 hab. [i]

⌂ L'ERMITAGE ★★
Route de Fontaine de Vaucluse.
M. Lemaitre ☎ 90 20 32 20
[T] 11 ⊗ 190/260 F. [!!] 60/160 F.
[=] 45 F. [▥] 185/235 F.
⊠ rest. 1er janv./15 mars, hôtel mar.
soir et mer. 1er janv./15 mars.
[icons] C

⌂⌂ LA GUEULARDIERE ★★
1, av. J. Charmasson. M. Toppin
☎ 90 38 10 52 [FAX] 90 20 83 70
[T] 5 ⊗ 280/300 F. [!!] 98/175 F. [=] 50 F.
[▥] 250/280 F.
⊠ mer.
[icons]

⌂⌂ LE PESCADOR ★
(Le Partage des Eaux). Mme Rochet
☎ 90 38 09 69 [FAX] 90 38 27 80
[T] 8 ⊗ 250 F. [!!] 78/170 F. [=] 45 F.
[▥] 255 F.
⊠ 15 nov./15 mars et lun. sauf
juil./août.
[icons]

✳ LES NEVONS ★★
Quartier des Nevons. Mme Ovise
☎ 90 20 72 00 [FAX] 90 38 31 20
[T] 26 ⊗ 250/350 F.
[icons]

ISOLA VILLAGE
06420 Alpes Maritimes
873 m. • 540 hab. [i]

⌂ DE FRANCE ★
Place Borelli. Mme Bacquez
☎ 93 02 17 04
[T] 16 [!!] 65/ 95 F. [▥] 210/250 F.
⊠ 5/26 mai, 29 sept./13 oct. et ven.
[icons]

ISSAMBRES (LES)
83380 Var
2000 hab. [i]

⌂⌂ LA QUIETUDE ★★
Sur N. 98. M. Farrero
☎ 94 96 94 34 [FAX] 94 49 67 82
[T] 19 ⊗ 280/315 F. [!!] 136/170 F.
[=] 50 F. [▥] 290/334 F.
⊠ 16 oct./17 fév.
[icons]

ISSENHEIM
68500 Haut Rhin
3000 hab.

⌂ DEMI LUNE
9, route de Rouffach. M. Barth
☎ 89 76 83 63
[T] 12 ⊗ 130/190 F. [!!] 42/185 F.
[=] 25 F. [▥] 160/220 F.
⊠ 15/28 fév., ven. soir hs. et sam. midi.
[icons]

ISSIGEAC
24560 Dordogne
686 hab.

⌂⌂ LA BRUCELIERE ★★
Place Capelle. Mme Bernu ☎ 53 58 72 28
[T] 6 ⊗ 200/320 F. [!!] 65/200 F. [=] 50 F.
[▥] 205/265 F.
⊠ fév., nov., dim. soir et lun. sauf
juil./août.
[icons]

ISSOIRE (PARENTIGNAT)
63500 Puy de Dôme
400 hab.

⌂⌂ TOURETTE ★★
(A Parentignat). M. Tourette
☎ 73 55 01 78 [FAX] 73 89 65 62
[T] 36 ⊗ 262/292 F. [!!] 78/200 F.
[=] 50 F. [▥] 240/300 F.
⊠ vac. scol. Toussaint-Noël-fév., ven.
soir et sam. sauf juil./15 sept.
[icons]

ISSONCOURT-TROIS DOMAINES
55220 Meuse
70 hab.

⌂⌂ RELAIS DE LA VOIE SACREE ★★
1, voie Sacrée. M. Caillet
☎ 29 70 70 46 [FAX] 29 70 75 75
[T] 7 ⊗ 210/250 F. [!!] 80/300 F. [=] 60 F.
[▥] 280/350 F.
⊠ 23 janv./10 mars, dim. soir
1er nov./Pâques et lun.
[icons]

ISSOUDUN
36100 Indre
16548 hab. [i]

⌂⌂ DE LA GARE ★★
7, bld Pierre Favreaux. M. Venin-Bernard
☎ 54 21 11 59
[T] 16 ⊗ 135/220 F. [!!] 78/165 F.
[=] 60 F. [▥] 200/250 F.
⊠ 6/13 août, 22 déc./7 janv. et dim.
[icons]

⌂⌂⌂ LA COGNETTE ★★★
Bld Stalingrad. M. Nonnet
☎ 54 21 21 83 [FAX] 54 03 13 03
[T] 14 ⊗ 300/800 F. [!!] 200/400 F.
[=] 60 F. [▥] 380 F.
⊠ rest. dim. soir et lun. sauf été.
[icons]

ITTENHEIM
67117 Bas Rhin
1700 hab.

⌂⌂ AU BOEUF ★★
17, route de Paris. M. Colin
☎ 88 69 01 42 [FAX] 88 69 08 28
[T] 12 ⊗ 250 F. [!!] 80/180 F. [=] 55 F.
[▥] 250 F.
⊠ 23 déc./9 janv., 7/20 juil. et lun.
[icons]

ITTERSWILLER
67140 Bas Rhin
280 hab. 𝐢

▲▲▲ ARNOLD ★★★
Route du Vin. Mme Arnold
☎ 88 85 50 58 ⚏ 88 85 55 54
🛏 28 ⌧ 350/695 F. 🍴 95/385 F.
🍴 65 F. 🛎 340/550 F.
⌧ semaine avant Noël, rest. dim. soir et
lun.
🄴 🄳 SP ⬜ ☎ 🚗 ⋈ 🎾 ⋮⋮⋮ ☎ CB
C ⌘

▲ KOBLOTH ★★
73, route du Vin. M. Kobloth
☎ 88 85 50 68 ⚏ 88 85 54 07
🛏 9 ⌧ 250 F. 🍴 90/150 F. 🍴 52 F.
🛎 320 F.
⌧ 2 et 3ème semaine déc., 2 premières
semaines fév. et mar. hs.
🄴 🄳 ☎ 🚗 ✎ ⟡ ♿ CV ⋮⋮⋮ ☎ CB

ITXASSOU
64250 Pyrénées Atlantiques
1580 hab.

▲▲▲ DU CHENE ★★
Mlle Salaberry
☎ 59 29 75 01 ⚏ 59 29 27 39
🛏 16 ⌧ 220 F. 🍴 70/200 F. 🍴 45 F.
🛎 240 F.
⌧ 1er janv./1er mai, lun. et mar. hs.
🄴 SP ⬜ ☎ 🚗 🎾 ♿ ☎ CB

▲▲▲ DU FRONTON ★★
M. Bonnet ☎ 59 29 75 10 ⚏ 59 29 23 50
🛏 14 ⌧ 243/324 F. 🍴 82/195 F.
🍴 42 F. 🛎 250/272 F.
⌧ 1er janv./15 fév. et mer.
🄴 SP ⬜ ☎ 🚗 ⋮⋮⋮ ⟡ ♿ ♿ CV ⋮⋮⋮ ☎
CB ⌘

J

JAEGERTHAL
67110 Bas Rhin
200 hab.

▲ DE JAEGERTHAL ★
M. Fischer ☎ 88 09 02 40 ⚏ 88 80 39 87
🛏 7 ⌧ 140/170 F. 🍴 60/180 F. 🍴 50 F.
🛎 170/190 F.
⌧ 25 déc./25 janv., mar. soir et mer.
🄳 🚗 ☎

JALIGNY SUR BESBRE
03220 Allier
762 hab.

▲ DE PARIS ★★
Rue des Ecoles. M. Vif ☎ 70 34 82 63
🛏 7 ⌧ 200/220 F. 🍴 78/148 F. 🍴 40 F.
🛎 220/250 F.
⌧ ven.
🄴 ⬜ ☎ 🚗 ♿ ☎ CB

JALLAIS
49510 Maine et Loire
3100 hab.

▲▲ LA CROIX VERTE ET LE VERT
GALANT ★★
M. Gaillard ☎ 41 64 20 22 ⚏ 41 64 15 17
🛏 20 ⌧ 220/300 F. 🍴 80/200 F. 🍴 50 F.
🛎 230/300 F.
⌧ rest. ven. soir/sam. midi et dim. soir
oct./Pâques sauf réservations.
🄴 SP ⬜ ☎ 🚗 🚗 CV ⋮⋮⋮ ☎ CB C ⌘

JANZE
35150 Ille et Vilaine
4800 hab.

▲ LE LION D'OR ★
30, rue Aristide Briand. M. Rohr
☎ 99 47 03 21 ⚏ 99 47 29 88
🛏 8 ⌧ 190/240 F. 🍴 62/160 F. 🍴 45 F.
⌧ 2 semaines fév.,
26 août/12 sept., dim. soir et lun.
🄴 🄳 ☎ 🚗 ☎ CB

JARGEAU
45150 Loiret
3500 hab. 𝐢

▲ AUBERGE DU CLAIR DE LUNE
5, bld Carnot. M. Lejeune ☎ 38 59 70 25
🛏 14 ⌧ 135/205 F. 🍴 68/200 F.
🍴 42 F. 🛎 165/215 F.
⌧ 20 déc./15 janv. et lun.
🄴 SP ⬜ ☎ 🚗 ⋮⋮⋮ CV ☎ CB

JARRIER
73300 Savoie
1100 m. • 450 hab. 𝐢

▲ BELLEVUE ★
Mme Leard ☎ 79 64 31 03
🛏 16 ⌧ 130/200 F. 🍴 75/135 F.
🍴 45 F. 🛎 170/200 F.
🄴 𝐢 ☎ 🚗 CV ⋮⋮⋮ ☎ CB

JARSY
73630 Savoie
850 m. • 200 hab.

▲ ARCALOD
Mlle Emonet ☎ 79 54 81 53
🛏 8 ⌧ 160/175 F. 🍴 75/100 F. 🍴 38 F.
🛎 170/190 F.
🄴 🚗 🚗

JASSANS RIOTTIER
01480 Ain
3916 hab.

▲ BONNE AUBERGE ★★
M. Me Raffin ☎ 74 60 95 40
🛏 15 ⌧ 100/170 F. 🍴 50 F. 🛎 160 F.
⌧ 25 déc./1er janv. et dim. après-midi.
🄴 🚗 ☎ CB

JAUJAC
07380 Ardèche
1000 hab. 𝐢

▲ LE CAVEAU ★
M. Culot ☎ 75 93 22 29
🛏 20 ⌧ 140/250 F. 🍴 65/150 F.
🍴 45 F. 🛎 170/220 F.
⌧ 15 nov./15 mars.
☎ 🚗 ✎ ♿ CV ☎ CB

JOIGNY
89300 Yonne
11925 hab. 🛈

🏠 LE PARIS-NICE ★
Rond-point de la Résistance. M. Godard
☎ 86 62 06 72 FAX 86 62 44 33
📞 11 🛏 149/220 F. 🍽 75/150 F.
🛗 70 F. 🏩 195/250 F.
⊠ 4 janv./4 fév., dim. soir et lun. sauf
fêtes.
🅴 🅳 ⬚ ☎ 🚗 🚗 ✕ ♈ 🎿 ♿ CV
♠ CB

JOINVILLE
52300 Haute Marne
5000 hab. 🛈

🏠🏠 DE LA POSTE ★★
Place de la Grève. M. Fournier
☎ 25 94 12 63 FAX 25 94 36 23
📞 10 🛏 190/260 F. 🍽 76/220 F.
🛗 45 F. 🏩 200/250 F.
⊠ 10 janv./10 fév.
🅴 🅳 ⬚ ☎ 🚗 🚗 ♿ CV ♠

🏠 DU NORD ★★
1, rue Camille Gillet. M. Clément
☎ 25 94 10 97
📞 14 🛏 190/240 F. 🍽 60/180 F.
🛗 45 F. 🏩 180/225 F.
⊠ 1ère semaine fév.
⬚ ☎ 🚗 🚗 ♿ 🏧 ♠ CB

🏠🏠 DU SOLEIL D'OR ★★ & ★★★
9, rue des Capucins. M. Boudvin
☎ 25 94 15 66 FAX 25 94 39 02
📞 17 🛏 220/440 F. 🍽 95/300 F.
🛗 90 F.
⊠ mi-fév./début mars et dim. soir.
🅴 ⬚ ☎ 🚗 🚗 ✕ 🏧 ♠ CB

JONCY
71460 Saône et Loire
500 hab.

🏠🏠 DU COMMERCE ★★
M. Rougeot
☎ 85 96 27 20 FAX 85 96 21 76
📞 9 🛏 220/320 F. 🍽 65/250 F. 🛗 52 F.
🏩 235/300 F.
⊠ 30 sept./5 nov. et ven.
🅴 ⬚ ☎ 🚗 ✕ ♈ 🎿 🏧 CV 🏧 ♠
CB 🏩

JOSSELIN
56120 Morbihan
3000 hab. 🛈

🏠🏠 DE FRANCE ★★
6, place Notre-Dame. M. Leray
☎ 97 22 23 06 FAX 97 22 35 78
📞 20 🛏 220/380 F. 🍽 78/245 F.
🛗 56 F. 🏩 200/250 F.
⊠ janv., dim. soir et lun. hs.
🅴 🅳 ⬚ ☎ 🚗 🏧 ♠ CB

🏠🏠 DU CHATEAU ★★
1, rue du Gal de Gaulle. Mme Thual
☎ 97 22 20 11 FAX 97 22 34 09
📞 36 🛏 150/320 F. 🍽 78/210 F.
🛗 50 F. 🏩 260/295 F.
⊠ fév., semaine Noël.
🅴 ⬚ ☎ 🚗 🚗 🏧

JOUARRE
77640 Seine et Marne
3000 hab. 🛈

🏠🏠 LE PLAT D'ETAIN ★★
6, place Auguste Tinchant. M. Legrand
☎ (1) 60 22 06 07 FAX (1) 60 22 35 63
📞 24 🛏 330 F. 🍽 95/190 F. 🛗 52 F.
🏩 250 F.
⊠ 20/30 déc., ven. et dim. soir.
🅴 ⬚ ☎ 🚗 🚗 🏧 🏩

JOUCAS
84220 Vaucluse
220 hab.

🏠🏠 HOSTELLERIE DES COMMANDEURS ★★
Mme Michot
☎ 90 05 78 01 FAX 90 05 74 47
📞 13 🛏 300 F. 🍽 100/150 F. 🛗 50 F.
🏩 260 F.
⊠ janv. et mer.
🅴 🅳 🛈 ☎ 🚗 ♈ 🎿 ♿ CV ♠ CB

🏠🏠 LA PINEDE
Route de Murs. M. Jacquet
☎ 90 05 78 54 FAX 90 05 64 45
📞 7 🛏 340 F. 🍽 100/180 F. 🛗 60 F.
🏩 300/320 F.
⊠ 9/31 janv., 13/28 nov. et rest. lun.
SP ⬚ ☎ 🚗 🚗 ✕ ♈ 🎿 🏧 🏧 ♠ CB

JOUE LES TOURS
37300 Indre et Loire
36800 hab. 🛈

🕎 ARIANE ★★
8, av. du Lac. M. Mikaleff
☎ 47 67 67 60 FAX 47 67 33 36
📞 31 🛏 259/279 F.
⊠ 23 déc./3 janv.
🅴 SP ⬚ ☎ 🚗 🚗 ♈ 🎿 CV 🏧 ♠
CB 🅲

🏠🏠 LE GRILL DU LAC ★★
Les Bretonnières, 6 av. du Lac.
M. Loukidis ☎ 47 67 37 87 FAX 47 67 85 43
📞 21 🛏 270 F. 🍽 78/165 F. 🛗 45 F.
🏩 240 F.
⊠ 1ère quinz. nov., dim. soir et lun. hs.
🅴 🅳 SP ⬚ ☎ 🚗 ♈ 🎿 CV 🏧 ♠ CB

JOUE SUR ERDRE
44440 Loire Atlantique
1800 hab.

🏠 AUBERGE DU LION D'OR
21, rue du Bocage. M. Bonnin
☎ 40 72 35 34
📞 5 🛏 100/160 F. 🍽 54/135 F. 🛗 39 F.
🏩 155/230 F.
⊠ lun. après midi hors vac. scol.
🅴 🚗 ♈ CV ♠ CB

JOUGNE
25370 Doubs
1020 m. • 1164 hab. 🛈

🏠 AU COL DES ENCHAUX ★
Sur N. 57. rue des Alpes. Mme Belon
☎ 81 49 10 75 FAX 81 49 26 03
📞 16 🛏 135/250 F. 🍽 70/170 F.
🛗 40 F. 🏩 175/240 F.
⊠ 29 avr./15 mai, 13 nov./17 déc., à
partir 10 sept. dim. soir et lun.
🅴 ⬚ ☎ 🚗 🚗 ✕ CV 🏧 ♠ CB

JOUY LE POTIER
45370 Loiret
1187 hab.

▲▲ AUBERGE SAINTE MARGUERITE ★★
17, place de la Mairie. M. Geistlich
☎ 38 45 89 89
🛏 15 ⌾ 250/320 F. ⏸ 95/149 F.
⌸ 45 F. 🍴 270/350 F.
⊠ fév., mar. soir et mer. hiver.
[E] 🗇 🕾 🚗 ⤬ 🕮 ● CB

JOYEUSE
07260 Ardèche
1293 hab. 🅘

▲▲▲ LES CEDRES ★★
M. Me Lardy
☎ 75 39 40 60 🆃 345175 🆕 75 39 90 16
🛏 44 ⌾ 300 F. ⏸ 70/175 F. ⌸ 45 F.
🍴 295 F.
⊠ 15 oct./15 avr.
[E] [SP] 🅘 🗇 🕾 🚗 🔰 🕮 🏕 🔽 🔙 🕴
🕉 🕹 🕮 ● CB [C]

JUAN LES PINS
06160 Alpes Maritimes
80000 hab. 🅘

▲ CECIL ★★
Rue Jonnard. M. Courtois
☎ 93 61 05 12 🆕 93 67 09 14
🛏 18 ⌾ 190/360 F. ⏸ 89 F. ⌸ 65 F.
🍴 200/295 F.
⊠ 15 oct./15 janv.
[E] 🗇 🕾 CV ●

▲▲ JUAN BEACH ★★
5, rue de l'Oratoire. Mme Moreau
☎ 93 61 02 89 🆕 93 61 16 63
🛏 27 ⌾ 260/390 F. ⏸ 145 F. ⌸ 80 F.
🍴 295/385 F.
⊠ 1er nov./31 mars.
🅘 🗇 🕾 🚗 🏕 🕹 CV ● CB

JULIENAS
69840 Rhône
700 hab.

▲ CHEZ LA ROSE ★★
M. Alizer ☎ 74 04 41 20 🆕 74 04 49 29
🛏 11 ⌾ 120/300 F. ⏸ 100/300 F.
⌸ 65 F. 🍴 240/310 F.
⊠ 20 nov./13 déc., 2 premières
semaines fév., rest. lun., mar. midi sauf
fériés et hôtel lun. soir sauf juil./août.
[E] 🗇 🗇 🕾 🚗 🏕 ● CB

✳ DES VIGNES ★★
M. Ochier ☎ 74 04 43 70 🆕 74 04 41 95
🛏 22 ⌾ 245/275 F.
⊠ dim. soir hs.
[E] 🗇 🗇 🕾 🚗 🚗 🏕 ● CB

JUNGHOLTZ THIERENBACH
68500 Haut Rhin
700 hab.

▲▲ BIEBLER ★★
2, rue de Rimbach. M. Biebler
☎ 89 76 85 75 🆕 89 74 91 45
🛏 8 ⌾ 140/300 F. ⏸ 100/280 F.
⌸ 50 F. 🍴 260 F.
⊠ jeu. soir et ven. hs.
[E] 🗇 🗇 🕾 🚗 🚗 🏕 🔧 🕹 CV 🕮
● CB

▲▲ HOSTELLERIE LES IRIS ★★★
M. Vonesch ☎ 89 76 93 01 🆕 89 74 37 45
🛏 16 ⌾ 380/530 F. ⏸ 70/350 F. ⌸ 45 F.
🍴 380/450 F.
⊠ 3 janv./28 fév. et lun.
[E] [D] 🗇 🕾 🚗 ⤬ 🏕 🔽 CV 🕮 ● CB

▲▲▲ LES VIOLETTES ★★★
M. Munsch ☎ 89 76 91 19 🆕 89 74 29 12
🛏 24 ⌾ 220/730 F. ⏸ 170/400 F.
⌸ 95 F.
⊠ lun. soir et mar. sauf fériés.
[E] [D] 🗇 🕾 🚗 🚗 🔰 🏕 🔙 🕳 🕹 🕮
● CB

JUSSAC
15250 Cantal
632 m. • 1685 hab.

▲▲ PRADO ★
M. Arnal ☎ 71 46 66 37 🆕 71 46 91 78
🛏 10 ⌾ 160/220 F. ⏸ 65/130 F.
⌸ 39 F. 🍴 170/200 F.
⊠ dim. 18h/lun. 18h. hs.
[E] 🗇 🕾 🚗 🏕 🕹 CV 🕮 ● CB

JUSSEY
70500 Haute Saône
2400 hab. 🅘

▲▲ CHRISTINA ★★
M. Pheulpin
☎ 84 68 16 22 🆕 84 68 06 21
🛏 10 ⌾ 210/270 F. ⏸ 62/215 F.
⌸ 40 F. 🍴 210 F.
⊠ dim. soir.
[E] [D] 🗇 🕾 🚗 ⤬ 🔰 CV 🕮 ● CB

JUVIGNY SOUS ANDAINE
61140 Orne
1020 hab.

▲▲ AU BON ACCUEIL ★★
Place Saint-Michel. M. Cousin
☎ 33 38 10 04 🆕 33 37 44 92
🛏 8 ⌾ 245/330 F. ⏸ 130/275 F.
⌸ 70 F. 🍴 280/325 F.
⊠ fév., dim. soir et lun.
[E] 🗇 🗇 🕾 🚗 ⤬ ● CB

▲ DE LA FORET ★
1, place St-Michel Mme Poignant
☎ 33 38 11 77
🛏 7 ⌾ 160/270 F. ⏸ 65/110 F. ⌸ 50 F.
🍴 180/240 F.
⊠ janv.
[E] 🕾 ●

K

KATZENTHAL
68230 Haut Rhin
505 hab.

▲▲ A L'AGNEAU ★★
16, Grand Rue. M. Meyer
☎ 89 27 04 67 ⟍89 80 90 25
🆕 89 27 50 59
🛏 11 ⌾ 250/300 F. ⏸ 90/190 F.
⌸ 40 F. 🍴 240/290 F.
⊠ 3 oct./15 mars, rest. lun. et mar.
midi.
[E] [D] 🗇 🕾 🚗 🏕 ● CB

KAYSERSBERG
68240 Haut Rhin
3000 hab. ⓘ

🕇 LES REMPARTS ***
4, rue Flieh. Mme Keller
☎ 89 47 12 12 ⅢAX 89 47 37 24
🛏 30 ⬡ 280/420 F.
Ⓔ Ⓓ SP ⓘ 🖭 🖀 🖼 🖛 🛐 🏊
🏌 CV ⅢⅢ 🕊 CB

KAYSERSBERG (KIENTZHEIM)
68240 Haut Rhin
950 hab.

🕇 HOSTELLERIE SCHWENDI **
(A Kientzheim, 2, place Swendi.)
Mme Schille-Gisie
☎ 89 47 30 50 ⅢAX 89 49 04 49
🛏 11 ⬡ 270/290 F. ⅢⅠ 89/195 F.
🍴 43 F. 🖾 297 F.
⊠ 15 nov./15 mars, mar. et mer. midi.
Ⓓ 🖀 🖼 🖭 ▶. 🕊 CB

KERSAINT EN LANDUNVEZ
29840 Finistère
1200 hab. ⓘ

🕇 HOSTELLERIE DU CASTEL *
Mmes Talarmin ☎ 98 48 63 35
🛏 17 🍴 65 F. 🖾 240/305 F.
⊠ 30 sept./Pâques et dim. soir/mar.
matin.
🖀 🖼 🛐 🕊

KNUTANGE
57240 Moselle
3650 hab.

🕇🕇🕇 REMOTEL **
M. Remmer
☎ 82 85 19 23 ⅢAX 82 84 22 01
🛏 22 ⬡ 160/300 F. ⅢⅠ 65/165 F.
🍴 40 F. 🖾 280/420 F.
⊠ rest. lun.
Ⓔ Ⓓ ⓘ 🖭 🖀 🖼 🛐 🏊 🏌 CV ⅢⅢ
🕊 CB

KOENIGSMACKER
57110 Moselle
1603 hab.

🕇🕇 LA LORRAINE **
1, rue de l'Eglise. Mme Zenner
☎ 82 55 01 44 ⅢAX 82 50 19 84
🛏 29 ⅢⅠ 60/250 F. 🍴 45 F.
🖾 230/270 F.
⊠ 3/16 janv. et dim. soir
1er oct./1er avr.
Ⓔ Ⓓ 🖭 🖀 🏌 CV ⅢⅢ 🕊 CB

KRUTH
68820 Haut Rhin
1100 hab.

🕇🕇 AUBERGE DE FRANCE **
20, Grande Rue. M. Ruffenach
☎ 89 82 28 02 ⅢAX 89 82 24 05
🛏 16 ⬡ 220/230 F. ⅢⅠ 70/210 F.
🍴 45 F. 🖾 190/200 F.
⊠ 1er nov./10 déc. et jeu.
Ⓔ Ⓓ 🖭 🖀 🖼 🖛 🛐 🕊 CB

KRUTH FRENZ
68820 Haut Rhin
850 m. • 20 hab.

🕇 DES QUATRE SAISONS
(Le Frenz). M. Lang ☎ 89 82 28 61
🛏 10 ⬡ 190/220 F. ⅢⅠ 75/130 F.
🍴 45 F. 🖾 200/220 F.
⊠ mer. hs.
Ⓓ SP ⓘ 🖭 🖀 🖼 🛐 🏊 🏌 CV 🕊 CB

#

LABALME SUR CERDON
01450 Ain
600 m. • 117 hab.

🕇 CARRIER *
Sur N. 84. M. Carrier
☎ 74 37 37 05 ⅢAX 74 37 36 39
🛏 15 ⬡ 150/280 F. ⅢⅠ 70/220 F.
🍴 50 F. 🖾 195/250 F.
⊠ 3/31 janv., 24 oct./1er nov., mar. soir
et mer. sauf juil./août.
Ⓔ 🖭 🖀 🖼 🛐 🕊 CB

LABASTIDE D'ANJOU
11320 Aude
943 hab. ⓘ

🕇 HOSTELLERIE ETIENNE
Sur N. 113. M. Rousselot ☎ 68 60 10 08
🛏 10 ⬡ 100/220 F. ⅢⅠ 59/240 F.
🍴 30 F. 🖾 150/200 F.
⊠ 15 nov./15 déc.
SP ⓘ 🖀 🖼 🛐 CV ⅢⅢ 🕊

🕇 LE GRILLADOU **
M. Pinel ☎ 68 60 11 63 ⅢAX 68 60 11 08
🛏 12 ⬡ 130/200 F. ⅢⅠ 65/160 F.
🍴 35 F. 🖾 220/280 F.
⊠ sam. midi hs.
Ⓔ SP 🖀 🖼 🖛 CV ⅢⅢ 🕊 🖭

LABASTIDE MURAT
46240 Lot
700 hab. ⓘ

🕇🕇 CLIMAT DE FRANCE **
M. Recourt
☎ 65 21 18 80 ⅢAX 65 21 10 97
🛏 20 ⬡ 270/310 F. ⅢⅠ 85/130 F.
🍴 45 F. 🖾 210/250 F.
⊠ 1er/15 janv. et 15/31 déc.
Ⓔ SP 🖭 🖀 🏌 CV ⅢⅢ 🕊 CB 🖭

LABENNE
40530 Landes
2884 hab. ⓘ

🕇 CHEZ LEONIE **
Sur N. 10. M. Daramy ☎ 59 45 41 64
🛏 9 ⬡ 160/220 F. ⅢⅠ 70/220 F. 🍴 50 F.
🖾 220/240 F.
⊠ 16 oct./2 nov., 24 déc./2 janv. et
sam. hs.
Ⓔ SP 🖀 🖼 🛐 ⅢⅢ 🕊 CB

LABENNE (suite)

⌂ EUROPEEN ★★
Mme Lopez
☎ 59 45 41 49 ⊞ 59 45 72 91
🛏 24 ⬡ 170/210 F. 🍴 70/ 90 F.
🍴 35 F. 🚗 200 F.
⊠ dim. soir et lun. hs.
Ⓔ 🅂🄿 ⬚ ☎ 🛏 🍴 ⌖ 🇹 CV 🔳 ⬟ CB

LABESSERETTE
15120 Cantal
600 hab. ⓘ

⌂ LA GRANGEOTTE ★
Mme Fau
☎ 71 49 22 00
🛏 20 ⬡ 200/240 F. 🍴 60/120 F.
🍴 45 F. 🚗 180/200 F.
⊠ 1er/30 janv.
Ⓔ ☎ 🛏 🍴 🇹 ⬟ CV 🔳 ⬟

LABOUHEYRE
40210 Landes
3000 hab. ⓘ

⌂⌂ UNIC HOTEL ★★
Route de Bordeaux. M. Sorio
☎ 58 07 00 55 ⊞ 58 04 50 59
🛏 8 ⬡ 250/300 F. 🍴 85/180 F. 🍴 48 F.
🚗 285/330 F.
⊠ 19 oct./6 nov., 24 déc./2 janv., dim.
soir et mer. 1er sept./30 avr.
Ⓔ 🅂🄿 ⬚ ☎ 🛏 🔳 ⬟ CB

LAC D'ISSARLES (LE)
07470 Ardèche
1000 m. • 300 hab.

⌂ BEAUSEJOUR ★
M. Mousset
☎ 66 46 21 69 ⊞ 66 46 20 94
🛏 18 ⬡ 130/220 F. 🍴 70/150 F.
🍴 38 F. 🚗 180/210 F.
Ⓔ ☎ 🛏 🇹 CV ⬟ CB

⌂ LE PANORAMIC ★
M. Lafont
☎ 66 46 21 65 ⊞ 66 46 21 22
🛏 11 ⬡ 130/220 F. 🍴 70/150 F.
🍴 40 F. 🚗 160/210 F.
☎ 🛏 CV 🔳 CB

LACANAU OCEAN
33680 Gironde
2500 hab. ⓘ

⌂⌂ ETOILE D'ARGENT ★★
Place Europe M. Dautrey
☎ 56 03 21 07 ⊞ 56 03 25 29
🛏 14 ⬡ 200/310 F. 🍴 70/250 F.
🍴 50 F. 🚗 240/310 F.
⊠ 1er déc./20 janv. et lun. hors vac.
scol.
Ⓔ ⬚ ☎ 🛏 🇹 CV ⬟ CB

LACANCHE
21230 Côte d'Or
630 hab.

⌂ AU BON ACCUEIL
M. Dorier
☎ 80 84 22 47
🛏 7 ⬡ 130/160 F. 🍴 65/150 F. 🍴 40 F.
🚗 170/180 F.
⊠ 15/27 août et dim. midi.
🛏 ⬟ ⬟ CB

LACAPELLE MARIVAL
46120 Lot
1350 hab. ⓘ

⌂⌂ LA TERRASSE ★★
Route de Latronquière. Mlle Boussac
☎ 65 40 80 07 ⊞ 65 40 99 45
🛏 13 ⬡ 150/330 F. 🍴 85/200 F.
🍴 55 F. 🚗 220/260 F.
⊠ 1er janv./31 mars, dim. soir et lun. hs.
Ⓔ 🅂🄿 ⬚ ☎ 🛏 🇹 🔥 ♿ CV 🔳 ⬟ ⬟

⌂ LE GLACIER
Route de St Céré. Mme Gibrat
☎ 65 40 82 67
🛏 10 ⬡ 120/160 F. 🍴 65/160 F.
🍴 50 F. 🚗 215/235 F.
CV 🔳 ⬟ CB

LACAPELLE VIESCAMP
15150 Cantal
400 hab.

⌂⌂⌂ DU LAC ★★
Mme Teulière
☎ 71 46 31 57 ⊞ 71 46 31 64
🛏 23 ⬡ 260/330 F. 🍴 85/195 F.
🍴 40 F. 🚗 235/255 F.
Ⓔ ⬚ ☎ 🛏 🇹 ⬟ 🔥 ♿ CV 🔳 ⬟
CB ⬟

LACAUNE
81230 Tarn
800 m. • 3500 hab. ⓘ

⌂ CALAS ★★
4, place de la Vierge. M. Calas
☎ 63 37 03 28 ⊞ 63 37 09 19
🛏 16 ⬡ 175/300 F. 🍴 72/300 F.
🍴 50 F. 🚗 190/250 F.
⊠ 23 déc./15 janv. et ven. 16 H/sam.
16 H oct./1er mars.
Ⓔ ⬚ ☎ 🇹 ⬟ 🔥 CV 🔳 ⬟ CB

⌂⌂⌂ CENTRAL HOTEL FUSIES ★★★
2, rue de la République. M. Fusies
☎ 63 37 02 03 ⊞ 63 37 10 98
🛏 48 ⬡ 210/320 F. 🍴 70/300 F.
🍴 65 F. 🚗 260/290 F.
⊠ ven. soir et sam. midi
15 nov./15 mars.
Ⓔ 🅂🄿 ⬚ ☎ 🛏 🛏 🇹 ⬟ 🔥 CV 🔳
⬟ CB C ⬟

LACAVE
46200 Lot
300 hab.

⌂⌂⌂ LE PONT DE L'OUYSSE ★★★
M. Chambon
☎ 65 37 87 04 ⊞ 65 32 77 41
🛏 13 ⬡ 350/800 F. 🍴 150/500 F.
🍴 60 F. 🚗 600/700 F.
⊠ 15 nov./15 déc., janv., fév. et lun.
Ⓔ ⬚ ☎ 🛏 🇹 ⬟ ⬟ CB

LACROUZETTE
81210 Tarn
620 m. • 2000 hab. ⓘ

⌂⌂ LE RELAIS DU SIDOBRE ★★
8, route de Vabre. Mme King
☎ 63 50 60 06 ⊞ 63 50 60 06
🛏 9 ⬡ 190/240 F. 🍴 75/200 F. 🍴 40 F.
🚗 190/220 F.
Ⓔ ☎ 🇹 CV 🔳 ⬟ CB

235

36 15 LOGIS DE FRANCE

LADOIX SERRIGNY
21550 Côte d'Or
1310 hab.

⛾⛾ LA GREMELLE ★★
Sur N. 74. M. Donno
☎ 80 26 40 56 ⅢAX 80 26 48 23
🛏 20 ⬙ 250/350 F. ⅰⅰ 85/250 F.
🍽 50 F. 🛏 300 F.
⊠ 15 déc./15 janv.
🄴 🄸 🗖 🕾 🖴 🕽 ⚓ 🏃 ♿ CV ⅲ
⚓ CB

LAFFREY
38220 Isère
910 m. ● 200 hab. ⅰ

⛾⛾ DU GRAND LAC ★
(La Plage). M. Martin ☎ 76 73 12 90
🛏 23 ⬙ 200/300 F. ⅰⅰ 100/180 F.
🍽 60 F. 🛏 220/260 F.
⊠ hôtel 14 oct./15 nov. et rest. oct./avr.
🄴 🕾 🖴 🕽 🏃 CV ⚓ CB

⛾ DU PARC
M. Melmoux
☎ 76 73 12 98 ⅢAX 76 73 12 24
🛏 11 ⬙ 130/170 F. ⅰⅰ 80/140 F.
🍽 40 F. 🛏 175 F.
⊠ oct. et mer. oct./avr.
🖴 🕾 🕽 🏃 ⚓ CB

LAFRANCAISE
82130 Tarn et Garonne
2630 hab. ⅰ

⛾⛾ AU FIN GOURMET ET BELVEDERE ★★
16, rue Mary Lafon. Me M. Paoletti
☎ 63 65 89 55
🛏 7 ⬙ 190/240 F. ⅰⅰ 58/160 F. 🍽 45 F.
🛏 340/390 F.
⊠ vac. Toussaint.
🄴 ⅰ 🗖 🕾 🖴 🎣 CV ⅲ ⚓ CB

LAGARDE ENVAL
19150 Corrèze
576 hab.

⛾⛾ LE CENTRAL ★★
M. Mestre ☎ 55 27 16 12 ⅢAX 55 27 31 85
🛏 7 ⬙ 220 F. ⅰⅰ 65/150 F. 🍽 40 F.
🛏 250 F.
⊠ sept. et lun. sauf juil./août.
🗖 🕾 🕽 ⅲ ⚓

LAGNY LE SEC
60330 Oise
1750 hab.

⛾ A LA BONNE RENCONTRE ★★
Sur N. 2. M. Gonzalo
☎ 44 60 50 08 ⅢAX 44 60 07 89
🛏 9 ⬙ 200 F. ⅰⅰ 115/240 F. 🍽 60 F.
🛏 260 F.
⊠ 16 juil./8 août, lun. soir et mar.
🄴 🕾 🖴 🕽 🏃 CB

LAGRASSE
11220 Aude
710 hab. ⅰ

⛾ AUBERGE SAINT HUBERT
9, av. de la Promenade. M. Guidon
☎ 68 43 15 22
🛏 7 ⬙ 180/250 F. ⅰⅰ 66/150 F. 🍽 35 F.

🛏 198 F.
⊠ 1er avr./31 oct.
🄴 🄳 🕾 🕽 ⅲ ⚓

LAGUIOLE
12210 Aveyron
1000 m. ● 1300 hab. ⅰ

⛾⛾ BROUZES ★
17, allée de l'Amicale. Mme Brouzes
☎ 65 44 32 13
🛏 19 ⬙ 180/300 F. ⅰⅰ 55/125 F.
🍽 52 F. 🛏 170/180 F.
⊠ 1er/15 janv.
🗖 🕾 🖴 🖴 🕽 🏃 ♿ CV ⅲ ⚓ CB

⛾⛾ GRAND HOTEL AUGUY ★★
2, allée de l'Amicale.
Mme Muylaert-Auguy
☎ 65 44 31 11 ⅢAX 65 51 50 81
🛏 25 ⬙ 240/300 F. ⅰⅰ 110/250 F.
🍽 55 F. 🛏 240/280 F.
⊠ 14 nov./5 janv., 10/17 juin midi, dim.
soir et lun. sauf vac. scol.
🄴 🄳 🗖 🕾 🖴 🛏 🕽 🏃 ♿ CV ⅲ
⚓ CB

LAILLY EN VAL
45740 Loiret
1600 hab.

⛾⛾ AUBERGE DES 3 CHEMINEES ★★
Route de Blois, D. 951. Mme Meuret
☎ 38 44 74 20
🛏 12 ⬙ 130/290 F. ⅰⅰ 60/200 F.
🍽 50 F. 🛏 240/280 F.
⊠ 15 fév./15 mars, dim. soir et lun. sauf
juin/sept.
🄴 SP 🗖 🕾 🖴 🕽 🏃 ⅲ ⚓

LAISSAC
12310 Aveyron
600 m. ● 1500 hab. ⅰ

⛾ CAZES ★
Mme Cazes ☎ 65 69 60 25 ⅢAX 65 70 75 51
🛏 13 ⬙ 120/180 F. ⅰⅰ 65/120 F. 🍽 35 F.
🛏 170 F.
🖴 🏃 CV

LAITRE SOUS AMANCE
54770 Meurthe et Moselle
220 hab.

⛾ CHAPON DORE
23, rue Sophie-de-Bar. Mme Xolin
☎ 83 31 10 19
🛏 5 ⬙ 120 F. ⅰⅰ 95/170 F. 🍽 45 F.
🛏 160 F.
⊠ fév., dim. soir et lun.
🖴 🕽 🏃 ⚓

LAJOUX
39310 Jura
1182 m. ● 200 hab.

⛾⛾ DE LA HAUTE-MONTAGNE ★★
M. Mermet
☎ 84 41 20 47 ⅢAX 84 41 24 20
🛏 23 ⬙ 127/211 F. ⅰⅰ 75/146 F.
🍽 41 F. 🛏 153/211 F.
⊠ 18 avr./5 mai et 1er oct./1er déc.
🄴 🗖 🕾 🖴 🕽 🏃 ⅲ ⚓ CB

LALACELLE
61320 Orne
300 hab. 🛈

▲▲ LA LENTILLERE ★★
Mme Martin
☎ 33 27 38 48 ⅲ 33 27 38 30
🛏 7 ▱ 160/240 F. ⅲ 74/210 F. 🍴 48 F.
🍽 195/235 F.
✉ 15 janv./10 fév., dim. soir et lun.
Ⓔ ▱ 🖥 🖨 🖨 🖨 🚹 🕭 🛗 CV ▥ 🖐 CB

LALAYE
67220 Bas Rhin
350 hab.

▲ DES SAPINS
Sur N. 19. M. Adrian ☎ 88 57 13 10
🛏 6 ▱ 150/200 F. ⅲ 55/140 F. 🍴 65 F.
🍽 200 F.
✉ lun.
Ⓓ 🖨 🖨 CV

LALINDE
24150 Dordogne
3000 hab. 🛈

▲▲▲ DU CHATEAU ★★★
1, rue de la Tour. M. Gensou
☎ 53 61 01 82 ⅲ 53 24 74 60
🛏 7 ▱ 310/850 F. ⅲ 155/310 F.
🍴 98 F. 🍽 450/700 F.
✉ 1er janv. soir/2 fév. matin et ven.
(juil./août ven. midi), dim. soir nov./déc.
et fév./mars.
Ⓔ 🖥 🖨 🖨 🖻 🖐 CB 🏨

▲ DU PERIGORD ★★
1, place du 14 Juillet. M. Amagat
☎ 53 61 19 86 ⅲ 53 61 27 49
🛏 16 ▱ 180/280 F. ⅲ 70/200 F.
🍴 45 F. 🍽 220/250 F.
✉ 15 jours déc., 1 semaine mai, ven.
soir et dim. soir hs.
Ⓔ Ⓓ 🖥 🖨 🖨 🖨 🖻 🛗 ▥ 🖐 CB

▲▲▲ LA FORGE ★★
Place Victor Hugo. M. Gouzot
☎ 53 24 92 24 ⅲ 53 58 68 51
🛏 21 ▱ 230/330 F. ⅲ 85/290 F.
🍴 50 F. 🍽 320/470 F.
✉ Noël/31 janv., lun. hs et dim. soir
oct./Rameaux.
Ⓔ Ⓓ SP 🖥 🖨 🖨 🖨 🚹 🛗 CV ▥ 🖐 CB

LALIZOLLE
03450 Allier
620 m. • 375 hab.

▲▲ LA CROIX DES BOIS ★★
Route de Bellenaves. Sur D. 987.
M. Gauriault ☎ 70 90 41 55
🛏 7 ▱ 120/220 F. ⅲ 50/150 F. 🍴 40 F.
🍽 190/210 F.
Ⓔ SP 🖥 🖨 🖨 🖨 🖻 🚹 🕭 🛗 ▥
🖐 CB 🏨

LALLEY
38930 Isère
842 m. • 257 hab.

▲ LA PERGOLA ★★
Mme Fierry-Fraillon ☎ 76 34 70 27
🛏 11 ▱ 220 F. ⅲ 55/145 F. 🍴 55 F.

🍽 220 F.
✉ 20 déc./10 avr.
☎ 🖨 🛗 🖐

LALOUVESC
07520 Ardèche
1050 m. • 500 hab. 🛈

▲ DE LA POSTE ★
M. Deygas ☎ 75 67 82 84
🛏 12 ▱ 150/230 F. ⅲ 67/160 F.
🍴 45 F. 🍽 200/230 F.
✉ 1er déc./1er fév., dim. soir et mer.
soir 15 sept./1er mai.
Ⓔ 🖥 🛗 🖐 CB

▲▲ RELAIS DU MONARQUE ★★
Mme Moutard-solnon ☎ 75 67 80 44
🛏 20 ▱ 190/300 F. ⅲ 85/180 F.
🍴 50 F. 🍽 220/320 F.
✉ 1er oct./25 mai.
Ⓔ 🖥 🖨 🖨 🚹 CV ▥ 🖐 CB

LAMALOU LES BAINS
34240 Hérault
3000 hab. 🛈

▲▲ DE LA PAIX ★★★
Rue Alphonse Daudet. M. Bitsch
☎ 67 95 63 11 ⅲ 67 95 67 78
🛏 31 ▱ 220/280 F. ⅲ 85/225 F.
🍴 48 F. 🍽 200/230 F.
✉ 16 nov./14 mars.
Ⓔ Ⓓ 🖥 🖨 🖨 🖨 🖻 🖂 🚹 🛗 CV ▥
🖐 CB

▲ DU COMMERCE ★
M. Vidal ☎ 67 95 63 14
🛏 24 ▱ 100/160 F. ⅲ 50 F. 🍴 35 F.
🍽 115/145 F.
🖥 CV 🖐 CB

▲▲▲ HOTEL MAS ★★
Av. Charcot. M. Bitsch
☎ 67 95 62 22 ⅲ 67 95 67 78
🛏 37 ▱ 150/275 F. ⅲ 75/250 F.
🍴 48 F. 🍽 200/230 F.
Ⓔ Ⓓ 🖥 🖨 🖨 🖨 🖻 🖂 🛗 CV ▥
🖐 CB

LAMARCHE SUR SAONE
21760 Côte d'Or
1500 hab.

▲▲▲ HOSTELLERIE LE SAINT-ANTOINE ★★
Route de Vonges. M. Jagla
☎ 80 47 11 33 ⅲ 80 47 13 56
🛏 12 ▱ 260/300 F. ⅲ 85/280 F.
🍴 52 F. 🍽 290/300 F.
✉ 15 déc./1er janv., lun. hs. et dim.
soir.
Ⓔ Ⓓ SP 🖥 🖨 🖨 🖨 🖂 🚹 🖻 🖕 🚹
🛗 ▥ 🖐 CB 🏨

LAMASTRE
07270 Ardèche
500 m. • 2800 hab. 🛈

▲ DES NEGOCIANTS ★
M. Lopez ☎ 75 06 41 34 ⅲ 75 06 32 58
🛏 17 ▱ 130/265 F. ⅲ 68/160 F.
🍴 50 F. 🍽 150/220 F.
✉ déc.
Ⓔ Ⓓ 🖥 🖨 🖨 🖨 🚹 🛗 CV 🖐 CB

LAMASTRE (suite)

▲▲▲ GRAND HOTEL DU COMMERCE ★★
Place Rampon. M. Ranc
☎ 75 06 41 53 ⅢAX 75 06 33 48
🛏 20 ◎ 175/285 F. Ⅲ 78/195 F.
🍴 48 F. 🍽 180/280 F.
✉ 10 oct./19 mars.
Ⓔ 🗄 🖨 🖥 🛏 ⛲ 🏊 CV 🐾 CB

LAMBALLE
22400 Côtes d'Armor
11000 hab. ⓘ

▲▲▲ D'ANGLETERRE ★★★
29, bld Jobert. M. Toublanc
☎ 96 31 00 16 ⅢAX 96 31 91 54
🛏 20 ◎ 280/320 F. Ⅲ 82/260 F.
🍴 50 F. 🍽 260 F.
✉ 19 fév./13 mars et rest. dim. soir.
Ⓔ 🆂🅿 🗄 🖨 🖥 ⚓ 🛏 CV 🔌 🐾 CB
Ⓒ 🏨

▲▲ LA TOUR D'ARGENT ★★
2, rue Docteur Lavergne. M. Mounier
☎ 96 31 01 37 ⅢAX 96 31 37 59
🛏 31 ◎ 180/360 F. Ⅲ 80/195 F.
🍴 52 F. 🍽 210/260 F.
✉ sam. oct./fin mars.
Ⓔ 🗄 🖨 🖥 🛏 ♿ CV 🔌 🐾 CB

LAMOTTE BEUVRON
41600 Loir et Cher
4500 hab. ⓘ

▲ LE MONARQUE ★
96, av. de l'Hôtel de Ville. M. Roux
☎ 54 88 04 47
🛏 10 ◎ 150/210 F. Ⅲ 68/158 F.
🍴 38 F. 🍽 159/169 F.
✉ mer.
Ⓔ 🆂🅿 🖨 🛏 ♿ 🔌 🐾 CB

▲▲ TATIN ★★
5, av. de Vierzon. M. Caille
☎ 54 88 00 03 ⅢAX 54 88 96 73
🛏 14 ◎ 280/450 F. Ⅲ 135/270 F.
🍴 55 F.
✉ 10/31 janv., 1er/12 mars, dim. soir et lun.
Ⓔ 🗄 🖨 🖥 🛏 🍽 ⛲ ♿ 🔌 🐾 CB

LAMOTTE BEUVRON (LE RABOT)
41600 Loir et Cher
1250 hab.

▲▲ MOTEL DES BRUYERES ★★
(Le Rabot). M. Marot
☎ 54 88 05 70 ⅢAX 54 88 98 21
🛏 46 ◎ 194/314 F. Ⅲ 89/198 F.
🍴 44 F. 🍽 230/290 F.
✉ 24 déc./2 janv.
Ⓔ Ⓓ 🗄 🖨 🖥 🛏 🍽 🔌 ⛲ ♿ 🔌
🐾 CB

LAMOURA
39310 Jura
1150 m. • *350 hab.* ⓘ

▲ GIROD
M. Crétin ☎ 84 41 21 56 ⅢAX 84 41 24 40
🛏 15 ◎ 160/230 F. Ⅲ 60/130 F.

🍴 38 F. 🍽 170/205 F.
✉ 1ère quinz. mai, 1ère quinz.
sept., ven. soir et sam. inter-saison.
Ⓔ Ⓓ 🛏 CV 🔌 🐾 CB

▲▲ LA SPATULE ★★
Mme Ferreux
☎ 84 41 20 23 ⅢAX 84 41 24 16
🛏 25 ◎ 220/290 F. Ⅲ 70/145 F.
🍴 35 F. 🍽 230/240 F.
✉ 17 avr./3 juin, 2 oct./22 déc., dim.
soir et lun. hs.
🖨 🖥 🍽 🛏 🎿 ♿ 🚷 CV 🔌 CB 🏨

LAMPAUL GUIMILIAU
29400 Finistère
2200 hab. ⓘ

▲▲ DE L'ENCLOS ★★
Mme Caucino
☎ 98 68 77 08 ⅢAX 98 68 61 06
🛏 36 ◎ 260 F. Ⅲ 68/195 F. 🍴 42 F.
🍽 250 F.
✉ ven. soir, sam. midi et dim. soir
1er nov./31 mars.
Ⓔ 🗄 🖨 🖥 🛏 🍽 CV 🔌 🐾 CB 🏨

LAMURE SUR AZERGUES
69870 Rhône
1051 hab. ⓘ

▲ RAVEL ★
M. Gely ☎ 74 03 04 72 ⅢAX 74 03 05 26
🛏 9 ◎ 140/250 F. Ⅲ 80/230 F.
🍽 240/275 F.
✉ 2/30 nov. et ven. oct./mai.
🖨 🖥 🛏 ⛲ 🐾 CB

LANARCE
07660 Ardèche
1200 m. • *400 hab.*

▲▲ DES SAPINS ★★
M. Ollier ☎ 66 69 46 08 ⅢAX 66 69 42 87
🛏 14 ◎ 125/240 F. Ⅲ 70/180 F.
🍴 36 F. 🍽 180/230 F.
✉ 11 nov./20 déc. et
2 janv./15 fév., dim. soir
15 sept./15 juin.
Ⓔ 🗄 🖨 🖥 🛏 🍽 ♿ CV 🐾 CB 🏨

▲▲ LE PROVENCE ★★
Mme Philippot
☎ 66 69 46 06 ⅢAX 66 69 41 56
🛏 15 ◎ 150/240 F. Ⅲ 70/170 F.
🍴 40 F. 🍽 170/210 F.
✉ 15 nov./1er avr.
Ⓔ 🗄 🖨 🖥 🛏 🍽 🎿 ♿ CV 🔌
🐾 CB

LANDERNEAU
29800 Finistère
16000 hab. ⓘ

▲▲▲ LE CLOS DU PONTIC ★★
Rue du Pontic. M. Saout
☎ 98 21 50 91 ⅢAX 98 21 34 33
🛏 32 ◎ 330/370 F. Ⅲ 95/235 F.
🍴 60 F. 🍽 270/280 F.
✉ rest. lun. midi et sam. midi en saison,
lun., sam. midi et dim. soir hs.
Ⓔ Ⓓ 🆂🅿 🗄 🖨 🖥 🛏 🍽 ♿ CV 🔌
CB 🏨

LANDEVANT
56690 Morbihan
2000 hab.

▲ AU VIEUX CHENE ★★
(A Kerhaut). M. Bouteloup
☎ 97 56 90 01
🛏 7 ⌧ 140/220 F. ⑪ 70/230 F. 🍴 50 F.
🍽 265/345 F.
⌧ mar. et mer. soir mi-oct./fin avr.
🅴 🌿 🚿 CV ▥ ⬅ CB

LANEUVEVILLE DEVANT NANCY
54410 Meurthe et Moselle
5120 hab.

▲ STANISLAS ★
67, rue Patton. M. Baumgarten
☎ 83 51 23 85 ⅢⅨ 83 56 65 42
🛏 14 ⌧ 150/195 F. ⑪ 63/130 F.
🍴 45 F. 🍽 195/285 F.
🅴 🄳 🗖 🖀 🚗 🚗 CV ⬅ ▤

LANGEAC
43300 Haute Loire
4733 hab. ⓘ

▲▲ VAL D'ALLIER ★★
(A Reilhac 2 km). M. Velay
☎ 71 77 02 11 ⅢⅨ 71 77 19 20
🛏 22 ⌧ 280/320 F. ⑪ 105/250 F.
🍴 60 F. 🍽 260/280 F.
⌧ 15 déc./15 mars.
🅴 🗖 🖀 🚗 🏄 🚿 ▥ ⬅ CB ▤

LANGEAIS
37130 Indre et Loire
4000 hab. ⓘ

▲▲ LA DUCHESSE ANNE ★★
10, route de Tours. M. Billi
☎ 47 96 82 03 ⅢⅨ 47 96 68 60
🛏 15 ⌧ 220/295 F. ⑪ 65/195 F.
🍴 48 F. 🍽 260 F.
⌧ 1er/16 mars, 15 nov./1er déc.,
22 déc./5 janv., mer. et dim. soir hs.
🅴 🗖 🖀 🚗 🚗 🖀 🚿 🍴 CV ▥ ⬅ CB ▤

LANGOIRAN
33550 Gironde
2024 hab. ⓘ

▲ LE SAINT MARTIN ★
Le Port. M. Neukirch
☎ 56 67 02 67 ⅢⅨ 56 67 15 75
🛏 13 ⌧ 220/280 F. ⑪ 60/215 F.
🍴 45 F. 🍽 200/220 F.
⌧ 6/28 janv.
🅴 🄳 🖀 🖂 ⬅ CB

LANGRES
52200 Haute Marne
11000 hab. ⓘ

▲▲ AUBERGE DES VOILIERS ★★
(Lac de la Liez). M. Bourrier
☎ 25 87 05 74 ⅢⅨ 25 87 24 22
🛏 8 ⌧ 200/250 F. ⑪ 75/240 F. 🍴 40 F.
🍽 220/275 F.
⌧ 1er fév./15 mars et lun., dim. soir
1er oct./1er mai.
🅴 🄳 🗖 🖀 🚗 🚗 🌿 🚿 CV ▥ ⬅ CB

▲▲▲ GRAND HOTEL DE L'EUROPE ★★
23-25, rue Diderot. M. Jossinet
☎ 25 87 10 88 ⅢⅨ 25 87 60 65
🛏 28 ⌧ 230/360 F. ⑪ 70/190 F.
🍽 220/235 F.
⌧ 8/22 mai, 2/24 oct., dim. soir et lun.
midi, rest. lun. soir oct./mai.
🅴 🄳 🗖 🖀 ⬅ CB

▲▲▲ LE CHEVAL BLANC ★★
4, rue de l'Estres. M. Caron
☎ 25 87 07 00 ⅢⅨ 25 87 23 13
🛏 17 ⌧ 270/430 F. ⑪ 100/250 F.
🍴 60 F. 🍽 270/325 F.
⌧ janv., mar. soir et mer. midi.
🅴 🄳 🗖 🖀 🖀 🚗 ⬅ CB

LANGRES (SAINT GEOSMES)
52200 Haute Marne
872 hab. ⓘ

▲ AUBERGE DES TROIS JUMEAUX ★★
Route d'Auberive. M. Thomassin
☎ 25 87 03 36 ⅢⅨ 25 87 58 68
🛏 10 ⌧ 200/280 F. ⑪ 80/295 F.
🍴 40 F. 🍽 300/380 F.
⌧ 13 nov./4 déc., dim. soir
5 nov./30 avr. et lun.
🅴 🗖 🖀 ▥ ⬅ CB

LANGRUNE SUR MER
14830 Calvados
1300 hab. ⓘ

▲ DE LA MER ★
Bld Aristide Briand. Mlle Leplanquois
☎ 31 96 03 37 ⅢⅨ 31 97 57 94
🛏 11 ⌧ 195/250 F. ⑪ 58/245 F.
🍴 45 F. 🍽 245/275 F.
🗖 🖀 CV ▥ ⬅ CB ▤

LANNE
64570 Pyrénées Atlantiques
542 hab.

▲▲ LACASSIE ★
Mme Lacassie ☎ 59 34 62 05
🛏 8 ⌧ 200 F. ⑪ 72/138 F. 🍴 38 F.
🍽 195 F.
⌧ lun.
SP 🖀 🚗 🚿 CV ▥ ⬅ CB

LANNION
22300 Côtes d'Armor
20000 hab. ⓘ

▲▲ DE BRETAGNE
32, av. Général de Gaulle. M. Le
Toumelin ☎ 96 37 00 33 ⅢⅨ 96 37 46 25
🛏 28 ⌧ 210/290 F. ⑪ 65/140 F.
🍴 45 F. 🍽 235/245 F.
⌧ 18 déc./3 janv.
🅴 🗖 🖀 🚗 🚗 🚿 CV ⬅ CB ▤

LANOBRE
15270 Cantal
670 m. • 1800 hab.

▲▲ LA VILLA DE VAL ★★
M. Moulin ☎ 71 40 33 40 ⅢⅨ 71 40 36 14
🛏 13 ⌧ 200/250 F. ⑪ 65/180 F.
🍴 38 F. 🍽 210/230 F.
🅴 🗖 🖀 🖀 🚗 🌿 🚿 CV ▥ ⬅ CB

LANS EN VERCORS
38250 Isère
1500 hab. 🛈

▲▲▲ DU COL DE L'ARC ★★
M. Mayousse
☎ 76 95 40 08 📠 76 95 41 25
🛏 25 ⌧ 270/340 F. 🍴 75/140 F.
🍽 55 F. 🛌 260/320 F.
🄴 🛈 🗑 🕿 🛏 🕅 🔌 🏊 🎿 CV 🍴 🅿 CB

▲▲ LA SOURCE ★★
Lieu-dit Bouilly. M. Leroux
☎ 76 95 42 52
🛏 18 ⌧ 210/300 F. 🍴 85/135 F. 🍽 45 F.
🛌 235/255 F.
⊠ 15 oct./1er déc., dim. soir et lun. hs.
🄴 🕿 🛏 🕿 🎿 CV 🍴 🅿 CB

LANSLEBOURG
73480 Savoie
1400 m. • 570 hab. 🛈

▲▲▲ ALPAZUR ★★★
(Val Cenis). M. Jorcin
☎ 79 05 93 69 📠 79 05 81 96
🛏 21 ⌧ 290/420 F. 🍴 98/360 F.
🍽 60 F. 🛌 303/363 F.
⊠ 20 avr./1er juin et 20 sept./20 déc.
🄴 🛈 🗑 🕿 🛏 🕿 CV 🍴 🅿 CB

▲ DE LA VIEILLE POSTE ★★
Mme Dimier
☎ 79 05 93 47 📠 79 05 86 85
🛏 18 ⌧ 270 F. 🍴 70/110 F. 🍽 45 F.
🛌 270 F.
⊠ 1er nov./25 déc. et 15 avr./15 mai.
🄴 🛈 🗑 🕿 🛏 🕅 CV 🍴 🅿 CB

▲▲ LES MARMOTTES ★
Grande Rue. M. Boch
☎ 79 05 93 67 📠 79 05 84 94
🛏 20 ⌧ 165/270 F. 🍴 78/145 F.
🍽 42 F. 🛌 190/240 F.
⊠ 15 avr./10 juin et 25 sept./20 déc.
🄴 🛈 🕿 🛏 CV CB

▲ RELAIS DES ALPES ★
MM. Burdin ☎ 79 05 90 26 📠 79 05 86 42
🛏 18 ⌧ 180/250 F. 🍴 60/130 F. 🍽 40 F.
🛌 200/250 F.
⊠ 1er mai/18 juin et 30 sept./20 déc.
🄴 🛈 🕿 🛏 🕅 CV 🅿 CB

▲▲ RELAIS DES DEUX COLS ★★
M. Gagnière
☎ 79 05 92 83 📠 79 05 83 74
🛏 28 ⌧ 250/320 F. 🍴 90/180 F.
🍽 46 F. 🛌 240/320 F.
⊠ 2 nov./20 déc.
🄴 🛈 🗑 🛈 🕿 🛏 🛌 🔌 🎿 CV
🍴 🅿 CB

LANSLEVILLARD
73480 Savoie
1480 m. • 410 hab. 🛈

▲▲ LE GRAND SIGNAL ★★
M. Clert ☎ 79 05 91 24 📠 79 05 82 84
🛏 18 ⌧ 240/280 F. 🍴 88/160 F.
🍽 45 F. 🛌 260/330 F.
⊠ 2 avr./18 juin et 10 sept./17 déc.
🄴 🛈 🕿 🛏 🕿 🔌 🎿 🅿 CB

▲▲ LES MELEZES ★★
(La Mathia). M. Me De Simone
☎ 79 05 93 82
🛏 16 ⌧ 230/298 F. 🍴 85/145 F.
🍽 85 F. 🛌 235/268 F.
⊠ 10 sept./20 déc. et 26 avr./25 juin.
🄴 SP 🛈 🗑 🕿 🛏 🕅 🅿

LANTEUIL
19190 Corrèze
430 hab.

▲ LE RELAIS D'AUVERGNE ★
Mme Ardailloux ☎ 55 85 51 08
🛏 7 ⌧ 110/210 F. 🍴 65/150 F. 🍽 45 F.
🛌 180/210 F.
🕿 🅿 🅿

LANTOSQUE
06450 Alpes Maritimes
700 hab.

▲▲▲ HOSTELLERIE DE L'ANCIENNE
GENDARMERIE ★★★
(Le Rivet). M. Winther
☎ 93 03 00 65 📠 93 03 06 31
🛏 8 ⌧ 350/710 F. 🍴 165/285 F.
🍽 85 F. 🛌 385/565 F.
⊠ 4 nov./23 déc., lun. et hs dim. soir.
🄴 🄳 SP 🛈 🗑 🕿 🛏 🕿 🛌 🔌 🎿
🍴 🅿 CB

LANVOLLON
22290 Côtes d'Armor
1483 hab. 🛈

▲▲▲ LUCOTEL ★★
34, rue des Fontaines. M. Landel
☎ 96 70 01 17 📠 96 70 08 84
🛏 20 ⌧ 190/320 F. 🍴 68/220 F.
🍽 41 F. 🛌 260 F.
🄴 🛈 🗑 🕿 🛏 🕅 🕿 🔌 🏊 🔌 🎿 CV
🍴 🅿 CB 🄲 🛈

LAPALISSE
03120 Allier
3775 hab. 🛈

▲ DU BOURBONNAIS ★
1, place du 14 Juillet. M. Pinet
☎ 70 99 04 11
🛏 10 ⌧ 110/250 F. 🍴 70/230 F.
🍽 40 F.
⊠ 15/28 fév. et lun. hs.
🄴 🗑 🕿 🛏 🕿 🎿 🅿 CB

▲▲▲ GALLAND ★★
20, place de la République. M. Duparc
☎ 70 99 07 21 📠 70 99 34 64
🛏 8 ⌧ 240/340 F. 🍴 110/260 F.
🍽 75 F.
⊠ 9 fév./1er mars et mer.
🄴 🗑 🕿 🛏 🕅 🎿 🍴 🅿 CB

LAPOUTROIE
68650 Haut Rhin
630 m. • 2000 hab. 🛈

▲ A L'OREE DU BOIS ★★
(N° 6 - Faudé). M. Marchand
☎ 89 47 50 30 📠 89 47 24 02
🛏 9 ⌧ 200/250 F. 🍴 85/150 F. 🍽 45 F.
🛌 200/250 F.
⊠ 13 nov./15 déc.
🄴 🄳 🗑 🕿 🛏 🕅 🕿 🛌 🎿 CV 🍴
CB 🛈

LAPOUTROIE (suite)

🛆 DU BOUTON D'OR ★★
31, Bermont. M. Pierrevelcin
☎ 89 47 50 95
🛏 12 ⊗ 240/260 F. ⅋ 95/150 F.
🍴 50 F. 🛌 250 F.
⊠ 12/30 nov., 2 janv./5 fév. et mer.
🔲 🗗 🖻 🛪 🕭 CV ◀

🛆🛆🛆 DU FAUDE ★★★
M. Baldinger
☎ 89 47 50 35 🎰 89 47 24 82
🛏 25 ⊗ 300/420 F. ⅋ 70/360 F.
🍴 38 F. 🛌 280/350 F.
⊠ mi-mars/fin mars, mi-nov./début déc.
🔲 🔲 🗗 🖻 🖻 🖻 🍴 🛪 🏊 🕭
🕭 CV 🔅 ◀ CB 🗂

LAQUEUILLE
63820 Puy de Dôme
1030 m. • 390 hab. 🛈

🛆 DE LA POSTE
Mme Gallerand ☎ 73 22 00 78
🛏 8 ⊗ 150/170 F. ⅋ 75/105 F. 🍴 45 F.
🛌 165/185 F.
⊠ 25 déc./31 janv.
🖻 ◀ CB

LAQUEUILLE GARE
63820 Puy de Dôme
1000 m. • 580 hab.

🛆🛆 LE COMMERCE ★★
Sur D. 82. M. Cheyvialle
☎ 73 22 00 03 🎰 73 22 06 14
🛏 11 ⊗ 200/260 F. ⅋ 95/170 F.
🍴 55 F. 🛌 210/240 F.
⊠ dim. soir sauf juil./août.
🔲 🗗 🖻 🖻 🍴 🏊 CV ◀ CB 🗂

🛆🛆 LES CLARINES ★★★
Sur D. 82. Mme Bertrand
☎ 73 22 00 43 🎰 73 22 06 10
🛏 12 ⊗ 210/330 F. ⅋ 76/180 F.
🍴 56 F. 🛌 205/275 F.
⊠ 11 nov./10 avr., dim. soir et lun.
🔲 🗗 🖻 🖻 🖻 🖻 🍴 🏊 🕭 CV 🔅 ◀

LARAGNE
05300 Hautes Alpes
4000 hab. 🛈

🛆 LES TERRASSES ★★
Mme Pellissier
☎ 92 65 08 54 🎰 92 65 21 08
🛏 15 ⊗ 180/280 F. ⅋ 95/130 F.
🍴 55 F. 🛌 220/270 F.
⊠ 1er nov./31 mars.
🔲 🔲 🛈 🗗 🖻 🖻 🍴 🕭 CV ◀ CB

LARCEVEAU ARROS CIBITS
64120 Pyrénées Atlantiques
404 hab.

🛆🛆 DU TRINQUET ★★
Mme Olharan
☎ 59 37 81 51 🎰 59 37 80 06
🛏 10 ⊗ 120/220 F. ⅋ 58/130 F.
🍴 45 F. 🛌 195/220 F.
⊠ 15 nov./1er déc. et lun. hs.
🔲 SP 🗗 🖻 🖻 🖻 🍴 🏊 CV 🔅 ◀ C

ESPELLET ★★
M. Espellet
☎ 59 37 81 91 🎰 59 37 86 09
🛏 19 ⊗ 140/250 F. ⅋ 55/140 F.
🍴 45 F. 🛌 190/220 F.
⊠ 5/31 déc. et mar. 1er oct./1er juin
sauf fériés.
🔲 SP 🗗 🖻 🖻 🖻 🍴 🏊 CV 🔅 ◀
CB C

LARCHE
04540 Alpes de Haute Provence
1700 m. • 91 hab.

🛆 AU RELAIS D'ITALIE ★
Mme Palluel
☎ 92 84 31 32 🎰 401272 🎰 92 84 33 92
🛏 13 ⊗ 130/210 F. ⅋ 80/110 F.
🍴 45 F. 🛌 170/220 F.
⊠ 10/25 mai et 15/30 nov.
🔲 🛈 🗗 🏊 🕭 CV ◀ CB C 🗂

LARDIN (LE)
24570 Dordogne
2000 hab.

🛆🛆🛆 SAUTET ★★★ & ★★
M. Sautet
☎ 53 51 45 00 🎰 53 51 45 29
🛏 33 ⊗ 250/450 F. ⅋ 89/195 F.
🍴 63 F. 🛌 295/355 F.
⊠ janv./fév. et week-ends hiver.
🔲 SP 🗗 🖻 🖻 🖻 🍴 🛪 🏊 ❌ 🏊 🕭
CV 🔅 ◀ CB C 🗂

LARMOR BADEN
56870 Morbihan
802 hab. 🛈

🛆🛆 AUBERGE PARC FETAN ★★
17, rue de Berder. Mme Gerster
☎ 97 57 04 38 🎰 97 57 21 55
🛏 31 ⊗ 180/370 F. ⅋ 100/120 F.
🍴 60 F. 🛌 232/327 F.
⊠ 5 nov./30 mars.
🔲 🗗 🖻 🖻 🍴 🕭 🏊 CV ◀ CB

LAROQUE
34190 Hérault
1028 hab.

🛆 LE PARC AUX CEDRES ★★
14, route de Montpellier. M. Domenech
☎ 67 73 82 63 🎰 67 73 69 85
🛏 7 ⊗ 230/310 F. ⅋ 90/100 F. 🍴 60 F.
🛌 240/260 F.
🔲 SP 🗗 🖻 🖻 🖻 🍴 🛪 ❌ 🏊 🔅
◀ CB

LARRAU
64560 Pyrénées Atlantiques
636 m. • 298 hab.

🛆🛆 ETCHEMAITE ★★
M. Etchemaïte
☎ 59 28 61 45 🎰 59 28 72 71
🛏 16 ⊗ 150/350 F. ⅋ 80/180 F.
🍴 50 F. 🛌 185/240 F.
⊠ 2ème quinz. janv. et lun. hs.
🔲 SP 🗗 🖻 🖻 🍴 🏊 🕭 CV ◀ CB

LATHUILE (CHAPARON)
74210 Haute Savoie
600 hab.

△△△ LA CHATAIGNERAIE ★★
(Lieu-dit Chaperon. A 1km500 de N.
508). M. Millet
☎ 50 44 30 67 ⊠ 50 44 83 71
🛏 25 ⌂ 275/400 F. ⅋ 98/275 F.
🍴 55 F. ▦ 275/365 F.
⊠ 20 oct./1er fév., dim. soir et lun.
1er oct./1er mai.
[symbols] CV
[symbols] CB ▣

LATILLE
86190 Vienne
1300 hab.

△ DU CENTRE ★★
21, place du Marché M. Fraigneau
☎ 49 51 88 75
🛏 12 ⌂ 140/210 F. ⅋ 70/120 F.
🍴 30 F. ▦ 150/180 F.
⊠ rest. dim. 1er oct./31 mars.
[symbols] CV [symbols] CB

LAURIS
84360 Vaucluse
1810 hab. ⓘ

△△ HOSTELLERIE DE LA CADIERE
Chemin du Meou. M. Djihanian
☎ 90 08 20 41
🛏 6 ⌂ 280/350 F. ⅋ 100/150 F.
🍴 60 F. ▦ 240/275 F.
⊠ mer.
[symbols] CB

LAUSSONNE
43150 Haute Loire
929 m. • 1063 hab.

△ LE CLAIR LOGIS ★★
Place de l'Eglise M. Soulier
☎ 71 05 11 75
🛏 10 ⌂ 230/260 F. ⅋ 50/110 F.
🍴 45 F. ▦ 200/230 F.
⊠ mer. après-midi 14h.
[symbols] CB ▣

LAVAL DE CERE
46130 Lot
461 hab.

△ LES CHANTERELLES
Rue Emile Dautet. Mme Vigouroux
☎ 65 33 85 68
🛏 5 ⌂ 150 F. ⅋ 52/140 F. 🍴 40 F.
▦ 165 F.
⊠ mar. soir hs.
SP [symbols] CB

LAVANDOU (LE)
83980 Var
4275 hab. ⓘ

△△ AUBERGE DE LA FALAISE ★★
(A St-Clair, 34, bld de la Baleine).
M. Brun ☎ 94 71 01 35 ⊠ 94 71 79 48
🛏 13 ⌂ 278/406 F. ⅋ 130 F. 🍴 57 F.
▦ 290/354 F.
⊠ 20 oct./20 mars.
[symbols] CB

△△△ L'ESPADON Annexe LA
RAMADE ★★★ & ★★
16, rue Patron Ravello, place Ernest
Reyer M. Friolet
☎ 94 71 00 20 \ 94 71 20 40
⊠ 94 64 79 19
🛏 40 ⌂ 238/568 F. ⅋ 110/268 F.
🍴 70 F. ▦ 264/429 F.
⊠ La Ramade 10 oct./30 mars et rest.
Espadon 30 sept./30 avr.
[symbols] CV [symbols] CB
C ▣

LAVANDOU (LE)
(PRAMOUSQUIER PLAGE)
83980 Var
600 hab.

△ BEAU SITE ★★
(A 7 km du Lavandou, sur D 559).
M. Jaume ☎ 94 05 80 08 ⊠ 94 05 76 76
🛏 20 ⌂ 245/350 F. ⅋ 92/135 F.
🍴 45 F. ▦ 250/310 F.
⊠ 15 oct./15 mars.
[symbols] CV [symbols]
[symbols] CB

LAVARDAC
47230 Lot et Garonne
2300 hab. ⓘ

△ LA CHAUMIERE D'ALBRET ★
Route de Nérac. M. Pedronie
☎ 53 65 51 75
🛏 8 ⌂ 140/235 F. ⅋ 70/160 F. 🍴 50 F.
▦ 150/210 F.
⊠ 20 fév./6 mars, 1/16 oct., dim. soir et
lun. hs.
[symbols] CV [symbols] CB

LAVEISSIERE
15300 Cantal
980 m. • 600 hab.

△△ BELLEVUE ★★
Mme Le Stang
☎ 71 20 01 22 ⊠ 71 20 09 55
🛏 16 ⌂ 190/230 F. ⅋ 60/110 F.
🍴 35 F. ▦ 185/265 F.
⊠ 14 oct./26 déc.
[symbols] CV [symbols] CB

LAVELANET
09300 Ariège
505 m. • 7740 hab. ⓘ

△△ DU PARC ★★
17, av. du Dr Bernadac. M. Mauvernay
☎ 61 03 04 05 ⊠ 61 03 08 66
🛏 15 ⌂ 160/380 F. ⅋ 59/180 F.
🍴 50 F. ▦ 200/260 F.
⊠ rest. dim. soir et lun. midi.
[symbols] CB ▣

LAVIGNOLLE DE SALLES
33770 Gironde
3645 hab.

△△ LE RELAIS TOURISTIQUE ★★
Mme Baron ☎ 56 88 62 09 ⊠ 56 88 68 69
🛏 9 ⌂ 220/280 F. ⅋ 95/230 F. 🍴 50 F.
▦ 250/300 F.
⊠ mi-oct./mi-nov.
[symbols] CB

LAVILLEDIEU
07170 Ardèche
1086 hab.

▲▲▲ LES PERSEDES ★★
Sur N. 102 (à 5 Km d'Aubenas).
M. Chambon
☎ 75 94 88 08 ℻ 75 94 29 02
🛏 24 ⌧ 270/350 F. ⅋ 82/170 F.
🍴 60 F. 🍽 270/330 F.
⌧ 1er nov./1er avr. Rest. dim. soir et
lun. midi. Hôtel lun. jusqu'à 18h sauf
juil./août.
🄴 🗇 🕾 🚗 🚗 🕇 ⌇ ⛰ 🐾 🕐 ▶ ♿
CV 🔢 ☎ CB

LAVITARELLE (MONTET ET BOUXAL)
46210 Lot
600 m. • 217 hab.

▲▲ GOUZOU ★
M. Pecheyran
☎ 65 40 28 56 ℻ 65 40 22 20
🛏 14 ⌧ 130/280 F. ⅋ 65/180 F.
🍴 45 F. 🍽 150/230 F.
🄴 🕾 🚗 🕇 ⌇ 🐾 CV 🔢 ☎ CB

LAYRAC
47390 Lot et Garonne
2983 hab. ℹ

▲ LA TERRASSE
32, rue Montfort. M. Mouly
☎ 53 87 01 69 ℻ 53 87 14 13
🛏 5 ⌧ 165 F. ⅋ 88/210 F. 🍴 45 F.
🍽 225 F.
⌧ 24 sept./1er oct., dernière semaine
janv., dim. soir et lun.
🄴 SP 🏊 🐾 ⚒ CV 🔢 ☎ CB

LECQUES (LES) (SAINT CYR SUR MER)
83270 Var
5200 hab. ℹ

▲▲ CHANTEPLAGE ★★
Place du Syndicat d'Initiative.
Mme Marte ☎ 94 26 16 55 ＼ 94 26 33 85
℻ 94 26 25 71
🛏 20 ⌧ 280/420 F. ⅋ 99/145 F.
🍴 55 F. 🍽 250/340 F.
⌧ 1er oct./1er mars.
🄴 🄳 🗇 🕾 🚗 🚗 🍴 CV 🔢 ☎ CB

▲▲ LE PETIT NICE ★★
11, allée du Docteur Seillon. M. Chavant
☎ 94 32 00 64 📠 400479 ℻ 94 88 72 39
🛏 30 ⌧ 255/320 F. 🍴 60 F.
🍽 257/322 F.
⌧ 2 nov./1er mars.
🄴 🗇 🕾 🚗 🕇 ⌇ 🐾 ♿ CV ☎ CB

LELEX
01410 Ain
900 m. • 207 hab. ℹ

▲▲ DU CENTRE ★★
M. Grossiord
☎ 50 20 90 81 ℻ 50 20 93 97
🛏 19 ⌧ 178/288 F. ⅋ 90/220 F.
🍴 50 F. 🍽 228/305 F.
⌧ 9 mai/10 juil. et 16 sept./20 déc.
🄴 🕾 🚗 🕇 CV 🔢 ☎ CB

▲ DU CRET DE LA NEIGE ★★
Mme Grospiron
☎ 50 20 90 15 ℻ 50 20 94 46
🛏 25 ⌧ 165/305 F. ⅋ 80/178 F.
🍴 48 F. 🍽 219/295 F.
⌧ 17 avr./20 juin et 10 sept./20 déc.
🄴 🕾 🚗 🕇 ⚒ CV ☎ CB

LENTE
26190 Drôme
1070 m. • 45 hab.

▲ DE LA FORET
M. Faravellon
☎ 75 48 26 32 ℻ 75 48 29 45
🛏 13 ⌧ 145/305 F. ⅋ 80/150 F.
🍴 55 F. 🍽 150/240 F.
⌧ 15 nov./15 déc.
🗇 🚗 🐾 ▶ ☎ CB

LEON
40550 Landes
1360 hab. ℹ

▲ DU CENTRE
Sur D. 652. Mme Dumora ☎ 58 48 74 09
🛏 10 ⌧ 200/250 F. ⅋ 50/135 F.
🍴 30 F.
♿ CV 🔢 ☎ CB

LEOUVE LA CROIX
06260 Alpes Maritimes
750 m. • 70 hab.

▲▲ HOSTELLERIE LES TILLEULS ★★
Mme Belleudy
☎ 93 05 02 07 ℻ 93 05 09 95
🛏 14 ⌧ 240/340 F. 🍴 70 F.
🍽 220/290 F.
⌧ 1er nov./1er avr.
🄴 🕾 🚗 🕇 ⌇ ⛰ 🕐 🐾 CV 🔢 ☎ CB

LEPIN LE LAC
73610 Savoie
200 hab. ℹ

▲▲ LE CLOS SAVOYARD
(Lac d'Aiguebelette). M. Daumas
☎ 79 36 00 15
🛏 13 ⌧ 130/220 F. ⅋ 98/220 F.
🍴 46 F. 🍽 220/250 F.
⌧ 3 sept./13 mai.
🄴 ℹ 🚗 🕇 🐾 CV ☎ CB

LESCHAUX
74320 Haute Savoie
930 m. • 214 hab.

▲ AUBERGE DE LA MARGERIAZ
Place de l'Eglise. M. Serignat
☎ 50 32 03 32
🛏 5 ⌧ 255/280 F. ⅋ 110/145 F.
🍴 50 F. 🍽 260/265 F.
⌧ lun. hs.
🄴 🄳 🗇 🕾 🚗 🕇 ⚒

LESCONIL
29740 Finistère
2500 hab. ℹ

▲▲ ATLANTIC ★★
11, rue Jean Jaurès. Mme Toulemont
☎ 98 87 81 06 ℻ 98 87 88 04
🛏 23 ⌧ 190/300 F. ⅋ 85/180 F.
🍴 40 F. 🍽 280/325 F.
⌧ 1er oct./31 mars.
🄴 🕾 🚗 🛖 ⚓ 🍴 CV 🔢 CB

LESCONIL (suite)

▲▲ DU PORT ★★
4, rue du Port. M. Stephan
☎ 98 87 81 07 ☒ 98 87 85 23
🛏 26 ◈ 260/330 F. 🍽 84/185 F.
🍴 40 F. 🛎 290/335 F.
⊠ 16 oct./31 mars.
Ⓔ ☎ 🐕 ♿ ➦ CB

LESNEVEN

29260 Finistère
7000 hab. ⓘ

▲▲ LE WEEK-END ★★
(Pont du Châtel), D. 110 sortie
Lesneven. M. Froger
☎ 98 25 40 57 ☒ 98 25 46 92
🛏 13 ◈ 210/275 F. 🍽 62/250 F.
🍴 45 F. 🛎 220/250 F.
⊠ janv. et rest. lun. midi.
Ⓔ 🗖 ☎ 🚗 🚐 🍱 🐕 ♿ ▥ Ⅲ CB

LESPERON

40260 Landes
1200 hab. ⓘ

▲▲ CHEZ DARMAILLACQ ★
M. Darmaillacq
☎ 58 89 61 45 ☒ 58 89 64 96
🛏 10 ◈ 120/210 F. 🍽 65/190 F.
🍴 40 F. 🛎 190/240 F.
⊠ 2ème quinz. sept., 1 semaine
Noël, dim. soir et lun.
Ⓔ SP 🗖 ☎ 🚗 ♿ ➦ CB

LEVENS

06670 Alpes Maritimes
600 m. • *2800 hab.* ⓘ

▲▲ DES GRANDS PRES ★
M. Romulus ☎ 93 79 70 35
🛏 8 ◈ 190/290 F. 🍽 85/125 F.
🛎 240 F.
⊠ 15 déc./15 fév.
Ⓓ 🚗 🍱 🐕 CV ➦

▲▲ LA CHAUMIERE ★★
Quartier des Prés. M. Poblet
☎ 93 79 71 58
🛏 16 ◈ 220 F. 🍽 80/130 F. 🍴 50 F.
🛎 240 F.
⊠ 7/22 nov. et 1er/15 mars.
Ⓔ SP ⓘ 🗖 ☎ ⋈ 🍱 🐕 ♿ CV Ⅲ ➦ CB

▲▲ MALAUSSENA ★★
9, place de la République.
M. Malausséna
☎ 93 79 70 06 ☒ 93 79 85 89
🛏 14 ◈ 220/300 F. 🍽 90/150 F.
🍴 60 F. 🛎 230/290 F.
⊠ 25 oct./15 déc.
Ⓔ ⓘ 🗖 ☎ ⋈ 🍱 🗲 🐕 CV Ⅲ ➦ CB Ⓒ

LEVIER

25270 Doubs
750 m. • *2046 hab.* ⓘ

▲▲ DU COMMERCE ET DE LA RESIDENCE ★
10, rue de Pontarlier. M. Guyot
☎ 81 49 50 56 ☒ 81 49 53 53
🛏 35 ◈ 180/230 F. 🍽 55/ 70 F.
🍴 35 F.
⊠ 11 nov./11 déc.
🗖 ☎ 🚗 🚐 🗲 🐕 CV Ⅲ

LEVROUX

36110 Indre
3200 hab. ⓘ

▲▲ DE LA CLOCHE ★★
3, rue nationale M. Capelli
☎ 54 35 70 43
🛏 10 ◈ 165/310 F. 🍽 85/210 F.
🍴 45 F. 🛎 250/280 F.
⊠ fév., lun. soir et mar.
Ⓔ 🗖 ☎ 🐕 ➦ CB

LEYME

46120 Lot
1600 hab.

▲ LESCURE ★★
Mme Martinez ☎ 65 38 90 07
🛏 15 ◈ 150/235 F. 🍽 65/185 F.
🍴 40 F. 🛎 200 F.
⊠ 18 déc./2 janv. et sam. hs.
Ⓔ SP 🗖 ☎ 🚗 🍱 ● ▶ Ⅲ

LEZAN

30350 Gard
900 hab.

▲ LES ARTS ★★
Place du Château. M. Salomon
☎ 66 83 00 60 ☒ 66 83 87 21
🛏 9 ◈ 170/280 F. 🍽 80/150 F. 🍴 45 F.
🛎 220 F.
⊠ dim. soir sept./mai.
Ⓔ SP 🗖 ☎ 🚗 🍱 🐕 CV Ⅲ ➦ CB

LEZIGNAN CORBIERES

11200 Aude
7680 hab. ⓘ

▲▲ LE GRAND SOLEIL ★
32, av. Maréchal Foch. Mme Cubilie
☎ 68 27 01 20 ☒ 68 27 10 88
🛏 19 ◈ 105/245 F. 🍽 62/160 F.
🍴 45 F. 🛎 150/230 F.
⊠ dim. soir hs.
Ⓔ SP 🗖 ☎ 🚗 CV Ⅲ ➦

▲▲ LE RELAIS DES CORBIERES ★★
Route de Narbonne, N. 113. M. Gandais
☎ 68 27 00 77 ☒ 499000 A2 LE RELAIS
☒ 68 27 58 98
🛏 16 ◈ 130/250 F. 🍽 59/154 F.
🍴 36 F. 🛎 145/205 F.
⊠ 23 déc./1er janv.
Ⓔ SP 🗖 ☎ 🚗 🍱 CV Ⅲ ➦ CB

LIBOURNE

33500 Gironde
21012 hab. ⓘ

▲▲ AUBERGE LES TREILLES ★★
13-17, rue des Treilles. M. Grellier
☎ 57 25 02 52 ☒ 57 25 29 70
🛏 20 ◈ 220/260 F. 🍽 50/250 F.
🍴 50 F. 🛎 190 F.
🗖 ☎ 🚗 🚐 CV Ⅲ ➦ CB

LIEGE (LE)

37460 Indre et Loire
209 hab.

▲ LE CROISSANT
Sur D. 764 M. Métivier ☎ 47 59 52 05
🛏 6 ◈ 160/180 F. 🍽 70/150 F. 🍴 40 F.
🛎 200 F.
⊠ dim. soir et lun. hs.
Ⓔ 🚗 🍱 🐕 ➦ CB

244

LIEPVRE
68660 Haut Rhin
1500 hab.

AUX DEUX CLEFS ★★
9, rue de la Gare. Mlle Herment
☎ 89 58 93 29 ⅢX 89 58 44 54
🛏 10 ◎ 230/300 F. ⅢI 100/190 F.
🍴 55 F. 🍽 230/250 F.
⊠ 20 fév./14 mars, 26 juin/7 juil.,
22/29 déc., rest. sam. midi, dim. soir et
lun. (lun. midi juil/août).
[E] [D] [SP] [icons] [CV] [icons] [CB]

LIESSIES
59740 Nord
515 hab. [i]

DU CHATEAU DE LA MOTTE ★★
Mme Plateau
☎ 27 61 81 94 ⅢX 27 61 83 57
🛏 12 ◎ 183/353 F. ⅢI 98/185 F.
🍴 60 F. 🍽 219/300 F.
⊠ 20 déc./31 janv., dim. soir, lun. et
mar. soir hs.
[E] [icons] [CV] [icons] [CB] [icon]

LIEUTADES
15110 Cantal
970 m. • 280 hab.

BOUDON ★
M. Boudon ☎ 71 73 81 73
🛏 11 ◎ 190 F. ⅢI 62/ 95 F. 🍴 45 F.
🍽 205 F.
⊠ 1 semaine fév. selon vac. scol.,
30 août/9 sept., sam. et dim. soir hs.
[E] [icons] [icon] [CB]

LIGNY LE CHATEL
89144 Yonne
1200 hab. [i]

RELAIS SAINT VINCENT ★★
14, Grande Rue. Mme Cointre
☎ 86 47 53 38 ⅢX 86 47 54 16
🛏 15 ◎ 225/370 F. ⅢI 70/155 F.
🍴 55 F. 🍽 225/300 F.
[E] [D] [SP] [icons] [CV] [icon]
[icons] [CB]

LIGUEIL
37240 Indre et Loire
2200 hab. [i]

LE COLOMBIER ★★
4, place Général Leclerc. M. Gaultier
☎ 47 59 60 83
🛏 11 ◎ 110/250 F. ⅢI 55/170 F.
🍴 45 F. 🍽 220/230 F.
⊠ 2 janv./7 fév., 1er/15 oct. et ven. sauf
juil./août.
[E] [icons] [CV] [icons]

LIMERAY
37530 Indre et Loire
972 hab.

AUBERGE DE LAUNAY ★★
N. 152. (6 km d'Amboise vers Blois).
M. Me Bail ☎ 47 30 16 82 ⅢX 47 30 15 16
🛏 7 ◎ 290 F. ⅢI 120/210 F. 🍴 55 F.

🍽 275 F.
⊠ 23 déc./15 fév., 1 semaine oct. ou
nov., lun. soir et mar. midi hs.
[E] [icons] [CV] [icons]
[CB] [icon]

AUBERGE DU VIEUX PALAIS
2, rue d'Enfer. Mme Couturier
☎ 47 30 10 62 ⅢX 47 30 02 80
🛏 7 ◎ 150/280 F. ⅢI 80/240 F. 🍴 50 F.
🍽 220/240 F.
⊠ 2/20 janv. et lun. hs.
[E] [icon] [CV] [icons] [CB]

LIMEUIL
24510 Dordogne
154 hab. [i]

BEAU REGARD ET LES TERRASSES ★★
Route de Tremolat. M. Darnet
☎ 53 63 30 85 ⅢX 53 24 53 55
🛏 8 ◎ 220/280 F. ⅢI 90/280 F. 🍴 60 F.
🍽 300/330 F.
⊠ fin sept./1er mai, mar. midi et
ven. midi.
[E] [SP] [icons] [CV] [icon]

LIMOGES
87000 Haute Vienne
180000 hab. [i]

AU BELVEDERE ★★
264, rue de Toulouse. MM. Sagne
☎ 55 30 57 39 ⅢX 55 06 23 51
🛏 26 ◎ 150/210 F. ⅢI 83/195 F.
🍴 45 F. 🍽 215/230 F.
⊠ Noël/15 janv., 1er mai et sam.
oct./fin mars.
[E] [D] [icons] [CV] [icon]
[CB] [C] [icon]

LE MARCEAU ★★
2, av. de Turenne. M. Pasquier
☎ 55 77 23 43 ⅢX 55 79 42 60
🛏 23 ◎ 200/320 F. ⅢI 73/300 F.
🍴 73 F. 🍽 255/300 F.
⊠ dim.
[E] [icons] [CV] [icons] [icon]

LIMOGES (BRACHAUD)
87280 Haute Vienne
150000 hab. [i]

AUBERGE L'ETAPE ★★
Sur N. 20. Mme Barbier
☎ 55 37 14 33 ⅢX 55 38 33 42
🛏 13 ◎ 195/250 F. ⅢI 75/165 F.
🍴 50 F. 🍽 275 F.
⊠ sam. midi et dim. soir.
[E] [icons] [CV] [icons] [CB]

LIMOUX
11300 Aude
10885 hab. [i]

DES ARCADES ★★
96, rue Saint-Martin. M. Durand
☎ 68 31 02 57 ⅢX 68 31 66 42
🛏 7 ◎ 155/245 F. ⅢI 75/190 F. 🍴 48 F.
🍽 230/295 F.
[E] [SP] [icons] [CV] [icons] [icon]

LIMOUX (suite)

▲▲▲ MODERNE ET PIGEON ★★★
1, place Général Leclerc. M. Eupherte
☎ 68 31 00 25 FAX 68 31 12 43
🛏 19 ⚄ 290/470 F. 🍽 135/195 F.
♨ 65 F. 🍴 300/340 F.
✉ 5 déc./15 janv., rest. sam. midi et lun.
Ⓔ SP 🖿 ☎ 🚗 🍸 CV ▦ ♠ CB 📠

LINGE
36220 Indre
276 hab.

▲ AUBERGE DE LA GABRIERE ★★
Etang de la Gabrière. M. Marechau
☎ 54 37 80 97 FAX 54 37 70 66
🛏 10 ⚄ 185 F. 🍽 58/125 F. ♨ 40 F.
🍴 170 F.
✉ 31 janv./15 fév., lun. soir et mar.
1er sept/31 mars.
Ⓔ 🖿 ☎ 🚗 ♨ ▦ ♠ CB

LINTHAL
68610 Haut Rhin
512 hab.

▲ A LA TRUITE DE LA LAUCH ★★
24, rue du Markstein. M. Fuhrer
☎ 89 76 32 30
🛏 13 ⚄ 250/290 F. 🍽 80/140 F.
♨ 40 F. 🍴 210/240 F.
✉ vac. scol. Toussaint et rest. mer.
Ⓔ Ⓓ ☎ 🚗 🍸 CV ♠ CB

LINTHES
51230 Marne
101 hab. ⓘ

▲▲▲ FLOROTEL ★★
Sur N. 4 (La Raccroche). Mme Ozérée
☎ 26 80 18 19 FAX 26 80 17 84
🛏 30 ⚄ 220/270 F. 🍽 65/250 F.
♨ 35 F. 🍴 185/205 F.
Ⓔ Ⓓ 🖿 ☎ 🚗 🍸 🏊 ♿ CV ▦
♠ CB

LINXE
40260 Landes
980 hab. ⓘ

▲ AUBERGE DES 2 ANES ★★
Mlle Dubos ☎ 58 42 92 08
🛏 9 ⚄ 220/260 F. 🍽 70/180 F. ♨ 40 F.
🍴 240/290 F.
Ⓔ Ⓓ ☎ 🍸 ♿ CV ▦ ♠ CB 📠

LION D'ANGERS (LE)
49220 Maine et Loire
3160 hab. ⓘ

▲▲ LES VOYAGEURS ★★
2, rue du Général Leclerc. M. Lamidon
☎ 41 95 81 81 FAX 41 95 84 80
🛏 14 ⚄ 230/300 F. 🍽 70/200 F.
♨ 40 F. 🍴 230/250 F.
✉ 15 janv./14 fév. et dim. soir.
🖿 ☎ 🚗 ♿ ▦ CB

LION SUR MER
14780 Calvados
1685 hab. ⓘ

▲ MODERNE ★★
3, bld Paul Doumer. M. Cottineau
☎ 31 97 20 48 FAX 31 97 49 54
🛏 15 ⚄ 170/280 F. 🍽 55/150 F.
♨ 40 F. 🍴 230/280 F.
✉ 15 oct./31 janv. et lun. oct./fin mars.
Ⓔ ☎ ♠ CB 📠

LIORAN (LE) (SUPER LIORAN)
15300 Cantal
1250 m. • 100 hab. ⓘ

▲▲▲ LE REMBERTER SAPORTA ★★
6, route Rocher du Cerf. M. Boyer
☎ 71 49 50 28 FAX 71 49 52 88
🛏 32 ⚄ 170/265 F. 🍽 80/185 F.
♨ 46 F. 🍴 200/250 F.
✉ 15 avr./15 juin et 15 sept./15 déc.
Ⓔ 🖿 ☎ 🚗 🛏 🌴 ⚄ CV ▦ ♠ CB

LIOUX
84220 Vaucluse
324 hab.

▲ AUBERGE DE LIOUX
Route de Sault. M. Mirouf
☎ 90 05 77 52 FAX 90 05 61 09
🛏 8 ⚄ 260 F. 🍽 90 F. ♨ 55 F.
🍴 250 F.
Ⓔ SP 🚗 🍸 ⚄

LISIEUX
14100 Calvados
26000 hab. ⓘ

▲▲ DE LA COUPE D'OR ★★
49, rue Pont Mortain
MeM. Masset/Loison
☎ 31 31 16 84 FAX 31 31 35 60
🛏 18 ⚄ 160/360 F. 🍽 92/135 F.
♨ 50 F. 🍴 200/300 F.
✉ 23 déc./7 janv., mer. et dim. soir hs.
Ⓔ 🖿 ☎ CV ▦ CB Ⓒ 📠

▲▲ LA BRETAGNE ★★
32, place de la République. M. Caro
☎ 31 62 09 19 TX 170187 CODE 412
FAX 31 61 07 51
🛏 12 ⚄ 288/380 F. 🍽 40/ 80 F.
♨ 24 F. 🍴 260/300 F.
Ⓔ SP 🖿 ☎ CV ▦

▲▲ TERRASSE HOTEL ★★
25, av. Sainte-Thérèse. M. Hue
☎ 31 62 17 65 FAX 31 62 20 25
🛏 17 ⚄ 176/276 F. 🍽 89/149 F.
♨ 46 F. 🍴 208/258 F.
✉ 22 janv./27 fév., ven. soir et dim. soir hs.
Ⓔ 🖿 ☎ 🍸 ♿ CV ▦ ♠ CB 📠

LIVRON
26250 Drôme
8000 hab. ⓘ

▲▲ DES VOYAGEURS ★★
132, av. Mazade. M. Robin
☎ 75 61 65 20 FAX 75 85 52 20
🛏 17 ⚄ 110/235 F. 🍽 70/220 F.
♨ 50 F. 🍴 170/235 F.
✉ dim. soir 15 sept./1er juil.
Ⓔ 🖿 ☎ 🚗 🍸 CV ▦ ♠ CB

LOCHES
37600 Indre et Loire
7000 hab. 📍

AA DE FRANCE ★★
6, rue Picois. M. Barrat
☎ 47 59 00 32 📠 47 59 28 66
🛏 19 ⌷ 178/335 F. ⏚ 84/255 F.
🍴 53 F. 🍽 240/280 F.
⌧ 8 janv./13 fév., dim. soir et lun. sauf
juil./août.
🅴 🛈 🗔 ☎ 🚗 🍽 🍵 🔟 ☂ CB

A DU CAFE DE LA VILLE ★
2, place de la Marne. M. Rocher
☎ 47 59 01 66
🛏 7 ⌷ 260/360 F. ⏚ 65/135 F. 🍴 50 F.
🍽 230 F.
⌧ 5/12 mars, sam. soir et dim. hiver
sauf groupes sur réservations.
🗔 ☎ 🚗 ☂ CB

AA GEORGE SAND ★★★
39, rue Quintefol. M. Fortin
☎ 47 59 39 74 📠 47 91 55 75
🛏 20 ⌷ 230/550 F. ⏚ 85/245 F.
🍴 60 F. 🍽 235/365 F.
🅴 🅳 🗔 ☎ 🍽 🔟 CV 🔟 ☂ CB

A GRILL MOTEL ★
Rue des Lézards. M. Valton
☎ 47 91 50 04 📠 47 91 53 88
🛏 27 ⌷ 175 F. ⏚ 35/ 68 F. 🍴 35 F.
🍽 175 F.
⌧ 17 déc./6 janv., rest. dim. et jours
fériés.
🅴 🗔 ☎ 🚗 🍽 🍵 🔟 ☂ CB C 🔟

AAA LUCCOTEL ★★
Rue des Lézards. M. Valton
☎ 47 91 50 50 📠 47 94 01 18
🛏 42 ⌷ 245/330 F. ⏚ 90/190 F.
🍴 50 F. 🍽 275 F.
⌧ 17 déc./16 janv., rest. dim. soir
5 nov./30 mars et sam. midi.
🅴 🗔 ☎ 🚗 🍽 🍵 🔟 🔟 🏊 🔟 🔟
🔟 ☂ CB C 🔟

LOCMARIAQUER
56740 Morbihan
1200 hab. 📍

AA L'ESCALE ★★
Sur Le Port. M. Cabelguem
☎ 97 57 32 51 📠 97 57 38 87
🛏 12 ⌷ 209/347 F. ⏚ 77/161 F.
🍴 33 F. 🍽 204/291 F.
⌧ 24 sept./7 avr.
🅴 🗔 ☎ 🍵 ☂ CB

AA LAUTRAM ★★
M. Lautram
☎ 97 57 31 32 📠 97 57 37 87
🛏 29 ⌷ 170/320 F. ⏚ 70/200 F.
🍴 35 F. 🍽 220/300 F.
⌧ fin sept./début avr.
🅴 🗔 ☎ 🍵 CV ☂ CB

LOCMINE
56500 Morbihan
4000 hab. 📍

L'ARGOAT ★★
Place Anne de Bretagne. M. Cadieu
☎ 97 60 01 02 📠 97 44 20 55
🛏 20 ⌷ 220/250 F. ⏚ 60/150 F.
🍴 40 F. 🍽 210/220 F.
⌧ 20 déc./20 janv. et sam. sauf
juil./août.
🅴 🅳 SP 🗔 ☎ 🚗 🍽 🔟 ☂

LOCQUELTAS
56390 Morbihan
850 hab. 📍

AA LA VOLTIGE ★★
Lieu-dit Parcarre. Sur D. 778. M. Tabard
☎ 97 60 72 06 📠 97 44 63 01
🛏 10 ⌷ 210/290 F. ⏚ 70/200 F.
🍴 60 F. 🍽 220/260 F.
⌧ rest. lun.
🅴 🗔 ☎ 🚗 🍵 🔟 CV 🔟

LOCRONAN
29180 Finistère
800 hab. 📍

AA DU PRIEURE ★★
11, rue du Prieuré. Mme Le Gac
☎ 98 91 70 89 📠 98 91 77 60
🛏 14 ⌷ 250/300 F. ⏚ 65/250 F.
🍴 35 F. 🍽 250/300 F.
⌧ Toussaint/Pâques.
🅴 SP 🗔 ☎ 🍽 🍵 🔟 CV 🔟 ☂
CB C

LODEVE
34700 Hérault
8560 hab. 📍

A DU NORD
18, bld de la Liberté. M. Rouvier
☎ 67 44 10 08
🛏 15 ⌷ 150/250 F. ⏚ 70/100 F.
🍴 45 F. 🍽 246/316 F.
⌧ 15/30 oct. et dim. hs.
🅴 🗔 ☎ 🚗 🍵 🔟 ☂ CB

LODS
25930 Doubs
300 hab. 📍

AA DE LA TRUITE D'OR ★★
Rue du Moulin neuf. M. Vigneron
☎ 81 60 95 48 📠 81 60 95 73
🛏 13 ⌷ 240 F. ⏚ 90/260 F. 🍴 55 F.
🍽 280 F.
⌧ 15 déc./1er fév., dim. soir et lun. sauf
vac. scol. et saison été.
🅴 SP 🗔 ☎ 🚗 🍵 🔟 ☂ CB

LOGELHEIM
68280 Haut Rhin
450 hab.

A A LA VIGNE «STOFFEL» ★
5, Grand'Rue. M. Stoffel
☎ 89 22 08 40
🛏 7 ⌷ 220 F. ⏚ 100/180 F. 🍴 55 F.
🍽 230 F.
⌧ 22 juin/5 juil., mar. soir et mer.
🅳 ☎ 🚗 🚗 CV 🔟 CB

LOGIS NEUF (LE)
01310 Ain
700 hab.

▲▲ DE BRESSE ★★
M. Rolly ☎ 74 30 27 13
🛏 13 ⊜ 170/280 F. 🍽 75/230 F.
🅿 60 F. 🍴 240/280 F.
⊠ dim. soir hs.
Ⓔ 🗆 🕿 🚗 🗆 🝙 🏃 🎱 🗢

LOMBEZ
32220 Gers
1325 hab. 🄸

▲ LA VALLEE ★★
Bld des Pyrénées. Mme Juan
☎ 62 62 35 10 �📠 62 62 00 01
🛏 10 ⊜ 210 F. 🍽 60/140 F. 🅿 35 F.
🍴 178 F.
Ⓔ 🆂🅿 🗆 🕿 🚗 🝙 🏃 🕭 CV 🎱 🗢 CB

LONDINIERES
76660 Seine Maritime
1200 hab. 🄸

▲ AUBERGE DU PONT ★
Rue du Pont de Pierre. M. Noël
☎ 35 93 80 47 📠 32 97 00 57
🛏 10 ⊜ 120/220 F. 🍽 52/190 F.
🍴 39 F. 🍴 284/396 F.
⊠ dernière semaine janv./1ère semaine
fév.
🗆 🕿 🚗 🝙 🏃 ▶ CV 🎱 🗢 CB

LONGEVILLES MONT D'OR (LES)
25370 Doubs
1000 m. • 250 hab.

▲ LES SAPINS ★★
M. Lanquetin ☎ 81 49 90 90
🛏 11 ⊜ 130/152 F. 🍽 60/105 F.
🍴 44 F. 🍴 166/180 F.
⊠ 18 avr./5 juin et 30 sept./15 déc.
Ⓔ 🕿 🚗 🛏 🝙 🏃 CV 🗢 CB

LONGNY AU PERCHE
61290 Orne
1600 hab. 🄸

▲ DE FRANCE
6-8, rue de Paris. M. Lalaounis
☎ 33 73 64 11 📠 33 83 68 05
🛏 6 ⊜ 140/190 F. 🍽 80/235 F. 🅿 45 F.
🍴 250 F.
⊠ dim. soir et lun. sauf fériés.
Ⓔ 🗆 🕿 🚗 🗢 CB

LONGPONT
02600 Aisne
300 hab. 🄸

▲ DE L'ABBAYE ★★
8, rue des Tourelles. M. Verdun
☎ 23 96 02 44 📠 23 96 10 60
🛏 12 ⊜ 170/320 F. 🍽 95/180 F.
🍴 65 F. 🍴 275/325 F.
Ⓔ 🗓 🕿 🚗 🝙 🕭 🎱 🗢

LONGUYON
54260 Meurthe et Moselle
7000 hab. 🄸

▲▲▲ DE LORRAINE Rest. LE MAS ★★
M. Tisserant
☎ 82 26 50 07 📠 82 39 26 09
🛏 14 ⊜ 250/290 F. 🍽 109/360 F.

🍴 75 F. 🍴 290 F.
⊠ janv. et rest. lun. hs.
Ⓔ 🗓 🆂🅿 🗆 🕿 🚗 CV 🎱 🗢 C 🖩

▲▲ HOSTELLERIE DE LA GARE - LA TABLE
DE NAPO
Rue de la Gare. M. Reinalter
☎ 82 26 50 85 📠 82 39 21 33
🛏 8 ⊜ 180/250 F. 🍽 70/250 F. 🅿 60 F.
🍴 265/330 F.
⊠ 15 jours mars, 3 semaines sept. et
ven. soir sauf juil./août.
🚗 CV 🎱 🗢 CB

LONGWY
54400 Meurthe et Moselle
17480 hab. 🄸

▲▲ DU NORD ★★
(A Longwy-Haut, 16, rue Gambetta).
Mme Pranzetti
☎ 82 23 40 81 📠 82 23 17 73
🛏 19 ⊜ 260/280 F. 🍽 80/120 F.
🍴 40 F.
⊠ rest. 1er/30 août, sam. et dim.
Ⓔ 🗓 🆂🅿 🗆 🕿 🚗 🎱 🗢 CB

LONS LE SAUNIER
39000 Jura
25000 hab. 🄸

▲▲ TERMINUS ★★
37, av. Aristide Briand. M. Dellerba
☎ 84 24 41 83 📠 84 24 68 07
🛏 18 ⊜ 200/350 F. 🍽 100 F. 🅿 45 F.
🍴 400/480 F.
⊠ 23 déc./6 janv. et rest. dim.
Ⓔ 🗆 🕿 🚗 🚗 ⋈ CB 🖩

LORAY
25390 Doubs
750 m. • 310 hab.

▲▲ VIEILLE-ROBICHON ★★
22, Grande Rue. M. Robichon
☎ 81 43 21 67 📠 81 43 26 10
🛏 11 ⊜ 210/260 F. 🍽 68/260 F.
🍴 60 F. 🍴 210/240 F.
⊠ dim. soir et lun. sauf juil./août.
🗆 🕿 🚗 🝙 🏃 CV 🎱 🗢 CB 🖩

LORIENT
56100 Morbihan
71923 hab. 🄸

▲ D'ARVOR ★
104, rue Lazare Carnot. M. Marchalot
☎ 97 21 07 55
🛏 16 ⊜ 120/180 F. 🍽 80/120 F.
🍴 50 F. 🍴 170/190 F.
⊠ rest. 22 déc./4 janv. et dim.
🚗 🏃

LORMES
58140 Nièvre
1350 hab. 🄸

▲▲ PERREAU ★★
8, route d'Avallon. M. Girbal
☎ 86 22 53 21 📠 86 22 82 15
🛏 12 ⊜ 250/320 F. 🍽 85/200 F.
🍴 50 F. 🍴 210 F.
⊠ 15 janv./26 fév., dim. soir et lun. hs
Ⓔ 🗆 🕿 🚗 🎱 🗢 CB

LOROUX BOTTEREAU (LE)
44430 Loire Atlantique
4000 hab. 🛈

🏠🏠 DU CHEVAL BLANC ★
6, place Saint-Jean. Mme Normand
☎ 40 33 80 34
🛏 9 ⊠ 170/210 F. 🍴 54/120 F. 🍽 30 F.
🍴 170/190 F.
⊠ 24 déc./1er janv., rest. ven. soir, sam.
soir et dim.
🔲 🗄 🕾 🛏 🛏 🛏 🕼 🕼

LORP SENTARAILLE
09190 Ariège
800 hab.

🏠🏠🏠 HORIZON 117 ★★
Route de Toulouse. M. Puech
☎ 61 66 26 80 📠 61 66 26 08
🛏 20 ⊠ 250/310 F. 🍴 69/199 F.
🍽 40 F.
🆂🅿 🗄 🕾 🛏 🕕 🕼 🕼 🕼 CV 🕼 🕼
CB 🕼

LORRIS
45260 Loiret
2600 hab. 🛈

🏠🏠 DU SAUVAGE ★★
2, place du Martroi. M. Coutanceau
☎ 38 92 43 79 📠 38 94 82 46
🛏 8 ⊠ 250/350 F. 🍴 100/235 F.
🍽 45 F. 🍴 270/300 F.
⊠ 2/25 fév., 5/21 oct., jeu. soir et ven.
🔲 🗄 🕾 🛏 🛏 🕕 🕼 CV 🕼 🕼 CB

LOUBRESSAC
46130 Lot
452 hab. 🛈

🏠🏠 LOU CANTOU ★★
M. Cayrouse ☎ 65 38 20 58 📠 65 38 25 37
🛏 12 ⊠ 270/340 F. 🍴 70/195 F. 🍽 40 F.
🍴 270/350 F.
⊠ 20 oct./16 nov. et lun. hs.
🔲 🗄 🕾 🛏 🛏 🕮 🛏 🕕 🕼 🕼 🕼 🕼
CV 🕼 🕼 CB

LOUDEAC
22600 Côtes d'Armor
11000 hab. 🛈

🏠🏠 DE FRANCE ★★
Place de l'Eglise. M. Me Le Boudec
☎ 96 28 00 15 📠 96 28 61 94
🛏 36 ⊠ 120/300 F. 🍴 72/160 F.
🍽 40 F. 🍴 180/240 F.
⊠ Noël/nouvel an, rest. dim. soir
oct./avr., sam. soir et dim. midi.
🔲 🗄 🕾 🛏 🕕 🕼 🕼 🕼 🕼 CV 🕕
🕼 CB 🕼

🏠🏠 DES VOYAGEURS ★★
10, rue de Cadelac. Mme Gaultier
☎ 96 28 00 47 📠 96 28 22 30
🛏 25 ⊠ 160/295 F. 🍴 70/250 F.
🍽 48 F. 🍴 175/335 F.
🔲 🗄 🕾 🛏 🕕 🛏 CV 🕕 🕼 CB

🏠🏠 MOTEL D'ARMOR Rest. LE BOLERO ★★
A 8 km sur N. 164, direction Rennes.
M. Fraboulet
☎ 96 25 90 87 📠 96 25 76 72
🛏 10 ⊠ 245/280 F. 🍴 75/210 F.

🍽 50 F. 🍴 240/280 F.
⊠ vac. scol. fév., rest. dim. soir et lun.
midi.
🔲 🗄 🕾 🛏 🛏 🕕 🕼 🕼 CB

LOUDUN
86200 Vienne
10000 hab. 🛈

🏠🏠 DE LA ROUE D'OR ★★
1, av. d'Anjou. M. Bozec
☎ 49 98 01 23 📠 49 22 31 05
🛏 14 ⊠ 280/400 F. 🍴 80/220 F.
🍽 55 F.
⊠ dim. soir hs.
🔲 🗄 🕾 🛏 🕼 CV 🕼 CB 🕼

LOUHANS
71500 Saône et Loire
7500 hab. 🛈

🏠🏠 CHEVAL ROUGE ★★
5, rue d'Alsace. M. Aubry
☎ 85 75 21 42 📠 85 75 44 48
🛏 12 ⊠ 140/290 F. 🍴 90/200 F.
🍽 50 F.
⊠ 25 déc., dim. soir et lun. sauf
juil./août.
🔲 🆂🅿 🗄 🕾 🛏

LOUHANS (CHATEAURENAUD)
71500 Saône et Loire
7500 hab.

🏠 LA POULARDE ★★
5, rue du Jura. M. Thomas
☎ 85 75 03 06 📠 85 75 47 54
🛏 8 ⊠ 180/285 F. 🍴 80/180 F. 🍽 50 F.
🍴 190/250 F.
⊠ 25 déc./25 janv. et mer.
🔲 🗄 🕾 🛏 🛏 CV 🕕 🕼 CB

LOUPE (LA)
28240 Eure et Loir
5000 hab. 🛈

🏠🏠 LE CHENE DORE ★★
12, place de l'Hôtel de Ville.
Mme Castan ☎ 37 81 06 71
🛏 12 ⊠ 260 F. 🍴 90/210 F. 🍽 50 F.
⊠ 22 déc./10 janv., dim. soir et lun.
🔲 🄳 🗄 🕾 🛏 🛏 🕕 🕼 CB

LOURMARIN
84160 Vaucluse
800 hab. 🛈

🏠 LES HAUTES PRAIRIES
Route de Vaugines. M. Benzi
☎ 90 68 39 12 📠 90 68 23 83
🛏 6 ⊠ 260 F. 🍴 95/220 F. 🍽 50 F.
⊠ 2 janv./28 fév. et rest. lun. midi.
🔲 🄳 🛏 🕼 🕼 CV 🕼 CB 🕼

LOURY
45470 Loiret
1810 hab.

🏠🏠 RELAIS DE LA FORGE
602, rue Saint Nicolas. M. Thierry
☎ 38 65 60 27 📠 38 52 77 56
🛏 7 ⊠ 180/225 F. 🍴 80/240 F. 🍽 50 F.
⊠ 2/18 janv., dim. soir et lun.
🔲 🗄 🕾 🛏 🛏 🕕 🕼 CB

LOUVIERS
27400 Eure
20000 hab. 🛈

▲▲▲ DE LA HAYE LE COMTE ***
4, route de La Haye le Comte.
M. Granoux
☎ 32 40 00 40 ℻ 32 25 03 85
🛏 16 ⬡ 250/450 F. 🍽 110/180 F.
🍴 70 F. 🍽 253/342 F.
⊠ 1er janv./31 mars.

LUC EN DIOIS
26310 Drôme
565 m. • 470 hab. 🛈

▲▲ DU LEVANT **
Route Nationale. M. Guagliardo
☎ 75 21 33 30 ℻ 75 21 31 42
🛏 17 ⬡ 160/280 F. 🍽 65/169 F.
🍴 42 F. 🍽 190/250 F.
⊠ 1er nov./1er avr.

LUC SUR MER
14530 Calvados
3650 hab. 🛈

▲▲▲ DES THERMES ET DU CASINO ***
Av. Guynemer. Mme Leparfait
☎ 31 97 32 37 ℡ 170656 ℻ 31 96 72 57
🛏 48 ⬡ 330/480 F. 🍽 125/260 F.
🍴 65 F. 🍽 320/390 F.
⊠ 1er nov./début avr.

LUCCIANA (CROCETTA)
20290 Corse
2950 hab.

※ PORETTA **
Route de l'Aréoport. M. Ciosi
☎ 95 36 09 54 ℻ 95 36 15 32
🛏 34 ⬡ 340 F. 🍽 90 F. 🍴 70 F.
🍽 260 F.

LUCELLE
68480 Haut Rhin
700 m. • 64 hab.

▲▲ LE PETIT KOHLBERG **
Mme Gasser ☎ 89 40 85 30 ℻ 89 40 89 40
🛏 35 ⬡ 295 F. 🍽 85/195 F. 🍴 65 F.
🍽 295 F.
⊠ 27 fév./19 mars, 23 oct./2 nov. et mar.

LUCHE PRINGE
72800 Sarthe
1384 hab. 🛈

▲▲ AUBERGE DU PORT DES ROCHES **
M. Martin ☎ 43 45 44 48 ℻ 43 45 39 61
🛏 12 ⬡ 210/300 F. 🍽 135/160 F.

🍴 50 F. 🍽 250/300 F.
⊠ dim. soir et lun hs.

LUCHON
31110 Haute Garonne
630 m. • 3096 hab. 🛈

▲▲ BELLEVUE **
3, allée d'Etigny. M. Audran
☎ 61 79 01 65 ℻ 61 79 74 27
🛏 20 ⬡ 210/350 F. 🍽 65/140 F.
🍴 45 F. 🍽 200/250 F.
⊠ 1er nov./20 déc.

▲▲▲ D'ETIGNY **
Face aux Thermes. MeM. Baron/Organ
☎ 61 79 01 42 ℻ 61 79 80 64
🛏 50 ⬡ 270/650 F. 🍽 98/200 F.
🍴 55 F. 🍽 255/450 F.
⊠ 28 oct./1er avr.

▲▲ DARDENNE **
2, bld Dardenne. M. Lafont ☎ 61 79 00 06
🛏 19 ⬡ 195/230 F. 🍽 85/170 F. 🍴 40 F.
🍽 205/240 F.
⊠ 28 oct./23 déc., 4 janv./13 fév.,
15/30 mars.

▲ DES 2 NATIONS *
5, rue Victor Hugo. M. Ruiz
☎ 61 79 01 71 ℻ 61 79 27 89
🛏 27 ⬡ 136/191 F. 🍽 57/111 F.
🍴 45 F. 🍽 186/212 F.

▲▲ PANORAMIC **
6, av. Carnot. M. Estrade-Berdot
☎ 61 79 00 67 \ 61 79 30 90
℻ 61 79 32 84
🛏 30 ⬡ 190/370 F. 🍽 78/180 F.
🍴 38 F. 🍽 160/275 F.
⊠ 1ère semaine janv.

LUCHON (SAINT MAMET)
31110 Haute Garonne
640 m. • 600 hab.

▲▲ LA RENCLUSE **
4, av. Gascogne. M. Chaleon
☎ 61 79 02 81 ℻ 61 79 82 99
🛏 34 ⬡ 200/300 F. 🍽 70/150 F.
🍴 70 F. 🍽 215/265 F.
⊠ 6 oct./1er mai sauf vac. scol. hiver.

LUDE (LE)
72800 Sarthe
5000 hab. 🛈

▲▲ DU MAINE **
17, av. de Saumur. Mme Laporte
☎ 43 94 60 54 ℻ 43 94 19 74
🛏 24 ⬡ 190/290 F. 🍽 105/220 F.
🍴 45 F. 🍽 270/300 F.
⊠ rest. sam. midi. hiver, hôtel et rest.
ven. soir et sam. midi.

LUGAGNAN
65100 Hautes Pyrénées
190 hab.

⌂ DES TROIS VALLEES ★★
M. Souverbielle
☎ 62 94 73 05 **FAX** 62 42 28 09
🛏 41 ⬢ 180/220 F. 🍴 75/165 F.
🍷 45 F. 🛎 175/190 F.
✉ janv.
E SP 🗄 ☎ 🚗 🅿 ⛳ 🎿 🐾 🚲 ♿ ‖ ⚓ CB

LUGNY
71260 Saône et Loire
900 hab.

⌂ DU CENTRE ★★
Mlle Giroud
☎ 85 33 22 82 **FAX** 85 33 02 20
🛏 8 ⬢ 160/400 F. 🍴 85 F. 🍷 50 F.
🛎 230/260 F.
✉ janv., dim. soir et lun.
1er fév./30 juin et 1er oct./31 déc.
☎ 🚗 🅿 ⛳ 🎿 ♿ ⚓ CB

LUGOS
33830 Gironde
392 hab.

⌂⌂ LA BONNE AUBERGE ★
Mme Hoechstetter ☎ 57 71 95 28
🛏 12 ⬢ 200 F. 🍴 70/190 F. 🍷 60 F.
🛎 240 F.
✉ nov. et lun. hs.
E 🚗 ⛳ ⚓ CB

LULLIN
74470 Haute Savoie
860 m. • 515 hab. ℹ

⌂⌂ L'UNION ★★
M. Piccot ☎ 50 73 81 02
🛏 22 ⬢ 180/260 F. 🍴 72/190 F.
🍷 45 F. 🛎 225/235 F.
✉ 15 avr./20 juin et 10 sept./20 déc.
sauf groupes.
E 🗄 ☎ 🚗 ⛳ CV C

LURS
04700 Alpes de Haute Provence
612 m. • 320 hab. ℹ

⌂⌂ LE SEMINAIRE ★★
M. Olleon ☎ 92 79 94 19 **FAX** 92 79 94 19
🛏 16 ⬢ 335/350 F. 🍴 87/220 F.
🍷 45 F. 🛎 290/297 F.
✉ 3/31 janv.
E D ℹ 🗄 ☎ 🚗 ⛳ 🎿 ♿ CV ‖ ⚓ CB

LUS LA CROIX HAUTE
26620 Drôme
1020 m. • 500 hab. ℹ

⌂ LE CHAMOUSSET
Mme Paron ☎ 92 58 51 12
🛏 15 ⬢ 150/220 F. 🍴 75/140 F.
🍷 45 F. 🛎 170/210 F.
E SP 🚗 ⛳ 🎿 ‖ ⚓ CB

LUSIGNAN
86600 Vienne
3000 hab. ℹ

DU CHAPEAU ROUGE ★★
⌂⌂ 1, rue Nationale. M. Nau ☎ 49 43 31 10
🛏 8 ⬢ 200/260 F. 🍴 90/190 F. 🍷 45 F.
🛎 200/230 F.
✉ vac. scol. fév., 2ème quinz. oct., dim.
soir et lun. sauf fériés.
E 🗄 ☎ 🚗 🍴 🐾 ⚓ CB

LUSSAC LES CHATEAUX
86320 Vienne
2235 hab. ℹ

⌂ LE RELAIS ★
M. Dardillac ☎ 49 48 40 20
🛏 8 ⬢ 130/185 F. 🍴 60/220 F. 🍷 40 F.
🛎 220 F.
✉ 1 semaine fév., 3 semaines oct., dim.
soir et lun. sauf juil./août.
🚗 🚗 CV ‖ ⚓ CB

LUTTENBACH
68140 Haut Rhin
720 hab.

⌂ LE CHALET ★★
1, route du Ried. M. Spenle
☎ 89 77 38 33
🛏 20 ⬢ 160/240 F. 🍴 60/200 F.
🍷 35 F. 🛎 195/245 F.
✉ 10 déc./31 janv., mer. soir et jeu. hs.
E D ☎ 🚗 ⛳ 🎿 CV ‖ ⚓ CB

LUTTER
68480 Haut Rhin
260 hab.

⌂⌂ AUBERGE ET HOSTELLERIE
PAYSANNE ★★
Mme Litzler ☎ 89 40 71 67 **FAX** 89 07 33 38
🛏 16 ⬢ 285/420 F. 🍴 50/300 F. 🍷 50 F.
🛎 270/330 F.
✉ 15 jours fin janv./début fév. et lun.,
mar. midi 1er oct./1er mars.
E D 🗄 ☎ 🚗 ⛳ 🎿 CV ‖ ⚓ CB ▦

LUTZELBOURG
57820 Moselle
768 hab. ℹ

⌂ DES VOSGES ★★
149, rue Ackermann. M. Husser
☎ 87 25 30 09 **FAX** 87 25 42 22
🛏 14 ⬢ 160/270 F. 🍴 85/180 F.
🍷 45 F. 🛎 200/270 F.
✉ 16 janv./4 fév., 13/30 nov. et ven.
sauf juil./août.
E D 🗄 ☎ 🚗 🚗 🍴 ♿ ‖ ⚓ CB

LUXEUIL LES BAINS
70300 Haute Saône
10700 hab. ℹ

⌂⌂⌂ BEAU SITE ★★★
18, rue Georges Moulinard.
MeM. Althoffer/Lalloz
☎ 84 40 14 67 **FAX** 84 40 50 25
🛏 36 ⬢ 180/360 F. 🍴 90/200 F.
🍷 40 F. 🛎 200/290 F.
✉ ven. soir, sam. midi et dim. soir
15 nov./15 mars
E D SP 🗄 ☎ 🚗 🚗 🍴 ⛳ 🎿 ♿ CV ‖ ⚓ CB C ▦

LUXEUIL LES BAINS (suite)

DE FRANCE ★★
6, rue Clemenceau.
MeM. Pesenti/Douheret
☎ 84 40 13 90 FAX 84 40 33 12
🛏 17 ⬩ 190/260 F. ⫟ 70/160 F.
🍴 40 F. 🍽 175/205 F.
⊠ rest. dim. soir hs.
[E] [D] ☐ ☎ ⇦ 🌳 🚲 ⬅ CB

DE LA POSTE ★★
(A Saint-Sauveur, 7, rue Clemenceau).
Mme Bosser
☎ 84 40 16 02 FAX 84 40 17 45
🛏 32 ⬩ 100/250 F. ⫟ 65/145 F.
🍴 50 F. 🍽 180/230 F.
⊠ 2 semaines janv. et dim. soir nov./fév.
[D] ☐ ☎ ⇦ 🌳 CV 🖥

DU LION VERT ★★
16, rue Carnot M. Lack
☎ 84 40 50 66 FAX 84 93 65 45
🛏 18 ⬩ 90/240 F. ⫟ 50/ 90 F. 🍴 40 F.
🍽 160/280 F.
⊠ 6 fév./6 mars et dim. soir.
[E] [D] ☐ ☎ ⇦ ⇦ CV 🖥 ⬅

LUXEY
40430 Landes
856 hab.

RELAIS DE LA HAUTE LANDE ★★
Rue du Prieuré. M. Baris
☎ 58 08 02 30 FAX 58 08 00 64
🛏 7 ⬩ 180 F. ⫟ 70/230 F. 🍴 50 F.
🍽 170/190 F.
⊠ 15 janv./15 fév. et dim. soir/mar.
matin.
[E] [D] SP ⓘ ☐ ☎ ⇦ ⬆ 📻 ⇥ 🖥
⬅ CB

LUZ SAINT SAUVEUR
65120 Hautes Pyrénées
700 m. • 1020 hab. ⓘ

MONTAIGU ★★★
M. Abadie
☎ 62 92 81 71 TX 521959 FAX 62 92 94 11
🛏 35 ⬩ 290/390 F. ⫟ 70/150 F.
🍴 60 F. 🍽 290/310 F.
⊠ 15 oct./15 déc. et 20 avr./2 mai.
[E] [D] SP ☐ ☎ ⇦ ⬆ ⇥ 🌳 CV 🖥
⬅ CB

PANORAMIC ET DES BAINS ★★
Mme Pujo
☎ 62 92 80 14 FAX 62 92 92 58
🛏 20 ⬩ 160/230 F.
⊠ 1er oct./20 déc.
[E] SP ☎ ⇦ ⬆ CV ⬅ CB

LUZY
58170 Nièvre
2735 hab. ⓘ

DU CENTRE ★★
26, rue de la République. M. Ciraldo
☎ 86 30 01 55 FAX 86 30 11 91
🛏 11 ⬩ 135/260 F. ⫟ 49/125 F.
🍴 37 F. 🍽 160/210 F.

⊠ vac. scol. Noël et mi-fév., dim. soir et
lun. matin.
[E] [D] SP ⓘ ☐ ☎ ⇦ CV 🖥 ⬅ CB
[C] 🛎

DU MORVAN ★★
73, rue Docteur Dollet. M. Tisserand
☎ 86 30 00 66 FAX 86 30 04 92
🛏 12 ⬩ 140 F. ⫟ 75/150 F. 🍴 38 F.
🍽 150/190 F.
⊠ 20 déc./5 janv.
[E] ☐ ☎ ⇦ ⇥ 🌳 🚲 🖥 ⬅ CB

LYON (BRIGNAIS)
69530 Rhône
6800 hab.

RESTOTEL DES BAROLLES ★★
A Brignais-14, route de Lyon (10 km
Lyon). M. Cortèse
☎ 78 05 24 57 FAX 78 05 37 57
🛏 27 ⬩ 260/280 F. ⫟ 98/240 F.
🍴 70 F.
⊠ rest. 24 déc./2 janv., 7/28 août., sam.
midi et dim.
[E] SP ⓘ ☐ ☎ ⇦ ⇥ 🌳 ⬆ 🚲 ♿ 🖥
⬅ CB

LYON (CHAPONOST)
69630 Rhône
8000 hab. ⓘ

LE PRADEL ★★
A Chaponost-22, rue R. Chapard (12 km
Lyon). Mme Brangi
☎ 78 45 20 11 FAX 78 45 41 24
🛏 28 ⬩ 235/340 F. ⫟ 98/198 F.
🍴 65 F. 🍽 185/230 F.
⊠ rest. dim. soir.
[E] ☐ ☎ ⇦ 🌳 ⬆ 📻 CV 🖥 ⬅ CB

LYON (FRANCHEVILLE)
69340 Rhône
9580 hab.

AUBERGE DE LA VALLEE ET LE
FLEURY ★★
A Francheville-39, av. Chater (5 km de
Lyon). M. Me Porteneuve
☎ 78 59 11 88 FAX 78 59 47 16
🛏 12 ⬩ 200/270 F. ⫟ 65/225 F.
🍴 55 F. 🍽 400 F.
⊠ hôtel semaine 15 août, rest. vac. fév.,
3 semaines août, dim. soir et lun.
[E] ☐ ☎ ⇦ 📻 ⇥ 🌳 🚲 🖥
⬅ CB

LYONS LA FORET
27480 Eure
850 hab. ⓘ

DOMAINE SAINT-PAUL ★★
Sur N. 321. M. Lorrain
☎ 32 49 60 57 FAX 32 49 56 05
🛏 17 ⫟ 140/190 F. 🍴 80 F.
🍽 300/390 F.
⊠ 15 nov./1er avr.
[E] [D] ☐ ☎ ⇦ 🌳 🚲 ♿ 🖥 ⬅ CB

MACHECOUL
44270 Loire Atlantique
5350 hab. ℹ️

▲▲ DU CHEVAL BLANC **
Route de Challans. Mme Badau
☎ 40 31 42 22
🛏 20 ⊗ 140/310 F. 🍴 65/190 F.
🍴 35 F. 🏧 230/290 F.
◻ 🕿 🚗 🛎 CV 🔲

MACON
71000 Saône et Loire
45000 hab. ℹ️

▲▲ DE GENEVE **
1, rue Bigonnet (Direction Gare).
M. Ploteau
☎ 85 38 18 10 🆀 809012 🆁 85 38 22 32
🛏 58 ⊗ 230/325 F. 🍴 68/189 F.
🍴 35 F. 🏧 250/295 F.
🄴 🄳 SP ℹ️ ◻ 🕿 🚗 ⊗ ⧖ ⛱ CV 🔲
🔺 CB 🄲 📠

▲▲▲ TERMINUS **
91, rue Victor Hugo. M. Masriera
☎ 85 39 17 11 🆀 809381 🆁 85 38 02 75
🛏 48 ⊗ 310/390 F. 🍴 89/170 F.
🍴 40 F. 🏧 283/323 F.
🄴 🄳 SP ℹ️ ◻ 🕿 🚗 🛎 🛏 ⧖ ⛱ ⤵
CV 🔲 🔺 CB 🄲 📠

MACON (SENNECE LES MACON)
71000 Saône et Loire
45000 hab. ℹ️

▲▲ DE LA TOUR **
(Sortie péage A6 Macon Nord).
M. Gatinet ☎ 85 36 02 70 🆁 85 36 03 47
🛏 23 ⊗ 160/300 F. 🍴 60/210 F.
🍴 60 F. 🏧 234 F.
🄴 🄳 ◻ 🕿 🚗 ⧖ 🛎 🐾 ⤵ 🔲 🔺 CB

MAGNAC BOURG
87380 Haute Vienne
860 hab. ℹ️

▲▲▲ AUBERGE DE L'ETANG **
M. Lagorce ☎ 55 00 81 37 🆁 55 48 70 74
🛏 14 ⊗ 230/330 F. 🍴 70/230 F. 🍴 48 F.
🏧 250/300 F.
✉ 16/28 oct., 24 déc./24 janv., dim. soir
et lun. hs.
🄴 ◻ 🕿 🚗 🛎 🔌 CV 🔲 🔺 CB

▲▲ DES VOYAGEURS *
Place de la Pharmacie (A20 sortie 41).
M. Fusade ☎ 55 00 80 36
🛏 7 ⊗ 230/320 F. 🍴 78/250 F. 🍴 70 F.
🏧 280 F.
✉ 2/17 janv., 10/22 juin,
14/24 sept., mar. soir et sam. hs.
🄴 SP ℹ️ ◻ 🕿 🚗 🔺 CB

▲▲▲ DU MIDI **
Sur N. 20. M. Tricard
☎ 55 00 80 13 🆁 55 48 70 96
🛏 13 ⊗ 220/350 F. 🍴 85/250 F.
🍴 55 F. 🏧 280/300 F.

✉ 15/30 nov., 15 janv./15 fév., lun. sauf
fêtes et fériés.
🄴 SP ◻ 🕿 🚗 🛏 ⧖ CV 🔲 🔺 CB

MAGNAC LAVAL
87190 Haute Vienne
2512 hab. ℹ️

▲ LE BRAM *
Av. des Casernes. MM. Vassy/Verrier
☎ 55 68 56 97 \ 55 68 64 45
🛏 13 ⊗ 130/220 F. 🍴 55/160 F.
🍴 45 F. 🏧 120/170 F.
✉ 1ère quinz. oct., 1ère semaine
janv. et lun. sauf juil./août.
◻ 🕿 🚗 🛎 🐾 CV 🔺 CB

MAGNANT
10110 Aube
200 hab.

▲▲ LE VAL MORET **
Mme Marisy
☎ 25 29 85 12 🆁 25 29 70 81
🛏 30 ⊗ 190/320 F. 🍴 60/200 F.
🍴 36 F. 🏧 230/260 F.
🄴 🄳 SP ◻ 🕿 🚗 🛏 ⧖ ⤵ 👤 ♿
CV 🔲 🔺 CB

MAGNY COURS
58470 Nièvre
2000 hab.

▲▲▲ LA RENAISSANCE ****
Ancienne N. 7. M. Dray
☎ 86 58 10 40 🆁 86 21 22 60
🛏 9 ⊗ 400/700 F. 🍴 150/500 F.
🍴 100 F.
✉ 20 fév./13 mars, 31 juil./14 août, dim.
soir et lun.
🄴 ℹ️ ◻ 🕿 🚗 🚗 🎐 🛏 🔲 🔺 CB

MAICHE
25120 Doubs
810 m. • 5000 hab. ℹ️

▲ DES COMBES **
2, rue des Combes. M. Vittori
☎ 81 64 09 36 🆁 81 64 27 46
🛏 10 ⊗ 160/210 F. 🍴 72/170 F.
🍴 45 F. 🏧 200/220 F.
✉ 1er/15 nov.
🄴 ◻ 🕿 🚗 🛏 CV 🔺 CB

▲▲ PANORAMA **
Côteau Saint-Michel. M. Puc
☎ 81 64 04 78 🆁 81 64 08 95
🛏 32 ⊗ 210/320 F. 🍴 100/230 F.
🍴 50 F. 🏧 250/305 F.
✉ 10/26 déc., rest. ven. et dim. soir 1er
oct./1er avr. sauf vac. scol.
🄴 🄳 ◻ 🕿 🚗 🛎 🔌 👤 CV 🔲 📠

MAILLEZAIS
85420 Vendée
900 hab. ℹ️

⚜ SAINT NICOLAS **
Rue du Docteur Daroux. M. Tallineau
☎ 51 00 74 45 🆁 51 87 29 10
🛏 16 ⊗ 220/340 F.
✉ 15 nov./15 fév.
🄴 ◻ 🕿 🚗 🛎 🐾 CB

MAILLY LE CHATEAU
89660 Yonne
500 hab.

▲▲ LE CASTEL ★★
M. Breerette
☎ 86 81 43 06 FAX 86 81 49 26
🛎 12 ⊠ 150/400 F. 🍽 75/170 F.
🍴 50 F. 🛏 320/370 F.
⊠ 15 nov./15 mars et mer.
E SP ☎ T ⚬ ⚬ ⚬ CB

MAINTENON
28130 Eure et Loir
3000 hab. ℹ

▲ SAINT DENIS ★
5, place Aristide Briand. M. Hallier
☎ 37 23 00 76
🛎 13 ⊠ 220/450 F. 🍽 135/165 F.
🍴 70 F. 🛏 350 F.
⊠ 15 déc./6 janv.
E ⚬ T ⚬ ⚬ ⚬

MAISONNEUVE CHANDOLAS
07230 Ardèche
300 hab.

▲▲▲ LE RELAIS DE LA VIGNASSE ★★
M. Benoist
☎ 75 39 31 91 FAX 75 39 08 12
🛎 11 ⊠ 250/320 F. 🍽 95/260 F.
🍴 60 F. 🛏 270/320 F.
⊠ 15 jours oct. et 15 jours fév.
E ⚬ ☎ ⚬ ⚬ T ⚬ ⚬ ⚬ ⚬ CV ⚬
⚬ CB

MAISONS LES CHAOURCE
10210 Aube
180 hab. ℹ

▲▲ AUX MAISONS ★★
M. Enfert ☎ 25 70 07 19 FAX 25 70 07 75
🛎 13 ⊠ 150/230 F. 🍽 69/200 F.
🍴 45 F. 🛏 190/280 F.
E ⚬ ⚬ ☎ ⚬ ⚬ ⚬ ⚬ CV ⚬ ⚬ CB

MAIZIERES LA GRANDE PAROISSE
10510 Aube
1722 hab.

▲▲ DES GRANGES ★★
84, av. Général de Gaulle. Mme Pinal
☎ 25 24 84 18 FAX 25 24 37 35
🛎 20 ⊠ 135/230 F. 🍽 57/130 F.
🍴 45 F. 🛏 170/230 F.
⊠ 27 fév./5 mars, 29 juil./15 août.
E ⚬ ☎ ⚬ ⚬ ⚬ ⚬ ⚬ CB

MALAUCENE
84340 Vaucluse
2000 hab. ℹ

▲ HOSTELLERIE LA CHEVALERIE
Les Remparts. Mme Houdy
☎ 90 65 11 19 FAX 90 12 69 22
🛎 6 ⊠ 230/350 F. 🍽 90/200 F. 🍴 50 F.
🛏 240/280 F.
⊠ mar. soir hs et mer.
E ⚬ ☎ ⚬ T ⚬ ⚬ CB

LE VENAISSIN ★★
Cours des Isnards. M. Charvillat
☎ 90 65 20 31 FAX 90 65 18 03
🛎 18 ⊠ 190/250 F. 🍽 65/150 F.
🍴 43 F. 🛏 240 F.
⊠ nov. et jeu. hs
☎ CV ⚬ CB

MALAY
71460 Saône et Loire
219 hab. ℹ

▲▲ LA PLACE ★★
M. Litaudon
☎ 85 50 15 08 FAX 85 50 13 23
🛎 30 ⊠ 270 F. 🍽 70/170 F. 🍴 50 F.
🛏 245 F.
⊠ 3 dernières semaines janv./1ère
semaine fév., dim. soir et lun. nov./avr.
E ⚬ ☎ ⚬ ⚬ T ⚬ ⚬ ⚬ ⚬ CV
⚬ ⚬ CB

MALAY LE PETIT
89100 Yonne
187 hab.

▲ AUBERGE LE RABELAIS ★★
55, route de Genève. M. Lelu
☎ 86 88 21 44
🛎 6 ⊠ 165/260 F. 🍽 99/260 F. 🍴 40 F.
⊠ 1er/15 fév., 2/15 nov., mer. soir et
jeu. sauf fêtes.
E ☎ ⚬ T CV ⚬ ⚬ CB

MALBUISSON
25160 Doubs
900 m. • 350 hab. ℹ

▲▲ JEAN MICHEL TANNIERES ★★
M. Tannières
☎ 81 69 30 89 FAX 81 69 39 16
🛎 6 ⊠ 250/390 F. 🍽 130/380 F.
🍴 70 F. 🛏 320/400 F.
⊠ 2ème quinz. avr., 3 premières
semaines janv., dim. soir et lun.
oct./avr., lun. mai/sept. sauf soirs
juil./août.
E ⚬ ⚬ ☎ ⚬ ⚬ T ⚬ ⚬ CB

MALESHERBES
45330 Loiret
5000 hab. ℹ

▲▲▲ ECU DE FRANCE ★★
10, place du Martois. M. Grosmangin
☎ 38 34 87 25 FAX 38 34 68 99
🛎 14 ⊠ 120/350 F. 🍽 100/230 F.
🍴 38 F. 🛏 180/240 F.
⊠ rest. jeu. soir.
E ⚬ ☎ ⚬ T ⚬ ⚬ CB

MALZIEU VILLE (LE)
48140 Lozère
860 m. • 924 hab. ℹ

▲▲ DES VOYAGEURS ★★
Route de Saugues. M. Pages
☎ 66 31 70 08 FAX 66 31 80 36
🛎 18 ⊠ 240/300 F. 🍽 70/150 F.
🍴 35 F. 🛏 240/300 F.
⊠ 20 déc./28 fév. et dim. soir hs.
E ☎ ⚬ CV ⚬ CB

MAMERS
72600 Sarthe
6200 hab. [i]

▲▲ AU BON LABOUREUR ★★
1, rue Paul Bert. M. Guet
☎ 43 97 60 27 ₣₳ₓ 43 97 16 19
[↑] 9 ◵ 215/275 F. [↕] 60/195 F. [↕] 48 F.
[↕] 205/245 F.
⊠ vac. scol. fév./mars, ven. et sam. midi
oct./avr.
[E] [◌] [☎] [⌂] [♿] [CV] [▦] [◀] [CB]

MANDAILLES SAINT JULIEN
15590 Cantal
950 m. • 270 hab. [i]

▲ DES TOURISTES - MAISON BONAL
(A Saint-Julien-de-Jordanne).
Mme Mager-Bonal
☎ 71 47 94 71
[↑] 18 ◵ 150/250 F. [↕] 60/120 F.
[↕] 30 F. [↕] 170/220 F.
⊠ 1er oct./début vac. printemps sauf
vac. scol. Noël et fév.
[E] [⌂] [☎] [CV] [◀]

MANDEREN
57480 Moselle
375 hab. [i]

▲▲ AU RELAIS DU CHATEAU MENSBERG
15, rue du château. Mme Schneider
☎ 82 83 73 16 ₣₳ₓ 82 83 23 37
[↑] 17 ◵ 280 F. [↕] 70/250 F. [↕] 45 F.
[↕] 270 F.
[D] [◌] [☎] [⌂] [⋈] [♦] [♿] [CV] [▦] [◀] [CB]

MANE
31260 Haute Garonne
1054 hab. [i]

▲ DE FRANCE ★★
Place de l'Eglise. M. Peyriguer
☎ 61 90 54 55 ₣₳ₓ 61 90 05 93
[↑] 12 ◵ 165/250 F. [↕] 60/140 F.
[↕] 38 F. [↕] 180/200 F.
⊠ ven. hs.
[E] [SP] [◌] [☎] [⌂] [◀] [CB] [▪]

MANHES
15220 Cantal
674 m. • 1200 hab. [i]

▲ LE CANTOU ★
Sur N. 122 (3 km de Saint-Mamet).
M. Prunet ☎ 71 64 70 12
[↑] 10 ◵ 140/220 F. [↕] 80/120 F.
[↕] 200/250 F.
[⌂] [☎] [♦] [♿] [CV] [▦] [◀]

MANIGOD (COL DE LA CROIX FRY)
74230 Haute Savoie
1477 m. • 600 hab. [i]

▲▲ LES ROSIERES ★★
(Col de la Croix Fry). M. Segas
☎ 50 44 90 27 ₣₳ₓ 50 44 94 70
[↑] 17 ◵ 220/250 F. [↕] 60/140 F.
[↕] 38 F. [↕] 220/260 F.
⊠ nov.
[E] [◌] [☎] [⌂] [♦] [♿] [⊙] [▶] [▦] [CV] [▦]
[◀] [CB]

▲ LES SAPINS ★
Mme Pessey-Veyrat
☎ 50 44 90 29 ₣₳ₓ 50 02 24 74
[↑] 12 ◵ 180/200 F. [↕] 45/125 F.
[↕] 45 F. [↕] 220/250 F.
⊠ nov.
[E] [D] [SP] [⌂] [☎] [⊙] [♿] [CV] [◀] [CB]

MANOSQUE
04100 Alpes de Haute Provence
22000 hab. [i]

▲▲ LE PROVENCE ★★
M. Bruel ☎ 92 72 39 38
[↑] 13 ◵ 250/280 F. [↕] 85/150 F.
[↕] 50 F. [↕] 230/320 F.
[E] [SP] [◌] [☎] [⌂] [◀] [♿] [▦] [◀] [◀]

▲▲ LE SUD ★★
Av. du Général de Gaulle. Mme Farnarier
☎ 92 87 78 58 ₣₳ₓ 92 72 66 60
[↑] 36 ◵ 258 F. [↕] 75/155 F. [↕] 45 F.
[↕] 223 F.
[E] [i] [◌] [☎] [⌂] [♦] [☂] [♿] [CV] [▦] [◀]
[CB] [▪]

MANOSQUE (VILLENEUVE)
04180 Alpes de Haute Provence
2542 hab. [i]

▲▲ LE MAS SAINT-YVES ★★
Route de Sisteron, à Villeneuve.
Mme Agier-Monier ☎ 92 78 42 51
[↑] 14 ◵ 195/365 F. [↕] 79/275 F.
[↕] 49 F. [↕] 265/335 F.
⊠ 20 déc./15 janv., dim. soir 1er
nov./1er avr.
[E] [◌] [☎] [⌂] [⋈] [♿] [◀] [CB]

MANSLE
16230 Charente
1601 hab. [i]

▲▲ BEAU RIVAGE ★★
M. Louis ☎ 45 20 31 26 ₣₳ₓ 45 22 24 24
[↑] 26 ◵ 145/250 F. [↕] 65/155 F.
[↕] 180/220 F.
⊠ 25 janv./7 fév., 14 nov./6 déc. et dim.
soir hs.
[E] [SP] [◌] [☎] [⌂] [♦] [☂] [♿] [⊙] [▦] [◀] [CB]

MANSLE (SAINT GROUX)
16230 Charente
110 hab.

▲▲ LES TROIS SAULES ★★
(A St-Groux 3 km). M. Faure
☎ 45 20 31 40
[↑] 10 ◵ 195/225 F. [↕] 59/165 F.
[↕] 30 F. [↕] 185/245 F.
⊠ 19 fév./6 mars, 29 oct./13 nov., dim.
soir et lun. midi.
[E] [D] [SP] [i] [◌] [☎] [⌂] [⋈] [☂] [♿] [♿]
[◀] [CB]

MANTRY
39230 Jura
430 hab.

▲ AUBERGE DU COL DES TILLES
M. Masson ☎ 84 85 51 72
[↑] 11 ◵ 143 F. [↕] 80/195 F. [↕] 54 F.
[↕] 220 F.
⊠ 6/16 fév., 25 sept./16 oct. et lun.
[⌂] [⌂] [◀] [CB]

MANTRY (MONTCHAUVROT)
39230 Jura
430 hab.

▲▲▲ LA FONTAINE ★★
M. Belpois ☎ 84 85 50 02 FAX 84 85 56 18
🛏 20 ⊠ 230/300 F. 🍴 85/250 F.
🍽 45 F. 📷 260/280 F.
⊠ 23 déc./1er fév., dim. soir/lun. hs.
📧 📺 🗄 🕿 📠 ⊷ 🍴 🏃 🐾 ‼ ⊷ CB

MANZAC SUR VERN
24110 Dordogne
450 hab.

▲▲ DU LION D'OR ★★
Place de l'Eglise. M. Beauvais
☎ 53 54 28 09 FAX 53 54 25 50
🛏 7 ⊠ 120/200 F. 🍴 69/200 F. 🍽 52 F.
📷 240 F.
⊠ vac. scol. fév., 25 oct./10 nov.,
dim. soir et lun. (lun. juil./août).
📧 📺 🗄 🕿 📠 🐾 CV ‼ ⊷ CB

MANZAT
63410 Puy de Dôme
630 m. • 1500 hab. 🅻

▲ LA BONNE AUBERGE ★★
M. Pierzak ☎ 73 86 61 67 \73 86 56 85
🛏 7 ⊠ 180/250 F. 🍴 60/180 F. 🍽 50 F.
📷 230/250 F.
⊠ 1er/20 oct. et lun. sauf juil./août.
🗄 🕿 🐾 🐾 ⊷ CB

MARANS
17230 Charente Maritime
4300 hab.

▲ DES VOYAGEURS ★★
11, rue des Fours. M. Dilosquer
☎ 46 01 10 62
🛏 11 ⊠ 250/300 F. 🍴 90/200 F.
🍽 40 F.
⊠ janv., dim. soir et lun. hs.
📧 🗄 🕿 ⊷ CV ⊷ CB

MARCENAY LE LAC
21330 Côte d'Or
200 hab.

▲▲▲ LE SANTENOY ★★
MM. Roblot ☎ 80 81 40 08 FAX 80 81 43 05
🛏 18 ⊠ 128/232 F. 🍴 67/185 F. 🍽 55 F.
📷 155/210 F.
📧 📺 🗄 🕿 📠 🕿 🐾 ▶ 🐾 CV ‼ ⊷
CB C

MARCIGNY
71110 Saône et Loire
2500 hab. 🅻

▲ SAINT ANTOINE ★
M. Brenon ☎ 85 25 11 23
🛏 9 ⊠ 90/220 F. 🍴 70/160 F. 🍽 45 F.
📷 170/220 F.
⊠ 20 jours mars, ven. soir et sam. midi
sauf juil./août.
🗄 🕿 CV ⊷ CB 📷

MARCILLAT EN COMBRAILLE
03420 Allier
976 hab.

▲ DU COMMERCE
M. Pawlica ☎ 70 51 60 24

🛏 8 ⊠ 105/160 F. 🍴 58/140 F. 🍽 45 F.
📷 145/160 F.
🐾 CV

MARCILLY EN VILLETTE
45240 Loiret
1500 hab.

▲▲ AUBERGE DE LA CROIX BLANCHE ★
118, place de l'Eglise. M. Pocceschi
☎ 38 76 10 14 FAX 38 76 10 67
🛏 7 ⊠ 156/200 F. 🍴 80/166 F. 🍽 46 F.
📷 182/204 F.
⊠ 18 fév./10 mars, 16/30 août et ven.
📧 SP 🗄 🕿 🕿 CV ⊷ CB

MARCONNE
62140 Pas de Calais
1800 hab.

▲▲ LES 3 FONTAINES ★★
Route d'Abbeville. Mme Herbin
☎ 21 86 81 65 FAX 21 86 33 34
🛏 10 ⊠ 320/400 F. 🍴 85/160 F.
🍽 55 F. 📷 250/300 F.
⊠ 25 déc./4 janv. et lun. midi.
📧 📺 🗄 🕿 📠 🕿 🐾 🐾 CV ‼ ⊷ CB

MARGENCEL
74200 Haute Savoie
1180 hab.

▲ LES CYGNES ★
Port de Sechex. Mme Plassat
☎ 50 72 63 10 FAX 50 72 68 22
🛏 9 ⊠ 260 F. 🍴 90/160 F. 🍽 45 F.
📷 260 F.
⊠ 20 nov./5 fév. et mar. hs.
📧 🅻 🗄 🕿 📠 🕿 🐾 🐾 CV ⊷ CB

MARGES
26260 Drôme
475 hab.

▲▲ AUBERGE LE PONT DU CHALON ★★
Sur D. 538. M. Milan
☎ 75 45 62 13 FAX 75 45 60 19
🛏 9 ⊠ 180/300 F. 🍴 70/220 F. 🍽 38 F.
📷 190/240 F.
⊠ 5/15 janv., 20 sept./5 oct. et lun. sauf
juil./août.
📧 📺 🗄 🕿 📠 🕿 🐾 🐾 ‼ ⊷ CB

MARIENTHAL
67500 Bas Rhin
27675 hab.

▲ A L'HERMITAGE ★★
4, place de la Basilique. Mme Camus
☎ 88 93 22 69 FAX 88 06 10 91
🛏 15 ⊠ 170/210 F. 🍴 36/110 F.
🍽 35 F. 📷 240 F.
📧 📺 🗄 🕿 📠 🕿 CV ‼ ⊷

MARINGUES
63350 Puy de Dôme
2300 hab. 🅻

▲▲ LE CLOS FLEURI ★★
18, route de Clermont. Mme Vigier
☎ 73 68 70 46 FAX 73 68 75 58
🛏 16 ⊠ 195/280 F. 🍴 75/220 F.
🍽 50 F. 📷 200/250 F.
⊠ 15 fév./15 mars, dim. soir et lun.
15 sept./15 juin.
📧 🗄 🕿 📠 🕿 🐾 🐾 CV ‼ ⊷
CB 📷

MARKSTEIN
68610 Haut Rhin
1240 m. • 640 hab. 🛈

▲▲ WOLF ★★
M. Wolf
☎ 89 82 61 80 Ⅸ 89 38 72 06
🛏 20 ◲ 165/310 F. ⊞ 72/160 F.
⅋ 40 F. 🖾 225/315 F.
⊠ 10 nov./10 déc.
🅴🅳 ◲ ☎ 🖨 🖳 🖚 ⅋ 🕭 CV 🕮
🖚 CB

MARLE
02250 Aisne
2670 hab. 🛈

▲▲ LE CENTRAL ★★
1, rue Desains. M. Sorlin
☎ 23 20 00 33 Ⅸ 23 20 08 12
🛏 9 ◲ 145/240 F. ⊞ 74/160 F. ⅋ 48 F.
🖾 160/200 F.
⊠ 20 juil./20 août, dim. soir et ven. soir
oct./Pâques.
🅴 ◲ ☎ 🖚 CB

MARMANDE
47200 Lot et Garonne
19000 hab. 🛈

▲▲ LE CAPRICORNE ★★
Route d'Agen. Mme Millecam
☎ 53 64 16 14 Ⅸ 53 20 80 18
🛏 34 ◲ 270 F. ⊞ 75/250 F. ⅋ 50 F.
🖾 220 F.
⊠ 1er/8 janv., 22/31 déc. rest. sam.
midi, dim. soir et lun. midi.
🅴 ◲ ☎ 🖚 🕇 ⅋ 🕭 CV 🕮 🖚 CB

▲▲ LE LION D'OR ★★
Av. de la République. M. Beaulieu
☎ 53 64 21 30 Ⅸ 53 64 18 35
🛏 40 ◲ 180/350 F. ⊞ 59/170 F.
⅋ 50 F. 🖾 180/350 F.
🅴🅳 SP 🛈 ◲ ☎ 🖚 🖾 🖚 CV 🕮 🖚 CB

MARNAY SUR MARNE
52800 Haute Marne
190 hab.

▲ LA VALLEE
Sur N. 19. M. Farina
☎ 25 31 10 11 Ⅸ 25 03 83 86
🛏 6 ◲ 180/200 F. ⊞ 58/180 F. ⅋ 45 F.
🖾 200 F.
⊠ 15 nov./5 déc., lun. et dim. soir hs.
🅴 ☎ 🕇 CV 🖚 CB C

MARQUAY
24620 Dordogne
420 hab.

▲▲▲ DES BORIES ★★
M. Dalbavie
☎ 53 29 67 02 ⅨⅩ chamcom 550 689
Ⅸ 53 29 64 15
🛏 28 ◲ 220/270 F. ⊞ 85/240 F.
⅋ 50 F. 🖾 280/320 F.
⊠ 1er nov./31 mars, rest. lun. midi.
🅴 ☎ 🖚 🕇 ⅋ 🕭 CV 🕮 🖚 CB

MARSAC SUR DON
44170 Loire Atlantique
1500 hab.

▲ DU DON
Mme Herrouet ☎ 40 87 54 55
🛏 4 ◲ 200/260 F. ⊞ 60/200 F. ⅋ 40 F.
🖾 170/200 F.
⊠ 31 juil./20 août et dim. soir.
🅴 SP ◲ 🖾 🕭 CV CB

MARSANNAY LA COTE
21160 Côte d'Or
5216 hab. 🛈

▲▲ L'HOTELLERIE DE LA COTE ★★
Route de Beaune M. Me Lapierre
☎ 80 51 10 00 Ⅸ 80 58 82 97
🛏 42 ◲ 230/265 F. ⊞ 85/125 F.
⅋ 45 F. 🖾 235/265 F.
⊠ rest. sam. midi et dim. soir
1er nov./31 mars.
🅴🅳 ◲ ☎ 🖾 🖚 🕇 ⅋ 🕭 CV 🕮 🖚
CB 🖾

MARSEILLE
13008 Bouches du Rhône
914356 hab. 🛈

▲ MISTRAL
31, av. de la Pointe Rouge. M. Esposito
☎ 91 73 44 69 ╲ 91 73 52 45
Ⅸ 91 25 02 19
🛏 17 ◲ 270/295 F. ⊞ 80/130 F.
⅋ 60 F. 🖾 210/220 F.
⊠ rest. 15/30 juin, 15 déc./2 janv., dim.
soir et lun. hiver.
🅴 🛈 ◲ ☎ 🖾 🖾 🕭 CV 🖚 CB

MARSEILLETTE
11800 Aude
650 hab.

▲ LA MUSCADELLE ★★
Route de Béziers. M. Vanmeenen
☎ 68 79 20 90
🛏 9 ◲ 145/230 F. ⊞ 65/140 F. ⅋ 45 F.
🖾 155/175 F.
⊠ 5 déc./1er fév.
🅴 ☎ 🖚 🖾 🖾 🕇 🕭 ⅋ CV 🖚 CB

MARTEL
46600 Lot
1530 hab. 🛈

▲ LE TURENNE Rest. LE QUERCY ★★
Mme Campastie ☎ 65 37 30 30
🛏 12 ◲ 170/220 F. ⊞ 75/210 F.
⅋ 50 F. 🖾 190/208 F.
⊠ 1er déc./1er mars.
🅳 ☎ 🕇 🕭 CV 🖚 CB

MARTIN EGLISE
76370 Seine Maritime
1185 hab.

▲▲ AUBERGE DU CLOS NORMAND ★★
22, rue Henri IV. M. Hauchecorne
☎ 35 04 40 34 Ⅸ 35 04 48 49
🛏 8 ◲ 260/360 F. ⊞ 160/240 F.
⅋ 75 F. 🖾 400/440 F.
⊠ 15 nov./15 déc., 3/12 avr. et lun.
soir/mar.
🅴 ◲ ☎ 🖚 🕇 🖚 CB

MARVEJOLS
48100 Lozère
600 m. • 6500 hab. ⓘ

▲▲▲ DE LA GARE ET DES ROCHERS ★★
Place de la Gare. M. Teissier
☎ 66 32 10 58 Ⅲ 66 32 30 63
🛏 30 ▣ 155/280 F. Ⅲ 68/210 F.
🍴 60 F. 🍽 230/250 F.
⊠ 15 janv./10 mars et rest. sam. hs.
Ⓔ 🆂🅿 ⬜ ☎ 🚗 ♨ 🚶 🆑 ⓘ ● CB

MAS BLANC DES ALPILLES
13103 Bouches du Rhône
348 hab.

▲ MISTRAL ★★
Route de Tarascon. M. Amar
☎ 90 49 02 28 Ⅲ 90 49 01 56
🛏 10 ▣ 230/240 F. Ⅲ 78/135 F.
🍴 57 F. 🍽 225 F.
⊠ rest. midi 10 oct./31 mars.
🆂🅿 ⬜ ☎ 🚗 ♨ 🆑 CB

MASLIVES
41250 Loir et Cher
500 hab. ⓘ

▲▲ L'OREE DE CHAMBORD ★★
Mme Gibier ☎ 54 81 61 62 Ⅲ 54 81 66 76
🛏 38 ▣ 155/330 F. Ⅲ 70/240 F. 🍴 55 F.
🍽 220/270 F.
⊠ 15 janv./15 fév.
Ⓔ Ⓓ 🆂🅿 ☎ 🚗 ⬷ ♨ 🆑 ⓘ ●
CB 🍷

MASSAGUEL
81110 Tarn
385 hab.

▲ AUBERGE DES CHEVALIERS
Place de la Fontaine. M. Martin
☎ 63 50 32 33
🛏 7 ▣ 120/180 F. Ⅲ 85/190 F. 🍴 65 F.
🍽 175/230 F.
⊠ mi-sept./mi-oct. et mer.
🆂🅿 🆑 ● CB

MASSAT
09320 Ariège
730 m. • 711 hab. ⓘ

▲ COUTANCEAU ★★
Rue des Prêtres. M. Coutanceau
☎ 61 96 95 56 Ⅲ 61 04 93 02
🛏 15 ▣ 160/230 F. Ⅲ 65/200 F.
🍴 45 F. 🍽 200/230 F.
Ⓔ Ⓓ 🆂🅿 ☎ 🚗 ♨ 🚶 🆑 ⓘ ● CB

▲ HOSTELLERIE DES TROIS
SEIGNEURS ★★
Mme Alonso ☎ 61 96 95 89 ╲ 61 04 90 52
🛏 19 ▣ 185/240 F. Ⅲ 65/190 F. 🍴 45 F.
🍽 235 F.
⊠ 2 nov./8 avr.
Ⓔ Ⓓ 🆂🅿 ⓘ ☎ 🚗 ♨ ♨ 🚶 ●
CB 🍷

▲ LE GLOBE ★★
22, place de l'Eglise. Mme Troirieux
☎ 61 96 96 66 Ⅲ 61 04 91 63
🛏 7 ▣ 200/250 F. Ⅲ 70/100 F. 🍴 45 F.
🍽 190/220 F.
Ⓔ 🆂🅿 ☎ 🚗 ♨ 🆑 ⓘ CV ●

MASSAY
18120 Cher
1300 hab.

▲ RELAIS SAINT HUBERT ★★
53, av. Maréchal Foch. M. Termereau
☎ 48 51 91 37
🛏 7 ▣ 180/240 F. Ⅲ 90/150 F.
⊠ 29 nov./6 déc., mar. soir et mer.
Ⓔ ☎ 🚗 🚗 ♨ 🆑 🆑 ● CB

MASSERET
19510 Corrèze
815 hab. ⓘ

▲▲ DE LA TOUR ★★
Place de la Butte. M. Meizaud
☎ 55 73 40 12 Ⅲ 55 73 49 41
🛏 15 ▣ 230/250 F. Ⅲ 90/190 F.
🍴 60 F. 🍽 230 F.
⊠ 1er lun. après Nouvel An/2ème dim.
janv.
Ⓔ 🆂🅿 ⬜ ☎ ⬷ ⓘ ● CB

MASSIAC
15500 Cantal
2100 hab. ⓘ

▲▲ DE LA MAIRIE ★★
8, rue A. Chalvet. M. Delorme
☎ 71 23 02 51 Ⅲ 71 23 11 93
🛏 20 ▣ 220/300 F. Ⅲ 78/150 F.
🍴 50 F. 🍽 220/260 F.
⊠ janv./fév., lun. mars/mai, et oct./déc.
Ⓔ 🆂🅿 ⬜ ☎ 🚗 ♨ CV ● CB

MATIGNON
22550 Côtes d'Armor
1609 hab. ⓘ

▲ DE LA POSTE
11, place Gouyon M. Girard
☎ 96 41 02 20 Ⅲ 96 41 18 21
🛏 14 ▣ 135/250 F. Ⅲ 65/180 F.
🍴 40 F. 🍽 155/200 F.
⊠ fév., dim. soir et lun.
⬜ ☎ 🚶 CV ● CB

MAUBEUGE
59600 Nord
35470 hab. ⓘ

▲▲ LE GRAND HOTEL ★★
1, Porte de Paris. M. Marszolik
☎ 27 64 63 16 Ⅲ 27 65 05 76
🛏 27 ▣ 195/300 F. Ⅲ 99/320 F.
🍴 70 F. 🍽 190/260 F.
Ⓔ Ⓓ ⬜ ☎ 🚗 🚗 ♨ CV ⓘ ● CB
Ⓒ 🍷

MAULEON
79700 Deux Sèvres
3500 hab. ⓘ

▲▲ DE LA TERRASSE ★★
7, place de la Terrasse. M. Durand
☎ 49 81 47 24 Ⅲ 49 81 65 04
🛏 13 ▣ 250 F. Ⅲ 75/180 F. 🍴 45 F.
🍽 300/340 F.
⊠ 1 semaine mai, 1 semaine août,
1 semaine nov., dim. juin/sept. et
week-ends oct./mai.
Ⓔ 🆂🅿 ⬜ ☎ 🚗 🚗 ♨ ⓘ ● CB 🍷

MAULEON LICHARRE
64130 Pyrénées Atlantiques
5000 hab. `i`

▲▲ HOSTELLERIE DU CHATEAU ★★
25, rue de la Navarre. M. Anso
☎ 59 28 19 06 `FAX` 59 28 43 27
🛏 30 ⌧ 190/240 F. 🍴 60/125 F.
🍴 50 F. 🛏 200 F.
⌧ 18 janv./28 fév.
⬜🕾🚗🚙🕇🏃🎮

MAURIAC
15200 Cantal
720 m. • 5000 hab. `i`

▲ BONNE AUBERGE ET VOYAGEURS ★
Mmes Bac/Escurbassiére
☎ 71 68 01 01 `FAX` 71 68 01 56
🛏 17 ⌧ 110/220 F. 🍴 40/160 F.
🍴 30 F. 🛏 230/340 F.
⌧ 24 déc./3 janv. et dim. soir après
Toussaint/1er mai.
⬜🕾🕾 CV 🏃 CB

▲ CENTRAL HOTEL ★
4, rue de la République. M. Baduel
☎ 71 68 01 90 `FAX` 71 68 08 33
🛏 16 ⌧ 120/200 F. 🍴 65/140 F.
🍴 40 F. 🛏 170/200 F.
⌧ dim. soir hs.
⬜ SP 🕾 CV 🎮 🏃 CB

▲▲ L'ECU DE FRANCE ★★
6, av. Charles Perie. M. Meynial
☎ 71 68 00 75 `FAX` 71 67 31 06
🛏 18 ⌧ 130/260 F. 🍴 70/190 F.
🍴 40 F. 🛏 220/240 F.
⬜ SP 🕾🕾🕾 CV 🎮 🏃

MAURIAC (CHALVIGNAC)
15200 Cantal
550 m. • 580 hab. `i`

▲▲▲ HOSTELLERIE DE LA BRUYERE ★★
(A Chalvignac). M. Aubert
☎ 71 68 20 26 `FAX` 71 68 11 66
🛏 10 ⌧ 180/280 F. 🍴 70/160 F.
🍴 35 F. 🛏 200/220 F.
⌧ janv., févr., dim. soir et lun. hs.
⬜ SP 🕾🕾🕾🕾🕾🏃🏃▶ CV
🎮 🏃

MAUROUX
46700 Lot
325 hab. `i`

▲▲▲ HOSTELLERIE LE VERT ★★
M. Philippe
☎ 65 36 51 36 `FAX` 65 36 56 84
🛏 7 ⌧ 270/340 F. 🍴 100/150 F.
🍴 50 F. 🛏 295/330 F.
⌧ 26 nov./14 fév. rest. jeu. et ven. midi.
⬜🕾🕾🕾🕾🕾🕾🏃🎮🏃CB

MAURS
15600 Cantal
3000 hab. `i`

▲ AU BON ACCUEIL
15, place du Champ de Foire.
M. Podevigne ☎ 71 49 00 44
🛏 6 ⌧ 170/300 F. 🍴 45/170 F. 🍴 35 F.
🛏 180 F.
⬜ SP 🏃 CV 🎮 CB

LE PLAISANCE
M. Lacam ☎ 71 49 02 47
🛏 12 ⌧ 182/200 F. 🍴 65/210 F.
🍴 39 F. 🛏 190/200 F.
⌧ 24 déc./2 janv. et sam. 1er oct./
30 mai.
⬜🏃🏃 CV 🎮 CB

MAUSSANE LES ALPILLES
13520 Bouches du Rhône
1850 hab. `i`

▲▲ HOSTELLERIE «LES
MAGNANARELLES» ★★
104, av. Vallée des Baux. M. Priaulet
☎ 90 54 30 25
🛏 18 ⌧ 220/280 F. 🍴 80/190 F.
🍴 60 F. 🛏 260/270 F.
⌧ 3 janv./28 fév. et mar. hs.
⬜ SP `i` 🕾🕾🕾🏃🎮🎮 CB C 🏃

MAUZE SUR LE MIGNON
79210 Deux Sèvres
2410 hab. `i`

▲▲ LE RELAIS DE LA FOURCHE EN PRE ★★
Route de Niort. M. Servant
☎ 49 26 32 36 `FAX` 49 26 72 47
🛏 12 ⌧ 230/345 F. 🍴 61/210 F.
🍴 50 F. 🛏 280/350 F.
⌧ 1er/10 janv., 2ème quinz. fév.,
18 déc./31 janv., dim. soir et lun.
⬜🕾🕾🕾🕾🕾🕾🕾 CB

MAYENNE
53100 Mayenne
15000 hab. `i`

▲ DES QUATRE VENTS ★
1, rue Duguesclin. M. Mézière
☎ 43 04 25 01 `FAX` 43 04 26 87
🛏 10 ⌧ 170/190 F. 🍴 61/150 F.
🍴 50 F. 🛏 175/210 F.
⬜🕾🕾🏃 CV 🎮 CB

▲▲▲ LA CROIX COUVERTE ★★
Route d'Alençon. M. Couge
☎ 43 04 32 48 `FAX` 43 04 43 69
🛏 13 ⌧ 240/280 F. 🍴 88/265 F.
🍴 52 F. 🛏 230/280 F.
⌧ dim. 1er oct./30 avr.
⬜🕾🕾🕾🕾🕾🕾🏃 CV 🎮
🎮 CB

▲▲▲ LE GRAND HOTEL ★★
2, rue Amboise-de-Lore. M. Van Marle
☎ 43 00 96 00 `FAX` 43 32 08 49
🛏 30 ⌧ 219/389 F. 🍴 95/199 F.
🍴 55 F. 🛏 255/328 F.
⌧ 23/28 déc.
⬜🕾🕾🕾🕾🕾🕾🕾🏃🏃 CV 🎮
CB C 🏃

MAYET DE MONTAGNE (LE)
03250 Allier
1950 hab. `i`

▲▲ LE RELAIS DU LAC ★★
Route de Laprugne. M. Cazals
☎ 70 59 70 23
🛏 5 ⌧ 240/270 F. 🍴 60/170 F. 🍴 40 F.
🛏 220/240 F.
⬜ SP 🕾🕾🕾🏃 CV 🎮

MAZAMET
81200 Tarn
20000 hab. ℹ️

▲▲▲ LA METAIRIE NEUVE ★★★
(Pont de l'Arn). Mme Tournier
☎ 63 61 23 31 🗚 63 61 94 75
🛏 11 ⊗ 300/460 F. 🍴 100/250 F.
🍽 45 F. 🛌 300/400 F.
⊠ 15 déc./20 janv., sam. matin
1er avr./30 sept. et sam. 1er oct./31 mars.
🔳🔲🗿🚗🚙🛏🕇🏊🌂🛂🛎🐾 CB

MAZAN
84380 Vaucluse
4600 hab. ℹ️

☀ LE SIECLE ★
Le Terreau. Mmes Faure/Ispa
☎ 90 69 75 70
🛏 12 ⊗ 140/260 F.
🗿 CV 🐾 CB

MAZEROLLES
86320 Vienne
650 hab. ℹ️

▲▲ AUBERGE DU CONNESTABLE
CHANDOS ★★
(Pont de Lussac). M. Champeau
☎ 49 48 40 24 🗚 49 84 07 89
🛏 7 ⊗ 180/220 F. 🍴 95/240 F. 🍽 55 F.
⊠ 13 fév./6 mars, 13/27 nov., dim. soir
et lun. sauf fériés.
🔳🔲🗿🚗🚙🐾 CB

MAZET SAINT VOY
43520 Haute Loire
1000 m. • *500 hab.*

▲▲ L'ESCUELLE ★★
M. Neboit ☎ 71 65 00 51
🛏 11 ⊗ 170/240 F. 🍴 70/140 F.
🍽 50 F. 🛌 180/230 F.
⊠ janv., dim. soir et lun.
10 sept./30 juin.
🔳🗿🌲🐾

MAZIRAT
03420 Allier
300 hab.

▲ AU CHANT DU GRILLON ★
Mme Desseauves ☎ 70 51 71 50
🛏 12 ⊗ 150/200 F. 🍴 54/120 F.
🍽 45 F. 🛌 130/170 F.
⊠ 1er fév./1er mars et mer.
🗿🚗🏊🛂 CV 🛎 🐾 CB

MEAUDRE
38112 Isère
1012 m. • *840 hab.* ℹ️

▲▲▲ AUBERGE DU FURON ★★
M. Arnaud ☎ 76 95 21 47 🗚 76 95 24 71
🛏 9 ⊗ 250 F. 🍴 75/220 F. 🍽 40 F.
🛌 240/270 F.
⊠ 20/30 avr., 20 oct./1er déc., dim. soir
et lun. hs.
🔳🗿🚗🚙🕇 CV 🐾

▲ DU PARC ★★
Mlle Blanc-Brude
☎ 76 95 20 02 🗚 76 95 22 13
🛏 8 ⊗ 180/230 F. 🍴 65/110 F. 🍽 40 F.
🛌 240/255 F.

⊠ 20 oct./20 déc., 25 avr./20 mai, dim.
soir et lun. hs.
🔳🗿🚗🚙🛏🕇🏊🛂 CV 🛎
🐾 CB

▲▲ LA PRAIRIE ★★
MM. Barnier Père et Fils
☎ 76 95 22 55 🗚 76 95 20 59
🛏 24 ⊗ 260/300 F. 🍴 80/150 F.
🍽 35 F. 🛌 245/260 F.
⊠ 17 avr./6 mai, 16 oct./6 nov., sam. et
dim. oct./15 déc.
🔳🗿🚗🚙🕇🌲🌳🛂 CV 🛎
🐾 CB

▲▲ LE PERTUZON ★★
M. Blanc-Brude
☎ 76 95 21 17 🗚 76 95 23 85
🛏 8 ⊗ 170/260 F. 🍴 90/240 F. 🍽 50 F.
🛌 225/285 F.
⊠ 1er/15 juin, 1er/15 oct., dim. soir,
mar. soir et mer. hs.
🔳ℹ️🗿🚗🚙🕇🏊🛂 CV 🐾 CB

MEGEVE
74120 Haute Savoie
1113 m. • *4750 hab.* ℹ️

▲ LE SEVIGNE ★
Mme Mollier ☎ 50 21 23 09
🛏 7 ⊗ 220/250 F. 🍴 88/100 F. 🍽 45 F.
🛌 250/260 F.
ℹ️🗿🚗🚙🕇🌳🏊🛂 CV 🛎
🐾 CB

▲▲ LES CIMES ★★
341, av. Charles Feuge. M. Freixas
☎ 50 21 01 71
🛏 8 ⊗ 310/350 F. 🍴 79/120 F. 🍽 40 F.
🛌 280/300 F.
⊠ rest. soir sauf sam. 10 mai/15 juin et
15 sept./5 déc.
🔳🗿 CV 🐾 CB

▲ LES POMMIERS ★
2370, route de Praz. M. Rivière
☎ 50 21 01 67
🛏 15 ⊗ 170/280 F. 🍴 70/148 F.
🍽 45 F. 🛌 210/265 F.
⊠ sam. matin et dim. soir.
🚗🕇🏊 CV 🐾 CB

▲▲▲ LES SAPINS ★★
42, allée verte. M. Socquet-Juglard
☎ 50 21 02 79 🗚 50 93 07 54
🛏 18 ⊗ 560 F. 🍴 170/283 F. 🍽 93 F.
🛌 490 F.
⊠ 20 avr./20 juin et 10 sept./18 déc.
🔳🛗ℹ️🗿🚗🛏🕇🌲🌳🌳🏊
🐾 CB

MEHUN SUR YEVRE
18500 Cher
7178 hab. ℹ️

▲ LA CROIX BLANCHE ★
164, rue Jeanne d'Arc. M. Badoux
☎ 48 57 30 01 🗚 48 57 29 66
🛏 19 ⊗ 160/285 F. 🍴 70/175 F.
🍽 40 F. 🛌 170/235 F.
⊠ 20 déc./20 janv. et dim. soir fin
sept./Pâques.
🔳🗿🚗🚙🚙🕇🏊🛂 CV 🛎 🐾
CB 🛍

MEILLERIE
74500 Haute Savoie
258 hab.

⚑ LES TERRASSES ★★
Lieu-Dit «La Tronche». Sur Nationale.
M. Wengler ☎ 50 76 04 06 ℻ 50 76 05 95
🛏 14 ⬙ 220/300 F. ⏣ 75/210 F. ⩍ 60 F.
🍽 280/320 F.
⊠ 10 janv./10 fév., lun. soir et mar. hs.
[E] [D] [SP] [i] [⬜] [☎] [🚗] [⛱] [🐟] [📺]
[🚲] [CB]

MEISENTHAL
57960 Moselle
828 hab.

⚑⚑ AUBERGE DES MESANGES ★★
2, rue du Tiseur. M. Fath
☎ 87 96 92 28 ℻ 87 96 99 14
🛏 10 ⬙ 250/280 F. ⏣ 60/200 F.
⩍ 40 F. 🍽 220/345 F.
⊠ 23 déc./3 janv., 1er fév./1er mars,
rest. lun. soir et mar. soir.
[E] [D] [⬜] [☎] [🚗] [⛱] [🐟] [CB]

MELE SUR SARTHE (LE)
61170 Orne
1000 hab. [i]

⚑⚑ DE LA POSTE ★
Place Charles de Gaulle. M. Leopold
☎ 33 81 18 00 ℻ 33 27 67 20
🛏 18 ⬙ 110/310 F. ⏣ 55/260 F.
⩍ 50 F. 🍽 203/325 F.
⊠ 23 janv./5 fév., 15/21 fév., dim. soir
et lun. soir nov./mars, dim. soir
mars/nov.
[E] [⬜] [☎] [🚗] [⛱] [CV] [📺] [🐟] [CB]

MELLE
79500 Deux Sèvres
4575 hab. [i]

⚑⚑ LES GLYCINES ★★
5, place René Groussard. M. Me Caillon
☎ 49 27 01 11 ℻ 49 27 93 45
🛏 8 ⬙ 190/290 F. ⏣ 72/160 F. ⩍ 50 F.
🍽 185/230 F.
⊠ 20/26 fév., 11/20 nov. et dim. soir
sauf juil./août.
[E] [D] [SP] [⬜] [☎] [CV] [📺] [🐟] [CB] [■]

MELLE (SAINT MARTIN LES MELLE)
79500 Deux Sèvres
511 hab.

⚑⚑ L'ARGENTIERE ★★
Route de Niort. M. Mautret
☎ 49 29 13 22 ＼ 49 29 13 74
℻ 49 29 06 63
🛏 18 ⬙ 210/230 F. ⏣ 68/210 F.
⩍ 48 F. 🍽 350 F.
⊠ dim. soir.
[E] [⬜] [☎] [🚗] [⛱] [🐟] [CB]

MELVIEU
12400 Aveyron
635 m. • 299 hab.

⚑ LE CLOS DES MUSARDIERS ★★
M. Carrat ☎ 65 62 52 90 ℻ 65 62 36 90
🛏 9 ⬙ 185/220 F. 🍽 250/270 F.
⊠ 15 oct./15 nov.
[⬜] [☎] [🚗] [⛱] [CV] [🐟] [CB]

MEMBROLLE SUR CHOISILLE (LA)
37390 Indre et Loire
2644 hab. [i]

⚑⚑ HOSTELLERIE CHATEAU DE L'AUBRIERE ★★
Route des Fondettes. M. Brisou
☎ 47 51 50 35 ℻ 47 51 34 69
🛏 12 ⬙ 400/1000 F. ⏣ 190/300 F.
⩍ 80 F. 🍽 550/600 F.
⊠ lun.
[E] [⬜] [☎] [🚗] [⛱] [CV] [📺] [🐟]
[🐟] [CB]

MENDE
48000 Lozère
730 m. • 12000 hab. [i]

⚑⚑ DE FRANCE ★★
9, bld Lucien Arnault. Mme Brager
☎ 66 65 00 04 ℻ 66 49 30 47
🛏 27 ⬙ 230/400 F. ⏣ 85/150 F.
⩍ 50 F. 🍽 240/270 F.
⊠ 15 déc./31 janv., rest. dim. soir et
lun. hs.
[E] [SP] [⬜] [☎] [🚗] [🐟] [CV] [📺] [🐟] [CB]

⚑⚑ DU PONT ROUPT ★★★
Av. du 11 Novembre. M. Gerbail
☎ 66 65 01 43 ℻ 66 65 22 96
🛏 25 ⬙ 260/500 F. ⏣ 95/300 F.
⩍ 60 F. 🍽 300/400 F.
⊠ 15 fév./30 mars, dim. soir et lun.
[E] [D] [SP] [⬜] [☎] [🚗] [⛱] [🐟] [📺] [🐟]
[🚲] [🐟] [CV] [📺] [🐟] [CB] [■]

MENDE (ASPRES)
48000 Lozère
1060 m. • 14 hab.

⚑ LA BOULENE
(Hameau d'Aspres à 5 km). M. Poisot
☎ 66 49 23 37 ℻ 66 49 34 43
🛏 5 ⬙ 190 F. ⏣ 85/150 F. ⩍ 60 F.
🍽 200 F.
⊠ 6 nov./10 déc., lun. et mar.
15 sept./1er mai.
[E] [🚗] [⛱] [🐟] [CV] [📺] [🐟]

MENESQUEVILLE
27850 Eure
390 hab.

⚑⚑ LE RELAIS DE LA LIEURE ★★
Mme Trepagny
☎ 32 49 06 21 ℻ 32 49 53 87
🛏 16 ⬙ 220/310 F. ⏣ 80/270 F.
⩍ 60 F. 🍽 260/320 F.
⊠ 24 déc./10 fév., dim. soir et lun. hs.
[E] [⬜] [☎] [🚗] [🐟] [CB] [C]

MENIGOUTE
79340 Deux Sèvres
895 hab. [i]

⚑ DES VOYAGEURS ★★
2, place de la Mairie. Mme Cholat
☎ 49 69 00 10 ℻ 49 69 12 16
🛏 11 ⬙ 200/220 F. ⏣ 60/120 F.
⩍ 35 F. 🍽 185/230 F.
⊠ 1er/15 fév. et mer.
[E] [☎] [🐟] [🐟] [CV] [📺] [🐟] [CB] [■]

MENIL THILLOT (LE)
88160 Vosges
600 m. • 1100 hab.

LES SAPINS ★★
60, Grande Rue M. Daval
☎ 29 25 02 46 FAX 29 25 80 23
23 225/245 F. 95/250 F.
58 F. 250/270 F.
E D CV CB

MENITRE (LA)
49250 Maine et Loire
1750 hab. i

LE BEC SALE ★★
(Le Port St-Maur) route Angers-Saumur.
M. Roger ☎ 41 45 63 56 FAX 41 45 67 88
11 176/240 F. 71/168 F.
47 F. 245 F.
2 janv./3 fév. et jeu. oct./avr.
E CV CB C

LE RELAIS BELLEVUE
(La Levée de la Loire).
M. Me Costard/Leborgne ☎ 41 45 61 05
6 200/220 F. 80/200 F. 55 F.
250/310 F.
vac. scol. fév., 4ème semaine nov., dim. soir, mar. soir et mer. oct./mai.
E SP CV CB

MENTON
06500 Alpes Maritimes
30000 hab. i

DE LONDRES ★★
15, av. Carnot. M. Bensoussan
☎ 93 35 74 62 FAX 93 41 77 78
21 250/480 F. 85/120 F.
50 F. 220/360 F.
20 oct./20 déc. et rest. mer.
E i C

LE GLOBE ★★
21, av. de Verdun. M. Cannavo
☎ 93 35 73 03
20 200/350 F. 90/240 F.
60 F. 245/295 F.
15 nov./15 déc. et lun. hs.
E i

PARIS ROME ★★
79, Porte de France. Mme Castellana
☎ 93 35 73 45 FAX 93 35 29 30
15 290/450 F. 85/175 F.
253/333 F.
12 nov./20 déc. et rest. lun.
E i CV CB C

MENTON (MONTI)
06503 Alpes Maritimes
300 hab. i

LE RELAIS DE MONTI ★★
Route de Sospel. M. Bollaro
☎ 93 35 81 08
10 257/336 F. 115/185 F.
60 F. 245/280 F.
4 nov./6 déc. et mer. juin/sept.
E i CB

MER
41500 Loir et Cher
5950 hab. i

AUBERGE MEROISE
5, place de la Halle. M. Destouches
☎ 54 81 00 51
7 210/250 F. 68/150 F. 55 F.
210 F.
vac. scol. fév., dim. soir et lun. hs.
E CB

MERCUROL
26600 Drôme
1600 hab. i

DE LA TOUR ★★
M. Gauchier
☎ 75 07 40 07 FAX 75 07 46 20
18 160/300 F. 65/125 F.
40 F. 290/350 F.
E CV CB

MEREVILLE
54850 Meurthe et Moselle
1200 hab.

MAISON CARREE ★★★
M. Girard ☎ 83 47 09 23 FAX 83 47 50 75
22 250/430 F. 120/195 F.
60 F. 250/330 F.
E D CV CB C

MERVILLE FRANCEVILLE PLAGE
14810 Calvados
1500 hab. i

CHEZ MARION ★★★
10, place de la Plage.
M. Marion
☎ 31 24 23 39 FAX 31 24 88 75
14 260/430 F. 115/230 F.
60 F. 290/450 F.
2 janv./3 fév., lun. soir et mar. sauf vac. scol.
E SP CV CB

DE LA GARE ★★
Route de Cabourg. M. Jeanne
☎ 31 24 23 37 FAX 31 24 54 40
15 250/270 F. 88/210 F.
48 F. 245 F.
mar. soir et mer. hs.
E D CB

MESLAY DU MAINE
53170 Mayenne
2306 hab. i

LE CHEVAL BLANC ★
7, route de Laval. M. Rossignol
☎ 43 98 68 00
9 100/200 F. 70/190 F. 38 F.
130/190 F.
vac. scol. fév., 1ère quinz. août, dim. soir et lun.
E CV

MESNIL ESNARD (LE)
76240 Seine Maritime
6092 hab.

⌂ LEONARD ★★
38, rue Gambetta, (à 6 km Rouen Est).
Mme Pelorgeas
☎ 35 80 16 88 ⊞ 35 80 07 82
🛏 7 ⌖ 200/220 F. ⏢ 78/176 F. ⽥ 60 F.
🍴 200/210 F.
✉ 30 janv./15 fév., 17/23 août, rest.
dim. soir et lun.
▫ ☎ 🛉 CV ⬚ ⬚ CB

MESNIL SAINT PERE
10140 Aube
370 hab. ⓘ

⌂⌂ AUBERGE DU LAC ★★
(Sortie A. 5 n° 22, A. 26 n° 32).
M. Gublin ☎ 25 41 27 16 ⊞ 25 41 57 59
🛏 15 ⌖ 250/320 F. ⏢ 160/305 F.
⽥ 75 F. 🍴 280/370 F.
✉ 1er/19 nov. et dim. soir
15 sept./30 mars.
▫ ☎ 🛉 ⬚ CB

MESNIL VAL PLAGE
76910 Seine Maritime
500 hab. ⓘ

⌂⌂ HOSTELLERIE DE LA VIEILLE FERME ★★
(A 4 km du Treport). M. Maxime
☎ 35 86 72 18 ⊞ 35 86 12 67
🛏 34 ⌖ 320/450 F. ⏢ 75/195 F.
⽥ 60 F. 🍴 305/370 F.
✉ 2/20 janv. et dim. soir nov./mars sauf
fériés.
▫ ☎ ⬚ 🛉 CV ⬚ ⬚ CB ⬚

MESSEY SUR GROSNE
71390 Saône et Loire
435 hab.

⌂⌂ AUBERGE DU MOULIN DE LA
CHAPELLE ★
M. Champion
☎ 85 44 00 58 ⊞ 85 44 07 29
🛏 9 ⌖ 135/225 F. ⏢ 60/140 F. ⽥ 44 F.
🍴 175/215 F.
✉ 5 janv./15 fév., mar. soir et mer. sauf
juil./août.
▫ SP ⬚ ⬚ 🛉 🛉 CV ⬚ ⬚ CB

METABIEF
25370 Doubs
1000 m. • 500 hab. ⓘ

⌂ L'ETOILE DES NEIGES ★★
4, rue du Village. M. Gignet
☎ 81 49 11 21 ⊞ 81 49 26 91
🛏 14 ⌖ 150/250 F. ⏢ 80/120 F.
⽥ 45 F. 🍴 215/235 F.
▫ ☎ ⬚ ⬚ 🛉 CV ⬚ CB

METZ (ARGANCY RUGY)
57640 Moselle
80 hab.

⌂⌂ LA BERGERIE ★★
15, route des Vignes. Mme Keichinger
☎ 87 77 82 27 ⊞ 87 77 87 07
🛏 42 ⌖ 290/380 F. ⽥ 50 F.
🍴 285/310 F.
▫ ☎ ⬚ ⬚ 🛉 🛉 🛉 ⬚ CB

METZERAL
68380 Haut Rhin
1000 hab.

⌂ AUX DEUX CLEFS ★★
12, rue de l'Altenhof. Mme Kasper
☎ 89 77 61 48
🛏 12 ⌖ 230/250 F. ⏢ 75 F. ⽥ 30 F.
🍴 215/225 F.
✉ 1er nov./Pâques.
▫ ▫ SP ⓘ ☎ ⬚ 🛉 CV ⬚ ⬚

⌂⌂ DU PONT ★★
M. Kempf ☎ 89 77 60 84
🛏 13 ⌖ 220/260 F. ⏢ 80/300 F.
⽥ 50 F. 🍴 250/260 F.
✉ 11 nov./24 déc. et lun. sept./mai.
▫ ▫ ☎ ⬚ ⬚ ⽥ CV ⬚ CB

MEUNG SUR LOIRE
45130 Loiret
6000 hab. ⓘ

⌂⌂ AUBERGE SAINT JACQUES ★★
60, rue Général de Gaulle. M. Le Gall
☎ 38 44 30 39 ⊞ 38 45 17 02
🛏 12 ⌖ 220/260 F. ⏢ 90/220 F.
⽥ 50 F. 🍴 210/250 F.
▫ ☎ ⬚ ⬚ ⽥ ⬚ ⬚ CB

MEURSAULT
21190 Côte d'Or
1550 hab. ⓘ

⌂⌂ DU CENTRE ★★
4, rue de Lattre de Tassigny. M. Forêt
☎ 80 21 20 75 ⊞ 80 21 68 73
🛏 7 ⌖ 140/365 F. ⏢ 92/138 F. ⽥ 45 F.
🍴 187 F.
✉ 20/30 nov., fév., dim. soir et lun. midi.
▫ ▫ ☎ ⬚ ⬚ ⬚ CV ⬚ CB

⌂ LES ARTS ★
4, place de l'Hôtel de Ville. M. Laroche
☎ 80 21 20 28 ⊞ 80 21 63 58
🛏 18 ⌖ 135/350 F. ⏢ 85/170 F.
⽥ 40 F. 🍴 200/250 F.
✉ 15 déc./30 janv. et mar. fin oct./mai.
▫ ☎ ⬚ ⬚ CB

MEXIMIEUX
01800 Ain
6000 hab. ⓘ

⌂⌂ LUTZ ★★
17, rue de Lyon. M. Lutz
☎ 74 61 06 78 ⊞ 74 34 75 23
🛏 13 ⌖ 180/310 F. ⏢ 150/340 F.
⽥ 70 F.
✉ 16/24 juil., 23 oct./9 nov., dim. soir
et lun.
▫ ☎ ⬚ ⬚ ⬚ ⬚ CB

MEYMAC
19250 Corrèze
702 m. • 2783 hab. ⓘ

⌂ LE LIMOUSIN ★★
76, av. Limousine. M. Waltzer
☎ 55 95 12 11
🛏 23 ⌖ 100/230 F. ⏢ 60/150 F.
⽥ 35 F. 🍴 150/200 F.
✉ 28 janv./5 fév., sam. soir et dim. soir
15 sept./31 mai.
▫ ☎ ⬚ 🛉 🛉 ⬚ CB

MEYRONNE
46200 Lot
200 hab.

▲▲ LA TERRASSE ★★
M. Liebus ☎ 65 32 21 60 FAX 65 32 26 93
🛏 16 ⌾ 250/450 F. ⫿⫿ 90/250 F.
🍴 50 F. 🖼 250/350 F.
✉ 1er nov./1er mars.

MEYRUEIS
48150 Lozère
700 m. • 700 hab.

▲▲ FAMILY ★★
M. Julien ☎ 66 45 60 02 FAX 66 45 66 54
🛏 48 ⌾ 210/230 F. ⫿⫿ 75/120 F.
🍴 42 F. 🖼 230 F.
✉ 1er nov./Rameaux.

▲▲ LE MONT AIGOUAL ★★
Rue de la Barrière. Mme Robert
☎ 66 45 65 61 FAX 66 45 64 25
🛏 28 ⌾ 250/400 F. ⫿⫿ 80/140 F.
🍴 45 F. 🖼 250/300 F.
✉ début nov./fin mars.

MEYSSAC
19500 Corrèze
1124 hab.

▲▲ RELAIS DU QUERCY ★★
Mme Ercole
☎ 55 25 40 31 FAX 55 74 48 62
🛏 12 ⌾ 145/320 F. ⫿⫿ 70/190 F.
🍴 46 F. 🖼 190/270 F.
✉ vac. scol. fév.

MEZERIAT
01660 Ain
1600 hab.

▲ LES BESSIERES
M. Foraison ☎ 74 30 24 24
🛏 5 ⌾ 140/240 F. ⫿⫿ 90/170 F. 🍴 60 F.
🖼 170/230 F.
✉ 15 déc./2 fév., lun. et mar. sauf
juil./août.

MEZIERES EN BRENNE
36290 Indre
1190 hab.

▲ AU BOEUF COURONNE ★★
Place Charles de Gaulle. M. Brossier
☎ 54 38 04 39
🛏 8 ⌾ 215 F. ⫿⫿ 100/238 F. 🍴 38 F.
🖼 360 F.
✉ 26 juin/3 juil., 2/17 oct.,
2/17 janv., dim. soir et lun. sauf jours
fériés.

MEZILHAC
07530 Ardèche
1140 m. • 124 hab.

▲ DES CEVENNES ★
M. Mazè ☎ 75 38 78 01 FAX 75 38 77 08
🛏 17 ⌾ 125/220 F. ⫿⫿ 75/135 F.
🍴 40 F. 🖼 160/210 F.
✉ 15 oct./15 déc.

MIEUSSY
74440 Haute Savoie
600 m. • 1169 hab.

▲▲ L'ACCUEIL SAVOYARD ★★
M. Gaudin ☎ 50 43 01 90 FAX 50 43 09 59
🛏 19 ⌾ 160/245 F. ⫿⫿ 68/150 F.
🍴 42 F. 🖼 170/250 F.
✉ 1er/10 nov.

MIGENNES
89400 Yonne
12000 hab.

▲▲▲ DE PARIS ★★
57, av. Jean Jaurès. M. Chauvin
☎ 86 80 23 22 FAX 86 80 31 04
🛏 10 ⌾ 240/350 F. ⫿⫿ 80/150 F.
🍴 50 F.
✉ 2/15 janv., août, ven. soir, sam. midi
et dim. soir.

MIGNIERES
28630 Eure et Loir
500 hab.

▲▲ LE RELAIS BEAUCERON ★★
Sur N. 10. M. Lichet
☎ 37 26 46 21 FAX 37 26 30 64
🛏 30 ⌾ 190 F. ⫿⫿ 69/120 F. 🍴 37 F.
✉ sam. soir hs et dim.

MILLAU
12100 Aveyron
23000 hab.

▲▲ DES CAUSSES ★★
56, av. Jean Jaurès. M. Fernandez
☎ 65 60 03 19 FAX 65 60 86 90
🛏 22 ⌾ 210/240 F. ⫿⫿ 55/160 F.
🍴 55 F. 🖼 240/260 F.
✉ Toussaint, 23 déc./2 janv. et sam.,
dim. soir sauf juil./août.

MIMET
13105 Bouches du Rhône
600 m. • 3500 hab.

▲ HOSTELLERIE DU PUECH ★
8, rue Saint-Sébastien. Mme Boucher
☎ 42 58 91 06
🛏 8 ⌾ 160/250 F. ⫿⫿ 90/260 F. 🍴 50 F.
🖼 170/210 F.
✉ 15 fév./15 mars, 1er oct./1er nov. et
mer.

MIMIZAN
40200 Landes
7672 hab.

▲▲ HOTEL CLUB ATLANTIS ★★
19, rue de l'Abbaye. M. Taris
☎ 58 09 02 18 FAX 58 09 36 60
🛏 10 ⌾ 140/465 F. ⫿⫿ 69/195 F.
🍴 49 F. 🖼 200/380 F.

MIMIZAN PLAGE
40200 Landes
7672 hab. ℹ️

⚐⚐ EMERAUDE DES BOIS ✶✶
68, av. du Courant. M. Brassenx
☎ 58 09 05 28
🛏 16 ◎ 170/290 F. 🍽 98/160 F.
🍴 55 F. 🛎 230/280 F.
✉ 24 sept./8 avr.
[E] [SP] 🕿 🛏 🐾 [CB]

MIRABEAU
84120 Vaucluse
458 hab.

⚐⚐ HOSTELLERIE DE MALACOSTE
(A la Beaume, sur N. 96). Mme Fromont
☎ 90 77 03 84 [FAX] 90 77 01 08
🛏 6 ◎ 200/260 F. 🍽 89/130 F. 🍴 45 F.
🛎 200/250 F.
✉ 20 déc./15 janv. et sam.
1er oct./31 mars.
[E] [D] 🕿 🛏 🛏 🕿 🐾 🐕 [CV] 🐾 🐾 🖼

MIRAMONT DE GUYENNE
47800 Lot et Garonne
3790 hab. ℹ️

⚐ DE LA POSTE
31, place Martignac. M. Quai
☎ 53 93 20 03 [FAX] 53 89 64 55
🛏 12 ◎ 190/270 F. 🍽 57/220 F.
🍴 45 F. 🛎 210/230 F.
✉ sam. hiver sauf résidents.
[E] 🕿 🛏 🛏 🐾 🐕 [CV] 🖼 🐾 [CB]

MIRAMONT DE GUYENNE (SAINT PARDOUX ISAAC)
47800 Lot et Garonne
1373 hab. ℹ️

⚐ LE RELAIS DE GUYENNE ✶✶
Route de Paris. Mme Rodes
☎ 53 93 20 76 [FAX] 53 20 91 95
🛏 8 ◎ 180/200 F. 🍽 50/100 F. 🍴 39 F.
🛎 150/175 F.
✉ 1ère semaine déc.
🕿 🛏 🛏 🐾 🐕 [CV] 🖼 [CB]

MIRANDE
32300 Gers
3700 hab. ℹ️

⚐⚐⚐ DES PYRENEES ✶✶
5, av. d'Etigny. M. Sainte-Marie
☎ 62 66 51 16 [FAX] 62 66 79 96
🛏 18 ◎ 200/350 F. 🍽 95/220 F.
🍴 45 F. 🛎 230/270 F.
✉ rest. lun. sauf fériés.
[E] 🕿 🛏 🛏 🐾 🕿 🐕 🐾 🐕 🖼 🐾 [CB]

⚐ METROPOLE ET DE GASCOGNE ✶✶
31, rue Victor Hugo. M. Guibot
☎ 62 66 50 25 [FAX] 62 66 77 63
🛏 12 ◎ 165/230 F. 🍽 53/185 F.
🍴 35 F. 🛎 180/220 F.
✉ sam. et dim. sauf pensionnaires.
[SP] 🕿 🛏 🛏 🐾 [CV] 🐾 [CB]

MIREBEAU SUR BEZE
21310 Côte d'Or
1200 hab.

⚐⚐ AUBERGE DES MARRONNIERS ✶✶
Place Général Viard. Mme Perrin
☎ 80 36 71 05 [FAX] 80 36 75 92

🛏 17 ◎ 160/250 F. 🍽 58/170 F.
🍴 35 F. 🛎 158/203 F.
✉ 22 déc./8 janv., dim. soir et ven.
1er oct./1er avr.
[E] [D] [SP] 🕿 🛏 🛏 🐾 🐕 🐕 🐾 🐕 🖼 [CB]

MIRECOURT
88500 Vosges
8511 hab.

⚐⚐⚐ LE LUTH ✶✶
Route de Neufchâteau. Mmes Burnel
☎ 29 37 12 12 [FAX] 29 65 68 88
🛏 30 ◎ 260/280 F. 🍽 75/156 F.
🍴 48 F. 🛎 240/260 F.
✉ 1ère quinz. août, ven. soir et sam.
[E] [D] 🕿 🛏 🛏 🐾 🐕 🖼 🐾 🖼

MIREPOIX
09500 Ariège
5000 hab. ℹ️

⚐⚐ LE COMMERCE ✶✶
Mme Puntis ☎ 61 68 10 29 [FAX] 61 68 20 99
🛏 30 ◎ 175/265 F. 🍽 65/180 F. 🍴 40 F.
🛎 175/215 F.
✉ janv., 2/14 oct. et rest. sam. sauf
juil./août.
[E] 🕿 🛏 🛏 🐾 🕿 🐕 [CV] 🖼 🐾 [CB]

MIRIBEL LES ECHELLES
38380 Isère
600 m. • 1500 hab. ℹ️

⚐ LES 3 BICHES ✶
M. Comba ☎ 76 55 28 02
🛏 6 ◎ 150/230 F. 🍽 65/195 F. 🍴 55 F.
🛎 195/245 F.
✉ 20 fév./1er mars, 20/30 juin,
1er/12 sept. et mer. sauf juil./août.
[E] 🕿 🐕 🐕 [CV] 🖼 🐾 [CB]

MITTELBERGHEIM
67140 Bas Rhin
640 hab.

⚐⚐ GILG ✶✶
1, route du Vin. M. Gilg
☎ 88 08 91 37 [FAX] 88 08 45 17
🛏 10 ◎ 250/360 F. 🍽 100/325 F.
✉ 8 janv./2 fév., mar. soir et mer.
[E] [D] 🕿 🛏 🛏 🐾 🐾 [CB]

MITTELHAUSBERGEN
67206 Bas Rhin
1425 hab.

⚐⚐ AU TILLEUL ✶✶
5, route de Strasbourg. M. Me Lorentz
☎ 88 56 18 31 [FAX] 88 56 07 23
🛏 12 ◎ 280/300 F. 🍽 40/250 F.
🍴 40 F. 🛎 210/230 F.
🕿 🛏 🛏 🐾 🐕 [CV] 🖼 🐾 [CB] 🖼

MITTELHAUSEN
67170 Bas Rhin
485 hab.

⚐⚐⚐ A L'ETOILE ✶✶
12, rue de la Hey. M. Bruckmann
☎ 88 51 28 44 [FAX] 88 51 24 79
🛏 19 ◎ 230/270 F. 🍽 60/190 F.
🍴 50 F. 🛎 220/240 F.
✉ rest. 1er/12 janv.,
12 juil./3 août, dim. soir et lun.
[E] [D] 🕿 🛏 🛏 🐾 🐕 🐕 🐕 🐕 🐾 🐕
🖼 🐾 [CB] 🖼

MITTERSHEIM
57930 Moselle
650 hab. ℹ️

🔼🔼 L'ESCALE ★★
33, route de Dieuze. M. Hamant
☎ 87 07 67 01 🆄🆇 87 07 54 57
🛏️ 13 📧 220/250 F. 🍽️ 70/180 F.
🍴 70 F. 🏨 220/260 F.
✉️ fév. et mer. sauf juil./août.
🄳 🗗 ☎ 🚗 🍴 CV 🔻 CB

MIZOEN
38142 Isère
1200 m. • 94 hab. ℹ️

🔼🔼🔼 LE PANORAMIQUE ★★
M. Manenti ☎ 76 80 06 25
🛏️ 10 📧 250/305 F. 🍽️ 95/165 F.
🍴 60 F. 🏨 235/260 F.
✉️ 30 sept./25 déc. et 1er/30 mai.
🄴 ℹ️ 🗗 ☎ 🚗 🍴 🐟 🐕 🎿 🔟
🔻 CB

MODANE VALFREJUS
73500 Savoie
1057 m. • 4500 hab. ℹ️

🔼🔼 DES VOYAGEURS ★★
16, place Sommeiller. Mme Boniface
☎ 79 05 01 39 🆄🆇 79 05 03 88
🛏️ 19 📧 250/315 F. 🍽️ 70/160 F.
🍴 55 F. 🏨 260/290 F.
✉️ 6/14 mai, 18 nov./17 déc. et dim.
🄴 🄳 ℹ️ 🗗 ☎ 🍴 🔻 CV 🔻 CB

🔼🔼🔼 LE PERCE-NEIGE ★★
14, av. Jean-Jaurès. M. Nousse
☎ 79 05 00 50 🆄🆇 79 05 12 92
🛏️ 18 🍽️ 76/165 F. 🍴 49 F.
🏨 218/262 F.
✉️ 1er/15 mai et 16 oct./4 nov.
🄴 ℹ️ 🗗 ☎ 🍴 🔟 🎿 CV 🔟 CB 🄲 🏨

MODANE VALFREJUS
(FOURNEAUX)
73500 Savoie
1050 m. • 1304 hab. ℹ️

🔼 BELLEVUE
(A Fourneaux, 15, rue du Replat).
M. Mestre ☎ 79 05 20 64 🆄🆇 79 05 37 42
🛏️ 14 📧 190/250 F. 🍽️ 70/140 F.
🍴 45 F. 🏨 190/230 F.
✉️ rest. sam. et dim. hs.
🄴 🄳 🗗 ☎ 🚗 🍴 CV 🔻 CB 🏨

MOISSAC
82200 Tarn et Garonne
11408 hab.

🔼🔼 LE CHAPON FIN ★★
3, place des Recollets. M. Gaillac
☎ 63 04 04 22 🆄🆇 63 04 58 44
🛏️ 24 📧 150/350 F. 🍽️ 85/230 F.
🍴 50 F. 🏨 265/415 F.
🄴 SP 🗗 ☎ 🚗 CV 🔻 CB

MOLINES EN QUEYRAS
05350 Hautes Alpes
1750 m. • 400 hab. ℹ️

🔼🔼 L'EQUIPE ★★
Route de Saint Véran. M. Catalin
☎ 92 45 83 20 🆄🆇 92 45 81 85

🛏️ 22 📧 273/294 F. 🍽️ 62/145 F.
🍴 40 F. 🏨 251/262 F.
✉️ 3 avr./24 mai, 2/21 oct. et
3 nov./16 déc.
ℹ️ 🗗 🚗 🍴 🎿 🕐 ▶️ CV 🔻 CB

🔼🔼 LE CHAMOIS ★★
Mme Monetto
☎ 92 45 83 71 🆄🆇 92 45 80 58
🛏️ 17 📧 270/280 F. 🍽️ 76/187 F.
🍴 55 F. 🏨 260 F.
✉️ 17 avr./3 mai, 3 nov./18 déc. et rest.
sam. midi hs.
ℹ️ 🗗 🚗 🔟 CV 🔻 CB

🔼🔼 LE COGNAREL ★★
(Le Coin - à 2010 m.). M. Catala
☎ 92 45 81 03 🆄🆇 92 45 81 17
🛏️ 21 📧 228/350 F. 🍽️ 95/170 F.
🍴 55 F. 🏨 290/340 F.
✉️ 30 avr./1er juin, 20 sept./18 déc. sauf
pensionnaires et rest. lun.
🄴 SP ℹ️ 🗗 ☎ 🚗 🕐 CV 🔟 🔻 CB 🄲

MOLINGHEM
62330 Pas de Calais
3418 hab.

🔼🔼 LE BUFFET
22, rue de la Gare. M. Wident
☎ 21 25 82 40
🛏️ 4 📧 140/180 F. 🍽️ 75/280 F. 🍴 60 F.
🏨 210/230 F.
✉️ 1er/22 août, dim. soir et lun. sauf
fériés.
🄴 🗗 🍴 🎿 🔻 CB

MOLITG LES BAINS
66500 Pyrénées Orientales
610 m. • 180 hab. ℹ️

🔼🔼 DU COL DE JAU ET CANIGOU ★★
Mme Kosmalski ☎ 68 05 03 20
🛏️ 12 📧 190/250 F. 🍽️ 85/170 F.
🍴 45 F. 🏨 220/250 F.
✉️ 15 nov./15 mars.
🄴 🄳 🗗 ☎ 🚗 🍴 🔟 🎿 🔟 CV CB

MOLLANS SUR OUVEZE
26170 Drôme
690 hab.

🔼🔼 SAINT MARC ★★
M. Veilex ☎ 75 28 70 01 🆄🆇 75 28 78 63
🛏️ 14 📧 300/360 F. 🍽️ 123/170 F.
🍴 60 F. 🏨 285/340 F.
🄴 🗗 🚗 🍴 🔟 🔟 🎿 🕐 🔟 CV
🔟 CB

MOLLKIRCH
67190 Bas Rhin
500 hab.

🔼🔼 FISCHHUTTE ★★
Route de Grendelbruch. M. Schahl
☎ 88 97 42 03 🆄🆇 88 97 51 85
🛏️ 18 📧 200/340 F. 🍽️ 70/260 F.
🍴 55 F. 🏨 270/330 F.
✉️ 13 fév./10 mars, 26 juin/7 juil., lun.
soir et mar.
🄴 🄳 🗗 ☎ 🚗 🍴 🕐 CV 🔟 CB

MOLSHEIM
67120 Bas Rhin
8000 hab. ⓘ

⌂ AU CHEVAL BLANC ★★
Place de l'Hôtel de Ville. M. Ferrenbach
☎ 88 38 16 87 Ⅲ 88 38 20 96
🛏 13 ⊗ 150/270 F. ⅋ 55/160 F.
⅋ 35 F. ▦ 180/240 F.
⊠ 24 fév./15 mars, 23/30 juin, rest. ven.
et dim. soir.
E D 🗗 ☎ CV ⅏ ⌂ CB

⌂⌂ DU CENTRE ★★
1, rue Saint-Martin. Mme Heiligenstein
☎ 88 38 54 50 Ⅲ 88 49 82 57
🛏 29 ⊗ 170/270 F. ▦ 200/240 F.
E D SP 🗗 ☎ 🗗 🕆 ⅏ ⌂ CB ▦

MOLUNES (LES)
39310 Jura
1274 m. • 72 hab.

⌂⌂ LE PRE FILLET ★★
M. Grosrey ☎ 84 41 62 89 ⅢⅢ 84 41 64 75
🛏 20 ⊗ 210/240 F. ⅋ 56/155 F. ⅋ 27 F.
▦ 180/195 F.
⊠ 15 oct./1er déc. et rest. dim. soir hs.
E ☎ 🗗 🗗 🗗 🕆 ⅙ CV ⅏ ⌂ CB

MONAMPTEUIL
02000 Aisne
115 hab.

⌂⌂ AUBERGE DU LAC
MONAMPTEUIL M. Giot
☎ 23 21 63 87 ⅢⅢ 23 21 60 60
🛏 5 ⊗ 260/300 F. ⅋ 80/210 F. ⅋ 50 F.
▦ 250 F.
⊠ lun. et mar. oct./mai.
E 🗗 ☎ 🗗 🗗 🕆 ⅙ ⅏ ⌂ CB

MONCOURT FROMONVILLE
77140 Seine et Marne
2000 hab.

⌂⌂ HOSTELLERIE DES TROIS SOURCES ★
125, rue Grande. Mme Lefevre
☎ (1) 64 28 94 75 ⅢⅢ 692131
🛏 10 ⊗ 150/240 F. ⅋ 150/185 F.
⅋ 80 F. ▦ 250/300 F.
⊠ lun. soir et mar. sauf groupes.
E 🗗 🗗 🕆 ⅙ ⊘ ⅏ ⌂ CB

MONCRABEAU
47600 Lot et Garonne
900 hab. ⓘ

⌂⌂ LE PHARE ★★
M. Lestrade ☎ 53 65 42 08
🛏 8 ⊗ 245/370 F. ⅋ 60/175 F. ⅋ 60 F.
▦ 285/330 F.
⊠ 8/31 oct., fév., lun. soir et mar.
E SP 🗗 ☎ 🕆 ⅏ ⌂ CB

MONDOUBLEAU
41170 Loir et Cher
1800 hab. ⓘ

⌂⌂ LE GRAND MONARQUE ★★
2, rue Chrétien. MM. Chachuat/Delmond
☎ 54 80 92 10 ⅢⅢ 54 80 77 40
🛏 13 ⊗ 230/260 F. ⅋ 85/160 F.

⅋ 50 F. ▦ 210/230 F.
⊠ 15 déc./5 janv., dim. soir et lun. 1er
oct./30 avr.
E SP 🗗 ☎ 🗗 🗗 🕆 ⅙ ⅛ CV ⅏
⌂ CB

MONDRAGON
84430 Vaucluse
3000 hab.

※ SOMMEIL DU ROY ★★
Mmes Vallat/Roche ☎ 90 40 81 58
🛏 10 ⊗ 135/240 F. ▦ 235/340 F.
🗗 ☎ 🗗 CV ⅏ ⌂ CB

MONESTIER DE CLERMONT
38650 Isère
850 m. • 917 hab. ⓘ

⌂⌂ PIOT ★★
7, rue des Chambons. M. Piot
☎ 76 34 07 35 ⅢⅢ 76 34 12 74
🛏 19 ⊗ 140/280 F. ⅋ 75/140 F.
⅋ 48 F. ▦ 180/250 F.
⊠ 15 nov./10 fév., mar. soir et mer.
16 sept./14 juin.
E D 🗗 ☎ 🗗 🕆 ⅙ CV ⅏ ⌂ CB

MONESTIER DE CLERMONT
(SAINT PAUL LES MONESTIER)
38650 Isère
850 m. • 140 hab.

⌂⌂⌂ AU SANS SOUCI ★★
M. Maurice ☎ 76 34 03 60
🛏 11 ⊗ 240/270 F. ⅋ 89/180 F.
⅋ 50 F. ▦ 270 F.
⊠ 15 déc./fin janv., dim. soir et lun.
sauf juil./août.
E ⓘ 🗗 ☎ 🗗 🗗 🕆 ⅂ ⅰ ⅙ ⅏ ⌂

MONESTIES
81640 Tarn
1200 hab. ⓘ

⌂ L'OREE DES BOIS ★
Mme Fabres ☎ 63 76 11 72
🛏 8 ⊗ 160/300 F. ⅋ 75/150 F. ⅋ 35 F.
▦ 200 F.
☎ 🗗 🕆 ⅙ CB

MONETIER LES BAINS (LE)
(SERRE CHEVALIER)
05220 Hautes Alpes
1500 m. • 1000 hab. ⓘ

⌂ ALLIEY ★★
11, rue de l'Ecole. M. Buisson
☎ 92 24 40 02 ⅢⅢ 92 24 40 60
🛏 24 ⊗ 240/380 F. ⅋ 92/120 F.
⅋ 70 F. ▦ 275/380 F.
⊠ 17 avr./24 juin et 4 sept./16 déc.
E D ⓘ 🗗 ☎ 🗗 🕆 ⊘ ⅏ ⌂ CB

⌂⌂⌂ AUBERGE DU CHOUCAS ★★★
Rue de la Fruitière.
Mme SanchezVentura
☎ 92 24 42 73 ⅢⅢ 92 24 51 60
🛏 13 ⊗ 240/1350 F. ⅋ 140/380 F.
⅋ 80 F. ▦ 425/795 F.
⊠ 2 nov./17 déc., rest. dim. soir, lun.,
mar. midi avr./juin et oct.
E SP ⓘ 🗗 ☎ 🗗 🕆 ⅙ ⌂ CB

MONETIER LES BAINS (LE)
(SERRE CHEVALIER) (suite)

⚑ CASTEL PELERIN ★★
(Le Lauzet à 6 km). M. Garambois
☎ 92 24 42 09
🛏 6 ⌧ 270 F. 🍴 40 F. 🍽 250 F.
⌧ 3 avr./20 juin. et 1er sept./20 déc.
Ⓔ ⓘ 🖻 🖾 🚗 🐾 CB

⚑⚑ DE L'EUROPE ★★
1, rue Saint Eldrade. Mme Finat
☎ 92 24 40 03 FAX 92 24 52 17
🛏 30 ⌧ 310/470 F. 🍴 80/160 F.
🍴 55 F. 🍽 270/385 F.
⌧ 30 sept./1er déc. et 30 avr./1er juin.
Ⓔ Ⓓ 🖻 🖾 🍴 🐾 CB

MONGIE (LA)
65200 Hautes Pyrénées
1800 m. • 25 hab. ⓘ

⚑⚑ LE PIC D'ESPADE HOTEL ★★
M. Mengelatte ☎ 62 91 92 27
TX 521 984 F FAX 62 91 90 64
🛏 30 ⌧ 270/380 F. 🍴 80/ 90 F.
🍴 45 F. 🍽 250/390 F.
⌧ 1er oct./1er déc. et 1er mai/15 juin.
Ⓔ Ⓓ SP ⓘ 🖻 🖾 CV CB

MONSEC
24340 Dordogne
270 hab.

⚑ BEAUSEJOUR
Mme Pruvost
☎ 53 60 92 45 FAX 53 56 39 88
🛏 13 ⌧ 150/290 F. 🍴 65/150 F.
🍴 35 F. 🍽 150/200 F.
⌧ 25 déc./3 janv., ven. soir et sam. hs.
Ⓔ 🖻 🖾 🚗 🍴 🐾 CV 🐾 CB

MONT DE MARSAN
40000 Landes
30161 hab. ⓘ

⚑⚑ DES PYRENEES ★
Rue du 34ème Régiment d'Infanterie.
Mme Masson ☎ 58 46 49 49
🛏 22 ⌧ 100/200 F. 🍴 62/190 F.
🍴 35 F. 🍽 170/210 F.
⌧ ven. soir.
Ⓔ SP 🖻 🖾 🐾 CB

⚑ ZANCHETTIN «RENDEZ-VOUS DES
BOULISTES» ★★
1565, av. de Villeneuve. M. Zanchettin
☎ 58 75 19 52
🛏 9 ⌧ 170/230 F. 🍴 65/150 F. 🍴 50 F.
🍽 160/180 F.
⌧ 13 août soir/4 sept., dim. soir et lun.
Ⓔ 🖾 🚗 🍴 CV 🐾 CB

MONT DORE (LE)
63240 Puy de Dôme
1300 m. • 2000 hab. ⓘ

⚑⚑ DE LA PAIX ★★
8, rue Rigny. M. Crossard
☎ 73 65 00 17 TX 283155 F 2 PO 8
FAX 73 65 00 31
🛏 36 ⌧ 200/250 F. 🍴 82/135 F.
🍴 36 F. 🍽 225 F.

⌧ 10 oct./22 déc.
Ⓔ 🖻 🖾 🍴 🐾 CV 🐾 CB

⚑⚑ DU PARC ★★
11, rue Meynadier. M. Bargain
☎ 73 65 02 92 FAX 73 65 28 36
🛏 33 ⌧ 280/300 F. 🍴 75/120 F.
🍴 45 F. 🍽 255/270 F.
⌧ 10 oct./25 déc. et mar. hs.
Ⓔ 🖻 🖾 🍴 🐾 🔅 🐾 🖾

⚑⚑ DU PUY FERRAND ★★
Mme Guesne
☎ 73 65 18 99 TX 990147 FAX 73 65 28 38
🛏 38 ⌧ 200/350 F. 🍴 98/245 F.
🍴 48 F. 🍽 235/320 F.
⌧ 26 mars/7 avr. et 8 oct./20 déc.
Ⓔ 🖻 🖾 🚗 🍴 🐾 🔅 🐾 CV 🖾
🐾 CB

⚑ LA RUCHE ★
25, av. des Belges. M. Lacombe-Aubert
☎ 73 65 05 93
🛏 14 ⌧ 120/250 F. 🍴 90/135 F.
🍴 52 F. 🍽 170/225 F.
⌧ 15 oct./20 déc.
Ⓔ 🖾 🚗 🍴 🐾

⚑⚑ LE CASTELET ★★
Av. Michel Bertrand. M. Pilot
☎ 73 65 05 29 FAX 73 65 27 95
🛏 36 ⌧ 323 F. 🍴 69/228 F. 🍴 47 F.
🍽 288/299 F.
⌧ 1er oct./20 déc. et 1er avr./15 mai.
Ⓔ SP 🖻 🖾 🚗 🍴 🐾 🍴 🐾 🔅 CV 🖾 🐾

⚑⚑ LE PARIS ★★
Place du Panthéon. M. Dulondel
☎ 73 65 01 79 FAX 73 65 20 98
🛏 23 ⌧ 270/300 F. 🍴 59/159 F.
🍴 35 F. 🍽 275 F.
⌧ 15 oct./20 déc.
Ⓔ Ⓓ 🖻 🖾 🍴 🐾 🐾 🐾 CB

⚑ MON CLOCHER ★★
M. Rivière ☎ 73 65 05 41 FAX 73 65 20 80
🛏 30 ⌧ 155/295 F. 🍴 70/100 F.
🍴 30 F. 🍽 227/260 F.
⌧ 30 sept./13 fév. et 16 mars/13 mai.
🖻 🖾 CV 🐾 CB

MONT DORE (LE)
(LAC DE GUERY)
63240 Puy de Dôme
1263 m. • 10 hab.

⚑⚑ AUBERGE DU LAC DE GUERY ★★
(A 7 km du Mont Dore). M. Me Leclerc
☎ 73 65 02 76 FAX 73 65 08 78
🛏 11 ⌧ 270 F. 🍴 80/210 F. 🍴 40 F.
🍽 280 F.
⌧ 15 oct./15 déc. et rest. mer. hs.
Ⓔ Ⓓ 🖻 🖾 🚗 🍴 🍴 🖾 🐾 CB

MONT LOUIS
66210 Pyrénées Orientales
1600 m. • 420 hab. ⓘ

⚑ LA TAVERNE ★★
10, rue Victor Hugo. Mme Pontie
☎ 68 04 23 67 FAX 68 04 13 35
🛏 9 ⌧ 250 F. 🍴 68/140 F. 🍴 55 F.
🍽 225 F.
⌧ nov., et lun. hors vac. scol.
Ⓔ SP 🖾 CV 🐾 CB

MONT LOUIS (LA LLAGONNE)
66210 Pyrénées Orientales
1650 m. • 200 hab. 🛈
▲▲▲ CORRIEU ★★
A 3 km par D118. M. Corrieu
☎ 68 04 22 04 📠 68 04 16 63
🛏 28 ▧ 155/360 F. 🍽 86/148 F.
🍴 48 F. 🛏 180/300 F.
✉ 2 juin/27 sept. et 16 déc./28 mars.
🄴 SP 🗃 🖨 🚗 🛏 🕇 🐾 CV 🔛 🖙
CB C

MONT PRES CHAMBORD
41250 Loir et Cher
2415 hab. 🛈
▲▲▲ LE SAINT FLORENT ★★
14, rue de la Chabardière.
M. Me Gillmett/Pilleboue
☎ 54 70 81 00 📠 54 70 78 53
🛏 18 ▧ 195/295 F. 🍽 79/210 F.
🍴 50 F. 🛏 245/275 F.
✉ lun. matin hs.
🄴 🗃 🖨 🚗 🛏 🕇 ⛇ 🚲 ♿ 👣 CV 🔛
🖙 CB

MONT ROC
81120 Tarn
200 hab. 🛈
▲▲ LE CANTEGREL
M. Vidal ☎ 63 55 70 37 📠 63 55 70 37
🛏 7 ▧ 110/185 F. 🍽 85/170 F. 🍴 50 F.
🛏 180/275 F.
✉ 21/26 déc.
🗃 🖨 🚗

MONT SAINT MICHEL (LE)
50116 Manche
114 hab. 🛈
▲▲ DE LA DIGUE ★★★
Mme Bourdon
☎ 33 60 14 02 📠 170157 📠 33 60 37 59
🛏 35 ▧ 330/430 F. 🍽 85/215 F.
🍴 48 F. 🛏 355/420 F.
✉ 15 nov./fin mars.
🄴 🄳 🗃 🖨 🚗 🖙 CB C
▲ DU GUESCLIN ★★
M. Nicolle ☎ 33 60 14 10 📠 33 60 45 81
🛏 13 ▧ 200/400 F. 🍽 80/170 F.
🍴 50 F. 🛏 250/360 F.
✉ 15 oct./30 mars, mar. soir et mer. hs.
🄴 🗃 🖨 CV 🖙 CB C
▲▲ HOTEL-MOTEL VERT ★★
M. François
☎ 33 60 09 33 📠 170537 📠 33 68 22 09
🛏 53 ▧ 260/360 F. 🍽 59/203 F.
🍴 40 F.
✉ 14 nov./10 fév.
🄴 🄳 SP 🛈 🗃 🖨 🚗 🕇 ♿ CV 🔛
CB C
▲▲ RELAIS DU ROY ★★★
M. Galton
☎ 33 60 14 25 📠 170561 📠 33 60 37 69
🛏 27 ▧ 350/440 F. 🍽 90/200 F.
🍴 45 F. 🛏 380/410 F.
✉ 30 nov./26 mars.
🄴 🄳 SP 🛈 🗃 🖨 🚗 🖨 ♿ 🖙 CB
▲▲ SAINT-PIERRE ★★★
Grande Rue. Mme Gaulois

☎ 33 60 14 03 📠 772094
🛏 21 ▧ 330/550 F. 🍽 85/245 F.
🍴 48 F. 🛏 305/430 F.
✉ 15 déc./2 fév.
🄴 🄳 🛈 🗃 🖨 CV 🔛 🖙 CB

MONT SAXONNEX
74130 Haute Savoie
1000 m. • 750 hab. 🛈
▲ DU BARGY ★
M. Donat-Magnin ☎ 50 96 90 42
🛏 19 ▧ 180/220 F. 🍽 75/100 F.
🍴 40 F. 🛏 225/234 F.
✉ fin vac. scol. printemps/31 mai et
15 sept./26 déc.
🗃 🖨 🚗 🕇 ⛇ 🐾 ⛷ ▶ CV 🔛 🖙 CB

MONT SOUS VAUDREY
39380 Jura
1000 hab.
▲ AUBERGE JURASSIENNE
M. Cattenoz ☎ 84 81 50 17
🛏 5 ▧ 160/210 F. 🍽 55/160 F. 🍴 40 F.
🛏 180 F.
✉ 15 juin/1er juil., mar. soir et mer.
🗃 🖨 🖙 ⛽
▲ DU CENTRE
1, rue Jules Grévy. M. Creusot
☎ 84 71 71 94 📠 84 81 59 47
🛏 5 ▧ 240/265 F. 🍽 65/156 F. 🍴 52 F.
🛏 200/230 F.
✉ 14/30 mai, 22 oct./12 nov., dim. soir
sauf juil./août et lun. midi.
🄴 🄳 🗃 🖨 🔛

MONTAGNAC
34530 Hérault
3000 hab. 🛈
▲▲ LES ROCAILLES ★★
Sur N. 113. MM. Gravendeel/Ten Broek
☎ 67 24 00 27 📠 67 24 06 70
🛏 12 ▧ 215/255 F. 🍽 65/125 F.
🛏 245/265 F.
✉ déc./fév. et jeu. hs.
🄴 🄳 🗃 🖨 🕇

MONTAIGU
85600 Vendée
4800 hab. 🛈
▲▲▲ HOSTELLERIE DES VOYAGEURS ★★
9, av. Villebois Mareuil. M. Meuret
☎ 51 94 00 71 📠 701877 📠 51 94 07 78
🛏 37 ▧ 195/450 F. 🍽 75/210 F.
🍴 45 F. 🛏 285/375 F.
✉ 24/25 déc. et 31 déc./1er janv.
🄴 🄳 🛈 🗃 🖨 🚗 🖨 🕇 ⛇ 🐾 ⛷
⛷ 🔛 🖙 CB

MONTARGIS
45200 Loiret
20000 hab. 🛈
▲▲▲ DE LA GLOIRE ★★★
74, av. du Général de Gaulle. M. Jolly
☎ 38 85 04 69 📠 38 98 52 32
🛏 12 ▧ 250/350 F. 🍽 160/310 F.
🍴 70 F.
✉ 20 fév./15 mars, 15/25 août, mar. soir
et mer.
🗃 🖨 🚗 🖨

MONTARGIS (suite)

☀ GRAND HOTEL DE FRANCE ★★
54, place de la République.
M. Delanian-Manini ☎ 38 98 01 18
🛏 25 ⬡ 105/235 F.
🇪 🄳 🛋 🖼 🖼 📷

MONTAUBAN
82000 Tarn et Garonne
55000 hab. 🇮

▲▲ DU MIDI ★★
12, rue Notre-Dame.
M. Roméo
☎ 63 63 17 23 🅃🅇 533548 📠 63 66 43 66
🛏 50 ⬡ 200/360 F. 🍽 79/200 F.
🍴 45 F. 🛎 200/260 F.
⬛ rest. 1er mai.
🇪 🇮 📷 🛋 🖼 🛎 CV 📠 📷

MONTAUBAN DE BRETAGNE
35360 Ille et Vilaine
3500 hab.

▲ DE FRANCE ★★
34, rue Général de Gaulle.
M. Le Metayer ☎ 99 06 40 19
🛏 12 ⬡ 115/220 F. 🍽 65/160 F.
🍴 42 F. 🛎 220/250 F.
⬛ 1er/15 oct., 24 déc./20 janv.
et lun. hs.
🇪 SP 📷 🛋 🖼 CV 📷 📷

▲ DE LA HUCHERAIS ★★
La Hucherais. M. Meheust
☎ 99 06 54 31
🛏 14 ⬡ 200/220 F. 🍽 52/130 F.
🍴 30 F. 🛎 165 F.
⬛ rest. sam. soir et dim.
🇪 📷 🛋 🖼 🖼 🖼 🛎 CV 📷 CB

MONTBARD
21500 Côte d'Or
7749 hab. 🇮

▲▲▲ DE L'ECU ★★★
7, rue Auguste Carré. M. Coupat
☎ 80 92 11 66 🅃🅇 351102 📠 80 92 14 13
🛏 25 ⬡ 300/400 F. 🍽 108/220 F.
🍴 60 F. 🛎 350/370 F.
🇪 📷 🛋 🖼 📷 📷 CB C 📷

MONTBAZENS
12220 Aveyron
1420 hab. 🇮

▲▲ DU LEVANT ★★
M. Bauguil ☎ 65 80 60 24
🛏 4 ⬡ 240/250 F. 🍽 75/160 F. 🍴 50 F.
🛎 220/230 F.
⬛ 15 sept./10 oct., dim. soir et lun.
🇪 📷 🛋 🖼 🖼 🖼 🖼 🛎 🖼 🖼 🖼 📠
📷 CB

MONTBEL
48170 Lozère
1200 m. ● 300 hab.

▲ AUBERGE DE LA PLAINE ★★
M. Meyniel ☎ 66 47 90 76
🛏 8 ⬡ 135/250 F. 🍽 90/240 F. 🍴 50 F.
🛎 180/200 F.

MONTBELIARD
25200 Doubs
29000 hab. 🇮

▲▲ DE LA BALANCE ★★★
40, rue de Belfort. Mme Receveur
☎ 81 96 77 41 📠 81 91 47 16
🛏 43 ⬡ 230/300 F. 🍽 55/135 F.
🍴 38 F. 🛎 205/320 F.
🇪 🄳 📷 🛋 🖼 🛎 🖼 CV 📷 📷 CB
C 📷

MONTBRISON
42600 Loire
15000 hab. 🇮

▲▲ GIL DE FRANCE ★★
18 bis, bld Lacheze. M. Bajard
☎ 77 58 06 16 📠 77 58 73 78
🛏 28 ⬡ 220/260 F. 🍽 85/120 F.
🍴 45 F. 🛎 220 F.
🇪 SP 📷 🛋 🖼 🖼 🖼 🖼 🖼 CV 📷
📷 CB

▲▲ L'ESCALE ★★
27, rue de la République. M. Crepet
☎ 77 58 17 77 📠 77 96 12 14
🛏 18 ⬡ 100/200 F. 🍽 55/100 F.
🍴 40 F. 🛎 150/200 F.
⬛ 1er/15 août et dim.
🇪 🄳 SP 📷 🛋 🖼 🖼 CV 📷 📷 CB

MONTBRON
16220 Charente
2600 hab. 🇮

▲▲ LE RELAIS DES TROIS MARCHANDS ★★
10, rue de Limoges. M. Chateau
☎ 45 70 71 29 🅃🅇 793 301 📠 45 70 73 26
🛏 12 ⬡ 200/220 F. 🍽 60/150 F.
🍴 45 F. 🛎 275 F.
⬛ dim. 14 h/17 h.
🇪 🇮 📷 🛋 🖼 📷 CB

MONTCAVREL
62170 Pas de Calais
330 hab.

▲▲ LE FIEF D'HERAMBAULT ★★★
Château de Montcavrel. M. Pereira
☎ 21 90 03 03 📠 21 86 27 84
🛏 12 ⬡ 400/500 F. 🍽 110/250 F.
🍴 50 F. 🛎 550/650 F.
⬛ mi-janv./mi-fév.
🇪 SP 🇮 📷 🛋 🖼 🖼 🖼 🖼 CV 📷 📷 CB

MONTCEAUX LES PROVINS
77151 Seine et Marne
312 hab.

▲ LA CHAUMIERE ★★
Mme YACONO
☎ (1) 64 01 26 12 ╲ (1) 64 01 26 13
📠 (1) 64 01 20 49
🛏 10 ⬡ 200/250 F. 🍽 78/165 F.
🍴 50 F. 🛎 190/220 F.
⬛ mar. soir/ven. soir.
📷 🛋 🖼 🖼 🖼 🖼 🖼 CV 📷 📷 CB 📷

MONTCLAR
04140 Alpes de Haute Provence
1120 m. • 258 hab. [i]

▲▲ ESPACE ★★
(Station St-Jean de Montclar).
M. Savornin
☎ 92 35 37 00 [FAX] 92 35 14 93
[♦] 44 [S] 230/280 F. [♦] 72/129 F.
[♦] 38 F. [♦] 230/290 F.
⊠ 15 oct./début vac. scol. Toussaint et
12 nov./1er déc.
[E] [SP] [♦] [♦] [♦] [♦] [♦] [♦] [♦] [CV] [♦] [♦] [CB]

MONTCUQ
46800 Lot
1082 hab. [i]

▲ DU PARC ★★
(A Saint-Jean), route de Fumel.
Mme Adam ☎ 65 31 81 82
[♦] 12 [S] 165/245 F. [♦] 89/139 F.
[♦] 45 F. [♦] 172/212 F.
⊠ 15 oct./15 avr.
[E] [♦] [♦] [♦] [♦] [CB]

MONTECH
82700 Tarn et Garonne
2000 hab. [i]

▲▲ LE NOTRE-DAME ★★
7, place Jean Jaurès. Mme Rabassa
☎ 63 64 77 45
[♦] 11 [S] 150/220 F. [♦] 78/150 F.
[♦] 45 F.
[E] [SP] [♦] [♦] [CV] [♦] [♦] [CB] [♦]

MONTELIMAR
26200 Drôme
30000 hab. [i]

▲▲ DAUPHINE-PROVENCE ★★
41, bld Général de Gaulle. Mme Ditmar
☎ 75 01 24 08 [FAX] 75 53 08 29
[♦] 19 [S] 130/260 F. [♦] 65/135 F.
[♦] 35 F. [♦] 220 F.
[E] [D] [♦] [♦] [♦] [♦] [♦] [♦] [CV] [♦] [♦] [CB]

※ PIERRE ★★
7, place des Clercs. Mme Enjolvin
☎ 75 01 33 16
[♦] 11 [S] 130/250 F.
[♦] [♦] [♦] [CB]

MONTEUX
84170 Vaucluse
8157 hab. [i]

▲▲ LE SELECT HOTEL ★★★
24, bld de Carpentras. M. Peters
☎ 90 66 27 91 [FAX] 90 66 33 05
[♦] 8 [S] 300 F. [♦] 90/180 F. [♦] 45 F.
[♦] 320 F.
⊠ 20 déc./8 janv., hôtel sam. hs. et rest.
sam. midi.
[E] [D] [♦] [♦] [♦] [♦] [♦] [♦] [♦] [CB] [♦]

MONTFAUCON
55270 Meuse
359 hab.

▲ DU COQ D'OR ★
Mme Mongeville ☎ 29 85 13 31
[♦] 7 [S] 120/170 F. [♦] 60/150 F. [♦] 40 F.
[♦] 180/210 F.
[E] [D] [SP] [i] [♦] [♦] [CV] [♦] [♦]

MONTFAUCON EN VELAY
43290 Haute Loire
930 m. • 1510 hab. [i]

▲▲ DE L'AVENUE ★★
«Les Maisonnettes» nº 1. M. Faure
☎ 71 59 90 16 [FAX] 71 59 99 39
[♦] 7 [S] 115/245 F. [♦] 55/160 F. [♦] 39 F.
[♦] 165/260 F.
⊠ 10 déc./10 fév. et ven. hs.
[E] [SP] [♦] [♦] [♦] [♦] [♦] [♦] [♦] [♦] [♦] [CB]

▲▲ LES PLATANES ★★
M. Vachon
☎ 71 59 92 44
[♦] 8 [S] 105/235 F. [♦] 60/150 F. [♦] 35 F.
[♦] 160/215 F.
⊠ 15 déc./5 fév. et ven. hs.
[E] [SP] [♦] [♦] [♦] [♦] [♦] [♦] [♦] [♦] [CV] [♦]
[♦] [CB]

MONTFERRAND DU PERIGORD
24440 Dordogne
220 hab.

▲ LOU PEYROL
La Barrière. Mme Mori
☎ 53 63 24 45
[♦] 7 [S] 160/220 F. [♦] 70/200 F. [♦] 35 F.
[♦] 180/230 F.
⊠ 30 sept./1er avr. et mar. midi sauf
juil./août.
[E] [D] [i] [♦] [♦] [♦] [♦] [♦] [♦] [CB]

MONTFIQUET
14490 Calvados
87 hab. [i]

▲ LE RELAIS DE LA FORET
(A l'embranchement). Mme Desobeaux
☎ 31 21 39 78 [FAX] 31 21 44 19
[♦] 19 [S] 198/210 F. [♦] 53/158 F.
[♦] 38 F. [♦] 218/238 F.
[♦] [♦] [♦] [♦] [♦] [CV] [♦] [♦] [CB]

MONTFORT EN CHALOSSE
40380 Landes
1026 hab. [i]

▲▲▲ AUX TOUZINS ★★
M. Lincontang
☎ 58 98 60 22 \ 58 98 61 09
[FAX] 58 98 45 79
[♦] 16 [S] 230/250 F. [♦] 100/185 F.
[♦] 45 F. [♦] 225/235 F.
⊠ 1er/15 oct., 10/31 janv. et lun.
[E] [♦] [♦] [♦] [♦] [♦] [♦] [♦] [♦] [♦] [♦] [CB]

MONTFORT L'AMAURY
78490 Yvelines
3000 hab. [i]

▲ DES VOYAGEURS ★★
49-51, rue de Paris. Mme Renard
☎ (1) 34 86 00 14 [FAX] (1) 34 86 14 56
[♦] 7 [S] 210/250 F. [♦] 75/125 F. [♦] 60 F.
[♦] 300/320 F.
⊠ 2ème quinz. août, 1ère semaine
janv., dim. soir et lun.
[E] [♦] [♦] [♦] [CV] [♦] [♦] [CB]

MONTFORT SUR MEU
35160 Ille et Vilaine
4412 hab. [i]

▲▲ LE RELAIS DE LA CANE ★★
2, rue de la Gare. M. Despierre
☎ 99 09 00 07 [FAX] 99 09 18 77
[↑] 13 [bed] 185/250 F. [↕] 68/145 F.
[↕] 45 F. [▥] 200/280 F.
[✕] sam. 15 sept./15 juin et dim. soir
15 juin/15 sept.
[E][D][▢][☎][▥][T][CV][✿][CB]

MONTHERME
08800 Ardennes
3800 hab. [i]

▲▲ DE LA PAIX ★
M. Capelli
☎ 24 53 01 55
[↑] 9 [bed] 140/220 F. [↕] 80/210 F. [↕] 50 F.
[▥] 200/260 F.
[✕] 18 déc./4 janv. et sam. oct./mars sauf
groupes.
[E][i][▢][☎][▥][✿]

▲▲ FRANCO-BELGE ★★
M. Me Leguay
☎ 24 53 01 20 [FAX] 24 53 54 49
[↑] 18 [bed] 200/280 F. [↕] 89/269 F.
[↕] 50 F. [▥] 220/250 F.
[✕] 24/25 déc., 31 déc./1er janv., ven.
soir et dim. soir. sauf juil./août.
[E][i][▢][☎][▥][T][CV][✿][CB]

MONTIERAMEY
10270 Aube
400 hab.

▲ DU CENTRE
Mme Sbrovazzo
☎ 25 41 21 64 [FAX] 25 41 20 56
[↑] 4 [bed] 150/180 F. [↕] 70/150 F. [↕] 35 F.
[▥] 170/190 F.
[▢][☎][▥][T][↕][✿][CB]

MONTIGNY (CANTELEU)
76380 Seine Maritime
1300 hab.

▲▲ RELAIS DE MONTIGNY ★★★
Rue du lieutenant Aubert à Canteleu.
M. Lenoble
☎ 35 36 05 97 [FAX] 35 36 19 60
[↑] 22 [bed] 280/395 F. [↕] 95/215 F.
[↕] 60 F. [▥] 350/400 F.
[✕] 25 déc./5 janv. et rest. sam. midi.
[E][D][▢][☎][▥][▥][T][↕][▥][✿][CB][▣]

MONTIGNY LA RESLE
89230 Yonne
450 hab.

▲▲▲ LE SOLEIL D'OR ★★
Sur N. 77. Mme Pajot
☎ 86 41 81 21 [FAX] 86 41 86 88
[↑] 16 [bed] 285 F. [↕] 88/325 F. [↕] 58 F.
[▥] 250 F.
[E][▢][☎][▥][H][▥][↕][▥][✿][CB]

MONTIGNY LE ROI
52140 Haute Marne
1200 hab. [i]

▲▲ MODERNE ★★
Av. de Lierneux. M. Maillot
☎ 25 90 30 18 [FAX] 25 90 71 80
[↑] 26 [bed] 230/300 F. [↕] 82/220 F.
[↕] 45 F. [▥] 220/245 F.
[E][D][▢][☎][▥][▥][↕][CV][▥][✿][CB]

MONTIGNY SUR LOING
77690 Seine et Marne
2553 hab.

▲▲ LA VANNE ROUGE ★★
Rue de l'Abreuvoir. M. Fougère
☎ (1) 64 45 82 10
[↑] 9 [bed] 270/300 F. [↕] 95/145 F. [↕] 60 F.
[▥] 530 F.
[✕] 16/20 janv., dim. soir sauf juil./août
et lun.
[▢][☎][T][▥][✿][CB]

MONTLOUIS
37270 Indre et Loire
8309 hab. [i]

▲▲ DE LA VILLE ★★
Place de la Mairie. M. Chalopin
☎ 47 50 84 84 [FAX] 47 45 08 43
[↑] 29 [bed] 210/350 F. [↕] 85/220 F.
[↕] 50 F. [▥] 205/255 F.
[✕] 23/25 déc.
[E][D][SP][▢][☎][▥][T][↕][▥][✿]
[CB][▣]

MONTLUCON
03100 Allier
50000 hab. [i]

▲ CHEVALIER
46, rue des Marais. Mme Berthaud
☎ 70 03 30 10
[↑] 5 [bed] 190/220 F. [↕] 54/158 F. [↕] 40 F.
[▥] 190/230 F.
[✕] 15/31 oct., ven. soir, sam. midi et
dim. juil./août.
[E][▢][☎][▥][↕][✿][CB]

▲▲ DES BOURBONS Rest. AUX DUCS DE
BOURBON ★★
47, av. Marx Dormoy. M. Bujard
☎ 70 05 22 79 \ 70 05 28 93
[FAX] 70 05 16 92
[↑] 43 [bed] 150/270 F. [↕] 72/187 F.
[↕] 48 F. [▥] 210/240 F.
[✕] rest. dim. soir et lun.
[E][▢][☎][▥][↕][▥][CV][▥][✿][CB]

MONTLUCON (DOMERAT)
03410 Allier
5725 hab. [i]

▲▲▲ LE NOVELTA ★★★
R. N. 145. M. Pyron
☎ 70 03 34 88 [FAX] 70 03 37 09
[↑] 36 [bed] 255/310 F. [↕] 79/180 F.
[↕] 45 F. [▥] 220/270 F.
[✕] rest. dim. soir sauf réservations.
[▢][☎][▥][▥][↕][H][▥][▥][↕][↕][CV][▥]
[✿][CB]

MONTMARAULT
03390 Allier
1900 hab. ⓘ

▲▲ CENTROTEL ★★
26, route de Moulins. M. Roullier
☎ 70 07 61 23 🔳 393 005 F
📠 70 07 31 28
🛏 22 ⊠ 180/250 F. 🍽 50/130 F.
🍴 40 F. 🍽 180/210 F.
⊠ 1er/16 janv., 10/24 juil.,
24/31 déc., dim. soir et lun.
🄴 🄳 ⬚ 🕿 🚗 🚗 🌴 ♿ 🕪 ⬅ 🧳

▲▲ DE FRANCE ★★
1, rue Marx Dormoy. M. Omont
☎ 70 07 60 26 📠 70 07 68 45
🛏 8 ⊠ 210/320 F. 🍽 75/230 F. 🍴 45 F.
🍽 220/270 F.
⊠ 15 janv./1er fév.
🄴 🄳 ⬚ 🕿 🚗 🍴 CV 🕪 ⬅ CB

MONTMEDY
55600 Meuse
2324 hab. ⓘ

▲ LE MADY ★★
8, place Raymond Poincaré. M. Noël
☎ 29 80 10 87 📠 29 80 02 40
🛏 11 ⊠ 250/290 F. 🍽 70/260 F.
🍴 37 F. 🍽 215/255 F.
⊠ 26 déc./9 janv., 13 fév./6 mars, dim.
soir et lun. hs.
🄴 🄳 ⬚ 🕿 🚗 ⛵ 🍴 CV 🕪 ⬅ CB

MONTMELIAN
73800 Savoie
5000 hab. ⓘ

▲▲ VIBOUD ★★
(Vieux Montmelian). M. Viboud
☎ 79 84 07 24 📠 79 84 44 07
🛏 8 ⊠ 195 F. 🍽 95/159 F. 🍴 45 F.
🍽 195 F.
⊠ 24 sept./24 oct., 1er/22 janv., dim.
soir et lun.
🄴 ⓘ ⬚ 🕿 🚗 🚗 🌴 🕪 ⬅ CB

MONTMERLE SUR SAONE
01090 Ain
2200 hab.

▲▲ DU RIVAGE ★★
12, rue du Pont. M. Job
☎ 74 69 33 92 📠 74 69 49 21
🛏 21 ⊠ 260/400 F. 🍽 95/280 F.
🍴 70 F. 🍽 320/350 F.
⊠ nov., dim. soir et lun.
1er oct./30 mai, lun. midi
1er juin./30 sept.
🄴 🄳 ⬚ 🕿 🚗 🕪 ⬅ CB

MONTMIN
74210 Haute Savoie
1050 m. • 180 hab.

▲ EDELWEISS ★★
(Au Col de la Forclaz 1157m).
Mme Maniglier ☎ 50 60 70 24
🛏 7 ⊠ 230/250 F. 🍽 75/120 F. 🍴 34 F.
🍽 250/300 F.
⊠ 15 oct./1er avr.
🄴 🕿 ⬅

▲ LE CHARDON BLEU
Mme Maniglier ☎ 50 60 70 10
🛏 9 ⊠ 205/245 F. 🍽 75/125 F. 🍴 46 F.
🍽 210/250 F.
⊠ hôtel 20 oct./25 janv.
🚗 🍴 ⬅

MONTMIRAIL
51210 Marne
3420 hab.

▲ LA TOUR D'AUVERGNE
2, av Général de Gaulle. M. Pitois
☎ 26 81 20 38 📠 26 81 15 53
🛏 5 ⊠ 200/300 F. 🍽 60/150 F. 🍴 50 F.
🍽 260/320 F.
⊠ 1er/15 juil., ven. et dim. soir.
🄴 🄳 ⬚ 🕿 🚗 ⛵ ⬅ CB

MONTMORT - LUCY
51270 Marne
600 hab.

▲▲ DE LA PLACE ★★
M. Thiroux-Viellard
☎ 26 59 10 38 📠 26 59 11 60
🛏 26 ⊠ 150/300 F. 🍽 65/250 F.
🍴 60 F. 🍽 225/265 F.
⊠ 1er/20 mars.
🄴 🄳 ⬚ 🕿 🚗 🌴 ⛵ 🚗 🍴 CV 🕪
CB C ⬛

▲▲▲ DU CHEVAL BLANC ★★
Rue de la Libération. M. Cousinat
☎ 26 59 10 03 📠 26 59 15 88
🛏 19 ⊠ 150/300 F. 🍽 70/280 F.
🍴 50 F. 🍽 200/280 F.
⊠ 15 fév./1er mars et ven.
1er nov./1er avr.
🄴 🄳 ⬚ 🕿 🚗 🚗 ⛵ 🍴 🕪 ⬅ CB
C ⬛

MONTOIRE SUR LE LOIR
41800 Loir et Cher
4243 hab. ⓘ

▲▲ DU CHEVAL ROUGE ★★
1, place Foch. M. Velasco
☎ 54 85 07 05 📠 54 85 17 42
🛏 15 ⊠ 118/225 F. 🍽 85/290 F.
🍴 49 F. 🍽 212/259 F.
⊠ 5/22 fév., 15/30 nov., mar. soir et
mer.
🄴 🕿 🚗 🚗 🌴 🚗 CV ⬅ CB

MONTPELLIER
34090 Hérault
210866 hab. ⓘ

▲▲ GEORGE V ★★★
42, av. St-Lazare. M. Me Picamal
☎ 67 72 35 91 🔳 480953 📠 67 72 53 33
🛏 38 ⊠ 250/470 F. 🍽 65/118 F.
🍴 45 F. 🍽 250/350 F.
⊠ rest. dim.
🄴 SP ⬚ 🕿 🚗 🛗 ⛵ CV 🕪 ⬅ CB
C ⬛

▲ LAPEYRONIE ★★
Rue des Petetes. M. Canolle
☎ 67 52 52 20 📠 67 63 56 65
🛏 23 ⊠ 260/290 F. 🍽 75/160 F.
🍴 40 F. 🍽 215/230 F.
⊠ rest. 22 déc./2 janv. et sam.
🄴 🄳 ⬚ 🚗 🛗 🌴 ♿ CV ⬅ CB

MONTPEZAT SOUS BAUZON
07560 Ardèche
550 m. • 680 hab. ℹ

⌂ AUBERGE DE LA FONTAINE
Mme Marquand ☎ 75 94 50 00
🛏 5 ⊗ 160/280 F. ⑪ 59/160 F. 🍴 35 F.
⊠ ven.
`E` `H` `T` `K` `Ø` `CV` `←` `CB`

MONTPON MENESTEROL
24700 Dordogne
5940 hab. ℹ

⌂⌂ DU PUITS D'OR **
7, rue Carnot. M. Lovato
☎ 53 80 33 07 FAX 53 81 52 47
🛏 21 ⊗ 190/210 F. ⑪ 60/200 F.
🍴 60 F. 🍴 240 F.
⊠ dim. soir et lun. midi hs.
`E` `□` `☎` `⊟` `T` `CV` `▦` `←` `CB`

MONTREDON DES CORBIERES
11100 Aude
850 hab. ℹ

⌂⌂ MAS DE LA BERCHERE **
Route de Carcassonne M. Affre
☎ 68 41 20 57 FAX 68 41 26 60
🛏 14 ⊗ 165/380 F. 🍴 45 F.
🍴 210/320 F.
`E` `SP` `□` `☎` `⊟` `T` `↘` `å` `▦` `←` `CB`

MONTREDON LABESSONNIE
81360 Tarn
560 m. • 2500 hab. ℹ

⌂⌂ HOSTELLERIE DU PARC **
Route de Lacaune. M. Lafon
☎ 63 75 14 08 FAX 63 75 10 47
🛏 19 ⊗ 180/260 F. ⑪ 80/180 F.
🍴 45 F. 🍴 215/260 F.
⊠ fév. et lun. 1er janv./30 mars.
`E` `SP` `□` `☎` `⊟` `T` `K` `CV` `▦` `←` `CB` `■`

MONTREUIL BELLAY
49260 Maine et Loire
4500 hab. ℹ

⌂⌂ SPLENDID HOTEL **
2, rue du Docteur Gaudrez. M. Berville
☎ 41 53 10 00 FAX 41 52 45 17
🛏 60 ⊗ 150/400 F. ⑪ 70/220 F.
🍴 40 F. 🍴 250/340 F.
`E` `□` `☎` `⊟` `å` `H` `↘` `Ø` `å` `CV` `▦`
`←` `CB` `C` `■`

MONTREUIL SUR MER
62170 Pas de Calais
2948 hab. ℹ

⌂⌂ BELLEVUE *
6, av. du 11 Novembre. M. Heno
☎ 21 06 04 19 FAX 21 81 01 94
🛏 13 ⊗ 200 F. ⑪ 80 F. 🍴 45 F.
🍴 225/310 F.
⊠ 10/25 janv.
`E` `□` `☎` `⊟` `å` `CV` `←` `CB`

MONTRICHARD
41400 Loir et Cher
3857 hab. ℹ

⌂ DE LA GARE *
20, av. de la Gare. M. Rousselet
☎ 54 32 04 36 FAX 54 32 78 17
🛏 13 ⊗ 168/200 F. ⑪ 70/115 F.
🍴 50 F. 🍴 179/190 F.
⊠ 23 déc./25 janv. et dim. soir 15
oct./15 avr.
`E` `□` `☎` `⊟` `CV`

⌂⌂ LE BELLEVUE *** & **
M. Cocozza
☎ 54 32 06 17 TX 751673 FAX 54 32 48 06
🛏 48 ⊗ 235/375 F. ⑪ 80/250 F.
🍴 42 F. 🍴 265/305 F.
`E` `D` `□` `☎` `⊟` `å` `CV` `▦` `←`
`CB`

⌂⌂ TETE NOIRE ***
24, rue de Tours. Famille Coutant
☎ 54 32 05 55 FAX 54 32 78 37
🛏 38 ⊗ 195/320 F. ⑪ 95/250 F.
🍴 55 F. 🍴 273/347 F.
⊠ 3/31 janv.
`E` `□` `☎` `⊟` `T` `å` `▦` `←` `CB`

MONTRIOND
74110 Haute Savoie
1065 m. • 650 hab. ℹ

⌂⌂ DES PLAGNETTES **
M. Neuraz
☎ 50 79 05 41 FAX 50 75 95 46
🛏 20 ⊗ 250/295 F. ⑪ 95/130 F.
🍴 60 F. 🍴 240/290 F.
⊠ 12 avr./1er juin et 15 sept./20 déc.
`E` `☎` `⊟` `å` `T` `Ø` `CV` `▦` `←` `CB` `C`

⌂⌂ LES SAPINS **
(Au Lac). M. Seguin
☎ 50 75 90 56 FAX 50 75 96 43
🛏 18 ⊗ 184/264 F. ⑪ 90/145 F.
🍴 50 F. 🍴 230/260 F.
⊠ 15 oct./15 déc. et mer.
`E` `D` `□` `☎` `T` `K` `Ø` `CV` `←` `CB` `C`

MONTSALVY
15120 Cantal
800 m. • 1200 hab. ℹ

⌂⌂ DU NORD **
M. Cayron
☎ 71 49 20 03 FAX 71 49 29 00
🛏 22 ⊗ 160/300 F. ⑪ 80/230 F.
🍴 40 F. 🍴 200/280 F.
⊠ 1er janv./31 mars.
`E` `□` `☎` `⊟` `H` `T` `CV` `▦` `←` `CB`

⌂ L'AUBERGE FLEURIE
Place du Barry.
MM. Couchinoux/Barbance
☎ 71 49 20 02
🛏 11 ⊗ 120/190 F. ⑪ 55/180 F.
🍴 30 F. 🍴 190/230 F.
⊠ 5 semaines mi-janv./mi-fév.
`E` `SP` `CV` `←` `CB`

MONTSEGUR
09300 Ariège
900 m. • 108 hab. 🛈

⌂ COSTES ✶✶
Mme Auge-Costes
☎ 61 01 10 24 ⓕⓐⓧ 61 03 06 28
🛏 9 ⊛ 180/210 F. 🍴 79/145 F. 🍽 35 F.
🍴 170/200 F.
⊠ 5 déc./15 fév., dim. soir et lun. sauf
juil./août.
☎ ⬤

MONTSOREAU
49730 Maine et Loire
500 hab. 🛈

⌂⌂ DIANE DE MERIDOR-LE BUSSY ✶✶
M. Wurffel
☎ 41 51 70 18 ⓕⓐⓧ 41 38 15 93
🛏 12 ⊛ 150/335 F. 🍴 80/250 F.
🍽 50 F. 🍴 290/320 F.
⊠ 15 déc./31 janv. et lun. soir oct./mai,
mar. sept./juin.
🄴 🄳 🛈 ☎ 🚗 🚙 ⊟ 🕆 ⓒⓥ ⬤ ⒸⒷ

MORBIER
39400 Jura
930 m. • 2000 hab.

⌂⌂ LES CLARINES ✶✶
31, route de la Haute Combe.
Mme Cretin
☎ 84 33 02 20
🛏 22 ⊛ 230/400 F. 🍴 70/120 F.
🍽 30 F. 🍴 240/350 F.
⊠ 15 avr./15 juin, 15 sept./15 déc. sauf
week-ends prolongés sur réservations.
🄴 🗂 ☎ 🚗 ⓘ ⊟ 🕆 🎿 🍴 ♿
ⒸⓋ ⒸⒷ

MORCENX
40110 Landes
6000 hab. 🛈

⌂⌂ BELLEVUE ✶✶
Mme Ardouin-Caupenne
☎ 58 07 85 07
🛏 20 ⊛ 250/475 F. 🍴 85/130 F.
🍽 45 F. 🍴 250/350 F.
⊠ 23 déc./10 janv. et week-ends
oct./mai.
🄴 🆂🅿 🗂 ☎ 🚗 🚙 🕆 🎿 ♣ ⊙ 🅸 ⒸⒷ

MORESTEL
38510 Isère
3000 hab. 🛈

⌂⌂⌂ DE FRANCE ✶✶✶
Grande Rue. M. Tachet
☎ 74 80 04 77 ⓕⓐⓧ 74 33 07 47
🛏 11 ⊛ 230/410 F. 🍴 110/320 F.
🍽 80 F. 🍴 270/300 F.
⊠ dim. soir et lun. midi.
🄴 🗂 ☎ 🚗 🚙 ⊟ 🎿 🅸 ⬤ ⒸⒷ ▦

MORET SUR LOING
77250 Seine et Marne
4200 hab. 🛈

⌂⌂ AUBERGE DE LA TERRASSE ✶✶
40, rue de la Pêcherie. M. Mignon
☎ (1) 60 70 51 03 ⓕⓐⓧ (1) 60 70 51 69
🛏 20 ⊛ 265/380 F. 🍴 110/180 F.

🍽 60 F. 🍴 263/320 F.
⊠ rest. dim. soir et lun. sauf fériés.
🄴 🆂🅿 🗂 ☎ 🕆 🅸 ⬤ ⒸⒷ

⌂⌂⌂ HOSTELLERIE DU CHEVAL NOIR ✶✶
47, av. Jean Jaurès. Mme Hublet
☎ (1) 60 70 50 20 ⓕⓐⓧ (1) 60 70 15 32
🛏 10 ⊛ 275/310 F. 🍴 90/175 F.
🍽 45 F. 🍴 370/495 F.
⊠ vac. scol. fév. rest. dim. soir et lun.
sauf fériés.
🄴 🗂 ☎ ⊙ ⓒⓥ 🅸 ⬤ ⒸⒷ

MOREZ
39400 Jura
750 m. • 8000 hab. 🛈

⌂⌂ DE LA POSTE ✶✶
165, rue de la République. Mlle Adenot
☎ 84 33 11 03 ⓕⓐⓧ 84 33 09 23
🛏 38 ⊛ 150/280 F. 🍴 90/300 F.
🍽 40 F. 🍴 190/255 F.
⊠ 10 déc./10 janv., ven. soir et sam.
🄴 🗂 ☎ 🚗 🚙 ⊟ 🕆 🎿 ♿ ⓒⓥ ⬤
ⒸⒷ ▦

MORHANGE
57340 Moselle
5652 hab.

⌂⌂ LA BELLE VUE ✶✶
21, rue de la Gare. M. Scur
☎ 87 86 20 40 ⓕⓐⓧ 87 86 14 80
🛏 12 ⊛ 200/240 F. 🍴 55/190 F.
🍽 35 F. 🍴 200/220 F.
⊠ 20 déc./4 janv. et dim.
1er oct./1er mars.
🄴 🄳 🛈 🗂 ☎ 🚗 🚙 🕆 🎿 ♿ ⊙ 🅸 ⓒⓥ
🅸 ⬤ ⒸⒷ

MORILLON
74440 Haute Savoie
687 m. • 428 hab.

⌂⌂⌂ LE MORILLON ✶✶
M. Jourdan ☎ 50 90 10 32 ⓕⓐⓧ 50 90 70 08
🛏 22 ⊛ 210/295 F. 🍴 85/120 F. 🍽 48 F.
🍴 220/310 F.
⊠ 10 avr./10 juin et 16 sept./20 déc.
🄴 🗂 ☎ 🚗 🚙 🕆 🎿 ⓒⓥ 🅸 ⬤ ⒸⒷ

MORLAIX
29600 Finistère
19541 hab. 🛈

⌂ LE SHAKO ✶✶
Route de Lannion. Mme Olivier
☎ 98 88 08 44 ⓕⓐⓧ 98 88 80 15
🛏 14 ⊛ 215 F. 🍴 69/110 F. 🍽 38 F.
🍴 204 F.
🄴 🗂 ☎ 🅸 ⬤ ⒸⒷ ▦

MORNANT
69440 Rhône
4000 hab. 🛈

⌂ DE LA POSTE ✶✶
5, place de la Liberté. M. Bajard
☎ 78 44 00 40 ⓕⓐⓧ 78 44 19 07
🛏 14 ⊛ 200/300 F. 🍴 87/250 F.
🍽 55 F. 🍴 240/300 F.
⊠ 8/23 fév., rest. dim. soir et lun. midi.
🄴 🄳 🗂 ☎ 🚗 🚙 🎿 ⓒⓥ ⬤ ⒸⒷ ▦

MORNAS
84550 Vaucluse
2000 hab.

⚑ HOSTELLERIE DU BARON DES
ADRETS **
Ancienne N. 7. M. Jastrzebski
☎ 90 37 05 15 ⛫ 90 37 01 57
🛏 7 ⌧ 220/250 F. � 60/165 F. 🍴 40 F.
🍽 200/250 F.
⌧ sam. midi.
⬜ 🖩 ☎ 🚗 🚐 🛆 CV

⚑⚑ LE MANOIR **
Sur N. 7. Mme Caillet
☎ 90 37 00 79 ⛫ 90 37 10 34
🛏 24 ⌧ 250/320 F. 017 95/185 F.
🍴 45 F. 🍽 297 F.
⌧ 9 janv./11 fév., 11 nov./7 déc., dim.
soir et lun. 15 sept./31 mai.
🅴 ⬜ 🖩 ☎ 🚗 🚐 🛤 🕴 🚶 🏃 CV ⬛ 🔑
CB 🧳

MORRE
25660 Doubs
1000 hab.

⚑ LE VIGNY **
M. Me Marmier
☎ 81 82 26 12
🛏 8 ⌧ 165/215 F. 017 70/180 F. 🍴 50 F.
🍽 180/200 F.
⌧ dim. soir.
🅴 ⬜ 🖩 ☎ 🚗 🔑 🧳

MORSBRONN LES BAINS
67360 Bas Rhin
540 hab.

⚑⚑ RITTER HOFT **
23, rue Principale. Mme Ritter
☎ 88 54 07 37 ⛫ 88 09 33 39
🛏 16 ⌧ 220/260 F. 017 60/220 F.
🍴 25 F. 🍽 280 F.
🅴 ⬜ D SP 🖩 ☎ 🚗 🚐 🛆 🏤 🛤 🕴 🚶 🛆
🏃 CV ⬛ 🔑 CB

MORTAGNE AU PERCHE
61400 Orne
6000 hab. ⓘ

⚑⚑ DU TRIBUNAL **
4, place du Palais. M. Le Boucher
☎ 33 25 04 77 ⛫ 33 83 60 83
🛏 11 ⌧ 220/320 F. 017 65/160 F.
🍴 60 F. 🍽 230/320 F.
🅴 ⬜ ☎ 🕴 ⬛ 🔑 CB 🧳

MORTAGNE SUR GIRONDE
17120 Charente Maritime
1200 hab. ⓘ

⚑ AUBERGE DE LA GARENNE **
3, impasse de l'ancienne gare.
Mme Denis
☎ 46 90 63 69 ⛫ 46 90 50 93
🛏 11 ⌧ 178/270 F. 017 85/200 F.
🍴 38 F. 🍽 195/240 F.
⌧ 2/30 janv., 1er nov./17 déc., dim. soir
et lun. 15 sept./1er mai.
🅴 ⬜ 🖩 ☎ 🕴 🚶 🏃 🛆 CV 🔑 CB

MORTEAU
25500 Doubs
750 m. • 8500 hab. ⓘ

⚑⚑ DE LA GUIMBARDE **
10, place Carnot. Mme Devouge
☎ 81 67 14 12 ⛫ 81 67 48 27
🛏 19 ⌧ 180/360 F. 017 90/220 F.
🍴 40 F. 🍽 290 F.
⌧ rest. oct., dim. soir et lun. hs.
🅴 ⬜ 🖩 ☎ 🚗 🚐 🏃 ⬛ 🔑 CB

MORTEMART
87330 Haute Vienne
200 hab. ⓘ

⚑⚑ LE RELAIS **
M. Pradeau ☎ 55 68 12 09
🛏 5 ⌧ 230/300 F. 017 90/245 F. 🍴 53 F.
🍽 270 F.
⌧ vac. scol. fév., mar. soir et mer.
🕴 🏃 🔑 CB

MORZINE
74110 Haute Savoie
1000 m. • 3005 hab. ⓘ

⚑⚑ ALPINA **
(Bois-Venants). M. Marullaz
☎ 50 79 05 24 ⛫ 50 75 94 23
🛏 15 ⌧ 260/380 F. 017 100/180 F.
🍴 60 F. 🍽 290/360 F.
⌧ 8 sept./20 déc. et 15 avr./20 juin.
🅴 ⓘ 🖩 ☎ 🚗 🛆 🕴 🛆 🏃 CV
🔑 CB

⚑⚑⚑ BEAU-REGARD **
(Les Bois-Venants). M. Grorod
☎ 50 79 11 05 ⛫ 50 79 07 41
🛏 30 ⌧ 340/400 F. 017 120 F. 🍴 50 F.
🍽 340/370 F.
⌧ début avr./fin juin et début
sept./Noël.
🖩 ☎ 🛆 🕴 🛆 🛤 🕸 🏃 🛆 CV
🔑 CB

⚑⚑ BONNEVALETTE **
M. Berger ☎ 50 79 04 31 ⛫ 50 74 71 36
🛏 19 ⌧ 280/350 F. 017 90/110 F.
🍴 60 F. 🍽 260/300 F.
⌧ 15 avr./15 juin et 15 sept./15 déc.
🅴 🖩 🚐 🛤 🕴 🛆 🛆 CV ⬛ 🔑 CB

⚑⚑ DES BRUYERES **
M. Deffert
☎ 50 79 15 76 ⛫ 50 74 70 09
🛏 22 ⌧ 250/280 F. 017 80/120 F.
🍴 40 F. 🍽 250/310 F.
⌧ 15 avr./25 juin et 10 sept./20 déc.
🅴 ⓘ 🖩 ☎ 🚗 🕴 🛆 🛤 🏃 🛆 CV
🔑 CB

⚑⚑ L'EQUIPE HOTEL **
M. Beard
☎ 50 79 11 43 ⛫ 50 79 26 07
🛏 35 ⌧ 300/400 F. 017 80/120 F.
🍴 50 F. 🍽 310/415 F.
⌧ 15 avr./15 juin et 15 sept./15 déc.
🅴 SP 🖩 ☎ 🚗 🛆 🏤 🕴 🛆 🛤 🕸 🏃
🛆 🏃 CV ⬛ 🔑 CB

MORZINE (suite)

LE CRET ★★
M. Coquillard
☎ 50 79 09 21 ⅢX 50 75 93 62
🛏 20 🍴 250/450 F. 🍽 85/110 F.
🍴 45 F. 🛌 290/390 F.
⊠ 17 avr./10 juin et 16 sept./15 déc.
🄴 🕿 🚗 🛎 🛜 🖃 🕸 🖲 🚶
🌀 CV 🄾

LE LAURY'S ★★
Route des Ardoisières. Mme Figueiredo
☎ 50 79 06 10 ⅢX 50 79 09 38
🛏 9 🍴 220/270 F. 🍽 60/120 F. 🍴 40 F.
🛌 240/320 F.
🄴 SP 🅸 🕿 🚗 🖂 🛜 🔟 CV 🄾
🖲 CB

LE NEVE ★★
La Muraille. M. Dides
☎ 50 79 01 96 ⅢX 385620F
ⅢX 50 79 20 91
🛏 20 🍴 250/400 F. 🍽 65/130 F.
🍴 50 F. 🛌 230/315 F.
⊠ 10 avr./15 juin et 10 sept./15 déc.
🄴 🗖 🕿 🚗 🛎 🕹 🛜 🖃 🖲 🖻 CV 🄾
CB 🛎

LE SOLY-VARNAY ★★
Le Bourg. M. Passaquin
☎ 50 79 09 45 ⅢX 50 74 71 82
🛏 19 🍴 290/305 F. 🍽 95/140 F.
🛌 300/350 F.
⊠ 18 avr./17 juin et 18 sept./18 déc.
🄴 🕿 🚗 🚗 🕹 🖃 🛜 🖃 🖲 🚶 🚻 🚵 CV
🖻 🄾 CB

LES COTES RESIDENCE HOTEL ★★
(A la Salle). M. Marullaz
☎ 50 79 00 96 ⅢX 50 75 97 38
🛏 20 🍴 280/580 F. 🍽 95/115 F.
🍴 50 F. 🛌 280/370 F.
⊠ 10 sept./20 déc. et 20 avr./30 juin.
🄴 🗖 🕿 🚗 🚗 🕹 🖃 🛜 🖃 🖲 CV 🖻
🄾 CB

LES DENTS BLANCHES ★★
M. Taberlet
☎ 50 79 08 42
🛏 18 🍴 200/230 F. 🍽 65/115 F.
🍴 40 F. 🛌 240/260 F.
⊠ 20 avr./15 juin et 15 sept./15 déc.
🄴 🅸 🕿 🚗 🖂 🕹 🚶 CV 🄾 CB

LES FLEURS ★★
M. Trombert
☎ 50 79 11 30 ⅢX 50 75 95 60
🛏 21 🍽 90 F. 🍴 45 F. 🛌 260/280 F.
⊠ 10 avr./10 juin et 16 sept./16 déc.
🄴 🕿 🚗 🕹 🕹 🖃 🚶 CV CB

NEIGE ROC ★★★
(Pied téléphérique Avoriaz). M. Richard
☎ 50 79 03 21 ⅢX 50 79 24 30
🛏 26 🍴 250/550 F. 🍽 65/175 F.
🍴 40 F. 🛌 255/475 F.
⊠ 30 avr./15 juin et 15 sept./10 déc.
🄴 🄳 SP 🗖 🕿 🚗 🚗 🕹 🖃 🛜 🖃
🖲 🚶 🌀 ▶ CV 🖲 🄾 CB

SPORTING HOTEL ★★
M. Passaquin
☎ 50 79 15 03 ⅢX 50 79 11 25
🛏 24 🍴 220/380 F. 🍽 125/170 F.
🍴 80 F. 🛌 295/370 F.
⊠ 15 avr./2 juin et 18 sept./15 déc.
🄴 🗖 🕿 🚗 🚗 🕹 🕹 🖃 🛜 🖃 🕸 🚶
🌀 🚵 CV 🖲 🄾 CB

MOSTUEJOULS
12720 Aveyron
100 hab.

MAS DE LAFONT ★
Route des Gorges du Tarn, D. 907.
Mme Mas ☎ 65 62 60 40
🛏 10 🍴 125/200 F. 🍽 70/90 F.
🍴 40 F. 🛌 170/195 F.
⊠ 30 oct./1er mars.
SP 🕿 🚗 🕹 🚶 🌀 CV 🄾

MOTHE SAINT HERAY (LA)
79800 Deux Sèvres
1857 hab. 🅸

LE CORNEILLE ★★
13, rue du Maréchal Joffre. Mme Richard
☎ 49 05 17 08 ⅢX 49 05 19 56
🛏 7 🍴 170/200 F. 🍽 59/165 F. 🍴 42 F.
🛌 155/170 F.
⊠ 23 déc./8 janv., rest. ven. soir hs et
dim. soir.
🄴 🗖 🕿 🚗 🚗 🕹 🕹 🖲 🄾 CB

MOTHERN
67470 Bas Rhin
1721 hab.

A L'ANCRE ★★
2, route de Lauterbourg. Mme Paul
☎ 88 94 81 99 ⅢX 88 54 67 74
🛏 13 🍴 260 F. 🍽 45 F. 🍴 30 F.
🛌 200 F.
⊠ rest. mar. soir et mer.
🗖 🕿 🚗 🚵 CV 🖲 🄾 CB

MOUANS SARTOUX
06370 Alpes Maritimes
8000 hab. 🅸

LA PAIX ★
Route Nationale. Mme Saudino
☎ 93 75 65 30
🛏 16 🍴 150/250 F.
🄴 🅸 🗖 🕿 🚗 🔟 CV 🖲 🄾

MOUCHARD
39330 Jura
1290 hab.

CHALET BEL AIR HOTEL ★★
M. Gatto
☎ 84 37 80 34 ⅢX 84 73 81 18
🛏 9 🍴 245/400 F. 🍽 80/380 F. 🍴 80 F.
🛌 263/340 F.
⊠ 21/28 juin, 22 nov./13 déc. et mer.
hors vac. scol.
🄴 🄳 SP 🅸 🗖 🕿 🚗 🚗 🔟 🕹
🚶 🌀 CV

MOULINS
03000 Allier
27408 hab. 🏨

▲▲▲ LE PARC ★★
31, av. Général Leclerc. M. Barret
☎ 70 44 12 25 🖷 70 46 79 35
🛏 26 ⊗ 200/330 F. 🍽 90/220 F.
🍴 60 F. 🍽 250 F.
⊠ 15/22 juil., 1er/15 oct. et 23 déc./
4 janv. rest. sam.
🅴 🅳 🗑 🕿 🚗 🚐 🗙 🕏 🚿 🕯 ⬛ CB

MOULINS (AVERMES PRES)
03000 Allier
4000 hab.

▲▲ DE LA TERRASSE ★★
Sur N. 7, Moulins du Nord. M. Menu
☎ 70 44 35 10
🛏 12 ⊗ 155/195 F. 🍽 67/170 F.
🍴 42 F. 🍽 165/180 F.
⊠ 2/30 janv., dim. soir et lun.
1er oct./30 juin.
🅴 🆂🅿 🗑 🕿 🚗 🚐 🗙 🕏 🚿 ⬛ CB

MOULINS (COULANDON PRES)
03000 Allier
563 hab.

▲▲▲ LE CHALET ★★★
M. Hulot ☎ 70 44 50 08 🖷 70 44 07 09
🛏 28 ⊗ 340/430 F. 🍽 105/220 F.
🍴 60 F. 🍽 315/360 F.
⊠ 16 déc./31 janv.
🅴 🅳 🗑 🕿 🚗 🕏 🚿 🕯 🚿 CV 🔆 ⬛ CB

MOULINS ENGILBERT
58290 Nièvre
1730 hab. 🏨

▲ AU BON LABOUREUR ★★
15-17, place Boucaumont.
Mme Loreau
☎ 86 84 20 55 🖷 86 84 35 52
🛏 23 ⊗ 120/310 F. 🍽 63/235 F.
🍴 45 F. 🍽 165/225 F.
⊠ 15 janv./1er fév.
🗑 🕿 🚗 🕯 CV 🔆 ⬛ CB

MOUSSY
51530 Marne
800 hab.

▲▲ AUBERGE CHAMPENOISE ★★
M. Arthozoul
☎ 26 54 03 48 🖷 26 51 87 25
🛏 30 ⊗ 135/250 F. 🍽 55/200 F.
🍴 50 F. 🍽 180/260 F.
⊠ Noël.
🅴 🅳 🗑 🕿 🚗 🚐 🗙 🕏 🚿 🕏 🕯
CV 🔆 ⬛ CB 🅲 🍴

MOUSTERLIN
29170 Finistère
400 hab.

▲▲▲ DE LA POINTE DE MOUSTERLIN ★★
(Pointe de Mousterlin). M. Morvan
☎ 98 56 04 12 🖷 98 56 61 02
🛏 52 ⊗ 235/435 F. 🍽 90/385 F.

🍴 60 F. 🍽 265/430 F.
⊠ 1er oct./15 avr.
🅴 🅳 🗑 🕿 🚗 🚐 🕏 🍴 🕏 🚿 🕏 🕯
CV 🔆 CB

MOUSTIERS SAINTE MARIE
04360 Alpes de Haute Provence
630 m. • 600 hab. 🏨

▲▲ LA BONNE AUBERGE ★★
Route de Castellane. M. Bondil
☎ 92 74 66 18 🖷 92 74 65 11
🛏 16 ⊗ 250/300 F. 🍽 100/200 F.
🍴 48 F.
⊠ 15 nov./fév., lun. mars/juin et oct.
🅴 🗑 🕿 🚗 🕏 🔆 CB

MOUTHIER
25920 Doubs
370 hab. 🏨

▲▲▲ LA CASCADE ★★★
Mme Savonet
☎ 81 60 95 30 🖷 81 60 94 55
🛏 23 ⊗ 270/340 F. 🍽 105/270 F.
🍴 70 F. 🍽 270/330 F.
⊠ 14 nov./15 fév.
🅴 🅳 🗑 🕿 🚗 🚐 🕏 CB

MOUTIER ROZEILLE
23200 Creuse
500 hab.

▲▲ AU PETIT VATEL ★★
Sur D. 982. M. Kneppert
☎ 55 66 13 15 🖷 55 83 86 05
🛏 11 ⊗ 200/300 F. 🍽 70/250 F.
🍴 48 F. 🍽 200/250 F.
⊠ 23 déc./31 janv., ven. soir, sam. hs et
hors fêtes.
🅴 🆂🅿 🕿 🚗 🕏 🕏 CB

MOUTIERS
73600 Savoie
5000 hab. 🏨

▲▲ AUBERGE DE SAVOIE ★★
M. Elia ☎ 79 24 20 15 🖷 79 24 54 65
🛏 20 ⊗ 280/300 F. 🍽 78/170 F.
🍴 50 F. 🍽 230/250 F.
🅴 🅳 🗑 🕿 ⊞ CV 🔆 CB

MUHLBACH SUR MUNSTER
68380 Haut Rhin
600 m. • 950 hab.

▲▲ PERLE DES VOSGES ★★
22, route du Gaschney. Mme Ertle
☎ 89 77 61 34 🖷 89 77 74 40
🛏 40 ⊗ 190/320 F. 🍽 65/200 F.
🍴 45 F. 🍽 185/250 F.
⊠ 15/30 nov. et 3 janv./2 fév.
🅴 🅳 🗑 🕿 🚗 🚐 🕏 🗙 🕏 🚿 🕏 🕯 🚿
🔆 CB

MUIDES SUR LOIRE
41500 Loir et Cher
1215 hab. 🏨

▲ AUBERGE LA CHAUMETTE
Rue de la Chaumette. M. Foucqueteau
☎ 54 87 50 97 \ 54 87 50 15
🖷 54 87 01 02
🛏 19
🅴 🆂🅿 🗑 🕿 🚗 🕏 🕏 🕯 🕏 CV 🔆
🔆 CB

MULHOUSE
68100 Haut Rhin
150000 hab. ℹ️

▲ CENTRAL ★★
15-17, passage Central. M. Mathieu
☎ 89 46 18 84 FAX 89 56 31 66
🛏 71 ⊠ 150/300 F. ⑪ 70/125 F.
🍴 40 F. 🍽 175/220 F.
⊠ rest. dim. et jours fériés.
[icons]

MULHOUSE (BALDERSHEIM)
68390 Haut Rhin
2000 hab.

▲▲ AU CHEVAL BLANC ★★
(Baldersheim à 7 km). MM. Landwerlin
☎ 89 45 45 44 FAX 89 56 28 93
🛏 83 ⊠ 260/335 F. ⑪ 82/225 F.
🍴 55 F. 🍽 220/245 F.
⊠ 22 déc./4 janv., rest. jeu. et dim. soir.
[icons]

MUNSTER
68140 Haut Rhin
5000 hab. ℹ️

▲▲ AU VAL SAINT GREGOIRE ★★
M. Weinryb ☎ 89 77 36 22 FAX 89 77 13 76
🛏 50 ⊠ 240/320 F. ⑪ 59/190 F. 🍴 48 F.
🍽 235/250 F.
[icons]

▲▲ AUX DEUX SAPINS ★★
49, rue du 9ème Zouave. M. Rousselet
☎ 89 77 33 96 TX 870560 FAX 89 77 03 90
🛏 25 ⊠ 220/320 F. ⑪ 70/200 F.
🍴 42 F. 🍽 210/270 F.
⊠ 15 nov./15 déc., dim. soir et lun. hs.
[icons]

▲▲ DE LA CIGOGNE ★★★
4, place du Marché. M. Pultar
☎ 89 77 32 27 FAX 89 77 28 64
🛏 22 ⊠ 300/450 F. ⑪ 135/180 F.
🍴 35 F. 🍽 280/320 F.
[icons]

▲ DES VOSGES ★★
58, Grand'Rue. M. Wendling
☎ 89 77 31 41 FAX 89 77 59 86
🛏 13 ⊠ 180/260 F.
⊠ 13 mars/2 avr., 2/23 mai, dim. soir et
lun. matin sauf vac. scol.
[icons]

▲ DEYBACH
4, rue du Badischhof. Mme Deybach
☎ 89 77 32 71
🛏 16 ⊠ 200/260 F. ⑪ 78/122 F.
🍴 42 F. 🍽 210/235 F.
⊠ 10/25 oct., 20 déc./5 janv.,
26 mai/6 juin et lun.
[icons]

▲▲▲ VERTE VALLEE ★★★
10, rue Alfred Hartmann. M. Gautier
☎ 89 77 15 15 FAX 89 77 17 40
🛏 107 ⊠ 320/360 F. ⑪ 85/255 F.
🍴 60 F. 🍽 287/310 F.

⊠ 3/27 janv.
[icons]

MUR DE BARREZ
12600 Aveyron
780 m. • 1380 hab. ℹ️

▲▲▲ AUBERGE DU BARREZ ★★
M. Gaudel
☎ 65 66 00 76 TX 530366 FAX 65 66 07 98
🛏 18 ⊠ 220/450 F. ⑪ 64/190 F.
🍴 45 F. 🍽 215/321 F.
⊠ 1er janv./15 fév. et rest. lun.
[icons]

MUR DE SOLOGNE
41230 Loir et Cher
1100 hab. ℹ️

▲▲ DU BROCARD ★★
Rue de Blois. M. Girault ☎ 54 83 90 29
🛏 24 ⊠ 150/320 F. ⑪ 65/200 F. 🍴 38 F.
🍽 196/251 F.
⊠ 15 déc./15 janv.
[icons]

MURAT
15300 Cantal
930 m. • 3000 hab. ℹ️

▲▲▲ LES MESSAGERIES ★★
18, av. Docteur Louis Mallet.
M. Hugon
☎ 71 20 04 04 TX 283155 F POSTE
FAX 71 20 02 81
🛏 24 ⊠ 280 F. ⑪ 75/160 F. 🍴 45 F.
🍽 215 F.
⊠ 4 nov./25 déc.
[icons]

MURBACH
68530 Haut Rhin
750 m. • 90 hab.

▲▲▲ DOMAINE LANGMATT ★★★
Langmatt-Murbach. M. Bisel
☎ 89 76 21 12 FAX 89 74 88 77
🛏 22 ⊠ 480/720 F. ⑪ 100/326 F.
🍴 85 F. 🍽 470/590 F.
⊠ rest. 6/11 mars et lun.
[icons]

MURE (LA)
38350 Isère
900 m. • 7000 hab. ℹ️

▲▲ HELME ★★
51, av. du 22 août 1944. M. Helme
☎ 76 81 01 96 FAX 76 81 17 68
🛏 16 ⊠ 160/260 F. ⑪ 70/140 F.
🍴 35 F. 🍽 165/205 F.
⊠ 24 déc./8 janv., 12 août/2 sept. et sam.
[icons]

▲▲ MURTEL ★★
Coteau de Beauregard. M. Charnay
☎ 76 30 96 10 FAX 76 30 91 38
🛏 39 ⊠ 240/260 F. ⑪ 69/139 F.
🍴 38 F. 🍽 195/220 F.
[icons]

MURET (LE)
40410 Landes
655 hab.

✻ LE CARAVANIER ★
M. Lafargue ☎ 58 09 62 14
🛏 10 ⊗ 120/350 F.
[icons]

▲▲ LE GRANDGOUSIER ★★
Sur N. 10. Mme Bardot
☎ 58 09 62 17＼58 09 62 19
FAX 58 09 60 29
🛏 24 ⊗ 240 F. 🍽 79/210 F. 🍴 40 F.
🍴 245/275 F.
⊠ 15 nov./1er fév. et lun. hs.
[icons]

MUROL
63790 Puy de Dôme
840 m. • 620 hab. 🛈

▲ DE PARIS ★★
Place de l'Hôtel de Ville. M. Planeix
☎ 73 88 60 09 FAX 73 88 69 62
🛏 20 ⊗ 150/220 F. 🍽 55/130 F.
🍴 36 F. 🍴 165/200 F.
⊠ 20 sept./Pâques sauf vac. scol. fév.
[icons]

▲ DES PINS ★★
M. Simon ☎ 73 88 60 50 FAX 73 88 60 29
🛏 29 ⊗ 220/270 F. 🍽 55/150 F.
🍴 45 F. 🍴 240/265 F.
⊠ 30 sept./1er mai.
[icons]

MUROL (BEAUNE LE FROID)
63790 Puy de Dôme
1050 m. • 150 hab. 🛈

▲ RELAIS DES MONTAGNES ★
Mlle Bouche
☎ 73 88 61 48 FAX 73 88 67 60
🛏 11 ⊗ 110/240 F. 🍽 68/150 F.
🍴 48 F. 🍴 180/225 F.
⊠ 1er oct./1er fév.
[icons]

MURS
84220 Vaucluse
500 m. • 400 hab.

▲▲ LE CRILLON
Le Village. MM. Castelli/Sigrist
☎ 90 72 60 31＼90 72 68 04
FAX 90 72 63 12
🛏 8 ⊗ 245/340 F. 🍽 70/135 F. 🍴 45 F.
🍴 260 F.
⊠ jeu. mars/mi-oct.
[icons]

MUSCULDY
64130 Pyrénées Atlantiques
289 hab. 🛈

▲▲ DU COL D'OSQUICH ★★
Mme Idiart ☎ 59 37 81 23 FAX 59 37 86 81
🛏 18 ⊗ 160/230 F. 🍽 70/200 F. 🍴 50 F.
🍴 220 F.
⊠ 20 nov./Pâques.
[icons]

MUSSIDAN
24400 Dordogne
3000 hab. 🛈

▲▲ DU MIDI ★★
Av. de la Gare. M. Gasis
☎ 53 81 01 77 FAX 53 82 90 14
🛏 10 ⊗ 200/320 F. 🍽 68/165 F.
🍴 48 F. 🍴 210/350 F.
⊠ 6/23 janv., 5/15 mai, 3/13 nov., ven.
soir et sam. hs.
[icons]

MUTZIG
67190 Bas Rhin
5000 hab.

▲▲ HOSTELLERIE DE LA POSTE ★★
4, place de la Fontaine. Mlle Pfeiffer
☎ 88 38 38 38 FAX 88 49 82 05
🛏 19 ⊗ 210/315 F. 🍽 115/315 F.
🍴 48 F. 🍴 263/319 F.
⊠ 2/15 janv.
[icons]

MUY (LE)
83490 Var
7248 hab. 🛈

▲▲ OREE DU BOIS ★★
Quartier Sainte Roselene, R. N. 555.
M. Benichou ☎ 94 45 02 20 FAX 94 45 93 24
🛏 24 ⊗ 280/520 F. 🍽 110/170 F. 🍴 65 F.
🍴 260/500 F.
[icons]

NADAILLAC DE ROUGE
46350 Lot
96 hab.

▲ CHEZ CHASTRUSSE
M. Chastrusse ☎ 65 37 60 08
🛏 12 ⊗ 140/200 F. 🍽 63/160 F.
🍴 40 F. 🍴 180/220 F.
⊠ 20 oct./20 nov., dim. soir et lun. hs.
[icons]

NAGES
81320 Tarn
800 m. • 300 hab.

▲ L'ESCAPADE ★★
Mme Cavaillés ☎ 63 37 40 51
🛏 20 ⊗ 235/250 F. 🍽 100/300 F.
🍴 65 F. 🍴 275/285 F.
[icons]

NAILLOUX
31560 Haute Garonne
1000 hab.

▲▲ AUBERGE DU PASTEL ★★
Route de Villefranche-Lauragais.
M. Baudouy ☎ 61 81 46 61 FAX 61 27 89 63
🛏 24 ⊗ 220 F. 🍽 75/195 F. 🍴 40 F.
🍴 210 F.
[icons]

NAJAC
12270 Aveyron
500 hab. ⓘ

▲▲▲ BELLE RIVE ★★
(Au Roc du Pont). M. Mazières
☎ 65 29 73 90
🛏 31 ◈ 246/280 F. 🍽 80/230 F.
🛌 50 F. 🚗 270/285 F.
⊠ Toussaint/Pâques.

▲▲▲ L'OUSTAL DEL BARRY ★★
Place du Bourg. M. Miquel
☎ 65 29 74 32 🆋 65 29 75 32
🛏 20 ◈ 260/450 F. 🍽 100/320 F.
🛌 65 F. 🚗 295/330 F.
⊠ fin oct./fin mars, lun. avr./juin et oct.
sauf fériés.

NANCY
54000 Meurthe et Moselle
99300 hab. ⓘ

▲▲ AU BON COIN ★★
33, rue de Villers. M. Spens
☎ 83 40 04 01 🆋 83 90 32 08
🛏 20 ◈ 250/270 F. 🍽 71/140 F.
🛌 50 F. 🚗 250 F.
⊠ 29 juil./20 août. et rest. dim.

▲ LE PIROUX ★★
12, rue Raymond Poincaré. M. Leclère
☎ 83 32 01 10 🆋 83 35 44 92
🛏 22 ◈ 130/200 F. 🍽 70/145 F.
🛌 45 F. 🚗 170/190 F.
⊠ entre Noël et Jour de l'An et rest.
week-end.

NANGIS
77370 Seine et Marne
7005 hab. ⓘ

▲▲ HOSTELLERIE LE DAUPHIN ★★
14, rue du Dauphin-9, rue Aristide
Briand. M. Vaschalde
☎ (1) 64 08 00 27 🆋 (1) 64 08 12 97
🛏 14 ◈ 200/310 F. 🍽 100/310 F.
🚗 240/325 F.
⊠ dim. soir.

▲▲ LA BARAQUE ★★
16, route de Paris. M. Bequignon
☎ (1) 64 08 01 91 🆋 (1) 64 08 77 01
🛏 6 ◈ 200/240 F. 🍽 75/240 F. 🛌 50 F.
🚗 280 F.
⊠ 22 déc./3 janv., 8/25 août et dim.

NANGIS (FONTAINS)
77370 Seine et Marne
140 hab.

▲▲ LES BILLETTES ★★
Sur D. 201. (à 2 km de Nangis).
M. Farjon ☎ (1) 64 08 22 50 🆋 692131
🛏 11 ◈ 150/210 F. 🍽 75/129 F.

🛌 60 F. 🚗 230/250 F.
⊠ rest. lun.

NANTES
44300 Loire Atlantique
252029 hab. ⓘ

▲▲ BEAUJOIRE HOTEL Rest. LE JARDIN ★★
15, rue des Pays de Loire. Mme Joseph
☎ 40 93 00 01 🆋 40 68 98 32
🛏 42 ◈ 290 F. 🍽 90/153 F. 🛌 45 F.
🚗 220 F.

NANTEUIL SUR MARNE
77730 Seine et Marne
305 hab.

▲▲ AUBERGE DU LION D'OR ★★
2, rue du Bac. M. Masson
☎ (1) 60 23 62 21
🛏 7 ◈ 180/220 F. 🍽 65/145 F. 🛌 42 F.
🚗 190 F.
⊠ 15 fév./1er mars et 20 août/10 sept.

NANTUA
01130 Ain
3800 hab. ⓘ

▲▲ EMBARCADERE ★★
M. Jantet ☎ 74 75 22 88 🆋 74 75 22 25
🛏 50 ◈ 220/325 F. 🍽 105/300 F.
🛌 50 F. 🚗 280/315 F.
⊠ 20 déc./20 janv., 1ère semaine de
mai et rest. lun.

NANTUA (LES NEYROLLES)
01130 Ain
500 hab. ⓘ

▲▲ LES DAPHNES ★★
Les Neyrolles. M. Humbert
☎ 74 75 01 42
🛏 12 ◈ 220/280 F. 🍽 110/270 F.
🛌 95 F. 🚗 200/260 F.
⊠ 10/24 mai, 1er oct./31 déc., mar.
juil./août, lun. soir et mar. hs.

▲ REFFAY ★
Les Neyrolles (à 3 km), route de
Genève. M. Reffay ☎
74 75 04 35 🆋 74 75 09 75
🛏 14 ◈ 130/220 F. 🍽 62/140 F.
🛌 42 F. 🚗 200/250 F.
⊠ 19 avr./3 mai, 15 oct./5 nov., mer. et
dim. soir.

NARBONNE
11100 Aude
46800 hab. ⓘ

▲▲ CROQUE CAILLE
Route de Perpignan, à 3 km. M. Estarella
☎ 68 41 29 69 🆋 68 42 47 99
🛏 9 ◈ 198/450 F. 🍽 68/120 F. 🛌 38 F.
🚗 210/260 F.
⊠ 24 déc./5 janv., sam. et dim. hs.

NARBONNE (suite)

▲▲ DU MIDI ★★
4, av. de Toulouse. Mme Oliva
☎ 68 41 04 62 ⅨⅩ 500401F
🆁🅰🆇 68 42 45 87
🛏 46 ⊙ 150/220 F. ⅠⅠ 65/120 F.
🍴 30 F. 🍽 160/210 F.
⊠ rest. dim.
🄴 🆂🅿 🎯 🛏 🕿 🖪 🖨 ⬍ 🕼 ⬥

NARBONNE PLAGE
11100 Aude
450 hab. 🅸

▲ L'OASIS
Bld du Front de Mer. M. Grillère
☎ 68 49 80 12 ＼68 49 86 43
🛏 20 ⊙ 130/350 F. 🍽 170/260 F.
⊠ hôtel 16 oct./31 mars et rest. mar.
🄴 🆂🅿 🕿 🕼 🕼 ⬥ 🆁🅱

NASBINALS (PONT DE GOURNIER)
48260 Lozère
1063 m. ● 200 hab. 🅸

▲▲ RELAIS DE L'AUBRAC ★★
M. Pages ☎ 66 32 52 06
🛏 22 ⊙ 210/260 F. 🍽 55/160 F.
🍴 40 F. 🍽 210/260 F.
⊠ 14 nov./26 déc. et 4 janv./10 fév.
🄴 🕿 🖨 🕆 🕼 🕼 🕼 ⬥ 🆁🅱

NATZWILLER
67130 Bas Rhin
650 m. ● 800 hab.

▲▲ METZGER ★★
M. Metzger ☎ 88 97 02 42 🆁🅰🆇 88 97 93 59
🛏 10 ⊙ 255/260 F. 🍽 58/260 F. 🍴 45 F.
🍽 260/265 F.
⊠ 9/23 janv., 26 juin/2 juil., 18/25 déc., dim. soir et lun.
🄳 🕿 🖨 🕆 🕼 🕼 ⬥ 🆁🅱

NAVACELLES
34520 Hérault
8 hab.

▲ AUBERGE DE LA CASCADE ★★
(Cirque de Navacelles). M. Vernay
☎ 67 81 50 95
🛏 5 ⊙ 198/302 F. 🍽 86/156 F. 🍴 42 F.
🍽 244/281 F.
⊠ jeu. nov./1er mars.
🎯 🖨 🕿 🖨 🛏 🖨 🕆 🕼 🕼 ⬥

NAVES
19460 Corrèze
2500 hab.

▲▲ AUBERGE DE LA ROUTE ★★
Sur N. 120. Mme Laurent
☎ 55 26 62 02 🆁🅰🆇 55 26 03 95
🛏 20 ⊙ 155/210 F. 🍽 70/140 F.
🍴 50 F. 🍽 195/250 F.
⊠ dim. soir oct./mars.
🄴 🖨 🕿 🖨 🖨 🕆 🕼 ⬥

▲▲ L'OUSTAL ★
(Le Bourg). M. Betaïlouloux
☎ 55 26 62 42
🛏 10 ⊙ 150/195 F. 🍽 60/145 F.

NAVES PARMELAN
74370 Haute Savoie
640 m. ● 500 hab.

▲ PANISSET ★
Mme Panisset ☎ 50 60 64 38
🛏 12 ⊙ 140/240 F. 🍽 75/140 F.
🍴 50 F. 🍽 150/200 F.
⊠ sept.
🄴 🎯 🕆 🕼 🕼 🕼 ⬥

NAY
64800 Pyrénées Atlantiques
3500 hab. 🅸

▲ DES VOYAGEURS ★★
12, place Marcadieu. M. Larruhat
☎ 59 61 04 69 🆁🅰🆇 59 61 15 68
🛏 22 ⊙ 170/250 F. 🍽 70/200 F.
🍴 45 F. 🍽 190/250 F.
🄴 🆂🅿 🖨 🕿 ⬍ 🖨 🕼 ⬥ 🆁🅱

NEANT SUR YVEL
56430 Morbihan
890 hab. 🅸

▲ AUBERGE TABLE RONDE
Place de l'Eglise. Mlle Morice
☎ 97 93 03 96 🆁🅰🆇 97 93 05 26
🛏 10 ⊙ 100/230 F. 🍽 46/170 F.
🍴 30 F. 🍽 115/150 F.
⊠ 1 semaine sept., 3 dernières semaines janv., dim. soir et lun.
🄴 🄳 🆂🅿 🕿 🖨 🖨 🕼 🕼 ⬥ 🆁🅱

NEAU
53150 Mayenne
680 hab.

▲ LA CROIX VERTE ★★
2, rue d'Evron. M. Boullier
☎ 43 98 23 41 🆁🅰🆇 43 98 25 39
🛏 14 ⊙ 160/200 F. 🍽 60/150 F.
🍴 45 F. 🍽 200 F.
⊠ 30 janv./12 fév. et dim. soir.
🎯 🕿 🕼 🕼 🕼 ⬥ 🖫

NEMOURS
77140 Seine et Marne
11676 hab. 🅸

▲▲ L'ECU DE FRANCE ★★
3-5-7, rue de Paris. M. Happart
☎ (1) 64 28 11 54 🆁🅰🆇 (1) 64 45 03 65
🛏 24 ⊙ 139/259 F. 🍽 96/260 F.
🍴 55 F. 🍽 220/240 F.
🄴 🄳 🎯 🕿 🖨 🖨 🕼 🕼 ⬥ 🆁🅱 🖫

NERAC
47600 Lot et Garonne
7015 hab. 🅸

▲▲ D'ALBRET ★★
40, allée d'Albret. M. Capes
☎ 53 65 01 47 🆁🅰🆇 53 65 20 26
🛏 23 ⊙ 200/480 F. 🍽 65/280 F.
🍽 225/325 F.
⊠ 2ème quinz. nov., 1ère semaine déc., 1 semaine fév. et lun. nov./mai.
🎯 🖨 🕿 🖨 🖨 ⬍ 🖨 🕼 🕼 ⬥

NERAC (suite)

⌂ LE CHATEAU Rest. DU ROY ★★
7, av. Mondenard. M. Cellie
☎ 53 65 09 05 ℻ 53 65 89 78
🛏 20 ▩ 160/250 F. 🍴 65/230 F.
🥢 45 F. ▩ 175/225 F.
⊠ 2/16 janv., rest. ven. soir, sam. midi
et dim. soir hs.
▢ ☎ 🚗 CV 🕴 ♠ CB

NERIS LES BAINS
03310 Allier
3000 hab. ⓘ

⌂⌂ DU PARC DES RIVALLES ★★
7, rue Parmentier. M. Daureyre
☎ 70 03 10 50 ℻ 70 03 11 05
🛏 26 ▩ 160/240 F. 🍴 80/270 F.
🥢 50 F.
⊠ 8 oct./16 avr.
🄴 ▢ ☎ 🚗 🚗 🛏 ⛱ 🏊 ♠ CB

⌂⌂⌂ LA PROMENADE ★★
38, av. Boisrot Desserviers
Mme Gabbero
☎ 70 03 26 26 ℻ 70 03 25 62
🛏 40 ▩ 260/320 F. 🍴 80/185 F.
🥢 40 F. ▩ 250/320 F.
⊠ 30 oct./30 mars.
🄴 SP ▢ ☎ 🚗 🚗 🛏 🌳 🏊 CV
🕴 CB

⌂⌂ LE CENTRE ET PROXIMA ★
10, rue du Capitaine Migat M. Huguet
☎ 70 03 10 74 ℻ 70 03 15 37
🛏 18 ▩ 160/200 F. 🍴 62/78 F. 🥢 40 F.
▩ 200/250 F.
⊠ 1er oct./6 avr.
🄴 ☎ ⛱ 🏊 ♠ CB

⌂⌂ LE GARDEN ★★
12, av. Marx Dormoy. M. Gasparoux
☎ 70 03 21 16 ℻ 70 03 10 67
🛏 19 ▩ 225/325 F. 🍴 75/200 F.
🥢 45 F. ▩ 240/265 F.
⊠ 2/22 janv.
🄴 ▢ ☎ 🚗 🚗 🏊 🏊 CV 🕴 ♠ CB
C 🗐

NERONDES
18350 Cher
1300 hab.

⌂⌂ LE LION D'OR ★
Place de l'Hôtel de Ville. M. Boutillon
☎ 48 74 87 81
🛏 11 ▩ 130/260 F. 🍴 78/195 F.
🥢 48 F. ▩ 170/285 F.
⊠ 3 semaines fin fév./1ère semaine
mars, mer. et dim. soir nov./janv.
🄴 ▢ ▢ ☎ 🚗 🏊 🕴 ♠ CB

NESTIER
65150 Hautes Pyrénées
180 hab.

⌂⌂ RELAIS DU CASTERA ★★
Place du Calvaire. M. Latour
☎ 62 39 77 37
🛏 7 ▩ 200/300 F. 🍴 95/220 F. 🥢 50 F.
▩ 230/250 F.
⊠ 3/15 janv., dim. soir et lun.
🄴 SP ☎ 🕴

NEUBOURG (LE)
27110 Eure
3600 hab. ⓘ

⌂⌂ AU GRAND SAINT MARTIN ★★
M. Lachaux-Martinet ☎ 32 35 04 80
🛏 10 ▩ 130/260 F. 🍴 70/170 F.
🥢 50 F. ▩ 220 F.
⊠ 2ème/3ème semaine juin, 1ère
semaine juil., 2ème semaine mars, mer.
soir et jeu. soir, rest. jeu.
🄴 ▢ ☎ 🚗 CV ♠ CB 🗐

NEUF BRISACH
68600 Haut Rhin
2092 hab. ⓘ

⌂ DE FRANCE ★★
17, rue de Bâle M. Decker
☎ 89 72 56 06 ℻ 89 72 99 26
🛏 20 ▩ 160/185 F. 🍴 50/140 F.
🥢 35 F. ▩ 185 F.
⊠ ven. sept./avr.
🄴 🄳 ▢ ☎ CV ♠ CB

⌂⌂ DU SOLEIL ★★
6, rue de Bâle. Mme Genin
☎ 89 72 51 28 ℻ 89 72 83 77
🛏 24 ▩ 200/260 F. 🍴 50/250 F.
🥢 45 F. ▩ 160/210 F.
⊠ rest. 2ème quinzaine fév.
🄴 🄳 ▢ ☎ 🏊 🕴 ♠ CB 🗐

NEUF BRISACH (VOGELGRUN)
68600 Haut Rhin
450 hab. ⓘ

⌂⌂⌂ L'EUROPEEN ★★★
(A Volgelgrun 5 km. Ile du Rhin).
M. Daegele ☎ 89 72 51 57 ℻ 89 72 74 54
🛏 40 ▩ 300/540 F. 🍴 150/350 F. 🥢 60 F.
▩ 350/480 F.
⊠ dim. soir et lun. 1er nov./1er mars.
🄴 🄳 ⓘ ▢ ☎ 🚗 🚗 🛏 🏊 🏊 🏊
🏊 ♣ ⏰ 🏊 CV 🕴 ♠ CB C 🗐

⌂⌂⌂ LE CABALLIN ★★★
(Ile du Rhin). M. Schmitt
☎ 89 72 56 56 ℻ 89 72 95 00
🛏 24 ▩ 220/420 F. 🍴 42/210 F.
🥢 45 F. ▩ 230/330 F.
⊠ mar. 1er sept./30 avr.
🄴 🄳 ▢ ☎ 🚗 🛏 ⛱ 🏊 CV 🕴 ♠
CB C 🗐

NEUFCHATEL EN BRAY
76270 Seine Maritime
6140 hab. ⓘ

⌂ LE GRAND CERF ★★
9, Grande Rue Fosse Porte. M. Chapelle
☎ 35 93 00 02 ℻ 35 94 14 92
🛏 12 ▩ 210/260 F. 🍴 62/170 F.
🥢 40 F. ▩ 280 F.
🄴 ▢ ☎ 🚗 ⛱ CV 🕴 ♠ CB

⌂⌂ LES AIRELLES ★★
2, passage Michu. M. Diomard
☎ 35 93 14 60 ℻ 35 93 89 03
🛏 14 ▩ 200/250 F. 🍴 89/198 F.
🥢 50 F.
⊠ 15 déc./5 janv.
🄴 ▢ ☎ 🚗 ⛱ 🕴 ♠ CB C 🗐

NEUNG SUR BEUVRON
41210 Loir et Cher
1195 hab.

🏨 LES TILLEULS ★★
Place Albert Prudhomme. M. Lerck
☎ 54 83 63 30 🆊 54 83 74 91
🛏 7 ⬡ 185/200 F. 🍴 75/205 F. 🍴 50 F.
🍽 205/215 F.
⌧ 15 fév./15 mars, mar. soir et mer. hs.
🄴 🕾 🕾 🕾 CB

NEUSSARGUES
15170 Cantal
810 m. • 1300 hab. 🛈

🏨 DU MIDI ★★
(Au Pont du Vernet). Mme Chalier
☎ 71 20 51 20 🆊 71 20 57 07
🛏 10 ⬡ 190/220 F. 🍴 59/150 F.
🍴 40 F. 🍽 215/240 F.
⌧ sam. hs.
🄴 🕾 🕾 🕾 🕾 🕾 🕾 🕾 🕾 CV 🕾
🕾 CB

NEUVEGLISE
15260 Cantal
938 m. • 1100 hab. 🛈

🏨 RELAIS DE LA POSTE ★★
(A Cordesse). M. Chadelat
☎ 71 23 82 32 🆊 71 23 86 23
🛏 8 ⬡ 200/320 F. 🍴 70/200 F. 🍴 42 F.
🍽 230/280 F.
⌧ 15 nov./15 mars.
🄴 SP 🕾 🕾 🕾 🕾 🕾 🕾 🕾 CV 🕾
🕾 CB

NEUVIC
19160 Corrèze
620 m. • 2274 hab. 🛈

🏨 DU LAC ★★
M. Watson
☎ 55 95 81 43 🆊 55 95 05 15
🛏 15 ⬡ 220/280 F. 🍴 130/220 F.
🍴 55 F. 🍽 220/280 F.
⌧ fin sept./Pâques.
🄴 SP 🕾 🕾 🕾 🕾 🕾 🕾 🕾 🕾

NEUVILLE EN FERRAIN
59960 Nord
9895 hab. 🛈

🏨 DES ACACIAS AUBERGE DU MONT
FLEURI ★★★
39, rue du Dronckaert. M. De Weerdt
☎ 20 37 89 27 🆊 20 46 38 59
🛏 40 ⬡ 330 F. 🍴 60/250 F. 🍴 50 F.
🍽 495 F.
🄴 🄳 SP 🛈 🕾 🕾 🕾 🕾 🕾 🕾 🕾
🕾 CV 🕾 🕾 CB 🕾

NEUVILLE LES DAMES
01400 Ain
1070 hab. 🛈

🏨 DU MIDI ★★
M. Noblet
☎ 74 55 60 26
🛏 7 ⬡ 170/350 F. 🍴 95/300 F. 🍴 70 F.
⌧ mar. soir et mer.
🄳 🕾 🕾 🕾 🕾 CB

NEUVILLE LEZ BEAULIEU (LA)
08380 Ardennes
400 hab.

🏨 MOTEL DU BOIS ★★
Sur N. 43. M. Dubois
☎ 24 54 32 55 🆊 24 54 34 90
🛏 10 ⬡ 160/180 F. 🍴 65/120 F.
🍴 50 F. 🍽 200 F.
⌧ janv. rest. lun. midi sauf fériés.
🄴 🄳 🕾 🕾 🕾 🕾 🕾 CB

NEUVILLE SAINT AMAND
02100 Aisne
732 hab.

🏨 HOSTELLERIE DU CHATEAU ★★★
M. Meiresonne
☎ 23 68 41 82 🆊 23 68 46 02
🛏 15 ⬡ 340 F. 🍴 120/330 F. 🍴 80 F.
⌧ 24/31 déc., 1er/21 août, sam. midi et
dim. soir.
🄴 🕾 🕾 🕾 🕾 🕾 🕾 🕾 🕾 CB

NEUVILLE SUR BRENNE
37110 Indre et Loire
516 hab.

🏨 AUBERGE DE LA DILIGENCE
Sur N. 10. M. Colas ☎ 47 56 28 11
🛏 6 ⬡ 150/210 F. 🍴 62/165 F. 🍴 50 F.
🍽 220 F.
⌧ 25 fév./12 mars, mer. soir et dim. soir hs.
🄴 🕾 🕾 🕾 🕾 CB

NEUVY PAILLOUX
36100 Indre
1422 hab.

🏨 BERRY RELAIS ★★
9, RN. 151. M. Vermeulen ☎ 54 49 50 57
🛏 10 ⬡ 150/250 F. 🍴 85/250 F. 🍴 55 F.
🍽 250/265 F.
⌧ 4 premières semaines de janv., 1ère
semaine juil., dim. soir et lun.
🄴 🄳 🕾 🕾 🕾 🕾 🕾 CB

NEUVY SUR BARANGEON
18330 Cher
1300 hab.

🏨 LE CHEVAL ROUGE ★
2, place du Marché. Mme Jacquemin
☎ 48 51 62 15
🛏 9 ⬡ 140/220 F. 🍴 75/150 F. 🍴 45 F.
🍽 240/300 F.
⌧ 1er/24 mars, 11/22 sept. et mer.
🄴 🕾 🕾 🕾 🕾 🕾 CB

NEVERS
58000 Nièvre
45500 hab. 🛈

🏨 LA FOLIE ★★
Route des Saulaies. M. Rosier
☎ 86 57 05 31 🆊 86 57 66 99
🛏 37 ⬡ 265/290 F. 🍴 90/145 F.
🍴 44 F. 🍽 255 F.
⌧ vac. scol. fév./mars, 24/31 déc., rest.
ven. et dim. soir sauf juil./août.
🄴 🄳 🕾 🕾 🕾 🕾 🕾 🕾 🕾 🕾 🕾
CB C 🕾

NICE
06000 Alpes Maritimes
295000 hab. ℹ️

🔺 LE PANORAMIC ★★
Grande Corniche. M. Dupupet
☎ 93 89 12 46 📠 93 89 76 51
🛏 12 🍽 230/300 F. 🍴 70/115 F.
🍴 50 F. 🛎 225/250 F.
[E] [i] 🛁 ☎ 🚗 [CV] [⬛] 🐾 [CB]

✴ LE RELAIS DE RIMIEZ ★★
128, av. de Rimiez. Mme Pietruschi
☎ 93 81 18 65 📠 93 53 51 23
🛏 24 🍽 200/350 F.
⊠ 5 janv./10 fév.
[E] [D] [i] 🛁 ☎ 🚗 🛏 🚶 ♿ 🛎 [⬛] 🐾 [CB]

🔺 LES GEMEAUX ★
S/Grande Corniche
149, bld Observatoire. M. Dieude
☎ 93 89 03 60 📧 460 000 📠 93 26 90 38
🛏 12 🍽 190/265 F. 🍴 65/125 F.
🍴 45 F. 🛎 185/225 F.
⊠ dim. hs.
[E] [SP] 🛁 ☎ 🚗 🛏 ♿ [CV] 🐾 [CB]

NIEDERBRONN LES BAINS
67110 Bas Rhin
5000 hab. ℹ️

🔺 MULLER ★★★
16, av. de la Libération. M. Muller
☎ 88 63 38 38 📧 871327 📠 88 09 02 79
🛏 41 🍽 210/420 F. 🍴 52/240 F.
🍴 46 F. 🛎 256/298 F.
⊠ rest. janv. et lun.
[E] [D] 🛁 ☎ 🚗 🛏 🍴 ⬛ 🏊 🏊 📺 🛎
🚶 ♿ 🚴 [CV] [⬛] 🐾 [CB]

NIEDERHASLACH
67280 Bas Rhin
1100 hab. ℹ️

🔺 POMME D'OR ★★
36, rue Principale. M. Abelhauser
☎ 88 50 90 21 📠 88 50 95 17
🛏 20 🍽 210/270 F. 🍴 65/160 F.
🍴 40 F. 🛎 240 F.
⊠ dim. soir et lun.
[D] 🛁 ☎ ♿ [CV] [⬛] 🐾 [CB]

NIEDERMORSCHWIHR
68230 Haut Rhin
500 hab.

🔺 DE L'ANGE ★★
M. Boxler
☎ 89 27 05 73 📠 89 27 01 44
🛏 14 🍽 265/355 F. 🍴 98/260 F.
🍴 40 F. 🛎 257/305 F.
⊠ hôtel 15 déc./25 mars, rest. 5
janv./15 fév., mer. et jeu. midi.
[D] 🛁 ☎ 🍴 [⬛] 🐾 [CB]

NIEDERSCHAEFFOLSHEIM
67500 Bas Rhin
1220 hab.

🔺 AU BOEUF ROUGE ★★
39, rue Général de Gaulle. M. Golla
☎ 88 73 81 00 📠 88 73 89 71

🛏 15 🍽 250/280 F. 🍴 110/290 F.
🍴 50 F. 🛎 220/240 F.
⊠ 12 juil./1er août, dim. soir et lun.
sauf fêtes.
[E] [D] 🛁 ☎ 🚗 🍴 [CV] [⬛] 🐾 [CB]

NIEDERSTEINBACH
67510 Bas Rhin
200 hab.

🔺 CHEVAL BLANC ★★
Route de Bitche, rue principale.
M. Zinck
☎ 88 09 55 31 📠 88 09 50 24
🛏 27 🍽 230/330 F. 🍴 89/270 F.
🍴 60 F. 🛎 260/330 F.
⊠ 1er fév./10 mars, 19/30 juin, 1er/
10 déc., rest. ven. jusqu'à 16 h. hs et jeu.
[E] [D] 🛁 ☎ 🚗 🛏 🍴 🏊 🎿 🚶 🚴 [CV]
[⬛] [CB]

NIMES
30900 Gard
128471 hab. ℹ️

🔺 AUBERGE BOIS DES ESPEISSES ★★
127, route d'Alès. M. Arent
☎ 66 23 62 98 📠 66 62 38 24
🛏 25 🍽 200/340 F. 🍴 65/240 F.
🍴 40 F. 🛎 190/240 F.
⊠ dim. sauf juil./août.
[E] [SP] [i] 🛁 ☎ 🚗 🛏 📺 🍴 🚶 ♿ [CV]
[⬛] 🐾 [CB] [C] 🛎

NIMES (MARGUERITTES)
30320 Gard
7548 hab. ℹ️

🔺 L'HACIENDA ★★★
Le Mas de Brignon. M. Chauvin
☎ 66 75 02 25 📠 66 75 45 58
🛏 10 🍽 400/550 F. 🍴 95/320 F.
🍴 85 F. 🛎 450/550 F.
⊠ janv./fév.
[E] [D] 🛁 ☎ 🚗 🍴 🎿 🏊 🚶 🚴 [CV]
[⬛] [CB]

NIORT
79000 Deux Sèvres
70000 hab. ℹ️

🔺 TERMINUS - LA POELE D'OR ★★
82, rue de la Gare. M. Tavernier
☎ 49 24 00 38 📠 49 24 94 38
🛏 34 🍽 180/280 F. 🍴 95/155 F.
🍴 40 F. 🛎 200/250 F.
⊠ 20 déc./5 janv. et sam. hiver.
[E] [D] 🛁 ☎ 🛎 [C] 🛎

NIORT (SAINT REMY)
79410 Deux Sèvres
440 hab. ℹ️

🔺 RELAIS DU POITOU ★★
Route de Nantes. Mme Gaillard
☎ 49 73 43 99 📧 793 199 📠 49 73 44 67
🛏 20 🍽 200/235 F. 🍴 80/125 F.
🍴 38 F.
⊠ 24 déc./24 janv. et rest. lun.
[E] [SP] 🛁 ☎ 🚗 [CV] [⬛] 🐾 [CB] 🛎

NISSAN LEZ ENSERUNE
34440 Hérault
2700 hab. 🛈

🏨🏨 RESIDENCE ★★
35, av. de la Cave. Mme Lourbet-Rouzier
☎ 67 37 00 63 � 67 37 68 63
🛏 18 ⌧ 240/270 F. 🍽 89/105 F.
🍴 45 F. 📷 240 F.
⌧ 1er/21 nov.
Ⓔ SP 🗗 🕿 🚗 🍸 🍴 CV 🅾

NOEUX LES MINES
62290 Pas de Calais
13600 hab.

🏨🏨 LES TOURTERELLES ★★
374, route nationale. M. Verbrugge
☎ 21 66 90 75 � 21 26 98 98
🛏 18 ⌧ 220/350 F. 🍽 95/210 F.
🍴 40 F. 📷 210/275 F.
⌧ sam. midi et dim. soir.
Ⓔ 🗗 🕿 🚗 🍸 🍴 CV 🅾 CB 💼

NOGARO
32110 Gers
2008 hab. 🛈

🏨🏨 LE COMMERCE ★
2, place des Cordeliers. M. Lagès
☎ 62 09 00 95
🛏 15 ⌧ 200/250 F. 🍽 60/160 F.
🍴 40 F. 📷 210 F.
⌧ 15 déc./10 janv. et dim. soir.
Ⓔ 🗗 🕿 🚗 CV 🅾 CB

NOGENT LE ROTROU
28400 Eure et Loir
13586 hab. 🛈

🏨🏨🏨 DU LION D'OR ★★
Place Saint-Pol. M. Drouet
☎ 37 52 01 60 � 37 52 23 82
🛏 14 ⌧ 260/360 F. 🍽 110/270 F.
🍴 65 F. 📷 290/330 F.
⌧ 2/23 août, 23 déc./3 janv., dim. soir
et lun.
Ⓔ SP 🗗 🕿 🚗 🍸 🍴 🅾 CB

NOGENT SUR SEINE
10400 Aube
5000 hab. 🛈

🏨 LE BEAU RIVAGE
20, rue Villiers aux Choux. M. Duhayer
☎ 25 39 84 22 � 25 39 18 32
🛏 6 ⌧ 110/195 F. 🍽 72/180 F. 🍴 72 F.
📷 158/188 F.
⌧ dim. soir et lun. sauf fériés.
Ⓔ 🍸 🅾 CB

NOHANT
36400 Indre
481 hab. 🛈

🏨🏨 AUBERGE DE LA PETITE FADETTE ★★
M. Chapleau ☎ 54 31 01 48 � 54 31 10 19
🛏 8 ⌧ 280/340 F. 🍽 80/180 F. 🍴 55 F.
📷 258/288 F.
Ⓔ 🗗 🕿 🚗 🍸 🅾 🅾 CB

NOIRETABLE
42440 Loire
800 m. • *1780 hab.* 🛈

🏨 RENDEZ-VOUS DES CHASSEURS ★★
Route de l'Hermitage. M. Rouillat
☎ 77 24 72 51 � 77 24 93 40
🛏 15 ⌧ 130/250 F. 🍽 60/200 F.
🍴 45 F. 📷 155/205 F.
⌧ 16 sept./10 oct., 10 jours 2ème
semaine vac. scol. fév., dim. soir et lun.
oct./juin.
Ⓔ 🛈 🕿 🚗 🍴 🅾 CB

NOIRMOUTIER EN L'ILE
85330 Vendée
4000 hab. 🛈

🏨🏨🏨 FLEUR DE SEL ★★★
(A 500 m. derrière l'église).
M. Wattecamps
☎ 51 39 21 59 � 51 39 75 66
🛏 35 ⌧ 365/600 F. 🍽 125/168 F.
🍴 70 F. 📷 365/510 F.
⌧ 5 nov./11 fév.
Ⓔ Ⓓ SP 🗗 🕿 🚗 🍸 🍹 ⛱ ✦ 🍴
🅾 🅾 CB 💼

🏨🏨 LES CAPUCINES ★★
38, av. de la Victoire. Mme Gueneau
☎ 51 39 06 82 � 51 39 33 10
🛏 21 ⌧ 210/400 F. 🍽 70/190 F.
🍴 45 F. 📷 260/370 F.
⌧ 13 nov./11 fév. et mer. sauf 1er
avr./30 sept.
Ⓔ 🗗 🕿 🚗 🍸 🍹 🅾 CB

🏨🏨 LES DOUVES ★★
11, rue des Douves. M. Maisonneuve
☎ 51 39 02 72 � 51 39 73 09
🛏 22 ⌧ 320/411 F. 🍽 80/160 F.
🍴 58 F. 📷 318/364 F.
⌧ 3 janv./3 fév.
Ⓔ Ⓓ SP 🗗 🕿 🚗 CV 🅾 🅾 CB 💼

NOLAY
21340 Côte d'Or
1686 hab. 🛈

🏨🏨 LE CHEVREUIL ★★
Mme Parent ☎ 80 21 71 89 � 80 21 82 18
🛏 14 ⌧ 170/280 F. 🍽 78/150 F. 🍴 39 F.
📷 295 F.
⌧ 20 déc./20 janv. et mer.
Ⓔ SP 🗗 🕿 🚗 🍸 🅾 CB

🏨🏨 SAINTE MARIE ★★
MM. Fechoz/Trouillat
☎ 80 21 73 19 � 80 21 81 80
🛏 12 ⌧ 195/300 F. 🍽 75/170 F.
🍴 45 F. 📷 260 F.
⌧ 20 déc./20 janv., lun. et dim. soir
hiver.
Ⓔ Ⓓ 🗗 🕿 🚗 🍸 🍴 🅾 CB

NONTRON
24300 Dordogne
4100 hab. 🛈

🏨🏨 GRAND HOTEL ★★
Mme Pelisson
☎ 53 56 11 22 � 53 56 59 94
🛏 26 ⌧ 180/350 F. 🍽 78/260 F.
🍴 55 F. 📷 210/300 F.
⌧ dim. soir nov./mars.
Ⓔ 🗗 🕿 🚗 🍸 🍹 ✦ 🅾 CV 🅾
🅾 CB 💼

NORGES LA VILLE
21490 Côte d'Or
600 hab.

▲▲ DE LA NORGES ★★
M. Tebaldini ☎ 80 35 72 17 ⁜ 80 35 75 78
🛏 34 ⌧ 190/280 F. 🍴 70/160 F. 🍽 38 F.
🛌 170/220 F.
⊠ 24 déc./8 janv., 3 semaines fév. hors
vac. scol. et dim. hs.
[E] 🗋 🕾 🚗 🚙 🚶 CV 🔲 ◀ CB C 🏚

NORT SUR ERDRE
44390 Loire Atlantique
5700 hab. 🛈

▲▲ DE BRETAGNE ★★
41, av. Aristide Briand. M. Lorin
☎ 40 72 21 95 ⁜ 40 72 25 07
🛏 7 ⌧ 200/260 F. 🍴 75/210 F. 🍽 45 F.
🛌 230/260 F.
⊠ 9 fév./2 mars, dim. soir et lun.
[E] 🗋 🕾 🚗 🍴 🚶 CV 🔲 ◀ CB

NORVILLE
76330 Seine Maritime
1200 hab.

▲▲ AUBERGE DE NORVILLE ★
Rue des Ecoles. M. Eliard
☎ 35 39 91 14 ⁜ 35 38 47 08
🛏 10 ⌧ 220/250 F. 🍴 70/200 F.
🍽 45 F.
⊠ dim. soir et lun.
🗋 🕾 ◀ CB

NOTRE DAME DE BELLECOMBE
73590 Savoie
1130 m. • 500 hab. 🛈

▲ BEAU SEJOUR
Mme Mollier ☎ 79 31 61 84
🛏 14 ⌧ 260/310 F. 🍴 80/ 98 F.
🍽 38 F. 🛌 250/285 F.
⊠ 15 sept./15 déc. et fin vac.
printemps/10 juin.
[E] 🕾 🚗 🍴 CV 🔲 ◀ CB

▲▲ BELLEVUE ★★
M. Perrin ☎ 79 31 60 56 ⁜ 79 31 69 84
🛏 20 ⌧ 230/320 F. 🍴 98/150 F.
🍽 54 F. 🛌 255/315 F.
⊠ 25 avr./20 juin et 10 sept./18 déc.
[E] 🗋 🕾 🚗 CV 🔲 ◀ CB

▲▲▲ LE TETRAS ★★
(Les Frasses-Alt. Hôtel 1500 m).
M. Rossat-Mignod
☎ 79 31 61 70 ⁜ 79 31 77 31
🛏 22 ⌧ 240/450 F. 🍴 76/142 F.
🍽 48 F. 🛌 260/415 F.
⊠ 22 avr./20 mai et 1er oct./17 déc.
[E] 🗋 🕾 🚗 🔀 🍴 🛎 ⛲ 🚶 ▶
🚴 CV 🔲 ◀ CB

NOTRE DAME DE MONTS
85690 Vendée
1300 hab. 🛈

▲▲ DE LA PLAGE ★★★
145, av. de la Mer. M. Civel
☎ 51 58 83 09 ⁜ 51 58 97 12
🛏 49 ⌧ 210/460 F. 🍴 98/220 F.

🍽 44 F. 🛌 266/404 F.
⊠ 1er nov./1er avr.
[E] 🗋 🕾 🚗 🚙 🔀 ⛱ ▶. 🚴 CV 🔲 ◀
CB C

▲▲ DU CENTRE ★★
1, rue de st Jean de Monts. M. Brunet
☎ 51 58 83 05 ⁜ 51 59 16 62
🛏 19 ⌧ 200/270 F. 🍴 59/230 F.
🍽 45 F. 🛌 220/320 F.
⊠ début janv.
[E] SP 🗋 🚗 🍴 ⛲ 🚴 CV CB

NOTRE DAME DE SANILHAC
24660 Dordogne
2300 hab.

▲ AUBERGE NOTRE DAME
Route de Vergt. M. Debacker
☎ 53 07 60 69
🛏 5 ⌧ 130/240 F. 🍴 60/140 F. 🍽 35 F.
🛌 170/230 F.
[E] SP 🕾 🚗 🍴 🚶 🚴 ◀ CB

NOUVION EN THIERACHE (LE)
02170 Aisne
3146 hab. 🛈

▲▲ LA PAIX ★★
37, rue Vimont Vicary M. Pierrart
☎ 23 97 04 55 ⁜ 23 98 98 39
🛏 18 ⌧ 140/270 F. 🍴 85/180 F.
🍽 55 F. 🛌 180/235 F.
⊠ dernière semaine juil., 1ère semaine
août, vac. scol. fév., dim. soir et lun. midi.
[E] 🗋 🕾 🚗 🍴 🔲 ◀ CB

NOYAL SUR VILAINE
35530 Ille et Vilaine
4000 hab.

▲▲ LES FORGES ★★
22, av. Général de Gaulle. M. Pilard
☎ 99 00 51 08 ⁜ 99 00 62 02
🛏 11 ⌧ 225/320 F. 🍴 95/250 F.
🍽 65 F.
⊠ 30 janv./9 fév., 7/22 août, dim. soir
et soirs fériés.
[E] 🗋 🕾 🚗 🔀 🚴 🔲 ◀ CB 🏚

NOYANT
49490 Maine et Loire
1700 hab. 🛈

▲ HOSTELLERIE SAINT MARTIN
6, place de l'Eglise. M. Deslandes
☎ 41 89 60 44
🛏 6 ⌧ 200/240 F. 🍴 80/165 F. 🍽 40 F.
🛌 200/220 F.
⊠ 15/21 mai, vac. scol. Toussaint, mar.
et dim. soir sauf juil./août.
[E] 🗋 🚗 🍴 🚶 ◀ CB

NOYERS BOCAGE
14210 Calvados
800 hab.

▲▲ LE RELAIS NORMAND ★★
M. Boureau ☎ 31 77 97 37 ⁜ 31 77 94 41
🛏 7 ⌧ 220/270 F. 🍴 95/250 F. 🍽 50 F.
🛌 240/260 F.
⊠ dernière semaine janv., 1ère semaine
fév., 15 nov./5 déc. et mer.
[E] 🗋 🕾 🚗 🔀 CV 🔲 ◀

NOYERS SUR CHER
41140 Loir et Cher
2000 hab. [i]

AA LE MANOIR DES GRANDES VIGNES ★★★
16-18, rue Général de Gaulle. M. Letrone
☎ 54 75 40 77
[T] 7 ◎ 290/365 F. [II] 95/210 F. [H] 60 F.
[M] 290 F.
⊠ 15 nov./15 mars.
[E][☎][⌂][⌂][T][♿][iii][◄][CB]

A RELAIS TOURAINE-SOLOGNE ★★
Lieu-dit Le Boeuf Couronne. M. Robert
☎ 54 75 15 23 [FAX] 54 75 03 79
[T] 12 ◎ 185/260 F. [II] 80/180 F.
[H] 50 F. [M] 230/280 F.
⊠ 5 janv./20 fév., mar. soir et mer. hs.
[E][⌂][⌂][T][♿][◄][CB]

NOYON
60400 Oise
14150 hab. [i]

AA LE GRILLON ★★
39, rue Saint-Eloi. M. Pruvot
☎ 44 09 14 18 [FAX] 44 44 34 30
[T] 25 ◎ 200/260 F. [II] 85/160 F.
[H] 59 F. [M] 290/320 F.
⊠ ven. soir, sam. midi et dim. soir.
[E][SP][⌂][☎][⌂][T][CV][iii][◄][CB]

NOZAY
44170 Loire Atlantique
3240 hab. [i]

A GERGAUD ★
12, route de Nantes. M. Forte
☎ 40 79 47 54 [FAX] 40 79 34 77
[T] 9 ◎ 130/170 F. [II] 60/185 F. [H] 40 F.
[M] 146/166 F.
⊠ 2/15 janv., dim. soir et lun.
[E][SP][i][⌂][☎][⌂][T][CV][iii][◄][CB][▪]

NUAILLE
49340 Maine et Loire
1120 hab.

AAA RELAIS DES BICHES ★★
Place de l'Eglise. M. Baume
☎ 41 62 38 99 [TX] 720547 [FAX] 41 62 96 24
[T] 12 ◎ 290/350 F. [II] 110/175 F.
[H] 55 F. [M] 280/320 F.
⊠ 1er/12 août.
[E][⌂][☎][⌂][⌂][T][♿][CV][iii][◄]

NUITS SAINT GEORGES
21700 Côte d'Or
6000 hab. [i]

AAA LE SAINT GEORGES ★★ & ★★★
Carrefour de l'Europe. Mme Robyn
☎ 80 61 15 00 [TX] 351370 [FAX] 80 61 23 80
[T] 47 ◎ 285/330 F. [II] 90/240 F.
[H] 50 F. [M] 275/305 F.
[E][SP][i][⌂][☎][⌂][⌂][⌂][♿][CV][iii]
[◄][CB][C]

NYONS
26110 Drôme
6000 hab. [i]

AA LA PICHOLINE ★★★
Promenade de la Perrière. Mme Greffier
☎ 75 26 06 21 [FAX] 75 26 40 72

[T] 16 ◎ 280/375 F. [II] 125/195 F.
[H] 70 F. [M] 283/365 F.
⊠ dernière semaine oct., fév., lun. soir
et mar. hs.
[E][D][⌂][☎][⌂][T][♿][iii][◄][CB]

NYONS (VIEUX VILLAGE D'AUBRES)
26110 Drôme
207 hab. [i]

AAA AUBERGE DU VIEUX VILLAGE
D'AUBRES ★★★
Aubres. Mme Colombe.
☎ 75 26 12 89 [FAX] 75 26 38 10
[T] 23 ◎ 300/780 F. [II] 80/240 F.
[H] 45 F. [M] 360/616 F.
⊠ rest. mer. midi.
[E][D][⌂][☎][⌂][T][♿][▪][♿][♿][CV]
[iii][◄][CB]

O

OBERHASLACH
67280 Bas Rhin
1200 hab. [i]

AA RUINES DU NIDECK ★★
2, rue de Molsheim. Mme Gruber
☎ 88 50 90 14
[T] 14 ◎ 240/320 F. [II] 110/220 F.
[H] 50 F. [M] 230/310 F.
⊠ 2/27 janv., mar. après midi et mer.
[E][D][⌂][☎][⌂][T][iii][◄]

OBERMORSCHWIHR
68420 Haut Rhin
428 hab.

A LA COURONNE ★★
11, rue Principale. M. Woelfflin
☎ 89 49 30 69
[T] 12 ◎ 250 F. [II] 65/200 F. [H] 45 F.
[M] 230 F.
⊠ 1er/17 juil., 22 déc./8 janv., ven. soir
et sam., hôtel 15 nov./6 avr.
[E][D][⌂][☎][T]

OBERNAI
67210 Bas Rhin
10000 hab. [i]

A DE LA CLOCHE ★★
90, rue Général Gouraud. Mme Drendel
☎ 88 95 52 89 [FAX] 88 95 07 63
[T] 20 ◎ 250/280 F. [II] 80/150 F.
[H] 35 F. [M] 250/270 F.
⊠ 1ère quinz. janv.
[E][D][⌂][☎][CV][iii]

AA DES VOSGES ★★
5, place de la Gare. M. Weller
☎ 88 95 53 78 [FAX] 88 49 92 65
[T] 20 ◎ 270/290 F. [II] 80/290 F.
[H] 50 F. [M] 300 F.
⊠ 9/30 janv., 19 juin/3 juil., dim. soir et
lun. hs, lun. saison.
[E][D][⌂][☎][⌂][⌂][T][♿][CV][iii][◄][CB]

OBERNAI (suite)

▲▲ HOSTELLERIE DUC D'ALSACE ★★★
6, place de la Gare. M. Rothenburger
☎ 88 95 55 34 ▥ 889 000 T 51343
📠 88 95 00 92
🛏 19 ▨ 290/450 F. 🍴 39 F.
🍽 300/370 F.
⊠ rest. mer.
Ⓔ Ⓓ 🛈 📷 ☎ 🚗 🍴 📺 CV 🔆 🕊 CB
Ⓒ 🏪

▲▲ HOSTELLERIE LA DILIGENCE ★★
23, place de la Mairie.
Mme Fritz-Garstecki
☎ 88 95 55 69 ▥ 880133 📠 88 95 42 46
🛏 41 ▨ 195/420 F.
Ⓔ Ⓓ 📷 ☎ 🚗 🛏 ☂ 🌴 CV 🕊 CB
Ⓒ 🏪

▲ ZUM SCHNOGALOCH
18, place de l'Etoile. M. Rolli
☎ 88 95 54 57
🛏 9 ▨ 220/260 F. 🍴 78/160 F. 🍴 40 F.
🍽 270 F.
⊠ 25 juin/12 juil., nov. et lun.
Ⓓ ✉ 🦮 CV 🕊 CB

OBERSTEINBACH
67510 Bas Rhin
201 hab. 🛈

▲▲ ALSACE VILLAGES ★★
49, rue Principale.
Me M. Zérafa/Ullmann
☎ 88 09 50 59 📠 88 09 53 56
🛏 12 ▨ 230/290 F. 🍴 95/130 F.
🍴 55 F. 🍽 255/310 F.
⊠ 2 janv./10 fév., 1 semaine nov., rest.
lun. et mar.
Ⓔ Ⓓ 📷 ☎ 🚗 🦽 🦮 🌳 CV 🔆
🕊 CB

OBJAT
19130 Corrèze
3200 hab. 🛈

▲ DE FRANCE ★★
12, av. Georges Clemenceau.
M. Dumond
☎ 55 25 80 38 📠 55 25 91 87
🛏 15 ▨ 150/250 F. 🍴 75/220 F.
🍴 45 F. 🍽 190/220 F.
⊠ 24 déc./2 janv., 15 sept./5 oct. et dim. hs.
Ⓔ 📷 ☎ 🚗 🌴 CV 🕊 CB

▲ DELAGE - REY ★
53, av. Jean Lascaux. MM. Delage/Rey
☎ 55 84 12 50 📠 55 25 82 32
🛏 10 ▨ 180/250 F. 🍴 80/160 F.
🍴 40 F. 🍽 180/220 F.
⊠ 11/26 juin, dim. soir et dernier
week-end de chaque mois.
Ⓔ 📷 ☎ 🚗 🌴 🦽 CV 🔆 🕊 CB

OFFEMONT
90300 Territoire de Belfort
4300 hab.

▲▲ MON VILLAGE ★★
53, rue Aristide Briand. M. Mougenot
☎ 84 26 65 66 📠 84 26 18 50
🛏 30 ▨ 200/260 F. 🍴 60/180 F.
🍴 40 F. 🍽 160/180 F.
Ⓔ Ⓓ 📷 ☎ 🚗 ✉ 🦽 CV 🔆 🕊 CB

OIE (L')
85140 Vendée
840 hab.

▲▲ LE GRAND TURC ★★
33, rue Nationale. M. Greau
☎ 51 66 08 74 📠 51 66 14 13
🛏 16 ▨ 290 F. 🍴 71/165 F. 🍴 42 F.
🍽 250 F.
⊠ 25 déc., 1er janv., 1er mai et dim. soir.
Ⓔ SP 📷 ☎ 🚗 🛏 🌴 🦮 CV 🔆 🕊 CB

OIRON
79100 Deux Sèvres
1009 hab.

▲ LE RELAIS DU CHATEAU ★★
Place des Maronniers. M. Bernier
☎ 49 96 54 96 📠 49 96 54 45
🛏 14 ▨ 150/230 F. 🍴 69/155 F.
🍴 40 F. 🍽 210/390 F.
⊠ rest. dim. soir.
Ⓔ 📷 ☎ ✉ 🦽 🔆 🕊 CB 🏪

OLLIERES SUR EYRIEUX (LES)
07360 Ardèche
800 hab. 🛈

▲▲ AUBERGE DE LA VALLEE ★★
Bas Pranles-Les Ollières. M. Serre
☎ 75 66 20 32
🛏 7 ▨ 235 F. 🍴 95/320 F. 🍴 65 F.
🍽 225/265 F.
⊠ 1er fév./15 mars., 18/26 sept., dim.
soir et lun. hs. sauf fériés.
Ⓔ SP 📷 ☎ 🚗 🦽 CB

OLLIERGUES
63880 Puy de Dôme
1800 hab. 🛈

▲ DES VOYAGEURS
M. Achard ☎ 73 95 50 43 📠 73 95 59 00
🛏 7 ▨ 150/230 F. 🍴 60/150 F. 🍴 35 F.
🍽 180 F.
⊠ 20 sept./15 oct. et rest. dim. soir
nov./mai.
Ⓔ 📷 ☎ 🚗 CV 🕊

OLMETO PLAGE
20113 Corse
1300 hab.

▲▲▲ ABBARTELLO ★
M. Balisoni
☎ 95 74 04 73 📠 95 74 06 17
🛏 14 ▨ 130/350 F. 🍴 90/120 F.
🍴 50 F. 🍽 385/605 F.
Ⓔ 🛈 📶 CB

OLORON SAINTE MARIE
(GURMENCON)
64400 Pyrénées Atlantiques
500 hab. 🛈

▲▲ AU RELAIS ASPOIS ★★
(A Gurmençon-village). M. Casenave
☎ 59 39 09 50 📠 59 39 02 33
🛏 15 ▨ 160/230 F. 🍴 70/175 F.
🍴 40 F. 🍽 200/220 F.
⊠ 2ème quinz. nov. et rest. lun. midi.
Ⓔ SP 📷 ☎ 🚗 🚗 ✉ 🌴 🦽 🦮 CV 🔆
🕊 CB Ⓒ 🏪

OMPS
15290 Cantal
621 m. • 246 hab.

⚐ MAISON CAPELLE ⋆
M. Dore ☎ 71 64 70 14
🛏 11 ◐ 160 F. 🍽 70/100 F. 🍴 40 F.
🛎 170 F.
🇪 🅳 ⌖ 🚗 ⊨ 🛉 CV ⬥ CB

ONZAIN
41150 Loir et Cher
3000 hab. ℹ

⚐ AUBERGE DU BEAU RIVAGE
(A Escures), sur N. 152. M. Guil
☎ 54 20 70 39
🛏 8 ◐ 130/180 F. 🍽 80/180 F. 🍴 50 F.
🛎 190/240 F.
⊠ 10 fév./28 mars, dim. soir et lun. hs.
🇪 🚗 🚗 CB

ORANGE
84100 Vaucluse
27000 hab. ℹ

⚜ ARENE ⋆⋆⋆
Place de Langes. M. Coutel
☎ 90 34 10 95 ℻ 90 34 91 62
🛏 30 ◐ 320/420 F.
⊠ 1er nov./15 déc.
🇪 🅳 SP ⌖ 🚗 🚗 ⊞ ⊨ CV 🔲 ⬥ CB

⚜ LE GLACIER ⋆⋆
46, cours Aristide Briand. M. Cunha
☎ 90 34 02 01 ℻ 90 51 13 80
🛏 28 ◐ 250/285 F.
⊠ 22 déc./1er fév. et dim. soir
Toussaint/Pâques.
🇪 🅳 ⌖ 🚗 🚗 🚗 ⊞ 🍴 ⌀ CV ⬥ C

⚐⚐ LOUVRE ET TERMINUS Rest. LES
JARDINS DE L'ORANGERIE ⋆⋆⋆
89, av. Frédéric Mistral.
Me M. Lena/Cabrera
☎ 90 34 10 08 ╲ 90 34 74 32
℻ 90 34 68 71
🛏 30 ◐ 250/390 F. 🍽 90/140 F.
🍴 40 F. 🛎 260/295 F.
⊠ hôtel 1er/8 janv., 20/31 déc., rest.
2/23 janv., sam. midi et lun. nov./fin
avr.
🇪 ℹ 🅳 ⌖ 🚗 🚗 ⊞ ⊨ 🍴 ⊤ ⊟ ⊨
🛉 🔲 ⬥ CB

ORBEC EN AUGE
14290 Calvados
3700 hab. ℹ

⚐ DE FRANCE ⋆⋆
152, rue Grande. M. Corbet
☎ 31 32 74 02 ℻ 31 32 27 77
🛏 24 ◐ 145/330 F. 🍽 64/170 F.
🍴 40 F. 🛎 168/240 F.
⊠ 22 déc./21 janv. et dim. soir 1er
sept./Pâques.
🇪 ⌖ 🚗 🚗 🛉 🍴 CV ⬥ CB

ORBEY
68370 Haut Rhin
700 m. • 3140 hab. ℹ

⚐⚐ BON REPOS ⋆⋆
235, Orbey Pairis. Mme Hermann
☎ 89 71 21 92 ℻ 89 71 24 51
🛏 18 ◐ 215 F. 🍽 78/150 F. 🍴 45 F.

🛎 225/235 F.
⊠ 12 nov./23 déc. et mer. soir sauf
juil./août uniquement pensionnaires.
☎ 🚗 ⊨ 🍴 🛉 CV ⬥ CB

⚐⚐ DE LA CROIX D'OR ⋆⋆
13, rue de l'Eglise. M. Thomann
☎ 89 71 20 51 ℻ 89 71 35 60
🛏 16 ◐ 210/270 F. 🍽 90/200 F.
🍴 58 F. 🛎 230/280 F.
⊠ 16 nov./20 déc. et mer. hs.
🇪 🅳 ⌖ ☎ ⊨ ⊞ ✣ CV 🔲 ⬥ CB

⚐⚐⚐ HOSTELLERIE MOTEL
AU BOIS LE SIRE ⋆⋆⋆
20, rue Général de Gaulle.
Mme Florence
☎ 89 71 25 25 ℻ 89 71 30 75
🛏 36 ◐ 260/360 F. 🍽 78/250 F.
🍴 50 F. 🛎 260/340 F.
⊠ 2 janv./5 fév. sauf juil./août.
🇪 🅳 ⌖ ☎ 🚗 ⊨ 🍴 ⊟ ⊞ 🛉 CV 🔲 ⬥
CB C 🔲

⚐⚐ LE SAUT DE LA TRUITE ⋆⋆
(A Remomont). Mme Gaudel
☎ 89 71 20 04 ℻ 89 71 31 52
🛏 21 ◐ 200/300 F. 🍽 70/200 F.
🍴 45 F. 🛎 250/300 F.
⊠ 1er déc./1er fév. et mer. sauf
juil./sept.
🇪 🅳 ⌖ 🚗 ⊨ 🍴 CV 🔲 ⬥ CB

⚐⚐ LES BRUYERES ⋆⋆
35, rue Général de Gaulle. M. Beaulieu
☎ 89 71 20 36 ℻ 89 71 35 30
🛏 28 ◐ 190/280 F. 🍽 75/155 F.
🍴 48 F. 🛎 220/270 F.
⊠ 2 nov./20 déc.
🇪 🅳 ℹ ⌖ 🚗 ⊨ CV ⬥ CB C

⚐⚐ PAIRIS ⋆⋆
233, Pairis. M. Streng
☎ 89 71 20 15 ℻ 89 71 36 15
🛏 15 ◐ 180/210 F. 🍽 55/300 F.
🍴 55 F. 🛎 225 F.
⊠ 3 janv./15 fév. et mer.
🅳 ⌖ 🚗 🚗 ⊨ 🛉 CV 🔲 ⬥ CB 🔲

ORBEY (BASSES HUTTES)
68370 Haut Rhin
150 hab. ℹ

⚐⚐ WETTERER ⋆⋆
(A Basses Huttes). Mme Wetterer
☎ 89 71 20 28 ℻ 89 71 36 50
🛏 16 ◐ 230/270 F. 🍽 75/180 F.
🍴 45 F. 🛎 235/245 F.
⊠ 6 nov./22 déc., hôtel mer. sauf
juil./août, rest. lun. et mer. midi
sept./juin.
🇪 🅳 ⌖ 🚗 ⊨ 🍴 ⊞ CB

ORCHAMPS VENNES
25390 Doubs
850 m. • 1500 hab.

⚐⚐ BARREY ⋆⋆
Place Saint-Pierre. M. Barrey
☎ 81 43 50 97 ℻ 81 43 62 68
🛏 13 ◐ 160/250 F. 🍽 80/250 F.
🍴 45 F. 🛎 220/250 F.
⊠ dim. soir et lun. sauf juil./août.
⌖ ☎ 🛉 CV 🔲 ⬥ CB

ORCINES
63870 Puy de Dôme
836 m. • 2873 hab.

⚏ HOSTELLERIE LES HIRONDELLES ★★
Route de Limoges. M. Amblard
☎ 73 62 22 43
🛏 18 ⌷ 220/280 F. 🍽 72/160 F.
🍴 45 F. 🍽 185/220 F.
⊠ fév.
📷 ☎ 🚗 ⋈ 🕮 🎿 🐕 CV ⚏ CB

ORCINES (LA BARAQUE)
63870 Puy de Dôme
780 m. • 200 hab.

⚏⚏ RELAIS DES PUYS ★★
Sur D. 941 A. M. Esbelin
☎ 73 62 10 51 📠 73 62 22 09
🛏 28 ⌷ 137/298 F. 🍽 72/175 F.
🍴 45 F. 🍽 180/230 F.
⊠ 10 déc./1er fév., dim. soir
15 sept./1er juin et rest. lun. midi.
📷 ☎ 🚗 🚗 ⋈ 🕮 🎿 🐕 CV 🎱 ⚏
CB 🖊

ORCINES
(LA FONT DE L'ARBRE)
63870 Puy de Dôme
836 m. • 500 hab.

⚏ AUBERGE DES DOMES
Mme Carneiro
☎ 73 62 10 13 📠 73 62 24 08
🛏 12 ⌷ 120/200 F. 🍽 79/175 F.
🍴 40 F. 🍽 150/180 F.
⊠ 1er quinz. oct., 2ème quinz.
fév., mar. et mer. oct./avr.
🚗 ⚏ CB

ORCIVAL
63210 Puy de Dôme
860 m. • 360 hab. ⓘ

⚏ DES TOURISTES ★★
M. Gauthier ☎ 73 65 82 55 📠 73 65 91 11
🛏 8 ⌷ 195/270 F. 🍽 65/200 F. 🍴 45 F.
🍽 215/245 F.
⊠ 15 nov./15 fév. sauf vac. Noël, lun. soir
et mar. hs.
📷 ☎ ☎ 🕮 CV ⚏ CB

⚏ DU MONT DORE ★★
Mme Goyon ☎ 73 65 82 06 \ 73 65 85 43
🛏 8 ⌷ 110/190 F. 🍽 55/120 F. 🍴 30 F.
🍽 140/170 F.
⊠ 14 nov./23 déc.
📷 ☎ 🎱 ⚏ CB

ORGELET
39270 Jura
2000 hab. ⓘ

⚏⚏ DE LA VALOUSE ★★
M. Trichard ☎ 84 25 40 64 📠 84 35 55 28
🛏 15 ⌷ 204/255 F. 🍽 98/235 F. 🍴 55 F.
🍽 242/265 F.
⊠ dim. soir et lun.
📷 D ☎ ☎ 🚗 ⋈ 🎿 🚲 CV ⚏ CB

ORGNAC L'AVEN
07150 Ardèche
300 hab.

⚏ DE L'AVEN ★★
M. Sarrazin
☎ 75 38 61 80 📠 75 38 66 39
🛏 25 ⌷ 215/275 F. 🍽 78/155 F.
🍴 50 F. 🍽 225/275 F.
⊠ 15 nov./1er mars.
📷 ☎ 🚗 🎿 🚲 CV ⚏ CB

ORLEANS
(SAINT HILAIRE SAINT MESMIN)
45160 Loiret
1900 hab.

⚏⚏⚏ L'ESCALE DU PORT ARTHUR ★★
A St-Hilaire St-Mesmin, rue de l'Eglise.
M. Marquet ☎ 38 76 30 36 📠 38 76 37 67
🛏 17 ⌷ 190/310 F. 🍽 99/200 F. 🍴 75 F.
🍽 300/330 F.
⊠ 2/20 janv.
📷 D ⓘ ☎ ☎ 🚗 ⋈ 🕮 🐕 CV 🎱 ⚏
CB 🖊

ORLEANS
(SAINT JEAN LE BLANC)
45650 Loiret
6531 hab. ⓘ

⚏ LE MARJANE ★★
121, route de Sandillon. Mme Leclerc
☎ 38 66 35 13 📠 38 56 51 01
🛏 24 ⌷ 150/290 F. 🍽 80 F. 🍴 50 F.
🍽 160/180 F.
⊠ rest. sam. et dim.
📷 ☎ 🚗 🎿 🐕 CV 🎱 ⚏ CB

ORLEANS (SEMOY)
45400 Loiret
2200 hab.

⚏⚏ DE LA FORET ★
A Semoy, 106, av. Gallouedec. M. Julien
☎ 38 86 41 34 📠 38 56 43 47
🛏 10 ⌷ 160/260 F. 🍽 68/160 F.
🍴 46 F. 🍽 160/220 F.
📷 ☎ ☎ 🚗 🕮 🎿 🚲 CV ⚏ CB

ORNANS
25290 Doubs
5000 hab. ⓘ

⚏⚏⚏ DE FRANCE ★★★
51-53, rue Pierre Vernier.
Me M. Gresset/Vincent
☎ 81 62 24 44 📠 81 62 12 03
🛏 31 ⌷ 160/350 F. 🍽 100/250 F.
🍴 50 F. 🍽 375 F.
⊠ 15 déc./15 fév., dim. soir et lun.
📷 ☎ ☎ 🕮 🎱 ⚏ CB

ORPIERRE
05700 Hautes Alpes
750 m. • 51 hab.

⚏⚏ LE CEANS ★★
(Les Bègues à 5 km). M. Roux
☎ 92 66 24 22 📠 92 66 28 29
🛏 24 ⌷ 200/260 F. 🍽 85/200 F.
🍴 50 F. 🍽 200/225 F.
⊠ 1er nov./15 mars.
📷 ☎ ☎ 🕮 🏊 ⋙ 🎣 🐕 🎱 ⚏ CB

ORSANS
11270 Aude
76 hab.

▲▲ LES 4 VENTS
M. Roustand
☎ 68 24 79 92 FAX 68 24 75 38
🛏 7 ◇ 180/220 F. 🍴 85/150 F. 🍴 35 F.
🔆 240/280 F.
✉ lun.
[symbols] CB

ORSCHWILLER
67600 Bas Rhin
650 m. • 605 hab. ℹ

▲▲ DU HAUT KOENIGSBOURG ★★
Route du Haut Koenigsbourg.
Mme Ichter ☎ 88 92 10 92 FAX 88 82 50 04
🛏 25 ◇ 250/350 F. 🍴 60/250 F. 🍴 48 F.
🔆 265/295 F.
✉ janv. et mar. saison.
[symbols] CB

ORTHEZ
64300 Pyrénées Atlantiques
11542 hab. ℹ

▲▲▲ AU TEMPS DE LA REINE JEANNE ★★
44, rue Bourg Vieux. M. Couture
☎ 59 67 00 76
🛏 20 ◇ 255/285 F. 🍴 85/175 F.
🍴 50 F. 🔆 230/245 F.
[symbols] CB

OSSEJA (VALCEBOLLERE)
66340 Pyrénées Orientales
1250 m. • 1900 hab. ℹ

▲▲▲ AUBERGE LES ECUREUILS ★★★
M. Laffitte ☎ 68 04 52 03
🛏 14 ◇ 180/350 F. 🍴 68/248 F.
🍴 65 F. 🔆 215/300 F.
✉ 15/30 avr. et 3 nov./15 déc.
[symbols] CB

OSSES
64780 Pyrénées Atlantiques
800 m. • 700 hab.

▲▲▲ MENDI-ALDE ★★
Mme Minaberry
☎ 59 37 71 78 FAX 59 37 77 22
🛏 15 ◇ 200/250 F. 🍴 90/150 F.
🍴 45 F. 🔆 220/260 F.
✉ 11 nov./15 déc., dim. soir et lun. hs.
[symbols] CB

OSTHEIM
68150 Haut Rhin
1500 hab.

▲▲▲ AU NID DE CIGOGNES ★★★
2, route de Colmar. M. Utzmann
☎ 89 47 91 44 TX 871247 FAX 89 47 99 88
🛏 47 ◇ 250/380 F. 🍴 75/225 F.
🍴 45 F. 🔆 265/275 F.

✉ 20 fév./31 mars, rest. dim. soir et lun.
[symbols] CB

BALTZINGER ★★
16, route de Colmar. M. Meinrad
☎ 89 47 95 51 FAX 89 49 02 45
🛏 36 ◇ 260/300 F. 🍴 68/150 F.
🍴 35 F. 🔆 250/260 F.
✉ 15 nov./15 fév. et mar. sauf groupes.
[symbols] CB

OTTROTT
67530 Bas Rhin
1600 hab. ℹ

▲▲ A L'AMI FRITZ ★★
8, rue du Vignoble. M. Fritz
☎ 88 95 80 81 \88 95 87 39
FAX 88 95 84 85
🛏 17 ◇ 225/365 F. 🍴 120/285 F.
🔆 350/370 F.
✉ 4/22 janv. et mer.
[symbols] CB

▲▲ DOMAINE LE MOULIN ★★
32, route de Klingenthal. M. Schreiber
☎ 88 95 87 33 FAX 88 95 98 03
🛏 20 ◇ 290/390 F. 🍴 110/250 F.
🍴 65 F. 🔆 300/350 F.
✉ 20 déc./15 janv. et rest. sam. midi.
[symbols] CB

OUCHAMPS
41120 Loir et Cher
415 hab.

▲▲▲ LE RELAIS DES LANDES ★★★
M. Badenier ☎ 54 44 03 33 FAX 54 44 03 89
🛏 28 ◇ 495/725 F. 🍴 180/295 F. 🍴 95 F.
🔆 525/640 F.
✉ 15 nov./1er avr.
[symbols] CB

OUCQUES
41290 Loir et Cher
1480 hab.

▲▲ DU COMMERCE ★★
M. Lanchais
☎ 54 23 20 41 FAX 54 23 02 88
🛏 12 ◇ 230/400 F. 🍴 92/255 F.
🍴 60 F. 🔆 300 F.
✉ 20 déc./31 janv., dim. soir et lun.
sauf juil./août et fêtes.
[symbols] CB

OUDON
44521 Loire Atlantique
2353 hab. ℹ

▲▲ DU PORT
10, rue du Port. M. David
☎ 40 83 68 58 FAX 40 83 69 79
🛏 5 ◇ 200/340 F. 🍴 70/320 F. 🍴 50 F.
🔆 170/280 F.
✉ dim. soir.
[symbols]

OUHANS
25520 Doubs
600 m. • 269 hab.

▲ DES SOURCES DE LA LOUE ★
13, Grande Rue. M. Salomon
☎ 81 69 90 06 ⟨FAX⟩ 81 69 93 17
🛏 13 ⌖ 160/200 F. ⌂ 70/170 F.
⫟ 40 F. ▦ 220 F.
⊠ 20 déc./1er fév.
▫🕿🚗🎿♨🦽🍴📶 CB

OUISTREHAM RIVA BELLA
14150 Calvados
8000 hab. ⓘ

▲▲ LE NORMANDIE - LE CHALUT ★★
71, av. Michel-Cabieu. M. Maudouit
☎ 31 97 19 57 ⟨FAX⟩ 31 97 20 07
🛏 22 ⌖ 220/340 F. ⌂ 88/325 F.
⫟ 55 F. ▦ 260/340 F.
⊠ 18 déc./10 janv., dim. soir et lun.
nov./mars.
▣▫🕿🚗✉🦽 CV 🍴📶 CB
C ⌘

▲▲ SAINT-GEORGES ★★
51, av. Andry. M. Rougemond
☎ 31 97 18 79 ⟨FAX⟩ 31 96 08 94
🛏 18 ⌖ 280/300 F. ⌂ 98/300 F.
⫟ 60 F. ▦ 310 F.
⊠ 15 nov./10 déc. et 5/20 janv.
▣▫🕿🚗🎿🍴📶 CB

OUSSE
64320 Pyrénées Atlantiques
3800 hab.

▲▲ DES PYRENEES ★★
2, route de Pau. M. Daugas
☎ 59 81 71 51 ⟨FAX⟩ 59 81 78 47
🛏 20 ⌖ 260/315 F. ⌂ 65/175 F.
⫟ 40 F. ▦ 225/250 F.
⊠ 1er/15 janv., 15/31 déc. et dim. soir
nov./mai, rest. lun. midi nov./mai.
▣ SP ▫🕿🚗✉🎿🦽 CV 🍴📶
CB ⌘

OYE ET PALLET
25160 Doubs
870 m. • 425 hab.

▲▲▲ PARNET ★★★
MM. Parnet ☎ 81 89 42 03 ⟨FAX⟩ 81 89 41 47
🛏 16 ⌖ 290/340 F. ⌂ 95/240 F. ⫟ 50 F.
▦ 360/395 F.
⊠ 20 déc./1er fév., dim. soir et lun. sauf
vac. scol.
▫▫🕿🚗🎿♨🎿🦽
🍴 CB

OYONNAX
01100 Ain
540 m. • 25000 hab. ⓘ

▲ BUFFARD ★★
Place de l'Eglise. M. Perrin
☎ 74 77 86 01 ⟨TX⟩ 389000 ⟨FAX⟩ 74 73 77 68
🛏 22 ⌖ 180/300 F. ⌂ 70/180 F.
⫟ 50 F. ▦ 240/300 F.
⊠ rest. 1/15 août, ven. soir, sam. et
dim. soir.
▣ SP ▫🕿🚗✉✉🎿🍴📶 CB

OZOIR LA FERRIERE
77330 Seine et Marne
18000 hab. ⓘ

▲▲ AU PAVILLON BLEU ★★
108, av. Général Leclerc. M. Ferrière
☎ (1) 64 40 05 56 ⟨FAX⟩ (1) 64 40 29 74
🛏 38 ⌖ 230 F. ⌂ 85/250 F. ⫟ 50 F.
▦ 200/250 F.
▣ D ⓘ ▫🕿🚗🎿 CV 🍴📶 CB
C ⌘

PACAUDIERE (LA)
42310 Loire
1222 hab. ⓘ

▲ DU LYS ★★
Mme Richard
☎ 77 64 35 20 ⟨FAX⟩ 77 64 11 62
🛏 7 ⌖ 125/215 F. ⌂ 72/150 F. ⫟ 40 F.
▦ 150/210 F.
⊠ 15 jours janv., 15 jours oct. et mer.
sauf réservations.
▣ D SP ▫🕿🚗 CV 📶 CB

PACY SUR EURE
27120 Eure
4295 hab. ⓘ

▲ ALTINA ★★
Route de Paris. M. Me Duval
☎ 32 36 13 18 ⟨FAX⟩ 32 26 05 11
🛏 29 ⌖ 253/294 F. ⌂ 65/175 F.
⫟ 54 F. ▦ 232 F.
⊠ rest. 5/20 août et dim. soir.
▫🕿🚗🚗🦽🍴📶 CB ⌘

PADIRAC
46500 Lot
180 hab. ⓘ

▲▲ L'AUBERGE DE MATHIEU ★★
M. Pinquié
☎ 65 33 64 68 ⟨FAX⟩ 65 33 69 29
🛏 7 ⌖ 160/250 F. ⌂ 75/180 F. ⫟ 38 F.
▦ 180/220 F.
⊠ 30 oct./15 mars et sam. hs.
▣ SP ▫🕿🚗🎿🦽 CV 📶 CB

▲▲ MONTBERTRAND ★★
M. Montbertrand
☎ 65 33 64 47
🛏 7 ⌖ 220/270 F. ⌂ 86/182 F. ⫟ 70 F.
▦ 214/238 F.
⊠ 24 oct./7 avr.
🕿🚗🎿🦽 CB

▲▲ PADIRAC HOTEL ★★
(Au Gouffre de Padirac) M. Morel
☎ 65 33 64 23 ⟨FAX⟩ 65 33 72 03
🛏 23 ⌖ 100/220 F. ⌂ 58/180 F.
⫟ 36 F. ▦ 160/210 F.
⊠ 2ème dim. oct./31 mars.
▣🕿🚗🎿 CV 📶 CB

PAILHEROLS
15800 Cantal
1000 m. • 160 hab.

▲▲ AUBERGE DES MONTAGNES ★★
Mme Combourieu
☎ 71 47 57 01
🛏 16 ❄ 195/260 F. 🍽 68/118 F.
🍴 48 F. 🛎 220/240 F.
⌧ 12 oct./20 déc. sauf week-end
Toussaint.
[icons] CB

PAIMPOL
22500 Côtes d'Armor
8498 hab. ⓘ

▲▲ DE LA MARNE ★★
30, rue de la Marne. M. Kokoszka
☎ 96 20 82 16 ⓕ 96 20 92 07
🛏 12 ❄ 295/395 F. 🍽 95/390 F.
🍴 70 F. 🛎 265/305 F.
⌧ jeu. soir et ven.
[icons] CB

PAIMPOL (PLOUBAZLANEC)
22620 Côtes d'Armor
3797 hab.

▲▲▲ LE BARBU ★★★
Pointe de l'Arcouest. M. Bothorel
☎ 96 55 86 98 ⓕ 96 55 73 87
🛏 20 ❄ 450/700 F. 🍽 90/300 F.
🍴 60 F. 🛎 500/550 F.
⌧ 3 janv./10 fév.
[icons] CB

▲ LE RELAIS DE LAUNAY ★★
Route de l'Arcouest. M. Escaillet
☎ 96 55 86 30 ⓕ 96 55 73 87
🛏 9 ❄ 230/300 F. 🍽 60/200 F. 🍴 60 F.
🛎 300/350 F.
⌧ 1er oct./31 mars.
[icons] CB

PAJAY
38260 Isère
800 hab.

▲ MA PETITE AUBERGE
Mme Vivier
☎ 74 54 26 06
🛏 7 ❄ 120/280 F. 🍽 60/180 F. 🍴 50 F.
🛎 150/210 F.
⌧ 10/20 sept.
[icons]

PALLUAU
85670 Vendée
665 hab.

▲ LOUIS PHILIPPE ★
1, place Saint-Gilles. M. Laidet
☎ 51 98 51 11
🛏 10 ❄ 170/190 F. 🍽 46/100 F.
🍴 39 F. 🛎 150/180 F.
⌧ 15/30 sept. et sam. hs.
[icons] CB

PALUD SUR VERDON (LA)
04120 Alpes de Haute Provence
950 m. • 200 hab. ⓘ

▲ AUBERGE DES CRETES ★
Mme Sturma-Sedola
☎ 92 77 38 47 ⓕ 92 77 30 40
🛏 12 ❄ 231/262 F. 🍽 78/103 F.
🍴 52 F. 🛎 232/255 F.
⌧ 3 oct./1er avr., jeu. sauf juil./août,
vac. scol. et jours fériés.
[icons] CB

▲▲▲ DES GORGES DU VERDON ★★★
Mme Bogliorio
☎ 92 77 38 26 ⓕ 92 77 35 00
🛏 27 ❄ 290/540 F. 🍽 110/240 F.
🍴 55 F. 🛎 300/420 F.
⌧ mi-oct./Pâques.
[icons] CB

▲▲ LE PANORAMIC ★★
Route de Moustiers. M. Caron
☎ 92 77 35 07 ⓕ 92 77 30 17
🛏 20 ❄ 260/390 F. 🍽 92/210 F.
🍴 55 F. 🛎 265/330 F.
⌧ 16 nov./31 mars et mar. hs.
[icons] CB C

▲▲ LE PROVENCE ★★
M. Seguin
☎ 92 77 36 50 ╲ 92 77 38 88
ⓕ 92 77 31 05
🛏 20 ❄ 210/275 F. 🍽 79/130 F.
🍴 45 F. 🛎 230/245 F.
⌧ Toussaint/Pâques.
[icons] CB C

PAMIERS
09100 Ariège
12965 hab. ⓘ

▲▲▲ DE FRANCE ★★
5, rue Dr. Rambaud ou 13, rue Hospice.
M. Raja ☎ 61 60 20 88 ⓕ 61 67 29 48
🛏 29 ❄ 200/350 F. 🍽 85/220 F.
🍴 53 F. 🛎 235/255 F.
⌧ rest. vac. scol. Noël et dim. 1er
oct./25 mai.
[icons] CB C

▲▲ DE LA PAIX ★★
4, place Albert Tournier.
MeM. Varin-Marlot
☎ 61 67 12 71 ⓕ 61 60 61 02
🛏 14 ❄ 190/250 F. 🍽 65/150 F.
🍴 45 F. 🛎 180/220 F.
⌧ dim. soir 1er nov./31 mars.
[icons] CB

▲ DU PARC ★★
12, rue Piconnières. M. Brun
☎ 61 67 02 58
🛏 12 ❄ 180/260 F. 🍽 75/150 F.
🍴 50 F. 🛎 250/300 F.
⌧ rest. lun.
[icons] CB

294

PAMIERS (suite)

⌂ LE ROI GOURMAND ★★
Place de la Gare M. Soulié
☎ 61 60 12 12 ⨳ 61 60 16 66
🛏 18 ⌸ 200/300 F. 🍴 60/250 F.
🍽 45 F. 🖼 200/240 F.
Ⓔ SP ▢ ☎ ⚒ ▦ ●

PANNESSIERES
39570 Jura
460 hab.

⌂⌂ HOSTELLERIE DES MONTS JURA ★★
Route de Champagnole. M. Louis
☎ 84 43 10 03 ⨳ 84 24 57 37
🛏 7 ⌸ 220/250 F. 🍴 90/250 F. 🍽 52 F.
🖼 230/250 F.
⊠ 1er/15 janv., 25 août/10 sept., dim.
soir et lun.
Ⓔ Ⓓ ▢ ☎ ▦ ▸ ⍑ ⚒ ⚒ CV ▦
● CB

PARAY LE MONIAL
71600 Saône et Loire
10000 hab. ⓘ

⌂ AUX VENDANGES DE BOURGOGNE ★★
5, rue Denis Papin. M. Thomas
☎ 85 81 13 43 ⨳ 85 88 87 59
🛏 17 ⌸ 165/250 F. 🍴 68/165 F.
🍽 55 F. 🖼 200/260 F.
⊠ 25 nov./15 déc. et dim. soir
1er oct./1er mai.
Ⓔ ▢ ☎ ▦ ▸ ⍑ ⚒ CV ▦ ● CB

⌂ DU NORD ★
1, av. de la Gare. M. Levite
☎ 85 81 05 12 ⨳ 85 81 58 93
🛏 13 ⌸ 140/250 F. 🍴 68/160 F.
🍽 35 F. 🖼 220 F.
⊠ 24 déc./25 janv. et sam. hs.
▢ ☎ ▦ ▸ ● CB

PARAY SOUS BRIAILLES
03500 Allier
513 hab.

⌂ DU FOOT
M. Besset ☎ 70 45 05 80
🛏 7 ⌸ 100/120 F. 🍴 55 F. 🍽 30 F.
🖼 140/160 F.
⊠ 26 août/3 sept., 24/31 déc. et mer.
▦ ●

PARCEY
39100 Jura
659 hab.

⌂⌂ HOSTELLERIE DE L'AS DE PIQUE ★★
M. Beauvais
☎ 84 71 00 76 ⨳ 84 71 09 18
🛏 7 ⌸ 295 F. 🍴 95/240 F.
🖼 320/370 F.
⊠ dim. soir et lun. midi.
Ⓔ Ⓓ ▢ ☎ ▦ ▦ ▸ ⍑ ▦ ● CB

⌂ LE PARCEY ★
Route N. 5. M. Reffay
☎ 84 71 00 57 ⨳ 84 71 09 27
🛏 8 ⌸ 150/250 F. 🍴 60/160 F. 🍽 35 F.
🖼 220/280 F.
Ⓔ Ⓓ ▢ ☎ ▦ ▦ ▸ ⚒ CV ▦ ●
CB ▪

PARENT GARE
63270 Puy de Dôme
680 hab.

⌂⌂ MON AUBERGE ★★
Av. de la Gare. M. Favier
☎ 73 96 62 06 ⨳ 73 96 90 14
🛏 7 ⌸ 140/240 F. 🍴 75/240 F. 🍽 40 F.
🖼 170/220 F.
⊠ 27 nov./31 déc. et lun. sauf juil./août.
Ⓔ ▢ ☎ ● CB

PARENTIS EN BORN
40160 Landes
4260 hab. ⓘ

⌂ COUSSEAU
M. Lepesteur ☎ 58 78 42 46
🛏 9 ⌸ 160/260 F. 🍴 68/280 F.
⊠ 15/21 mai, 14 oct./5 nov., ven. soir
et dim. soir.
▦ ●

PARSAC GARE
23140 Creuse
680 hab.

⌂ DE LA GARE ★★
Sur N. 145. M. Landon
☎ 55 62 23 23 ⨳ 55 81 72 65
🛏 11 ⌸ 140/180 F. 🍴 70/160 F.
🍽 40 F. 🖼 190/230 F.
⊠ 22 déc./15 janv., dim. soir et lun.
Ⓔ ▢ ☎ ▦ CV ▦ ● CB

PARTHENAY
79200 Deux Sèvres
12000 hab. ⓘ

⌂⌂ DU NORD ★★
86, av. Général de Gaulle. M. Reveillaud
☎ 49 94 29 11 ⨳ 49 64 11 72
🛏 10 ⌸ 185/280 F. 🍴 70/210 F.
🍽 48 F. 🖼 230 F.
⊠ 20 déc./9 janv. et sam.
Ⓔ ▢ ☎ ▦ ▦ CV ▦ ● CB ▪

⌂⌂ RENOTEL ★★
Bld de l'Europe. Mme Reveillaud
☎ 49 94 06 44 ⨳ 49 64 01 94
🛏 41 ⌸ 230/350 F. 🍴 70/250 F.
🍽 50 F. 🖼 235/310 F.
Ⓔ Ⓓ ▢ ☎ ▦ ⚒ ▸ ⍑ CV ▦ ● CB

✳ SAINT JACQUES ★★
13, av. du 114e R.I.
M. Réveillaud
☎ 49 64 33 33 ⨳ 49 94 00 69
🛏 46 ⌸ 208 F.
Ⓔ ▢ ☎ ▦ ⚒ ▦ ⍑ CV ▦ ● CB

PASSENANS
39230 Jura
290 hab.

⌂ AUBERGE DU ROSTAING
M. Eckert
☎ 84 85 23 70 ⨳ 84 44 66 87
🛏 9 ⌸ 110/225 F. 🍴 66/164 F. 🍽 50 F.
🖼 127/188 F.
⊠ janv., déc., lun. soir hs et mar. midi.
Ⓔ Ⓓ ⚒ CV ● CB

PASSENANS (suite)

** AAA DOMAINE TOURISTIQUE DU REVERMONT ★★**
M. Schmit
☎ 84 44 61 02 ℻ 84 44 64 83
🛏 28 ⌂ 240/375 F. ⫴ 100/275 F.
🍽 52 F. 🍴 252/317 F.
⊠ 25 déc./1er mars, dim. soir et lun.
nov./déc. et mars.
🗎 🗙 🕿 🛏 🚻 ⛱ 🐟 🎾 ⛳ ♿ 🕯 ➤ CB 🛗

PASSY

74190 Haute Savoie
700 m. • 10000 hab. 🛈

AA DU CENTRE ET DU COTEAU ★★
M. Devillaz ☎ 50 78 23 66 ℻ 50 78 15 76
🛏 32 ⌂ 220/320 F. ⫴ 90/130 F. 🍽 50 F.
🍴 230/270 F.
⊠ 30 sept./1er nov. et sam. après midi hs.
🗎 🗙 🕿 🛏 🚻 ⛱ ♿ CV ➤ CB

PATAY

45310 Loiret
1800 hab.

A DU CHEVAL BLANC
5, rue de la Gare. M. Vaslier
☎ 38 80 80 11
🛏 7 ⌂ 140/260 F. ⫴ 66/150 F. 🍽 40 F.
🍴 165/225 F.
⊠ 15/31 août, 1er/15 fév., sam. et dim. soir.
🗎 🛈 🕿 🛏 ⛱ 🎨 ♿ ➤ CB

PAULHAC

15430 Cantal
1117 m. • 500 hab.

AA DE LA PLANEZE ★
M. Jouve ☎ 71 73 32 60
🛏 12 ⌂ 170/230 F. ⫴ 65/150 F.
🍽 40 F. 🍴 180/200 F.
⊠ mer. hs.
🕿 ⛱ CV ➤ CB

PAYRAC

46350 Lot
420 hab. 🛈

AA HOSTELLERIE DE LA PAIX ★★
M. Deschamps
☎ 65 37 95 15 ℻ 65 37 90 37
🛏 51 ⌂ 230/320 F. ⫴ 72/150 F.
🍽 27 F. 🍴 236/278 F.
⊠ 2 janv./18 fév.
🗎 🗙 🕿 🛏 ⛱ 🍴 🖬 ♿ 🕯 ➤ CB

PEAUGRES

07340 Ardèche
1500 hab.

A LE BON GITE ★
Rue principale Mme Bertois
☎ 75 34 80 44
🛏 11 ⌂ 205/225 F. ⫴ 89/130 F.
🍽 40 F. 🍴 195/205 F.
⊠ sam. sept/mars.
🗎 🗙 🕿 ⛱ 🍴 CV ➤

PEAULE

56130 Morbihan
2000 hab.

AA AUBERGE ARMOR VILAINE ★★
M. Boeffard
☎ 97 42 91 03 ℻ 97 42 82 27
🛏 21 ⌂ 210/270 F. ⫴ 65/230 F.
🍽 55 F. 🍴 235/285 F.
⊠ 2ème quinz. nov., vac. scol.
fév., dim. soir et lun. sauf juil./août et jours fériés.
🗙 🕿 🛏 ⛱ CV ➤ CB

PECHEREAU (LE)

36200 Indre
1930 hab. 🛈

AA L'ESCAPADE ★★
Route de Gargilesse, (Le Vivier).
Mme Arnaud ☎ 54 24 26 10 ℻ 54 24 33 16
🛏 8 ⌂ 180/280 F. ⫴ 60/220 F. 🍽 40 F.
🍴 220/250 F.
⊠ mer. après-midi et soir.
🗎 🗙 🕿 🛏 🚻 ♿ CV 🕯 CB

PEGOMAS

06580 Alpes Maritimes
3740 hab. 🛈

A LES JASMINS ★
115, av. de Grasse, (quartier la gravière).
M. Latour ☎ 93 42 22 94
🛏 14 ⌂ 200/300 F. ⫴ 65/160 F.
🍽 35 F. 🍴 210/300 F.
⊠ nov. et rest. mer.
🛏 ♿ CV ➤ CB

PEGUE (LE)

26770 Drôme
315 hab.

A AUBERGE DU DONJON
M. Beaud ☎ 75 53 55 71 ℻ 75 53 69 44
🛏 11 ⌂ 160/240 F. ⫴ 70/150 F.
🍽 40 F. 🍴 200/255 F.
⊠ janv. et lun.
🛈 🕿 🛏 ⛱ 🎾 🍴 ➤ CB

PEILLE

06440 Alpes Maritimes
630 m. • 1000 hab. 🛈

A BELVEDERE HOTEL
3, place Jean Hiol. M. Beauseigneur
☎ 93 79 90 45
🛏 5 ⌂ 180/260 F. ⫴ 85/150 F.
🍴 230/250 F.
⊠ 1er/25 déc.
🗎 🛈 ➤ CB

PEILLON VILLAGE

06440 Alpes Maritimes
110 hab. 🛈

AAA AUBERGE DE LA MADONE ★★★
M. Millo ☎ 93 79 91 17 ℻ 93 79 99 36
🛏 18 ⌂ 400/780 F. ⫴ 130/300 F. 🍽 85 F.
🍴 440/680 F.
⊠ 7/24 janv., 20 oct./20 déc. et mer.
🗎 🗙 🛈 🗙 🕿 🛏 🚻 🕿 🎾 🍴 🕯
➤ CB

PEISEY NANCROIX
73210 Savoie
1350 m. • 500 hab. 🛈

▲▲ LA VANOISE ★★
Plan Peisey. M. Me Villiod
☎ 79 07 92 19 ⊠ 79 07 97 48
🛏 34 ⊗ 250/300 F. 🍴 89/110 F.
🍴 50 F.
⊠ 23 avr./19 juin et 16 sept./19 déc.
🄴 🗂 ☎ 🖾 🛒 CV 🔟 🔶

▲▲ RELAIS DES TROIS STATIONS
Mme Villiod
☎ 79 07 93 09 ⊠ 79 07 94 52
🛏 14 ⊗ 270/360 F. 🍴 62/120 F.
🍴 48 F. 🖼 240/365 F.
⊠ mai/25 juin et 2 sept./20 déc.
🄴 ☎ 🚗 CV 🔶 CB

PELLERIN (LE)
44640 Loire Atlantique
3500 hab.

▲▲ RELAIS DE LA COTE DE JADE ★★
23, rue du Port Chassé. M. Colmant
☎ 40 05 62 20 ⊠ 40 05 63 10
🛏 8 ⊗ 190/225 F. 🍴 55/185 F. 🍴 50 F.
🖼 273/308 F.
⊠ dim. soir.
🗂 ☎ 🛖 CV 🔟 🔶 🎒

PELUSSIN
42410 Loire
3000 hab. 🛈

▲▲ LE COTTAGE ★★
3, rue de la Barge. M. Thomas
☎ 74 87 61 37 ⊠ 74 87 63 99
🛏 25 ⊗ 130/320 F. 🍴 68/160 F.
🍴 50 F. 🖼 160/300 F.
⊠ 6 fév./6 mars et ven.
🄴 🗂 ☎ 🚗 🛒 🛖 🚶 CV 🔟 🔶 CB

PELVOUX
05340 Hautes Alpes
1250 m. • 350 hab. 🛈

▲ LA CONDAMINE ★★
M. Estienne
☎ 92 23 35 48
🛏 19 ⊗ 235/245 F. 🍴 75/120 F.
🍴 60 F. 🖼 230/260 F.
⊠ 30 mars/1er juin et 15 sept./20 déc.
🄴 🛈 ☎ 🚗 🛖 🚶 🔶

▲ SAINT ANTOINE ★★
M. Staub
☎ 92 23 36 99 ⊠ 92 23 45 20
🛏 19 ⊗ 170/250 F. 🍴 76/136 F.
🍴 40 F. 🖼 165/230 F.
⊠ 10 mai/10 juin, 25 sept./5 nov., dim.
et mer. hs.
🄴 ☎ 🛖 🚶 ⌛ CV 🔶 CB

PENHORS (PLAGE)
29710 Finistère
170 hab. 🛈

▲▲▲ BREIZ-ARMOR ★★
Plage de Penhors. M. Segalen
☎ 98 51 52 53 ⊠ 98 51 52 30
🛏 23 ⊗ 306/360 F. 🍴 68/232 F.

🍴 45 F. 🖼 310/360 F.
⊠ début oct./début avr. sauf vac. scol.
Noël et lun. sauf résidents.
🄴 🗂 ☎ 🚗 🛒 🛖 ⛵ 🏊 🚶 ⌛ CV
🔟 🔶 CB

PENNE D'AGENAIS
47140 Lot et Garonne
2250 hab. 🛈

▲ LE MOULIN ★★
(A Port de Penne). Mme Paltrie
☎ 53 41 21 34
🛏 10 ⊗ 220 F. 🍴 90/165 F. 🍴 40 F.
🖼 240 F.
⊠ dim. soir et lun. hs.
🄴 🗂 ☎ 🔶 CB

PEPIEUX
11700 Aude
1054 hab.

▲ MINERVOIS ★
Mme Fuster ☎ 68 91 41 28
🛏 21 ⊗ 220/250 F. 🍴 70 F. 🖼 180 F.
⊠ mer. et dim. soir 1er nov./28 fév.
🄳 SP ☎ 🚗 🔟 🔶

PERIERS
50190 Manche
2566 hab.

▲ DE LA POSTE ★★
5, av. de la Gare. M. Roulet
☎ 33 46 64 01 ⊠ 33 46 77 11
🛏 10 ⊗ 220/280 F. 🍴 72/190 F.
🍴 50 F. 🖼 230/250 F.
⊠ 15 déc./5 janv., dim. soir et lun.
🄴 🗂 ☎ 🚗 🔶 CB 🎒

PERIGNAC
17800 Charente Maritime
867 hab.

▲ L'ALAMBIC
(Autoroute sortie 26). Mme Praud
☎ 46 96 41 16
🛏 5 ⊗ 130/195 F. 🍴 48/108 F. 🍴 38 F.
🖼 170/185 F.
⊠ 30 mars/16 avr.
🄴 🄳 🚗 🚗 🛖 🔶

PERIGUEUX
24000 Dordogne
43000 hab. 🛈

▲▲ DU MIDI ★
18, rue Denis Papin. M. Faure
☎ 53 53 41 06 ⊠ 53 08 19 32
🛏 23 ⊗ 160/260 F. 🍴 75/220 F.
🍴 40 F. 🖼 170/200 F.
⊠ 24 sept./10 oct. et 23 déc./2 janv.
🄴 🗂 ☎ 🚗 CV 🔶 CB 🎒

▲▲ DU PERIGORD ★★
74, rue Victor Hugo. Mme Vallejo
☎ 53 53 33 63
🛏 20 ⊗ 190/290 F. 🍴 75/168 F.
🍴 50 F. 🖼 235/250 F.
⊠ 15 oct./3 nov., 1 semaine
carnaval, sam. et dim. soir.
SP 🗂 ☎ 🛖 🔟 🔶 CB

PERIGUEUX (suite)

Ⓐ L'UNIVERS ★★
18, cours Montaigne. M. Cadol
☎ 53 53 34 79
🔟 12 🛏 75/165 F. 🍴 60 F.
🍽 250/280 F.
⊠ vac. scol. Noël, dim. soir et lun. hors
vac. scol.
Ⓔ SP 🗋 🖨 🕐 CV 🔌

PERIGUEUX (BASSILLAC)
24000 Dordogne
1297 hab.

ⒶⒶ CHATEAU DE ROGNAC ★★
Mme Daudrix
☎ 53 54 40 78 FAX 53 54 53 95
🔟 12 🛏 252/384 F. 🍴 130/285 F.
🍽 45 F. 🍷 256/322 F.
⊠ 30 sept./8 avr., rest. lun. midi, mar.
midi et mer. midi.
Ⓔ 🖨 🕐 🔌 CB

PERIGUEUX (RAZAC)
24430 Dordogne
1702 hab.

ⒶⒶⒶ CHATEAU DE LALANDE ★★★
(Annesse et Beaulieu). M. Sicard
☎ 53 54 52 30 FAX 53 07 46 67
🔟 22 🛏 250/430 F. 🍴 92/300 F.
🍽 46 F. 🍷 300/390 F.
⊠ 15 nov./15 mars et mer. midi hs.
Ⓔ Ⓓ 🗋 🖨 🕐 CB

PERLES ET CASTELET
09110 Ariège
700 m. • 157 hab.

ⒶⒶⒶ LE CASTELET ★★
Mme Tissier ☎ 61 64 24 52 TX 533376 F
FAX 61 64 05 93
🔟 27 🛏 231/341 F. 🍴 90/240 F.
🍷 270/330 F.
⊠ mar. après-midi et mer. mai/juin,
sept./oct.
SP 🗋 🖨 🕐

PERNES LES FONTAINES
84210 Vaucluse
5000 hab.

✻ L'HERMITAGE ★★
Route de Carpentras. Mme Oury
☎ 90 66 51 41 FAX 90 61 36 41
🔟 20 🛏 340/400 F. 🍷 320/340 F.
Ⓔ 🗋 🖨 🕐 CV 🔌 CB

ⒶⒶ PRATO-PLAGE ★★
M. Boffelli
☎ 90 61 31 72 FAX 90 61 33 34
🔟 12 🛏 200/300 F. 🍴 85/190 F.
🍽 60 F. 🍷 220/270 F.
⊠ mars et sam. matin.
Ⓔ ⓘ 🗋 🖨 🕐 CV 🔌 CB

PERONNE
80200 Somme
9600 hab.

Ⓐ SAINT CLAUDE
42, place Louis Daudre. M. Lalos
☎ 22 84 46 00 FAX 22 84 47 57

🔟 23 🛏 140/300 F. 🍴 85/170 F.
🍽 55 F. 🍷 185/250 F.
Ⓔ Ⓓ 🗋 🖨 🕐 CV 🔌 CB

PERPIGNAN
66000 Pyrénées Orientales
113646 hab.

Ⓐ DE LA POSTE ET DE LA PERDRIX ★★
6, rue Fabriques Nabot. Mme Broisseau
☎ 68 34 42 53 FAX 68 34 58 20
🔟 38 🛏 150/260 F. 🍴 80/130 F.
🍽 68 F. 🍷 175/225 F.
⊠ 29 janv./6 mars, rest. dim. soir et lun.
Ⓔ Ⓓ SP 🗋 🖨 🕐 CV 🔌 Ⓒ

PERROS GUIREC
22700 Côtes d'Armor
8500 hab.

ⒶⒶ AU SAINT YVES ★★
Rue Saint-Yves. M. Ledieu
☎ 96 23 21 31 FAX 96 23 05 24
🔟 20 🛏 200/235 F. 🍴 59/139 F.
🍽 48 F. 🍷 245/265 F.
⊠ 23 janv./12 fév. et 1er/23 nov.
Ⓔ 🗋 🖨 🕐 CV 🔌 CB

ⒶⒶ HERMITAGE HOTEL ★★
20, rue le Montreer. M. Cariou
☎ 96 23 21 22 FAX 96 91 16 56
🔟 23 🛏 250/298 F. 🍴 92/120 F.
🍽 45 F. 🍷 245/280 F.
⊠ 20 sept./15 mai.
Ⓔ 🗋 🖨 🕐 CV 🔌 CB

ⒶⒶ KER MOR ★★
38, rue du Maréchal Foch. Mme Nouail-
hac ☎ 96 23 14 19 FAX 96 23 18 49
🔟 29 🛏 198/500 F. 🍴 75/205 F. 🍽 38 F.
🍷 229/394 F.
⊠ 1er nov./15 fév.
Ⓔ SP 🗋 🖨 🕐 CV 🔌 CB

ⒶⒶⒶ LES FEUX DES ILES ★★★
53, bld Clemenceau. M. Le Roux
☎ 96 23 22 94 FAX 96 91 07 30
🔟 15 🛏 370/600 F. 🍴 128/320 F.
🍽 82 F. 🍷 420/540 F.
⊠ 3/10 oct., 15 jours vac. scol.
fév./mars, dim. soir, lun. oct./avr.
Ⓔ SP 🗋 🖨 🕐 CB

PERROS GUIREC
(PLOUMANACH EN)
22700 Côtes d'Armor
7793 hab.

ⒶⒶ DU PARC ★★
Mme Salvi ☎ 96 91 40 80 FAX 96 91 60 48
🔟 11 🛏 170/275 F. 🍴 75/160 F.
🍽 46 F. 🍷 250/275 F.
⊠ 26 sept./31 mars.
Ⓔ 🗋 🖨 CV 🔌 CB

Ⓐ LE PHARE ★★
39, rue Saint-Guirec. M. Pesci
☎ 96 91 41 19 FAX 96 91 42 68
🔟 24 🛏 210/255 F. 🍴 74/157 F.
🍽 46 F. 🍷 205/235 F.
⊠ 1er janv./17 fév., 1er/19 oct.,
13 nov./31 déc. et mer.
Ⓔ SP 🗋 🖨 🕐 CV 🔌 CB Ⓒ

PERROS GUIREC
(PLOUMANACH EN) (suite)

▲▲ LES ROCHERS ★★
Chemin de la Pointe. Mme Justin
☎ 96 91 44 49 ⊞ 96 91 43 64
📶 14 ◔ 305/500 F. ⑪ 155/395 F.
🍴 90 F. 🍽 425/650 F.
⊠ fin sept./Pâques et mer.
Pâques/mi-juin.
[⏻] [D] [📷] [☎] [🅿] [CB]

▲▲ SAINT GUIREC ET DE LA PLAGE ★★
162, rue Saint Guirec. Mme Hardouin
☎ 96 91 40 89 ⊞ 96 91 49 27
📶 24 ◔ 150/330 F. ⑪ 70/250 F.
🍴 37 F. 🍽 218/323 F.
⊠ 13/31 mars et 2 nov./9 fév.
[⏻] [D] [📷] [☎] [🚗] [CV] [🅿] [CB]

PERTHES
52100 Haute Marne
640 hab. [i]

▲▲ LA CIGOGNE GOURMANDE
46, route Nationale. M. Bonnefois
☎ 25 56 40 29
📶 6 ◔ 180/275 F. ⑪ 75/295 F. 🍴 60 F.
🍽 200 F.
⊠ 1er juil./31 août.
[⏻] [📷] [🚗] [🚹] [🅿] [CB]

PERTUIS
84120 Vaucluse
15000 hab. [i]

▲▲ L'AUBARESTIERO ★★
Place Garcin. MM. Jacqueline/Jalong
☎ 90 79 14 74
📶 13 ◔ 170/230 F. ⑪ 70/200 F.
🍴 50 F. 🍽 195/225 F.
[⏻] [D] [📷] [☎] [T] [🚹] [🅿] [CB]

PESMES
70140 Haute Saône
1100 hab. [i]

▲▲▲ DE FRANCE ★★
MM. Vieille ☎ 84 31 20 05
📶 10 ⑪ 90/170 F. 🍴 50 F.
🍽 230/280 F.
[⏻] [D] [📷] [☎] [🚗] [🚹] [🚹] [CV] [🅿] [CB]

PESSE (LA)
39370 Jura
1160 m. • 230 hab.

▲ BURDET ★★
M. Raymond ☎ 84 42 70 12
📶 18 ◔ 135/250 F. ⑪ 55/160 F.
🍴 40 F. 🍽 190/235 F.
⊠ 1er nov./15 déc., mar. soir et mer.
[📷] [🚗] [🚹] [CV] [🅿] [CB]

PETITE FOSSE (LA)
88490 Vosges
600 m. • 73 hab.

▲▲ AUBERGE DU SPITZEMBERG ★★
(Altitude 600 m.). M. Duhem
☎ 29 51 20 46 ⊞ 29 51 10 12
📶 11 ◔ 175/325 F. ⑪ 80/130 F.
🍴 52 F. 🍽 180/235 F.
⊠ 20 nov./15 déc. et mar.
[📷] [☎] [🚗] [T] [🚹] [▶] [🅿] [CB]

PETITE PIERRE (LA)
67290 Bas Rhin
640 hab. [i]

▲▲▲ AU LION D'OR ★★
15, rue Principale. M. Velten
☎ 88 70 45 06 ⊞ 88 70 45 56
📶 40 ◔ 200/420 F. ⑪ 98/260 F.
🍴 65 F. 🍽 245/370 F.
⊠ 4/27 janv. et 26 juin/9 juil.
[⏻] [D] [📷] [☎] [🏊] [T] [🅿] [🚹] [CV] [🅿] [CB]

▲▲▲ AUBERGE D'IMSTHAL ★★
Route Forestière d'Imsthal. M. Michaely
☎ 88 70 45 21 ⊞ 88 70 40 26
📶 23 ◔ 280/620 F. ⑪ 80/250 F.
🍴 60 F. 🍽 300/460 F.
[⏻] [D] [📷] [☎] [🏊] [T] [🅿] [✈] [🚹]
[▶] [🚹] [CV] [🅿] [CB]

PETITE VERRIERE (LA)
71400 Saône et Loire
75 hab.

▲▲ AU BON ACCUEIL ★★
M. Menart
☎ 85 54 14 10
📶 7 ◔ 200/220 F. ⑪ 60/145 F. 🍴 40 F.
🍽 120/160 F.
[📷] [☎] [🚗] [T] [CV] [CB]

PETITES DALLES (LES)
76540 Seine Maritime
680 hab. [i]

▲ DE LA PLAGE
M. Pierre
☎ 35 27 40 77
📶 6 ◔ 115/215 F. ⑪ 80/255 F. 🍴 41 F.
🍽 162/210 F.
⊠ 30 janv./6 mars, 20 nov./4 déc., dim.
soir et lun hs, rest. tous les soirs sauf
ven. et sam. 1er/29 janv. et 5/31 déc.
[⏻] [🅿] [CB]

PEYRAT LE CHATEAU
87470 Haute Vienne
1518 hab. [i]

▲▲ AUBERGE DU BOIS DE L'ETANG ★
M. Merle ☎ 55 69 40 19 ⊞ 55 69 42 93
📶 28 ◔ 135/265 F. ⑪ 75/195 F.
🍴 45 F. 🍽 160/210 F.
⊠ 15 déc./15 janv., dim. soir et lun.
nov./fin mars.
[⏻] [📷] [☎] [🚗] [T] [🚹] [CV] [🅿] [CB]

▲▲ DES VOYAGEURS ★
Av. de la Tour. M. Loriol
☎ 55 69 40 02
📶 14 ◔ 135/250 F. ⑪ 75/150 F.
🍴 48 F. 🍽 170/220 F.
⊠ 1er oct./28 fév.
[⏻] [📷] [🚗] [🚗] [CV] [CB]

▲▲ LE BELLERIVE ★★
29, av. de la Tour. M. Mocquant
☎ 55 69 40 67 ⊞ 55 69 47 96
📶 9 ◔ 160/250 F. ⑪ 69/250 F. 🍴 48 F.
🍽 180/225 F.
⊠ 10 janv./20 fév., dim. soir et lun. sauf
jours fériés.
[⏻] [📷] [☎] [🚗] [🚗] [🅿] [CB] [🛗]

**PEYRAT LE CHATEAU
(AUPHELLE)**
87470 Haute Vienne
650 m. • 100 hab. [i]

▲▲▲ GOLF DU LIMOUSIN ★★
(Lac de Vassivière). M. Lucchesi
☎ 55 69 41 34 [FAX] 55 69 49 16
[⌕] 18 [⌂] 207/261 F. [ll] 88/145 F.
[⚐] 48 F. [🍴] 218/238 F.
[E][D][⌕][☎][⌂][T][🎿][▶][🐾][CB]

PEYRELEVADE
19290 Corrèze
804 m. • 1012 hab.

▲▲ LA CRAMAILLOTTE ★★
Mme Chouraqui ☎ 55 94 73 73
[⌕] 10 [⌂] 200/270 F. [ll] 58/125 F.
[⚐] 40 F. [🍴] 185/220 F.
[⊠] 23 déc./3 janv. et mer. oct./avr.
[E][D][SP][⌕][☎][⌂][T][🎿][🐾][CB]

PEYRIAC MINERVOIS
11160 Aude
1053 hab.

▲▲▲ CHATEAU DE VIOLET ★★★
Route de Pépieux. Mme Faussié
☎ 68 78 10 42 \ 68 78 11 44
[FAX] 68 78 30 01
[⌕] 12 [ll] 170/250 F. [⚐] 60 F.
[🍴] 465/715 F.
[E][SP][⌕][☎][⌂][T][🎿][🐾][CB]

PEZENAS
34120 Hérault
7613 hab. [i]

▲▲ GENIEYS ★★
7-9, av. Aristide Briand. M. Hyvonnet
☎ 67 98 13 99 [FAX] 67 98 04 80
[⌕] 28 [⌂] 160/310 F. [ll] 72/170 F.
[⚐] 45 F. [🍴] 195/270 F.
[⊠] nov.
[E][D][i][⌕][☎][⌂][T][🐾][CB]

▲▲ LE MOLIERE ★★
Place du 14 Juillet. M. Navarro
☎ 67 98 14 00 [FAX] 67 98 98 28
[⌕] 15 [⌂] 260/320 F. [ll] 89/129 F.
[⚐] 49 F. [🍴] 260/300 F.
[E][D][SP][⌕][☎][⌂][T][CV][🐾][CB]

**PEZENAS (NEZIGNAN
L'EVEQUE)**
34120 Hérault
753 hab.

▲▲ HOSTELLERIE DE SAINT ALBAN ★★★
A Nézignan l'Evêque, 31, route d'Agde.
M. Me Lescure
☎ 67 98 11 38 [FAX] 67 98 91 63
[⌕] 14 [⌂] 380/520 F. [ll] 95/300 F.
[⚐] 55 F. [🍴] 360/510 F.
[E][D][⌕][☎][⌂][T][🎿][🐾][CB]

PEZENS
11170 Aude
1240 hab. [i]

LE REVERBERE ★
Sur N. 113. M. Goupil
☎ 68 24 92 53 [FAX] 68 24 84 01
[⌕] 6 [⌂] 230 F. [ll] 69/195 F. [⚐] 43 F.
[🍴] 190 F.
[⊠] 15 janv./15 fév., mar. sauf juil./août
et lun. soir .
[⌕][☎][⌂][T][🐾][CB]

PFAFFENHEIM
68250 Haut Rhin
1250 hab.

▲ RELAIS AU PETIT PFAFFENHEIM
1, rue de la Chapelle. M. Bass
☎ 89 49 62 06 [FAX] 89 49 75 34
[⌕] 7 [⌂] 160/200 F. [ll] 80/265 F. [⚐] 50 F.
[🍴] 220/250 F.
[⊠] 20 déc./15 janv., 26 juin/7 juil., lun.
soir et mar.
[E][D][SP][i][⌂][T][🎿][CV][▦][🐾][CB]

PHALSBOURG
57370 Moselle
4230 hab. [i]

▲▲▲ ERCKMANN CHATRIAN ★★
14, place d'Armes. M. Richert
☎ 87 24 31 33 [FAX] 87 24 27 81
[⌕] 16 [⌂] 195/270 F. [ll] 58/255 F.
[⚐] 45 F.
[⊠] lun. et mar. midi.
[E][D][i][⌕][☎][⌂][CV][▦][🐾]

PIAN MEDOC (LE)
33290 Gironde
5078 hab.

▲▲▲ LE PONT BERNET ★★★
A Louens, route du Verdon. M. Sauvage
☎ 56 70 20 19 [FAX] 56 70 22 90
[⌕] 18 [⌂] 340 F. [ll] 100/290 F. [⚐] 70 F.
[🍴] 350 F.
[E][⌕][☎][T][🎿][🎿][🐾][🎿][CV][▦][🐾]
[CB][🍴]

PIARDS (LES)
39150 Jura
940 m. • 175 hab. [i]

▲▲ LES ROULIERS ★★
M. Vincent
☎ 84 60 42 36 [FAX] 84 60 41 56
[⌕] 18 [⌂] 237/273 F. [ll] 67/150 F.
[⚐] 40 F. [🍴] 215/247 F.
[⊠] mar. soir et mer. hors vac. sauf
réservations.
[D][☎][⌂][🍴][CV][🐾][CB]

PICHERANDE
63113 Puy de Dôme
1116 m. • 530 hab. [i]

▲ CENTRAL HOTEL
M. Goigoux
☎ 73 22 30 79
[⌕] 16 [⌂] 150 F. [ll] 70/150 F. [⚐] 45 F.
[🍴] 150 F.
[⊠] oct./nov.
[CV][🐾][CB]

PIERRE BUFFIERE
87260 Haute Vienne
1300 hab. [i]

⌂ DUPUYTREN *
24, av. de la République. Mme Gibaut
☎ 55 00 60 26
[1] 7 ⌾ 170/195 F. [†] 90/140 F. [†] 42 F.
[½] 220/240 F.
⌧ mars et lun. hs.
[E][☎][T][♿][⊷][CB]

PIERREFITTE SUR LOIRE
03470 Allier
649 hab.

⌂ DU PORT **
Le Bassin. Mme Talon
☎ 70 47 00 68 [FAX] 70 47 04 80
[1] 10 ⌾ 110/250 F. [†] 60/120 F.
[†] 35 F. [½] 165/190 F.
[⌷][☎][⊟][♿][⊷][CB]

PIERREFONDS
60350 Oise
1600 hab. [i]

⌂⌂ DES ETRANGERS **
10, rue Beaudon. Mme Ducatillon
☎ 44 42 80 18 \ 44 42 87 11
[FAX] 44 42 86 74
[1] 16 ⌾ 230/350 F. [†] 86/170 F.
[†] 60 F. [½] 210/275 F.
⌧ dim. soir/lun. soir 15 nov./15 mars.
[E][D][i][⌷][☎][T][Ø][⊞]

PIERREFONDS (CHELLES)
60350 Oise
270 hab.

⌂⌂ LE RELAIS BRUNEHAUT
(A Chelles, rue de l'Eglise - à 4 km).
Mme Fresnel ☎ 44 42 85 05 [FAX] 44 42 83 30
[1] 5 ⌾ 190/310 F. [†] 130/250 F. [†] 60 F.
[½] 270/300 F.
⌧ 1er/12 août, lun. et mar., rest. 1er déc./
1er mai sauf ven., sam. et dim.
[D][SP][⌷][☎][⊟][⋈][T][⊷]

PIERREFONTAINE LES VARANS
25510 Doubs
700 m. • 1700 hab.

⌂⌂ DU COMMERCE **
4, Grande Rue. M. Boiteux
☎ 81 56 10 50
[1] 10 ⌾ 110/260 F. [†] 60/175 F.
[†] 40 F. [½] 220/240 F.
⌧ 20 déc./20 janv., dim. soir et lun. hs.
[E][⌷][☎][⊷][CB][▦]

PINEY
10220 Aube
1112 hab.

⌂⌂ LE TADORNE **
3, Place de la Halle. M. Carillon
☎ 25 46 30 35 [FAX] 25 46 36 49
[1] 15 ⌾ 150/275 F. [†] 55/200 F.
[†] 38 F. [½] 260/300 F.

⌧ 1er/15 fév. et dim. soir 1er oct./
31 mars.
[E][D][⌷][☎][⊟][⋈][⊠][♿][Ø][♿][CV][⊞]
[⊷][CB][C][▦]

PIOLENC
84420 Vaucluse
3259 hab.

⌂⌂ AUBERGE DE L'ORANGERIE
4, rue de l'Ormeau. Mme Delarocque
☎ 90 29 59 88 [FAX] 90 29 67 74
[1] 5 ⌾ 180/380 F. [†] 85/200 F. [†] 45 F.
[½] 215/305 F.
[E][D][SP][⌷][☎][⊟][T][♿][⊞][⊷][CB]

⌂⌂ AUBERGE DU BORI
(Quartier Valbonnette). M. Me Berluti
☎ 90 37 00 36 [FAX] 90 37 10 37
[1] 9 ⌾ 330/360 F. [†] 100/160 F.
[†] 40 F. [½] 235 F.
⌧ 1er nov./1er mars (hôtel
uniquement), 15/31 janv., mar. soir et
mer. 1er oct./1er avr.
[E][☎][⊟][T][⊠][♿][♿][⊞][⊷][CB]

PIRIAC SUR MER
44420 Loire Atlantique
1150 hab. [i]

⌂⌂ DE LA POSTE **
25, rue de la Plage. Mme Daniel
☎ 40 23 50 90 [FAX] 40 23 68 96
[1] 15 ⌾ 200/310 F. [†] 98/215 F.
[†] 45 F. [½] 235/280 F.
⌧ nov./avr., rest. dim. soir et lun.
oct./mai.
[E][☎][T][CV][⊷][CB]

PISSOS
40410 Landes
970 hab. [i]

⌂ DU COMMERCE
M. Clavé ☎ 58 08 90 16
[1] 5 ⌾ 200/250 F. [†] 70/172 F. [†] 50 F.
[½] 190/220 F.
⌧ 15/30 nov., mar. soir et mer.
[E][SP][⊟][T][⊞][⊷][CB]

PITHIVIERS
45300 Loiret
10000 hab. [i]

⌂⌂⌂ LA CHAUMIERE **
77, av. de la République.
Mme Chaboudez
☎ 38 30 03 61 [FAX] 38 30 72 65
[1] 8 ⌾ 150/260 F. [†] 80/150 F. [†] 55 F.
[½] 230/270 F.
⌧ sam.
[E][D][☎][⊟][CV][⊞][⊷][CB]

⌂⌂ RELAIS SAINT GEORGES **
Av. du 8 Mai. M. Levassort
☎ 38 30 40 25 [TK] 783 773 [FAX] 38 30 09 05
[1] 42 ⌾ 270/350 F. [†] 95/130 F.
[†] 48 F. [½] 239/279 F.
⌧ rest. dim. et soirs fêtes.
[E][⌷][☎][⊟][T][♿][CV][⊞][⊷][CB][▦]

301

PLAILLY
60128 Oise
1541 hab.

⚑⚑ AUBERGE DU PETIT CHEVAL D'OR ★★
Rue de Paris. Mme Duval
☎ 44 54 36 33 ℻ 44 54 38 02
🛏 28 ⬙ 200/550 F. 🍴 105/145 F.
🍽 65 F.
Ⓔ 🏠 ☎ 🚗 ♨ 🕊 ⚐ CV ▥ ♥ CB

PLAISANCE
12550 Aveyron
300 hab.

⚑⚑⚑ LES MAGNOLIAS ★★
M. Roussel ☎ 65 99 77 34 ℻ 65 99 70 57
🛏 6 ⬙ 225/300 F. 🍴 98/320 F. 🍽 68 F.
⊠ 1er janv./1er avr.
Ⓔ SP 🏠 ☎ 🚗 ♨ 🕊 ▥ ♥ CB

PLAISIA
39270 Jura
100 hab.

⚑⚑⚑ LE VIEUX PRESSOIR ★★
M. Noël
☎ 84 25 41 89
🛏 7 ⬙ 220/260 F. 🍴 80/240 F. 🍽 45 F.
🖼 240/260 F.
⊠ 9 janv./10 fév., dim. soir et lun. sauf
saison été.
Ⓔ Ⓓ 🏠 ☎ 🚗 🕊 ⚐ CV CB

PLAN D'AUPS SAINTE BAUME
83640 Var
700 m. • 400 hab. ⒤

⚑⚑⚑ LOU PEBRE D'AI ★★
Sur D. 80. M. Carteri
☎ 42 04 50 42 ℻ 42 62 55 52
🛏 12 ⬙ 250/380 F. 🍴 110/210 F.
🍽 50 F. 🖼 275/330 F.
⊠ 2 janv./10 fév., dim. soir et lun. hs.
🏠 ☎ 🚗 ⤢ 🕊 ⚐ 🎿 ♿ ⛷ CV ♥ CB
Ⓒ ▦

PLAN DU VAR
06670 Alpes Maritimes
200 hab.

⚑⚑ CASSINI ★★
Sur N. 202. M. Martin
☎ 93 08 91 03 ℻ 93 08 45 48
🛏 20 ⬙ 150/260 F. 🍴 80/180 F.
🍽 55 F. 🖼 180/245 F.
⊠ 2/18 janv., 6/20 juin, dim. soir et lun.
sauf juil./août.
Ⓔ Ⓓ ⒤ 🏠 ☎ 🚗 🚗 CV ▥ ♥ CB

PLANCHEZ
58230 Nièvre
630 m. • 450 hab.

⚑⚑ LE RELAIS DES LACS ★★
M. Dumarais
☎ 86 78 41 68 ℻ 86 78 44 11
🛏 32 ⬙ 210/300 F. 🍴 95/270 F.
🍽 45 F. 🖼 210/250 F.
⊠ 15 nov./15 déc., 5 janv./28 fév. et
lun. hs.
Ⓔ ⒤ 🏠 ☎ 🕊 ♿ CV ▥ ♥ CB

PLANTIERS (LES)
30122 Gard
230 hab.

⚑⚑ DE VALGRAND ★★
Mme Fascetti
☎ 66 83 92 51
🛏 8 ⬙ 240 F. 🍴 88/158 F. 🍽 50 F.
🖼 245 F.
⊠ 19 déc./1er avr. et jeu. nov./déc.
Ⓔ SP ⒤ 🏠 🚗 🕊 🕊 CV ♥ CB

PLASCASSIER DE GRASSE
06130 Alpes Maritimes
1500 hab.

⚑⚑ LES MOULINIERS ★
Chemin de Masseboeuf. M. Claude
☎ 93 60 10 37
🛏 10 ⬙ 200/250 F. 🍴 60/140 F.
🍽 40 F. 🖼 180/280 F.
⊠ dim. soir.
Ⓔ ⒤ 🏠 🚗 🕊 🕊 ♿ CV ▥ ♥

PLATEAU D'ASSY
74480 Haute Savoie
1000 m. • 1000 hab. ⒤

⚑⚑ LA REGENCE ★★
Place de la Poste. M. Marty
☎ 50 58 80 20 ℻ 50 93 80 00
🛏 25 ⬙ 185/250 F. 🍴 65/145 F.
🍽 40 F. 🖼 215/230 F.
Ⓔ 🏠 🕊 ⤢ ♿ ♥ CB

PLEAUX
15700 Cantal
620 m. • 2666 hab. ⒤

⚑ DU COMMERCE
Mme Chassan
☎ 71 40 41 11
🛏 8 ⬙ 180/220 F. 🍴 70/100 F. 🍽 45 F.
🖼 200/220 F.
⊠ 20 déc./10 janv.
🏠 CV

PLENEUF VAL ANDRE
22370 Côtes d'Armor
3600 hab. ⒤

⚑⚑ DE FRANCE ET DU PETIT PRINCE ★★
Face Eglise de Pleneuf. M. Pottier
☎ 96 72 22 52 ℻ 96 72 91 67
🛏 36 ⬙ 187/300 F. 🍴 76/130 F.
🍽 40 F. 🖼 210/250 F.
⊠ 10/31 janv., dim. soir et lun.
Ⓔ SP 🏠 ☎ 🚗 🕊 ♥ CB

PLEURS
51230 Marne
700 hab.

⚑⚑ DE LA PAIX ★★
4, rue Général Leclerc. M. Champy
☎ 26 80 10 14 ℻ 26 80 12 69
🛏 7 ⬙ 180 F. 🍴 62/250 F. 🍽 50 F.
🖼 160 F.
⊠ 25 fév./10 mars, 17 juil./7 août, dim.
soir et lun.
Ⓔ 🏠 🚗 ♿ ♥ CB

PLEURS (suite)

DU CHEVAL GRIS
M. Laureaut ☎ 26 80 10 20
🛏 11 🌙 110/150 F. 🍽 50/190 F.
🍴 50 F. 🍽 154/219 F.
✉ 5 janv./5 fév., dim. et soirs fêtes.

PLEYBEN
29190 Finistère
3897 hab. ℹ

AUBERGE DU POISSON BLANC
(A Pont Coblant). M. Le Roux
☎ 98 73 34 76
🛏 6 🌙 180/350 F. 🍽 68/250 F. 🍴 43 F.
🍽 215/245 F.
✉ lun. soir hs.

PLOERMEL
56800 Morbihan
7258 hab. ℹ

DU COMMERCE ★★
70, rue de la Gare. Mme Meslet
☎ 97 74 05 32 🖷 97 74 36 41
🛏 19 🌙 145/260 F. 🍽 69/180 F.
🍴 45 F. 🍽 199/234 F.
✉ 15 déc./15 janv.

LE COBH Rest. CRUAUD ★★★
10, rue des Forges. MeM. Cruaud
☎ 97 74 00 49 🖷 97 74 07 36
🛏 13 🌙 140/380 F. 🍽 58/220 F.
🍴 50 F. 🍽 160/230 F.

PLOGOFF
29770 Finistère
1902 hab. ℹ

KERMOOR ★★
Plage du Loch. M. Cassegrain
☎ 98 70 62 06 🖷 98 70 32 69
🛏 16 🌙 170/300 F. 🍽 70/250 F.
🍴 50 F. 🍽 235/320 F.
✉ rest. dim. soir et lun. matin
1er oct./1er mars.

PLOGOFF (POINTE DU RAZ)
29770 Finistère
2300 hab.

DE LA BAIE DES TREPASSES ★★
Baie des Trépassés. M. Brehonnet
☎ 98 70 61 34 🖷 98 70 35 20
🛏 27 🌙 168/348 F. 🍽 96/280 F.
🍴 56 F. 🍽 270/360 F.
✉ 3 janv./8 fév.

PLOGONNEC
29136 Finistère
3100 hab. ℹ

LE RELAIS DU NEVET ★
2, rue de la Mairie. M. Coadou
☎ 98 91 72 36
🛏 9 🌙 170/230 F. 🍽 60/170 F. 🍴 40 F.

🍽 195/225 F.
✉ sam. hs.

PLOMBIERES LES BAINS
88370 Vosges
2300 hab. ℹ

BEAUSEJOUR ★★★
26, av. Louis Français. Mme Ramspacher
☎ 29 66 01 50 🖷 29 66 09 45
🛏 23 🌙 175/290 F. 🍽 85/195 F.
🍴 65 F. 🍽 241/273 F.
✉ 15 oct./15 nov. et dim. soir.

DU COMMERCE ★★
16, rue de l'Hôtel de Ville. M. Daval
☎ 29 66 00 47 🖷 960573 COM.
🛏 30 🌙 120/195 F. 🍽 85/170 F.
🍴 47 F. 🍽 170/210 F.
✉ 1er oct./30 avr.

HOSTELLERIE LES ROSIERS ★★
38 av. du Val d'Ajol. Mme Bonnard
☎ 29 66 02 66
🛏 20 🌙 170/250 F. 🍽 98/180 F.
🍴 50 F. 🍽 220/250 F.
✉ 15 déc./15 fév. et lun. hs.

LE STRASBOURGEOIS ★
Place Beaumarchais. M. Robert
☎ 29 66 01 73 🖷 29 66 01 06
🛏 9 🌙 120/195 F. 🍽 75/140 F. 🍴 50 F.
🍽 240/270 F.
✉ 1er nov./1er janv., sam. soir et dim.
1er oct./1er avr.

PLOMEUR
29120 Finistère
3000 hab. ℹ

**RELAIS BIGOUDEN ET LA FERME DU
RELAIS BIGOUDEN ★★**
Rue Pen Allée. M. Cariou
☎ 98 82 04 79 🖷 98 82 09 62
🛏 28 🌙 220/290 F. 🍽 68/220 F.
🍴 48 F. 🍽 255/305 F.
✉ janv., ven. soir et dim. soir hs.

PLONEOUR LANVERN
29720 Finistère
4800 hab. ℹ

DE LA MAIRIE ★★
3, rue Jules Ferry. M. Dilosquer
☎ 98 87 61 34 🖷 98 87 77 04
🛏 17 🌙 160/280 F. 🍽 68/320 F.
🍴 52 F. 🍽 220/285 F.
✉ 20 déc./20 janv.

DES VOYAGEURS ★★
(Derrière l'église) M. Legrand
☎ 98 87 61 35 🖷 98 82 62 82
🛏 12 🌙 205/295 F. 🍽 67/325 F.
🍴 50 F. 🍽 205/315 F.
✉ nov., ven. soir et sam. midi hs.

303

PLOREC SUR ARGUENON
22130 Côtes d'Armor
473 hab.

▲▲▲ CHATEAU LE WINDSOR ★★★
Le Bois Billy. Mme Bouvier
☎ 96 83 04 83 ⚶ 96 83 05 36
🛏 23 ◈ 350/1200 F. ⨆ 95/250 F.
🍴 80 F. 🛎 450/565 F.
🄴 🄳 SP 🄸 🗇 🕾 🛏 🛎 ⬎ ⚲ 🚴 ♿
📺 ☞ CB

PLOUDALMEZEAU
29830 Finistère
4874 hab.

▲ DES VOYAGEURS ★
1, rue Henri Provostic. M. Marzin
☎ 98 48 10 13 ⚶ 98 48 19 92
🛏 9 ◈ 150/250 F. ⨆ 79/190 F. 🍴 50 F.
🛎 220/260 F.
⊠ 15/30 mars, 15 nov./6 déc. et lun.,
dim. soir sauf juil./août.
🗇 🕾 CV ☞ CB 🛎

PLOUESCAT
29430 Finistère
4000 hab. ⓘ

▲▲ LA CARAVELLE ★★
20, rue du Calvaire. Mme Creach
☎ 98 69 61 75 ⚶ 98 61 92 61
🛏 16 ◈ 240/290 F. ⨆ 65/250 F.
🍴 35 F. 🛎 215/245 F.
⊠ rest. lun. sauf 1er juil./15 sept.
🄴 🄳 🗇 🕾 🛏 🛎 ✂ 🚴 🛐 CV 📺 ☞
CB 🄲

PLOUGONVELIN
29217 Finistère
2167 hab. ⓘ

▲▲▲ HOSTELLERIE DE LA POINTE SAINT
MATHIEU ★★★
Pointe Saint-Mathieu. M. Corre
☎ 98 89 00 19 ⚶ 98 89 15 68
🛏 15 ◈ 270/400 F. ⨆ 98/400 F.
🍴 50 F. 🛎 265/340 F.
⊠ 10 janv./10 fév., rest. mar. et dim.
soir 1er oct./3 avr. sauf résidents.
🄴 🄳 SP 🗇 🕾 🛎 🛐 🚴 CV 📺 ☞ CB

PLOUHA
22580 Côtes d'Armor
4197 hab. ⓘ

▲ LE RELAIS D'ARMOR ★★
Place de Bretagne. M. Cals
☎ 96 22 44 88
🛏 15 ◈ 220/400 F. ⨆ 95/200 F.
🍴 40 F. 🛎 220/320 F.
⊠ dim. soir et mar. matin 1er oct./
1er avr.
🄴 🄳 🗇 🕾 🛏 ☞ CB 🛎

PLOUHARNEL
56340 Morbihan
1500 hab. ⓘ

▲▲ CHEZ MICHEL ★★
1, av. de l'Océan. M. Pierre
☎ 97 52 31 05 ⚶ 97 52 30 73
🛏 23 ◈ 170/335 F. ⨆ 78/158 F.

🍴 42 F. 🛎 220/300 F.
⊠ 1er janv./31 mars, 2 nov./31 déc. et
mer. sauf juil./août.
🄴 🕾 🗇 🛏 ⋈ 🛐 ☞ CB

PLOUHINEC
29780 Finistère
6000 hab. ⓘ

▲▲ TY-FRAPP ★★
32, rue de Rozavot. M. Urvois
☎ 98 70 89 90 ⚶ 98 70 81 04
🛏 16 ◈ 240/260 F. ⨆ 88/200 F.
🍴 50 F. 🛎 280/300 F.
⊠ 22 déc./1er fév., dim. soir et lun.
🄴 🗇 🕾 🛏 CV 📺 ☞ CB

PLOUHINEC
56680 Morbihan
3000 hab.

▲ DE KERLON ★★
M. Coeffic ☎ 97 36 77 03 ⚶ 97 85 81 14
🛏 16 ◈ 170/300 F. ⨆ 80/150 F.
🍴 55 F. 🛎 220/290 F.
⊠ 15 nov./15 mars.
🄴 🄳 🗇 🕾 🛏 🛎 CV CB

PLOUIDER
29260 Finistère
1800 hab.

▲▲▲ DE LA BUTTE ★★★
M. Becam
☎ 98 25 40 54 ⚶ 98 25 44 17
🛏 25 ◈ 180/350 F. ⨆ 90/300 F.
🍴 45 F. 🛎 290/350 F.
🄴 SP 🄸 🗇 🕾 🛏 ⚶ ⋈ 🛎 🛐 CV
📺 ☞ 🛏

PLOUIGNEAU
29234 Finistère
4200 hab.

▲▲ AN TY KORN
M. Jacq ☎ 98 67 72 72
🛏 7 ◈ 140/180 F. ⨆ 65/200 F. 🍴 50 F.
🛎 230/260 F.
⊠ 15/31 oct., dim. soir et lun. hs.
🄴 🚗 🛎 CV 📺 ☞ CB

PLUVIGNER
56330 Morbihan
4727 hab.

▲ LA CROIX BLANCHE ★
14, rue Saint-Michel. Mme Dréan
☎ 97 24 71 03 ⟍ 97 24 70 07
🛏 8 ◈ 180/240 F. ⨆ 65/ 85 F. 🍴 50 F.
🛎 230/250 F.
🄴 🄳 🗇 🕾 🛏 🛎 🛐 CV 📺 ☞ CB

POCE SUR CISSE
37530 Indre et Loire
1493 hab.

▲ LA RAMBERGE ★★
9, route de Saint-Ouen. M. Clin
☎ 47 57 27 58 ⚶ 47 30 49 25
🛏 16 ◈ 180/260 F. ⨆ 75/185 F.
🍴 60 F. 🛎 200/240 F.
⊠ 20 janv./20 fév., dim. soir et lun.
🄴 🗇 🕾 🛏 CV 📺 ☞ CB

POIRE SUR VIE (LE)
85170 Vendée
4960 hab. 𝑖

🏠🏠 DU CENTRE ⋆⋆
Place du Marché. Mme Buton
☎ 51 31 81 20 📠 51 31 88 21
🛏 32 🛎 140/310 F. 🍴 49/215 F.
🍽 50 F. 🍴 218/339 F.
⊠ dim. soir sauf juil./août.
[E] [🗇] [🕾] [🛏] [🏊] [🎿] [CV] [🌡] [🐾] [C] [🖿]

POITIERS
86000 Vienne
110000 hab. 𝑖

🏠 DE PARIS ⋆
123, bld du Grand Cerf. Mme Bussonnet
☎ 49 58 39 37
🛏 10 🛎 130/180 F. 🍴 72/165 F.
🍽 48 F. 🍴 175/210 F.
⊠ lun.
[E] [🗇] [CV] [CB]

POLIGNY
39800 Jura
5000 hab. 𝑖

🏠🏠🏠 DE PARIS ⋆⋆
7, rue Travot. M. Bietry
☎ 84 37 13 87
🛏 25 🛎 160/310 F. 🍴 85/165 F.
🍽 55 F. 🍴 270/290 F.
⊠ 2 nov./1er fév., rest. lun. et mar. midi
hs.
[E] [D] [🗇] [🕾] [🚗] [🚙] [🛥] [🎿] [CV] [🐾] [CB]

🏠🏠🏠 DOMAINE VALLEE HEUREUSE ⋆⋆⋆
Route de Genève. M. Me Lombard
☎ 84 37 12 13 📠 84 37 08 75
🛏 9 🛎 350/550 F. 🍴 135/420 F.
🍽 85 F. 🍴 450/550 F.
⊠ mer. et rest. jeu. midi.
[E] [D] [SP] [i] [🗇] [🕾] [🚗] [🐾] [🛥] [🏊] [🌡] [✚] [CV]
[🌡] [🐾] [CB]

🏠 LES CHARMILLES ⋆
14, av. de la Gare (Route de Dôle).
Mme Picaud
☎ 84 37 24 51 \ 84 37 33 66
📠 84 37 33 66
🛏 12 🛎 225/275 F. 🍴 75/160 F.
🍽 45 F. 🍴 227/250 F.
⊠ hôtel 24 déc./8 janv., rest. 24 déc./
22 janv., week-ends hors vac. scol.
[E] [D] [🗇] [🕾] [🚗] [🕾] [CV] [🐾] [CB] [🖿]

POLLIAT
01310 Ain
2000 hab.

🏠 DE LA PLACE ⋆⋆
M. Tejerina
☎ 74 30 40 19
🛏 8 🛎 125/270 F. 🍴 82/220 F. 🍽 50 F.
🍴 240/270 F.
⊠ 3/10 juil., 30 sept./16 oct., 2/8 janv.
et dim. soir. Rest. lun.
[E] [🗇] [🚗] [🚙] [🛥] [🎿] [CV] [🐾] [CB]

POLMINHAC
15800 Cantal
650 m. • 1175 hab. 𝑖

🏠🏠 AU BON ACCUEIL ⋆⋆
9, allée des Monts d'Auvergne.
Mme Courbeyrotte
☎ 71 47 40 21
🛏 20 🛎 160/260 F. 🍴 55/120 F.
🍽 35 F. 🍴 185/230 F.
⊠ 15 oct./1er déc., dim. après-midi/lun.
après midi sauf vac. scol.
[E] [🗇] [🕾] [🚗] [🛥] [🎿] [CV] [🌡] [CB]

🏠 LES PARASOLS ⋆⋆
Rue Principale. M. Fau
☎ 71 47 40 10
🛏 25 🛎 165/210 F. 🍴 60/130 F.
🍽 40 F. 🍴 175/195 F.
⊠ 2/14 janv., 13 nov./1er déc., ven. et
dim. soir hs. et hors vac. scol.
[E] [🗇] [🕾] [🚗] [🛥] [🎿] [CV] [🌡] [🐾]

🏠🏠 LES PLANOTTES ⋆
Cabanes. M. Chardonnal
☎ 71 47 44 88
🛏 10 🛎 155 F. 🍴 59/155 F. 🍽 35 F.
🍴 180 F.
⊠ déc./janv.
[E] [🗇] [🕾] [🚗] [🛥] [🕾] [🎿] [♿] [CV] [🌡] [🐾] [CB]
[🖿]

POMMIERS LA PLACETTE
38340 Isère
600 m. • 500 hab.

🏠🏠 DU COL ⋆⋆
Col de la Placette. M. Fagot
☎ 76 56 30 42 📠 76 56 32 15
🛏 12 🛎 180/250 F. 🍴 60/150 F.
🍽 40 F. 🍴 180/230 F.
⊠ 22 oct./6 nov., dim. soir et lun.
[E] [SP] [🗇] [🕾] [🚗] [🕾] [🛥] [CV] [🌡] [🐾] [CB]

POMPADOUR
19230 Corrèze
1500 hab. 𝑖

🏠🏠 AUBERGE DE LA MANDRIE ⋆⋆
Route de Périgueux (5 Km). M. Millot
☎ 55 73 37 14 📠 55 73 67 13
🛏 22 🛎 210/255 F. 🍴 64/205 F.
🍽 42 F. 🍴 185/235 F.
[E] [🗇] [🕾] [🚗] [🚙] [🛥] [⊘] [♿] [CV] [🌡] [🐾] [CB]

POMPADOUR (ARNAC)
19230 Corrèze
1500 hab. 𝑖

🏠🏠 DU PARC ⋆⋆
Place du Vieux Lavoir. M. Marko
☎ 55 73 30 54 📠 55 73 39 79
🛏 10 🛎 235 F. 🍴 98/170 F. 🍽 45 F.
🍴 230 F.
⊠ 24 déc./15 janv., vac. scol. fév. et
week-ends 1er nov./1er mars.
[E] [SP] [🗇] [🕾] [🕾] [🛥] [🕾] [⊘] [♿] [CV] [🐾] [CB]

PONS
17800 Charente Maritime
5364 hab.

▲▲ DE BORDEAUX ★★
1, av. Gambetta. M. Me Jaubert/Muller
☎ 46 91 31 12 📠 46 91 22 25
🛏 15 🍴 250 F. 🍽 85/230 F. 🍳 50 F.
🏠 225 F.
⊠ fév., dim. et lun. midi oct./avr.
🔲 🔲 SP 🛈 🔲 ☎ 🔲 🔲 ⛱ 🔲 🔲
CB 🔲

PONT AUDEMER
27500 Eure
10156 hab. 🛈

▲ LE PILORI ★
38, place Victor Hugo. Mme Terrasson
☎ 32 41 01 80
🛏 9 🍴 150/170 F. 🍽 75/145 F. 🍳 35 F.
🏠 200 F.
⊠ 1er déc./1er janv. et ven. soir/sam.
18 H 30. hs.
🔲 🔲 ☎ 🔲 🔲 🔲 CB

PONT D'AIN
01160 Ain
2000 hab. 🛈

▲▲ DES ALLIES ★★
M. Vieudrin
☎ 74 39 00 09 📠 74 39 13 66
🛏 17 🍴 170/330 F.
⊠ 1er nov./31 janv., dim. soir sauf
juil./août.
🔲 🔲 ☎ 🔲 🔲 🔲 CB

PONT D'OUILLY
14690 Calvados
1100 hab. 🛈

▲▲ AUBERGE SAINT-CHRISTOPHE ★★
M. Lecoeur
☎ 31 69 81 23 📠 31 69 26 58
🛏 7 🍴 260 F. 🍽 92/240 F. 🍳 55 F.
🏠 275 F.
⊠ 6 fév./3 mars, 22 oct./9 nov., dim.
soir et lun.
🔲 🔲 ☎ 🔲 🔲 ⛱ 🔲 🔲 🔲 CB 🔲

▲ DU COMMERCE ★
M. Rivière
☎ 31 69 80 16 📠 31 69 78 08
🛏 16 🍴 190/240 F. 🍽 60/180 F.
🍳 40 F. 🏠 220/240 F.
⊠ 2/13 oct., 7 janv./7 fév., dim. soir et
lun. 1er sept./30 juin.
🔲 🔲 ☎ 🔲 🔲 ⛱ 🔲 🔲 🔲 CB

PONT DE BEAUVOISIN (LE)
38480 Isère
2369 hab. 🛈

▲▲ LE FOU GOURMAND ★★
Av. Docteur Gabriel Pravaz. M. Rolland
☎ 76 32 87 02 📠 76 37 37 70
🛏 7 🍴 200/250 F. 🍽 55/140 F. 🍳 42 F.
🏠 180 F.
⊠ rest. dim. soir, lun. soir et mar. soir.
🔲 ☎ 🔲

PONT DE CE
49130 Maine et Loire
11000 hab. 🛈

▲▲ HOSTELLERIE LE BOSQUET ★
2, rue Maurice Berne. Sur N. 160.
M. Adam ☎ 41 57 72 42 📠 41 45 92 98
🛏 10 🍴 255/325 F. 🍽 100/255 F.
🍳 75 F.
⊠ 16 fév./3 mars, 16/27 août, dim. soir
et lun.
🔲 🔲 ☎ 🔲 🔲 ⛱ 🔲 CB 🔲

PONT DE CHERUY
38230 Isère
4000 hab.

🍴 BERGERON ★
3, rue Giffard. M. Hyvert
☎ 78 32 10 08 📠 78 32 11 70
🛏 16 🍴 150/225 F.
⊠ 2ème et 3ème semaine août et dim.
12 H à 20 H.
☎ 🔲 🔲 ⛱ 🔲

PONT DE CLAIX
38800 Isère
15000 hab.

▲ LE VILLANCOURT ★★
98, cours Saint-André. M. Egea
☎ 76 98 18 54 📠 76 98 05 24
🛏 33 🍴 210/280 F. 🍽 69/129 F.
🍳 50 F. 🏠 300 F.
⊠ rest. dim. et jours fériés.
🔲 SP 🛈 🔲 ☎ 🔲 🔲 🔲 CV 🔲
🔲 CB

PONT DE LABEAUME
07380 Ardèche
500 hab.

▲ AUBERGE DE LA TRUITE
ENCHANTEE ★
M. Gueugnaud ☎ 75 38 05 02
🛏 7 🍴 150/220 F. 🍽 70/200 F. 🍳 45 F.
🏠 380 F.
⊠ 20 déc./10 janv.
🔲 🔲 ⛱ 🔲 CB

PONT DE LARN (SAINT BAUDILLE)
81660 Tarn
1700 hab.

▲▲ AUBERGE DU ROSE D'ANJOU ★★
Mme Dure ☎ 63 61 14 07 📠 63 61 50 84
🛏 9 🍴 200/350 F. 🍽 75/200 F. 🍳 40 F.
🏠 210/250 F.
⊠ 15 janv./15 mars.
🔲 ☎ ⛱ 🔲 🔲 CV 🔲 🔲 CB

PONT DE MONTVERT
48220 Lozère
885 m. • 300 hab. 🛈

▲ AUX SOURCES DU TARN ★
Pont de Montvert. M. Mazoyer
☎ 66 45 80 25 / 66 45 82 13
🛏 19 🍴 230/350 F. 🍽 110/190 F.
🍳 45 F. 🏠 220/250 F.
⊠ mar. midi sauf juil./sept.
🔲 ☎ 🔲 ⛱ CV CB

PONT DE POITTE
39130 Jura
600 hab.

▲▲ DE L'AIN **
M. Bailly ☎ 84 48 30 16
🛏 10 📶 210 F. 🍴 110/300 F.
🍽 240/260 F.
⊠ janv., dim. soir et lun.
[E] 🖨 ☎ 🎏 ⋈ 🛂 ⬅ CB

PONT DE SALARS
12290 Aveyron
686 m. • 1500 hab. ℹ

▲ DES TILLEULS *
35, av. de Rodez. M. Gombert
☎ 65 46 82 02
🛏 23 📶 130/210 F. 🍴 58/ 90 F.
🍽 38 F. 🍽 140/180 F.
⊠ fin sept./1ère semaine oct. et 12 jours début mai.
☎ 🚗 🚙 ⬅ CB

▲▲ DES VOYAGEURS **
1, av. de Rodez. M. Guibert
☎ 65 46 82 08 📠 65 46 89 99
🛏 30 📶 210/310 F. 🍴 75/240 F.
🍽 55 F. 🍽 215/250 F.
⊠ fév., dim. soir et lun. oct./mai.
[E] SP 🖨 ☎ 🚗 🚙 ⋈ 🛂 CV 🔌 ⬅ CB

PONT DE VAUX
01190 Ain
2165 hab. ℹ

▲▲ LE RAISIN **
2, place Michel Poisat. M. Chazot
☎ 85 30 30 97 📠 85 30 67 89
🛏 8 📶 250/300 F. 🍴 98/300 F. 🍽 65 F.
⊠ janv., dim. soir et lun. sauf fériés.
[E] SP 🖨 ☎ 🚗 🚙 🛂 ⬅ CB

PONT DE VAUX (GORREVOD)
01190 Ain
500 hab.

▲ DE LA REYSSOUZE **
(Les Quatre-Vents). M. Gaudet
☎ 85 30 32 13 📠 85 30 69 38
🛏 10 📶 150/250 F. 🍴 95/260 F.
🍽 65 F. 🍽 200/225 F.
⊠ 11/27 fév., ven. soir sauf juil./août.
[E] 🖨 ☎ 🎏 ⋈ 🚗 🚙 🛂 CV ⬅ CB

▲ LES PLATANES **
(Les Quatre-Vents). M. Perron
☎ 85 30 32 84
🛏 7 📶 160/220 F. 🍴 70/230 F. 🍽 50 F.
🍽 220/240 F.
⊠ 2ème quinz. nov., 20 fév/10 mars et jeu.
🖨 ☎ 🚗 🚙 🚗 CV ⬅ CB

PONT DU BOUCHET
(LES ANCIZES COMPS)
63770 Puy de Dôme
500 m. • 1998 hab. ℹ

▲ BELLE VUE **
Plan d'eau Pont du Bouchet
(Alt. 510 m.). M. Chomilier
☎ 73 86 80 39 📠 73 86 83 41
🛏 20 📶 150/200 F. 🍴 65/150 F.
🍽 50 F. 🍽 170/195 F.

PONT DU BOUCHET
(PRES MIREMONT)
63380 Puy de Dôme
407 hab.

▲▲ LA CREMAILLERE **
Plan d'eau pont du Bouchet.
M. Chefdeville ☎ 73 86 80 07
🛏 15 📶 180/300 F. 🍴 70/200 F.
🍽 36 F. 🍽 210/240 F.
⊠ 15 déc./15 janv., ven. soir et sam. hs.
[E] 🖨 ☎ 🚗 🚙 🔌 CB

PONT DU NAVOY
39300 Jura
245 hab.

▲▲ DU CERF **
M. Berbey ☎ 84 51 20 87 📠 84 51 24 17
🛏 18 📶 120/250 F. 🍴 75/220 F.
🍽 50 F. 🍽 200/250 F.
⊠ 15 nov./15 fév.
🖨 ☎ 🚗 🚙 CV 🔌 ⬅ CB 🍴

PONT EN ROYANS
38680 Isère
1038 hab. ℹ

▲ BEAU RIVAGE *
Rue Gambetta. M. Simonnard
☎ 76 36 00 63
🛏 14 📶 110/200 F. 🍴 79/200 F.
🍽 40 F. 🍽 150/215 F.
⊠ hôtel 1er nov./1er avr., rest. 1er déc./ 1er fév. et sam. nov./fin mars.
🖨 ☎ 🚗 🛂 🚙 ⬅

PONT L'ABBE
29120 Finistère
8000 hab. ℹ

▲▲ DE BRETAGNE **
24, place de la République. Mme Cossec
☎ 98 87 17 22 📠 98 82 39 31
🛏 18 📶 240/380 F. 🍴 72/220 F.
🍽 60 F. 🍽 280/335 F.
⊠ 15 janv./5 fév. et rest. lun. hs.
[E] 🖨 ☎ 🚗 CV 🔌 CB 🍴

PONT LES MOULINS
25110 Doubs
170 hab.

▲▲ AUBERGE DES MOULINS **
M. Me Porru ☎ 81 84 09 99 📠 81 84 04 44
🛏 10 📶 270/310 F. 🍴 87/140 F. 🍽 38 F.
🍽 250/270 F.
⊠ 23 déc./16 janv., sam. midi saison et sam. hiver.
[E] [D] ℹ 🖨 ☎ 🚗 🛂 ⊘ 🔌 🍴

PONT REAN
35580 Ille et Vilaine
1500 hab.

▲▲ LE GRAND HOTEL **
84, rue de Redon. M. Guillet
☎ 99 42 21 72 📠 99 42 28 17
🛏 18 📶 216/280 F. 🍴 62/188 F.
🍽 42 F. 🍽 193 F.
⊠ rest. lun.
[E] 🖨 ☎ 🚗 ⋈ 🚙 🛂 🚗 CV 🔌 ⬅ CB

PONT SAINT ESPRIT
30130 Gard
8500 hab. ℹ️

⌂ DU PARC ★
Av. Gaston Doumergue. M. Senegas
☎ 66 39 09 96 ⠶ 66 90 71 98
🛏 18 ⌧ 150/300 F. ⫫ 72/170 F.
⫴ 35 F. 🍽 180/250 F.
⊠ mer.
[E] [D] [i] [◻] [☎] [🚗] [🏕] [CV] [◄] [CB]

PONT SAINT PIERRE
27360 Eure
980 hab.

⌂⌂⌂ LA BONNE MARMITE ★★★
10, rue René Raban. M. Amiot
☎ 32 49 70 24 ⠶ 32 48 12 41
🛏 9 ⌧ 400/550 F. ⫫ 140/310 F.
⫴ 98 F. 🍽 340/415 F.
⊠ 20 fév./10 mars, 25 juil./13 août,
dim. soir et lun. sauf fériés.
[E] [SP] [◻] [☎] [🚗] [◄] [⫴] [◘] [◄] [CB] [▪]

PONT SCORFF
56620 Morbihan
2800 hab.

⌂ DU FER A CHEVAL ★★
6, rue Général de Langle de Cary.
Mme Ruello ☎ 97 32 60 20
🛏 13 ⌧ 148/238 F. ⫫ 55/148 F.
⫴ 48 F. 🍽 215/228 F.
[E] [◻] [☎] [🚗] [🚗] [🎣] [◘] [◄] [CB]

PONT SUR YONNE
89140 Yonne
2800 hab. ℹ️

⌂⌂ HOSTELLERIE DE L'ECU ★
3, rue Carnot. M. Vallier
☎ 86 67 01 00
🛏 7 ⌧ 160/280 F. ⫫ 80/155 F. ⫴ 55 F.
🍽 170/255 F.
⊠ 23 janv./24 fév., lun. soir et mar.
[E] [D] [SP] [i] [☎] [🚗] [CV] [◘] [◄] [CB]

PONTAUBERT
89200 Yonne
337 hab.

⌂⌂ LES FLEURS ★★
M. Gauthier ☎ 86 34 13 81 ⠶ 86 34 23 32
🛏 7 ⌧ 250/350 F. ⫫ 90/240 F.
🍽 270/290 F.
⊠ 5 déc./20 janv. jeu. midi hs et mer.
[E] [◻] [☎] [🚗] [🏕] [CV] [◄] [CB]

PONTAUMUR
63380 Puy de Dôme
980 hab. ℹ️

⌂⌂ DE LA POSTE ★★
Av. du Marronnier. M. Quinty
☎ 73 79 90 15 ⠶ 73 79 73 17
🛏 15 ⌧ 190/260 F. ⫫ 85/250 F.
⫴ 55 F. 🍽 190/210 F.
⊠ 15 déc./1er fév., dim. soir et lun. sauf
juil./août.
[E] [◻] [☎] [🚗] [CV] [◘] [◄] [CB] [▪]

PONTCHARRA (BARRAUX)
38530 Isère
1214 hab.

⌂⌂ LE VAUBAN ★★
Sur N. 90 à Barraux. Mme Sauce
☎ 76 71 91 84 ⠶ 76 71 99 30
🛏 24 ⌧ 260 F. ⫫ 90/140 F. ⫴ 40 F.
🍽 410 F.
⊠ dim. soir.
[◻] [☎] [🚗] [🎣] [CV] [◘] [◄] [CB]

PONTCHATEAU
44160 Loire Atlantique
7304 hab. ℹ️

⌂⌂ AUBERGE DU CALVAIRE ★★
Sur D. 33 - Lieu-dit le Calvaire.
Mme Couvrand
☎ 40 01 61 65 ⠶ 40 01 64 68
🛏 10 ⌧ 180/250 F. ⫫ 60/150 F.
⫴ 50 F. 🍽 220/280 F.
[E] [◻] [☎] [🚗] [🚗] [◄] [🏕] [🎣] [CV] [◄] [CB] [▪]

⌂ LE RELAIS DE BEAULIEU
(A Beaulieu). Mme Praud
☎ 40 01 60 58 ⠶ 40 45 60 82
🛏 7 ⌧ 210/270 F. ⫫ 70/150 F. ⫴ 42 F.
⊠ rest. sam. soir et dim. soir.
[E] [🚗] [🏕] [CV] [◘] [◄] [CB]

PONTEMPEYRAT
43500 Haute Loire
750 m. • 60 hab.

⌂⌂⌂ MISTOU ★★★
M. Roux
☎ 77 50 62 46 ⠶ 77 50 66 70
🛏 24 ⌧ 300/460 F. ⫫ 120/295 F.
⫴ 70 F. 🍽 300/470 F.
⊠ 1er janv./Pâques, 1er nov./
31 déc., rest. midi sauf juil./août,
week-ends et fériés.
[E] [SP] [◻] [☎] [🏕] [◘] [◄] [▪]

PONTEVES
83670 Var
451 hab.

⌂⌂ LE ROUGE GORGE ★★
(Les Costes). Mme Roux
☎ 94 77 03 97
🛏 10 ⌧ 240/300 F. ⫫ 90/190 F.
⫴ 55 F. 🍽 240/270 F.
⊠ 15/30 oct., 1er fév./1er mars, dim.
soir et lun. hs.
[E] [i] [◻] [☎] [🚗] [🏕] [◄] [◄] [CB]

PONTGIBAUD
63230 Puy de Dôme
675 m. • 1000 hab. ℹ️

⌂ DE LA POSTE ★★
Place de la République. M. Andant
☎ 73 88 70 02 ⠶ 73 88 79 74
🛏 10 ⌧ 170/200 F. ⫫ 75/190 F.
⫴ 45 F. 🍽 190/200 F.
⊠ 1ère quinz. oct., janv., dim. soir et
lun. sauf juil./août.
[E] [SP] [◻] [☎] [🚗] [◄]

PONTIVY
56300 Morbihan
15000 hab. [i]

▲▲ LE VILLENEUVE ★★
(A 5 km, route de Vannes. D. 767).
Mme Duclos
☎ 97 39 83 10
[•] 10 [◈] 180/250 F. [•|] 65/175 F.
[•|] 40 F. [▥] 210/230 F.
[E] [D] [SP] [▯] [☎] [▭] [▭] [⋈] [T] [⊙] [&] [CV]
[▦] [◄] [CB] [▆]

PONTLEVOY
41400 Loir et Cher
1700 hab. [i]

▲▲ DE L'ECOLE ★★
12, route de Montrichard.
M. Preteseille
☎ 54 32 50 30 [FAX] 54 32 33 58
[•] 11 [◈] 275/400 F. [•|] 98/260 F.
[•|] 60 F. [▥] 295/320 F.
[⊠] fév. et mar. sauf juil./août.
[▯] [☎] [▭] [▭] [T]

PONTORSON
50170 Manche
4376 hab. [i]

▲▲ DE LA TOUR BRETTE ★
8, rue Couesnon. Mme Fraysse
☎ 33 60 10 69
[•] 10 [◈] 175/220 F. [•|] 56/125 F.
[•|] 37 F. [▥] 190/210 F.
[⊠] 1er/17 déc. et mer. hs.
[E] [▯] [☎] [&] [CV] [◄] [CB] [▆]

▲ LA CAVE ★★
37, rue de la Libération. M. Pelvey
☎ 33 60 11 35 [FAX] 33 60 48 95
[•] 15 [◈] 150/260 F. [•|] 58/105 F.
[•|] 38 F. [▥] 130/185 F.
[⊠] 15 nov./15 fév. et jeu. hs.
[☎] [▭] [▭] [T] [♨] [CV] [◄] [CB]

▲▲ LE BRETAGNE ★★
59, rue Couesnon. Mme Carnet
☎ 33 60 10 55
[•] 11 [◈] 300/380 F. [•|] 70/240 F.
[•|] 40 F.
[⊠] mi-jan ./mi-fév., dim. soir et lun.
[E] [▯] [☎] [▭] [⋈] [▦] [◄] [CB]

❋ LE VAUBAN ★★
Bld Clemenceau. M. Guesdon
☎ 33 60 03 84
[•] 15 [◈] 170/330 F.
[⊠] 5/22 oct.
[E] [▯] [☎] [▭] [T] [⊙] [◄] [CB]

▲▲▲ MONTGOMERY ★★★
13, rue Couesnon. M. Le Bellegard
☎ 33 60 00 09 [TX] 171332 [FAX] 33 60 37 66
[•] 32 [◈] 290/460 F. [•|] 128/196 F.
[•|] 64 F. [▥] 296/374 F.
[⊠] début nov./fin mars, lun. et mar. midi
avr./oct.
[E] [D] [▯] [☎] [▭] [T] [⊙] [&] [CV] [▦] [◄] [CB]

PONTORSON (BREE EN TANIS)
50170 Manche
250 hab.

▲▲ LE SILLON DE BRETAGNE ★★
Mme Xerri
☎ 33 60 13 04 [FAX] 33 70 91 75
[•] 7 [◈] 200/240 F. [•|] 70/230 F. [•|] 39 F.
[▥] 205/225 F.
[⊠] 15 nov./15 déc., 15/31 janv., dim.
soir et lun.
[E] [i] [▯] [☎] [▭] [▭] [⋈] [T] [♨] [CV] [▦] [◄]
[CB] [C] [▆]

PORCELETTE
57890 Moselle
2200 hab.

▲▲ AU RELAIS D'ALSACE ★
2, rue de Saint-Avold. Mme Cordier
☎ 87 93 02 68
[•] 10 [◈] 160/200 F. [•|] 52/160 F.
[•|] 50 F. [▥] 160/215 F.
[⊠] 5 août/1er sept., 23 déc./5 janv. et lun.
[E] [D] [☎] [▭] [◄] [CB]

PORNIC
44210 Loire Atlantique
9908 hab. [i]

▲▲ LES SABLONS ★★
13, rue des Sablons. Ste Marie-sur-Mer.
M. Noblet ☎ 40 82 09 14 [FAX] 40 82 04 26
[•] 30 [◈] 280/440 F. [•|] 100/260 F.
[•|] 50 F. [▥] 330/360 F.
[⊠] rest. dim. soir et lun. hs.
[E] [▯] [☎] [▭] [T] [✎] [CV] [▦]

PORNICHET
44380 Loire Atlantique
8133 hab. [i]

▲▲ LE REGENT ★★
150, bld des Océanides. M. Mainguet
☎ 40 61 05 68 [FAX] 40 61 25 53
[•] 17 [◈] 250/450 F. [•|] 85/185 F.
[•|] 45 F. [▥] 235/350 F.
[⊠] 1er déc./28 fév.
[E] [D] [SP] [▯] [☎] [▭] [⋈] [CV] [▦] [◄]
[CB] [▆]

▲ LES OCEANIDES ★
4, bld des Océanides. Mme Vigneron
☎ 40 61 33 25 [FAX] 40 61 75 44
[•] 15 [◈] 240/340 F. [•|] 80/150 F.
[•|] 55 F. [▥] 260/300 F.
[⊠] 1er déc./15 fév.
[E] [SP] [▯] [☎] [⋈] [✎] [&] [◄] [CB]

PORS EVEN
22620 Côtes d'Armor
3507 hab.

▲ PENSION BOCHER ★★
44, rue Pierre Loti. Mme Le Roux
☎ 96 55 84 16
[•] 15 [◈] 150/300 F. [•|] 105/225 F.
[•|] 50 F. [▥] 235/310 F.
[⊠] 4 nov./Rameaux.
[E] [D] [☎] [▭] [T] [&] [CV] [▦] [CB]

PORT BLANC
22710 Côtes d'Armor
3000 hab. [i]

♲ GRAND HOTEL ★★
Bld de la Mer. Mme Monfrance
☎ 96 92 66 52 [FAX] 96 92 81 57
[‖] 29 ☐ 200/320 F. [‖] 75/230 F.
[‖] 45 F. ♠ 225/285 F.
[E] [☎] [🖶] [⊞] [T] [⚒] [🐾] [♿] [CV] [♠] [CB]

PORT DE LANNE
40300 Landes
650 hab.

♲♲♲ LA VIEILLE AUBERGE ★★★
Place de l'Eglise. M. Lataillade
☎ 58 89 16 29 [FAX] 58 89 12 89
[‖] 10 ☐ 200/400 F. [‖] 120/235 F.
[‖] 60 F. ♠ 320/400 F.
[⊠] 1er nov./1er mai et lun.
[E] [D] [SP] [□] [☎] [🛏] [T] [✈] [⚒] [♿] [🔴] [♠]

PORT LA NOUVELLE
11210 Aude
5000 hab. [i]

♲♲♲ MEDITERRANEE ★★★
Front de Mer, face plage. M. Castaing
☎ 68 48 03 08 [TX] 500712 [FAX] 68 48 53 81
[‖] 31 ☐ 200/495 F. [‖] 65/190 F.
[‖] 45 F. ♠ 250/360 F.
[⊠] 5 janv./5 fév.
[E] [D] [SP] [i] [□] [☎] [🛏] [⊞] [⇕] [⊞] [⋈] [CV]
[🔴] [♠] [CB] [C] [📦]

PORT LOUIS
56290 Morbihan
2900 hab. [i]

♲♲ DU COMMERCE ★★
1, place du Marché. M. Boutbien
☎ 97 82 46 05 [FAX] 97 82 11 02
[‖] 30 ☐ 115/340 F. [‖] 62/235 F.
[‖] 55 F. ♠ 205/300 F.
[⊠] 20 oct./15 nov., vac. scol. fév. et lun.
oct./mai.
[E] [D] [□] [☎] [T] [⚒] [♿] [CV] [🔴] [♠] [CB] [📦]

PORT MANECH EN NEVEZ
29920 Finistère
2800 hab. [i]

♲♲ DU PORT ★★
Rue de l'Aven. M. Danielou
☎ 98 06 82 17 [FAX] 98 06 62 70
[‖] 33 ☐ 220/360 F. [‖] 78/220 F.
[‖] 60 F. ♠ 215/350 F.
[⊠] fin sept./Pâques et rest. lun. midi.
[E] [D] [☎] [⋈] [T] [♠] [CB] [C]

PORT SUR SAONE
70170 Haute Saône
2650 hab. [i]

♲♲ DES VOYAGEURS ★★
2, av. de la Gare. M. Bornier
☎ 84 91 52 30 [FAX] 84 91 55 91
[‖] 14 ☐ 180/240 F. [‖] 60/145 F.
[‖] 35 F. ♠ 190 F.
[⊠] semaine Noël/nouvel an, hôtel dim.
soir, rest. sam. soir et dim.
[E] [□] [☎] [♿] [CV] [♠] [CB]

PORT VENDRES
66660 Pyrénées Orientales
5370 hab. [i]

♲♲ LA RESIDENCE Rest. LE CEDRE ★★
29, route de Banyuls. M. De Gelder
☎ 68 82 01 05 [FAX] 68 82 22 13
[‖] 18 ☐ 280/480 F. [‖] 95/198 F.
[‖] 55 F. ♠ 305/405 F.
[⊠] 2 nov./31 mars.
[E] [D] [SP] [□] [☎] [T] [⚒] [⚒] [🔴] [♠] [CB]

PORTIRAGNES PLAGE
34420 Hérault
400 hab.

♲♲ LE MIRADOR ★★
4, bld Front de Mer.
Mme Gil
☎ 67 90 91 33 [FAX] 67 90 88 80
[‖] 17 ☐ 190/380 F. [‖] 95/220 F.
[‖] 45 F. ♠ 260/300 F.
[⊠] 1er oct./25 mars.
[E] [D] [□] [☎] [CV] [🔴]

PORTO OTA
20150 Corse
600 hab. [i]

♲♲ MOTEL LE LONCA ★★
M. Leca
☎ 95 26 16 44 [FAX] 95 26 11 83
[‖] 12 ☐ 180/450 F.
[⊠] 15 oct./31 mars.
[E] [i] [□] [☎] [⇕] [⋈] [T] [♠] [CB]

PORTO VECCHIO
20137 Corse
10000 hab. [i]

♲♲ SANTA GIULIA ★★
Baie de Santa Giulia. M. Poletti
☎ 95 70 18 66
[‖] 25
[E] [D] [i]

POTIGNY
14420 Calvados
2155 hab.

♲♲ LA TAVERNE ★★
57, rue Général Leclerc.
Mme Marie
☎ 31 90 67 25 \ 31 40 75 47
[FAX] 31 90 16 65
[‖] 7 ☐ 160/295 F. [‖] 55/150 F. [‖] 45 F.
♠ 190/250 F.
[⊠] dim. hs.
[E] [□] [☎] [🛏] [CV] [🔴] [♠] [📦]

POUGUES LES EAUX
58320 Nièvre
2800 hab.

♲ CENTRAL HOTEL ★
Route de Paris. Mme Beaufils
☎ 86 68 85 00
[‖] 8 ☐ 120/240 F. [‖] 68/130 F. [‖] 45 F.
♠ 240/290 F.
[⊠] 15 nov./15 déc., 7/20 janv. et mer.
hors vac. scol.
[E] [D] [🛏] [🔴] [♠] [CB]

POUILLY EN AUXOIS
21320 Côte d'Or
1500 hab. 🛈

⌂ DE LA POSTE ★★
M. Bonnardot
☎ 80 90 86 44 🅵🅰🆇 80 90 75 99
🛏 7 ⌾ 220/270 F. 🍽 70/200 F. 🍴 49 F.
🍽 210/300 F.
✉ dim. soir sauf juil./août et lun.
🄴 🗑 🕿 🔽 CB

⌂ DU COMMERCE ★★
M. Mazilly ☎ 80 90 88 23
🛏 19 ⌾ 220/310 F. 🍴 45 F. 🍽 220 F.
✉ rest. mer.
🗑 🕿 🔽 CB

POUILLY SUR LOIRE
58150 Nièvre
1800 hab. 🛈

⌂⌂ LA BOUTEILLE D'OR ★★★
Mme Pivarec ☎ 86 39 13 84
🛏 21 ⌾ 180/240 F. 🍽 90/280 F.
🍴 55 F. 🍽 240/260 F.
✉ 10 janv./25 fév., dim. soir et lun. sauf
juil./août.
🗑 🕿 🄾🄸 CB

⌂⌂⌂ LE RELAIS FLEURI Rest. LE COQ
HARDI ★★★
42, av. de la Tuilerie. MeM. Astruc
☎ 86 39 12 99 🅵🅰🆇 86 39 14 15
🛏 9 ⌾ 200/290 F. 🍽 100/250 F.
🍴 40 F. 🍽 285/300 F.
✉ 15 janv./15 fév., dim. soir et lun.
oct./Pâques.
🄴 🄳 🆂🄿 🗑 🕿 🚗 🚙 🕈 🚶 🎿 CV 🄾🄸
🔽 CB 🛌

POULDREUZIC
29710 Finistère
2300 hab. 🛈

⌂⌂ KER ANSQUER ★★★
(A Lababan). Mme Ansquer
☎ 98 54 41 83
🛏 11 ⌾ 330 F. 🍽 90/220 F. 🍴 40 F.
🍽 330 F.
✉ 15 oct./1er avr.
🄴 🄳 🆂🄿 🗑 🕿 🚗 🕊 🕈 CB

⌂⌂ LE CAPRICORNE ★★
15, rue de Pont L'Abbé. M. Guichaoua
☎ 98 54 40 06 🅵🅰🆇 98 54 42 92
🛏 12 ⌾ 240/300 F. 🍽 68/188 F.
🍴 36 F. 🍽 260/290 F.
✉ 19 déc./8 janv. et ven. 15 H sauf
juil./août.
🄴 🗑 🕿 🚗 🕊 🕈 🎿 🚿 CV CB

POULDU (LE)
29360 Finistère
3330 hab. 🛈

⌂⌂⌂ ARMEN ★★★
Route du Port. Mme Decaillet
☎ 98 39 90 44 🅵🅰🆇 98 39 98 69
🛏 38 ⌾ 270/460 F. 🍽 82/230 F.
🍴 52 F. 🍽 320/430 F.

✉ 28 sept./28 avr.
🄴 🄳 🄾🄸 🗑 🕿 🚗 🚙 🕈 🕊 🕈 🎿 🚿 ♿ CV
🔽 CB C

⌂ DES BAINS
Place des Grands Sables. M. Plumer
☎ 98 39 90 11 🅵🅰🆇 98 39 90 88
🛏 25 ⌾ 250/395 F. 🍽 90/250 F.
🍴 60 F. 🍽 305/360 F.
✉ 26 sept./13 avr.
🄴 🗑 🕿 🕈 CV 🔽 CB

POULIGUEN (LE)
44510 Loire Atlantique
5000 hab. 🛈

⌂⌂ BEAU-RIVAGE ★★
Sur la Plage, 11, rue Jules Benoist.
M. Maillard ☎ 40 42 31 61 🅵🅰🆇 40 42 82 98
🛏 54 ⌾ 350/420 F. 🍽 140/190 F. 🍴 80 F.
🍽 345/400 F.
✉ 1er nov./Pâques.
🄴 🄳 🗑 🚗 🚙 🕈 🚿 🕈 🎿 CV 🄾🄸 🔽 CB

POURVILLE SUR MER
76550 Seine Maritime
300 hab. 🛈

⌂ AUX PRODUITS DE LA MER ★
Rue du 19 Août. M. Lebon
☎ 35 84 38 34
🛏 8 ⌾ 190/270 F. 🍽 80/130 F. 🍴 50 F.
✉ déc./janv., nov., fév./mars sauf vac.
scol., mar. soir et mer.
🄴 🕿 🚗 🕊 CB

POUZAUGES
85700 Vendée
5473 hab. 🛈

⌂⌂ AUBERGE DE LA BRUYERE ★★
Rue du Docteur Barbanneau. M. Bordron
☎ 51 91 93 46 🅵🅰🆇 51 57 08 18
🛏 27 ⌾ 300/395 F. 🍽 79/165 F.
🍴 43 F. 🍽 290 F.
✉ rest. sam. et dim. soir oct./mai.
🄴 🆂🄿 🗑 🕿 🚗 🕈 🕊 🚿 🎿 🎿 CV 🄾🄸
🔽 CB

POUZIN (LE)
07250 Ardèche
3000 hab.

⌂⌂ DE L'AVENUE ★★
Route du Teil. M. Malosse
☎ 75 63 80 43 🅵🅰🆇 75 85 93 27
🛏 14 ⌾ 215/230 F. 🍽 70 F. 🍴 35 F.
🍽 200/230 F.
✉ 22/28 mai, 18 sept./8 oct., 23 déc./
2 janv. et dim.
🄴 🗑 🕿 CV 🔽 CB 🛌

PRA LOUP
04400 Alpes de Haute Provence
1630 m. • 3213 hab. 🛈

⌂⌂ DES BERGERS ★★★
M. Schaeffer ☎ 92 84 14 54 🅵🅰🆇 92 84 17 00
🛏 34 ⌾ 395/580 F. 🍽 80/120 F. 🍴 50 F.
🍽 345/530 F.
🄴 🄳 🛈 🗑 🕿 🚗 🕈 🕊 🚿 🎿 🕈 🕊
🎿 CV 🄾🄸 🔽 CB

PRALOGNAN LA VANOISE
73710 Savoie
1430 m. • 650 hab. ⓘ

🏨🏨🏨 DU GRAND BEC ★★
M. Favre
☎ 79 08 71 10 🆑 79 08 72 22
🛏 39 ❄ 260/420 F. 🍽 105/200 F.
🍴 50 F. 🍽 280/360 F.
⊠ 17 avr./23 mai et 25 sept./16 déc.
Ⓔ Ⓓ 🖥 ☎ 🛏 �car 🛗 🏓 🖥 🖥 🎿
♿ CV 🔲 🐾 CB

🏨🏨 LE CAPRICORNE ★★
Mme Blanc
☎ 79 08 71 63 🆑 79 08 76 25
🛏 14 ❄ 300/360 F. 🍽 110/165 F.
🍴 45 F. 🍽 250/320 F.
⊠ mi-avr./mi-juin et mi-sept./mi-déc.
🖥 ☎ 🛏 🚗 🛏 🛗 🚾 CV 🔲 🐾 CB

🏨🏨 LES AIRELLES ★★
Rue des Darbelays. M. Boyer
☎ 79 08 70 32 🆑 79 08 73 51
🛏 18 ❄ 295/430 F. 🍽 89/175 F.
🍴 45 F. 🍽 270/375 F.
⊠ 22 avr./4 juin et 24 sept./18 déc.
Ⓔ 🖥 ☎ 🛏 🚗 🚌 🛗 CV 🐾 CB

🏨 PARISIEN ★
M. Vion
☎ 79 08 72 31 🆑 79 08 76 26
🛏 22 ❄ 185/330 F. 🍽 98/150 F.
🍴 45 F. 🍽 185/295 F.
⊠ 20 avr./5 juin et 20 sept./18 déc.
🖥 ☎ 🚗 🚌 🏖 CV 🔲 🐾 CB

PRATS DE MOLLO LA PRESTE
66230 Pyrénées Orientales
730 m. • 1500 hab. ⓘ

🏨🏨 BELLEVUE ★★
Le Foiral. M. Visellach
☎ 68 39 72 48 🆑 68 39 78 04
🛏 18 ❄ 160/265 F. 🍽 90/180 F.
🍴 52 F. 🍽 200/300 F.
⊠ 2 nov./20 mars sauf vac. scol.
Ⓔ SP 🖥 ☎ 🚗 🛗 CV 🐾 CB

🏨🏨🏨 DES TOURISTES ★★
Mme Pouliquen
☎ 68 39 72 12
🛏 28 ❄ 200/300 F. 🍽 90/140 F.
🍴 48 F. 🍽 225/285 F.
⊠ 1er nov./1er avr.
Ⓔ Ⓓ 🛏 🛗 🏓 CV 🔲 🐾 CB

🏨 LE COSTABONNE ★ & ★★
Place du Foiral. Mme Payrot
☎ 68 39 70 24 🆑 68 39 77 52
🛏 18 ❄ 210/230 F. 🍽 75/150 F.
🍴 45 F. 🍽 175/225 F.
⊠ 20 nov./20 déc.
Ⓔ SP ☎ 🛗 CV 🐾 CB Ⓒ 🖥

🏨🏨🏨 LE VAL DU TECH ★★
(La Preste-les-Bains). MeM. Maler/Remedi
☎ 68 39 71 12 🆑 68 39 78 07
🛏 42 ❄ 160/300 F. 🍽 90/120 F.
🍴 50 F. 🍽 230/310 F.
⊠ 1er nov./9 avr.
Ⓔ SP 🖥 ☎ 🏓 🛗 CV 🔲 🐾 CB

PRAYSSAC
46220 Lot
2233 hab. ⓘ

🏨 LE VIDAL ★★
3, rue des Garabets. Mme Di-Rago
☎ 65 30 66 00
🛏 10 ❄ 150/200 F. 🍽 60/ 95 F.
🍴 38 F. 🍽 230/300 F.
⊠ lun. sauf juil./août.
Ⓔ SP ☎ 🛏 CV 🐾 CB

PRAZ SUR ARLY
74120 Haute Savoie
1036 m. • 700 hab. ⓘ

🏨 AUBERGE DES 2 SAVOIES ★★
M. Goulard ☎ 50 21 90 14 🆑 50 21 93 28
🛏 18 ❄ 200/350 F. 🍽 82/140 F. 🍴 50 F.
🍽 240/290 F.
⊠ 15 avr./15 mai, ven. soir et sam. midi.
Ⓔ Ⓓ ⓘ 🖥 ☎ 🛏 CV 🐾 CB 🖥

🏨 MONT CHARVIN ★★
M. Sondaz ☎ 50 21 90 05
🛏 26 ❄ 200/330 F. 🍽 85/150 F.
🍴 55 F. 🍽 255/330 F.
⊠ 20 avr./20 juin et mi-sept./20 déc.
Ⓔ ⓘ 🛏 🏖 🎿 CV 🐾 CB

PRE EN PAIL
53140 Mayenne
2500 hab. ⓘ

🏨 DE BRETAGNE ★★
145, rue Aristide Briand. M. Grange
☎ 43 03 13 00
🛏 18 ❄ 175/250 F. 🍽 69/160 F.
🍴 45 F. 🍽 240/280 F.
⊠ 15 déc./15 janv. et dim. soir.
Ⓔ 🖥 ☎ 🛏 CV 🐾 CB

🏨🏨 LE NORMANDIE ★
40-42, rue Aristide Briand. Mme Legeay
☎ 43 03 01 14
🛏 7 ❄ 120/280 F. 🍽 48/160 F. 🍴 45 F.
🍽 200/240 F.
⊠ 8 jours fin sept., 15 janv./15 fév. et
mar. hs.
Ⓔ 🖥 ☎ 🚌 🛗 🔲 🐾 CB

PRECY SOUS THIL
21390 Côte d'Or
610 hab. ⓘ

🏨🏨🏨 LORIOT ★★
4, rue de l'Eglise. M. Pagny
☎ 80 64 56 33 🆑 80 64 47 50
🛏 11 ❄ 250/270 F. 🍽 90/185 F.
🍴 50 F. 🍽 230 F.
⊠ dim. soir et lun. midi hs.
Ⓔ 🖥 ☎ 🛏 🚗 🛗 CV 🔲 🐾 CB

PREFAILLES
44770 Loire Atlantique
625 hab. ⓘ

🏨🏨🏨 LA FLOTTILLE ★★
(Pointe Saint-Gildas). Mme Cassin
☎ 40 21 61 18 🆑 40 64 51 72
🛏 26 ❄ 350/500 F. 🍽 98/300 F.
🍴 55 F. 🍽 400/500 F.
Ⓔ Ⓓ SP 🖥 ☎ 🛏 🚗 🚌 🖥 🖥 ♿
CV 🔲 🐾 CB Ⓒ 🖥

PREUILLY SUR CLAISE
37290 Indre et Loire
1427 hab. [i]

⌂ AUBERGE SAINT NICOLAS
6, Grande Rue. M. Bertrand
☎ 47 94 50 80
[🛏] 9 [S] 140/280 F. [🍴] 98/198 F. [🥐] 50 F.
[🛎] 180/230 F.
[⌧] 9 sept./3 oct., dim. soir et lun. hs.
[🚪][🚗][🎱][📞][CB]

PRIVAS (COL DE L'ESCRINET)
07200 Ardèche
787 m. • 250 hab.

⌂⌂⌂ PANORAMIQUE DU COL DE
L'ESCRINET ★★
M. Rojon ☎ 75 87 10 11 [FAX] 75 87 10 34
[🛏] 20 [S] 270/480 F. [🍴] 120/290 F.
[🥐] 70 F. [🛎] 300/380 F.
[⌧] 16 nov./15 mars, dim. soir et lun.
midi sauf 15 juin/15 sept.
[E][SP][🚪][🏠][🚗][🏕][⛱][🚶][CV][📞]
[CB][⚓]

PRIZIAC
56320 Morbihan
1480 hab.

⌂⌂ DU CHEVAL BLANC ★★
5, rue Albert Saint-Jalmes. M. Brabant
☎ 97 34 61 15 [FAX] 97 34 63 10
[🛏] 13 [S] 250/300 F. [🍴] 69/129 F.
[🥐] 49 F. [🛎] 200/250 F.
[🚪][🏠][🚗][✉][🏕][🚶][🌳][CV][📞][CB]
[C][⚓]

PROPIAC LES BAINS
26170 Drôme
50 hab.

⌂ PLANTEVIN ★★
Mme Auguste ☎ 75 28 02 42
[🛏] 16 [S] 250/270 F. [🍴] 100 F. [🥐] 45 F.
[🛎] 240/260 F.
[⌧] 1er oct./1er avr. et mer. sauf
juil./août.
[🏠][🚗][🏕][⛱][📞][CB]

PROVINS
77160 Seine et Marne
12500 hab. [i]

⌂⌂ HOSTELLERIE DE LA CROIX D'OR ★
1, rue des Capucins. M. Goncalves
☎ (1) 64 00 01 96 [FAX] (1) 64 08 99 92
[🛏] 5 [S] 180/280 F. [🍴] 89/210 F. [🥐] 35 F.
[🛎] 250 F.
[E][SP][i][🚪][🏠]

PRUNIERES
05230 Hautes Alpes
1000 m. • 150 hab.

⌂⌂ LE PREYRET ★★
M. Ceard
☎ 92 50 62 29 [FAX] 92 50 64 64
[🛏] 40 [S] 304/347 F. [🍴] 92/152 F.
[🥐] 59 F. [🛎] 290/315 F.
[⌧] 15 oct./1er avr.
[E][🚪][🏠][🚗][🏕][⛱][🌊][🚶][📞][CB]

PUBLIER
74500 Haute Savoie
500 m. • 3740 hab. [i]

⌂⌂ LE CHABLAIS ★★
Rue du Chablais. M. Colliard
☎ 50 75 28 06 [FAX] 50 74 67 32
[🛏] 25 [S] 150/280 F. [🍴] 80/160 F.
[🥐] 45 F. [🛎] 180/260 F.
[⌧] 1er/23 janv., 23/31 déc. et dim.
mai/sept.
[E][🚪][🏠][🚗][🏕][🚶][CV][📞][CB]

PUGEY
25720 Doubs
500 hab.

⌂ CHAMP FLEURI ★★
M. Sage ☎ 81 57 21 54 [FAX] 81 57 30 55
[🛏] 35 [S] 230/250 F. [🍴] 80/160 F.
[🥐] 45 F. [🛎] 180/220 F.
[⌧] 25 déc./15 janv., sam et dim. soir
30 sept./15 mai et sam midi
15 mai/30 sept.
[i][🚪][🏠][🚗][🏕][🚶][📞][CB]

PUID (LE)
88210 Vosges
600 m. • 82 hab.

⌂⌂ LE RAYBOIS ★
Rue Principale. M. Thomas
☎ 29 57 67 97 [FAX] 29 57 69 57
[🛏] 10 [S] 170/200 F. [🍴] 50/ 70 F.
[🥐] 35 F. [🛎] 287/331 F.
[⌧] lun. midi.
[🚪][🚗][🏠][✉][🏕][🚶][🌳][CV][📞]

PULVERSHEIM
68840 Haut Rhin
2100 hab.

⌂⌂ NIEMERICH ★★
M. Weiss ☎ 89 48 11 03 [FAX] 89 48 25 06
[🛏] 30 [S] 210/240 F. [🍴] 45/165 F.
[🥐] 40 F. [🛎] 195/240 F.
[⌧] rest. 16/31 août et ven.
[E][🚪][🚗][🏠][🚗][🏕][✉][🌳][CV][📞][📞]
[CB][⚓]

PUTANGES PONT ECREPIN
61210 Orne
900 hab. [i]

⌂⌂ DU LION VERD ★★
M. Guillais ☎ 33 35 01 86 [FAX] 33 39 53 32
[🛏] 20 [S] 140/250 F. [🍴] 70/200 F.
[🥐] 38 F. [🛎] 145/250 F.
[⌧] 23 déc./31 janv. et ven. soir hs.
[E][🚪][🏠][🏕][CV][📞][CB]

PUTTELANGE AUX LACS
57510 Moselle
3016 hab.

⌂⌂ LA CHAUMIERE ★★
24, rue Robert Schuman. M. Adam
☎ 87 09 61 68 [FAX] 87 09 47 74
[🛏] 9 [S] 220/270 F. [🍴] 53/200 F. [🥐] 40 F.
[🛎] 170/200 F.
[⌧] 1er/15 juil., 2/15 janv. et rest. lun.
[E][🚪][i][🚪][🏠][🚗][🏕][📺][🚶][📞]
[📞][CB]

313

PUY EN VELAY (LE)
43000 Haute Loire
630 m. • 21743 hab. [i]

▲▲ BRISTOL ★★
7, av. Foch. M. Mallet
☎ 71 09 13 38 [FAX] 71 09 51 70
[1] 37 [S] 195/290 F. [11] 88/150 F.
[H] 45 F. [M] 205/245 F.
[X] 11/27 fév. et rest. lun. 1er nov./
1er avr.
[E] [D] [□] [☎] [△] [≛] [⋈] [⸙] [CV] [♠] [CB]

▲▲ LE VAL VERT ★★
6, av. Baptiste Marcet. M. Minard
☎ 71 09 09 30 [FAX] 71 09 36 49
[1] 24 [S] 200/280 F. [11] 90/140 F.
[H] 50 F. [M] 230/250 F.
[X] rest. ven. 31 oct./31 mars.
[E] [□] [☎] [△] [△] [CV] [♠] [CB] [▬]

PUY L'EVEQUE
46700 Lot
3000 hab. [i]

▲▲ BELLEVUE ★★
Place de la Truffière. Mme Amouroux
☎ 65 21 30 70 [FAX] 65 21 37 76
[1] 16 [S] 277/321 F. [11] 96/248 F.
[H] 47 F. [M] 275/319 F.
[X] 15 nov./1er mars, dim. soir et lun
oct./nov.
[E] [SP] [i] [□] [☎] [≛] [⚹] [CV] [♠] [CB]

▲▲ HENRY ★★
M. Henry ☎ 65 21 32 24
[1] 19 [S] 140/210 F. [11] 45/180 F.
[H] 35 F. [M] 175/205 F.
[E] [□] [☎] [△] [△] [⋈] [⸙] [✦] [≛] [⚹] [CV]
[♠] [CB]

PUY SAINT VINCENT
05290 Hautes Alpes
1380 m. • 298 hab. [i]

▲▲ L'AIGLIERE ★★
M. Engilberge
☎ 92 23 30 59 [FAX] 92 23 48 75
[1] 36 [S] 190/330 F. [11] 68/150 F.
[H] 55 F. [M] 185/290 F.
[X] 20 avr./15 juin et 15 sept./15 déc.
[E] [i] [□] [☎] [△] [≛] [⸙] [≛] [⚹] [CV] [▦]
[♠] [CB]

▲ LA PENDINE ★★
(Les Prés). MM. Blein
☎ 92 23 32 62 [FAX] 92 23 46 63
[1] 28 [S] 173/329 F. [11] 80/180 F.
[H] 60 F. [M] 192/288 F.
[X] 10 sept./10 déc. et 15 avr./15 juin.
[i] [□] [☎] [△] [⸙] [CV] [CB]

PUYLAURENS
81700 Tarn
1300 hab. [i]

▲▲ GRAND HOTEL PAGES ★★
M. Pages ☎ 63 75 00 09 [FAX] 63 75 05 41
[1] 15 [S] 120/200 F. [11] 60/160 F.
[H] 35 F. [M] 200 F.
[X] dim. soir hs.
[□] [☎] [△] [≛] [CV] [▦] [♠] [CB]

Q

QUATRE ROUTES D'ALBUSSAC
19380 Corrèze
600 m. • 50 hab.

▲▲ AUBERGE LIMOUSINE ★★
4, route d'Albussac. M. Escaravage
☎ 55 28 15 83
[1] 13 [S] 150/260 F. [11] 80/160 F.
[H] 50 F. [M] 200 F.
[X] 1er nov./15 déc., lun. sauf juil./août
et jours fériés.
[E] [□] [☎] [△] [△] [⋈] [⸙] [≛] [CV] [▦] [♠] [CB]

▲▲ ROCHE DE VIC ★★
Mme Paillier
☎ 55 28 15 87 [FAX] 55 28 01 09
[1] 13 [S] 150/250 F. [11] 70/165 F.
[H] 45 F. [M] 200/240 F.
[X] janv./fév. et lun. sauf fériés et saison.
[E] [□] [☎] [△] [△] [⸙] [≛] [≛] [⚹] [▦] [♠] [CB]

QUEDILLAC
35290 Ille et Vilaine
1000 hab.

▲▲▲ RELAIS DE LA RANCE ★★
6, rue de Rennes. MM. Guitton/Chevrier
☎ 99 06 20 20 [FAX] 99 06 24 01
[1] 13 [S] 220/400 F. [11] 105/400 F.
[H] 60 F. [M] 250/350 F.
[X] 24 déc./10 janv. et dim. soir sauf
juil./août.
[E] [□] [☎] [△] [▦]

QUESTEMBERT
56230 Morbihan
5213 hab. [i]

▲ DE LA GARE Rest. LE SAINTE-ANNE ★★
A Bel Air - 19, av. de la Gare.
M. Le Bihan
☎ 97 26 11 47 [FAX] 97 26 53 95
[1] 10 [S] 165/220 F. [11] 75/215 F.
[H] 45 F. [M] 195/210 F.
[X] dim. soir.
[E] [D] [SP] [□] [☎] [△] [⸙] [≛] [CV] [▦] [♠] [CB]

QUIBERON
56170 Morbihan
5000 hab. [i]

▲▲▲ BELLEVUE ★★★
Rue de Tiviec. M. Le Quellec
☎ 97 50 16 28 [FAX] 97 30 44 34
[1] 38 [S] 345/660 F. [11] 95/140 F.
[H] 65 F. [M] 310/500 F.
[X] 15 oct./31 mars.
[E] [□] [☎] [△] [△] [⸙] [≛] [⚹] [CV] [♠] [CB]

▲▲▲ DES DRUIDES ★★★
6, rue de Portmaria. M. Machabey
☎ 97 50 14 74 [FAX] 97 50 35 72
[1] 31 [S] 280/490 F. [11] 80/170 F.
[H] 48 F. [M] 300/400 F.
[X] 31 oct./1er mars.
[E] [D] [SP] [□] [☎] [△] [≛] [≛] [⚹] [CV] [▦] [✦] [CB]

QUIBERON (suite)

HOCHE ★★
19, place Hoche. Mme Quelven
☎ 97 50 07 73 📠 97 50 31 86
🛏 35 � 290/480 F. 🍽 79/285 F.
🍴 55 F. 🛌 305/410 F.
✉ 30 sept./15 fév.
E ⌂ 🔒 ⌚ 🔟 🚗 CV ⌂ CB

LE NEPTUNE ★★
4, Quai de Houat. M. Naour
☎ 97 50 09 62 📠 97 50 41 44
🛏 21 ⌚ 280/380 F. 🍽 75/260 F.
🍴 50 F. 🛌 280/330 F.
✉ 20 déc./5 fév. et lun.
Toussaint/Pâques.
E ⌂ 🔒 ⌚ 🔟 ⌂ CV

QUIBERON (SAINT PIERRE)
56510 Morbihan
2035 hab. ⓘ

AUBERGE DU PETIT MATELOT ★★
(Plage de Penthièvre). M. Le Mouroux
☎ 97 52 31 21 📠 97 52 41 38
🛏 25 ⌚ 180/380 F. 🍽 80/180 F.
🍴 52 F. 🛌 230/315 F.
✉ 1er nov./15 mars et rest. lun. hs.
E ⌂ 🔒 🚗 ⌂ 🔟 🚴 🔟 CV 🔟 CB

DE BRETAGNE ★★
Rue Général de Gaulle. M. Madec
☎ 97 30 91 47 📠 97 30 89 78
🛏 21 ⌚ 210/270 F. 🍽 80/250 F.
🍴 50 F. 🛌 255/290 F.
✉ 30 sept./Pâques.
E ⌂ 🔒 🚗 CV ⌂ CB

DE LA PLAGE ★★★
Mme Audic-Pichot
☎ 97 30 92 10 📠 97 30 99 61
🛏 44 ⌚ 230/570 F. 🍽 85/180 F.
🍴 52 F. 🛌 260/470 F.
✉ début oct./début avr.
E ⌂ 🔒 🚗 ⌂ ⌚ 🚴 CV 🔟 ⌂ CB C

SAINT PIERRE ★★
34, route de Quiberon M. Thomas
☎ 97 50 26 90 📠 97 50 37 98
🛏 28 ⌚ 250/350 F. 🍽 79/169 F.
🍴 50 F. 🛌 250/350 F.
✉ janv.
E ⌂ 🔒 🚗 🚗 ⌂ 🚴 CV ⌂ CB 📷

QUILLAN
11500 Aude
4000 hab. ⓘ

CARTIER Rest. LES 3 QUILLES ★★
31, bld Charles de Gaulle. Mme Cartier
☎ 68 20 05 14 📠 68 20 22 57
🛏 30 ⌚ 170/340 F. 🍽 77/120 F.
🍴 42 F. 🛌 240/300 F.
✉ 16 déc./15 mars et rest. sam. mars,
oct., nov. et déc.
E SP ⓘ ⌂ 🔒 ⌚ ⌂ CV ⌂ CB

LA CHAUMIERE ★★★
25, bld Charles de Gaulle.
M. Me Audabram/Tanière

☎ 68 20 17 90 ╲ 68 20 08 62
📠 68 20 13 55
🛏 33 ⌚ 130/340 F. 🍽 75/250 F.
🍴 50 F. 🛌 260/300 F.
✉ 25 déc./1er fév., dim. soir et lun.
oct./avr.
E SP ⌂ 🔒 🚗 🔟 ⌂ CB

QUIMIAC EN MESQUER
44420 Loire Atlantique
1200 hab. ⓘ

MODERNE ★★
Rue Principale. M. Hund
☎ 40 42 51 09 📠 40 42 56 47
🛏 20 ⌚ 155/280 F. 🍽 76/145 F.
🍴 38 F. 🛌 200/260 F.
✉ 15 oct./15 mars, mar. soir et mer.
16 sept./31 mai.
E ⌂ 🔒 ⌂ CV ⌂ CB

QUIMPER
29000 Finistère
60510 hab. ⓘ

GRADLON ★★★
30, rue de Brest. Mme Coller
☎ 98 95 04 39 📠 98 95 61 25
🛏 23 ⌚ 350/465 F.
✉ 22 déc./3 janv.
E ⌂ 🔒 🚗 ⌂ ⌚ 🔟 CV

LA TOUR D'AUVERGNE ★★
13, rue des Reguaires. Mme Le Brun
☎ 98 95 08 70 📠 98 95 17 31
🛏 42 ⌚ 285/510 F. 🍽 125/210 F.
🍴 68 F. 🛌 410/455 F.
✉ hôtel 31déc/1er janv. rest.
18 déc./10 janv. dim 1er oct/30 avr.
sam. midi 1er/31 oct. 1er avr/15 juil.
sam. soir 1er nov/31 mars
E ⌂ 🔒 🚗 🚗 ⌚ ⌂ CV 🔟 ⌂ CB
C 📷

QUINCIE EN BEAUJOLAIS
69430 Rhône
1020 hab.

LE MONT BROUILLY ★★
(Le Pont des Samsons). M. Bouchacourt
☎ 74 04 33 73 📠 74 69 00 72
🛏 29 ⌚ 270/320 F. 🍽 80/230 F.
🍴 50 F. 🛌 250/265 F.
✉ semaine Noël, fév., lun. midi
avr./sept., dim. soir et lun. oct./mars.
E ⓘ ⌂ 🔒 🚗 🚗 ⌂ ⌚ 🔟 🚴 🔟
⌂ CB 📷

QUINSON
04480 Alpes de Haute Provence
274 hab. ⓘ

RELAIS NOTRE DAME ★★
Mlle Berne
☎ 92 74 40 01 📠 92 74 02 10
🛏 14 ⌚ 140/280 F. 🍽 85/170 F.
🍴 35 F. 🛌 208/262 F.
✉ 15 déc./15 mars, dim. soir et lun.
1er oct./Pâques.
E ⌂ 🔒 🚗 ⌂ ⌚ 🔟 ⌂ CV 🔟 ⌂ CB

QUINTIN
22800 Côtes d'Armor
3500 hab. ℹ️

⚠️ DU COMMERCE ★★
2, rue Rochonen. M. Adam
☎ 96 74 94 67 📠 96 74 00 94
🛏 13 ⌨ 160/250 F. 🍴 59/289 F.
🍽 49 F. 🍴 180/220 F.
✉ déc., dim. soir et lun. midi sauf
juil./août.
[E] [D] [SP] [▢] [☎] [🐾] [CB]

RABASTENS
81800 Tarn
4700 hab. ℹ️

⚠️ DU PRE VERT ★★
54, promenade des Lices. M. Geffrier
☎ 63 33 70 51 📠 63 33 82 58
🛏 13 ⌨ 190/330 F. 🍴 69/220 F.
🍽 47 F.
✉ 2/31 janv., lun. midi et dim. soir.
[E] [SP] [▢] [☎] [🚗] [🛏] [🏓] [⛷] [🔧] [🚻] [🐾] [CB]

RAGUENES PLAGE EN NEVEZ
29920 Finistère
100 hab.

⚠️ CHEZ PIERRE ★★
Rue des Iles. M. Guillou
☎ 98 06 81 06 📠 98 06 62 09
🛏 35 ⌨ 180/397 F. 🍴 110/260 F.
🍽 72 F. 🍴 202/337 F.
✉ 27 sept./6 avr. et rest. mer.
14 juin/13 sept.
[E] [☎] [🚗] [🛏] [🏓] [♿] [🚻] [🐾] [CB] [▦]

RAMBOUILLET
78120 Yvelines
24343 hab. ℹ️

⚠ DE LA GARE Rest. LE SEQUOIA ★
17, rue Sadi Carnot. Mme Assel
☎ (1) 34 83 03 04 📠 (1) 34 83 93 06
🛏 9 ⌨ 200/240 F. 🍴 70/130 F. 🍽 50 F.
🍴 220 F.
✉ 1er/15 mai, 11/24 août, rest. sam.
soir et dim.
[☎] [🐾] [▦]

RAMERUPT
10240 Aube
380 hab.

⚠ DU CENTRE
Mme Tallot ☎ 25 37 60 22
🛏 5 ⌨ 125/175 F. 🍴 80/160 F. 🍽 50 F.
🍴 175/185 F.
✉ 16/31 août et lun. après-midi.
[🚗] [🚻] [♾]

RANCHOT
39700 Jura
400 hab.

⚠️ DE LA MARINE ★★
26, Grande Rue. M. Thuegaz
☎ 84 71 13 26 📠 84 81 37 70

🛏 13 ⌨ 210/250 F. 🍴 68/ 98 F.
🍽 40 F. 🍴 220 F.
✉ rest. sam. midi.
[E] [▢] [☎] [🚗] [🏓] [🐾] [CB]

RANES
61150 Orne
1000 hab. ℹ️

⚠️ SAINT PIERRE ★★
M. Delaunay ☎ 33 39 75 14 📠 33 35 49 23
🛏 12 ⌨ 220/345 F. 🍴 72/195 F. 🍽 48 F.
🍴 285 F.
✉ rest. ven. soir.
[E] [▢] [☎] [🚗] [🚗] [🔧] [CV] [🚻] [🐾] [CB] [C] [▦]

RAON L'ETAPE
88110 Vosges
8000 hab. ℹ️

⚠️ RELAIS LORRAINE ALSACE ★★★
31, rue Jules Ferry. Mme Elasri
☎ 29 41 61 93 📠 29 41 93 09
🛏 10 ⌨ 200/300 F. 🍴 70/160 F.
🍽 68 F. 🍴 240 F.
✉ nov. et rest. lun.
[E] [D] [▢] [☎] [🛏] [🚻] [🐾] [CB] [▦]

RASTEAU
84110 Vaucluse
700 hab.

⚠️⚠️ BELLERIVE ★★
M. Petrier ☎ 90 46 10 20 📠 90 46 14 96
🛏 20 ⌨ 485/495 F. 🍴 110/265 F.
🍽 70 F. 🍴 430/450 F.
✉ 15 nov./1er avr.
[E] [D] [▢] [☎] [🚗] [🏓] [⛱] [🚻] [🐾] [▦]

REALMONT
81120 Tarn
2700 hab. ℹ️

⚠️⚠️ NOEL ★★
1, rue de l'Hôtel de Ville. M. Granier
☎ 63 55 52 80
🛏 8 ⌨ 195/300 F. 🍴 120/260 F.
🍽 65 F. 🍴 220/280 F.
✉ vac. scol. fév., dim. soir et lun. sauf
juil./août.
[E] [▢] [☎] [🚗] [🏓] [🚻] [CB]

REAU (VILLAROCHE)
77550 Seine et Marne
550 hab.

⚠️ LA PAYELLE ★★
M. Desdoit
☎ (1) 64 38 87 12 📠 (1) 64 38 88 54
🛏 25 ⌨ 195/255 F. 🍴 80/140 F.
🍽 60 F. 🍴 235/265 F.
✉ 23 déc./10 janv., ven. soir, sam. et dim.
[E] [▢] [☎] [🚗] [🔧] [🚻] [🐾] [CB] [C] [▦]

RECOLOGNE
25170 Doubs
486 hab.

⚜ L'ESCALE ★★
Mme Faye ☎ 81 58 12 13
🛏 11 ⌨ 130/185 F.
✉ 15 oct./11 nov.
[☎] [🚗] [🔧] [🐾] [CB]

REICHSTETT
67116 Bas Rhin
4500 hab.

✳ AIGLE D'OR ***
5, rue de la Wantzenau. Mme Finck
☎ 88 20 07 87 ᴵᴬˣ 88 81 83 75
🛏 17 ⌷ 340 F.
Ⓔ Ⓓ ⓘ 🖨 ☎ 🛏 🚗 🖂 ▦ 🅿 CB

REIMS
51100 Marne
181990 hab. ⓘ

AA AU TAMBOUR **
63, rue de Magneux. M. Platteaux
☎ 26 40 59 22 ᴵᴬˣ 26 88 34 33
🛏 14 ⌷ 275/305 F. 🍽 78/220 F.
🍴 32 F. 🛌 230/240 F.
⊠ rest. sam. midi et dim.
Ⓔ Ⓓ 🖨 ☎ 🛏 🚗 ♿ CV ▦ 🅿 CB Ⓒ 🎞

RELEVANT
01990 Ain
350 hab.

A CHEZ NOELLE **
Mme Bouchard ☎ 74 55 32 90
🛏 7 ⌷ 170/230 F. 🍽 88/200 F. 🍴 55 F.
🛌 220/280 F.
⊠ déc./janv., lun. midi 1er mai/30
sept., dim. soir et mer. 1er oct/30 avr.
Ⓔ 🖨 ☎ 🛏 🅿 CB

REMILLY AILLICOURT
08450 Ardennes
900 hab.

AA LA SAPINIERE **
M. Perin-Movet
☎ 24 26 75 22 ᴵᴬˣ 24 26 75 19
🛏 9 ⌷ 255/330 F. 🍽 95/190 F. 🍴 60 F.
🛌 263 F.
⊠ 20 déc./15 janv., dim. soir et lun.
Ⓓ 🖨 ☎ 🛏 🚗 🖂 ▦ 🛖 ♿ 👟 CV 🅿 CB

REMIREMONT
88200 Vosges
11499 hab. ⓘ

AA IRIS **
16, Fg du Val d'Ajol. Mme Rosin
☎ 29 62 27 46 ᴵᴬˣ 960 277 ᴵᴬˣ 29 23 38 76
🛏 15 ⌷ 250 F. 🍽 55/ 95 F. 🍴 35 F.
🛌 200 F.
Ⓔ Ⓓ 🖨 ☎ ♿ CV ▦ 🅿 CB 🎞

REMIREMONT (FALLIERES)
88200 Vosges
300 hab.

AAA LE LOGIS DES PRES BRAHEUX ***
Lieu-dit le Pré Brayeu. Mlle Pierrel
☎ 29 62 23 67 ᴵᴬˣ 29 62 01 40
🛏 17 ⌷ 270/340 F. 🍽 130/250 F.
🍴 45 F. 🛌 275/320 F.
⊠ 2/16 janv., 24 juil./7 août, rest. dim.
soir et lun., hôtel dim. soir sauf
réservations.
Ⓔ Ⓓ ⓘ 🖨 ☎ 🛏 🚗 ▦ 👟 CV ▦
CB 🎞

REMOULINS
30210 Gard
1870 hab. ⓘ

AA LE COLOMBIER **
(Pont du Gard, Rive Droite).
MM. Baratin/Cochet
☎ 66 37 05 28 ᴵᴬˣ 66 37 35 75
🛏 10 ⌷ 235/285 F. 🍽 68/160 F.
🍴 50 F. 🛌 240/265 F.
Ⓔ SP 🖨 ☎ 🛏 🚗 CV 🅿 CB

AA MODERNE Rest. LES GLYCINES **
Place des Grands Jours. M. Abraham
☎ 66 37 20 13 ᴵᴬˣ 66 37 01 85
🛏 22 ⌷ 230/320 F. 🍽 72/110 F.
🍴 42 F. 🛌 230/270 F.
⊠ 15 oct./12 nov., ven. soir, sam.
oct./mars et sam. sauf juil./août.
Ⓔ 🖨 ☎ 🛏 ▦ ♿ CV 🅿 CB 🎞

RENAISON
42370 Loire
2500 hab. ⓘ

AA CENTRAL **
Place du 11 Novembre. M. Sonnery
☎ 77 64 25 39
🛏 8 ⌷ 130/230 F. 🍽 68/240 F. 🍴 55 F.
🛌 200/250 F.
⊠ 11/27 fév., 28 sept./26 oct., mer. et
dim. soir.
Ⓔ Ⓓ 🖨 ☎ 🛏 🚗 🖂 🅿 CB 🎞

AA JACQUES COEUR **
15, rue de Roanne. M. Giraudon
☎ 77 64 25 34 ᴵᴬˣ 77 64 43 88
🛏 8 ⌷ 185/210 F. 🍽 90/340 F. 🍴 80 F.
🛌 230/265 F.
⊠ 20 fév./20 mars, dim. soir et lun.
Ⓔ 🖨 ☎ 🛏 ▦ 🅿 CB

RENCUREL
38680 Isère
800 m. • 300 hab. ⓘ

AA PERAZZI **
Mme Blanc-Gonnet
☎ 76 38 97 68 ᴵᴬˣ 76 38 98 99
🛏 18 ⌷ 125/245 F. 🍽 68/148 F.
🍴 45 F. 🛌 195/280 F.
⊠ 1er nov./27 déc.
Ⓔ 🖨 🖨 ☎ 🛏 🚗 ▦ 🖂 👟 ⊙ CV
🖂 🅿 CB

RENNES LES BAINS
11190 Aude
194 hab. ⓘ

A DE FRANCE **
Mme Rousselot
☎ 68 69 87 03
🛏 25 ⌷ 150/190 F. 🍽 70/200 F.
🍴 35 F. 🛌 220/380 F.
Ⓔ 🖨 ☎ 🛏 🖂 CB

RETHEL
08300 Ardennes
8500 hab. ⓘ

AAA LE MODERNE **
Place de la Gare. MM. Nicolle/Dogna
☎ 24 38 44 54 ᴵᴬˣ 842898 ᴵᴬˣ 24 38 37 84
🛏 22 ⌷ 130 F. 🍽 83/135 F. 🍴 45 F.
🛌 280 F.
Ⓔ Ⓓ 🖨 ☎ 🛏 🚗 🖂 🅿 CB Ⓒ

RETHEL (suite)

▲▲ SANGLIER DES ARDENNES ★★
1, rue Pierre Curie. Mme Faucheux
☎ 24 38 45 19 ⁍ᴬˣ 24 38 45 14
🛏 14 ⊠ 120/260 F. ⊞ 60/160 F.
⚏ 45 F. ⌷ 190/250 F.
⊠ 24/26 déc.
🄴 🄳 ⬜ ☎ 🚘 CV 🔴 🔜 CB C ▤

REUILLY SAUVIGNY
02850 Aisne
163 hab.

▲▲▲ AUBERGE LE RELAIS ★★
Sur N. 3. M. Berthuit
☎ 23 70 35 36 ⁍ᴬˣ 23 70 27 76
🛏 7 ⊠ 310 F. ⊞ 155/410 F. ⚏ 120 F.
⊠ 20 août/7 sept., mi-fév./mi-mars, mar.
soir et mer.
🄴 ⬜ ☎ 🚘 🎋 🔜 CB

REUNION (ILE DE LA)
Voir page 91.

REVARD (LE)
73100 Savoie
1500 m. • 822 hab. 🛈

▲▲ LE CHALET BOUVARD ★★
Mme Bouvard
☎ 79 54 00 80
🛏 26 ⊠ 200/280 F. ⊞ 90/150 F.
⚏ 45 F. ⌷ 210/250 F.
⊠ 5 oct./18 déc. et 20 avr./31 mai.
🄴 SP ⬜ ☎ 🚘 🔜 🎋 🚴 👶 🚶 CV 🔴 🔜

REVEL
31250 Haute Garonne
7329 hab. 🛈

▲▲ AUBERGE DES MAZIES ★★
Route de Castres. M. Garnier
☎ 61 27 69 70 ⁍ᴬˣ 62 18 06 37
🛏 7 ⊠ 245/290 F. ⊞ 85/235 F. ⚏ 50 F.
⌷ 230/250 F.
⊠ 15/28 fév., 1er/15 oct., rest. dim. soir
et lun.
🄴 SP ⬜ ☎ 🚘 🔜 🎋 🚴 👶 CV 🔴 🔜 CB

▲▲▲ DU MIDI ★★
34, bld Gambetta. M. Aymes
☎ 61 83 50 50 ⁍ᴬˣ 61 83 34 74
🛏 17 ⊠ 170/340 F. ⊞ 90/260 F.
⚏ 60 F. ⌷ 300/440 F.
⊠ rest. 14 nov./3 déc.
🄴 SP ⬜ ☎ 🚘 🔜 👶 CV 🔴 🔜 CB

REVENTIN VAUGRIS
38121 Isère
1230 hab. 🛈

▲▲ LE REVENTEL ★★
(RN 7 Saint-Christ Vienne Sud).
Mme Degoulange
☎ 74 53 17 09 ⁍ᴬˣ 74 85 27 88
🛏 16 ⊠ 180/280 F. ⊞ 60/150 F.
⚏ 45 F. ⌷ 180/220 F.
⊠ 26 déc./8 janv., 21 août/3 sept. et
sam. midi.
🄴 ⬜ ☎ 🚘 🛅 🎋 🔜 🔴 CB

▲▲ RELAIS 500 DE VIENNE ★★
Sur N. 7. Mme Courant
☎ 74 58 81 44 ⁍ᴬˣ 380343 ⁍ᴬˣ 74 58 85 30
🛏 36 ⊠ 225/245 F. ⊞ 50/195 F.
⚏ 45 F. ⌷ 180/211 F.
🄴 🄳 SP ☎ 🚘 🚘 🛅 🎋 🔜 🚴 🚶
CV 🔜 🔴 C

REVILLE
50760 Manche
1205 hab.

▲ AU MOYNE DE SAIRE ★★
Village de l'Eglise. M. Marguery
☎ 33 54 46 06 ⁍ᴬˣ 33 54 14 99
🛏 11 ⊠ 140/270 F. ⊞ 82/195 F.
⚏ 40 F. ⌷ 200/250 F.
⊠ 3/18 oct., 3 janv./15 fév. et dim. soir hs.
🄴 ☎ 🚘 🎋 🚶 CV 🔴 CB

RIANS
83560 Var
2500 hab. 🛈

▲ L'ESPLANADE ★
M. Hotel ☎ 94 80 31 12
🛏 9 ⊠ 150/220 F. ⊞ 70/140 F. ⚏ 35 F.
⌷ 160/190 F.
🄴 🄳 🛈 ⬜ ☎ 🚘 🚘 CV 🔴 CB

RIBEAUVILLE
68150 Haut Rhin
4300 hab. 🛈

▲ AU CHEVAL BLANC ★★
122, Grande Rue. M. Leber
☎ 89 73 61 38 ⁍ᴬˣ 89 73 37 03
🛏 25 ⊠ 190/260 F. ⊞ 50/200 F.
⚏ 40 F. ⌷ 210/230 F.
⊠ 1er déc./1er fév. et rest. lun.
🄴 🄳 ☎ 🛅 🎋 🚴 👶 CV 🔴 CB

✻ DE LA TOUR ★★
1, rue de la Mairie. Mme Alt
☎ 89 73 72 73 ⁍ᴬˣ 89 73 38 74
🛏 35 ⊠ 300/420 F.
⊠ 1er janv./15 mars.
🄴 🄳 ⬜ ☎ 🚘 ⬆ 🛅 ✿ 🔍 CV CB

RIBERAC
24600 Dordogne
4444 hab. 🛈

▲▲ DE FRANCE ★★
3, rue Marc Dufraisse. Mlle Jauvin
☎ 53 90 00 61 ⁍ᴬˣ 53 91 06 05
🛏 20 ⊠ 170/230 F. ⊞ 68/160 F.
⚏ 45 F. ⌷ 165/205 F.
🄴 🄳 ⬜ ☎ 🎋 👶 🔜 🔴 CB C ▤

RICEYS (LES)
10340 Aube
1558 hab. 🛈

▲▲ LE MAGNY ★★
Route de Tonnerre. M. Oliveau
☎ 25 29 38 39 ⁍ᴬˣ 25 29 11 72
🛏 7 ⊠ 200/220 F. ⊞ 70/195 F. ⚏ 45 F.
⌷ 200/210 F.
⊠ 23 janv./17 fév., 28 août/7 sept., mar.
soir et mer.
🄴 ⬜ ☎ 🚘 🛅 👶 🎋 CV 🔴 CB

RICHARDMENIL
54630 Meurthe et Moselle
3500 hab.

▲▲ RELAIS DU SOUS BOIS ★
Sur N. 57. M. Rodriguez
☎ 83 26 11 12 🔠 83 26 10 26
🛏 15 ⊠ 220/260 F. ⏸ 65/130 F.
🍴 40 F. 🛌 200/230 F.
🆂🅿 ⬜ 🕿 🚗 🔌 🛆

RIEC SUR BELON
29340 Finistère
4014 hab. ℹ️

▲▲▲ DOMAINE DE KERSTINEC ★★★
Sur D. 24, route de Moelan sur Mer.
M. Chatelain ☎ 98 06 42 98 🔠 98 06 45 38
🛏 18 ⊠ 360/650 F. ⏸ 165/298 F. 🍴 85 F.
🛌 390/535 F.
⊠ 2/15 janv. et rest. lun. midi.
⬜ 🕿 🕇 🔌 CV 🔌 🛆 CB 🛎

RIEUPEYROUX
12240 Aveyron
800 m. • 2000 hab. ℹ️

▲ CHEZ PASCAL ★
Rue de l'Hom. M. Bou
☎ 65 65 51 13 \ 65 65 59 73
🛏 10 ⊠ 110/170 F. ⏸ 55/130 F.
🍴 45 F. 🛌 150/175 F.
⊠ 20 mars/3 avr., 1er/16 oct. et dim. soir.
🅴 ⬜ 🕿 🚗 🛆 CV 🔌 CB

▲ DE LA POSTE ★
Rue de la Mairie. M. Tarrajat
☎ 65 65 52 06
🛏 7 ⊠ 148 F. ⏸ 55/142 F. 🍴 42 F.
🛌 162 F.
⊠ lun. soir hs.
🅴 ⬜ 🕿 🚗 CV 🛆 CB

▲▲▲ DU COMMERCE ★★
M. Delmas ☎ 65 65 53 06 🔠 65 65 56 58
🛏 24 ⊠ 140/320 F. ⏸ 70/190 F. 🍴 40 F.
🛌 180/220 F.
⊠ 21 déc./21 janv., dim. soir et lun.
(17 H) mai, juin, sept., dim. soir et lun.
oct./avr.
🅴 ⬜ 🕿 🚗 🚗 🛱 🕇 🗘 CV 🔌 🛆 CB

RIEUX MINERVOIS
11160 Aude
1893 hab. ℹ️

▲▲ LE LOGIS DE MERINVILLE ★★
Av. Georges Clémenceau. M. Morin
☎ 68 78 12 49
🛏 8 ⊠ 170/240 F. ⏸ 68/170 F. 🍴 45 F.
🛌 180/240 F.
⊠ 2 fév./10 mars, 12 nov./10 déc., mar.
soir et mer. sauf juil./août.
🅴 🆂🅿 🕇 🔌 🛆 CB

RIGNAC
12390 Aveyron
1900 hab. ℹ️

▲ MARRE ★★
Route de Colombies. M. Cousseau
☎ 65 64 51 56
🛏 13 ⊠ 160/210 F. ⏸ 50/140 F.

🍴 42 F. 🛌 180/200 F.
⊠ vac. scol. Noël, Pâques, dim. soir,
lun. sauf juil./août.
🅴 ⬜ 🕿 🚗 🚗 🕇 🗘 🛆 CV 🔌 🛆
CB 🛎

RILLE
37340 Indre et Loire
275 hab.

▲▲ LOGIS DU LAC ★★
D. 49 Lac de Rillé. M. Dufresne
☎ 47 24 66 61
🛏 7 ⊠ 225 F. ⏸ 70/140 F. 🍴 45 F.
🛌 195 F.
⊠ 24 oct./7 nov. et mer.
🅴 🕿 🚗 🚗 🛱 🕇 🗘 🛆 🔌 🛆 CB

RILLY SUR LOIRE
41150 Loir et Cher
360 hab.

▲▲ AUBERGE DES VOYAGEURS ★★
MM. Guilbert ☎ 54 20 98 85
🛏 16 ⊠ 250/270 F. ⏸ 75/170 F.
🍴 55 F. 🛌 255 F.
⊠ 1er nov./15 fév. et mer. fév./mai,
oct./nov.
🕿 🚗 🛱 🗘 🛆 CB 🅲

▲ CHATEAU DE LA HAUTE BORDE ★★
6, hameau de la Haute Borde. M. Very
☎ 54 20 98 09 🔠 54 20 97 16
🛏 18 ⊠ 125/285 F. ⏸ 62/170 F.
🍴 50 F. 🛌 212/295 F.
⊠ 15 déc./30 janv., dim. soir et lun.
oct./mars.
🅴 🕿 🚗 🕇 CV 🔌 🔌 CB 🛎

RIMBACH
68500 Haut Rhin
600 m. • 110 hab.

▲▲ A L'AIGLE D'OR ★
M. Marck ☎ 89 76 89 90 🔠 89 74 32 41
🛏 21 ⊠ 165/205 F. ⏸ 55/170 F.
🍴 40 F. 🛌 170/205 F.
⊠ 27 fév./23 mars et lun. sauf juil./sept.
🅴 ⬜ 🕿 🚗 🚗 🕇 🗘 🛆 🗘 CV 🔌 🔌
CB 🛎

RIOM
63200 Puy de Dôme
18793 hab. ℹ️

▲▲ ANEMOTEL ★★
Les Portes de Riom. Mme Gorce
☎ 73 33 71 00 🔠 73 64 00 60
🛏 43 ⊠ 270/290 F. ⏸ 85/165 F.
🍴 34 F. 🛌 230/270 F.
🅴 🅳 🆂🅿 ⬜ 🕿 🚗 🛱 🎦 🛱 🕇 🗘 🛆
CV 🔌 🔌 CB 🛎

RIOM ES MONTAGNES
15400 Cantal
840 m. • 4200 hab. ℹ️

▲ MODERN'HOTEL ★ & ★★
Mme Couderc
☎ 71 78 00 13 🔠 71 78 12 05
🛏 25 ⊠ 130/240 F. ⏸ 65/150 F.
🍴 35 F. 🛌 145/195 F.
⊠ ven. soir et sam.
🅴 ⬜ 🕿 🚗 🚗 🛱 CV 🔌 🔌 CB

319

RIOZ
70190 Haute Saône
889 hab.

⌂ LE LOGIS COMTOIS ★★
111, rue Charles de Gaulle. Mme Belot
☎ 84 91 83 83
🛏 27 ⌧ 150/240 F. ⅰⅰ 72/135 F.
⅄ 49 F. 🍴 175/218 F.
⌧ 19 déc./1er fév., dim. soir et lun.
midi.
🄴 🖾 ☎ 🚗 🍵 🐾 CB 🗂

RIQUEWIHR
68340 Haut Rhin
1045 hab. 🄻

⌂ DU CERF ★★
5, rue Général de Gaulle. M. Schmidt
☎ 89 47 92 18 🆃🆇 89 49 04 58
🛏 16 ⌧ 330 F. ⅰⅰ 89/349 F. ⅄ 49 F.
🍴 330 F.
⌧ 9 janv./24 fév., lun. et mar.
🄴 🄳 🖾 ☎ 🦽 🕭 🐾 CB

⌂ HOSTELLERIE AU MOULIN ★★
3, rue du Général de Gaulle. M. Lau
☎ 89 47 93 13 🆃🆇 89 47 87 50
🛏 10 ⅰⅰ 45/176 F. ⅄ 39 F.
🍴 300/390 F.
⌧ fév., dim. soir et jeu. hs.
🄴 🄳 ☎ 🖂 🕭 🐾 CB

⌂⌂ LE SARMENT D'OR ★★
4, rue du Cerf. M. Merckling
☎ 89 47 92 85 🆃🆇 89 47 99 23
🛏 10 ⌧ 280/420 F. ⅰⅰ 99/275 F.
⅄ 48 F. 🍴 350/420 F.
⌧ 26 juin/3 juil., 8 janv./13 fév. et rest.
dim. soir et lun.
🄳 🖾 ☎ CB

⌂⌂ SCHOENENBOURG ★★★
Rue du Schoenenbourg. M. Kiener
☎ 89 49 01 11 🆃🆇 89 47 95 88
🛏 45 ⌧ 385/530 F. ⅰⅰ 180/370 F.
⅄ 85 F. 🍴 450/522 F.
🄴 🄳 🖾 ☎ 🛏 🚗 🐕 🕭 🐾
🐾 CB

RISOUL
05600 Hautes Alpes
1100 m. ● 527 hab. 🄻

⌂ LA BONNE AUBERGE ★★
M. Maurel ☎ 92 45 02 40
🛏 25 ⌧ 285/295 F. ⅰⅰ 105 F.
🍴 255/260 F.
⌧ 5 janv./1er fév., 30 mars/31 mai et
20 sept./26 déc.
🄴 ☎ 🚗 🍵 🎿 🏃 CV 🐾 CB

⌂ LE ROCHASSON 2 ★★
(Le Gaudissard). Mlle Arnaud
☎ 92 45 14 47
🛏 18 ⌧ 250/280 F. ⅰⅰ 70/110 F.
⅄ 40 F. 🍴 195/235 F.
⌧ 10 sept./20 déc. et 17 avr./20 juin.
🄴 🄸 ☎ 🚗 🍵 🔌 🎿 🏃 CV 🐾 CB

RIVARENNES
37190 Indre et Loire
712 hab.

⌂ DE LA POSTE
Place de l'Eglise. M. Caron
☎ 47 95 51 16
🛏 9 ⌧ 160/250 F. ⅰⅰ 68/115 F. ⅄ 45 F.
🍴 175/235 F.
⌧ 15 nov./31 mars et jeu. hs.
🄴 SP ☎ 🚗 🍵 🦽 CV 🕭 🐾 CB

RIVEDOUX PLAGE
17940 Charente Maritime
973 hab. 🄻

⌂⌂⌂ AUBERGE DE LA MAREE ★★★
321, rue Albert Sarrault. M. Bernard
☎ 46 09 80 02 🆃🆇 46 09 88 25
🛏 30 ⌧ 300/800 F. ⅰⅰ 120/350 F.
⅄ 70 F. 🍴 350/600 F.
⌧ hôtel 12 nov./Rameaux, rest.
1er oct./Ascension, lun. midi et mar.
midi.
🖾 ☎ 🚗 🚗 🍵 🦽 🕭 🐾

RIVIERE SUR TARN
12640 Aveyron
710 hab. 🄻

⌂⌂ LE CLOS D'IS ★
Route des Gorges du Tarn. M. Basset
☎ 65 59 81 40 🆃🆇 65 59 84 03
🛏 22 ⌧ 150/250 F. ⅰⅰ 75/180 F.
⅄ 40 F. 🍴 180/230 F.
🄴 ☎ 🚗 🍵 🦽 CV 🕭 🐾 CB

⌂ PEYRELADE
M. Blanc
☎ 65 62 61 20
🛏 9 ⌧ 130/200 F. ⅰⅰ 70/160 F. ⅄ 40 F.
🍴 185/200 F.
⌧ dim. soir et lun. soir 1er oct./1er mai.
🖾 🚗 CV 🐾

RIXHEIM
68170 Haut Rhin
9600 hab. 🄻

⌂ AU CYGNE
1, route de Mulhouse. M. Tritsch
☎ 89 44 06 83 🆃🆇 89 54 12 81
🛏 7 ⌧ 165/175 F. ⅰⅰ 85/245 F. ⅄ 60 F.
🍴 185/195 F.
⌧ 15 août/5 sept., dim. soir et lun.
🄴 🄳 🚗 🐾 CB

ROANNE (LE COTEAU)
42120 Loire
54748 hab. 🄻

⌂⌂⌂ ARTAUD ★★★
133, av. de la Libération. M. Artaud
☎ 77 68 46 44 🆃🆇 77 72 23 50
🛏 25 ⌧ 180/400 F. ⅰⅰ 95/350 F.
⅄ 55 F. 🍴 250/400 F.
⌧ rest. 1er/15 août et dim. sauf fêtes.
🄴 🖾 ☎ 🚗 🖂 🦽 CV 🕭 🐾 CB
C 🗂

ROANNE (PARIGNY)
42120 Loire
469 hab.

⌂ LE DAHU ★★
Les Plaines. M. Duret
☎ 77 62 06 56 ☒ 77 62 05 47
🛏 16 ▨ 200/260 F. ⅋ 63/180 F.
🍴 35 F. ▨ 180/210 F.
▨ ☎ ▤ ▥ ⼊ ⼕ ⼖ CV ▦ ⼗ CB

ROANNE (RIORGES)
42153 Loire
9366 hab. ⓘ

⌂⌂ LE MARCASSIN ★★★
Le Bourg. M. Farge
☎ 77 71 30 18 ☒ 77 23 11 22
🛏 10 ▨ 240/280 F. ⅋ 105/285 F.
🍴 65 F. ▨ 210/240 F.
▨ 3 premières semaines août, 15 jours
vac. scol. fév., rest. sam. et dim. soir.
☎ ▤ ▥ ⼕ ⼖ ⼗ CB

ROCAMADOUR
46500 Lot
708 hab. ⓘ

⌂⌂ AUBERGE DE LA GARENNE ★★
Sur D. 247, route Lacave-Souillac.
Mme Lesgourgues
☎ 65 33 65 88 ☒ 65 33 61 14
🛏 60 ▨ 150/350 F. ⅋ 65/220 F.
🍴 45 F. ▨ 150/340 F.
▨ 5 janv./5 fév.
▨ ☎ ▤ ▥ ⼊ ⼕ ⼖ ⼗ ⼘ CV ▦
⼗ CB ▣

⌂⌂ BELLEVUE ★★
(A l'Hospitalet). Mme Amare
☎ 65 33 62 10 ☒ 65 33 65 61
🛏 13 ▨ 155/270 F. ⅋ 70/260 F.
🍴 40 F.
▨ janv./15 mars et mer. hs sauf vac. scol.
▨ SP ☎ ▤ ⼖ ⼗ CB

⌂⌂ DU LION D'OR ★★
(Cité Médiévale). M. Duclos
☎ 65 33 62 04 ☒ 65 33 72 54
🛏 35 ▨ 180/260 F. ⅋ 59/210 F.
🍴 40 F. ▨ 220/240 F.
▨ 3 nov./8 avr.
▨ SP ☎ ▤ ⼖ CV ▦ ⼗ CB C

⌂⌂ LE BELVEDERE ★★
Mme Scheid ☎ 65 33 63 25 ☒ 65 33 69 25
🛏 18 ▨ 245/350 F. ⅋ 65/240 F. 🍴 45 F.
▨ 240/260 F.
▨ 2 nov./31 mars.
▨ ☎ ▤ ⼖ CV ⼗ CB C ▣

⌂ LE COMP'HOSTEL ★★
L'Hospitalet. M. Me Mejecaze/Andral
☎ 65 33 73 50 ☒ 65 33 68 26
🛏 15 ▨ 210/240 F. ⅋ 64/200 F.
🍴 42 F. ▨ 220/242 F.
▨ 4 oct./14 avr.
▨ ▣ ☎ ▤ ▥ ⼊ ⼕ ⼖ ⼗ ⼘ CV
⼗ CB

⌂⌂ LE PANORAMIC ★★
A l'Hospitalet (vers le château).
M. Mejecaze ☎ 65 33 63 06 ☒ 65 33 69 26

🛏 20 ▨ 230/290 F. ⅋ 67/198 F.
🍴 47 F. ▨ 236/263 F.
▨ 4 nov./15 fév., rest. ven. hs sauf vac.
scol. et fériés.
▨ ☎ ▤ ▥ ⼕ CV ⼗ CB C

⌂⌂⌂ LES VIEILLES TOURS ★★
Sur D. 673, (à 2,5 km de Rocamadour).
M. Zozzoli ☎ 65 33 68 01 ☒ 65 33 68 59
🛏 18 ▨ 210/460 F. ⅋ 100/200 F.
🍴 56 F. ▨ 297/425 F.
▨ 5 nov./7 avr.
▨ ☎ ▤ ▥ ⼊ ⼕ ⼖ ⼗ ⼘ CV ▦
⼗ CB

⌂⌂ TERMINUS HOTEL ET DES PELERINS ★★
Place de la Carretta. M. Me Aymard
☎ 65 33 62 14 ☒ 65 33 72 10
🛏 12 ▨ 230/290 F. ⅋ 60/230 F.
🍴 45 F. ▨ 237/272 F.
▨ 2 nov./9 avr.
▨ SP ☎ ▤ CV ⼗ CB C ▣

ROCHE BERNARD (LA)
56130 Morbihan
770 hab. ⓘ

⌂⌂ AUBERGE DES DEUX MAGOTS ★★
place du Bouffay. M. Morice
☎ 99 90 60 75 \ 99 90 68 13
☒ 99 90 87 87
🛏 15 ▨ 280/320 F. ⅋ 80/340 F.
🍴 50 F. ▨ 280/300 F.
▨ 15 déc./15 janv., dim. soir et lun.
15 sept./30 juin sauf week-ends
prolongés, rest. lun. sauf week-ends
prolongés.
▨ ☎ CB

ROCHE CANILLAC (LA)
19320 Corrèze
185 hab. ⓘ

⌂⌂ L'AUBERGE LIMOUSINE ★★
Mme Coudert
☎ 55 29 12 06 ☒ 55 29 27 03
🛏 26 ▨ 210/299 F. ⅋ 90/200 F.
🍴 50 F. ▨ 230/270 F.
▨ oct./1er mai.
▨ ☎ ▤ ⼕ ⼖ ⼗ ⼘ CV ▦ ⼗ CB

ROCHE DES ARNAUDS (LA)
05400 Hautes Alpes
933 m. • 750 hab.

⌂ CEUSE-HOTEL ★★
M. Para ☎ 92 57 82 02 ☒ 92 57 94 62
🛏 20 ▨ 210/280 F. ⅋ 75/140 F.
🍴 48 F. ▨ 230/260 F.
▨ 15/30 nov.
▨ ☎ ▤ ⼕ CV ▦ ⼗ CB

ROCHE POSAY (LA)
86270 Vienne
1400 hab. ⓘ

⌂⌂ CLOS PAILLE
Mme Courtault ☎ 49 86 20 66
🛏 12 ▨ 160/210 F. ⅋ 69/145 F.
🍴 38 F. ▨ 196/244 F.
▨ 30 oct./15 mars.
▨ ☎ ▤ ▥ ⼕ ⼖ ⼗ CV ▦ ⼗
CB ▣

ROCHE POSAY (LA) (suite)

▲▲ HOSTELLERIE SAINT LOUIS ★★
3, rue Saint-Louis. M. Courtault
☎ 49 86 20 54 ☒ 49 86 00 79
🛏 17 ⊠ 120/230 F. ⫠ 75/130 F.
🍴 42 F. 🛌 170/245 F.
⊠ 20 oct./10 mars.
Ⓔ SP ⬚ 🕿 🚗 ⛱ 🌴 CV ← CB

ROCHE SAINT SECRET
26770 Drôme
213 hab.

▲ AUBERGE DE LA TOUR ★
M. Charpenel
☎ 75 53 55 86
🛏 8 ⊠ 150 F. ⫠ 65/110 F. 🍴 45 F.
🛌 180 F.
⊠ 1er/10 nov. et lun. hiver.
🚗

ROCHE SUR YON (LA)
85000 Vendée
53000 hab. ⓘ

▲▲ LE POINT DU JOUR ★★
7, rue Gutemberg. M. Borderon
☎ 51 37 08 98 ☒ 51 46 22 44
🛏 25 ⊠ 200/280 F. ⫠ 58/230 F.
🍴 48 F. 🛌 180/220 F.
⊠ 24 déc./1er janv. et dim. soir 15
sept./15 mai.
Ⓔ SP ⬚ 🕿 🚗 ⤫ 🌴 🏃 🎿 CV ←
CB 🛄

▲▲ LE VINCENNES ★★
81, bld Maréchal Leclerc. Mme Grelaud
☎ 51 62 73 22 ☒ 51 37 45 85
🛏 18 ⊠ 155/270 F. ⫠ 60/120 F.
🍴 35 F. 🛌 220/250 F.
Ⓔ ⬚ 🕿 🚗 ⤫ 🎿 CV 🛄

ROCHEFORT
17300 Charente Maritime
27720 hab. ⓘ

▲▲ LA BELLE POULE ★★
Route de Royan. Mme Noyaud
☎ 46 99 71 87 ☒ 46 83 99 77
🛏 20 ⊠ 265/280 F. ⫠ 85/175 F.
🍴 45 F. 🛌 250 F.
⊠ dim. soir hs.
⬚ 🕿 🚗 🌴 🎿 CV ▥ ← CB 🛄

▲▲ LE PARIS ★★
27, 29 av. Lafayette. M. Lalanne
☎ 46 99 33 11 ☒ 46 99 77 34
🛏 38 ⊠ 200/310 F. ⫠ 85/195 F.
🍴 55 F. 🛌 215/290 F.
⊠ 22 déc./15 janv. et rest. dim.
Ⓔ Ⓓ SP ⬚ 🕿 ⬦ CV ▥ ← CB Ⓒ 🛄

ROCHEFORT DU GARD
30650 Gard
3700 hab.

▲ MAS DE LA ROUVETTE ★★
Sur D. 976. M. Botti
☎ 90 31 73 11
🛏 15 ⊠ 235/300 F. ⫠ 95/160 F.

🍴 50 F. 🛌 250 F.
⊠ 29 janv./1er mars et mer.
Ⓔ SP ⓘ 🕿 🚗 ⛱ 🌴 🎿 🎿 ▥
← CB

ROCHEFORT SUR NENON
39700 Jura
597 hab.

▲▲▲ FERNOUX-COUTENET ★★
Rue Barbière. Mme Fernoux-Coutenet
☎ 84 70 60 45 ☒ 84 70 50 89
🛏 20 ⊠ 230 F. ⫠ 80/160 F. 🍴 55 F.
🛌 220/270 F.
⊠ 24 déc./15 janv., rest. sam. midi et
dim. hs.
Ⓔ Ⓓ ⬚ 🕿 🚗 ⤫ 🌴 🎿 🎿 🎿
🎿 ▥ ← CB

ROCHEFOUCAULD (LA)
16110 Charente
3448 hab. ⓘ

▲▲ LA VIELLE AUBERGE DE LA CARPE
D'OR ★★★
Route de Vitrac. Mme Romdinaud
☎ 45 62 02 72 ☒ 45 63 01 88
🛏 25 ⊠ 190/290 F. ⫠ 70/190 F.
🍴 40 F. 🛌 195/270 F.
⬚ 🕿 🌴 🎿 CV ▥ ← CB 🛄

ROCHELLE (LA)
17000 Charente Maritime
78231 hab. ⓘ

▲ DU COMMERCE ★★
6 - 12, place de Verdun. M. Aubineau
☎ 46 41 08 22 ☒ 46 41 74 85
🛏 63 ⊠ 150/305 F. ⫠ 72/155 F.
🍴 53 F. 🛌 205/283 F.
⊠ 4/31 janv., rest. ven. soir et sam.
1er oct./28 fév.
Ⓔ Ⓓ SP ⬚ 🕿 ⤫ CV ▥ ← CB
Ⓒ 🛄

ROCHEPOT (LA)
21340 Côte d'Or
241 hab.

▲ LE RELAIS DU CHATEAU ★★
M. Treffot
☎ 80 21 71 32 ☒ 80 21 86 85
🛏 12 ⊠ 180/290 F. ⫠ 70/155 F.
🍴 38 F. 🛌 260/280 F.
⊠ fév., lun. soir et mar. sauf avr./sept.
🕿 🚗 CV ← CB

ROCHER
07110 Ardèche
300 hab.

▲▲ LE CHENE VERT ★★
M. Jacquet
☎ 75 88 34 02 ☒ 75 88 33 85
🛏 23 ⊠ 250/350 F. ⫠ 75/180 F.
🍴 45 F. 🛌 240/300 F.
⊠ 15 nov./20 mars.
Ⓔ 🕿 🚗 🌴 🎿 🎿 CV ▥ ← CB

ROCHETTE (LA)
73110 Savoie
3260 hab. [i]

⌂ DU PARC
Rue Neuve. M. Perilliat
☎ 79 25 53 37
🛏 12 ⊗ 175/190 F. ⊓ 75/185 F.
🍴 55 F. 🍽 205/220 F.
⊠ dim. soir 15 sept./30 juin.
[E] [🚗] [🛏] [CB]

ROCHETTE (LA) (ARVILLARD)
73110 Savoie
800 hab. [i]

⌂⌂⌂ LES IRIS ★★
(A Arvillard, 2 km).
Mme Josse
☎ 79 25 51 29 🛏 79 25 54 62
🛏 27 ⊗ 200/290 F. ⊓ 65/160 F.
🍴 45 F. 🍽 180/250 F.
[E][D][⌂][☎][🚗][🛏][T][🏊][⚕][🚶][☼][▶][CV]
[🔌][🔕][CB][C]

RODEZ
12000 Aveyron
640 m. • 28000 hab. [i]

⌂⌂ DU MIDI ★★
1, rue Béteille. M. de Schepper
☎ 65 68 02 07
🛏 33 ⊗ 135/220 F. ⊓ 65/ 98 F.
🍴 40 F. 🍽 150/195 F.
⊠ 15 déc./15 janv.
[E][⌂][☎][🚗][🛏][🍴][🔕][CB][C][🏨]

ROGNONAS
13870 Bouches du Rhône
3400 hab.

⌂⌂ AUBERGE ROGNONAISE ★
10, bld des Arènes. M. Gaffet
☎ 90 94 88 43 🛏 90 94 86 51
🛏 14 ⊗ 200 F. ⊓ 70/145 F. 🍴 50 F.
🍽 210 F.
⊠ dim. soir 15 oct./15 mars.
[E][⌂][☎][🚗][🔕][🚶][🔌][CB]

ROGNY LES SEPT ECLUSES
89220 Yonne
725 hab. [i]

⌂⌂ AUBERGE DES 7 ECLUSES ★
1, rue Gaspard de Coligny. M. Jacqmin
☎ 86 74 52 90 🛏 86 74 56 77
🛏 7 ⊗ 190/210 F. ⊓ 95 F. 🍴 65 F.
🍽 200/220 F.
⊠ 2 janv./4 fév., mar. sauf juil./août et
lun. soir nov./Pâques.
[E][D][SP][☎][T][CV][🔌][🔕][CB]

ROHRBACH LES BITCHE
57410 Moselle
2200 hab.

⌂ AUBERGE DE LA CROIX D'OR
M. Lauer
☎ 87 09 73 01 🛏 87 09 73 44
🛏 9 ⊗ 200/220 F. ⊓ 50/130 F. 🍴 38 F.
🍽 170/195 F.
⊠ 3/22 juil., lun. et ven. soir.
[D][☎][🔕][🔌][CB]

ROLAMPONT
52260 Haute Marne
1517 hab.

⌂ LA TUFFIERE ★★
Rue Jean Moulin (sortie A31 Langres
Nord) M. Delienne
☎ 25 87 32 52 🛏 25 87 32 63
🛏 20 ⊗ 190/390 F. ⊓ 55/198 F.
🍴 35 F. 🍽 190 F.
⊠ dim. soir 1er oct./31 mars.
[E][D][⌂][☎][🚗][🚗][🛏][T][🔕][🏊][🚶][♿][🔌]
[🔕][CB][C]

ROMAGNY
50140 Manche
1178 hab.

⌂ AUBERGE DES CLOSEAUX ★★
M. Clouard ☎ 33 59 01 86 🛏 33 69 41 02
🛏 10 ⊗ 180/230 F. ⊓ 55/145 F. 🍴 35 F.
🍽 210/260 F.
⊠ 23 déc./15 janv. et dim.
[E][⌂][☎][🚗][T][🏊][CV][🔌][CB]

ROMANS
26100 Drôme
34202 hab. [i]

⌂⌂ DES BALMES Rest. AU TAHITI ★★
Quartier des Balmes, route de Tain.
Mme Grégoire
☎ 75 02 29 52 🛏 75 02 75 47
🛏 12 ⊗ 240/340 F. ⊓ 80/180 F.
🍴 50 F. 🍽 230/260 F.
⊠ rest. dim. soir et lun. midi.
[E][D][SP][⌂][☎][🚗][T][🔕][🚶][CV][🔌]
[🔕][CB]

ROMAZY
35490 Ille et Vilaine
250 hab.

⌂ LE SAINT MARC ★
Route du Mont Saint-Michel. M. Bellier
☎ 99 39 50 94
🛏 9 ⊗ 170/220 F. ⊓ 65/100 F. 🍴 45 F.
🍽 250 F.
⊠ 1ère quinz. oct. et mer. oct./Pâques.
[E][☎][🔌][🔕][CB]

ROMENAY
71470 Saône et Loire
1691 hab.

⌂ DU LION D'OR ★★
Place Occidentale. M. Chevauchet
☎ 85 40 30 78 🛏 85 40 80 55
🛏 9 ⊗ 145/200 F. ⊓ 70/185 F. 🍴 45 F.
🍽 175 F.
⊠ 1ère quinz. juin, 1ère quinz.
nov., mar. soir et mer.
[E][☎][🔌][CB]

ROMILLY SUR SEINE
10100 Aube
16291 hab.

⌂⌂⌂ AUBERGE DE NICEY ★★★
24, rue Carnot. M. Féry
☎ 25 24 10 07 🛏 25 24 47 01
🛏 12 ⊗ 360/390 F. ⊓ 85/240 F.
🍴 60 F. 🍽 280 F.
⊠ 6/27 août et dim. soir.
[E][D][⌂][☎][🚗][🍴][🛏][🔕][🏊][♿][🔌][🔕][CB]

ROMORANTIN LANTHENAY
41200 Loir et Cher
18150 hab. ⓘ

△△ **AUBERGE LE LANTHENAY** ★★
9, rue Notre-Dame du Lieu. M. Talmon
☎ 54 76 09 19 ∭ 54 76 72 91
🛏 9 ⛉ 230/270 F. ⊞ 98/275 F. ⫽ 60 F.
⊡ 250/270 F.
⊠ 2/27 nov., 23 déc./2 janv., dim. soir
et lun.
🄴 🗗 ☎ 🕭 ⦿ CB

△ **D'ORLEANS** ★★
2, place Général de Gaulle.
Mme Maratrey-Petit
☎ 54 76 01 65
🛏 10 ⛉ 160/250 F. ⊞ 95/195 F.
⫽ 55 F. ⊡ 220 F.
⊠ dim. soir.
🄴 🗗 ☎ 🖾 🍴 🎚 ⦿ CB

△△△ **DU LION D'OR** ★★★★
69, rue Georges Clémenceau. M. Barrat
☎ 54 76 00 28 ∭ 54 88 24 87
🛏 16 ⛉ 700/2100 F. ⊞ 400/600 F.
⊠ mi-fév./fin mars.
🄴 🗗 ☎ 🚗 🚙 🚿 🕭 🖾 🌴 🎚 ⦿ CB

RONCHAMP
70250 Haute Saône
3000 hab. ⓘ

△△△ **CARRER** ★★
(Le Rhien). Mme Frachebois
☎ 84 20 62 32 ∭ 84 63 57 08
🛏 22 ⛉ 145/200 F. ⊞ 50/220 F.
⫽ 35 F. ⊡ 142/180 F.
🄴 🄳 🄸 🗗 ☎ 🚗 🚙 🍴 🎚 🕭 🎚
CV 🎯 ⦿ CB

△△ **LA POMME D'OR** ★★
Mme Cenci
☎ 84 20 62 12 ∭ 84 63 59 45
🛏 34 ⛉ 165/230 F. ⊞ 50/200 F.
⫽ 38 F.
🄴 🄳 🄸 🗗 ☎ 🚗 ⊡ 🖾 🎚 CV 🎯
⦿ CB

ROQUE D'ANTHERON (LA)
13640 Bouches du Rhône
4800 hab. ⓘ

△△ **LE MAS DE LIVANY** ★★
Av. du Parc. M. Duclos
☎ 42 50 47 41 ∭ 42 50 49 26
🛏 20 ⛉ 300 F. ⊞ 80/170 F. ⫽ 50 F.
⊡ 260 F.
⊠ hôtel 15 janv./15 fév. et rest.
1er oct./1er avr.
🄴 🄸 🗗 ☎ 🚗 🖾 🎚 CV 🎯 ⦿ CB

ROQUE GAGEAC (LA)
24250 Dordogne
500 hab. ⓘ

△△ **BELLE ETOILE** ★★
M. Lorblanchet-Ongaro
☎ 53 29 51 44 ∭ 53 29 45 63
🛏 17 ⛉ 160/380 F. ⊞ 110/250 F.
⫽ 50 F. ⊡ 320 F.
⊠ 15 oct./Pâques.
🄴 SP 🄸 🗗 ☎ 🕭 ⦿ CB

△△△ **LE PERIGORD** ★★
M. Delrieu
☎ 53 28 36 55 ∭ 53 28 38 73
🛏 40 ⛉ 250/350 F. ⊞ 100/300 F.
⫽ 50 F. ⊡ 280/330 F.
⊠ 10 oct./15 avr.
🄴 SP 🗗 ☎ 🚗 🍴 🚿 🕭 🎚 🎚 🎯
⦿ CB

ROQUEBRUNE CAP MARTIN
06190 Alpes Maritimes
15000 hab. ⓘ

△ **EUROPE VILLAGE** ★
Av. Virginie Hériot. M. Prat
☎ 93 35 62 45 ∭ 93 57 72 59
🛏 24 ⛉ 350 F. ⊞ 90 F. ⊡ 265 F.
⊠ 15 nov./1er fév.
🄴 🄳 🄸 🗗 ☎ 🍴 🎯 CB

△△△ **WESTMINSTER** ★★
14, av. Louis Laurens. M. Pérégrini
☎ 93 35 00 68 ∭ 93 28 88 50
🛏 27 ⛉ 270/420 F. ⊞ 75/125 F.
⫽ 70 F. ⊡ 260/350 F.
⊠ 12 nov./15 fév.
🄴 🄳 🄸 🗗 ☎ 🚗 🍴 🎚 🎚 CV 🎯 ⦿
CB 🎚

ROQUEFORT
40120 Landes
2112 hab. ⓘ

△△ **DU COMMERCE**
Rest. LE TOURNEBROCHE
M. Labat ☎ 58 45 50 13 ∭ 58 45 62 52
🛏 9 ⛉ 160/265 F. ⊞ 68/130 F. ⫽ 45 F.
⊡ 150/180 F.
⊠ 7/20 janv., dim. soir et lun. sauf
juil./août.
🄴 🗗 ☎ 🚗 🍴 CV 🎯 ⦿ CB

△△ **LE COLOMBIER** ★
M. Deyts ☎ 58 45 50 57 ∭ 58 45 59 63
🛏 15 ⛉ 160/210 F. ⊞ 60/125 F.
⫽ 40 F. ⊡ 180/200 F.
🄴 🗗 ☎ 🚗 🍴 🚿 🎚 CV 🎯 ⦿ CB

ROQUETTE (LA)
12850 Aveyron
110 hab.

△ **LA ROCADE** ★
M. Gayraud ☎ 65 67 17 12 ∭ 65 78 29 15
🛏 14 ⛉ 120/190 F. ⊞ 54/120 F. ⫽ 40 F.
⊡ 150/210 F.
⊠ 1er/14 juil., 20 déc./10 janv., ven. soir
et sam.
🗗 🚗 🍴 🎚 CV 🎯 ⦿ CB

ROSCOFF
29680 Finistère
5000 hab. ⓘ

△△ **BELLEVUE** ★★
(Direction Ferry et les Viviers).
M. Pichon ☎ 98 61 23 38 ∭ 98 61 11 80
🛏 18 ⛉ 250/380 F. ⊞ 105/260 F.
⫽ 65 F. ⊡ 250/330 F.
⊠ rest. 27 nov./10 déc., hôtel
15 nov./20 mars et mer. sauf vac. scol.
🄴 🗗 ☎ 🍴 CV ⦿ CB

ROSCOFF (suite)

⌂ DU CENTRE ★★
5, rue Gambetta. MeM. Gonçalves
☎ 98 61 24 25
🛏 16 ⊗ 160/490 F. 🍴 80/175 F.
🍴 42 F. 🛌 210/270 F.
⊠ jeu. 1er oct./30 avr.
[E][D][SP][▭][☎][▮]

⌂⌂ LES CHARDONS BLEUS ★★
4, rue Amiral Reveillère. M. Kerdiles
☎ 98 69 72 03 ▦ 98 61 27 86
🛏 10 ⊗ 250/300 F. 🍴 82/210 F.
🍴 50 F. 🛌 260/300 F.
⊠ 20 déc./1er fév. et mer. sauf juil./août.
[E][▭][☎][▮][⟵][CB][▮]

ROSIERE MONTVALEZAN (LA)
73700 Savoie
1850 m. • 500 hab. ⓘ

⌂⌂⌂ LE SOLARET ★★
(A La Rosière). M. Herbigny
☎ 79 06 80 47 ▦ 79 06 82 02
🛏 25 ⊗ 210/380 F. 🍴 70/150 F.
🍴 50 F. 🛌 220/350 F.
⊠ 1er mai/5 juil. et 30 août/18 déc.
[E][D][i][▭][☎][▤][▥][ᗮ][CV][▮][⟵][CB]

⌂⌂ RELAIS DU PETIT SAINT BERNARD ★★
(A La Rosière). M. Arpin
☎ 79 06 80 48 ▦ 79 06 83 40
🛏 20 ⊗ 255/295 F. 🍴 75/105 F.
🍴 55 F. 🛌 290/320 F.
⊠ 1er mai/24 juin et 11 sept./20 déc.
[E][☎][⟵][CV][CB][C]

ROSIERES
07260 Ardèche
860 hab.

⌂ LES CEVENNES ★
Mme Reynouard ☎ 75 39 52 07
🛏 8 ⊗ 130/150 F. 🍴 60/100 F. 🍴 25 F.
🛌 150/160 F.
⊠ Hôtel 20 sept./10 oct.
[⟵][T][ᗮ][⛄][CV][⟵][CB]

ROSIERS (LES)
49350 Maine et Loire
2000 hab. ⓘ

⌂⌂ AU VAL DE LOIRE
Place de l'Eglise. M. Vidus
☎ 41 51 80 30 ▦ 41 51 95 00
🛏 9 ⊗ 220/260 F. 🍴 70/180 F. 🍴 50 F.
🛌 290/325 F.
⊠ fév./15 mars, dim. soir et lun. sauf
juin/août.
[▭][☎][ᗮ][⟵][CB]

ROSTASSAC
46150 Lot
140 hab.

⌂⌂ AUBERGE DU VERT ★
M. Jouclas ☎ 65 36 22 85 ▦ 65 21 40 17
🛏 7 ⊗ 200/240 F. 🍴 70/220 F. 🍴 50 F.
🛌 195/215 F.
⊠ 2ème quinz. oct., 2ème quinz.
fév., lun. soir et mar.
[E][i][☎][▭][T][ᗮ][▮][⟵][CB]

ROTHIERE (LA)
10500 Aube
120 hab.

⌂⌂ AUBERGE DE LA PLAINE ★★
Sur D. 396. Mme Galton
☎ 25 92 21 79 ▦ 25 92 26 16
🛏 18 ⊗ 200/260 F. 🍴 68/250 F.
🍴 45 F. 🛌 190/230 F.
⊠ 2/16 janv., ven. soir et sam. midi
1er oct./15 mars.
[E][▭][☎][☎][▭][▥][T][ᗮ][CV][▮][⟵]
[CB][▮]

ROUFFACH
68250 Haut Rhin
5000 hab. ⓘ

⌂⌂ A LA VILLE DE LYON ★★
1, rue Poincaré. M. Bohrer
☎ 89 49 65 51 ⟍ 89 49 62 49
▦ 89 49 76 67
🛏 44 ⊗ 225/450 F. 🍴 45/380 F.
🍴 70 F. 🛌 250/380 F.
⊠ 24/25 déc.
[E][D][i][▭][☎][⇕][T][ᗮ][CV][▮][⟵]
[CB][▮]

ROUFFIAC TOLOSAN
31180 Haute Garonne
750 hab.

⌂⌂ LE CLOS DU LOUP ★★
Route d'Albi, sur N. 88.
M. Masbou
☎ 61 09 28 39 ▦ 61 35 13 97
🛏 17 ⊗ 215 F. 🍴 95/200 F. 🍴 35 F.
🛌 210 F.
⊠ rest. dim. soir et lun.
[▭][☎][▭][▤][▥][T][▮][⟵][CB]

ROUFFILLAC DE CARLUX
24370 Dordogne
600 hab.

⌂⌂ CAYRE «AUX POISSONS FRAIS» ★★
M. Cayre ☎ 53 29 70 24 ▦ 53 31 16 36
🛏 18 ⊗ 260 F. 🍴 75/220 F. 🛌 300 F.
⊠ oct.
[E][▭][☎][▭][▭][▥][T][⛄][⟍][▮][⟵][▮]

ROUGES EAUX (LES)
88600 Vosges
80 hab.

⌂⌂ AUBERGE DE LA CHOLOTTE
(A 12 km de Bruyères). Mme Cholé
☎ 29 50 56 93 ▦ 29 50 24 12
🛏 5 ⊗ 350 F. 🍴 40/200 F. 🍴 60 F.
🛌 250/350 F.
⊠ 1er/30 janv. et lun.
[▭][T][ᗮ][▮][⟵][CB]

ROUGET (LE)
15290 Cantal
600 m. • 1000 hab. ⓘ

⌂⌂ DES VOYAGEURS ★★
M. Roussilhe ☎ 71 46 10 14
🛏 30 ⊗ 160/220 F. 🍴 65/160 F.
🍴 30 F. 🛌 180/200 F.
[▭][☎][▭][T][⟍][ᗮ][ᗮ][CV][▮][⟵]

ROUGON (GORGES DU VERDON)
04120 Alpes de Haute Provence
800 m. • 50 hab. 🛈

▲▲ AUBERGE DU POINT SUBLIME ★★
Sur D. 952. Mme Monier/Sturma
☎ 92 83 60 35 FAX 92 83 74 31
🛏 14 🍽 214/245 F. 🍴 82/173 F.
🍴 50 F. 🛏 220/240 F.
⌧ 2 nov./1er avr.

ROULLET
16440 Charente
2337 hab.

▲▲ LE BERGUILLE ★★
M. Contamines
☎ 45 66 34 72 FAX 45 66 41 72
🛏 17 🍽 175/230 F. 🍴 78/200 F.
🍴 50 F. 🛏 235 F.
⌧ 20 fév./10 mars. Rest. dim. soir et
lun. soir sauf juil./août.

ROUMAZIERES LOUBERT
16270 Charente
3100 hab. 🛈

▲▲ DU COMMERCE ★★
11, av. de la Gare. M. Da Costa
☎ 45 71 21 38 FAX 45 71 17 20
🛏 18 🍽 130/350 F. 🍴 72/150 F.
🍴 38 F. 🛏 210/350 F.

ROURE
06420 Alpes Maritimes
1100 m. • 147 hab. 🛈

▲▲ LE ROBUR ★
Rue Centrale. M. Galli
☎ 93 02 03 57
🛏 12 🍽 170/340 F. 🍴 115/145 F.
🍴 65 F. 🛏 240/260 F.

ROUSSES (LES)
39220 Jura
1120 m. • 3000 hab. 🛈

▲▲ CHALET LA REDOUTE ★★
(Route Blanche). M. Perrard
☎ 84 60 00 40
🛏 26 🍽 280/320 F. 🍴 80/180 F.
🍴 45 F. 🛏 290/310 F.
⌧ 15 nov./8 déc.

▲ LE NOIRMONT ★★
(Au By). Mme Perrard
☎ 84 60 30 15
🛏 7 🍽 300/350 F. 🛏 300/320 F.
⌧ 15 nov./1er déc.

▲▲▲ RELAIS DES GENTIANES ★★
309, rue Pasteur. M. Abréal
☎ 84 60 50 64 FAX 84 60 04 58
🛏 14 🍽 335/480 F. 🍴 98/260 F.
🍴 60 F. 🛏 350/450 F.
⌧ lun. hs.

ROUSSES (LES) (NOIRMONT)
39220 Jura
1150 m. • 2700 hab. 🛈

▲▲ LE CHAMOIS ★★
M. Mandrillon
☎ 84 60 01 48 FAX 84 60 39 38
🛏 12 🍽 220/250 F. 🍴 78/200 F.
🍴 40 F. 🛏 250 F.
⌧ fin avr./début mai 2 semaines,
15 jours fin nov.

ROUSSILLON
84400 Vaucluse
2450 hab. 🛈

▲ MAS DE LA TOUR ★★
(A Gargas, 2 km). M. Hardouin
☎ 90 74 12 10 FAX 90 04 83 67
🛏 31 🍽 300/420 F. 🍴 125 F. 🍴 50 F.
🛏 300/360 F.
⌧ 1er nov./15 mars.

ROUVRES EN XAINTOIS
88500 Vosges
390 hab.

▲▲▲ BURNEL ET LA CLE DES CHAMPS ★★
22, rue Jeanne d'Arc.
Mmes Burnel
☎ 29 65 64 10 FAX 29 65 68 88
🛏 18 🍽 165/290 F. 🍴 78/260 F.
🍴 55 F. 🛏 195/240 F.
⌧ 23/31 déc. et dim. soir hs.

▲▲▲ RELAIS PARK HOTEL ★★
142 La Gare. M. Pernot
☎ 29 65 63 43 TEX 850894 FAX 29 37 71 12
🛏 19 🍽 190/265 F. 🍴 60/160 F.
🍴 50 F. 🛏 180/205 F.

ROUVRES LA CHETIVE
88170 Vosges
400 hab.

▲▲ DE LA FREZELLE ★★
M. Martin
☎ 29 94 51 51 FAX 29 94 69 10
🛏 7 🍽 220/320 F. 🍴 72/210 F. 🍴 55 F.
🛏 299/309 F.
⌧ 24 déc./6 janv. et rest. sam.

ROVON
38470 Isère
310 hab.

▲ AUBERGE DE LA COMBE
Mme Matera
☎ 76 64 77 16
🛏 4 🍽 200 F. 🍴 105/190 F. 🍴 50 F.
🛏 230 F.
⌧ 31 déc./1er mars.

ROYAN
17200 Charente Maritime
18600 hab. ⓘ

△△ LES BLEUETS ★★
21, Façade de Foncillon.
M. Delhez
☎ 46 38 51 79 ⒻⒶⓍ 46 23 82 00
🛏 16 ⌂ 265/336 F. ⏸ 95 F. 🍴 55 F.
🍽 263/300 F.
⊠ rest. ven., sam. et dim.
Ⓔ 🅘 ☎ 🅟 ⒸⓋ ⒸⒷ 🅼

ROYAT
63130 Puy de Dôme
4000 hab. ⓘ

△△ BARRIEU ★★
1, bld Barrieu. M. Raynaud
☎ 73 35 82 50 ⒻⒶⓍ 73 35 63 31
🛏 30 ⌂ 285/330 F. ⏸ 70/120 F.
🍴 50 F. 🍽 335/350 F.
⊠ 26 oct./31 mars.
Ⓔ 🆂🅿 🅘 ☎ 🅟 🅞 🛏 🌴 🅟 ⒸⒷ 🅼

△△ BELLE MEUNIERE ★★
25, av. de la Vallée. M. Bon
☎ 73 35 80 17
🛏 8 ⌂ 210/300 F. ⏸ 120/210 F.
🍴 60 F. 🍽 260/300 F.
⊠ 3 dernières semaines nov., 2 premières
semaines fév., dim. soir et mer.
🆂🅿 🅘 🅞 ☎ 🅟 🅞 🅟 ⒸⒷ

△△ LE CHATEL ★★
20, av. de la Vallée. M. Hureau
☎ 73 35 82 78 ⒻⒶⓍ 73 35 79 49
🛏 25 ⌂ 120/300 F. ⏸ 65/160 F.
🍴 45 F. 🍽 170/262 F.
⊠ 23 oct./1er avr.
Ⓔ 🆂🅿 🅞 ☎ 🅟 🅞 🌴 ⒸⓋ ⒸⒷ

ROYE
80700 Somme
6500 hab.

△△ CENTRAL Rest. LE FLORENTIN
36, rue d'Amiens. M. Devaux
☎ 22 87 11 05 ⒻⒶⓍ 22 87 42 74
🛏 8 ⌂ 260/320 F. ⏸ 85/200 F. 🍴 60 F.
🍽 280 F.
⊠ 23 déc./5 janv., 16/28 août, dim. soir
et lun.
Ⓔ 🅞 ☎ 🅟 ✉ 🅞 🅟 ⒸⒷ 🅼

△ DU NORD Rest. LUTZ ★
Place de la République. M. Lutz
☎ 22 87 10 87 ⒻⒶⓍ 22 87 46 88
🛏 7 ⌂ 135/255 F. ⏸ 95/290 F. 🍴 65 F.
⊠ 11/28 fév., 16/31 juil., mar. soir et mer.
Ⓔ 🅞 🅟 ⒸⒷ

ROZ SUR COUESNON
35610 Ille et Vilaine
1006 hab.

△ LES QUATRE SALINES ★★
(Les Quatre Salines. D. 797).
M. Bilheu
☎ 99 80 23 80 ⒻⒶⓍ 99 80 21 73
🛏 18 ⌂ 185/230 F. ⏸ 65/140 F.
🍴 39 F. 🍽 175/240 F.
Ⓔ 🅞 ☎ 🅟 🅞 🌴 🅟 ⒸⓋ 🅞 🅟 ⒸⒷ 🅼

ROZIER (LE)
48150 Lozère
110 hab. ⓘ

△△ GRAND HOTEL DES VOYAGEURS ★★
M. Viala ☎ 65 62 60 09 ⒻⒶⓍ 65 62 64 01
🛏 29 ⌂ 240/400 F. ⏸ 78/150 F.
🍴 45 F. 🍽 220/250 F.
⊠ 1er nov./3 mars.
Ⓔ ☎ 🅟 ⒸⒷ

RUCH
33350 Gironde
523 hab.

△△ HOSTELLERIE DU CHATEAU
LARDIER ★★
M. Bauzin ☎ 57 40 54 11 ⒻⒶⓍ 57 40 70 38
🛏 9 ⌂ 220/330 F. ⏸ 85/270 F. 🍴 40 F.
🍽 265/325 F.
⊠ 15 nov./1er mars, dim. soir et lun.
oct./mai.
Ⓔ 🆂🅿 ☎ 🅟 🌴 🅞 🅟 🅞 🅟 ⒸⒷ

RUE
80120 Somme
3280 hab. ⓘ

△△ LE LION D'OR ★★
5, rue de la Barrière. Mme Vandeville
☎ 22 25 74 18 ⒻⒶⓍ 22 25 66 63
🛏 16 ⌂ 300/360 F. ⏸ 80/160 F.
🍴 55 F. 🍽 230/260 F.
⊠ dim. soir entre oct. et mai.
Ⓔ 🅞 ☎ 🅟 ✉ 🅞 🅟 ⒸⓋ 🅞 🅟 ⒸⒷ

RUMILLY MOYE
74150 Haute Savoie
640 hab. ⓘ

△△△ RELAIS DU CLERGEON ★★
Route du Clergeon. M. Chal
☎ 50 01 23 80
🛏 19 ⌂ 145/330 F. ⏸ 75/180 F.
🍴 48 F. 🍽 200/290 F.
⊠ 2/30 janv., 28 août/4 sept., vac. scol.
Toussaint, dim. soir et lun.
Ⓔ 🅓 🅘 🅞 ☎ 🅟 🅞 ✉ 🌴 🅟 🅟 ⒸⓋ
🅞 🅟 ⒸⒷ

RUOMS
07120 Ardèche
3000 hab. ⓘ

△△ LA CHAPOULIERE ★★
Quartier la Chapoulière. Mme Mazars
☎ 75 39 65 43 ⒻⒶⓍ 75 39 75 82
🛏 12 ⌂ 250/310 F. ⏸ 90/200 F.
🍴 45 F. 🍽 275/295 F.
⊠ 15 nov./1er avr., lun. oct. et nov.
Ⓔ 🅞 ☎ 🅟 🌴 🅟 🅟 ⒸⒷ 🅼

RUPT SUR MOSELLE
88360 Vosges
3501 hab. ⓘ

△△△ DU CENTRE ★★
28-30, rue de l'Eglise. M. Perry
☎ 29 24 34 73 ＼ 29 24 37 43
ⒻⒶⓍ 29 24 45 26
🛏 11 ⌂ 135/320 F. ⏸ 105/330 F.
🍴 55 F. 🍽 190/260 F.
⊠ dim. soir et lun. sauf vac. scol.
Ⓔ 🅓 🅞 ☎ 🅟 🅞 🌴 🅟 🅟 ⒸⓋ 🅞
🅟 ⒸⒷ

RUPT SUR MOSELLE (suite)

▲▲ RELAIS BENELUX BALE **
69, rue de Lorraine. M. Remy
☎ 29 24 35 40 FAX 29 24 40 47
🛏 10 ▨ 160/290 F. 🍴 60/160 F.
🍴 41 F. 🍽 180/220 F.
✉ 19 déc./3 janv.
[symbols]

RUSSEY (LE)
25210 Doubs
875 m. • 1912 hab. i

▲▲ DE LA COURONNE **
18, rue De Lattre De Tassigny.
M. Breney ☎ 81 43 71 66 FAX 81 43 73 56
🛏 14 ▨ 150/200 F. 🍴 59/200 F.
🍴 37 F. 🍽 185/210 F.
✉ dim. soir hiver.
[symbols]

RUSTREL
84400 Vaucluse
600 hab.

▲ AUBERGE DE RUSTREOU
Mme Favier ☎ 90 04 90 90
🛏 8 ▨ 240/300 F. 🍴 95/180 F. 🍴 50 F.
🍽 240/350 F.
✉ 20 déc./20 janv.
[symbols]

RUYNES EN MARGERIDE
15320 Cantal
900 m. • 600 hab. i

▲▲ MODERNE **
M. Rousset ☎ 71 23 41 17
🛏 33 ▨ 140/200 F. 🍴 58/138 F.
🍴 42 F. 🍽 195/215 F.
✉ début oct./début mars.
[symbols]

S

SAALES
67420 Bas Rhin
1200 hab. i

▲▲ ROCHE DES FEES **
Rue de l'Eglise. M. Kastler
☎ 88 97 70 90 FAX 88 97 75 16
🛏 14 ▨ 250/280 F. 🍴 98/195 F.
🍴 45 F. 🍽 265 F.
✉ dim. soir et lun. oct./fin avr.
[symbols]

SABLE SUR SARTHE
72300 Sarthe
12721 hab.

▲▲ L'ESCU DU ROY **
20, rue Léon Legludic.
Mme Seince-Francoise ☎ 43 95 90 31
🛏 9 ▨ 220/250 F. 🍴 75/190 F. 🍴 40 F.
🍽 250 F.
✉ dim. soir.
[symbols]

SABLES D'OLONNE (LES)
85100 Vendée
15830 hab. i

▲▲ LE CALME DES PINS **
43, av. Aristide Briand. Mme Bohéas
☎ 51 21 03 18 FAX 51 21 59 85
🛏 46 ▨ 300/350 F. 🍴 95/135 F.
🍴 50 F. 🍽 270/310 F.
✉ 30 sept./1er avr. et rest. lun. soir.
[symbols]

▲▲ LES HIRONDELLES **
44, rue des Corderies. Mme Demaria
☎ 51 95 10 50 FAX 51 32 31 01
🛏 54 ▨ 300/350 F. 🍴 95/135 F.
🍴 50 F. 🍽 270/310 F.
✉ 1er oct./31 mars.
[symbols]

SABLES D'OR LES PINS
22240 Côtes d'Armor
2116 hab. i

▲▲ DE DIANE **
M. Rolland ☎ 96 41 42 07 FAX 96 41 42 67
🛏 28 ▨ 160/375 F. 🍴 80/200 F.
🍴 50 F. 🍽 200/322 F.
✉ 1er janv./7 avr. et 8 oct./31 déc.
[symbols]

▲▲▲ LA VOILE D'OR ***
Allée des Accacias. M. Orio
☎ 96 41 42 49 FAX 96 41 55 45
🛏 26 ▨ 195/380 F. 🍴 95/360 F.
🍴 55 F. 🍽 294/380 F.
✉ 15 nov./15 mars, lun. et mar. midi oct.
[symbols]

SABRES
40630 Landes
1100 hab. i

▲▲▲ AUBERGE DES PINS **
Route de la Piscine. M. Lesclauze
☎ 58 07 50 47 FAX 58 07 56 74
🛏 24 ▨ 190/650 F. 🍴 90/350 F.
🍴 70 F.
✉ janv., dim. soir et lun. sauf juil./août.
[symbols]

SAGONE
20118 Corse
1970 hab. i

▲▲▲ FUNTANELLA **
Route de Cargèse. Mme Beguex
☎ 95 28 02 49 \ 95 28 03 36
🛏 20 ▨ 235/530 F.
✉ 1er nov./30 mars.
[symbols]

SAHORRE
66360 Pyrénées Orientales
650 m. • 359 hab.

▲ LA CHATAIGNERAIE *
Route de Vernet les Bains.
Mme Tessarotto ☎ 68 05 51 04
🛏 10 ▨ 170/255 F. 🍴 77/125 F.
🍴 65 F. 🍽 195/235 F.
✉ 1er oct./1er mai.
[symbols]

SAHUNE
26510 Drôme
300 hab. ⓘ

⌂ DAUPHINE PROVENCE ★
M. Aumage ☎ 75 27 40 99
🛏 10 ⛭ 260/320 F. 🍽 85/170 F.
🛗 210 F.
☎ 📺 CB

SAHURS
76113 Seine Maritime
1000 hab.

⌂ LE CLOS DES ROSES ★★
Rue du Haut. M. Danger
☎ 35 32 46 09 ℻ 35 32 69 17
🛏 18 ⛭ 230 F. 🍽 55/200 F. 🍴 50 F.
🛗 320 F.
⊠ 15 déc./15 janv., dim. soir et lun. midi.
🅴 🗄 ☎ 🚗 🔼 🕭 CV 📺 🖐 CB

SAIGNES
15240 Cantal
970 hab. ⓘ

⌂ RELAIS ARVERNE ★
M. Cosnefroy
☎ 71 40 62 64 ℻ 71 40 61 14
🛏 10 ⛭ 180/230 F. 🍽 65/200 F.
🍴 45 F. 🛗 177/212 F.
⊠ 1ère quinz. oct., vac. scol. hiver, ven.
et dim. soir hs.
🗄 ☎ 🚗 🕭 🔼 CV 📺 🖐 CB

SAILLAGOUSE
66800 Pyrénées Orientales
1300 m. • 840 hab. ⓘ

⌂⌂⌂ PLANES «LA VIEILLE MAISON
CERDANE» ★★
Place de Cerdagne. M. Planes
☎ 68 04 72 08 ℻ 68 04 75 93
🛏 18 ⛭ 185/245 F. 🍽 140/250 F.
🍴 60 F. 🛗 245/270 F.
⊠ 15 oct./20 déc.
🅴 SP 🗄 ☎ 🚗 🔼 🕭 CV 📺 🖐 CB

SAINT AFFRIQUE
12400 Aveyron
9200 hab. ⓘ

⌂⌂⌂ MODERNE ★★
54, av. A. Pezet. M. Decuq
☎ 65 49 20 44 ℻ 65 49 36 55
🛏 28 ⛭ 250/390 F. 🍽 70/260 F.
🍴 55 F. 🛗 211/265 F.
⊠ rest. 2ème semaine oct., 20 déc./
20 janv. et hôtel 20 déc./5 janv.
🅴 SP 🗄 ☎ 🖐 CV 📺 🖐 CB 🏨

SAINT AGREVE
07320 Ardèche
1050 m. • 3000 hab. ⓘ

⌂⌂ AU BOIS SAUVAGE
Quartier de Ribes, route de Valence.
M. Me Lespinasse/Pandrot
☎ 75 30 15 15 ℻ 75 30 12 02
🛏 27 ⛭ 220/320 F. 🍽 65/210 F.
🍴 45 F. 🛗 220/280 F.
🗄 ☎ 🚗 🖐 🕭 🔼 CV 📺 🖐 CB

⌂⌂ DES CEVENNES ★
10, place de la République. M. Rochedy
☎ 75 30 10 22

🛏 8 ⛭ 150/200 F. 🍽 85/195 F. 🍴 58 F.
🛗 200/260 F.
⊠ 10/30 nov. et mar. 15 sept./15 juin.
🅴 🗄 ☎ 📺 🖐

⌂⌂ LE CLAIR LOGIS ★★
Sur D. 120, à 800 m. (face au lac).
M. Reynaud ☎ 75 30 13 24 ℻ 75 30 22 05
🛏 7 ⛭ 180/250 F. 🍽 59/120 F. 🍴 40 F.
🛗 180/210 F.
⊠ 15 oct./15 janv., 15 mars/1er avr. et lun.
🅴 ⓘ ☎ 🚗 🕭 CV 🖐 CB

SAINT AIGNAN
41110 Loir et Cher
4000 hab. ⓘ

⌂⌂ GRAND HOTEL SAINT-AIGNAN ★★
7-9, quai J. J. Delorme. M. Chapelot
☎ 54 75 18 04 ℻ 54 75 12 59
🛏 21 ⛭ 120/330 F. 🍽 80/185 F.
🍴 50 F. 🛗 195/300 F.
⊠ 19 fév./13 mars, 13/28 nov., dim. soir
et lun. 1er nov./31 mars.
🅴 🗄 ☎ 🚗 🖐 🕭 🔼 CV 📺 🖐 CB

SAINT AIGNAN DE CRAMESNIL
14540 Calvados
360 hab.

⌂⌂ AUBERGE DE LA JALOUSIE ★★
Sur N. 158. Echangeur de la Jalousie.
M. Duclos ☎ 31 23 51 69 ℻ 31 23 95 55
🛏 12 ⛭ 150/320 F. 🍽 80/225 F.
🍴 48 F. 🛗 180/270 F.
⊠ fév., dim. soir et lun. sauf fériés.
🅴 🗄 ☎ 🚗 🔼 🕭 🔼 📺 🖐 CB 🏨

SAINT AIGNAN SUR ROE
53390 Mayenne
900 hab.

⌂⌂ LA BOULE D'OR ★★
Rue du Relais des Diligences. M. Pauvert
☎ 43 06 51 02
🛏 6 ⛭ 180/300 F. 🍽 50/160 F. 🍴 40 F.
🛗 220/250 F.
⊠ fév., dim. soir et lun.
🅴 🗄 ☎ 🚗 🕭 🔽 🔼 CV 📺 🖐 CB

SAINT ALBAN DE MONTBEL
73610 Savoie
190 hab.

⌂⌂ LE LYONNAIS ★★
(Lac d'Aiguebelette). M. Bernet
☎ 79 36 00 10 ℻ 79 44 10 57
🛏 12 ⛭ 135/250 F. 🍽 70/195 F.
🍴 50 F. 🛗 170/240 F.
⊠ 24 déc./31 janv., dim. soir et lun. hs.
🅴 🗄 ☎ 🚗 🕭 🔽 🔼 CV 📺 🖐 CB 🏨

SAINT ALBAN SUR LIMAGNOLE
48120 Lozère
950 m. • 2160 hab. ⓘ

⌂⌂ RELAIS SAINT ROCH ★★★
Château de la Chastre. M. Chavignon
☎ 66 31 55 48 ℻ 66 31 53 26
🛏 9 ⛭ 340/640 F. 🍽 78/238 F. 🍴 68 F.
🛗 353/512 F.
⊠ 1er déc./31 janv., rest. lun. et mar.
midi, en saison lun. midi uniquement.
🅴 🗋 🗄 ☎ 🖐 🕭 🔽 🔼 🕙 CV 📺
🖐 CB

SAINT AMAND DE COLY
24290 Dordogne
300 hab.

⚊ GARDETTE
Mme Baulimon ☎ 53 51 68 50
🛏 6 ⌧ 170/220 F. ⓘⓘ 60/120 F. 🍴 35 F.
🍽 190/220 F.
⌧ 30 oct./Pâques.
Ⓔ SP 🍴 ⅋⅋ ⅋ CB

SAINT AMAND MONTROND
18200 Cher
12500 hab. ⓘ

⚊⚊ CROIX D'OR ★★
28, rue du 14 Juillet. M. Moranges
☎ 48 96 09 41 ⓕⓐⓧ 48 96 72 89
🛏 12 ⌧ 160/280 F. ⓘⓘ 88/280 F.
🍴 40 F.
⌧ ven. soir oct./juin sauf week-ends de fêtes.
Ⓔ 🍴 ⅋⅋ ⅋⅋ ⅋⅋ CB

SAINT AMANS SOULT
81240 Tarn
1696 hab. ⓘ

⚊⚊ HOSTELLERIE DES CEDRES ★★
M. Prat ☎ 63 98 36 73
🛏 12 ⌧ 150/320 F. ⓘⓘ 85/240 F.
🍴 45 F. 🍽 200/375 F.
⌧ dim. soir et lun. sauf fériés et réservations.
Ⓔ SP 🍴 ⅋⅋ ⅋⅋ ⅋⅋ CB 🔳

SAINT AMARIN
68550 Haut Rhin
700 m. • 2035 hab. ⓘ

⚊⚊ AUBERGE DU MEHRBAECHEL
Route de Geishouse. M. Me Kornacker
☎ 89 82 60 68
🛏 23 ⌧ 250/300 F. ⓘⓘ 70/200 F.
🍴 55 F. 🍽 210/260 F.
⌧ 26 oct./27 nov. et ven.
Ⓔ Ⓓ 🍴 ⅋⅋ ⅋⅋ CV CB

SAINT AME
88120 Vosges
2033 hab.

⚊⚊ LAMBERT ★★
1, place de la Mairie. M. Lambert
☎ 29 61 21 15 ⓕⓐⓧ 29 61 25 80
🛏 9 ⌧ 180/240 F. ⓘⓘ 98/170 F. 🍴 40 F.
🍽 210/250 F.
⌧ 10/30 janv. et lun.
🍴 ⅋⅋ ⅋⅋ ⅋⅋ CV ⅋⅋ CB

SAINT AMOUR
39160 Jura
2500 hab. ⓘ

⚊ DU COMMERCE
Place de la Chevalerie. M. Raffin
☎ 84 48 73 05
🛏 9 ⌧ 150/240 F. ⓘⓘ 85/200 F. 🍴 65 F.
🍽 220 F.
⌧ 15 déc./20 janv., dim. soir et lun. hs.
Ⓔ Ⓓ ⅋⅋ ⅋⅋ ⅋⅋ CB

SAINT ANDRE D'HEBERTOT
14130 Calvados
244 hab.

⚊⚊⚊ AUBERGE DU PRIEURE ★★
M. Millet ☎ 31 64 03 03 ⓕⓐⓧ 31 64 16 66
🛏 11 ⌧ 390/920 F. ⓘⓘ 145/185 F.
🍴 65 F. 🍽 345/610 F.
⌧ mer.
Ⓔ Ⓓ ⅋⅋ ⅋⅋ ⅋⅋ ⅋⅋ ⅋⅋ ⅋⅋ ⅋⅋ ⅋⅋

SAINT ANDRE LE GAZ
38490 Isère
1642 hab.

⚊ LE CHARMY
Rue Anatole France. M. Masat
☎ 74 88 10 37
🛏 9 ⌧ 140/190 F. ⓘⓘ 60/179 F. 🍴 42 F.
🍽 170/200 F.
⌧ 11/19 fév., 20 août/10 sept., mer. soir et dim. soir.
Ⓔ 🍴 ⅋⅋ ⅋⅋ ⅋⅋ CV ⅋⅋ CB

SAINT ANDRE LES ALPES
04170 Alpes de Haute Provence
900 m. • 1000 hab. ⓘ

⚊⚊ LE CLAIR LOGIS ★★
Route de Digne. M. Le Gac
☎ 92 89 04 05
🛏 12 ⌧ 220/280 F. ⓘⓘ 68/180 F.
🍴 38 F. 🍽 240/270 F.
⌧ 1er janv./28 fév. et 1er nov./31 déc.
Ⓔ 🍴 ⅋⅋ ⅋⅋ ⅋⅋ CV ⅋⅋ CB Ⓒ

⚊ LE MAS DU COLOMBIER ★★
(La Mure). Mme Fhal
☎ 92 89 07 11 ⓕⓐⓧ 92 89 10 45
🛏 20 ⌧ 190/350 F. ⓘⓘ 69/175 F.
🍴 45 F. 🍽 235/265 F.
⌧ déc.
Ⓔ Ⓓ 🍴 ⅋⅋ ⅋⅋ ⅋⅋ CV ⅋⅋ CB

SAINT ANTHEME
63660 Puy de Dôme
940 m. • 1000 hab. ⓘ

⚊ DES VOYAGEURS ★★
M. Colomb ☎ 73 95 40 16 ⓕⓐⓧ 73 95 80 94
🛏 32 ⌧ 227/287 F. ⓘⓘ 83/150 F. 🍴 50 F.
🍽 212/262 F.
⌧ Toussaint/vac. Noël, et sauf week-ends de début janv./vac. fév. Dim. soir et lun. 16 sept./14 juin.
Ⓔ 🍴 ⅋⅋ ⅋⅋ ⅋⅋ CV ⅋⅋ CB

⚊⚊ LE PONT DE RAFFINY ★★
(A Saint-Romain). M. Beaudoux
☎ 73 95 49 10 ⓕⓐⓧ 73 95 80 21
🛏 12 ⌧ 205/220 F. ⓘⓘ 80/160 F.
🍴 55 F. 🍽 200 F.
⌧ janv./mi-fév., dim. soir et lun. sauf 18 juin./3 sept.
Ⓔ Ⓓ 🍴 ⅋⅋ ⅋⅋ ⅋⅋ CB

SAINT AUBIN DE MEDOC
33160 Gironde
4332 hab.

⚊⚊ AUX QUATRE SAISONS ★★
Route de Picot. M. Bobineau
☎ 56 95 86 90 ⓕⓐⓧ 56 95 79 72
🛏 15 ⌧ 300/350 F. ⓘⓘ 85/230 F.
🍴 50 F. 🍽 250/300 F.
⌧ rest. dim. soir et lun. midi.
🍴 ⅋⅋ ⅋⅋ ⅋⅋ ⅋⅋

SAINT AUBIN DU CORMIER
35140 Ille et Vilaine
3400 hab.

DE BRETAGNE
68, rue de l'Ecu. M. Juban
☎ 99 39 10 22
🛏 13 ◈ 90/146 F. 🍽 56/135 F. 🍴 40 F.
🛌 175/185 F.
✉ 2ème semaine vac. scol. Toussaint et
2ème semaine vac. scol. mars.
▦ ▢ ▦ ▦ ▦ CB

SAINT AUBIN SUR MER
14750 Calvados
1500 hab. ℹ

DE NORMANDIE ★★
126, rue Pasteur. M. Grosset
☎ 31 97 30 17 📠 31 97 57 37
🛏 25 ◈ 185/250 F. 🍽 65/210 F.
🍴 40 F. 🛌 220/265 F.
✉ fin sept./mi-mars.
▦ ▢ ▦ ▦ ▦ ▦ ▦ CV ▦ ▦ CB C

LE CLOS NORMAND ★★
Promenade Guynemer, sur la plage.
M. Wahl
☎ 31 97 30 47 📠 170234 📠 31 96 46 23
🛏 29 ◈ 230/330 F. 🍽 98/250 F.
🍴 56 F. 🛌 270/340 F.
✉ 2 oct./30 mars.
▦ ▢ SP ℹ ▢ ▦ ▦ ▦ ▦ CV ▦ CB

SAINT-AUBIN ★★
Place du Canada (Face Plage).
M. Taboga ☎ 31 97 30 39 📠 31 97 41 56
🛏 24 ◈ 270/350 F. 🍽 110/270 F.
🍴 50 F. 🛌 270/330 F.
✉ 2 janv./2 fév., 12/30 nov., dim. soir
et lun. oct./avr.
▦ ▢ ▦ ▦ CV ▦ ▦ CB

SAINT AULAIRE
19130 Corrèze
750 hab.

AUBERGE BELLEVUE ★★
Mme Vianne ☎ 55 25 81 39 📠 55 84 12 01
🛏 9 ◈ 150/280 F. 🍽 90/160 F. 🍴 35 F.
🛌 220/250 F.
✉ janv., ven. soir et sam. hs.
▢ ▦ ▦ ▦ ▦ ▦ ▦ ▦ CB

SAINT AVOLD
57500 Moselle
20000 hab. ℹ

DE L'EUROPE ★★★
7, rue Altmayer. M. Zirn
☎ 87 92 00 33 📠 87 92 01 23
🛏 34 ◈ 270 F. 🍽 120/270 F. 🛌 250 F.
✉ sam. midi et dim.
▦ ▢ ▢ ▦ ▦ ▦ ▦ ▦ ▦ CB

SAINT AYGULF
83370 Var
2800 hab. ℹ

LA PETITE AUBERGE ★★
118, rue d'Alsace. M. Ravoire
☎ 94 81 01 26 📠 94 81 78 08

🛏 12 ◈ 270/300 F. 🍽 90/145 F.
🍴 45 F. 🛌 285/300 F.
✉ 15 nov./1er fév.
▦ ▢ ▦ ▦ ▦ CB ▦

SAINT BENOIT
86280 Vienne
5950 hab. ℹ

L'OREE DES BOIS ★★
Route de Ligugé. Sortie A10 sud.
M. Galpin ☎ 49 57 11 44 📠 49 43 21 40
🛏 14 ◈ 260/380 F. 🍽 60/230 F.
🍴 50 F. 🛌 250/350 F.
✉ dim. soir et rest. lun.
▦ ▢ ▦ ▦ ▦ CV ▦ ▦ CB

SAINT BENOIT SUR LOIRE
45730 Loiret
1800 hab. ℹ

LE LABRADOR ★★
7, place de l'Abbaye. Mme Labrette
☎ 38 35 74 38 📠 38 35 78 33
🛏 44 ◈ 175/350 F.
✉ 1er janv./15 fév.
▦ ▢ ▦ ▦ ▦ ▦ ▦ ▦

SAINT BERTRAND DE
COMMINGES
31510 Haute Garonne
518 m. • 228 hab. ℹ

DU COMMINGES ★
Mme Alaphilippe
☎ 61 88 31 43 📠 61 94 98 22
🛏 14 ◈ 160/340 F. 🍽 80/130 F.
🍴 40 F.
✉ 1er déc./31 janv., rest. 1er oct./
30 nov. et 1er mars sauf
week-ends et vac. scol.
▦ ▦ ▦ ▦ ▦ ▦ CB

L'OPPIDUM ★★
Rue de la Poste. Mme Salis
☎ 61 88 33 50 📠 61 95 94 04
🛏 15 ◈ 190/340 F. 🍽 80/180 F.
🍴 50 F. 🛌 210/300 F.
✉ 30 nov./15 fév. et mer.
1er oct./30 avr.
▦ SP ▢ ▦ ▦ ▦ CV ▦ ▦ CB

SAINT BLAISE LA ROCHE
67420 Bas Rhin
245 hab. ℹ

AUBERGE DE LA BRUCHE ★★
Rue Principale. M. Debut
☎ 88 97 68 68 📠 88 47 22 22
🛏 10 ◈ 205/275 F. 🍽 55/250 F.
🍴 60 F. 🛌 235/290 F.
✉ 22 déc./22 janv. et lun. hs.
▦ ▢ ▢ ▦ ▦ ▦ ▦ ▦ CV ▦ CB

SAINT BOIL
71940 Saône et Loire
300 hab.

AUBERGE DU CHEVAL BLANC ★★★
M. Cantin ☎ 85 44 03 16 📠 85 44 07 25
🛏 13 ◈ 200/450 F. 🍽 95/250 F.
🍴 48 F. 🛌 350/520 F.
✉ 15 fév./15 mars et mer.
▢ ▦ ▦ ▦ ▦ ▦ ▦ ▦ CB

SAINT BONNET EN CHAMPSAUR
05500 Hautes Alpes
1025 m. • 1376 hab. ⓘ

▲▲ LA CREMAILLERE ★★
M. Montier
☎ 92 50 00 60 🆁 92 50 01 57
🛏 21 ⊗ 250/300 F. 🍽 90/220 F.
🍴 55 F. 🍽 250/290 F.
⊠ 1er oct./1er avr.
🅴 ⬜ ☎ 🛏 🚗 🛎 🏃 ♿ CV ⅢⅢ CB

SAINT BONNET TRONCAIS
03360 Allier
1000 hab.

▲▲▲ LE TRONCAIS ★★
Rond de Tronçais-Sur D. 978A. M. Bajard
☎ 70 06 11 95 🆁 70 06 16 15
🛏 12 ⊗ 252/334 F. 🍽 98/180 F.
🍴 60 F. 🍽 237/278 F.
⊠ 15 déc./15 mars, dim. soir et lun. hs.
🅴 ⅅ ⬜ ☎ 🚗 🛎 🏃 ♿ ⅢⅢ ♥ CB

SAINT BONNET TRONCAIS
(ISLE ET BARDAIS)
03360 Allier
476 hab. ⓘ

▲ LE ROND GARDIEN ★
(Forêt de Tronçais). M. Labrousse
☎ 70 06 11 21 🆁 70 06 16 37
🛏 7 ⊗ 190/230 F. 🍽 98/150 F. 🍴 40 F.
🍽 190/230 F.
⊠ 15/31 mars, mer. soir et jeu.
🅴 ⅅ SP ⬜ ☎ 🚗 🛎 🏃 ♿ CB ▣

SAINT BREVIN LES PINS
44250 Loire Atlantique
8000 hab. ⓘ

▲▲ LA BOISSIERE ★★
70, av de Mindin. M. Le Berrigaud
☎ 40 27 21 79 🆁 40 39 11 88
🛏 23 ⊗ 235/420 F. 🍽 85/145 F.
🍴 45 F. 🍽 235/390 F.
🅴 ⅅ ⬜ ☎ 🚗 🚗 🛎 🏃 CV ♥

▲▲ LE DEBARCADERE ★★
Place de la Marine. Mme Moissard
☎ 40 27 20 53
🛏 14 ⊗ 210/300 F. 🍽 100/160 F.
🍴 50 F. 🍽 290/310 F.
⊠ 1er déc./15 janv., sam. midi et dim.
soir.
🅴 ⬜ ☎ 🚗 ⤢ 🛎 🏃 CV ⅢⅢ ♥ CB ▣

SAINT BRIEUC (PLERIN)
22190 Côtes d'Armor
10753 hab. ⓘ

▲▲ LE CHENE VERT ★★
Route Saint-Laurent de la Mer sur N. 12.
M. Parcheminer
☎ 96 79 80 20 🆁 96 79 80 21
🛏 55 ⊗ 280/350 F. 🍽 72/160 F.
🍴 40 F. 🍽 250/280 F.
⊠ rest. 21 déc./5 janv. et dim. midi.
🅴 ⬜ ☎ 🚗 🚗 ⤢ 🛎 ♿ CV ⅢⅢ ♥ CB
Ⓒ ▣

SAINT BRISSON
45500 Loiret
1000 hab.

▲▲ CHEZ HUGUETTE ★
M. Carreau ☎ 38 36 70 10
🛏 10 ⊗ 180/220 F. 🍽 60/200 F.
🍴 45 F. 🍽 200/220 F.
⊠ lun. Toussaint/Pâques et dim. soir.
☎ ♥ CB

SAINT CAPRAISE DE LALINDE
24150 Dordogne
557 hab.

▲▲ RELAIS SAINT-JACQUES ★★
Place de l'Eglise. M. Rossignol
☎ 53 63 47 54
🛏 6 ⊗ 220/280 F. 🍽 85/240 F. 🍴 55 F.
🍽 230/280 F.
⊠ 15 janv./20 fév. et mer.
🅴 ☎ ♿ ⅢⅢ ♥

SAINT CAST
22380 Côtes d'Armor
3246 hab. ⓘ

▲ BON ABRI ★★
4, rue du Sémaphore. M. Isambert
☎ 96 41 85 74 🆁 96 41 99 11
🛏 42 ⊗ 185/275 F. 🍽 100/135 F.
🍴 50 F. 🍽 205/260 F.
⊠ 13 sept./1er juin.
🅴 ☎ 🚗 🛎 🏃 ♥ CB

▲▲ DES ARCADES ★★★
15, rue du Duc d'Aiguillion. M. Thebault
☎ 96 41 80 50 🆁 96 41 77 34
🛏 32 ⊗ 340/480 F. 🍽 79/176 F.
🍴 38 F. 🍽 310/390 F.
⊠ 1er oct./1er avr.
🅴 ⅅ SP ⓘ ⬜ ☎ 🍴 ♿ CV ♥ CB

▲▲ DES DUNES ★★
MM. Feret ☎ 96 41 80 31 🆁 96 41 85 34
🛏 29 ⊗ 320/370 F. 🍽 100/380 F. 🍴 75 F.
🍽 360/390 F.
⊠ 2 nov./fin mars, dim. soir et lun. oct.
🅴 ⬜ ☎ 🛎 🏃 ♥ CB

▲ DES MIELLES ★★
3, rue du Duc d'Aiguillion. M. Thebault
☎ 96 41 80 95 🆁 96 41 77 34
🛏 19 ⊗ 170/320 F. 🍽 78/115 F.
🍴 36 F. 🍽 210/300 F.
⊠ Toussaint/Pâques.
🅴 ⅅ SP ⓘ ⬜ ☎ 🛎 ♿ CV ⅢⅢ ♥ CB

SAINT CERE
46400 Lot
5000 hab. ⓘ

▲▲▲ DE FRANCE ★★★
181, av. François de Maynard. M. Lherm
☎ 65 38 02 16 🆁 65 38 02 98
🛏 22 ⊗ 260/380 F. 🍽 120/240 F.
🍴 45 F. 🍽 300/380 F.
⊠ 1er janv./1er avr. et 20 oct./31 déc.
🅴 ⅅ ⬜ ☎ 🚗 🛎 🏊 🏃 ♿ CV ⅢⅢ
♥ CB

SAINT CERE (suite)

LE VICTOR HUGO ★★
7, av. des Maquis. M. Vern
☎ 65 38 16 15 **FAX** 65 38 39 91
🛏 9 ⊗ 240/290 F. 🍴 85/170 F. 🍽 45 F.
🛎 205/280 F.
⊠ 20 mars/3 avr., 2/23 oct. et lun.
🅴 ⬚ 🕿 🚗 🛠 CV ← CB

SAINT CERGUES
74140 Haute Savoie
615 m. • 2200 hab.

DE FRANCE ★★
MM. Tetaz-Chambon/Jacquet
☎ 50 43 50 32 **FAX** 50 94 66 45
🛏 21 ⊗ 150/280 F. 🍴 98/240 F.
🍽 60 F. 🛎 185/250 F.
⊠ 18 avr./1er mai, 13 oct./27 nov., dim.
soir et lun. sauf été.
🅴 🅳 ⬚ 🕿 🚗 🚗 🕿 ⤸ 🐾 CV 🔟 ←
CB 🏠

SAINT CEZAIRE SUR SIAGNE
06780 Alpes Maritimes
2500 hab. ℹ️

LA PETITE AUBERGE ★
4, place Général de Gaulle.
M. Me Phillippoteaux ☎ 93 60 26 60
🛏 6 ⊗ 115/195 F. 🍴 75/155 F. 🍽 48 F.
🛎 175/175 F.
⊠ mi-déc./mi-janv., lun. soir et mar. sauf
juil./août.
🅴 🛠 CV ← CB

LE CLAUX DE TALADOIRE ★★
Route de Saint-Vallier. M. Brochard
☎ 93 60 20 09 **FAX** 93 60 80 45
🛏 20 ⊗ 200/260 F. 🍴 85/170 F.
🍽 50 F. 🛎 225/250 F.
🅴 🕿 🚗 🕿 ⤸ 🐾 🐾 🍂 CV 🔟 ←

SAINT CHARTIER
36400 Indre
560 hab.

CHATEAU LA VALLEE BLEUE ★★★
Route de Verneuil. M. Gasquet
☎ 54 31 01 91 **FAX** 54 31 04 48
🛏 13 ⊗ 300/525 F. 🍴 125/275 F.
🍽 65 F. 🛎 400/500 F.
⊠ 2 janv./27 fév.
🅴 🅳 SP ⬚ 🕿 🚗 🚗 ➤ 🕿 ⤸ 🐾 🍂 🕓
🛠 🔟 ← CB

SAINT CHEF
38890 Isère
2500 hab. ℹ️

BOUVIER ★
M. Bouvier ☎ 74 92 41 40
🛏 10 ⊗ 140/200 F. 🍴 60/160 F.
🍽 45 F. 🛎 180/200 F.
⊠ rest. dim. soir et lun. soir.
🕿 🚗 ←

SAINT CHELY D'APCHER
48200 Lozère
1000 m. • 5000 hab. ℹ️

JEANNE D'ARC ★★
49, av. de la Gare. M. Caule
☎ 66 31 00 46 **FAX** 66 31 28 85
🛏 13 ⊗ 190/230 F. 🍴 70/180 F.
🍽 45 F. 🛎 210/220 F.
🅴 ⬚ 🕿 🚗 🚗 🕿 CV 🔟 CB

SAINT CHELY D'APCHER
(LA GARDE)
48200 Lozère
1040 m. • 330 hab.

LE ROCHER BLANC ★★
La Garde M. Brunel
☎ 66 31 90 09 **FAX** 66 31 93 67
🛏 18 ⊗ 200/280 F. 🍴 90/200 F.
🍽 50 F. 🛎 240/320 F.
⊠ 15 déc./1er avr. dim. soir hors vac. scol.
🅴 SP ⬚ 🕿 🚗 🕿 ⤸ 🐾 🍂 🛠 🛠 CV
🔟 ← CB

SAINT CHRISTO EN JAREZ
42320 Loire
1300 hab.

DES TOURISTES ★
M. Besson ☎ 77 20 85 01
🛏 10 ⊗ 170/220 F. 🍴 65/250 F.
🍽 50 F. 🛎 190 F.
⊠ 29 août/20 sept. et mer.
🚗 🚗 🕿 🔟 ← CB

SAINT CHRISTOPHE SUR LE
NAIS
37370 Indre et Loire
925 hab.

LES GLYCINES ★
5, place Jéhan d'Alluye M. Bellami
☎ 47 29 37 50 **FAX** 47 29 37 54
🛏 7 ⊗ 140/250 F. 🍴 80/165 F. 🍽 50 F.
🛎 170/230 F.
⊠ dim. soir et lun. sauf juin/sept.
🅴 ⬚ 🕿 CV ← CB

SAINT CIRGUES DE JORDANNE
15590 Cantal
800 m. • 200 hab.

LES TILLEULS ★★
Mme Fritsch
☎ 71 47 92 19 **FAX** 71 47 91 06
🛏 14 ⊗ 230/300 F. 🍴 70/200 F.
🍽 37 F. 🛎 250/270 F.
⊠ vac. Toussaint, dim. soir et lun.
Toussaint/Pâques.
🅴 SP 🕿 🚗 🚗 🕿 ⤸ 🛥 🐾 🍂 🕓 CV
🔟 CB

SAINT CIRGUES EN MONTAGNE
07510 Ardèche
1040 m. • 300 hab. ℹ️

AU PARFUM DES BOIS ★★
M. Lespinasse
☎ 75 38 93 93 **FAX** 75 38 95 38
🛏 24 ⊗ 200/280 F. 🍴 65/160 F.
🍽 45 F. 🛎 170/250 F.
⬚ 🕿 🚗 ➤ 🍂 🕓 ▶ CV 🔟 ← CB

SAINT CLAUDE
39200 Jura
13156 hab. 🛈

🛏 AU PONT DE ROCHEFORT
M. des Bordes
☎ 84 45 02 13 ⅎᴬˣ 84 45 18 06
🛏 10 ⌇ 140/290 F. 🍽 65/100 F.
🍴 37 F.
⊠ 1ère semaine sept., 20/31 déc., ven.
soir et sam. midi sauf vac. scol.
☎ 🛏 ♠ CB

🛏🛏🛏 SAINT HUBERT ★★
3, place Saint Hubert.
M. Jannet
☎ 84 45 10 70 ⅎᴬˣ 84 45 64 76
🛏 30 ⌇ 225/395 F. 🍽 80/270 F.
🍴 50 F. 🍴 235/255 F.
⊠ 23 déc./2 janv., rest. sam. midi, dim.
soir et lun. midi.
E D ⌂ ☎ 🛏 CV ▦ ♠ CB C

SAINT CLAUDE (LE MARTINET)
39200 Jura
14086 hab. 🛈

🛏🛏 JOLY ★★
(Le Martinet). M. Buchin
☎ 84 45 12 36 ⅎᴬˣ 84 41 02 49
🛏 15 ⌇ 200/330 F. 🍽 95/155 F.
🍴 65 F. 🍴 250/350 F.
⊠ ven. soir et sam. 25 sept./30 mai.
E ⌂ ☎ 🛏 🛎 🏊 🛗 CV ♠
CB 💼

SAINT CLAUDE
(VILLARD SAINT SAUVEUR)
39200 Jura
600 m. ● 25 hab.

🛏🛏🛏 HOSTELLERIE «AU RETOUR DE LA
CHASSE» ★★
M. Vuillermoz
☎ 84 45 11 32 ⅎᴬˣ 84 45 13 96
🛏 16 ⌇ 300/390 F. 🍽 90/340 F.
🍴 60 F. 🍴 310/330 F.
⊠ 20/30 déc., dim. soir et lun. hs.
E ⌂ ☎ 🛏 🛎 ✚ ⚓ 🏊 CV ▦ ♠ CB
💼

SAINT CLEMENT SUR
VALSONNE
69170 Rhône
457 hab.

🛏🛏 LE SAINT CLEMENT ★★
Place de l'Europe. M. Royer
☎ 74 05 17 80
🛏 9 ⌇ 240 F. 🍽 60/200 F. 🍴 45 F.
🍴 240 F.
⊠ lun. soir et mar.
☎ 🏊 ▦ ♠ CB 💼

SAINT COLOMBAN DES
VILLARDS
73130 Savoie
1104 m. ● 205 hab. 🛈

🛏 DE LA POSTE
M. Martin-Fardon
☎ 79 56 25 33 ⅎᴬˣ 79 59 12 22
🛏 19 ⌇ 150/220 F. 🍽 75/130 F.
🍴 40 F. 🍴 180/210 F.
☎ 🛏 🛗 CV ▦ ♠ CB

SAINT COME D'OLT
12500 Aveyron
1200 hab. 🛈

🛏 DES VOYAGEURS
Mme Bos
☎ 65 44 05 83
🛏 23 ⌇ 150/200 F. 🍽 70/180 F.
🍴 50 F. 🍴 190/225 F.
⊠ oct. et sam.
E 🛏 🛗 CB

SAINT CYPRIEN
24220 Dordogne
2000 hab. 🛈

🛏🛏 DE LA TERRASSE ★★
Place Jean Ladignac. Mme Costes
☎ 53 29 21 69 ⅎᴬˣ 53 29 60 88
🛏 17 ⌇ 210/355 F. 🍽 100/215 F.
🍴 58 F. 🍴 250/330 F.
⊠ 3 nov./14 mars, lun. mars et oct.
E ⌂ ☎ 🛏 🛗 CV ♠

SAINT CYPRIEN SUR DOURDOU
12320 Aveyron
870 hab. 🛈

🛏 AUBERGE DU DOURDOU ★
Mme Rols
☎ 65 69 83 20
🛏 11 ⌇ 180/270 F. 🍽 80/170 F.
🍴 40 F. 🍴 210/235 F.
⊠ 15 oct./31 janv. et lun.
☎ 🛏 🛏 🏊 ♠

SAINT CYR L'ECOLE
78210 Yvelines
20000 hab.

🛏 LA BOULE D'OR
99, av. Pierre Curie. Mme Lepêtre-Drean
☎ (1) 30 45 00 38 ⅎᴬˣ (1) 30 45 00 38
🛏 13 ⌇ 150 F. 🍽 60/170 F. 🍴 40 F.
🍴 220 F.
⊠ sam. et dim. soir.
E SP 🛏 🛏 ♠ CB

SAINT DALMAS DE TENDE
06430 Alpes Maritimes
700 m. ● 400 hab.

🛏 TERMINUS ★★
Rue des Martyrs. M. Giordano
☎ 93 04 60 10 ＼92 92 13 47
ⅎᴬˣ 93 04 79 99
🛏 10 ⌇ 180/290 F. 🍽 95/150 F.
🍴 50 F. 🍴 225/275 F.
⊠ 2 nov./30 avr.
E SP 🛈 ☎ 🛏 🛏 🏊 ▦ ♠ CB

SAINT DENIS D'ANJOU
53290 Mayenne
1279 hab. 🛈

⌂ LA CALECHE ★
2, route d'Angers. M. Henaff
☎ 43 70 61 00 📠 43 70 94 40
🛏 7 ⊛ 235/250 F. ⫴ 75/175 F. 🍴 45 F.
🍽 235/250 F.
⊠ 15 fév./15 mars, 15/25 oct., dim. soir
et mar.
[E] [🗐] [☎] [🚗] [🍴] [CV] [🍷] [🐾] [CB]

SAINT DENIS DE L'HOTEL
45550 Loiret
2290 hab.

⌂⌂ LE DAUPHIN ★★
Av. des Fontaines. Mme Pierre
☎ 38 59 07 26 📠 38 59 07 63
🛏 21 ⊛ 270/350 F. ⫴ 75/225 F.
🍴 50 F. 🍽 230 F.
⊠ dim. soir et lun. midi.
[E] [🗐] [☎] [🚗] [🍴] [T] [🕐] [🍷] [🐾] [CB]

SAINT DENIS SUR SARTHON
61420 Orne
957 hab.

⌂⌂ LA NORMANDIERE
Mme Gourrot
☎ 33 27 30 24
🛏 4 ⊛ 130/200 F. ⫴ 70/160 F. 🍴 38 F.
🍽 230/330 F.
⊠ 23/31 janv., 18/26 sept., lun. soir et
mar.
[E] [☎] [🚗] [🚗] [🐾] [CB]

SAINT DIDIER
35220 Ille et Vilaine
3000 hab.

⌂⌂⌂ PEN'ROC ★★★
Lieu-dit «La Peinière». M. Froc
☎ 99 00 33 02 📠 99 62 30 89
🛏 33 ⊛ 330/500 F. ⫴ 148/255 F.
🍴 70 F. 🍽 335/380 F.
⊠ rest. ven. soir et dim. soir basse
saison.
[E] [SP] [🗐] [☎] [🚗] [🚗] [🍴] [T] [🌴] [🔻] [📷] [🐦]
[🍴] [🕐] [♿] [🍷] [🐾] [CB]

SAINT DIE
88100 Vosges
24820 hab. 🛈

⌂⌂ MODERNE ★★
64, rue d'Alsace. M. Natter
☎ 29 56 11 71 📠 29 56 45 06
🛏 10 ⊛ 230/280 F. ⫴ 93/175 F.
🍴 45 F. 🍽 200/225 F.
⊠ 22 déc./6 janv., ven. soir et sam. sauf
juil./août.
[🗐] [☎] [🚗] [🍴] [🐾] [CB]

SAINT DIE (TAINTRUX)
88100 Vosges
1000 hab.

⌂⌂ LE HAUT FER ★★
(A Rougiville, route d'Epinal N. 420).
Mme Louis
☎ 29 55 03 48 📠 29 55 23 40

🛏 16 ⊛ 280/300 F. ⫴ 70/195 F.
🍴 50 F. 🍽 260/280 F.
⊠ 1er/17 janv., rest. dim. soir et lun.
[E] [D] [🗐] [☎] [🚗] [🍴] [T] [🔻] [🖊] [🍴] [CV] [🍷]
[🐾] [🏷]

SAINT DISDIER
05250 Hautes Alpes
1040 m. • 160 hab.

⌂⌂ LA NEYRETTE ★★
M. Muzard
☎ 92 58 81 17 📠 92 58 89 95
🛏 10 ⊛ 270 F. ⫴ 94/189 F. 🍴 61 F.
🍽 250 F.
⊠ 1er oct./15 déc.
[E] [D] [🛈] [🗐] [☎] [🚗] [🚗] [🍴] [T] [🍴] [CV]
[🐾] [CB]

SAINT DONAT SUR L'HERBASSE
26260 Drôme
2250 hab. 🛈

⌂⌂ CHARTRON ★★★
1, av. Gambetta. M. Chartron
☎ 75 45 11 82 📠 75 45 01 36
🛏 7 ⊛ 280/350 F. ⫴ 120/390 F.
🍴 75 F. 🍽 300/380 F.
[E] [SP] [🗐] [☎] [🚗] [🚗] [📷] [🍴] [T] [🐾] [CB]

SAINT ESTEBEN
64640 Pyrénées Atlantiques
420 hab.

⌂⌂ DU FRONTON ★★
M. Mendivil
☎ 59 29 64 82
🛏 8 ⊛ 240/280 F. ⫴ 80/150 F. 🍴 40 F.
🍽 230/260 F.
⊠ lun.
[E] [SP] [🗐] [☎] [🚗] [🔻] [🍴] [🎣] [🐾] [CB]

SAINT ETIENNE DE CHOMEIL
15400 Cantal
730 m. • 311 hab.

⌂ LA RUCHE CANTALIENNE
M. Chaumeil
☎ 71 78 32 04
🛏 7 ⊛ 155 F. ⫴ 75/130 F. 🍴 45 F.
🍽 155/175 F.
⊠ 15/31 mars, 15/30 nov., lun. soir et
mer. sauf vac. scol.
[E] [CV] [CB]

SAINT ETIENNE DE TINEE
06660 Alpes Maritimes
1142 m. • 2030 hab. 🛈

⌂ DES AMIS
3, rue Val Gelé. Mme Fulconis
☎ 93 02 40 30
🛏 7 ⊛ 200/250 F. ⫴ 80/120 F. 🍴 40 F.
🍽 185/200 F.
[T] [🐾]

335

SAINT ETIENNE EN COGLES
35460 Ille et Vilaine
1422 hab.

🛏 AUBERGE DU COGLAIS ★★
5, rue Charles de Gaulle.
M. Desbles
☎ 99 98 65 10
🛏 17 🛆 130/200 F. 🍽 60/165 F.
🍴 45 F. 🛌 205/275 F.
⊠ dim. soir et lun.
🇪 🖾 🕿 🛏 🍴 👫 🔟 🐾 CB

SAINT ETIENNE LES ORGUES
04230 Alpes de Haute Provence
700 m. • 1000 hab. 𝑖

🛏🛏 SAINT CLAIR ★★
Chemin du Serre. M. Brusseau
☎ 92 73 07 09
🛏 29 🛆 175/388 F. 🍽 80/140 F.
🍴 50 F. 🛌 197/313 F.
⊠ 1er nov./1er mars.
🇪 🅳 SP 🕿 🛏 🍴 👫 🔟 🐾 🗲 🔟
🐾 CB

SAINT FARGEAU
89170 Yonne
1920 hab. 𝑖

🛏🛏 LE RELAIS DU CHATEAU ★★
25, rue Saint-Martin. M. Robert
☎ 86 74 01 75 🅵🅰🅻 86 74 09 73
🛏 28 🛆 230/280 F. 🍽 78/250 F.
🍴 45 F. 🛌 300/320 F.
⊠ 15 janv./28 fév., dim. soir et lun. sauf juil./août.
🇪 𝑖 🕿 🍴 🗲 CV 🔟 🐾 CB

SAINT FELIX LAURAGAIS
31540 Haute Garonne
1100 hab. 𝑖

🛏🛏🛏 AUBERGE DU POIDS PUBLIC ★★★
Faubourg Saint-Roch. M. Taffarello
☎ 61 83 00 20 🅵🅰🅻 61 83 86 21
🛏 13 🛆 250/300 F. 🍽 135/300 F.
🛌 260/310 F.
⊠ janv. et dim. soir oct./avr.
🇪 🅳 SP 🖾 🕿 🛏 🍴 CV 🔟 🐾 CB

SAINT FERREOL (LAC)
31250 Haute Garonne
71 hab. 𝑖

🛏 LA RENAISSANCE ★★
M. Franc
☎ 61 83 51 50 🅵🅰🅻 61 83 19 90
🛏 24 🛆 130/230 F. 🍽 68/220 F.
🍴 45 F. 🛌 170/220 F.
⊠ 1er nov./31 mars.
🇪 SP 🕿 🛏 🍴 👫 CV 🔟 🐾

SAINT FLORENT LE VIEIL
49410 Maine et Loire
3000 hab. 𝑖

🛏🛏 HOSTELLERIE DE LA GABELLE ★★
Quai de la Loire. Mme Redureau
☎ 41 72 50 19 🅵🅰🅻 41 72 54 38

🛏 18 🛆 180/250 F. 🍽 75/200 F.
🍴 37 F. 🛌 230/250 F.
⊠ 1er nov., 24/25 déc., 30/31 déc. et dim. soir hiver.
🇪 🖾 🕿 🔟 🐾 CB

SAINT FLORENTIN
89600 Yonne
7000 hab. 𝑖

🛏🛏 LES TILLEULS ★★
3, rue Descourtives. Mme Hubert
☎ 86 35 09 09 🅵🅰🅻 86 35 36 90
🛏 9 🛆 260/315 F. 🍽 110/240 F.
🍴 55 F.
⊠ 20 fév./13 mars, 26 déc./2 janv., hôtel dim. soir et lun. midi sept./mai, rest. dim. soir et lun.
🅳 🖾 🕿 🛏 🍴 🗲 🐾 CB 🏠

SAINT FLOUR
15100 Cantal
900 m. • 9000 hab. 𝑖

🛏🛏 AUBERGE DE LA PROVIDENCE ★★
1, rue du Château d'Alleuze.
M. Charbonnel
☎ 71 60 12 05 🅵🅰🅻 71 60 33 94
🛏 10 🛆 250/280 F. 🍽 88/150 F.
🍴 50 F. 🛌 250/280 F.
⊠ 15 oct./15 nov., ven. midi/sam. soir hiver, rest. lun. été.
🇪 🖾 🕿 🛏 🍴 👫 🔟 🐾 CB 🏠

🛏🛏🛏 DES MESSAGERIES ★★
23, av. Charles De Gaulle. M. Giral
☎ 71 60 11 36 🅵🅰🅻 71 60 46 79
🛏 17 🛆 198/385 F. 🍽 80/360 F.
🍴 55 F. 🛌 240/325 F.
⊠ 23 janv./10 fév., ven. et sam. midi Toussaint/Pâques hors vac. scol.
🇪 🖾 🕿 🛏 🍴 🗲 CV 🔟 🐾 CB

🛏🛏 DU NORD ★
18, rue des Lacs. M. Paga
☎ 71 60 28 00 🅵🅰🅻 71 60 07 33
🛏 30 🛆 160/200 F. 🍽 58/ 95 F.
🍴 35 F. 🛌 180/210 F.
🇪 SP 🖾 🕿 🍴 🗲 CV 🐾 CB

🛏🛏 L'ANDER ★★
6 bis, av. du Ct. Delorme. M. Quairel
☎ 71 60 21 63 🆃🆇 393160 🅵🅰🅻 71 60 46 40
🛏 38 🛆 160/240 F. 🍽 60/120 F.
🍴 30 F. 🛌 180/220 F.
⊠ 15 déc./15 janv.
🇪 SP 🖾 🕿 🛏 🗲 🔟 CV 🔟
🐾 CB

🛏🛏 NOUVEL HOTEL LA BONNE TABLE ★★
21, av. de la République. M. Juillard
☎ 71 60 05 86 🆃🆇 393 160 🅵🅰🅻 71 60 41 60
🛏 40 🛆 150/300 F. 🍽 70/140 F.
🍴 45 F. 🛌 180/250 F.
⊠ Toussaint/Rameaux.
🇪 🖾 🕿 🛏 🍴 🗲 CV 🔟
🐾 CB

SAINT FRANCOIS LONGCHAMP
73130 Savoie
1650 m. • 236 hab. ⓘ

▲▲ LE CHEVAL NOIR **
A Longchamp 1650. M. Daumas
☎ 79 59 10 88 🖷 79 59 10 00
🛏 27 ⌨ 220/340 F. 🍴 98/175 F.
🍴 55 F. 🍽 285/350 F.
⊠ 20 avr./30 juin et 1er sept./20 déc.
🅴 ⓘ 🗔 ☎ 🖃 🛥 CV 🏮 🐾 CB

SAINT GALMIER
42330 Loire
4272 hab. ⓘ

▲▲ LE FOREZ **
6, rue Didier Guetton. M. Renaudier
☎ 77 54 00 23 🖷 77 54 07 49
🛏 17 ⌨ 200/260 F. 🍴 60/180 F.
🍴 48 F. 🍽 210/310 F.
⊠ 28 août/3 sept. et dim. soir.
🅴 SP ⓘ 🗔 ☎ 🖃 🛥 CV 🏮 🐾 CB 🛏

SAINT GAUDENS
31800 Haute Garonne
12000 hab. ⓘ

▲▲ PEDUSSAUT **
9, av. de Boulogne. Mme Gay
☎ 61 89 15 70 🖷 61 89 11 26
🛏 20 ⌨ 130/240 F. 🍴 75/175 F.
🍴 45 F. 🍽 140/200 F.
🅴 SP 🗔 ☎ 🖃 🛥 ☂ CV 🏮 🐾 CB

SAINT GAUDENS
(LABARTHE INARD)
31800 Haute Garonne
614 hab. ⓘ

▲▲ HOSTELLERIE DU PARC **
Sur N. 117. MeM. Castets
☎ 61 89 08 21 🖷 61 95 99 14
🛏 14 ⌨ 200 F. 🍴 70/220 F. 🍴 50 F.
⊠ 15 janv./fin fév. et lun. sauf fêtes
oct./fin juin.
🅴 SP 🗔 ☎ 🖃 🛥 ☂ 🎣 ♿ CV 🏮 🐾

▲▲ LA TUILIERE **
Sur R. N. 117. Mme Gago
☎ 61 89 08 51
🛏 20 ⌨ 180/270 F. 🍴 65/190 F.
⊠ dim. soir
🅴 SP 🗔 ☎ 🖃 ☂ 🎣 ♿ CV 🏮 🐾

SAINT GELVEN
22570 Côtes d'Armor
332 hab. ⓘ

▲ HOTELLERIE DE L'ABBAYE
Lieu-dit Bon Repos. M. Gadin
☎ 96 24 98 38
🛏 5 ⌨ 240/270 F. 🍴 60/200 F. 🍴 45 F.
🍽 250/340 F.
⊠ mar. soir et mer.
🅴 🖃 ☂ ♿ 🐾 CB

SAINT GENGOUX LE NATIONAL
71460 Saône et Loire
1050 hab. ⓘ

▲ DE LA GARE *
M. Piedoie ☎ 85 92 66 39

🛏 10 ⌨ 125/245 F. 🍴 60/150 F.
🍴 45 F. 🍽 150/190 F.
⊠ 15 janv./15 fév.
🚗 🖃 🛥 ☂ 🎣 ♿ CV 🏮 🐾 CB

SAINT GENIES DE MALGOIRES
30190 Gard
1420 hab.

▲▲ L'ESQUIELLE **
Rue des Faubourgs. M. Tramunt
☎ 66 81 75 05 🖷 66 81 74 31
🛏 8 ⌨ 220/275 F. 🍴 70/215 F. 🍴 40 F.
🍽 180/200 F.
⊠ rest. 17 fév./6 mars sauf
pensionnaires, mar. soir et mer. 1er
oct./15 avr.
🅴 SP 🗔 ☎ 🖃 ☂ � ♿ CV 🏮
🐾 CB

SAINT GENIES DES MOURGUES
34160 Hérault
1112 hab.

▲ AUBERGE DU BERANGE **
Mme Bonnet
☎ 67 70 16 00 🖷 67 70 80 85
🛏 34 ⌨ 190 F. 🍴 72/195 F. 🍴 35 F.
🍽 220 F.
🅴 SP 🗔 ☎ 🖃 ☂ 🏊 � 🎣 ♿ 🏮 🐾
C 🛏

SAINT GENIEZ D'OLT
12130 Aveyron
2000 hab. ⓘ

▲▲▲ DU LION D'OR **
M. Rascalou
☎ 65 47 43 32
🛏 10 ⌨ 200/350 F. 🍴 85/190 F.
🍴 50 F. 🍽 245/290 F.
⊠ 1er janv./1er avr.
🅴 SP 🗔 ☎ 🖃 🎱 🖃 ☂ 🎣 ♿ 🛥 CV
🏮 🐾

SAINT GEORGES DE
MONTCLARD
24140 Dordogne
270 hab.

▲▲ LAMBERT *
M. Lambert
☎ 53 82 98 56
🛏 8 ⌨ 170/260 F. 🍴 65/250 F. 🍴 45 F.
🍽 255/275 F.
⊠ vac. scol. fév. et Toussaint, ven. soir.
🅴 🄳 🖃 ☂ 🎣 ♿ 🏮 🐾 CB

SAINT GEORGES DU VIEVRE
27450 Eure
560 hab. ⓘ

▲ DE FRANCE
Place de la Mairie. M. Vochelet
☎ 32 42 81 13
🛏 4 ⌨ 185/260 F. 🍴 98/180 F. 🍴 50 F.
🍽 195/240 F.
⊠ 10/27 oct. et mar.
🅴 🗔 🖃

SAINT GERMAIN DE JOUX
01130 Ain
600 hab.

▲▲ HOSTELLERIE REYGROBELLET ★★
Mme Pannier-Gavard
☎ 50 59 81 13 ᖴᴬˣ 50 59 83 74
🛏 10 ☒ 220/280 F. 🍽 98/260 F.
🍴 65 F. 🍹 210/280 F.
✉ 13/21 mars, 1er/11 juil., 12 oct./
5 nov., dim. soir et lun.
Ⓔ 🖨 ☎ 🛏 🛏 ⑧ ● CB

SAINT GERMAIN DU BOIS
71330 Saône et Loire
1952 hab.

▲▲ HOSTELLERIE BRESSANE ★★
M. Picardat
☎ 85 72 04 69 ᖴᴬˣ 85 72 07 75
🛏 9 ☒ 135/230 F. 🍽 52/135 F. 🍴 36 F.
🍹 220/250 F.
✉ 22 avr./1er mai, 24 déc./8 janv., dim.
soir sauf juil./août et lun.
Ⓔ ☎ 🛏 🛏 CV ● CB

SAINT GERMAIN DU CRIOULT
14110 Calvados
718 hab.

▲▲ AUBERGE SAINT-GERMAIN ★
M. Baude
☎ 31 69 08 10
🛏 9 ☒ 160/215 F. 🍽 70/145 F. 🍴 45 F.
🍹 165/200 F.
✉ 25 déc./10 janv., 1er/8 août et dim.
soir, ven. soir 1er oct./1er mai.
🖨 ☎ 🛏 🛏 🍴 CV CB

SAINT GERMAIN LEMBRON
63340 Puy de Dôme
1800 hab.

▲ LA POSTE ★★
M. Gouzon
☎ 73 96 41 21
🛏 18 ☒ 130/250 F. 🍽 70/140 F.
🍴 45 F. 🍹 160/220 F.
✉ 2 nov./2 déc., sam. et dim. soir hs. et
hors vac. scol.
Ⓔ 🖨 ☎ 🛏 🛏 🍴 ● CB

SAINT GERMAIN LES ARLAY
39210 Jura
403 hab. ⓘ

▲▲ HOSTELLERIE SAINT GERMAIN ★★
M. Bertin
☎ 84 44 60 91
🛏 8 ☒ 250/350 F. 🍽 110/200 F.
🍴 60 F. 🍹 250 F.
✉ 5/20 oct., dernière semaine fév.
et mar. 1er oct./31 mars.
Ⓔ Ⓓ 🖨 ☎ 🛏 🛏 🍴 ● CB

SAINT GERMAIN LES BELLES
87380 Haute Vienne
1270 hab.

▲▲ HOSTELLERIE LE TISON D'OR ★★
A 7 km s/N 20 Le Martoulet
(sortie 42 A. 20) Mme Ceyrolles
☎ 55 71 84 78 \ 55 71 83 64

ᖴᴬˣ 55 71 81 32
🛏 10 ☒ 149/230 F. 🍽 65/185 F.
🍴 40 F. 🍹 220/300 F.
Ⓔ SP 🖨 ☎ 🛏 🛏 🍴 ⑧ 🏖 🎾 🍴 ⑧ ♿
CV ⑧ ● CB ▣

SAINT GERVAIS D'AUVERGNE
63390 Puy de Dôme
725 m. • 2000 hab. ⓘ

▲▲ CASTEL-HOTEL 1904 ★★
Rue du Castel. M. Mouty
☎ 73 85 70 42
🛏 17 ☒ 180/285 F. 🍽 70/300 F.
🍴 65 F. 🍹 225 F.
✉ 1er janv./Pâques, 15 nov./31 déc.
Ⓔ 🖨 ☎ 🛏 🛏 ⑧ CB

▲ LE RELAIS D'AUVERGNE ★★
Route de Châteauneuf les Bains.
M. Lafont
☎ 73 85 70 10 ᖴᴬˣ 73 85 85 66
🛏 12 ☒ 125/215 F. 🍽 70/145 F.
🍴 45 F. 🍹 155/195 F.
Ⓔ SP 🖨 ☎ 🛏 🛏 🍴 🍴 CV ⑧ ● CB

SAINT GERVAIS LES BAINS
74170 Haute Savoie
900 m. • 5000 hab. ⓘ

▲▲ LA MAISON BLANCHE ★★
64, rue du Vieux Pont. M. Satonay
☎ 50 47 75 81 ᖴᴬˣ 50 93 68 36
🛏 14 ☒ 186/266 F. 🍽 95/160 F.
🍴 40 F. 🍹 205/253 F.
Ⓔ ☎ 🍴 CB

▲ LA MARMOTTE ★
Route des Contamines.
Mme Grimaud
☎ 50 93 42 76
🛏 8 ☒ 170 F. 🍽 65/98 F. 🍴 45 F.
Ⓔ 🛏 🍴 ♿ CV

SAINT GILLES
30800 Gard
11304 hab. ⓘ

▲▲ LE COURS ★★
10, av. François Griffeuille. M. Peyrol
☎ 66 87 31 93 ᖴᴬˣ 66 87 31 83
🛏 33 ☒ 195/300 F. 🍽 46/140 F.
🍴 39 F. 🍹 195/230 F.
✉ 15 déc./20 fév.
Ⓔ ⓘ 🖨 ☎ 📻 ♿ CV ● CB Ⓒ ▣

SAINT GILLES CROIX DE VIE
85800 Vendée
6340 hab. ⓘ

▲▲ LE LION D'OR ★★
84, rue du Calvaire. M. Giraudeau
☎ 51 55 50 39 ᖴᴬˣ 51 55 22 84
🛏 53 ☒ 160/345 F. 🍽 75/168 F.
🍴 40 F. 🍹 235/310 F.
✉ rest. 24 déc./16 janv. sam. et dim.
6 nov./31 mars.
Ⓔ SP 🖨 ☎ 🛏 🍴 🏖 ♿ ⑧ 🍴 CV ⑧
● Ⓒ ▣

SAINT GILLES VIEUX MARCHE
22530 Côtes d'Armor
430 hab.

⌂ DES TOURISTES ★
Mme Nevo
☎ 96 28 53 30
🛏 8 ⊜ 150/190 F. 🍽 60/120 F. 🍴 40 F.
🛌 180/200 F.
⊠ 15 oct./15 avr.
🚻 ☛ CB

SAINT GINGOLPH
74500 Haute Savoie
750 hab. 🛈

⌂ LE LEMAN ★
(A Bret St-Gingolph). MM. Mongellaz
☎ 50 76 73 67 📠 50 76 73 96
🛏 17 ⊜ 118/300 F. 🍽 96/152 F.
🛌 210/250 F.
🄴 🗑 ☎ 🚗 CV ☛ CB

⌂⌂ NATIONAL ★★
M. Chevallay
☎ 50 76 72 97 📠 50 76 71 93
🛏 14 ⊜ 180/320 F. 🍽 105/260 F.
🍴 60 F. 🛌 250/340 F.
⊠ 20 oct./20 nov., mar. soir et mer. hs.
🄴 🄳 SP ☎ 🚗 ☂ 🚻 CV ☛ CB

SAINT GIRONS PLAGE
40560 Landes
900 hab. 🛈

⌂ DE LA PLAGE ★
M. Duplaa
☎ 58 47 93 07
🛏 12 ⊜ 190/280 F. 🍽 68 F.
🛌 200/240 F.
⊠ 1er oct./30 mars.
🄴 🄳 ☎ 🚗 ☛ CB

SAINT HILAIRE D'OZILHAN
30210 Gard
672 hab.

⌂⌂⌂ L'ARCEAU ★★
1, rue de l'Arceau. Mme Cabanel
☎ 66 37 34 45 📠 66 37 33 90
🛏 25 ⊜ 250/300 F. 🍽 95/225 F.
🍴 50 F. 🛌 225/245 F.
⊠ 1er déc./31 janv., dim. soir et lun. hs.
🄴 🄳 ☎ 🚗 🚗 🍴 ☂ 🚻 📺 ☛
CB 🄲

SAINT HILAIRE DU HARCOUET
50600 Manche
5077 hab. 🛈

⌂⌂ LA VERTE CAMPAGNE ★★
Route de Paris. M. Daufouy
☎ 33 49 20 84 📠 33 49 53 84
🛏 20 ⊜ 150/250 F. 🍽 50/150 F.
🍴 35 F. 🛌 180 F.
🄴 🗑 ☎ 🚗 🚗 CV 📺 ☛ CB

⌂⌂⌂ LE CYGNE ET RESIDENCE ★★
67, rue Waldeck-Rousseau. M. Lefaudeux
☎ 33 49 11 84 \ 33 49 10 14
📠 33 49 53 70

🛏 45 ⊜ 240/320 F. 🍽 70/190 F.
🍴 40 F. 🛌 255/285 F.
⊠ 24 déc./4 janv.
🄴 🄳 🗑 ☎ 🚗 🚗 ☂ 🚻 CV 📺 ☛ CB
🄲 🗑

SAINT HILAIRE LA GRAVELLE
41160 Loir et Cher
665 hab.

⌂ AUBERGE DU LOIR
10, rue Léon Cibie.
M. Pierdos
☎ 54 82 65 00
🛏 2 ⊜ 230 F. 🍽 65/210 F. 🍴 42 F.
🛌 210 F.
⊠ 1er/15 sept. et mer.
🄴 🄳 🗑 ☎ ☂ 📺 ☛ CB

SAINT HILAIRE LE CHATEAU
23250 Creuse
400 hab.

⌂⌂ DU THAURION ★★
M. Fanton
☎ 55 64 50 12 📠 55 64 90 92
🛏 9 ⊜ 220/600 F. 🍽 95/400 F. 🍴 60 F.
⊠ janv./fév., 20/27 déc., mer. et jeu.
midi sauf juil./août.
🄴 🄳 🗑 ☎ 🚗 🚗 ☂ 🍴 CV 📺 ☛ CB

SAINT HILAIRE LES COURBES
19170 Corrèze
680 m. • 208 hab.

⌂ MAZAUD ★
Mme Mazaud
☎ 55 98 02 44
🛏 7 ⊜ 150/180 F. 🍽 60/150 F. 🍴 35 F.
🛌 150 F.
🚗 CV ☛ CB

SAINT HIPPOLYTE
25190 Doubs
1500 hab. 🛈

⌂⌂ LE BELLEVUE ★★
Sur N. 437. Mme Claude
☎ 81 96 51 53 📠 81 96 52 40
🛏 15 ⊜ 140/280 F. 🍽 82/200 F.
🍴 55 F. 🛌 185/243 F.
⊠ vac. scol. Toussaint, ven. soir, sam.
midi et dim. soir 1er oct./31 mars.
🄴 🗑 ☎ 🚗 🚗 ☂ 🍴 ⊙ CV 📺 ☛ CB

SAINT HIPPOLYTE
68590 Haut Rhin
1250 hab. 🛈

⌂⌂ A LA VIGNETTE ★★
66, route du Vin. M. Humbrecht
☎ 89 73 00 17 📠 89 73 05 69
🛏 25 ⊜ 175/380 F. 🍽 90/250 F.
🍴 55 F. 🛌 215/305 F.
⊠ 20 déc./15 fév. et mer.
🄴 🄳 🗑 ☎ 🚗 🚗 ☂ 🍴 📺 CB

SAINT HIPPOLYTE (suite)

▲▲▲ DU PARC ***
6, rue du Parc. M. Kientzel
☎ 89 73 00 06 ⊠ 89 73 04 30
🛏 40 ⊗ 250/500 F. 🍽 125/260 F.
🍴 60 F. 🛏 300/400 F.
⊠ 1er/15 mars, 15 nov./1er déc. et rest.
lun.
🅴 🅳 ⬚ 🕿 🖳 🚗 ⬦ 🎴 🖭 ✈
🗡 🏃 🕭 CV ▦ ✆ CB ▣

▲▲▲ MUNSCH. AUX DUCS DE
LORRAINE ***
16, route du Vin. M. Meyer
☎ 89 73 00 09 ⊠ 89 73 05 46
🛏 40 ⊗ 300/700 F. 🍽 95/300 F.
🍴 45 F. 🛏 440/600 F.
⊠ 10 janv./1er mars, 4/21 déc., rest.
lun. et dim. soir hs. (14 chambres
climatisées).
🅴 🅳 ⬚ 🕿 🖳 🚗 ⬦ 🗼 ⌂ 🎴 CV ▦ ✆
CB Ⓒ ▣

SAINT HIPPOLYTE DU FORT
30170 Gard
3460 hab. 🛈

▲▲ AUBERGE CIGALOISE **
Route de Nîmes. M. Faurichon
☎ 66 77 64 59 ⊠ 66 77 25 08
🛏 10 ⊗ 250/400 F. 🍽 75/155 F.
🍴 52 F. 🛏 225/275 F.
⊠ 14 nov./15 déc. et mar. soir, mer.
midi en saison.
🅴 ⬚ 🕿 🖳 🚗 🖂 🎴 🗡 🏃 🕭 CV ▦
✆ CB

SAINT HONORE LES BAINS
58360 Nièvre
800 hab. 🛈

▲ LE CENTRE
Mmes Le Poulain/Néant
☎ 86 30 73 55
🛏 9 ⊗ 200 F. 🍽 65/100 F. 🍴 45 F.
⊠ mer.
✆

SAINT JACQUES DES BLATS
15800 Cantal
1000 m. • 400 hab.

▲ AU CHALET FLEURI *
M. Guillemin
☎ 71 47 05 09 ⊠ 71 47 06 63
🛏 28 ⊗ 180/200 F. 🍽 70/140 F.
🍴 40 F. 🛏 190/200 F.
⊠ 15 oct./15 déc.
⬚ 🕿 🚗 🏃 ⊘ CV ✆ CB ▣

▲▲ DES CHAZES **
M. Serio
☎ 71 47 05 68 ⊠ 71 47 00 10
🛏 20 ⊗ 170/270 F. 🍽 75/220 F.
🍴 45 F. 🛏 200/230 F.
🅴 ⬚ 🕿 🚗 🖂 🎴 🗡 🕭 CV ▦
✆ CB

▲ L'ESCOUNDILLOU
Route de la Gare. Mme Bruges
☎ 71 47 06 42
🛏 6 ⊗ 140/190 F. 🍽 55/ 98 F. 🍴 38 F.
🛏 160/190 F.
⊠ 15 nov./20 déc.
🅴 🚗 🎴 🏃 CV ✆ CB

▲▲ LE BRUNET **
M. Troupel
☎ 71 47 05 86 ⊠ 71 47 04 27
🛏 15 ⊗ 200/250 F. 🍽 70/140 F.
🍴 40 F. 🛏 220/245 F.
⊠ 15 oct./20 déc.
🅴 ⬚ 🕿 🚗 🖂 🎴 🗡 🏃 CV ✆
CB

▲▲ LE GRIOU **
M. Troupel
☎ 71 47 06 25 ⊠ 71 47 00 16
🛏 20 ⊗ 160/280 F. 🍽 65/170 F.
🍴 45 F. 🛏 200/245 F.
⊠ 15 oct./15 déc.
🅴 ⬚ 🕿 🚗 🖂 🎴 🗡 🕭 CV ▦
✆ CB

SAINT JAMES
50240 Manche
3025 hab. 🛈

▲▲ NORMANDIE HOTEL **
Place Bagot. M. Boyer
☎ 33 48 31 45
🛏 14 ⊗ 180/260 F. 🍽 68/220 F.
🍴 55 F. 🛏 265 F.
⊠ 22 déc./8 janv.
🅴 🅳 ⬚ 🕿 🚗 🖂 🍴 CV ▦ ✆

SAINT JEAN D'ANGELY
17400 Charente Maritime
9580 hab. 🛈

▲ DE LA PAIX **
6, allée d'Aussy. M. Poutier
☎ 46 32 00 93 ⊠ 46 32 08 74
🛏 24 ⊗ 210/240 F. 🍽 65/150 F.
🍴 40 F. 🛏 220/345 F.
🅴 ⬚ 🕿 🚗 🖂 🕭 ▦ ✆ CB

SAINT JEAN D'AULPS
74430 Haute Savoie
801 m. • 914 hab. 🛈

▲▲ LE PERROUDY **
Mme Bastide
☎ 50 74 84 00 ⊠ 50 74 85 42
🛏 10 ⊗ 285 F. 🍽 48/150 F. 🍴 35 F.
🛏 270 F.
🅴 SP ⬚ 🕿 🚗 ⬦ 🖂 🗼 🗡 🕭 CV
▦ ✆ CB ▣

SAINT JEAN DE CHEVELU
73170 Savoie
600 hab.

▲▲ DE LA SOURCE **
Route Col du Chat. MM. Jacquet
☎ 79 36 80 16
🛏 8 ⊗ 210/330 F. 🍽 95/215 F. 🍴 70 F.
🛏 260/290 F.
⊠ janv.
🅴 ⬚ 🕿 🚗 🎴 🕭 ▦ ✆

SAINT JEAN DE LA BLAQUIERE
34700 Hérault
263 hab.

▲▲ LE SANGLIER ★★★
Domaine de Cambourras. Mme Plazanet
☎ 67 44 70 51 ‖FAX‖ 67 44 72 33
🛏 10 ⌧ 400 F. ‖‖ 140 F. 🍴 60 F.
🍴 390 F.
⌧ 25 oct./25 mars.
[E] [SP] [□] [☎] [🚗] [T] [🗡] [🐟] [🎿] [🏊] [iii]
[⚓] [CB]

SAINT JEAN DE LOSNE
21170 Côte d'Or
1500 hab. [i]

▲▲ AUBERGE DE LA MARINE ★★
(A Losne).
MM. Grandvuillemin/Ducordeau
☎ 80 29 05 11 ‖FAX‖ 80 29 10 45
🛏 16 ⌧ 200/250 F. ‖‖ 60/200 F.
🍴 50 F. 🍴 180/220 F.
⌧ 20 déc./28 janv. et rest. lun.
[E] [D] [□] [☎] [🏊] [CV] [⚓] [CB] [▦]

SAINT JEAN DE LUZ
64500 Pyrénées Atlantiques
13000 hab. [i]

▲▲▲ LA FAYETTE Rest. KAYOLA ★★
18-20, rue de la République.
Mme Colombet
☎ 59 26 17 74 ‖FAX‖ 59 51 11 78
🛏 18 ⌧ 280/330 F. ‖‖ 72/325 F.
🍴 45 F. 🍴 275/300 F.
⌧ lun.
[E] [SP] [□] [☎] [🏊] [CV] [iii] [⚓]

SAINT JEAN DE MONTS
85160 Vendée
5543 hab. [i]

▲▲ L'ESPADON ★★
8, av. de la Forêt. M. Mériau
☎ 51 58 03 18 ‖FAX‖ 51 59 16 11
🛏 27 ⌧ 255/350 F. ‖‖ 75/180 F.
🍴 35 F. 🍴 235/320 F.
⌧ rest. 15 nov./1er mars.
[E] [□] [☎] [🚗] [🛏] [T] [🏊] [👶] [CV] [iii]
[⚓] [CB]

▲▲ LE ROBINSON ★★
28, bld Leclerc. M. Besseau
☎ 51 59 20 20 ‖FAX‖ 51 58 88 03
🛏 80 ⌧ 200/320 F. ‖‖ 75/210 F.
🍴 58 F. 🍴 220/280 F.
⌧ 4/22 janv.
[E] [□] [☎] [🚗] [🛏] [T] [▥] [M] [T] [🛏] [👶]
[CV] [iii] [⚓] [CB] [C]

▲ TANTE PAULETTE ★★
32, rue Neuve. M. Bonnamy
☎ 51 58 01 12
🛏 32 ⌧ 170/290 F. ‖‖ 70/200 F.
🍴 45 F. 🍴 250/320 F.
⌧ 1er nov./1er mars.
[E] [□] [☎] [T] [CV] [⚓]

SAINT JEAN DE MONTS
(OROUET)
85160 Vendée
5543 hab.

▲▲ AUBERGE DE LA CHAUMIERE ★★
A Orouet sur D. 38, à 6 km dir. Sab.
d'Olonne M. Boucher
☎ 51 58 67 44 ‖FAX‖ 51 58 98 12
🛏 32 ⌧ 200/400 F. ‖‖ 68/220 F.
🍴 55 F. 🍴 260/370 F.
⌧ 30 sept./1er avr.
[□] [☎] [🚗] [🚗] [M] [T] [🌴] [🏊] [🛏] [🐟] [🎿] [♿]
[🛏] [CV] [iii] [⚓] [CB]

SAINT JEAN DE SIXT
74450 Haute Savoie
960 m. • 800 hab. [i]

▲▲ BEAU-SITE ★★
M. Bastard-Rosset
☎ 50 02 24 04 ‖FAX‖ 50 02 35 82
🛏 15 ⌧ 245/310 F. ‖‖ 80/150 F.
🍴 50 F. 🍴 230/280 F.
⌧ 10 avr./20 juin et 10 sept./Noël.
[E] [☎] [🚗] [🚗] [🛏] [T] [🏊] [🎿] [CV] [iii] [⚓] [CB]

▲▲ LE VAL D'OR ★★
M. Dallara
☎ 50 02 24 15 ‖FAX‖ 50 02 28 76
🛏 20 ⌧ 195/230 F. ‖‖ 69/209 F.
🍴 40 F. 🍴 200/211 F.
[E] [SP] [i] [☎] [🚗] [🛏] [CV] [iii] [⚓] [CB]

SAINT JEAN DU BRUEL
12230 Aveyron
1000 hab. [i]

▲▲ MIDI-PAPILLON ★★
M. Papillon
☎ 65 62 26 04 ‖FAX‖ 65 62 12 97
🛏 19 ⌧ 95/191 F. ‖‖ 70/192 F. 🍴 45 F.
🍴 158/216 F.
⌧ 11 nov./8 avr.
[E] [SP] [☎] [🚗] [T] [🏊] [🛏] [🛏] [iii] [⚓] [CB]

SAINT JEAN DU GARD
30270 Gard
2500 hab. [i]

▲▲ AUBERGE DU PERAS ★★
Route de Nîmes. M. Roudaut
☎ 66 85 35 94 ‖FAX‖ 66 52 30 32
🛏 10 ⌧ 268/290 F. ‖‖ 60/140 F.
🍴 28 F. 🍴 238 F.
⌧ 1er déc./1er mars.
[E] [SP] [□] [☎] [🚗] [M] [T] [🕐] [🛏] [CV] [iii]
[⚓] [CB]

▲ LA CORNICHE DES CEVENNES ★
Quartier le Razet. M. Soulier
☎ 66 85 30 38 ‖FAX‖ 66 85 32 48
🛏 16 ⌧ 150/240 F. ‖‖ 49/150 F.
🍴 39 F. 🍴 210/240 F.
⌧ 15 nov./15 mars (restauration sur
commande uniquement) et mer.
1er oct./1er avr.
[E] [☎] [🚗] [🚗] [🏊] [CV] [iii] [⚓] [CB]

SAINT JEAN EN ROYANS
26190 Drôme
2895 hab. 🛈

▲▲ LE CASTEL FLEURI ★★
Place du Champs de Mars. M. Colin
☎ 75 47 58 01 📠 75 47 79 30
🛏 12 ⌂ 190/280 F. 🍽 85/230 F.
🍴 50 F. 🛎 235/370 F.
🗋 🕿 🏕 🕭 ⚕ CB

SAINT JEAN EN ROYANS
(COL DE LA MACHINE)
26190 Drôme
1015 m. • 3 hab. 🛈

▲▲ DU COL DE LA MACHINE ★
(Au Col, à 11 km). M. Faravellon
☎ 75 48 26 36 📠 75 48 29 12
🛏 14 ⌂ 155/255 F. 🍽 85/140 F.
🍴 45 F. 🛎 180/240 F.
⊠ 13/20 mars, 12 nov./5 déc., dim. soir
et lun. hs.
🗉 🗋 🕿 🚗 🚙 🏕 ⚓ 🕭 ⚕ CV
⬥ CB

SAINT JEAN LE THOMAS
50530 Manche
327 hab. 🛈

▲▲ DES BAINS ★★
8, allée Clemenceau. M. Gautier
☎ 33 48 84 20 📠 33 48 66 42
🛏 30 ⌂ 152/324 F. 🍽 66/168 F.
🍴 49 F. 🛎 244/308 F.
⊠ 1er janv./1er avr., 2 nov./31 déc. et
mer. oct.
🗉 🕿 🚗 🏕 ⚓ 🕭 CV 📶 ⬥ CB
C 🛍

SAINT JEAN LE VIEUX
64220 Pyrénées Atlantiques
910 hab. 🛈

▲▲ MENDY ★★
M. Hiriart
☎ 59 37 11 81 📠 59 37 27 49
🛏 10 ⌂ 180/250 F. 🍽 70/180 F.
🍴 40 F. 🛎 200/230 F.
⊠ mar.
🗉 SP 🗋 🕿 🚗 🚙 ⊳ 🏕 ⚓ ⬥ CB

SAINT JEAN PIED DE PORT
64220 Pyrénées Atlantiques
2000 hab. 🛈

▲▲ CAMOU ★★
Route de Bayonne. M. Camou
☎ 59 37 02 78 📠 59 37 36 61
🛏 27 ⌂ 190/260 F. 🍽 75/150 F.
🍴 45 F. 🛎 190/240 F.
⊠ janv. et 24/30 déc.
SP 🕿 🚗 🏕 ⚓ 🕭 📶 ⬥ CB

▲ ITZALPEA ★★
5, place du Trinquet. Mme Chapital
☎ 59 37 03 66 📠 59 37 33 18
🛏 9 ⌂ 200/220 F. 🍽 68/160 F. 🍴 40 F.
🛎 200/220 F.
⊠ 14/28 oct. et sam. hs.
SP 🗋 🕿

▲▲ RAMUNTCHO ★★
1, rue de France. M. Bigot
☎ 59 37 03 91 📠 59 37 35 17
🛏 17 ⌂ 250/340 F. 🍽 76/110 F.
🍴 55 F. 🛎 255/305 F.
⊠ 20 nov./20 déc. et mer.
🗉 SP 🗋 🕿 🚗 🕭 CV ⬥ CB

SAINT JEAN SAINT NICOLAS
05260 Hautes Alpes
1129 m. • 865 hab.

▲▲ LE CASTELL
Mme Cassibba
☎ 92 50 43 88
🛏 11 ⌂ 160/200 F. 🍽 59/220 F.
🍴 40 F. 🛎 220 F.
⊠ 2/11 sept. et mer.
🗉 🕿 🚗 🏕 📶 🕭 📶 ⬥ CB

SAINT JEAN SAVERNE
67700 Bas Rhin
563 hab.

▲▲ KLEIBER ★★
37, Grande Rue. M. Lorentz
☎ 88 91 11 82 📠 88 71 09 64
🛏 16 ⌂ 260/350 F. 🍽 75/250 F.
🍴 45 F. 🛎 250/350 F.
⊠ 22 déc./15 janv. et dim. soir.
🗉 🗋 🕿 🚗 📶 🔧 🗝 🕭 CV 📶 ⬥
CB 🛍

SAINT JEANNET
06640 Alpes Maritimes
3500 hab. 🛈

▲▲ AUBERGE DE SAINT JEANNET ★★
Place Sainte Barbe.
M. Plutino
☎ 93 24 90 06 📠 93 24 70 60
🛏 7 ⌂ 250/380 F. 🍽 120/210 F.
🍴 60 F. 🛎 320/360 F.
⊠ 10 janv./10 fév. et lun. hs.
🗉 🗓 🗋 🕿 🚗 📶 🏕 🕭 ⚕ ⬥ CB

▲ SAINTE-BARBE ★
Place Sainte Barbe. M. Priori
☎ 93 24 94 38
🛏 4 ⌂ 165/260 F. 🍽 75/140 F. 🍴 40 F.
🛎 170/200 F.
⊠ 20 oct./2 nov. et mar.
🗉 🛈 🚗 🏕 🕭 ⚓ CV ⬥ CB

SAINT JORIOZ
74410 Haute Savoie
4000 hab. 🛈

▲▲ AUBERGE LE SEMNOZ ★★
Mme Herisson
☎ 50 68 60 28 📠 50 68 98 38
🛏 30 ⌂ 280/350 F. 🍽 90/120 F.
🍴 60 F. 🛎 280/350 F.
⊠ 15 oct./1er mai.
🗉 🗋 🕿 🚗 🏕 ⚓ ⚓ 🕭 ⚕ CV 📶
⬥ CB

SAINT JORIOZ (suite)

▲▲▲ LE MANOIR BON ACCUEIL ✶✶
M. Berthier
☎ 50 68 60 40 ⅢAX 50 68 94 84
🏠 28 🛏 300/500 F. 🍽 120/200 F.
🍴 60 F. 🛌 350/510 F.
⊠ 20 déc./20 janv. et dim. soir
20 sept./20 avr.
🇪 ⓘ 🗇 ☎ 🚗 🛏 🏖 🔽 🏕 🌊 🔧 CV Ⅲ
🐾 CB

▲▲▲ LES CHATAIGNIERS ✶✶
Route de Lornard. Mme Bolle-Duval
☎ 50 68 63 29 ⅢAX 50 68 57 11
🏠 49 🛏 180/480 F. 🍽 95/220 F.
🍴 50 F. 🛌 230/510 F.
⊠ 3 oct./25 avr.
🇪 ⓘ Ⓓ ⓘ 🗇 ☎ 🚗 🛏 🏖 🔽 🏕 🐾 🌊
🔧 🕙 🅰 CV Ⅲ 🐾 CB

SAINT JULIEN CHAPTEUIL
43260 Haute Loire
820 m. • 1700 hab. ⓘ

▲▲ BARRIOL ✶✶
M. Barriol
☎ 71 08 70 17 ⅢAX 71 08 74 19
🏠 11 🛏 270 F. 🍽 72/198 F. 🍴 52 F.
🛌 235 F.
⊠ 12 nov./30 janv., dim. soir et lun.
sauf juil./août.
🇪 🗇 ☎ 🚗 🛏 CV

SAINT JULIEN EN CHAMPSAUR
05500 Hautes Alpes
1040 m. • 300 hab.

▲ LES CHENETS ✶✶
M. Guerin
☎ 92 50 03 15 ⅢAX 92 50 73 06
🏠 19 🛏 190/270 F. 🍽 85/150 F.
🍴 48 F. 🛌 220/240 F.
⊠ 17/29 avr., 30 oct./22 déc., mer. et
dim. soir hs.
🇪 Ⓓ ⓘ 🗇 ☎ 🚗 🏕 🔧 CV 🐾 CB

SAINT JULIEN EN VERCORS
26420 Drôme
950 m. • 200 hab.

▲ DE LA GROTTE
M. Callet-Ravat
☎ 75 45 52 67
🏠 12 🛏 190/220 F. 🍽 76/178 F.
🍴 48 F. 🛌 190/220 F.
ⓘ 🚗 🏕 🏖 🅰 🐾 CB

▲ LE COIN TRANQUILLE
M. Chabert
☎ 75 45 50 27
🏠 6 🛏 145/195 F. 🍽 75/150 F. 🍴 40 F.
🛌 185/210 F.
⊠ 1er nov./26 déc.
☎ 🚗 🏕 🅰 CV

SAINT JUNIEN
87200 Haute Vienne
12000 hab. ⓘ

▲ AU RENDEZ VOUS DES CHASSEURS ✶
(Le Pont à la Planche). M. Demery
☎ 55 02 19 73 ⅢAX 55 02 06 98

🏠 7 🛏 200/270 F. 🍽 70/210 F. 🍴 40 F.
🛌 200/230 F.
⊠ 1er/7 août, 16 oct./2 nov. et ven.
🗇 ☎ 🚗 🅰 CV 🐾 CB 📷

▲▲▲ LE BOEUF ROUGE ✶✶
57, bld Victor Hugo. M. Brissaud
☎ 55 02 31 84 ⅢAX 55 02 62 40
🏠 30 🛏 200/340 F. 🍽 79/189 F.
🍴 59 F. 🛌 215/285 F.
🇪 Ⓓ 🗇 ☎ 🚗 🚗 🏠 🛏 🏖 🔽 🅰 CV
Ⅲ 🐾 CB

▲▲▲ LE RELAIS DE COMODOLIAC ✶✶
22-26, av. Sadi-Carnot. M. Ferres-Texier
☎ 55 02 12 25 ⅢAX 55 02 68 79
🏠 28 🛏 220/310 F. 🍽 95/265 F.
🍴 50 F. 🛌 250 F.
⊠ hôtel dim. soir 1er nov./28 fév.
🇪 🗇 ☎ 🚗 🏕 🅰 CV Ⅲ 🐾
CB 📷

SAINT JUST
18340 Cher
582 hab.

▲ LE CHEVAL BLANC ✶
Sur N. 76. M. Mathurin
☎ 48 25 62 18
🏠 7 🛏 120/260 F. 🍽 58/240 F. 🍴 58 F.
⊠ 15 jours janv., 15 jours nov., dim.
soir et lun. sauf juil./août.
🇪 ⓘ ☎ 🅰 🐾 CB

SAINT JUST SAUVAGE
51260 Marne
1500 hab.

▲ AUBERGE DU GRILLON
M. Dufour
☎ 26 80 02 81
🏠 7 🛏 120/140 F. 🍽 60/120 F. 🍴 40 F.
🛌 190/220 F.
⊠ mer.
🇪 Ⓓ 🅰 🐾 CB

SAINT JUSTIN
40240 Landes
1300 hab. ⓘ

▲ LE CADET DE GASCOGNE
Place de la Mairie. Mlle Loubery
☎ 58 44 80 77
🏠 10 🛏 120/130 F. 🍽 55/120 F.
🍴 40 F. 🛌 170/190 F.
⊠ 1er/15 nov., dim. soir et lun.
🇪 SP 🚗 🚗

SAINT LARY SOULAN
65170 Hautes Pyrénées
836 m. • 921 hab. ⓘ

▲▲ LA SAPINIERE ✶✶
(A Espiaube). M. Garraialde
☎ 62 98 44 04 ⅢAX 62 98 44 46
🏠 16 🍽 80 F. 🍴 50 F. 🛌 280 F.
⊠ 1er mai/14 déc.
🇪 SP 🚗 🚗 🐾 CB

SAINT LARY SOULAN (VIGNEC)
65170 Hautes Pyrénées
800 m. • 1300 hab. 🛈

🏠🏠🏠 DE LA NESTE ★★
M. Gregorio
☎ 62 39 42 79 📠 62 39 58 77
🛏 18 🍽 240/280 F. 🍴 68/145 F.
🍴 40 F. 🍴 235/260 F.
⊠ mai et 1er oct./15 déc.
🇪 SP ▭ ☎ ⌂ 🎿 ⛵ 🏊 ⛷ ♿ CV
CB 🎱

SAINT LATTIER
38840 Isère
850 hab.

🏠🏠 BRUN ★★
(Les Fauries). M. Brun
☎ 76 64 54 76 \ 76 64 54 08
🛏 10 🍽 210 F. 🍴 100/200 F. 🍴 45 F.
🍴 200 F.
▭ ☎ CV 🔌 CB

SAINT LAURENT DE LA
SALANQUE
66250 Pyrénées Orientales
7000 hab. 🛈

🏠🏠 LE COMMERCE ★★
2, bld de la Révolution. M. Sire
☎ 68 28 02 21
🛏 14 🍽 185/260 F. 🍴 100/200 F.
🍴 65 F. 🍴 220/260 F.
⊠ 14 fév./6 mars, 24 oct./13 nov., dim.
soir et lun. sauf juil./août.
🇪 SP ☎ 🚗 🎱

SAINT LAURENT DU PAPE
07800 Ardèche
1300 hab.

🏠🏠 DE LA VALLEE DE L'EYRIEUX ★★
M. Allègre
☎ 75 62 20 19 📠 75 62 44 42
🛏 10 🍽 220/350 F. 🍴 95/280 F.
🍴 45 F. 🍴 220/280 F.
⊠ 15 fév./15 mars, dim. soir et lun.
1er oct./30 avr. sauf fêtes.
🇪 SP ▭ ☎ 🚗 🌴 🔝 CV 🔌 CB

SAINT LAURENT DU PONT
38380 Isère
4600 hab.

🏠🏠 DES VOYAGEURS ★★
Rue Pasteur. Mme Martinet
☎ 76 55 21 05 📠 76 55 12 68
🛏 17 🍽 135/270 F. 🍴 58/300 F.
🍴 40 F. 🍴 160/215 F.
⊠ 15 déc./15 janv., 1 semaine
printemps, ven. soir et dim. soir.
🇪 ▭ ☎ 🚗 CV 🔌 CB

SAINT LAURENT EN
GRANDVAUX
39150 Jura
950 m. • 1800 hab. 🛈

🏠🏠 DE LA POSTE ★★
M. Faivre
☎ 84 60 15 39 📠 84 60 89 03
🛏 10 🍽 200/240 F. 🍴 75/120 F.

🍴 50 F. 🍴 190 F.
⊠ 20 oct./1er lun. déc.
🇪 D ▭ ☎ 🚗 🚗 📮 🐕 🔌 CB

SAINT LAURENT LES EGLISES
(PONT DU DOGNON)
87340 Haute Vienne
630 hab. 🛈

🏠🏠🏠 LE RALLYE ★★
Pont du Dognon. MeM. Perieras
☎ 55 56 56 11 \ 55 56 57 63
📠 55 56 50 67
🛏 18 🍽 200/320 F. 🍴 90/180 F.
🍴 60 F. 🍴 220/260 F.
⊠ 1er janv./Pâques, 1er oct./31 déc.,
lun. et mar. midi.
🇪 ▭ ☎ 🚗 🌴 🔝 🐕 CV 🎱 🔌
CB C

SAINT LAURENT NOUAN
41220 Loir et Cher
3230 hab. 🛈

🏠 AUBERGE DES CHATEAUX ★★
49, route Nationale. M. Touitou
☎ 54 87 51 69
🛏 12 🍽 190/340 F. 🍴 85/140 F.
🍴 45 F. 🍴 250 F.
⊠ oct., ven. soir et dim. soir.
▭ ☎ 🚗 🚗 🔌 CB

🏠 LE VIEUX CASTEL
1, route d'Orléans. M. Touitou
☎ 54 87 70 42
🛏 14 🍽 150/250 F. 🍴 78/ 95 F.
🍴 45 F. 🍴 200/230 F.
🇪 🔌 CB

🏠🏠 RELAIS DES SAPINS ★★
203, route de Blois. M. Gracia
☎ 54 87 70 71 📠 54 87 21 99
🛏 42 🍽 200/300 F. 🍴 60/160 F.
🍴 45 F. 🍴 250/400 F.
🇪 D SP ▭ ☎ 🚗 🌴 🔝 📮 🐕 🔌 🐕
CV 🔌 CB

SAINT LAURENT SUR GORRE
87310 Haute Vienne
1443 hab. 🛈

🏠 LE SAINT LAURENT
Place Léon Litaud. M. Barde
☎ 55 00 03 96
🛏 5 🍽 155/230 F. 🍴 80/140 F. 🍴 40 F.
🍴 240 F.
⊠ 15 sept./15 oct. et sam. sauf
juil./août.
🇪 ☎ 🚗 🌴 🎿 🏊 CV

SAINT LAURENT SUR OTHAIN
55150 Meuse
380 hab.

🏠🏠 LE RALLYE ★
22, rue de la Chaussée. M. Vuillaume
☎ 29 88 01 45
🛏 11 🍽 145/250 F. 🍴 65/200 F.
🍴 40 F. 🍴 170/220 F.
🇪 ☎ 🚗 CV 🔌

SAINT LEGER LES MELEZES
05260 Hautes Alpes
1260 m. • 190 hab. ℹ️

⌂ LE GRILLON ★★
M. Gilbert-Jeanselme
☎ 92 50 40 48 Ⅲ 92 50 70 94
🛏 12 🔲 240/270 F. Ⅲ 90/110 F.
🍴 45 F. 🍽 245/275 F.
⌧ 31 mars/25 juin et 31 août/24 déc.
🄴 ⓘ 🗄 ☎ 🚗 🛆 🍴 🕊 🎱 🔌 ⬤ CB

SAINT LEON SUR L'ISLE
24110 Dordogne
1941 hab.

⌂⌂ LE GUE DES MEUNIERS ★★
Mme Sicard
☎ 53 80 64 06 Ⅲ 53 80 40 19
🛏 10 🔲 245/360 F. ⅢI 92/220 F.
🍴 40 F. 🍽 260/320 F.
⌧ 15 janv./28 fév., dim. soir et lun. hs.
🄴 🗄 ☎ 🚗 🍴 🎱 🕊 🔌 ⬤ CB

SAINT LEONARD
76400 Seine Maritime
1600 hab.

⌂⌂⌂ AUBERGE DE LA ROUGE ★★
(Hameau le Chesnay). M. Guyot
☎ 35 28 07 59 ⅢI 35 28 70 55
🛏 8 🔲 300/370 F. ⅢI 105/260 F.
🍴 50 F.
⌧ rest. dim. soir et lun.
🄴 🗄 ☎ 🚗 🍴 🕊 🎱 🔌 🔌 ⬤ CB

SAINT LEONARD DE NOBLAT
87400 Haute Vienne
6000 hab. ℹ️

⌂⌂ MODERN'HOTEL ★★
Bld Adrien Pressemane. M. Royer
☎ 55 56 00 25
🛏 7 🔲 250/280 F. ⅢI 105/200 F.
🍴 60 F. 🍽 260/280 F.
⌧ 1er fév./3 mars, dim. soir et lun. hs.,
lun. midi en saison.
🄴 🗄 ☎ 🚗 🎱 CV ⬤ 🍽

SAINT LEONARD DE NOBLAT
(ROYERES)
87400 Haute Vienne
600 hab.

⌂⌂ BEAU SITE ★★
A Royères 6 km, lieu-dit Brignac, sur
D. 124. M. Vigneron
☎ 55 56 00 56 ⅢI 55 56 31 17
🛏 11 🔲 280/325 F. ⅢI 82/245 F.
🍴 55 F. 🍽 280/325 F.
⌧ 1er janv./1er avr., rest. ven. soir, sam.
midi et lun. midi hs.
🄴 SP 🗄 ☎ 🚗 🍴 🕊 🎱 🕊 CV 🔌
⬤ CB

SAINT LO
50000 Manche
23221 hab. ℹ️

⌂⌂ DES VOYAGEURS Rest. LE
TOCQUEVILLE ★★
Place de la Gare. Mme Trebouville
☎ 33 05 08 63 \ 33 05 15 15

ⅢI 33 05 14 34
🛏 31 🔲 265/360 F. ⅢI 100/280 F.
🍴 50 F. 🍽 250/300 F.
🄴 🗄 ☎ 🚗 🛆 🕊 🎱 CV 🔌 ⬤ CB

SAINT LOUBES
33450 Gironde
6269 hab.

⌂⌂ AU VIEUX LOGIS ★★
92 et 57, av. de la République. M. Belot
☎ 56 78 91 18 \ 56 78 92 99
ⅢI 56 78 91 18
🛏 7 🔲 255/285 F. ⅢI 69/260 F. 🍴 60 F.
🍽 280/340 F.
🄴 🗄 ☎ CV 🔌 ⬤ CB 🍽

SAINT LOUBOUER
40320 Landes
425 hab.

⌂⌂ LES QUATRE VENTS ★★
(Face aux Arènes). M. Darzacq
☎ 58 51 19 80
🛏 6 🔲 150/170 F. ⅢI 60/190 F. 🍴 60 F.
🍽 145/160 F.
⌧ 3/10 janv., 1er/30 oct., dim. soir et
lun.
🄴 SP ☎ 🚗 🍴 CV ⬤ CB

SAINT LOUIS
68300 Haut Rhin
18000 hab.

⌂ NATIONAL ★
71, rue de Bâle. Mme Goeller
☎ 89 67 20 32
🛏 10 🔲 170/240 F. ⅢI 100/165 F.
🍴 50 F. 🍽 200 F.
⌧ 15/31 août, rest. dim. soir et lun.
☎ 🚗 🚗 🍴 CV ⬤ CB

SAINT LOUP SUR SEMOUSE
70800 Haute Saône
5000 hab. ℹ️

⌂⌂⌂ TRIANON ★★
13, place Jean Jaurès. M. Me Billon
☎ 84 49 00 45 ⅢI 84 94 22 34
🛏 13 🔲 155/250 F. ⅢI 70/220 F.
🍴 40 F. 🍽 200/250 F.
🄴 🗄 ☎ 🚗 🎱 CV ⬤ CB 🍽

SAINT LYE
10180 Aube
2593 hab.

⌂⌂ LA PERRIERE ★★
Sur R. N. 19. M. Dubois
☎ 25 76 61 38 ⅢI 25 76 54 69
🛏 12 🔲 170/245 F. ⅢI 105/255 F.
🍴 47 F. 🍽 275/350 F.
⌧ rest. ven. soir/dim. soir.
🄴 🗄 ☎ 🚗 🚗 🍴 🎱 CV 🔌 ⬤ CB
C 🍽

SAINT LYPHARD
44410 Loire Atlantique
1554 hab. ℹ️

🏨🏨 AUBERGE DE KERHINET ★★
Village de Kerhinet. M. Pebay-Arnaune
☎ 40 61 91 46
🛏 7 🍴 250/270 F. ⅱ 90/210 F. 🍴 50 F.
🍴 300 F.
✉ 26 oct./6 nov., 20 déc./13 janv., mar.
soir et mer.
[E] ☎ 🚗 🛎 🎿 👶 🐾 CB

SAINT MACOUX
86400 Vienne
495 hab.

🏨 LE DRAVIR
Lieu-dit Comporte. M. Rivard
☎ 49 87 31 95 📠 49 87 69 56
🛏 8 🍴 200/250 F. ⅱ 90/110 F. 🍴 50 F.
🍴 220/250 F.
[E] 🖥 ☎ 🚗 🛎 🎾 👶 🔌 🐾 CB

SAINT MAIXENT L'ECOLE
79400 Deux Sèvres
9358 hab. ℹ️

🏨 AUBERGE DU CHEVAL BLANC ★★
8, av. Gambetta. Mme Ladaurade
☎ 49 05 50 06 📠 49 06 51 37
🛏 32 🍴 180/220 F. ⅱ 70/200 F.
🍴 50 F. 🍴 185/230 F.
✉ rest. dim. soir oct./mai.
[E] SP 🖥 ☎ 🚗 🛎 🎿 CV 🔌 🐾
CB 📷

SAINT MALO
35400 Ille et Vilaine
48057 hab. ℹ️

🏨 ARMOR ★★
8, rue du Pdt Robert Schumann.
M. Colleu
☎ 99 56 00 75 📠 99 56 96 12
🛏 14 🍴 195/280 F. ⅱ 72/160 F.
🍴 52 F. 🍴 250/280 F.
✉ 15 déc./15 janv.
🖥 ☎ 🛏 🎿 CV 🐾 CB 📷

🏨🏨 DE LA GROTTE AUX FEES ★★
36, Chaussée du Sillon. M. Ruellan
☎ 99 56 83 30 📠 99 40 45 91
🛏 44 🍴 150/470 F. ⅱ 90/160 F.
🍴 45 F. 🍴 380 F.
✉ dim. soir et lun. hs sauf vac.
[E] 🖥 🖥 ☎ 🚗 🛎 🏠 👶 🐾
CB 📷

🏨 DE LA POMME D'ARGENT ★
24, bld des Talards. M. Gabor
☎ 99 56 12 39
🛏 14 🍴 140/160 F. ⅱ 58/159 F.
🍴 45 F. 🍴 232/362 F.
✉ 15 jours avant Noël, ven. soir et sam.
oct./fin mars.
[E] 🖥 SP ℹ️ 🖥 ☎ 🚗 🍴 🐾 CB

🏨🏨 DE LA PORTE SAINT PIERRE ★★
2, place du Guet. Mme Bertonnière
☎ 99 40 91 27 📠 99 56 06 94
🛏 27 🍴 270/350 F. ⅱ 80/250 F.

🍴 45 F. 🍴 270/290 F.
✉ hôtel fin nov./25 déc., 2/24 janv.,
rest. fin nov./25 janv. et mar.
[E] 🖥 🖥 ☎ 🚗 🎿 CV 🐾 CB C 📷

🏨🏨 MANOIR DE LA GRASSINAIS ★★
12, rue de la Grassinais. M. Bouvier
☎ 99 81 33 00 📠 99 81 60 90
🛏 29 🍴 220/350 F. ⅱ 98/220 F.
🍴 60 F. 🍴 235/300 F.
[E] 🖥 🖥 ☎ 🚗 🛏 👶 🔌 🐾 C

SAINT MARC SUR MER
44600 Loire Atlantique
5000 hab. ℹ️

🏨🏨 DE LA PLAGE ★★
37, rue Commandant Charcot.
M. Bourgine
☎ 40 91 99 01 📠 40 91 92 00
🛏 33 🍴 270/372 F. ⅱ 78/195 F.
🍴 78 F. 🍴 292/377 F.
✉ 2 janv./2 fév., dim. soir et lun. hs.
[E] 🖥 🖥 ☎ 🚗 🛏 CV 🔌 🐾

SAINT MARCEL
36200 Indre
1800 hab. ℹ️

🏨 LA GRANGE A MAS
R. N. 20. M. Tondu
☎ 54 24 12 33
🛏 6 🍴 200/240 F. ⅱ 75/160 F. 🍴 40 F.
🍴 200/240 F.
✉ mar. soir et mer. hs.
[E] 🚗 🎿 🐾 CB

🏨🏨 LE PRIEURE ★★
Rue du Président Fruchon. M. Pavy
☎ 54 24 05 19 📠 54 24 32 28
🛏 12 🍴 220/280 F. ⅱ 70/180 F.
🍴 45 F. 🍴 220/250 F.
✉ mi-janv./mi-fév. et lun.
🖥 ☎ 🚗 🛎 CV 🔌 🐾 CB

SAINT MARS LA JAILLE
44540 Loire Atlantique
2046 hab. ℹ️

🏨 DU COMMERCE ★
6, place du Commerce. M. Baslande
☎ 40 97 00 32
🛏 7 🍴 130/200 F. ⅱ 90/190 F. 🍴 35 F.
🍴 160/200 F.
✉ 16/31 janv., 5/26 sept., dim. soir et
lun.
[E] 🖥 ☎ 🔌

SAINT MARTIN BELLEVUE
74370 Haute Savoie
650 m. • 1200 hab. ℹ️

🏨🏨🏨 BEAU-SEJOUR ★★
M. Deprez
☎ 50 60 30 32 📠 50 60 38 44
🛏 26 🍴 260/350 F. ⅱ 93/180 F.
🍴 65 F. 🍴 280/320 F.
✉ 15 déc./15 mars, dim. soir et lun.
midi hs.
[E] 🖥 🖥 ☎ 🚗 🍴 🛏 🎾 🎿 👶 CV 🔌
🐾 CB

SAINT MARTIN D'ARDECHE
07700 Ardèche
1500 hab. 🛈

⌂ L'ESCARBILLE ★★
Rue Andronne. M. Raoux
☎ 75 04 64 37 🅵🅰🆇 75 98 71 13
🛏 10 🍽 270/295 F. 🍴 85/180 F.
🍴 48 F. 🍽 270/295 F.
✉ 1er oct./11 mars et mar. sauf
oct./mai.
🍽 🚗 🅼 🐟 🚲 CV 🐾 CB

SAINT MARTIN D'ARROSSA
64780 Pyrénées Atlantiques
479 hab.

⌂⌂⌂ ESKUALDUNA ★★
M. Lagourgue
☎ 59 37 71 72 🅵🅰🆇 59 37 73 39
🛏 35 🍽 200/450 F. 🍴 65/160 F.
🍴 40 F. 🍽 200/280 F.
✉ mi-janv./fin fév.
🚗 🍽 🚗 🐟 🚲 CV 🕪 🐾 CB C

SAINT MARTIN D'AUXIGNY
18110 Cher
1700 hab.

⌂⌂ LE SAINT GEORGES ★★
Sur D. 940, à St-Georges-Sur-Moulon.
M. Sochet
☎ 48 64 50 14 🅵🅰🆇 48 64 13 67
🛏 10 🍽 165/365 F. 🍴 90/195 F.
🍴 70 F. 🍽 220/310 F.
✉ 28 janv./24 fév., 3/9 juil. et dim. soir
1er nov./31 mars.
🍽 🚗 🍽 🚗 🕪 🐾

SAINT MARTIN D'ENTRAUNES
06470 Alpes Maritimes
1650 m. • 115 hab. 🛈

⌂ AUBERGE LES AIGUILLES
(A Val Pelens). Mme Dehais
☎ 93 05 52 83
🛏 7 🍴 75/98 F. 🍴 55 F. 🍽 260 F.
✉ mar. après-midi et mer. sauf vac. scol.
🍽 🛈 🍽 🚗 🐟 🐾 CV CB

SAINT MARTIN DE CASTILLON
84750 Vaucluse
520 hab.

⌂⌂⌂ LOU CALEU ★★
(A la Magdeleine)- Sur N. 100.
M. Rondard
☎ 90 75 28 88 🅵🅰🆇 90 75 25 49
🛏 16 🍽 220/380 F. 🍴 88/175 F.
🍴 50 F. 🍽 250/287 F.
🍽 🚗 🍽 🚗 🚗 🍽 🐟 🌴 🐟 🐾 🐟
🐾 CV 🕪 🐾 CB

SAINT MARTIN DE CRAU
13310 Bouches du Rhône
12000 hab. 🛈

⌂⌂ AUBERGE DES EPIS ★★
13, av. de Plaisance. M. Eynaud
☎ 90 47 31 17 🅵🅰🆇 90 47 16 30
🛏 11 🍽 210/272 F. 🍴 98/190 F.

🍴 58 F. 🍽 278 F.
✉ 1er fév./12 mars, dim. soir et lun. hs.
🍽 🛈 🚗 🍽 🚗 🍽 CV 🐾 CB 🍽

SAINT MARTIN DE LA PLACE
49160 Maine et Loire
1200 hab. 🛈

⌂⌂ AUBERGE DU CHEVAL BLANC ★★
2, rue des Mariniers.
M. Cornubert
☎ 41 38 42 96 🅵🅰🆇 41 38 42 62
🛏 12 🍽 230/360 F. 🍴 90/250 F.
🍴 55 F. 🍽 270/370 F.
✉ 5 janv./8 fév., dim. soir et lun. hs.
🍽 🚗 🍽 🚗 🍽 🐟 🐾 🕪 🐾 CB 🍽

SAINT MARTIN DE LENNE
12130 Aveyron
610 m. • 350 hab.

⌂ MERVIEL
Mme Merviel
☎ 65 47 43 23
🛏 6 🍽 130/150 F. 🍴 50/120 F. 🍴 35 F.
🍽 170/190 F.
🚗 🍽 🐟 🐟 CV 🐾

SAINT MARTIN DES BOIS
41800 Loir et Cher
603 hab. 🛈

⌂ HOSTELLERIE DU MOULIN A BOIS
Route de Saint-Jacques.
M. de Sanglier de la Bastie
☎ 54 85 06 17
🛏 6 🍽 200/400 F.
✉ janv. et fév. sauf réservations.
🍽 🚗 🚗 🍽 🐾

SAINT MARTIN EN BRESSE
71620 Saône et Loire
1500 hab.

⌂⌂ AU PUITS ENCHANTE ★★
M. Château
☎ 85 47 71 96 🅵🅰🆇 85 47 74 58
🛏 14 🍽 160/270 F. 🍴 90/210 F.
🍴 55 F. 🍽 210/265 F.
✉ 9/24 janv., 29 août/5 sept., dim. soir
1er sept./30 juin, lun. 1er nov./28 fév.
et mar.
🍽 🍽 🚗 🚗 🍽 🐟 CV 🕪 🐾
CB C

SAINT MARTIN EN HAUT
69850 Rhône
750 m. • 3160 hab. 🛈

⌂⌂ RELAIS DES BERGERS ★★
2, place Neuve. M. Cousin
☎ 78 48 51 22 🅵🅰🆇 78 48 57 89
🛏 20 🍽 180/250 F. 🍴 95/180 F.
🍴 50 F. 🍽 250/300 F.
✉ 11 nov./8 déc.
🍽 🚗 🚗 🍽 🐟 CV 🕪 🐾 CB

347

SAINT MARTIN LA MEANNE
19320 Corrèze
450 hab.

▲▲ LES VOYAGEURS ★★
Place de la Mairie. M. Chaumeil
☎ 55 29 11 53 ⅢⅩ 55 29 27 70
🛏 8 ⊗ 230/300 F. ⫲ 85/195 F. ⚏ 40 F.
🍽 220/260 F.
⊠ 2/31 janv., dim. soir et lun. hs.
🅴 ⬚ 🕾 🚗 🚗 🙌 🍽 ⚏ ☎ CB

SAINT MARTIN LE BEAU
37270 Indre et Loire
2500 hab. ⓘ

▲▲ AUBERGE DE LA TREILLE ★★
M. Coucke
☎ 47 50 67 17 ⅢⅩ 47 50 20 14
🛏 8 ⊗ 180/260 F. ⫲ 68/260 F. ⚏ 50 F.
🍽 235/270 F.
⊠ fév., dim. soir et lun. hs.
🅴 ⬚ 🕾 🚗 🚗 CV 🍽 ☎

SAINT MARTIN SOUS
VIGOUROUX
15230 Cantal
780 m. • 385 hab.

▲ RELAIS DE LA FORGE ★
Mme Plassart
☎ 71 23 36 90
🛏 10 ⊗ 160/180 F. ⫲ 65/110 F.
⚏ 35 F. 🍽 160 F.
⊠ mer. après-midi hs.
🚗 🍽 ⚏ ⚏ CV ☎ CB

SAINT MARTIN VESUBIE
06450 Alpes Maritimes
960 m. • 1156 hab. ⓘ

▲▲ EDWARD'S ET CHATAIGNERAIE ★★
M. Raiberti
☎ 93 03 21 22 ⅢⅩ 93 03 33 99
🛏 16 ⊗ 350/440 F. ⫲ 90 F. ⚏ 50 F.
🍽 285/320 F.
⊠ 28 sept./28 mai.
🅴 🅳 🕾 🚗 🍽 ▶ CV CB

▲▲ LA BONNE AUBERGE ★★
M. Roberi
☎ 93 03 20 49 ⅢⅩ 93 03 20 69
🛏 13 ⊗ 240/290 F. ⫲ 95/135 F.
🍽 230/260 F.
⊠ 15 nov./1er fév. et rest. mer.
⬚ 🕾 ☎ CB

SAINT MARTIN VESUBIE
(LE BOREON)
06450 Alpes Maritimes
960 m. • 1156 hab. ⓘ

▲ DU BOREON
Mme Carton
☎ 93 03 20 35 ⅢⅩ 93 03 34 53
🛏 6 ⊗ 200/300 F. ⫲ 100/200 F.
⚏ 50 F. 🍽 230/280 F.
⊠ 15 oct./1er fév.
🚗 🍽 ☎ CB

SAINT MAURICE CRILLAT
39130 Jura
800 m. • 250 hab.

▲ AU BON SEJOUR
Mme Picard
☎ 84 25 82 80 ⅢⅩ 84 25 29 01
🛏 7 ⊗ 120/200 F. ⫲ 60/150 F. ⚏ 30 F.
🍽 135/155 F.
⊠ 15 nov./15 déc., dernière semaine
sept. et dim. soir hs.
🕾 🚗 ⚏ ☎ CB

SAINT MAURICE EN
VALGODEMAR
05800 Hautes Alpes
1000 m. • 141 hab. ⓘ

▲ LE BAN DE L'OURS ★★
(A Lubac). Mme Bourgeon
☎ 92 55 23 65
🛏 16 ⊗ 273/353 F. ⫲ 82/125 F.
⚏ 50 F. 🍽 232/278 F.
⊠ 2 janv./15 fév., 15 mars/15 avr. et 30
sept./25 déc. sauf vac. scol.
🅴 🅳 ⓘ 🕾 🚗 🍽 ☎ CB

SAINT MAURICE SUR MOSELLE
88560 Vosges
550 m. • 1615 hab. ⓘ

▲▲ AU PIED DES BALLONS ★★
Route du Ballon. Mme Imard
☎ 29 25 12 54 ⅢⅩ 29 25 12 54
🛏 22 ⊗ 215/250 F. ⫲ 70/255 F.
⚏ 40 F. 🍽 210/240 F.
⊠ nov. et lun. midi sauf vac. scol.
🅴 ⬚ 🕾 🚗 🚗 🔌 🍽 ☎

▲▲ ROUGE GAZON ★★
Mme Reichenbach
☎ 29 25 12 80 ⅢⅩ 29 25 12 11
🛏 24 ⊗ 180/285 F. ⫲ 70/120 F.
⚏ 35 F. 🍽 181/242 F.
⊠ 6 nov./1er déc.
🅴 🅳 ⬚ 🕾 🚗 🚗 🍽 ⚏ ⚏ CV 🍽
☎ CB ©

SAINT MAXIMIN
83470 Var
10000 hab. ⓘ

▲▲ DE FRANCE ★★★
1-5, av. Albert 1er. Mme Riss
☎ 94 78 00 14 ⅢⅩ 94 59 83 80
🛏 26 ⊗ 310/350 F. ⫲ 95/195 F.
⚏ 70 F. 🍽 250/290 F.
🅴 ⬚ 🕾 🚗 🚗 🙌 🕾 🔌 CV 🍽 ☎
CB © 🏛

SAINT MERD DE LAPLEAU
19320 Corrèze
213 hab.

▲▲ LE RENDEZ-VOUS DES PECHEURS ★★
(Au Pont du Chambon). Mme Fabry
☎ 55 27 88 39 ⅢⅩ 55 27 83 19
🛏 8 ⊗ 230/270 F. ⫲ 75/200 F. ⚏ 50 F.
🍽 245/260 F.
⊠ 13 nov./23 déc., ven. soir et sam.
midi 1er oct./30 mars.
🅴 ⬚ 🕾 🚗 🍽 CV ☎ CB

SAINT MICHEL
64220 Pyrénées Atlantiques
300 hab.

▲▲ XOKO-GOXOA ★★
Mme Sabalcagaray
☎ 59 37 06 34 **FAX** 59 37 34 63
🛏 14 ⬧ 180/250 F. 🍽 65/140 F.
🍴 40 F. ⬧ 200/220 F.
✉ 1er janv./20 mars et mar.
☎ �car 🎣 🐕 ♿ 🛗 CV 🌐 ♠ CB

SAINT MICHEL CHEF CHEF
(THARON PLAGE)
44730 Loire Atlantique
2663 hab. 🅰

▲▲ LES SABLES D'OR ★★
119, Bld de l'Océan. M. Bloin
☎ 40 27 82 17 **FAX** 40 39 94 03
🛏 13 ⬧ 270/340 F. 🍽 80/275 F.
🍴 42 F. ⬧ 300/360 F.
✉ 2 janv./3 fév., dim. soir et lun.
15 sept./15 juin.
🅴 🛗 ☎ ♿ CV ♠

SAINT MICHEL DE MAURIENNE
73140 Savoie
730 m. • 3500 hab. 🅰

▲▲ SAVOY HOTEL ★★
25, rue du Général Ferrie. M. Barbarot
☎ 79 56 55 12 **FAX** 79 59 27 00
🛏 18 ⬧ 120/250 F. 🍽 78/160 F.
🍴 45 F. ⬧ 239 F.
✉ dim. sauf vac. scol.
🅴 🛗 🛗 ☎ 🚗 ✉ CV 🌐 ♠ CB

SAINT MICHEL SUR LOIRE
37130 Indre et Loire
535 hab.

▲▲ AUBERGE DE LA BONDE ★★
Sur N. 152 (La Bonde).
M. Thibault
☎ 47 96 83 13 **FAX** 47 96 85 72
🛏 13 ⬧ 200/370 F. 🍽 82/190 F.
🍴 55 F. ⬧ 222/257 F.
✉ 20 déc./20 janv. et sam. hs.
🛗 ☎ 🚗 ♿ CV ♠ CB

SAINT MIHIEL
55300 Meuse
5387 hab. 🅰

▲▲ LE RIVE GAUCHE ★★
Place de l'ancienne gare. M. Piquard
☎ 29 89 15 83
🛏 10 ⬧ 235 F. 🍽 60/150 F. 🍴 38 F.
⬧ 180/200 F.
🅴 🛗 ☎ 🎣 ♿ 🛗 CV 🌐 ♠ CB

▲▲ LE TRIANON ★★
38, rue Basse des Fosses. M. Lejeas
☎ 29 90 90 09
🛏 10 ⬧ 200/230 F. 🍽 68/215 F.

🍴 35 F. ⬧ 280/360 F.
✉ rest. dim. soir et lun. hs.
🛗 ☎ 🚗 ♿ 🌐 ♠

SAINT NABORD (LONGUET)
88200 Vosges
3831 hab.

▲▲▲ RELAIS DE BELCOUR ★★
3 et 5 rue Turenne. M. Henry
☎ 29 62 06 27 ╲ 29 62 25 31
FAX 29 62 55 34
🛏 18 ⬧ 270/360 F. 🍽 62/130 F.
🍴 45 F. ⬧ 237/282 F.
✉ dim. soir sauf réservations.
🅴 🝙 🛗 ☎ 🚗 ✉ 🎣 CB

SAINT NAZAIRE
44600 Loire Atlantique
75000 hab. 🅰

▲▲▲ AU BON ACCUEIL ★★★
39, rue Marceau. M. Dauce
☎ 40 22 07 05 **FAX** 40 19 01 58
🛏 10 ⬧ 395 F. 🍽 120/290 F. 🍴 50 F.
⬧ 340 F.
✉ dim.
🅴 🛗 ☎ 🚗 🛗 🌐 ♠ CB 🍴

SAINT NAZAIRE EN ROYANS
26190 Drôme
600 hab.

▲▲ ROME ★★
M. Rome
☎ 75 48 40 69 **FAX** 75 48 31 17
🛏 12 ⬧ 180/280 F. 🍽 88/230 F.
🍴 50 F. ⬧ 240/260 F.
✉ nov., dim. soir et lun. sauf juil./
août.
🅴 SP 🛗 ☎ 🚗 🎣 ♿ 🌐 ♠ CB

SAINT NECTAIRE
63710 Puy de Dôme
760 m. • 600 hab. 🅰

▲ LE BEL AIR ★
M. Delpeux
☎ 73 88 50 42
🛏 11 ⬧ 200/220 F. 🍽 75/125 F.
🍴 48 F. ⬧ 200/215 F.
✉ 2 nov./10 fév.
🅴 ☎ ♠ CB

SAINT NICOLAS DE REDON
44460 Loire Atlantique
2951 hab.

▲▲ BONOTEL SAINT PIERRE ★★
Route de Nantes. M. Guellier
☎ 99 72 23 23 **FAX** 99 72 33 03
🛏 23 ⬧ 159/250 F. 🍽 45/125 F.
🍴 40 F. ⬧ 170/245 F.
✉ rest. sam. et dim. soir 1er oct./
31 mai, dim. 24 déc./2 janv.
🅴 🝙 🛗 ☎ 🚗 ✉ 🎣 ♿ 🛗 CV 🌐
♠ CB

SAINT NICOLAS DES EAUX
56930 Morbihan
300 hab.

▲▲ LE VIEUX MOULIN ★★
M. Troudet
☎ 97 51 81 09 📠 97 51 83 12
🛏 9 ⊝ 255/275 F. 🍽 72/172 F.
🍴 265 F.
⊠ fév., dim. soir et lun. hs.
[icons]

SAINT NICOLAS DU PELEM
22480 Côtes d'Armor
1900 hab. ℹ

▲ AUBERGE KREISKER ★★
11, place Kreisker. M. Le Chevillier
☎ 96 29 51 20 📠 96 29 53 70
🛏 12 ⊝ 180/250 F. 🍽 68/178 F.
🍴 40 F. 🍴 195/225 F.
⊠ 23 déc./2 janv., dim. soir et lun. hs.
[icons]

SAINT OMER
62500 Pas de Calais
18000 hab. ℹ

▲▲ DE L'INDUSTRIE ★★
22, rue Louis Martel.
M. Dewaghe
☎ 21 95 76 00 📠 21 95 42 20
🛏 7 ⊝ 260/300 F. 🍽 85/180 F. 🍴 60 F.
🍴 230 F.
⊠ 1er/14 janv. et dim. soir.
[icons]

▲▲ LE BUFFET DU RAIL ★★
Place du 8 mai 1945. Mme Le Gouellec
☎ 21 93 59 98 📠 21 93 97 50
🛏 11 ⊝ 200/270 F. 🍽 58/139 F.
🍴 36 F. 🍴 160/210 F.
[icons]

▲▲ LES FRANGINS ★★
3, rue Carnot. MM. Lehoux
☎ 21 38 12 47 📋 133 436 📠 21 98 72 78
🛏 14 ⊝ 320 F. 🍽 57/149 F. 🍴 41 F.
🍴 248 F.
[icons]

▲▲ SAINT LOUIS ★★
25, rue d'Arras. M. Ducroq
☎ 21 38 35 21 📠 21 38 57 26
🛏 30 ⊝ 260/300 F. 🍽 68/145 F.
🍴 50 F. 🍴 240/300 F.
[icons]

SAINT OMER (WISQUES)
62219 Pas de Calais
262 hab. ℹ

▲▲ LA SAPINIERE ★★
Sur D. 208. « proximité du péage A26 ».
M. Delbeke
☎ 21 95 14 59 📠 21 93 28 72
🛏 15 ⊝ 180/300 F. 🍽 66/200 F.

🍴 45 F. 🍴 200/220 F.
⊠ dim. soir et lun.
[icons]

SAINT OUEN L'AUMONE
95310 Val d'Oise
17520 hab. ℹ

▲▲ LE SAINT LOUIS ★★
4, av. Général de Gaulle. M. Olas
☎ (1) 30 37 57 77 📠 (1) 30 37 73 11
🛏 12 ⊝ 240 F. 🍽 95/140 F. 🍴 50 F.
🍴 370 F.
⊠ rest. dim. soir et lun.
[icons]

SAINT PALAIS
64120 Pyrénées Atlantiques
2205 hab. ℹ

▲▲ LE TRINQUET ★★
31, rue du Jeu de Paume.
M. Salaberry
☎ 59 65 73 13 📠 59 65 83 84
🛏 12 ⊝ 250/300 F. 🍽 80/150 F.
🍴 40 F. 🍴 240 F.
⊠ 20 mars/15 avr.,
25 sept./17 oct., dim. soir et lun.
[icons]

SAINT PALAIS SUR MER
17420 Charente Maritime
2450 hab. ℹ

▲▲ DE LA PLAGE ★★
1, place de l'Océan. M. Piochaud
☎ 46 23 10 32 📠 46 23 41 28
🛏 29 ⊝ 250/420 F. 🍽 85/250 F.
🍴 40 F. 🍴 305/355 F.
⊠ 15 mars/10 nov.
[icons]

SAINT PARDOUX LA CROISILLE
19320 Corrèze
520 m. • 168 hab.

▲▲▲ LE BEAU SITE ★★★
M. Bidault
☎ 55 27 79 44 📋 CCI TULL 590140
🛏 32 ⊝ 200/295 F. 🍽 99/210 F.
🍴 50 F. 🍴 250/300 F.
⊠ oct./1er mai.
[icons]

SAINT PATERNE RACAN
37370 Indre et Loire
1450 hab.

▲▲ LE CENTRE ★★
Place de la République. M. Tessier
☎ 47 29 21 37
🛏 13 ⊝ 163/226 F. 🍽 72/153 F.
🍴 37 F. 🍴 181/201 F.
⊠ 20 déc./10 janv. et ven.
[icons]

SAINT PAUL DE FENOUILLET
66220 Pyrénées Orientales
2350 hab. 🛈

▲ LE CHATELET ★
Km 2, route de Caudiès. Mme Rauss
☎ 68 59 01 20 FAX 68 59 01 29
🍴 11 ⌧ 140/250 F. 🍴 75/130 F.
🍴 50 F. 🛏 195/224 F.
⌧ 15 déc./15 janv.
[E] [D] 🛎 🚗 🎾 ⛱ 🏌 [CB]

▲ LE RELAIS DES CORBIERES
10, av. Jean Moulin. Mme Dete
☎ 68 59 23 89
🍴 8 ⌧ 150/260 F. 🍴 68/238 F. 🍴 45 F.
🛏 170/230 F.
⌧ dim. soir et lun. sauf juil./août.
[E] 🛎 🚗 ⛵ 🏌 🐾 [CB]

SAINT PAUL DE LOUBRESSAC
46170 Lot
360 hab. 🛈

▲ RELAIS DE LA MADELEINE ★
(A 100 m. N. 20). M. Devianne
☎ 65 21 98 08
🍴 15 ⌧ 135/210 F. 🍴 55/125 F.
🍴 45 F. 🛏 155/175 F.
⌧ 28 oct./5 nov., 23 déc./7 janv., sam.
et dim. hs.
[E] 🗄 🛎 🚗 🎾 🚶 🐾 [CB]

SAINT PAUL DE VARAX
01240 Ain
1200 hab.

▲ DE LA GARE ★★
M. Duverger
☎ 74 42 51 97 FAX 74 42 50 04
🍴 6 ⌧ 170/195 F. 🍴 90/230 F. 🍴 60 F.
🛏 210 F.
⌧ 2/20 janv., 28 août/8 sept., dim. soir
et lun., mar. soir sept./avr.
[E] 🛎 🎾 🚶 [☰] 🐾 [CB]

SAINT PAUL LE JEUNE
07460 Ardèche
820 hab.

▲ LE MODERNE ★
Place de la Gare. M. Dell'erba
☎ 75 39 82 75
🍴 11 ⌧ 140/170 F. 🍴 85/170 F.
🍴 50 F. 🛏 195 F.
⌧ fév. et mer.
[E] [D] [SP] 🛈 🛎 🚗 [☰] 🐾 [CB]

SAINT PAUL LES DAX
40990 Landes
10000 hab. 🛈

▲▲▲ ADOUROTEL Rest. LES ALIZES ★★
Route de Bordeaux, av. Foch.
Mme Lamathe et Fils
☎ 58 91 64 37 FAX 58 91 93 54
🍴 20 ⌧ 260/320 F. 🍴 70/180 F.
🍴 50 F. 🛏 230/260 F.
⌧ 23 déc./1er fév. et lun. hs.
[E] [SP] 🗄 🛎 🚗 🏊 🎾 🚶 🚴 CV
[☰] [CB] [C] 🏨

RELAIS DES PLAGES ★★
158, av. de l'Océan. Mme Lageyre
☎ 58 91 78 86
🍴 10 ⌧ 220/300 F. 🍴 70/200 F.
🍴 50 F. 🛏 280/350 F.
⌧ 2ème quinz. fév. et lun.
[E] [SP] 🗄 🛎 🚗 🏊 🎾 ⛱ 🐾

SAINT PAULIEN
43350 Haute Loire
800 m. • 1950 hab. 🛈

▲▲ DES VOYAGEURS ★★
9, route d'allègre. M. Berger
☎ 71 00 40 47 FAX 71 00 51 05
🍴 13 ⌧ 220/240 F. 🍴 60/130 F.
🍴 35 F. 🛏 175/200 F.
[E] [D] 🗄 🛎 🚗 🏊 🚶 CV [☰] 🐾 [CB]

SAINT PEE SUR NIVELLE
64310 Pyrénées Atlantiques
3500 hab. 🛈

▲▲▲ DE LA NIVELLE ★★
M. Berrotaran
☎ 59 54 10 27 FAX 59 54 19 82
🍴 30 ⌧ 200/350 F. 🍴 90/200 F.
🍴 50 F. 🛏 220/350 F.
⌧ 15 janv./15 mars et lun.
[SP] 🛎 🚗 ⛱ 🎾 🚶 ⛱ CV [☰] 🐾 [CB]

SAINT PERAY
07130 Ardèche
5500 hab. 🛈

▲▲ DE LA GARE ★
Place de l'Europe. M. Boyer-Russier
☎ 75 40 30 06 FAX 75 81 02 03
🍴 14 ⌧ 120/270 F. 🍴 90/180 F.
🍴 60 F. 🛏 150/250 F.
⌧ août.
[E] 🗄 🛎 🚗 ⛱ 🎾 🚶 [☰] 🐾 [CB] 🏨

SAINT PERE SOUS VEZELAY
(FONTETTE)
89450 Yonne
348 hab. 🛈

▲▲ LES AQUARELLES ★★
(A Fontette, 2 km). Mme Basseporte
☎ 86 33 34 35 FAX 86 33 29 82
🍴 10 ⌧ 250 F. 🍴 58/130 F. 🍴 35 F.
🛏 280 F.
⌧ 1er fév./15 mars, mar. soir et mer.
15 nov./30 mars.
[E] 🛈 🗄 🛎 🚗 🏊 🚶 🚴 CV [☰]
🐾 [CB]

SAINT PIERRE
39150 Jura
900 m. • 250 hab.

▲ DE LA FORET ★★
Mme Thevenin
☎ 84 60 12 86
🍴 11 ⌧ 140/240 F. 🍴 60/170 F.
🍴 40 F. 🛏 160/210 F.
🗄 🛎 🚗 ⛱ 🎾 🚶 CV [☰]

SAINT PIERRE D'ENTREMONT
73670 Isère
640 m. • 840 hab. 🛈

▲▲ DU CHATEAU DE MONTBEL ★★
M. Vincent
☎ 79 65 81 65 ⟨FAX⟩ 79 65 89 49
🛏 15 ⬲ 200/250 F. 🍽 80/180 F.
🍴 55 F. 🛌 215/255 F.
⊠ fin oct./fin nov., 1 semaine
printemps, dim. soir et lun. hors vac.
scol.
【 🖃 🚗 🛗 🍴 CV CB 】

▲▲ LE GRAND SOM ★★
M. Giroud ☎ 79 65 80 22 ⟨FAX⟩ 79 65 81 98
🛏 18 ⬲ 230/320 F. 🍽 98/220 F. 🍴 60 F.
🛌 240/290 F.
⊠ 30 oct./20 nov., mar. soir et mer. sauf
vac. scol.
【 🖃 🚗 CV 🖳 🍽 CB 】

SAINT PIERRE DE CHANDIEU
69780 Rhône
4000 hab.

▲ HOSTAL ★★
Mme Hostal
☎ 78 40 30 03 ⟨FAX⟩ 78 40 28 26
🛏 21 ⬲ 170 F. 🍴 25 F. 🛌 210 F.
⊠ dernière semaine déc./première
semaine janv., ven. soir et dim.
【 🖃 🚗 🍽 🖳 CB 】

SAINT PIERRE DE CHARTREUSE
38380 Isère
900 m. • 600 hab. 🛈

▲▲ AUBERGE L'ATRE FLEURI ★★
Route du Col de Porte sur D. 512.
M. Revest
☎ 76 88 60 21 ⟨FAX⟩ 76 88 64 97
🛏 7 ⬲ 190/210 F. 🍽 75/200 F. 🍴 50 F.
🛌 210/230 F.
⊠ 16 oct./27 déc., 25 juin soir/30
juin, mar. soir et mer.
【 🖃 🚗 🛗 🍽 CB 】

▲▲ BEAU SITE ★★★
(Le Bourg). M. Sestier
☎ 76 88 61 34 ⟨FAX⟩ 76 88 64 69
🛏 31 ⬲ 200/320 F. 🍽 80/200 F.
🍴 50 F. 🛌 255/300 F.
⊠ 15 oct./15 déc., rest. dim. soir et lun.
hs sauf groupes.
【 🖃 D 🛈 🖃 🛗 🍴 🛌 CV 🖳 🍽 】

▲▲ BEAUREGARD
M. Borrel ☎ 76 88 60 12
🛏 7 ⬲ 165/200 F. 🍽 69/130 F. 🍴 48 F.
🛌 210/230 F.
⊠ vac. Pâques, Toussaint et mer. hs.
【 🖃 🚗 🍽 】

SAINT PIERRE DE CHIGNAC
24330 Dordogne
718 hab.

▲ LE SAINT PIERRE ★★
Place de la Halle. M. Dumas
☎ 53 07 55 04 ⟨FAX⟩ 53 08 26 47
🛏 11 ⬲ 195/290 F. 🍽 65/200 F.

🍴 50 F. 🛌 175/255 F.
⊠ fév.
【 🖃 🖃 🚗 🚗 🏊 🍽 🛌 🍴 🛌 CV 🖳 🍽
CB C 🖃 】

SAINT PIERRE DES ECHAUBROGNES
79700 Deux Sèvres
1253 hab.

▲ LE CHEVAL BLANC ★★
M. Hérault
☎ 49 65 50 74 ⟨FAX⟩ 49 65 53 58
🛏 8 ⬲ 180/420 F. 🍽 60/140 F. 🍴 35 F.
🛌 170/220 F.
⊠ dim. soir.
【 🖃 🖃 🚗 🚗 🍽 🛗 🍴 🛌 🖳 🍽
CB 🖃 】

SAINT PIERRE DES NIDS
53370 Mayenne
1350 hab. 🛈

▲▲▲ DU DAUPHIN ★★
M. Etienne
☎ 43 03 52 12 ⟨FAX⟩ 43 03 55 49
🛏 9 ⬲ 155/275 F. 🍽 88/258 F. 🍴 45 F.
🛌 280 F.
⊠ 21 août/1er sept., vac. scol. fév. et
mer. 1er sept./1er avr.
【 🖃 D 🖃 🖃 🚗 🛗 🖳 CB 🖃 】

SAINT PIERRE LES NEMOURS
77140 Seine et Marne
5500 hab. 🛈

▲▲ LES ROCHES ★★
Av. d'Ormesson /1, av. Pelletier.
M. Paillassa
☎ (1) 64 28 01 43 ⟨FAX⟩ (1) 64 28 04 27
🛏 13 ⬲ 220/270 F. 🍽 80/260 F.
🍴 50 F. 🛌 430/450 F.
⊠ dim. soir 1er oct./1er juin.
【 🖃 SP 🖃 🖃 🚗 🚗 🍽 🛗 CV 🖳 🍽
CB 🖃 】

SAINT PIERRE SUR DIVES
14170 Calvados
4500 hab.

▲ LA RENAISSANCE ★
57, rue de Lisieux. MeM. Leclerc et Fils
☎ 31 20 81 23 \ 31 20 90 01
🛏 10 ⬲ 100/250 F. 🍽 60/ 90 F.
🍴 50 F. 🛌 160/250 F.
⊠ 2/25 janv. et dim. midi.
【 🖃 🖃 🚗 🚗 CV 🍽 CB 🖃 】

SAINT PIERREMONT
88700 Vosges
155 hab.

▲▲▲ LE RELAIS VOSGIEN ★★
Mme Thenot
☎ 29 65 02 46 ⟨FAX⟩ 29 65 02 83
🛏 17 ⬲ 180/310 F. 🍽 70/230 F.
🍴 50 F. 🛌 262/315 F.
⊠ 23 déc./9 janv. et sam. matin.
【 D 🖃 🖃 🖃 🚗 🚗 🏧 🍽 🛗 🍴 🛌 ♿ CV
🖳 🍽 🖃 】

SAINT POL DE LEON
29250 Finistère
7998 hab. 🛈

🏨🏨 DE FRANCE ★★
29, rue des Minimes. Mme Saillard
☎ 98 29 14 14 ⅢAX 98 29 10 57
🛏 22 🕭 200/300 F. Ⅲ 60/250 F.
🍴 45 F. 🛌 260/300 F.
⌧ janv., fév. et lun. sept./avr.
🅔 🅓 ⬜ 🕾 🚗 ⛐ 🍴 CV ⬛ ⬤ CB

SAINT POL SUR TERNOISE
62130 Pas de Calais
6507 hab. 🛈

🏨🏨🏨 LE LION D'OR ★★
74, rue d'Hesdin. M. Theret
☎ 21 03 10 44 ⅢAX 21 41 47 87
🛏 10 🕭 200/280 F. Ⅲ 58/168 F.
🍴 48 F. 🛌 240/280 F.
🅔 ⬜ 🕾 🚗 🚗 CV ⬛ ⬤ CB

SAINT PONS
07580 Ardèche
170 hab.

🏨🏨🏨 HOSTELLERIE GOURMANDE MERE
BIQUETTE ★★
(Les Allignols). M. Bossy
☎ 75 36 72 61 ⅢAX 75 36 76 25
🛏 9 🕭 280/450 F. 🍴 98/180 F. 🍴 50 F.
🛌 260/310 F.
🅔 ⬜ 🕾 🚗 🍴 ⛐ 🚲 ⌚ CV ⬛ ⬤ CB

SAINT POURCAIN SUR SIOULE
03500 Allier
5200 hab. 🛈

🏨🏨🏨 LE CHENE VERT ★★
35, bld Ledru-Rollin. M. Siret
☎ 70 45 40 65 ⅢAX 70 45 68 50
🛏 32 🕭 170/410 F. Ⅲ 90/190 F.
🍴 40 F.
⌧ 1er/25 janv., lun. et dim. (soir
oct./mai).
🅔 SP ⬜ 🕾 🚗 ⛐ 🕭 ⬤ CB

SAINT PRIEST TAURION
87480 Haute Vienne
2000 hab.

🏨🏨 RELAIS DU TAURION ★★
2, Chemin des Contamines. M. Roger
☎ 55 39 70 14 ⅢAX 55 39 67 63
🛏 11 🕭 170/300 F. Ⅲ 100/190 F.
🍴 55 F. 🛌 200/300 F.
⌧ 15 déc./15 janv., 1ère semaine
sept., dim. soir et lun.
🅔 ⬜ 🕾 🚗 🍴 ⛐

SAINT PRIVAT D'ALLIER
43580 Haute Loire
850 m. • 600 hab. 🛈

🏨 LA VIEILLE AUBERGE ★
M. Bouchet ☎ 71 57 20 56
🛏 17 🕭 150/200 F. Ⅲ 90/165 F.
🍴 50 F. 🛌 160/185 F.
⌧ fév.
🅔 🅓 SP 🛈 🕾 ⛐ CV 🕭 ⬤ CB

SAINT PROJET DE
CASSANIOUZE
15340 Cantal
35 hab.

🏨 DU PONT ★
Mme Carrier
☎ 71 49 94 21 ⅢAX 71 49 96 10
🛏 14 🕭 115/210 F. Ⅲ 65/180 F.
🍴 45 F. 🛌 165/220 F.
⌧ 1er nov./1er avr.
🅔 SP 🕾 🚗 🍴 ⛐ CV ⬤ CB

SAINT QUAY PORTRIEUX
22410 Côtes d'Armor
3500 hab. 🛈

🏨🏨 LE GERBOT D'AVOINE ★★
2, bld du Littoral. M. Lucas
☎ 96 70 40 09 ⅢAX 96 70 34 06
🛏 20 🕭 200/340 F. Ⅲ 78/275 F.
🍴 48 F. 🛌 245/325 F.
⌧ 11 déc./29 janv., dim. soir et lun. hs.
🅔 ⬜ 🕾 🚗 🍴 ⛐ CV ⬤ CB 🕭

SAINT QUENTIN SUR LE HOMME
50220 Manche
1007 hab.

🏨🏨 LE GUE DU HOLME ★★★
M. Leroux
☎ 33 60 63 76 ⅢAX 33 60 06 77
🛏 10 🕭 360/490 F. Ⅲ 90/360 F.
🍴 80 F. 🛌 460/500 F.
⌧ 5/20 janv., sam. midi et dim. soir 1er
oct./Pâques.
🅔 ⬜ 🕾 🚗 🍴 ⛐ CV ⬤ CB

SAINT RAPHAEL
83700 Var
47000 hab. 🛈

🏨🏨🏨 EXCELSIOR ★★★
193, bld Félix Martin.
M. Courjon-Tagliani
☎ 94 95 02 42 ⅢAX 94 95 33 82
🛏 34 🕭 400/740 F. Ⅲ 120/195 F.
🍴 60 F. 🛌 360/530 F.
🅔 🅓 SP 🛈 ⬜ 🕾 🚗 🏊 🜨 🚗 ⛐
⬛ ⬤ CB

🏨🏨🏨 LA POTINIERE ★★★
169, av. de Boulouris. M. Hotte
☎ 94 95 21 43 ⅢAX 94 95 29 10
🛏 28 🕭 340/760 F. Ⅲ 120/230 F.
🍴 75 F. 🛌 290/500 F.
⌧ rest. midi 1er nov./17 déc. et
9 janv./31 mars, jeu. midi
1er avr./15 juin.
🅔 🛈 ⬜ 🕾 🚗 🍴 ⛐ 🏊 🜨 🕭 ⛐
🚲 ⬛ ⬤ CB

🏨 LES AMANDIERS ★★
874, bld Maréchal Juin. Mme Tainturier
☎ 94 95 82 42 ⅢAX 94 83 00 32
🛏 10 🕭 220/380 F. Ⅲ 85/120 F.
🍴 40 F. 🛌 225/300 F.
⌧ rest. 31 oct./15 janv.
🅓 🛈 ⬜ 🕾 🚗 🍴 🚲 CV CB

SAINT REMY DE PROVENCE
13210 Bouches du Rhône
12000 hab. [i]

⌂ AUBERGE DE LA REINE JEANNE ★★
12, bld Mirabeau. M. Carlotti
☎ 90 92 15 33 [FAX] 90 92 49 65
[🛏] 9 [≋] 250/350 F. [🍽] 130/185 F.
[♨] 60 F. [🛎] 300/350 F.
[⊠] fév. et mar. 1er nov./30 mars.
[E][◻][☎][🚗][♨][CV][▦][🐾][CB]

SAINT REMY SUR DUROLLE
63550 Puy de Dôme
680 m. • 2300 hab. [i]

⌂ LE VIEUX LOGIS
Route de Palladuc (Pommier).
M. Mantelet
☎ 73 94 30 78 [FAX] 73 94 04 70
[🛏] 4 [≋] 160 F. [🍽] 95/155 F. [♨] 35 F.
[⊠] 15 jours sept., 15 jours fév., dim. soir
et lun.
[E][🚗][☂][🐾][CB]

SAINT RENAN
29290 Finistère
6700 hab. [i]

⌂ DES VOYAGEURS ★
16, rue St-Yves. M. Le Dot
☎ 98 84 21 14 [FAX] 98 84 37 84
[🛏] 30 [≋] 160/250 F. [🍽] 75/250 F.
[♨] 55 F. [🛎] 170/200 F.
[⊠] dim. soir hiver.
[E][◻][🚗][🚗][CV][▦][🐾][CB][C][🛏]

SAINT ROMAIN
16210 Charente
510 hab. [i]

⌂⌂ LA BRAISIERE ★★
M. Jozeleau
☎ 45 98 51 35 [FAX] 45 98 50 17
[🛏] 11 [≋] 150/300 F. [🍽] 60/180 F.
[♨] 35 F. [🛎] 190/240 F.
[⊠] 3/15 janv.
[E][D][◻][☎][🚗][☂][🐾][♿][♿][CV][▦][🐾]
[CB][C]

SAINT ROMAIN
21190 Côte d'Or
241 hab.

⌂ LES ROCHES ★
Place de la Mairie M. Poulet
☎ 80 21 21 63 [TX] 80212052
[FAX] 80 21 66 93
[🛏] 8 [≋] 170/350 F. [🍽] 98/165 F. [♨] 45 F.
[🛎] 230/280 F.
[⊠] 21 nov./24 mars, mer. et jeu. midi.
[E][☎][🐾][CB]

SAINT ROMAIN D'AY
07290 Ardèche
620 hab.

⌂⌂⌂ DU VIVARAIS ★★
M. Poinard
☎ 75 34 42 01 [FAX] 75 34 48 23
[🛏] 8 [≋] 220/300 F. [🍽] 90/280 F. [♨] 60 F.

[🛎] 250/270 F.
[⊠] 15 janv./20 fév., dim. soir et lun.
[E][◻][☎][🚗][☂][🏊][♿][♿][CV]
[🐾][CB]

SAINT ROMAIN LE PUY
42610 Loire
2616 hab. [i]

⌂ AUBERGE LES TRABUCHES
Lieu-dit La Fumouse M. Desemard
☎ 77 76 07 68
[🛏] 7 [≋] 220/280 F. [🍽] 95/140 F. [♨] 39 F.
[🛎] 195/250 F.
[⊠] 20 déc./3 janv. et lun.
[E][i][◻][🚗][🚗][☎][♿][♿][CV][▦][🐾][CB]

SAINT ROME DE CERNON
12490 Aveyron
850 hab.

⌂ DU COMMERCE
Mme Roucayrol Gayral
☎ 65 62 33 92
[🛏] 13 [≋] 140/180 F. [🍽] 70/140 F.
[♨] 50 F. [🛎] 170/190 F.
[⊠] 20 déc./8 janv., dim. soir et lun. hs.
[E][♿][🐾]

SAINT SATUR
18300 Cher
1960 hab. [i]

⌂⌂ LE LAURIER ★★
29, rue du Commerce. Mme Decreuze
☎ 48 54 17 20 [FAX] 48 54 04 54
[🛏] 8 [≋] 100/280 F. [🍽] 68/240 F. [♨] 50 F.
[⊠] 1er/15 mars, 15/30 nov., dim. soir et
lun.
[E][◻][☎][☂][▦][🐾][CB]

⌂ LE VERGER FLEURI ★★
22, rue Basse des Moulins.
Mme Bachelet
☎ 48 54 31 82 [FAX] 48 54 38 42
[🛏] 12 [≋] 245/280 F. [🍽] 78/195 F.
[♨] 45 F. [🛎] 210/230 F.
[⊠] 15 déc./20 janv. et lun.
[E][◻][☎][🚗][☂][🐾][CB]

SAINT SATURNIN D'APT
84490 Vaucluse
2000 hab.

⌂ DES VOYAGEURS ★
Mme Augier
☎ 90 75 42 08
[🛏] 12 [≋] 190/400 F. [🍽] 100/200 F.
[♨] 50 F. [🛎] 260/350 F.
[⊠] 1er fév./1er mars et mer. hs.
[E][D][i][☎][♿][CB]

SAINT SAUVES
63950 Puy de Dôme
850 m. • 1300 hab. [i]

⌂ DE LA GARE ★
Mme Brugière ☎ 73 81 11 80
[🛏] 9 [≋] 120/230 F. [🍽] 45/120 F. [♨] 32 F.
[🛎] 140/170 F.
[⊠] 1er/20 janv. et sam. hs.
[E][☎][🚗][🚗][☂][♿][CV][🐾][CB]

SAINT SAUVES (suite)

▲▲ DE LA POSTE ★★
Mme Boivin
☎ 73 81 10 33 ⚫ 73 81 02 27
🛏 15 ⊗ 130/230 F. ⏚ 65/160 F.
🍴 40 F. 🛏 150/200 F.
⊠ rest. 25 nov./20 déc.
🇪 ⬚ ☎ ⬚ CV 🔟 ⬅ CB

SAINT SAVIN
65400 Hautes Pyrénées
325 hab.

▲▲ LE VISCOS ★★
M. Saint-Martin
☎ 62 97 02 28 ⚫ 62 97 04 95
🛏 16 ⊗ 240/310 F. ⏚ 105/420 F.
🍴 53 F. 🛏 250/280 F.
⊠ 1er/26 déc., rest lun. sauf vac. scol.
et pensionnaires.
🇪 SP ⬚ ⬚ CV ⬅ CB

▲▲ LES ROCHERS ★★
M. Omisos
☎ 62 97 09 52 ⚫ 62 97 17 78
🛏 28 ⊗ 210/300 F. ⏚ 70/165 F.
🍴 35 F. 🛏 210/260 F.
⊠ 15 nov./15 déc.
🇪 🄳 SP 🄸 ⬚ ☎ ⬚ ⬚ 🏊 🍴
⬅ CB

SAINT SAVIN
86310 Vienne
1500 hab. 🄸

▲ DU MIDI ★★
M. Proly ☎ 49 48 00 40
🛏 9 ⊗ 150/280 F. ⏚ 75/200 F. 🍴 35 F.
🛏 230/250 F.
⊠ dim. soir et lun.
🇪 SP ☎ ⬚ ⬚ ⬚ CV ⬅ CB

SAINT SEINE L'ABBAYE
21440 Côte d'Or
340 hab. 🄸

▲ CHEZ GUITE
Rue Carnot. Mme Frelet
☎ 80 35 01 46
🛏 12 ⊗ 130/230 F. ⏚ 70/150 F.
🍴 45 F. 🛏 230/310 F.
🇪 ⬚ ☎ ⬚ 🄸 🔟 ⬅ CB 🛎

▲▲ DE LA POSTE ★★
17, rue Carnot. Mme Jacquand-Bony
☎ 80 35 00 35 ⚫ 80 35 07 64
🛏 20 ⊗ 145/300 F. ⏚ 145/200 F.
🍴 40 F. 🛏 220/300 F.
⊠ 15 nov./1er mars.
🇪 🄸 ⬚ ☎ ⬚ ⬚ ⬚ ⬚ 🄸 🔟
⬅ CB

SAINT SERNIN
12380 Aveyron
980 hab. 🄸

▲▲▲ CARAYON ★★
Place du fort. M. Carayon

☎ 65 99 60 26 ⚫ 65 99 69 26
🛏 54 ⊗ 179/359 F. ⏚ 70/300 F.
🍴 49 F. 🛏 199/359 F.
⊠ nov., dim. soir et lun. déc./avr.
🇪 SP ☎ ⬚ ⬚ ☎ ⬚ ⬚ ⬚ � 🏃
⬚ ▶ 🄸 CV 🔟 ⬅ CB

SAINT SEVER
40500 Landes
5000 hab. 🄸

▲▲▲ RELAIS DU PAVILLON ★★
M. Dumas
☎ 58 76 20 22 ⚫ 58 76 25 81
🛏 14 ⊗ 280/310 F. ⏚ 90/300 F.
🍴 60 F. 🛏 320/340 F.
⊠ dim. soir 1er oct./30 juin.
⬚ ☎ ⬚ ⬚ ⬚ � 🄸 CV C 🛎

SAINT SEVERIN
16390 Charente
741 hab.

▲ DE LA PAIX ★★
M. Andrieux
☎ 45 98 52 25 ⚫ 45 98 92 08
🛏 10 ⊗ 180 F. ⏚ 65/145 F. 🍴 45 F.
🛏 190 F.
⊠ 21 déc./2 janv.
🇪 ⬚ ☎ ⬚ ⬚ ⬚ � ⬚ 🄸 🔟
⬅ CB

SAINT SORLIN D'ARVES
73530 Savoie
1550 m. • 310 hab. 🄸

▲▲ BEAUSOLEIL ★★
M. Vermeulen
☎ 79 59 71 42 ⚫ 79 59 75 25
🛏 23 ⊗ 210/260 F. ⏚ 85/130 F.
🍴 40 F. 🛏 210/285 F.
⊠ 30 avr./25 juin et 10 sept./20 déc.
🇪 ⬚ ☎ ⬚ ⬚ ⬚ 🄸 🔟 ⬅ CB

▲ DE L'ETENDARD ★★
Mme Bizel Bizellot
☎ 79 59 71 25
🛏 20 ⊗ 200/220 F. ⏚ 60/98 F.
🍴 45 F. 🛏 230/250 F.
⊠ 30 avr./15 juin et 15 sept./15 déc.
⬚ ☎ ⬚ ⬚ ⬅ CB

▲ DES NEIGES ★
M. Baudray
☎ 79 59 71 57
🛏 15 ⊗ 150 F. ⏚ 70/90 F. 🍴 50 F.
🛏 200 F.
⊠ 15 avr./30 juin et 31 août/18 déc.
🄸 ☎ ⬚ 🄸 CV

▲▲ LE CHARDON BLEU ★★
M. Riedle
☎ 79 59 71 47 ⚫ 79 59 76 02
🛏 22 ⊗ 230/250 F. ⏚ 95/120 F.
🍴 45 F. 🛏 220/290 F.
⊠ 15 avr./1er juil. et 31 août/15 déc.
🄳 🄸 ☎ ⬚ ⬚ ⬚ ⬚ 🄸 🔟
⬅ CB

SAINT SOZY
46200 Lot
450 hab.

▲▲ GRANGIER ★★
M. Me Destannes
☎ 65 32 20 14 FAX 65 32 27 97
🛏 14 ⬡ 160/250 F. 🍽 59/115 F.
🍴 39 F. 🛍 175/225 F.
⊠ fév. et lun. sauf juil./août.
Ⓔ 🗄 ☎ 🛏 🍴 🅿 🦽 ♿ CV 🅿 CB

▲ LA RENAISSANCE ★
M. Louradour
☎ 65 32 20 13
🛏 11 ⬡ 155/185 F. 🍽 48/190 F.
🍴 48 F. 🛍 175/185 F.
⊠ janv. et sam. hs.
Ⓔ ☎ 🍴 🅿 🗄 ♿ ♿ 🅿 CB

SAINT SYLVAIN D'ANJOU
49480 Maine et Loire
3500 hab.

▲▲ LA FAUVELAIE ★★
Route du Parc Expo. Mme Juhel
☎ 41 43 80 10 FAX 41 60 84 89
🛏 9 ⬡ 250 F. 🍽 90/150 F. 🍴 50 F.
🛍 210 F.
⊠ rest. 1er/27 août, 25/31 déc., dim.
soir et soirs fêtes.
Ⓔ SP 🗄 ☎ 🍴 CV 🅿 🅿 CB 🛍

SAINT SYMPHORIEN
72240 Sarthe
500 hab. ℹ

▲▲▲ RELAIS DE LA CHARNIE ★★
M. Gasnier
☎ 43 20 72 06 FAX 43 20 70 59
🛏 9 ⬡ 220/320 F. 🍽 78/190 F. 🍴 52 F.
🛍 260/300 F.
⊠ dim. soir et lun.
Ⓔ 🗄 ☎ 🍴 🔧 🗄 🅿 ♿ CV 🅿 CB
C 🛍

SAINT THEGONNEC
29223 Finistère
2000 hab. ℹ

▲▲▲ AUBERGE SAINT THEGONNEC ★★★
6, place de la Mairie. M. Le Coz
☎ 98 79 61 18 TX 98 62 71 37
FAX 98 62 71 10
🛏 19 ⬡ 270/450 F. 🍽 95/200 F.
🍴 65 F. 🛍 350/500 F.
⊠ 20 déc./2 fév., dim. soir et lun.
sept./juin.
Ⓔ 🗄 ☎ 🍴 🍴 🅿 ♿ 🅿 CB 🛍

SAINT THIEBAULT
52150 Haute Marne
330 hab.

▲ AUBERGE DU CHEVAL BLANC
M. Huot
☎ 25 01 13 03 FAX 25 03 88 27
🛏 6 ⬡ 150/235 F. 🍽 55/140 F. 🍴 52 F.
🛍 200 F.
⊠ 20 déc./3 janv., dim. soir et lun.
🅿 🍴 🅿 🅿 CB

SAINT TROJAN LES BAINS
17370 Charente Maritime
1470 hab. ℹ

▲ L'ALBATROS ★★
11, bld du Docteur Pineau. M. Oblin
☎ 46 76 00 08 FAX 46 76 03 58
🛏 13 ⬡ 275/307 F. 🍽 85/157 F.
🍴 60 F. 🛍 291/307 F.
⊠ 11 nov./11 fév.
🗄 ☎ 🍴 🅿 CV 🅿

SAINT VAAST LA HOUGUE
50550 Manche
2347 hab. ℹ

▲▲▲ DE FRANCE ET DES FUCHSIAS ★★
18, rue Maréchal Foch. M. Brix
☎ 33 54 42 26 FAX 33 43 46 79
🛏 32 ⬡ 140/395 F. 🍽 79/245 F.
🍴 55 F. 🛍 215/336 F.
⊠ 5 janv./25 fév., lun. et mar. midi
1er sept./30 mai sauf vac.
Ⓔ 🗄 ☎ 🍴 🅿 🗄 CV 🅿 🅿 CB

SAINT VALERY EN CAUX
76460 Seine Maritime
4595 hab. ℹ

▲ DE LA MARINE
113, rue Saint Léger M. Luciani
☎ 35 97 05 09
🛏 7 ⬡ 180 F. 🍽 60/150 F. 🍴 35 F.
🛍 180 F.
Ⓔ SP 🍴 🅿 CB 🛍

SAINT VALERY SUR SOMME
80230 Somme
2942 hab. ℹ

▲▲ LE RELAIS GUILLAUME DE
NORMANDY ★★
46, quai du Romerel. MM. Dupré/Crimet
☎ 22 60 82 36 FAX 22 60 81 82
🛏 14 ⬡ 260/330 F. 🍽 85/200 F.
🍴 50 F. 🛍 250/270 F.
⊠ 27 nov./30 déc. et mar. sauf
juil./août.
Ⓔ 🗄 ☎ 🅿 🍴 🍴

SAINT VALLIER
26240 Drôme
5425 hab. ℹ

▲ DES VOYAGEURS ★★
2, av. Jean Jaurès. M. Brouchard
☎ 75 23 04 42
🛏 9 ⬡ 130/180 F. 🍽 90/190 F. 🍴 60 F.
🛍 250/390 F.
⊠ 11 nov./2 mars et dim. soir 1er
oct./1er mars.
Ⓔ ☎ 🅿 🅿 CV 🅿 CB

▲▲ TERMINUS Rest. LECOMTE ★★★
116, av. Jean Jaurès. M. Lecomte
☎ 75 23 01 12 FAX 75 23 38 82
🛏 10 ⬡ 300/380 F. 🍽 160/400 F.
🍴 85 F.
⊠ dim. soir et lun.
🗄 ☎ 🅿 🅿 🗄 🍴 🍴 🗄 CV 🅿
🅿 CB

SAINT VALLIER DE THIEY
06460 Alpes Maritimes
720 m. • 1500 hab. 🛈

▲▲▲ LE PREJOLY ★★
M. Pallanca
☎ 93 42 60 86 FAX 93 42 67 80
🛏 17 ⊗ 200/350 F. 🍽 98/210 F.
🍴 60 F. 🍽 300/380 F.
⊠ 15 déc./25 janv. et mar. sauf
15 juin/sept.
🅴 🅳 SP 🛈 🗇 ☎ ♨ 🖼 ♥ ⚓ 🕈 🕈
CV 🕼 CB

▲▲▲ LE RELAIS IMPERIAL ★★
Sur route Napoléon, N. 85. M. Pasquier
☎ 93 42 60 07 FAX 93 42 66 21
🛏 30 ⊗ 200/440 F. 🍽 89/198 F.
🍴 50 F. 🍽 220/360 F.
⊠ 15 nov./15 déc.
🅴 🅳 SP 🛈 🗇 ☎ ♨ 🖂 ☂ 🕈 CV 🕼
♥ CB 🅲 🖳

SAINT VERAN
05350 Hautes Alpes
2040 m. • 280 hab. 🛈

▲▲ BEAUREGARD ★★
M. Freychet
☎ 92 45 82 62 FAX 92 45 80 10
🛏 29 ⊗ 230/366 F. 🍽 90/180 F.
🍴 45 F. 🍽 229/303 F.
⊠ 15 mai/10 juin et 1er oct./19 déc.
🗇 🚗 🕈 🔌 🕈 🕼 CV 🕼 ♥ CB

▲▲ LE GRAND TETRAS ★★
M. Plichon
☎ 92 45 82 42 FAX 92 45 85 98
🛏 21 ⊗ 216/350 F. 🍽 80/110 F.
🍴 45 F. 🍽 234/310 F.
⊠ 18 avr./2 juin et 18 sept./18 déc.
🅴 ☎ 🚗 🕈 ♨ ♥ CV ♥ CB

▲ LES CHALETS DU VILLARD ★★★
Le Villard. M. Weber
☎ 92 45 82 08 FAX 92 45 86 22
🛏 27 ⊗ 230/440 F. 🍽 95/135 F.
🍴 60 F. 🍽 250/350 F.
⊠ 18 sept./18 déc. et 18 avr./18 juin.
🅴 SP 🛈 🗇 ☎ 🚗 🖂 🕈 🔌 🕈 CV 🕼
♥ CB

SAINT VERAND
71570 Saône et Loire
191 hab.

▲ AUBERGE DU SAINT VERAN ★
M. Launay
☎ 85 37 16 50
🛏 11 ⊗ 130/270 F. 🍽 70/120 F.
🍴 45 F. 🍽 200 F.
⊠ 15 déc./15 janv., 2ème semaine
sept. et lun.
🚗 🖩 🖂 🕈 🕈 🕼

SAINT VIATRE
41210 Loir et Cher
1160 hab.

▲▲ AUBERGE DE LA CHICHONE ★★
M. Clément
☎ 54 88 91 33 FAX 54 96 18 06

🛏 7 ⊗ 290/320 F. 🍽 85/195 F. 🍴 60 F.
🍽 350/390 F.
⊠ mars, mar. soir et mer. hs.
🅴 🗇 ☎ 🕈 🕼 ⚓

SAINT VINCENT DE MERCUZE
38660 Isère
1000 hab.

▲▲▲ L'AUBERGE DE SAINT-VINCENT ★★
M. Me Dupuis
☎ 76 08 46 97 FAX 76 08 49 55
🛏 15 ⊗ 260/300 F. 🍽 95/240 F.
🍴 50 F. 🍽 280/340 F.
⊠ 1er/9 sept., 22/30 oct., 22/30
avr., dim. soir et lun. 18 H 1er sept./
30 avr.
🅴 🗇 ☎ 🚗 🕈 🕼 CV 🕼 ♥ CB

SAINT VINCENT DE TYROSSE
40230 Landes
5075 hab. 🛈

▲▲ LE TWICKENHAM ★★
Av. de la Gare M. Faberes
☎ 58 77 01 60 FAX 58 77 95 15
🛏 27 ⊗ 260/350 F. 🍽 120/220 F.
🍴 65 F. 🍽 295/330 F.
🅴 🛈 🗇 ☎ 🚗 🕈 🔌 🕈 🕼 🕼 ⚓

SAINT VINCENT LES FORTS
04340 Alpes de Haute Provence
1300 m. • 168 hab.

▲ ROLLAND ★
(A l'Auchette) Mme Michel
☎ 92 85 50 14
🛏 16 ⊗ 150/270 F. 🍽 65/130 F.
🍴 45 F. 🍽 150/225 F.
⊠ 4 nov./26 déc. et 4/31 janv.
🅴 🗇 🚗 🕈 🔌 🕈 🕏 ▶ 🕈 CV
♥ CB

SAINT VINCENT SUR JARD
85520 Vendée
520 hab. 🛈

▲▲ L'OCEAN ★★
Rue Georges Clemenceau.
Mme Bocquier
☎ 51 33 40 45 FAX 51 33 98 15
🛏 38 ⊗ 160/400 F. 🍽 79/220 F.
🍴 45 F. 🍽 220/360 F.
⊠ 30 nov./15 fév. et jeu. hs.
🅴 🗇 ☎ 🚗 🕈 🔌 🕏 🕈 🕈 🕈 CV 🕼
♥ CB

SAINT VIT
25410 Doubs
2980 hab.

▲▲ LE SOLEIL D'OR ★★
2, place de la Liberté. M. Carrey
☎ 81 87 71 40 FAX 81 87 71 40
🛏 7 ⊗ 185/260 F. 🍽 58/140 F. 🍴 39 F.
🍽 200 F.
⊠ dim. soir.
🅴 🗇 ☎ 🚗 ♥ CB

SAINTE ANNE D'AURAY
56400 Morbihan
1500 hab. ⓘ

▲▲▲ L'AUBERGE ★
M. Larvoir
☎ 97 57 61 55
🛏 6 ⊠ 220/290 F. 🍽 82/315 F. 🍴 55 F.
🛗 222/257 F.
⊠ 2 semaines janv., 1 semaine fév.,
2 semaines oct., mar. soir sauf juil./août
et mer.
🖬 🕿 🚗 📫 ♈ 🎿 ⚹ CV ▒ ♠ CB 🖬

▲▲ LA CROIX BLANCHE ★★
25, rue de Vannes. M. Labiche
☎ 97 57 64 44 📠 97 57 50 60
🛏 23 ⊠ 150/350 F. 🍽 85/265 F.
🍴 55 F. 🛗 220/300 F.
⊠ fév., dim. soir et lun. 1er oct./31 mai.
🗉 D 🖬 🕿 🚗 ♈ ⚹ CV ▒ CB 🖬

▲▲ LE MODERNE ★★
8, rue de Vannes. M. Bitoun
☎ 97 57 66 55 📠 97 57 67 94
🛏 34 ⊠ 150/220 F. 🍽 60/134 F.
🍴 35 F. 🛗 150/200 F.
⊠ 24 déc./15 janv., ven., sam. et dim.
soir 2 oct./1er avr.
🗉 🕿 🚗 📫 ▒ ♠ CB

SAINTE COLOMBE
69560 Rhône
1698 hab.

▲▲ ATRIUM ★★
12, rue Nationale. M. Borel
☎ 74 85 43 33 📠 74 85 51 85
🛏 14 ⊠ 215/240 F. 🍽 75/210 F.
🍴 50 F. 🛗 320/380 F.
⊠ dim.
🗉 🖬 🕿 🚗 🚗 CV ▒

SAINTE CROIX
01120 Ain
340 hab. ⓘ

▲▲ CHEZ NOUS ★★
Mme Vincent
☎ 78 06 60 60 \ 78 06 61 20
📠 78 06 63 26
🛏 29 ⊠ 180/280 F. 🍽 85/255 F.
🍴 80 F. 🛗 220/280 F.
🗉 🖬 🕿 🚗 📫 ♈ ⚹ ▒ ♠ CB

▲ DES CHASSEURS
M. Thévenet
☎ 78 06 61 22
🛏 6 ⊠ 95/145 F. 🍽 68/220 F. 🍴 68 F.
🛗 160 F.
⊠ lun.
🗉 D 🚗 ♈ ♠

SAINTE CROIX DE VERDON
04500 Alpes de Haute Provence
513 m. • 77 hab. ⓘ

▲ AUBERGE DU SANGLIER
M. Armand
☎ 92 77 85 74
🛏 8 ⊠ 230/270 F. 🍽 80/170 F. 🍴 45 F.

🛗 270 F.
⊠ 1er janv./15 fév., mar. soir et mer.
nov./fév.
🗉 ⓘ 🕿 ♠ CB

SAINTE CROIX EN JAREZ
42800 Loire
342 hab. ⓘ

▲ LE PRIEURE
Au Bourg. M. Blondeau
☎ 77 20 20 09
🛏 4 ⊠ 220/260 F. 🍽 75/220 F. 🍴 38 F.
🛗 220/260 F.
⊠ fév. et rest. lun.
🖬 🕿 ♒ CV ▒ CB

SAINTE EULALIE
07510 Ardèche
1400 m. • 400 hab.

▲▲ DE LA POSTE ★★
M. Laurent
☎ 75 38 81 09
🛏 10 ⊠ 180/300 F. 🍽 80/150 F.
🍴 35 F. 🛗 185/210 F.
⊠ 1er oct./18 déc.
🗉 🕿 🚗 ♈ CV

SAINTE FOY LA GRANDE
33220 Gironde
3218 hab. ⓘ

▲▲ DE LA BOULE D'OR ★★
10, place Jean Jaurès.
M. Pelous
☎ 57 46 00 76
🛏 23 ⊠ 170/260 F. 🍽 49/170 F.
🍴 40 F. 🛗 230 F.
⊠ 5/18 sept., 22 déc./31 janv. et lun.
sauf juil./août.
🗉 🖬 🕿 ► ▶ CV ▒ ♠ CB

SAINTE FOY TARENTAISE
73640 Savoie
1050 m. • 707 hab. ⓘ

▲▲ LE MONAL ★★
M. Marmottan
☎ 79 06 90 07 📠 79 06 94 72
🛏 24 ⊠ 240/340 F. 🍽 80/150 F.
🍴 42 F. 🛗 250/270 F.
⊠ 8 mai/15 juin et 15 oct./15 nov.
🗉 D 🖬 🕿 ⚹

SAINTE GAUBURGE SAINTE COLOMBE
61370 Orne
1194 hab.

▲ L'AUBERGE DU VALBURGEOIS ★★
41, Grande Rue. M. Gusella
☎ 33 34 01 44 📠 33 34 19 24
🛏 7 ⊠ 220/250 F. 🍽 60/130 F. 🍴 45 F.
🛗 246 F.
⊠ mer. soir et jeu. sauf juil./août.
🖬 🕿 🚗 ♠ CB

SAINTE GENEVIEVE SUR ARGENCE
12420 Aveyron
800 m. • 1175 hab.

⚑ DES VOYAGEURS ★★
Rue du Riols. M. Cruveiller
☎ 65 66 41 03
🛏 14 ▨ 170/200 F. Ⅱ 60/150 F.
🍴 35 F. 🍽 190/230 F.
✉ 25 sept./10 oct., sam. et dim. soir
15 nov./15 juin.
[❒][☎][🛏][🍴][👶][🅿][CB]

SAINTE MARIE AUX MINES
68160 Haut Rhin
6000 hab. 🅳

⚑ DU TUNNEL ★
23, les Halles. M. Tonon
☎ 89 58 74 25 🅵🅰🆇 89 58 60 33
🛏 5 ▨ 150/180 F. Ⅱ 50/170 F. 🍴 40 F.
🍽 160/190 F.
✉ ven. soir, sam. et dim. soir.
[E][D][🅳][❒][☎][🚗][🍴][🎾][CV][🅿][CB]

SAINTE MARIE DE GOSSE
40390 Landes
850 hab. 🅳

⚑ LES ROUTIERS ★
Sur N. 117. M. Deloube
☎ 59 56 32 02 ╲ 59 56 34 17
🅵🅰🆇 59 56 36 06
🛏 15 ▨ 130/180 F. Ⅱ 50/120 F.
🍴 35 F. 🍽 150/180 F.
✉ 15 oct./15 nov., ven. soir et sam. sauf
juil./août.
[E][SP][❒][🚗][🍴][🎾][🅾️][🔟][🅿][CB]

SAINTE MAURE DE TOURAINE
37800 Indre et Loire
3983 hab. 🅳

⚑⚑ LA GUEULARDIERE ★★
R. N. 10. MM. Chapron
☎ 47 65 40 71 🅵🅰🆇 47 65 69 47
🛏 16 ▨ 140/260 F. Ⅱ 75/180 F.
🍴 50 F. 🍽 210/260 F.
✉ 2ème quinz. nov., rest. 25 fév./
13 mars et lun.
[E][SP][🅳][❒][☎][🚗][🅾️][🔟][🅿][CB]

⚑⚑ LE CHEVAL BLANC ★★
Sur N. 10. M. Gauvin
☎ 47 65 40 27 ╲ 47 65 40 31
🅵🅰🆇 47 65 58 90
🛏 12 ▨ 120/250 F. Ⅱ 62/180 F.
🍴 45 F. 🍽 195/260 F.
✉ 23 fév./16 mars, dim. soir hs. et jeu.
[E][❒][☎][🚗][🅾️][CV][🔟][🅿][CB]

⚑⚑ LE VEAU D'OR ★★
13, rue du Docteur Patry. M. Lalubin
☎ 47 65 40 41 🅵🅰🆇 47 72 00 43
🛏 10 ▨ 150/220 F. Ⅱ 75/190 F.
🍴 50 F. 🍽 210/230 F.
✉ 3 premières semaines fév., mar. soir
sauf juil./août et mer.
[E][❒][☎][🚗][🚗][🎾][🅿][CB]

SAINTE MAXIME
83120 Var
10000 hab. 🅳

⚑⚑ LA CROISETTE ★★★
2, bld des Romarins. Mme Bluntzer
☎ 94 96 17 75 🅵🅰🆇 94 96 52 40
🛏 15 ▨ 390/980 F. Ⅱ 120/275 F.
🍴 80 F. 🍽 400/650 F.
✉ 15 oct./1er mars.
[E][D][🅳][❒][☎][🚗][🍴][🎾][👶][🅿][CB]

⚑ LE MANOIR ★★
Plage Le Val d'Esquières (Sur N. 98).
M. Laffont
☎ 94 49 40 90 🅵🅰🆇 94 49 40 85
🛏 12 ▨ 260/380 F. Ⅱ 85/190 F.
🍴 50 F. 🍽 275/360 F.
✉ 15 oct./15 mars.
[E][🅳][❒][☎][🚗][🏨][🍴][🅿][CB]

SAINTE MENEHOULD
51800 Marne
6000 hab. 🅳

⚑⚑ DU CHEVAL ROUGE ★★
1, rue Chanzy. M. Fourreau
☎ 26 60 81 04 🅵🅰🆇 26 60 93 11
🛏 18 ▨ 230/260 F. Ⅱ 88/210 F.
🍴 50 F. 🍽 250/270 F.
✉ 20 nov./3 déc. et lun. sept./Pâques.
[E][SP][❒][☎][🎾][CV][🔟][🅿][CB]

SAINTE MERE EGLISE
50480 Manche
1480 hab. 🅳

⚑⚑ LE SAINTE MERE ★★
Sur N. 13. M. Mercier
☎ 33 21 00 30 🅵🅰🆇 33 41 38 40
🛏 42 ▨ 260 F. Ⅱ 85/160 F. 🍴 42 F.
🍽 250/322 F.
[E][❒][☎][🚗][🍴][🍴][🎾][CV][🔟][C][🖥]

SAINTE MONTAINE
18700 Cher
233 hab.

⚑ LE CHEVAL BLANC ★
Place de l'Eglise. M. Camus
☎ 48 58 06 92 🅵🅰🆇 48 58 27 61
🛏 8 ▨ 195/245 F. Ⅱ 75/220 F. 🍴 40 F.
🍽 260/276 F.
✉ 1er/30 janv., dim. soir et lun.
[E][🅳][❒][☎][🚗][👶][CV][🔟][🅿][CB]

SAINTE SAVINE
10300 Aube
10700 hab. 🅳

⚑⚑ MOTEL SAVINIEN ★★
87, rue Jean de La Fontaine. M. Lanord
☎ 25 79 24 90 🅵🅰🆇 25 78 04 61
🛏 60 ▨ 200/220 F. Ⅱ 55/ 96 F.
🍴 40 F. 🍽 207/217 F.
[E][❒][☎][🚗][▨][🏊][♿][🎾][CV][🔟]
[🅿][CB]

SAINTES
17100 Charente Maritime
25874 hab. [i]

▲▲ DE FRANCE Rest. LE CHALET ★★
56, rue Frédéric Mestreau.
Mme Eloy
☎ 46 93 01 16 [FAX] 46 74 37 90
[🛏] 25 [S] 215/300 F. [♨] 78/200 F.
[🍴] 45 F. [▣] 225/270 F.
[⊠] rest. dernière semaine nov., ven. soir
et sam. midi 1er nov./1er avr.

SAINTES MARIES DE LA MER
13460 Bouches du Rhône
2150 hab. [i]

▲▲ HOSTELLERIE DU PONT DE GAU ★★
Route d'Arles. M. Audry
☎ 90 97 81 53 [FAX] 90 97 98 54
[🛏] 9 [S] 245 F. [♨] 98/245 F. [🍴] 70 F.
[▣] 302 F.
[⊠] 5 janv./20 fév. et mer. 20 oct./Pâques
sauf vac. scol.

▲ MAS DE LAYALLE
Route d'Arles, D. 570. M. Michel
☎ 90 97 94 81 [FAX] 90 97 70 16
[🛏] 17 [S] 175/260 F. [♨] 80/120 F.
[🍴] 45 F. [▣] 192/235 F.
[⊠] 15 nov./20 déc. et 10 janv./10 mars.

SALBRIS
41300 Loir et Cher
6134 hab. [i]

▲▲ LA SAULDRAIE ★★
81, av. d'Orléans. M. Thomas
☎ 54 97 17 76
[🛏] 11 [S] 250/300 F. [♨] 100/250 F.
[🍴] 60 F.
[⊠] 27 fév./6 mars, 11/18 sept., dim. soir
et lun. hiver.

▲▲ LE DAUPHIN ★★
57, bld de la République. M. Ciszewski
☎ 54 97 04 83 [FAX] 54 97 12 65
[🛏] 8 [S] 240/350 F. [♨] 85/195 F. [🍴] 50 F.
[▣] 230/275 F.

SALERS
15140 Cantal
950 m. • 500 hab. [i]

▲▲▲ DES REMPARTS ET CHATEAU DE LA
BASTIDE ★★
Esplanade de Barrouze. Mme Caby
☎ 71 40 70 33 [FAX] 71 40 75 32
[🛏] 31 [S] 230/330 F. [♨] 65/130 F.
[🍴] 40 F. [▣] 230/295 F.
[⊠] 20 oct./20 déc.

LE BAILLIAGE ★★
▲▲▲
Mme Bancarel
☎ 71 40 71 95 [FAX] 71 40 74 90
[🛏] 30 [S] 210/350 F. [♨] 65/170 F.
[🍴] 35 F. [▣] 280/300 F.
[⊠] 15 nov./1er fév.

SALIES DU SALAT
31260 Haute Garonne
2300 hab. [i]

▲ CENTRAL HOTEL ★★
Mme Ousset
☎ 61 90 50 01
[🛏] 15 [S] 130/250 F. [♨] 65/100 F.
[🍴] 45 F.
[⊠] mi-sept./mi-oct., ven. soir/sam. midi
hs.

SALIGNAC (JAYAC)
24590 Dordogne
219 hab.

▲ COULIER ★★
(A Jayac). M. Coulier
☎ 53 28 86 46 [FAX] 53 28 26 33
[🛏] 8 [S] 220/250 F. [♨] 60/230 F. [🍴] 40 F.
[▣] 250 F.
[⊠] 18 déc./10 janv. et sam. 10 nov./
15 mars.

SALIGNAC EYVIGNES
24590 Dordogne
964 hab. [i]

▲▲ LA TERRASSE ★★
Place de la Poste. Mme Brégégère
☎ 53 28 80 38 [FAX] 53 28 99 67
[🛏] 15 [S] 240/350 F. [♨] 85/210 F.
[🍴] 50 F. [▣] 240/280 F.
[⊠] 15 oct./Pâques et sam. midi hs.

SALINS LES BAINS
39110 Jura
3700 hab. [i]

▲▲▲ GRAND HOTEL DES BAINS ★★
Place des Alliés. M. Petitguyot
☎ 84 37 90 50 [FAX] 84 37 96 80
[🛏] 31 [S] 235/390 F. [♨] 98/270 F.
[🍴] 39 F. [▣] 210/280 F.
[⊠] dim. midi/lun. midi. 1er oct./15 mai.

▲▲ LES DEUX FORTS ★
Place du Vigneron. Mme Prost
☎ 84 37 93 75
[🛏] 17 [S] 130/270 F. [♨] 92/200 F.
[🍴] 38 F. [▣] 220 F.
[⊠] mi-nov./mi-déc.

SALLANCHES
74700 Haute Savoie
600 m. • 12000 hab. ⓘ

⚏ BEAUSEJOUR ★★
Place de la Gare. M. Cattin
☎ 50 58 00 06 ⓕⓐⓧ 50 58 53 76
🛏 33 ⌧ 220/280 F. 🍽 80/140 F.
🍴 50 F. 🗠 220/250 F.
⌧ 1er/15 mai et 1er/15 nov.
🄴 ⓘ 🗀 ☎ 🚗 ♨ 🌴 🎿 CV CB
Ⓒ 🗄

❉ SAINT JACQUES ★★
84, quai Saint-Jacques. M. Vez
☎ 50 58 01 35
🛏 9 ⌧ 130/240 F.
🗀 ☎ CB

SALLE LES ALPES (LA)
(SERRE CHEVALIER)
05240 Hautes Alpes
1400 m. • 1111 hab. ⓘ

⚏ LE CHRISTIANIA ★★★
Mme Paul
☎ 92 24 76 33 ⓕⓐⓧ 92 24 83 82
🛏 28 ⌧ 280/430 F. 🍽 98/155 F.
🍴 45 F. 🗠 250/390 F.
⌧ mi-sept./début déc. et 20 avr./26 juin.
🄴 ⓘ 🗀 ☎ 🚗 🌴 CV 🖤 CB

SALLES ARBUISSONNAS EN
BEAUJOLAIS
69460 Rhône
207 hab.

⚏ HOSTELLERIE SAINT VINCENT ★★★
Mme Roman
☎ 74 67 55 50 ⓕⓐⓧ 74 67 58 86
🛏 16 ⌧ 260/350 F. 🍽 90/240 F.
🍴 60 F. 🗠 310 F.
⌧ dim. soir et lun. 1er oct./31 mars.
🄴 🗀 ☎ 🚗 🖂 🌴 🔧 🎿 🛼 🖤 CB 🗄

SALLES SUR VERDON (LES)
83630 Var
500 m. • 154 hab. ⓘ

⚏ AUBERGE DES SALLES ★★
M. Anot
☎ 94 70 20 04 ⓕⓐⓧ 94 70 21 78
🛏 22 ⌧ 250/310 F. 🍽 85/210 F.
🍴 40 F. 🗠 275/305 F.
⌧ 1er nov./1er avr., mar. soir et mer.
hs.
🄴 🗀 ☎ 🚗 🌴 🎿 🖤 CB

SAMOENS
74340 Haute Savoie
714 m. • 1800 hab. ⓘ

⚏⚏ GAI SOLEIL ★★
M. Coffy
☎ 50 34 40 74 ⓕⓐⓧ 50 34 10 78
🛏 20 ⌧ 225/320 F. 🍽 75/175 F.
🍴 55 F. 🗠 205/295 F.
⌧ 2 avr./11 juin et 17 sept./22 déc.
🄴 🗀 ☎ 🚗 ♨ 🌴 🔧 🛼 🖤 CV
🖤 CB

LE MOULIN DU BATHIEU ★★
(A Vercland). M. Pontet
☎ 50 34 48 07 ⓕⓐⓧ 50 34 43 25
🛏 7 ⌧ 270/345 F. 🍽 80/220 F. 🍴 40 F.
🗠 240/295 F.
⌧ 8/30 mai, 4 nov./20 déc., rest. dim.
soir et lun. hs.
🄴 ⓘ 🗀 ☎ 🚗 🖂 🌴 CV CB

⚏ LES SEPT MONTS ★★★
Place des 7 Monts. M. Coffy
☎ 50 34 40 58 ⓕⓐⓧ 50 34 13 89
🛏 33 ⌧ 295/450 F. 🍽 75/180 F.
🗠 250/350 F.
⌧ 15 sept./15 déc. et 15 avr./1er juin.
🗀 ☎ 🚗 ♨ 🌴 🖂 🎿 🛼 ❀ 🎿 CV 🖁
🖤 CB

SAMOGNAT
01580 Ain
238 hab.

▲ AU MOULIN DU PONT ★
M. Gindre
☎ 74 76 98 46 ⓕⓐⓧ 74 76 51 10
🛏 8 ⌧ 100/140 F. 🍽 60/140 F. 🍴 40 F.
🗠 125/160 F.
⌧ 1er/20 janv., 1er/15 sept.,
20/31 déc. et lun.
☎ 🚗 🌴 🖁 🖤 CB

SAMOIS
77920 Seine et Marne
1571 hab.

⚏ HOSTELLERIE DU COUNTRY CLUB ★★
11, quai Franklin Roosevelt. M. Plancon
☎ (1) 64 24 60 34 ⓕⓐⓧ (1) 64 24 80 76
🛏 13 ⌧ 290/380 F. 🍽 150/200 F.
🍴 60 F. 🗠 580/610 F.
⌧ rest. soir sauf ven., sam. 15 nov./
15 mars et dim. soir, lun. 16 mars/
14 nov. sauf juil./août.
🄴 🗀 ☎ 🚗 🌴 🖂 ⓞ 🖁 🖤 CB

SAN MARTINO DI LOTA
20200 Corse
2183 hab.

⚏ DE LA CORNICHE ★★
San Martino di Lota. Mme Anziani
☎ 95 31 40 98 ⓕⓐⓧ 95 32 37 69
🛏 19 ⌧ 250/450 F. 🍽 95/165 F.
🍴 65 F. 🗠 240/360 F.
⌧ 20 déc./31 janv., dim. soir et lun.
fév./mars, oct./déc.
ⓘ ☎ 🚗 🚗 🖂 CV 🖁 🖤 CB

SANARY SUR MER
83110 Var
11699 hab. ⓘ

⚏ GRAND HOTEL DES BAINS ★★★
Av. d'Estienne d'Orves. Mme Lecomte
☎ 94 74 13 47 ⓕⓐⓧ 94 88 14 02
🛏 30 ⌧ 320/520 F. 🍽 110/210 F.
🍴 49 F. 🗠 385/450 F.
🄴 ⓘ 🗀 ☎ 🚗 ♨ 🖂 🌴 CV 🖁
🖤 CB

SANARY SUR MER (suite)

▲▲ LE CASTEL
925, route de la Canolle. M. Palacios
☎ 94 29 82 98 FAX 94 32 53 32
📋 9 ▱ 295/345 F. 🍽 140/198 F.
🍴 48 F. 🛏 305/330 F.
✉ 13/27 fév., 13 nov./4 déc. et dim.
soir 1er oct./31 mars.

SANCERRE
18300 Cher
3000 hab. ⓘ

▲▲ DES REMPARTS ★★
M. Fleuriet ☎ 48 54 10 18 FAX 48 54 36 30
📋 17 ▱ 240/290 F. 🍽 55/165 F. 🍴 38 F.
🛏 205/240 F.

▲▲ LE SAINT MARTIN ★★
10, rue St-Martin. MM. Sivet/Bragato
☎ 48 54 21 11 FAX 48 54 39 55
📋 24 ▱ 200/280 F. 🍽 64/135 F.
🍴 45 F. 🛏 235/270 F.
✉ 1er nov./1er avr.

SAND
67230 Bas Rhin
950 hab.

▲▲ HOSTELLERIE DE LA CHARRUE ★★
M. Neeff ☎ 88 74 42 66 FAX 88 74 12 02
📋 10 ▱ 180/280 F. 🍽 60/150 F. 🍴 50 F.
🛏 240 F.
✉ 15 jours Noël, 15 jours été, lun. et mar.
midi.

SANDILLON
45640 Loiret
2560 hab. ⓘ

▲▲ AU LION D'OR ★
2, rue F. Baubault. Mme Berneau
☎ 38 41 00 22 FAX 38 41 07 74
📋 20 ▱ 150/300 F. 🍽 58/250 F.
🍴 45 F. 🛏 180/250 F.
✉ rest. dim. soir.

SANTENAY
41190 Loir et Cher
262 hab.

▲ L'UNION ★
M. Nivault
☎ 54 46 11 03 FAX 54 46 18 57
📋 5 ▱ 180/250 F. 🍽 100/220 F.
🍴 50 F. 🛏 250/280 F.
✉ fév., dim. soir et lun.

SARCEY
69490 Rhône
600 hab.

▲▲ LE CHATARD ★★
M. Chatard

☎ 74 26 85 85 FAX 74 26 89 99
📋 38 ▱ 250/300 F. 🍽 80/300 F.
🍴 50 F. 🛏 225/240 F.
✉ 2/21 janv.

SARDIERES
73500 Savoie
1500 m. • 32 hab. ⓘ

▲ DU PARC ★★
Mme Gagnière
☎ 79 20 51 73 FAX 79 20 51 73
📋 30 ▱ 215/265 F. 🍽 75/140 F.
🍴 40 F. 🛏 195/240 F.
✉ 31 mars/25 juin et 5 sept./23 déc.

SARE
64310 Pyrénées Atlantiques
2000 hab. ⓘ

▲▲▲ FAGOAGA-BARATCHARTEA ★★
Quartier Ihalar. M. Fagoaga
☎ 59 54 20 48
📋 15 ▱ 210/320 F. 🍽 85/160 F.
🍴 50 F. 🛏 220/240 F.
✉ 1er janv./5 mars.

▲▲▲ PIKASSARIA ★★
M. Arburua
☎ 59 54 21 51 FAX 59 54 27 40
📋 30 ▱ 200/260 F. 🍽 88/170 F.
🍴 60 F. 🛏 235 F.
✉ 15 nov./20 mars et mer.

SARLAT
24200 Dordogne
11000 hab. ⓘ

▲ HOSTELLERIE LA VERPERIE ★★
M. Chopin
☎ 53 59 00 20 FAX 53 28 58 94
📋 22 ▱ 250/400 F. 🍽 95/230 F.
🍴 50 F. 🛏 280/300 F.
✉ 15 nov./1er mars.

▲▲ LA COULEUVRINE ★★
1, place de la Bouquerie.
Mme Lebon-Henault
☎ 53 59 27 80 FAX 53 31 26 83
📋 25 ▱ 165/350 F. 🍽 98/210 F.
🍴 58 F. 🛏 230/320 F.
✉ 10/31 janv., 16/30 nov. et rest. mar.
déc./mars.

▲▲▲ LA HOIRIE ★★★
Lieu dit la Giragne. Mme Sainneville de
Vienne
☎ 53 59 05 62 TX 53311575 FAX 53 31 13 90
📋 15 ▱ 350/570 F. 🍽 130/300 F. 🍴 50 F.
🛏 370/480 F.
✉ 15 nov./14 mars.

SARLAT (suite)

▲▲▲ SAINT ALBERT ET MONTAIGNE ★★
Place Pasteur. M. Garrigou
☎ 53 31 55 55 FAX 53 59 19 99
🛏 63 ⊗ 260/330 F. 🍽 95/180 F.
🛎 290/330 F.
⊠ rest. dim. soir et lun. hs.
[E] [D] 🖭 🖩 🖩 ⋈ 🖾 🖙 CB

SARRALBE (RECH)
57430 Moselle
4590 hab.

▲ AU CYGNE BLANC
(A Rech, 71, Grande Rue). M. Jamann
☎ 87 97 89 80 FAX 87 97 06 51
🛏 6 ⊗ 180/220 F. 🍽 50/200 F. 🍴 39 F.
🛎 160/230 F.
⊠ 2ème et 3ème semaine août et sam.
jusqu'à 16h.
[D] 🖭 ⋈ 🖩 🖩 🖩 🖾 CB

SARRAS
07370 Ardèche
1800 hab. ⓘ

▲▲ LE VIVARAIS ★★
Av. du Vivarais. M. Bertrand
☎ 75 23 01 88
🛏 8 ⊗ 150/220 F. 🍽 70/170 F. 🍴 45 F.
⊠ 1er fév./10 mars et mar.
🖩 🖩 🖩 🖾

SARRAZAC
46600 Lot
480 hab.

▲ LA BONNE FAMILLE ★
Mme Guerby-Aussel
☎ 65 37 70 38 FAX 65 37 74 01
🛏 14 ⊗ 140/240 F. 🍽 60/170 F.
🍴 45 F. 🛎 180/240 F.
⊠ ven. soir et sam. hs.
[E] [SP] 🖭 🖩 🖩 🖾 🖙 🖩 🖩 🖩 CV
🖾 CB

SARRE UNION
67260 Bas Rhin
3130 hab. ⓘ

▲ A LA PORTE HAUTE ★★
9, rue de Bitche. M. Grenier
☎ 88 00 22 43
🛏 9 ⊗ 195/210 F. 🍽 48/140 F. 🍴 40 F.
🛎 190/210 F.
⊠ sam.
[D] 🖭 🖩 🖩 🖩 🖾

▲▲ AU CHEVAL NOIR ★★
16, rue de Phalsbourg. M. Hetzel
☎ 88 00 12 71 FAX 88 00 19 09
🛏 20 ⊗ 130/250 F. 🍽 50/250 F.
🍴 40 F. 🛎 180/250 F.
⊠ 1er/21 oct. et lun.
[D] 🖭 🖩 🖩 🖾 CV 🖩

SARREGUEMINES
57200 Moselle
25178 hab. ⓘ

▲▲ UNION ★★
28, rue Geiger. M. Obringer
☎ 87 95 28 42 FAX 87 98 25 21
🛏 22 ⊗ 230/280 F. 🍽 75/150 F.

🍴 45 F.
⊠ rest 24 déc./1er janv., sam. midi et
dim.
[E] [D] ⓘ 🖭 🖩 🖩 🖩 CV 🖩 🖾 CB 🖩

SARTENE
20100 Corse
3500 hab. ⓘ

▲▲ LA VILLA PIANA ★★
Route de Propriano. M. Abraini
☎ 95 77 07 04 FAX 95 73 45 65
🛏 20 ⊗ 250/370 F.
⊠ 15 oct./15 mars.
[E] [D] ⓘ 🖭 🖩 🖩 🖩 🖩 🖩 🖩 🖩
CB C

SATILLIEU
07290 Ardèche
2000 hab.

▲ CHALEAT-SAPET ★★
Place de la Faurie. M. Sapet
☎ 75 34 95 42 FAX 75 69 91 13
🛏 12 ⊗ 210 F. 🍽 60/150 F. 🍴 40 F.
🛎 180 F.
[E] 🖭 🖭 🖩 🖩 🖩 CV 🖾 CB

▲▲ JULLIAT-ROCHE ★★
M. Julliat
☎ 75 34 95 86
🛏 10 ⊗ 180/260 F. 🍽 65/180 F.
🍴 45 F. 🛎 180/230 F.
⊠ Rest. dim. soir et lun. hs.
[E] [D] ⓘ 🖭 🖩 🖩 🖩 🖩 🖩 🖾 CB

SAUBUSSE
40180 Landes
620 hab. ⓘ

▲▲▲ THERMAL ★★
M. Laborde
☎ 58 57 31 04 FAX 58 57 37 37
🛏 48 ⊗ 252/345 F. 🍽 84/ 93 F.
🍴 52 F. 🛎 235/292 F.
⊠ 27 nov./10 mars.
[E] [SP] 🖭 🖩 🖩 🖩 🖩 🖩 🖩 🖩 🖩 🖩
🖩 CV 🖩 🖾 CB C 🖩

SAUGUES
43170 Haute Loire
960 m. • 2500 hab. ⓘ

▲ LA TERRASSE ★★
Cours Gervais. M. Fargier
☎ 71 77 83 10 FAX 71 77 63 79
🛏 16 ⊗ 125/225 F. 🍽 55/145 F.
🍴 40 F. 🛎 190 F.
⊠ ven. soir et sam. midi.
[E] ⓘ 🖭 🖩 🖩 ⋈ CV 🖩 🖾 CB

SAUJON
17600 Charente Maritime
4768 hab. ⓘ

▲ DU COMMERCE ★★
7, rue de Saintonge. Mme Durivault
☎ 46 02 80 50
🛏 19 ⊗ 170/290 F. 🍽 82/155 F.
🍴 48 F. 🛎 225/295 F.
⊠ 15 déc./15 mars, dim. soir et lun. hs.
[E] 🖭 🖩 🖩 🖩 🖾 CB

SAULCE
26270 Drôme
1199 hab.

▲▲ LES REYS DE SAULCE ★★
62, av. de Provence. M. Clutier
☎ 75 63 00 22 ⫫ 75 63 12 60
🛏 19 ⬩ 200/300 F. ⍁ 68/190 F.
🍴 50 F. ⬛ 230/270 F.
⊠ 13/23 oct., 22 déc./23 janv., lun. et
dim. soir, lun. juil./août.
🅴 🄳 ⬜ ☎ 🛏 🛏 📶 ⤬ ♈ ⬙ CV ⑩
🕿 CB

SAULCE (LA)
05110 Hautes Alpes
600 m. • 700 hab.

▲ MARROU ★
Mme Siméon
☎ 92 54 20 02
🛏 12 ⬩ 180/240 F. ⍁ 85/150 F.
🍴 49 F. ⬛ 250 F.
⊠ nov. et sam. hs.
☎ 🛏 🛏 ♈ CV ⑩ 🕿

SAULCY SUR MEURTHE
88580 Vosges
1866 hab.

▲ LA TOSCANE ★★
1, rue Raymond Panin. M. Guyot
☎ 29 50 97 19 ⫫ 29 50 90 77
🛏 6 ⬩ 190/220 F. ⍁ 80/150 F. 🍴 45 F.
⬛ 270/290 F.
⊠ 3 premières semaines oct., lun. soir
et mar.
⬜ ⬜ ☎ 🛏 CV ⑩

SAULGES
53340 Mayenne
340 hab. ⓘ

▲▲▲ L'ERMITAGE ★★★
M. Janvier
☎ 43 90 52 28 ⫫ 43 90 56 61
🛏 36 ⬩ 290/500 F. ⍁ 100/300 F.
🍴 70 F. ⬛ 320/420 F.
⊠ fév., dim. soir et lun. 25 sept./30 avr.
🅴 ⬜ ☎ 🛏 🛏 ⤬ ♈ ⬙ 🎱 ♒ ♿
♿ CV ⑩ 🕿 CB

SAULIEU
21210 Côte d'Or
600 m. • 2900 hab. ⓘ

▲▲ AUBERGE DU RELAIS
8, rue d'Argentine. Mme Taverna
☎ 80 64 13 16 ⫫ 80 64 08 33
🛏 5 ⬩ 230/280 F. ⍁ 88/198 F. 🍴 62 F.
⬛ 240/295 F.
🅴 ⬜ 🛏 ♿ CV ⑩ 🕿 CB

▲▲▲ DE BOURGOGNE ★★
9, rue Courtépée. M. Letard
☎ 80 64 08 41 ⫫ 80 64 02 02
🛏 15 ⬩ 180/220 F. ⍁ 68/200 F.
🍴 38 F. ⬛ 220/250 F.
⊠ 1er déc./30 mars, mer. et jeu. midi
sauf 15 juin/15 oct.
🅴 ⬜ ☎ 🛏 ⤬ ♈ ⑩ 🕿 CB

DE LA POSTE ★★★
M. Virlouvet
☎ 80 64 05 67 ⫫ 80 64 10 82
🛏 38 ⬩ 200/485 F. ⍁ 98/188 F.
🍴 60 F. ⬛ 300/450 F.
🅴 🄳 ⬜ ☎ 🛏 🛏 📶 ⤬ ♿ ⑩ 🕿 CB

SAULT
84390 Vaucluse
760 m. • 1206 hab. ⓘ

▲▲ HOSTELLERIE DU VAL DE SAULT ★★
Route de Saint-Trinit. M. Gattechaut
☎ 90 64 01 41 ⫫ 90 64 12 74
🛏 11 ⬩ 410/440 F. ⍁ 149/215 F.
🍴 45 F. ⬛ 395/445 F.
⊠ 7 nov./7 mars, rest. lun. 7 mars/
1er juin et 1er oct./7 nov.
🅴 ⓘ ⬜ ☎ ⤬ ♈ ⬙ 🎱 ♿
🕿 CB

SAULT BRENAZ
01790 Ain
1100 hab.

▲ DU RHONE ★
M. Baudin
☎ 74 36 61 35
🛏 8 ⬩ 210/300 F. ⍁ 100/270 F.
🍴 65 F.
⊠ 2 août/2 sept., 20 déc./10 janv., dim.
soir et lun., ven. soir sauf juin/juil.
☎ 🛏 🛏 🕿 CB

SAULXURES
67420 Bas Rhin
400 hab. ⓘ

▲▲ BELLE-VUE ★★
M. Boulanger
☎ 88 97 60 23 ⫫ 88 47 23 71
🛏 14 ⬩ 210/330 F. ⍁ 90/200 F.
🍴 40 F. ⬛ 220/270 F.
⊠ janv. et mer. hs.
🅴 🄳 ⬜ ☎ ♈ ⬙ 🎱 🜂 CV

SAUVE
30610 Gard
1417 hab. ⓘ

▲▲ LA MAGNANERIE ★★
(L'Evesque). Mme Rousée-Rodriguez
☎ 66 77 57 44 ⫫ 66 77 02 31
🛏 8 ⬩ 200/350 F. ⍁ 60/180 F. 🍴 40 F.
⬛ 225/275 F.
⊠ 12 nov./12 déc. et lun. (en saison
lun. midi seulement).
🅴 🆂🅿 ⬜ ☎ 🛏 ⤬ ♈ ⬙ 🎱 🜂 🜄 ♿ CV
⑩ 🕿 CB

SAUVETERRE DE BEARN
64390 Pyrénées Atlantiques
1350 hab. ⓘ

▲ HOSTELLERIE DU CHATEAU ★
M. Camy
☎ 59 38 52 10
🛏 8 ⬩ 100/210 F. ⍁ 85/150 F. 🍴 40 F.
⬛ 170/210 F.
⊠ 8 janv./15 fév.
🅴 🆂🅿 ⬜ ☎ 🛏 ♈ CV ⑩

SAUZE (LE)
04400 Alpes de Haute Provence
1700 m. • 500 hab. ℹ️

▲▲ LE BREC ★★
(Le Super Sauze). M. Bondiau
☎ 92 81 05 14 FAX 92 81 02 87
🛏 12 ⬙ 220/295 F. 🍴 85/120 F.
♨ 45 F. 🏩 260/290 F.
⊠ 15 avr./20 juin et 10 sept./20 déc.
🅴 ⓘ 🗄 🕾 🚗 🛎 🚡 👙 🎿 ▥ 🅲🅱

SAUZET
46140 Lot
480 hab. ℹ️

▲ AUBERGE DE LA TOUR
M. Pol
☎ 65 36 90 05 FAX 65 36 92 34
🛏 8 ⬙ 140/200 F. 🍴 70/160 F. ♨ 45 F.
🏩 200 F.
⊠ 2ème semaine oct., janv. et lun.
🅴 🆂🅿 ⓘ 🗄 🕾 🚗 CV ▥ 🅲🅱 🖥

SAVENAY
44260 Loire Atlantique
5680 hab.

▲▲ AUBERGE DU CHENE VERT ★★
10, place de l'Hôtel de Ville.
M. Boudaud
☎ 40 56 90 16 FAX 40 56 99 60
🛏 20 ⬙ 210/300 F. 🍴 65/195 F.
♨ 35 F. 🏩 245 F.
🅴 🗄 🕾 🚗 🛎 🎿 CV ▥ 🅲🅱
🅲 🖥

SAVERNE
67700 Bas Rhin
11000 hab. ℹ️

▲▲▲ CHEZ JEAN WINSTUB S'ROSESTUBE ★★
3, rue de la Gare. M. Harter
☎ 88 91 10 19 FAX 88 91 27 45
🛏 20 ⬙ 298/350 F. 🍴 78/220 F.
♨ 55 F. 🏩 320/340 F.
⊠ 22 déc./8 janv., dim. soir et lun. sauf juil./sept.
🅴 🅳 🗄 🕾 🚗 🛎 ▥ CV ▥

SAVIGNE L'EVEQUE
72460 Sarthe
3676 hab. ℹ️

▲ LE FLOREAL et Annexe RESIDENCE
SAINT-EDMOND ★★ & ★★★
72, Grande Rue. M. Plot
☎ 43 27 50 19
🛏 26 ⬙ 150/280 F. 🍴 55/180 F.
♨ 60 F. 🏩 173/233 F.
⊠ dim. soir et soirs fériés, rest. août.
🅴 🗄 🕾 🚗 🛎 🎿 👙 ▥ ▥ 🅲🅱

SAVIGNY SUR BRAYE
41360 Loir et Cher
2015 hab. ℹ️

▲▲ AUBERGE DU CROISSANT ★★
9, place de la Mairie.
MeM. Brennus/Hervé
☎ 54 23 75 62 FAX 54 23 73 96

🛏 8 ⬙ 180/280 F. 🍴 79/160 F. ♨ 45 F.
🏩 250/280 F.
⊠ rest. dim. soir sauf juil./août.
🅴 🆂🅿 🗄 🕾 🚗 🚗 ▥ 👙 🎿 ▥
▥ 🅲🅱

SAVINES LE LAC
05160 Hautes Alpes
790 m. • 850 hab. ℹ️

▲▲ EDEN LAC ★★
M. Andrzejewski
☎ 92 44 20 53 FAX 92 44 29 17
🛏 21 ⬙ 250 F. 🍴 70/160 F. ♨ 39 F.
🏩 250/340 F.
⊠ 1er janv./7 fév. et 26 nov./20 déc.
🆂🅿 ⓘ 🗄 🕾 🚗 🛎 ▥ 🎿 ▶ 👙 ▥
▥ 🖥

SAZE
30650 Gard
1217 hab.

▲▲ AUBERGE LA GELINOTTE ★★
Sur N. 100. Mlle Arnaud
☎ 90 31 72 13 FAX 90 26 95 83
🛏 10 ⬙ 280/340 F. 🍴 120/150 F.
♨ 45 F. 🏩 320/340 F.
⊠ rest. 20 déc./31 janv., dim. soir et lun. hs., lun. midi saison.
🅴 🅳 🕾 🚗 🛎 ▥ 👙 ▥ ▥ 🅲🅱

SCHAEFFERSHEIM
67150 Bas Rhin
580 hab.

▲ A LA COURONNE ★
32, rue Principale. M. Scheeck
☎ 88 98 02 48 FAX 88 98 09 79
🛏 9 ⬙ 170/220 F. 🍴 80/170 F. ♨ 45 F.
🏩 180/225 F.
⊠ 1ère quinz. juil., rest. ven. soir et sam.
🅳 🗄 🕾 🚗 CV ▥ ▥ 🅲🅱

SCHIRMECK (LES QUELLES)
67130 Bas Rhin
600 m. • 15 hab. ℹ️

▲▲ NEUHAUSER ★★
M. Neuhauser
☎ 88 97 03 77 FAX 88 97 14 29
🛏 14 ⬙ 190/310 F. 🍴 100/300 F.
♨ 70 F. 🏩 280/310 F.
⊠ 2ème quinz. janv.
🗄 🕾 🚗 🛎 ▥ CV 🅲🅱

SCOURY
36300 Indre
350 hab.

▲ HOSTELLERIE DES RIVES DE LA CREUSE
M. Joly
☎ 54 37 98 01 FAX 54 37 64 77
🛏 7 ⬙ 160/200 F. 🍴 68/250 F. ♨ 45 F.
🏩 180/220 F.
⊠ dernière quinz. nov., dernière semaine fév., dim. soir et lun. hs.
🅴 🗄 🕾 🚗 🚗 ▥ 🎿 ▥ 🅲🅱

SEBOURG
59990 Nord
1590 hab. [i]

▲▲ AU JARDIN FLEURI ★★
21-23, rue du Moulin. Mme Delmotte
☎ 27 26 53 31 [FAX] 27 26 50 08
[1] 13 ⊗ 200/270 F. [1] 100/250 F.
[11] 50 F. [2] 250/300 F.
⊠ hôtel 15/30 sept. rest. mer. et dim.
soir.
[□][☎][□][□][T][□][●][CB]

SECLIN
59113 Nord
13000 hab. [i]

▲▲▲ AUBERGE DU FORGERON ★★★
17, rue Roger Bouvry. M. Belot
☎ 20 90 09 52 [FAX] 20 32 70 87
[1] 18 ⊗ 250/400 F. [1] 120/280 F.
[11] 60 F. [2] 220 F.
⊠ août et dim.
[E][D][SP][□][☎][□][□][CV][□][●]
[CB]

SEDAN
08200 Ardennes
24535 hab. [i]

▲▲ LE SAINT-MICHEL ★
3, rue Saint-Michel. M. Copine
☎ 24 29 04 61 [FAX] 24 29 32 67
[1] 19 ⊗ 250 F. [1] 60/150 F.
[2] 200/250 F.
⊠ rest. 1er/25 août et dim. soir.
[i][□][☎][□][□][□][□][CV][□][●]
[CB][□]

SEES
61500 Orne
5243 hab. [i]

▲▲▲ DU DAUPHIN ★★
31, place des Halles. M. Bellier
☎ 33 27 80 07 [FAX] 33 28 80 33
[1] 7 ⊗ 260/350 F. [1] 105/200 F.
[11] 45 F. [2] 330/400 F.
[E][□][☎][□][□][●][CB]

▲▲ LE CHEVAL BLANC ★★
1, place St-Pierre. M. Le Gros
☎ 33 27 80 48 [FAX] 33 28 58 05
[1] 9 ⊗ 175/270 F. [1] 70/185 F. [11] 38 F.
[2] 170/210 F.
⊠ 15 oct./15 nov., vac. scol.
fév./mars, jeu. soir et ven. saison, ven.
et sam. 15 sept/15 juin.
[E][□][☎][□][□][CB]

SEES (MACE)
61500 Orne
500 hab. [i]

▲▲▲ L'ILE DE SEES ★★
M. Orcier
☎ 33 27 98 65 [FAX] 33 28 41 22
[1] 16 ⊗ 285/305 F. [1] 78/170 F.
[11] 55 F. [2] 320 F.
⊠ 1er janv./15 mars, dim. soir et lun.
[E][□][☎][□][□][T][□][CB]

SEEZ
73700 Savoie
904 m. • 1300 hab. [i]

▲▲ MALGOVERT ★★
M. Gaymard
☎ 79 41 00 41 [FAX] 79 41 01 48
[1] 20 ⊗ 230/290 F. [1] 95/115 F.
[11] 48 F. [2] 235/265 F.
⊠ 1er mai/15 juin et 1er oct./20 déc.
[E][D][i][□][☎][□][T][□][●][CB]

SEEZ (VILLARD DESSUS)
73700 Savoie
1000 m. • 200 hab. [i]

▲▲ RELAIS DES VILLARDS ★★
Mme Merendet
☎ 79 41 00 66 [FAX] 79 41 08 13
[1] 10 ⊗ 210/290 F. [1] 75/130 F.
[11] 40 F. [2] 225/270 F.
⊠ 2 mai/3 juin et 30 sept./23 déc.
[E][D][i][□][☎][□][T][□][CV][●][CB]

SEGUR LES VILLAS
15300 Cantal
1045 m. • 404 hab.

▲▲▲ DE LA SANTOIRE ★★
M. Chabrier
☎ 71 20 70 68 [FAX] 71 20 73 44
[1] 26 ⊗ 200/240 F. [1] 78/150 F.
[11] 45 F. [2] 220/275 F.
[E][SP][□][☎][□][□][□][T][□][□][□][□]
[□][□][CV][□][●][CB]

SEICHES SUR LE LOIR
49140 Maine et Loire
2207 hab. [i]

▲ HOSTELLERIE SAINT-JACQUES ★★
(Matheflon). M. Dribault
☎ 41 76 20 30 [FAX] 41 76 61 51
[1] 10 ⊗ 125/250 F. [1] 70/190 F.
[11] 40 F. [2] 175/235 F.
⊠ hôtel 1er nov./15 mars, rest. 1ère
quinz. nov., vac. Noël, dim. soir et lun.
mars/avr. et oct., lun. midi mai/sept.
[E][D][☎][□][T][□][●][CB]

SEILHAC
19700 Corrèze
1440 hab. [i]

▲▲▲ RELAIS DES MONEDIERES ★★
M. Besse ☎ 55 27 04 74 [FAX] 55 27 90 03
[1] 14 ⊗ 185/275 F. [1] 70/165 F.
[11] 55 F. [2] 195/220 F.
⊠ 15 déc./15 janv.
[□][☎][□][□][□][T][□][□][□][●][CB]

SEINGBOUSE
57450 Moselle
1875 hab.

▲▲▲ RELAIS DIANE ★★
16, route Nationale. M. Houpert
☎ 87 89 11 10
[1] 12 ⊗ 190/280 F. [1] 58/190 F.
[11] 51 F. [2] 185/210 F.
⊠ 13/23 fév., 16 août/1er sept. et jeu.
[E][D][□][☎][□][□][T][□][CV][□][●][CB]
[C][□]

SELLE SUR LE BIED (LA)
45210 Loiret
625 hab.

⌂ LE MOULIN DU BIEF
1, rue de Bretagne. M. Blin
☎ 38 87 34 04
🛏 5 ▨ 180 F. 🍴 95/180 F. 🍽 38 F.
🍷 210 F.
✉ dim. soir et lun.
[E] [D] [⛱] [CV] [☼] [←] [CB]

SELLES SUR CHER
41130 Loir et Cher
4800 hab. [i]

⌂ LA BOULE D'OR
1, av. du T. P. G. Albert. M. Barre
☎ 54 97 56 22 [FAX] 54 97 45 24
🛏 8 ▨ 120/220 F. 🍴 55/140 F. 🍽 40 F.
🍷 160/260 F.
✉ mer. hs.
[E] [⛱] [🚗] [🚗] [←] [CB]

⌂⌂ LE LION D'OR ★★
14, place de la Paix. M. Blandin
☎ 54 97 40 83 [FAX] 54 97 72 36
🛏 9 ▨ 180/250 F. 🍴 80/290 F. 🍽 50 F.
🍷 205/240 F.
✉ 29 janv./12 fév., 29 oct./19 nov., dim.
soir et lun.
[E] [⛱] [🚗] [🚗] [CV] [☼] [←] [CB]

SELLIERES
39230 Jura
800 hab. [i]

⌂ DU CHAPEAU ROUGE
Mme Picard
☎ 84 85 50 20
🛏 8 ▨ 180/228 F. 🍴 60/145 F. 🍽 47 F.
🍷 170/210 F.
✉ vac. scol. Noël, fév., dim. soir
avr./sept. et sam. dim. oct./mars.
[D] [⛱] [🚗] [🚗] [☂] [CV] [←] [CB]

SELONNET
04460 Alpes de Haute Provence
1060 m. • 340 hab.

⌂⌂ LE RELAIS DE LA FORGE ★★
M. Turrel
☎ 92 35 16 98 [FAX] 92 35 07 37
🛏 15 ▨ 175/260 F. 🍴 75/170 F.
🍽 37 F. 🍷 185/225 F.
✉ 13 nov./18 déc. et dim. soir sauf vac.
scol.
[E] [D] [⛱] [🚗] [🚗] [⛱] [☂] [🏃] [☼]
[←] [CB]

SEMBADEL (GARE)
43160 Haute Loire
1100 m. • 120 hab.

⌂ MODERNE ★
Mme Maisonneuve
☎ 71 00 90 15
🛏 21 ▨ 210/240 F. 🍴 90/135 F.
🍽 40 F. 🍷 210/220 F.
✉ 2 nov./30 avr.
[E] [⛱] [🚗] [🚗] [☂] [🏃] [🚴] [☼] [←]

SEMBLANCAY
37360 Indre et Loire
1489 hab.

⌂⌂ HOSTELLERIE DE LA MERE HAMARD ★★
M. Pegue ☎ 47 56 62 04 [FAX] 47 56 53 61
🛏 9 ▨ 220/260 F. 🍴 99/230 F. 🍽 60 F.
🍷 255/265 F.
✉ 27 fév./13 mars, dim. soir et lun. sauf
clients hôtel 15 avr./15 oct.
[E] [D] [⛱] [🚗] [🚗] [☂] [←] [CB]

SEMUR EN AUXOIS
21140 Côte d'Or
6000 hab. [i]

⌂⌂ DE LA COTE D'OR ★★
3, place Gaveau. M. Chene
☎ 80 97 03 13 [FAX] 80 97 29 83
🛏 14 ▨ 250/320 F. 🍴 130/195 F.
🍽 50 F. 🍷 282/317 F.
✉ hôtel mer. 6 fév./30 avr. et 1er nov./
18 déc., rest. mer. 6 fév./18 déc.
[E] [⛱] [🚗] [🚗] [🚗] [⛱] [CV] [←] [CB]

⌂⌂ HOSTELLERIE D'AUSSOIS ★★★
Route de Saulieu. Mme Jobic
☎ 80 97 28 28 [TV] 350 759 [FAX] 80 97 34 56
🛏 43 ▨ 300/350 F. 🍴 90/195 F.
🍽 45 F. 🍷 270/300 F.
[E] [D] [SP] [⛱] [🚗] [🚗] [⛱] [☂] [☂] [🏃] [⛄] [♦]
[🏃] [🚴] [☼] [←] [CB]

SEMUR EN AUXOIS
(LAC DE PONT)
21140 Côte d'Or
105 hab.

⌂⌂⌂ DU LAC ★★
(A Pont et Massene). M. Laurençon
☎ 80 97 11 11 [FAX] 80 97 29 25
🛏 22 ▨ 185/330 F. 🍴 90/240 F.
🍽 55 F. 🍷 280/350 F.
✉ 18 déc./1er fév., dim. soir et lun.
midi sauf juil./août, lun. soir oct./avr.
[E] [D] [⛱] [☂] [🚗] [🚗] [CV] [☼] [←] [CB] [▦]

SENAS
13560 Bouches du Rhône
3906 hab. [i]

⌂ TERMINUS ★★
Av. Gabriel Péri. M. Eychenne
☎ 90 57 20 08 [FAX] 90 59 29 05
🛏 14 ▨ 156/270 F. 🍴 77/190 F.
🍽 55 F. 🍷 177/255 F.
✉ 20 déc./6 janv., dim. soir et lun. hs.
[E] [D] [SP] [⛱] [🚗] [🚗] [☂] [🏃] [🍽] [CV] [☼]
[←] [CB] [▦]

SENLIS
60300 Oise
14387 hab. [i]

⌂⌂ HOSTELLERIE DE LA PORTE
BELLON ★★
51, rue Bellon. M. Patenotte
☎ 44 53 03 05 [FAX] 44 53 29 94
🛏 19 ▨ 210/400 F. 🍴 115/189 F.
🍽 42 F. 🍷 255/360 F.
✉ 23 déc./5 janv.
[E] [⛱] [🚗] [☂] [☼] [←] [CB] [▦]

SENLISSE
78720 Yvelines
415 hab.

⚠️ LE GROS MARRONNIER ★★
3, place de l'Eglise. Mme Trochon
☎ (1) 30 52 51 69 📠 (1) 30 52 55 91
🛏 16 🍽 280/375 F. 🍴 135/285 F.
🍴 55 F. 🛏 380/450 F.
⊠ 22/27 déc. et rest. dim. soir
15 oct./28 fév.
Ⓔ Ⓓ 🖨 ☎ 🚗 🚗 ⋈ 🅣 ⚲ ♿ CV 🎱 ♠
CB Ⓒ ⚙

SENONCHES
28250 Eure et Loir
3100 hab. 🄸

⚠️ AUBERGE DE LA POMME DE PIN ★★
15, rue Michel Cauty. M. Bauer
☎ 37 37 76 62 📠 37 37 86 61
🛏 10 🍽 270/290 F. 🍴 85/260 F.
🍴 45 F. 🛏 230/240 F.
⊠ 21/31 oct., 25 déc./21 janv., dim. soir
et lun. midi.
Ⓔ Ⓓ 🖨 ☎ 🚗 🅣 🏊 ⚲ ♿ 🚴 CV 🎱
♠ Ⓒ

⚠️ DE LA FORET ★★
Place du Champ de Foire. M. Venier
☎ 37 37 78 50 📠 37 37 74 98
🛏 13 🍽 200/350 F. 🍴 70/175 F.
🍴 50 F. 🛏 200/280 F.
⊠ 15 fév./13 mars, 15/25 nov. et mer.
🖨 ☎ 🚗 ♠ CB ⚙

SENONES
88210 Vosges
3157 hab. 🄸

⚠️ AU BON GITE ★★
3, place Vautrin. M. Thomas
☎ 29 57 92 46 📠 29 57 93 92
🛏 7 🍽 220/300 F. 🍴 55/160 F. 🍴 40 F.
🛏 195/230 F.
⊠ 10/25 fév., 21 juil./6 août et dim.
soir.
Ⓔ 🖨 ☎ 🚗 🔌 CV 🎱 ♠ CB

SENS
89100 Yonne
30000 hab. 🄸

⚠️ LA CROIX BLANCHE ★★
9, rue Victor Guichard. M. Suchot
☎ 86 64 00 02 📠 86 65 29 19
🛏 25 🍽 155/240 F. 🍴 78/180 F.
🍴 50 F. 🛏 303/349 F.
⊠ ven. soir et sam. hs.
🖨 ☎ 🚗 🅣 CV ♠ CB ⚙

SENS (ROSOY)
89100 Yonne
1000 hab.

⚠️ AUBERGE DE L'HELIX ★★
(A Rosoy - 56, N. 6, à 5 km).
M. Me Eimery/Halluin
☎ 86 97 92 10 📠 86 97 19 00

🛏 10 🍽 160/230 F. 🍴 95/198 F.
🍴 50 F. 🛏 260 F.
🄸 🖨 ☎ 🚗 🚗 ♠ CB

SEREILHAC
87620 Haute Vienne
1400 hab.

⚠️⚠️ MOTEL DES TUILERIES ★★
(Les Betoulles). Mme Chambraud
☎ 55 39 10 27
🛏 10 🍽 240/300 F. 🍴 72/270 F.
🍴 45 F. 🛏 240/260 F.
⊠ 2 dernières semaines nov.,
3 dernières semaines janv., dim. soir et
lun. sauf juil./août.
Ⓔ SP 🖨 ☎ 🚗 🅣 🏊 ♿ ♠ CB

SEREZIN DU RHONE
69360 Rhône
2000 hab.

⚠️⚠️ LA BOURBONNAISE ★★
Par A7 sort. Solaise, par A46 sort.
Marennes M. Pascual
☎ 78 02 80 58 📠 78 02 17 39
🛏 36 🍽 175/285 F. 🍴 69/320 F.
🍴 39 F. 🛏 295/395 F.
Ⓔ Ⓓ SP 🖨 ☎ 🚗 🚗 ⋈ 🅣 🏊 ♿
♠ CB ⚙

SERIGNAC SUR GARONNE
47310 Lot et Garonne
768 hab. 🄸

⚠️ LE PRINCE NOIR ★★
Sur D. 119, route de Mont de Marsan.
M. Vich
☎ 53 68 74 30 📠 53 68 71 93
🛏 23 🍽 240/460 F. 🍴 100/145 F.
🍴 45 F. 🛏 305/350 F.
⊠ dim. soir.
Ⓔ SP 🖨 ☎ 🚗 ⋈ 🅣 ⚽ ♿ 🚲 ♿
CV 🎱 ♠ CB

SERIGNAN DU COMTAT
84830 Vaucluse
2069 hab.

⚠️ HOSTELLERIE DU VIEUX CHATEAU
Route de Sainte Cécile. M. Truchot
☎ 90 70 05 58 📠 90 70 05 62
🛏 7 🍽 260/800 F. 🍴 140/350 F.
🛏 300/520 F.
⊠ 18/30 déc., dim. soir et lun. hs.
Ⓔ Ⓓ SP 🖨 ☎ 🚗 🅣 ⚽ ♿ ♠
CB Ⓒ

SERRAVAL
74230 Haute Savoie
760 m. • 430 hab. 🄸

⚠️ DE LA TOURNETTE ★★
M. Tissot
☎ 50 27 50 13 📠 50 27 52 68
🛏 18 🍽 140/270 F. 🍴 90/130 F.
🍴 60 F. 🛏 170/260 F.
⊠ 20 oct./10 nov. et mar. hs.
Ⓔ 🖨 ☎ 🚗 🅣 🎱 ♠ CB

SERRIERES
07340 Ardèche
1342 hab. 🛈

▲▲▲ SCHAEFFER ✶✶
Quai Jules Roche. M. Mathe
☎ 75 34 00 07 𝖥𝖠𝖷 75 34 08 79
🛏 12 ⬡ 200/320 F. 🍽 140/320 F.
🍴 70 F. 🖼 260/330 F.
⊠ vac. scol. Toussaint,
1er/20 janv., dim. et lun. hs.
🅴 🚪 🖻 🕿 🖬 🖂 CV 🖛 CB

SERVOZ
74310 Haute Savoie
820 m. • 670 hab. 🛈

▲ CHALET HOTEL LES VERGERS ✶
Mme De Luzy
☎ 50 47 21 16
🛏 10 ⬡ 170/235 F. 🍽 80 F. 🍴 40 F.
🖼 190/230 F.
⊠ 30 sept./1er fév. et 6 mars/1er juin.
🅴 🖻 🕿 🕇 🖾 🖛

▲ LA SAUVAGEONNE ✶✶
M. Prudhomme
☎ 50 47 20 40 𝖥𝖠𝖷 50 47 22 22
🛏 10 ⬡ 260/295 F. 🍽 80/175 F.
🍴 50 F. 🖼 250/275 F.
⊠ 20 mai/10 juin et 1er oct./20 déc.
🖻 🕿 🖛 CV CB

SETE
34200 Hérault
40000 hab. 🛈

▲▲ AMBASSADE ✶✶
27, av. Victor Hugo.
M. Tacaille
☎ 67 74 62 67 𝖥𝖠𝖷 67 74 89 81
🛏 36 ⬡ 250/270 F. 🍽 69/149 F.
🍴 40 F. 🖼 212/296 F.
⊠ 21/26 déc., rest. ven. soir, sam. midi
et dim. soir hs.
🚪 🖻 🕿 🖿 🛉 🖂 🖾 CV 🖴
🖛 CB

▲▲▲ LA JOIE DES SABLES ✶✶✶
Plage de la Corniche. M. Spignese
☎ 67 53 11 76 𝖳𝖷 480 040
𝖥𝖠𝖷 67 51 24 26
🛏 25 ⬡ 265/330 F. 🍽 99/200 F.
🍴 55 F. 🖼 298 F.
⊠ rest. janv., lun. midi juin/sept.,
dim. soir et lun. oct./mai.
🅴 🚪 🖻 🕿 🖿 🖬 🖂 CV 🖾 🖛
CB 🖴

SEURRE
21250 Côte d'Or
3200 hab. 🛈

▲▲ LE CASTEL ✶✶
20, av. de la Gare. Mme Deschamps
☎ 80 20 45 07 𝖥𝖠𝖷 80 20 33 93
🛏 22 ⬡ 160/290 F. 🍽 95/270 F.
🍴 74 F.
⊠ 2 janv./6 fév. et lun. nov./avr.
🅴 🖻 🕿 🖿 🕇 🛉 CV 🖾 🖛

SEVERAC LE CHATEAU
12150 Aveyron
730 m. • 2500 hab. 🛈

▲▲ DU COMMERCE ✶✶
M. Lafon ☎ 65 71 61 04 𝖥𝖠𝖷 65 47 66 01
🛏 28 ⬡ 200/350 F. 🍽 68/190 F.
🍴 38 F. 🖼 250 F.
⊠ janv. et dim. soir hs.
🅴 🖻 🕿 🖿 🛉 🖂 🕇 🖒 🛉 CV 🖴
🖛 CB

▲ DU MIDI ✶
Av. Aristide Briand. M. Gal
☎ 65 47 62 15 𝖥𝖠𝖷 65 47 67 70
🛏 10 ⬡ 130/280 F. 🍽 60/120 F.
🍴 40 F. 🖼 160/205 F.
⊠ sam. soir et dim. 1er sept./1er juin et
jours fériés hiver.
🅴 🖻 🕿 🖿 🛉 🖛 CB

SEVIGNACQ MEYRACQ
64260 Pyrénées Atlantiques
446 hab.

▲▲ LES BAINS DE SECOURS ✶✶
M. Paroix ☎ 59 05 62 11 𝖥𝖠𝖷 59 05 76 56
🛏 7 ⬡ 250/350 F. 🍽 80/150 F. 🍴 60 F.
🖼 220/240 F.
⊠ dim. soir et lun. 1er nov./30 avr.
🅴 🖻 🕿 🖿 🖂 🕇 🛉 CV 🖴 🖛 CB
C 🖴

SEVRIER
74320 Haute Savoie
3200 hab. 🛈

▲▲ LA FAUCONNIERE ✶✶
Lieu-dit Letraz-Chuguet. Sur N. 508.
M. Raffatin
☎ 50 52 41 18 𝖥𝖠𝖷 50 52 63 33
🛏 27 ⬡ 210/290 F. 🍽 110/200 F.
🍴 55 F. 🖼 255/295 F.
⊠ 2 janv./7 fév., dim. soir et lun. midi hs.
🅴 🖻 🕿 🖿 🕇 🖛 CV 🖴 CB

▲▲ LES TONNELLES ✶✶
Route d'Alberville. M. Curt
☎ 50 52 41 58 𝖥𝖠𝖷 50 52 60 05
🛏 26 ⬡ 150/350 F. 🍽 60/150 F.
🍴 50 F. 🖼 200/260 F.
🅴 🛈 🖻 🕿 🕇 CV 🖴 🖛 CB

SEWEN
68290 Haut Rhin
564 hab. 🛈

▲ AUBERGE DU LANGENBERG
Route du Ballon d'Alsace. M. Fluhr
☎ 89 48 96 37
🛏 8 🍽 60/145 F. 🍴 35 F. 🖼 135/185 F.
⊠ 15 oct./5 nov. et jeu. hs.
🚪 🖿 🖂 🛉 🖒 ▶ 🖛

▲▲ DES VOSGES ✶✶
38, Grand'rue. M. Kieffer ☎ 89 82 00 43
🛏 17 ⬡ 240/290 F. 🍽 90/280 F.
🍴 55 F. 🖼 240/270 F.
⊠ 24 fév./4 mars, 25 nov./22 déc., dim.
soir et jeu. sauf juil./août.
🅴 🚪 🖻 🕿 🖿 🖂 🕇 🛉 🖒 CV 🖴
🖛 CB C

SEWEN (suite)

⚐ HOSTELLERIE AU RELAIS DES LACS ★★
M. Fluhr ☎ 89 82 01 42
🛏 13 ▨ 190/300 F. ⅋ 95/220 F.
🍴 80 F. 🍽 240/310 F.
✉ 6 janv./14 fév., 24 août/6 sept., mar.
soir et mer. sauf juil./août.
▣ ▣ ▣ ▣ ▣ ▣ ▣ ▣ ▣ ▣ ▣ ▣
▣ ▣ ▣ ▣

SEYNE LES ALPES
04140 Alpes de Haute Provence
1260 m. • 1500 hab. ⓘ

⚐ LA CHAUMIERE
M. Bravo ☎ 92 35 00 48
🛏 8 ▨ 170/210 F. ⅋ 68/100 F. 🍴 38 F.
🍽 180/210 F.
▣ ▣ ▣

SEYNES
30580 Gard
111 hab.

⚐ LA FARIGOULETTE ★★
Le Village. M. Daniel
☎ 66 83 70 56 ⅋ 66 83 72 80
🛏 11 ▨ 230 F. ⅋ 70/160 F. 🍴 40 F.
🍽 180 F.
▣ ▣ ▣ ▣ ▣ ▣ ▣ ▣ ▣

SEZANNE
51120 Marne
6200 hab. ⓘ

⚐ DE LA CROIX D'OR ★★
53, rue Notre-Dame. M. Dufour
☎ 26 80 61 10 ⅋ 26 80 65 20
🛏 12 ▨ 200/300 F. ⅋ 65/290 F.
🍴 55 F. 🍽 250/350 F.
✉ 2/18 janv.
▣ ▣ ▣ ▣ ▣ ▣ ▣ ▣ ▣ ▣ ▣

⚐ LE RELAIS CHAMPENOIS ET DU LION
D'OR ★★
157, rue Notre-Dame. M. Fourmi
☎ 26 80 58 03 ⅋ 26 81 35 32
🛏 15 ▨ 185/380 F. ⅋ 85/220 F.
🍴 45 F. 🍽 250/330 F.
✉ 23 déc./2 janv. et dim. soir
20 nov./15 mars.
▣ ▣ ▣ ▣ ▣ ▣ ▣ ▣ ▣ ▣ ▣

SIAUGUES SAINTE MARIE
43310 Haute Loire
910 m. • 1000 hab.

⚐ PECHAUD ★
M. Pechaud
☎ 71 74 21 19
🛏 10 ▨ 150/210 F. ⅋ 55/145 F.
🍴 40 F. 🍽 150/190 F.
✉ 15 sept./15 oct. et jours fériés.
▣ ▣ ▣ ▣ ▣ ▣ ▣

SIERENTZ
68510 Haut Rhin
2000 hab. ⓘ

⚐ AUBERGE SAINT LAURENT
M. Arbeit
☎ 89 81 52 81 ⅋ 89 81 67 08

🛏 8 ▨ 150/250 F. ⅋ 100/380 F.
🍴 80 F. 🍽 250/280 F.
✉ 6/22 mars, 14/29 août, lun. et mar.
▣ ▣ ▣ ▣ ▣ ▣ ▣ ▣

SIGEAN
11130 Aude
3140 hab. ⓘ

⚐ LE SAINT ANNE
Route de Portel. M. Noireau
☎ 68 48 24 38
🛏 10 ▨ 150/230 F. ⅋ 70/130 F.
🍴 38 F. 🍽 175/210 F.
✉ hôtel 5 nov./1er mars, rest.
5 nov./1er mars et dim. soir hs.
▣ ▣ ▣ ▣ ▣

SIGNY L'ABBAYE
08460 Ardennes
1500 hab. ⓘ

⚐ AUBERGE DE L'ABBAYE ★★
Place A. Briand Mme Lefèbvre
☎ 24 52 81 27
🛏 10 ▨ 150/300 F. ⅋ 70/150 F.
🍴 60 F. 🍽 200/250 F.
✉ 2 janv./28 fév., mer. à partir de 16 H
et jeu.
▣ ▣ ▣ ▣ ▣ ▣ ▣ ▣ ▣ ▣ ▣

SIGNY LE PETIT
08380 Ardennes
1280 hab. ⓘ

⚐ LE LION D'OR
2, rue Nicolas de Rumigny.
Mme Bertrand
☎ 24 53 51 76 ⅋ 24 53 36 96
🛏 10 ▨ 310/650 F. ⅋ 70/260 F.
🍴 40 F. 🍽 350/485 F.
✉ rest. 15/31 mars et lun.
▣ ▣ ▣ ▣ ▣ ▣ ▣ ▣ ▣ ▣

SIGOYER
05130 Hautes Alpes
1060 m. • 306 hab.

⚐ MURET ★★
M. Paul ☎ 92 57 83 02 ⅋ 92 57 92 44
🛏 25 ▨ 190/310 F. ⅋ 80/110 F.
🍴 50 F. 🍽 210/250 F.
✉ 9/25 oct.
▣ ▣ ▣ ▣ ▣ ▣ ▣ ▣ ▣ ▣ ▣
▣ ▣

SILLE LE GUILLAUME
72140 Sarthe
2700 hab. ⓘ

⚐ DU PILIER VERT ★
1, place du Marché. M. Gaudmer
☎ 43 20 10 68 ⅋ 43 20 06 51
🛏 10 ▨ 150/270 F. ⅋ 99/185 F.
🍴 47 F. 🍽 185/240 F.
✉ 20 sept./10 oct., 2 semaines vac.
scol. fév., lun. sauf jours fériés et dim.
soir hiver.
▣ ▣ ▣ ▣ ▣ ▣ ▣ ▣

SIMANDRE SUR SURAN
01250 Ain
502 hab.

⚑ TISSOT ⋆
M. Tissot ☎ 74 30 65 04 ⟨FAX⟩ 74 30 61 04
🛏 9 ◇ 130/250 F. ⊞ 60/200 F. ♨ 50 F.
🎦 150/180 F.
⊠ rest. dim. soir et lun. midi.
⟨E⟩ ⟨□⟩ ⟨☎⟩ ⟨🚗⟩ ⟨🚗⟩ ⟨CV⟩ ⟨🛏⟩ ⟨CB⟩

SINCENY
02300 Aisne
2226 hab.

⚑⚑ AUBERGE DU ROND D'ORLEANS ⋆⋆
M. Matthieu ☎ 23 52 26 51
🛏 20 ◇ 310 F. ⊞ 160/260 F.
⊠ 25 fév./4 mars, 31 juil./12 août et
dim. soir.
⟨E⟩ ⟨□⟩ ⟨☎⟩ ⟨🚗⟩ ⟨♿⟩ ⟨▯⟩ ⟨🛏⟩ ⟨CB⟩

SIORAC EN PERIGORD
24170 Dordogne
875 hab. ⓘ

⚑⚑⚑ AUBERGE DE LA PETITE REINE ⋆⋆
M. Duc ☎ 53 31 60 42 ⟨FAX⟩ 53 31 69 60
🛏 39 ◇ 250/320 F. ⊞ 95/140 F.
♨ 35 F. 🎦 260/320 F.
⊠ 20 oct./15 avr.
⟨E⟩ ⟨D⟩ ⟨□⟩ ⟨☎⟩ ⟨🚗⟩ ⟨🚴⟩ ⟨⚲⟩ ⟨🎾⟩ ⟨♿⟩ ⟨CV⟩
⟨▯⟩ ⟨🛏⟩ ⟨CB⟩

⚑ L'ESCALE ⋆⋆
Le Port. M. Audibert
☎ 53 31 60 23 ⟨FAX⟩ 53 28 54 42
🛏 12 ◇ 130/250 F. ⊞ 65/185 F.
🎦 238/268 F.
⊠ 15 oct./1er avr.
⟨E⟩ ⟨SP⟩ ⟨□⟩ ⟨☎⟩ ⟨🚗⟩ ⟨♿⟩ ⟨CV⟩ ⟨▯⟩ ⟨🛏⟩ ⟨CB⟩

SISTERON
04200 Alpes de Haute Provence
7000 hab. ⓘ

⚑⚑ LES CHENES ⋆⋆
300 route Gap-Grenoble N85 sortie
Nord M. Roustan
☎ 92 61 15 08 ⟍ 92 61 13 67
⟨FAX⟩ 92 61 16 92
🛏 25 ◇ 175/320 F. ⊞ 86/175 F.
♨ 50 F. 🎦 220/260 F.
⊠ 25 oct./7 nov., 23 déc./20 janv. et
dim. sauf juil./août.
⟨E⟩ ⟨i⟩ ⟨□⟩ ⟨☎⟩ ⟨🚗⟩ ⟨🎾⟩ ⟨⚲⟩ ⟨🎿⟩ ⟨♿⟩ ⟨▯⟩ ⟨🛏⟩
⟨CB⟩ ⟨▮⟩

⚑ TOURING NAPOLEON ⋆⋆
22, av. de la Libération. M. Thomas
☎ 92 61 00 06 ⟨FAX⟩ 92 61 01 19
🛏 28 ◇ 230/275 F. ⊞ 70/220 F.
♨ 45 F. 🎦 200/225 F.
⟨E⟩ ⟨D⟩ ⟨i⟩ ⟨□⟩ ⟨☎⟩ ⟨🚗⟩ ⟨🚗⟩ ⟨CV⟩ ⟨▯⟩ ⟨🛏⟩ ⟨CB⟩
⟨C⟩ ⟨▮⟩

SIX FOURS LES PLAGES
83140 Var
27767 hab. ⓘ

⚑⚑ LE CLOS DES PINS ⋆⋆
101 bis, rue de la République. M. Rives
☎ 94 25 43 68 ⟨FAX⟩ 94 07 63 07

🛏 32 ◇ 290/340 F. ⊞ 80/120 F.
♨ 40 F. 🎦 240/270 F.
⊠ 2ème quinz. nov., 1ère quinz.
janv., rest. sam. et dim. soir.
⟨E⟩ ⟨□⟩ ⟨☎⟩ ⟨🚗⟩ ⟨🚗⟩ ⟨🛏⟩ ⟨🎾⟩ ⟨🎿⟩ ⟨♿⟩ ⟨♿⟩ ⟨CV⟩
⟨🛏⟩ ⟨CB⟩ ⟨C⟩ ⟨▮⟩

SIX FOURS LES PLAGES
(LE BRUSC)
83140 Var
27767 hab. ⓘ

⚑ DU PARC ⋆⋆
(Le Brusc, 112, rue Marius Bondil).
M. Leprevost
☎ 94 34 00 15 ⟨FAX⟩ 94 34 16 94
🛏 17 ◇ 216/330 F. ⊞ 93/150 F.
♨ 57 F. 🎦 253/360 F.
⊠ 1er oct./mars et dim. hs.
⟨E⟩ ⟨☎⟩ ⟨🚗⟩ ⟨🎾⟩ ⟨CV⟩ ⟨CB⟩

SIXT FER A CHEVAL
74740 Haute Savoie
800 m. • 660 hab. ⓘ

⚑⚑ LE PETIT TETRAS ⋆⋆
Lieu-dit Salvagny. M. Scuri
☎ 50 34 42 51 ⟨FAX⟩ 50 34 12 02
🛏 22 ◇ 220/320 F. ⊞ 90/180 F.
♨ 58 F. 🎦 250/300 F.
⊠ 1er avr./24 mai et 15 sept./20 déc.
⟨E⟩ ⟨SP⟩ ⟨☎⟩ ⟨🚗⟩ ⟨🎾⟩ ⟨🎾⟩ ⟨⚲⟩ ⟨🎿⟩ ⟨♿⟩ ⟨CV⟩ ⟨▯⟩
⟨🛏⟩ ⟨CB⟩ ⟨C⟩

SIZUN
29450 Finistère
1811 hab. ⓘ

⚑⚑ DES VOYAGEURS ⋆⋆
2, rue de l'Argoat.
M. Corre
☎ 98 68 80 35 ⟨FAX⟩ 98 24 11 49
🛏 28 ◇ 150/250 F. ⊞ 65/100 F.
♨ 52 F. 🎦 180/240 F.
⊠ 9 sept./1er oct. et rest. sam. soir
1er nov./31 mars.
⟨E⟩ ⟨□⟩ ⟨☎⟩ ⟨🚗⟩ ⟨m⟩ ⟨🎾⟩ ⟨CV⟩ ⟨🛏⟩

⚑ LE CLOS DES 4 SAISONS ⋆⋆
2, rue de la Paix. M. Gillette
☎ 98 68 80 19 ⟨FAX⟩ 98 24 11 93
🛏 19 ◇ 120/240 F. ⊞ 55/165 F.
♨ 39 F. 🎦 160/215 F.
⊠ 1ère semaine sept.
⟨E⟩ ⟨□⟩ ⟨☎⟩ ⟨🚗⟩ ⟨m⟩ ⟨🎾⟩ ⟨🎾⟩ ⟨🎿⟩ ⟨♿⟩ ⟨CV⟩ ⟨▯⟩
⟨🛏⟩ ⟨CB⟩

SOCCIA
20125 Corse
650 m. • 716 hab.

⚑⚑ U PAESE ⋆⋆
M. Battistelli
☎ 95 28 31 92
🛏 22 ◇ 250 F. ⊞ 95/130 F. ♨ 50 F.
🎦 220 F.
⊠ 20 nov./20 déc.
⟨i⟩ ⟨□⟩ ⟨☎⟩ ⟨🚗⟩ ⟨🎾⟩ ⟨▯⟩

SOINGS EN SOLOGNE
41230 Loir et Cher
1289 hab.

⌂ LES 4 VENTS ★
Route de Contres. M. André
☎ 54 98 71 31 ⊞ 54 98 75 61
🛏 12 ⊗ 120/200 F. 🍽 55/135 F.
🍴 40 F. 🛏 175/200 F.
⊠ 25 fév./5 mars, rest. ven. et dim. soir.
▱ ☎ 🚗 🚗 ⇥ ⛱ 🌳 ♿ CV ▦ ✦
CB 🏠

SOLERIEUX
26130 Drôme
172 hab.

⌂⌂ FERME SAINT MICHEL ★★
M. Laurent
☎ 75 98 10 66 ⊞ 75 98 19 09
🛏 15 ⊗ 210/350 F. 🍽 85/180 F.
🍴 40 F. 🛏 220/330 F.
⊠ 23 déc./24 janv., dim. soir et lun.
▱ ☎ 🚗 ⇥ 🌳 ⛱ ⚓ 🎿 CV ▦ CB

SOMBERNON
21540 Côte d'Or
600 m. ● 800 hab. 🛈

⌂ LE SOMBERNON ★★
M. Blondelle
☎ 80 33 41 23
🛏 14 ⊗ 120/240 F. 🍽 65/180 F.
🍴 40 F. 🛏 180/250 F.
⊠ 15 janv./15 fév. et mer.
▯ 🛈 ▱ ☎ 🚗 ♿ CV ▦ ✦

SONZAY
37360 Indre et Loire
1085 hab.

⌂ AUBERGE DU CHEVAL BLANC ★
5, place de la Mairie.
M. Godeau
☎ 47 24 70 14
🛏 9 ⊗ 175/260 F. 🍽 80/145 F. 🍴 45 F.
🛏 190/230 F.
⊠ 26 fév./12 mars, 22 déc./2 janv. et
dim. sauf dim. soir en saison.
▱ ☎ 🚗 ⇥ CB

SORGES
24420 Dordogne
1075 hab. 🛈

⌂⌂⌂ AUBERGE DE LA TRUFFE ★★
Mme Leymarie
☎ 53 05 02 05 ⊞ 53 05 39 27
🛏 18 ⊗ 200/315 F. 🍽 70/250 F.
🍴 50 F. 🛏 250/300 F.
⊠ rest. dim. soir hiver.
▯ ▯ ▱ ☎ 🚗 ⇥ 🌳 ⛱ ⚓ 🎿 🌀 CV
▦ ✦ CB C 🏠

⌂⌂ DE LA MAIRIE ★★
Mme Leymarie
☎ 53 05 02 11 ⊞ 53 05 39 27
🛏 8 ⊗ 220/315 F. 🍽 90/300 F. 🍴 60 F.
🛏 250/300 F.

⊠ dim. soir et lun.
▯ ▯ ▱ ☎ 🚗 🚗 ⇥ 🌳 ⛱ 🏊 🎿 🌀 ♿
CV ▦ ✦ CB

SORGUES
84700 Vaucluse
17126 hab.

⌂ VIRGINIA D'OUVEZE ★★
410, av. d'Orange. M. Laborie
☎ 90 83 31 82 ⊞ 90 83 07 17
🛏 20 ⊗ 135/195 F. 🍽 90/170 F.
🍴 40 F. 🛏 175/200 F.
⊠ dim. hs.
▯ ▯ SP ▱ ☎ 🚗 ⇥ CV ✦ CB 🏠

SORIGNY
37250 Indre et Loire
1800 hab.

⌂⌂ AUBERGE DE LA MAIRIE ★★
Place Marcel Gaumont. M. Baffos
☎ 47 26 07 23 ⊞ 47 26 91 12
🛏 16 ⊗ 120/210 F. 🍽 70/220 F.
🍴 45 F. 🛏 160/205 F.
⊠ ven. soir 20 sept./20 mai, rest. dim.
soir. (8 chambres non classées).
▯ ▱ ☎ 🚗 🚗 ♿ CV ▦ ✦ CB 🏠

SOSPEL
06380 Alpes Maritimes
2650 hab. 🛈

⌂⌂ DE FRANCE ★★
M. Volle
☎ 93 04 00 01
🛏 11 ⊗ 200/350 F. 🍽 80/180 F.
🍴 40 F. 🛏 220/270 F.
⊠ fév.
▯ 🛈 ▱ ☎ 🚗 ⇥ ▦ ✦ CB

⌂⌂⌂ DES ETRANGERS ★★
7, bld de Verdun. M. Domerego
☎ 93 04 00 09 ⊞ 93 04 12 31
🛏 27 ⊗ 260/370 F. 🍽 75/170 F.
🍴 40 F. 🛏 270/360 F.
⊠ 25 nov./15 fév.
▯ SP 🛈 ▱ ☎ 🛏 ⛱ 🏊 ⚓ ✦ 🌀 ♿
CV ▦ ✦ CB

⌂⌂ L'AUBERGE PROVENCALE ★★
Route du Col de Castillon. Mme Luciano
☎ 93 04 00 31
🛏 9 ⊗ 170/350 F. 🍽 75/150 F. 🍴 75 F.
🛏 205/295 F.
⊠ 11 nov./11 déc. et rest. jeu. midi.
▯ 🛈 ▱ ☎ ✦

SOUCY
89100 Yonne
1000 hab.

⌂⌂ AUBERGE DU REGAIN
11, route de Nogent. M. Milhem
☎ 86 86 64 62
🛏 5 ⊗ 130/200 F. 🍽 95/250 F. 🍴 70 F.
🛏 160/200 F.
⊠ 13/27 fév., 28 août/18 sept., dim. soir
et lun.
🚗 ⇥ ♿ ▦ ✦ CB

SOUDAN
79800 Deux Sèvres
500 hab.

▲▲ L'ORANGERIE ★★
Sur N. 11 (A 10 sortie 21). M. Bordage
☎ 49 06 56 06 🖷 49 06 56 10
🛏 7 🍴 165/210 F. 🍽 85/180 F. 🍴 48 F.
🍽 190 F.
⊠ 31 déc./5 fév., lun. hs et dim. soir.
🄴 🗗 ☎ 🚗 🆃 CB 🖨

SOUDRON
51320 Marne
250 hab.

▲ DE LA MAIRIE
4, rue de l'Eglise. Mme Moncuit
☎ 26 67 40 66
🛏 7 🍴 120/150 F. 🍽 60 F. 🍴 35 F.
🍽 170 F.
⊠ 24 déc./2 janv. et dim.
☎ CB

SOUFFELWEYERSHEIM
67460 Bas Rhin
6000 hab.

▲ HOSTELLERIE DU CERF BLANC ★★
12, route de Bischwiller. Mme Fristch
☎ 88 20 05 07 🖷 88 20 10 42
🛏 8 🍴 220/275 F. 🍽 75/150 F. 🍴 35 F.
⊠ rest. lun.
🄴 🅳 🗗 🚗 CV 🖝 CB

SOUILLAC
46200 Lot
5000 hab. 🛈

▲▲ AUBERGE DU PUITS ★★
5, place du Puits. M. Arnal
☎ 65 37 80 32 🖷 65 37 07 16
🛏 20 🍴 135/300 F. 🍽 75/300 F.
🍴 58 F. 🍽 189/290 F.
⊠ nov./déc., dim. soir et lun. hs sauf
vac. scol.
🄴 🅳 🗗 ☎ 🚗 🍴 CV CB

� BELLE VUE ★★
68, av. Jean Jaurès. M. Thion
☎ 65 32 78 23 🖷 65 37 03 89
🛏 25 🍴 140/340 F.
⊠ 15 déc./15 janv.
☎ 🚗 🍴 🆃 🍴 🐾 🏃

▲▲ DE LA PROMENADE ★★
Mme Delbreil
☎ 65 37 82 86 🖀 283 155 🖷 65 32 61 57
🛏 71 🍴 170/340 F. 🍽 85/250 F.
🍴 40 F. 🍽 250/280 F.
⊠ 2 janv./30 mars.
🄴 SP 🗗 ☎ 🚗 🍴 🍴 🐾 CB

▲▲ LA ROSERAIE ★★
42, av. de Toulouse. M. Fournier
☎ 65 37 82 69 🖷 65 32 60 48
🛏 27 🍴 175/252 F. 🍽 65/160 F.
🍴 49 F. 🍽 236/247 F.
⊠ 15 oct./31 mars.
🄴 SP 🗗 ☎ 🚗 🍴 🍴 🍴 🏃 🍴 🍴 CV
🍴 🐾 CB

▲▲▲ LA VIEILLE AUBERGE ★★
M. Veril
☎ 65 32 79 43 🖷 65 32 65 19
🛏 19 🍴 240/330 F. 🍽 100/250 F.
🍴 55 F. 🍽 260/360 F.
⊠ dim. soir et lun. 1er nov./1er avr.
🄴 🅳 🗗 ☎ 🚗 🍴 🍴 🍴 🏃 🍴
🍴 CV 🍴 🍴 CB C 🖨

▲▲▲ LE GRAND HOTEL ★★★
1, allée de Verninac. MeM. Bouyjou
☎ 65 32 78 30 🖷 65 32 66 34
🛏 42 🍴 180/515 F. 🍽 70/230 F.
🍴 45 F. 🍽 240/385 F.
⊠ 1er janv./31 mars, 1er nov./31 déc. et
mer. avr., oct.
🄴 SP 🗗 ☎ 🚗 🍴 CV 🍴 🐾 CB

▲▲ LES AMBASSADEURS ★★
12, av. du Général de Gaulle. M. Lelièvre
☎ 65 32 78 36 🖷 65 32 72 70
🛏 15 🍴 180/245 F. 🍽 79/210 F.
🍴 48 F. 🍽 187/210 F.
⊠ ven. soir et sam. 15 déc./1er mars.
🄴 SP 🗗 ☎ 🚗 CV 🍴 🐾 CB

SOULAC SUR MER
33780 Gironde
2590 hab. 🛈

▲▲ DAME DE COEUR ★★
103, rue de la Plage. M. Rouyer
☎ 56 09 80 80
🛏 12 🍴 160/250 F. 🍽 70/200 F.
🍴 40 F. 🍽 250/270 F.
⊠ 15 déc./15 janv. et dim. soir hs
🄴 🅳 🗗 ☎ 🚗 CV 🍴 🐾 CB

▲▲ DES PINS ★★
Lieu-dit l'Amélie à 4 km. Mme Moulin
☎ 56 09 80 01 🖷 56 73 60 39
🛏 35 🍴 200/395 F. 🍽 90/245 F.
🍴 50 F. 🍽 210/385 F.
⊠ 22 janv./11 mars et 19 nov./10 déc.
🄴 🗗 ☎ 🚗 🆃 🍴 CV 🍴 🐾 CB

SOULAIRE ET BOURG
49460 Maine et Loire
1100 hab.

▲ LE RELAIS DU PLESSIS BOURRE
7, route d'Angers, Dept. 107. M. Lucas
☎ 41 32 06 07
🛏 5 🍴 125/265 F. 🍽 85/160 F. 🍴 58 F.
🍽 180/245 F.
⊠ mer. hs.
🄴 🆃 🐾 CB

SOULTZ
68360 Haut Rhin
6000 hab. 🛈

▲ BELLE VUE ★★
28, route de Wuenheim. M. Zinck
☎ 89 76 95 82 🖷 89 83 06 09
🛏 8 🍴 120/220 F. 🍽 48/200 F. 🍴 35 F.
🍽 200 F.
⊠ lun. soir et mar.
🅳 🗗 ☎ 🚗 🆃 🍴 🏃 🍴 🍴 🐾 CB

SOULTZBACH LES BAINS
68230 Haut Rhin
650 hab.

⌂ SAINT CHRISTOPHE ★
4, rue de l'Eglise. M. Guthleben
☎ 89 71 13 09
🛏 7 ⊗ 140/210 F. ⓘ 55/105 F. 🍴 36 F.
🍴 160/200 F.
⊠ rest. 3/12 juin, 1er/12 déc. sauf
pensionnaires, dim. soir et mer. soir hs.
Ⓔ Ⓓ 🕾 🚗 CV 🛏 CB

SOULTZEREN
68140 Haut Rhin
700 m. • 1200 hab. ⓘ

⌂ A LA VILLE DE GERARDMER ★
38, route de la Schlucht. M. Greder
☎ 89 77 31 57 📠 89 77 07 75
🛏 15 ⊗ 130/235 F. ⓘ 65/140 F.
🍴 45 F. 🍴 182/235 F.
⊠ 12 nov./15 déc. et mar. hs.
Ⓓ SP 🕾 🚗 🕾 🐕 🛏 🕭 CV 🛏 CB

⌂ DU PONT ★
50, route de la Schlucht. M. Fritsch
☎ 89 77 35 23
🛏 14 ⊗ 160/220 F. ⓘ 62/140 F.
🍴 42 F. 🍴 170/215 F.
⊠ 14 nov./8 déc., dim. soir et lun. hs.
Ⓓ 🚗 🛏 CV 🛏 CB

SOULTZMATT
68570 Haut Rhin
1924 hab.

⌂⌂⌂ DE LA VALLEE NOBLE ★★
M. Better
☎ 89 47 65 65 📠 89 47 65 04
🛏 32 ⊗ 350/370 F. ⓘ 140/330 F.
🍴 65 F. 🍴 350/370 F.
Ⓔ Ⓓ SP 🕾 🚗 🕾 🛏 🐕 🛏 🕭
CV 🛏 CB

⌂⌂ KLEIN ★★
44, rue de la Vallée. M. Klein
☎ 89 47 00 10 📠 89 47 65 03
🛏 11 ⊗ 250/300 F. ⓘ 100/250 F.
🍴 60 F. 🍴 260 F.
⊠ 15 nov./1er déc. et lun.
Ⓔ Ⓓ 🕾 🚗 CV 🛏 CB

SOUMOULOU
64420 Pyrénées Atlantiques
1030 hab.

⌂⌂⌂ DU BEARN ★★
14, rue Las Bordes. Mme Chabat
☎ 59 04 60 09 📠 59 04 63 33
🛏 14 ⊗ 200/310 F. ⓘ 65/195 F.
🍴 50 F. 🍴 193/243 F.
⊠ 9 janv./9 fév., dim. oct., avr./juin et
dim. soir et lun. nov./mai.
Ⓔ SP 🕾 🚗 🚗 🚗 🕾 🛏 CV 🛏
🛏 CB

SOUQUET (LE) LESPERON
40260 Landes
1500 hab.

⌂⌂ LE RELAIS PARIS MADRID ★★
M. Bulteau

☎ 58 89 60 46 📠 58 89 64 11
🛏 16 ⊗ 195/310 F. ⓘ 100/200 F.
🍴 60 F. 🍴 310 F.
⊠ fév. hors vac. scol. et rest. lun. midi
hs.
Ⓔ SP 🕾 🚗 🕾 🐕 🛏 🕭 CV 🛏
🛏 CB

SOURAIDE
64250 Pyrénées Atlantiques
950 hab.

⌂⌂ BERGARA ★★
M. Massonde
☎ 59 93 90 58
🛏 31 ⊗ 180/300 F. ⓘ 65/160 F.
🍴 40 F. 🍴 180/210 F.
⊠ lun.
🕾 🚗 🕾 🐕 ▶ 🛏 CV 🛏 🛏 CB
Ⓒ 🛏

SOURDEVAL
50150 Manche
3211 hab. ⓘ

⌂ LE TEMPS DE VIVRE ★★
12, rue Saint-Martin. M. Lechapelais
☎ 33 59 60 41 📠 33 59 88 34
🛏 7 ⊗ 180/230 F. ⓘ 67/160 F. 🍴 34 F.
🍴 163/171 F.
⊠ 13/27 fév. et lun. sauf août.
🕾 🕾 🚗 🚗 CV 🛏 CB 🛏

SOUSTONS
40140 Landes
5500 hab. ⓘ

⌂⌂ DU LAC ★★
63, av. Galleben. M. Nougue
☎ 58 41 18 80
🛏 12 ⊗ 178/290 F. ⓘ 83/184 F.
🍴 55 F. 🍴 218/285 F.
⊠ fin sept./1er avr.
Ⓔ SP 🕾 🕾 🛏 🛏

SOUTERRAINE (LA)
23300 Creuse
6000 hab. ⓘ

⌂⌂ DE LA PORTE SAINT JEAN ★★
2, rue des Bains. M. Jeanguenin
☎ 55 63 90 00 📠 55 63 77 27
🛏 32 ⊗ 160/300 F. ⓘ 88/199 F.
🍴 45 F. 🍴 195/295 F.
Ⓔ Ⓓ 🕾 🕾 🚗 🛏 CV 🛏 CB
Ⓒ 🛏

SOUTERRAINE (LA) (SAINT ETIENNE DE FURSAC)
23290 Creuse
500 hab.

⌂⌂ NOUGIER ★★
(A St-Etienne de Fursac, 10 km).
M. Nougier
☎ 55 63 60 56 📠 55 63 65 47
🛏 12 ⊗ 250/310 F. ⓘ 70/200 F.
🍴 70 F. 🍴 270 F.
⊠ 1er déc./28 fév., dim. soir et lun. hs.
Ⓔ 🕾 🕾 🚗 🕾 🛏 CB

SOUVIGNY EN SOLOGNE
41600 Loir et Cher
400 hab.

AA AUBERGE CROIX BLANCHE **
Place de l'Eglise. Mme Marois
☎ 54 88 40 08 FAX 54 88 91 06
🍽 9 ⌂ 120/280 F. ⏸ 75/230 F. ⏸ 60 F.
🛏 220/270 F.
⊠ mi-janv./début mars, mar. soir et mer.
[icons] E ☐ 🚗 iol ● CB 🕿

SOYONS
07130 Ardèche
1551 hab.

AAA LA CHATAIGNERAIE ***
Domaine de la Musardière. M. Michelot
☎ 75 60 83 55 TLX 346387 FAX 75 60 85 21
🍽 17 ⌂ 490/850 F. ⏸ 120/390 F.
🛏 100 F.
[icons] E ☐ SP ☐ 🚗 ⌂ ● 🕿 ⊒ ⊒ ⊒
[icons] ⌂ ⌂ iol ● CB

STAINVILLE
55500 Meuse
368 hab.

AA LA GRANGE **
M. Jung
☎ 29 78 60 15 FAX 29 78 67 28
🍽 9 ⌂ 260 F. ⏸ 85/200 F. ⏸ 40 F.
🛏 290 F.
[icons] E ☐ ☐ 🚗 🚗 ⊤ ⌂ ⌂ ⌂ iol ● CB

STELLA PLAGE
62780 Pas de Calais
5000 hab.

AA DES PELOUSES Rest. LA GRILLADE **
465, bld Labrasse. M. Lecerf
☎ 21 94 60 86 FAX 21 94 10 11
🍽 30 ⌂ 180/300 F. ⏸ 65/160 F.
🛏 45 F. 🛏 180/250 F.
⊠ janv.
[icons] ☐ 🚗 🚗 ⌂ ⌂ CV iol ● CB

STENAY
55700 Meuse
3202 hab.

AA DU COMMERCE **
9, rue Aristide Briand. M. Gilbin
☎ 29 80 30 62 FAX 29 80 61 77
🍽 13 ⌂ 200/320 F. ⏸ 67/220 F.
🛏 45 F. 🛏 250/300 F.
⊠ 1er/7 janv., ven. soir et dim. soir
1er oct./Pâques.
[icons] E ☐ ☐ 🚗 🚗 ⊢ CV iol ●

STOSSWIHR
68140 Haut Rhin
1300 hab.

AA AUBERGE DU MARCAIRE **
Rue Saegmatt. M. Peter
☎ 89 77 44 89
🍽 15 ⌂ 210/350 F. ⏸ 60/140 F.
🛏 45 F. 🛏 210/290 F.

⊠ 9 janv./10 fév., 13 mars/1er avr. et
1er nov./18 déc.
[icons] ☐ ☐ 🚗 🚗 ⌂ ⊤ ⊒ ⊒ ⌂ ⌂ ● CB

STRASBOURG
67000 Bas Rhin
300000 hab. 𝑖

AA AU CERF D'OR **
6, place de l'Hôpital. M. Erb
☎ 88 36 20 05 FAX 88 36 68 67
🍽 37 ⌂ 300/380 F. ⏸ 55/195 F.
🛏 40 F. 🛏 275/320 F.
[icons] E ☐ 𝑖 ☐ 🚗 ⌂ ⊢ ⊒ ⌂ ⌂ CV
[icons] iol CB

SULLY SUR LOIRE
45600 Loiret
5500 hab. 𝑖

AA LE CONCORDE **
1, rue Porte de Sologne. M. Loisel
☎ 38 36 24 44 ╲ 38 36 24 29
FAX 38 36 62 40
🍽 22 ⌂ 190/250 F. ⏸ 78/180 F.
🛏 50 F. 🛏 250/300 F.
[icons] E ☐ 🚗 🚗 ⊢ ⌂ ● CB

SUQUET (LE)
06450 Alpes Maritimes
60 hab.

AAA AUBERGE DU BON PUITS **
Mlle Corniglion
☎ 93 03 17 65
🍽 10 ⌂ 280/320 F. ⏸ 98/150 F.
🛏 70 F. 🛏 280/310 F.
⊠ 1er déc./16 avr. et mar. sauf
juil./août.
[icons] E ☐ 𝑖 ☐ 🚗 🚗 ⊤ ⌂ ⊢ ⊤ ⌂
[icons] ⌂ CV iol ●

SUZE LA ROUSSE
26790 Drôme
1200 hab. 𝑖

AAA RELAIS DU CHATEAU **
M. Mouraud
☎ 75 04 87 07 FAX 75 98 26 00
🍽 39 ⌂ 325/415 F. ⏸ 98/245 F.
🛏 48 F. 🛏 285/345 F.
⊠ 1 semaine nov., 3 semaines janv.
et rest. dim. soir 1er nov./31 mars.
[icons] E ☐ ☐ 🚗 🚗 ⊤ ⊤ ⌂ ⌂ ⌂ CV
[icons] iol ● CB 🕿

SUZE SUR SARTHE (LA)
72210 Sarthe
3710 hab.

A SAINT LOUIS **
27, place du Marché. M. Heron
☎ 43 77 31 07 FAX 43 77 27 66
🍽 17 ⌂ 140/270 F. ⏸ 55/230 F.
🛏 44 F. 🛏 200/260 F.
⊠ 4/19 fév. et ven. soir hs.
[icons] E ☐ 🚗 ⌂ CV iol ● CB 🕿

TALLOIRES
74290 Haute Savoie
1350 hab. ⓘ

▲▲▲ LA CHARPENTERIE ★★
M. Excoffier
☎ 50 60 70 47 🅵🅰🆇 50 60 79 07
🛏 18 ◈ 245/440 F. 🍽 105/165 F.
🍴 45 F. 🛎 255/370 F.
⊠ 10 déc./12 fév.
Ⓔ Ⓓ 🕿 🛏 🚗 📶 ⓣ CV 🏧 ▲ CB

▲▲▲ VILLA DES FLEURS ★★★
Route du Port. M. Jaegler
☎ 50 60 71 14 🅵🅰🆇 50 60 74 06
🛏 8 ◈ 420/490 F. 🍽 150/270 F.
🍴 90 F. 🛎 430/460 F.
⊠ 15 nov./15 déc., 15 janv./15
fév., dim. soir et lun.
Ⓔ Ⓓ 🕿 🛏 🚗 ⓣ CV 🏧 ▲ 🛍

TALLOIRES (ANGON)
74290 Haute Savoie
1200 hab. ⓘ

▲▲▲ LES GRILLONS ★★
Le Clos Devant. M. Casali
☎ 50 60 70 31 🅵🅰🆇 50 60 72 19
🛏 28 ◈ 220/490 F. 🍽 90/180 F.
🍴 70 F. 🛎 260/395 F.
⊠ 1er nov./10 avr.
Ⓔ SP 🛏 🕿 🚗 🛒 ⓣ ⊿ 📶 🏊 CV
🏧 ▲

TAMNIES
24620 Dordogne
310 hab.

▲▲ LABORDERIE ★★
M. Laborderie
☎ 53 29 68 59 🅵🅰🆇 53 29 65 31
🛏 35 ◈ 150/480 F. 🍽 80/240 F.
🍴 50 F. 🛎 210/380 F.
⊠ 1er nov./1er avr.
Ⓔ 🕿 🚗 ⓣ 🛒 ▲

TANCARVILLE
76430 Seine Maritime
1415 hab.

▲▲ DE LA MARINE ★★
(Au pied du Pont). M. Sedon
☎ 35 39 77 15 🅵🅰🆇 35 38 03 30
🛏 9 ◈ 250/480 F. 🍽 135/350 F.
🍴 74 F. 🛎 320/450 F.
⊠ 20 juil./20 août, dim. soir et lun.
Ⓔ 🛏 🕿 🚗 ⓣ 🏊 🏧 ▲ CB 🛍

TANINGES
74440 Haute Savoie
640 m. • 2756 hab.

▲▲ DE PARIS ★★
M. Le Toumelin
☎ 50 34 20 10 🅵🅰🆇 50 34 34 40

🛏 11 ◈ 160/280 F. 🍽 55/140 F.
🍴 48 F. 🛎 180/240 F.
Ⓔ Ⓓ 🕿 🚗 📶 CV CB

TANINGES (LE PRAZ DE LYS)
74440 Haute Savoie
1500 m. • 2791 hab. ⓘ

▲▲ LE TACONET ★★
(Le Praz de Lys alt. 1500 m.) M. Petryk
☎ 50 34 22 01
🛏 12 ◈ 230/290 F. 🍽 98/118 F.
🍴 45 F. 🛎 245/305 F.
⊠ 18 avr./18 juin et 3 sept./20 déc.
Ⓔ Ⓓ 🕿 ⓣ 🏊 ▲ CB

TANNERON
83440 Var
1210 hab.

▲ LE CHAMPFAGOU
Place du Village. M. Fontaine
☎ 93 60 68 30 🅵🅰🆇 93 60 70 60
🛏 9 ◈ 260 F. 🍽 125/160 F. 🍴 65 F.
🛎 310 F.
⊠ 15 oct./15 nov., mar. soir et mer.
ⓘ 🕿 🚗 ⓣ ▲ CB

TANUS
81190 Tarn
650 hab. ⓘ

▲▲ DES VOYAGEURS ★★★
Av. Paul Bodin. M. Delpous
☎ 63 76 30 06 🅵🅰🆇 63 76 37 94
🛏 13 ◈ 220/270 F. 🍽 90/150 F.
🍴 45 F. 🛎 220 F.
⊠ 2/10 janv., 2/8 nov., dim. soir et lun.
sauf juil./août.
SP 🛏 🕿 🚗 ⓣ CV 🏧 ▲ CB

TAPONAS
69220 Rhône
400 hab.

▲▲ AUBERGE DES SABLONS ★★
M. Tardy
☎ 74 66 34 80 🅵🅰🆇 74 66 35 22
🛏 15 ◈ 185/250 F. 🍽 88/160 F.
🍴 50 F. 🛎 255/325 F.
⊠ 23 déc./23 janv. et mar. hs.
Ⓔ 🛏 🕿 🚗 🏧 ⓣ 🏊 🚿 🏧
▲ CB

TARARE
69170 Rhône
12500 hab. ⓘ

▲▲▲ BURNICHON - GIT'OTEL ★★
Sur N. 7. M. Burnichon
☎ 74 63 44 01 🅵🅰🆇 74 05 08 52
🛏 33 ◈ 200/275 F. 🍽 70/250 F.
🍴 40 F. 🛎 205 F.
⊠ rest. sam. soir et dim.
Ⓔ Ⓓ 🛏 🕿 🚗 ⓣ 🚿 CV 🏧 ▲ CB

TARASCON SUR ARIEGE
09400 Ariège
3950 hab. [i]

▲▲ HOSTELLERIE DE LA POSTE ★★
16, av. Victor Pilhes. Mme Gassiot
☎ 61 05 60 41 [FAX] 61 05 70 59
[T] 30 ⬡ 160/280 F. [II] 65/185 F.
[fork] 38 F. [bed] 175/250 F.
[E] [SP] [symbols] [CV] [symbols] [CB]

TARBES (JUILLAN)
65290 Hautes Pyrénées
3175 hab.

▲▲▲ L'ARAGON ★★
2 ter, route de Lourdes. M. Cazaux
☎ 62 32 07 07 [FAX] 62 32 92 50
[T] 11 ⬡ 250/300 F. [II] 110/250 F.
[fork] 50 F. [bed] 230/245 F.
⊠ 1er/10 nov. et rest. dim. soir.
[E] [D] [SP] [symbols]
[symbols] [CB]

TARNAC
19170 Corrèze
700 m. • 500 hab.

▲▲ DES VOYAGEURS ★★
M. Deschamps
☎ 55 95 53 12 [FAX] 55 95 40 07
[T] 15 ⬡ 230/242 F. [II] 80/155 F.
[fork] 55 F. [bed] 248/258 F.
⊠ 15 déc./15 mars, dim. soir et lun. hs.
[E] [SP] [symbols] [CB]

TAUSSAT
33148 Gironde
3060 hab. [i]

▲ DE LA PLAGE ★★
20, bld de la Plage. M. Georgelin
☎ 56 82 06 01 [FAX] 56 82 51 61
[T] 15 ⬡ 180/280 F. [II] 55/140 F.
[fork] 45 F. [bed] 180/250 F.
⊠ 15 nov./15 fév. sauf réservations et
lun. sauf vac. scol.
[E] [D] [symbols] [CV] [symbols] [symbols]

TAUVES
63690 Puy de Dôme
840 m. • 1344 hab. [i]

▲ LE LION D'OR ★
M. Aubert
☎ 73 21 10 11
[T] 17 ⬡ 100/230 F. [II] 62/120 F.
[fork] 40 F. [bed] 190/210 F.
[E] [D] [symbols]

TAVEL
30126 Gard
1413 hab.

▲ LE PONT DU ROY ★★
Route de Nîmes, D. 976. MM. Schorgeré
☎ 66 50 22 03 [FAX] 66 50 10 14
[T] 14 ⬡ 250/450 F. [II] 105/140 F.

[fork] 65 F. [bed] 275/315 F.
⊠ 1er nov./1er mars sauf hôtel sur
réservations.
[E] [symbols]
[symbols] [CB]

TEIL (LE)
07400 Ardèche
7800 hab. [i]

▲ DE L'EUROPE ★★
45, Av. Paul Langevin. M. Charrier
☎ 75 49 01 96
[T] 7 ⬡ 240/280 F. [II] 55/135 F. [fork] 40 F.
[bed] 170/220 F.
⊠ dim.
[E] [symbols] [CV] [symbols] [CB]

TEILLEUL (LE)
50640 Manche
1534 hab.

▲▲ LA CLE DES CHAMPS ★★
Route de Domfront. Mme Bouillault
☎ 33 59 42 27
[T] 20 ⬡ 127/289 F. [II] 74/179 F.
[fork] 40 F. [bed] 220/310 F.
⊠ 14 fév./10 mars et dim. soir 1er
oct./1er avr.
[E] [symbols] [CV] [symbols] [CB]

TENDE
06430 Alpes Maritimes
815 m. • 2045 hab. [i]

▲ LE MIRAMONTI ★
5-7, rue Vassalo. Mme Amendola
☎ 93 04 61 82
[T] 9 ⬡ 148/248 F. [II] 85/145 F. [fork] 45 F.
[bed] 200 F.
⊠ 1 semaine mai, 1 semaine nov., dim.
soir et lun.
[E] [i] [symbols] [CV] [symbols] [CB]

TERMIGNON
73500 Savoie
1300 m. • 340 hab. [i]

▲ AUBERGE DE LA TURRA ★★
M. Peaquin
☎ 79 20 51 36 [FAX] 79 20 53 12
[T] 13 ⬡ 150/250 F. [II] 72/150 F.
[fork] 45 F. [bed] 190/260 F.
⊠ 10 avr./9 juin et 10 sept./15 déc.
[E] [i] [symbols] [CV] [symbols] [CB]

TESSOUALLE (LA)
49280 Maine et Loire
2680 hab. [i]

▲▲ LE GARDEN ★★
1, rue de l'Industrie. Mme Audouin
☎ 41 56 38 95 [FAX] 41 56 46 71
[T] 25 ⬡ 205/350 F. [II] 65/160 F.
[fork] 50 F. [bed] 270/350 F.
⊠ 1er/15 août, sam. et dim. sauf
réservations.
[E] [symbols] [CV] [symbols] [symbols]

TESTE DE BUCH (LA)
33260 Gironde
22000 hab. ⓘ

▲▲ BASQUE ★★
36, rue Maréchal Foch. Mme Goudriaan
☎ 56 66 26 04 ☎ 56 54 24 67
🛏 9 ☒ 175/339 F. ⍒ 70/170 F. ⌧ 50 F.
⌁ 235/306 F.
☒ 1er oct./30 nov. Rest. dim. soir et lun.

TEULET (LE)
19430 Corrèze
524 hab.

▲▲ LE RELAIS DU TEULET ★★
Sur N. 120. Mme Marty
☎ 55 28 71 09 ☎ 55 28 74 39
🛏 10 ☒ 140/240 F. ⍒ 60/150 F.
⌧ 40 F. ⌁ 180/200 F.

THANN
68800 Haut Rhin
7751 hab. ⓘ

▲ AUX SAPINS ★★
3, rue Jeanne d'Arc. Mme Arnold
☎ 89 37 10 96 ☎ 89 37 23 83
🛏 17 ☒ 170/250 F. ⍒ 50/180 F.
⌧ 40 F. ⌁ 200/250 F.
☒ 24 déc./2 janv. et rest. sam.

▲▲ DU PARC ★★
23, rue Kléber. M. Martin
☎ 89 37 37 47 ☎ 89 37 56 23
🛏 20 ☒ 180/380 F. ⍒ 135/195 F.
⌧ 65 F. ⌁ 250/320 F.
☒ janv.

▲▲ KLEBER ★★
39, rue Kleber. M. Mangel
☎ 89 37 13 66 ☎ 89 37 39 67
🛏 26 ☒ 170/300 F. ⍒ 85/220 F.
⌧ 50 F. ⌁ 300 F.
☒ rest. 1er/29 juil., sam. et dim. soir.

▲ MOSCHENROSS ★★
42, rue Général de Gaulle. M. Thierry
☎ 89 37 00 86 ☎ 89 37 52 81
🛏 24 ☒ 150/250 F. ⍒ 62/180 F.
⌧ 45 F. ⌁ 185/230 F.
☒ 15 jours fév. et lun.

THANNENKIRCH
68590 Haut Rhin
600 m. • 400 hab.

▲ AU TAENNCHEL ★
12, rue du Taennchel. Mme Bitzenhoffer
☎ 89 73 10 15

🛏 12 ☒ 170/230 F. ⍒ 75/180 F.
⌧ 42 F. ⌁ 200/250 F.
☒ janv. et mer.

▲▲ LA MEUNIERE ★★
M. Dumoulin
☎ 89 73 10 47 ☎ 89 73 12 31
🛏 15 ☒ 260/350 F. ⍒ 95/195 F.
⌧ 40 F. ⌁ 230/290 F.
☒ mi-nov./fin mars.

▲▲ TOURING-HOTEL ★★
Route du Haut-Koenigsbourg.
M. Stoeckel
☎ 89 73 10 01 ☎ 89 73 11 79
🛏 48 ☒ 268/324 F. ⍒ 69/160 F.
⌧ 47 F. ⌁ 265/299 F.
☒ 11 nov./15 mars.

THEMES
89410 Yonne
210 hab. ⓘ

▲▲ LE P'TIT CLARIDGE ★★
2, route de Joigny. M. Balduc
☎ 86 63 10 92 ☎ 86 63 01 34
🛏 13 ☒ 90/200 F. ⍒ 85/260 F. ⌧ 60 F.
⌁ 150/200 F.
☒ 1er fév./2 mars, dim. soir et lun.

THENIOUX
18100 Cher
584 hab.

▲ AUBERGE DE LA COQUELLE
Route de Tours. M. Galopin
☎ 48 52 03 17
🛏 5 ☒ 150/280 F. ⍒ 95/180 F. ⌧ 45 F.
☒ 3ème semaine sept./15 oct., dim. soir et lun.

THESEE LA ROMAINE
41140 Loir et Cher
1200 hab. ⓘ

▲▲ HOSTELLERIE DU MOULIN DE LA RENNE ★★
11, route de Vierzon. M. Suraud
☎ 54 71 41 56
🛏 14 ☒ 135/295 F. ⍒ 85/220 F.
⌧ 48 F. ⌁ 190/270 F.
☒ mi-janv./mi-mars, dim. soir et lun. hs.

▲ LA MANSIO ★
9, rue Nationale. M. Delain
☎ 54 71 40 07
🛏 9 ☒ 165/220 F. ⍒ 68/165 F. ⌧ 48 F.
⌁ 185/230 F.
☒ 2 janv./6 fév., mar. soir et mer. hs.

THIEBLEMONT
51300 Marne
490 hab. ⓘ

▲▲ LE CHAMPENOIS ★★
Sur N. 4. M. Vie
☎ 26 73 81 03 ᴴᴬˣ 26 73 80 95
🛏 9 ⌑ 240/330 F. 🍽 95/335 F. 🍴 49 F.
🏨 280/330 F.
⊠ 1er/15 fév., 1er/15 oct., dim. et lun.
Ⓔ Ⓓ 🗄 ☎ 🚗 🛖 🅣 🍴 CV 🐾 CB

THIERS (PONT DE DORE)
63920 Puy de Dôme
1500 hab.

▲▲ ELIOTEL ★★
Route de Maringues. Mme Crespy
☎ 73 80 10 14 ᴴᴬˣ 73 80 51 02
🛏 13 ⌑ 260 F. 🍽 85/210 F. 🍴 45 F.
🏨 240 F.
⊠ 20 déc./10 janv., rest.
20/31 août, sam. et dim. soir.
Ⓔ 🗄 ☎ 🚗 🚗 🅣 🐾 CB 🖿

THIEZAC
15800 Cantal
800 m. • 720 hab. ⓘ

▲▲ L'ELANCEZE ET BELLE VALLEE ★★
M. Lauzet
☎ 71 47 00 22 ᴴᴬˣ 71 47 02 08
🛏 41 ⌑ 210/265 F. 🍽 85/180 F.
🍴 45 F. 🏨 205/235 F.
⊠ 6 nov./20 déc.
Ⓔ 🗄 🚗 🚗 ⚡ 🅣 🧗 ⛷ CV 🍴 🐾
CB 🖿

THILLOT (LE)
88160 Vosges
550 m. • 4300 hab. ⓘ

▲ DE LA PLACE DU 8 MAI ★★
18, rue Charles de Gaulle.
M. Thiebautgeorges
☎ 29 25 01 18 ᴴᴬˣ 29 25 32 11
🛏 8 ⌑ 195/250 F. 🍽 60/105 F. 🍴 50 F.
🏨 180/195 F.
⊠ dim.
Ⓔ ⓘ 🗄 ☎ 🚗 🅣 CV 🐾 CB

THILLOT (LE) (COL DES CROIX)
88160 Haute Saône
750 m. • 3000 hab. ⓘ

▲▲ LE PERCE NEIGE ★★
Au Col des Croix. M. Leclerc de Ruy
☎ 29 25 02 63 \ 84 20 43 90
ᴴᴬˣ 29 25 13 51
🛏 12 ⌑ 240/260 F. 🍽 80/180 F.
🍴 45 F. 🏨 210/225 F.
⊠ 2/16 janv., 2/16 oct., dim. soir et lun.
hors vac. scol. et hs.
Ⓓ 🗄 ☎ 🚗 🚢 🅣 🍴 CV 🍴 🐾 CB

THIONVILLE
57100 Moselle
41450 hab. ⓘ

▲▲ DES AMIS ★★
40, av. Comte de Berthier. M. Guerin
☎ 82 53 22 18 ᴴᴬˣ 82 54 32 40

🛏 12 ⌑ 230/260 F. 🍽 60/130 F.
🍴 35 F.
⊠ dim. midi.
Ⓔ Ⓓ 🗄 ☎ 🚗 🍴 CV 🍴 🐾 CB 🖿

THOLLON LES MEMISES
74500 Haute Savoie
920 m. • 533 hab. ⓘ

▲▲▲ BELLEVUE ★★
M. Vivien
☎ 50 70 92 79 ᴴᴬˣ 50 70 97 63
🛏 37 ⌑ 320/370 F. 🍽 78/160 F.
🍴 45 F. 🏨 230/300 F.
⊠ 15 nov./10 déc.
Ⓔ SP 🗄 ☎ 🚗 ⚡ 🅣 🎿 🧗 ⛷
CV 🍱 🐾 CB

▲▲ LES GENTIANES ★★
M. Forget
☎ 50 70 92 39 \ 50 70 92 03
ᴴᴬˣ 50 70 95 51
🛏 22 ⌑ 280/300 F. 🍽 90/150 F.
🍴 55 F. 🏨 260/310 F.
⊠ 1er nov./10 déc.
🗄 ☎ 🅣 ⛷ CV 🐾

THOLY (LE)
88530 Vosges
605 m. • 1600 hab. ⓘ

▲▲ AUBERGE DU PIED DE LA GRANDE
CASCADE ★
12, chemin des Cascades. M. Bergeret
☎ 29 33 21 18
🛏 12 ⌑ 140/290 F. 🍽 90/120 F.
🍴 50 F. 🏨 180/250 F.
⊠ 12 nov./20 déc. et mer. hs.
Ⓔ Ⓓ 🗄 🚗 🅣 ⛷ 🐾 CB

▲▲▲ DE LA GRANDE CASCADE ★★
Rte du Col Bonnefontaine, sortie Epinal.
M. Me Pierre
☎ 29 33 21 08 ᴴᴬˣ 29 66 37 17
🛏 31 ⌑ 190/330 F. 🍽 68/180 F.
🍴 42 F. 🏨 180/280 F.
⊠ 12/25 déc.
Ⓔ Ⓓ 🗄 ☎ 🚗 🚢 🅣 ⛷ 🚴 ⛷ CV
🍱 🐾 CB 🖿

▲▲▲ GERARD ★★
1, place Général Leclerc. M. Gérard
☎ 29 61 81 07 ᴴᴬˣ 29 61 82 92
🛏 20 ⌑ 200/300 F. 🍽 70/160 F.
🍴 50 F. 🏨 270/280 F.
⊠ fin sept./4 nov., sam. et dim. soir
hiver sauf vac. scol.
Ⓓ 🗄 ☎ 🚗 🚗 🅣 🎿 ⛷ 🚴 CV 🍱
🐾 CB

THONAC
24290 Dordogne
250 hab.

▲▲ ARCHAMBEAU ★★
Place de l'Eglise. M. Archambeau
☎ 53 50 73 78 ᴴᴬˣ 53 50 78 88
🛏 12 ⌑ 250/300 F. 🍽 72/160 F.
🍴 45 F. 🏨 240/250 F.
⊠ 20 oct./20 déc.
Ⓔ SP 🗄 ☎ 🛖 🚢 🅣 🎿 ⛷ 🍱
🐾 CB

THONES
74230 Haute Savoie
630 m. • 4800 hab. ⓘ

▲▲ L'HERMITAGE ★★
Av. du Vieux Pont. M. Bonnet
☎ 50 02 00 31 Ⅲ 50 02 04 86
🛏 39 ◉ 170/260 F. 🍽 60/160 F.
🍴 40 F. 🛎 200/240 F.
⊠ 1er/10 mai, 20 oct./15 nov. et lun.
hs.
🄴 🖥 ☎ 🚗 🚙 ⚓ ✈ 🌴 🏃 🛷
CV CB

▲▲▲ NOUVEL HOTEL DU COMMERCE ★★
5, rue des Clefs. M. Bastard-Rosset
☎ 50 02 13 66 Ⅲ 50 32 16 24
🛏 25 ◉ 220/395 F. 🍽 70/330 F.
🍴 48 F. 🛎 216/317 F.
⊠ nov., rest. dim. soir et lun. hs.
🄴 🖥 ☎ 🚗 🚙 🌴 🏃 CV ✿ CB

THONON LES BAINS
74200 Haute Savoie
30000 hab. ⓘ

▲ BELLEVUE ★
Av. de la Dame. (Les Fleyssets).
M. Angles
☎ 50 71 02 53
🛏 10 ◉ 150/250 F. 🍽 72/170 F.
🍴 45 F. 🛎 190/230 F.
⊠ 25 sept./8 oct. et rest. dim. soir.
🖥 ☎ 🚗 🚙 🏃 🛷 CV CB

▲▲ DUCHE DE SAVOIE ★★
43, av. Général Leclerc. Mme Lamy
☎ 50 71 40 07 Ⅲ 50 71 14 00
🛏 15 ◉ 250/290 F. 🍽 100/240 F.
🍴 60 F. 🛎 265/290 F.
⊠ 19 fév. soir/28 fév., 29 oct. soir/4
déc., dim. soir et lun. oct./avr.
🄴 🄳 ⓘ 🖥 ☎ 🚗 🚙 ✈ 🌴 CV ✿ CB
🄲

▲▲ L'OMBRE DES MARRONNIERS - VILLA
DES FLEURS ★
17, place de Crête. M. Me Bordet
☎ 50 71 26 18 ╲ 50 71 11 38 ⅢⅩ 50262747
🛏 28 ◉ 170/320 F. 🍽 75/200 F.
🍴 50 F. 🛎 198/270 F.
⊠ hôtel week-ends 6 nov./15 déc., rest.
1er/20 nov., dim. soir et lun. 1er oct./
31 mai.
🄴 🖥 ☎ 🚗 🚙 🚙 🛶 CV

▲▲ LE TERMINUS ★★
Place de la Gare. M. Ducrot
☎ 50 26 52 52 Ⅲ 50 26 00 92
🛏 40 ◉ 159/250 F. 🍽 65/150 F.
🍴 40 F. 🛎 215/320 F.
🄴 🄳 ⓘ 🖥 ☎ 🚗 ⚓ CV ✿ CB 🛎

▲▲ TRIANON DU LEMAN ★★
Av. de Corzent-Port des Clerges.
M. Dubouloz-Monnet
☎ 50 71 25 78 Ⅲ 50 26 51 26
🛏 16 ◉ 310/350 F. 🍽 95/210 F.
🍴 55 F. 🛎 320/350 F.
⊠ 25 sept./Pâques.
🄴 🖥 ☎ 🚗 ✈ 🌴 🎣 ✿ CB

THORAME HAUTE
04170 Alpes de Haute Provence
1130 m. • 187 hab.

▲ DE LA GARE ★★
Route du Col d'Allos. M. Bianco
☎ 92 89 02 54
🛏 15 ◉ 130/260 F. 🍽 60/130 F.
🍴 45 F. 🛎 205/252 F.
⊠ 1er oct./1er mai.
🄴 ⓘ ☎ 🌴 ✿ CB

THORENC
06750 Alpes Maritimes
1250 m. • 120 hab.

▲ AUBERGE LES MERISIERS ★
Av. du Belvédère. M. Maurel
☎ 93 60 00 23 Ⅲ 93 60 02 17
🛏 11 ◉ 200/250 F. 🍽 83/142 F.
🍴 45 F. 🛎 220/240 F.
⊠ mar. hs.
🄴 ⓘ ☎ 🌴 ✿ CB

▲▲ DES VOYAGEURS ★★
M. Rouquier
☎ 93 60 00 66 ╲ 93 60 00 18
Ⅲ 93 60 03 51
🛏 14 ◉ 160/300 F. 🍽 91/145 F.
🍴 65 F. 🛎 250/310 F.
⊠ 15 nov./1er fév. et jeu. hors vac. scol.
🄴 SP 🖥 🚗 🚙 🌴 CV ✿

THORENS GLIERES
74570 Haute Savoie
670 m. • 1800 hab. ⓘ

▲ AUBERGE DES GLIERES
Plateau des Glières, alt. 1450 m.
Mme Millaud
☎ 50 22 45 62 Ⅲ 50 22 82 37
🛏 15 ◉ 230/245 F. 🍽 65/120 F.
🍴 45 F. 🛎 187/245 F.
⊠ 9 oct./16 déc.
🄴 ⓘ 🌴 🛷 🏃 🛷 CV 🈳 ✿ CB

▲▲ LA CHAUMIERE SAVOYARDE ★★
M. Gonnet
☎ 50 22 40 39 Ⅲ 50 22 81 84
🛏 36 ◉ 190/230 F. 🍽 90/140 F.
🍴 50 F. 🛎 200/240 F.
⊠ oct.
🄴 ☎ 🚗 ⚓ ✈ 🌴 🏃 🛷 CV 🈳 ✿ CB

THORIGNE SUR DUE
72160 Sarthe
1900 hab. ⓘ

▲▲▲ SAINT JACQUES ★★
Place du Monument.
M. Binoist
☎ 43 89 95 50 ⅢⅩ 72 93 91
Ⅲ 43 76 58 42
🛏 15 ◉ 290/440 F. 🍽 98/285 F.
🍴 68 F. 🛎 290/420 F.
⊠ 5 janv./1er fév., 1/15 oct., lun. et
dim. soir oct./juin.
🄴 🖥 ☎ 🚗 ✈ 🌴 🏊 🏃 🛷 CV 🈳 ✿
CB 🄲 🛎

THORONET (LE)
83340 Var
1087 hab. ⓘ

▲▲ HOSTELLERIE DE L'ABBAYE ★★
Chemin du Château. Mme Espitallier
☎ 94 73 88 81 ᴵᴬˣ 94 73 89 24
🛏 20 ⌧ 285/310 F. 🍴 75/240 F.
🍴 45 F. 🍴 265/290 F.
⬚⬚⬚⬚⬚⬚⬚⬚⬚⬚ CV 🔌
⬚ CB Ⓒ ⬚

THOUARS
79100 Deux Sèvres
12000 hab. ⓘ

▲▲ DU CHATEAU ★★
Route de Parthenay. M. Ramard
☎ 49 96 12 60 ᴵᴬˣ 49 96 34 02
🛏 20 ⌧ 215/235 F. 🍴 65/170 F.
🍴 50 F. 🍴 225 F.
⬚ dim. soir.
Ⓔ ⬚⬚⬚⬚⬚ CV 🔌 ⬚ CB

THUEYTS
07330 Ardèche
1100 hab. ⓘ

▲▲ DES MARRONNIERS ★★
M. Labrot
☎ 75 36 40 16 ᴵᴬˣ 75 36 48 02
🛏 19 ⌧ 170/275 F. 🍴 85/180 F.
🍴 50 F. 🍴 230/260 F.
⬚ 20 déc./7 mars.
Ⓔ Ⓓ ⬚⬚⬚⬚⬚⬚⬚ CV 🔌
⬚ CB

▲▲▲ LES PLATANES ★★
M. Me Fayette/Serret
☎ 75 93 78 66
ᴵᴬˣ 75 36 41 67
🛏 25 ⌧ 150/260 F. 🍴 75/170 F.
🍴 50 F. 🍴 200/250 F.
⬚ début nov./mi-fév.
Ⓔ ⬚⬚⬚⬚⬚⬚⬚⬚⬚⬚ CV
🔌 ⬚ CB

THUILES (LES)
04400 Alpes de Haute Provence
1111 m. • 230 hab.

▲ LA PASTOURIERE
M. Leichihman
☎ 92 81 15 54 ᴵᴬˣ 92 81 90 54
🛏 5 ⌧ 250/270 F. 🍴 80/150 F. 🍴 60 F.
🍴 250 F.
Ⓔ ⓘ ⬚⬚⬚ CV ⬚ CB

THURINS
69510 Rhône
2059 hab.

▲ BONNIER ★
51, route de la Vallée du Garon.
MM. Bonnier
☎ 78 48 92 06
🛏 12 ⌧ 125/150 F. 🍴 48/145 F.
🍴 35 F. 🍴 150/220 F.
⬚ 28 juil./28 août et sam.
⬚⬚⬚ CB

TIGNES (LAC DE)
73320 Savoie
2100 m. • 1200 hab. ⓘ

▲▲ LE CHALET DU LAC ★★
Le Villaret du Nial. Mme Groslambert
☎ 79 06 25 47 ᴵᴬˣ 79 06 16 70
🛏 16 ⌧ 360/600 F. 🍴 90/110 F.
🍴 60 F. 🍴 290/410 F.
Ⓔ Ⓓ ⓘ ⬚⬚⬚⬚⬚ CB

TIL CHATEL
21120 Côte d'Or
755 hab.

▲▲ DE LA POSTE ★★
Rue d'Aval. M. Girodet
☎ 80 95 03 53 ᴵᴬˣ 80 95 19 90
🛏 9 ⌧ 210/300 F. 🍴 65/170 F. 🍴 54 F.
🍴 183/228 F.
⬚ 28 oct./6 nov., 23 déc./3 janv. Hôt.
sam. et dim. 1 nov./31 mars rest. sam.
midi 1 avr./31 oct., sam. et dim. soir
1 nov./31 mars
Ⓔ ⬚⬚⬚⬚⬚ 🔌 CB

TILLY SUR SEULLES
14250 Calvados
1100 hab.

▲▲ JEANNE D'ARC ★★
2, rue de Bayeux. M. Belfie
☎ 31 80 80 13 ᴵᴬˣ 31 80 81 79
🛏 12 ⌧ 270/360 F. 🍴 95/190 F.
🍴 60 F. 🍴 295/310 F.
⬚ fév., dim. soir et lun. hs.
Ⓔ ⬚⬚⬚⬚⬚⬚⬚ CV 🔌 ⬚ Ⓒ

TINTENIAC
35190 Ille et Vilaine
3500 hab. ⓘ

▲▲▲ AUX VOYAGEURS ★★
Rue Nationale. M. Couppey
☎ 99 68 02 21
🛏 15 ⌧ 190/260 F. 🍴 78/195 F.
🍴 49 F. 🍴 200/250 F.
⬚ 18 déc./15 janv., dim. soir et lun.
Ⓔ ⬚⬚⬚⬚⬚ 🔌 CV 🔌 ⬚ CB

TIUCCIA
20111 Corse
800 hab. ⓘ

▲▲ ROC E MARE ★★
M. Penocci
☎ 95 52 23 86 ᴵᴬˣ 95 52 29 87
🛏 17
Ⓔ ⓘ ⬚⬚⬚⬚⬚⬚⬚⬚⬚

TOMBEBOEUF
47380 Lot et Garonne
600 hab.

▲▲ DU NORD ★★
M. Ajas
☎ 53 88 83 15 ᴵᴬˣ 53 88 25 28
🛏 12 ⌧ 180/200 F. 🍴 55/100 F.
🍴 35 F. 🍴 165/175 F.
⬚ 7/20 janv. et ven. soir sauf juil./août.
SP ⬚⬚⬚⬚⬚⬚⬚⬚⬚ CV 🔌

TONNERRE
89700 Yonne
6008 hab. ℹ️

⌂ DE LA FOSSE DIONNE ★★
37, rue de l'Hôtel de Ville. M. Cochet
☎ 86 55 11 92
🛏 12 ⊗ 200/300 F. 🍽 90/200 F.
🍴 40 F. 🍽 380/430 F.
[E] [D] 🖨 🕿 🕿 🕮 📶 ● [CB] ▦

TOUFFREVILLE
14940 Calvados
254 hab.

⌂⌂⌂ LA GRANDE BRUYERE ★★
(La Grande Bruyère, D. 37). M. Juin
☎ 31 23 32 74 ᶠᵃˣ 31 23 69 79
🛏 20 ⊗ 290/590 F. 🍽 115/175 F.
🍴 80 F. 🍽 285/430 F.
⊠ 1er fév./15 mars, dim. soir et lun.
sauf été.
🖨 🕿 🕿 🏸 ⏱ 🔨 🎣 🕮 ● [CB]

TOUQUES
14800 Calvados
2962 hab. ℹ️

⌂ LE VILLAGE ★★
64, rue Louvel et Brière. M. Cenier
☎ 31 88 01 77 ᶠᵃˣ 31 88 99 24
🛏 8 ⊗ 200/300 F. 🍽 125/195 F.
🍴 58 F. 🍽 312/337 F.
⊠ janv., mar. soir et mer.
🖨 🕿 [CV] ● [CB]

TOUR D'AIGUES (LA)
84240 Vaucluse
3260 hab. ℹ️

⌂⌂ LES FENOUILLETS ★★
(Quartier Revol). M. Mondello
☎ 90 07 48 22 ᶠᵃˣ 90 07 34 26
🛏 12 ⊗ 250/350 F. 🍽 100/190 F.
🍴 50 F. 🍽 260/310 F.
⊠ mer. et ven. midi.
[E] ℹ️ 🖨 🕿 🕿 🌴 [CV] 🕮 [CB]

TOUR D'AUVERGNE (LA)
63680 Puy de Dôme
950 m. • 1000 hab. ℹ️

⌂ DU LAC ★
Route de Bort. M. Sciauveaux
☎ 73 21 52 19
🛏 12 ⊗ 120/250 F. 🍽 65/140 F.
🍴 40 F. 🍽 150/190 F.
⊠ 1er oct./20 déc.
🕿 🌴 ● [CB]

⌂ LA TERRASSE ★★
M. Mampon
☎ 73 21 50 29 ᶠᵃˣ 73 21 56 60
🛏 28 ⊗ 145/250 F. 🍽 50/120 F.
🍴 35 F. 🍽 190/220 F.
⊠ 1er oct./30 avr. sauf vac. scol.
[E] [SP] 🖨 🕿 🌴 [CV] ● [CB]

TOUR DU PIN (LA)
38110 Isère
8000 hab. ℹ️

⌂⌂ DE FRANCE Rest. LE BEC FIN ★★
Place Champ de Mars. Mme Meyer
☎ 74 97 00 08 ᶠᵃˣ 74 97 36 47

🛏 30 ⊗ 150/225 F. 🍽 70/290 F.
🍴 45 F. 🍽 275 F.
⊠ rest. dim. soir.
[E] 🖨 🕿 🕿 🕿 [CV] 🕮 ● [CB]

TOURNAY (OZON)
65190 Hautes Pyrénées
350 hab.

⌂ L'AUBERGE BASQUE ★
Sur N. 117. Mme Dauga
☎ 62 35 71 66
🛏 9 ⊗ 150/170 F. 🍽 60/130 F. 🍴 38 F.
🍽 160/170 F.
⊠ 11/19 fév., 1ère quinz. oct. et sam.
sauf pensionnaires.
🕿 🕿 🕿 [CV] ● [CB]

TOURNOISIS
45310 Loiret
344 hab.

⌂ RELAIS SAINT-JACQUES ★
M. Pinsard
☎ 38 80 87 03 ᶠᵃˣ 38 80 81 46
🛏 5 ⊗ 170/225 F. 🍽 69/179 F. 🍴 47 F.
🍽 209/319 F.
⊠ vac. scol. fév., dim. soir et lun.
1er sept./30 juin.
[E] 🖨 🕿 [CV] 🕮 ● [CB] ▦

TOURNON
07300 Ardèche
10000 hab. ℹ️

⌂⌂ AZALEES ★★
Av. de la Gare. M. Couix
☎ 75 08 05 23 ᶠᵃˣ 75 08 18 27
🛏 35 ⊗ 180/210 F. 🍽 76/149 F.
🍴 45 F. 🍽 230 F.
[E] 🖨 🕿 🕿 🏸 ⏱ 🔨 [CV] 🕮 ● [CB]

⌂⌂⌂ DU CHATEAU ★★★
Quai Marc-Seguin M. Gras
☎ 75 08 60 22 ᶠᵃˣ 75 07 02 95
🛏 14 ⊗ 320/360 F. 🍽 105/295 F.
🍴 50 F. 🍽 300/350 F.
⊠ 1er/15 nov., sam. et dim. hs.
[E] 🖨 🕿 🕿 [CV] 🕮 ● [CB] ▦

⌂⌂ LA CHAUMIERE ★★
Quai Farconnet. M. Fereire
☎ 75 08 07 78
🛏 10 ⊗ 220/360 F. 🍽 68/200 F.
🍴 50 F. 🍽 245/290 F.
⊠ 30 janv./5 mars, lun. soir et mar. hs.
[E] 🖨 🕿 🕿 🔨 ● [CB]

TOURNON SAINT MARTIN
36220 Indre
1506 hab.

⌂⌂ AUBERGE DU CAPUCIN
GOURMAND ★★
8, rue Bel Air. M. Pelegrin
☎ 54 37 66 85 ᶠᵃˣ 54 37 87 54
🛏 7 ⊗ 170/250 F. 🍽 98/186 F. 🍴 45 F.
🍽 190/205 F.
⊠ 1 semaine oct., 1 semaine
fév./mars et lun. hs.
[E] 🖨 🕿 🕿 🕿 🎣 🔨 [CV] ● [CB]

TOURNUS
71700 Saône et Loire
7800 hab. ℹ️

🏨 AUX TERRASSES ★★
18, av. du 23 Janvier. M. Carrette
☎ 85 51 01 74 [FAX] 85 51 09 99
🛏 18 ⬡ 250/280 F. 🍽 90/230 F.
🍴 50 F. 🍴 280/320 F.
✉ 4 janv./4 fév., dim. soir et lun.
[E] [SP] 🖨 ☎ 🚗 🚗 🏨 ⛵ 🐾 [CB]

🏨 DE LA PAIX ★★
9, rue Jean-Jaurès. M. Giger
☎ 85 51 01 85 [FAX] 85 51 02 30
🛏 23 ⬡ 252/312 F. 🍽 85/250 F.
🍴 48 F. 🍴 247/288 F.
✉ 18/25 avr., 24/31 oct., 9/30 janv. et
mar. 15 sept./15 juin.
[E] [D] ℹ️ 🖨 ☎ 🚗 ⛵ ♿ 📶 🐾
[CB] 💼

🏨 LE TERMINUS ★★
21, av. Gambetta. M. Rigaud
☎ 85 51 05 54 [FAX] 85 32 55 15
🛏 13 ⬡ 250/260 F. 🍽 88/270 F.
🍴 50 F. 🍴 250 F.
✉ 4/18 janv., mar. soir et mer.
🖨 ☎ 🚗 ⛵ [CV] 🐾 [CB]

TOUROUVRE
61190 Orne
1650 hab. ℹ️

🏨 DE FRANCE ★★
19, rue du 13 Aout 1944. M. Feugueur
☎ 33 25 73 55 [FAX] 33 25 69 43
🛏 10 ⬡ 220/325 F. 🍽 70/130 F.
🍴 55 F. 🍴 250/375 F.
✉ dim. soir et lun. hs.
[E] 🖨 ☎ 🚗 🚗 🚗 🕐 ♿ [CV] 📶 🐾 [CB]
[C] 💼

TOURRETTE LEVENS
06690 Alpes Maritimes
3000 hab.

🏨 AUBERGE CHEZ LUCIEN ★
Place de l'Eglise. Mme Giordano
☎ 93 91 00 71
🛏 7 ⬡ 190/210 F. 🍽 75/120 F. 🍴 40 F.
🍴 190/210 F.
✉ dim. soir.
[E] ℹ️ 🚗 📶 🐾 [CB]

TOURRETTES SUR LOUP
06140 Alpes Maritimes
2700 hab. ℹ️

🏨 AUBERGE BELLES TERRASSES ★★
Route de Vence, N° 1315.
M. Ferrando
☎ 93 59 30 03 [FAX] 93 59 31 27
🛏 14 ⬡ 200/240 F. 🍽 85/145 F.
🍴 220/235 F.
✉ rest. 3 semaines après le 11 nov.,
1 semaine vers le 15 janv. et lun. sauf
pensionnaires.
[E] [SP] ☎ 🚗 🐾 [CB]

LA GRIVE DOREE ★★
Route de Grasse. M. Smeteck
☎ 93 59 30 05
🛏 14 ⬡ 190/260 F. 🍽 100/180 F.
🍴 55 F. 🍴 215/240 F.
[E] ☎ 🚗 [CV] 🐾

TOURS
37000 Indre et Loire
130000 hab. ℹ️

🏨 MODERNE ★★
1-3, rue Victor Laloux. M. Me Malliet
☎ 47 05 32 81 [TX] 750008 [FAX] 47 05 71 50
🛏 23 ⬡ 175/330 F. 🍽 90 F. 🍴 60 F.
🍴 240/270 F.
✉ rest. 20 déc./25 janv., dim. et le midi.
[E] 🖨 ☎ [CV] 🐾 [CB]

TOURS SUR MARNE
51150 Marne
1245 hab.

🏨 LA TOURAINE CHAMPENOISE ★★
2, rue du magasin. Mme Schosseler
☎ 26 58 91 93 [FAX] 26 58 95 47
🛏 9 ⬡ 200/290 F. 🍽 90/250 F. 🍴 60 F.
🍴 230/435 F.
[E] [D] ☎ 🚗 🚗 🕐 🐾 📶 🐾 [CB]

TOURTOUR
83690 Var
650 m. • 384 hab. ℹ️

🏨 LE MAS DES COLLINES ★★
Camp Fournier. Mme Josis
☎ 94 70 59 30 [FAX] 94 70 57 62
🛏 7 ⬡ 300/400 F. 🍽 90/175 F. 🍴 50 F.
🍴 315/360 F.
✉ rest. mar. midi sauf vac. scol. et
fériés.
[E] [D] 🖨 ☎ 🚗 🏨 ⛵ 🌴 🏊 ♿ [CV]
🐾 [CB]

TOUSSUIRE (LA)
73300 Savoie
1800 m. • 603 hab. ℹ️

🏨 DU COL ★★
M. Collet
☎ 79 56 73 36 [FAX] 79 56 78 61
🛏 28 ⬡ 180/210 F. 🍽 75/140 F.
🍴 40 F. 🍴 190/300 F.
✉ 25 avr./1er juil. et 30 août/20 déc.
[E] ℹ️ 🖨 ☎ 🚗 ⬡ 🌴 🏊 🎿 🐾

🏨 LE GENTIANA ★★
M. Truchet
☎ 79 56 75 09 [FAX] 79 56 75 02
🛏 24 ⬡ 150/300 F. 🍽 60/130 F.
🍴 40 F. 🍴 190/270 F.
✉ 1er sept./15 déc. et 15 avr./30 juin.
ℹ️ 🖨 ☎ 🚗 ⛵ 🎿 🎿 🎿 [CV] 🐾 [CB]

🏨 LES AIRELLES ★★★
M. Gilbert-Collet
☎ 79 56 75 88 [FAX] 79 83 03 48
🛏 31 ⬡ 170/260 F. 🍽 90/160 F.
🍴 50 F. 🍴 235/340 F.
✉ 25 avr./30 juin et 31 août/15 déc.
[E] 🖨 ☎ 🚗 ⬡ ⛵ [CV] 📶

TOUSSUIRE (LA) (suite)

LES MARMOTTES ★★
M. Gilbert-Collet
☎ 79 56 74 07 [FAX] 79 83 00 65
🛏 14 ⬚ 200/250 F. 🍽 85/110 F.
🍴 55 F. 🛌 280/300 F.
✉ 30 août/19 déc. et fin mars/début
juil. selon vac. scol.
[icons]

LES SOLDANELLES ★★
M. Dupuis
☎ 79 56 75 29 [FAX] 79 56 71 56
🛏 37 ⬚ 205/260 F. 🍽 95/225 F.
🍴 52 F. 🛌 225/335 F.
✉ 1er mai/30 juin et 1er sept./16 déc.
[icons]

TOUVET (LE)
38660 Isère
2000 hab.

DU GRAND SAINT JACQUES
Place de l'Eglise. M. Ollinet
☎ 76 08 43 26
🛏 21 ⬚ 110/210 F. 🍽 65 F. 🍴 48 F.
🛌 170/230 F.
✉ rest. sam. soir, dim. et jours fériés.
[icons]

TOUZAC
46700 Lot
700 hab.

LA SOURCE BLEUE ★★★
Moulin de Leygues. M. Bouyou
☎ 65 36 52 01 [FAX] 65 24 65 69
🛏 12 ⬚ 285/450 F. 🍽 135/220 F.
🍴 65 F. 🛌 278/360 F.
✉ 1er janv./31 mars et mar.
[icons]

TRANCHE SUR MER (LA)
85360 Vendée
2065 hab. ⓘ

DE L'OCEAN ★★
49, rue Anatole France. M. Guicheteau
☎ 51 30 30 09 [FAX] 51 27 70 10
🛏 45 ⬚ 275/485 F. 🍽 90/205 F.
🍴 60 F. 🛌 380/440 F.
✉ 1er oct./31 mars.
[icons]

LE REVE ★★
8, rue de l'Aunis. M. Neau
☎ 51 30 34 06 [FAX] 51 30 15 80
🛏 42 ⬚ 300/470 F. 🍽 90/250 F.
🍴 50 F. 🛌 280/400 F.
✉ 1er oct./31 mars.
[icons]

TREBEURDEN
22560 Côtes d'Armor
4000 hab. ⓘ

FAMILY HOTEL ★★
Les Plages. Mme Le Gall
☎ 96 23 50 31 [FAX] 96 47 41 84
🛏 25 ⬚ 130/340 F. 🍽 80/180 F.

🍴 50 F. 🛌 240/330 F.
✉ rest. 30 oct./31 mars.
[icons]

KER AN NOD ★★
Rue de Pors-Termen.
M. Le Penven
☎ 96 23 50 21 [FAX] 96 23 63 30
🛏 21 ⬚ 250/300 F. 🍽 78/145 F.
🍴 55 F. 🛌 260/305 F.
✉ 1er janv./10 mars.
[icons]

TI AL LANNEC ★★★
Allée de Mezo-Guen. M. Jouanny
☎ 96 23 57 26 [FAX] 96 23 62 14
🛏 29 ⬚ 600/1000 F. 🍽 100/380 F.
🍴 85 F. 🛌 535/750 F.
✉ mi-nov./mi-mars.
[icons]

TREFFIAGAT
29730 Finistère
2360 hab. ⓘ

DU PORT ★★
Lieu-dit Lechiagat, 53, av. du Port.
M. Struillou
☎ 98 58 10 10 [FAX] 98 58 29 89
🛏 38 ⬚ 225/320 F. 🍽 85/360 F.
🍴 55 F. 🛌 295/350 F.
✉ 31 déc./3 janv.
[icons]

TREFFORT
38650 Isère
618 hab.

CHATEAU D'HERBELON ★★
M. Castillan
☎ 76 34 02 03 [FAX] 76 34 05 44
🛏 9 ⬚ 300/430 F. 🍽 95/190 F. 🍴 55 F.
✉ 2 janv./1er mars, lun. soir et mar.
[icons]

TREGASTEL
22730 Côtes d'Armor
2000 hab. ⓘ

BEAU SEJOUR ★★
M. Laveant
☎ 96 23 88 02 [TX] 741 705 CODE R
[FAX] 96 23 49 73
🛏 16 ⬚ 260/340 F. 🍽 85/170 F.
🍴 50 F. 🛌 290/340 F.
✉ 30 oct./1er avr.
[icons]

BELLE-VUE ★★★
20, rue des Calculots. Mme Le Goff
☎ 96 23 88 18 [FAX] 96 23 89 91
🛏 31 ⬚ 320/500 F. 🍽 90/290 F.
🍴 50 F. 🛌 350/500 F.
✉ Hôtel 16 oct./avr., rest. 5 oct./avr. et
lun. midi.
[icons]

TREGASTEL (suite)

⚕ DES BAINS ★★
Bld du Coz Pors. Mme Ropars
☎ 96 23 88 09 ℻ 96 47 33 86
🛏 30 ⊗ 168/335 F. � 75/150 F.
🍴 42 F. ▥ 220/300 F.
⊠ 5 oct./1er avr.
Ⓔ Ⓓ ▤ 🍴 ☛ CB

TREGUIER
22220 Côtes d'Armor
3500 hab. ⓘ

⚕⚕ KASTELL DINEC'H ★★★
M. Pauwels
☎ 96 92 49 39 ℻ 96 92 34 03
🛏 15 ⊗ 400/480 F. � 120/300 F.
🍴 50 F.
⊠ 1er janv./19 mars, 12/25 oct., rest.
midi, mar. soir et mer. hs.
Ⓔ Ⓓ ▤ ☎ ▤ 🍴 ☛ ⌁ ◔ 🈁

TREGUNC
29910 Finistère
6200 hab. ⓘ

⚕⚕⚕ LES GRANDES ROCHES ★★★
Route de Keralhon. Mme Henrich
☎ 98 97 62 97 ℻ 98 50 29 19
🛏 21 ⊗ 240/530 F. � 95/235 F.
🍴 50 F. ▥ 250/430 F.
⊠ hôtel mi-déc./mi-janv., vac. fév., rest.
mi-nov./Pâques et midi sauf week-ends
et fériés.
Ⓔ Ⓓ ⓢⓟ ⓘ ☎ ▤ 🍴 ☛ ☛ CB

TREIGNAC
19260 Corrèze
1800 hab. ⓘ

⚕ DU LAC
(A 4 km). M. Roger
☎ 55 98 00 44
🛏 20 ⊗ 110/260 F. � 50/110 F.
🍴 40 F. ▥ 135/175 F.
⊠ 15 oct./15 avr. et jeu. sauf juil./août.
Ⓔ ▤ 🍴 ☛

TREMONT SUR SAULX
55000 Meuse
429 hab.

⚕⚕⚕ AUBERGE DE LA SOURCE ★★
M. Rondeau
☎ 29 75 45 22 ℻ 29 75 48 55
🛏 25 ⊗ 310/450 F. � 95/310 F.
🍴 65 F. ▥ 370/420 F.
⊠ 1er/23 août, 2/14 janv., dim. soir et
lun. midi.
Ⓔ ▤ ☎ ▤ 🍴 ☛ ⌁ ♨ ⅏ ⅋ CV 🈁 ☛
CB 🈷

TRETS
13530 Bouches du Rhône
8200 hab. ⓘ

⚕⚕ DE LA VALLEE DE L'ARC ★★
1, av. Jean Jaurès. M. Me Ponzio
☎ 42 61 46 33 ℻ 42 61 46 87

🛏 22 ⊗ 220/250 F. � 60/100 F.
▥ 250 F.
⊠ rest. mer.
Ⓔ ▤ ☎ ▤ ☛ CB

TREVE
22600 Côtes d'Armor
1200 hab.

⚕ LES GENETS D'OR ★
1, rue Jean Sohier. Mme Legoff
☎ 96 28 13 89
🛏 14 ⊗ 160/220 F. � 57/170 F.
🍴 45 F. ▥ 180/220 F.
⊠ 15 jours fév., ven. soir et sam. midi.
Ⓔ ▤ ☎ 🈁 ☛ CB

TREVIERES
14710 Calvados
844 hab.

⚕ SAINT AIGNAN
Rue de la Halle. M. Ribet
☎ 31 22 54 04
🛏 4 ⊗ 88/285 F. � 64 F. 🍴 54 F.
▥ 126/224 F.
⊠ dim.
Ⓓ ▤ ☛

TREVOU TREGUIGNEC
22660 Côtes d'Armor
1210 hab. ⓘ

⚕⚕⚕ KER BUGALIC ★★
1, Côte de Trestel. M. Meunier
☎ 96 23 72 15 ℻ 96 23 74 71
🛏 18 ⊗ 275/395 F. � 100/250 F.
🍴 57 F. ▥ 305/375 F.
⊠ oct./Pâques (rest. ouvert sur
commande).
Ⓔ ⓢⓟ ▤ ☎ ▤ ▤ ⌁ ⅏ CV ☛
CB 🈷

TRIE SUR BAISE
65220 Hautes Pyrénées
1200 hab. ⓘ

⚕⚕ DE LA TOUR ★★
1, rue de la Tour. M. Cazaux
☎ 62 35 52 12 ℻ 62 35 59 92
🛏 10 ⊗ 200/220 F. � 65/105 F.
🍴 45 F. ▥ 200/220 F.
⊠ rest. lun. midi.
Ⓔ ⓢⓟ ▤ ☎ ⌁ ⅏ ⅋ CV ☛ CB

TRIGANCE
83840 Var
800 m. • 122 hab. ⓘ

⚕⚕ LE VIEIL AMANDIER ★★
Montée de Saint-Roch. M. Clap
☎ 94 76 92 92 ℻ 94 85 68 65
🛏 12 ⊗ 260/320 F. � 125/280 F.
🍴 50 F. ▥ 270/320 F.
⊠ 31 oct./1er avr. et mar. sauf saison.
Ⓔ ⓘ ▤ ☎ ▤ 🍴 ☛ ⅏ ⅋ ☛ CB

TRINITE SUR MER (LA)
56470 Morbihan
1470 hab. 🛈

▲▲ LE ROUZIC ★★
24, cours des Quais. M. Santamans
☎ 97 55 72 06 **FAX** 97 55 82 25
🛏 32 ⌑ 310/330 F. 🍽 95/125 F.
🍴 95 F. 🖿 310/320 F.
⊠ 15 nov./15 déc., 1ère quinz.
janv., rest. dim. soir et lun.
mi-sept./début juin.
🄴 🗔 ☎ 🛄 🕼 🔌 CB 🖿

TROARN
14670 Calvados
3000 hab. 🛈

▲ CLOS NORMAND ★
10, rue Pasteur. M. Malhaire
☎ 31 23 31 28 **FAX** 31 23 15 72
🛏 21 ⌑ 165/230 F. 🍽 75/220 F.
🍴 52 F. 🖿 160/200 F.
⊠ dim. soir sauf fériés 1er sept./
30 mai.
🄴 🗔 ☎ 🚗 CB

TROIS EPIS
68410 Haut Rhin
650 m. ● 150 hab. 🛈

▲▲ LA CHENERAIE ★★
M. Rinn
☎ 89 49 82 34 **FAX** 89 49 86 70
🛏 19 ⌑ 270/290 F. 🍴 35 F. 🖿 295 F.
⊠ 1er janv./1er fév. et mer.
🄴 🄳 ☎ 🚗 🕼 CB

▲▲ VILLA ROSA ★★
Mme Denis
☎ 89 49 81 19
🛏 9 ⌑ 270/335 F. 🍽 90/140 F. 🍴 50 F.
🖿 270/310 F.
⊠ 2 janv./12 fév. et jeu. soir.
🄴 🄳 ☎ 🕼 ⟷ 🕼 🌀 CV CB

TRONGET
03240 Allier
1050 hab.

▲▲ DU COMMERCE ★★
Sur D. 945. M. Auberger
☎ 70 47 12 95 **FAX** 70 47 32 53
🛏 11 ⌑ 190/280 F. 🍽 70/170 F.
🍴 40 F. 🖿 220 F.
🗔 ☎ 🚗 🕼 ⟷ 🕼 🔌 CB

TROO
41800 Loir et Cher
337 hab.

▲▲▲ DU CHEVAL BLANC ★★
Rue Auguste Arnault. M. Coyault
☎ 54 72 58 22 **FAX** 54 72 55 44
🛏 9 ⌑ 270/420 F. 🍽 110/260 F.
🍴 60 F. 🖿 300 F.
⊠ rest. lun. et mar. midi.
🗔 ☎ ⟷ 🕼 🕼 🔌 CB

TROUVILLE
14360 Calvados
6500 hab. 🛈

▲▲ CARMEN ★★
24, rue Carnot. M. Bude
☎ 31 88 35 43 **FAX** 31 88 08 03
🛏 16 ⌑ 200/360 F. 🍽 95/185 F.
🍴 55 F. 🖿 220/300 F.
⊠ 5 janv./10 fév., lun. soir et mar.
🄴 🄳 🗔 CV CB

TROYES
10000 Aube
59255 hab. 🛈

▲▲▲ ROYAL HOTEL ★★★
22, bld Carnot. M. De Vos
☎ 25 73 19 99 **FAX** 25 73 47 85
🛏 37 ⌑ 325/500 F. 🍽 99/190 F.
🍴 65 F. 🖿 290 F.
⊠ 19 déc./8 janv., dim. soir et lun. midi.
🄴 🄳 🗔 ☎ 🛄 🕼 ⟷ 🔌 CB

TULLE
19000 Corrèze
20643 hab. 🛈

▲▲ DE LA GARE ★★
25, av. Winston Churchill. M. Farjounel
☎ 55 20 04 04 **FAX** 55 20 15 87
🛏 14 ⌑ 160/220 F. 🍽 85/130 F.
🍴 50 F. 🖿 230/250 F.
⊠ 1 semaine fév. et 1er/15 sept.
🄴 🗔 ☎ ⟷ 🔌 CB

TULLINS
38210 Isère
6000 hab. 🛈

▲▲▲ AUBERGE DE MALATRAS ★★
Sur N. 92. Mme Fortunato
☎ 76 07 02 30 **FAX** 76 07 76 48
🛏 19 ⌑ 220/290 F. 🍽 105/330 F.
🍴 75 F. 🖿 250/290 F.
🄴 🛈 🗔 ☎ 🚗 ⟷ 🍴 CV 🕼 🔌 CB
🅲 🖿

TURBALLE (LA)
44420 Loire Atlantique
3600 hab.

▲▲ LES CHANTS D'AILES ★★
11, bld Bellanger. M. Delestre
☎ 40 23 47 28
🛏 17 ⌑ 240/340 F. 🍽 80/220 F.
🍴 52 F. 🖿 240/275 F.
⊠ 15 nov./6 déc., rest. dim. soir
1er oct./31 mars.
🄴 🗔 ☎ 🚗 ⟷ 🍴 CV 🕼 🔌 CB 🖿

TURCKHEIM
68230 Haut Rhin
3700 hab. 🛈

▲▲ AUBERGE DU BRAND ★★
8, Grand'Rue. M. Zimmerlin
☎ 89 27 06 10 **FAX** 89 27 55 51
🛏 9 ⌑ 170/330 F. 🍽 86/250 F. 🍴 40 F.
🖿 220/300 F.
⊠ 1er/13 juil., mar. soir et mer.
🄴 🄳 🗔 ☎ 🕼 🍴 CV 🔌 CB

TURCKHEIM (suite)

▲ AUX PORTES DE LA VALLEE ★★
29, rue Romaine.
Mme Graff
☎ 89 27 27 15 [FAX] 89 27 40 71
📱 16 ⬡ 170/380 F. 🍽 85 F. 🍴 50 F.
🛏 203/308 F.
⊠ rest. dim. soir.
[E] [D] 🖬 ☎ 🛏 🛏 ☁ 🏕 🕭 🚶 CV ▥
🔺 CB 🖿

▲▲ DES DEUX CLEFS ★★
3, rue du Conseil. Mme Planel-Arnoux
☎ 89 27 06 01 [FAX] 89 27 18 07
📱 45 ⬡ 280/420 F. 🍽 130/220 F.
🍴 55 F. 🛏 290/360 F.
[E] [D] 🖬 ☎ 🛏 🛏 ☁ 🏕 🚶 CV ▥ 🔺 CB
[C] 🖿

▲▲ DES VOSGES ★★
Place de la République.
M. Chevillard
☎ 89 27 02 37 [TX] 880852 [FAX] 89 27 23 40
📱 32 ⬡ 270/310 F. 🍽 75/180 F.
🍴 43 F. 🛏 250/270 F.
⊠ 8 janv./6 mars et mar. nov./Pâques.
[E] [D] SP 🖬 ☎ 🛏 CV ▥ 🔺 CB 🖿

TURINI (CAMP D'ARGENT)
06440 Alpes Maritimes
1750 m. • 10 hab.

▲▲ LE YETI ★★
Camp d'Argent. Mme Maniccia
☎ 93 91 57 01 [FAX] 93 91 58 88
📱 6 ⬡ 270/300 F. 🍽 82/190 F. 🍴 35 F.
🛏 230/260 F.
[E] [i] 🖬 ☎ 🏕 🚶 🔺 CB

▲▲ RELAIS DU CAMP D'ARGENT
M. Chiavarino
☎ 93 91 57 58
📱 9 ⬡ 250 F. 🍽 95/140 F. 🍴 40 F.
🛏 220 F.
[E] [i] 🖬 🛏 🚶 🕭 🔺 CB

TURINI (COL DE)
06440 Alpes Maritimes
1607 m. • 20 hab.

▲▲ LES CHAMOIS ★★
Col de Turini. M. Martos
☎ 93 91 57 42 [FAX] 93 79 53 62
📱 11 ⬡ 260/340 F. 🍽 65/140 F.
🍴 40 F. 🛏 245/285 F.
⊠ 15/31 mars, 15/30 nov., jeu. soir et
ven. sauf vac. scol. et sept.
[E] SP 🖬 ☎ 🛏 🌲 ☁ 🎿 🚣 🚶 🕭 ♿
🔺 CB

▲▲▲ LES TROIS VALLEES ★★
Col de Turini.
M. Lhommède
☎ 93 91 57 21 [FAX] 93 79 53 62
📱 18 ⬡ 320/600 F. 🍽 125/320 F.
🍴 70 F. 🛏 327/467 F.
[E] SP 🖬 ☎ 🛏 ☁ 🏕 🌲 🎿 🚣 🚶 🕭
🍴 ▥ 🔺 CB

U

UFFHOLTZ
68700 Haut Rhin
1300 hab.

▲▲ FRANTZ ★★
41, rue de Soultz. Mme Fahrer
☎ 89 75 54 52 [FAX] 89 75 70 51
📱 26 ⬡ 185/250 F. 🍽 45/320 F.
🍴 38 F. 🛏 220/240 F.
⊠ 22/30 déc. et rest. lun.
[E] [D] 🖬 ☎ 🛏 🏕 🚶 CV ▥ 🔺 CB

URCAY
03360 Allier
300 hab.

▲ L'ETOILE D'OR
Sur N. 144. M. Blanchet
☎ 70 06 92 66
📱 6 ⬡ 135/200 F. 🍽 65/160 F. 🍴 40 F.
🛏 185 F.
⊠ 15 janv./15 fév. et mer.
🛏 🏕 🔺 CB

URDOS EN BEARN
64490 Pyrénées Atlantiques
784 m. • 162 hab. [i]

▲▲ LE PAS D'ASPE ★★
Sur N. 134 Col du Somport. M. Cazères
☎ 59 34 88 93
📱 14 ⬡ 200/250 F. 🍽 65/130 F.
🍴 45 F. 🛏 180/200 F.
⊠ hôtel lun. sauf hs et vac. scol., rest.
midi lun./sam.
SP ☎ 🛏 CV ▥ 🔺 CB

URIAGE LES BAINS
38410 Isère
1800 hab. [i]

▲▲ LE MANOIR ★★
M. Huchon
☎ 76 89 10 88 [FAX] 76 89 20 63
📱 15 ⬡ 145/360 F. 🍽 70/210 F.
🍴 55 F. 🛏 200/310 F.
⊠ 20 nov./10 fév., dim. soir et lun.
15 oct./20 nov.
[E] 🖬 ☎ 🛏 🏕 🚶 🕭 CV ▥ 🔺
CB 🖿

URMATT
67280 Bas Rhin
1092 hab.

▲▲ DE LA POSTE ★★
74, rue Gal de Gaulle. M. Gruber
☎ 88 97 40 55 [FAX] 88 47 38 32
📱 13 ⬡ 190/240 F. 🍽 95/330 F.
🍴 50 F. 🛏 230/260 F.
⊠ 27 fév./13 mars, 26 juin/13 juil.,
20/28 nov., 24/25 déc. et lun. sauf
fériés.
[E] [D] 🖬 ☎ 🛏 🏕 🚶 ▥ 🔺 CB 🖿

URT
64240 Pyrénées Atlantiques
1422 hab.

▲▲ L'ESTANQUET ★★
Place du Marché. M. Arbulo
☎ 59 56 24 93 ☎ 59 56 24 92
🛏 13 ◎ 200/250 F. ⫟ 98/195 F.
🍴 50 F. ⚑ 210/240 F.
⊠ dim. soir 15 nov./15 fév.
E SP ▭ ☎ ⬄ ♿ ⦿ ← CB

USSAT LES BAINS
09400 Ariège
280 hab.

▲ DE LA VILLA DES ROSES ★★
Mme Poussines
☎ 61 05 63 39 ☎ 61 05 19 87
🛏 32 ◎ 150/270 F. ⫟ 70/160 F.
🍴 45 F. ⚑ 180/270 F.
⊠ 15 nov./15 déc. et 5 janv./10 fév.
E SP ▭ ☎ ☎ ⫟ CV ⦿ ←

USSEL
19200 Corrèze
630 m. • 12000 hab.

▲ DU MIDI ★★
24, av. Thiers. M. Jallut
☎ 55 72 17 99 ☎ 55 72 87 58
🛏 15 ◎ 150/250 F. ⫟ 70/135 F.
🍴 40 F. ⚑ 180/230 F.
⊠ 5/20 janv. et dim. hs.
E SP ▭ ☎ ▭ ☎ ⫟ ⦿ ←

▲ L'AUBERGE
6, av. Gambetta. M. Renaudie
☎ 55 96 17 30
🛏 5 ◎ 200 F. ⫟ 70/150 F. 🍴 40 F.
⊠ dim. soir et lun.
▭ ☎ ← CB

USSEL
46240 Lot
71 hab.

▲▲ RELAIS DU POUZAT ★
Sur N. 20. M. Griaux-Ladsous
☎ 65 36 86 54 ☎ 65 36 84 72
🛏 12 ◎ 185/260 F. ⫟ 110 F. 🍴 45 F.
⚑ 200/240 F.
⊠ 15 nov./30 mars.
E ▭ ☎ ▭ ☎ CV ⦿ ← CB C

USSEL (SAINT DEZERY)
19200 Corrèze
630 m. • 11391 hab.

▲▲▲ LES GRAVADES ★★★
Sur N. 89. M. Fraysse
☎ 55 72 21 53 ☎ 55 72 82 49
🛏 20 ◎ 250/340 F. ⫟ 95/160 F.
🍴 50 F. ⚑ 260/280 F.
⊠ ven. soir et rest. sam. midi.
E ▭ ☎ ☎ ⫟ ⦿ ← CB

USSON EN FOREZ
42550 Loire
950 m. • 1200 hab.

▲▲ RIVAL ★
Rue Centrale. M. Rival
☎ 77 50 63 65
🛏 12 ◎ 135/280 F. ⫟ 65/240 F.

🍴 50 F. ⚑ 155/230 F.
⊠ 12/21 fév., 19 juin/1er juil. et lun.
sauf juil./août.
E ▭ ☎ ▭ ☎ CV ⦿ ← CB ▣

UTELLE
06450 Alpes Maritimes
800 m. • 450 hab.

▲▲ BELLEVUE ★
Route de la Madone.
M. Martinon
☎ 93 03 17 19
🛏 17 ◎ 190/280 F. ⫟ 80/150 F.
🍴 35 F. ⚑ 240/280 F.
⊠ mer.
E ▭ ☎ ⫟ ⦿ ←

UZERCHE
19140 Corrèze
3500 hab.

❋ MODERNE ★★
Av. de Paris. M. Léonard
☎ 55 73 12 23
🛏 7 ◎ 150/240 F.
⊠ 1er fév./1er mars et mar.
E ☎ ▭ ▭ ←

▲▲ TEYSSIER ★★
Rue du Pont Turgot. M. Teyssier
☎ 55 73 10 05 ☎ 55 98 43 31
🛏 17 ◎ 145/350 F. ⫟ 110/250 F.
🍴 63 F. ⚑ 250/350 F.
⊠ 7/14 juin, 6 déc./17 janv. et mer. sauf
soirs mi-juil./mi-sept.
E SP ▭ ☎ ☎ ▭ ▭ CV ← CB

UZES
30700 Gard
7825 hab.

▲ DU CHAMP DE MARS ★★
1087, route de Nîmes. Mme Reynaud
☎ 66 22 36 55
🛏 7 ◎ 210/230 F. ⫟ 65/199 F. 🍴 35 F.
⚑ 235 F.
⊠ dim. soir et lun. 1er oct./30
juin, sam. midi et dim. soir 1er juil./
30 sept.
E ▮ ▭ ☎ ▭ ▭ ♿ ← CB

V

VAGNEY (LE HAUT DU TOT)
88120 Vosges
900 m. • 150 hab.

▲▲ AUBERGE DE LA CROIX DES
HETRES ★★
(Le Haut du Tôt). M. Gros
☎ 29 24 71 59 ☎ 29 24 92 64
🛏 12 ◎ 190/270 F. ⫟ 75/110 F.
🍴 50 F. ⚑ 200/250 F.
⊠ 1er nov./10 déc. et mar. midi.
▯ ▭ ☎ ⫟ ♿ ⊘ CV ⦿ ← CB ▭

VAIGES
53480 Mayenne
977 hab.

🏠🏠🏠 DU COMMERCE ★★★
M. Oger
☎ 43 90 50 07 📠 722520 📠 43 90 57 40
🛏 30 ⌧ 280/495 F. 🍽 98/240 F.
🍴 65 F. 🛏 290/400 F.
✉ 6/23 janv. et dim. soir 1er oct./
31 mars.
🄴🅾🕿🏠🚗🛁⛵🚐🎿♿ CV
🍴 CB 🛗

VAILLY SUR SAULDRE
18260 Cher
950 hab. ℹ

🏠 DU CERF
Mme Chestier
☎ 48 73 71 53
🛏 8 ⌧ 120/230 F. 🍽 60/155 F. 🍴 45 F.
🛏 200/230 F.
✉ 20 août/10 sept., 23 déc./5
janv., dim. soir et lun. soir.
🅾🚗🛁 CV 🍴 CB

VAISON LA ROMAINE
84110 Vaucluse
6000 hab. ℹ

🏠🏠🏠 LE LOGIS DU CHATEAU Rest. LE
DOLIUM ★★
(Les Hauts de Vaison). M. Beliando
☎ 90 36 09 98 \ 90 36 24 24
📠 90 36 10 95
🛏 46 ⌧ 250/430 F. 🍽 95/158 F.
🍴 50 F. 🛏 250/343 F.
✉ 31 oct./1er avr.
🄴🅾🕿🏠🚗🛁⛵🚲🎿♿ CV
🍴 CB C

VAISSAC
82800 Tarn et Garonne
650 hab.

🏠🏠 TERRASSIER ★★
Mme Cousseran
☎ 63 30 94 60 📠 63 30 87 40
🛏 12 ⌧ 145/240 F. 🍽 75/200 F.
🍴 35 F. 🛏 180/210 F.
✉ 1 semaine nov., 15 jours janv., ven.
soir oct./mai et dim. soir.
🄴🅾🕿🚗🛁🎿♿ CV 🍴 🍴
CB 🛗

VAL D'AJOL (LE)
88340 Vosges
5000 hab. ℹ

🏠🏠🏠 LA RESIDENCE ★★★
5, rue des Mousses. M. Bongeot
☎ 29 30 68 52 \ 29 30 64 60
📠 29 66 53 00
🛏 55 ⌧ 280/360 F. 🍽 60/255 F.
🍴 45 F. 🛏 250/330 F.
✉ 15 nov./15 déc.
🄴🅾🕿🏠🚗⛵🛁⚓🎿♿ CV
🍴 CB

VAL D'ISERE
73150 Savoie
1850 m. • 1300 hab. ℹ

🏠🏠 VIEUX VILLAGE ★★
Mme Roche
☎ 79 06 03 79 📠 980 077 📠 79 06 07 73
🛏 24 ⌧ 300/740 F. 🍽 120 F. 🍴 60 F.
🛏 365/480 F.
✉ mai/juin et 1er sept./1er déc.
🄴🅳🅾ℹ🕿🚗🚗

VAL SUZON
21121 Côte d'Or
194 hab.

🏠🏠 HOSTELLERIE DU VAL SUZON ★★★
Rue du Fourneau. M. Perreau
☎ 80 35 60 15 📠 80 35 61 36
🛏 17 ⌧ 320/520 F. 🍽 128/400 F.
🍴 85 F. 🛏 402/502 F.
✉ 15 nov./15 déc., mer. et jeu. midi hs.
🄴 SP 🅾🕿🚗🛁🍴♿ CB

🏠 LA CHAUMIERE
R. N. 71. M. Me Mourlet
☎ 80 35 60 83 📠 80 35 63 22
🛏 8 ⌧ 170/250 F. 🍽 75/180 F. 🍴 55 F.
🛏 225 F.
✉ 24 déc. soir et 25 déc.
🄴ℹ🚗🍴♿ CB

VALBONNE
06560 Alpes Maritimes
7374 hab. ℹ

🏠🏠 LA CIGALE ★★
Route d'Opio. M. Marquebielle
☎ 93 12 24 43
🛏 12 ⌧ 310/400 F. 🍽 85/150 F.
🍴 50 F. 🛏 265/320 F.
✉ 15 oct./20 déc., 10 janv./20 mars et
mar.
🄴 SP ℹ🅾🕿🚗♿♿ CB

VALDAHON
25800 Doubs
650 m. • 4472 hab.

🏠🏠🏠 RELAIS DE FRANCHE COMTE ★★
Rue Charles Schmitt. M. Frelin
☎ 81 56 23 18 📠 81 56 44 38
🛏 20 ⌧ 198/250 F. 🍽 62/225 F.
🍴 35 F. 🛏 230/250 F.
✉ 20 déc./15 janv., ven. soir et sam.
midi sauf juil./août.
🄴🅳🅾🕿🚗🚗🛁🎿♿ CV 🍴
♿ CB

VALENCE
26000 Drôme
75000 hab. ℹ

🏠🏠 CALIFORNIA ★★
174, av. Maurice Faure.
Mme Guragossian
☎ 75 44 36 05 📠 75 41 20 25
🛏 30 ⌧ 235/260 F. 🍽 84/95 F.
🍴 42 F. 🛏 260 F.
✉ 25 déc./3 janv.
🄴🅾🕿🚗🛁🛁🎿 CV 🍴♿🛗

VALENCE (suite)

⌂⌂ SAINT JACQUES ★★
9, faubourg Saint-Jacques. M. Fadda
☎ 75 42 44 60
🔑 29 🛏 180/250 F. 🍴 66/144 F.
🏠 195/205 F.
⊠ rest. dim. soir hiver.
[E] [D] ▣ 📞 🚗 ↕ [CV] [C] 💼

VALENCE
(BOURG LES VALENCE)
26500 Drôme
18000 hab. ℹ

⌂⌂⌂ SEYVET ★★
24, av. Marc Urtin sur N. 7. M. Hervo
☎ 75 43 26 51 [FAX] 75 55 61 49
🔑 34 🛏 240/305 F. 🍴 95/220 F.
🚸 50 F. 🏠 235 F.
⊠ rest. dim. soir mi-oct./mi-mars et hôtel dim. soir 1er nov./28 fév.
[E] [D] ▣ 📞 🚗 🚗 ↕ ⋈ ⛱ [CV] 📺 🐕 [CB]

VALENCE D'AGEN
82400 Tarn et Garonne
4734 hab. ℹ

⌂ DE FRANCE ★★
Cours de Verdun. M. Robin
☎ 63 39 63 31 [FAX] 63 39 93 60
🔑 12 🛏 85/210 F. 🍴 75/150 F. 🚸 45 F.
🏠 180/255 F.
⊠ ven. soir et dim. soir.
[E] ▣ 📞 ♿ [CV] 📺 🐕

VALENCE D'AGEN (POMMEVIC)
82400 Tarn et Garonne
403 hab. ℹ

⌂⌂ LA BONNE AUBERGE ★★
Route de Toulouse. M. Hume
☎ 63 39 56 69
🔑 15 🛏 180/260 F. 🍴 65/125 F.
🚸 35 F. 🏠 200/260 F.
⊠ 25 juin/10 juil., 28 oct./6 nov. et sam.
[E] [SP] ▣ 📞 🚗 🚗 ⛱ ♿ 📺 🐕 [CB]

VALENCE D'ALBIGEOIS
81340 Tarn
1280 hab. ℹ

⌂ L'ESCAPADE ★
Grand'Rue. Mme Herail
☎ 63 56 40 57
🔑 10 🛏 150/200 F. 🍴 60/198 F.
🚸 40 F. 🏠 135/190 F.
[E] [SP] 📞 🚗 ⛱ [CV] 📺 🐕 [CB] 💼

VALENCE EN BRIE
77830 Seine et Marne
500 hab.

⌂⌂ AUBERGE SAINT GEORGES ★★
1, place de l'Eglise. M. Coquillat
☎ (1) 64 31 81 12
🔑 10 🛏 100/170 F. 🍴 95/150 F.
🚸 50 F. 🏠 149/199 F.
⊠ ven. soir et dim. soir.
🐕 [CB]

VALENCIENNES
59300 Nord
40880 hab. ℹ

⌂⌂⌂ LE GRAND HOTEL DE VALENCIENNES ★★★
8, place de la Gare. M. Zielinger
☎ 27 46 32 01 [TX] 110701 [FAX] 27 29 65 57
🔑 98 🛏 380/630 F. 🏠 570 F.
[E] [D] [SP] ▣ 📞 ↕ ⋈ 🍸 [CV] 📺 🐕 [CB] 💼

VALENSOLE
04210 Alpes de Haute Provence
600 m. • 1950 hab. ℹ

⌂⌂⌂ PIES ★★
M. Pies
☎ 92 74 83 13
🔑 16 🛏 240/300 F. 🍴 75/200 F.
🚸 50 F. 🏠 300 F.
⊠ 8 janv./8 fév. et mer. 15 oct./1er avr.
[E] [D] ▣ 📞 🚗 🚗 ⋈ ⛱ 🚶 ♂ ♿ [CV] 📺 🐕 [CB]

VALFRAMBERT
61250 Orne
1000 hab.

⌂⌂ AUBERGE NORMANDE ★★
Route de Paris Mme Edet
☎ 33 29 43 29
🔑 10 🛏 100/200 F. 🍴 65/160 F.
🚸 40 F. 🏠 160/200 F.
⊠ dim. soir et lun.
[E] ▣ 🚗 ⛱ [CV] 🐕 [CB]

VALGORGE
07110 Ardèche
432 hab. ℹ

⌂ CHEZ MICHEL ★
Mme Michel
☎ 75 88 98 90
🔑 19 🛏 120/230 F. 🍴 55/110 F.
🚸 42 F. 🏠 140/190 F.
⊠ 15 déc./15 janv.
[E] 📞 🚗 🎾 [CV] 🐕 [CB]

⌂⌂⌂ LE TANARGUE - CHEZ COSTE ★★
M. Coste
☎ 75 88 98 98\75 88 98 20
[FAX] 75 88 96 09
🔑 25 🛏 245/365 F. 🍴 92/195 F.
🚸 50 F. 🏠 265/360 F.
⊠ janv./10 mars.
[E] ▣ 📞 🚗 🚗 ↕ ⛱ ♂ ♿ [CV] 🐕 [CB]

VALLAURIS
06220 Alpes Maritimes
14000 hab. ℹ

⌂⌂ SIOU AOU MIOU ★★
Quartier Saint-Sébastien «Les Fumades». Mme Isoardi
☎ 93 64 39 89
🔑 10 🛏 290/350 F. 🍴 90/140 F.
🚸 35 F. 🏠 320 F.
▣ 📞 🚗 ⛱ [CV] 🐕 [CB] 💼

VALLERAUGUE
30570 Gard
1040 hab. ⓘ

▲▲▲ LES BRUYERES ★★
Rue André Chamson. M. Bastide
☎ 67 82 20 06
🛏 28 ⚄ 230/250 F. ⏀ 75/130 F.
🍽 50 F. 🛋 230/250 F.
⌧ fin sept./30 avr.
SP 🗄 🕿 🚗 🛎 🍴 🏃 CV 🖕 CB

VALLET
44330 Loire Atlantique
6000 hab. ⓘ

▲ DE LA GARE
44, rue Saint-Vincent. M. Jouy
☎ 40 33 92 55 🆁 40 36 39 66
🛏 22 ⚄ 160/210 F. ⏀ 60/220 F.
🍽 40 F. 🛋 175 F.
⌧ dim.
🗄 🕿 🚗 🛎 🍴 🏃 🛴 CV 🖕 CB ▦

▲▲▲ DON QUICHOTTE ★★
35, route de Clisson. M. Sauzereau
☎ 40 33 99 67 🆁 40 33 99 67
🛏 12 ⚄ 245/285 F. ⏀ 79 F. 🍽 60 F.
🛋 235 F.
⌧ 1er/10 janv. et rest. dim. soir.
🗄 🕿 🚗 ⤴ 🍴 🕯 🛴 🔢 🖕 ▦

VALLIERES LES GRANDES
41400 Loir et Cher
556 hab.

▲▲ LES CLOSEAUX ★★
Mme Vivien
☎ 47 57 32 73
🛏 10 ⚄ 210/340 F. ⏀ 70/180 F.
🍽 45 F. 🛋 210 F.
⌧ mar.
🗄 🕿 🚗 🍴 🕯 🏃 ▶ 🛴 CV 🔢 🖕

VALLIGUIERES
30210 Gard
240 hab.

▲ LA VIEILLE AUBERGE ★
A 8 km de Remoulins, sur N. 86.
Mme Buthod
☎ 66 37 16 13
🛏 8 ⚄ 150/190 F. ⏀ 85/145 F. 🍽 45 F.
🛋 200 F.
⌧ 1er nov./1er avr.
🍴 🛴 CV 🖕 CB

VALLOIRE
73450 Savoie
1550 m. • 1000 hab. ⓘ

▲▲ CHRISTIANIA HOTEL ★★
Mme Chinal
☎ 79 59 00 57 🆁 79 59 00 06
🛏 26 ⚄ 170/320 F. ⏀ 80/170 F.
🍽 45 F. 🛋 220/350 F.
⌧ 15 sept./1er déc. et 25 avr./18 juin.
🗄 🗓 ⓘ 🗄 🕿 ⤴ 🍴 CV 🔢
🖕 CB

▲▲ CRET ROND ★★
(Les Verneys). Mlle Martin
☎ 79 59 01 64 🆁 79 83 33 24
🛏 19 ⚄ 190/270 F. ⏀ 80/140 F.
🍽 35 F. 🛋 250/290 F.
⌧ 1er mai/30 juin et 1er oct./20 déc.
🗄 🕿 🚗 🚗 🍴 🏃 🛴 🔢 🖕 CB

▲▲ DE LA POSTE ★★
Mme Magnin
☎ 79 59 03 47 🆁 79 83 31 44
🛏 28 ⚄ 160/390 F. ⏀ 70/180 F.
🍽 50 F. 🛋 240/370 F.
⌧ 17 avr./12 juin et 26 sept./20 déc.
🗄 🗓 ⓘ 🗄 🕿 🚗 🚗 🍴 🏃 CV
🖕 CB

▲▲ DU CENTRE ★★
Mme Magnin/Serafini
☎ 79 59 00 83 🆁 79 59 06 87
🛏 36 ⚄ 180/300 F. ⏀ 69/109 F.
🍽 40 F. 🛋 200/290 F.
⌧ 15 avr./20 juin et 15 sept./15 déc.
🗄 🗓 ⓘ 🕿 🛎 🍴 🛴 CV 🖕 CB

▲▲▲ LA SETAZ Rest. LE GASTILLEUR ★★★
M. Villard
☎ 79 59 01 03 🆁 79 59 00 63
🛏 22 ⚄ 280/420 F. ⏀ 105/180 F.
🍽 42 F. 🛋 300/400 F.
⌧ 25 avr./4 juin et 20 sept./18 déc.
🗄 🕿 🚗 🚗 🍴 🛎 🏃 🕯 CV 🔢
🖕 CB

▲▲ RELAIS DU GALIBIER ★★
(Les Verneys - 1550 m). M. Rapin
☎ 79 59 00 45 🆁 79 83 31 89
🛏 26 ⚄ 260/340 F. ⏀ 90/160 F.
🍽 45 F. 🛋 260/350 F.
⌧ 15 sept./1er déc. et 10 avr./20 juin.
🗄 🗓 ⓘ 🕿 🚗 🚗 🍴 🏃 CV 🖕 CB

VALLON PONT D'ARC
07150 Ardèche
2000 hab. ⓘ

▲ DES TOURISTES ★
(A la Rouvière - à 6 km). M. Labrot
☎ 75 88 00 01
🛏 14 ⚄ 185/300 F. ⏀ 80/140 F.
🍽 40 F. 🛋 220/245 F.
⌧ 25 oct./25 mars.
🚗 🍴 🖕 CB

▲▲ DU TOURISME ★★
6, rue du miarou. M. Berneron
☎ 75 88 02 12 🆁 75 88 12 90
🛏 29 ⚄ 260/405 F. ⏀ 85/165 F.
🍽 50 F. 🛋 260/350 F.
⌧ 15 déc./31 janv. et lun.
🗄 🗓 🕿 🚗 🛎 CV 🖕 CB

▲▲ LE BELVEDERE
Route des Gorges. M. Saulnier
☎ 75 88 00 02 ╲75 88 00 27
🆁 75 88 12 22
🛏 27 ⚄ 250/450 F. ⏀ 85/150 F.
🍽 45 F. 🛋 250 F.
⌧ 20 nov./15 mars.
🗄 🕿 🚗 🚗 ⤴ CV 🔢 🖕 ▦

VALLON PONT D'ARC (suite)

▲▲ LE MANOIR DU RAVEYRON
Rue du Raveyron. MM. Bourdat/Gauthier
☎ 75 88 03 59 [FAX] 75 37 11 12
🛏 14 ⌧ 175/270 F. 🍽 92/220 F.
🍴 42 F. 📷 220/255 F.
⌧ 15 oct./15 mars.
[E] [SP] [🌴] [CV] [🐾] [CB]

VALLORCINE
74660 Haute Savoie
1265 m. • 303 hab. [i]

▲▲ CHALET HOTEL L'ERMITAGE ★★
(Le Chante). Mme Berguerand
☎ 50 54 60 09
🛏 14 ⌧ 300/350 F. 🍽 120/160 F.
🍴 70 F. 📷 280/340 F.
⌧ 3 janv./2 fév. et 1er oct./25 déc.
[E] [D] [i] [☎] [🚗] [🌴] [🏃] [🐾] [CB]

▲ MONT BLANC ★
MM. Ancey/Gil
☎ 50 54 60 02
🛏 24 ⌧ 173/340 F. 🍽 75/128 F.
🍴 53 F. 📷 185/285 F.
⌧ 3/29 janv., 18 mars/31 mai, 7/18 juin
et 17 sept./22 déc.
[E] [D] [SP] [i] [☎] [🚗] [🌴] [CV] [🐾] [CB]

VALLOUISE
05290 Hautes Alpes
1200 m. • 550 hab. [i]

▲▲ LES VALLOIS ★★
M. Morand
☎ 92 23 33 10
🛏 15 ⌧ 295 F. 🍽 85/150 F. 🍴 38 F.
📷 295 F.
⌧ 1er mai/2 juin et 24 sept./20 déc.
[E] [i] [☎] [🚗] [🌴] [⛱] [🏃] [♿] [CV]
[🐾] [CB]

VALMONT
76540 Seine Maritime
860 hab. [i]

▲▲ DE L'AGRICULTURE ★★
Place du Docteur Dupont. M. Guerin
☎ 35 29 03 63 [FAX] 35 29 45 59
🛏 18 ⌧ 220/340 F. 🍽 95/195 F.
🍴 55 F. 📷 220/280 F.
⌧ 15 janv./14 fév., rest. dim. soir et lun.
[E] [☎] [🚗] [🚗] [♿] [CV] [🍴] [🐾] [CB]

VALOGNES
50700 Manche
7000 hab. [i]

▲ GRAND HOTEL DU LOUVRE ★★
28, rue des Religieuses. M. Lehmann
☎ 33 40 00 07 [FAX] 33 40 13 73
🛏 22 ⌧ 160/265 F. 🍽 65/140 F.
🍴 48 F. 📷 175/230 F.
⌧ 22 déc./27 janv., sam. midi
1er mai/30 sept, ven. et sam. midi
1er oct./30 avr.
[☎] [🚗] [🚗] [🐾] [CB] [📷]

VALRAS PLAGE
34350 Hérault
2935 hab. [i]

▲ DE LA PLAGE ★★
3, bld Saint-Saens. M. Granier
☎ 67 32 08 37 [FAX] 67 39 70 91
🛏 18 ⌧ 200/250 F. 🍽 75/230 F.
🍴 35 F. 📷 250 F.
⌧ janv./fév. et ven.
[E] [☎] [🚗] [CV] [🍴] [🐾] [CB]

▲▲ MEDITERRANEE ★★
Mme Auriac
☎ 67 32 38 60 [FAX] 67 32 30 91
🛏 12 ⌧ 250/280 F. 🍽 80/250 F.
📷 260 F.
⌧ hôtel fin oct./Pâques, rest.
2ème quinz. nov., 2 semaines fév. et
lun. hs.
[E] [SP] [☎] [🚗] [🚗] [♿] [🍴] [🐾] [CB]

VALREAS
84600 Vaucluse
10000 hab. [i]

▲▲ GRAND HOTEL ★★
28, av. Général de Gaulle. M. Gleize
☎ 90 35 00 26 [FAX] 90 35 60 93
🛏 13 ⌧ 280/350 F. 🍽 98/250 F.
🍴 50 F. 📷 290/350 F.
⌧ 24 déc./28 janv., sam. soir et dim. hs,
rest. dim. saison.
[E] [i] [☎] [🚗] [🚗] [⛱] [🏃] [♿] [🍴]
[🐾] [CB]

VALROS
34290 Hérault
1000 hab.

▲▲ AUBERGE DE LA TOUR ★★
M. Grasset
☎ 67 98 52 01
🛏 18 ⌧ 260/280 F. 🍽 95/224 F.
🍴 65 F. 📷 257 F.
⌧ 12/26 fév. et mer. midi.
[E] [D] [SP] [i] [☎] [🚗] [🚗] [🍴] [🏃] [♿] [🍴]
[🐾] [CB]

VALS LES BAINS
07600 Ardèche
4300 hab. [i]

▲▲▲ GRAND HOTEL DE LYON ★★★
11, av. Paul Ribeyre. M. Bonneton
☎ 75 37 43 70 [FAX] 75 37 59 11
🛏 35 ⌧ 300/450 F. 🍽 110/190 F.
🍴 50 F. 📷 280/360 F.
⌧ 1er janv./3 avr. et 7 oct./31 déc.
[E] [🚗] [☎] [🚗] [⬆] [♿] [CV] [🐾] [CB] [C]

▲ PERFUN ★
2, rue des Prades. Mme Perfun
☎ 75 37 43 90
🛏 13 ⌧ 160/230 F. 🍽 75/150 F.
🍴 45 F. 📷 190/220 F.
⌧ Rest. 1er oct./1er avr. et hôtel
1er nov./15 mars.
[☎] [🚗] [🐾] [CB]

VALS LES BAINS (suite)

SAINT-JACQUES ★★
Rue Auguste Clément. M. Fontbonne
☎ 75 37 46 02 ⬛ 75 37 47 33
🛏 24 ⬛ 220/340 F. 🍽 85/180 F.
🍴 45 F. 🛎 240/290 F.
✉ Rest. 1er oct./Pâques.
[icons]

VALTIN (LE)
88230 Vosges
750 m. • 102 hab.

AUBERGE DU VAL JOLI ★★
12 bis, le Village. M. Laruelle
☎ 29 60 91 37 ⬛ 29 60 81 73
🛏 12 ⬛ 150/290 F. 🍽 60/230 F.
🍴 35 F. 🛎 174/240 F.
✉ 15 nov./15 déc., dim. soir et lun.
[icons]

VANCELLE (LA)
67730 Bas Rhin
244 hab.

ELISABETH ★★
5, rue Général de Gaulle. M. Hertling
☎ 88 57 90 61 ⬛ 88 57 91 51
🛏 12 ⬛ 220/250 F. 🍽 120/230 F.
🍴 45 F. 🛎 220/240 F.
✉ 2/31 janv., dim. soir et lun.
[icons]

FRANKENBOURG ★★
13, rue du Général de Gaulle.
M. Buecher
☎ 88 57 93 90 ⬛ 88 57 91 31
🛏 7 ⬛ 200/230 F. 🍽 105/260 F.
🍴 60 F. 🛎 230/250 F.
✉ 14 fév./10 mars et mer.
[icons]

VANNES
56000 Morbihan
45397 hab.

A L'IMAGE SAINTE ANNE ★★
8, Place de la Libération. M. Ligeour
☎ 97 63 27 36 ⬛ 97 40 97 02
🛏 30 ⬛ 300/350 F. 🍽 81/170 F.
🍴 45 F. 🛎 260/300 F.
[icons]

AQUARIUM HOTEL ★★★
Le Parc du Golfe. M. Vigo
☎ 97 40 44 52 ⬛ 950826 ⬛ 97 63 03 20
🛏 48 ⬛ 390/480 F. 🛎 358/393 F.
✉ rest. dim. soir oct./mars.
[icons]

VANNES (SAINT AVE)
56890 Morbihan
7000 hab.

LE TY LANN ★★
(A St-Ave 3 km, 11, rue Joseph Le Brix).
M. Langlo
☎ 97 60 71 79 ⬛ 97 44 58 98

🛏 18 ⬛ 255/380 F. 🍽 78/190 F.
🍴 45 F. 🛎 255/275 F.
✉ vac. scol. fév. et Toussaint, sam. et
dim. soir hs (sam. sauf réservations),
rest. sam. hs.
[icons]

VARENGEVILLE SUR MER
76119 Seine Maritime
1000 hab.

DE LA TERRASSE ★★
M. Delafontaine
☎ 35 85 12 54 ⬛ 35 85 11 70
🛏 22 ⬛ 250/310 F. 🍽 80/160 F.
🍴 40 F. 🛎 230/290 F.
✉ 15 oct./10 mars.
[icons]

VARENNES LE GRAND
71240 Saône et Loire
1000 hab.

LE VIRAGE FLEURI ★★
(Au Pont de Grosne). M. Dressler
☎ 85 44 21 07 ⬛ 85 44 17 02
🛏 28 ⬛ 200/290 F. 🍽 92/150 F.
🍴 55 F. 🛎 275/325 F.
[icons]

VARENNES SUR ALLIER
03150 Allier
5046 hab.

AUBERGE DE L'ORISSE ★★★
Les Cailloux, sur N. 7. M. Paget
☎ 70 45 05 60 ⬛ 70 45 18 55
🛏 23 ⬛ 260/310 F. 🍽 85/220 F.
🍴 60 F.
✉ 15 nov./5 déc., ven. soir et sam. midi
nov./Pâques.
[icons]

VARENNES SUR ALLIER (SAINT LOUP)
03150 Allier
700 hab.

RELAIS DE LA ROUTE BLEUE ★★
RN 7 n° 74. M. Me Genet
☎ 70 45 07 73 ⬛ 70 45 06 36
🛏 18 ⬛ 190/230 F. 🍽 79/105 F.
🍴 40 F. 🛎 180 F.
✉ 15 déc./15 janv., sam. et dim.
1er nov./31 mars.
[icons]

VARENNES SUR FOUZON
36210 Indre
679 hab.

DE FRANCE ET MON REPOS ★★
M. Guilpain
☎ 54 41 10 23
🛏 10 ⬛ 160/270 F. 🍽 70/180 F.
🍴 50 F. 🛎 260/280 F.
✉ fév. et mer.
[icons]

VARS LES CLAUX
05560 Hautes Alpes
1850 m. • 1500 hab. ℹ️

▲▲ LES ESCONDUS ★★
M. David
☎ 92 46 50 35 📠 92 46 50 47
🛏 22 ◎ 335/465 F. 🍽 130 F. 🍴 60 F.
🍲 325/490 F.
✉ 2 mai/24 juin et 4 sept./15 déc.

VARS SAINTE MARIE
05560 Hautes Alpes
1650 m. • 880 hab. ℹ️

▲▲ LA MAYT ★★
Mme Risoul
☎ 92 46 50 07 📠 92 46 63 92
🛏 21 ◎ 220/390 F. 🍽 88/120 F.
🍴 65 F. 🍲 260/360 F.
✉ 15 avr./30 juin et 1er sept./20 déc.

▲▲ LE VALLON ★★
M. Rostollan
☎ 92 46 54 72 📠 92 46 61 62
🛏 33 ◎ 235/420 F. 🍽 60/115 F.
🍴 45 F. 🍲 230/340 F.
✉ 24 avr./28 juin et 5 sept./20 déc.

VARZY
58210 Nièvre
1600 hab. ℹ️

▲ DE LA POSTE ★★
Faubourg de Marcy.
M. Langlois
☎ 86 29 41 89 \ 86 29 41 72
📠 86 29 72 67
🛏 10 ◎ 150/250 F. 🍽 100/250 F.
🍴 60 F.

VASSIEUX EN VERCORS
26420 Drôme
1057 m. • 310 hab. ℹ️

▲▲ ALLARD ★★
M. Allard
☎ 75 48 28 04 📠 75 48 26 90
🛏 22 ◎ 180/350 F. 🍽 70/200 F.
🍴 45 F. 🍲 200/310 F.
✉ 15 oct./30 nov.

VAUCIENNES (LA CHAUSSEE)
51480 Marne
300 hab.

▲ AUBERGE DE LA CHAUSSEE ★
5, av. de Paris. M. Lagarde
☎ 26 58 40 66
🛏 9 ◎ 120/190 F. 🍽 65/135 F. 🍴 40 F.
🍲 155/190 F.
✉ 24 fév./3 mars, 18 août/9 sept. et lun.
soir.

VAUCLAIX
58140 Nièvre
143 hab.

▲▲ DE LA POSTE Rest. DESBRUERES ★★
M. Desbruères
☎ 86 22 71 38 📠 86 22 76 00
🛏 18 ◎ 195/325 F. 🍽 70/250 F.
🍴 50 F. 🍲 230/300 F.

VAUCOULEURS
55140 Meuse
2554 hab. ℹ️

▲▲ LE RELAIS DE LA POSTE ★★
12, av. Maginot. M. Blanchet
☎ 29 89 40 01 📠 29 89 40 93
🛏 10 ◎ 240/260 F. 🍽 78/160 F.
🍴 50 F. 🍲 220 F.
✉ 24 déc./23 janv., dim. soir et lun.

VAUGINES
84160 Vaucluse
325 hab.

▲▲ L'HOSTELLERIE DU LUBERON ★★
Cours Saint-Louis. M. Renaudin
☎ 90 77 27 19 📠 90 77 13 08
🛏 16 ◎ 300/350 F. 🍽 90/160 F.
🍴 50 F. 🍲 270/295 F.
✉ 15 déc./28 fév. et mer. oct./avr.

VAUJANY
38114 Isère
1250 m. • 250 hab. ℹ️

▲▲ DU RISSIOU ★★
Mme Manin
☎ 76 80 71 00 📠 77 80 77 58
🛏 17 ◎ 240/260 F. 🍽 70/130 F.
🍴 30 F. 🍲 210/250 F.
✉ 15 sept./1er mai.

VAUVENARGUES
13126 Bouches du Rhône
700 hab.

▲ AU MOULIN DE PROVENCE ★
Mme Yemenidjian
☎ 42 66 02 22 📠 42 66 01 21
🛏 12 ◎ 210/280 F. 🍽 90/120 F.
🍴 60 F. 🍲 245/280 F.
✉ 1er nov./1er mars et rest. mar.

VAYRES
33870 Gironde
2491 hab.

▲▲ GANGLOFF HOTEL Rest. LE VATEL ★★
M. Gangloff
☎ 57 74 80 79 📠 57 74 71 38
🛏 12 ◎ 250/290 F. 🍽 70/250 F.
🍴 60 F. 🍲 200/250 F.
✉ rest. sam et dim. soir.

VEIGNE
37250 Indre et Loire
4500 hab. 🛈

🏠🏠🏠 LE MOULIN FLEURI ★★
Route du Ripault. M. Me Chaplin
☎ 47 26 01 12
🛏 12 ◎ 180/275 F. 🍽 175 F. 🍴 50 F.
🍽 250/340 F.
⌧ 1er fév./8 mars et lun. sauf fériés.
E SP 🛈 🗄 ☎ 🛒 🏠 🌳 CV ▥
🐾 CB

VELLUIRE
85770 Vendée
400 hab.

🏠🏠 AUBERGE DE LA RIVIERE ★★
M. Pajot
☎ 51 52 32 15 FAX 51 52 37 42
🛏 11 ◎ 340/400 F. 🍽 95/215 F.
🍴 60 F. 🍽 355/385 F.
⌧ 10 janv./20 fév., dim. soir et lun. hs.
E 🗄 ☎ CV ▥ 🐾

VENASQUE
84210 Vaucluse
650 hab. 🛈

🏠🏠 LA GARRIGUE ★★
Route de l'Appie. Mme Montico
☎ 90 66 03 40
🛏 16 ◎ 300/400 F. 🍽 320/380 F.
⌧ 15 oct./Pâques et mar.
🛈 ☎ 🛒 🏠 🔽

🏠 LES REMPARTS
Rue Haute. M. Le Men
☎ 90 66 02 79
🛏 5 ◎ 230 F. 🍽 90/235 F. 🍴 70 F.
🍽 240 F.
⌧ 1er janv./28 fév. et mer. sauf
juil./août.
E D CV 🐾 CB

VENCE
06140 Alpes Maritimes
15000 hab. 🛈

🏠🏠🏠 LA ROSERAIE ★★
Av. Henri Giraud. M. Ganier
☎ 93 58 02 20 FAX 93 58 99 31
🛏 12 ◎ 380/480 F.
E D 🛈 🗄 ☎ 🛒 🏠 🔽 🐾 ▥
🐾 CB

🏠 LE COQ HARDI ★
Route de Cagnes. M. Maume
☎ 93 58 11 27
🛏 10 ◎ 180 F. 🍽 80/105 F. 🍽 200 F.
⌧ 5 janv./5 fév. et rest. mar.
E D 🛒 🏠 🔽

🏠🏠🏠 MAS DE VENCE ★★
539, av. Emile Hugues. M. Grazzini
☎ 93 58 06 16 FAX 93 24 04 21
🛏 41 ◎ 425/455 F. 🍽 135/145 F.
🍴 90 F. 🍽 360/380 F.
E D SP 🛈 🗄 ☎ 🛒 🏠 🛒 🏠 🔽
🔽 CV ▥ 🐾 CB

VENDAYS MONTALIVET
33930 Gironde
1636 hab. 🛈

🏠🏠 L'ARBERET ★★
Route de Soulac. Mme Grams
☎ 56 41 71 29 FAX 56 41 77 77
🛏 25 ◎ 240/280 F. 🍽 95/242 F.
🍴 50 F. 🍽 242 F.
⌧ ven. soir et dim. soir 1er oct./
1er juin.
E D 🗄 ☎ 🛒 🏠 🌳 🐾 🔽 CV ▥
🐾 CB

VENDENHEIM
67550 Bas Rhin
3539 hab.

🏠 DE LA FORET
Sur D. 64. Mme Eckly
☎ 88 20 01 15 FAX 88 20 55 09
🛏 10 ◎ 160/240 F. 🍽 60/200 F.
🍴 40 F. 🍽 180/220 F.
⌧ rest. lun.
E D 🗄 ☎ 🏠 CV 🐾 CB

VENDEUIL
02800 Aisne
900 hab.

🏠🏠 AUBERGE DE VENDEUIL ★★
Sur N. 44. Mme Ranson
☎ 23 07 85 85 FAX 23 07 88 58
🛏 22 ◎ 335 F. 🍽 90/190 F. 🍴 60 F.
🍽 300/400 F.
E 🗄 ☎ 🛒 🏠 🔽 CV ▥ 🐾 CB 🏠

VENDOME
41100 Loir et Cher
20000 hab. 🛈

🏠 AUBERGE DE LA MADELEINE Rest. LE
JARDIN DU LOIR
6, place de la Madeleine. M. Maubouet
☎ 54 77 20 79
🛏 9 ◎ 130/250 F. 🍽 78/205 F. 🍴 45 F.
🍽 210/230 F.
⌧ vac. scol. fév. et mer.
E 🗄 ☎ 🏠 ▥ 🐾 CB

🏠🏠 CAPRICORNE ★★
8, bld de Tremault. M. Beauvallet
☎ 54 80 27 00 TX 750 147 FAX 54 77 30 63
🛏 31 ◎ 200/269 F. 🍽 65/240 F.
🍴 45 F. 🍽 220/290 F.
⌧ 10 jours Noël et sam. 1er nov./
15 mars.
E 🛈 🗄 ☎ 🛒 🏠 🔽 🔽 🐾 🔽 CV
▥ 🐾 CB

🏠 MERCATOR ★★
Route de Blois, N. 10. M. Van Der
Straeten
☎ 54 72 28 38 FAX 54 77 73 88
🛏 51 ◎ 259 F. 🍽 80/139 F. 🍴 35 F.
🍽 240 F.
E D 🗄 ☎ 🛒 🏠 🔽 🔽 CV ▥ 🐾
CB C 🏠

VENDOME (SAINT OUEN)
41100 Loir et Cher
2360 hab.

⚑ DE BEL AIR Rest. FLORALIE ★
(A St-Ouen, allée du Parc de Bel Air).
M. Leroy
☎ 54 72 20 20 🆇 54 73 24 41
🛏 31 ⌗ 218 F. 🍽 35/ 95 F. 🍴 38 F.
📷 205 F.
✉ 20 déc./2 janv.
🔲 🔲 ☎ 🚗 🖂 🎿 ♿ CV 🎱 🐾
CB C

VENEJAN
30200 Gard
778 hab.

⚑ AUBERGE LOU CALEOU ★★
Mme Beaumet
☎ 66 79 25 16 🆇 66 79 21 50
🛏 13 ⌗ 230/310 F. 🍽 65/180 F.
🍴 50 F. 📷 290 F.
✉ 1er/15 sept., sam et dim. hs., sam.
midi et dim. soir saison.
🔲 🔲 ☎ 🚗 🖂 CV CB 📷

VENERE
70100 Haute Saône
127 hab.

⚑ COMTOIS ★★
M. Oudot
☎ 84 31 53 60 🆇 84 31 58 33
🛏 13 ⌗ 120/210 F. 🍽 60/120 F.
🍴 40 F. 📷 130/170 F.
✉ 24/31 déc. et dim. soir.
🔲 ☎ 🚗 🎿 🐾 CB

VENOSC
38520 Isère
1000 m. • 862 hab. 🛈

⚑⚑ LES AMIS DE LA MONTAGNE ★
M. Durdan
☎ 76 80 06 94 🆇 76 80 20 56
🛏 23 ⌗ 220/380 F. 🍽 62/130 F.
🍴 42 F. 📷 250/330 F.
✉ 15 avr./15 juin et 15 sept./15 déc.
🔲 ☎ 🖂 🎿 🐾 CV 🎱 🐾 CB

VENTRON
88310 Vosges
650 m. • 950 hab. 🛈

⚑⚑ DE L'ERMITAGE FRERE JOSEPH ★★
(Altitude 900m). Mme Leduc
☎ 29 24 18 29 🆇 29 24 16 57
🛏 40 ⌗ 175/432 F. 🍽 65/170 F.
🍴 60 F. 📷 190/346 F.
✉ 15 oct./15 nov.
🔲 🔲 🔲 ☎ 🚗 🖂 🏊 🎿 🖂
🎿 ♿ ♿ CV 🎱 🐾 CB

⚑ FRERE JOSEPH
Place de l'Eglise. M. Humbert
☎ 29 24 18 23
🛏 11 ⌗ 150 F. 🍽 50/110 F. 🍴 35 F.
📷 190 F.
🎿 🐾 CB

LES BRUYERES ★★
9, route de Remiremont. M. Guenot
☎ 29 24 18 63 🆇 29 24 23 15
🛏 19 ⌗ 220 F. 🍽 78/160 F. 🍴 46 F.
📷 212/235 F.
✉ 1er/25 déc., rest. dim. soir et lun. hs.
🔲 🔲 ☎ 🚗 🎿 ♿ CV 🎱 🐾 CB

VENTRON (CHAUME DU GRAND VENTRON)
88310 Vosges
1202 m. • 8 hab.

⚑ AUBERGE A LA FERME
(Altitude 1200m). M. Valdenaire
☎ 29 25 52 53
🛏 5 ⌗ 200/270 F. 🍽 60/ 90 F. 🍴 35 F.
📷 160/220 F.
✉ 11 nov./26 déc. sauf week-ends et
vac. scol. hiver.
🔲 🔲 🚗 🎿 🐾

VERCEL
25530 Doubs
650 m. • 1500 hab.

⚑⚑ DE LA COURONNE ★★
Grande Rue. M. Blondeau
☎ 81 58 31 82
🛏 8 ⌗ 180/300 F. 🍽 65/250 F. 🍴 40 F.
📷 200/220 F.
✉ 3 janv./3 fév., dim. soir et lun. hs.
🔲 ☎ 🖂 CV 🎱 CB

VERGEZE
30310 Gard
3000 hab.

⚑⚑ LA PASSIFLORE ★★
1, rue Neuve. M. Booth
☎ 66 35 00 00 🆇 66 35 09 21
🛏 11 ⌗ 195/300 F. 🍽 130 F. 🍴 40 F.
📷 250/300 F.
✉ rest. 22 oct./4 déc., lun. 1er avr./
31 oct., dim. et lun. 1er nov./31 mars.
🔲 ☎ 🚗 🖂 🎿 ♿ CV 🐾 CB C 📷

VERN SUR SEICHE
35770 Ille et Vilaine
5602 hab.

⚑ LES MARAIS ★★
Place de l'église. Mme Berthier
☎ 99 62 71 42
🛏 12 ⌗ 190 F. 🍽 60/180 F. 🍴 35 F.
📷 190/240 F.
🔲 SP 🔲 ☎ 🖂 🎿 ♿ CV 🎱 📷

VERNAREDE (LA)
30530 Gard
440 hab.

⚑ LOU CANTE PERDRIX ★★
Le Château. Mme Tresch
☎ 66 61 50 30 🆇 66 61 43 21
🛏 15 ⌗ 260/300 F. 🍽 85/180 F.
🍴 46 F. 📷 210/230 F.
✉ rest. mar. hs.
🔲 🔲 ☎ 🚗 🖂 🎿 🖂 ♿ ♿ CV 🎱
🐾 CB

VERNET (LE)
31810 Haute Garonne
2027 hab.

⚑ HOSTELLERIE LE ROBINSON
348, av. de Toulouse. M. Faure
☎ 61 08 39 39
🛏 10 ◫ 190/250 F. ⏸ 65/180 F.
⏹ 45 F. ☒ 240/260 F.
✉ dim. soir et lun.
🄴 SP ▢ ☎ 🖨 🍳 🏊 🚶 CV ▧ ◗ ▤

VERNET LES BAINS
66820 Pyrénées Orientales
650 m. • 2000 hab. 🄸

⚑⚑ EDEN ★★
2, Promenade du Cady. Mme Ferré
☎ 68 05 54 09 ☒ 68 05 60 50
🛏 23 ◫ 190/300 F. ⏸ 78/160 F.
⏹ 52 F. ☒ 220/280 F.
✉ 1er nov./31 mars et rest. lun.
🄴 SP ▢ ☎ 🖨 🍳 🚗 🚶 CV ◗ CB

⚑⚑ PRINCESS ★★
Rue des Lavandiers. M. Deffobis
☎ 68 05 56 22 ☒ 68 05 62 45
🛏 32 ◫ 260/340 F. ⏸ 65/120 F.
⏹ 60 F. ☒ 240/390 F.
✉ 1er/22 déc. et 3 janv./28 fév.
🄴 SP ▢ ☎ 🖨 🚗 🖨 🍳 🖂 ⌚ 🚶 CV ▧
◗ CB

VERNEUIL SUR AVRE
27130 Eure
7000 hab. 🄸

⚑⚑ DU SAUMON ★★
89, place de la Madeleine. M. Simon
☎ 32 32 02 36 ☒ 32 37 55 80
🛏 29 ◫ 210/350 F. ⏸ 60/250 F.
⏹ 60 F.
✉ 20 déc./5 janv.
🄴 🄸 ▢ ☎ 🖨 ▧ ◗ CB C ▤

VERNOUILLET
28500 Eure et Loir
12000 hab.

⚑⚑⚑ AUBERGE DE LA VALLEE VERTE ★★
6, rue L. Dupuis. M. Paillé
☎ 37 46 04 04 ☒ 37 42 91 17
🛏 11 ◫ 250/290 F. ⏹ 55 F.
☒ 250/280 F.
✉ 31 juil./22 août, 25 déc./10 janv.,
ven. soir, dim. soir et lun.
🄴 🄸 ▢ ☎ 🖨 🖨 🍳 ◗ CB

VERRIERES DE JOUX (LES)
25300 Doubs
1200 m. • 375 hab.

⚑⚑ LE TILLAU ★★
(Le Mont des Verrières). M. Parent
☎ 81 69 46 72 ☒ 81 69 49 20
🛏 9 ◫ 160/280 F. ⏸ 70/200 F. ⏹ 40 F.
☒ 200/265 F.
✉ 18 avr./4 mai., 10 nov./15 déc., rest.
dim. soir et lun. hors vac. scol. .
🄴 🄸 ▢ ☎ 🖨 🖨 🖢 ⌚ CV ▧
◗ CB

VERS
46090 Lot
380 hab. 🄸

⚑⚑ LA TRUITE DOREE ★
M. Marcenac
☎ 65 31 46 13 ☒ 65 31 47 43
🛏 19 ◫ 170/310 F. ⏸ 50/220 F.
⏹ 35 F. ☒ 190/230 F.
✉ 23 déc./15 fév., dim. soir et lun.
oct./avr.
🄸 ▢ ☎ 🖨 🍳 🖢 🚶 🖨 CV ◗ CB

VERS EN MONTAGNE
39300 Jura
640 m. • 220 hab. 🄸

⚑ LE CLAVELIN ★★
M. Carrey
☎ 84 51 44 25
🛏 7 ◫ 175/220 F. ⏸ 58/174 F. ⏹ 35 F.
☒ 380 F.
✉ 22 déc./30 janv., dim. soir et lun.
▢ ☎ 🖨 🍳 🚶 CV ▧ ◗ CB

VERTEUIL
16510 Charente
775 hab.

⚑ LA PALOMA ★
Mme Tyssandier
☎ 45 31 41 32 ☒ 45 31 56 48
🛏 9 ◫ 165/245 F. ⏸ 66/170 F. ⏹ 35 F.
☒ 180/200 F.
✉ fév., dim. soir et lun.
▢ ☎ 🍳 ⌚ ▶ ▧ ◗ CB

⚑ RELAIS DE VERTEUIL ★★
(Les Nègres). Sur N. 10. M. Marmey
☎ 45 31 41 14 ☒ 45 31 40 71
🛏 9 ◫ 140/180 F. ⏸ 65/160 F. ⏹ 40 F.
☒ 200/220 F.
✉ lun. soir et mar.
🄴 SP ▢ ☎ 🖨 🖂 🍳 ▧

VERTOLAYE
63480 Puy de Dôme
900 hab.

⚑⚑ DES VOYAGEURS ★★
M. Asnar-Blondelle
☎ 73 95 20 16 ☒ 73 95 23 85
🛏 28 ◫ 190/245 F. ⏸ 80/195 F.
⏹ 53 F. ☒ 200/230 F.
✉ 29 sept./23 oct., ven. soir et sam.
sauf saison et vac. scol.
🄴 ▢ ☎ 🖨 🖨 🍳 🖢 🚶 ⌚ ▧
◗ CB

VERTUS
51130 Marne
2870 hab.

⚑⚑⚑ LE THIBAULT IV ★★
M. Lepissier
☎ 26 52 01 24 ☒ 26 52 16 59
🛏 17 ◫ 195/280 F. ⏸ 70/185 F.
⏹ 35 F. ☒ 265 F.
✉ 26 fév./12 mars.
🄴 🄳 ▢ ☎ 🖂 CV ◗ CB C ▤

397

VERTUS (BERGERES LES VERTUS)
51130 Marne
510 hab.

HOSTELLERIE DU MONT AIME ★★★
M. Sciancalepore
☎ 26 52 21 31 FAX 26 52 21 39
🛏 30 ⊗ 300/395 F. 🍽 100/350 F.
🍴 60 F. 🛌 370 F.
⊠ 24 déc./2 janv. et dim. soir.

VESOUL
70000 Haute Saône
20000 hab. ⓘ

AUX VENDANGES DE BOURGOGNE ★★
49, bld Général de Gaulle. Mme Prudon
☎ 84 75 81 21 \84 75 12 09
FAX 84 76 14 44
🛏 30 ⊗ 160/240 F. 🍽 68/180 F.
🍴 45 F. 🛌 258/300 F.

VEULETTES SUR MER
76450 Seine Maritime
350 hab. ⓘ

LES FREGATES ★★
Rue de la Plage. M. Martin
☎ 35 97 51 22 FAX 35 57 05 60
🛏 16 ⊗ 245/290 F. 🍽 75/150 F.
🍴 45 F. 🛌 240/250 F.
⊠ rest. dim. soir 1er sept./30 juin.

VEURDRE (LE)
03320 Allier
720 hab.

DU PONT NEUF ★★
Rue du Faubourg de Lorette. M. Ducroix
☎ 70 66 40 12 FAX 70 66 44 15
🛏 36 ⊗ 245/320 F. 🍽 80/200 F.
🍴 40 F. 🛌 240/300 F.
⊠ 1er/15 janv., 25/31 oct.,
15/ 31 déc. et dim. soir 15 oct./30 mars.

VEYRINS THUELLIN
38630 Isère
1315 hab.

DE LA GARE ★★
M. Jullien
☎ 74 33 74 69 FAX 74 33 98 18
🛏 9 ⊗ 140/300 F. 🍽 60/145 F. 🍴 42 F.
🛌 195/300 F.

VEZAC
24220 Dordogne
620 hab.

LE RELAIS DES 5 CHATEAUX ★★
M. Vasseur
☎ 53 30 30 72 FAX 53 31 19 39
🛏 10 ⊗ 180/330 F. 🍽 75/320 F.

🍴 45 F. 🛌 470/570 F.
⊠ 13 fév./3 mars et mer.
1er nov./Pâques.

VEZELAY
89450 Yonne
580 hab. ⓘ

RELAIS DU MORVAN ★
M. Lopez
☎ 86 33 25 33
🛏 13 ⊗ 190/300 F. 🍽 85/220 F.
🍴 45 F.

VEZENOBRES
30360 Gard
1500 hab. ⓘ

LE RELAIS SARRASIN ★★
Route de Nîmes. M. Me Charas
☎ 66 83 55 55 FAX 66 83 66 83
🛏 18 ⊗ 150/300 F. 🍽 60/150 F.
🍴 35 F. 🛌 150/210 F.

VEZINS
49340 Maine et Loire
1300 hab.

LE LION D'OR ★★
8, rue Nationale. M. Brottier
☎ 41 64 40 06 FAX 41 64 90 50
🛏 10 ⊗ 130/215 F. 🍽 70/155 F.
🍴 39 F. 🛌 170/245 F.
⊠ 23 janv./5 fév., 15/24 sept., ven. soir
oct./fin avr., dim. soir et soirs fériés.

VIADUC DU VIAUR
12800 Aveyron
6 hab.

HOSTELLERIE DU VIADUC DU VIAUR ★★
M. Angles
☎ 65 69 23 86 FAX 65 69 22 34
🛏 10 ⊗ 230/270 F. 🍽 100/200 F.
🍴 60 F. 🛌 240/260 F.
⊠ 1er oct./1er avr., mar. et mer. midi
sauf juil./août.

VIARMES
95270 Val d'Oise
3883 hab.

AUBERGE LA RENAISSANCE
16, av. Kennedy. M. Belacel
☎ (1) 30 35 40 54
🛏 9 ⊗ 180/280 F. 🍽 57/130 F. 🍴 57 F.
🛌 215 F.
⊠ 23 déc./1er janv., rest. sam. et dim.
soir.

VIAS SUR MER
34450 Hérault
2582 hab. ℹ️

▲▲ MYRIAM ★★
Vias Plage, av. de la Méditerranée.
Mme Fourcade
☎ 67 21 64 59
🛏 24 ⊠ 220/250 F. 🍴 70/105 F.
🍴 45 F. 🍽 200/215 F.
⊠ 25 sept./15 avr.
E SP ☎ 🚗 T 🍽 🏃 CV

VIBRAC
16120 Charente
300 hab.

▲▲ LES OMBRAGES ★★
M. Ortarix
☎ 45 97 32 33 FAX 45 97 32 05
🛏 10 ⊠ 205/310 F. 🍴 68/187 F.
🍴 50 F. 🍽 190/255 F.
⊠ 10/21 oct., 20 déc./10 janv., dim. soir
et lun. 1er oct./30 avr. sauf fériés.
E ☎ 🚗 T 🍽 🏃 CV
CB

VIBRAYE
72320 Sarthe
2650 hab. ℹ️

▲▲ AUBERGE DE LA FORET ★★
M. Renier
☎ 43 93 60 07 FAX 43 71 20 36
🛏 7 ⊠ 210/290 F. 🍴 85/260 F. 🍴 55 F.
🍽 230 F.
⊠ 15/28 fév., dim. soir et lun. sauf
juil./août.
E SP ☎ 🚗 T 🏃 ⌖ 🛜 CB

▲▲ LE CHAPEAU ROUGE ★★
Place Hôtel de Ville. M. Cousin
☎ 43 93 60 02 FAX 43 71 52 18
🛏 16 ⊠ 140/300 F. 🍴 78/180 F.
🍴 65 F. 🍽 290/350 F.
⊠ 15/30 janv., 15/30 août, dim. soir et
lun.
E ☎ 🚗 T CB

VIC FEZENSAC
32190 Gers
3987 hab. ℹ️

▲▲ RELAIS DE POSTES ★★
23, rue Raynal. M. Noël
☎ 62 06 44 22
🛏 10 ⊠ 167/218 F. 🍴 50/180 F.
🍴 35 F. 🍽 210 F.
⊠ lun. soir.
D ☎ 🚗 CV 🛜 CB

VIC LA GARDIOLE
34110 Hérault
1607 hab. ℹ️

▲▲ HOTELLERIE DE BALAJAN ★★★
Sur N. 112. Mme Deneu
☎ 67 48 13 99 FAX 67 43 06 62
🛏 19 ⊠ 236/395 F. 🍴 78/235 F.
🍴 55 F. 🍽 180/330 F.

⊠ fév., hôtel 24 déc./3 janv., rest. 26
déc./3 janv. et sam. midi sauf
réservations.
E D ☎ 🚗 T 🏃 CV 🛜 🍽
CB C

VIC SUR CERE
15800 Cantal
680 m. • *2045 hab.* ℹ️

▲▲ BEAUSEJOUR ★★
Av. André Mercier. M. Albouze
☎ 71 47 50 27 FAX 71 49 60 04
🛏 60 ⊠ 180/340 F. 🍴 75/130 F.
🍴 55 F. 🍽 190/280 F.
⊠ 1er oct./début mai.
E ☎ 🚗 T 🏃 CV
🍽 CB

▲▲ BEL HORIZON ★★
Rue Paul Doumer. M. Bouyssou
☎ 71 47 50 06 FAX 71 49 63 81
🛏 24 ⊠ 190/250 F. 🍴 65/250 F.
🍴 30 F. 🍽 180/260 F.
⊠ nov.
E SP ☎ 🚗 T 🏃 🍽

▲▲▲ FAMILY HOTEL ★★
Av. Emile Duclaux. M. Courbebaisse
☎ 71 47 50 49 FAX 71 47 51 31
🛏 50 ⊠ 200/410 F. 🍴 80/120 F.
🍴 45 F. 🍽 205/330 F.
E ☎ 🚗 T 🍽
CV 🍽 CB C

VICHY
03200 Allier
27000 hab. ℹ️

▲▲ DE BIARRITZ ★★
3, rue Grangier. M. Pialasse
☎ 70 97 81 20 FAX 70 97 97 72
🛏 15 ⊠ 135/250 F. 🍴 55/ 89 F.
🍴 38 F. 🍽 230/315 F.
E ☎ 🚗 🍽 CB

▲▲▲ DE BREST ET SAINT-GEORGES ★★
27, rue de Paris. M. Soulier
☎ 70 98 22 18 FAX 70 98 28 70
🛏 38 ⊠ 210/295 F. 🍴 110/240 F.
🍴 50 F. 🍽 230/270 F.
⊠ 15/28 fév.
E ☎ 🚗 🍽 CB

▲ DU RHONE ★★
8, rue de Paris. Mme Gerber
☎ 70 97 73 00 TX 483155 FAX 70 97 48 25
🛏 40 ⊠ 110/260 F. 🍴 59/180 F.
🍴 39 F. 🍽 200/280 F.
⊠ Toussaint/Pâques.
E D SP ℹ️ ☎ 🚗 T 🏃 CV 🍽
🍽 CB

▲▲ LE FREJUS - LOU RECANTOU ★★
Rue du Presbytère. M. Buraud
☎ 70 32 17 22 FAX 70 32 42 10
🛏 30 ⊠ 216/291 F. 🍴 59/160 F.
🍴 50 F. 🍽 193/253 F.
⊠ 16 oct./15 avr.
E D SP ℹ️ ☎ 🏃 CV 🍽 🍽
CB C

VICHY (suite)

⚤⚤ MIDLAND ★★
2 à 6 rue de l'Intendance.
M. Paszkudzki
☎ 70 97 48 48 🖪 70 31 31 89
🛏 50 ⊗ 250/320 F. ⑪ 45/155 F.
🍴 45 F. 🍽 195/275 F.
⊠ 15 oct./15 avr.
🅴 🗔 ☎ 🚗 ⊞ 🎇 CV 🔟 ◄ CB
🄲 🛍

⚤⚤⚤ PAVILLON D'ENGHIEN ★★★
32, rue Callou. M. Bélabed
☎ 70 98 33 30 🖪 70 31 67 82
🛏 22 ⊗ 310/460 F. ⑪ 69/135 F.
🍴 50 F. 🍽 280/350 F.
⊠ 20 déc./1er fév., rest. dim. soir et
lun.
🅴 🗔 ☎ ⊞ 🕇 🔄 🔟 ◄ CB 🛍

⚤⚤ TIFFANY ★★
59, av. Paul Doumer. M. Moinel
☎ 70 97 92 92 🖪 70 31 33 40
🛏 10 ⊗ 200/320 F. ⑪ 75/150 F.
🍴 50 F. 🍽 240/265 F.
⊠ dim. soir hs.
🅴 🄳 🗔 ☎ 🚗 ⋈ CV 🔟 CB

VICHY (ABREST)
03200 Allier
2260 hab.

⚤⚤⚤ LA COLOMBIERE
Route de Thiers. M. Sabot
☎ 70 98 69 15 🖪 70 31 50 89
🛏 4 ⊗ 200/260 F. ⑪ 95/270 F. 🍴 40 F.
⊠ 1 semaine oct., mi-janv./mi-fév., dim.
soir et lun.
🅴 🗔 ☎ 🚗 🕇 🔄 🔟 ◄ CB

VICHY (BELLERIVE SUR ALLIER)
03700 Allier
7610 hab. 🅸

⚤⚤ DU PONT ET DES CHARMILLES ★
2, av. de la République. M. Rougelin
☎ 70 32 29 11 🖪 70 32 54 34
🛏 15 ⊗ 130/170 F. ⑪ 49/160 F.
🍴 25 F. 🍽 155/175 F.
⊠ 25 déc./28 janv., dim. soir et lun.
midi sauf juil./sept.
🅴 🗔 ☎ 🚗 🚗 🕇 🔄 CV 🔟 ◄
CB 🛍

VICHY (SAINT YORRE)
03270 Allier
3100 hab.

⚤⚤⚤ AUBERGE BOURBONNAISE ★★
2, av. de Vichy à St-Yorre. M. Debost
☎ 70 59 41 79 🖪 70 59 24 94
🛏 19 ⊗ 170/300 F. ⑪ 72/220 F.
🍴 39 F. 🍽 190/260 F.
⊠ mi-fév./mi-mars, 13/28 nov., dim. soir
et lun. hs.
🅴 🗔 ☎ 🚗 🕇 🔄 🔄 CV 🔟 ◄ CB
🄲 🛍

VIEILLE BRIOUDE
43100 Haute Loire
770 hab.

⚤⚤ LE PANORAMA ★★
M. Roux
☎ 71 50 92 09
🛏 7 ⊗ 160/300 F. ⑪ 60/190 F. 🍴 35 F.
🍽 230 F.
⊠ mar., 30 oct./1er avr. sauf dim. midi.
🅴 🗔 ☎ 🚗 🕇 🔄 🔟 ◄ CB

VIEILLEVIE
15120 Cantal
160 hab.

⚤ DE LA VALLEE
Mme Sayrolles
☎ 71 49 94 57
🛏 16 ⊗ 130/220 F. ⑪ 50/120 F.
🍴 35 F. 🍽 165/195 F.
🚗 🕇 CV ◄ CB

⚤⚤ LA TERRASSE ★★
Mme Bruel
☎ 71 49 94 00 🖪 71 49 92 23
🛏 26 ⊗ 150/260 F. ⑪ 58/160 F.
🍽 185/265 F.
⊠ 15 nov./1er avr.
🅴 ☎ 🚗 🕇 🔄 🏹 🔄 🔄 ◄

VIERVILLE SUR MER
14710 Calvados
292 hab. 🅸

⚤⚤ DU CASINO ★
M. Piprel
☎ 31 22 41 02
🛏 12 ⊗ 250/335 F. ⑪ 85/220 F.
🍴 50 F. 🍽 275/335 F.
⊠ 15 nov./10 fév.
🅴 🗔 ☎ 🚗 🕇 🔟 ◄

VIERZON
18100 Cher
32235 hab. 🅸

⚤⚤ LE CHALET DE LA FORET ★★
143, av. Edouard Vaillant.
M. Verroeulst
☎ 48 75 35 84 🖪 48 71 59 36
🛏 13 ⊗ 135/245 F. ⑪ 84/195 F.
🍴 40 F. 🍽 178/233 F.
⊠ 24 déc./9 janv., dim. soir et lun. hs.
🅴 🗔 ☎ 🚗 🚗 🕇 🔄 🔄 🔟 ◄ CB

VIEUX BOUCAU
40480 Landes
1200 hab. 🅸

⚤⚤ COTE D'ARGENT ★★
4, Grande Rue. M. Dulon
☎ 58 48 13 17 🖪 58 48 01 15
🛏 36 ⊗ 260/330 F. ⑪ 92/180 F.
🍴 60 F. 🍽 270/330 F.
⊠ 1er oct./15 nov. et lun. 15 nov./
31 mai.
🅴 SP 🗔 ☎ 🚗 CV 🔟 ◄ CB

VIEUX BOUCAU (suite)

D'ALBRET
18, av. de la Plage. M. Houttekint
☎ 58 48 14 09
🛏 16 ▨ 180/300 F. 🍽 85/170 F.
🍴 40 F. 🍽 260 F.
✉ 15 oct./31 mars.
▨ 🚗 🚗 CV 🐾 CB

LA POMME DE PIN ★★
Rond-point de la Plage. M. Audu
☎ 58 48 00 57 🖷 58 48 18 48
🛏 30 ▨ 270/600 F. 🍽 95/145 F.
🍴 35 F. 🍽 330/390 F.
✉ dim. soir oct./mars.
▨ SP 🕿 🚗 🖳 ♨ ♿ CV 🍽 🐾
CB 🖼

LE MOISAN Rest. CHEZ SOI ★★
Av. de Moisan. M. Brocas
☎ 58 48 10 32 🖷 58 48 37 84
🛏 21 ▨ 200/400 F. 🍽 60/150 F.
🍴 42 F. 🍽 250 F.
✉ 30 sept./1er avr.
▨ SP 🕿 🚗 �“ CV 🍽 🐾 CB

VIEUX MAREUIL

24340 Dordogne
400 hab. ⓘ

AUBERGE DE L'ETANG BLEU ★★★
M. Colas
☎ 53 60 92 63 🖷 53 56 33 20
🛏 11 ▨ 240/350 F. 🍽 90/300 F.
🍴 65 F. 🍽 300/360 F.
✉ 1er/15 déc., 15 janv./15 fév., dim.
soir et lun. Toussaint/Pâques.
▨ 🖻 🕿 🚗 🌳 🏃 CV 🐾 CB 🖼

VIEUX VILLEZ

27600 Eure
110 hab.

LE CLOS CORNEILLE ★★
Rue de l'Eglise. M. Jolun
☎ 32 53 88 00 🖷 32 52 45 14
🛏 24 ▨ 295/305 F. 🍽 85/275 F.
🍴 65 F. 🍽 270/285 F.
✉ rest. sam. midi et dim. soir.
▨ SP 🕿 🚗 🌊 🚢 🌳 🍽 🐾 CB
C 🖼

VIF

38450 Isère
5600 hab.

DE LA PAIX ★★
Place des 11 otages. M. Antouly
☎ 76 72 46 75 🖷 76 72 74 99
🛏 7 ▨ 220/250 F. 🍽 75/170 F. 🍴 45 F.
🍽 210 F.
✉ mi-oct./mi-nov.
🕿 🚗 🚢 🌳 🍽 🐾 CB

VIGEANT (LE)

86150 Vienne
1120 hab. ⓘ

DU BARRAGE
(A Bourpeuil). M. Rousseau
☎ 49 48 70 31
🛏 7 ▨ 120/160 F. 🍽 55/160 F. 🍴 35 F.

🍽 180/200 F.
✉ 23 déc./3 janv., mer. et ven. soir.
▨ 🚗 🚗 🌳 🍽 🐾 CB

VIGEOIS

19410 Corrèze
1380 hab. ⓘ

DU MIDI ★★
M. Cassagne
☎ 55 98 90 45
🛏 11 ▨ 180/200 F. 🍽 75/180 F.
🍴 42 F. 🍽 225/250 F.
✉ 10 sept./5 oct., ven. soir et sam. hs,
dim. soir saison.
▨ 🕿 🌳 🏃 CV 🐾 CB

VIGNORY

52320 Haute Marne
350 hab.

LE RELAIS VERDOYANT ★★
Quartier de la Gare. M. Guglielmino
☎ 25 02 44 49
🛏 7 ▨ 180/230 F. 🍽 62/125 F. 🍴 48 F.
🍽 215/235 F.
✉ 4/13 fév., 27 oct./28 nov., dim. soir
sauf juil./août et lun. oct./avr.
▨ 🖻 🕿 🚗 🚢 🌳 🏃 ♿ CV 🐾
CB 🖼

VILLAGE NEUF

68128 Haut Rhin
3000 hab. ⓘ

LE CHEVAL BLANC ★★
6a, rue de Rosenau. M. Cataldi
☎ 89 69 79 15 🖷 89 69 86 63
🛏 12 ▨ 150/230 F. 🍽 50/230 F.
🍴 50 F. 🍽 140/220 F.
✉ juil., rest. dim. soir et lun.
▨ 🖻 ⓘ 🕿 🚗 🐾 CB

VILLANDRY

37510 Indre et Loire
776 hab.

LE CHEVAL ROUGE ★★
Rue Principale. M. Rody
☎ 47 50 02 07 🖷 47 50 08 77
🛏 19 ▨ 295/305 F. 🍽 85/170 F.
🍴 50 F. 🍽 370/380 F.
✉ 6 fév./16 mars et lun. sauf jours
fériés.
▨ 🕿 🚗 🖳 🚢 🌳 🏃 🍽 🐾 CB

VILLAR D'ARENE

05480 Hautes Alpes
1650 m. • 150 hab. ⓘ

LE FARANCHIN ★★
Mme Amieux
☎ 76 79 90 01 🖷 76 79 92 88
🛏 39 ▨ 145/290 F. 🍽 66/160 F.
🍴 45 F. 🍽 200/265 F.
✉ 20 mai/15 juin et 2 nov./20 déc.
▨ ⓘ 🕿 🚗 🚗 🌳 🏃 CV 🐾 CB 🖼

401

VILLARD DE LANS
38250 Isère
1050 m. • 4000 hab. ℹ️

🛏️🛏️ GEORGES ★★
M. Me Ferrero
☎ 76 95 11 75 FAX 76 95 92 66
🍽️ 17 ⊗ 250/320 F. 🍴 95/120 F.
🛏️ 60 F. 🍴 240/280 F.
✉️ mai et oct./15 déc.

🛏️🛏️ LA ROCHE DU COLOMBIER ★★
Route de Bois Barbu. Mme Verni
☎ 76 95 10 26 TEL 320125 FAX 76 95 56 31
🍽️ 29 ⊗ 250/385 F. 🍴 100/150 F.
🛏️ 65 F. 🍴 250/315 F.
✉️ 30 sept./23 déc., mar. soir et mer.
sauf vac. scol.

🛏️🛏️🛏️ LE PRE FLEURI ★★
(Les Cochettes). M. Cach
☎ 76 95 10 96 FAX 76 95 56 23
🍽️ 18 ⊗ 330/370 F. 🍴 116/200 F.
🛏️ 60 F. 🍴 310/330 F.
✉️ 20 avr./1er juin et 10 oct./20 déc.

🛏️🛏️ LES BRUYERES ★★
Rue Victor-Hugo. M. Etain
☎ 76 95 11 83 FAX 76 95 58 76
🍽️ 20 ⊗ 230/280 F. 🍴 98/188 F.
🛏️ 45 F. 🍴 280/310 F.

VILLARD DU PLANAY
73350 Savoie
900 m. • 347 hab.

🛏️ L'AVENIR ★★
M. Barberis-Négra
☎ 79 55 02 24 FAX 79 22 01 81
🍽️ 10 ⊗ 260/280 F. 🍴 78/158 F.
🛏️ 50 F. 🍴 250/280 F.
✉️ 2 semaines mars/avr. sauf réservations,
1er oct./12 nov., sam. soir et dim. hs.

VILLARDS SUR THONES (LES)
74230 Haute Savoie
900 m. • 700 hab. ℹ️

🛏️ LE VIKING ★★
M. Matcharaze
☎ 50 02 11 78 FAX 50 02 98 20
🍽️ 26 ⊗ 140/200 F. 🍴 60/80 F.
🛏️ 35 F. 🍴 180/200 F.
✉️ 15 mai/1er juin et 15 oct./1er nov.

VILLAREMBERT (LE CORBIER)
73300 Savoie
1292 m. • 213 hab. ℹ️

🛏️ LE GRILLON ★★
Mme Duverney-Guichard ☎ 79 56 72 59
🍽️ 8 ⊗ 250 F. 🍴 65/180 F. 🛏️ 40 F.
🍴 220/240 F.
✉️ lun. après-midi hors vac. scol.

VILLE
67220 Bas Rhin
1550 hab. ℹ️

🛏️🛏️ LA BONNE FRANQUETTE ★★
6, place du Marché. M. Schreiber
☎ 88 57 14 25
🍽️ 10 ⊗ 200/320 F. 🍴 45/260 F.
🛏️ 38 F. 🍴 230/300 F.
✉️ 25 janv./15 fév., 22 nov./6 déc., rest.
mer. soir et jeu.

VILLE EN TARDENOIS
51170 Marne
500 hab.

🛏️ DE LA PAIX
M. Thery
☎ 26 61 81 45
🍽️ 6 ⊗ 140/220 F. 🍴 60/180 F. 🛏️ 40 F.
🍴 150/170 F.
✉️ 20 déc./4 janv., dim. soir et lun.

VILLE SOUS LA FERTE
(CLAIRVAUX)
10310 Aube
350 hab.

🛏️ DE L'ABBAYE
Pays de Clairvaux, sortie A5 N° 23,
N. 396 M. Deloisy
☎ 25 27 80 12 FAX 25 27 86 63
🍽️ 14 ⊗ 150/230 F. 🍴 59/125 F.
🛏️ 42 F. 🍴 150/220 F.

VILLEDIEU LES POELES
50800 Manche
4688 hab. ℹ️

🛏️🛏️ LE FRUITIER ★★
Place des Costils. M. Lebargy
☎ 33 90 51 00 FAX 33 90 51 01
🍽️ 48 ⊗ 250/280 F. 🍴 75/170 F.
🛏️ 45 F. 🍴 239/272 F.
✉️ 20 déc./3 janv.

🛏️🛏️ SAINT-PIERRE ET SAINT-MICHEL ★★
12, place de la République. Mme Duret
☎ 33 61 00 11 FAX 33 61 06 52
🍽️ 23 ⊗ 180/320 F. 🍴 98/215 F.
🛏️ 45 F. 🍴 250/300 F.
✉️ 2/29 janv. et ven. 5 nov./31 mars.

VILLEDIEU LES POELES
(SAINTE CECILE)
50800 Manche
664 hab.

🛏️🛏️🛏️ MANOIR DE L'ACHERIE ★★
M. Cahu ☎ 33 51 13 87 FAX 33 61 89 07
🍽️ 14 ⊗ 250/330 F. 🍴 85/210 F.
🛏️ 45 F. 🍴 300/335 F.
✉️ 12/20 fév., 25 juin/3 juil. dim. soir et
lun. 1er nov/30 mars lun. 1er avr./
30 juin et 1er sept./31 oct., lun midi
juil/août

VILLEFORT
48800 Lozère
600 m. • 792 hab.

▲▲ BALME ★★
Place Portalet. M. Gomy
☎ 66 46 80 14 FAX 66 46 85 26
🏠 20 ▨ 155/310 F. ⫽ 115/250 F.
🍴 50 F. 🛏 230/320 F.
⊠ 15 nov./31 janv., 10/15 oct., dim.
soir et lun. hs.
E SP 🗔 ☎ 🛏 T 🍴 ⊞ ⌂ CB

VILLEFRANCHE D'ALBIGEOIS
81430 Tarn
850 hab.

▲▲ LE BARRY ★★
47, av. de Millau. M. Mouyen
☎ 63 55 30 52
🏠 7 ▨ 190/220 F. ⫽ 60/210 F. 🍴 50 F.
🛏 184/199 F.
⊠ 31 janv./15 fév., dim. soir et lun. sauf
14 juil./15 août.
E SP 🗔 ☎ 🛏 🚗 🚵 ⊞ ⌂ CB

VILLEFRANCHE D'ALLIER
03430 Allier
1350 hab.

▲▲ LE RELAIS BOURBONNAIS ★★
1, rue de la Gare. M. Patet
☎ 70 07 40 01 FAX 70 07 48 36
🏠 14 ▨ 240 F. ⫽ 65/210 F. 🍴 45 F.
🛏 260 F.
⊠ dim. soir.
E 🗔 ☎ 🛏 ⋈ T ⊞ ⌂ CB

VILLEFRANCHE DE CONFLENT
66500 Pyrénées Orientales
295 hab.

▲▲▲ AUBERGE DU CEDRE ★★
M. Belengri ☎ 68 96 37 37
🏠 10 ▨ 195/270 F. ⫽ 95/120 F.
🍴 65 F. 🛏 221/258 F.
⊠ vac. scol. Toussaint et rest. dim. soir
oct./Pâques.
E D SP 🗔 ☎ 🛏 T 🚵 CV ⌂ CB

VILLEFRANCHE DE LAURAGAIS
31290 Haute Garonne
2950 hab.

▲▲ DES VOYAGEURS ★★
127, rue de la République. M. Fernandez
☎ 61 27 02 27
🏠 18 ▨ 150/175 F. ⫽ 60/170 F.
🍴 35 F. 🛏 130/240 F.
⊠ ven.
E SP 🗔 ☎ 🛏 🚗 CV ⊞ ⌂ CB

VILLEFRANCHE DE LAURAGAIS
(MONTGAILLARD LAURAGAIS)
31290 Haute Garonne
459 hab.

▲▲▲ HOSTELLERIE DU CHEF JEAN ★★
Sortie A61 Villefranche Lauragais,
à 2 km.
M. Lanau ☎ 61 81 62 55 \ 61 27 01 79
FAX 61 27 25 44
🏠 10 ▨ 130/360 F. ⫽ 80/200 F.
🍴 40 F. 🛏 210/285 F.
⊠ 1er janv./1er fév.
E D SP 🗔 ☎ 🛏 ⋈ T 🚵 🏊 🚵
🎣 🚵 🏌 ▶ CV ⊞ ⌂

VILLEFRANCHE DE ROUERGUE
12200 Aveyron
13000 hab.

▲▲ L'UNIVERS ★★
2, place de la République.
Mme Bourdy
☎ 65 45 15 63 FAX 65 45 02 21
🏠 30 ▨ 185/350 F. ⫽ 75/290 F.
🍴 60 F. 🛏 245/290 F.
⊠ 9/17 juin, 17/24 nov., 7/16
janv., ven. soir et sam. 2 oct./25 juin
sauf veilles de fêtes.
E SP 🗔 ☎ 🛏 🏠 ⋈ CV ⊞ ⌂ CB

▲ LAGARRIGUE ★★
Place Bernard Lhez.
M. Coustellier
☎ 65 45 01 12 FAX 65 81 22 89
🏠 16 ▨ 160/270 F. ⫽ 70/165 F.
🍴 50 F. 🛏 235/280 F.
⊠ 1er/15 mars, 1er/15 oct. et lun. midi.
🗔 ☎ 🛏 CV ⌂ CB

▲▲▲ LE RELAIS DE FARROU ★★★
(A 4 km route de Figeac).
M. Boulliard
☎ 65 45 18 11 FAX 65 45 32 59
🏠 26 ▨ 300/420 F. ⫽ 112/350 F.
🍴 65 F. 🛏 295/350 F.
⊠ 12 fév./6 mars, 22 oct./6 nov., rest.
dim. soir et lun.
E 🗔 ☎ 🛏 🏠 ⋈ T 🚵 🏊 🚵 🎣 🚵 🏌
♿ ▶ 🚵 ⊞ ⌂ CB 🔔

VILLEFRANCHE DU PERIGORD
24550 Dordogne
800 hab.

▲▲ LES BRUYERES ★★
Route de Cahors. M. Davy
☎ 53 29 97 97 FAX 53 31 28 51
🏠 10 ▨ 210/230 F. ⫽ 55/230 F.
🍴 40 F. 🛏 230/260 F.
⊠ 1 semaine janv., 1ère quinz. mars,
2ème quinz. nov. et lun. hiver.
E ☎ 🛏 T 🚵 ⌂ CB

VILLEFRANCHE DU PERIGORD
(MAZEYROLLES)
24550 Dordogne
380 hab.

▲▲ LA CLE DES CHAMPS ★★
M. Pinchelimouroux
☎ 53 29 95 94 FAX 53 28 42 96
🏠 13 ▨ 280/350 F. ⫽ 80/275 F.
🍴 45 F. 🛏 255/300 F.
⊠ 1er nov./30 mars sauf réservations.
E ☎ 🛏 T 🚵 🎣 🚵 🚵 ⌂ CB

VILLEFRANCHE SUR MER
06230 Alpes Maritimes
7000 hab. 🛈

△△△ LA FLORE ***
Bld Princesse Grace de Monaco.
Mme Desnos ☎ 93 76 30 30
FAX 93 76 99 99
🛏 31 ◫ 300/900 F. ⑪ 130/190 F.
🅿 60 F. 🍽 270/485 F.
⊠ rest. mer. midi.
🄴 🄳 🆂🅿 🛈 🗋 🗣 🚗 🚙 🛏 🎢 🏄 🛶
♿ CV 🔟 🅿 CB

VILLEFRANCHE SUR SAONE
69400 Rhône
29542 hab. 🛈

△△ LA FERME DU POULET ***
Rue Georges Mangin. M. Rongeat
☎ 74 62 19 07 FAX 74 09 01 89
🛏 9 ◫ 380/480 F. ⑪ 175/350 F.
🅿 90 F.
⊠ dim. soir.
🗋 🗣 🍱 🎢 ♿ 🔟

VILLENEUVE DE MARSAN
40190 Landes
2100 hab. 🛈

△△△ DE L'EUROPE ***
Place de la Boiterie. M. Me Garrapit
☎ 58 45 20 08 FAX 58 45 34 14
🛏 12 ◫ 280/480 F. ⑪ 130/300 F.
🅿 70 F. 🍽 240/450 F.
🄴 🄳 🆂🅿 🛈 🗋 🗣 🚗 🛏 🎢 🏄 ♿ 🛶
🔟 🅿 CB C 🗄

VILLENEUVE L'ARCHEVEQUE
89190 Yonne
1300 hab.

△△ AUBERGE DES VIEUX MOULINS
BANAUX **
18, route des Moulins Banaux.
M. Dronne ☎ 86 86 72 55 FAX 86 86 78 94
🛏 16 ◫ 210/280 F. ⑪ 68/148 F.
🅿 75 F. 🍽 240/280 F.
🄴 🗋 🗣 🚗 🎢 🔟 🅿 🗄

VILLENEUVE LES AVIGNON
30400 Gard
10000 hab. 🛈

⚡ COYA **
(Pont d'Avignon). M. Lacroix
☎ 90 25 52 29 FAX 90 25 68 90
🛏 15 ◫ 160/387 F.
🗋 🗣 🚗 🍱 🛏 🏄 CV 🅿 CB

△△ RESIDENCE LES CEDRES **
39, av. Pasteur Bellevue. M. Grimonet
☎ 90 25 43 92 TX 432868 FAX 90 25 14 66
🛏 21 ◫ 290/350 F. ⑪ 98/148 F.
🅿 60 F. 🍽 265/295 F.
⊠ 15 nov./15 mars.
🄴 🄳 🗋 🗣 🚗 🛏 🛶 🏄 ♿ 🔟
🅿 CB

VILLENEUVE LES BEZIERS
34420 Hérault
2981 hab. 🛈

△△ AZUROTEL ***
Echangeur Béziers Est, route de Valras.
M. Lubac
☎ 67 39 83 03 FAX 67 39 82 78

🛏 21 ◫ 260/400 F. ⑪ 80/140 F.
🅿 60 F. 🍽 270/290 F.
⊠ rest. sam. soir et dim. oct./avr.
🄴 🄳 🆂🅿 🛈 🗋 🗣 🚗 🎢 ♿ 🔟 🅿 CB

△ LAS CIGALAS **
28, bld Gambetta. Mme Moussairoux
☎ 67 39 45 28 TX 499490 FAX 67 39 81 66
🛏 15 ◫ 159/194 F. ⑪ 65/90 F.
🅿 37 F. 🍽 190 F.
⊠ rest. sam. et dim. hs.
🄴 🗋 🗣 🚗 🚙 🖐 CV 🅿 CB 🗄

VILLENEUVE LOUBET
06270 Alpes Maritimes
8210 hab. 🛈

△△△ LA FRANC-COMTOISE **
(Grange Rimade). M. Poinsot
☎ 93 20 97 58 FAX 92 02 74 76
🛏 29 ◫ 370 F. ⑪ 135/160 F. 🅿 45 F.
🍽 310 F.
⊠ 6/20 janv., 22 oct./20 nov. et mer. hs.
🄴 🛈 🗋 🗣 🚗 🚙 🛏 🛶 CV 🔟 🅿 C

VILLENEUVE LOUBET PLAGE
06270 Alpes Maritimes
8210 hab. 🛈

△ RELAIS IMPERIAL *
Route du Bord de Mer. M. Aime
☎ 93 73 73 10
🛏 10 ◫ 185/200 F. ⑪ 80/120 F.
🅿 45 F. 🍽 190/210 F.
⊠ 1er/15 déc. et lun. hs.
🄴 🛈 🗋 🏄 🅿 CB

VILLEPERROT
89140 Yonne
177 hab.

△△△ LE MANOIR DE L'ONDE **
33, rue du Barrage. M. Lablonde
☎ 86 67 05 93 FAX 86 96 37 25
🛏 7 ◫ 250/350 F. ⑪ 120/250 F.
🅿 80 F. 🍽 340/410 F.
🄴 🗋 🗣 🚗 🎢 🏄 ♿ 🏄 CV 🔟 🅿
CB 🗄

VILLEPREUX
78450 Yvelines
8850 hab.

△ AUBERGE SAINT VINCENT **
36-38, rue Amédée Brocard.
Mme Mirguet
☎ (1) 30 56 20 09 FAX (1) 34 62 36 03
🛏 6 ◫ 230/270 F. ⑪ 120/160 F.
🅿 60 F. 🍽 290/320 F.
⊠ dim. soir et lun.
🄴 🗋 🗣 🏄 🔟 🅿 CB

VILLEROY
89100 Yonne
227 hab.

△△ RELAIS DE VILLEROY **
Route de Nemours. M. Clément
☎ 86 88 81 77
🛏 8 ◫ 195/270 F. ⑪ 130/300 F.
🅿 65 F.
⊠ 10 déc./10 janv. et dim. 15 nov./
15 mars.
🗋 🗣 🚗 🎢 🏄 🔟 🅿 CB

VILLERS BOCAGE
14310 Calvados
2600 hab. i

LES TROIS ROIS ★★
M. Martinotti
☎ 31 77 00 32 FAX 31 77 93 25
14 200/400 F. 125/300 F.
70 F. 300/350 F.
janv., 27 juin/3 juil., dim. soir et lun.
E D CB

VILLERS LE LAC
25130 Doubs
750 m. • 4000 hab. i

DE FRANCE ★★★
8, place M. Cupillard. M. Droz
☎ 81 68 00 06 FAX 81 68 09 22
14 280/350 F. 155/450 F.
80 F. 290/310 F.
20 déc./1er fév., rest. dim. soir et lun.
E D CV CB

VILLERS SOUS SAINT LEU
60340 Oise
2100 hab.

LE RELAIS SAINT-DENIS ★★
7, rue de l'Eglise.
M. Bordinat
☎ 44 56 31 87
9 150/250 F. 140/200 F.
45 F. 205/220 F.
15 juil./15 août, dim. soir et lun.
CV CB

VILLERSEXEL
70110 Haute Saône
1500 hab.

DE LA TERRASSE ★★
M. Eme
☎ 84 20 52 11 FAX 84 20 56 90
15 200/280 F. 62/250 F.
39 F. 220/260 F.
15 déc./2 janv., ven. soir et dim. soir hs.
E CV CB
C

DU COMMERCE ★★
1, rue du 13 Septembre.
M. Mougin
☎ 84 20 50 50 FAX 84 20 59 57
17 190/230 F. 59/260 F.
38 F. 185/220 F.
1er/15 janv., 8/15 oct. et dim. soir.
CV CB

VILLERVILLE
14113 Calvados
850 hab. i

LE BELLEVUE ★★
7, rue Georges Clémenceau.
M. Domen
☎ 31 87 20 22 FAX 31 87 20 56
17 195/360 F. 98/180 F.
60 F. 220/300 F.
rest. 8/31 janv., mar. et mer. midi 1er oct./31 mars.
E D CB

VILLEVALLIER
89330 Yonne
359 hab.

LE PAVILLON BLEU ★★
31, rue de la République.
Mme Millet
☎ 86 91 12 17 FAX 86 91 17 74
13 185/260 F. 78/195 F.
55 F. 178/206 F.
3 semaines janv., dim. soir et lun. midi sauf juin/août.
CV CB

VILLIE MORGON
69910 Rhône
1522 hab.

LE VILLON ★★
M. Cancela
☎ 74 69 16 16 FAX 74 69 16 81
45 320 F. 110/220 F. 85 F.
300/320 F.
20 déc./20 janv., dim. soir et lun. 1er oct./1er avr.
E D i
CB

VILLIERS EN BOIS
79360 Deux Sèvres
300 hab.

AUBERGE DES CEDRES
M. Bodard
☎ 49 76 79 53 FAX 49 76 79 81
5 130/200 F. 58/179 F. 48 F.
220/280 F.
1er/25 fév., dim. soir et lun.
CV

VILOSNES
55110 Meuse
242 hab. i

DU VIEUX MOULIN ★
Mme Martin
☎ 29 85 81 52 FAX 29 85 88 19
7 75/220 F. 50 F. 200/240 F.
fév., lun. soir et mar. hs.
E D CV

VIMOUTIERS
61120 Orne
5000 hab. i

L'ESCALE DU VITOU ★★
Route d'Argentan.
M. Blondeau
☎ 33 39 12 04 FAX 33 36 13 34
17 180/250 F. 75/180 F.
45 F. 190/210 F.
rest. début de l'année, dim. soir et lun. sauf juil./août.
E CV
CB

VIMOUTIERS (suite)

⌂ LE SOLEIL D'OR ★
16, place de Mackau. M. Tanquerel
☎ 33 39 07 15 \ 33 39 31 94
🛏 16 ⬡ 130/210 F. � 65/150 F.
🍴 45 F. 🖼 240/300 F.
⊠ fév., 1ère semaine mars, ven. et dim.
soir sauf juil./sept.
🄴 🚗 🚙 CV 🅸🄾🅸 ⬅ CB

VINASSAN
11110 Aude
1510 hab.

⌂⌂ AUDE HOTEL ★★
Aire de Repos Narbonne-Vinassan Nord.
M. Castaing
☎ 68 45 25 00 FAX 68 45 25 20
🛏 59 ⬡ 295/350 F. �️ 70/120 F.
🍴 42 F. 🖼 250/265 F.
🄴 🄳 SP 🅸 🖨 🚗 🚙 🛏 🏛 🛌 🌴
🚶 ⛷ CV 🅸🄾🅸 ⬅ CB 🄲 🧳

VINCELOTTES
89290 Yonne
288 hab.

⌂⌂ LES TILLEULS
12, quai de l'Yonne.
M. Renaudin
☎ 86 42 22 13 FAX 86 42 23 51
🛏 5 ⬡ 275/400 F. �️ 120/275 F.
🍴 70 F. 🖼 350 F.
⊠ 18 déc./20 fév., mer. soir et jeu.
oct./Pâques.
🄴 🄳 🖨 🅸🄾🅸 ⬅ CB

VINON SUR VERDON
83560 Var
2196 hab.

⌂ LA CROIX DE MALTE ★★
Route d'Aix. M. Weiss
☎ 92 78 88 10 FAX 92 78 90 47
🛏 6 ⬡ 260 F. �️ 100/250 F. 🍴 60 F.
🖼 260/280 F.
⊠ 25 fév./5 mars, vac. Toussaint,
23/26 déc., rest. sam. midi et dim.
soir.
🄴 🄳 🖨 🚗 🚙 🛏 🌴 🅸🄾🅸 ⬅ CB

⌂⌂ OLIVIER HOTEL ★★★
Route de Manosque.
M. Berton
☎ 92 78 86 99 FAX 92 78 89 65
🛏 20 ⬡ 365/400 F. �️ 115/180 F.
🍴 85 F. 🖼 385/410 F.
⊠ 15 déc./15 mars.
🄴 🖨 🚗 🛌 🌴 🖷 🅸🄾🅸
⬅ CB

⌂ RELAIS DES GORGES ★★
6, av. de la République. M. Givaudan
☎ 92 78 80 24 FAX 92 78 96 47
🛏 10 ⬡ 260 F. �️ 95/250 F. 🍴 60 F.
🖼 200/250 F.
⊠ 20 déc./20 janv.
🄴 🖨 🚗 🚙 🛌 ⬅ CB

VIOLAY
42780 Loire
830 m. • 1400 hab. 🅸

⌂ PERRIER ★★
Place de l'Eglise. M. Clot
☎ 74 63 91 01 FAX 74 63 91 77
🛏 10 ⬡ 150/220 F. �️ 60/178 F.
🍴 50 F.
🖨 🚗 ⛷ 🅸🄾🅸 ⬅ CB

VIOLES
84150 Vaucluse
1360 hab.

⌂⌂ LE CHATEAU DU MARTINET
Route de Vaison la Romaine. M. Boursier
☎ 90 70 94 98 FAX 90 70 94 98
🛏 10 ⬡ 280/380 F. �️ 115/240 F.
🍴 50 F. 🖼 275/325 F.
⊠ mer. 1er oct./15 juin.
🄴 🖨 🚗 🛏 🌴 ⛷ 🅸🄾🅸 ⬅ CB 🧳

VIRE
14500 Calvados
15000 hab. 🅸

⌂⌂⌂ DE FRANCE ★★
4, rue d'Aignaux.
M. Carnet
☎ 31 68 00 35 FAX 31 68 22 65
🛏 20 ⬡ 160/320 F. �️ 58/220 F.
🍴 48 F. 🖼 230/260 F.
⊠ 20 déc./10 janv.
🄴 🖨 🚗 🛏 🏛 🖷 ⛷ CV 🅸🄾🅸 ⬅
CB 🧳

⌂ DES VOYAGEURS ★
47, av. de la Gare. Mme Deniau
☎ 31 68 01 16
🛏 13 ⬡ 172/250 F. �️ 55/160 F.
🍴 45 F. 🖼 180/250 F.
🄴 🖨 🚗 🚙 🚶 🅸🄾🅸 ⬅ CB

VISAN
84820 Vaucluse
1210 hab.

⌂ DU MIDI
Av. des Alliés.
M. Demarle
☎ 90 41 90 05 FAX 90 41 96 11
🛏 7 ⬡ 200/350 F. �️ 65/190 F. 🍴 40 F.
🖼 270/360 F.
⊠ 6/14 mars, 18/29 déc. et mar.
🄴 🄳 SP 🖨 🚗 🌴 ⛷ ⬅ CB

VISCOMTAT
63250 Puy de Dôme
700 m. • 1000 hab.

⌂ DU CENTRE
M. Girard
☎ 73 51 91 55
🛏 7 ⬡ 130/180 F. �️ 60/140 F. 🍴 48 F.
🖼 180/200 F.
⊠ 15 sept./15 oct. et mer. hs.
🚗 🚙 🌴 ⛷ 🖷 CB

VITARELLE (LA)
12210 Aveyron
900 m. • 25 hab.

⚠ RELAIS DE LA VITARELLE
Mme Falguier
☎ 65 44 36 01
🛏 6 ⌧ 160/180 F. 🍴 75/160 F. 🍴 45 F.
📷 170/190 F.
⌧ sam. hs.
🚗 ♿ 🐾 CB

VITRAC
15220 Cantal
283 hab.

⚠ AUBERGE DE LA TOMETTE ★★
Mme Chausi
☎ 71 64 70 94 ⅢX 71 64 77 11
🛏 18 ⌧ 230/300 F. 🍴 69/180 F.
🍴 48 F. 📷 220/297 F.
⌧ 1er janv./30 mars.
🎿 📺 ☎ ⛵ 🍹 🏊 ⛰ ♿ CV 🔌
🐾 CB

VITRAC
24200 Dordogne
676 hab.

⚠ DE PLAISANCE ★★
Le Port. M. Taverne
☎ 53 28 33 04 ⅢX 53 28 19 24
🛏 42 ⌧ 200/350 F. 🍴 72/230 F.
🍴 50 F. 📷 270/310 F.
⌧ 20 nov./8 fév. et ven. hs.
🎿 📺 ☎ 🚗 ⛵ 🍹 ✎ 🏊 ▶ ♿ CV
🔌 🐾 CB

VITRY LA VILLE
51240 Marne
350 hab.

⚠ DE LA PLACE
Mme Picard
☎ 26 67 73 65
🛏 7 ⌧ 150/210 F. 🍴 75/210 F. 🍴 45 F.
⌧ 23 déc./3 janv. et sam.
📺 🍹 🔌 🐾

VITRY LE FRANCOIS
51300 Marne
18820 hab. ℹ

⚠ DE LA CLOCHE ★★
34, rue Aristide Briand.
M. Sautet
☎ 26 74 03 84 ⅢX 26 74 15 52
🛏 24 ⌧ 210/300 F. 🍴 95/260 F.
🍴 65 F.
⌧ 1ère quinz. janv.
🎿 📺 ☎ 🚗 ⛵ 🔌 🐾 CB

⚠ DE LA POSTE ★★★
Place Roger Collard. M. Latriche
☎ 26 74 02 65 ⅢX 26 74 54 71
🛏 31 ⌧ 280/480 F. 🍴 98/160 F.
🍴 60 F. 📷 290/340 F.

⌧ 23 déc./1er janv. et dim.
🎿 📺 ☎ 🚗 ⛵ 🐎 ⛰ ♿ CV 🔌 🐾
CB ⚓

VITTEL
88800 Vosges
8000 hab. ℹ

⚠ BELLEVUE ★★★
503, av. de Chatillon. M. Giorgi
☎ 29 08 07 98 ⅢX 29 08 41 89
🛏 36 ⌧ 315/380 F. 🍴 100/180 F.
🍴 50 F. 📷 265/330 F.
⌧ 15 oct./15 avr.
🎿 📺 ☎ 🚗 ⛵ 🏊 CV 🔌 🐾

⚠ L'OREE DU BOIS ★★
Sur D. 18. Lieu-dit l'Orée du Bois.
Mme Ferry
☎ 29 08 88 88 ⅢX 29 08 01 61
🛏 36 ⌧ 250/265 F. 🍴 59/169 F.
🍴 39 F. 📷 208/246 F.
⌧ rest. dim. soir 1er nov./28 fév.
🎿 ⅅ 📺 ☎ 🚗 ⛵ 🍹 🐎 ✎ 🏊
⛱ ♿ CV 🔌 🐾 CB C ⚓

⚠ LE CHALET VITELLIUS ★★
70, av. Georges Clémenceau
M. Marquaire
☎ 29 08 07 21
🛏 10 ⌧ 220/290 F. 🍴 90/220 F.
🍴 40 F. 📷 270/350 F.
⌧ rest. 15 nov./15 déc., dim. soir et
lun.
🎿 ⅅ 📺 ☎ 🚗 ⛵ 🐾 CB

VIVIER SUR MER (LE)
35960 Ille et Vilaine
1000 hab.

⚠ BEAU RIVAGE ★★
21, rue de la Mairie. M. Bréard
☎ 99 48 90 65 ⅢX 99 48 85 40
🛏 11 ⌧ 185/260 F. 🍴 60/210 F.
🍴 50 F. 📷 210/250 F.
⌧ 16 oct./16 nov. et mer. sauf saison.
🎿 📺 ☎ 🚗 ⛵ 🍹 🏊 ♿ CV 🔌 🐾 CB

⚠ DE BRETAGNE ★★ & ★
MM. Bunoult
☎ 99 48 91 74 ⅢX 99 48 81 10
🛏 26 ⌧ 260/330 F. 🍴 90/220 F.
🍴 55 F. 📷 320/360 F.
⌧ dim. soir et lun. hs., lun. midi en
saison.
🎿 ℹ 📺 ☎ 🚗 ⛵ ✎ 🐎 🔌 🐾 CB

VIVIERS DU LAC
73420 Savoie
1000 hab.

⚠ CHAMBAIX ★★
21, route de Chambery. M. Gros
☎ 79 61 31 11 ⅢX 79 88 43 69
🛏 29 ⌧ 260/300 F. 🍴 80/150 F.
🍴 45 F. 📷 260/270 F.
⌧ rest. dim. sept./mai.
🎿 📺 ☎ 🚗 ⛵ ⛵ 🐎 🍹 ✎ 🏊 CV
🔌 🐾 CB C

407

VIVIERS DU LAC (suite)

▲▲ WEEK-END HOTEL ★★
139, rue Colonel Bachetta. M. Charvet
☎ 79 54 40 22 📠 79 54 46 70
🛏 13 🍴 200/290 F. 🍽 98/230 F.
🅿 50 F. 📶 265/275 F.
✉ déc. et lun.
🄴 🄳 ⬚ 🛆 🚗 🚙 🌴 CV 🔢
◀ CB

VOGUE
07200 Ardèche
550 hab.

▲▲▲ DES VOYAGEURS ★★
Route de Ruoms. M. Costes
☎ 75 37 71 13 📠 75 37 01 25
🛏 11 🍴 200/290 F. 🍽 70/230 F.
🅿 38 F. 📶 270/340 F.
✉ dim. soir 15 oct./15 mars.
🄴 ⬚ 🛆 🚗 🌴 🔻 🔧 CV 🔢
◀ CB

VOIRON
38500 Isère
23000 hab. 🛈

▲▲ LA CHAUMIERE ★★
Rue de la Chaumière, dir. Criel.
M. Stephan
☎ 76 05 16 24 📠 76 05 13 27
🛏 24 🍴 120/250 F. 🍽 75/150 F.
🅿 50 F. 📶 160/220 F.
✉ 2ème et 3ème semaine août, entre
Noël et jour de l'an et sam.
🄴 ⬚ 🛆 🚗 CV 🔢 CB

VOISINS DE MOUROUX
77120 Seine et Marne
3000 hab. 🛈

▲ LA RAYMONDINE ★
758, av. Général de Gaulle.
M. Haeuw
☎ (1) 64 20 65 62
🛏 8 🍴 100/150 F. 🍽 72/125 F. 🅿 58 F.
✉ dim. soir et lun.
🄴 ⬚ 🚗 🌴 🔢 ◀ CB

VOUE
10150 Aube
373 hab. 🛈

▲▲ LE MARAIS ★★★
36-39, route Impériale. M. Grenet
☎ 25 37 55 33 📠 25 37 53 29
🛏 20 🍴 280/310 F. 🍽 80/140 F.
🅿 35 F. 📶 250 F.
✉ hôtel dim. soir 1er oct./30 avr. sauf
réserv., rest. ven. soir, dim. soir et sam.
midi 1er oct/30 avr., lun. midi 1 mai/
30 sept.
🄴 🄳 ⬚ 🛆 🚗 🚙 🌴 🔻 🔧 CV
🔢 ◀

VOUGY
74130 Haute Savoie
520 hab.

▲▲ LA POMME D'OR ★★
M. Mangin
☎ 50 34 58 23 📠 50 34 08 91
🛏 7 🍴 220/280 F. 🍽 95/260 F. 🅿 50 F.
✉ août et dim. soir.
🄴 🄳 SP 🛈 ⬚ 🛆 🚗 🚙 🌴 🏃 ♿
🔧 🔢 ◀ CB

VOUILLE
86190 Vienne
2800 hab. 🛈

▲▲ AUBERGE DU CHEVAL BLANC ET LE
CLOVIS ★★
M. Blondin
☎ 49 51 81 46 📠 49 51 96 31
🛏 34 🍴 120/300 F. 🍽 68/220 F.
🅿 48 F. 📶 160/210 F.
🄴 ⬚ 🛆 🚗 🚙 🌴 ♿ CV 🔢 CB ▦

VOULAINES LES TEMPLIERS
21290 Côte d'Or
400 hab.

☀ LA FORESTIERE ★★
(Lieu-dit Le Fourneau). Mme Langinieux
☎ 80 81 80 65
🛏 10 🍴 185/285 F.
🄴 ⬚ 🚗 🚙 🌴 CV ◀ CB

VOULTE SUR RHONE (LA)
07800 Ardèche
6000 hab. 🛈

▲ DE LA VALLEE ★★
Quai Anatole France. M. Lavenent
☎ 75 62 41 10 📠 75 62 26 22
🛏 16 🍴 150/250 F. 🍽 73/220 F.
🅿 40 F. 📶 220/260 F.
✉ janv. et sam. sauf juil./août.
⬚ 🛆 🚗 🚙 🚈 CV 🔢 ◀ CB

▲▲ LE MUSEE ★★
Place du 4 Septembre. M. Blanchot
☎ 75 62 40 19 📠 75 85 35 79
🛏 15 🍴 130/280 F. 🍽 80/200 F.
🅿 50 F. 📶 210/260 F.
✉ 1er fév./1er mars et sam. oct/avr.
🄴 🄳 ⬚ 🛆 🚗 CV ◀ CB

VOUVANT
85120 Vendée
860 hab. 🛈

▲▲ AUBERGE DE MAITRE PANNETIER ★★
Place du Corps de Garde.
M. Guignard
☎ 51 00 80 12 📠 51 87 89 37
🛏 7 🍴 200/270 F. 🍽 68/350 F. 🅿 38 F.
📶 250/280 F.
✉ 10 fév./1er mars, dim. soir et lun. hs.
🄴 ⬚ 🛆 🌴 🔧 CV 🔢 ◀

VOUVRAY
37210 Indre et Loire
2950 hab. [i]

▲▲ AUBERGE DU GRAND VATEL ★★
8, rue Brule. M. Copin
☎ 47 52 70 32 [FAX] 47 52 74 52
[🛏] 7 [◈] 210/280 F. [🍴] 125/250 F.
[🍴] 80 F. [🖼] 255/280 F.
[✉] 1er/20 déc., 1er/20 mars, lun. en
saison, dim. soir et lun. hs.
[E][☎][🚗][♨][●][CB]

VOVES
28150 Eure et Loir
2800 hab.

▲▲▲ AU QUAI FLEURI ★★★
15, rue Texier Gallas. M. Chadorge
☎ 37 99 15 15 [FAX] 37 99 11 20
[🛏] 17 [◈] 245/440 F. [🍴] 79/260 F.
[🍴] 55 F. [🖼] 235/290 F.
[✉] 20 déc./9 janv., ven. soir 1er nov./
30 avr., dim. soir et soirs fériés.
[E][🖥][☎][i][🚗][🚗][►][♣][🐟][♨][🔥][♿][CV][🔌]
[●][CB][C][🏛]

VRINE (LA)
25520 Doubs
900 m. ● 500 hab.

▲▲ FERME HOTEL DE LA VRINE ★★
M. Salomon
☎ 81 39 47 74 [FAX] 81 39 21 87
[🛏] 33 [◈] 200/450 F. [🍴] 85/200 F.
[🍴] 45 F. [🖼] 240 F.
[✉] rest. dim. soir et lun.
[E][🖥][🖥][☎][🚗][🚗][►][♣][♨][🔌]
[●][CB]

VULAINES SUR SEINE
77870 Seine et Marne
2047 hab.

▲▲ AUBERGE DES ROSIERS ★★
8, quai Stéphane Mallarmé.
Mme Bourlier
☎ (1) 64 23 92 38 \ (1) 64 23 71 61
[FAX] (1) 64 23 97 97
[🛏] 7 [◈] 270/340 F. [🍴] 99/160 F. [🍴] 60 F.
[🖼] 270/310 F.
[✉] vac. scol. fév. 2 semaines., 1 semaine
fin août et rest. mar.
[E][🖥][☎][🚗][♣][♨][🔌][●][CB][🏛]

WAHLBACH
68130 Haut Rhin
211 hab.

▲▲ AU SOLEIL ★★
10, rue du Maréchal Foch. M. Martin
☎ 89 07 81 48
[🛏] 14 [◈] 150/200 F. [🍴] 45/250 F.
[🍴] 40 F. [🖼] 160/210 F.
[✉] rest. jeu.
[🖥][☎][🚗][♿][🔌][●][CB]

WANGENBOURG
67710 Bas Rhin
350 hab. [i]

▲▲ DU FREUDENECK ★★
(3 Freudeneck). Mme Wagner
☎ 88 87 32 91 [FAX] 88 87 36 78
[🛏] 9 [◈] 305/325 F. [🍴] 55/280 F. [🍴] 50 F.
[🖼] 285/305 F.
[🖥][☎][🚗][♨][♣][🔥][♿][CV][🔌]
[●][CB]

▲▲▲ PARC HOTEL ★★★
M. Gihr
☎ 88 87 31 72 [FAX] 88 87 38 00
[🛏] 21 [◈] 336/400 F. [🍴] 110/265 F.
[🍴] 60 F. [🖼] 300/350 F.
[✉] 3 nov./22 déc. et 3 janv./20 mars.
[E][🖥][🖥][i][☎][🚗][🚗][☎][►][♣][🚴][♥]
[🔥][♿][🔌][CB]

WARMERIVILLE
51110 Marne
2000 hab.

▲▲ AUBERGE DU VAL DES BOIS ★★
3, rue du 8 Mai 1945.
M. Capitaine
☎ 26 03 32 09 [FAX] 26 03 37 84
[🛏] 21 [◈] 210/230 F. [🍴] 70/160 F.
[🍴] 40 F. [🖼] 240 F.
[✉] 24 déc./15 janv.
[🖥][🖥][☎][🚗][♣][🔌][●][CB][C][🏛]

WASSELONNE
67310 Bas Rhin
5000 hab. [i]

▲▲ AU SAUMON ★★
69, rue Général de Gaulle. M. Welty
☎ 88 87 01 83 [FAX] 88 87 46 69
[🛏] 12 [◈] 130/230 F. [🍴] 78/160 F.
[🍴] 45 F. [🖼] 190/220 F.
[✉] 20/28 déc., dim. soir et lun. hs.
[E][🖥][🖥][☎][🔥][CV][🔌][●][CB]

▲▲ RELAIS DE WASSELONNE ★★
Route de Romanswiller, Centre de
Loisirs. M. Hemery
☎ 88 87 29 10 [FAX] 88 87 22 67
[🛏] 18 [◈] 249/260 F. [🍴] 90/160 F.
[🍴] 50 F. [🖼] 225/250 F.
[✉] rest. 23 oct./13 nov. et mer. midi.
[E][🖥][🖥][☎][♣][🚴][♨][🔥][♿][CV][🔌][●]
[CB][🏛]

WAST (LE)
62142 Pas de Calais
250 hab.

▲▲ HOSTELLERIE DU CHATEAU DES
TOURELLES ★★
Sur D. 127. M. Feutry
☎ 21 33 34 78 [FAX] 21 87 59 57
[🛏] 16 [◈] 240/300 F. [🍴] 80/200 F.
[🍴] 60 F. [🖼] 230/260 F.
[E][☎][🚗][♣][🐟][♨][CV][🔌][●][CB]

WESTHALTEN
68250 Haut Rhin
800 hab.

AUBERGE DU CHEVAL BLANC ★★★
20, rue de Rouffach. M. Koehler
☎ 89 47 01 16 ℻ 89 47 64 40
12 ⌾ 370/450 F. ⑪ 160/400 F.
75 F. 430/460 F.
⊠ 7 fév./2 mars, 27 juin/6 juil., dim.
soir et lun.

WETTOLSHEIM
68920 Haut Rhin
1600 hab.

AU SOLEIL ★★
20, rue Sainte Gertrude.
Mme Dietrich
☎ 89 80 62 66
11 ⌾ 175/195 F. 45 F. 215 F.
⊠ 15 juin/6 juil., 21 déc./4 janv. et jeu.

AUBERGE DU PERE FLORANC ★★ & ★★★
9, rue Herzog. M. Floranc
☎ 89 80 79 14 ℻ 89 79 77 00
32 ⌾ 220/570 F. ⑪ 95/390 F.
70 F. 380/560 F.
⊠ 3/17 juil., 20 nov./25 déc., dim. soir
hs. et lun.

WIERRE EFFROY
62720 Pas de Calais
700 hab.

FERME DU VERT ★★★
Route du Paon. M. Bernard
☎ 21 87 67 00 ℻ 21 83 22 62
16 ⌾ 320/550 F. ⑪ 140/190 F.
65 F. 310/400 F.
⊠ 1er/15 janv., 15/31 déc. et rest. dim.

WIMEREUX
62930 Pas de Calais
7023 hab.

SPERANZA ★★
43, rue Général de Gaulle.
M. Lebrun
☎ 21 32 46 09 ℻ 21 87 52 09
8 ⌾ 250/300 F. ⑪ 90/180 F. 50 F.
⊠ mar. soir hs.

WINTZENHEIM
68920 Haut Rhin
6700 hab.

A LA VILLE DE COLMAR ★
17, rue Clemenceau. M. Tisserand
☎ 89 27 00 58 ℻ 89 80 82 89

---

8 ⌾ 150/210 F. ⑪ 80/190 F. 55 F.
190/230 F.
⊠ 6/22 nov., dim. soir et lun. hs.

WISEMBACH
88520 Vosges
430 hab.

DU BLANC RU ★★
M. Long
☎ 29 51 78 51 ℻ 29 51 70 67
7 ⌾ 195/330 F. ⑪ 102/200 F.
60 F. 229/260 F.
⊠ 6 fév./8 mars, 18/27 sept., lun. sauf
juil./août et dim. soir.

WISSANT
62179 Pas de Calais
1247 hab.

LE VIVIER ★
Place de l'Eglise. M. Gest
☎ 21 35 93 61 ℻ 21 82 10 99
10 ⌾ 199/294 F. ⑪ 82/177 F.
50 F. 217/264 F.
⊠ 6 janv./15 fév., rest. mar. soir et
mer.

WISSEMBOURG
67160 Bas Rhin
7000 hab.

DE LA WALK ★★
2, rue de la Walk. M. Schmidt
☎ 88 94 06 44 ℻ 88 54 38 03
25 ⌾ 250/360 F. ⑪ 120/220 F.
360 F.
⊠ 8/31 janv., 15/30 juin, dim. soir et
lun.

DU CYGNE ★★
3, rue du Sel. M. Kientz
☎ 88 94 00 16 ℻ 88 54 38 28
16 ⌾ 300/400 F. ⑪ 120/280 F.
60 F. 300/350 F.
⊠ 1er fév./2 mars, 1er/17 juil., mer. et
jeu. midi.

WITTENHEIM
68270 Haut Rhin
13380 hab.

LE BOREAL ★★
1 et 48, rue d'Ensisheim. M. Demarche
☎ 89 52 77 89 \ 89 52 43 73
℻ 89 53 12 02
21 ⌾ 225/245 F. ⑪ 50/210 F.
38 F. 220/240 F.
⊠ 1er/8 janv., 12 août/3 sept., 22/31
déc., sam. jusqu'à 17h. et dim.

WOLFISHEIM
67200 Bas Rhin
2186 hab.

⌂ AU LION ROUGE ★★
29, rue des Seigneurs. M. Fuchs
☎ 88 78 18 19 ⨳ 88 77 33 85
▮ 15 ⌧ 165/250 F. ⫙ 68 F. ⧗ 40 F.
▥ 170/210 F.
⊠ juil. et rest. jeu.
[E] [D] [i] ⌂ ☎ 🚗 [CV] [iOi] [←] [CB]

XEUILLEY
54990 Meurthe et Moselle
647 hab.

⌂ DU LION D'OR ★★
M. Grosclaude
☎ 83 47 02 31 ⨳ 83 47 77 76
▮ 10 ⌧ 140/220 F. ⫙ 62/150 F.
⧗ 40 F. ▥ 180/250 F.
⊠ 15/31 août, dim. soir, lun. et jours
fériés 20 H.
⌂ ☎ [iOi]

Y

YAUDET EN PLOULECH (LE)
22300 Côtes d'Armor
850 hab.

⌂ AR-VRO ★★
(Le Yaudet). M. Minne
☎ 96 46 48 80 ⨳ 96 46 48 86
▮ 8 ⌧ 260 F. ⫙ 89/159 F. ⧗ 49 F.
▥ 295 F.
⊠ dim. soir et lun. hs.
[E] ⌂ ☎ 🚗 ♿ ♿ [CV] [iOi] [←] [CB]

YDES CENTRE
15210 Cantal
2300 hab.

⌂ DES VOYAGEURS
M. Fayolle
☎ 71 40 82 20
▮ 10 ⌧ 185/240 F. ⫙ 70/170 F.
⧗ 42 F. ▥ 175/205 F.
⊠ 22 déc./3 janv. et dim. 15 nov./
15 mars hs.
[E] ⌂ 🚗 [CV] [←] [CB]

YENNE
73170 Savoie
2170 hab.

⌂ DU FER A CHEVAL ★★
Rue des Prêtres. M. Laurent
☎ 79 36 70 33
▮ 12 ⌧ 200/220 F. ⫙ 95/185 F.

⧗ 50 F. ▥ 190/210 F.
⊠ dim. soir 1er oct./31 mars.
[E] [D] ⌂ ☎ 🚗 [CV] [←] [CB]

YGRANDE
03160 Allier
980 hab.

⌂ LA TAVERNE
Place E. Guillaumin. M. Avignon
☎ 70 66 32 67
▮ 7 ⌧ 160/300 F. ⫙ 60/160 F. ⧗ 40 F.
⊠ vac. Noël, ven. soir et sam.
☎ [CV] [←] [CB]

YPORT
76111 Seine Maritime
1200 hab. [i]

⌂ NORMAND ★★
2, place J. Paul Laurens. M. Langlois
☎ 35 27 30 76
▮ 13 ⌧ 165/280 F. ⫙ 80/165 F.
⊠ 2ème et 3ème semaine oct., 4 ou
5 semaines janv./fév., mer. soir et jeu.
hs.
⌂ ☎ ♟ ♿ [←] [CB]

YSSINGEAUX
43200 Haute Loire
860 m. • 6800 hab. [i]

⌂⌂⌂ LE BOURBON ★★
Place de la Victoire. M. Perrier
☎ 71 59 06 54 ⨳ 71 59 00 70
▮ 10 ⌧ 260/360 F. ⫙ 90/300 F.
▥ 240/287 F.
⊠ 22 juin/3 juil., 28 sept./23 oct., dim.
soir sauf juil./août et lun.
[E] ⌂ ☎ ⊨ ♿ [CV] [iOi] [←] [CB] 🏨

YVETOT
76190 Seine Maritime
10895 hab. [i]

⌂⌂ DU HAVRE ★★
2, rue G. de Maupassant, place des
Belges. M. Maître
☎ 35 95 16 77 ⨳ 35 95 21 18
▮ 28 ⌧ 150/400 F. ⫙ 85/170 F.
⧗ 50 F. ▥ 250/320 F.
⊠ rest. dim. soir sauf fêtes.
[E] ⌂ ☎ 🚗 🚗 ♿ ♿ [iOi] [←] [CB]

YVETOT (CROIX MARE)
76190 Seine Maritime
577 hab. [i]

⌂⌂⌂ AUBERGE DU VAL AU CESNE
Sur D. 5, route de Duclair. M. Carel
☎ 35 56 63 06 ⨳ 35 56 92 78
▮ 5 ⌧ 350 F. ⫙ 150 F. ⧗ 60 F.
▥ 350 F.
[E] ⌂ ☎ 🚗 ♟ ♿ ♿ [iOi] [←] [CB]

YVOIRE
74140 Haute Savoie
432 hab. 🛈

▲▲▲ LE PRE DE LA CURE ★★
M. Me Magnin
☎ 50 72 83 58 📠 50 72 91 15
🛏 25 ⊗ 315/330 F. 🍽 95/250 F.
🍴 55 F. 🛌 335 F.
⊠ 1er nov./17 mars et mer. mars/
avr., oct.
🇪 🅳 SP ⬜ ☎ 🚗 🚙 ↕ ↣ 🎾 ⛷ CV
🔌 CB

▲▲▲ LES FLOTS BLEUS ★★
M. Blanc
☎ 50 72 80 08 📠 50 72 84 28
🛏 11 🍽 98/300 F. 🍴 55 F.
🛌 300/330 F.
⊠ 1er oct./31 mars.
🇪 🛈 ⬜ ☎ 🎾 CV 🔅 🔌 CB

YZEURES SUR CREUSE
37290 Indre et Loire
1800 hab. 🛈

▲▲▲ LA PROMENADE ★★★
Mme Bussereau
☎ 47 94 55 21 📠 47 94 46 12
🛏 17 ⊗ 260/300 F. 🍽 100/295 F.

🍴 60 F. 🛌 280 F.
⊠ 15 janv./15 fév. et mar. midi.
🇪 ⬜ ☎ 🚗 🚙 ⛄ 🔅 🔌 CB

ZELLENBERG
68340 Haut Rhin
350 hab.

▲▲ AU RIESLING ★★
5, route du Vin. Mme Rentz
☎ 89 47 85 85 📠 89 47 92 08
🛏 36 ⊗ 300/450 F. 🍽 95/195 F.
🍴 45 F. 🛌 300/370 F.
⊠ janv., dim. soir et lun.
🇪 🅳 ☎ 🚗 🚙 ↕ 🎾 ♿ CB

ZONZA
20124 Corse
800 m. • 1000 hab.

▲▲ L'INCUDINE ★★
M. Me Guidicelli ☎ 95 78 67 71
🛏 18 ⊗ 220/320 F. 🍽 85/160 F.
🛌 220/320 F.
⊠ 15 oct./31 mars.
🇪 🛈 ☎ 🚗 CV

CALENDRIER DES VACANCES SCOLAIRES 1995

Hiver
zone A du samedi 11 février 1995 au lundi 27 février 95
zone B du samedi 25 février 1995 au lundi 13 mars 95
zone C du samedi 18 février 1995 au lundi 6 mars 95

Printemps
zone A du samedi 8 avril 1995 au lundi 24 avril 95
zone B du samedi 22 avril 1995 au mardi 9 mai 95
zone C du samedi 15 avril 1995 au mardi 2 mai 95

Ascension
du mercredi 24 mai 1995 au lundi 29 mai 1995
pour les zones A, B et C

Fin d'année écoles-collèges jeudi 29 juin 1995 pour les zones A, B et C
Fin d'année des lycées samedi 24 juin 1995 pour les zones A, B et C

Rentrée scolaire 95 mardi 5 septembre 1995 pour les zones A, B et C

Toussaint
zone A et C du jeudi 26 octobre 1995 au lundi 6 novembre 95
zone B du samedi 21 octobre 1995 au jeudi 2 novembre 95

Noël
zone A du samedi 23 décembre 95 au lundi 8 janvier 96
zone B du mercredi 20 décembre 95 au mercredi 3 janvier 96
zone C du jeudi 21 décembre 95 au jeudi 4 janvier 96

Zone A : Cæn, Clermont-Ferrand, Montpellier, Nancy-Metz, Nantes, Rennes, Toulouse, Grenoble, Lyon.
Zone B : Aix-Marseille, Amiens, Besançon, Dijon, Lille, Limoges, Nice, Orléans-Tours, Poitiers, Reims, Rouen, Strasbourg.
Zone C : Bordeaux, Créteil, Paris, Versailles.

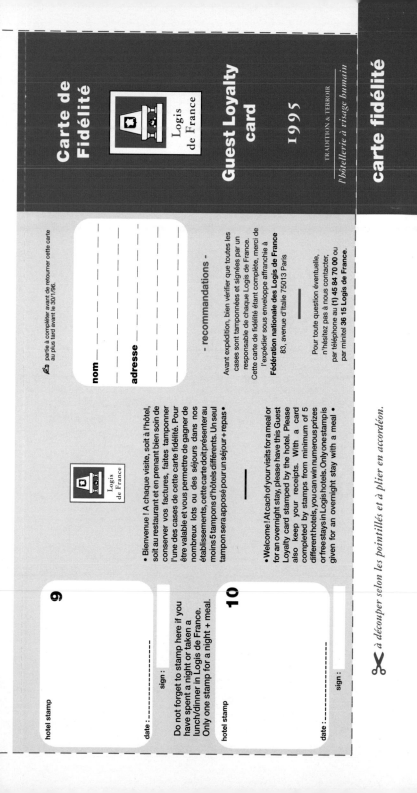

📩 partie à compléter avant de retourner cette carte au plus tard avant le 30/1/96.

Carte de Fidélité

Logis de France

Guest Loyalty card

1995

nom

adresse

- recommandations -

Avant expédition, bien vérifier que toutes les cases sont tamponnées et signées par un responsable de chaque Logis de France.
Cette carte de fidélité étant complète, merci de l'expédier sous enveloppe affranchie à **Fédération nationale des Logis de France** 83, avenue d'Italie 75013 Paris

Pour toute question éventuelle, n'hésitez pas à nous contacter, par téléphone au **(1) 45 84 70 00** ou par minitel **36 15 Logis de France**.

TRADITION & TERROIR

l'hôtellerie à visage humain

9

hotel stamp

date : _____

sign :

Do not forget to stamp here if you have spent a night or taken a lunch/dinner in Logis de France. Only one stamp for a night + meal.

Logis de France

• Bienvenue ! A chaque visite, soit à l'hôtel, soit au restaurant et en prenant bien soin de conserver vos factures, faites tamponner l'une des cases de cette carte fidélité. Pour être valable et vous permettre de gagner de nombreux lots ou des séjours dans nos établissements, cette carte doit présenter au moins 5 tampons d'hôtels différents. Un seul tampon sera apposé pour un séjour + repas •

10

hotel stamp

date : _____

sign :

• Welcome! At each of your visits for a meal or for an overnight stay, please have this Guest Loyalty card stamped by the hotel. Please also keep your receipts. With a card completed by stamps from minimum of 5 different hotels, you can win numerous prizes or free stays in Logis hotels. Only one stamp is given for an overnight stay with a meal •

✂ à découper selon les pointillés et à plier en accordéon.

carte fidélité

fidelity card

hotel stamp

1

date : _____

sign : _____

hotel stamp

2

Do not forget to stamp here if you have spent a night or taken a lunch/dinner in Logis de France. Only one stamp for a night + meal.

date : _____

sign : _____

cachet de l'hôtel

3

date : _____

sign : _____

cachet de l'hôtel

4

N'oubliez-pas de faire tamponner l'une de ces cases pour un séjour ou un repas dans un Logis de France.

date : _____

signature de l'hôtelier : _____

hotel stamp

5

date : _____

sign : _____

hotel stamp

6

Do not forget to stamp here if you have spent a night or taken a lunch/dinner in Logis de France. Only one stamp for a night + meal.

date : _____

sign : _____

cachet de l'hôtel

7

date : _____

signature de l'hôtelier : _____

cachet de l'hôtel

8

N'oubliez-pas de faire tamponner l'une de ces cases pour un séjour ou un repas dans un Logis de France.

date : _____

signature de l'hôtelier : _____

please detach and fold this fidelity card ✂

"suivi qualité"

Afin d'améliorer votre confort et votre accueil, vous disposez à la **FNLF** d'un **Service Suivi Qualité**. Merci de bien vouloir lui faire parvenir vos appréciations, vos suggestions... en lui adressant cette fiche ou une lettre. **D'avance merci.**

Fédération nationale des Logis de France
83, avenue d'Italie 75013 Paris (France)

---

nom de l'hôtel _____

name of hotel / Name des Hotels / naam van het hotel

localité _____

location / Ort / plaatsnaam

département _____

---

nom du client _____

name of guest / Name des Gastes / naam inzender

profession _____

occupation / Beruf / beroep

adresse _____

address / Anschrift / adres

dates de séjour _____

dates of stay / Aufenthaltsdaten / datum verblijf

êtes-vous satisfait de l'accueil? oui - non

were you satisfied by the hospitality? yes - no

Waren sie mit der Aufnahme zufrieden? ja - nein

bent U tevreden met de ontvangst? ja - nee

le classement de l'hôtel (cheminées) vous semble-t-il convenable? oui - non

do you think that the hotel's grading (number of fireplaces) is correct? yes - no

Erscheint Ihnen die "kamin" -Kategorie des Hotels angemessen? ja - nein

bent U het eens met de classificatie (de schoorsteen) van het hotel ? ja - nee

les prix pratiqués correspondent-ils à la qualité des prestations fournies? oui - non

do you think that the prices are in line with the quality of the service? yes - no

Entsprechen die Preise der Qualität der angebotenen Leistungen? ja - nein

komen de toegepaste prijzen volgens u met de kwaliteit van de dienstverleningen overeen? ja - nee

autres observations

other comments / weitere Bemerkungen / andere opmerkingen

_____

_____

_____

_____

_____

date et signature _____

date / Datum - signature / Unterschrift / handtekening

Service Suivi Qualité

**Fédération nationale
des Logis de France**
■

83 avenue d'Italie - 75013 Paris

France

"suivi qualité"

Afin d'améliorer votre confort et votre accueil, vous disposez à la **FNLF** d'un **Service Suivi Qualité**. Merci de bien vouloir lui faire parvenir vos appréciations, vos suggestions... en lui adressant cette fiche ou une lettre. **D'avance merci.**

**Fédération nationale des Logis de France
83, avenue d'Italie 75013 Paris (France)**

---

nom de l'hôtel _____

name of hotel / Name des Hotels / naam van het hotel

localité _____

location / Ort / plaatsnaam

département _____

---

nom du client _____

name of guest / Name des Gastes / naam inzender

profession _____

occupation / Beruf / beroep

adresse _____

address / Anschrift / adres

dates de séjour _____

dates of stay / Aufenthaltsdaten / datum verblijf

êtes-vous satisfait de l'accueil? oui - non

were you satisfied by the hospitality? yes - no

Waren sie mit der Aufnahme zufrieden? ja - nein

bent U tevreden met de ontvangst? ja - nee

le classement de l'hôtel (cheminées) vous semble-t-il convenable? oui - non

do you think that the hotel's grading (number of fireplaces) is correct? yes - no

Erscheint Ihnen die "kamin" -Kategorie des Hotels angemessen? ja - nein

bent U het eens met de classificatie (de schoorsteen) van het hotel ? ja - nee

les prix pratiqués correspondent-ils à la qualité des prestations fournies? oui - non

do you think that the prices are in line with the quality of the service? yes - no

Entsprechen die Preise der Qualität der angebotenen Leistungen? ja - nein

komen de toegepaste prijzen volgens u met de kwaliteit van de dienstverleningen overeen? ja - nee

autres observations

other comments / weitere Bemerkungen / andere opmerkingen

_____

_____

_____

_____

_____

date et signature _____

date / Datum - signature / Unterschrift / handtekening

Service Suivi Qualité

Fédération nationale des Logis de France

83 avenue d'Italie - 75013 Paris

France

**Étape Affaires
Logis de France Services**

L**o**gis de **F**rance
Services

demande de
documentation

**Oui, je désire recevoir par retour
la documentation Étape Affaires 95**

Nom : ---

Prénom : --

Fonction :---------------------------------------

Entreprise : -------------------------------------

Adresse : --

Code postal : -------- Localité : ----------------

Nombre de salariés dans l'entreprise : (_____)

Secteur d'activité : ------------------------------

Secteurs géographiques fréquentés :

Désirez-vous directement **oui** [ ]

un contact téléphonique ? **non** [ ]

tél : ------------------------

Veuillez, s'il vous plaît, retourner
ce coupon-réponse
lisiblement complété à :
Logis de France Services
83, avenue d'Italie 75013 - Paris
tél : 45 84 83 84 - fax : 44 24 08 74

cachet de l'entreprise

Logis de France
Services

83, avenue d'Italie - 75013 Paris

France